国家及各地区国民经济和社会发展"十二五"规划纲要

（上）

国家发展和改革委员会 编

人民出版社

出版说明

"十二五"时期(2011～2015年)是我国全面建设小康社会的关键时期,是深化改革开放、加快转变经济发展方式的攻坚时期,我国发展既面临难得的历史机遇,也存在诸多风险挑战。"十二五"伊始,十一届全国人大四次会议和各地区人代会相继批准了国家和各地区"十二五"规划《纲要》,明确了未来五年国家和各地区经济社会发展的目标和任务,描绘了经济社会发展的宏伟蓝图。有效实施并如期完成规划目标和任务,对于确保科学发展取得显著进步,确保转变经济发展方式取得实质性进展,具有十分重大的意义。

为便于社会各界了解、掌握全国及各地区的规划内容,为开展相关工作提供依据,我们组织汇编了《国家及各地区国民经济和社会发展"十二五"规划纲要》一书。本书收录了国家和各省、自治区、直辖市及计划单列市、副省级省会城市、新疆生产建设兵团的"十二五"规划《纲要》,共48篇380万字。各地区的"十二五"规划《纲要》在内容和形式上进行了许多新的探索,体例上也各具特色,我们在汇编整理时均未作调整,保持了原貌。

希望本书的出版能成为各地区展示未来五年发展愿景的平台,各级政府宣传发展战略的窗口,社会各界把握政策走向的渠道,市场有效配置资源的导向。

本书汇编和出版过程中,得到了各地区发展改革部门的大力协助,也得到了人民出版社的大力支持,在此一并表示感谢。

2011年11月

目 录 | Contents

上　册

1　　中华人民共和国国民经济和社会发展第十二个五年规划纲要

69　　北京市国民经济和社会发展第十二个五年规划纲要

130　　天津市国民经济和社会发展第十二个五年规划纲要

160　　河北省国民经济和社会发展第十二个五年规划纲要

221　　山西省国民经济和社会发展第十二个五年规划纲要

274　　内蒙古自治区国民经济和社会发展第十二个五年规划纲要

307　　辽宁省国民经济和社会发展第十二个五年规划纲要

341　　沈阳市国民经济和社会发展第十二个五年规划纲要

373　　大连市国民经济和社会发展第十二个五年规划纲要

409　　吉林省国民经济和社会发展第十二个五年规划纲要

447　　长春市国民经济和社会发展第十二个五年规划纲要

477　　黑龙江省国民经济和社会发展第十二个五年规划纲要

537　　哈尔滨市国民经济和社会发展第十二个五年规划纲要

572　　上海市国民经济和社会发展第十二个五年规划纲要

626　　江苏省国民经济和社会发展第十二个五年规划纲要

675 　南京市国民经济和社会发展第十二个五年规划纲要

725 　浙江省国民经济和社会发展第十二个五年规划纲要

762 　杭州市国民经济和社会发展第十二个五年规划纲要

812 　宁波市国民经济和社会发展第十二个五年规划纲要

中　册

855 　安徽省国民经济和社会发展第十二个五年规划纲要

903 　福建省国民经济和社会发展第十二个五年规划纲要

975 　厦门市国民经济和社会发展第十二个五年规划纲要

1013 　江西省国民经济和社会发展第十二个五年规划纲要

1067 　山东省国民经济和社会发展第十二个五年规划纲要

1110 　济南市国民经济和社会发展第十二个五年规划纲要

1165 　青岛市国民经济和社会发展第十二个五年规划纲要

1216 　河南省国民经济和社会发展第十二个五年规划纲要

1269 　湖北省经济和社会发展第十二个五年规划纲要

1346 　武汉市国民经济和社会发展第十二个五年规划纲要

1387 　湖南省国民经济和社会发展第十二个五年规划纲要

1450 　广东省国民经济和社会发展第十二个五年规划纲要

1516 　广州市国民经济和社会发展第十二个五年规划纲要

1576 　深圳市国民经济和社会发展第十二个五年规划纲要

下　册

1613 　广西壮族自治区国民经济和社会发展第十二个五年规划纲要

1656　海南省国民经济和社会发展第十二个五年规划纲要

1699　重庆市国民经济和社会发展第十二个五年规划纲要

1749　四川省国民经济和社会发展第十二个五年规划纲要

1805　成都市国民经济和社会发展第十二个五年规划纲要

1866　贵州省国民经济和社会发展第十二个五年规划纲要

1924　云南省国民经济和社会发展第十二个五年规划纲要

1996　西藏自治区国民经济和社会发展第十二个五年规划纲要

2041　陕西省国民经济和社会发展第十二个五年规划纲要

2102　西安市国民经济和社会发展第十二个五年规划纲要

2151　甘肃省国民经济和社会发展第十二个五年规划纲要

2187　青海省国民经济和社会发展第十二个五年规划纲要

2228　宁夏回族自治区国民经济和社会发展第十二个五年规划纲要

2272　新疆维吾尔自治区国民经济和社会发展第十二个五年规划纲要

2323　新疆生产建设兵团国民经济和社会发展第十二个五年规划纲要

中华人民共和国国民经济和社会发展第十二个五年规划纲要

（2011 年 3 月 14 日第十一届全国
人民代表大会第四次会议通过）

中华人民共和国国民经济和社会发展第十二个五年（2011～2015 年）规划纲要，根据《中共中央关于制定国民经济和社会发展第十二个五年规划的建议》编制，主要阐明国家战略意图，明确政府工作重点，引导市场主体行为，是未来五年我国经济社会发展的宏伟蓝图，是全国各族人民共同的行动纲领，是政府履行经济调节、市场监管、社会管理和公共服务职责的重要依据。

第一篇　转变方式　开创科学发展新局面

"十二五"时期是全面建设小康社会的关键时期，是深化改革开放、加快转变经济发展方式的攻坚时期，必须深刻认识并准确把握国内外形势新变化新特点，继续抓住和用好重要战略机遇期，努力开创科学发展新局面。

第一章　发展环境

"十一五"时期是我国发展史上极不平凡的五年。面对国内外环境的复杂变化和重大风险挑战，党中央、国务院审时度势，团结带领全国各族人民，坚持发展这个党执政兴国的第一要务，贯彻落实党的理论和路线方针政策，实施正确而有力的宏观调控，充分发挥我国社会主义制度的政治优势，充分发挥市场在资源配置中的基础性作用，使国家面貌发生新的历史性变化。我们有效应对国际金融危机巨大冲击，保持了经济平稳较快发展良好态势，战胜了四川汶川特大地震、青海玉树强

烈地震、甘肃舟曲特大山洪泥石流等重大自然灾害,成功举办了北京奥运会、上海世博会和广州亚运会,胜利完成了"十一五"规划确定的主要目标和任务。综合国力大幅提升,2010年国内生产总值达到39.8万亿元,跃居世界第二位,国家财政收入达到8.3万亿元;载人航天、探月工程、超级计算机等尖端科技领域实现重大跨越。经济结构调整步伐加快,农业特别是粮食生产连年获得好收成,产业结构优化升级取得积极进展,节能减排和生态环境保护扎实推进,控制温室气体排放取得积极成效,各具特色的区域发展格局初步形成。人民生活明显改善,就业规模持续扩大,城乡居民收入增长是改革开放以来最快的时期之一,各级各类教育快速发展,社会保障体系逐步健全。体制改革有序推进,农村综合改革、医药卫生、财税金融、文化体制等改革取得新突破,发展活力不断显现。对外开放迈上新台阶,进出口总额位居世界第二位,利用外资水平提升,境外投资明显加快,我国国际地位和影响力显著提高。社会主义经济建设、政治建设、文化建设、社会建设以及生态文明建设取得重大进展,谱写了中国特色社会主义事业新篇章。五年取得的成绩来之不易,积累的经验弥足珍贵,创造的精神财富影响深远。

专栏1　"十一五"规划主要指标实现情况

指　　标	2005年	规划目标		实现情况	
		2010年	年均增长（%）	2010年	年均增长（%）
国内生产总值（万亿元）	18.5		7.5	39.8	11.2
人均国内生产总值（元）	14185		6.6	29748	10.6
服务业增加值比重（%）	40.5		[3]	43	[2.5]
服务业就业比重（%）	31.3		[4]	34.8	[3.5]
研究与试验发展经费支出占国内生产总值比重（%）	1.3	2	[0.7]	1.75	[0.45]
城镇化率（%）	43	47	[4]	47.5	[4.5]
全国总人口（万人）	130756	136000	<8‰	134100	5.1‰
单位国内生产总值能源消耗降低（%）			[20]左右		[19.1]
单位工业增加值用水量降低（%）			[30]		[36.7]
农业灌溉用水有效利用系数	0.45	0.5	[0.05]	0.5	[0.05]
工业固体废物综合利用率（%）	55.8	60	[4.2]	69	[13.2]
耕地保有量（亿公顷）	1.22	1.2	−0.3	1.212	−0.13
主要污染物排放总量减少（%） 二氧化硫			[10]		[14.29]
主要污染物排放总量减少（%） 化学需氧量			[10]		[12.45]
森林覆盖率（%）	18.2	20	[1.8]	20.36	[2.16]
国民平均受教育年限（年）	8.5	9	[0.5]	9	[0.5]
城镇基本养老保险覆盖人数（亿人）	1.74	2.23	5.1	2.57	8.1
新型农村合作医疗覆盖率（%）	23.5	>80	>[56.5]	96.3	[72.8]
五年城镇新增就业（万人）			[4500]		[5771]
五年转移农业劳动力（万人）			[4500]		[4500]
城镇登记失业率（%）	4.2	5		4.1	
城镇居民人均可支配收入（元）	10493		5	19109	9.7
农村居民人均纯收入（元）	3255		5	5919	8.9

注:①国内生产总值和城乡居民收入绝对数按当年价格计算,增长速度按可比价格计算;②[ ]表示五年累计数。

"十二五"时期,世情国情继续发生深刻变化,我国经济社会发展呈现新的阶段性特征。综合判断国际国内形势,我国发展仍处于可以大有作为的重要战略机遇期,既面临难得的历史机遇,也面对诸多可以预见和难以预见的风险挑战。我们要增强机遇意识和忧患意识,主动适应环境变化,有效化解各种矛盾,更加奋发有为地推进我国改革开放和社会主义现代化建设。

从国际看,和平、发展、合作仍是时代潮流,世界多极化、经济全球化深入发展,世界经济政治格局出现新变化,科技创新孕育新突破,国际环境总体上有利于我国和平发展。同时,国际金融危机影响深远,世界经济增长速度减缓,全球需求结构出现明显变化,围绕市场、资源、人才、技术、标准等的竞争更加激烈,气候变化以及能源资源安全、粮食安全等全球性问题更加突出,各种形式的保护主义抬头,我国发展的外部环境更趋复杂。我们必须坚持以更广阔的视野,冷静观察,沉着应对,统筹国内国际两个大局,把握好在全球经济分工中的新定位,积极创造参与国际经济合作和竞争新优势。

从国内看,工业化、信息化、城镇化、市场化、国际化深入发展,人均国民收入稳步增加,经济结构转型加快,市场需求潜力巨大,资金供给充裕,科技和教育整体水平提升,劳动力素质改善,基础设施日益完善,体制活力显著增强,政府宏观调控和应对复杂局面能力明显提高,社会大局保持稳定,我们完全有条件推动经济社会发展和综合国力再上新台阶。同时,必须清醒地看到,我国发展中不平衡、不协调、不可持续问题依然突出,主要是,经济增长的资源环境约束强化,投资和消费关系失衡,收入分配差距较大,科技创新能力不强,产业结构不合理,农业基础仍然薄弱,城乡区域发展不协调,就业总量压力和结构性矛盾并存,物价上涨压力加大,社会矛盾明显增多,制约科学发展的体制机制障碍依然较多。我们必须科学判断和准确把握发展趋势,充分利用各种有利条件,加快解决突出矛盾和问题,集中力量办好自己的事情。

第二章　指导思想

高举中国特色社会主义伟大旗帜,以邓小平理论和"三个代表"重要思想为指导,深入贯彻落实科学发展观,适应国内外形势新变化,顺应各族人民过上更好生活新期待,以科学发展为主题,以加快转变经济发展方式为主线,深化改革开放,保障和改善民生,巩固和扩大应对国际金融危机冲击成果,促进经济长期平稳较快发展和社会和谐稳定,为全面建成小康社会打下具有决定性意义的基础。

以科学发展为主题,是时代的要求,关系改革开放和现代化建设全局。我国仍处于并将长期处于社会主义初级阶段,发展仍是解决我国所有问题的关键。坚持发展是硬道理的本质要求,就是坚持科学发展。以加快转变经济发展方式为主线,是推动科学发展的必由之路,是我国经济社会领域的一场深刻变革,是综合性、系统性、战略性的转变,必须贯穿经济社会发展全过程和各领域,在发展中促转变,在转变中谋发展。今后五年,要确保科学发展取得新的显著进步,确保转变经济发展方式取得实质性进展。基本要求是:

——坚持把经济结构战略性调整作为加快转变经济发展方式的主攻方向。构建扩大内需长效机制,促进经济增长向依靠消费、投资、出口协调拉动转变。加强农业基础地位,提升制造业核心竞争力,发展战略性新兴产业,加快发展服务业,促进经济增长向依靠第一、第二、第三产业协同带动转变。统筹城乡发展,积极稳妥推进城镇化,加快推进社会主义新农村建设,促进区域良性互动、协调发展。

——坚持把科技进步和创新作为加快转变经济发展方式的重要支撑。深入实施科教兴国战略和人才强国战略,充分发挥科技第一生产力和人才第一资源作用,提高教育现代化水平,增强自主创新能力,壮大创新人才队伍,推动发展向主要依靠科技进步、劳动者素质提高、管理创新转变,加快建设创新型国家。

——坚持把保障和改善民生作为加快转变经济发展方式的根本出发点和落脚点。完善保障和改善民生的制度安排,把促进就业放在经济社会发展优先位置,加快发展各项社会事业,推进基本公共服务均等化,加大收入分配调节力度,坚定不移走共同富裕道路,使发展成果惠及全体人民。

——坚持把建设资源节约型、环境友好型社会作为加快转变经济发展方式的重要着力点。深入贯彻节约资源和保护环境基本国策,节约能源,降低温室气体排放强度,发展循环经济,推广低碳技术,积极应对全球气候变化,促进经济社会发展与人口资源环境相协调,走可持续发展之路。

——坚持把改革开放作为加快转变经济发展方式的强大动力。坚定推进经济、政治、文化、社会等领域改革,加快构建有利于科学发展的体制机制。实施互利共赢的开放战略,与国际社会共同应对全球性挑战、共同分享发展机遇。

第三章 主要目标

按照与应对国际金融危机冲击重大部署紧密衔接、与到 2020 年实现全面建设小康社会奋斗目标紧密衔接的要求,综合考虑未来发展趋势和条件,今后五年经济社会发展的主要目标是:

——经济平稳较快发展。国内生产总值年均增长 7%,城镇新增就业 4500 万人,城镇登记失业率控制在 5% 以内,价格总水平基本稳定,国际收支趋向基本平衡,经济增长质量和效益明显提高。

——结构调整取得重大进展。居民消费率上升。农业基础进一步巩固,工业结构继续优化,战略性新兴产业发展取得突破,服务业增加值占国内生产总值比重提高 4 个百分点。城镇化率提高 4 个百分点,城乡区域发展的协调性进一步增强。

——科技教育水平明显提升。九年义务教育质量显著提高,九年义务教育巩固率达到 93%,高中阶段教育毛入学率提高到 87%。研究与试验发展经费支出占国内生产总值比重达到 2.2%,每万人口发明专利拥有量提高到 3.3 件。

——资源节约环境保护成效显著。耕地保有量保持在 18.18 亿亩。单位工业增加值用水量降低 30%,农业灌溉用水有效利用系数提高到 0.53。非化石能源占一次能源消费比重达到 11.4%。单位国内生产总值能源消耗降低 16%,单位国内生产总值二氧化碳排放降低 17%。主要污染物排放总量显著减少,化学需氧量、二氧化硫排放分别减少 8%,氨氮、氮氧化物排放分别减少 10%。森林覆盖率提高到 21.66%,森林蓄积量增加 6 亿立方米。

——人民生活持续改善。全国总人口控制在 13.9 亿人以内。人均预期寿命提高 1 岁,达到 74.5 岁。城镇居民人均可支配收入和农村居民人均纯收入分别年均增长 7% 以上。新型农村社会养老保险实现制度全覆盖,城镇参加基本养老保险人数达到 3.57 亿人,城乡三项基本医疗保险参保率提高 3 个百分点。城镇保障性安居工程建设 3600 万套。贫困人口显著减少。

——社会建设明显加强。覆盖城乡居民的基本公共服务体系逐步完善。全民族思想道德素质、科学文化素质和健康素质不断提高。社会主义民主法制更加健全，人民权益得到切实保障。文化事业加快发展，文化产业占国民经济比重明显提高。社会管理制度趋于完善，社会更加和谐稳定。

——改革开放不断深化。财税金融、要素价格、垄断行业等重要领域和关键环节改革取得明显进展，政府职能加快转变，政府公信力和行政效率进一步提高。对外开放广度和深度不断拓展，互利共赢开放格局进一步形成。

专栏 2 "十二五"时期经济社会发展主要指标				
指 标	2010 年	2015 年	年均增长（％）	属性
经济发展				
国内生产总值（万亿元）	39.8	55.8	7	预期性
服务业增加值比重（％）	43	47	[4]	预期性
城镇化率（％）	47.5	51.5	[4]	预期性
科技教育				
九年义务教育巩固率（％）	89.7	93	[3.3]	约束性
高中阶段教育毛入学率（％）	82.5	87	[4.5]	预期性
研究与试验发展经费支出占国内生产总值比重（％）	1.75	2.2	[0.45]	预期性
每万人口发明专利拥有量（件）	1.7	3.3	[1.6]	预期性
资源环境				
耕地保有量（亿亩）	18.18	18.18	[0]	约束性
单位工业增加值用水量降低（％）			[30]	约束性
农业灌溉用水有效利用系数	0.5	0.53	[0.03]	预期性
非化石能源占一次能源消费比重（％）	8.3	11.4	[3.1]	约束性
单位国内生产总值能源消耗降低（％）			[16]	约束性
单位国内生产总值二氧化碳排放降低（％）			[17]	约束性
主要污染物排放总量减少（％）	化学需氧量		[8]	约束性
	二氧化硫		[8]	
	氨氮		[10]	
	氮氧化物		[10]	
森林增长	森林覆盖率（％）	20.36	21.66	[1.3]	约束性
	森林蓄积量（亿立方米）	137	143	[6]	
人民生活				
城镇居民人均可支配收入（元）	19109	>26810	>7	预期性
农村居民人均纯收入（元）	5919	>8310	>7	预期性
城镇登记失业率（％）	4.1	<5		预期性

续表

指　　标	2010 年	2015 年	年均增长 （％）	属性
城镇新增就业人数（万人）			［4500］	预期性
城镇参加基本养老保险人数（亿人）	2.57	3.57	［1］	约束性
城乡三项基本医疗保险参保率（％）			［3］	约束性
城镇保障性安居工程建设（万套）			［3600］	约束性
全国总人口（万人）	134100	<139000	<7.2‰	约束性
人均预期寿命（岁）	73.5	74.5	［1］	预期性

注：①国内生产总值和城乡居民收入绝对数按 2010 年价格计算，增长速度按可比价格计算；②［ ］内为五年累计数；③城乡三项基本医疗保险参保率指年末参加城镇职工基本医疗保险，城镇居民基本医疗保险和新型农村合作医疗的总人数与年末全国总人口之比；④城乡居民收入增长按照不低于国内生产总值增长预期目标确定，在实施中要努力实现和经济发展同步。

第四章　政策导向

实现经济社会发展目标，必须紧紧围绕推动科学发展、加快转变经济发展方式，统筹兼顾，改革创新，着力解决经济社会发展中不平衡、不协调、不可持续的问题，明确重大政策导向：

——加强和改善宏观调控。巩固和扩大应对国际金融危机冲击成果，把短期调控政策和长期发展政策有机结合起来，加强财政、货币、投资、产业、土地等各项政策协调配合，提高宏观调控的科学性和预见性，增强针对性和灵活性，合理调控经济增长速度，更加积极稳妥地处理好保持经济平稳较快发展、调整经济结构、管理通胀预期的关系，实现经济增长速度和结构质量效益相统一。

——建立扩大消费需求的长效机制。把扩大消费需求作为扩大内需的战略重点，通过积极稳妥推进城镇化、实施就业优先战略、深化收入分配制度改革、健全社会保障体系和营造良好的消费环境，增强居民消费能力，改善居民消费预期，促进消费结构升级，进一步释放城乡居民消费潜力，逐步使我国国内市场总体规模位居世界前列。

——调整优化投资结构。发挥投资对扩大内需的重要作用，保持投资合理增长，完善投资体制机制，明确界定政府投资范围，规范国有企业投资行为，鼓励扩大民间投资，有效遏制盲目扩张和重复建设，促进投资消费良性互动，把扩大投资和增加就业、改善民生有机结合起来，创造最终需求。

——同步推进工业化、城镇化和农业现代化。坚持工业反哺农业、城市支持农村和多予少取放活方针，充分发挥工业化、城镇化对发展现代农业、促进农民增收、加强农村基础设施和公共服务的辐射带动作用，夯实农业农村发展基础，加快现代农业发展步伐。

——依靠科技创新推动产业升级。面向国内国际两个市场，发挥科技创新对产业结构优化升级的驱动作用，加快国家创新体系建设，强化企业在技术创新中的主体地位，引导资金、人才、技术等创新资源向企业聚集，推进产学研战略联盟，提升产业核心竞争力，推动三次产业在更高水平上协同发展。

——促进区域协调互动发展。实施区域发展总体战略和主体功能区战略，把实施西部大开发战略放在区域发展总体战略优先位置，充分发挥各地区比较优势，促进区域间生产要素合理流动和产业有序转移,在中西部地区培育新的区域经济增长极,增强区域发展的协调性。

——健全节能减排激励约束机制。优化能源结构,合理控制能源消费总量,完善资源性产品价格形成机制和资源环境税费制度,健全节能减排法律法规和标准,强化节能减排目标责任考核,把资源节约和环境保护贯穿于生产、流通、消费、建设各领域各环节,提升可持续发展能力。

——推进基本公共服务均等化。把基本公共服务制度作为公共产品向全民提供,完善公共财政制度,提高政府保障能力,建立健全符合国情、比较完整、覆盖城乡、可持续的基本公共服务体系,逐步缩小城乡区域间人民生活水平和公共服务差距。

——加快城乡居民收入增长。健全初次分配和再分配调节体系,合理调整国家、企业、个人分配关系,努力实现居民收入增长和经济发展同步、劳动报酬增长和劳动生产率提高同步,明显增加低收入者收入,持续扩大中等收入群体,努力扭转城乡、区域、行业和社会成员之间收入差距扩大趋势。

——加强和创新社会管理。提高社会管理能力,创新社会管理体制机制,加快服务型政府建设,在服务中实施管理,在管理中体现服务,着力解决影响社会和谐稳定的源头性、基础性、根本性问题,保持社会安定有序和充满活力。

第二篇　强农惠农　加快社会主义新农村建设

在工业化、城镇化深入发展中同步推进农业现代化,完善以工促农、以城带乡长效机制,加大强农惠农力度,提高农业现代化水平和农民生活水平,建设农民幸福生活的美好家园。

第五章　加快发展现代农业

坚持走中国特色农业现代化道路,把保障国家粮食安全作为首要目标,加快转变农业发展方式,提高农业综合生产能力、抗风险能力和市场竞争能力。

第一节　增强粮食安全保障能力

稳定粮食播种面积、优化品种结构、提高单产和品质,广泛开展高产创建活动,粮食综合生产能力达到5.4亿吨以上。实施全国新增千亿斤粮食生产能力规划,加大粮食主产区投入和利益补偿,将粮食生产核心区和非主产区产粮大县建设成为高产稳产商品粮生产基地。严格保护耕地,加快农村土地整理复垦。加强以农田水利设施为基础的田间工程建设,改造中低产田,大规模建设旱涝保收高标准农田。加强粮食物流、储备和应急保障能力建设。

第二节　推进农业结构战略性调整

完善现代农业产业体系,发展高产、优质、高效、生态、安全农业。优化农业产业布局,加快构建以东北平原、黄淮海平原、长江流域、汾渭平原、河套灌区、华南和甘肃新疆等的农产品主产区为主

图1 "七区二十三带"农业战略格局

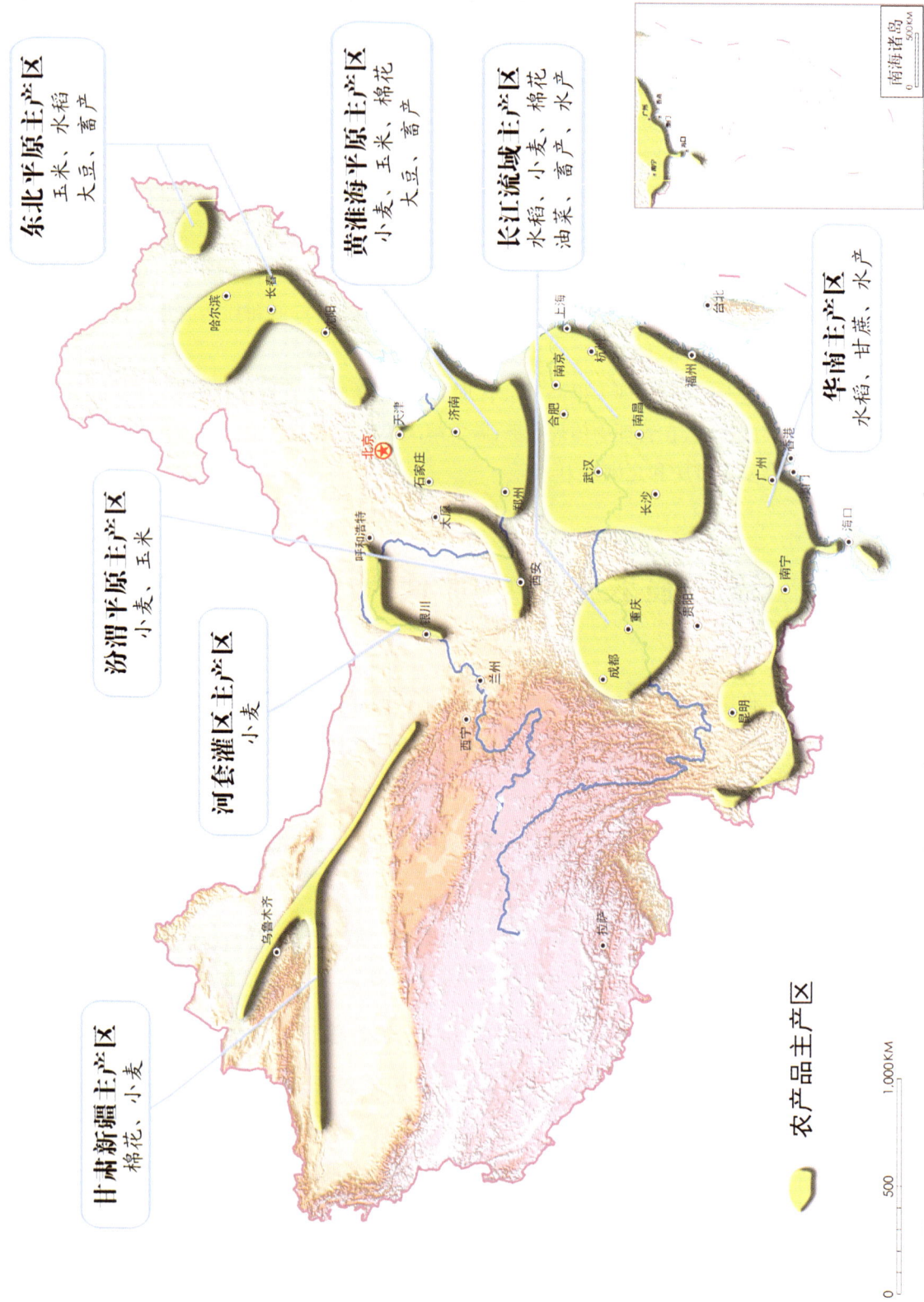

东北平原主产区
玉米、水稻、大豆、畜产

黄淮海平原主产区
小麦、玉米、棉花、大豆、畜产

长江流域主产区
水稻、小麦、棉花、畜产、水产、油菜

华南主产区
水稻、甘蔗、水产

汾渭平原主产区
小麦、玉米

河套灌区主产区
小麦

甘肃新疆主产区
棉花、小麦

南海诸岛

哈尔滨　长春　沈阳

北京　天津　石家庄　济南

呼和浩特　太原　郑州　西安

兰州　西宁

乌鲁木齐

拉萨

昆明　成都　重庆　贵阳　长沙　武汉　合肥　南京　上海　杭州　南昌　福州　台北　广州　香港　南宁　海口

农产品主产区

0　500　1,000KM

体,其他农业地区为重要组成的"七区二十三带"农业战略格局。鼓励和支持优势产区集中发展粮食、棉花、油料、糖料等大宗农产品。加快发展设施农业,推进蔬菜、水果、茶叶、花卉等园艺作物标准化生产。提升畜牧业发展水平,提高畜牧业产值比重。促进水产健康养殖,发展远洋捕捞。积极发展林业产业。推进农业产业化经营,扶持壮大农产品加工业和流通业,促进农业生产经营专业化、标准化、规模化、集约化。推进现代农业示范区建设。

第三节　加快农业科技创新

推进农业技术集成化、劳动过程机械化、生产经营信息化。加快农业生物育种创新和推广应用,开发具有重要应用价值和自主知识产权的生物新品种,做大做强现代种业。加强高效栽培、疫病防控、农业节水等领域的科技集成创新和推广应用,实施水稻、小麦、玉米等主要农作物病虫害专业化统防统治。加快推进农业机械化,促进农机农艺融合,耕种收综合机械化水平达到60%左右。发展农业信息技术,提高农业生产经营信息化水平。

第四节　健全农业社会化服务体系

加强农业公共服务能力建设,加快健全乡镇或区域性农业技术推广、动植物疫病防控、农产品质量监管等公共服务机构。培育多元化的农业社会化服务组织,支持农民专业合作组织、供销合作社、农民经纪人、龙头企业等提供多种形式的生产经营服务。积极发展农产品流通服务,加快建设流通成本低、运行效率高的农产品营销网络。

第六章　拓宽农民增收渠道

加大引导和扶持力度,提高农民职业技能和创收能力,千方百计拓宽农民增收渠道,促进农民收入持续较快增长。

第一节　巩固提高家庭经营收入

健全农产品价格保护制度,稳步提高重点粮食品种最低收购价,完善大宗农产品临时收储政策。鼓励农民优化种养结构,提高生产经营水平和经济效益。通过发展农业产业化和新型农村合作组织,使农民合理分享农产品加工、流通增值收益。因地制宜发展特色高效农业,利用农业景观资源发展观光、休闲、旅游等农村服务业,使农民在农业功能拓展中获得更多收益。

第二节　努力增加工资性收入

加强农民技能培训和就业信息服务,开展劳务输出对接,引导农村富余劳动力平稳有序外出务工。促进城乡劳动者平等就业,努力实现农民工与城镇就业人员同工同酬,提高农民工工资水平。增加县域非农就业机会,促进农民就地就近转移就业,扶持农民以创业带动就业。结合新农村建设,扩大以工代赈规模,增加农民劳务收入。

第三节　大力增加转移性收入

健全农业补贴制度,坚持对种粮农民实行直接补贴,继续实行良种补贴和农机具购置补贴,完善农资综合补贴动态调整机制。增加新型农村社会养老保险基础养老金,提高新型农村合作医疗补助标准和报销水平,提高农村最低生活保障水平。积极发展政策性农业保险,增加农业保险费补贴品种并扩大覆盖范围。加大扶贫投入,逐步提高扶贫标准。

第七章　改善农村生产生活条件

按照推进城乡经济社会发展一体化的要求,搞好社会主义新农村建设规划,加强农村基础设施建设和公共服务,推进农村环境综合整治。

第一节　提高乡镇村庄规划管理水平

适应农村人口转移的新形势,坚持因地制宜,尊重村民意愿,突出地域和农村特色,保护特色文化风貌,科学编制乡镇村庄规划。合理引导农村住宅和居民点建设,向农民免费提供经济安全适用、节地节能节材的住宅设计图样。合理安排县域乡镇建设、农田保护、产业聚集、村落分布、生态涵养等空间布局,统筹农村生产生活基础设施、服务设施和公益事业建设。

第二节　加强农村基础设施建设

全面加强农田水利建设,完善建设和管护机制,加快大中型灌区、灌排泵站配套改造,在水土资源丰富地区适时新建一批灌区,搞好抗旱水源工程建设,推进小型农田水利重点县建设,完善农村小微型水利设施。加强农村饮水安全工程建设,大力推进农村集中式供水。继续推进农村公路建设,进一步提高通达通畅率和管理养护水平,加大道路危桥改造力度。加强农村能源建设,继续加强水电新农村电气化县和小水电代燃料工程建设,实施新一轮农村电网升级改造工程,大力发展沼气、作物秸秆及林业废弃物利用等生物质能和风能、太阳能,加强省柴节煤炉灶炕改造。全面推进农村危房改造和国有林区(场)、棚户区、垦区危房改造,实施游牧民定居工程。加强农村邮政设施建设。推进农村信息基础设施建设。

第三节　强化农村公共服务

扩大公共财政覆盖农村范围,全面提高财政保障农村公共服务水平。提高农村义务教育质量和均衡发展水平,推进农村中等职业教育免费进程,积极发展农村学前教育。建立健全农村医疗卫生服务网络,向农民提供安全价廉可及的基本医疗服务。完善农村社会保障体系,逐步提高保障标准。加强农村公共文化和体育设施建设,丰富农民精神文化生活。

第四节　推进农村环境综合整治

治理农药、化肥和农膜等面源污染,全面推进畜禽养殖污染防治。加强农村饮用水水源地保护、农村河道综合整治和水污染综合治理。强化土壤污染防治监督管理。实施农村清洁工程,加快推动农村垃圾集中处理,开展农村环境集中连片整治。严格禁止城市和工业污染向农村扩散。

第八章　完善农村发展体制机制

按照统筹城乡发展要求,加快推进农村发展体制机制改革,增强农业农村发展活力。

第一节　坚持和完善农村基本经营制度

坚持以家庭承包经营为基础、统分结合的双层经营体制。完善农村土地法律法规和相关政策,现有农村土地承包关系保持稳定并长久不变。搞好农村土地确权、登记、颁证工作,完善土地承包经营权权能,依法保障农民对承包土地的占有、使用、收益等权利。在依法自愿有偿和加强服务基础上完善土地承包经营权流转市场,发展多种形式的适度规模经营。深化农村综合改革,推进集体林权和国有林区林权制度改革,完善草原承包经营制度,加快农垦体制改革。

第二节　建立健全城乡发展一体化制度

加快消除制约城乡协调发展的体制性障碍,促进公共资源在城乡之间均衡配置、生产要素在城乡之间自由流动。统筹城乡发展规划,促进城乡基础设施、公共服务、社会管理一体化。完善城乡平等的要素交换关系,促进土地增值收益和农村存款主要用于农业农村。严格规范城乡建设用地增减挂钩,调整优化城乡用地结构和布局,逐步建立城乡统一的建设用地市场。严格界定公益性和经营性建设用地,改革征地制度,缩小征地范围,提高征地补偿标准。完善农村集体经营性建设用地流转和宅基地管理机制。加快建立城乡统一的人力资源市场,形成城乡劳动者平等就业制度。加大国家财政支出和预算内固定资产投资向农业农村倾斜力度。深化农村信用社改革,鼓励有条件的地区以县为单位建立社区银行,发展农村小型金融组织和小额信贷,扩大农村有效担保物范围。认真总结统筹城乡综合配套改革试点经验,积极探索解决农业、农村、农民问题新途径。

第三节　增强县域经济发展活力

扩大县域发展自主权,稳步推进扩权强县改革试点。建立健全县级基本财力保障制度,增加对县级财政的一般性转移支付,逐步提高县级财政在省以下财力分配中的比重。依法赋予经济发展快、人口吸纳能力强的小城镇在投资审批、工商管理、社会治安等方面的行政管理权限。发挥县域资源优势和比较优势,科学规划产业发展方向,支持劳动密集型产业、农产品加工业向县城和中心镇集聚,推动形成城乡分工合理的产业发展格局。

专栏3　新农村建设重点工程
01　现代种业工程 建设国家级制种基地、区域性良繁基地以及畜禽水产品种资源场、良种场,建设国家重点保护农业野生植物、水生生物自然保护区和水产种质资源保护区。
02　旱涝保收高标准农田建设工程 改造中低产田,更新提质现有高产田,开展土地平整、土壤改良、畦垄规格化整治,加强田间灌排设施、机耕道路及桥涵、积肥设施、农田林网等建设。

03	**"菜篮子"建设工程** 改造一批标准化园艺产品生产基地、规模化畜禽养殖场(小区)和水产健康养殖示范场,建设一批国家级重点大型批发市场和区域性批发市场。
04	**渔政渔港建设工程** 改扩建或新建一批沿海中心渔港、一级渔港、二级渔港、避风锚地和内陆重点渔港,建立健全国家级、海区级和省级渔政基地,购置一批渔政执法设施。
05	**动植物保护工程** 建设六级动物疫病防控体系,重点加强基层动物防疫体系建设;建设农作物病虫害防控体系,改善农作物病虫害防控设施条件。
06	**农村饮水安全工程** 采取集中供水、分散供水和城镇供水管网向农村延伸等方式,全面解决约3亿农村居民安全饮水问题。
07	**农村公路工程** 新建和改造农村公路100万公里,实现所有具备条件的东中部地区行政村、西部地区80%以上的行政村通沥青(水泥)路。
08	**农村供电工程** 对未改造的农村电网进行全面改造,对电力需求快速增长而出现供电能力不足的农村电网实施升级改造。建成1000个太阳能示范村和200个绿色能源县。建设300个水电新农村电气化县和新增小水电装机容量1000万千瓦。
09	**农村沼气工程** 建设户用沼气、小型沼气工程、大中型沼气工程和沼气服务体系,使50%以上的适宜农户用上沼气。
10	**农村安居工程** 完成农村困难家庭危房改造800万户。基本解决国有垦区、林区、林场职工住房困难问题。基本实现全国游牧民定居目标。
11	**农村清洁工程** 推进农村有机废弃物处理利用和无机废弃物收集转运,配套开展村庄硬化绿化。
12	**农村土地整治工程** 实施农村土地整理复垦重点建设项目,补充耕地2000万亩。

第三篇　转型升级　提高产业核心竞争力

坚持走中国特色新型工业化道路,适应市场需求变化,根据科技进步新趋势,发挥我国产业在全球经济中的比较优势,发展结构优化、技术先进、清洁安全、附加值高、吸纳就业能力强的现代产业体系。

第九章　改造提升制造业

优化结构、改善品种质量、增强产业配套能力、淘汰落后产能,发展先进装备制造业,调整优化原材料工业,改造提升消费品工业,促进制造业由大变强。

第一节　推进重点产业结构调整

装备制造行业要提高基础工艺、基础材料、基础元器件研发和系统集成水平,加强重大技术成套装备研发和产业化,推动装备产品智能化。船舶行业要适应国际造船新标准,建立现代造船模式,发展高技术高附加值船舶和配套设备。汽车行业要强化整车研发能力,实现关键零部件技术自主化,提高节能、环保和安全技术水平。冶金和建材行业要立足国内需求,严格控制总量扩张,优化品种结构,在产品研发、资源综合利用和节能减排等方面取得新进展。石化行业要积极探索原料多元化发展新途径,重点发展高端石化产品,加快化肥原料调整,推动油品质量升级。轻纺行业要强化环保和质量安全,加强企业品牌建设,提升工艺技术装备水平。包装行业要加快发展先进包装装备、包装新材料和高端包装制品。电子信息行业要提高研发水平,增强基础电子自主发展能力,引导向产业链高端延伸。建筑业要推广绿色建筑、绿色施工,着力用先进建造、材料、信息技术优化结构和服务模式。加大淘汰落后产能力度,压缩和疏导过剩产能。

第二节　优化产业布局

按照区域主体功能定位,综合考虑能源资源、环境容量、市场空间等因素,优化重点产业生产力布局。主要依托国内能源和矿产资源的重大项目,优先在中西部资源地布局;主要利用进口资源的重大项目,优先在沿海沿边地区布局。有序推进城市钢铁、有色、化工企业环保搬迁。优化原油加工能力布局,促进上下游一体化发展。引导生产要素集聚,依托国家重点工程,打造一批具有国际竞争能力的先进制造业基地。以产业链条为纽带,以产业园区为载体,发展一批专业特色鲜明、品牌形象突出、服务平台完备的现代产业集群。

第三节　加强企业技术改造

制定支持企业技术改造的政策,加快应用新技术、新材料、新工艺、新装备改造提升传统产业,提高市场竞争能力。支持企业提高装备水平,优化生产流程,加快淘汰落后工艺技术和设备,提高能源资源综合利用水平。鼓励企业增强新产品开发能力,提高产品技术含量和附加值,加快产品升级换代。推动研发设计、生产流通、企业管理等环节信息化改造升级,推行先进质量管理,促进企业管理创新。推动一批产业技术创新服务平台建设。

第四节　引导企业兼并重组

坚持市场化运作,发挥企业主体作用,完善配套政策,消除制度障碍,以汽车、钢铁、水泥、机械制造、电解铝、稀土、电子信息、医药等行业为重点,推动优势企业实施强强联合、跨地区兼并重组,提高产业集中度。推动自主品牌建设,提升品牌价值和效应,加快发展拥有国际知名品牌和核心竞争力的大型企业。

第五节　促进中小企业发展

大力发展中小企业,完善中小企业政策法规体系。促进中小企业加快转变发展方式,强化质量诚信建设,提高产品质量和竞争能力。推动中小企业调整结构,提升专业化分工协作水平。引导中小企业集群发展,提高创新能力和管理水平。创造良好环境,激发中小企业发展活力。建立健全中小企业金融服务和信用担保体系,提高中小企业贷款规模和比重,拓宽直接融资渠道。落实和完善税收等优惠政策,减轻中小企业社会负担。

专栏4　制造业发展重点方向
01　装备制造 推动装备制造由生产型制造向服务型制造转变,推进产品数控化、生产绿色化和企业信息化。发展战略性新兴产业及基础设施等重点领域所需装备。推进铸造、锻造、焊接、热处理、表面处理等基础工艺专业化生产,提升轴承、齿轮、模具、液压、自控等基础零部件水平。
02　船舶 按照国际造船新规范,推进散货船、油船、集装箱船三大主流船型升级换代。提高船舶配套业和装船率水平。重点发展大型液化天然气(LNG)船、大型液化石油气(LPG)船、远洋渔船、豪华游轮等高技术高附加值船舶。加快海洋移动钻井平台、浮式生产系统、海洋工程作业船和辅助船及关键配套设备、系统自主设计制造。
03　汽车 建设原理创新、产品创新和产业化创新体系。重点突破动力电池、驱动电机等关键零部件及动力总成管理控制系统。推广高效内燃机、高效传动与驱动、材料与结构轻量化、整车优化、普通混合动力技术,推动汽车产品节能。
04　钢铁 重点发展高速铁路用钢、高牌号无取向硅钢、高磁感取向硅钢、高强度机械用钢等关键钢材品种。支持非高炉炼铁、洁净钢生产、资源综合利用等技术开发。重点推广能源管控系统技术和高温高压干熄焦、余热综合利用、烧结烟气脱硫等节能减排技术。加快原料基地建设。
05　有色金属 重点发展航空航天、电子信息等领域所需关键材料。支持冶炼前沿技术及短流程、连续化工艺技术和节能减排技术推广应用,鼓励再生资源循环利用和低品位矿、共伴生矿、难选冶矿、尾矿和废渣资源综合利用。
06　建材 重点发展光伏玻璃、超薄基板玻璃、特种玻纤、特种陶瓷等新材料。支持水泥窑协同处置城市生活垃圾、污泥生产线和建筑废弃物综合利用示范线的建设。大力发展符合绿色建筑要求的新型建材及制品。
07　石化 建设大型炼化一体化基地。开展煤电化一体化、二氧化碳利用、汞污染治理工程示范。油品质量达到国Ⅳ标准。烯烃原料多元化率达到20%。淘汰一批高毒高残留农药。
08　轻工 推进新型电池、农用新型塑料、节能环保电光源和智能化家电等关键技术的产业化。加快重点行业装备自主化。继续推进林纸一体化工程建设。支持食品精深加工,加强食品安全检测能力建设,健全食品企业质量诚信体系。
09　纺织 推进高新技术纤维和新一代功能性、差别化纤维的产业化及应用。加快发展产业用纺织品。推动高端纺机和配件自主化。支持废旧纺织品循环利用。

第十章　培育发展战略性新兴产业

以重大技术突破和重大发展需求为基础,促进新兴科技与新兴产业深度融合,在继续做强做大高技术产业基础上,把战略性新兴产业培育发展成为先导性、支柱性产业。

第一节　推动重点领域跨越发展

大力发展节能环保、新一代信息技术、生物、高端装备制造、新能源、新材料、新能源汽车等战略性新兴产业。节能环保产业重点发展高效节能、先进环保、资源循环利用关键技术装备、产品和服务。新一代信息技术产业重点发展新一代移动通信、下一代互联网、三网融合、物联网、云计算、集成电路、新型显示、高端软件、高端服务器和信息服务。生物产业重点发展生物医药、生物医学工程产品、生物农业、生物制造。高端装备制造产业重点发展航空装备、卫星及应用、轨道交通装备、智能制造装备。新能源产业重点发展新一代核能、太阳能热利用和光伏光热发电、风电技术装备、智能电网、生物质能。新材料产业重点发展新型功能材料、先进结构材料、高性能纤维及其复合材料、共性基础材料。新能源汽车产业重点发展插电式混合动力汽车、纯电动汽车和燃料电池汽车技术。战略性新兴产业增加值占国内生产总值比重达到8%左右。

第二节 实施产业创新发展工程

以掌握产业核心关键技术、加速产业规模化发展为目标,发挥国家重大科技专项引领支撑作用,依托优势企业、产业集聚区和重大项目,统筹技术开发、工程化、标准制定、应用示范等环节,支持商业模式创新和市场拓展,组织实施若干重大产业创新发展工程,培育一批战略性新兴产业骨干企业和示范基地。

专栏5 战略性新兴产业创新发展工程
01 节能环保产业 实施节能环保重大示范工程,推进高效节能、先进环保和资源循环利用产业化。
02 新一代信息技术产业 建设新一代移动通信网、下一代互联网和数字广播电视网,建设物联网应用示范工程,实施网络产品产业化专项,建设集成电路、平板显示、软件和信息服务等产业基地。
03 生物产业 建设医药、重要动植物、工业微生物菌种等基因资源信息库,建设生物药物和生物医学工程产品研发与产业化基地,建设生物育种研发、试验、检测及良种繁育基地,建设生物制造应用示范平台。
04 高端装备制造产业 建设新型国产干支线飞机、通用飞机、直升机产业化平台,建设导航、遥感、通信等卫星组成的空间基础设施框架,发展智能控制系统、高档数控机床、高速列车及城市轨道交通装备等。
05 新能源产业 建设新一代核电装备、大型风力发电机组及零部件、高效太阳能发电和热利用新组件、生物质能转换利用技术和智能电网装备等产业基地,实施海上风电、太阳能发电和生物质能规模化应用示范工程。
06 新材料产业 推进航空航天、能源资源、交通运输、重大装备等领域急需的碳纤维、半导体材料、高温合金材料、超导材料、高性能稀土材料、纳米材料等研发及产业化。
07 新能源汽车产业 开展插电式混合动力汽车、纯电动汽车研发及大规模商业化示范工程,推进产业化应用。

第三节 加强政策支持和引导

设立战略性新兴产业发展专项资金和产业投资基金,扩大政府新兴产业创业投资规模,发挥多层次资本市场融资功能,带动社会资金投向处于创业早中期阶段的创新型企业。综合运用风险补偿等财政优惠政策,鼓励金融机构加大信贷支持力度。完善鼓励创新、引导投资和消费的税收支持政策。加快建立有利于战略性新兴产业发展的行业标准和重要产品技术标准体系。支持新产品应用的配套基础设施建设,为培育和拓展市场需求创造良好环境。

第十一章　推动能源生产和利用方式变革

坚持节约优先、立足国内、多元发展、保护环境,加强国际互利合作,调整优化能源结构,构建安全、稳定、经济、清洁的现代能源产业体系。

第一节　推进能源多元清洁发展

发展安全高效煤矿,推进煤炭资源整合和煤矿企业兼并重组,发展大型煤炭企业集团。有序开展煤制天然气、煤制液体燃料和煤基多联产研发示范,稳步推进产业化发展。加大石油、天然气资源勘探开发力度,稳定国内石油产量,促进天然气产量快速增长,推进煤层气、页岩气等非常规油气资源开发利用。发展清洁高效、大容量燃煤机组,优先发展大中城市、工业园区热电联产机组,以及大型坑口燃煤电站和煤矸石等综合利用电站。在做好生态保护和移民安置的前提下积极发展水电,重点推进西南地区大型水电站建设,因地制宜开发中小河流水能资源,科学规划建设抽水蓄能电站。在确保安全的基础上高效发展核电。加强并网配套工程建设,有效发展风电。积极发展太阳能、生物质能、地热能等其他新能源。促进分布式能源系统的推广应用。

第二节　优化能源开发布局

统筹规划全国能源开发布局和建设重点,建设山西、鄂尔多斯盆地、内蒙古东部地区、西南地区和新疆五大国家综合能源基地,重点在东部沿海和中部部分地区发展核电。提高能源就地加工转化水平,减少一次能源大规模长距离输送压力。合理规划建设能源储备设施,完善石油储备体系,加强天然气和煤炭储备与调峰应急能力建设。

第三节　加强能源输送通道建设

加快西北、东北、西南和海上进口油气战略通道建设,完善国内油气主干管网。统筹天然气进口管道、液化天然气接收站、跨区域骨干输气网和配气管网建设,初步形成天然气、煤层气、煤制气协调发展的供气格局。适应大规模跨区输电和新能源发电并网的要求,加快现代电网体系建设,进一步扩大西电东送规模,完善区域主干电网,发展特高压等大容量、高效率、远距离先进输电技术,依托信息、控制和储能等先进技术,推进智能电网建设,切实加强城乡电网建设与改造,增强电网优化配置电力能力和供电可靠性。

专栏6　能源建设重点	
01	**煤炭开发与转化** 加快陕北、黄陇、神东、蒙东、宁东煤炭基地建设,稳步推进晋北、晋中、晋东、云贵煤炭基地建设,启动新疆煤炭基地建设。依托以上煤炭基地建设若干大型煤电基地。
02	**稳油增气** 推进形成塔里木和准噶尔盆地、松辽盆地、鄂尔多斯盆地、渤海湾盆地、四川盆地5个油气规模生产区,加快近海海域和深水油气田勘探开发。加大煤炭矿区煤层气抽采利用。适当增加炼油能力。

续表

03	核电
	加快沿海省份核电发展,稳步推进中部省份核电建设,开工建设核电4000万千瓦。
04	可再生能源
	建设金沙江、雅砻江、大渡河等重点流域的大型水电站,开工建设水电1.2亿千瓦。建设6个陆上和2个沿海及海上大型风电基地,新建装机7000万千瓦以上。以西藏、内蒙古、甘肃、宁夏、青海、新疆、云南等省区为重点,建成太阳能电站500万千瓦以上。
05	油气管网
	建设中哈原油管道二期、中缅油气管道境内段、中亚天然气管道二期,以及西气东输三线、四线工程。输油气管道总长度达到15万公里左右。加快储气库建设。
06	电网
	加快大型煤电、水电和风电基地外送电工程建设,形成若干条采用先进特高压技术的跨区域输电通道。建成330千伏及以上输电线路20万公里。开展智能电网建设试点,改造建设智能变电站,推广应用智能电表,配套建设电动汽车充电设施。

第十二章　构建综合交通运输体系

按照适度超前原则,统筹各种运输方式发展,基本建成国家快速铁路网和高速公路网,初步形成网络设施配套衔接、技术装备先进适用、运输服务安全高效的综合交通运输体系。

第一节　完善区际交通网络

加快铁路客运专线、区际干线、煤运通道建设,发展高速铁路,形成快速客运网,强化重载货运网。完善国家公路网规划,加快国家高速公路网剩余路段、瓶颈路段建设,加强国省干线公路改扩建。大力推进长江等内河高等级航道建设,推动内河运输船舶标准化和港口规模化发展。完善煤炭、石油、铁矿石、集装箱等运输系统,提升沿海地区港口群现代化水平。完善以国际枢纽机场和干线机场为骨干、支线机场为补充的航空网络,积极推动通用航空发展,改革空域管理体制,提高空域资源配置使用效率。

第二节　建设城际快速网络

适应城市群发展需要,以轨道交通和高速公路为骨干,以国省干线公路为补充,推进城市群内多层次城际快速交通网络建设。建成京津冀、长江三角洲、珠江三角洲三大城市群城际交通网络,推进重点开发区域城市群的城际干线建设。

第三节　优先发展公共交通

实施公共交通优先发展战略,大力发展城市公共交通系统,提高公共交通出行分担比率。科学制定城市轨道交通技术路线,规范建设标准,有序推进轻轨、地铁、有轨电车等城市轨道交通网络建设。积极发展地面快速公交系统,提高线网密度和站点覆盖率。规范发展城市出租车业,合理引导私人机动车出行,倡导非机动方式出行。优化换乘中心功能和布局,提高出行效率。统筹城乡公共交通一体化发展。

图 2　国家快速铁路网

图 3　国家高速公路网

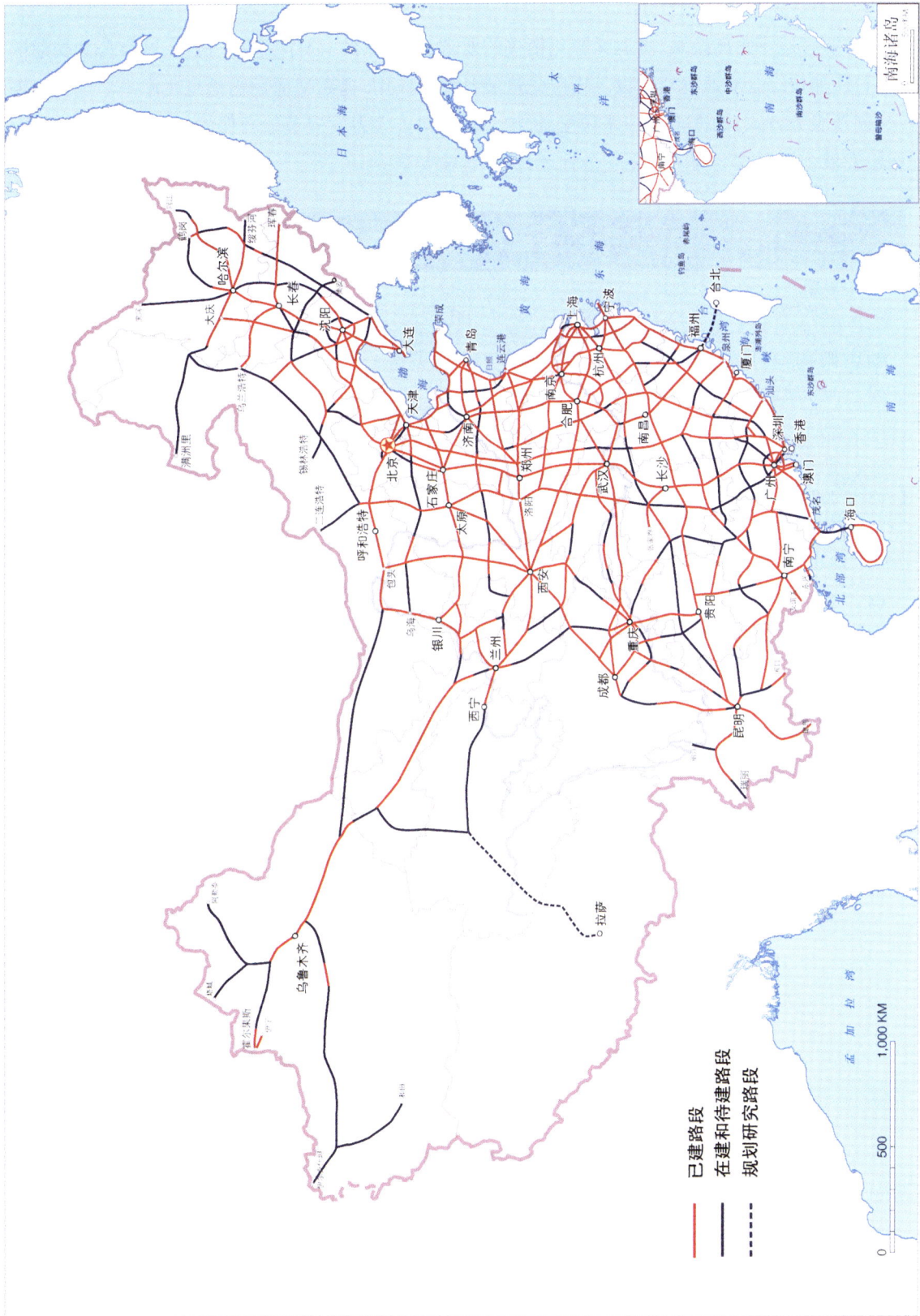

第四节 提高运输服务水平

按照客运零距离换乘、货运无缝化衔接的要求,加强铁路、公路、港口、机场、城市公共交通的有机衔接,加快综合交通枢纽建设。推广先进装备技术应用,提高交通运输信息化水平。优化运输组织,创新服务方式,推进客票一体联程、货物多式联运。大力发展节能环保的运输工具和运输方式。积极发展公路甩挂运输。加强安全管理,保障运输安全。

专栏 7   交通建设重点
01   铁路 建成"四纵四横"客运专线,建设城市群城际轨道交通干线,建设兰新铁路第二双线、郑州至重庆等区际干线,基本建成快速铁路网,营业里程达到 4.5 万公里,基本覆盖 50 万以上人口城市。建成拉萨至日喀则等西部干线,建设山西中南部、蒙西至华中地区等煤运通道。研究建设琼州海峡跨海工程、川藏铁路。
02   城市轨道交通 建设北京、上海、广州、深圳等城市轨道交通网络化系统,建成天津、重庆、沈阳、长春、武汉、西安、杭州、福州、南昌、昆明等城市轨道交通主骨架,规划建设合肥、贵阳、石家庄、太原、济南、乌鲁木齐等城市轨道交通骨干线路。
03   公路 基本建成由 7 条放射线、9 条纵线和 18 条横线组成的国家高速公路网,通车里程达到 8.3 万公里,基本覆盖 20 万以上人口城市。加大国省干线公路改造力度,国道二级及以上公路里程比重达到 70% 以上,基本实现具备条件的县城通二级及以上标准公路。
04   沿海港口 建设北方煤炭下水港装船码头及华东、华南煤炭中转储运基地工程,大连等港口的大型原油接卸码头工程,宁波—舟山等港口的大型铁矿石接卸码头工程,上海、天津等港口的集装箱码头工程。新增万吨级及以上深水泊位 440 个左右。
05   内河水运 整治长江上游航道,实施长江中游荆江河段航道治理工程,稳步推进长江口 12.5 米深水航道向上延伸。实施西江航运干线扩能工程和京杭运河升级改造工程,推进长江三角洲高等级航道网及其他高等级航道建设。
06   民航 建设北京新机场,扩建广州、南京、长沙、海口、哈尔滨、南宁、兰州、银川等机场,新建一批支线机场和通用机场。研究建设成都、青岛、厦门等新机场。加快新一代空管系统建设。
07   综合交通枢纽 建设 42 个全国性综合交通枢纽。

第十三章 全面提高信息化水平

加快建设宽带、融合、安全、泛在的下一代国家信息基础设施,推动信息化和工业化深度融合,推进经济社会各领域信息化。

第一节 构建下一代信息基础设施

统筹布局新一代移动通信网、下一代互联网、数字广播电视网、卫星通信等设施建设,形成超高速、大容量、高智能国家干线传输网络。引导建设宽带无线城市,推进城市光纤入户,加快农村地区宽带网络建设,全面提高宽带普及率和接入带宽。推动物联网关键技术研发和在重点领域的应用示范。加强云计算服务平台建设。以广电和电信业务双向进入为重点,建立健全法律法规和标准,实现电信网、广电网、互联网三网融合,促进网络互联互通和业务融合。

第二节 加快经济社会信息化

推动经济社会各领域信息化。积极发展电子商务,完善面向中小企业的电子商务服务,推动面向全社会的信用服务、网上支付、物流配送等支撑体系建设。大力推进国家电子政务建设,推动重要政务信息系统互联互通、信息共享和业务协同,建设和完善网络行政审批、信息公开、网上信访、电子监察和审计体系。加强市场监管、社会保障、医疗卫生等重要信息系统建设,完善地理、人口、法人、金融、税收、统计等基础信息资源体系,强化信息资源的整合,规范采集和发布,加强社会化综合开发利用。

第三节 加强网络与信息安全保障

健全网络与信息安全法律法规,完善信息安全标准体系和认证认可体系,实施信息安全等级保护、风险评估等制度。加快推进安全可控关键软硬件应用试点示范和推广,加强信息网络监测、管控能力建设,确保基础信息网络和重点信息系统安全。推进信息安全保密基础设施建设,构建信息安全保密防护体系。加强互联网管理,确保国家网络与信息安全。

第十四章 推进海洋经济发展

坚持陆海统筹,制定和实施海洋发展战略,提高海洋开发、控制、综合管理能力。

第一节 优化海洋产业结构

科学规划海洋经济发展,合理开发利用海洋资源,积极发展海洋油气、海洋运输、海洋渔业、滨海旅游等产业,培育壮大海洋生物医药、海水综合利用、海洋工程装备制造等新兴产业。加强海洋基础性、前瞻性、关键性技术研发,提高海洋科技水平,增强海洋开发利用能力。深化港口岸线资源整合和优化港口布局。制定实施海洋主体功能区规划,优化海洋经济空间布局。推进山东、浙江、广东等海洋经济发展试点。

第二节 加强海洋综合管理

加强统筹协调,完善海洋管理体制。强化海域和海岛管理,健全海域使用权市场机制,推进海岛保护利用,扶持边远海岛发展。统筹海洋环境保护与陆源污染防治,加强海洋生态系统保护和修复。控制近海资源过度开发,加强围填海管理,严格规范无居民海岛利用活动。完善海洋防灾减灾体系,增强海上突发事件应急处置能力。加强海洋综合调查与测绘工作,积极开展极地、大洋科学考察。完善涉海法律法规和政策,加大海洋执法力度,维护海洋资源开发秩序。加强双边多边海洋事务磋商,积极参与国际海洋事务,保障海上运输通道安全,维护我国海洋权益。

第四篇　营造环境　推动服务业大发展

把推动服务业大发展作为产业结构优化升级的战略重点,营造有利于服务业发展的政策和体制环境,拓展新领域,发展新业态,培育新热点,推进服务业规模化、品牌化、网络化经营,不断提高服务业比重和水平。

第十五章　加快发展生产性服务业

深化专业化分工,加快服务产品和服务模式创新,促进生产性服务业与先进制造业融合,推动生产性服务业加速发展。

第一节　有序拓展金融服务业

服务实体经济,防范系统性风险,有序发展和创新金融组织、产品和服务,全面提升金融服务水平。发挥大型金融机构的综合性服务功能,积极发展中小金融机构,围绕促进小型微型企业发展、推动科技创新、发展绿色经济、支持企业跨境经营,以及发展网上交易等新型服务业态,创新金融产品和服务模式。更好地发挥信用融资、证券、信托、理财、租赁、担保、网商银行等各类金融服务的资产配置和融资服务功能。加强金融基础设施建设,进一步健全金融市场的登记、托管、交易、清算系统。拓宽保险服务领域,积极发展责任保险、信用保险,探索发展巨灾保险,创新保险营销服务方式,规范发展保险中介市场,推进再保险市场建设,建立健全保险服务体系。

第二节　大力发展现代物流业

加快建立社会化、专业化、信息化的现代物流服务体系,大力发展第三方物流,优先整合和利用现有物流资源,加强物流基础设施的建设和衔接,提高物流效率,降低物流成本。推动农产品、大宗矿产品、重要工业品等重点领域物流发展。优化物流业发展的区域布局,支持物流园区等物流功能集聚区有序发展。推广现代物流管理,提高物流智能化和标准化水平。

第三节　培育壮大高技术服务业

以高技术的延伸服务和支持科技创新的专业化服务为重点,大力发展高技术服务业。加快发展研发设计业,促进工业设计从外观设计向高端综合设计服务转变。加强信息服务,提升软件开发应用水平,发展信息系统集成服务、互联网增值服务、信息安全服务和数字内容服务,发展地理信息产业。积极发展检验检测、知识产权和科技成果转化等科技支撑服务。培育发展一批高技术服务骨干企业和知名品牌。

第四节 规范提升商务服务业

大力发展会计、审计、税务、工程咨询、认证认可、信用评估、经纪代理、管理咨询、市场调查等专业服务。积极发展律师、公证、司法鉴定、经济仲裁等法律服务。加快发展项目策划、并购重组、财务顾问等企业管理服务。规范发展人事代理、人才推荐、人员培训、劳务派遣等人力资源服务。促进广告、会展业健康发展。

第十六章 大力发展生活性服务业

面向城乡居民生活,丰富服务产品类型,扩大服务供给,提高服务质量,满足多样化需求。

第一节 优化发展商贸服务业

优化城市综合超市、购物中心、批发市场等商业网点结构和布局,支持便利店、中小超市、社区菜店等社区商业发展。鼓励和支持连锁经营、物流配送、电子商务等现代流通方式向农村延伸,完善农村服务网点,支持大型超市与农村合作组织对接,改造升级农产品批发市场和农贸市场。引导住宿和餐饮业健康规范发展。支持发展具有国际竞争力的大型商贸流通企业。

第二节 积极发展旅游业

全面发展国内旅游,积极发展入境旅游,有序发展出境旅游。坚持旅游资源保护和开发并重,加强旅游基础设施建设,推进重点旅游区、旅游线路建设。推动旅游业特色化发展和旅游产品多样化发展,全面推动生态旅游,深度开发文化旅游,大力发展红色旅游。完善旅游服务体系,加强行业自律和诚信建设,提高旅游服务质量。

第三节 鼓励发展家庭服务业

以家庭为服务对象,以社区为重要依托,重点发展家政服务、养老服务和病患陪护等服务,鼓励发展残疾人居家服务,积极发展社区日间照料中心和专业化养老服务机构,因地制宜发展家庭用品配送、家庭教育等特色服务,形成多层次、多形式的家庭服务市场和经营机构。加快建设家庭服务业公益性信息服务平台。加强市场监管,规范家庭服务业市场秩序。

第四节 全面发展体育事业和体育产业

大力发展公共体育事业,加强公共体育设施建设,广泛开展全民健身运动,提升广大群众特别是青少年的体育健身意识和健康水平。继续实施农民体育健身工程。优化竞技体育项目结构,提高竞技体育综合实力。发展健身休闲体育,开发体育竞赛和表演市场,发展体育用品、体育中介和场馆运营等服务,促进体育事业和体育产业协调发展。

第十七章　营造有利于服务业发展的环境

以开放促改革,以竞争促发展,推动服务业制度创新,完善服务业政策体系,优化服务业发展环境。

第一节　加快推进服务领域改革

建立公平、规范、透明的市场准入标准,打破部门分割、地区封锁和行业垄断,扩大服务业开放领域,鼓励和引导各类资本投向服务业,大力发展多种所有制服务企业,建立统一、开放、竞争、有序的服务业市场。深化机关事业单位后勤服务社会化改革。探索适合新型服务业态发展的市场管理办法。推进国家服务业综合改革试点,探索有利于服务业加快发展的体制机制和有效途径。

第二节　完善服务业政策

实行鼓励类服务业用电、用水、用气、用热与工业同价。扩大服务业用地供给,工业企业退出的土地优先用于发展服务业。结合增值税改革,完善生产性服务业税收制度。拓宽服务业企业融资渠道,支持符合条件的服务业企业上市融资和发行债券。扩大政府采购服务产品范围。建立健全服务业标准体系。支持服务业企业品牌和网络建设。优化服务业发展布局,推动特大城市形成以服务经济为主的产业结构。

第五篇　优化格局　促进区域协调发展和城镇化健康发展

实施区域发展总体战略和主体功能区战略,构筑区域经济优势互补、主体功能定位清晰、国土空间高效利用、人与自然和谐相处的区域发展格局,逐步实现不同区域基本公共服务均等化。坚持走中国特色城镇化道路,科学制定城镇化发展规划,促进城镇化健康发展。

第十八章　实施区域发展总体战略

充分发挥不同地区比较优势,促进生产要素合理流动,深化区域合作,推进区域良性互动发展,逐步缩小区域发展差距。

第一节　推进新一轮西部大开发

坚持把深入实施西部大开发战略放在区域发展总体战略优先位置,给予特殊政策支持。加强基础设施建设,扩大铁路、公路、民航、水运网络,建设一批骨干水利工程和重点水利枢纽,加快推进油气管道和主要输电通道及联网工程。加强生态环境保护,强化地质灾害防治,推进重点生态功能区建设,继续实施重点生态工程,构筑国家生态安全屏障。发挥资源优势,实施以市场为导向的优势资源转化战略,在资源富集地区布局一批资源开发及深加工项目,建设国家重要能源、战略资源接续地和产业集聚区,发展特色农业、旅游等优势产业。大力发展科技教育,增强自我发展能力。支持汶川等灾区发展。坚持以线串点、以点带面,推进重庆、成都、西安区域战略合作,推动呼包鄂榆、广西北部湾、成渝、黔中、滇中、藏中南、关中—天水、兰州—西宁、宁夏沿黄、天山北坡等经济区加快发展,培育新的经济增长极。

第二节　全面振兴东北地区等老工业基地

发挥产业和科技基础较强的优势,完善现代产业体系,推动装备制造、原材料、汽车、农产品深加工等优势产业升级,大力发展金融、物流、旅游以及软件和服务外包等服务业。深化国有企业改革,加快厂办大集体改革和"债转股"资产处置,大力发展非公有制经济和中小企业。加快转变农业发展方式,建设稳固的国家粮食战略基地。着力保护好黑土地、湿地、森林和草原,推进大小兴安岭和长白山林区生态保护和经济转型。促进资源枯竭地区转型发展,增强资源型城市可持续发展能力。统筹推进全国老工业基地调整改造。重点推进辽宁沿海经济带和沈阳经济区、长吉图经济区、哈大齐和牡绥地区等区域发展。

第三节　大力促进中部地区崛起

发挥承东启西的区位优势,壮大优势产业,发展现代产业体系,巩固提升全国重要粮食生产基地、能源原材料基地、现代装备制造及高技术产业基地和综合交通运输枢纽地位。改善投资环境,有序承接东部地区和国际产业转移。提高资源利用效率和循环经济发展水平。加强大江大河大湖综合治理。进一步细化和落实中部地区比照实施振兴东北地区等老工业基地和西部大开发的有关政策。加快构建沿陇海、沿京广、沿京九和沿长江中游经济带,促进人口和产业的集聚,加强与周边城市群的对接和联系。重点推进太原城市群、皖江城市带、鄱阳湖生态经济区、中原经济区、武汉城市圈、环长株潭城市群等区域发展。

第四节　积极支持东部地区率先发展

发挥东部地区对全国经济发展的重要引领和支撑作用,在更高层次参与国际合作和竞争,在改革开放中先行先试,在转变经济发展方式、调整经济结构和自主创新中走在全国前列。着力提高科技创新能力,加快国家创新型城市和区域创新平台建设。着力培育产业竞争新优势,加快发展战略性新兴产业、现代服务业和先进制造业。着力推进体制机制创新,率先完善社会主义市场经济体制。着力增强可持续发展能力,进一步提高能源、土地、海域等资源利用效率,加大环境污染治理力度,化解资源环境瓶颈制约。推进京津冀、长江三角洲、珠江三角洲地区区域经济一体化发展,打造首都经济圈,重点推进河北沿海地区、江苏沿海地区、浙江舟山群岛新区、海峡西岸经济区、山东半岛蓝色经济区等区域发展,建设海南国际旅游岛。

第五节　加大对革命老区、民族地区、边疆地区和贫困地区扶持力度

进一步加大扶持力度,加强基础设施建设,强化生态保护和修复,提高公共服务水平,切实改善

老少边穷地区生产生活条件。继续实施扶持革命老区发展的政策措施。贯彻落实扶持民族地区发展的政策,大力支持西藏、新疆和其他民族地区发展,扶持人口较少民族发展。深入推进兴边富民行动,陆地边境地区享有西部开发政策,支持边境贸易和民族特需品发展。在南疆地区、青藏高原东缘地区、武陵山区、乌蒙山区、滇西边境山区、秦巴山—六盘山区以及中西部其他集中连片特殊困难地区,实施扶贫开发攻坚工程,加大以工代赈和易地扶贫搬迁力度。支持新疆生产建设兵团建设和发展。推进三峡等库区后续发展。对老少边穷地区中央安排的公益性建设项目,取消县级并逐步减少市级配套资金。实行地区互助政策,开展多种形式对口支援。

第十九章   实施主体功能区战略

按照全国经济合理布局的要求,规范开发秩序,控制开发强度,形成高效、协调、可持续的国土空间开发格局。

第一节   优化国土空间开发格局

统筹谋划人口分布、经济布局、国土利用和城镇化格局,引导人口和经济向适宜开发的区域集聚,保护农业和生态发展空间,促进人口、经济与资源环境相协调。对人口密集、开发强度偏高、资源环境负荷过重的部分城市化地区要优化开发。对资源环境承载能力较强、集聚人口和经济条件较好的城市化地区要重点开发。对具备较好的农业生产条件、以提供农产品为主体功能的农产品主产区,要着力保障农产品供给安全。对影响全局生态安全的重点生态功能区,要限制大规模、高强度的工业化城镇化开发。对依法设立的各级各类自然文化资源保护区和其他需要特殊保护的区域要禁止开发。

专栏8   主体功能区发展方向
01   城市化地区 优化开发的城市化地区,要培育若干各具特色和优势的区域创新中心,加快形成一批拥有自主知识产权的核心技术和知名品牌,推动产业结构向高端、高效、高附加值转变;优化城乡开发布局,控制建设用地增长,保护并恢复农业和生态用地,改善区域生态环境。 重点开发的城市化地区,要加大交通、能源等基础设施建设力度,优先布局重大制造业项目,对依托能源和矿产资源的资源加工项目要优先在中西部重点开发区域布局;统筹工业和城镇发展布局,在保障农业和生态发展空间基础上适度扩大建设用地规模,促进经济集聚与人口集聚同步。
02   农产品主产区 强化耕地保护,稳定粮食、棉花、油料、糖料、蔬菜等主要农产品生产,集中各种资源发展现代农业,推动农业的规模化、产业化,发展农产品深加工及副产物的综合利用,加强农村基础设施建设和公共服务。以县城为重点推进城镇建设和非农产业发展。
03   重点生态功能区 限制开发的重点生态功能区,要加大生态环境保护和修复投入力度,增强水源涵养、水土保持、防风固沙和生物多样性维护等功能,在西部地区优先启动国家重点生态功能区保护修复工程。 禁止开发的重点生态功能区,要依法实施强制性保护,严格控制人为因素对自然生态和文化自然遗产原真性、完整性的干扰,严禁不符合主体功能定位的各类开发活动;在清理规范的基础上,加大投入力度,完善管理体制和政策。

第二节　实施分类管理的区域政策

基本形成适应主体功能区要求的法律法规和政策,完善利益补偿机制。中央财政要逐年加大对农产品主产区、重点生态功能区特别是中西部重点生态功能区的转移支付力度,增强基本公共服务和生态环境保护能力,省级财政要完善对下转移支付政策。实行按主体功能区安排与按领域安排相结合的政府投资政策,按主体功能区安排的投资主要用于支持重点生态功能区和农产品主产区的发展,按领域安排的投资要符合各区域的主体功能定位和发展方向。修改完善现行产业指导目录,明确不同主体功能区的鼓励、限制和禁止类产业。实行差别化的土地管理政策,科学确定各类用地规模,严格土地用途管制。对不同主体功能区实行不同的污染物排放总量控制和环境标准。相应完善农业、人口、民族、应对气候变化等政策。

第三节　实行各有侧重的绩效评价

在强化对各类地区提供基本公共服务、增强可持续发展能力等方面评价基础上,按照不同区域的主体功能定位,实行差别化的评价考核。对优化开发的城市化地区,强化经济结构、科技创新、资源利用、环境保护等的评价。对重点开发的城市化地区,综合评价经济增长、产业结构、质量效益、节能减排、环境保护和吸纳人口等。对限制开发的农产品主产区和重点生态功能区,分别实行农业发展优先和生态保护优先的绩效评价,不考核地区生产总值、工业等指标。对禁止开发的重点生态功能区,全面评价自然文化资源原真性和完整性保护情况。

第四节　建立健全衔接协调机制

发挥全国主体功能区规划在国土空间开发方面的战略性、基础性和约束性作用。按照推进形成主体功能区的要求,完善区域规划编制,做好专项规划、重大项目布局与主体功能区规划的衔接协调。推进市县空间规划工作,落实区域主体功能定位,明确功能区布局。研究制定各类主体功能区开发强度、环境容量等约束性指标并分解落实。完善覆盖全国、统一协调、更新及时的国土空间动态监测管理系统,开展主体功能区建设的跟踪评估。

第二十章　积极稳妥推进城镇化

优化城市化布局和形态,加强城镇化管理,不断提升城镇化的质量和水平。

第一节　构建城市化战略格局

按照统筹规划、合理布局、完善功能、以大带小的原则,遵循城市发展客观规律,以大城市为依托,以中小城市为重点,逐步形成辐射作用大的城市群,促进大中小城市和小城镇协调发展。构建以陆桥通道、沿长江通道为两条横轴,以沿海、京哈京广、包昆通道为三条纵轴,以轴线上若干城市群为依托、其他城市化地区和城市为重要组成部分的城市化战略格局,促进经济增长和市场空间由东向西、由南向北拓展。

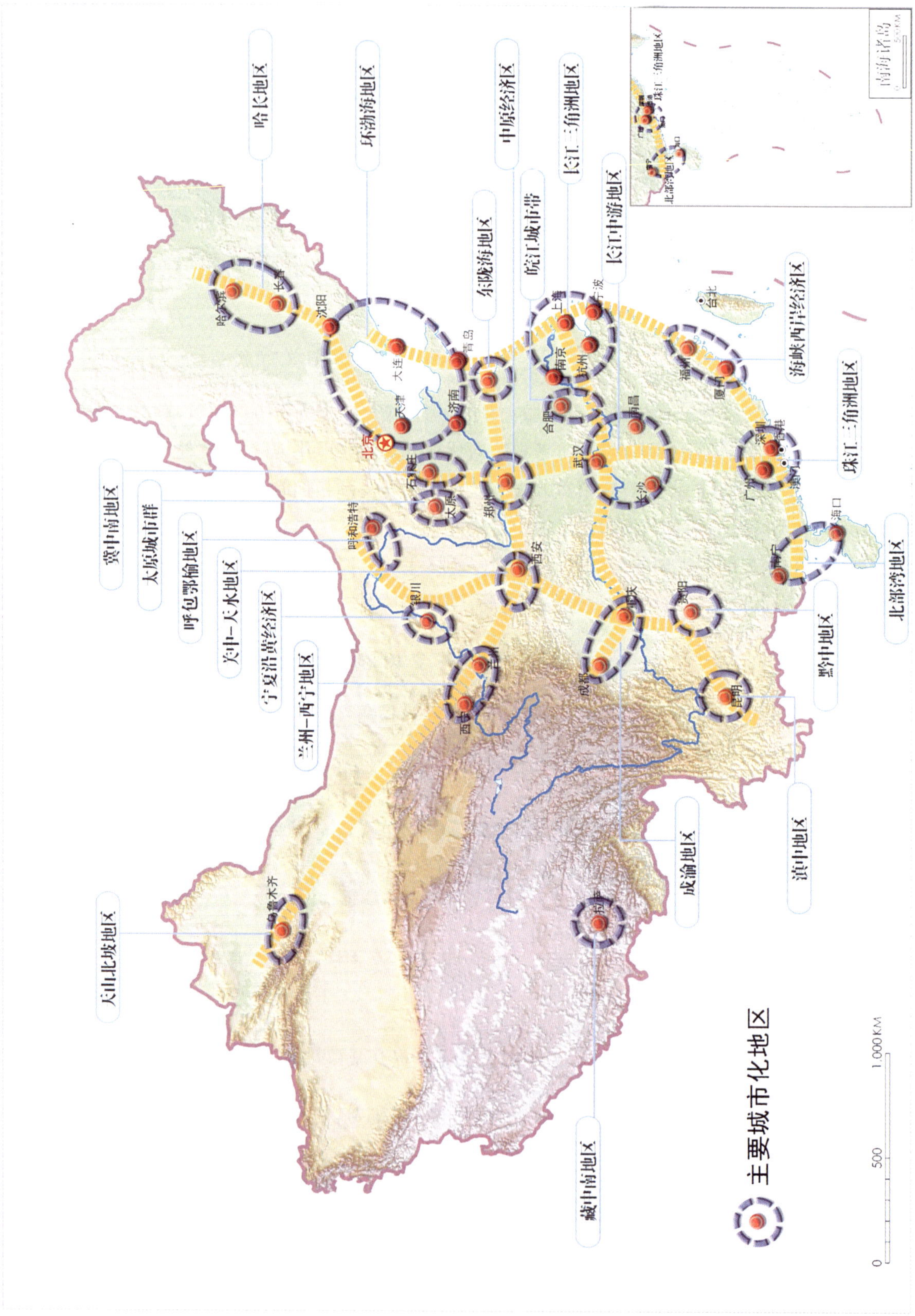

图 4　"两横三纵"城市化战略格局

哈长地区
环渤海地区
中原经济区
长江三角洲地区
长江中游地区
海峡西岸经济区
珠江三角洲地区
北部湾地区
黔中地区
成渝地区
滇中地区
藏中南地区
天山北坡地区
兰州—西宁地区
宁夏沿黄经济区
关中—天水地区
呼包鄂榆地区
太原城市群
冀中南地区
东陇海地区
皖江城市带

主要城市化地区

在东部地区逐步打造更具国际竞争力的城市群,在中西部有条件的地区培育壮大若干城市群。科学规划城市群内各城市功能定位和产业布局,缓解特大城市中心城区压力,强化中小城市产业功能,增强小城镇公共服务和居住功能,推进大中小城市基础设施一体化建设和网络化发展。积极挖掘现有中小城市发展潜力,优先发展区位优势明显、资源环境承载能力较强的中小城市。有重点地发展小城镇,把有条件的东部地区中心镇、中西部地区县城和重要边境口岸逐步发展成为中小城市。

第二节　稳步推进农业转移人口转为城镇居民

把符合落户条件的农业转移人口逐步转为城镇居民作为推进城镇化的重要任务。充分尊重农民在进城或留乡问题上的自主选择权,切实保护农民承包地、宅基地等合法权益。坚持因地制宜、分步推进,把有稳定劳动关系并在城镇居住一定年限的农民工及其家属逐步转为城镇居民。特大城市要合理控制人口规模,大中城市要加强和改进人口管理,继续发挥吸纳外来人口的重要作用,中小城市和小城镇要根据实际放宽落户条件。鼓励各地探索相关政策和办法,合理确定农业转移人口转为城镇居民的规模。

对暂时不具备在城镇落户条件的农民工,要改善公共服务,加强权益保护。以流入地全日制公办中小学为主,保证农民工随迁子女平等接受义务教育,并做好与高中阶段教育的衔接。将与企业建立稳定劳动关系的农民工纳入城镇职工基本养老和医疗保险。建立农民工基本培训补贴制度,推进农民工培训资金省级统筹。多渠道多形式改善农民工居住条件,鼓励采取多种方式将符合条件的农民工纳入城镇住房保障体系。

第三节　增强城镇综合承载能力

坚持以人为本、节地节能、生态环保、安全实用、突出特色、保护文化和自然遗产的原则,科学编制城市规划,健全城镇建设标准,强化规划约束力。合理确定城市开发边界,规范新城新区建设,提高建成区人口密度,调整优化建设用地结构,防止特大城市面积过度扩张。预防和治理"城市病"。

统筹地上地下市政公用设施建设,全面提升交通、通信、供电、供热、供气、供排水、污水垃圾处理等基础设施水平,增强消防等防灾能力。扩大城市绿化面积和公共活动空间,加快面向大众的城镇公共文化、体育设施建设。推进"城中村"和城乡结合部改造。加强建筑市场监管,规范建筑市场秩序。深化城市建设投融资体制改革,发行市政项目建设债券。加强城市综合管理。推动数字城市建设,提高信息化和精细化管理服务水平。注重文化传承与保护,改善城市人文环境。

第六篇　绿色发展　建设资源节约型、环境友好型社会

面对日趋强化的资源环境约束,必须增强危机意识,树立绿色、低碳发展理念,以节能减排为重点,健全激励与约束机制,加快构建资源节约、环境友好的生产方式和消费模式,增强可持续发展能力,提高生态文明水平。

第二十一章　积极应对全球气候变化

坚持减缓和适应气候变化并重,充分发挥技术进步的作用,完善体制机制和政策体系,提高应对气候变化能力。

第一节　控制温室气体排放

综合运用调整产业结构和能源结构、节约能源和提高能效、增加森林碳汇等多种手段,大幅度降低能源消耗强度和二氧化碳排放强度,有效控制温室气体排放。合理控制能源消费总量,严格用能管理,加快制定能源发展规划,明确总量控制目标和分解落实机制。推进植树造林,新增森林面积1250万公顷。加快低碳技术研发应用,控制工业、建筑、交通和农业等领域温室气体排放。探索建立低碳产品标准、标识和认证制度,建立完善温室气体排放统计核算制度,逐步建立碳排放交易市场。推进低碳试点示范。

第二节　增强适应气候变化能力

制定国家适应气候变化总体战略,加强气候变化科学研究、观测和影响评估。在生产力布局、基础设施、重大项目规划设计和建设中,充分考虑气候变化因素。加强适应气候变化特别是应对极端气候事件能力建设,加快适应技术研发推广,提高农业、林业、水资源等重点领域和沿海、生态脆弱地区适应气候变化水平。加强对极端天气和气候事件的监测、预警和预防,提高防御和减轻自然灾害的能力。

第三节　广泛开展国际合作

坚持共同但有区别的责任原则,积极参与国际谈判,推动建立公平合理的应对气候变化国际制度。加强气候变化领域国际交流和战略政策对话,在科学研究、技术研发和能力建设等方面开展务实合作,推动建立资金、技术转让国际合作平台和管理制度。为发展中国家应对气候变化提供支持和帮助。

第二十二章　加强资源节约和管理

落实节约优先战略,全面实行资源利用总量控制、供需双向调节、差别化管理,大幅度提高能源资源利用效率,提升各类资源保障程度。

第一节　大力推进节能降耗

抑制高耗能产业过快增长,突出抓好工业、建筑、交通、公共机构等领域节能,加强重点用能单位节能管理。强化节能目标责任考核,健全奖惩制度。完善节能法规和标准,制订完善并严格执行主要耗能产品能耗限额和产品能效标准,加强固定资产投资项目节能评估和审查。健全节能市场化机制,加快推行合同能源管理和电力需求侧管理,完善能效标识、节能产品认证和节能产品政府强制采购制度。推广先进节能技术和产品。加强节能能力建设。开展万家企业节能低碳行动,深入推进节能减排全民行动。

专栏9　节能重点工程
01　节能改造工程 继续实施热电联产、电机系统节能、能量系统优化、余热余压利用、锅炉(窑炉)改造、节约和替代石油、建筑节能、交通节能、绿色照明等节能改造项目。
02　节能产品惠民工程 加大对高效节能家电、汽车、电机、照明产品等的补贴推广力度,扩大实施范围。
03　节能技术产业化示范工程 支持余热余压利用、高效电机产品等重大、关键节能技术与产品示范项目,推动重大节能技术产品规模化生产和应用。
04　合同能源管理推广工程 推动节能服务公司采用合同能源管理方式为用能单位实施节能改造,扶持壮大节能服务产业。

第二节　加强水资源节约

实行最严格的水资源管理制度,加强用水总量控制与定额管理,严格水资源保护,加快制定江河流域水量分配方案,加强水权制度建设,建设节水型社会。强化水资源有偿使用,严格水资源费的征收、使用和管理。推进农业节水增效,推广普及管道输水、膜下滴灌等高效节水灌溉技术,新增5000万亩高效节水灌溉面积,支持旱作农业示范基地建设。在保障灌溉面积、灌溉保证率和农民利益的前提下,建立健全工农业用水水权转换机制。加强城市节约用水,提高工业用水效率,促进重点用水行业节水技术改造和居民生活节水。加强水量水质监测能力建设。实施地下水监测工程,严格控制地下水开采。大力推进再生水、矿井水、海水淡化和苦咸水利用。

第三节　节约集约利用土地

坚持最严格的耕地保护制度,划定永久基本农田,建立保护补偿机制,从严控制各类建设占用耕地,落实耕地占补平衡,实行先补后占,确保耕地保有量不减少。实行最严格的节约用地制度,从严控制建设用地总规模。按照节约集约和总量控制的原则,合理确定新增建设用地规模、结构、时序。提高土地保有成本,盘活存量建设用地,加大闲置土地清理处置力度,鼓励深度开发利用地上地下空间。强化土地利用总体规划和年度计划管控,严格用途管制,健全节约土地标准,加强用地节地责任和考核。单位国内生产总值建设用地下降30%。

第四节　加强矿产资源勘查、保护和合理开发

实施地质找矿战略工程,加大勘查力度,实现地质找矿重大突破,形成一批重要矿产资源的战略接续区。建立重要矿产资源储备体系。加强重要优势矿产保护和开采管理,完善矿产资源有偿使用制度,严格执行矿产资源规划分区管理制度,促进矿业权合理设置和勘查开发布局优化。实行矿山最低开采规模标准,推进规模化开采。发展绿色矿业,强化矿产资源节约与综合利用,提高矿产资源开采回采率、选矿回收率和综合利用率。推进矿山地质环境恢复治理和矿区土地复垦,完善

矿山环境恢复治理保证金制度。加强矿产资源和地质环境保护执法监察,坚决制止乱挖滥采。

第二十三章 大力发展循环经济

按照减量化、再利用、资源化的原则,减量化优先,以提高资源产出效率为目标,推进生产、流通、消费各环节循环经济发展,加快构建覆盖全社会的资源循环利用体系。

第一节 推行循环型生产方式

加快推行清洁生产,在农业、工业、建筑、商贸服务等重点领域推进清洁生产示范,从源头和全过程控制污染物产生和排放,降低资源消耗。加强共伴生矿产及尾矿综合利用,提高资源综合利用水平。推进大宗工业固体废物和建筑、道路废弃物以及农林废物资源化利用,工业固体废物综合利用率达到72%。按照循环经济要求规划、建设和改造各类产业园区,实现土地集约利用、废物交换利用、能量梯级利用、废水循环利用和污染物集中处理。推动产业循环式组合,构筑链接循环的产业体系。资源产出率提高15%。

第二节 健全资源循环利用回收体系

完善再生资源回收体系,加快建设城市社区和乡村回收站点、分拣中心、集散市场"三位一体"的回收网络,推进再生资源规模化利用。加快完善再制造旧件回收体系,推进再制造产业发展。建立健全垃圾分类回收制度,完善分类回收、密闭运输、集中处理体系,推进餐厨废弃物等垃圾资源化利用和无害化处理。

第三节 推广绿色消费模式

倡导文明、节约、绿色、低碳消费理念,推动形成与我国国情相适应的绿色生活方式和消费模式。鼓励消费者购买使用节能节水产品、节能环保型汽车和节能省地型住宅,减少使用一次性用品,限制过度包装,抑制不合理消费。推行政府绿色采购,逐步提高节能节水产品和再生利用产品比重。

第四节 强化政策和技术支撑

加强规划指导、财税金融等政策支持,完善法律法规和标准,实行生产者责任延伸制度,制订循环经济技术和产品名录,建立再生产品标识制度,建立完善循环经济统计评价制度。开发应用源头减量、循环利用、再制造、零排放和产业链接技术,推广循环经济典型模式。深入推进国家循环经济示范,组织实施循环经济"十百千示范"行动。推进甘肃省和青海柴达木循环经济示范区等循环经济示范试点、山西资源型经济转型综合配套改革试验区建设。

专栏10 循环经济重点工程
01 资源综合利用
支持共伴生矿产资源,粉煤灰、煤矸石、工业副产石膏、冶炼和化工废渣、尾矿、建筑废物等大宗固体废物以及秸秆、畜禽养殖粪污、废弃木料综合利用。培育一批资源综合利用示范基地。

02	废旧商品回收体系示范
	建设80个网点布局合理、管理规范、回收方式多元、重点品种回收率高的废旧商品回收体系示范城市。
03	"城市矿产"示范基地
	建设50个技术先进、环保达标、管理规范、利用规模化、辐射作用强的"城市矿产"示范基地,实现废旧金属、废弃电器电子产品、废纸、废塑料等资源再生利用、规模利用和高值利用。
04	再制造产业化
	建设若干国家级再制造产业集聚区,培育一批汽车零部件、工程机械、矿山机械、机床、办公用品等再制造示范企业,实现再制造的规模化、产业化发展。完善再制造产品标准体系。
05	餐厨废弃物资源化
	在100个城市(区)建设一批科技含量高、经济效益好的餐厨废弃物资源化利用设施,实现餐厨废弃物的资源化利用和无害化处理。
06	产业园区循环化改造
	在重点园区或产业集聚区进行循环化改造。
07	资源循环利用技术示范推广
	建设若干重大循环经济共性、关键技术专用和成套设备生产、应用示范项目与服务平台。

第二十四章　加大环境保护力度

以解决饮用水不安全和空气、土壤污染等损害群众健康的突出环境问题为重点,加强综合治理,明显改善环境质量。

第一节　强化污染物减排和治理

实施主要污染物排放总量控制。实行严格的饮用水水源地保护制度,提高集中式饮用水水源地水质达标率。加强造纸、印染、化工、制革、规模化畜禽养殖等行业污染治理,继续推进重点流域和区域水污染防治,加强重点湖库及河流环境保护和生态治理,加大重点跨界河流环境管理和污染防治力度,加强地下水污染防治。推进火电、钢铁、有色、化工、建材等行业二氧化硫和氮氧化物治理,强化脱硫脱硝设施稳定运行,加大机动车尾气治理力度。深化颗粒物污染防治。加强恶臭污染物治理。建立健全区域大气污染联防联控机制,控制区域复合型大气污染。地级以上城市空气质量达到二级标准以上的比例达到80%。有效控制城市噪声污染。提高城镇生活污水和垃圾处理能力,城市污水处理率和生活垃圾无害化处理率分别达到85%和80%。

第二节　防范环境风险

加强重金属污染综合治理,以湘江流域为重点,开展重金属污染治理与修复试点示范。加大持久性有机物、危险废物、危险化学品污染防治力度,开展受污染场地、土壤、水体等污染治理与修复试点示范。强化核与辐射监管能力,确保核与辐射安全。推进历史遗留的重大环境隐患治理。加强对重大环境风险源的动态监测与风险预警及控制,提高环境与健康风险评估能力。

第三节　加强环境监管

健全环境保护法律法规和标准体系,完善环境保护科技和经济政策,加强环境监测、预警和应急能力建设。加大环境执法力度,实行严格的环保准入,依法开展环境影响评价,强化产业转移承接的环境监管。严格落实环境保护目标责任制,强化总量控制指标考核,健全重大环境事件和污染事故责任追究制度,建立环保社会监督机制。

专栏 11　环境治理重点工程
01　城镇生活污水、垃圾处理设施建设工程 加快建设城镇生活污水、污泥、垃圾处理处置设施,同步建设和合理配套污水收集管网、垃圾收运设施。
02　重点流域水环境整治工程 加强"三河三湖"、松花江、三峡库区及上游、丹江口库区及上游、黄河中上游等重点流域综合治理,加大长江中下游、珠江流域和生态脆弱的高原湖泊水污染防治力度,推进渤海等重点海域综合治理。
03　脱硫脱硝工程 新建燃煤机组配套建设脱硫、脱硝装置,新建水泥生产线安装效率不低于60%的脱硝装置,钢铁烧结机和石化行业安装脱硫装置。
04　重金属污染防治工程 加强重点区域、重点行业和重点企业重金属污染防治,重点企业基本实现稳定达标排放,湘江等流域、区域重金属污染治理取得明显成效。

第二十五章　促进生态保护和修复

坚持保护优先和自然修复为主,加大生态保护和建设力度,从源头上扭转生态环境恶化趋势。

第一节　构建生态安全屏障

加强重点生态功能区保护和管理,增强涵养水源、保持水土、防风固沙能力,保护生物多样性,构建以青藏高原生态屏障、黄土高原—川滇生态屏障、东北森林带、北方防沙带和南方丘陵山地带以及大江大河重要水系为骨架,以其他国家重点生态功能区为重要支撑,以点状分布的国家禁止开发区域为重要组成的生态安全战略格局。

第二节　强化生态保护与治理

继续实施天然林资源保护工程,巩固和扩大退耕还林还草、退牧还草等成果,推进荒漠化、石漠化和水土流失综合治理,保护好林草植被和河湖、湿地。搞好森林草原管护,加强森林草原防火和病虫害防治,实施草原生态保护补偿奖励机制。强化自然保护区建设监管,提高管护水平。加强生物安全管理,加大生物物种资源保护和管理力度,有效防范物种资源丧失与流失,积极防治外来物种入侵。

第三节　建立生态补偿机制

按照谁开发谁保护、谁受益谁补偿的原则,加快建立生态补偿机制。加大对重点生态功能区的均衡性转移支付力度,研究设立国家生态补偿专项资金。推行资源型企业可持续发展准备金制度。鼓励、引导和探索实施下游地区对上游地区、开发地区对保护地区、生态受益地区对生态保护地区的生态补偿。积极探索市场化生态补偿机制。加快制定实施生态补偿条例。

图 5 "两屏三带"生态安全战略格局

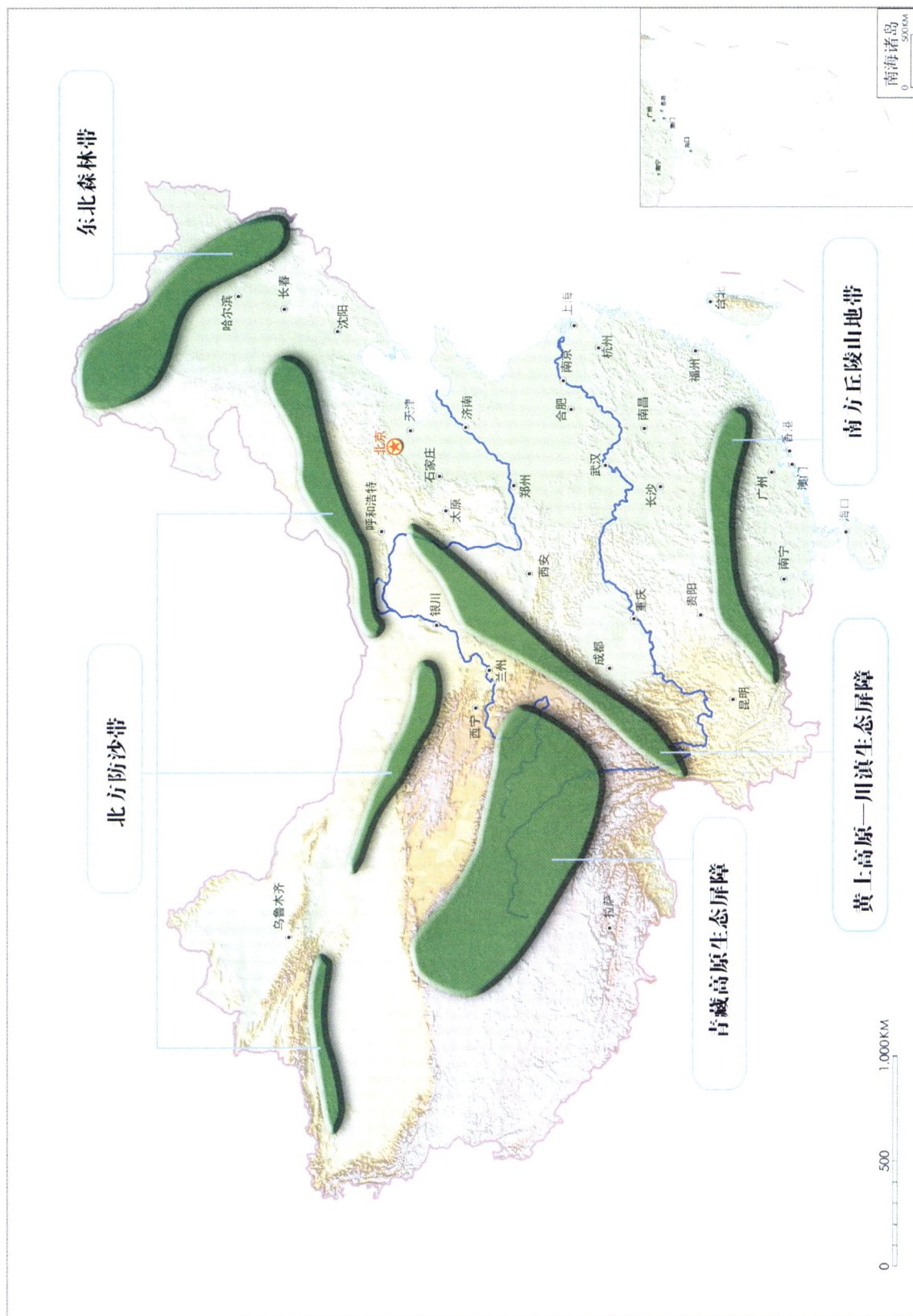

东北森林带

南方丘陵山地带

北方防沙带

黄土高原—川滇生态屏障

青藏高原生态屏障

专栏 12　生态保护和修复重点工程

01	**天然林资源保护二期工程** 对天然林资源保护工程区内 1.07 亿公顷森林进行全面有效管护,加强公益林建设和后备森林资源培育。
02	**退耕还林还草** 在重点生态脆弱区和重要生态区位继续实施退耕还林还草,重点治理 25 度以上坡耕地。
03	**防护林体系建设** 继续实施"三北"、沿海、长江流域、珠江流域等防护林工程,增加森林植被。
04	**京津风沙源治理** 完成一期工程,启动二期工程,进一步治理沙化土地。
05	**重点自然生态系统保护** 依法划建一批国家级沙化土地封禁保护区,开展野生动植物保护及自然保护区建设,加强湿地保护与恢复。
06	**草原生态保护与建设** 实施退牧还草、南方草原开发利用和草原防灾减灾等工程,建设草原围栏,改良草原 3 亿亩,人工种草 1.5 亿亩。
07	**水土保持与河湖生态修复** 继续实施国家水土保持重点工程,开展坡耕地综合整治,实施三峡、丹江口库区等重点地区水土保持,新增水土流失治理面积 25 万平方公里。加强石羊河、塔里木河等河湖的综合治理与修复及准噶尔盆地南缘防沙治沙工程建设,推进敦煌水资源合理利用与生态保护。
08	**岩溶地区石漠化综合治理** 逐步扩大石漠化综合治理试点县规模,通过加强林草植被保护和建设、合理开发利用草地资源等措施,加大石漠化综合治理力度。
09	**黄土高原地区综合治理** 通过水土保持及土地整治、森林植被保护和建设、草食畜牧业发展等措施,加大水土流失以及荒漠化严重地区综合治理力度。
10	**西藏生态安全屏障保护与建设** 通过天然植被保护、退牧还草、防沙治沙、水土保持等措施,使全区 30% 以上中度和重度退化草地得到有效治理,重点区域 30% 的可治理沙化土地和 20% 的水力侵蚀面积得到治理。
11	**三江源自然保护区生态保护与建设** 保护和恢复林草植被,遏制草地植被退化、沙化,增强保持水土、涵养水源能力。
12	**祁连山水源涵养区生态保护和综合治理** 加强森林、草原、湿地的保护和修复,增强生态系统稳定性,涵养水源,保持水土。
13	**甘南黄河重要水源补给生态功能区生态保护与建设** 通过退牧还草、沙化草原综合治理、草原鼠虫害综合防治等措施,提高黄河水源涵养能力。
14	**青藏高原东南缘生态环境保护** 实施森林、草原、湿地生态系统保护与建设工程,治理沙化面积 250 万亩。

第二十六章　加强水利和防灾减灾体系建设

加强水利基础设施建设,在继续推进大江大河治理基础上,积极开展重要支流、湖泊和中小河流治理,增强城乡供水和防洪能力。健全防灾减灾体系,增强抵御自然灾害能力。

第一节　提高供水保障能力

完善南北调配、东西互济、河库联调的水资源调配体系,建设一批跨流域调水和骨干水源工程,统筹推进中小微型水源工程建设,增加水资源供给和储备能力。推动解决西南等地区工程性缺水和西北等地区资源性缺水问题。新增年供水能力400亿立方米。加强雨洪资源和云水资源利用。推进水文水资源管理基础设施和重大水利工程调度管理系统建设。

第二节　增强防洪能力

继续加强淮河、长江、黄河、洞庭湖、鄱阳湖等大江大河大湖治理和重要蓄滞洪区建设,建成一批控制性枢纽工程,提高重点防洪保护区的防洪能力。加大中小河流堤防建设和河道整治力度,基本完成流域面积200平方公里以上有防洪任务的重点中小河流治理。加快病险水库和水闸除险加固,消除安全隐患,增强防洪能力。加强海堤达标建设和重要河口综合治理。搞好跨界河流国土防护治理。

第三节　加强山洪地质气象地震灾害防治

提高山洪、地质灾害防治能力,加快建立灾害调查评价体系、监测预警体系、防治体系、应急体系,加快实施搬迁避让和重点治理。加强重点时段、重点地区山洪地质灾害防治,对滑坡、泥石流等重点突发性地质灾害隐患实施监测预警和综合治理示范,开展重要城市和地区地面沉降、地裂缝等缓变性地质灾害的综合治理。加强气象灾害监测预警预报和信息发布系统建设。提高地震监测分析与震灾防御能力。

专栏13　水利和防灾减灾重点工程

01　城乡水源及供水工程
完成南水北调东、中线一期主体和配套工程建设,加快建设贵州黔中引水、青海引大济湟调水总干渠等重点水资源调配工程。加快推进云南滇中引水、陕西引汉济渭、吉林中部引水、安徽引江济巢等调水工程前期工作。建成西藏旁多、云南小中甸、辽宁青山、四川小井沟、海南红岭、江西浯溪口等一批大型水库以及西南等地区一批中型水库。

02　大江大河大湖和中小河流治理工程
继续推进淮河干流扩大行洪能力、长江中下游河势控制、黄河宁蒙河段治理及下游河段治理等河道整治和堤防建设,加快四川亭子口、湖南涔天河、江西峡江、广西大藤峡、河南河口村等流域控制性枢纽工程建设,加强洞庭湖、鄱阳湖重点圩垸整治,加强海堤达标建设和重要河口治理。加强中小河流治理,优先治理洪涝灾害易发、人口密集、保护对象重要的河流及河段。

03　地质灾害防治工程
完成特大型地质灾害隐患点的治理。对地质灾害隐患点实施居民搬迁。建设地质灾害隐患点监测预警系统。

第七篇　创新驱动　实施科教兴国
战略和人才强国战略

全面落实国家中长期科技、教育、人才规划纲要,大力提高科技创新能力,加快教育改革发展,发挥人才资源优势,推进创新型国家建设。

第二十七章　增强科技创新能力

坚持自主创新、重点跨越、支撑发展、引领未来的方针,加快建设国家创新体系,着力提高企业创新能力,促进科技成果向现实生产力转化,推动经济发展更多依靠科技创新驱动。

第一节　推进重大科学技术突破

把握科技发展趋势,超前部署基础研究和前沿技术研究,推动重大科学发现和新学科产生,在物质科学、生命科学、空间科学、地球科学、纳米科技等领域抢占未来科技竞争制高点。促进科技进步与产业升级、民生改善紧密结合,面向经济社会发展重大需求,在现代农业、装备制造、生态环保、能源资源、信息网络、新型材料、公共安全和健康等领域取得新突破。加快实施国家重大科技专项,增强共性、核心技术突破能力。

第二节　加快建立以企业为主体的技术创新体系

深化科技体制改革,促进全社会科技资源高效配置和综合集成。重点引导和支持创新要素向企业集聚,加大政府科技资源对企业的支持力度,加快建立以企业为主体、市场为导向、产学研相结合的技术创新体系,使企业真正成为研究开发投入、技术创新活动、创新成果应用的主体。增强科研院所和高校创新动力,鼓励大型企业加大研发投入,激发中小企业创新活力,推动建立企业、科研院所和高校共同参与的创新战略联盟,发挥企业家和科技领军人才在科技创新中的重要作用。加强军民科技资源集成融合,鼓励发展科技中介服务,提高服务企业能力。发挥国家创新型城市、自主创新示范区、高新区的集聚辐射带动作用,加快形成若干区域创新中心,把北京中关村逐步建设成为具有全球影响力的科技创新中心。

第三节　加强科技基础设施建设

围绕增强原始创新、集成创新和引进消化吸收再创新能力,强化基础性、前沿性技术和共性技术研究平台建设,建设和完善国家重大科技基础设施,加强相互配套、开放共享和高效利用。在重点学科和战略高技术领域新建若干国家科学中心、国家(重点)实验室,构建国家科技基础条件平台。在关键产业技术领域建设一批国家工程实验室,优化国家工程中心建设布局。加强企业技术中心建设,支持面向企业的技术开发平台和技术创新服务平台建设。深入实施全民科学素质行动计划,加强科普基础设施建设,强化面向公众的科学普及。

第四节　强化科技创新支持政策

强化支持企业创新和科研成果产业化的财税金融政策。保持财政科技经费投入稳定增长,加大政府对基础研究投入,深化科研经费管理制度改革。全面落实企业研发费用加计扣除等促进技术进步的税收激励政策。实施知识产权质押等鼓励创新的金融政策。建立健全技术产权交易市场。实施知识产权战略,完善知识产权法律制度,加强知识产权的创造、运用、保护和管理,加大知识产权执法力度。鼓励采用和推广具有自主知识产权的技术标准。完善科技成果评价奖励制度,加强科研诚信建设。

专栏 14　科技创新能力建设重点
01　重大科技专项 继续实施核心电子器件、高端通用芯片及基础软件，极大规模集成电路制造技术及成套工艺，新一代宽带无线移动通信，高档数控机床与基础制造技术，大型油气田及煤层气开发，大型先进压水堆及高温气冷堆核电站，水体污染控制与治理，转基因生物新品种培育，重大新药创制，艾滋病和病毒性肝炎等重大传染病防治，大型飞机，高分辨率对地观测系统，载人航天与探月工程等。
02　重点科技计划 实施重点基础研究发展计划（973 计划）、高技术研究发展计划（863 计划）、科技支撑计划和国家自然科学基金，实施蛋白质、量子调控、纳米、发育与生殖研究等重大科学研究计划。
03　科学研究设施 建设自由电子激光、散裂中子源等国家重大科技基础设施。
04　知识创新工程 建设凝聚态物理、数学与复杂系统、地球与环境、空间及海洋等科学中心，建设清洁能源、绿色智能制造、小卫星及空间感知、大陆及海洋深部勘探技术等研发基地。
05　技术创新工程 建设新能源汽车、碳纤维复合材料、数字家庭网络等国家工程中心和工程实验室，强化企业技术中心、创新型企业和产业技术创新战略联盟，培育自主创新百强企业。

第二十八章　加快教育改革发展

全面贯彻党的教育方针，保障公民依法享有受教育的权利，办好人民满意的教育。按照优先发展、育人为本、改革创新、促进公平、提高质量的要求，推动教育事业科学发展，提高教育现代化水平。

第一节　统筹发展各级各类教育

积极发展学前教育，学前一年毛入园率提高到85％。巩固九年义务教育普及成果，全面提高质量和水平。基本普及高中阶段教育，推动普通高中多样化发展。大力发展职业教育，加快发展面向农村的职业教育。全面提高高等教育质量，加快世界一流大学、高水平大学和重点学科建设，扩大应用型、复合型、技能型人才培养规模。重视和支持民族教育发展，推进"双语教学"。关心和支持特殊教育。加快发展继续教育，建设全民学习、终身学习的学习型社会。

第二节　大力促进教育公平

合理配置公共教育资源，重点向农村、边远、贫困、民族地区倾斜，加快缩小教育差距。促进义务教育均衡发展，统筹规划学校布局，推进义务教育学校标准化建设。实行县（市）域内城乡中小学教师编制和工资待遇同一标准，以及教师和校长交流制度。取消义务教育阶段重点校和重点班。新增高校招生计划向中西部倾斜，扩大东部高校在中西部地区招生规模，创新东西部高校校际合作机制。改善特殊教育学校办学条件，逐步实行残疾学生高中阶段免费教育。健全国家资助制度，扶助经济困难家庭学生完成学业。

第三节 全面实施素质教育

遵循教育规律和学生身心发展规律,坚持德育为先、能力为重,改革教学内容、方法和评价制度,促进学生德智体美全面发展。建立国家义务教育质量基本标准和监测制度,切实减轻中小学生课业负担。全面实施高中学业水平考试和综合素质评价,克服应试教育倾向。实行工学结合、校企合作、顶岗实习的职业教育培养模式,提高学生就业的技能和本领。全面实施高校本科教学质量和教学改革工程,健全教学质量保障体系。完善研究生培养机制。严格教师资质,加强师德师风建设,提高校长和教师专业化水平,鼓励优秀人才终身从教。

第四节 深化教育体制改革

改进考试招生办法,逐步形成分类考试、综合评价、多元录取的制度。加快建设现代学校制度,推进政校分开、管办分离。落实和扩大学校办学自主权。进一步明确中央和地方责任,加强省级政府教育统筹。鼓励引导社会力量兴办教育,落实民办学校与公办学校平等的法律地位,规范办学秩序。扩大教育开放,加强国际交流合作和引进优质教育资源。健全以政府投入为主、多渠道筹集教育经费的体制,2012 年财政性教育经费支出占国内生产总值比例达到 4%。

专栏15 教育发展重点工程
01 义务教育学校标准化建设 改造义务教育阶段薄弱学校,实现城乡中小学校舍、师资、设备、图书、体育场地基本达标。
02 义务教育教师队伍建设 实施农村义务教育学校教师特设岗位计划,加强教师全员培训和农村学校薄弱学科教师队伍建设。建设边远艰苦地区教师周转宿舍。
03 农村学前教育推进 重点支持中西部贫困地区乡村幼儿园建设,基本普及学前一年教育。
04 职业教育基础能力建设 支持职业教育实训基地、中高等职教示范学校建设,加强"双师型"教师队伍建设。
05 高等教育质量提升 继续实施"985 工程"和"211 工程"。实施中西部高等教育振兴计划。
06 民族教育发展 支持边境县和民族自治地方贫困县高中阶段学校建设。加强民族地区双语教师培训。支持民族院校建设。
07 特殊教育学校建设 新建、改扩建一批特殊教育学校,配备必要的教学生活、康复训练设施。
08 经济困难家庭学生资助 改善民族地区、贫困地区农村小学生营养状况,提高农村经济困难寄宿生生活补助标准,完善助学体系。
09 教育信息化建设 支持农村学校信息基础设施建设,建设国家数字化教学资源库和公共服务平台。
10 教育国际交流合作 实施留学中国计划。办好一批示范性中外合作学校和研究机构。鼓励海外办学。支持孔子学院建设。

第二十九章　造就宏大的高素质人才队伍

大力实施人才强国战略,坚持服务发展、人才优先、以用为本、创新机制、高端引领、整体开发的指导方针,加强现代化建设需要的各类人才队伍建设,为加快转变经济发展方式、实现科学发展提供人才保证。

第一节　突出培养造就创新型科技人才

围绕提高科技创新能力、建设创新型国家,以高层次创新型科技人才为重点,造就一批世界水平的科学家、科技领军人才、工程师和高水平创新团队。创新教育方式,突出培养学生科学精神、创造性思维和创新能力。加强实践培养,依托国家重大科研项目和重大工程、重点学科和重点科研基地、国际学术交流合作项目,建设高层次创新型科技人才培养基地。注重培养一线创新人才和青年科技人才。积极引进和用好海外高层次创新创业人才。

第二节　促进各类人才队伍协调发展

大力开发装备制造、生物技术、新材料、航空航天、国际商务、能源资源、农业科技等经济领域和教育、文化、政法、医药卫生等社会领域急需紧缺专门人才,统筹推进党政、企业经营管理、专业技术、高技能、农村实用、社会工作等各类人才队伍建设,实现人才数量充足、结构合理、整体素质和创新能力显著提升,满足经济社会发展对人才的多样化需求。

第三节　营造优秀人才脱颖而出的环境

坚持党管人才原则。建立健全政府宏观管理、市场有效配置、单位自主用人、人才自主择业的体制机制。建立人才工作目标责任制。推动人才管理部门职能转变,规范行政行为,扩大和落实单位用人自主权。深化国有企业和事业单位人事制度改革。创新人才管理体制和人才培养开发、评价发现、选拔任用、流动配置和激励保障机制,营造尊重人才,有利于优秀人才脱颖而出和充分发挥作用的社会环境。改进人才服务和管理方式,落实国家重大人才政策,抓好重大人才工程,推动人才事业全面发展。

专栏16　重大人才工程

　　(1)创新人才推进计划;(2)青年英才开发计划;(3)企业经营管理人才素质提升工程;(4)高素质教育人才培养工程;(5)文化名家工程;(6)全民健康卫生人才保障工程;(7)海外高层次人才引进计划;(8)专业技术人才知识更新工程;(9)国家高技能人才振兴计划;(10)现代农业人才支撑计划;(11)边远贫困地区、边疆民族地区和革命老区人才支持计划;(12)高校毕业生基层培养计划。

第八篇 改善民生 建立健全基本公共服务体系

坚持民生优先,完善就业、收入分配、社会保障、医疗卫生、住房等保障和改善民生的制度安排,推进基本公共服务均等化,努力使发展成果惠及全体人民。

第三十章 提升基本公共服务水平

坚持以人为本、服务为先,履行政府公共服务职责,提高政府保障能力,逐步缩小城乡区域间基本公共服务差距。

第一节 建立健全基本公共服务体系

明确基本公共服务范围和标准,加快完善公共财政体制,保障基本公共服务支出,强化基本公共服务绩效考核和行政问责。合理划分中央与地方管理权限,健全地方政府为主、统一与分级相结合的公共服务管理体制。

专栏17 "十二五"时期基本公共服务范围和重点
01 公共教育 ①九年义务教育免费,农村义务教育阶段寄宿制学校免住宿费,并为经济困难家庭寄宿生提供生活补助;②对农村学生、城镇经济困难家庭学生和涉农专业学生实行中等职业教育免费;③为经济困难家庭儿童、孤儿和残疾儿童接受学前教育提供补助。
02 就业服务 ①为城乡劳动者免费提供就业信息、就业咨询、职业介绍和劳动调解仲裁;②为失业人员、农民工、残疾人、新成长劳动力免费提供基本职业技能培训;③为就业困难人员和零就业家庭提供就业援助。
03 社会保障 ①城镇职工和居民享有基本养老保险,农村居民享有新型农村社会养老保险;②城镇职工和居民享有基本医疗保险,农村居民享有新型农村合作医疗;③城镇职工享有失业保险、工伤保险、生育保险;④为城乡困难群体提供最低生活保障、医疗救助、殡葬救助等服务;⑤为孤儿、残疾人、五保户、高龄老人等特殊群体提供福利服务。
04 医疗卫生 ①免费提供居民健康档案、预防接种、传染病防治、儿童保健、孕产妇保健、老年人保健、健康教育、高血压等慢性病管理、重性精神疾病管理等基本公共卫生服务;②实施艾滋病防治、肺结核防治、农村妇女孕前和孕早期补服叶酸、农村妇女住院分娩补助、农村妇女宫颈癌乳腺癌检查、贫困人群白内障复明等重大公共卫生服务专项;③实施国家基本药物制度,基本药物均纳入基本医疗保障药物报销目录。
05 人口计生 ①提供免费避孕药具、孕前优生健康检查、生殖健康技术和宣传教育等计划生育服务;②免费为符合条件的育龄群众提供再生育技术服务。
06 住房保障 ①为城镇低收入住房困难家庭提供廉租住房;②为城镇中等偏下收入住房困难家庭提供公共租赁住房。
07 公共文化 ①基层公共文化、体育设施免费开放;②农村广播电视全覆盖,为农村免费提供电影放映、送书送报送戏等公益性文化服务。

08	基础设施
	①行政村通公路和客运班车，城市建成区公共交通全覆盖；②行政村通电，无电地区人口全部用上电；③邮政服务做到乡乡设所、村村通邮。
09	环境保护
	①县县具备污水、垃圾无害化处理能力和环境监测评估能力；②保障城乡饮用水水源地安全。

第二节　创新公共服务供给方式

改革基本公共服务提供方式，引入竞争机制，扩大购买服务，实现提供主体和提供方式多元化。推进非基本公共服务市场化改革，放宽市场准入，鼓励社会资本以多种方式参与，增强多层次供给能力，满足群众多样化需求。

第三十一章　实施就业优先战略

坚持把促进就业放在经济社会发展的优先位置，健全劳动者自主择业、市场调节就业、政府促进就业相结合的机制，创造平等就业机会，提高就业质量，努力实现充分就业。

第一节　实施更加积极的就业政策

大力发展劳动密集型产业、服务业和小型微型企业，千方百计扩大就业创业规模。完善税费减免、岗位补贴、培训补贴、社会保险补贴、技能鉴定补贴等政策，促进高校毕业生、农村转移劳动力、城镇就业困难人员就业。完善和落实小额担保贷款、财政贴息、场地安排等鼓励自主创业政策，促进各类群体创业带动就业。建立健全政府投资和重大项目建设带动就业机制。完善就业援助政策，多渠道开发公益性岗位。鼓励开展对外劳务合作。

第二节　加强公共就业服务

健全统一规范灵活的人力资源市场，完善城乡公共就业服务体系，推动就业信息全国联网，为劳动者提供优质高效的就业服务。健全面向全体劳动者的职业培训制度，加强职业技能培训能力建设。对未能升学的应届初高中毕业生等新成长劳动力普遍实行劳动预备制培训。足额提取并合理使用企业职工教育培训经费，鼓励企业开展职工岗位技能培训。加强创业培训，将有创业愿望和培训需求的人员纳入培训范围。完善城镇调查失业率统计，健全失业监测预警制度，开展就业需求预测。

第三节　构建和谐劳动关系

健全协调劳动关系三方机制，发挥政府、工会和企业作用，努力形成企业和职工利益共享机制，建立规范有序、公正合理、互利共赢、和谐稳定的劳动关系。全面推行劳动合同制度，不断扩大集体合同覆盖面。全面推进劳动用工备案制度。规范劳务派遣用工。改善劳动条件，加快劳动标准体系建设，加强劳动定额标准管理。完善劳动争议处理机制，加强劳动争议调解仲裁，加大劳动保障监察执法力度,切实维护劳动者权益。

第三十二章 合理调整收入分配关系

坚持和完善按劳分配为主体、多种分配方式并存的分配制度,初次分配和再分配都要处理好效率和公平的关系,再分配更加注重公平,加快形成合理有序的收入分配格局,努力提高居民收入在国民收入分配中的比重,提高劳动报酬在初次分配中的比重,尽快扭转收入差距扩大趋势。

第一节 深化工资制度改革

按照市场机制调节、企业自主分配、平等协商确定、政府监督指导的原则,形成反映劳动力市场供求关系和企业经济效益的工资决定机制和增长机制。健全工资支付保障机制。完善最低工资和工资指导线制度,逐步提高最低工资标准,建立企业薪酬调查和信息发布制度,积极稳妥扩大工资集体协商覆盖范围。改革国有企业工资总额管理办法,加强对部分行业工资总额和工资水平的双重调控,缩小行业间工资水平差距。完善公务员工资制度。完善符合事业单位特点、体现岗位绩效和分级分类管理的事业单位收入分配制度。

第二节 健全资本、技术、管理等要素参与分配制度

完善公开、公平、公正的公共资源出让制度,建立国有土地、海域、森林、矿产等公共资源出让收益全民共享机制,出让收益主要用于公共服务支出。扩大国有资本收益上交范围,提高上交比例,统一纳入公共财政。完善股份制企业特别是上市公司分红制度。创造条件增加城乡居民财产性收入。保障技术成果在收入分配中的应得份额。建立健全根据经营管理绩效、风险和责任确定薪酬的制度,严格规范国有企业、国有控股金融机构经营管理人员特别是高层管理人员的收入,严格控制职务消费。

第三节 加快完善再分配调节机制

加快健全以税收、社会保障、转移支付为主要手段的再分配调节机制。合理调整个人所得税税基和税率结构,提高工资薪金所得费用扣除标准,减轻中低收入者税收负担,加大对高收入者的税收调节力度。逐步建立健全财产税制度。调整财政支出结构,提高公共服务支出比重,加大社会保障投入,较大幅度提高居民转移性收入。

第四节 整顿和规范收入分配秩序

健全法律法规,强化政府监管,加大执法力度,加快形成公开透明、公正合理的收入分配秩序。保护合法收入,坚决取缔非法收入。清理规范国有企业和机关事业单位工资外收入、非货币性福利等。加强政府非税收入管理,清理规范各种行政事业性收费和政府性基金。加快收入信息监测系统建设。建立收入分配统筹协调机制。

第三十三章　　健全覆盖城乡居民的社会保障体系

坚持广覆盖、保基本、多层次、可持续方针,加快推进覆盖城乡居民的社会保障体系建设,稳步提高保障水平。

第一节　加快完善社会保险制度

实现新型农村社会养老保险制度全覆盖。完善实施城镇职工和居民养老保险制度,全面落实城镇职工基本养老保险省级统筹,实现基础养老金全国统筹,切实做好城镇职工基本养老保险关系转移接续工作。逐步推进城乡养老保障制度有效衔接。推动机关事业单位养老保险制度改革。发展企业年金和职业年金。扩大工伤保险覆盖面,提高保障水平,健全预防、补偿、康复相结合的工伤保险制度。完善失业、生育保险制度。发挥商业保险补充性作用。继续通过划拨国有资产、扩大彩票发行等渠道充实全国社会保障基金,积极稳妥推进养老基金投资运营。

第二节　加强社会救助体系建设

完善城乡最低生活保障制度,规范管理,分类施保,实现应保尽保。健全低保标准动态调整机制,合理提高低保标准和补助水平。加强城乡低保与最低工资、失业保险和扶贫开发等政策的衔接。提高农村五保供养水平。做好自然灾害救助工作。完善临时救助制度,保障低保边缘群体的基本生活。

第三节　积极发展社会福利和慈善事业

以扶老、助残、救孤、济困为重点,逐步拓展社会福利的保障范围,推动社会福利由补缺型向适度普惠型转变,逐步提高国民福利水平。坚持家庭、社区和福利机构相结合,逐步健全社会福利服务体系,推动社会福利服务社会化。加强残疾人、孤儿福利服务。加强优抚安置工作。加快发展慈善事业,增强全社会慈善意识,积极培育慈善组织,落实并完善公益性捐赠的税收优惠政策。

第三十四章　　完善基本医疗卫生制度

按照保基本、强基层、建机制的要求,增加财政投入,深化医药卫生体制改革,建立健全基本医疗卫生制度,加快医疗卫生事业发展,优先满足群众基本医疗卫生需求。

第一节　加强公共卫生服务体系建设

完善重大疾病防控等专业公共卫生服务网络。逐步提高人均基本公共卫生服务经费标准,扩大国家基本公共卫生服务项目,实施重大公共卫生服务专项,积极预防重大传染病、慢性病、职业病、地方病和精神疾病,提高重大突发公共卫生事件处置能力。逐步建立农村医疗急救网络。普及健康教育,实施国民健康行动计划。全面推行公共场所禁烟。70%以上的城乡居民建立电子健康档案。孕产妇死亡率降到 22/10 万,婴儿死亡率降到 12‰。

第二节 加强城乡医疗服务体系建设

加强以县医院为龙头、乡镇卫生院和村卫生室为基础的农村三级医疗卫生服务网络建设,完善以社区卫生服务为基础的新型城市医疗卫生服务体系,新增医疗卫生资源重点向农村和城市社区倾斜。大力推进基层医疗卫生机构综合改革,建立多渠道补偿机制,形成新的运行机制。加强以全科医生为重点的基层医疗卫生队伍建设,完善鼓励全科医生长期在基层服务政策,每万人口全科医师数达到 2 人。加快推行分级诊疗、双向转诊制度,形成各类城市医院和基层医疗机构分工协作格局。完善区域卫生规划,鼓励和引导社会资本举办医疗机构,放宽社会资本和外资举办医疗机构的准入范围,形成多元办医格局。

第三节 健全医疗保障体系

健全覆盖城乡居民的基本医疗保障体系,进一步完善城镇职工基本医疗保险、城镇居民基本医疗保险、新型农村合作医疗和城乡医疗救助制度。逐步提高城镇居民医保和新农合人均筹资标准及保障水平并缩小差距。提高城镇职工医保、城镇居民医保、新农合最高支付限额和住院费用支付比例,全面推进门诊统筹。做好各项制度间的衔接,整合经办资源,逐步提高统筹层次,加快实现医保关系转移接续和医疗费用异地就医结算。全面推进基本医疗费用即时结算,改革付费方式。积极发展商业健康保险,完善补充医疗保险制度。

第四节 完善药品供应保障体系

建立和完善以国家基本药物制度为基础的药品供应保障体系。基层医疗卫生机构全面实施国家基本药物制度,其他医疗卫生机构逐步实现全面配备、优先使用基本药物。建立基本药物目录动态调整机制,完善价格形成机制和动态调整机制。提高基本药物实际报销水平。加强药品生产管理,整顿药品流通秩序,规范药品集中采购和医疗机构合理用药。

第五节 积极稳妥推进公立医院改革

坚持公立医院的公益性质,积极探索政事分开、管办分开、医药分开、营利性和非营利性分开的有效形式。推进现代医院管理制度,建立科学合理的用人机制和分配制度。改革公立医院补偿机制,积极推进支付方式改革。以病人为中心大力改进公立医院内部管理,优化服务流程,规范诊疗行为,改善医患关系,方便群众就医。推进注册医师多点执业,建立住院医师规范化培训制度。注重调动医务人员积极性。

第六节 支持中医药事业发展

坚持中西医并重,发展中医医疗和预防保健服务,推进中医药继承与创新,重视民族医药发展。发展中医药教育,加强中医医疗机构和中医药人才队伍建设。加强中药资源保护、研究开发和合理利用,推进质量认证和标准建设。医疗保障政策和基本药物政策要鼓励中医药服务的提供和使用。

专栏 18 医疗卫生重点工程	
01 基本医疗保障体系	提高城乡三项基本医疗保险参保率,提高筹资和保障能力,实现全民享有基本医疗保障。
02 公共卫生服务体系	改善卫生监督、精神卫生、农村应急救治等专业卫生服务机构基础设施条件。
03 医疗服务体系	推进基层医疗卫生机构标准化建设,提高县级医院(含中医院)服务能力,加强省级妇儿专科医院、边远地区地市级综合医院、县级中医医院建设。
04 全科医生培养基地	建成一批标准化的全科医生培养基地,通过转岗和规范化培训途径培养15万名全科医生。
05 医药卫生信息化	推进基层医疗卫生信息化建设。建设三级医院与县级医院远程医疗系统,加强公立医院信息化建设。

第三十五章　提高住房保障水平

坚持政府调控和市场调节相结合,加快完善符合国情的住房体制机制和政策体系,逐步形成总量基本平衡、结构基本合理、房价与消费能力基本适应的住房供需格局,实现广大群众住有所居。

第一节　健全住房供应体系

立足保障基本需求、引导合理消费,加快构建以政府为主提供基本保障、以市场为主满足多层次需求的住房供应体系。对城镇低收入住房困难家庭,实行廉租住房制度。对中等偏下收入住房困难家庭,实行公共租赁住房保障。对中高收入家庭,实行租赁与购买商品住房相结合的制度。建立健全经济、适用、环保和节约资源的住房标准体系,倡导符合国情的住房消费模式。

第二节　加大保障性住房供给

强化各级政府责任,加大保障性安居工程建设力度,基本解决保障性住房供应不足的问题。多渠道筹集廉租房房源,完善租赁补贴制度。重点发展公共租赁住房,逐步使其成为保障性住房的主体。加快各类棚户区改造,规范发展经济适用住房。建立稳定投入机制,加大财政资金、住房公积金贷款、银行贷款的支持力度,引导社会力量参与保障性住房建设运营。加强保障性住房管理,制定公平合理、公开透明的保障性住房配租政策和监管程序,严格规范准入、退出管理和租费标准。

第三节　改善房地产市场调控

进一步落实地方政府责任和问责机制,把保障基本住房、稳定房价和加强市场监管纳入各地经济社会发展的工作目标,由省级人民政府负总责,市、县级人民政府负直接责任。完善土地供应政策,增加住房用地供应总量,优先安排保障性住房用地,有效扩大普通商品住房供给。健全差别化住房信贷、税收政策,合理引导自住和改善性住房需求,有效遏制投机投资性购房。加快制定基本住房保障法,修订完善城市房地产管理法等相关法律法规。完善住房公积金制度,加强管理和扩大覆盖范围。加强市场监管,规范房地产市场秩序。加快住房信息系统建设,完善信息发布制度。

第三十六章　全面做好人口工作

控制人口总量,提高人口素质,优化人口结构,促进人口长期均衡发展。

第一节　加强计划生育服务

坚持计划生育基本国策,逐步完善政策。完善计划生育家庭优先优惠政策体系,提高家庭发展能力。提高计划生育家庭奖励扶助金、"少生快富"工程奖励金和特别扶助金的标准,扩大范围并建立动态调整机制。继续推进人口和计划生育服务体系建设,拓展服务范围。综合治理出生人口性别比偏高问题。加大出生缺陷预防力度,做好健康教育、优生咨询、高危人群指导、孕前筛查、营养素补充等服务工作,降低出生缺陷发生率和农村5岁以下儿童生长迟缓率。加强流动人口计划生育服务管理。

第二节　促进妇女全面发展

落实男女平等基本国策,实施妇女发展纲要,全面开发妇女人力资源,切实保障妇女合法权益,促进妇女就业创业,提高妇女参与经济发展和社会管理能力。加强妇女劳动保护、社会福利、卫生保健、扶贫减贫及法律援助等工作,完善性别统计制度,改善妇女发展环境。严厉打击暴力侵害妇女、拐卖妇女等违法犯罪行为。

第三节　保障儿童优先发展

坚持儿童优先原则,实施儿童发展纲要,依法保障儿童生存权、发展权、受保护权和参与权。改善儿童成长环境,提升儿童福利水平,消除对女童的歧视,促进儿童身心健康发展。加强婴幼儿早期启蒙教育和独生子女社会行为教育。切实解决留守儿童教育、孤残儿童、艾滋病孤儿和流浪未成年人救助等问题。严厉打击拐卖儿童、弃婴等违法犯罪行为。

第四节　积极应对人口老龄化

建立以居家为基础、社区为依托、机构为支撑的养老服务体系。加快发展社会养老服务,培育壮大老龄事业和产业,加强公益性养老服务设施建设,鼓励社会资本兴办具有护理功能的养老服务机构,每千名老人拥有养老床位数达到30张。拓展养老服务领域,实现养老服务从基本生活照料向医疗健康、辅具配置、精神慰藉、法律服务、紧急援助等方面延伸。增加社区老年活动场所和便利化设施。开发利用老年人力资源。

第五节　加快残疾人事业发展

健全残疾人社会保障体系和服务体系,为残疾人生活和发展提供稳定的制度性保障。实施重点康复和托养工程、0～6岁残疾儿童抢救性康复工程和"阳光家园"计划,推进残疾人"人人享有康复服务"。大力开展残疾人就业服务和职业培训。加大对农村残疾人生产扶助和生活救助力度。丰富残疾人文化体育生活。构建辅助器具适配体系,推进无障碍建设。制定和实施国家残疾预防行动计划,有效控制残疾的发生和发展。

专栏19　改善民生行动计划
01　扩大城乡就业规模 城镇年均新增就业900万人,年均转移农业劳动力800万人。企业劳动合同签订率达到90%,集体合同签订率达到80%。
02　提高最低工资标准 最低工资标准年均增长13%以上。绝大多数地区最低工资标准达到当地城镇从业人员平均工资的40%以上。
03　提高养老保障水平 实现城镇职工基础养老金全国统筹。城镇参加基本养老保险人数新增1亿人。城镇职工基本养老金稳定增长,城镇60岁以上非就业居民享受基础养老金待遇。实现新型农村社会养老保险制度全覆盖,提高基础养老金水平。
04　提高医疗保障水平 城乡三项基本医疗保险参保人数新增6000万以上。财政对城镇居民基本医疗保险和新型农村合作医疗的补助标准逐步提高,政策范围内的医保基金支付水平提高到70%以上。
05　提高城乡低保标准 城乡居民最低生活保障标准年均增长10%以上。
06　减少农村贫困人口数量 加大扶贫投入,逐步提高扶贫标准,显著减少贫困人口数量。
07　减轻居民税收负担 "十二五"前期提高个人所得税工资薪金所得费用扣除标准,合理调整个人所得税税率结构,中后期建立健全综合与分类相结合的个人所得税制度。
08　实施城镇保障性安居工程 建设城镇保障性住房和棚户区改造住房3600万套(户),全国保障性住房覆盖面达到20%左右。土地出让净收益用于保障性住房建设、各类棚户区改造的比例不低于10%。
09　完善就业和社会保障服务体系 加强公共就业、社会保险、劳动监察和调解仲裁等服务设施建设。推行社会保障一卡通,全国统一的社会保障卡发放数量达到8亿张,覆盖60%人口。
10　增加国有资本收益用于民生支出 扩大国有资本收益上交范围,逐步提高国有资本收益上交比例,新增部分主要用于社会保障等民生支出。

第九篇　标本兼治　加强和创新社会管理

　　适应经济体制深刻变革、社会结构深刻变动、利益格局深刻调整、思想观念深刻变化的新形势,创新社会管理体制机制,加强社会管理能力建设,建立健全中国特色社会主义社会管理体系,确保社会既充满活力又和谐稳定。

第三十七章　创新社会管理体制

　　坚持多方参与、共同治理,统筹兼顾、动态协调的原则,完善社会管理格局,创新社会管理机制,形成社会管理和服务合力。

第一节   健全社会管理格局

按照健全党委领导、政府负责、社会协同、公众参与的社会管理格局的要求,加强社会管理法律、体制、能力建设。坚持党委的领导核心作用,总揽全局、把握方向、整合力量、统筹各方,提高引领社会、组织社会、管理社会、服务社会的能力。发挥政府的主导作用,强化社会管理和公共服务职能,建设服务型政府,提高服务型管理能力。发挥人民团体、基层自治组织、各类社会组织和企业事业单位的协同作用,推进社会管理的规范化、专业化、社会化和法制化。广泛动员和组织群众依法有序参与社会管理,培养公民意识,履行公民义务,实现自我管理、自我服务、自我发展。

第二节   创新社会管理机制

加快构建源头治理、动态管理和应急处置相结合的社会管理机制。加强源头治理,更加注重民生和制度建设,坚持科学民主依法决策,防止和减少社会问题的产生;加强动态管理,更加注重平等沟通和协商,解决群众合法合理诉求,及时化解社会矛盾;加强应急处置,更加注重应急能力建设,有效应对和妥善处置突发公共事件,最大限度地增加和谐因素,化解消极因素,激发社会活力。

第三十八章   强化城乡社区自治和服务功能

全面开展城市社区建设,积极推进农村社区建设,健全新型社区管理和服务体制,把社区建设成为管理有序、服务完善、文明祥和的社会生活共同体。

第一节   完善社区治理结构

健全社区党组织领导的基层群众自治制度,推进社区居民依法民主管理社区公共事务和公益事业,实现政府行政管理与基层群众自治有效衔接和良性互动。完善社区居民委员会组织体系,加强城乡结合部、城中村、流动人口聚居地等的社区居民委员会建设。积极培育社区服务性、公益性、互助性社会组织,发挥业主委员会、物业管理机构、驻区单位积极作用,引导各类社会组织、志愿者参与社区管理和服务。鼓励因地制宜创新社区管理和服务模式。

第二节   构建社区管理和服务平台

健全基层管理和服务体系,推动管理重心下移,延伸基本公共服务职能。规范发展社区服务站等专业服务机构,有效承接基层政府委托事项。以居民需求为导向,整合人口、就业、社保、民政、卫生、文化以及综治、维稳、信访等管理职能和服务资源,加快社区信息化建设,构建社区综合管理和服务平台。完善优秀人才服务社区激励机制,推进社区工作人员专业化、职业化。加快建立政府投入与社会投入相结合的经费保障机制。加强流动人口服务管理。

专栏20　城乡社区服务能力提升计划
01　社区综合服务平台建设 实施社区服务体系建设工程,因地制宜建设街道(乡镇)社区服务中心和城乡社区服务站,改善公共设施和服务用房。
02　社区信息化建设 建设集行政管理、社会事务、便民服务于一体的社区信息服务网络。社会保障卡信息服务落到城乡社区。
03　社区服务人才队伍建设 实施50万大学生服务城乡社区计划。社区服务人员普遍接受一次岗位培训。注册社区志愿者占居民人口10%以上。

第三十九章　加强社会组织建设

坚持培育发展和管理监督并重,推动社会组织健康有序发展,发挥其提供服务、反映诉求、规范行为的作用。

第一节　促进社会组织发展

改进社会组织管理,建立健全统一登记、各司其职、协调配合、分级负责、依法监管的社会组织管理体制。重点培育、优先发展经济类、公益慈善类、民办非企业单位和城乡社区社会组织。推动行业协会、商会改革和发展,强化行业自律,发挥沟通企业与政府的作用。完善扶持政策,推动政府部门向社会组织转移职能,向社会组织开放更多的公共资源和领域,扩大税收优惠种类和范围。

第二节　加强社会组织监管

完善法律监督、政府监督、社会监督、自我监督相结合的监管体系。健全法律法规,严格依法监管。建立社会组织监管机制和管理信息平台,制定社会组织行为规范和活动准则,提高政府监管效力。实行社会组织信息公开和评估制度,完善失信惩罚机制,强化社会监管。引导社会组织完善内部治理结构,提高自律性。

第四十章　完善维护群众权益机制

加强和完善党和政府主导的维护群众权益机制,形成科学有效的利益协调机制、诉求表达机制、矛盾调处机制和权益保障机制,切实维护群众合法权益。

第一节　拓宽社情民意表达渠道

完善公共决策的社会公示制度、公众听证制度和专家咨询论证制度,扩大公众参与程度。完善信访工作机制,注重民意收集与信息反馈,落实领导干部接待群众来访、处理群众信访制度。发挥人民团体、行业协会、大众传媒等的社会利益表达功能,发挥互联网通达社情民意新渠道作用,积极主动回应社会关切。

第二节　完善社会矛盾调解机制

完善化解社会矛盾的领导协调、排查预警、疏导转化、调解处置机制。加强人民调解、行政调解、司法调解联动,整合各方面力量,有效防范和化解劳动争议、征地拆迁、环境污染、食品药品安全、企业重组和破产等引发的社会矛盾。建立重大工程项目建设和重大政策制定的社会稳定风险评估机制。完善群众工作制度,依靠基层党政组织、行业管理组织、群众自治组织,充分发挥工会、共青团、妇联的作用,共同维护群众权益,兼顾好各方面群众关切,积极化解社会矛盾。

第四十一章　加强公共安全体系建设

适应公共安全形势变化的新特点,推动建立主动防控与应急处置相结合、传统方法与现代手段相结合的公共安全体系。

第一节　保障食品药品安全

制定和完善食品药品安全标准。建立食品药品质量追溯制度,形成来源可追溯、去向可查证、责任可追究的安全责任链。健全食品药品安全应急体系,强化快速通报和快速反应机制。加强食品药品安全风险监测评估预警和监管执法,提高监管的有效性和公信力。继续实施食品药品监管基础设施建设工程。加强检验检测、认证检查和不良反应监测等食品药品安全技术支撑能力建设。加强基层快速检测能力建设,整合社会检测资源,构建社会公共检测服务平台。强化基本药物监管,确保用药安全。

第二节　严格安全生产管理

落实企业安全生产责任制,建立健全企业安全生产预防机制。加强安全监管监察能力建设,严格安全目标考核与责任追究。健全安全技术标准体系,严格安全许可。实行重大隐患治理逐级挂牌督办和整改效果评价制度,深化煤矿、交通运输等领域安全专项治理。健全协调联动机制,严厉打击非法违法生产经营。防范治理粉尘与高毒物质等重大职业危害。开展安全科技攻关和装备研发,规范发展安全专业技术服务机构,加强对中小企业安全技术援助和服务。加强安全宣传教育与培训。单位国内生产总值生产安全事故死亡率下降36%,工矿商贸就业人员生产安全事故死亡率下降26%。

第三节　健全突发事件应急体系

坚持预防与应急并重、常态与非常态结合的原则,建立健全统一指挥、结构合理、反应灵敏、保障有力、运转高效的国家突发事件应急体系,提高危机管理和风险管理能力。健全应急管理组织体系,完善应急预案体系,强化基层应急管理能力。加强应急队伍建设,建立以专业队伍为基本力量,以公安、武警、军队为骨干和突击力量,以专家队伍、企事业单位专兼职队伍和志愿者队伍为辅助力量的应急队伍体系,提高生命救治能力。建立健全应急物资储备体系,加强综合管理,优化布局和方式,统筹安排实物储备和能力储备。建立健全应急教育培训体系。完善特大灾害国际救援机制。

第四节　完善社会治安防控体系

坚持打防结合、预防为主，专群结合、依靠群众的方针，完善社会治安防控体系，加强城乡社区警务、群防群治等基层基础建设，做好刑罚执行和教育矫治工作。完善和规范安全技术防范工作，广泛开展平安创建活动，加强社会治安综合治理。加强公共安全设施建设。建设国家人口基础信息库。加强特殊人群安置、救助、帮教、管理和医疗工作，加大社会治安薄弱环节、重点地区整治力度。加强情报信息、防范控制和快速处置能力，增强公共安全和社会治安保障能力。加强刑事犯罪预警工作，严密防范、依法打击各种违法犯罪活动，切实保障人民生命财产安全。严格公正廉洁执法，提高执法能力、执法水平和执法公信力。

第十篇　传承创新　推动文化大发展大繁荣

坚持社会主义先进文化前进方向，弘扬中华文化，建设和谐文化，发展文化事业和文化产业，满足人民群众不断增长的精神文化需求，充分发挥文化引导社会、教育人民、推动发展的功能，增强民族凝聚力和创造力。

第四十二章　提高全民族文明素质

全面持续有效地提高全民族文明素质，为现代化建设提供有力的思想保证、精神动力和智力支持。

第一节　建设社会主义核心价值体系

加强走中国特色社会主义道路和实现中华民族伟大复兴的理想信念教育，大力弘扬以爱国主义为核心的民族精神和以改革创新为核心的时代精神，努力践行社会主义荣辱观。倡导爱国守法、敬业诚信和勤俭节约，构建传承中华传统美德、符合社会主义精神文明要求、适应社会主义市场经济的道德和行为规范。深入推进社会公德、职业道德、家庭美德、个人品德建设。

第二节　拓展群众性精神文明创建活动

弘扬科学精神，加强人文关怀，注重心理疏导，培育奋发进取、理性平和、开放包容的社会心态。提倡修身律己、尊老爱幼、勤勉做事、平实做人，推动形成我为人人、人人为我的社会氛围。强化职业操守，支持创新创业，鼓励劳动致富，发扬团队精神。广泛开展志愿服务，建立完善社会志愿服务体系。

第三节　营造良好的社会文化环境

保护青少年身心健康，为青少年营造健康成长的空间。加强青少年文化活动场所建设，创造出更多青少年喜闻乐见、益智益德的文化作品，广泛开展面向青少年的各类文化体育活动。积极倡导企业文化建设,深化文明城市创建活动,推进农村乡风文明建设。切实加强文化市场监管,有效遏制违法有害信息传播。综合运用经济、教育、法律、行政、舆论手段,引导人们知荣辱、讲正气、尽义务,形成扶正祛邪、惩恶扬善的社会风气。

第四十三章　推进文化创新

适应群众文化需求新变化新要求,弘扬主旋律,提倡多样化,使精神文化产品和社会文化生活更加丰富多彩。

第一节　创新文化内容形式

立足当代中国实践,传承优秀民族文化,借鉴世界文明成果,反映人民主体地位和现实生活,创作生产更多思想深刻、艺术精湛、群众喜闻乐见的文化精品,扶持体现民族特色和国家水准的重大文化项目,研究设立国家艺术基金,提高文化产品质量。推进学科体系、学术观点、科研方法创新,大力推进哲学社会科学创新体系建设,实施哲学社会科学创新工程,繁荣发展哲学社会科学。

第二节　深化文化体制机制改革

加快推进公益性文化事业单位改革,探索建立事业单位法人治理结构,创新公共文化服务运行机制。深入推进经营性文化单位转企改制,建立现代企业制度。完善统一、开放、竞争、有序的现代文化市场体系,促进文化产品和要素在更大范围内合理流动。加快推进文化管理体制改革。建立健全符合文化企业特点的国有文化资产管理体制和运行机制。加快完善版权法律政策体系,提高版权执法监管能力,严厉打击各类侵权盗版行为。

第四十四章　繁荣发展文化事业和文化产业

坚持一手抓公益性文化事业、一手抓经营性文化产业,始终把社会效益放在首位,实现经济效益和社会效益有机统一。

第一节　大力发展文化事业

增强公共文化产品和服务供给。公共博物馆、图书馆、文化馆、纪念馆、美术馆等公共文化设施免费向社会开放。鼓励扶持少数民族文化产品创作生产。注重满足残疾人等特殊人群的公共文化服务需求。建立健全公共文化服务体系。以农村基层和中西部地区为重点,继续实施文化惠民工程。改善农村文化基础设施,支持老少边穷地区建设和改造文化服务网络。完善城市社区文化设施,促进基层文化资源整合和综合利用。广泛开展群众性文化活动。加强重要新闻媒体建设,重视互联网等新兴媒体建设、运用、管理,把握正确舆论导向,提高传播能力。加强文物、历史文化名城名镇名村、非物质文化遗产和自然遗产保护,拓展文化遗产传承利用途径。依法推进语言文字工作。建立国家文化艺术荣誉制度。

第二节　加快发展文化产业

推动文化产业成为国民经济支柱性产业,增强文化产业整体实力和竞争力。实施重大文化产业项目带动战略,加强文化产业基地和区域性特色文化产业群建设。推进文化产业结构调整,大力发展文化创意、影视制作、出版发行、印刷复制、演艺娱乐、数字内容和动漫等重点文化产业,培育骨干企业,扶持中小企业,鼓励文化企业跨地域、跨行业、跨所有制经营和重组,提高文化产业规模化、集约化、专业化水平。推进文化产业转型升级,推进文化科技创新,研发制定文化产业技术标准,提高技术装备水平,改造提升传统产业,培育发展新兴文化产业。加快中西部地区中小城市影院建设。鼓励和支持非公有制经济以多种形式进入文化产业领域,逐步形成以公有制为主体、多种所有制共同发展的产业格局。构建以优秀民族文化为主体、吸收外来有益文化的对外开放格局,积极开拓国际文化市场,创新文化"走出去"模式,增强中华文化国际竞争力和影响力,提升国家软实力。

专栏21　文化事业重点工程

01　公共文化服务体系建设工程
继续推进广播电视村村通、农家书屋工程、文化资源共享工程、"西新工程"、农村数字电影放映工程、边疆少数民族地区新闻出版东风工程建设。规划建设一批地市级公共图书馆、文化馆、博物馆。

02　文化和自然遗产保护工程
重点支持国家重大文化和自然遗产地、全国重点文物保护单位、中国历史文化名城名镇名村保护设施建设,推进非物质文化遗产保护利用设施建设试点。做好历史档案和文化典籍保护整理工作。

03　传播体系建设工程
重点加强媒体传播能力、民族文字出版和民族语言广播、文化传播渠道、国家应急广播体系建设。

04　重大文化设施建设
推进国家美术馆、中国工艺美术馆等一批代表国家文化形象的重点文化设施建设。

05　红色旅游重点景区建设
实施红色旅游二期规划,完善全国红色旅游经典景区配套基础设施,提升陈列布展水平。

第十一篇　改革攻坚　完善社会主义市场经济体制

以更大决心和勇气全面推进各领域改革,更加重视改革顶层设计和总体规划,明确改革优先顺序和重点任务,深化综合配套改革试验,进一步调动各方面积极性,尊重群众首创精神,大力推进经济体制改革,积极稳妥推进政治体制改革,加快推进文化体制、社会体制改革,在重要领域和关键环节取得突破性进展。

第四十五章　坚持和完善基本经济制度

坚持公有制为主体、多种所有制经济共同发展的基本经济制度,营造各种所有制经济依法平等使用生产要素、公平参与市场竞争、同等受到法律保护的体制环境。

第一节　深化国有企业改革

推进国有经济战略性调整,健全国有资本有进有退、合理流动机制,促进国有资本向关系国家安全和国民经济命脉的重要行业和关键领域集中。推动具备条件的国有大型企业实现整体上市,不具备整体上市条件的国有大型企业要加快股权多元化改革,有必要保持国有独资的国有大型企业要加快公司制改革,完善企业法人治理结构。推进铁路、盐业等体制改革,实现政企分开、政资分开。深化电力体制改革,稳步开展输配分开试点。继续推进电信、石油、民航和市政公用事业改革。稳步推进国有林场和国有林区管理体制改革。深化垄断行业改革,进一步放宽市场准入,形成有效竞争的市场格局。

第二节　完善国有资产管理体制

坚持政府公共管理职能和国有资产出资人职能分开,完善经营性国有资产管理和国有企业监管体制机制。探索实行公益性和竞争性国有企业分类管理。健全覆盖全部国有企业、分级管理的国有资本经营预算和收益分享制度,合理分配和使用国有资本收益。完善国有金融资产、行政事业单位资产和自然资源资产监管体制。

第三节　支持和引导非公有制经济发展

消除制约非公有制经济发展的制度性障碍,全面落实促进非公有制经济发展的政策措施。鼓励和引导民间资本进入法律法规未明文禁止准入的行业和领域,市场准入标准和优惠扶持政策要公开透明,不得对民间资本单独设置附加条件。鼓励和引导非公有制企业通过参股、控股、并购等多种形式,参与国有企业改制重组。完善鼓励非公有制经济发展的法律制度,优化外部环境,加强对非公有制企业的服务、指导和规范管理。改善对民间投资的金融服务。切实保护民间投资的合法权益。

第四十六章　推进行政体制改革

按照转变职能、理顺关系、优化结构、提高效能的要求,加快建立法治政府和服务型政府。

第一节　加快转变政府职能

健全政府职责体系,提高经济调节和市场监管水平,强化社会管理和公共服务职能。加快推进政企分开、政资分开、政事分开、政府与市场中介组织分开,调整和规范政府管理的事项,深化行政审批制度改革,减少政府对微观经济活动的干预。继续优化政府结构、行政层级、职能责任,坚定推进大部门制改革,着力解决机构重叠、职责交叉、政出多门问题。在有条件的地方探索省直接管理县(市)的体制。完善公务员制度。深化各级政府机关事务管理体制改革,降低行政成本。

第二节　完善科学民主决策机制

完善重大事项决策机制,建立健全公众参与、专家咨询、风险评估、合法性审查和集体讨论决定的决策程序,实行科学决策、民主决策和依法决策。对涉及经济社会发展全局的重大事项,要广泛征询意见,充分协商和协调。对专业性、技术性较强的重大事项,要认真进行专家论证、技术咨询、决策评估。对同群众利益密切相关的重大事项,要实行公示、听证等制度。严格依法行政,健全行政执法体制机制,完善行政复议和行政诉讼制度。

第三节　推行政府绩效管理和行政问责制度

建立科学合理的政府绩效评估指标体系和评估机制,实行内部考核与公众评议、专家评价相结合的方法,发挥绩效评估对推动科学发展的导向和激励作用。健全对行政权力的监督制度。强化审计监督。推行行政问责制,明确问责范围,规范问责程序,健全责任追究制度和纠错改正机制,提高政府执行力和公信力。

第四节　加快推进事业单位分类改革

按照政事分开、事企分开、管办分开、营利性与非营利性分开的要求,积极稳妥推进科技、教育、文化、卫生、体育等事业单位分类改革。严格认定标准和范围,对主要承担行政职能的逐步将其行政职能划归行政机构或转为行政机构。规范转制程序,完善过渡政策,将主要从事生产经营活动的逐步转为企业,建立健全法人治理结构。继续保留的事业单位强化公益属性,推进人事管理、国有资产和财政支持方式等方面的改革。

第四十七章　加快财税体制改革

理顺各级政府间财政分配关系,健全公共财政体系,完善预算制度和税收制度,积极构建有利于转变经济发展方式的财税体制。

第一节　深化财政体制改革

按照财力与事权相匹配的要求,在合理界定事权基础上,进一步理顺各级政府间财政分配关系,完善分税制。围绕推进基本公共服务均等化和主体功能区建设,完善转移支付制度,增加一般性特别是均衡性转移支付规模和比例,调减和规范专项转移支付。推进省以下财政体制改革,稳步推进省直管县财政管理制度改革,加强县级政府提供基本公共服务的财力保障。建立健全地方政府债务管理体系,探索建立地方政府发行债券制度。

第二节　完善预算管理制度

实行全口径预算管理,完善公共财政预算,细化政府性基金预算,健全国有资本经营预算,在完善社会保险基金预算基础上研究编制社会保障预算,建立健全有机衔接的政府预算体系。完善预算编制和执行管理制度,强化预算支出约束和预算执行监督,健全预算公开机制,增强预算透明度。深化部门预算、国库集中收付、政府采购及国债管理制度改革。进一步推进政府会计改革,逐步建立政府财务报告制度。

第三节　改革和完善税收制度

按照优化税制结构、公平税收负担、规范分配关系、完善税权配置的原则,健全税制体系,加强税收法制建设。扩大增值税征收范围,相应调减营业税等税收。合理调整消费税征收范围、税率结构和征税环节。逐步建立健全综合与分类相结合的个人所得税制度,完善个人所得税征管机制。继续推进费改税,全面推进资源税和耕地占用税改革。研究推进房地产税改革。逐步健全地方税体系,赋予省级政府适当税政管理权限。

第四十八章　深化金融体制改革

全面推动金融改革、开放和发展,构建组织多元、服务高效、监管审慎、风险可控的金融体系,不断增强金融市场功能,更好地为加快转变经济发展方式服务。

第一节　深化金融机构改革

继续深化国家控股的大型金融机构改革,完善现代金融企业制度,强化内部治理和风险管理,提高创新发展能力和国际竞争力。继续深化国家开发银行改革,推动中国进出口银行和中国出口信用保险公司改革,研究推动中国农业发展银行改革,继续推动中国邮政储蓄银行改革。建立存款保险制度。促进证券期货经营机构规范发展。强化保险机构的创新服务能力和风险内控能力,加强保险业偿付能力监管,深化保险资金运用管理体制改革,稳步提高资金运作水平。促进金融资产管理公司商业化转型。积极稳妥推进金融业综合经营试点。

第二节　加快多层次金融市场体系建设

大力发展金融市场,继续鼓励金融创新,显著提高直接融资比重。拓宽货币市场广度和深度,增强流动性管理功能。深化股票发审制度市场化改革,规范发展主板和中小板市场,推进创业板市场建设,扩大代办股份转让系统试点,加快发展场外交易市场,探索建立国际板市场。积极发展债券市场,完善发行管理体制,推进债券品种创新和多样化,稳步推进资产证券化。推进期货和金融衍生品市场发展。促进创业投资和股权投资健康发展,规范发展私募基金市场。加强市场基础性制度建设,完善市场法律法规。继续推动资产管理、外汇、黄金市场发展。

第三节　完善金融调控机制

优化货币政策目标体系,健全货币政策决策机制,改善货币政策的传导机制和环境。构建逆周期的金融宏观审慎管理制度框架,建立健全系统性金融风险防范预警体系、评估体系和处置机制。稳步推进利率市场化改革,加强金融市场基准利率体系建设。完善以市场供求为基础的有管理的浮动汇率制度,推进外汇管理体制改革,扩大人民币跨境使用,逐步实现人民币资本项目可兑换。改进外汇储备经营管理,拓宽使用渠道,提高收益水平。

第四节　加强金融监管

完善金融监管体制机制,加强金融监管协调,健全金融监管机构之间以及与宏观调控部门之间的协调机制。完善地方政府金融管理体制,强化地方政府对地方中小金融机构的风险处置责任。制定跨行业、跨市场金融监管规则,强化对系统重要性金融机构的监管。完善金融法律法规。加快社会信用体系建设,规范发展信用评级机构。参与国际金融准则修订,完善我国金融业稳健标准。加强与国际组织和境外监管机构的国际合作。维护国家金融稳定和安全。

第四十九章　深化资源性产品价格和环保收费改革

建立健全能够灵活反映市场供求关系、资源稀缺程度和环境损害成本的资源性产品价格形成机制,促进结构调整、资源节约和环境保护。

第一节　完善资源性产品价格形成机制

继续推进水价改革,完善水资源费、水利工程供水价格和城市供水价格政策。积极推进电价改革,推行大用户电力直接交易和竞价上网试点,完善输配电价形成机制,改革销售电价分类结构。积极推行居民用电、用水阶梯价格制度。进一步完善成品油价格形成机制,积极推进市场化改革。理顺天然气与可替代能源比价关系。按照价、税、费、租联动机制,适当提高资源税税负,完善计征方式,将重要资源产品由从量定额征收改为从价定率征收,促进资源合理开发利用。

第二节　推进环保收费制度改革

建立健全污染者付费制度,提高排污费征收率。改革垃圾处理费征收方式,适度提高垃圾处理费标准和财政补贴水平。完善污水处理收费制度。积极推进环境税费改革,选择防治任务繁重、技术标准成熟的税目开征环境保护税,逐步扩大征收范围。

第三节　建立健全资源环境产权交易机制

引入市场机制,建立健全矿业权和排污权有偿使用和交易制度。规范发展探矿权、采矿权交易市场,发展排污权交易市场,规范排污权交易价格行为,健全法律法规和政策体系,促进资源环境产权有序流转和公开、公平、公正交易。

第十二篇　互利共赢　提高对外开放水平

适应我国对外开放由出口和吸收外资为主转向进口和出口、吸收外资和对外投资并重的新形势,必须实行更加积极主动的开放战略,不断拓展新的开放领域和空间,扩大和深化同各方利益的汇合点,完善更加适应发展开放型经济要求的体制机制,有效防范风险,以开放促发展、促改革、促创新。

第五十章　完善区域开放格局

坚持扩大开放与区域协调发展相结合,协同推动沿海、内陆、沿边开放,形成优势互补、分工协作、均衡协调的区域开放格局。

第一节　深化沿海开放

全面提升沿海地区开放型经济发展水平,加快从全球加工装配基地向研发、先进制造和服务基地转变。率先建立与国际化相适应的管理体制和运行机制,增强区域国际竞争软实力。推进服务业开放和国际服务贸易发展,吸引国际服务业要素集聚。深化深圳等经济特区、上海浦东新区、天津滨海新区开发开放,加快上海国际经济、金融、航运、贸易中心建设。

第二节　扩大内陆开放

以中心城市和城市群为依托,以各类开发区为平台,加快发展内陆开放型经济。发挥资源和劳动力比较优势,优化投资环境,扩大外商投资优势产业领域,积极承接国际产业和沿海产业转移,培育形成若干国际加工制造基地、服务外包基地。推进重庆两江新区开发开放。

第三节　加快沿边开放

发挥沿边地缘优势,制定和实行特殊开放政策,加快重点口岸、边境城市、边境(跨境)经济合作区和重点开发开放试验区建设,加强基础设施与周边国家互联互通,发展面向周边的特色外向型产业群和产业基地,把黑龙江、吉林、辽宁、内蒙古建成向东北亚开放的重要枢纽,把新疆建成向西开放的重要基地,把广西建成与东盟合作的新高地,把云南建成向西南开放的重要桥头堡,不断提升沿边地区对外开放的水平。

第五十一章　优化对外贸易结构

继续稳定和拓展外需,加快转变外贸发展方式,推动外贸发展从规模扩张向质量效益提高转变、从成本优势向综合竞争优势转变。

第一节　培育出口竞争新优势

保持现有出口竞争优势,加快培育以技术、品牌、质量、服务为核心竞争力的新优势。提升劳动密集型出口产品质量和档次,扩大机电产品和高新技术产品出口,严格控制高耗能、高污染、资源性产品出口。完善政策措施,促进加工贸易从组装加工向研发、设计、核心元器件制造、物流等环节拓展,延长国内增值链条。完善海关特殊监管区域政策和功能,鼓励加工贸易企业向海关特殊监管区域集中。鼓励企业建立国际营销网络,提高开拓国际市场能力。积极开拓新兴市场,推进出口市场多元化。

第二节　提升进口综合效应

优化进口结构,积极扩大先进技术、关键零部件、国内短缺资源和节能环保产品进口,适度扩大消费品进口,发挥进口对宏观经济平衡和结构调整的重要作用,优化贸易收支结构。发挥我国巨大市场规模的吸引力和影响力,促进进口来源地多元化。完善重要农产品进出口调控机制,有效利用国际资源。

第三节　大力发展服务贸易

促进服务出口,扩大服务业对外开放,提高服务贸易在对外贸易中的比重。在稳定和拓展旅游、运输、劳务等传统服务出口同时,努力扩大文化、中医药、软件和信息服务、商贸流通、金融保险等新兴服务出口。大力发展服务外包,建设若干服务外包基地。扩大金融、物流等服务业对外开放,稳步开放教育、医疗、体育等领域,引进优质资源,提高服务业国际化水平。

第五十二章　统筹"引进来"与"走出去"

坚持"引进来"和"走出去"相结合,利用外资和对外投资并重,提高安全高效地利用两个市场、两种资源的能力。

第一节　提高利用外资水平

优化结构,引导外资更多投向现代农业、高新技术、先进制造、节能环保、新能源、现代服务业等领域,鼓励投向中西部地区。丰富方式,鼓励外资以参股、并购等方式参与境内企业兼并重组,促进外资股权投资和创业投资发展。引进海外高层次人才和先进技术,鼓励外资企业在华设立研发中心,借鉴国际先进管理理念、制度、经验,积极融入全球创新体系。优化投资软环境,保护投资者合法权益。做好外资并购安全审查。有效利用国外优惠贷款和国际商业贷款,完善外债管理。

第二节　加快实施"走出去"战略

按照市场导向和企业自主决策原则,引导各类所有制企业有序开展境外投资合作。深化国际能源资源开发和加工互利合作。支持在境外开展技术研发投资合作,鼓励制造业优势企业有效对外投资,创建国际化营销网络和知名品牌。扩大农业国际合作,发展海外工程承包和劳务合作,积极开展有利于改善当地民生的项目合作。逐步发展我国大型跨国公司和跨国金融机构,提高国际化经营水平。做好海外投资环境研究,强化投资项目的科学评估。提高综合统筹能力,完善跨部门协调机制,加强实施"走出去"战略的宏观指导和服务。加快完善对外投资法律法规制度,积极商签投资保护、避免双重征税等多双边协定。健全境外投资促进体系,提高企业对外投资便利化程度,维护我国海外权益,防范各类风险。"走出去"的企业和境外合作项目,要履行社会责任,造福当地人民。

第五十三章　积极参与全球经济治理和区域合作

扩大同发达国家的交流合作,增进相互信任,提高合作水平。深化同周边国家的睦邻友好和务实合作,维护地区和平稳定,促进共同发展繁荣。加强同发展中国家的团结合作,深化传统友谊,维护共同利益。积极开展多边合作。

推动国际经济体系改革,促进国际经济秩序朝着更加公正合理的方向发展。积极参与二十国集团等全球经济治理机制合作,推动建立均衡、普惠、共赢的多边贸易体制,反对各种形式的保护主义。积极推动国际金融体系改革,促进国际货币体系合理化。加强与主要经济体宏观经济政策协调。积极参与国际规则和标准的修订制定,在国际经济、金融组织中发挥更大作用。

加快实施自由贸易区战略,进一步加强与主要贸易伙伴的经济联系,深化同新兴市场国家和发展中国家的务实合作。利用亚太经合组织等各类国际区域和次区域合作机制,加强与其他国家和地区的区域合作。加强南南合作。优化对外援助结构,创新对外援助方式,增加对发展中国家民生福利性项目、社会公共设施、自主发展能力建设等领域的经济和技术援助。

第十三篇　发展民主　推进社会主义政治文明建设

坚持党的领导、人民当家作主、依法治国有机统一,发展社会主义民主政治,建设社会主义法治国家。

第五十四章　发展社会主义民主政治

坚持和完善人民代表大会制度、中国共产党领导的多党合作和政治协商制度、民族区域自治制度以及基层群众自治制度,不断推进社会主义政治制度自我完善和发展。健全民主制度,丰富民主形式,拓宽民主渠道,依法实行民主选举、民主决策、民主管理、民主监督,保障人民的知情权、参与权、表达权、监督权。支持人民代表大会依法履行职权。巩固和壮大最广泛的爱国统一战线。支持人民政协围绕团结和民主两大主题履行职能。支持工会、共青团、妇联等人民团体依照法律和各自章程开展工作,参与社会管理和公共服务。贯彻落实党和国家的民族政策,保障少数民族合法权益,开展民族团结宣传教育和创建活动,巩固和发展平等团结互助和谐的社会主义民族关系。全面贯彻党的宗教工作基本方针,发挥宗教界人士和信教群众在促进经济社会发展中的积极作用。鼓励新的社会阶层人士投身中国特色社会主义建设。做好侨务工作,支持海外侨胞、归侨侨眷关心和参与祖国现代化建设与和平统一大业。

第五十五章 全面推进法制建设

全面落实依法治国基本方略,坚持科学立法、民主立法,完善中国特色社会主义法律体系。重点加强加快转变经济发展方式、改善民生和发展社会事业以及政府自身建设等方面的立法。加强宪法和法律实施,维护社会主义法制的统一、尊严、权威。完善行政执法与刑事司法衔接机制,推进依法行政、公正廉洁执法。深化司法体制改革,优化司法职权配置,规范司法行为,建设公正高效权威的社会主义司法制度。实施"六五"普法规划,深入开展法制宣传教育,树立社会主义法治理念,弘扬法治精神,形成人人学法守法的良好社会氛围。加强法律援助。加强人权保障,促进人权事业全面发展。

第五十六章 加强反腐倡廉建设

坚持以人为本、执政为民,以保持和人民群众血肉联系为重点,扎实推进政风建设。坚持标本兼治、综合治理、惩防并举、注重预防的方针,以完善惩治和预防腐败体系为重点,加强反腐倡廉建设。严格执行廉政建设责任制。加强领导干部廉洁自律和严格管理,认真落实领导干部收入、房产、投资、配偶子女从业等情况定期报告制度。深入推进改革和制度创新,逐步建成内容科学、程序严密、配套完备、有效管用的反腐倡廉制度体系。建立健全决策权、执行权、监督权既相互制约又相互协调的权力结构和运行机制,积极推进政务公开和经济责任审计,加强对权力运行的制约和监督。加大查办违纪违法案件工作力度。开展社会领域防治腐败工作。加强反腐败国际交流合作。

第十四篇 深化合作 建设中华民族共同家园

从中华民族根本利益出发,推进"一国两制"实践和祖国和平统一大业,深化内地与港澳经贸合作,推进海峡两岸经济关系发展,为实现中华民族伟大复兴而共同努力。

第五十七章 保持香港澳门长期繁荣稳定

坚定不移贯彻"一国两制"、"港人治港"、"澳人治澳"、高度自治的方针,严格按照特别行政区基本法办事,全力支持特别行政区行政长官和政府依法施政。支持香港、澳门充分发挥优势,在国家整体发展中继续发挥重要作用。

第一节　支持港澳巩固提升竞争优势

继续支持香港发展金融、航运、物流、旅游、专业服务、资讯以及其他高增值服务业,支持香港发展成为离岸人民币业务中心和国际资产管理中心,支持香港发展高价值货物存货管理及区域分销中心,巩固和提升香港国际金融、贸易、航运中心的地位,增强金融中心的全球影响力。支持澳门建设世界旅游休闲中心,加快建设中国与葡语国家商贸合作服务平台。

第二节　支持港澳培育新兴产业

支持港澳增强产业创新能力,加快培育新的经济增长点,推动经济社会协调发展。支持香港环保、医疗服务、教育服务、检测和认证、创新科技、文化创意等优势产业发展,拓展合作领域和服务范围。支持澳门推动经济适度多元化,加快发展休闲旅游、会展商务、中医药、教育服务、文化创意等产业。

第三节　深化内地与港澳经济合作

加强内地和香港、澳门交流合作,继续实施更紧密经贸关系安排。深化粤港澳合作,落实粤港、粤澳合作框架协议,促进区域经济共同发展,打造更具综合竞争力的世界级城市群。支持建设以香港金融体系为龙头、珠江三角洲城市金融资源和服务为支撑的金融合作区域,打造世界先进制造业和现代服务业基地,构建现代流通经济圈,支持广东在对港澳服务业开放中先行先试,并逐步将先行先试措施拓展到其他地区。加快共建粤港澳优质生活圈步伐。加强规划协调,完善珠江三角洲地区与港澳的交通运输体系。加强内地与港澳文化、教育等领域交流与合作。

专栏 22　粤港澳合作重大项目	
01	**港珠澳大桥** 建设海中桥隧工程、三地口岸和连接线,实现香港、珠海、澳门三地高速公路连通。
02	**广深港客运专线** 建设客运专线并与武广客运专线、杭福深客运专线接驳。
03	**港深西部快速轨道线** 研究建设途经深圳前海地区、连接香港国际机场和深圳宝安国际机场的香港第三条过境直通铁路。
04	**莲塘/香园围口岸** 缩短香港至深圳东部之间车程,增强处理车流量和旅客流量能力,提高粤港东部地区出入境通行效率。
05	**深圳前海开发** 加快城市轨道交通、铁路网、城市道路、水上交通和口岸建设,到 2020 年建成亚太地区重要的生产性服务业中心,把前海打造成粤港现代服务业创新合作示范区。
06	**广州南沙新区开发** 打造服务内地、连接港澳的商业服务中心、科技创新中心和教育培训基地,建设临港产业配套服务合作区。
07	**珠海横琴新区开发** 规划面积 106.46 平方公里,逐步建设成为探索粤港澳合作新模式的示范区、深化改革开放和科技创新的先行区、促进珠江口西岸地区产业升级的新平台。

第五十八章　推进两岸关系和平发展和祖国统一大业

坚持"和平统一、一国两制"方针和现阶段发展两岸关系、推进祖国和平统一进程八项主张,全面贯彻推动两岸关系和平发展重要思想和六点意见,牢牢把握两岸关系和平发展主题,反对和遏制"台独"分裂活动。巩固两岸关系发展的政治、经济、文化基础,全面深化两岸经济合作,努力加强两岸文化、教育、旅游等领域交流,积极扩大两岸各界往来,持续推进两岸交往机制化进程,构建两岸关系和平发展框架。

第一节　建立健全两岸经济合作机制

积极落实两岸经济合作框架协议和两岸其他协议,推进货物贸易、服务贸易、投资和经济合作的后续协商,促进两岸货物和服务贸易进一步自由化,逐步建立公平、透明、便利的投资及其保障机制,建立健全具有两岸特色的经济合作机制。

第二节　全面深化两岸经济合作

扩大两岸贸易,促进双向投资,加强新兴产业和金融等现代服务业合作,推动建立两岸货币清算机制。明确两岸产业合作布局和重点领域,开展双方重大项目合作。推进两岸中小企业合作,提升中小企业竞争力。加强两岸在知识产权保护、贸易促进及贸易便利化、海关、电子商务等方面的合作。积极支持大陆台资企业转型升级。依法保护台湾同胞正当权益。

第三节　支持海峡西岸经济区建设

充分发挥海峡西岸经济区在推进两岸交流合作中的先行先试作用,努力构筑两岸交流合作的前沿平台,建设两岸经贸合作的紧密区域、两岸文化交流的重要基地和两岸直接往来的综合枢纽。发挥福建对台交流的独特优势,提升台商投资区功能,促进产业深度对接,加快平潭综合实验区开放开发,推进厦门两岸区域性金融服务中心建设。支持其他台商投资相对集中地区经济发展。

第十五篇　军民融合　加强国防和军队现代化建设

着眼国家安全和发展战略全局,统筹经济建设和国防建设,在全面建设小康社会进程中实现富国和强军的统一。

第五十九章　加强国防和军队现代化建设

坚持以毛泽东军事思想、邓小平新时期军队建设思想、江泽民国防和军队建设思想为指导,把科学发展观作为国防和军队建设的重要指导方针,着眼履行新世纪新阶段军队历史使命,以新时期军事战略方针为统揽,以推动国防和军队建设科学发展为主题,以加快转变战斗力生成模式为主线,全面加强军队革命化现代化正规化建设。

加强军队思想政治建设,坚持党对军队绝对领导的根本原则和制度,坚持人民军队的根本宗旨,大力弘扬听党指挥、服务人民、英勇善战的优良传统,培育当代革命军人核心价值观。进一步拓展和深化军事斗争准备,以提高基于信息系统的体系作战能力为根本着力点,深入推进军事训练转变,坚持科技强军,加强国防科研和武器装备建设,加快全面建设现代后勤步伐,加紧培养新型高素质军事人才,提高以打赢信息化条件下局部战争能力为核心的完成多样化军事任务的能力。坚持依法治军、从严治军,加强科学管理,积极稳妥地推进国防和军队改革,优化领导管理体制,健全联合作战指挥体制,推动军事理论、军事技术、军事组织、军事管理创新。建设现代化武装警察力量,增强执勤处突和反恐维稳能力。加强后备力量建设,巩固军政军民团结。

第六十章　推进军民融合式发展

坚持国家主导、制度创新、市场运作、军民兼容原则,统筹经济建设和国防建设,充分依托和利用社会资源,提高国防实力和军事能力,大力推进军地资源开放共享和军民两用技术相互转移,逐步建立适应社会主义市场经济规律、满足打赢信息化条件下局部战争需要的中国特色军民融合式发展体系。

建立和完善军民结合、寓军于民的武器装备科研生产体系、军队人才培养体系和军队保障体系。建设先进的国防科技工业,优化结构,增强以信息化为导向、以先进研发制造为基础的核心能力,加快突破制约科研生产的基础瓶颈,推动武器装备自主化发展。完善武器装备采购制度。改进军队人才征招选拔,完善从地方直接征召各类人才的政策制度。完善退役军人安置政策,加强退役军人培训和就业安置工作。稳步推进以生活保障、通用物资储备、装备维修等为重点的军队保障社会化改革,形成与国家人事劳动和社会保障法规体系相适应的军队职工管理制度,建立军民结合的军事物流体系和军地一体的战略投送力量体系。

坚持经济建设贯彻国防需求,加大重大基础设施和海洋、空天、信息等关键领域军民深度融合和共享力度,完善政策机制和标准规范,推动经济建设和国防建设协调发展、良性互动。强化全民国防观念,健全国防动员体系,加强人民武装、国民经济动员、人民防空、交通战备建设和国防教育,增强国防动员平时服务、急时应急、战时应战的能力。

第十六篇　强化实施　实现宏伟发展蓝图

本规划经过全国人民代表大会审议批准,具有法律效力。要举全国之力,集全民之智,实现未来五年宏伟发展蓝图。

第六十一章　完善规划实施和评估机制

推动规划顺利实施,主要依靠发挥市场配置资源的基础性作用;各级政府要正确履行职责,合理配置公共资源,引导调控社会资源,保障规划目标和任务的完成。

第一节　明确规划实施责任

本规划提出的预期性指标和产业发展、结构调整等任务,主要依靠市场主体的自主行为实现。各级政府要通过完善市场机制和利益导向机制,创造良好的政策环境、体制环境和法治环境,打破市场分割和行业垄断,激发市场主体的积极性和创造性,引导市场主体行为与国家战略意图相一致。

本规划确定的约束性指标和公共服务领域的任务,是政府对人民群众的承诺。主要约束性指标要分解落实到有关部门和各省、自治区、直辖市。促进基本公共服务均等化的任务,要明确工作责任和进度,主要通过政府运用公共资源全力完成。

第二节　强化政策统筹协调

围绕规划提出的目标和任务,加强经济社会发展政策的统筹协调,注重政策目标与政策工具、短期政策与长期政策的衔接配合。按照公共财政服从和服务于公共政策的原则,优化财政支出结构和政府投资结构,逐步增加中央政府投资规模,建立与规划任务相匹配的中央政府投资规模形成机制,重点投向民生和社会事业、农业农村、科技创新、生态环保、资源节约等领域,更多投向中西部地区和老少边穷地区。

第三节　实行综合评价考核

加快制定并完善有利于推动科学发展、加快转变经济发展方式的绩效评价考核体系和具体考核办法,弱化对经济增长速度的评价考核,强化对结构优化、民生改善、资源节约、环境保护、基本公共服务和社会管理等目标任务完成情况的综合评价考核,考核结果作为各级政府领导班子调整和领导干部选拔任用、奖励惩戒的重要依据。

第四节　加强规划监测评估

完善监测评估制度,加强监测评估能力建设,加强服务业、节能减排、气候变化、劳动就业、收入分配、房地产等方面统计工作,强化对规划实施情况跟踪分析。国务院有关部门要加强对规划相关领域实施情况的评估,接受全国人民代表大会及其常务委员会的监督检查。规划主管部门要对约束性指标和主要预期性指标完成情况进行评估,并向国务院提交规划实施年度进展情况报告,以适当方式向社会公布。在规划实施的中期阶段,由国务院组织开展全面评估,并将中期评估报告提交全国人民代表大会常务委员会审议。需要对本规划进行调整时,国务院要提出调整方案,报全国人民代表大会常务委员会批准。

第六十二章　加强规划协调管理

推进规划体制改革,加快规划法制建设,以国民经济和社会发展总体规划为统领,以主体功能区规划为基础,以专项规划、国土规划和土地利用规划、区域规划、城市规划为支撑,形成各类规划定位清晰、功能互补、统一衔接的规划体系,完善科学化、民主化、规范化的编制程序,健全责任明确、分类实施、有效监督的实施机制。

国务院有关部门要组织编制一批国家级专项规划特别是重点专项规划,细化落实本规划提出的主要任务。国家级重点专项规划,要围绕经济社会发展关键领域和薄弱环节,着力解决突出问题,形成落实本规划的重要支撑和抓手。

地方规划要切实贯彻国家战略意图,结合地方实际,突出地方特色。要做好地方规划与本规划提出的发展战略、主要目标和重点任务的协调,特别要加强约束性指标的衔接。

加强年度计划与本规划的衔接,对主要指标应当设置年度目标,充分体现本规划提出的发展目标和重点任务。年度计划报告要分析本规划的实施进展情况,特别是约束性指标的完成情况。

全国各族人民要紧密团结在以胡锦涛同志为总书记的党中央周围,高举中国特色社会主义伟大旗帜,解放思想、实事求是、与时俱进、开拓创新,为实现国民经济和社会发展第十二个五年规划和全面建设小康社会宏伟目标而奋斗!

北京市国民经济和社会发展
第十二个五年规划纲要

(2011 年 1 月 21 日北京市
第十三届人民代表大会第四次会议批准)

序　言

　　跨入新世纪的第二个十年,我们仍处于可以大有作为的重要战略机遇期。经历了国际金融危机洗礼的全球经济正在发生深刻变化,国内处于全面建设小康社会的关键时期和深化改革开放、加快转变经济发展方式的攻坚时期,首都北京在成功实现"新北京、新奥运"战略构想之后,开始步入新的发展阶段,面临难得的历史机遇,也面对风险挑战,制定科学的战略安排对首都立足新的阶段变化、向更高发展水平迈进至关重要。

　　《北京市国民经济和社会发展第十二个五年规划纲要》是首都着眼建设中国特色世界城市、全面实施人文北京、科技北京、绿色北京战略的五年规划,是首都深入推进经济发展方式加快转变、在新的起点上开创科学发展新局面的重要规划。本规划主要阐明市委市政府的战略意图,明确"十二五"期间首都发展的战略目标、重点任务和发展路径,是全市人民共同奋斗的行动纲领。

　　本规划编制的主要依据是:《中共中央关于制定国民经济和社会发展第十二个五年规划的建议》《中共北京市委关于制定北京市国民经济和社会发展第十二个五年规划的建议》,国务院对《北京城市总体规划(2004～2020 年)》的批复。

第一篇　新时期的战略选择

第一章　过去五年的发展成果

"十一五"时期是北京发展史上极不平凡的五年。在党中央、国务院的坚强领导下,全市上下深入学习实践科学发展观,振奋精神、顽强拼搏、克服重重困难,成功举办了一届无与伦比的奥运盛会,圆满完成了新中国成立60周年庆祝活动筹办任务,积极应对了国际金融危机冲击,有力推动了全市的科学发展,"十一五"规划确定的主要目标任务圆满完成。过去五年是首都经济社会发展质量最高、综合实力提升最快、城乡面貌变化最大、人民得到实惠最多的时期之一。

首都经济实现重大跨越。全市地区生产总值年均增长11.4%,总量达到13777.9亿元,人均超过1万美元。经济发展高端化格局初步形成,中关村国家自主创新示范区加快建设,六大高端产业功能区初具规模,首都经济特征进一步显现,第三产业比重达到75%。经济增长的质量和效益显著提高,地方财政一般预算收入增加1.7倍,节能减排走在全国前列。

社会民生得到显著改善。基本公共服务均等化取得明显成效,基层社区和农村的公共服务能力显著提升。实施"五无"目标管理,实现城乡就业服务和社会保障制度全覆盖,城镇登记失业率为1.37%,社会保障待遇标准大幅提高。城镇居民人均可支配收入年均实际增长9.2%,农村居民人均纯收入年均实际增长9%。创新了社会管理与服务,探索了村庄社区化管理新模式。

城市服务功能明显提升。城市基础设施实现跨越式发展。轨道交通运营里程由114公里增加到336公里,公交出行比例达到40%,区区通高速目标提前实现。水、电、气、热等资源能源供应保障和信息基础设施支撑能力显著提升。空气质量显著好转,二级及好于二级天数的比例从64%提高到78.4%。以绿化隔离带、郊野公园、森林公园为代表的大面积、集中式绿化效果显著。城乡环境更加干净整洁。社会治安持续稳定,安全生产形势持续好转。城市应急管理水平明显提高。

城乡区域发展趋向协调。实施区县功能定位,城市四类功能区差异化、特色化发展格局初步形成。城乡结合部、城市南部和西部等薄弱地区发展加快,重点新城和小城镇建设扎实起步,发展条件明显改善。新农村建设成效显著,各项惠农强农政策全面落实,农民安全饮水问题全面解决,公路、公交和广播电视实现"村村通"。

改革开放取得新的突破。完成市区两级政府机构改革,调整了首都功能核心区行政区划,整合了大兴区与北京经济技术开发区行政资源。行政审批制度改革迈出重要步伐。社会管理体制、财政体制、国有经济、医药卫生、科技教育、价格等重点领域改革取得重要进展。新增国际友好城市12个,一批重大国际会议、会展活动和体育赛事成功举办。跨国公司地区总部累计达到82家,利用外资和对外贸易加快发展。年入境旅游者超过490万人次。

百年奥运梦想圆满实现。成功举办了一届有特色、高水平的奥运会、残奥会,赢得了国际社会高度赞誉,城市国际形象和国际影响力显著提升。奥运筹办有力带动了首都经济社会发展、城市文明进步和服务功能提升。奥运场馆设施为古都北京增添了新的魅力元素,奥运标准提高了首都与国际的接轨水平,奥运经验促进城市运行管理走向成熟,奥运精神成为激励全市人民奋发前进的强大动力。无与伦比的奥运盛会,在首都发展史上留下了浓墨重彩的一笔,对首都发展产生了巨大而深远的影响。

"十一五"规划的圆满完成,"新北京、新奥运"战略构想的全面实现,标志着首都发展进入了新的历史阶段。过去五年的发展不仅创造了巨大的物质财富,更留下了宝贵的精神财富,特别是"人文、科技、绿色"理念上升为城市发展战略,确立了建设中国特色世界城市的宏伟目标,推动北京向更高价值目标和更高发展水平迈进。

第二章　未来五年的发展环境

新世纪的第一个十年已经过去,我们迎来了重要战略机遇期的第二个十年。国际金融危机引发世界政治经济格局出现新变化,但和平、发展、合作仍是时代潮流。国内经济结构面临深刻调整,加快转变经济发展方式成为实现科学发展的必然选择。进入新时期的北京,在发展水平实现跨越之后,面临新的发展环境和要求。

一、新趋势新要求

"十二五"时期,是首都在新的起点上全面建设小康社会的关键时期,是深化改革开放、深入推进经济发展方式加快转变的攻坚时期,全市发展呈现新的阶段性特征和要求。

开放竞争格局深刻调整的新阶段。当今世界正在发生深刻变化,经济全球化深入发展,科技创新孕育新的突破,国际市场分化组合,特大城市在全球网络中扮演着日益重要的角色。作为国家首都的北京,伴随着发展阶段的变化,需要以更宽阔的视野审视发展,以世界城市为坐标系定位发展,在更高层次上参与全球分工。

经济发展方式深度转变的新阶段。国内外产业变革和调整加快进行,资源环境压力正在转化为科技创新的强大动力。首都经济在服务业主导格局总体确立、消费拉动作用日益突出之后,面临着发展动力转换、产业结构深度调整和升级的任务。需要更加注重高端引领、创新驱动、绿色发展,走技术含量高、经济效益好、资源消耗低、环境污染少、人力资源优势得到充分发挥的科学发展道路。

城市布局和形态走向完善的新阶段。国家区域发展总体战略深入实施,城市群加快形成,对核心城市发展提出了更高要求。北京城市发展战略布局总体架构已经确立,开始进入调整完善的关键阶段。推动城市发展逐步走向成熟,需要更加注重总结把握特大型城市在建设、发展、布局、管理上的规律,立足更大空间范围塑造城市,持续推进城镇体系和功能布局完善,促进均衡协调发展,增强对自身发展的战略支撑和对区域的辐射带动。

社会加速转型的新阶段。发展水平持续提升,推动多层次社会需求不断涌现,促使社会结构和形态深刻变化,不同社会群体的价值取向和利益诉求更趋多元。顺应人民过上更好生活的新期待,需要把保障和改善民生摆在更突出位置,整体提升社会福祉,更加重视社会管理方式创新和公共政策协调适应,促进不同群体利益的均衡与协调,更好地引导社会和谐。

竞争力拓展提升的新阶段。发展的竞争不仅表现为硬实力的竞争,还表现为软实力的竞争。伴随全球化、信息化的深入发展,软实力竞争已经成为城市竞争力的核心要素。需要把推动文化发展、提升城市管理作为城市发展的重要战略,充分发挥文化引导社会、教育人民、推动发展的功能,把握特大型城市运行管理的规律,以文化、管理等软实力的提升促进城市竞争力新的提升。

改革攻坚突破的新阶段。发展环境和发展阶段的深刻变化,对深化改革提出了更为迫切的要求,深层次利益调整使改革面临更为复杂的抉择。需要以更大决心和勇气,全面推进各领域改革,更加重视顶层设计和总体规划,更加重视制度创新和策略选择,为科学发展提供有力保障。

二、新机遇新挑战

未来五年首都发展仍然处于可以大有作为的重要战略机遇期,面临着新的发展机遇和一系列有利条件。国家综合国力和首都城市影响力整体提升,使国际社会更加关注中国、关注北京,为我们寻求多方面、多层次合作提供了重要机遇。首都服务功能拓展提升和潜力释放,全国政治中心、文化中心、国际交往中心和正在形成的国家创新中心的功能显著增强,为我们在更高层次上参与全球分工、实现更高水平发展提供了新的契机。人文北京、科技北京、绿色北京发展战略和中国特色世界城市长远目标得到确立,成为全市上下凝心聚力、持久推进首都科学发展的强大动力。城市化快速推进和消费结构加快升级,在有效带动发展的同时,不断推动供给升级,为我们优化经济结构、深入推进经济发展方式加快转变创造了新的条件。城市发展空间格局优化和新发展区域崛起,推动新的增长极加快形成,为长期平稳较快发展注入新的活力。区域城市群的蓬勃兴起和共同发展,有利于在更大范围配置资源,拓展发展腹地,为增强首都经济的辐射带动能力形成了新的支撑。

与此同时,国际国内经济形势更趋复杂多变,外部环境不确定性因素增多,需要我们增强忧患意识,冷静观察、沉着应对,并集中力量解决好制约和影响首都科学发展的不平衡、不协调、不可持续问题:人口资源环境矛盾更加突出,尤其是城市人口规模过快增长给资源平衡、环境承载、公共服务和城市管理带来严峻挑战。特大型城市建设和运行管理的压力更加凸显,交通拥堵、垃圾治理等困扰人们生活的问题日益突出,保障城市常态安全运行和应急协调面临更大考验。国内外多层面竞争更加激烈,世界范围内对经济、科技制高点,以及国内地区间对高端要素和产业资源的竞争日益加剧,深入调整结构、实现创新驱动发展需要付出更大努力。社会结构变化更加复杂,教育、医疗、健康、住房、社会保障、收入分配和人口老龄化等问题日益成为社会关注的焦点,多元利益诉求协调难度加大,社会管理工作亟待加强。城乡区域协调发展的要求更加迫切,改变薄弱地区发展状况,逐步缩小城乡差距,仍需付出艰苦努力。能够充分释放发展活力的改革攻坚任务更加艰巨。

总之,"十二五"时期首都发展的机遇与挑战并存,机遇大于挑战。必须牢固树立紧抓机遇、加快发展的意识,深刻把握发展趋势和规律,充分利用一切有利条件,积极解决突出矛盾和问题,争创发展的新优势,在新的起点上推动首都的科学发展。

第三章 未来五年的发展目标

一、指导思想

"十二五"时期是推动首都科学发展的关键时期。我们要认真贯彻落实党的十七届五中全会精神,牢牢把握科学发展这个主题,更加注重以人为本,更加注重全面协调可持续发展,更加注重统筹兼顾,更加注重保障和改善民生,使首都的发展与城市性质和功能相协调;牢牢把握加快转变经济发展方式这条主线,坚持以经济结构战略性调整为主攻方向,坚持以科技进步和创新为重要支撑,坚持以保障和改善民生为根本出发点和落脚点,坚持以建设资源节约型、环境友好型社会为重要着力点,坚持以改革开放为强大动力,使首都的发展与人口资源环境的承载能力相适应;牢牢把握可以大有作为的重要战略机遇期,认真落实国务院批复的北京城市总体规划提出的"以建设世界城市为努力目标,不断提高北京在世界城市体系中的地位和作用"的要求,大力弘扬北京奥运精神,以更高的标准推动首都的科学发展。

全市发展的指导思想是:高举中国特色社会主义伟大旗帜,以邓小平理论和"三个代表"重要思想为指导,深入贯彻落实科学发展观,认真贯彻中央对北京市工作的一系列重要指示精神,以科学发展为主题,以加快转变经济发展方式为主线,顺应人民群众过上更好生活新期待,深化改革开放,全力推动人文北京、科技北京、绿色北京战略,进一步提高"四个服务"水平,努力打造国际活动聚集之都、世界高端企业总部聚集之都、世界高端人才聚集之都、中国特色社会主义先进文化之都、和谐宜居之都,推动北京向中国特色世界城市迈出坚实的步伐。

在发展中要切实注重以下五个方面:

——强化创新驱动。坚持高端引领、创新驱动、绿色发展,不断创新发展理念、发展模式,把推动发展的动力加快转移到更多依靠科技进步、劳动者素质提高和管理创新上来。加强创新能力建设,提升自主创新水平,增强经济长期竞争力。深入推进节能减排,提升生态文明水平,走绿色低碳、生态友好发展之路。更加注重扩大内需,特别是增强消费拉动作用,持续推进产业优化升级,增强经济发展的协调性、稳定性和可持续性。

——增强服务功能。把不断完善和提升首都服务功能作为发展的主要着力点,走增强服务功能与发展服务产业有机融合之路,在服务区域和国家发展的过程中,实现自身的新发展和服务的新提升。着力推进服务功能区建设,塑造世界一流的服务标准和环境,吸引高端要素聚集,增强科技创新、金融服务、商务服务、信息服务功能,更好地辐射带动区域发展和参与全球经济分工。更加注重文化软实力培育,持续提升城市的竞争力和影响力。

——优化空间布局。坚持分区域功能定位发展,把优化区域功能配置、完善空间布局形态作为重要支撑,切实提高城乡一体化和区域协调发展水平。着力优化、疏解中心城功能,促进旧城保护与发展。加快推进新城功能完善和新区发展,更加注重薄弱地区发展提升,加快城市空间格局由功能过度集中在中心城向多功能区域共同支撑转变,塑造城乡一体、多点支撑、均衡协调的战略发展格局。

——提升城市管理。坚持统筹城市规划、建设与管理,把提高城市治理效能摆在更加突出的位置,全面提升城市运行管理和服务水平,促进城市的规划、建设与经济社会发展更加协调。把人口、交通、环境和社会公共服务作为城市战略管理的重点,使城市的发展更好地服务于生活。加强城市战略资源管理,统筹常态与应急、供给与排放、地上与地下、城区与郊区,推进城市管理的精细化、智能化,使城市的运行更加安全高效。

——推动成果共享。坚持以人为本,把保障和改善民生作为根本出发点和落脚点,使发展成果更好地惠及全体人民。着力完善各项制度和政策安排,深入推进基本公共服务均等化,为市民高质量生活提供更好的服务。处理好经济发展和收入分配的关系,努力提高城乡居民收入水平。更加注重社会服务管理创新和运行调节机制完善,促进社会公正、和谐、稳定与不断进步。

二、主要目标

"十二五"时期全市发展的主要目标是:紧紧围绕人文北京、科技北京、绿色北京战略和建设中国特色世界城市的目标,按照在推动科学发展、加快转变经济发展方式中当好标杆和火炬手,走在全国最前面的要求,率先形成创新驱动的发展格局,率先形成城乡经济社会一体化发展新格局,努力把北京建设成为更加繁荣、文明、和谐、宜居的首善之区。

——经济平稳较快发展。率先形成创新驱动的发展格局,综合经济实力和竞争能力显著增强,为国家发展服务的功能进一步完善。地区生产总值年均增长8%,地方财政一般预算收入年均增长9%,价格总水平保持基本稳定。中关村国家自主创新示范区初步建成具有全球影响力的科技创新中心,战略性新兴产业的支柱地位初步形成,服务业占比达到78%以上,"北京服务"、"北京创造"品牌和影响力明显增强。

——居民收入较快增加。城镇居民人均可支配收入、农村居民人均纯收入扣除价格因素年均增长8%,低收入者收入明显增加,中等收入群体持续扩大,收入差距不断缩小。市民健康水平得到显著提升,市民生活质量不断提高。

——城乡环境更加宜居。率先形成城乡经济社会发展一体化新格局。全市生态服务价值进一步提高,林木绿化率提高到57%。交通拥堵现象得到有效治理,中心城公共交通出行比例达到50%。万元GDP能耗、万元GDP二氧化碳和主要污染物排放持续下降,空气质量二级和好于二级天数的比例达到80%。基本实现城市生活垃圾零增长、污水全处理。城市管理的精细化、智能化水平进一步提高。

——社会发展和谐稳定。公共服务体系更加完善,基本公共服务均等化程度明显提高。城镇登记失业率控制在3.5%以内。城乡社会保障体系基本健全,社会保障卡覆盖所有保障人群。中低收入群众的住房条件得到明显改善。社会管理和服务体制更加完善。人口调控管理服务能力进一步增强,防范和化解社会矛盾的机制更加健全,社会治安防控体系更加严密,社会更加和谐稳定。

——文化大发展大繁荣。社会主义核心价值体系建设更加深入,市民文明素质和城市文明程度进一步提高。历史文化资源得到有效的保护、挖掘、传承和利用,文化创意产业和文化事业迅速发展。首都科技、教育、文化等资源优势充分彰显,城市文化软实力显著提升,全国文化中心功能显著增强。

——改革开放深入推进。有利于推动科学发展、加快经济发展方式转变和推动自主创新的体制与制度进一步健全和完善,重点领域和关键环节改革取得明显进展,市场在资源配置中的基础性作用得到充分发挥。行政管理体制改革进一步深化,行政效能进一步提高。对外开放的深度和广度进一步拓展,成为国际社会重大活动的重要目标地和国际一流的旅游中心城市。

类别	序号	指标	目标	属性
经济发展	1	地区生产总值年均增速(%)	8	预期性
	2	服务业占地区生产总值比重(%)	>78	预期性
	3	最终消费率(%)	60	预期性
	4	地方财政一般预算收入年均增速(%)	9	预期性
社会发展	5	城镇居民人均可支配收入、农村居民人均纯收入年均增速(%)	8	预期性
	6	城镇登记失业率(%)	≤3.5	预期性
	7	城乡居民养老、医疗保险参保率(%)	95	约束性
	8	城镇职工五项保险参保率(%)	98	约束性
	9	全市从业人员平均受教育年限(年)	12	预期性
	10	亿元地区生产总值生产安全事故死亡率降低(%)	>[38]	约束性
	11	重点食品安全监测抽查合格率(%)	>98	约束性
	12	药品抽验合格率(%)	≥98	约束性
创新发展	13	全社会研究与试验发展经费支出占地区生产总值的比重(%)	>5.5	预期性
	14	每万人发明专利授权量(件)	8	预期性
	15	年技术交易额(亿元)	1800	预期性
绿色发展	16	万元地区生产总值能耗降低(%)	[17]	约束性
	17	万元地区生产总值水耗降低(%)	[15]	约束性
	18	万元地区生产总值二氧化碳排放降低(%)	[18]	约束性
	19	城市空气质量二级和好于二级天数的比例(%)	80	约束性
	20	二氧化硫、氮氧化物、化学需氧量和氨氮排放减少(%)	[13.4]、[12.3]、[8.7]、[10.1]	约束性
	21	中心城公共交通出行比例(%)	50	预期性
	22	再生水利用率(%)	75	约束性
	23	生活垃圾资源化率(%)	55	约束性
	24	全市林木绿化率(%)	57	约束性
	25	耕地保有量(平方公里)	2205	约束性

表1 "十二五"时期经济社会发展主要指标

注:地区生产总值年均增速按可比价格计算;城镇居民人均可支配收入、农村居民人均纯收入年均增速为扣除价格因素后的实际增速;[ ]内为五年累计数。

第二篇 创新驱动发展

转变经济发展方式是首都应对人口资源环境挑战、实现持续健康发展的根本之路。"十二五"时期,面对日新月异的产业技术变革、激烈的国内外市场竞争和不断强化的资源环境约束,要在全球和区域经济分工中占领高端、争取主动,必须把强化创新驱动作为重要着力点,紧紧围绕服务经济、总部经济、知识经济、绿色经济的首都经济特征,统筹服务好、调动好各类资源要素,深入推进经济发展方式转变,全面提升经济发展质量,显著增强首都经济的竞争力、影响力和辐射力,使首都经济走上高端引领、创新驱动、绿色发展的轨道,率先形成创新驱动的发展格局。

第一章　建设国家创新中心

全面实施"科技北京"战略,全力以赴抓好中关村国家自主创新示范区建设,实施《中关村国家自主创新示范区条例》,用好用足各项先行先试政策,切实发挥其引领带动和支撑作用,着力聚集整合创新要素,着力加强创新制度安排,着力推进创新成果产业化,把北京建设成为国家创新中心,持续推进竞争力提升,更好地服务于区域和全国创新发展。

一、搭建首都创新资源平台

依托首都创新资源密集优势,加强央地合作、校企合作、军民合作、内外合作,充分发挥中关村科技创新和产业化促进中心的作用,以项目为载体,以技术研发为核心,以产业化为目标,集成和整合各方面创新资源,推进产学研用的有机结合,构造形成高效有力的首都创新资源平台,提升创新和成果转化能力。

完善创新支持与服务体系,强化支撑服务。统筹推进重大科技成果产业化,五年统筹 500 亿元财政资金,支持国家科技重大专项、科技基础设施和重大科技成果产业化项目。加大科技金融服务,开展符合科技企业特点的金融产品和服务创新,更好地满足创新需求。提升创新型人才服务,为创新人才引进、培养和发挥作用提供良好服务。完善新技术新产品政府采购和应用推广服务,积极争取将更多的北京创新产品列入国家政府采购目录,促进新技术、新产品的应用和推广。着力抓好政策先行先试工作,推进示范区先行先试政策更为有效地落实。加强规划建设服务,促进创新资源合理布局,为创新发展提供基础条件和有力支撑。

二、完善创新激励和支持机制

充分利用中关村国家自主创新示范区体制机制先行先试的政策优势,围绕人才、资本、技术等核心创新要素,着力完善各项制度和政策安排,强化激励引导,形成激励创新、服务创新的机制和良好环境。

完善人才培养和激励机制。认真落实国家和本市人才发展规划,坚持人才优先发展,大力培养、引进和使用人才,建设首都世界人才聚集高地。注重人才、团队、项目一体化引进,创建优良的学术环境,集中力量建设中关村人才特区。创新人才管理模式,落实"千人计划"、"北京海外人才聚集工程"和"中关村高端人才聚集工程",在全球范围内招纳和吸引高端领军创新人才和高层次创业人才。依托在京国家重大科研项目、重大工程、国际科技合作项目以及重点学科和科研基地建设,加强人才联合培养、融合发展。完善人才在企业、高等院校、科研院所之间的双向流动机制,形成一批懂技术、善管理,具有国际化视野的复合型创新人才和团队。通过加大政府奖励和实行股权、期权、年薪制等多种方式,增强对关键岗位、核心骨干人才的吸引和激励。深入开展科研院所、国有企业股权激励和分红试点,扩大股权激励试点范围,推进科研成果处置权和收益权政策试点。逐步扩大科技重大专项经费列支间接费用试点范围,提高间接经费列支比例上限。加强人才服务,在户籍、出入境、医疗、保险等方面为高层次人才创造便利条件。营造尊重人才的社会环境、促进优秀人才脱颖而出。

完善科技与资本对接机制。构建形成覆盖技术创新和产业发展全过程的多功能、多层次金融服务体系。大力支持境内外股权投资、创业投资机构在京聚集和发展。设立战略性新兴产业创业投资引导基金。支持境内外个人和机构开展天使投资业务。支持股权投资基金的设立和发展。实施高科技企业并购重组计划，支持企业利用资本市场进行兼并重组、做强做大。"十二五"时期力争新增上市公司100家以上，在资本市场形成更具影响力的"中关村板块"。进一步扩大和完善中关村代办股份转让试点，推进建立国家统一监管下的全国场外交易市场。推动科技金融产品和服务创新，进一步扩大信用贷款、信用保险、股权质押贷款、知识产权质押贷款的规模，完善再担保机制，支持小额贷款机构发展，推动科技保险试点，完善面向科技企业的金融服务。把中关村建设成为全国科技金融创新中心。

完善政府资金支持机制。从支持研发为主向支持研发与提供市场并重转变。完善政府采购自主创新产品相关制度，不断扩大采购比重和范围，五年采购总额超过300亿元。积极探索建立非政府机构购买使用重大自主创新产品的支持机制，加快创新产品的社会化推广进程。更加注重采用市场化的支持方式，从直接补贴、贷款贴息等投入为主，向支持发展创投基金、创投引导基金、股权投资基金等转变，发挥好政府投资的引导放大作用，提高资金利用效率。

完善企业创新鼓励机制。增强企业创新主体地位，促进创新要素向企业集聚，政府性科技经费投入向企业倾斜，鼓励企业提高研发投入比重。落实高新技术企业认定、研发经费加计扣除、教育经费列支等方面的政策。开展支持创新创业的外汇管理改革试点。改革高等院校和科研院所技术成果管理制度，完善高校与企业、产业园区的科研成果衔接机制，提高创新成果转化效率。在市场准入、业态管制放开、要素市场落户等领域支持民营科技和中小企业发展，激发民营经济的创新潜力。支持民营企业、新型产业组织参与国家重大科技项目等国家创新计划。

完善知识产权的激励和保护机制。实施知识产权战略，推动知识产权创造、管理、保护、应用相结合，使其成为企业提高成长性与竞争力、培育新业态与制定新标准的重要基础和手段。健全知识产权服务体系，促进知识产权有效转移和转化实施。激励高新技术企业申请专利、注册商标，支持企业和产业技术联盟构建专利池。实施标准化战略，搭建标准创新和检测认证公共服务平台，开展中关村国家自主创新示范区标准创新试点，推动标准创制和实施。

三、全力推进创新成果产业化

坚持以市场需求为导向，特别是瞄准经济社会和城市发展的重大紧迫需求，着力完善以企业为主体的产学研用一体化的创新体系，显著提高科技创新成果转化和产业化水平。

集聚一批高端创新资源。深化国际创新合作，积极吸引国外大型企业、国际知名实验室设立研发机构，发展区域性和国际研发总部。引进由战略科学家领衔的研发团队，建设具有世界一流水平的科研机构。加强与高等院校和科研院所的全面合作，鼓励与企业联合共建工程中心、工程实验室和技术中心。大力支持企业牵头组建产业联盟、技术联盟、标准联盟等新型产业组织，加强行业关键共性技术研发。支持企业引进国外先进技术，加强引进技术消化吸收再创新。

抓好一批基础科学研究。加强科研项目筛选、科研后备力量培养和科技成果储备。鼓励在京研究机构积极承接国家基础研究项目。提高基础研究以及相关教育的投入，支持开展城市环境、能源科学、安全健康、新型材料等领域的基础研究，夯实创新基础。

突破一批关键核心技术。积极承接和推进国家重大科技专项和科技基础设施,在后3G移动通信、物联网、超级计算、云计算、新能源汽车、航空航天及卫星应用等领域攻克核心关键技术,为国家布局战略性新兴产业提供科技支撑,形成更多的创新成果。大力推进实施核心元器件高端通用芯片及基础软件、极大规模集成电路制造装备及成套工艺、新一代宽带无线移动通信网、高档数控机床与基础制造装备等重大科技专项。加快推进蛋白质、重大工程材料服役安全研究评价、航空遥感、先进光源等国家重大科技基础设施建设,围绕重大科技基础设施项目建设综合科学中心。

加快转化一批创新成果。健全重大科技成果发现、筛选机制,建立重大项目落地协调服务的市区联动机制,支持建设重大项目投融资平台和产业化基地。探索完善高等院校、科研院所等研究机构承担重大专项课题成果的转化机制。建立军地科技成果转化协调机制,促进军民融合式发展。通过国有资本有序进退,引导国有资本承接重大科技成果转化。扶持引导民营资本参与创新成果转化。实施"双百工程",围绕城市应急、交通管理、环境治理、安全生产等关键问题,组织开展关键技术应用和示范工程,实施100个以上重点示范应用项目,实现100项重大科技成果产业化。

做大做强一批创新型企业。培育和壮大产业链整合能力强、主导产业链分工、能够更大范围配置产业资源的企业,培育一批国际知名品牌。实施创新型企业"十百千工程",选择300家以上重点企业,集中政策资源重点支持,形成一批具有全球影响力的千亿级规模企业、产业带动力大的百亿级规模企业和高成长的十亿级规模企业。加快培育专业性强、产品和服务特色鲜明、细分市场占有率高、成长速度快的重点企业,深入实施"瞪羚计划",形成一批"专、特、精、新"的小巨人企业。继续营造有利于创业的氛围。

四、强化教育战略支撑作用

全面实施中长期教育改革和发展规划纲要,坚持教育优先发展,充分发挥教育对推动创新、培养人才的基础性作用,为国家和首都持续发展提供高端人才支撑和科技智力服务。

推进首都高等教育内涵发展。完善高校法人治理结构,扩大高校办学自主权,把创新人才和高技能人才培养作为高等教育学校评价的重要因素,推动教学资源向教学一线倾斜,大力提升首都高等教育的人才培养、知识创新和社会贡献能力。继续支持在京高校建设世界一流大学和高水平大学,支持一批重点学科建设和科学研究。建立市属高校分类发展评价体系,引导高校科学定位、特色发展。适应城市发展需要,适时组建旅游大学等特色院校。加快首都高等教育空间布局调整优化,高标准建成沙河、良乡高教园区。大力发展来华留学教育,到2015年在京留学生数量超过12万人次。

增强高等院校研发创新能力。支持高等院校建设一批重点实验室、工程研究中心和哲学社会科学研究基地,支持工科院校建设新兴技术研究院,鼓励高等院校与海内外高水平教育科研机构、著名企业建设联合研发基地,进一步提升大学科技园发展水平,构建北京高校科技创新体系。引导高等院校围绕城市经济社会发展中的重大问题开展科研攻关。鼓励高等院校和科研院所向社会开放实验室、科研设备,提高资源使用效率。

建设充满创新活力的学习型城市。大力倡导全民学习、终身学习理念。促进各级各类教育衔接沟通,建立不同类型学习成果的互认衔接制度,促进终身学习。支持企事业单位和各类社会组织举办多层次、多类型的继续教育和岗位技能培训。鼓励企事业单位为社区提供教育教学资源,扩大公益性文化设施免费开放范围,拓展社区教育和农村成人教育。大力发展数字化远程教育,构建终身学习网络和平台,为学习者提供方便、灵活、个性化的学习服务。广泛创建学习型组织和学习型家庭。

第二章 提升经济发展质量

巩固和扩大应对国际金融危机成果,着眼提高经济发展质量,推进产业深度调整升级,巩固消费、投资协调拉动格局,使首都经济在更高水平上实现又好又快发展。

一、扩大首都经济优势

进一步彰显首都经济特征。坚持服务经济、总部经济、知识经济和绿色经济的发展定位,巩固和强化首都经济特征。服务经济是首都经济的主体和优势所在,是经济长期保持平稳较快发展的基石,要坚持大力发展服务业,特别是生产性服务业,进一步发挥对全市经济增长的稳定器作用。总部经济是首都经济的突出特征,是提高经济控制力和影响力最宝贵、最稀缺的资源,要注重积极引进与重点培育并重、国内总部与跨国总部并重、各次产业及各类企业总部并重,继续大力提升总部经济发展水平。知识经济是首都资源禀赋优势的集中体现,要更加注重增强科学、技术、知识、管理、人才对产业发展的提升带动作用,大力发展科技农业、高技术产业和知识密集型服务业,推动科技要素向多行业、多领域延伸发展,增强经济发展的竞争力。绿色经济是首都资源环境条件和时代要求的必然选择,要坚决实施更加严格的产业准入、资源利用和环境约束标准,推进产业调整和发展方式转变。

统筹服务好各类要素资源。充分发挥首都功能优势,依靠和服务好中央资源,着力为其在京更好、更快的发展创造更加适宜的环境,提供服务保障,在支持和服务其发展中实现自身更高水平的发展。充分把握国际社会看好中国的有利时机,有效利用好国外资源,着力提升商务环境,在更高层面上吸引和服务好跨国公司、外资和侨资,不断提升经济的国际影响力。充分依托首都市场优势和国家自主创新示范区的政策优势,支持和培育民营经济和中小企业,集聚高端民营企业总部,为首都高技术产业和经济发展注入新的活力。充分挖掘地方经济潜力,加快地方企业资产证券化步伐,持续提升品牌意识和管理水平,进一步壮大地方经济的实力。通过国有股权有序进退方式盘活存量资源,加大与各方资源整合力度,鼓励资产关联度大、产业互补性强的市属国有企业主动为在京央企提供配套服务。

二、深度推进产业升级

坚持高端、高效、高辐射的产业发展方向,以提升产业素质为核心,着力打造"北京服务"、"北京创造"品牌,显著增强首都经济的竞争力和影响力。

坚持优化一产、做强二产、做大三产,推动产业融合发展,构建首都现代产业体系。

推进都市型现代农业发展。强化农业基础地位,严格保护耕地和基本农田,加强农业基础设施建设,提高农业综合生产能力、抗风险能力、市场竞争能力。加快转变农业发展方式,适应特大型城市发展需要,突出首都农业的城市农产品供应和应急保障、生态休闲、科技示范等功能,推进"221"信息平台建设,大力发展籽种农业、休闲农业、循环农业、会展农业、设施农业、节水农业等都市型现代农业。切实加强"菜篮子"工程等农产品生产基地建设,全面提升蔬菜等鲜活农产品供应保障和质量安全水平。全面加强面向农业的技术服务、金融服务、信息服务和市场服务,促进农业生产经营的专业化、标准化、规模化和集约化,提升农业附加值,促进农民增收。培育大型农业企业集团和农民专业合作社,支持符合条件的农业企业上市,推进农业企业的集团化、资本化。加快国家现代农业科技城建设,打造"一城多园"的空间布局。

提升高技术和现代制造业发展水平。深入落实重点产业调整振兴规划,坚持高端发展方向,通过标准提升、业态创新、信息技术和组织结构创新等途径,着力发展高端现代制造业,改造提升传统制造业。延伸制造业产业链,促进工业化与信息化融合发展,增强产业配套能力和集群发展水平。实施重大项目带动战略,重点推进京东方八代线、长安汽车、北京现代三工厂、福田中重卡合资项目、中航工业园、北京数字信息产业基地等重大项目建设,提升电子信息、汽车、装备制造、医药等产业发展水平。总结推广望京等地区发展的成功经验,促进研发、制造、总部一体化发展。

加快服务业调整升级。围绕拓展提升城市服务功能,促进金融服务、信息服务、科技服务、商务服务、流通服务等生产性服务业加快发展,建设具有国际影响力的金融中心城市,促进经济结构由服务业主导向生产性服务业主导升级,打造服务区域、服务全国、辐射世界的生产性服务业中心城市。积极推进文化与科技、资本及其他产业的融合发展,进一步强化文化创意产业的支柱地位。落实大旅游发展理念,将旅游业发展成为重要的支柱产业,打造国际一流旅游城市。吸引国内外大型旅游会展总部或分支机构落户北京,引导形成旅游会展总部经济聚集区。吸引民营经济、国际资本参与重大旅游项目开发,促进旅游企业集团化、规模化、品牌化、国际化发展,打造具有国际竞争力的北京旅游品牌。开发高端旅游产品,建设一批带动性强的旅游项目。加快八达岭印象长城、大海坨国际山地休闲度假区、丫髻山养生度假基地、世界地质公园核心区、昌平银山塔林等一批重点旅游项目建设。适应人们生活质量提高和日益多样化的新需求,大力发展健康、养老等新兴生活服务业。按照"安全便利、资源节约、行为规范、环境友好"原则,推进生活性服务业发展方式转变。加快发展现代粮食流通产业,保障首都粮食安全。积极开发新型服务业态,发展服务外包,通过融入全球产业链带动产业结构优化升级。

专栏1　生产性服务业

金融服务。巩固全国金融管理中心地位,强化总部金融、特色金融发展优势,做好金融总部和后台的配套服务,大力引进国际一流的新兴金融机构,培育离岸金融、券商直投、信托租赁等新业态,提升债券发行中心和清算中心功能,建设具有国际影响力的金融中心城市。

信息服务。优化提升通信业,积极发展互联网及计算机服务业,做大做强软件产业,发展移动通信增值服务、数字电视增值服务。推进数字电视运营服务。依托总部资源和媒体资源,进一步提升首都的信息集聚和发布功能,成为在亚太地区有重要影响力的信息服务枢纽城市。

商务服务。重点鼓励国内外企业总部的交易中心、运营中心以及国际机构组织等落户本市。引导法律服务、知识产权服务、广告等优势行业并购重组,形成具有竞争力的龙头企业。加大政府和事业单位的业务外包力度。努力在会计、审计、咨询、资产评估、信用评级等领域打造具有国际水准的中介服务机构,加速形成国际化的商务服务能力,成为全球商务服务网络的重要节点。

科技服务。大力吸引国内外研发机构、科技型企业在京发展,加快发展研发设计服务、生物技术服务、数字内容服务和检测服务,进一步完善知识产权服务和科技成果转化服务体系,努力打造成为科技创新中心城市。

流通服务。运用现代信息技术、创新营销模式及金融服务配套等手段,提升流通业的现代化水平。加快交通枢纽、大型物流节点和流通网络的建设,强化批发业和物流业的营运控制功能。鼓励商业流通企业发展连锁经营和电子商务等现代流通方式,培育专业化、规模化的贸易企业和品牌代理商。

大力发展战略性新兴产业,带动产业持续升级和竞争力提升。瞄准国际前沿技术和产业发展趋势,把发展战略性新兴产业作为产业结构优化升级的突破口。依托首都科技资源优势和产业基础,积极发展新一代信息技术、生物医药、新能源、节能环保、新能源汽车、新材料、高端装备制造和航空航天等产业,加强产业关键核心技术和前沿技术研发,以关键技术研发和装备研制带动重点领域突破,以重大工程建设和应用培育市场需求,到"十二五"期末,努力使战略性新兴产业成为先导性、支柱性产业,形成若干战略性新兴产业集群,培育一批年销售收入超过 500 亿的大型企业,涌现出一大批创新能力强的中小企业。

专栏 2   战略性新兴产业

新一代信息技术。全面推进三网融合。率先在新一代移动通信、下一代互联网、下一代广播电视网等领域突破核心技术和关键设备产业化,促进物联网、云计算的研发和示范应用,突破核心元器件高端通用芯片及基础软件等领域的关键技术,增强基于新一代信息网络的信息增值服务能力。

生物医药。加快发展新型疫苗、蛋白质药物、诊断试剂等生物医药关键产品和技术,加快先进医疗设备的研发和产业化,大力推进农作物等生物农业优良品种选育,突破酶工程、代谢工程等工业生物领域关键技术,积极发展生物技术研发外包和健康管理服务。

新能源。发展太阳能热利用和风电技术服务业。加快推进新型核能技术与装备研发服务,扩大核电高端技术服务产业规模。提高地热能、生物质能等的技术研发水平与工程服务能力。

节能环保。发展面向工业、交通、建筑等重点领域的节能产业,壮大污水处理、大气污染防治和垃圾处理等环保产业,加快资源循环利用产业发展,加速发展节能环保服务业。

新能源汽车。搭建新能源汽车研发平台,推进整车控制系统、车载能源系统、驱动系统等三大关键系统及一些关键配件的研发和产业化,积极推进纯电动汽车和混合动力汽车的研制,加大纯电动汽车的示范应用力度。

新材料。形成半导体材料、金属磁性材料、生物医药材料、化工新材料、太阳能电池材料、新型绿色建材、非晶材料以及高温超导材料等特色产业集群,构建集新材料生产、加工、集散和技术研发为一体的新型产业基地。

高端装备制造。重点在轨道交通运行控制系统、数控机床、工业自动化控制系统等一批重大关键技术上实现突破,并积极发展一批成套设备,大幅提升高端装备的系统集成能力。

航空航天。打造以发动机、系统控制和航空技术为核心的航空产业;促进产品、系统应用、运营服务一体的民用航天规模化发展;加快发展北斗卫星导航系统,发展面向应用需求的卫星遥感产业。

整体塑造"北京服务"、"北京创造"品牌,显著增强产业的竞争力和影响力。建立北京服务、北京创造品牌服务体系。设立北京服务、北京创造股权投资基金,支持品牌企业和重大项目加快发展。组建北京服务、北京创造产业联盟。研究设立金融街金融指数、CBD 商务服务指数、中关村创新指数、奥林匹克文体指数等,形成北京服务、北京创造指数体系。突出发挥中关村等高端产业功能区的带动作用,成为北京服务、北京创造品牌的重要支撑区。积极推进企业上市发展,打造资本市场北京服务、北京创造板块。高水平筹办更多有影响力的重大品牌活动,为品牌塑造创造条件、提供支撑,积极争取把中国服务贸易大会打造成永久落户北京的中国国际服务交易会,形成"南有广州中国进出口商品交易会、北有北京中国国际服务交易会"格局。加强对品牌企业、品牌人才的正向激励,加强知识产权保护,建立品牌创造激励机制,积极营造崇尚、保护、创造品牌产品和企业的社会环境。

三、统筹经济发展政策

坚持实施扩大内需战略,把优化需求结构与支持自主创新、推动产业升级、加强节能减排、促进资源集约利用等各项政策更加紧密地结合起来,进一步创新发展理念和发展模式,处理好市场与政府的关系,把资源更好地配置到对经济社会发展具有决定作用的领域和环节,集中精力解决最迫切的问题,加强政策统筹安排与协调衔接,切实在发展中促转变,在转变中谋发展。

持续增强消费拉动,逐步形成消费主导型经济。消费在经济发展中的作用日益增强,要把扩大消费需求作为扩大内需的战略重点,通过持续扩大消费促进经济稳定较快发展。落实国家收入分配政策,提高居民特别是城乡中低收入者的收入水平,完善社会保障和公共服务,稳定居民消费预期,增强居民消费能力。适应消费结构升级和市民新需求变化,实施商贸品牌特色提升工程,汇聚国内外知名品牌和商贸企业,加强特色商业街区建设,推动京味"老字号"品牌创新发展,培育一批本土新兴品牌和特色消费街区,丰富市场供给,壮大特色时尚消费。积极推进消费领域由商品消费向服务消费升级,深化商贸与关联产业的融合发展,壮大与市民追求健康生活相适应的旅游休闲、养生度假、文化体育等产业,扩大发展型和服务型消费。加大旅游、会展市场开发和宣传力度,进一步扩大外来消费。积极推进专业化商品市场发展,规范、发展千亿元规模的大宗商品电子交易市场,规划建设电子商务集聚区,积极发展网上商城,扩大电子商务消费。积极扩大信贷消费。适应城市化要求,优化商业设施和服务网点布局,完善社区便民商业服务,引导大型零售企业向郊区连锁发展,提升商业设施无障碍和刷卡消费无障碍水平,提高居民生活便利度。加强市场监管,完善消费者服务保障体系,为消费者创造良好的消费环境。

着力优化投资结构,提高投资质量和效益。投资仍然是拉动经济发展的重要力量,要把握好投资、消费相互促进、协调支撑经济发展的规律,把投资与促进消费、增加就业、改善民生有机结合起来,促进投资与消费良性互动适度稳定增长。积极调整投资结构,以增强发展后劲为核心,努力扩大生产性服务业、战略性新兴产业、高端制造业、文化创意产业和旅游业等产业投资。加大城市交通、能源、资源、环境等基础设施投资。把握好房地产对稳定投资、延伸消费、惠及民生、承载业态的作用,调整优化房地产投资结构,推动房地产建设向保障性住房、适于承载生产性服务业发展的商务楼宇以及核心区人口疏解和城乡结合部改造等定向安置房转变,向新城、高端产业功能区等区域转移。在推进中心城功能优化提升的同时,引导投资向郊区转移,使城市功能拓展区和发展新区作为承接投资的主要区域,全社会投资中郊区投资比重力争达到50%。积极鼓励、引导和促进民间投资和外商投资。发挥政府投资的引导带动作用,更加注重融资方式创新,牢固树立节约意识,提升投资质量和效益。

积极创新产业发展政策与支持方式,深入推进产业优化升级。坚持"区别对待、有进有退、有松有紧"的产业政策导向,不断完善产业发展的政策组合,实施更加适合首都功能定位的产业政策。深入落实国家及本市产业调整振兴规划。积极推进服务业综合改革试点,探索建立适合服务业经济特征的体制机制。加强高端产业功能区和各类园区的政策集成,引导产业布局优化和集群发展。更加注重产业标准与国际水平的对接,发挥标准对产业结构升级的驱动作用。实施更加严格的用水、用地、用能等产业准入标准,推进各类散小低端行业的整治与升级,坚决淘汰高消耗、高污染的落后生产能力、工艺和产品。

切实加强资源环境政策制定实施,推进资源集约利用与绿色发展。全面实行资源利用总量控制、供需双向调节、差别化管理。按照减量化、再利用、资源化、节约优先的原则,加强财税、金融、价格、标准、产业等政策的互动组合,在生产、流通、消费各环节,在企业、园区、社会各层面,引导开发应用源头减量、循环利用、再制造、零排放等技术,推动循环经济发展,促进全社会的资源循环利用。

第三章　构建战略发展高地

着眼于城市发展空间战略调整和功能优化配置,以集中做强具有核心竞争力的品牌区域为导向,推进功能区域化、区域特色化,不断提升高端产业功能区辐射力,积极培育高端产业功能新区,构建"两城两带、六高四新"的创新和产业发展空间格局,成为全市高端产业发展的重要载体。

一、打造两城两带

集中力量打造中关村科学城和未来科技城,着力加快建设北部研发服务和高技术产业带、南部高技术制造业和战略性新兴产业发展带,基本形成国家创新中心的新格局。

中关村科学城。加大体制机制创新和先行先试力度,聚集产业创新要素和高端业态,调动高校、院所、企业等主体的积极性,推进协同创新,大力发展高端研发和楼宇经济,突破一批关键核心技术、创制一批新标准、转化一批重大成果。重点建设以中关村大街为核心的"中关村生命科学与新材料高端要素聚集发展区",以知春路为核心的"中关村航空航天技术国际港",以学院路为核心的"中关村信息网络世纪大道"。把中关村科学城建成战略性新兴产业策源地、体制机制创新的前沿阵地、科技成果转化的辐射源和区域创新的先行示范区。

未来科技城。突出生态环保、科技示范作用,高标准建设园区基础设施和配套生态环境。积极推进中央企业创新资源集聚发展,引进海外高层次创新人才,建设一流科研人才的集聚地、引领科技创新的研发平台和全新运行机制的人才特区,探索实行国际通行的科学研究和科技开发、创业机制,打造成为具有国际影响力的大型企业集团技术创新和成果转化的基地。

北部研发服务和高新技术产业发展带。以海淀区平原地区、昌平区南部地区为重点,大力推进研发服务、信息服务等高端产业集聚,加速促进高新技术成果孵化转化,建设"生态良好、产业集群、用地集约、设施配套、城乡一体"的世界领先的研发服务和高技术产业集聚区。

南部高技术制造业和战略性新兴产业发展带。有效整合亦庄、大兴为主体的城市南部产业空间资源,拓展北京经济技术开发区范围,加大管理体制改革力度,带动房山高端制造业基地联动发展,打造电子信息、生物医药、装备制造、新能源、新材料等高技术制造业和战略性新兴产业集群,建设成为高技术制造业发展和对外辐射合作的重要承载区。

二、提升高端产业功能区

围绕产业集聚、人才集中、资源集约和功能集成,着力提升产业发展势能,提升服务环境,提升国际辐射力和经济带动力,使之成为世界城市先行实践区。"十二五"期末,六大高端产业功能区增加值占全市经济比重力争达到50%。

中关村国家自主创新示范区。按照"深化改革先行区、开放创新引领区、高端要素聚合区、创新创业集聚地、战略产业策源地"的战略定位,巩固和扩大"一区多园"发展格局,注重资源整合和机制创新,积极推动先行先试改革,着力推进中关村核心区建设,着力研发和转化国际领先的科技成果,做大做强一批具有全球影响力的创新型企业,培育一批国际知名品牌,聚集一批高端人才,全面提高自主创新能力和辐射带动能力,初步建成具有全球影响力的科技创新中心。

北京经济技术开发区。发挥与大兴区行政资源整合的优势,充分发挥高端产业引领和带动作用,提升高端制造业和战略性新兴产业的集聚和承载能力,促进现代制造业与生产性服务业有机融合、互动发展,建设成为工业化、城市化、信息化高度协调的国际化高端产业功能区。

商务中心区。基本建成核心区,全面启动东扩战略工程。显著提高区域国际化水平,大力发展总部经济、生产性服务业和文化创意产业,增强对国际金融、国际传媒、国际组织和专业要素市场等集聚功能,建设成为具有国际影响力的现代商务中心。

金融街。注重功能完善与服务提升,加强南北连片和核心区的适度拓展,进一步提升商务配套功能和环境品质,增强吸引核心金融要素功能,强化金融总部资源配置能力,成为国家金融管理和金融总部功能主要承载区。

奥林匹克中心区。充分利用好现有奥运场馆设施,推进国家级文化设施建设,大力发展博物馆经济,有效集聚国内外重大体育、文化、会展活动,注重系列化和品牌化,完善旅游服务环境,打造成为国际文化体育商务中心和大型国际旅游会展中心。

临空经济区。以枢纽空港和天竺综合保税区为依托,积极开展保税服务和离岸金融业务,完善首都国际机场配套设施,增强临空服务功能,努力建成辐射东北亚、面向全球的临空经济区。

三、培育高端产业新区

适应城市产业功能拓展、提升和优化配置需求,积极推动新的高端产业功能区规划建设。坚持高标准规划、高水平建设、分时序推进,注重节能、环保、信息化等新标准、新技术的示范应用,积极在交易功能、文化功能、制造业和旅游业总部集聚功能等方面形成差异化发展。

通州高端商务服务区。依托新城开发,重点发展总部经济、高端商务、康体医疗、文化传媒、会展培训等产业,积极吸引侨资总部落户,建设成为彰显国际新城形象的特色高端商务服务区。

新首钢高端产业综合服务区。统筹规划首钢主厂区及周边石景山、门城地区资源,重点发展文化创意产业、高技术产业、生产性服务业等产业,吸引制造业企业总部和研发中心落户,努力成为产业转型升级的示范区。

丽泽金融商务区。引导金融信息咨询、文化金融、新兴金融机构及商务总部等要素集聚,强化要素交易功能,形成比较优良的新兴金融业发展的商务环境,打造具有全国辐射力的新兴金融功能区。

怀柔文化科技高端产业新区。以雁栖湖生态示范区、中科院研究生院、中影基地等为重点,大力发展会议休闲会展业、科技研发业、高技术产业和文化创意产业,构建具有国际高端水平、特色鲜明、综合竞争力强的文化科技高端产业功能区。

图 1 北京高端产业新区示意图

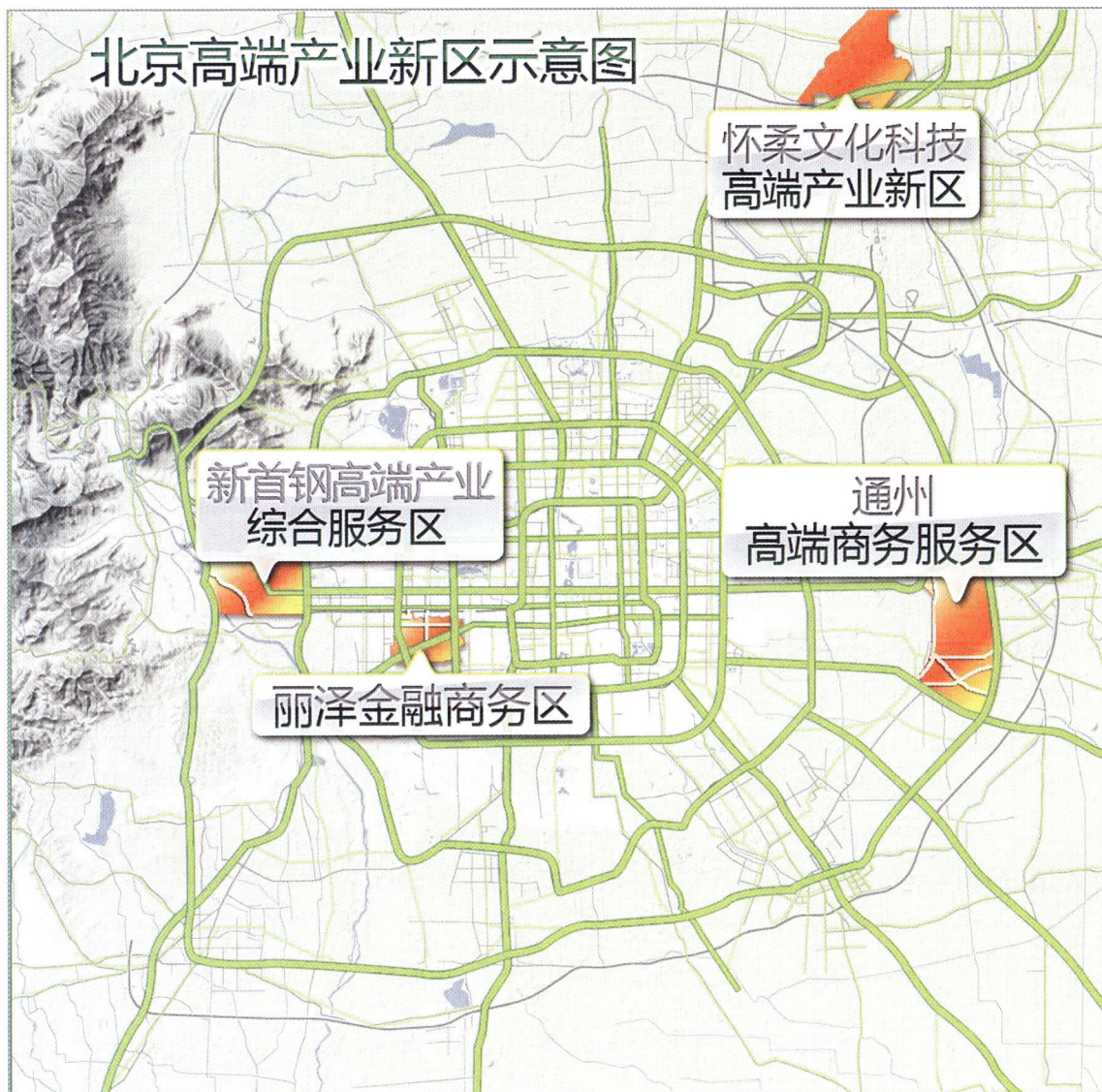

第三篇 发展惠及人民

发展的根本目的是要让人民过上幸福美好的生活。我们正面对着一个日益开放和多元化的社会,发展水平的不断提高、社会结构的深刻变化,催生着更加多样化的社会需求,对公共服务供给和社会建设管理不断提出新的挑战。"十二五"时期,要顺应广大人民过上更好生活的新期待,全面实施"人文北京"战略,更加注重统筹经济与社会协调发展,把提升公共服务、创新社会管理摆在更加突出的位置,积极推进"大民政"建设,切实完善保障和改善民生的各项制度与政策安排,使发展成果更好地惠及人民,让人民生活得更幸福。

第一章　扩展优质多样的公共服务

从发展阶段实际出发,按照政府保障基本需求、市场提供多样选择的原则,继续大力推进基本公共服务均等化,在注重硬件设施均衡配置的同时更加注重软件服务均等,在扩大服务供给的同时更加注重提高服务质量和效率,在加大政府投入的同时更加注重引导社会资本进入,实现社会公共服务水平新的提升。

一、为劳动者创造充分就业机会

就业关系着每个劳动者的个人发展和家庭幸福,是发展机会公平享有的重要体现。"十二五"时期,要继续坚持积极的就业政策导向,不断完善就业公共服务,努力让所有劳动者体面而有尊严地生活。

大力开发就业岗位。以重大产业项目、重大基础设施和重点功能区建设带动就业岗位开发。积极倡导创业精神,以创业带动就业。

推行定向就业扶持。积极促进高校毕业生充分就业。有效开发保洁、保绿、保安、物业和车辆管理等社区服务岗位,加强家政、养老、助残等就业扶持,促进失业人员再就业。积极促进西部矿山关闭地区、首钢搬迁地区劳动力就业,解决好城乡结合部改造和农村城镇化地区农民转移就业。完善城乡零就业家庭动态管理和长效帮扶机制,实施纯农业家庭就业转移援助力度。

完善公共就业服务网络。建立统一的人力资源市场,使城乡居民平等享有规范的公共就业服务。建立用人单位、劳动力、服务机构三方合作机制和一站式就业服务,提高岗位对接成功率。加强城镇失业人员、农民和农转非人员就业培训,提高就业能力。

强化劳动力市场监管。推行劳动合同制度,健全劳动关系协调机制。实行劳动用工备案制度,加强失业预警和劳动关系动态监控,维护劳动者合法权益,构建和谐劳动关系。

二、让每个家庭都有可靠的保障

社会保障是让每个市民都有安全可靠的未来、不为人生特定阶段的困难和风险所困扰的制度安排,是社会和谐稳定的安全阀。"十二五"时期,要致力于制度整合衔接,建立城乡一体化的社会保障体系,实现人人享有保障、待遇稳定提高。

实现社会保障人群全覆盖。积极稳妥推进行政事业单位退休金制度与城镇职工养老保险制度并轨,实现公费医疗与城镇职工基本医疗保险并轨,将行政事业单位工作人员纳入失业、工伤、生育保险范围,将本市自主创业、灵活就业人员纳入失业、生育保险范围,形成统一的城镇职工社会保险制度。整合城镇居民基本医疗保险制度和新型农村合作医疗制度,形成城乡统一的居民社会保险制度。逐步实行城乡居民养老、新型农村合作医疗保险市级统筹,统一缴费标准、待遇水平和基金管理。大力推行企业年金和行政事业单位职业年金,鼓励参加储蓄性养老保险,完善多形式的补充医疗保险,形成多层次的社会保险体系。完善居民与职工养老、医疗保险衔接政策。有效提高外来务工人员社会保险参保率。

稳步提高社会保障待遇水平。加大公共财政投入和社会保险基金征缴力度,依据中央相关政策,积极稳妥推进养老保险基金结余投资运营。健全社会保障待遇标准正常增长机制,稳步提高离退休人员基本养老金、居民养老保险金、失业保险金等待遇标准,扩大基本医疗保险报销范围,提高报销标准。

实现社会保障卡覆盖所有参保人群。加快推进社会保障信息化建设,实现社会保险经办机构和社会化管理服务信息网络的全覆盖。拓展社会保障卡服务功能,实现社会保障卡覆盖所有保障人群,实现一卡多用和便捷支付。

三、为学生成长提供良好的教育

坚持教育优先发展,大力推进教育公平,把培育提升素质作为主要着眼点,不断提高教育发展质量和水平。

让儿童平等享有快乐的启蒙教育。强化政府学前教育管理职责,加强学前教育统筹规划和投入,积极发展公办幼儿园,大力扶持民办幼儿园,落实新建小区配套幼儿园建设,新建和改扩建600所幼儿园,形成政府主导、公办民办并举的学前教育服务体系,满足适龄儿童的入园需求。

使孩子们公平获得优质的义务教育。统筹优化中小学教育资源配置,推进名校办分校、学区化管理、学校联盟、委托管理、对口合作等办学形式创新,继续加强薄弱校和农村地区中小学建设,完善区域内教师和校长流动制度、城乡教师交流与合作机制,促进优质义务教育资源均衡配置,努力缩小校际、区域办学水平差距。完善来京务工人员随迁子女接受义务教育的保障体制,让所有孩子共同成长进步。全面完成中小学校舍抗震加固,加强校园安保,使孩子们都有安全放心的学习环境。

提高优质高中资源的覆盖范围。推进布局调整、资源整合和开发,增加优质高中教育资源。深化高中阶段课程改革,满足不同潜质学生的发展需求。开展新型综合高中实验,推进普通高中与职业教育的衔接和融通。探索建立高中和大学的有效合作机制,鼓励大学向高中开放课程、实验室等教学资源,为部分学有余力的高中学生开辟学习发展的新途径。

紧密结合产业需求发展现代职业教育。加强职业教育统筹管理和规划,推进中等和高等职业教育衔接贯通,促进学历教育与职业培训有机结合。围绕首都产业发展,大力推进职业教育的资源整合和专业结构调整,加快职业教育集团化办学。加强"双师型"教师队伍、示范性职业学校和实训基地建设,提高职业教育基础能力。广泛推行工学结合、顶岗实习人才培养模式,促进校企合作制度化。完善职业学校毕业生升学制度,拓宽学生继续学习通道。

四、使广大市民成为健康北京人

健康是幸福的基石。要立足于让人们身心健康、不得病、少得病和方便就医看病,大力倡导健康和文明卫生意识,加强健康服务,深化医药卫生体制改革,提高公共卫生和基本医疗服务水平,使全市主要健康指标位居全国前列。

塑造健康城市。满足人们追求健康生活的新需求,系统深入落实《全民健身条例》和《全民健康促进十年行动规划》,努力为广大市民健康幸福生活创造良好条件。

提升全民健康和文明卫生意识。利用多种途径和手段,广泛普及健康知识,推进健康知识进社区、进校园、进万家,传播健康生活理念。动员市民参与健康促进行动,倡导市民学会适合自己的锻炼方法、养成定期运动锻炼等健康生活好习惯。针对不同性别、不同年龄和不同身体状况人群,运用不同干预对策,帮助市民形成健康文明的生活方式。组织开展多样化的社区活动,扩大邻里相互交往,营造健康舒心的生活环境。健全心理健康疏导、干预机制和心理保健服务体系,促进市民身心健康。

满足市民多样化健康需求。大力发展健康产业,为广大市民提供高水平、多样化的健康服务。支持既有医疗机构向前端延伸提供疾病预防和保健服务。完善市场准入及配套政策,吸引优质国际和民营医疗康体机构来京发展,为市民提供多层次、高质量的健康服务。积极鼓励生态涵养发展区依托环境优势,发展疗养、健身、休闲、养老服务等产业,为广大市民提供更多的养生休憩健身空间。充分发挥中医资源优势,大力发展中医保健,促进中医服务进社区。

推进体育事业蓬勃发展。加快区县、乡镇体育中心建设,实现达标全覆盖。完善社区公共体育配套设施,推进体育设施的便民化和可及性,为群众提供方便经济的健身活动条件。加快各类公共体育场馆向社会公众的开放,推动机关、企事业单位和学校体育资源的社会共享。建设龙潭湖体育产业园。完善竞技体育后备人才训练和比赛设施,优化运动项目布局结构,提升竞技体育实力,建设竞技体育强市。

实现基本公共卫生服务全覆盖。实行基本公共卫生服务项目目录管理,扩大面向常住人口的基本公共卫生服务项目。推进公共卫生服务覆盖特定人群,提升精神卫生、妇幼卫生、老年保健、计划生育等服务水平。加强重大传染病预防控制,完善突发公共卫生事件应急机制,实现所有事件及时得到有效处置。健全覆盖城乡的急救网络,加强农村地区救援能力建设,促进院前急救与院内救治的有效衔接。

显著提升基层医疗服务水平。着力完善基层社区卫生服务网络,强化基层社区卫生服务机构的基本医疗和公共卫生职能,使社区卫生服务机构成为居民健康的"守门人"。推行家庭医生式服务。加强慢性病、常见病及家庭病床服务管理。加强以全科医生为重点的基层医疗卫生队伍建设,提高基层医疗卫生队伍素质。推进注册医师多点执业,引导医务人员合理流动。完善鼓励医务人员在基层服务的政策,调动医务人员服务基层的积极性。制定综合措施,引导一般诊疗向基层下沉,逐步形成"社区首诊、分级就诊、双向转诊、康复在社区"的有序就医新格局。

推进区域医疗资源优化配置。制定实施首都区域卫生规划和医疗机构设置等规划,根据城市发展实际引导医疗卫生资源合理配置。完成新城区域医疗中心建设,实现每个新城有一座高水平的医疗中心。集中解决大型居住区、定向安置房地区、边远山区、重点功能区医疗资源不足问题。严格控制中心城区大型综合医院新建和扩建,促进新增医疗机构和中心城区优质医疗资源向郊区扩展,实施好天坛医院迁建、通州国际医疗城等重大项目。加强康复医院、护理院建设,形成相互衔接的资源配置格局。加强二级以上综合医院儿科、老年医学科、精神心理科等设置,提升面向特定人群的医疗服务能力。规划建设1~2所新的儿童医疗机构。大力发展中医中药,加快东城国家中医药发展综合改革试验区发展,加强中医临床研究基地建设,扩充基层社区卫生服务机构中医科和中药房,实现中医药服务城乡全覆盖。

五、全面实现广大市民住有所居

加强住房制度整体设计,建立健全符合首都实际、可持续的住房供应制度,逐步形成符合国情市情的保障性住房体系和商品房体系。大力实施保障性安居工程,切实履行政府职责,增加土地供应,加大财政投入,加强监督管理,五年建设、收购各类政策性住房100万套,对符合保障条件的中请家庭做到应保尽保。加强保障性住房建设、分配和后期运行等各环节管理,全面实施保障性住房阳光工程。合理引导住房消费,优化住房供应结构,建设多元化的住房租赁体系,积极鼓励租售并举,引导市民通过租赁形式解决住房问题。鼓励农村集体经济组织依据规划、利用存量资源有序开展租赁房服务。积极推进旧城人口疏解和房屋保护性改造修缮工程,完成城市和国有工矿棚户区改造任务,加大农村抗震节能房屋改造建设力度,改善城乡居民居住条件。

第二章　建设公正和谐稳定的社会

坚持以人为本、依法治理,致力于社会管理创新,有效动员和引导社会参与,推动社会共建共享、和谐发展。

一、完善充满关爱的社会福利网络

着力整合社会福利政策和资源,实现社会福利制度向适度普惠型转变,显著提升各类福利和保障水平,在全社会营造充满关爱的社会氛围。

为老年人安享晚年提供良好服务。积极应对人口老龄化,基本构建起"以居家养老为基础,社区服务为依托,机构养老为补充"的多元化养老服务体系。加快公共养老机构建设,推动社会力量投资兴办养老服务设施,到2015年全市养老床位达到12万张。以社区为单元构筑老年人"居家生活幸福圈",加大政府购买服务力度,增强社区养老服务功能,更好地服务于居家养老。大力发展老龄产业,提供多样化养老服务。大力倡导尊老、敬老的社会风尚,完善"九养政策"、老年优待政策和高龄老人津贴制度,建立失能老人津贴,积极推动发展长期照料护理保险。扩大老年社会参与,丰富老年人精神文化生活。

为残疾人平等参与社会提供便利条件。全面推进城市"无障碍化",把软环境建设摆在更加重要的位置,营造残疾人平等参与社会的良好环境。健全覆盖城乡全体残疾人的社会保障和服务体系。落实岗位补助制度和税收优惠政策,发展福利企业,促进有劳动能力的残疾人就业。拓展机构托养服务、社区综合服务和居家助残服务,培育面向残疾人服务的社会组织,发展残疾人服务业。全面推进无障碍设施建设和改造,优化残疾人出行和居住环境。改善"三无"精神病人、特困精神病人救治条件。改善特殊教育学校办学条件,为残障人员提供良好的学习和康复环境。丰富残疾人精神文化生活,切实保障残疾人合法权益。

为妇女发展提供有力的保障。落实男女平等原则,倡行尊重妇女社会风尚,优化妇女发展环境,保障妇女平等就业机会和政治权利,依法打击侵害妇女权益的行为。

为儿童健康成长营造良好环境。坚持儿童优先原则,注重儿童道德行为规范教育、心理素质和良好性格的培养和塑造,家庭、学校和社会共同为儿童健康成长营造良好环境。加强儿童食品用品安全监管,促进儿童健康发展。发展儿童福利事业,提高孤残儿童养育标准。规范家庭寄养模式,保障寄养儿童权益。健全儿童福利设施。

为特定困难群体提供及时的救助服务。着力健全以最低生活保障为基础、专项救助相配套、临时救助和社会互助为补充的城乡社会救助制度,让每个困难家庭和特定人员都能得到帮助。完善城乡低保标准动态调整机制,根据发展实际合理提高低保标准,切实保障低收入群体基本生活。完善城乡一体医疗、教育、就业等专项社会救助制度。完善流浪乞讨人员救助制度,加快救助管理机构建设,扩大救助管理社会参与。

形成全社会广泛参与慈善事业的格局。加大慈善宣传力度,打造慈善公益品牌,大力推进全民慈善。创新募捐方式,建立覆盖全市的经常性捐助站点和慈善超市。鼓励创建规范运作的慈善基金,加强慈善捐助资金和物品的全过程监管,增强社会公信度。加强慈善组织培育和监管,提高慈善组织发展水平。创新慈善项目运作机制。

二、深入推进社会服务管理创新

把健全基本公共服务体系、促进基本公共服务均等化作为社会管理的重要基础,完善社会管理格局,创新社会管理机制,加强城乡社区建设,充分发挥社会组织作用,积极推动社会参与,逐步建立与中国特色世界城市目标相适应的社会管理体系。

努力实现社会管理全覆盖。完善党委领导、政府负责、社会协同、公众参与的社会管理格局。加快构建源头治理、动态协调和应急管理相互联系、相互支持的社会管理机制。推动商务楼宇"五站合一"建设,进一步夯实社会管理和服务基础。改进政府服务管理,保障公民基本权益和社会公平。总结推广社会服务管理创新试点地区经验,以点带面,促进社会管理水平全面提升。推进社会管理和服务信息系统建设,构建网络化的社会服务管理体系。

创建和谐城乡社区。完善社区治理模式,推进政府社会服务管理重心向社区下移。因地制宜推进社区公共服务设施的集成规划、整合建设和集约使用,实现社区规范化达标建设。积极发展社区健康、购物、家政、托幼、养老、助残等市场化、便民化服务,满足社区居民多元化服务需求。加强社区民主自治,充分调动居民参与社区管理的积极性,鼓励社区社会组织、社区工作者参与社区服务管理,增加社区凝聚力。推进社区信息化建设,搭建社区居民交往平台,组织开展丰富多彩的社区活动,促进邻里信任与和睦,把社区建设成为便利、舒适、健康、和谐的美好家园。

积极发展社会组织。大力扶持和发展服务类、管理类、慈善类等公益性社会组织,发挥社会组织在反映利益诉求、提供社会服务、协调利益矛盾、扩大公众参与等方面的积极作用。采用委托管理、项目管理、购买服务等多种方式,鼓励和支持社会组织依法自主参与社会服务与管理。推动政府部分社会服务管理职责向社会组织转移,培育和发展社会服务管理的新型载体。完善"枢纽型"社会组织工作体系,增强对社会组织发展的指导和服务。加强社会组织评估体系建设和动态管理,推进社会组织自身建设,引导社会组织健康发展。

大力推动社会参与。积极拓展社会公众参与公共事务渠道,增加公共事务的公开性和透明度。鼓励和规范社会公众参与社会公共事务,增强人民群众依法参与社会管理的意识和能力。加强社会工作人才队伍建设,推进社会工作制度化、规范化。建立健全志愿者激励机制和管理制度,广泛传播志愿服务理念,培育公益意识,实现志愿服务常态化,让志愿服务成为公众参与社会服务管理的有效载体。

健全社会运行调控。以维护社会稳定、保障民众权益、社会平稳运行为目标,构建政府主导、社会参与、宏观与微观管理相结合的社会运行调控机制。加强社会运行预测、监测和分析,建立重大工程项目和重大决策社会稳定风险评估机制。健全社会管理绩效考核机制,提高社会管理效能。

健全维护群众权益机制。拓宽社情民意表达渠道,完善公共决策的社会公示制度、公众听证制度和专家咨询论证制度,扩大公众参与程度。完善信访制度,注重民意收集与信息反馈,推广信访代理制,推动用群众工作统揽信访工作。完善化解社会矛盾的领导协调、排查预警、疏导转化、调解处置机制。加强人民调解、行政调解、司法调解联动,整合各方面力量,有效防范和化解劳资纠纷、征地拆迁、环境污染、食品药品安全等引发的社会矛盾。依靠基层党政组织、行业管理组织、群众自治组织,充分发挥工会、共青团、妇联等社会团体的作用,共同维护群众权益,积极化解社会矛盾。

强化公共安全管理。完善食品、药品安全标准,建立食品、药品质量追溯制度,形成覆盖生产、流通、消费全过程的安全责任链。强化安全生产监管,全面落实企业安全生产主体责任,加强安全生产管理,加强重点行业和领域安全隐患排查治理,有效遏制重特大安全事故发生。加强危险化学品集中储运、销售管理。进一步提升应急管理水平,健全对事故灾难、公共卫生事件、食品药品安全、社会安全事件的预防预警和应急处置体系。

加强社会治安管理。深入推进"平安北京"建设,进一步完善网络化的社会治安防控体系。以城乡结合部、治安重点地区、城中村、相邻街乡边界为重点,实施联合执法,实行群防群控,实现综合治理。加强基层警务、社区矫正等设施标准化建设,增强公共安全和社会治安保障能力。加强互联网安全管理,努力维护良好的网络环境。严密防范和严厉打击各种违法犯罪活动。

三、加强社会主义民主法制建设

充分发挥社会主义民主政治制度的重要作用。坚持和完善人民代表大会制度和中国共产党领导的多党合作和政治协商制度,为推进首都科学发展提供制度保障。全面贯彻党的统一战线方针政策和对台政策,促进政党关系、民族关系、宗教关系、海内外同胞关系的和谐,团结调动各方面的力量,共同推动首都的科学发展。继续巩固首都民族团结、宗教和谐的良好局面。进一步加强工会、共青团、妇联、科协等各群众团体的建设,充分发挥对推动科学发展的重要作用。切实加强基层民主政治建设,健全完善基层社区和村民自治制度,提高社区和村民自治水平,维护基层群众的合法权益,组织动员基层群众参与首都科学发展。完善以职工代表大会为基本形式的企业事业单位民主管理制度,推动厂务公开,支持职工参与管理,维护职工合法权益,调动广大职工群众参与首都发展的积极性、主动性和创造性。加强国防后备力量建设,支持驻京解放军、武警部队现代化建设,配合做好军需、军品服务保障,深入开展双拥共建活动,不断巩固军政军民团结。

加快法治城市建设。全面贯彻依法治国基本方略,进一步加强地方立法工作,着眼于解决经济社会发展中的深层次矛盾和问题,加强经济、社会、生态、城市管理等重点领域立法。深入推进科学民主决策,坚持依法决策,健全决策程序,强化决策责任,提高公共政策透明度和公众参与度。严格依法行政,建立和完善行政程序,改进执法方式。深化司法体制和工作机制改革,加强司法队伍建设,切实维护司法公正。全面推进政务公开,重点推进财政预算、公共资源配置、重大建设项目、社会公益事业等领域的信息公开。健全行政监督体系和问责制度。强化法制宣传教育,落实"六五"普法规划,提高市民的法制观念。进一步完善法律服务体系。

第三章　构建适应首都发展的人口格局

人口是经济社会可持续发展的关键因素。"十二五"时期,全市人口仍会保持较快增长态势,需要妥善处理好人口发展与经济社会、资源环境的关系,认真落实中央关于大城市加强和改进人口管理的要求,以加快转变发展方式和完善人口管理制度为重点,切实提高城市人口管理服务水平,努力遏制人口无序过快增长,逐步形成规模适度、结构优化、多元和谐、分布合理、服务有效、管理严格、与城市可持续发展和城市功能相适应的人口发展格局。

一、合理调控人口规模

转变经济发展方式是人口规模调控的根本途径,要立足城市功能定位和资源环境条件,把控制人口无序过快增长作为经济发展的重要原则,持续深入推进经济结构调整,发展高端、高效、高辐射的产业,促进产业发展方式从依靠劳动力数量增加向更多依靠劳动生产率提高转变。

运用现代经营理念、管理模式和信息技术,改造提升传统服务业和生活服务业,提高商业物流、社区服务、家政服务、再生资源回收等行业的组织化、规模化程度,提高全员劳动生产率。

制定、修订行业标准和管理办法,加强对低端业态的规范管理,加快低端业态的调整退出。

加大市场监管执法力度,严格工商注册登记管理,严格取缔无照非法经营,严格执行经营工作场所生产安全、卫生安全、消防安全等法律法规,保护生产者和消费者合法权益。

二、改进人口服务管理

适应特大型城市科学发展要求,以完善人口管理制度为主要抓手,着力改进人口基础管理,加强流动人口属地化管理、市民化服务,促进人口规模增长适度、结构优化、流动有序。

加强计划生育管理和服务。坚持计划生育基本国策,逐步完善生育政策,健全有利于计划生育的利益导向政策体系。推进生殖健康服务中心建设,改善计划生育服务。

强化劳动用工管理。让外来务工人员享受平等的劳动保障。全面实施劳动合同制度,严格执行最低工资标准。健全外来务工人员社会保障制度,严格要求用工单位为职工缴纳医疗、养老、工伤等社会保险。加强劳动保障监察,维护流动人口合法权益。

加强出租房屋管理。修订房屋租赁管理办法,强化出租房屋治安、消防、建筑结构等安全监督管理,规范中介市场秩序,显著改善流动人口居住条件。修订人防工程和普通地下室安全使用管理办法,严格限制将人防工程和规划用途为非居住功能的地下室用于出租居住,大力推进人防工程的公益性应用。依法拆除违章建筑,严格禁止违规建房出租。规范升级租赁经济,总结推广集中管理农民出租房屋的新模式。鼓励企业和产业园区提供职工公寓。

完善户籍管理制度。坚持控制总量、优化结构,在严格执行准入政策同时,实行户籍指标调控。合理配置进京户籍指标,优先解决好符合首都发展需要的专业管理和技术人才的落户需求。

实施居住证制度。以居住证为载体建立全市联网、部门联动的"实有人口信息系统",按照"来有登记、走有核销"的基本要求加强流动人口基础信息采集,进行实时动态监控,有效提高人口管理的信息化和精细化水平。

建立人口服务管理责任制度。整合人口管理职能,建立"市级统筹、部门分管、属地负责、四级联动"的人口服务管理机制。实行人口总量调控的属地责任,落实区县政府人口服务管理目标责任制。

三、引导人口合理布局

按照城市总体规划确定的空间发展格局,强化规划和政策引导,积极促进人口按功能区域合理分布,着力缓解中心城人口过度集聚带来的运行管理和资源环境压力。"十二五"期间,要通过疏解中心城功能、增强新城综合功能、加强区域合作,推动人口空间布局优化。

有序疏解中心城人口。以功能疏解带动人口疏解。大力推进中心城优质公共服务资源向新城转移。加大文保区人口疏解力度。加快建设定向安置房,完善基础设施和公共配套,为外迁人口提供便利服务。

大幅提升新城的吸引力。促进重大功能性项目向新城配置,全面提升新城综合功能,集中力量打造"业城均衡"的综合新城,显著增强新城的承载力和吸引力,有效承接中心城功能和人口疏解。

促进流动人口在周边区域就业。深化基础设施、产业布局、城镇发展等方面的合作,促进周边区域的共同发展,以就业引导人口流动,减缓人口流入压力。

第四篇　文化彰显魅力

文化是决定创造、塑造未来的重要力量,是城市软实力的核心要素。北京作为一个有着3000年历史的文化古都,同时又是一座特大型的国际化大都市,要把塑造高品位、有特色的城市文化作为重要的发展战略。"十二五"时期,要树立"大文化"发展理念,充分发挥首都文化、科技、教育等优势,坚持继承与发展并重,挖掘首都文化资源优势,充分发挥文化引导社会、教育人民、推动发展的功能,着力提升城市文化魅力,增强文化服务功能,加快文化创意产业发展,扩大文化传播交流,不断增强文化的民族性、开放性与时代性,进一步提升全国文化中心地位,努力打造中国特色社会主义先进文化之都,使北京成为充满人文关怀、人文风采和文化魅力的城市。

第一章　整体保护历史文化名城

文化是城市的灵魂和魅力所在。我们的祖先曾经在这片土地上创造出灿烂的文化,留下丰厚的遗产,在城市化快速发展过程中,需要倍加重视文化的传承,加强历史文化遗产保护,同时致力于创造能够世代相传的新的城市遗产,使人们更好地感受到城市的文化魅力。

一、重构历史文化魅力走廊

北京南北中轴线和朝阜大街以其独特历史地位和丰富的文化遗存,构成了古都风貌骨架。"十二五"时期,要着重围绕"一轴一线",集中力量打通重要节点,回填历史元素,恢复经典风貌,融入现代文化,形成集中展现古都历史文化、富有鲜活时代气息的城市魅力走廊。

系统规划实施魅力中轴线工程。组团式发展钟鼓楼区域,完成钟鼓楼周边环境整治,打通东西周边交通通道,再现晨钟暮鼓的历史景观。改善钟鼓楼至地安门两侧传统建筑风貌,恢复后门桥两侧景观和河岸绿带,与什刹海区域联动发展,营造滨水绿色的文化休闲空间,形成特色突出的历史文化街区。完善前门地区配套设施,推进大栅栏及周边环境整治,恢复前门大栅栏街区整体商业风貌。打造天桥传统特色文化演艺区,建设剧场群,使之成为传统剧目与现代演出相结合的演艺功能区。结合天坛医院搬迁,完善天坛区域森林绿地系统,展现皇家园林景观。集成优秀的文化景观设计,高水平规划建设南中轴森林公园,与奥林匹克森林公园遥相呼应,赋予中轴线以时代发展内涵,使之成为贯穿历史和现代都市发展的文脉。

图2 南北中轴主要景观示意图

再现朝阜大街美丽景观。重点围绕白塔寺、历代帝王庙、西什库教堂、北大红楼等重要节点,加强整体规划设计,修缮重点文保区院落,逐步恢复历史文化街区风貌。有效保护和合理利用朝阜大街北侧的胡同四合院风貌,发展特色旅舍、小剧场或小商铺,使之成为品味老北京独特韵味的重要街区。在保护文物的同时,更加注重文物背后文化内涵的开发,在展现美丽街道景观的同时,展示北京多元文化交汇融合的独特魅力。

图3　朝阜大街主要景观示意图

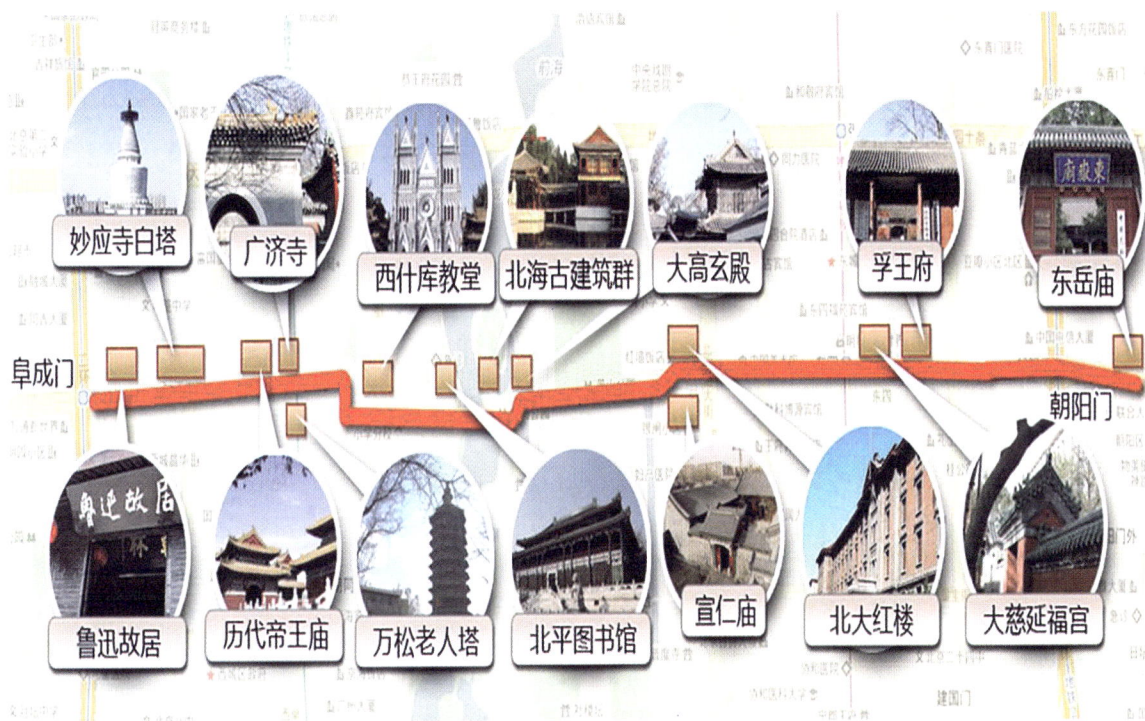

妙应寺白塔　广济寺　西什库教堂　北海古建筑群　大高玄殿　孚王府　东岳庙

阜成门　　　　　　　　　　　　　　　　　　　　　　　朝阳门

鲁迅故居　历代帝王庙　万松老人塔　北平图书馆　宣仁庙　北大红楼　大慈延福宫

专栏3　一轴一线

　　一轴是指中轴线,它南起永定门,北至钟鼓楼,长约7.8公里,集中了钟鼓楼、恭王府、皇城墙、中南海、故宫、太庙等文化元素,始于元忽必烈大都城的规划设计,至明清形成现有规模。建筑大师梁思成曾赞美道"一根长达八公里,全世界最长,也最伟大的南北中轴线穿过全城。北京独有的壮美秩序就由这条中轴的建立而产生。"

　　一线是指朝阜大街,它西起阜成门,东至朝阳门,长约7.45公里,集中了历代帝王庙、白塔寺、广济寺、鲁迅故居、西什库教堂、京师大学堂建筑遗存、孚王府、东岳庙等众多文物文保资源,汇聚了民居宫殿、寺院学府、园林山水、幽静庭苑和繁华商业,建筑风格各异,是历史上皇权正统文化和多元文化交汇的代表,被老舍誉为北京最美丽的街道,是北京旧城内一条极具城市传统历史文化特色、横贯东西的景观走廊。

二、推进历史名城风貌保护

　　北京历史文化遗存丰富,文物保护单位众多。"十二五"时期要在全面加强文物保护的基础上,积极创新文保机制,推进文物保护由单体展示向分类、连片、成线区域性的综合保护转变。

　　推进旧城保护与发展的有机统一。坚持旧城整体保护原则,严格执行历史文化名城保护法律法规,发挥历史文化名城保护委员会的领导协调作用,加大政府投入,积极调动全社会积极性,保护好历史文化名城风貌。在注重文物保护的同时,深度挖掘文化内涵,使文物资源所承载的文化意义得以更加鲜活地传播。探索设立历史文化名城保护基金会,动员社会力量参与旧城保护。积极推进文物保护机制创新,探索多种有效保护方式。研究制定文物保护与利用的相关政策和细化标准,探索产权人、使用人、社会单位等多方参与的保护模式。鼓励包括民营资本在内的社会力量参与老字号、名人故居、胡同、四合院、会馆等修缮、保护和利用。

加强重大文化遗产保护。继续推进长城、故宫、天坛、颐和园、圆明园、明十三陵、周口店北京猿人遗址等重大文化遗产的保护修缮和环境整治工作,推进以历史名园为核心的首都世界名园建设。保护好故宫周边地区、城市中轴线、皇家园林、坛庙等文化景观及大运河、云居寺等历史文化遗存申遗工作。实施颐和园须弥灵境、北海公园万佛楼大佛殿、香山昭庙遗址等少数民族建筑的复建保护。注重郊区历史文化风貌保护,加强优秀近现代建筑和重要工业遗产的保护。

三、让文化元素融入城镇乡村

提升城市建设的文化品位。全面加强新城建设、新区开发、小城镇发展中的布局和形态规划,注重城市街区和建筑整体设计,打造风格协调的魅力建筑群和各具特色的街道及城市景观。全面放开城市设计市场,丰富城市建筑文化元素,加强城市建设艺术评审,努力创造出能够世代相传的新的城市文化遗产。

建设美丽乡村。在新农村建设中注重自然景观和乡村民居特色保护。加强乡村历史文物建筑修缮,积极挖掘整理历史典故、名人、传说、民俗等资源,让纯朴清新的乡村风貌风情、自然人文景观在城市化进程中得以传承和保护。

四、保护弘扬非物质文化遗产

健全非物质文化遗产保护制度。加强非物质文化遗产的普查、认定和登记,建立非物质文化遗产档案和资源数据库。多种形式开展非物质文化遗产的宣传和传承。鼓励传统文化、表演、手工等"传帮带"。结合传统节日和重大节庆活动,举办丰富多彩的文化活动,使市民通过体验、互动等多种方式参与优秀传统文化的传承。鼓励社会力量参与非物质文化遗产的保护和开发,把非物质文化遗产的资源优势转化为带动经济发展的优势,使非物质文化遗产在提升经济价值的同时得到保护和弘扬。

第二章　提供丰富多彩的文化服务

坚持社会主义先进文化方向,充分挖掘与有效利用首都丰富的文化资源,推进文化事业繁荣发展,着力完善公共文化服务网络,推进文化内容创新,塑造健康向上的社会文化环境,更好地为丰富市民精神文化生活服务,为提升科学文化修养和城市文明素质服务。

一、提升公共文化服务

完善基本公共文化服务网络。深入实施文化惠民工程,着重加强基层文化服务。改善基层公益文化活动设施,完成新城区级文化馆、图书馆达标建设,实现街道、社区和乡镇文化站达标覆盖。提高基层文化工作队伍素质,开展丰富多样的群众文化活动,促进基本公共文化服务均等化。

加快重大功能性文化设施建设。集中建设一批重大文化设施,显著提升文化服务功能。完成国家国学中心、国家美术馆、中国工艺美术馆、中国非物质文化遗产展示馆、中国出版博物馆、中国园林博物馆等国家级文化设施建设,积极争取新的国家大型文化设施落户北京。建成奥运博物馆、北京人艺国际戏剧中心、北京科学中心、北京市档案馆、北京儿童文化艺术中心、北京歌舞剧院剧场、北京美术馆、首都交响音乐厅、北方昆曲艺术中心、北京文化活动中心等标志性文化设施,增强公共文化服务能力。

推动文化设施和服务合理配置。适应城市化发展要求,重点加强城南地区、城乡结合部、新城、重点镇、大型社区等区域文化设施配置。推进多厅影院规划建设,加快影院数字化进程。大力发展图书馆、博物馆、档案馆、文化馆等公共文化设施。加强优秀文化典籍整理,完成第二轮规划志书编修工作。统筹规划演出设施,恢复和提升中和戏院、广和剧场、吉祥戏院和西单剧场等老字号演出场所功能。多种方式盘活文化设施资源,鼓励单位内部剧场设施面向社会开放,建立由剧场、演出单位共同组成的剧场联盟,统筹安排剧场资源和演出,让剧场有演出、演出有剧场,积极培育和打造常演不衰的驻场品牌剧目。

二、推进文化产品创新

加强对文化产品创作的引导,大力推进文化内容形式创新,努力推出更多更好的优秀文化产品。

深入实施文化精品工程。研究制定促进文化产品创新的政策措施,着力鼓励支持原创,激发企事业单位和个人的文化创造力,在图书、影视、动漫、音乐、戏剧等领域,创造出更多思想深刻、艺术精湛、群众喜闻乐见的文化产品。大力引进、培养和聚集高端文化人才。积极打造高水平文化院团,稳步提高地方院团影响力,积极支持在京中央院团、艺术院校发展。通过政府购买服务、放宽市场准入等措施,促进政府与市场共同提供公共文化产品和服务,扩大文化消费,释放文化发展活力。

繁荣哲学社会科学。充分借助首都丰富的社会科学研究资源,推进学科体系、科研方法创新,深入开展基础理论和应用对策研究,努力涌现更多的优秀学术成果,培养、造就高素质的学术人才队伍。鼓励支持建设服务首都发展的思想库和智囊团。加强学术规范,树立良好学术风气。促进哲学社会科学研究成果共享。加强对社科类社会组织和民办科研机构的服务和管理。鼓励科普创作,健全科普服务网络,更好地为提升市民科学文化素养服务。

三、建设共有精神家园

进一步加强社会主义精神文明建设,把弘扬民族优秀文化、提升道德情操、普及科学文化知识、发展公共文明、培育城市精神摆在更加突出的位置,致力营造健康向上的社会文化氛围,促进市民文明素质和城市文明程度不断提升。

加强社会主义核心价值体系建设,广泛开展爱国主义等宣传教育活动。深入推进社会公德、职业道德、家庭美德、个人品德建设,倡导爱国守法和敬业诚信。持续深入开展"爱首都、讲文明、树新风——做文明有礼的北京人"的主题活动,实施礼仪、环境、秩序、服务、观赏、网络等公共文明引导行动,提升市民文明素质。加强市民文明素质教育培训,培育和增强广大市民的首都意识和首善意识,营造奋发进取、理性平和、开放包容的社会心态,提倡修身律己、尊老爱幼、勤勉做事、平实做人,推动形成我为人人、人人为我的社会氛围。净化社会文化环境,深入推进未成年人思想道德建设,保护青少年身心健康。

全面推进文明区县、文明村镇、文明单位、文明社区等多形式的创建活动,广泛动员社会各方面力量参与文明城市创建。抓住影响城市形象的重大问题,从细节入手、从具体事抓起,提升城市文明形象。

第三章　提升文化创意产业竞争力

文化创意产业已经成为首都经济的重要支柱和新增长点。"十二五"时期要着眼于建设中国特色世界城市,立足促进首都产业升级和文化繁荣,着力推进文化创新,优化文化创意发展环境,推动文化创意产业发展水平和竞争力的进一步提升,把北京建设成为具有国际影响力的文化创新、运营、交易和体验中心。

一、打造文化服务功能区

依托首都丰富的文化资源,统筹规划布局,吸引高端要素流入,着力培育具有战略支撑作用的文化服务功能区和不同特色的文化创意集聚区,引导文化创意产业集群化发展,为进一步提升首都文化中心功能提供有力支撑。

规划建设文化服务功能区。根据城市功能配置要求、文化资源聚集状况和发展基础条件,集中力量推动重大的标志性的城市文化服务功能区规划建设,显著提升首都城市文化服务功能。加快建设以奥林匹克公园为中心的现代演艺功能区。发展以孔庙、国子监为中心的国学文化展示区。抓好以颐和园和天坛公园为代表的皇家园林文化展示区。构建以天桥为中心的北京传统特色演艺区。形成以什刹海、南锣鼓巷为中心的四合院休闲文化区。积极推进国家音乐产业园区、首都剧院区等规划建设。大力发展绘画、艺术品、时尚艺术等多种类型的文化体验功能区。

显著提升文化创意集聚区发展水平。发挥重大项目带动作用,促进文化资源聚集与合理配置,推进集聚区规模化、特色化发展。整合提升30个市级文化创意产业集聚区。引导和促进特色文化创意村落、街区、工厂发展。重点支持中国动漫游戏城、中国北京出版创意产业园、中华文化主题公园、国家新媒体产业基地星光影视园、中影数字电影制作基地、西山文化创意大道、CBD—定福庄传媒走廊、平谷中国乐谷等重大项目建设,提升集聚能力,增强带动作用,形成多元支撑、特色发展格局。

二、推进文化创意产业升级

以整合资源、培育知名品牌和龙头企业为着力点,更加注重培育新兴文化产业,促进产业融合,显著提升文化创意产业的整体水平和竞争能力,巩固文化创意产业的支柱地位。

巩固提升优势文化创意产业。以积极培育大型企业集团和上市公司为重点,巩固壮大文艺演出、新闻出版、广播影视、艺术品交易等优势行业。充分利用首都演出资源和市场中心地位,统筹规划场馆设施,深化国有经营性文艺事业单位转企改制,打造一批经典演艺品牌,提升文艺演出业。实施出版精品战略,加快版权交易、版权贸易等平台建设,壮大新闻出版业。大力支持北京电影学院等建设,实施影视剧精品创作工程,全面推进高清交互数字电视应用,加快电影院线建设和影院数字化,做强广播影视业。鼓励艺术品交易经营企业专业化、特色化和精品化,繁荣艺术品交易产业。

大力发展新兴文化创意产业。以加大技术开发、培育产业链条、促进产业联盟为着力点，培育壮大设计创意、动漫游戏、数字出版、新媒体等新兴文化创意产业。实施设计产业提升计划，大力发展工业设计、建筑设计、时尚设计，发展设计产业集聚区，努力打造设计之都。加快研发具有自主知识产权的网络游戏引擎、3D 动漫电影等新兴实用技术，鼓励本土动漫游戏企业开发自主原创、具有民族底蕴的优秀产品，做大动漫游戏产业。争取国家数字出版基地落户北京，推进宽带无线多媒体专网示范工程，加快发展下一代广播电视网，培育新媒体产业。在挖掘传统文化内涵基础上，促进文化与科技、旅游、体育、信息、金融、会展等产业的融合发展。

三、优化文化创意产业环境

大力推进文化体制改革和政策创新，促进资源整合和市场主体培育，进一步完善文化要素市场，塑造更富活力的文化创意产业发展环境。

培育富有活力的文化市场主体。推进国有经营性文化事业单位转企改制，鼓励文化企业实施跨地区、跨行业、跨媒体、跨所有制联合和兼并重组，走品牌化道路，着力培育一批有实力、竞争力强的品牌骨干文化企业。积极培育国家大剧院等世界一流的标志性品牌。放宽市场准入，鼓励民营资本进入文化创作、制作和交易市场。进一步发挥文化创意产业中介机构、行业组织的作用，积极发展战略投资者，支持文化创意企业发展上市。

构建发达的文化要素市场。完善文化创意产业投融资机制，促进文化与资本深度对接。健全融资服务平台，支持社会资本设立各类文化创意产业投资基金、担保公司、小额贷款公司，鼓励金融和保险机构开发面向文化创意产业的金融产品。成立北京文化产权交易所、国家版权交易所和中国设计交易市场，建立中国艺术品交易中心，提升首都文化产品创作、生产、交易的功能。健全文化资产评估机制，构建文化产权保护体系，加大对文化产品和品牌的保护。

第四章　推动文化传播的创新拓展

适应全球化发展与竞争要求，致力于加强文化产品和服务贸易，构建高效的传播网络，塑造有亲和力的文化环境和社会氛围，鼓励优秀文化走向世界，显著提高首都文化的国际影响力。

一、扩大文化产品和服务输出

研究制定支持文化产品和服务出口的政策措施，积极引导文化创意企业根据国外文化消费市场的特点和需求，定制相关文化产品和服务，打造一批具有一定国际影响的文化出口品牌和企业。鼓励在境外兴办文化实体、设立分支机构，推动文化企业落地经营。积极利用国际文化创意产业博览会等贸易平台，组织文化企业参加国际性文化会展和活动，支持文化企业参与国际市场竞争。依托友城、驻外机构、海外华人等资源，积极协助文化企业开拓海外市场，建立国际化的营销渠道。

二、构建高效的文化传播网络

加强文化传播基础设施建设，积极利用数字传媒、网络技术等现代科技手段，大力发展新兴传播，拓宽文化传播覆盖面和影响力。打造全国领先、具有国际影响力的传媒集团。大力发展文化经纪人市场,发挥其文化营销和文化传播的"渠道"作用。有针对性地开展对外宣传,注重与海外媒体合作,打造"魅力北京"文化品牌。实施北京国际艺术节海外推广计划,系统策划文艺演出季,创办北京国际电影季、北京国际儿童艺术节、北京国际图书嘉年华,重点办好北京新年音乐会、北京国际音乐节、北京国际戏剧舞蹈演出季、相约北京联欢活动等品牌文化活动,更好发挥文化传播作用。多种方式开展国际文化交流,吸引国际一流文化项目落户北京。

三、为游客感受文化魅力更好服务

拓展旅游的文化传播功能,充分挖掘皇城、胡同、老北京等特色资源,开展文化旅游和创意旅游,不断推出丰富多样的旅游线路和旅游产品,打造能轻松自由漫步的街道,鼓励剧场、演出单位与旅游企业广泛开展演艺剧目运营合作,使国内外游客更好地体验感受首都文化魅力,成为首都文化的传播者。大力发展老字号和传统京城小吃等饮食文化,积极引进国内知名菜系和餐饮品牌落户,广泛引进世界美食,使北京成为餐饮文化荟萃、知名的世界美食之都。

第五篇　城市服务生活

进入新阶段,北京的发展正经历着人口规模不断增加、技术变革层出不穷、社会需求更加多样等一系列变化的考验。这些变化成为塑造城市的重要力量,也决定了北京在相当长的时期内仍将处于空间格局优化调整、基础设施提升完善的过程中。特定的城市功能和有限的资源环境,客观上要求北京必须注重转变城市发展方式,把优化功能布局和提升特大城市治理效能作为重点,立足于率先形成城乡经济社会一体化发展新格局,切实推进城市功能配置、空间布局和基础设施建设的统筹衔接,促进城市规划、建设与经济社会发展更加协调,城市管理运行更加安全高效、智能精细,使城市发展更好地服务于人们生活,逐步走向成熟、更具活力。

第一章　构筑城乡区域协调发展格局

城市发展的协调取决于功能配置的协调,特别是不同服务功能在空间内的合理配置。未来五年,要进一步强化四类功能区域的主体功能,加快城市空间格局由功能过度集中在中心城向多功能区域共同支撑转变,推动城市发展建设重心向发展新区转移,加快新城建设和薄弱地区崛起,建设现代化新农村,促进城乡区域协调发展,构建城乡一体、多点支撑、均衡协调的城市发展格局。

一、引导市域按功能分类发展

按照国家主体功能区规划的战略要求,着眼于提升首都功能,坚持区县功能定位,引导城市功能统筹布局,推进区域差异化、特色化发展和整体效能最大化。

首都功能核心区。是首都"四个服务"职能的主要承载区、历史文化名城保护和集中展示区,要坚持风貌特征鲜明、管理服务优质、功能优化疏解、南北融合协调、产业发展高端。把历史文化名城保护与传承作为重要任务,全面落实城市规划,推进旧城区整体保护和渐进式小规模有机更新,加大重点街区和重点院落风貌修缮保护力度,探索开发利用地下空间解决公共设施配置不足问题,既要保护外部历史风貌,又要推进内部生活居住条件的现代化,实现民生改善和旧城保护发展的有机统一。优化提升主导产业,重点发展金融保险、商务会议、文化旅游等高端服务业。深化网络化、精细化管理,推进街道服务标准化、便利化,全面提升城市运行保障能力和服务水平。加快南北城服务资源、产业要素、发展空间的优化整合,有效保护南部历史文化风貌,注入高端发展要素,提升南部地区发展水平。积极推进功能和人口疏解,严格控制旧城区新建住宅开发项目,严格控制大型公建项目,严格限制医疗、行政办公、商业等大型服务设施的新建和扩建,严格禁止疏解搬迁区域的人口再聚集。

首都功能拓展区。是首都面向全国和世界的服务功能的重要承载区,是首都经济辐射力和控制力的主要支撑区,要坚持产业高端化、发展国际化、城乡一体化。强化科技创新、商务服务和国际交往功能,进一步集聚各类高端产业要素特别是国际要素,集中力量建设高端产业功能区。扩大和巩固生产性服务业、高技术产业发展优势,提升整体影响力和竞争力。加快城乡结合部改造,统筹解决好产业升级、环境提升、人口管理、集体产权改革等问题,推进城市基础设施、公共服务在区域内的全覆盖。

城市发展新区。是首都战略发展的新空间和推进新型城市化的重要着力区,要坚持加快发展、完善功能、壮大实力。围绕新城和重点镇建设,高标准配置区域基础设施和公共服务设施,高水平建设生态环境,有效承接产业、人口和城市功能转移。围绕重点产业功能区,推进集中连片开发,吸引集聚央企、外企、大型民企等发展要素,着力发展先进制造业、战略性新兴产业和生产性服务业,壮大经济实力,将发展新区培育成为未来增长极和发展新空间。在有效保护农民利益的基础上,多途径稳步推进区域人口向城镇集聚,提高郊区城市化水平。加强生态控制,节约利用资源,合理控制土地开发强度。

生态涵养发展区。是“绿色北京”秀美自然风貌的展示区和生态友好型发展建设的示范区,是首都最为宝贵的生态资源和水资源涵养保障区,也是市民休闲度假、户外运动的主体区域,要持续加大保护力度、培育生态型产业。深度系统加强生态资源、水资源保护,实施宜林荒山绿化、矿区生态恢复、水源保护和小流域综合治理等重点工程,大幅提升生态涵养保障能力。探索多种途径将生态资源优势转化为生态发展优势,积极鼓励央企、外企的后台资源、总部配套服务资源的集聚,引导高端会议、研发设计等到生态涵养区发展。充分发挥生态环境优势,重点培育健康休闲、体育健身、文化创意等产业。积极推进古北水镇、龙湾水乡、房车营地及云蒙山风景区等重大项目,建设密云国际绿色休闲旅游产业综合示范区。建设延庆“绿色北京”示范区。打造中瑞生态谷、中芬生态谷、司马台—雾灵山、延庆百里山水画廊等一批品牌沟谷,促进沟域经济发展。完善门头沟、房山等交通条件和旅游设施,使西部地区与北部山区一样成为市民旅游休闲集中地。建设平谷京东文化旅游区。继续完善生态补偿机制。健全区县合作帮扶长效机制。完成泥石流易发区、采空区农民搬迁。坚决退出资源开采型产业。

二、振兴城市发展的薄弱地区

城市发展过程中出现区域性的不平衡是一种客观存在。过去五年,针对各方关注的城市南部、西部及城乡结合部等发展相对落后地区,相继启动了一系列重大行动,开始取得明显成效。“十二五"时期,要继续坚持基础设施先行,着力加大产业引进培育力度,改善民生环境,使这些地区逐步成为城市发展的新热点和充满活力的区域。

加快城市南部地区振兴崛起。继续以打基础、调结构、上水平为目标,深入实施"城南行动计划",发挥重点功能区和骨干项目带动作用,全面加快城南地区发展步伐。加强旧城南部传统风貌保护和特色产业培育,实施好北京新机场、园博园、南中轴森林公园以及京良路、京石第二高速等西南部主要通道等一批重大项目,带动基础设施、公共服务显著改善。加快丽泽金融商务区、丰台总部基地、大兴新医药基地和房山高端制造业基地等发展,超前规划北京新机场临空产业,提升城南经济实力。

推进城市西部地区转型升级。围绕生态重建和经济转型两条主线,突出首钢搬迁调整区和永定河绿色生态发展带两个重点,推进石景山国家服务业综合改革试点区建设,推动西部地区整体转型发展。实施首钢搬迁调整区改造升级,整合带动石景山、门头沟等周边地区发展。推进永定河生态治理,规划建设永定河绿色生态发展带。加快发展108、109国道沿线生态旅游休闲带。加快西部地区基础设施和公共服务设施建设。继续推进矿山关闭地区生态修复和替代产业发展,恢复西部秀美山川。

加快推进城乡结合部城市化建设。按照"坚持农民主体、尊重农民意愿、保护农民利益"的原则,加快城乡结合部地区城市化建设。完成集体产权制度改革,科学规划、整合利用集体土地,聚集产业发展要素,壮大集体经济实力,解决农民长远保障,使农民成为有资产、有住房、有工作、有社保的新市民。加快中心城区公共设施和运行管理向城乡结合部地区延伸覆盖,配套完成乡镇向街道、村庄向社区的转变,完善城乡一体的社会保障、城市运行和社会管理体系。加强规划控制和城市管理,严格防止形成新的城乡结合部问题。

三、建设功能完善的现代新城

新城建设在"十一五"时期已经迈出了坚实的步伐,未来五年将处于整体成型的关键阶段。要适应城市发展重心转移、整体功能提升的要求,统筹考虑、科学安排,创新新城发展理念和建设模式,按照面向未来的战略定位,系统分类推进,使新城成为宜居宜业、更富吸引力的现代化城市,成为首都功能的新载体和区域城市群的重要节点。

分类推进新城建设。坚持"突出重点、分类推进",根据区位条件和功能定位,使新城加快成长为面向中心城的综合新城和带动区域发展的区域新城。

集中力量聚焦通州,全面承接中心城功能疏解,突出商务、文化、教育、医疗等城市综合服务功能,充分彰显运河文化及滨水特色,坚持先进理念、技术和标准,将通州新城打造成为国际一流的现代化新城。

顺应城市发展规律,为有效疏解中心城功能和人口,重点建设发展新区顺义、亦庄—大兴、昌平和房山等新城,在辐射带动区域发展的同时,着重提升面向中心城区的综合服务和人口疏解功能,成为综合性新城。

加快建设门头沟、延庆、怀柔、密云、平谷等生态涵养区新城,重点提升区域公共服务中心和产业集聚中心功能,带动区域城市化,成为区域性新城。

建设更加便利而高效的新城。坚持高水平规划、高标准配套,强化科学发展的理念,统筹推进新城建设。建设更高标准的交通、能源、水资源、环境和信息等基础设施。建立更高效率的城市管理系统,配套更高水平的教育、医疗、文化体育等公共服务设施,大力引导中心城优质服务资源向新城辐射,鼓励中心城区名院、名校向新城发展。使新城在主要基础设施、公共服务以及城市管理方面相对于中心城有更强吸引力。

建设更加宜业而有活力的新城。大力提升新城产业规模和发展水平,在新城创造更多就业机会,吸引人口到新城就业居住。加强新城产业园区与中关村自主创新示范区等高端产业功能区的对接,积极引导鼓励国家级科研院所、高等院校、央企总部、外企总部及分支机构以及市属院所、事业单位等向新城发展和布局。依托重大产业项目,打造一批综合竞争力强的产业集聚区,使新城成为科技成果产业化、高端制造业和生产性服务业的重要承载地。发展壮大便捷、完善的生活性服务业。

建设更加宜居而有魅力的新城。以风貌、环境、文化为核心,加强城市景观和建筑风格设计,构建特色鲜明的城市风貌。建设与周边田园风光浑然一体、便于市民休憩的生态绿地系统。注重城市个性培育,尊重区域历史文脉,展现当地文化内涵,引导培育新城居民的城市文化归属感,使新城成为更加亲近自然、富有文化魅力的生态宜居城市。

四、发展各具特色的城镇乡村

"十一五"时期,通过实施重点镇和新农村建设"双轮驱动",农村基础条件和面貌发生了显著变化,但城乡之间的差距仍然较大,农村经济发展、农民生活水平仍需进一步提升。未来五年,既要积极稳妥推进农村城市化,更要大力推进农村现代化,以小城镇和新型农村社区为着力点,建设城乡一体的基础设施和基本公共服务,统一城乡居民社会保障,让农民就地享受到城市生活。

分类打造现代特色小城镇。以重点镇为基础,按规划集中力量打造一批特色突出、环境优美、经济繁荣的现代宜居小城镇。立足小城镇资源条件和发展基础,在主导产业、城镇风貌和人文环境等方面突出发展特色,分类推进旅游休闲特色镇、科技和设施农业示范镇、商务会议特色镇、园区经济特色镇、重点产业功能区配套服务特色镇等小城镇建设。积极引导设立小城镇发展基金,吸引社会资本进入,加快小城镇发展。

专栏4　特色小城镇

旅游休闲特色镇:旅游资源丰富、区位条件较好的山区城镇,如门头沟斋堂、平谷金海湖、密云古北口等。

科技和设施农业示范镇:设施农业发达,节水、籽种、精准耕作等先进技术在农业中应用广泛,具有示范作用的小城镇,如昌平小汤山—兴寿、房山琉璃河等。

商务会议特色镇:交通便利,具有生态、历史人文等优势资源和会议会展配套设施的小城镇,如怀柔雁栖—怀北镇、丰台王佐镇青龙湖等。

园区经济特色镇:设施齐全,具有一定规模产业园区的平原地区小城镇,如大兴采育、顺义高丽营、通州台湖等。

重点产业功能区配套服务特色镇:区位条件好、毗邻大型产业园区和功能区的小城镇,如昌平南口(为三一重工配套)等。

启动建设新型农村社区。立足改善农村人居条件、传承乡村文化与农业文明,推进富有田园特色和乡村风貌的新型农村社区、农村新民居建设。参照城市社区建设规范,研究制定农村新型社区公共设施配置和建设标准,统筹配置农村新型社区基础设施和公共服务设施。向农民免费提供安全美观、低碳节能、风格多样的新民居设计方案,制定建设标准,加强节水、节地、节能、节材等新技术的应用,提高农村住宅建设现代化水平。

推进城市管理服务延伸。推进城市基础设施向农村延伸对接、城市管理向农村延伸拓展、基本公共服务和社会保障向农村延伸覆盖、生产生活社会服务网络向农村延伸发展,加快城乡管理和公共服务的一体化。逐步实施农村社区化管理。积极培育面向农村生产生活服务的社会化服务体系,全面改善农村生产生活条件。

发展壮大集体经济。加快推进农村集体产权制度改革,激活农村集体土地、集体山场、集体沟域等发展要素,使农村集体经济释放新的发展活力。引导发展要素向农村集聚,支持各类中央企业、高校院所以及大型企业集团到小城镇和农村地区合作发展。围绕大型产业园区和重大产业项目,积极发展配套型服务产业。支持有条件的集体企业和农业企业上市发展。

第二章　建设系统完善的基础设施

奥运会筹办推动本市基础设施实现了跨越式发展。"十二五"时期,要从推动城市可持续发展的战略高度,更加注重城市运行管理,突出抓好交通疏堵、资源供应和垃圾处理等市民关心的重大问题,推进城市建设由设施建设向功能建设转变,统筹处理好局部与系统、地上与地下、生产与排放的关系,大幅提高基础设施的系统性、安全性和可靠性,更好地适应经济社会发展要求和服务市民生活。

一、努力实现便捷出行

交通拥堵已成为城市运行管理中的突出矛盾之一,未来本市交通将面临越来越大的压力。"十二五"时期,要坚持公交优先发展战略,引导小客车合理使用,加快交通基础设施建设,提升交通综合管理与服务水平,积极倡导文明出行,努力缓解中心城特别是核心区的交通拥堵,确保首都交通整体安全顺畅。

大力落实公交优先战略,中心城公共交通出行比例力争达到50%。逐步构建起以轨道交通为骨干、地面公交为主体、换乘高效的立体化公共交通网络。

优先加快中心城轨道交通建设。全面完成2015年轨道交通561公里近期线网建设规划,加快实施中心城轨道交通加密工程,2015年全市轨道交通线网运行总里程达到660公里。

建设公交快速通勤网络。建成阜石路、广渠路大容量快速公交线路,在中心城快速路、主干路等主要客流走廊上施划公交专用道,总里程达到450公里以上,提高通勤高峰期公交出行效率。

优化立体化公交换乘条件。大力改善地面交通间、轨道交通间、轨道与地面间公交换乘条件。建成5处综合交通枢纽,5处公交中心站和25个公交首末站。严格规范标准,随轨道交通线网同步建设P+R停车设施。

强化交通综合管理。采取机动车总量控制措施,遏制机动车保有量过快增长势头。加强机动车需求侧管理,通过扩大差别化停车收费区域范围等手段,引导机动车合理使用。建立停车场建设管理新机制,规范配建停车设施,鼓励社会力量参与经营性停车场建设。完善切实可行的交通应急预案,积极应对极端天气等突发事件。

加强交通能力建设,整体提升中心城交通供给水平。实施中心城路网加密。加快建设东西二环等地下隧道,缓解重点区域交通拥堵。大力推进中心城微循环道路建设,逐步消灭断头路,提高路网连通性和通达性。

图4　北京市2015年轨道交通线网图

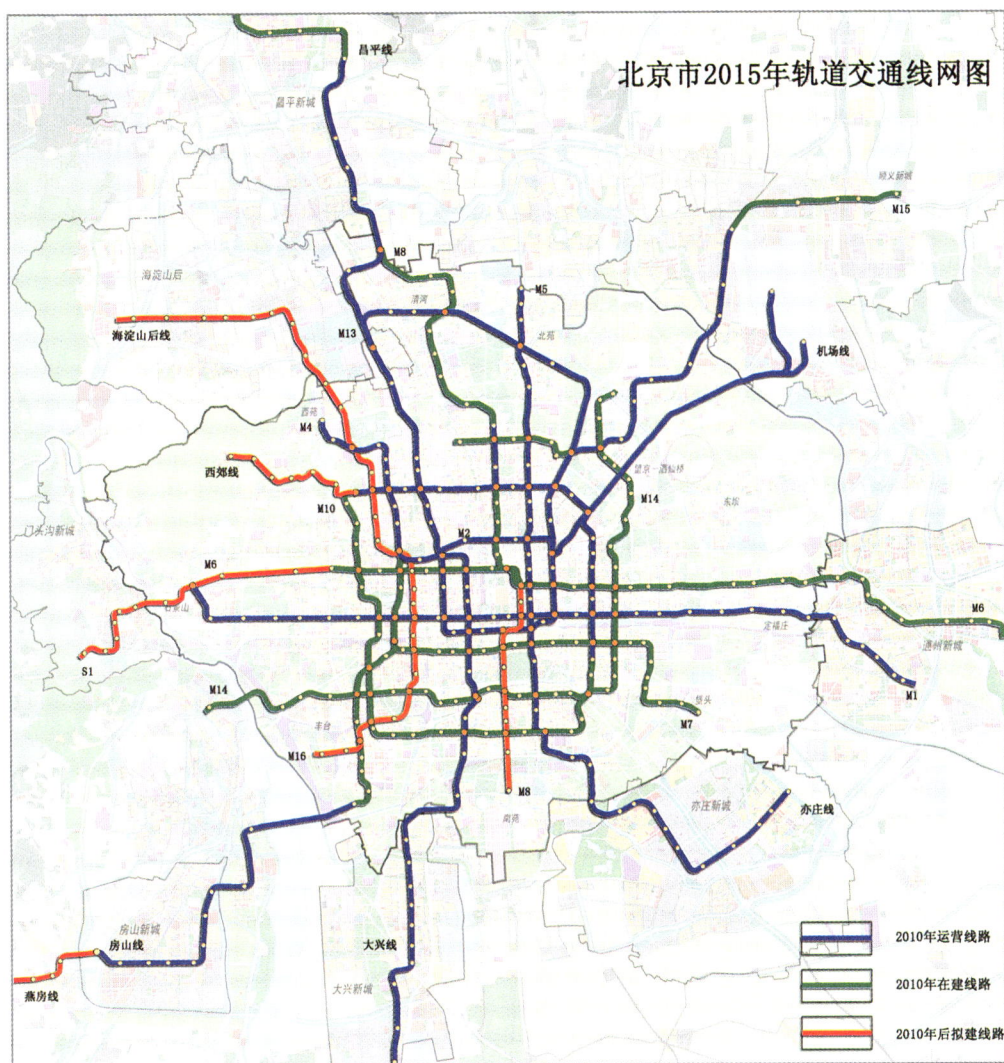

完善中心城干道网。基本实现中心城城市快速路网规划,建成广渠路二期、西外大街西延二期、京包路(四环—五环)、姚家园路、京顺路(四环—五环)等快速路,新增快速路约40公里,累计达到300公里。基本建成五环内城市主干路网,重点建设南北向主干路、西南部干道网和功能区周边路网。

完善自行车行车道和行人步行网络。为步行者和骑车人的绿色安全出行提供方便,基本建成中心城无障碍交通设施网络,让老年人和残疾人出行更加安全便捷。

推行人性化智能交通管理,提高通行效率。五环路内实现智能交通全覆盖,实现交通信号的智能控制。全面实现轨道交通、地面公交和出租车的智能化调度。及时发布路况、停车等动态交通信息,引导社会车辆交通出行。扩大电子收费覆盖范围,实现高速收费路口快速通行。

建设市域快速综合交通体系,让城乡共享快速交通资源。利用市郊铁路、城际铁路,实现"区区通轨道"。加快建设中心城与新城,新城之间快速联络通道。建设高速公路联络线,实现所有重点镇、重点功能区域与高速公路互联互通。加大提级改造力度,完善干线公路和县乡村公路。加快浅山区路网建设,基本实现"一环、十一放射、多联络"的浅山区路网格局。研究增加西北方向交通通道。2015 年,市域公路总里程达到 21500 公里。

　　提高对外交通能力,让交通往来更加便捷。打造国际航空枢纽及亚洲门户。建成北京新机场一期,新增航空旅客吞吐能力 4000 万人次。完善首都国际机场功能。2015 年全市航空旅客吞吐能力超过 1.2 亿人次。加强新机场和首都国际机场、中心城间交通联系,实现新机场半小时通达中心城区。

　　建成京沪高铁、京石客专、京沈客专、京张城际、京唐城际等,实现北京与周边主要城市间高速通达。进一步巩固全国铁路主枢纽地位。改扩建丰台火车站,建设星火站和新北京东站,形成 7 个主要铁路客运枢纽格局。

图 5　北京对外交通示意图

形成以北京为中心的"三环、十二放射"高速公路网络。建成京台高速北京段、京昆高速、京新

高速(五六环段)、密涿高速北京段、110 国道二期、109 国道、京密高速等高速公路。推进环首都大外环高速公路建设,削减过境交通。新增高速公路通车里程 200 公里,市域高速公路通车总里程达到 1100 公里。依托高速公路和铁路,完善北京出海快速交通通道。

二、保障安全可靠供水

继续坚持外部开源、内部挖潜、厉行节约、循环利用的战略思路,全面完成南水北调配套工程,保证外调水送得进、用得出,确保城乡供水安全。

保障水资源供应安全。加快南水北调配套工程建设,2014 年具备消纳 10 亿立方米南水北调来水条件。完善域外应急调水机制,提高域外应急调水能力。

大力推进污水资源化。全面完成城中心区污水处理厂升级改造,新建污水处理厂按再生水厂标准一步建成。2015 年再生水生产能力超过 10 亿立方米,全市再生水利用率达到 75%。

保持本地水源地供应能力。继续加强与水源地上游地区合作,加大密云等水库水源保护力度,增加上游来水量。加强城市雨洪水利用。

建立战略储备。做好海水淡化和深层地下水利用前期工作储备。结合南水北调通水,涵养城市水源,研究建设地下水库,逐步建立水资源安全储备体系。

提升城乡供水能力。加快郭公庄水厂和第十水厂等主力水厂建设,新增集中供水能力 143 万立方米/日,中心城高峰供水安全保障系数提高到 1.25。加快新城供水厂建设,实现每座新城至少有一座主力水厂、新城内管网互联供水。提高农村供水水平。加快建设和改造城市供水管网,自来水管网漏失率下降到 14%。

促进全社会自觉节水。坚持最严格的水资源管理制度,建立区域取水总量控制指标体系,严格实行建设项目节水"三同时",开展新建重大项目节水评估。建立严格的产业节水准入制度,淘汰高耗水产业。制定完善的节水器具认证体系,城市居民家庭节水器具普及率达到 95% 以上。推广雨洪利用技术和农业灌溉节水技术。工业用水重复利用率达到 95% 以上。减少施工降水,禁止无序排放。

三、提供清洁优质能源

本市能源资源严重依赖外部,建设"绿色北京"和世界城市对能源安全可靠供应、清洁高效利用和多样便捷服务提出了更高要求。"十二五"时期,要适应特大型城市能源运行特点和绿色发展要求,以确保能源安全为前提,加快能源结构调整,更加注重能源供给的系统性、安全性、多元性、多向性和清洁性,实现能源供应体系新跨越。

加快能源结构调整。大力削减煤炭终端消费,显著提升天然气、电力、新能源和可再生能源利用水平,实现 2015 年优质能源占能源消费总量比重达到 80% 以上。严格限制中心城区燃煤使用,完成三大燃煤电厂和 63 座大型燃煤锅炉天然气改造,继续实施非文保区平房、简易楼小煤炉清洁能源改造,基本实现五环内供热无煤化。2015 年煤炭消费总量力争控制在 2000 万吨以内。积极推进太阳能、地温能、生物质能等新能源和可再生能源的开发利用。

表2　北京市2015年能源消费结构表

年度 能源种类	2009 年			2015 年		
	实物量	标准量	比重(%)	实物量	标准量	比重(%)
煤炭(万吨)	2664.7	2059.7	31.3	2000	1500	16.8
调入电(亿千瓦时)	512.6	1529.6	23.3	710	2200	24.4
天然气(亿立方米)	69.4	842.7	12.9	180	2200	24.4
油品(万吨)	1269.0	1809.6	27.5	1680	2550	28.3
可再生能源	—	180.0	2.7	—	550	6.1
其他	—	148.7	2.3	—	—	—
合计		6570.3	100.0		9000	100.0

图6　2015年北京市主要热源点建设布局示意图

　　着力解决城乡供热瓶颈。按照"稳定中心大网、发展区域新网、加强多元互补、实现多网共联"的原则,全面推进中心城区供热布局调整,加快建设郊区供热设施,新增供热能力2亿平方米,2015年全市总供热能力达到8.5亿平方米。稳定和完成城中心供热网,建成东南、东北、西南和西北四大燃气热电中心,发展一批燃气尖峰锅炉房,形成"1+4+N"的中心大网。充分利用各种新能源和新技术,建设区域性供热中心或分散清洁供热系统,逐步形成中心大网和区域供热相结合的城区供热格局。所有新城全部实现集中供热,基本实现重点镇集中供热。引进域外热源,解决通州、大兴等部分供热需求。统筹重点产业功能区供热、制冷、热水、电力等能源需求,高起点建设一批区域能源中心。

专栏 5 "1+4+N"的中心大网格局

"1"是建设一个稳定的中心大网;

"4"是以热电联产电厂作为热网主力支撑,按照"两扩两迁、先建后拆"的原则,建设四大燃气热电中心;

"N"指按照与热电厂基荷 1∶1 配比建设燃气尖峰锅炉,作为辅助热源。

四大燃气热电中心:

东北热电中心:位于朝阳区高安屯,供热能力为 2400 万平方米。

东南热电中心:位于朝阳区王四营,供热能力为 3900 万平方米。

西南热电中心:位于丰台区草桥,供热能力为 2100 万平方米。

西北热电中心:位于石景山区高井,供热能力为 3600 万平方米。

图 7 2015 年天然气主要气源及门站规划布局示意图

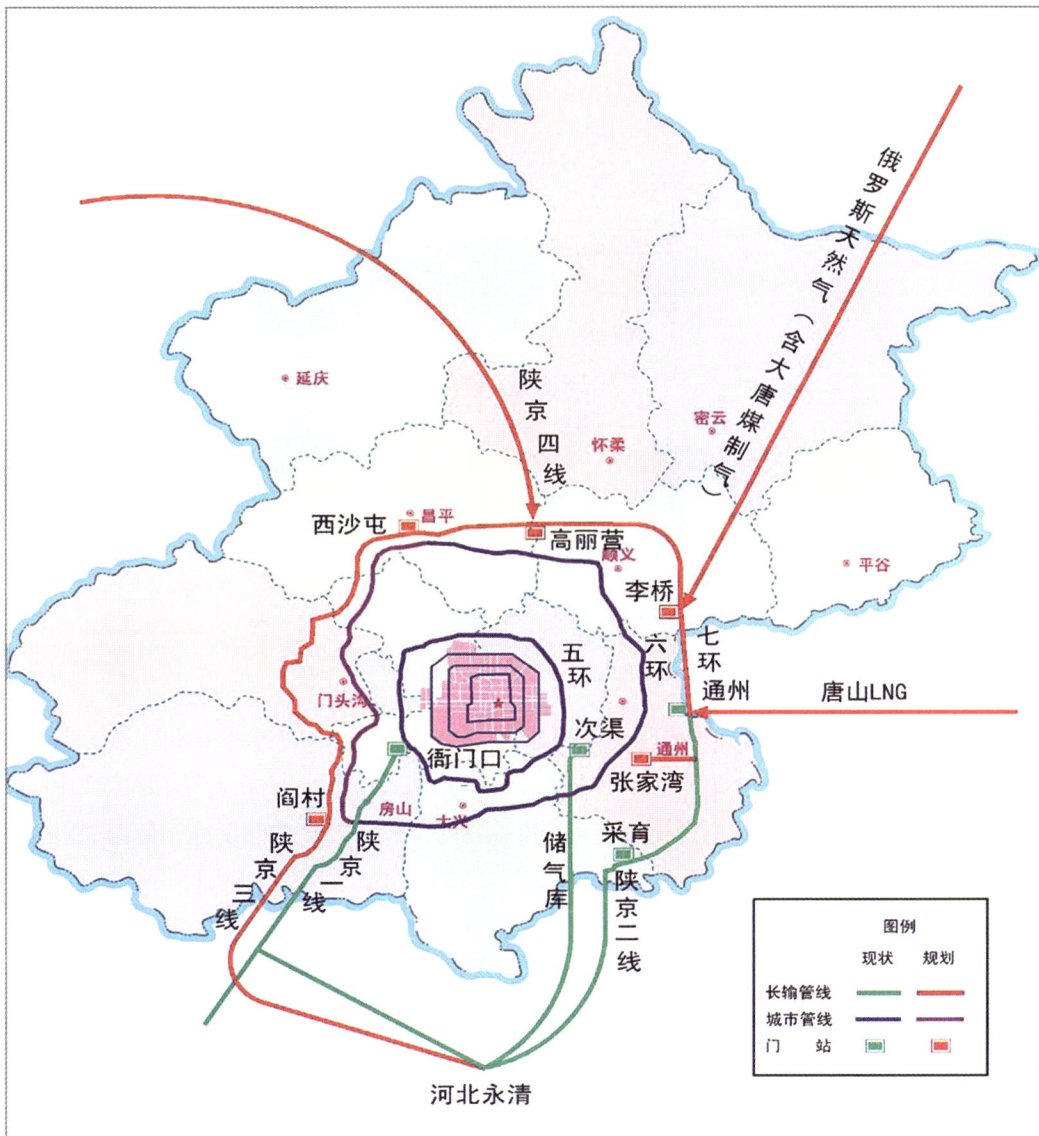

　　大幅提升天然气供应保障能力。建成陕京四线、唐山液化天然气、大唐煤制气等重点气源工程,实现气源多方向供应。建设地下储气设施,增强调峰应急能力,保障冬季用气安全。新建高压外围大环,建成六环路二期等市内输配管网干线工程。新建西沙屯、高丽营等门站。建成"三种气源、六条通道、两大环线、九座门站"的天然气供应保障系统,天然气年接收能力超过 200 亿立方米,全部门站日接收总能力达到 2.4 亿立方米。继续完善城市配气管网,重点建设五环路与六环路联通线、四大热电中心专用供气管线等工程。推进新城和乡镇燃气管线建设。10 个郊区新城全部接通管道天然气,重点镇基本实现燃气管道化。

图 8　2015 年北京市电网及送电通道示意图

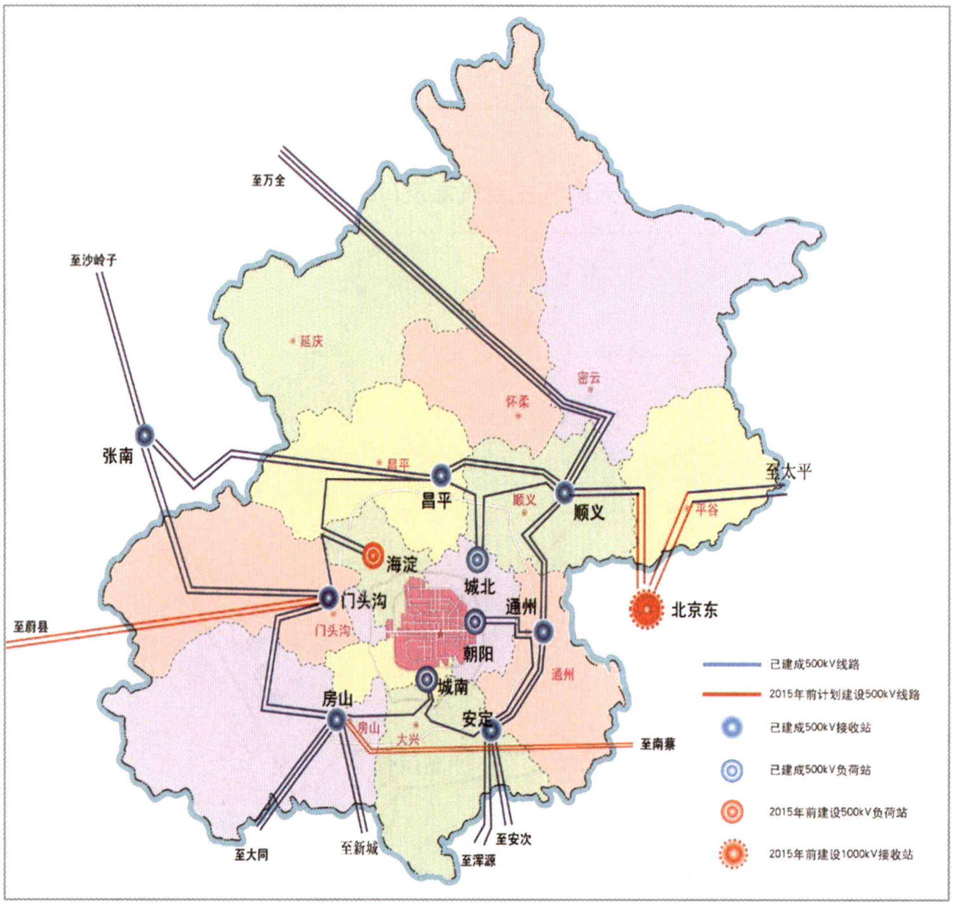

　　建设坚强可靠的城市电网。加强外受电力通道、变电设施建设,完善高压环网,实现从东北、山西、内蒙古等 5 个方向、10 大通道接受外部电力,外电接收能力达到 2500 万千瓦,比 2010 年提高 25%。增强本地电源支撑,本地电源比例达到 35% 左右。新建、扩建变电设施,五环内变电站双方向电源比例提高到 80%,重要功能区配电网实现双环网结构。到 2015 年,城市供电可靠性达到 99.995%,城市核心区和重要功能区供电可靠性接近 99.999%。建设延庆智能电网示范区。

　　提高成品油运输储备能力。适时开展环六环成品油输送管线改造,提高成品油管输能力。新建、扩建成品油仓储设施。进一步强化本地原油加工能力。

四、建设信息高速网络

"十二五"时期要加强信息通信高速网络和枢纽建设,促进资源共享和互联互通,构建城乡一体、全面覆盖的现代化信息基础设施网络,推动首都全面迈进信息高速时代。

实现高速信息网络覆盖城乡。加快实施信息基础设施提升工程,构建有线网络公平接入、无线网络普遍覆盖、带宽服务满足需求的信息网络。推进信息通信管线集约化建设,实现100兆光纤到楼入户,1G宽带服务覆盖社区。推动10兆无线网络覆盖全部平原城乡和大部分山区,使用户能够方便快捷访问互联网。推进"三网融合"试点,促进移动多媒体、互联网电视等融合发展,实现交互式高清电视传输覆盖全市70%以上家庭。完善800兆数字集群通信网,保证政务通信需要。

打造信息通信枢纽城市。建设面向公众和产业服务的城市基础空间地理信息服务平台,推进数据交换中心、数据中心和信息处理中心建设。利用云服务等技术推进信息资源的开发和共享,让社会公众享受到更方便快捷、更多样化的信息服务。提升政务网络信息化水平,推进跨部门、跨区县信息采集、交换、管理和应用。

创建信息安全可信城市。建设一流的安全测评、容灾备份、电子认证等城市信息安全基础设施。提高信息安全保障水平,重点加强公共网络、政务网络和无线电的信息安全建设。强化对信息网络、信息产品和网上交易行为的监管。

完善现代化邮政服务网络。整合邮政设施资源,优化网络结构,着力打造布局合理、分类设置、功能完善、城乡覆盖的现代化邮政设施网络,服务能力与水平达到国内领先、国际先进,为市民提供便利。

第三章 构建精细智能的城市管理

作为特大型城市,北京城市运行管理面临着越来越多的挑战。"十二五"时期,要坚持统筹协调经济社会发展与城市规划、建设、运行、管理、服务,更加注重常态与应急结合、城区与郊区并重、地上与地下统筹,更加注重从细节入手,提升便利程度,依靠科学的管理理念、管理方式和管理手段,促进城市管理的精细化、智能化,建设智慧城市,把北京建设成运行安全、环境整洁、生活便利的宜居城市。

一、保障城市安全协调运行

推广奥运城市运行保障经验,以保障城市生命线运行安全为核心,把城市生活必需品运行和能源运行两条生命线作为城市运行管理的战略重点,建立健全城市运行管理机制,提高应急处置能力,构建安全运行、有序高效的城市运行保障体系。

保障城市能源运行安全。完善全市统筹协调、部门分工负责、区县属地管理、运行企业主责的管理机制。保障能源资源总量平衡和安全供应,加强需求侧管理,促进能源与经济运行、城市运转协调发展。

确保生活必需品市场稳定。高度重视生活必需品保障,重点要稳定和提高菜地保有量,全面提高蔬菜等鲜活农产品的本地供应和反季节生产能力;鼓励本市生产经营企业在周边地区和优势产区建设跨区域的农产品生产和供应基地,增强对市场的保障能力。适应特大型城市发展的需求,加快推进农副产品流通领域的现代化。加强大型批发市场规划、布局和建设,改造升级现有大型农副产品批发市场,提高批发市场资源掌控和配置能力。加强社区菜站、农贸市场及超市建设,推进农超对接,进一步完善社区农产品销售网络,畅通农产品市场流通渠道,方便市民生活。积极发展冷链物流。加强农产品质量安全保障体系建设。完善生活必需品的储备和应急投放制度,根据城市人口和消费结构变化,及时调整储备规模和品种,增强应对市场波动能力。

消除城市运行安全隐患。推进地下管网消隐改造,加快实施老旧热力、电力、燃气和供排水管线等消隐工程,完成6800公里老旧管线更新改造任务。加强建成区地下管线互联互通,加快配网和支线建设,消除地下管线覆盖盲区和断点。强化施工管理,减少外力破坏管线。在新城和新兴产业园区等功能区试点建设地下综合管廊。

营造整洁优美的市容环境。推进标志性区域市容景观和城市建筑物色彩规划设计,强化公共服务设施标准化和规范化管理,规划建设一批与街景相协调的国际化指路标志、导游图、候车亭、坐椅、垃圾箱、公厕等道路公共设施。规范户外广告管理和夜景照明建设。推广无电线杆化,完成五环路以内、重点地区和新城中心区电力架空线入地。加强重点地区、环境薄弱地区的环境建设与整治,提高城乡环境卫生质量和精细化管理水平。

二、提高城市抗灾应急能力

按照"平灾结合、以防为主、快速反应、措施有效"的原则,完善体制机制,建设具有强大危机应对能力的城市。

健全城市应急管理机制。健全完善"统一指挥、快速响应、综合协调、分级负责、属地管理为主"的城市应急管理机制。适应特大型城市高层建筑多、人口密度大等特点,立足于长效机制建设,细化完善各类应急预案,全面加强消防、防洪、防震等设施能力和救援队伍建设。探索建立城市低空应急救援系统,提升应急处置能力。完善地质、地震、气象等自然灾害的监测和预警体系,提高灾害综合预警预报水平。加强市民风险防范和自救互救教育,充分发挥市民、社会力量在应急管理中的重要作用。加强国防动员建设。

保障能源应急安全可靠。统筹规划建设全市煤炭储备基地,完善政府与企业相结合的多级煤炭储备。积极推动华北地区管网及储气设施建设,满足高峰用气需求。提高城市骨干电网、重要电源联络线以及重要用户线路建设标准和抗灾等级,应对冰雪、暴雨、大风等极端气候事件。

强化城市排水应急能力。加快建设和完善城乡结合部等地区雨水排除设施,改造城区雨水旧沟和雨污合流管道,解决排水不畅和结构安全隐患。提升中心城环路雨水泵站抽升能力,快速处理立交桥区积滞水。夯实城市防洪体系,全面完成中心城区防洪排水河道治理。建立覆盖中心城的应急抢修基点网络,提高处置速度。

三、推进智能感知精细管理

运用现代信息技术,创新城市运行管理模式,推进城市精细化管理,实现城市运行智能感知,让市民享受城市信息化建设成果。

实现地下管线信息化管理。依托市级市政管线综合管理信息系统,汇集权属企业管线基础数据,打造"1+S+N"的市政管线信息监控管理体系,为应急管理、行业监管、企业管理提供综合信息服务。高标准建设天然气、热力全网数字化监控和运行调度系统,搭建城市电网智能运行监控平台,建立供排水管网信息化监控体系,实现市政管线运行维护和调度智能化。

专栏6　"1+S+N"

　　是指北京市市政管线基础数据信息化管理模式。"1"是指一个市级市政管线综合管理信息系统,"S"是指 S 个市政管线有关政府部门,"N"是指 N 个市政管线权属单位。"1+S+N"是指建立 1 个市级市政管线综合管理信息系统,汇集"N"个市政管线权属单位的市政管线有关基础和业务数据,提供浏览、查询、统计等功能。

推动物联网应用实践。加快制定物联网应用标准和规范,促进应用数据和支撑平台建设,推进物联网在公共安全、城市交通、生态环境、资源管理等服务领域的应用,提高现场感知、动态监控、智能判断和快捷反应能力。发挥物联网信息技术在食品安全追溯、药品监管、生产监管、环境监测等方面的支撑功能,打造"安心工程"。

深化城市管理网格化。推进网格化管理应用范围扩展到郊区县,应用领域扩展到生产、消防、食品卫生、房屋管理、社会管理等领域,促进跨区域、跨部门信息共享与协作。推进城市运行监测平台和网格化管理平台相结合,完善城市综合运行监测管理。

提供智能民生服务。以社保卡、市政交通卡为基础,打造"市民卡",逐步实现养老、医疗卫生、社会福利、社区服务等领域一卡多用。推广应用"数字北京"缴费服务平台,整合各种支付方式,方便市民缴费。利用远程传输技术和物联网技术,逐步实现计量设施的自动化和智能化,让市民不再抄表缴费。

第六篇　绿色塑造未来

绿色发展已经成为资源环境约束的客观要求和时代潮流。绿色既是一种生产方式,又是一种生活方式,要求我们节制型生存、节约型生产和节俭型生活,更好地面对未来。"十二五"时期要全面实施"绿色北京"战略,把资源节约型和环境友好型社会建设作为转变经济发展方式的重要着力点,持续推进大气治理,加强绿化建设和生态修复,加快形成绿色生产体系、绿色消费体系,大幅提高首都生态文明水平和可持续发展能力,把北京建设成为既服务于当代市民,又服务于子孙后代的宜居家园。

第一章　营造清新城市环境

与所有大城市一样,北京在每天创造大量财富的同时,也不断面对着排放增加的困扰和挑战。我们已经作出了许多努力,并取得了明显成效。"十二五"时期,要继续采取坚决有力的措施,推进污染减排和治理,加强生态环境建设,努力为市民营造清新的都市环境,使北京的环境质量再上新台阶。

一、让空气更清洁

改善大气环境质量一直是社会关注的焦点,也是政府工作的重点。近年先后实施了16个阶段的大气污染控制措施,空气质量得到显著改善。"十二五"期间,全面实施《北京市清洁空气行动计划》,使环境空气质量进一步得到改善。

控制生产型污染。进一步优化能源结构,大幅增加天然气等清洁能源利用,减少煤炭使用,严格控制煤烟型污染。控制餐饮油烟等低矮面源污染。加大资源消耗型、污染型企业淘汰力度,坚决退出中小型水泥、建材、玻璃、化工等高排放企业。建立氮氧化物排放总量控制制度,推广低氮燃烧技术,水泥窑全部进行脱硝治理。完善挥发性有机物产品准入标准和监控体系,有效治理化工、涂料、家具制造、包装印刷等行业挥发性有机物污染。

治理机动车污染。实施国家第五阶段机动车污染物排放标准。加速淘汰老旧机动车。鼓励使用节能环保型汽车,在公交、环卫、出租等公共服务领域推广使用新能源汽车,支持物流企业建立"绿色车队"。

防治扬尘污染。制定并实施施工扬尘污染防治排放标准,加大施工工地和城市道路扬尘控制力度。建立道路遗撒监控系统,采取扫、洗和收集一体化的道路保洁措施。继续开展裸露农田治理,杜绝秸秆、草木露天焚烧。

推进区域大气污染联防联控。协调推动区域产业结构调整,对重大建设项目实行环境影响评价区域会商机制,减少污染区域内转移。推动制定区域大气污染联防联控规划,协商建立统一的区域大气环境保护标准。建立区域空气质量监测网络,共享监测信息。开展区域大气环境联合执法检查,集中整治违法排污企业。

二、实现垃圾全处理

垃圾总量过快增长、处理能力不足,新建处理设施规划难、选址难、建设难,已经成为困扰城市发展的突出难题。解决这个难题,需要政府和全社会的共同努力。"十二五"时期,是解决城市垃圾处理问题的关键时期,要按照源头减量、资源化利用与末端治理并举的原则,加强城市垃圾管理相关法规建设,切实构建起垃圾分类收集、再生利用、无害化处理的全过程管理体系,着力加快处理设施建设,确保垃圾基本实现安全无害化处理。

促进垃圾源头减量。倡导"厉行节约、减少废弃"的消费模式,鼓励减少一次性用品使用和产品过度包装,深化落实"限塑"措施,实行"净菜进城"。建立生产者责任延伸制度,推进工业企业产品和包装物强制回收。鼓励可再生资源回收利用,建立以社区为单位的便民回收站点和捐助平台,规范小型旧货市场,让每个家庭的旧衣旧物等可回收物品得到再利用。发挥价格杠杆调控作用,逐步提高非居民生活垃圾处理收费标准,完善居民生活垃圾处理收费制度。实行区域生活垃圾总量控制,实施"增量加价,减量奖励"的垃圾处理调控政策,努力促进生活垃圾增长率逐年降低,到2015年基本实现零增长。

对垃圾进行分类管理。建立生活垃圾分类体系,完善生活垃圾分类标准,加强源头分类投放,配套分类收运设施,提高垃圾分类专业化水平,实现分类收集、分类运输、分类处理的全过程衔接。2015年生活垃圾资源化率达到55%。对建筑垃圾、电子废物、医疗废物、危险废物、城市污泥等实行分类管理。

提高垃圾资源化水平。大力支持废纸、废塑料、废玻璃、废金属、废橡胶等资源再生利用和零部件再制造产业发展。加强电器电子废物规范处置。规范完善建筑垃圾收运监管机制,建立施工现场原位处理与资源化处置基地相结合的处理体系。加强资源再生产业区域合作,构建跨区域再生资源产业链。

加快垃圾处理设施建设。落实垃圾处理区县政府属地责任,完善市场化的区县合作机制,形成责任、权利和利益明确的垃圾收集处理管理体制。超前研究、严格落实垃圾处理设施建设规划,充分利用世界最先进技术,加大政府投入力度,鼓励社会资本进入,集中建设27处生活垃圾综合处理设施,2015年全市生活垃圾处理能力达到3万吨/日,满足全市生活垃圾处理需要。改变原生垃圾填埋的传统处理方式,大幅提高垃圾焚烧和生化处理比例,垃圾焚烧、生化处理和填埋比例达到4:3:3。实现餐厨垃圾单独收集,原则上各区县负责就地消纳。实现医疗垃圾全部消纳处理,处理能力达到80吨/日。

三、全面治理水污染

按照流域整体治理、区域全面考核的思路,加强水污染源头防治,加快污水管网和处理设施建设,进一步提高污水处理能力,实现全部污水无害化处理。

加强污染源头控制。建立区县水系水质跨界断面考核标准,落实区县属地责任。建设工业污水排放在线监控系统,关停不能达标排放的污染企业。禁止生产和销售含磷洗涤用品。建设畜禽养殖粪污综合利用和无害化处理设施,调整搬迁饮用水源保护区内规模养殖场。减少种植业化肥用量,控制农业面源污染。

提升污水处理水平。完善中心城区污水收集管网,实现城市生活污水全收集。高标准建设郑王坟、回龙观等污水处理设施,中心城污水处理率达到98%。全面完成新城和乡镇污水处理设施建设,新城和重点镇污水处理率达到90%。因地制宜建设农村生活污水处理设施。加快污泥处置设施建设,实现污泥全部无害化处理。

四、防治其他污染

有效控制交通噪声污染。加强建筑施工噪声监管,加强控制工业、娱乐业、商业噪声及室内装修活动噪声污染,营造更宁静城市空间。加强放射性同位素与射线装置安全管理。加强城市放射性废物库运行管理,对重点放射源实施全面监督与监测。

第二章　重现秀美自然山川

北京依山襟海,在国内外大城市中具有独特的自然环境条件。"十二五"时期要进一步统筹山区与平原的生态环境建设和功能挖掘,注重扩大城市森林和绿地面积,提高山区森林质量,全面改善城市河湖水环境,提升水景观和生态休闲功能,进一步提高城市生态服务价值,在美化自身生活的同时,给子孙留下更多财富。

一、让森林走进城市

拓展城市绿化空间,大幅增加绿地面积,提高乔木比例,实现树种多样化,提升城市生态景观,缓解热岛效应。

建设大尺度城市森林绿地。建成 11 座新城滨河森林公园、南海子郊野公园、南中轴森林公园和园博园。建设国家植物园,扩大北京植物园规模,提升科技与养护水平。新增集中连片的城市森林绿地 15 万亩。加强绿隔地区发展政策的跟踪研究、推进和落实。基本完成第一道绿隔,全面建成第一道绿隔郊野公园环。实施第二道绿隔提质增效工程,在条件具备区域建设郊野公园和森林公园。全面提高绿隔地区管护水平,巩固绿化成果。

千方百计增加中心城绿地。推进城市立体绿化,大力实施公共建筑屋顶绿化、建筑墙体垂直绿化、立交桥和停车场绿化,提升城市绿色景观。实施拆违增绿和见缝插绿,完成 2000 公顷代征绿地绿化任务,推进老旧居住区和胡同街巷的绿化建设,满足市民就近生态休闲需求。2015 年,中心城 80% 居住区出行 500 米即可到达公共绿地。

二、让绿色遍布乡村

形成连接城乡、覆盖平原的绿色生态网络。大力推进 10 条沟通市区与郊区的楔形绿地建设。实现大中河道、主干交通线、铁路线两侧全部绿化,高标准建设林水相依、林路相嵌的景观绿化带。改造提升农田林网和村镇片林 20 万亩,完善平原防护林网,提高平原地区防风固沙能力。

提高山区森林质量,增加森林蓄积量。完成房山、门头沟等 7 个山区县剩余 40 万亩宜林荒山绿化,稳步推进岩石裸露地区植被恢复,完成 5.5 万亩已关停废弃矿山生态修复。完成 150 万亩低质生态公益林升级改造和 300 万亩中幼林抚育。

提高科学育林水平。积极培育、引进适合本地气候条件的树种,实现树种多样化,努力提高常绿和彩色树种比重,提升景观功能,注重树木的长期培育和生长,增加森林生态效益和碳汇功能。

三、让河流风貌再现

古都北京依水建城,因水发展,历史上河湖纵横、清泉四溢。随着水资源日益紧缺,河湖水系风貌优美渐失。"十二五"时期,要统筹河道治理、水源保障和污染防治,按照生态治理理念,建设河网湿地、河道绿带交相辉映的水景观,逐步恢复河道生态景观风貌,打造休闲滨水空间。

恢复河湖水系风貌。利用再生水,改善重点河湖水系断流干涸、水质不达标的状况,因地制宜重建河流生态景观。建设西部永定河绿色生态走廊,实现湖泊溪流相连自然景观。实施跨流域调水,补充潮白河生态水源,再现湖泊水面和芦苇丛生的优美环境。完成北运河流域水系治理,实现水质还清,重现古老漕运河道水景。加快推进温榆河治理。突出保护与休闲并重,扩大汉石桥和翠湖湿地公园规模,改造提升野鸭湖湿地,扩展城市湿地系统。

营造绿色滨水空间。在夯实河道防洪功能的基础上,按照"宜弯则弯、宜宽则宽、宜岛则岛、宜滩则滩"的原则,生态治理城市河湖水系,合理规划河岸土地空间,解放滨水资源,建设观水、亲水、近水的休闲滨水空间,沿流惠河、凉水河、亮马河、坝河、清河等中心城河湖水系打造 10 大滨水绿线,形成"水秀而可近,岸绿且可亲"的绿色滨水景观。挖掘古都历史水文化,重现长河观柳、卢沟晓月等特色历史水景。

第三章　共建宜居绿色家园

建设绿色宜居家园,需要政府、企业、市民共同肩负起责任,全社会协调行动。未来五年,要发挥政府示范作用,带动企业和市民各方力量,推行绿色低碳的生产生活方式和消费模式,积极应对气候变化,形成自觉自律、尊重生态环境的社会风尚,让我们的家园回归绿色。

一、深入推进节能降耗

能源节约利用水平体现了城市的文明程度和发展质量。面对资源环境约束强化、应对气候变化的新要求,需要我们下更大力气推进节能降耗。"十二五"时期,要更加注重制度建设,以建筑节能和管理节能为重点,依靠科技进步、标准带动、价格和利益机制引导,加快向"内涵促降"转变,下更大的力气把节能降耗提升到一个更高水平。

大幅度提高建筑节能水平。抓住城市化加快发展、建筑规模较大的关键时期,着眼于长远,大力推广绿色建筑,突出抓好建筑标准制定、新材料和新技术应用以及结构、设计等关键环节,大幅度提高建筑节能水平。提高建筑节能标准,新建居住建筑实施75%节能设计标准。推进建筑门窗、供热系统等为重点的节能改造,改造完成既有建筑6000万平方米。新建建筑全部实行供热计量收费,50%以上节能设计标准的既有民用建筑和全部公共建筑基本完成供热计量改造,并实行按用热量收费。积极推行能效标识制度,推广能效二级以上家用电器。推广高效照明产品,基本淘汰白炽灯。

深度推进工业节能降耗。强化产业退出标准和产品设备淘汰目录约束作用。强化企业节能管理,鼓励企业建立健全全流程绿色管理体系,深入实施清洁生产。加快实施节能改造,系统提升工业能源利用效率。

全面推进公共机构节能降耗。实行公共机构定额用能管理制度,实施办公建筑节能、公务车节油、空调和数据中心节电等关键环节节能措施。完成2000家公共机构节能改造,政府机构率先全部完成。

着力提高节能降耗管理水平。强化目标责任考核,增加对重点行业进行节能减排目标责任分解。健全能源统计计量体系,建成市、区、重点用能单位三级节能监测管理综合平台。实施能评全过程管理机制。推广合同能源管理机制。继续完善节能减排鼓励政策,大力推进节能减排新技术新产品应用。推进重大用能企业技术改造。继续发布节能节水减排技术(产品)推荐目录,推进热计量改革,全面实施阶梯电价。

二、倡导绿色生产生活

推广绿色政务,培育绿色商务环境,鼓励市民绿色消费,在全社会推进节约环保行动,逐步创建产品供给、市场流通、消费行为全过程的绿色低碳方式。

践行绿色办公。建立政府机构能耗水耗统计体系,加强定额考核管理。研究出台本市政府绿色采购实施细则,优先采购自主创新的节能环保产品和设备,以及可再生、可循环利用、通过环境标志认证的产品。大力发展电子政务,降低行政物耗。

引领绿色商务。鼓励企业在产品宣传、营销模式推广、售后服务融入绿色理念。鼓励发展网上交易、虚拟购物中心等新兴服务业态。引导发展第三方物流,实施一批共同配送示范项目。支持企业开展环境标志认证和绿色产品认证。鼓励酒店、餐饮企业等减少使用一次性餐具和日用品。

鼓励市民绿色消费。颁布北京市生态文明公约,编制市民绿色消费手册。提高大众节能环保意识,把节能、节水、节材、资源回收利用逐步变成市民的自觉行动。引导选购绿色建材、绿色家具等生活消费产品。鼓励绿色出行和简约生活,反对生活浪费。全面推进党政机关、学校、大型商场、宾馆饭店等机构或场所生活垃圾"零废弃"管理试点。

三、积极应对气候变化

减缓温室气体排放。提高低碳能源在一次能源消费结构中比重,大力推进低碳技术研发、应用和相关服务业发展,有效降低重点领域碳排放。因地制宜开展低碳试点建设。积极开展国际间低碳技术交流与项目合作。

主动适应气候变化。建立健全气象灾害预警系统,制定重点领域、重要地区和敏感单位抗御气象灾害的应急预案,建立多部门参与的应对气候变化的信息共享、会商联动和决策协调机制。鼓励企事业单位、市民通过认养植树、购买碳汇等多种方式,主动承担更多的碳减排义务。

第七篇　改革激发活力

进入新阶段,改革面临着更加复杂的形势和任务。"十二五"时期,要围绕加快转变经济发展方式,着眼重点领域和关键环节,大力推进制度和机制创新,不断完善社会主义市场经济体制,加快构建有利于科学发展的体制机制。

第一章　创新政府服务管理

适应经济社会发展新变化、新要求和特大城市运行管理特点,继续深入转变政府职能,加强服务管理创新,提高行政效能和服务水平,更好地履行政府职责,建设现代服务型政府和法治政府。

一、深化行政管理体制改革

加快政府职能转变,强化社会管理和公共服务职责,提高经济调节和市场监管水平。进一步优化政府组织结构,规范机构设置,明确和强化责任,积极探索完善职能有机统一的大部门体制,完善行政运行机制,提高行政效能。推动城市管理重心下移,扩大区县政府和乡镇政府的管理权限。进一步理顺重点产业功能区和所在行政区的关系。

深化行政审批制度改革。进一步精简审批事项,下放审批权限,优化审批流程,规范审批行为,提高审批效率,加快建立市级行政服务中心,为社会提供方便快捷的行政服务。通过政府确定服务标准、购买服务等方式,创新政府公共服务供给机制,提高服务效率。

完善科学民主决策机制。建立健全重大行政决策听取意见、听证、合法性审查、集体决定、实施情况后评价等制度,建立行政决策责任追究制度。建立促进科学发展的政府绩效评估指标体系和评估机制,全面推行政府绩效管理。加强行政问责制,健全责任追究制度,提高政府执行力和公信力。严格依法行政。加强对行政权力运用的监督和制约。深入反腐倡廉,加强国家公务人员作风建设,强化责任意识、廉政意识和创新意识。

二、建设规范透明公共财政

按照财力与事权相一致的原则,进一步理顺市和区县政府间财政关系,完善转移支付制度,健全区县财政支出激励和约束机制,促进区域协调发展。完善由公共财政预算、政府性基金预算、国有资本经营预算和社会保险基金预算组成的有机衔接的政府预算体系,实行全口径预算管理。建立预算编制、执行、监督相对分离、相互制衡的机制,完善部门预算、国库集中收付、政府采购、绩效考评等管理制度,提高预算编制的科学性。强化支出约束和预算执行监督审计,完善预算公开制度和预算执行审计结果公告机制,提高预算管理规范性,增强预算透明度。健全政府债务预警机制,强化政府债务管理,防范和化解财政风险。

三、推进投资融资体制改革

制定本市政府投资条例,合理界定政府投资范围,进一步规范政府投资行为。健全政府投资决策机制和项目法人约束机制,完善政府投资项目公示制度、投资信息发布制度和投资监管体系。完善社会投资项目管理制度,修订核准目录,缩减核准范围,规范备案管理,进一步落实企业投资自主权。规范市、区县两级融资平台,加强债务管理,增强融资和风险控制能力。分类推进基础设施、产业、社会事业领域投融资改革。积极推动融资方式创新,扩大直接融资规模,有效利用存量资产拓展融资渠道。

四、分类推进事业单位改革

研究制定本市事业单位改革的实施意见,积极稳妥地推进事业单位分类改革。对主要承担行政职能的事业单位,逐步转为行政机构或将行政职能划归行政机构,对主要从事生产经营活动的事业单位将其转为企业,"十二五"期末要基本完成这两类事业单位的改革。对主要从事公益服务的事业单位,强化公益属性,整合资源,完善法人治理结构,加强政府监管。在人事管理、收入分配、社会保障、绩效激励和法人治理结构等改革方面取得明显进展。

第二章　增强市场主体活力

坚持和完善基本经济制度,努力营造多种所有制经济依法平等使用生产要素、公平参与市场竞争、同等受到法律保护的体制环境,进一步激发增强市场主体活力。

一、加快非公有制经济发展

营造更有利于非公经济发展的环境。积极支持民间资本进入基础设施、市政公用事业、金融服务、社会事业、保障性住房建设、文化、旅游、现代物流等领域,拓宽民营企业的投资渠道。鼓励和引导民营企业通过多种形式参与国有企业改制重组。

促进中小企业加快发展。全面改善中小企业发展环境。积极发展为中小企业服务的金融和非金融机构,支持中小企业利用集合债券和集合票据等融资工具,完善多层次、多元化的中小企业贷款担保服务体系,增强中小企业融资能力。大力支持有条件的中小企业上市发展。

二、推进国有经济战略调整

积极吸引中央企业、民营企业、外资企业参与本市国有企业重组,培育和发展形成一批拥有自主知识产权和知名品牌、具有国际竞争力、资产过千亿的大型企业集团。

深化国有企业改革,通过股权有序进退、鼓励民营进入等形式,加快国有资本从一般竞争性领域退出。大力推进有条件的企业集团整体上市或核心资产上市,加快经营性国有资产证券化,推动地方国有企业成为规范发展的上市公司。适应城市快速发展的需求,利用组织结构、利益机制、价格调整等手段,加快市政公用国有企业改革,增强发展动力和活力,提高城市运行保障能力、效率和服务水平。继续完善公司法人治理结构。进一步加大国有企业高级经营管理人才市场化选聘力度,建立健全职业经理人制度。

三、完善国有资产管理体制

探索实行公益性和竞争性国有企业分类管理,建立差别化的业绩考核制度和激励约束机制。完善不同类型国有资产管理体系,加强对企业国有资产、国有金融资产、非经营性资产和资源性资产等的监管。加强对国有企业战略规划、重大投融资事项的专项监管。完善国有资本经营预算和收益分享制度,合理分配和使用国有资本收益。

第三章　完善现代市场体系

着眼于提升城市服务功能,着力培育和发展高端要素市场,完善资源产品价格形成机制,健全社会信用体系,加快完善现代市场体系。

一、加快推进要素市场建设

重点培育和发展高端要素市场,提升价格形成和交易服务功能。做大做强北京产权交易所。建立文化产权、艺术品、存量房等交易所。推进中国技术交易所、中国林业产权交易所、北京环境交易所、北京金融资产交易所,扩大市场交易规模,提升影响力和辐射力。发展债券交易和结算市场。构建煤炭、石油、天然气、钢铁、棉花等大宗商品交易平台,逐步成为重要商品价格形成中心。建立主体平等、产权清晰、竞争有序、城乡衔接的土地市场。完善城乡统一的人力资源市场。

二、推进资源环境价格改革

积极稳妥推进资源环境领域的价格改革,提高资源配置效率和利用水平,促进科学发展。对属于国家权限的电力、天然气、成品油等价格改革,结合本市实际做好实施工作。对属于本市权限的水、供热等公用事业的价格改革,加强成本约束和监管,积极研究差别化价格政策,发挥价格引导和调控作用。完善城市垃圾及医疗废物等处理收费制度,促进垃圾资源化、减量化。完善价格调整与财政补贴、低收入群体利益保障等相关政策的联动机制。

三、优化社会信用环境

加快推进社会信用体系建设,创造有利于企业信用评级和个人征信的基础条件和社会氛围。完善信用信息系统,以信贷、纳税、合同履约、产品质量等信用记录为重点,推动建设统一的信息共享平台,规范信用信息的采集、使用和管理。培育和发展社会信用服务机构,加强社会诚信教育和宣传,建立失信惩戒和守信激励机制,营造诚实守信的社会信用环境。

第四章　深化社会领域改革

社会领域改革事关首都经济社会协调发展、社会公平正义、社会和谐稳定的大局。"十二五"时期,要加快推进收入分配制度改革和医药卫生、教育体制改革,创新基本和非基本公共服务提供方式,为保障和改善民生提供有效的制度安排。

一、合理调整收入分配关系

深入落实国家收入分配制度改革的各项政策,处理好经济发展与收入分配的关系,形成合理有序的收入分配格局,努力提高居民收入在国民收入分配中的比重,提高劳动报酬在初次分配中的比重,努力实现居民收入增长和经济发展同步、劳动报酬增长和劳动生产率提高同步。按照市场机制调节、企业自主分配、平等协商确定、政府监督指导的原则,形成反映劳动力市场供求关系和企业经济效益的工资决定机制和增长机制。完善最低工资和工资指导线制度,积极稳妥扩大工资集体协商覆盖范围。逐步提高最低工资标准,促进中低收入职工收入增加。完善企业职工工资正常增长机制和支付保障机制,维护职工合法权益。完善企业退休人员基本养老金、城乡最低生活保障等社会保障待遇标准正常增长机制。创造条件,多渠道增加城乡居民收入。规范收入分配秩序。

二、深化医药卫生体制改革

完善首都医药卫生管理协调机制,优化区域医疗卫生资源配置。健全卫生投入机制、医药价格形成机制、科技创新和人才培养机制、医药卫生监管机制。完善公立医院管理体制,推进政事分开、管办分开,建立协调统一高效的公立医院管理制度和补偿机制、运行机制。探索建立公立医院法人治理结构,形成多方参与的监管机制。鼓励和引导社会资本举办医疗卫生机构,参与公立医疗卫生机构重组改制,形成投资主体多元化、投资方式多样化的办医。推进社区首诊、医师多点执业、按病种付费、医疗救助基金、商业保险参与基本医疗保险服务等改革。

三、大力推进教育体制改革

转变政府教育管理职能,创新管理方式,逐步形成政事分开、权责明确、统筹协调、规范有序的教育管理体制。深化办学体制改革,初步形成政府主导、社会参与、办学主体多元、办学形式多样、充满生机活力的办学体制。开展推进基础教育改革实验、职业教育办学模式、现代大学制度等改革试点。

第五章　推进农村体制改革

按照统筹城乡发展要求,加快农村发展体制机制创新,着重深化农村土地管理制度和集体经济产权制度改革,增强农村内生发展动力,加快城乡经济社会发展一体化步伐。

一、完善农村土地经营管理制度

加强耕地和基本农田保护与建设,遏制违法占地。加快完成农村集体土地所有权、集体建设用地使用权和宅基地使用权确权、登记和颁证,完善土地承包经营权流转市场,推进农业适度规模经营。完善农村集体经营性建设用地流转和宅基地管理机制。

二、加快集体经济产权制度改革

建立现代农村产权制度。全面完成农村集体经济产权制度改革。深化集体林权制度改革。加强对新型农村集体经济组织的内部管理和外部监管。理顺收益分配关系,建立健全激励与约束机制,确保资产增值、股东增收。创新农业经营体制,大力发展农民专业合作经济组织。

三、增强乡镇政府管理服务职能

完成全市乡镇机构改革,加强乡镇政府为农村经济发展创造环境、为农民提供公共服务、为农村社会和谐提供支撑的职能,强化乡镇政府对乡村集体经济组织的监督管理。积极推进乡镇事业站所改革,探索创新事业站所的设置方式和服务模式,提高乡镇社会管理和公共服务的能力。

四、完善农村金融和市场服务体系

创新农村金融体制机制,引导更多信贷资金和社会资金投向农村。鼓励发展村镇银行等多种形式的新型农村金融机构。建立政府扶持、多方参与、市场运作的农村信贷担保机制。扩大农业政策性保险的业务范围,建立农业再保险和巨灾风险分散机制。健全公益性农业技术推广服务体系。建立与首都多元化消费需求相适应的农产品物流体系和农产品市场信息体系。

第八篇　开放实现共赢

全球化的深入发展催生着城市形态和竞争格局的变化,以特大城市为核心的城市群在发展中扮演着日益重要的角色。这客观要求我们必须主动适应变化,以更宽阔的视角审视城市自身发展和区域发展,更加注重区域协同和整体竞争力的提升。"十二五"时期,要认真落实国家开放和区域发展总体战略,从首都功能定位出发,统筹对外开放与区域合作,着力增强辐射带动作用,在更大空间内推动城市的布局和形态完善;着力提升城市竞争力和影响力,在更高层次上参与全球经济分工;着力构筑互利共赢的开放新格局,更好地为国家战略实施和区域共同发展服务。

第一章　推动区域共同发展

未来一个时期是我国大城市群形成的关键时期,以首都为核心的城市群及其广大区域正在成为国内发展最具活力的区域之一。新的发展阶段,北京需要立足于国家首都的职能定位,在更大区域发挥功能、配置资源和拓展服务,从注重功能集聚为主向集聚、疏解与辐射并重转变,从注重单方保障为主向双向服务共赢发展转变,更积极地发挥好辐射带动作用,推动区域合作向纵深发展。"十二五"时期,要更深入广泛地开展与津冀晋蒙及环渤海地区合作,充分发挥首都优势,显著增强服务区域、服务全国的功能,共同推动区域一体化进程和首都经济圈形成,实现整体发展水平的跃升。

一、加快区域一体化发展进程

要围绕快速交通网络构建、资源环境保障、产业分工合作、区域合作机制创新等关键领域,积极推进区域资源合理配置和共同市场形成。

加快一体化交通网络建设。加快京沈、京张、京包、京唐等城际高速铁路建设,实现与津冀晋蒙等省市的快速交通联络。优先安排重要跨区域干道建设,完善区域一体化、网络化的公路干道网。加强区域机场间的分工协作、联合调度,逐步形成合理布局、运行高效的航线网络和机场群。深化与天津港、唐山港的合作,促进贸易便利化。

深化资源能源和环境领域合作。北京能源需求主要依靠外地调入,要充分利用山西、内蒙古能源优势,加强能源战略合作,积极支持首都企业到山西、内蒙古等周边地区开展能源合作,全面推进电力、煤炭、天然气、新能源和可再生能源的合作开发与清洁高效利用。针对水资源和生态环境等区域发展面对的共同挑战,增强可持续发展战略合作。继续实施《21世纪初期首都水资源可持续利用规划》,推动水源地合作区域向更大范围扩展,支持水库上游小流域治理、环境治理建设。共同推进风沙源治理工程,继续支持周边地区生态保护林营造、森林防火基础设施建设及林木有害生物防治。协商推动建立统一的区域大气环境保护和水环境保护监测与监管体系。

推动区域产业分工与合作发展。坚持优势互补、合作共赢,着重增强首都科技服务、文化服务、金融服务、信息服务、商务服务等产业发展优势,推动一般制造业向市外转移,促进经济合理分工。鼓励区域内高端产业功能区和产业园区设立合作投资区、共建产业园。支持区域内企业共同设立产业基金、产业和技术联盟,促进区域内企业并购重组。加强区域旅游资源及旅游产品、旅游路线的共同开发,鼓励旅游企业跨地区连锁经营,统一区域旅游服务标准,树立区域旅游品牌。按照区域开发和空间布局优化需要,加快城市东南部和南部地区的开发建设,积极引导产业沿京津塘、京保石、京唐秦等发展轴向外辐射发展。

加强城市运行保障和管理对接。完善生活必需品保障合作机制,鼓励发展面向首都市场的农副产品,支持本市农贸企业在周边地区建设农副产品基地,按照"农超对接"模式,打造企业为主体、市场为纽带的区域农业产业链。加强地区间劳务合作,引导区域务工人员有序流动。加强地区间疾病防控、公共卫生和公共安全等方面联防联控和协调处置,构筑区域安全网。

创新区域合作机制。推进区域发展规划的制定,加强区域共同政策的研究与衔接。加强交通基础设施一体化的投入和管理机制、合作产业园的税收与核算机制等方面政策研究,加快区域一体化利益共创共享机制的建设。加强区域市场监管和准入标准等方面的对接。

二、辐射带动区域共同发展

扩大生产性服务业的辐射带动。着重提升首都生产性服务业的辐射服务能力,发展面向区域的金融、信息、商贸流通等服务以及技术、产权等要素市场,增强对区域生产组织和要素配置能力。

增强首都科技创新的辐射能力。推动中关村国家自主创新示范区对周边产业园区的辐射,促进科技成果到周边转化,共同打造环首都高技术产业带。鼓励在京企业、高校、科研院所与周边省市联合兴办研发机构,积极开展技术合作研究,提升区域整体创新能力。

发挥首都市场和总部经济的引领带动功能。持续扩大总部企业的影响,支持总部企业到周边建设生产基地和配套服务基地。充分利用首都市场的优势,带动区域内产业结构升级。进一步发挥首都丰富信息资源优势,促进区域内政务、商务及公共信息的有效共享,为企业寻求商机、加快要素流动、降低交易成本创造良好条件。

带动区域公共服务水平提升。充分发挥首都公共服务资源优势,积极开展区域社会事业领域交流合作,带动周边地区社会发展水平提升。积极发展联合办学、跨地区远程医疗、远程教育,积极开展文化、体育等方面的交流合作。

支持周边地区加快发展。继续支持周边欠发达地区及赤峰、乌兰察布等地区加快发展。通过技术和项目输出,扶持周边地区发展特色产业和优势产业,推动当地产业结构升级。积极支持周边地区开发人力资源,加强劳动力基地建设,鼓励职业学校开展交流与合作,帮助周边地区搞好职业技术培训。动员和引导社会力量,积极开展扶贫济困活动。

三、扩大国内经济合作与交流

进一步提升对口支援水平。积极做好对西藏拉萨、新疆和田、青海玉树、湖北巴东等地区的对口支援工作,形成科技、经济、干部、人才、教育、市场全方位对口支援格局。落实与四川什邡的合作框架协议。加大与国内各省市的交流合作力度。加强与中西部资源优势地区的合作发展。扩大与长三角、珠三角及港澳台地区的经济联系。加强与港澳台地区的经贸合作,拓展合作领域,创新合作模式,重点推进在高端服务业、文化创意产业、城市精细化管理等领域的深层次合作。办好京港洽谈会、京台洽谈会,建立京澳经贸合作机制,促进互利互惠和共同发展。

第二章　积极参与全球经济分工

适应深化对外开放和建设中国特色世界城市的战略要求,着力优化投资环境,增强服务功能,吸引高端企业总部聚集,更好地把"引进来"与"走出去"结合起来,创造竞争新优势,提升在全球市场中资源配置能力和参与产业分工能力。

一、聚集高端企业总部

积极吸引高端企业总部聚集。完善高端产业功能区商务配套环境,高水平建设总部企业聚集区。继续吸引跨国公司、世界 500 强企业入驻北京,增强跨国运营中心、采购中心、研发中心和结算中心功能,五年新认定跨国公司地区总部超过 100 家。建设"世界华商中心"和"侨资企业总部集聚区",吸引全球华侨华人高端企业入驻。积极引进国内大企业、大集团来京设立总部和职能机构,依托高端企业增强国际竞争力。

为在京企业全球化战略服务。将在京企业的全球化战略作为首都国际化战略的组成部分,积极支持企业跨国布局和发展,维护企业海外正当权益,更好地服务于企业提升国际竞争力。

二、建设国际商贸中心

增强国际商贸服务功能。推进商贸流通服务的规范化、现代化、特色化和国际化,巩固和提升本市作为国家国际贸易重要枢纽的地位。积极吸引国际商贸企业,集聚跨国贸易主体,积极培育本土和引进民营大型商贸企业,显著提升商贸资源配置能力。大力发展电子商务,规划建设专业集聚区,鼓励有实力的企业开展国际化经营。引导特色产品和服务聚集,培育提升王府井、前门、西单等一批具有北京特色、享誉国内外的知名商业街区。

提升国际贸易分工地位。大力发展高端商品贸易和服务贸易。大力支持具有自主知识产权和自主品牌的产品出口,到 2015 年,使"双自主"产品出口占全市出口比重达到 10% 以上。大力发展高端服务贸易,搭建国际服务贸易促进平台,加快新兴服务贸易发展,以服务外包示范园区为载体,积极承接国际服务业转移,营造国际一流的服务贸易产业环境。

建设国际一流的口岸体系。打造国际枢纽空港口岸,加快完善和提升天竺综合保税区功能,推进北京西站铁路口岸和平谷国际陆港口岸建设。引进跨国公司设立国际分拨中心,发展离岸贸易。建设电子口岸,营造高效通关环境。

三、拓展利用外资和境外投资

转变利用外资方式。积极吸引能够带来高端要素和产业价值链高端环节的外资,从引进资金、引进产能向更加注重引进先进技术、管理、人才、经营模式和优秀团队转变,实现"引资"与"引智"的有机结合。鼓励和引导外资投向高技术产业、现代服务业以及新能源、生物医药、新材料等战略性新兴产业。大力引进产业关联度大、技术含量高、辐射带动能力强的高端项目,促进产业链引资,扩大产业集群效应。合理有效利用国外优惠贷款,引进国际先进经验,充分利用国际智力资源。

支持企业境外投资。加快实施"走出去"战略,鼓励和引导企业从单纯产品输出向资本输出、技术输出、标准输出和品牌营销并重转变。支持具有国际竞争力的企业通过跨国上市、并购、投资等方式"走出去",参与国际市场分工,培育具有国际影响力的本土跨国企业。鼓励和支持企业对外工程承包,扩大业务范围。积极培育熟悉国际市场的会计、法律、咨询等中介机构和行业组织,为企业"走出去"提供专业服务。加大对境外投资的金融支持力度,建立企业境外投资风险预警管理和领事保护机制。

第三章　提升城市国际影响力

致力于营造国际一流的服务环境和条件,进一步强化首都国际交往中心功能,不断扩大国际交流与合作,大力开展公共外交,在服务中提升城市的国际地位和国际影响。

一、增强国际交往服务能力

服务国家外交全局。全面提升服务于国际交往的软硬件水平,精心服务好在京举行的重要外交、外事活动。高标准服务好中非合作论坛等重要国际活动。完善现有使馆区及相关区域服务设施,为外国驻华使领馆、国际组织驻华代表机构、外国驻京新闻媒体等国际机构与组织提供优质服务。高质量完成雁栖湖生态发展示范区建设,基本建成青龙湖国际文化会都。

吸引国际组织聚集。适时规划建设国际组织机构集聚区。积极争取中央政策支持,吸引联合国及其专门机构在京设立办事处,有针对性地吸引国际经济、金融组织等经济类国际组织入驻北京,鼓励科技、文化、体育等专业类国际组织在京设立分支机构,使北京成为国际组织的重要集聚地。

承办重大国际会议。将举办国际会议作为增强城市影响力和提高国际知名度的重要渠道。积极申办联合国及附属机构、专门机构和其他重要国际组织的年度大会,争取重大国际会议在京举办。积极筹办有国际影响力的经济、科技、文化等高端论坛。

二、打造高水准国际交流平台

承办和培育重大国际体育赛事和文化活动。延伸奥运效应,积极吸引国际大型体育赛事来京举行。扩大中国国际网球公开赛、北京国际马拉松赛、北京国际斯诺克赛等赛事的国际影响力,推进北京国际体育中心城市建设。进一步办好大学生电影节、国际旅游节等文化交流活动。培育和打造有国际影响力的影视、时装等时尚文化品牌活动。

举办具有国际影响力的重大展览活动。加强与国际展览局、国际展览业联盟的协作,大力吸引国内外会议展览组织和会展落户北京。启动新国展二期工程建设,规划建设具有国际水准的大型综合会展设施。举办国际园林博览会、世界草莓大会、世界葡萄大会、国际种子联合会年会等农业领域大型国际会议,提升科博会、文博会、节能环保展、国际汽车展、国际机床展和服装服饰博览会等会展的国际影响,增强国际采购交易功能。

三、扩展城市间的国际合作

将发展友好城市作为北京走向世界的重要途径。深化国际友城交往。制定友好城市发展战略,不断扩大友好城市的范围,扩展合作领域。完善高层互访和对话机制,推进城市间经济、科技、文化、教育、体育、环境、城市管理等全方位交流合作。广泛开展文化周、城市发展论坛、工商业洽谈会等活动。加强人员交流与民间交往,开展多种形式的公共外交活动,夯实对外友好的民意基础。拓展与友城所在国家和地区的交流合作。积极开展与世界各国首都城市的交往交流。

四、营造国际化的服务环境

加强城市软环境建设,为广大国际人士提供便利的工作和生活环境。积极争取签证便利化政策,为来京参加重要国际赛事和国际会议人员提供出入境便利。建立在京外籍人员管理服务综合信息平台,设立外国人信息服务中心,为外籍人员在京工作生活提供一站式服务。改善国际信用卡支付环境。实施城市外语环境提升工程,开设外语广播和电视频道,设立多语种电话志愿者服务热线,规范城市交通道路、旅游景区的多语种标识。积极发展国际教育和国际医疗服务。

第九篇　未来五年的行动路径

实现未来五年的发展目标,需要不断完善规划实施机制,充分发挥市场在资源配置中的基础性作用,进一步提高政府的统筹调控能力,动员和引导全社会力量共同推进规划落实。

第一章　充实完善调控机制

要紧紧围绕"十二五"规划确定的发展目标和任务,科学合理地配置公共资源,有效调控引导社会资源,切实增强经济调节的适应性、针对性、灵活性,进一步改进市场监管、公共服务和社会管理,保障规划目标的如期实现和各项任务圆满完成。

一、加强财政资金保障

编制实施好年度财政预算,为规划实施和目标任务完成提供有力的财政资金保障。加强税收征收管理,增强财政保障和支付能力。完善公共财政体制,加强存量整合,优化增量安排,健全财政支出优先满足社会公共需求的保障机制,重点加大对义务教育、公共卫生和基本医疗、社会保障和福利、公共文化服务、公共安全、生态环境等领域的财政投入。合理安排基本建设预算,保障城市建设和发展需要。强化对财政资金使用的审计监督,坚持厉行勤俭节约,严格控制行政成本。

二、健全综合发展政策

围绕发展的重点领域,密切联系发展实际和宏观环境变化,加强政策储备、研究制定和协调落实,为各项发展目标实现提供有力支撑。重点围绕促进高端产业功能区和战略性新兴产业发展、推进基本公共服务均等化、改善收入分配关系、提高民生保障水平、加快薄弱地区发展、促进城乡一体化、加强人口调控管理、推进资源节约与环境保护、促进文化软实力提升等重点领域和关键环节,搞好政策法规制定和实施,给市场主体以正确导向与合理预期。

三、强化战略资源管理

切实加强人才、土地、能源、重要商品物资等战略资源管理,为实现经济持续平稳发展、城市安全运行、社会和谐稳定奠定基础。

高度重视人才管理。坚持党管人才,统筹推进党政、企业经营管理、专业技术、高级技能、农村实用、社会工作等各类人才队伍建设和管理,为首都发展提供人才支撑和保障。

科学调控土地供应。坚持控制总量、优化增量、调整存量,加强土地资源管理,提高土地集约利用水平,到2015年全市建设用地总量要控制在3650平方公里以内。不断优化土地供应结构,优先保证保障性住房、重点功能区开发、公共服务改善、重大基础设施和高端产业项目建设等方面的土地需求。

完善能源和重要商品管理。注重需求侧管理和供给保障能力建设,按照实物储备与生产能力储备并重,政府储备与商业储备并举的原则,进一步完善储备制度,增强煤炭、成品油、天然气等能源和生活必需品、救灾物品等重要物资的储备,提高国民经济动员和应急组织调控能力。

四、实施重大项目带动

坚持以规划确定项目、以项目落实规划,着眼于集中力量分阶段解决一批重大问题,在经济结构调整、空间布局优化、资源承载能力提升、生态文明发展、和谐社会建设、文化软实力提升等方面,组织实施好一批关系全局和长远发展的重大项目,通过重大项目实施促进规划落实。健全项目实施机制,深化前期研究论证,规范手续办理,提高审批效率,加强协调调度,切实做到规划一批、储备一批、实施一批。

第二章　加强规划实施管理

本规划纲要经市人民代表大会批准后,由市人民政府组织实施。要按照统筹协调、分工负责原则,加强规划实施管理,举全市之力,共同努力实现未来五年的发展蓝图。

一、分解落实规划目标任务

本规划提出的预期性目标和产业发展、结构调整等任务的完成,主要依靠发挥市场机制的作用实现。各级政府要通过改进经济调节、加强市场监管、健全利益导向机制和创造良好发展环境,引导市场主体行为与城市发展战略意图相一致。

本规划确定的约束性指标和公共服务、社会管理等领域的任务,要纳入各区县、各部门经济社会发展综合评价和绩效考核体系。约束性指标要分解落实到区县和有关部门。

市政府有关部门要组织编制市级专项规划,细化本规划提出的主要任务,形成落实本规划的重要支撑和抓手。各区县要切实贯彻落实国家和本市的战略意图,结合自身实际,突出区域特色,编制实施好区县发展规划,并做好与本规划的协调衔接,特别是加强约束性指标和重大任务的衔接,确保落到实处。

二、分阶段有步骤实施规划

加强年度计划制订实施。年度计划要依据本规划的总体安排部署,逐年落实规划提出的发展目标和重点任务,对约束性指标设置年度目标。年度计划报告要分析本规划实施进展情况,特别是约束性指标的完成情况。

完善监测评估制度。加强对规划实施情况跟踪分析,自觉接受市人民代表大会及其常务委员会的监督检查。市政府有关部门要对重点领域的发展情况适时开展专题评估。在规划实施的中期阶段,由市政府组织开展全面评估,并将中期评估报告提交市人民代表大会常务委员会审议。根据中期评估情况以及国内外形势变化需要进行修订时,由市政府提出意见,报市人民代表大会常务委员会批准。完善统计制度,加强对节能减排、劳动就业、公共服务、收入分配、房地产等统计工作,为监测评估和政策制定提供基础。

三、动员全社会共同实现规划

本规划是全市人民集体智慧的结晶,规划的落实也需要群策群力。各级政府要面向社会、面向市民,广泛采取多种形式,加强对规划的宣传,增强公众对规划的认识和了解,有效组织引导公众参与规划的实施和监督,集全市之力、集各方之智共同落实好规划,共同把首都北京、我们共同的家园建设得更加美好。

天津市国民经济和社会发展第十二个五年规划纲要

（2011 年 1 月 20 日天津市
第十五届人民代表大会第四次会议批准）

　　"十二五"时期（2011～2015 年）是天津深入贯彻落实科学发展观，加快转变经济发展方式，推进滨海新区开发开放，实现城市定位的关键时期。科学编制和有效实施"十二五"规划，对于全面落实市委"一二三四五六"的奋斗目标和工作思路，着力构筑"三个高地"，全力打好"五个攻坚战"，努力实现科学发展和谐发展率先发展，具有至关重要的意义。《天津市国民经济和社会发展第十二个五年规划纲要》（以下简称《纲要》）根据《中共天津市委关于制定天津市国民经济和社会发展第十二个五年规划的建议》（津党发〔2010〕12 号）编制。《纲要》集中体现了全市人民的意志和愿望，是今后五年全市经济社会发展的宏伟蓝图，是全市人民共同奋斗的行动纲领，是全市各级人民政府履行职责的重要依据。

第一章　发展基础和条件

一、"十一五"时期天津经济社会发展成就

　　"十一五"时期是天津发展历程中极不平凡的五年。五年来，特别是市第九次党代会以来，市委、市政府团结带领全市人民，以邓小平理论和"三个代表"重要思想为指导，深入贯彻落实科学发展观，按照胡锦涛总书记对天津工作提出的一系列重要要求，牢牢把握加快推进滨海新区开发开放的历史机遇，加快实施市委"一二三四五六"的奋斗目标和工作思路，着力构筑"三个高地"，全力打好"五个攻坚战"，有效应对国际金融危机的严重冲击，推动各项工作站在高起点、抢占制高点、达到高水平，胜利完成了"十一五"规划确定的主要目标和任务，各方面都发生了新的历史性变化。

　　综合实力跃上新台阶。经济持续又好又快发展。2010 年全市生产总值达到

9108.8 亿元,年均增长 16%;人均生产总值突破 1 万美元。地方一般预算财政收入达到 1068.8 亿元,年均增长 26.4%,占全市生产总值的比重达到 11.8%。全社会固定资产投资五年累计完成 1.9 万亿元,年均增长 32.7%。

发展质量明显提高。大力实施大项目好项目建设,高端化高质化高新化产业体系初步形成,服务业增加值占全市生产总值的比重达到 45% 以上,八大优势支柱产业占工业总产值的比重超过 90%,新增高效设施农业 35 万亩。自主创新能力明显提升,建成了国际生物医药联合研究院等一批重大创新平台,开发了"天河一号"、"曙光星云"超级计算机等一批具有国际领先水平的重大创新技术和产品,综合科技进步水平保持全国第三位。节能减排成效显著,万元生产总值能耗五年累计下降 21%,二氧化硫、化学需氧量排放量分别下降 10.7% 和 9.6%,超额完成国家下达的任务。

滨海新区开发开放取得突破性进展。滨海新区开发开放纳入国家发展总体战略。九个功能区建设全面加快,经济持续快速增长,2010 年滨海新区生产总值达到 5030.1 亿元。综合配套改革实现重大突破。行政管理体制改革深入推进,组成了部门精简的统一行政区。金融改革创新成效明显,土地管理、科技创新、涉外体制等改革扎实推进,东疆保税港区首期实现封关运作。滨海新区已进入由点到面、由局部到整体的全面开发开放新阶段,创新示范和服务辐射功能明显提升。

三个层面联动协调发展。滨海新区龙头带动作用不断增强。中心城区服务功能全面提升,现代服务业和都市型工业蓬勃发展。区县经济实力进一步壮大,以示范小城镇建设为龙头,示范工业园区、农业产业园区、农村居住社区联动发展。先后批准 38 个示范小城镇建设试点,20 万农民迁入小城镇居住,城乡一体化新格局逐步形成。

城乡面貌发生重大变化。确定了城市总体发展战略。重大基础设施建设全面加快,城市载体功能显著提升。实施城市管理体制改革,连续三年开展大规模市容环境综合整治,城市环境更加优美。建成区绿化覆盖率达到 30.3%,全市城镇污水处理率和城镇生活垃圾无害化处理率分别达到 85% 和 91%,环境空气质量达到及好于二级天数稳定在 300 天以上。

社会事业全面进步。教育综合实力进一步提升,和谐校园建设取得阶段性成果,国家职业教育改革试验区和海河教育园区加快建设。文化体制改革和文化产业发展迈出新步伐,一批标志性文化设施建成并使用。医药卫生体制改革全面推进,卫生资源配置得到优化。全民健身运动广泛开展,竞技体育实现新跨越。人口和计划生育工作取得新成绩,人口平均预期寿命达到 80.65 岁。妇女儿童工作、老龄和残疾人事业等取得新进步。民主法制和精神文明建设切实加强。军政军民团结更加巩固。社会管理创新加快。平安天津建设深入推进,群众安全感不断增强。

民计民生持续改善。坚持实施重大民心工程,人民生活水平和质量持续提高。率先建立了统筹城乡的基本养老保险和基本医疗保险制度。2010 年城市居民人均可支配收入达到 24293 元,农村居民人均纯收入 11801 元,年均分别增长 14% 和 10.4%。五年累计新增就业 186 万人。向 41 万户中低收入家庭提供了住房保障。

改革开放深入推进。全市行政管理体制改革进展顺利,行政审批服务实现大提速,中心城区"两级政府、三级管理"体制进一步完善。国有企业、投融资体制、金融等重点领域改革积极推进。对外开放水平不断提高,利用外资和内资年均分别增长 26.7% 和 36.9%。成功举办夏季达沃斯论坛、联合国气候变化国际谈判会议等一系列国际会议,城市知名度和影响力进一步扩大。对口支援和帮扶工作富有成效,援建陕西地震灾区任务高质量完成。

"十一五"时期天津经济和社会发展取得的巨大成就,是党中央、国务院正确领导的结果,是全面贯彻党和国家路线方针政策的结果,是全市人民共同努力奋斗的结果。五年来,全市各方面把中央精神与天津实际紧密结合起来,不断增强工作的前瞻性、创造性,探索出一条符合科学发展观要求、具有天津特点的发展路子,创造了天津精神、天津速度和天津效益,为"十二五"乃至更长时期的发展奠定了基础、积蓄了能量、增强了后劲。

二、"十二五"时期面临的形势

"十二五"时期是天津发展至关重要、非常关键的时期。既面临十分难得的历史机遇,也面对前所未有的风险挑战,机遇大于挑战。

从国际看,和平、发展、合作仍是时代潮流,世界多极化和经济全球化深入发展。国际金融危机导致的急剧动荡逐步缓解,复苏进程仍将艰难曲折。世界经济正在经历深度变革和调整,国际产业分工格局和产业转移趋势将发生新的变化,科技创新孕育新突破,全方位综合国力竞争正在全球展开。这既有利于天津积极融入国际产业转移,又对天津产业结构调整和优化升级带来压力与挑战。

从国内看,我国工业化、信息化、城镇化、市场化、国际化加速推进,体制机制不断完善,社会保持和谐稳定,市场潜力巨大,具有十分有利的发展条件和广阔的发展空间。同时,经济社会发展长期积累的不平衡、不协调、不可持续的问题更加突出,区域之间竞相发展,天津加快转变经济发展方式、实现城市定位的任务非常紧迫。

从本市看,国内外形势的新变化新特点对天津发展提出了新要求,中央对实现天津经济社会又好又快发展、加快推进滨海新区开发开放寄予了新期望,全市人民对过上更加美好的生活充满了新期待。过去五年积累的能量将持续释放,经济发展的内生动力不断增强,实现更大发展的基础更加坚实。

我市经济社会发展也面临着需要着力解决的矛盾和问题。一是综合实力不强。经济总量不够大,经济结构不尽合理,服务业发展相对滞后,居民消费对经济增长的拉动作用较弱。二是自主创新能力亟待提高。创新创业环境还需优化,缺少领军人才、核心技术和知名品牌。三是资源环境约束强化。水资源紧缺,土地产出效益较低,节能减排的压力加大。四是民计民生还需进一步改善。居民收入整体水平还不够高,就业容纳能力偏低,公共服务不够均衡,社会管理难度加大。五是改革开放需要进一步深化。滨海新区先行先试的示范作用有待增强,民营经济和中小企业发展活力不够,利用两个市场、两种资源的能力较弱。

面向未来,实现科学发展,必须始终坚持发展是硬道理的本质要求,继续抓住和用好滨海新区开发开放的重要战略机遇,切实增强机遇意识、忧患意识和责任意识,正确分析判断形势,主动适应环境变化,充分利用各种有利条件和积极因素,妥善应对各种挑战,有效化解各种矛盾,聚精会神搞建设,一心一意谋发展,不断增强发展的全面性、协调性、可持续性,在新的起点上实现更长时间、更高水平、更好质量的发展。

第二章　指导思想和发展目标

一、指导思想

"十二五"时期,天津经济社会发展要全面贯彻党的十七大和十七届五中全会精神,高举中国特色社会主义伟大旗帜,以邓小平理论和"三个代表"重要思想为指导,深入贯彻落实科学发展观,按照胡锦涛总书记对天津工作提出的"一个排头兵"、"两个走在全国前列"、"四个着力"和"五个下工夫、见成效"的重要要求,以科学发展为主题,以加快转变经济发展方式为主线,以调整优化经济结构为主攻方向,加快实施市委"一二三四五六"的奋斗目标和工作思路,着力构筑"三个高地",全力打好"五个攻坚战",推动转变经济发展方式取得实质性进展,实现科学发展和谐发展率先发展,努力建设国际港口城市、北方经济中心和生态城市,不断开创改革开放和社会主义现代化建设的新局面。

要始终坚持以下基本原则:

——必须牢牢扭住经济建设这个中心,不断解放和发展社会生产力,实现经济社会又好又快发展。

——必须大力推进经济结构战略性调整,促进经济增长向三次产业协同带动、消费投资出口协调拉动转变,构筑高端化高质化高新化的现代产业体系。

——必须切实加快科技进步和创新,大力提高自主创新能力,真正走上创新驱动、内生增长的发展轨道。

——必须全面提升城市规划建设管理水平,大力加强生态文明建设,构建资源节约型、环境友好型社会。

——必须把保障和改善民计民生作为根本出发点和落脚点,坚持从最广大人民根本利益出发谋发展、促发展,使发展成果惠及全体群众。

——必须深入推进改革开放,激发全社会的创新创业创造活力,不断完善有利于科学发展的体制机制。

二、发展目标

"十二五"时期全市经济社会发展的主要目标是:

综合实力显著增强。主要经济指标增幅保持全国前列。全市生产总值年均增长12%。经济增长质量和效益进一步提高,地方财政收入稳步增长。北方经济中心的地位和服务区域发展的能力明显提升。

经济结构显著优化。高端化高质化高新化产业结构基本形成,服务业增加值占全市生产总值的比重达到50%。全社会固定资产投资总量进一步增加,消费对经济增长的拉动作用进一步增强。自主创新能力和经济增长的科技含量明显提高,创新型城市建设全面加快,到2015年,全社会研发经费支出占全市生产总值比重达到3%以上,形成一批具有自主知识产权和知名品牌、具有较强国际竞争力的企业。城乡区域发展更加协调。

城市功能显著提升。独具特色的国际性、现代化宜居城市格局基本形成,城市服务能力和综合保障能力全面增强,信息化水平全面提升。生态环境质量大为改善,资源利用效率明显提高,国家园林城市、国家卫生城市和生态城市建设取得明显进展,城乡面貌发生根本变化。万元生产总值能耗比"十一五"末降低18%,单位生产总值二氧化碳排放和主要污染物排放总量下降完成国家下达任务。

社会建设显著加强。各项社会事业加快发展。教育发展水平不断提高,新增劳动力平均受教育年限超过15年。建成覆盖城乡居民的基本医疗卫生制度,每千人口医院床位数达到6.2张。建成较为完善的公共文化和体育服务体系。形成高效有序的社会管理体制,市民文明素质和城市文明程度明显提高,法制建设全面推进,人民权益得到切实保障,社会更加和谐稳定。

民计民生显著改善。覆盖城乡居民的基本公共服务体系逐步完善,人民生活质量和水平不断提高。全市常住人口控制在 1600 万人以内,人口平均预期寿命达到 81.5 岁。城镇登记失业率控制在 4% 以内。城乡居民人均收入年均分别增长 10% 以上。基本形成覆盖城乡、制度完善的社会保障体系,社会化居家养老服务体系基本建立。价格总水平保持基本稳定。

改革开放显著加快。综合配套改革取得新突破,基本建立比较完善的社会主义市场经济体制。政府职能进一步转变,民营经济加快发展,金融改革创新取得重大进展,建成比较完善的现代市场体系。开放型经济达到新水平,成为全国开放程度最高、发展活力最强、最具竞争力的地区之一。

经过全市人民的共同奋斗,使我市在贯彻落实科学发展观、加快转变经济发展方式、推动经济社会又好又快发展方面走在全国前列,在保障和改善民计民生、促进社会和谐方面走在全国前列,为全面实现中央对天津的城市定位和滨海新区的功能定位打下更为坚实的基础。

第三章　实施国家发展战略　全力推进滨海新区开发开放

紧紧围绕滨海新区功能定位,全面加快各功能区开发建设,深入推进综合配套改革,着力构筑领先优势,率先转变经济发展方式,不断增强对全市和区域发展的龙头带动作用,争创高端产业聚集区、科技创新领航区、生态文明示范区、改革开放先行区、和谐社会首善区,努力当好贯彻落实科学发展观的排头兵。

一、加快形成高水平的现代制造业和研发转化基地

瞄准国内外制造业发展前沿,顺应产业调整趋势,科学确定产业功能区发展重点,尽快形成各具特色、优势互补的发展格局。加快建设高端产业聚集区,积极引进战略性新兴产业和优势产业龙头项目、高端项目、关联项目,提高产业集中度,延伸产业链条,重点发展航空航天、石油化工、新能源、电子信息、汽车及装备制造、现代冶金、生物医药、食品加工、海洋科技、节能环保等产业。推进国家创新型城区试点,建设滨海高新区国家创新型科技园区,加快聚集国家级和世界知名科研机构,培育壮大国家生物医药创新园、国家民航科技产业化基地、天津大学滨海工业研究院等创新载体,加快重大科技成果转化,推进智能化发展,建设科技创新领航区。

二、加快确立北方国际航运中心和国际物流中心地位

整合提升海港空港和海关特殊监管区域的综合优势,显著增强滨海新区航运和物流服务功能。加强海港基础设施建设,提升航道等级,建设港城分离的交通网络。加强空港建设,完善航线网络,引进优质运力。发展海、空、铁、陆多式联运,实现无缝对接。建设航运金融服务体系,设立航运交易所,建立航运价格指数,开展船舶和飞机融资租赁、保理等业务。建设航运商品交易体系,发展高端商业服务,建设大宗商品交易市场。建设航运物流网络体系,完善物流园区、物流中心等配套设施,探索与国际规范相衔接的物流标准。完善保税、船舶登记、口岸监管等与北方国际航运中心相

适应的政策法规体系。依托海港物流区、中心商务商业区、滨海旅游区等区域,大力发展适合新区特点的金融、航运、物流、总部经济、服务外包等现代服务业。

三、加快提升北方对外开放的门户功能

不断提高开放的层次和水平,充分利用两个市场、两种资源,努力增强服务环渤海和中国北方地区扩大开放的能力。促进东疆保税港区向自由贸易港转型,发展国际转口贸易、国际旅游、离岸金融等业务,建设保税展示交易平台、保税期货交割库、免税商店等设施,增强综合保税功能和航运资源配置能力。提高利用外资水平,转变外贸发展方式,在更高层次参与全球竞争与合作。鼓励企业并购跨国公司品牌、技术和研发能力,建立海外生产基地和销售网络,提高在全球范围配置资源的能力。完善大通关体系,加强天津口岸"一站式"通关服务中心建设,提升电子口岸功能,创新口岸监管机制和信息化应用模式,提高通关效率和口岸服务能力。完善区域合作机制,拓展"无水港"布局,推进港口功能、保税功能和口岸功能延伸,发展大陆桥运输。积极营造国际化的发展环境,提升滨海新区国际化水平,建设改革开放先行区。

四、加快建成宜居生态型新城区

按照生态宜居的要求,加大政策扶持力度,加快发展循环经济、绿色经济和生态型住宅,建设生态文明示范区。统筹城区和功能区建设,形成以滨海新区核心区为中心,汉沽、大港城区为两翼,中新生态城、北塘新城区等为补充的城镇体系。加快于家堡金融区、响螺湾商务区建设,形成现代化高端商务商业中心。积极推进中新生态城建设,创新发展模式,成为"能实施、能复制、能推广"的宜居生态示范新城。建设和完善官港、北塘等森林公园,修复湿地、海岸带生态系统。改善海河下游河口生态环境。坚持陆海统筹,合理开发利用海洋资源,积极发展海洋经济,提高海洋综合管理能力。更加注重社会建设,着力保障和改善民计民生,提高公共服务水平,促进社会公平正义,建设和谐社会首善区。

五、加快推进综合配套改革试验区建设

全面实施滨海新区综合配套改革试验总体方案,发挥好在改革开放中先行先试的重要作用。深化金融改革创新,建设全国金融改革创新基地,推动建立全国性非上市公众公司股权交易市场。深化土地管理制度改革,探索建立集体建设用地使用权流转制度,推进土地征转用分离和城乡建设用地增减挂钩试点。深化涉外经济体制改革,推进东疆保税港区制度创新,创建国际一流的口岸管理体制和机制。深化科技体制改革,发展科技金融,完善以企业为主体、市场为导向的自主创新体制架构。深化城乡一体化改革,推进城乡就业、社会保障、公共服务的二元并轨。深化社会管理创新,加快推进全国社会管理创新综合试点。推进医药卫生、保障性住房等社会领域改革。深化行政管理体制改革,落实新区的事在新区办的工作机制。

第四章 统筹城乡发展 不断壮大区县经济实力

按照城乡一体化发展的要求,坚持以城带乡、以工促农,加快推进滨海新区、中心城区和各区县

三个层面联动协调发展,不断壮大区县经济实力,切实加强农村基础设施和公共服务建设,率先形成城乡一体化发展新格局。

一、全面提升中心城区功能

统筹中心城区建设和发展,进一步优化功能定位,增强经济、社会、文化、生态等功能,提高服务和辐射能力,着力把中心城区建设成为经济繁荣、设施完备、社会文明、生态宜居的现代化城市标志区。

优化中心城区空间布局。积极实施"一主两副、沿河拓展、功能提升"的发展策略,加快建设小白楼、解放路、南站、文化中心等地区城市主中心和西站地区、天钢柳林地区两个综合性城市副中心,加快海河两岸综合开发,推进新开河、子牙河开发改造。

提升中心城区产业层次。大力发展高端服务业和都市型现代工业,形成以服务经济为主的产业结构,提高服务型、创新型、都市型经济发展水平。将海河两岸和文化中心周边、解放南路地区打造成高端服务业的标志性区域。充分发挥地域和人文优势,加强资源整合,建设提升一批总部经济聚集区、特色经济街区、创意产业园区等适合中心城区发展的都市型产业园区。加快发展楼宇经济,打造一批"亿元楼"。

改善中心城区人居环境。完善交通、居住、公共服务等各类设施,美化城市环境,着力提升载体功能、文化品位和宜居程度,促进中心城区繁荣繁华。

二、大力发展区县经济

坚持示范工业园区、农业产业园区、农村居住社区联动发展,加强区县重大项目建设,培育一批强区强县强镇,尽快提高农村工业化和城镇化水平,全面提升郊区县的经济实力和综合竞争力。

(一)加快提升区县产业水平。

大力发展区县工业。以区县开发区和示范工业园区为载体,以重大项目为支撑,进一步优化发展环境,加大招商引资力度,培育壮大一批科技创新能力强、竞争优势明显的工业龙头企业,着力推动区县工业集群化发展,全面提升区县工业整体素质和市场竞争力。积极推进乡村工业向示范工业园区和开发区集聚,全面建成31个示范工业园区。加快发展区县服务业。大力发展农村观光旅游业、商贸流通业,积极发展生产性服务业,提升城镇和农村社区服务水平。加强区县产业与滨海新区、中心城区的对接,推动三个层面合理分工协作,健全利益共享的合作机制。

(二)大力推进农村城镇化。

加快示范小城镇建设。完成四批以宅基地换房建设示范小城镇试点任务,适时启动新一批试点。推进"三区"联动发展,把示范小城镇建成高水平、有特色,适于产业聚集,生态宜居的现代化新城镇。到2015年,100万农民从分散村庄迁入示范小城镇。

构建新型农村城镇体系。按照中等城市标准规划建设11个新城,进一步完善基础设施,优化产业布局,加速人口聚集,使新城成为区县经济社会协调发展的区域性经济文化中心和服务中心。加快中心镇和一般镇建设。

推进文明生态村建设。按照"六化"和"六个一"的标准,每年创建100个以上文明生态村,到

"十二五"期末,全市文明生态村累计达到 1300 个以上。

三、统筹城乡基础设施建设

加强农村道路、饮水、排水、电网、通信、垃圾收集及处理等基础设施建设,逐步建立城乡统一的基本公共服务体系,促进基础设施建设城乡一体化。构建完善便捷的交通网络,改造提升区县和乡村公路。加强排水管网及污水处理设施建设,推进燃气向城镇和农村覆盖。保护和改善农村生态环境。进一步提升农村基础教育、基本医疗以及文化体育设施水平,积极推动城区优质公共服务资源向农村延伸。

四、完善城乡统筹政策

建立城乡统筹发展的长效机制,提高城乡建设发展的协同性和系统性。全面落实强农惠农政策,不断增加财政对"三农"投入。坚持和完善农业补贴制度。坚持农村基本经营制度,规范土地承包经营权流转,发展多种形式的适度规模经营。完善城乡平等的要素交换关系,促进土地增值收益和农村存款主要用于农业农村。加快制定和实施扩权强镇、户籍制度改革、农村集体经济组织股份制改革、城乡劳动力市场一体化建设等方面的政策措施,不断探索破解城乡二元结构的新路子。

第五章　大力发展高端产业　促进产业结构全面优化升级

积极适应市场需求变化,把握技术发展趋势,推进结构调整,优化产业布局,抓好大项目好项目建设,大力发展结构优化、技术先进、清洁安全、附加值高、吸纳就业能力强的现代产业体系,形成高端化高质化高新化产业结构,提高产业核心竞争力,着力构筑高端产业高地。

一、做大做强先进制造业

坚持走新型工业化道路,加大结构调整力度,大力发展战略性新兴产业,发展壮大八大优势支柱产业,加快产业聚集,延伸产业链条,提高产业发展质量、效益和水平,构建以战略性新兴产业为引领、优势支柱产业为支撑的新型工业体系。到 2015 年,八大优势支柱产业占全市工业总产值的比重保持在 90% 以上。

(一)培育和发展战略性新兴产业。

充分发挥八大优势支柱产业的基础和优势,加快培育和发展航空航天、新一代信息技术、生物技术与健康、新能源、新材料、节能环保、高端装备制造等战略性新兴产业,明确主攻方向和突破口,大力发展产业创新集群,加快形成先导性、支柱性产业,构建新的增长点和发展优势。实施重大产业创新发展工程,突破一批支撑战略性新兴产业发展的关键核心技术,加速创新成果产业化,抢占产业发展制高点。坚持以应用促发展,组织实施重大应用示范工程,积极培育市场,带动产业发展。加大财税金融等政策支持力度,引导技术和资金投向战略性新兴产业。到 2015 年,战略性新兴产业占工业总产值的比重达到 30% 左右。

（二）发展壮大优势支柱产业。

航空航天产业。以做大主机、完善配套、壮大规模、培育核心竞争力为方向,重点发展以大飞机、直升机、无人机、大推力火箭、卫星和空间站为核心的"三机一箭一星一站"。积极发展航天器、飞行器、航空发动机及相关设备,形成以总装制造为核心,研发设计、零部件制造、航空物流、维修服务等配套完备的航空产业体系,以火箭制造装配、空间站和卫星设计制造、卫星应用为核心的航天产业体系,建设国家级航空航天产业基地。

石油化工产业。以园区化、规模化、一体化发展为方向,加快建设南港石化产业聚集区。完善石油化工、海洋化工、精细化工、能量综合利用四条循环经济产业链,重点发展一批高技术含量、高附加值、绿色环保、规模超百万吨的高端石化产品,加快实施中俄东方石化千万吨级炼油、中外合资百万吨级乙烯、南港公用工程岛等重点项目,建设国家级石化产业基地。

装备制造产业。以大型、成套、智能为方向,重点发展交通运输装备、石化装备、造修船、大型工程机械、风电成套、水电成套、核电成套、超高压输变电成套、港口机械、农业机械装备等十大成套装备,建设以高端装备制造业为引领,以临港装备制造聚集区为龙头的国家级重型装备制造基地。重点发展无缝钢管、高档板材和高档金属制品等高附加值和深加工产品,建成国际一流的无缝钢管基地和优质钢材基地。巩固经济型轿车优势,做强中高级轿车,推进新能源汽车研发和产业化步伐,建设国家级汽车产业基地。

电子信息产业。以巩固基础、强化优势、培育新兴、抢占高端为方向,做强移动通信、新型元器件、数字视听三大优势领域,壮大高性能计算机服务器、集成电路、嵌入式电子、软件四大潜力领域,培育物联网、云计算、信息安全、人工智能、光电子五大新兴领域,加快形成新一代信息技术产业优势,带动产业高端发展。加快"三网"融合、信息化与工业化融合的关键共性技术的研发。建设国家级电子信息产业基地。

生物医药产业。以整合资源、高端聚集、做大规模、规范发展为方向,着力培育疫苗、干细胞等生物医药新兴行业。加快化学新药研制开发,建设治疗心脑血管、肿瘤、糖尿病等大病种药物生产基地。大力推进中药现代化和国际化,加强关键技术研发和中药标准化建设。壮大高端数字化医疗影像设备、微创外科器械等医疗器械潜力行业,大力发展以功能性保健食品为代表的健康产业。建设国家级生物医药产业基地。

新能源新材料产业。以需求牵引、创新驱动、重点突破为方向,瞄准产业链高端环节,加快形成一批具有较强竞争力的优势产品群。重点发展绿色电池、光伏电池、风能、核电、生物质能等可再生能源技术和产品,建立新能源产品检验、认证等公共服务平台,建设国家级新能源产业基地。加快发展化工新材料、电子信息材料、先进复合材料、金属材料和功能材料,建设国家级新材料产业基地。

轻工纺织产业。以品牌引领、品质保障、创新驱动、绿色生态为方向,整合品牌资源,扩大品牌优势,加快技术改造和产品升级换代。重点发展白色家电、绿色食品、手表及精密加工、自行车、日用化学品、纺织服装、造纸包装、塑料制品、工艺美术九大领域,加快建设临港粮油产业园和轻纺经济区,打造国家级轻纺工业精品基地。

国防科技工业。以寓军于民、军民融合为方向,加快建设十个国防科技工业技术研发平台,打造十个军民结合产业化基地,引进百家大院大所和百家龙头企业,形成以军民结合高技术产业为主导、优势民品为支柱的产业发展格局,建设国家级国防科技工业基地。

(三)提升产业发展质量。

进一步落实国家重点产业调整和振兴规划,改造提升传统产业,着力优化结构,改善品种质量,增强产业配套能力。推进重大工业项目建设,着力抓好龙头项目、产业链高端项目。合理引导企业跨地区、跨行业兼并重组。大力实施专利、品牌、标准战略,增强新产品开发和品牌创建能力,形成一批拥有知名品牌和核心竞争力的销售收入超百亿元、千亿元的企业集团。引导中小企业向专、精、特、新方向发展,提升企业专业化分工协作水平。加强企业科学管理,强化营销创新,提高产品质量和经济效益。加快淘汰落后产能,重点推动电力、钢铁、化工、水泥、印染等行业的劣势企业和落后产能退出市场。

二、大力发展现代服务业

坚持市场化、产业化、社会化、国际化方向,优化服务业空间布局,消除体制机制障碍,加快建设一批投资大、水平高、辐射强的服务业重大项目,推出一批有特色、精品化、集聚人气的"短平快"项目,推进服务业规模化、品牌化、网络化发展,全面提高服务业增长质量、效益和水平,实现服务业的突破性发展。

(一)重点发展生产性服务业。

围绕优势支柱产业,推动生产性服务业集聚发展。推进制造业企业内置服务市场化、社会化,促进现代制造业与服务业联动发展。

现代金融业。发展传统金融和现代金融,健全金融服务链,设立和引进银行、保险、保理、资产管理、社会信用、预付费消费和第三方服务外包等金融机构和非金融机构,优化资源配置,健全金融服务体系,增强金融服务和辐射力。加快金融要素市场建设,发展多层次资本市场。完善金融与产业的对接机制,发展产业金融、科技金融、农村金融、消费金融、航运金融和低碳金融。积极发展农村金融小额贷款业务。提升企业价值链,大力发展直接融资,重点培育更多企业上市,加大债券发行力度。强化政府服务链,建设解放北路和于家堡金融区等金融特色服务区,完善金融基础设施体系,促进金融业集聚发展。完善金融中介服务链,加强社会信用体系建设,营造良好的金融生态环境。在推进金融创新过程中,有效防范金融风险,促进金融业规范健康快速发展。

现代物流业。积极引进国内外物流业知名企业,建立总部型物流基地和运营中心。重点发展钢铁、煤炭、石化、生物医药、装备制造、电子信息、建材、农副产品等八大行业专业化物流。构建大集大散的商贸流通辐射体系,做大做强钢材、建材等生产资料市场,汽车、轻纺、日用品等综合消费品市场以及农副产品批发市场。完善冷链物流、邮政物流、应急物流、期货交割库等物流服务体系,加快构建专业物流节点网络,以海港、空港为核心,建设一批布局集中、用地集约的专业化物流园区。积极扶持第三方、第四方物流企业,推动大中型企业的物流资源和业务整合,积极推进中小物流企业服务模式和业务流程创新。构建多级互通的物流信息化体系,加强物联网核心技术的推广和应用。推进物流标准化普及。

科技和信息服务业。重点发展科技研发、工程咨询、技术交易与知识产权服务、专业技术服务、科技中介服务等科技服务业。做大做强一批科技服务业龙头企业,建设区域性技术交易市场和技术产权交易中心。提升软件和信息服务业发展水平,在信息安全软件、工业软件等重要应用软件和嵌入式软件技术上实现突破,积极发展增值业务和互联网业务。大力发展电子商务。

中介服务业。以会计税务、法律服务、咨询评估、人力资源等行业为重点,打造现代中介服务体系。积极引进国内外著名的中介机构来津执业,培育一批国内领先、知名度高和公信力强的品牌企业。通过引进专家、委托培训等多种形式,提高中介行业的整体素质和水平。

(二)提升发展生活性服务业。

积极引入现代技术、管理理念和经营模式,整合资源,整治运营环境,提高服务质量,培育优势品牌,提升生活性服务业的层次和水平。

商贸餐饮业。建成津湾广场、泰安道五大院、银河购物中心等高档商业设施,吸纳特色商贸项目集聚,着力打造现代都市商业集聚区,提升改造和建设一批特色商业街。推广连锁经营、特许经营等现代经营方式和新型业态,发展大宗商品电子交易,做大做强零售业网络销售。扶持老字号和特色专卖店发展。完善便民服务网络,发展社区商业,提升改造农村便民商业设施。鼓励发展便民餐饮服务。

旅游业。把天津建设成为独具特色的旅游强市、国际旅游目的地和集散地。建设和提升邮轮母港、航母主题公园、中国旅游产业园等一批重点旅游项目,着力打造"近代中国看天津"文化旅游核心品牌和都市博览游、海河风光游、滨海休闲游、山野名胜游等特色旅游项目,办好以中国旅游产业节为龙头的系列旅游节庆活动。积极发展邮轮游艇旅游,开发旅游新业态,推动旅游业与商贸、农业、工业、文化、体育、教育、保健等相关产业的整合发展,完善提升旅游配套服务,延伸旅游产业链。建设一批旅游特色村和特色乡镇。深化京津冀区域旅游合作,实现资源共享、客源互送、市场互动,加强与环渤海、长三角、珠三角及东北亚区域旅游合作。

房地产业。保持房地产开发建设规模适度增长,提高房地产业发展水平。进一步完善分层次住房供应体系,科学规划房地产开发空间布局,增加普通商品住房有效供给。加快建设新家园、商业地产和大型公建项目。鼓励发展省地节能环保型住宅。建立健全物业管理制度,提高物业管理水平。加强市场监管,规范房地产市场秩序,推动房地产业平稳健康发展。

社区服务业。整合社区资源,引入社会投资主体,大力发展家政、养老、托幼、医疗、陪护、健身等社区服务业和家庭服务业,形成多层次、多形式的家庭服务市场和经营机构,为居民家庭提供多样化、高质量服务。加快社区服务设施建设,提高设施覆盖率和利用率。建立社区服务培训基地,努力吸纳更多劳动者特别是农村富余劳动力转移就业。实行服务人员持证上岗制度。加快社区服务信息化建设。

(三)大力发展新兴服务业。

加快特色化、专业化创意产业园区建设,大力拓展新兴服务市场,引进和培育知名品牌,尽快壮大新兴服务业。

创意产业。大力发展工业设计、建筑设计、工程设计、广告设计和工艺时尚设计,形成一批具有国际竞争力的设计类企业,聚集一批国内外顶尖设计大师。扶持工程咨询、战略咨询、商务策划等产业加快发展。打造"商旅文"相融合的创意体验产业链。充分利用中心城区的老大楼、老厂房、老仓库,建设一批主业突出、特色鲜明、管理规范的创意产业园区。

会展业。建成梅江会展中心二期,提升滨海国际会展中心、体育中心等大型场馆的服务功能,完善配套设施,不断提升展会承办能力。积极引进和培育一批有影响、有实力、与国际接轨的会展企业,大力发展会展服务机构。办好夏季达沃斯论坛、国际矿业大会和津洽会、融洽会等一批国内外有影响力的展会,积极申办承办国际国内高端会展活动,完善会展经济产业链,打造知名会展品牌。努力建成我国重要的国际会议举办城市和会展中心城市。

楼宇经济和总部经济。建设一批高档商务楼宇,打造一批专业特色楼宇。完善商务、商业、物业等配套设施,提升楼宇智能化水平和服务水平。搞好楼宇招商,积极吸引世界500强、国内500强和行业领军企业来津设立区域性总部和职能型总部。

服务外包业。以软件服务、金融服务、生物医药研发、人力资源管理、财务管理外包等领域为重点,大力发展离岸外包,积极开拓在岸外包市场,继续壮大经济技术开发区、滨海高新区等服务外包基地和外包人才培训基地。加强服务外包中介组织建设,打造外包服务平台。支持并资助服务外包企业申请国际资质认证。鼓励服务外包企业进行技术改造,培育和打造企业品牌。

(四)进一步优化服务业发展环境。

加快体制创新。推进南开区国家服务业综合改革试点,选择2至3个区县开展市级服务业综合改革试点,探索加快服务业发展的有效途径。推动服务业垄断行业改革,降低市场准入门槛,建立公平、规范、透明的市场准入标准。完善服务业统计调查方法和指标体系。加快推进服务业标准化,建立健全服务业标准体系。

完善政策体系。落实促进服务业发展的政策措施。编制服务业发展重点指导目录,制定和完善扶持创意产业、总部经济等新兴服务业发展的政策。进一步完善促进现代金融、现代物流等生产性服务业发展的政策体系,加快推动大型制造业企业的内置服务功能剥离。积极培育服务业品牌。加大财政对服务业投入力度,发挥现代服务业引导资金的作用。完善鼓励消费政策,改善消费环境,保护消费者合法权益,积极促进消费结构升级。

三、巩固发展都市型农业

加快转变农业发展方式,积极发展高产、优质、高效、生态、安全农业,完善现代农业产业体系,增强农业综合生产能力、抗风险能力和市场竞争能力,努力提高农业现代化水平。

积极发展优质高效设施农业。稳定粮食生产,积极抓好"菜篮子"工程,不断增加农副产品品种和产量,提高质量。高标准建设现代农业示范园、农业科技园和种养殖业示范园。加快绿色生态、观光休闲农业发展。改造提升设施农业,全市设施农业达到100万亩。

努力提高农业科技创新能力。加快建设优势种业基地,保持黄瓜、种猪、杂交粳稻等优质种业的全国领先水平。加强动植物细胞工程、基因工程育种技术的研究和推广,培育食味米、转基因棉花、农产品保鲜等一批高新技术产业。健全公益性农业技术推广体系。

不断提升农产品标准化水平。建立农产品质量安全长效监管机制,加强农产品质量品牌建设,全面提升执法监督能力、检验检测能力、质量追溯能力和事故应急处置能力。建设完善市级和区县农产品质量监测中心,确保全市农产品检测合格率达到全国领先水平。

加强农业基础设施建设。严格保护耕地,实施高标准农田建设。搞好农田水利基本建设和排灌泵站更新改造。积极发展节水型农业设施。加强农业信息化、标准化建设。提高农业机械化水平。加大对农业生态价值的保护、开发利用和补偿。

鼓励发展各类专业合作组织。健全农业社会化服务体系,支持发展农民专业合作社和农民专业合作社联盟,积极发展订单农业、产销直挂。到2015年,进入农业产业化经营体系的农户达到95%左右。

四、优化产业布局

依托资源、区位、市场优势,坚持科学定位,进一步优化全市重点产业生产力布局,合理引导生产要素集聚,全面推进产业集群化发展。

优化工业布局。围绕优势支柱产业,依托重点产业功能区,着力打造临港装备、南港石化、航空航天、生物医药、电子信息等十大产业集聚区,构建形成京津走廊高新技术产业发展带和临海产业发展带,整合、改造、提升现有工业园区,培育主导产业,发展特色产业,加快建设一批具有较高专业化水平的特色产业集群,培育区县经济增长点,形成"两带集聚、多极带动、周边辐射"的工业总体空间布局。

优化服务业布局。重点建设中心城区中央商务区、滨海新区中心商务区、文化商贸、中新生态城、航运、智慧、科学、商贸城、航空、会展等十大现代服务业集聚区,以及蓟县山地旅游和商贸组团、宝坻温泉旅游和商贸组团、宁河汉沽湿地旅游和商贸组团、武清物流和商贸组团、静海物流和旅游组团、大港物流和旅游组团等六大现代服务业组团,加快形成"两核两轴两带"现代服务业空间布局。

优化农业布局。加快构筑滨海高端、环城高端、中部特色、北部休闲观光等四个农业功能区,形成京津生态艺术走廊、海洋神韵、山水风光、湿地原生态、水乡风情等五个创意农业产业带。

第六章　增强自主创新能力　着力建设创新型城市

大力实施科教兴市战略和人才强市战略,加快集聚国内外科技和教育资源,增强自主创新能力,提高教育现代化水平,壮大创新人才队伍,推动发展向主要依靠科技进步、劳动者素质提高、管理创新转变,着力构筑自主创新高地。

一、增强自主创新能力

完善自主创新体系,培育自主创新主体,优化创新创业环境,积极抢占科技制高点,促进科技成果向现实生产力转化,显著提升创新能力和竞争能力。

加强自主创新能力建设。重点加强生命科学与工程、信息科学与技术、环境科学与技术等12个重点领域的基础研究与前沿技术开发。围绕航空航天、新能源、节能环保、生物医药、电子信息、新材料、现代服务业、公共安全等14个重点领域,集中力量攻克一大批核心技术和关键技术,取得一批具有重大影响和自主知识产权的创新成果。加大重大技术在资源节约与利用、智能交通、社会安全、重大疾病防治等领域的推广和应用,组织实施自主创新产业化重大项目和市重大高新技术产业化项目,推动智能无线传感网络、互联网安全技术及产品、先进能源技术及产品、重大疾病新药创制等高新技术产业化。优化高新技术产业布局,提升建设一批高新技术产业园区,初步建成综合性国家高技术产业基地。到 2015 年,高新技术产业增加值占全市生产总值比重达到 20%。

完善科技创新体系。围绕产业发展需求,加快建设以企业为主体、市场为导向、产学研相结合的技术创新体系。聚集一批国家级科研院所、高水平海外研发机构。建设生物医药、高端信息技术等 10 个公共科技创新平台,组建新能源汽车、高性能计算机等 12 个产学研技术创新联盟。支持国家级和市级工程中心、工程实验室和企业技术中心建设。完善知识创新体系,加强国家和市级重点实验室建设。建立和完善以科技成果转化为重点的创新服务体系,提升科技信息资源网络、科研仪器协作共用网络,建设一批专业化的科技企业孵化器,做大做强技术交易市场。

培育创新主体。引导和支持资金、人才、技术等创新要素向企业聚集,建立健全科技创新激励机制。大力推动科技型中小企业发展,实施科技"小巨人"成长计划,培育一批技术水平高、发展潜力大、市场前景好的科技企业,壮大科技型中小企业群体,形成科技型中小企业铺天盖地、一大批科技"小巨人"顶天立地的发展态势。建设"创业之家",搭建创业服务平台,集中创业要素,实施一站式服务,把天津打造成为创业环境最好、支持政策最优、成功率最高的城市。到 2015 年,全市科技型中小企业达到 3 万家。

优化创新创业环境。完善自主创新政策法规体系。深化科技体制改革,探索产学研合作长效机制,完善科技成果转化和知识产权流转体制。建设国家科技金融创新改革试点城市。加大财政科技支出,拓宽科技投融资渠道,大力发展创业投资,完善中小企业贷款担保体系,引导全社会加大研发投入。健全科普工作体系,建设"科技之家"等科普基础设施,完善科普教育网络。积极参与国际科技协作。

全面实施知识产权战略。增强知识产权创造、运用、保护和管理能力,建设国家知识产权产业化示范城市。实施知识产权倍增计划,推进企业知识产权战略管理。加快重大发明专利实施转化,扩大知识产权转让和许可贸易,推进知识产权质押融资试点。加强知识产权执法,维护权利人的合法权益。完善知识产权公共服务平台,促进知识产权信息资源共享。到 2015 年,每万人口发明专利拥有量达到 9 件。

二、加快教育改革发展

坚持教育优先发展战略,大力实施全市中长期教育改革和发展规划纲要,按照优先发展、育人为本、改革创新、促进公平、服务需求、争创一流的要求,努力办好人民满意的教育,增强教育综合实力,提高教育现代化水平,基本建成教育强市。

全面推进素质教育。坚持德育为先、能力为重,促进学生德智体美全面发展。着力培养学生的创新精神、实践能力和社会责任感。重视学生身心健康发展。健全体现素质教育要求的学生综合评价机制,搞好教材改革,切实减轻中小学学生过重的课业负担。加强师德师风建设,造就一支高素质专业化教师队伍,鼓励优秀人才终身从教。

优质协调发展基础教育。加快发展学前教育,大力发展公办幼儿园,扶持规范民办幼儿园,形成政府主导、社会参与、公办民办共同发展的格局。强化城市住宅小区配套幼儿园建设,加快农村乡镇幼儿园提升改造和村级规范幼儿园建设。实施义务教育学校现代化标准建设,推动优质资源向农村和相对薄弱的学校倾斜。促进高中教育特色多样化发展,扩大农村普通高中优质资源。支持特殊教育和民族教育发展。到 2015 年,学前三年入园率超过 96%,义务教育巩固率达到 99%,高中阶段教育毛入学率达到 97%。

创新发展职业教育。优化职业院校布局,建成海河教育园区,建设国家职业教育改革创新示范区。办好全国职业院校职业技能大赛。建设高水平生产性实训基地,加强技能型人才培养与产业发展需要的对接,全面实行工学结合、校企合作、顶岗实习的人才培养模式。大力开展社会职业培训,加强在职教育,完善并规范职业技能鉴定和认证体系。推进农村中等职业教育免费进程。加强"双师型"教师队伍和技能型紧缺人才培养基地建设。推行学历证书和职业资格证书"双证书"制度。

全面提高高等教育质量。加强高校人才培养、科学研究、服务社会能力建设,鼓励高校办出水平、办出特色、争创一流。推进"985工程"和"211工程"建设,加快南开大学、天津大学新校区建设,创建国际高水平大学,建成一批高质量有特色的大学。建设天津健康产业园区。优化专业结构,加强特色重点学科和专业建设,打造一批跻身国内和世界一流行列的高水平学科。提高本科教学质量,积极发展研究生教育,优化发展高等职业教育。集聚和培养高层次创新人才,建设高水平教学科研创新团队。到2015年,高等教育毛入学率超过60%。

深化教育改革开放。推进人才培养体制、教育管理体制和办学体制创新,探索建立现代学校制度,改革教学内容、教学方法、质量评价和考试招生制度。切实抓好国家教育体制改革试点工作。加快远程教育改革创新。完善继续教育体系,支持老年教育发展。加大教育投入,支持社会力量兴办教育,高质量发展民办教育。深入开展和谐校园建设。完善教育督导制度。健全家庭经济困难学生助学体系。完善外来务工人员子女接受教育的保障机制。加强教育国际交流合作,扩大外国留学生规模,提高教育国际化水平。

三、加快建设人才强市

坚持党管人才原则,贯彻服务发展、人才优先、以用为本、创新机制、高端引领、整体开发、尊重规律、优化环境的指导方针,确立人才优先发展战略布局,坚持人才资源优先开发、人才结构优先调整、人才投资优先保证、人才制度优先创新,全面实施全市中长期人才发展规划,建设宏大的高素质人才队伍,加快构筑人才高地。

突出培养造就创新型科技人才。落实国家重大人才培养计划,深入实施"院士重点后备人选资助扶持计划"、"131"创新型人才培养工程。培养和引进更多创新领军人才、学术技术带头人及其后备力量,建设一批高水平创新创业团队。积极争取更多海外引进人才进入国家"千人计划"。到2015年,每万名劳动力中研发人员达到78人年。

统筹推进各类人才队伍建设。加强公务员队伍建设,健全后备干部培养和使用机制,加大竞争性选拔干部力度,打造一支善于推动科学发展的党政人才队伍。实施企业家培养工程,培养和引进一批懂科技、善经营、会管理的企业家,到2015年,企业经营管理人才总量达到42万人。努力提高专业技术人才队伍素质,全市专业技术人才达到138万人。加快门类齐全、技艺精湛的高技能人才队伍建设,全市高技能人才总量达到46万人。加大农村人才对口扶持力度,全面促进农村实用人才创业兴业,全市农村实用人才达到20万人。积极培养职业化、专业化的社会工作人才。

加强国际人才合作与交流。选送优秀青年学术技术带头人、优秀企业经营管理人员和优秀年轻干部到发达国家培训,拓展国际视野和战略思维,提高专业水平。大力实施引智项目,吸引高层次外国专家开展科研、教育、管理合作。

创新人才工作体制机制。完善党管人才的领导体制,建立规范有序、公开透明、便捷高效的人才管理机制。建立灵活的人才引进机制,完善和落实人才培养、引进、使用、评价、流动、激励等政策措施,营造充满活力、富有成效、更加开放的人才环境。健全环渤海区域人才交流合作机制,推动区域人才开发一体化。

第七章　提高规划建设管理水平　着力建设生态宜居城市

坚持城市发展与经济社会发展相适应、与人口资源环境相协调,高起点规划、高水平建设、高效能管理,全面提升城市规划建设管理水平,显著增强与城市地位相适应的载体功能、服务功能和综合保障功能,积极推进资源节约型、环境友好型社会建设,加快建设独具特色的国际性、现代化宜居城市,着力构筑生态宜居高地。

一、发挥规划的先导和统筹作用

运用先进理念,加强综合研究,增强规划的前瞻性、战略性、全局性。深化落实空间发展战略规划、城乡总体规划、土地利用总体规划和主体功能区规划,推进形成"双城双港、相向拓展、一轴两带、南北生态"的城市空间布局。提升中心城区功能,推动城市功能向滨海新区、海河中游、新城和小城镇拓展,加快形成中心城区、滨海新区核心区、外围新城、示范镇、一般镇、中心村的城市发展格局。按照经济社会发展的要求编制好近期建设规划及年度实施计划、公共设施规划,提升重点地区、重要地段城市设计。完善规划管理体系,推进城乡规划管理一体化。

二、构建综合交通体系

以强化对外辐射、促进双城对接、畅通城市交通为重点,加快"两港三路"等交通基础设施建设,到"十二五"末,基本建成以"双城"为中心,通达腹地,高效、便捷、安全、绿色、一体化的现代综合交通体系和运输体系,基本确立北方国际航运中心和国际物流中心枢纽地位。

海港。进一步调整港口结构,优化港区布局。重点建设北港区30万吨级深水航道、南港区5至10万吨级航道以及东疆集装箱码头、南疆专业化码头等项目。完善集疏运体系,加快南环铁路扩能改造、南港一线、进港三线、滨石高速公路等集疏港交通建设。加大对集装箱、原油、钢材、汽车等重点货类的市场开发力度,拓展港口服务功能,将天津港建设成为现代化国际深水大港、我国北方最大的散货主干港、国际集装箱枢纽港。到2015年,港口货物吞吐量达到5.6亿吨,集装箱吞吐量达到1800万标准箱。

空港。实施滨海国际机场扩建工程,建设京津城际机场联络线、地铁2号线机场延伸线、成林道延伸线等配套交通工程,改善机场空域条件,进一步增强干线机场的功能,建设我国北方国际航空物流中心和大型门户枢纽机场。到2015年,机场旅客吞吐量达到1600万人,货邮吞吐量达到50万吨。

区域交通。以完善西部、北部通道为重点,推进津保铁路、京沪高铁、津秦客运专线和塘承、京秦、滨石高速公路等工程建设,形成以高速公路、高速铁路为骨架,通达"三北"地区和西部腹地的快速交通网络。到2015年,新增高速公路通车里程350公里,新增铁路营业里程448公里。

城市交通。进一步强化中心城区和滨海新区核心区之间的交通联系,建成京津城际延伸线,完善双城间的轨道交通,形成津滨快速交通走廊。建设蓟汕联络线,打通海河中游南北通道。加强中心城区和滨海新区道路网建设,新建和拓宽一批城市道路,打通一批卡口路段。完成外环线东北路段拓圆改造。建设过街天桥、地下通道、安全岛等人行过街设施和交通安全设施。加快建设和完善停车设施。强化道路交通管理系统建设,建设城市智能交通综合信息集成平台,基本建成覆盖全市域的智能化中央管理系统。

公共交通。实施公交优先发展战略,建立和完善城乡一体的公交网络体系。进一步优化公交线网布局,增加公交专用车道,开通快速公交线路。发展清洁能源公交车。大力发展轨道交通,建成地铁 2、3、5、6、9 号等线路,启动建设 4、7、10 号线以及 Z1 线(文化中心—开发区)、Z2 线(滨海机场—生态城)、Z4 线(中部新城—汉沽)、B2 线(临港经济区—黄港欣嘉园)等轨道交通线路。推动轨道交通向周边新城和中心镇延伸。到 2015 年,轨道交通运营里程达到 230 公里。加快西站、于家堡、机场、滨海高铁站等综合交通枢纽建设,完善一批与轨道交通、长途汽车接驳换乘的枢纽站。加大财政对公共交通的投入和补贴力度,增加运营车辆,提升公共交通服务水平,引导市民优先选择公共交通出行,公共交通出行分担比率提高到 30%。

三、加强资源保障建设

(一)加强水资源保障。

供水。完成南水北调中线天津干线工程及市内配套工程建设,提高城市供水能力。统筹外调水、淡化海水和再生水配置,严格控制地下水开采。加强水厂及配套管网建设,优化供水布局,建立安全、稳定的供水系统。发展再生水和雨水资源收集利用,加快再生水设施和配套管网建设。积极发展海水淡化和综合利用。到 2015 年,全市供水总能力达到 400 万吨/日以上,中心城区、环城四区、滨海新区、新城等城区供水普及率达到 100%,深度处理再生水利用率提高到 30%。

排水。进一步完善城市排水系统,加大地下管网的建设和改造力度,加强城区空白区和低洼区排水设施建设,搞好雨污分流。加快城镇、工业园区污水处理厂及配套管网建设,大幅提高污水处理厂负荷率。到 2015 年,全市城镇污水处理率达到 95%。

节水。全面建设节水型城市。严格控制新上高耗水项目,鼓励企业节水技术改造,提高工业用水重复利用率,万元工业增加值用水量控制在 11 立方米左右。推广微灌、滴灌等节水灌溉技术。降低供水管网漏失率,大力推广使用节水设备和器具。

(二)完善能源供应体系。

电力。建设北疆电厂二期、南疆热电厂、北郊热电厂、北塘热电厂等项目,新增本地装机 800 万至 1000 万千瓦。实施陈塘庄热电厂搬迁工程,关停第一热电厂、永利电厂和军粮城电厂 40 万千瓦小火电机组。积极发展燃气、风力、太阳能等清洁能源发电。加强电网基础设施建设和改造,推进智能电网建设。引进"西电东送"、直流及特高压外来电力。

供热。在有条件的区县大力发展热电联产、燃气和地热等清洁能源供热。中心城区和滨海新区核心区继续推进燃煤小锅炉并网,禁止新建和扩建燃煤锅炉房。加快热电联产配套管网建设。推广计量供热。到 2015 年,全市集中供热率达到 93%,热电联产比重达到 40% 以上。

燃气。积极落实新增天然气资源,争取天津港液化天然气、唐山液化天然气、内蒙古煤制天然气进津,增加常规陆上天然气供气规模。建设 10 亿立方米大港地下储气库、天津港 1 亿立方米液化天然气接收站,燃气应急储备能力达到 15 天。加快燃气管网建设,管网年输配能力达到 100 亿立方米。发展燃气汽车,配套建设汽车加气站。在有条件地区发展天然气热电冷三联供及分布式能源。到 2015 年,天然气占一次能源比例达到 8% 以上。

节能。加强工业节能,引导企业加快节能技术改造,重点做好冶金、电力、化工等行业节能,严格控制高耗能行业发展。推进建筑节能,加快既有建筑的节能改造,新建建筑全部实现三步节能。促进交通节能,推广新能源汽车和燃油节约技术及替代产品。推行合同能源管理模式,加强计量节能。实施重点节能工程,大力推广地源热泵等先进节能技术。

(三)集约节约用地。

制定更加严格的耕地保护制度和节约集约用地制度,强化土地利用规划的管控作用,科学调控建设用地指标。完善建设项目用地控制标准,加大单位土地投资强度,提高土地利用效率。加强土地综合整治,推进土地复垦、整理、开发,开展土壤污染修复工程。科学规划建港造陆,开展盐田综合开发。以轨道交通站点和公共交通换乘枢纽为重点,加快地下空间综合开发和合理利用。到 2015 年,耕地保有量不低于 657.3 万亩。

四、加强生态建设和环境保护

(一)加强生态建设。

按照实施主体功能区战略的要求,完善生态网络格局,在重点地区划定基本生态控制线,搞好各类生态功能区建设,建立生态环境补偿机制。加强蓟县国家地质公园、青龙湾等自然保护区建设和管理,加快七里海、大黄堡、北大港、团泊洼等湿地的保护和修复,搞好人工湿地净化和河道水系连通,增加生态用水。积极推进大运河综合整治和开发。大力植树造林,继续搞好"三北"防护林、沿海防护林建设和京津风沙源治理。加快实施公路、铁路、河流两侧绿色通道建设。建设天津植物园、动物园等一批大型公园绿地,规划建设侯台、南淀等一批风景休憩区。实施"绿色天津"行动计划,创建国家园林城市,推进生态城区、生态区县和环境优美乡镇建设。优化城市绿色空间,改进绿地种植结构。加强外来物种的安全管理,保护生物多样性。到 2015 年,建成区绿化覆盖率达到 35%。

(二)加强环境保护。

改善水环境。加强引滦、引黄、引江沿线水质保护,整治于桥水库等水源地面源污染。加大水污染防治力度,严格污水排放标准和总量控制,提高工业企业水污染物排放达标率。加强地表水体综合治理,消除城市人口密集区水体黑臭现象。恢复河道、坑塘水体功能,提高农业用水质量。

保护大气环境。严格控制煤烟型污染,实施中心城区 10 吨/时及以下燃煤锅炉改燃并网和电厂搬迁,建设无燃煤示范区。巩固提高电力行业脱硫成果,完成钢铁、石化等非电行业脱硫除尘。启动全市 20 万千瓦及以上火电机组烟气脱硝,推广工业锅炉低氮燃烧技术。推动中心城区化工类企业搬迁改造,加强工业企业废气治理。严格控制扬尘,综合治理大气颗粒物污染。强化机动车尾气治理,推行机动车排放国Ⅳ标准,实施机动车黄绿标管理,加速黄标车淘汰进程。环境空气质量达到及好于二级天数提高到85%以上。

控制固体废物与噪声污染。提高工业固体废物资源化水平和危险废物处理处置能力。优化生活垃圾收集处理设施布局,积极推进生活垃圾分类收集,建设一批垃圾转运站和垃圾处理设施,全面提高城市生活垃圾减量化、资源化、无害化水平。实施铬渣无害化治理工程。加强垃圾渗滤液治理。实现污水处理厂污泥无害化处置。到2015年,城镇生活垃圾无害化处理率达到94%以上。严格控制施工、交通等噪声污染,实施"安静小区"建设工程。

提高环境监管能力。强化减排目标责任制,严格环境准入,控制污染物排放总量。建立完备的环境监测预警体系,全面落实国控、市控污染源在线监测。提高排污费征收标准,推进主要污染物排放权有偿使用和交易。完善环境执法监督体系。构建环境突发事件应急处置系统,防范环境风险。加大环保宣传力度,加强社会监督。

五、发展循环经济

加快国家循环经济示范试点城市建设。以提高资源利用效率为目标,加强规划指导、财税和金融等政策支持,完善相关法规制度,推进生产、流通、消费各环节循环发展。推广泰达、子牙、临港、北疆、华明等特色循环经济发展模式,构建覆盖全社会的资源循环利用体系。建设一批工业、农业循环经济示范园区。加快子牙循环经济产业区国家"城市矿产"示范基地建设。发展资源循环利用产业,以化工、冶金、电子、医药、建材等为重点,培育一批具有行业代表性的循环经济试点企业,建成20条具有较高水平、较大规模、行业特色突出的循环经济产业链条。抓好资源节约和综合利用,开发应用源头减量、循环利用、零排放和产业链接技术,推进包装减量化,逐步减少和取消一次性用品。完善以城镇社区和乡镇为基础的再生资源回收利用体系。加快餐厨废弃物收运和无害化处置设施建设。推进循环型社会建设,建成一批循环型社区和小城镇。深化循环经济的国际合作。

加快国家低碳城市试点建设。建立促进低碳发展的政策法规体系和激励机制。加快建设以低碳排放为特征的工业、建筑和交通体系。严格控制燃煤总量,积极发展新能源和清洁能源,非化石能源占一次能源消费比重提高2个百分点。加强低碳技术研发和应用,创建低碳技术集散地。发展能效等产品交易,探索碳排放权交易综合试点,发展碳金融。增强固碳能力,林木覆盖率提高到23%。倡导绿色消费和低碳生活方式。

六、加快信息化建设步伐

推动信息化和工业化深度融合,加快经济社会各领域信息化,全面提升城市综合信息化水平,打造"智慧天津"。加快构建宽带、融合、安全的新一代信息基础设施,加快光纤宽带网络、新型无线宽带城域网建设,普及光纤入户,提高宽带网络覆盖率和用户接入带宽,加快广播电视网络的数字化、双向化改造,实现电信网、广播电视网、互联网的三网融合。大力发展物联网,启动一批智慧城市建设示范试点工程,推进物联网和云计算在政府、行业和公共领域的广泛应用,建成无线传感网。发展完善电子政务、电子商务、公共信息和云计算服务四大信息平台。以信息共享、互联互通为重点,大力推动电子政务网络及政府门户网站群建设,建设电子政务内网,构建政务信息共享和业务协同体系。加快城市应急指挥信息系统、空间地理信息系统、智能交通信息系统和社区管理信息系统等城市管理信息化建设,完善医疗卫生、教育、劳动和社会保障、城市安全等社会信息服务体系。加强灾备中心、安全评测、电子认证等信息安全基础设施和制度保障建设,确保基础信息网络和重要信息系统安全。

七、提高城市现代化管理水平

严格执行城市管理各项法律、法规、规章,推进城市管理的科学化、法制化、规范化,以管理促进发展环境的优化和城市竞争力的提升。进一步理顺城市管理体制,按照"两级政府、三级管理、四级网络"的要求,明确责任主体,落实属地管理责任,推进管理重心下移,完善监督考评体系。加强数字化城市管理系统和市、区县两级数字化管理平台建设,推行数字化、网格化、精细化管理,建立长效机制,提高管理效能。促进建管养协调发展,推进养护作业市场化。继续开展市容环境综合整治,实现全面覆盖、整体提升,提高序化净化绿化美化水平,优化城市夜景照明。搞好爱国卫生运动,加快实施城乡环境卫生整洁行动计划,加强海河两岸、商贸餐饮旅游等人流聚集地区环卫设施建设,进一步加大环境卫生质量监管力度,提高城市道路机扫率和水洗率。加强历史文化名城名镇名村的保护,搞好历史街区、历史风貌建筑的保护与利用。全面提高执法人员的素质和执法水平,动员全社会参与城市管理。

第八章 加强社会建设 切实保障和改善民计民生

加快实施富民强市战略。坚持以人为本,大力推进以保障和改善民计民生为重点的社会建设,继续实施重大民心工程,加强社会管理能力建设,着力提高人民生活水平,推进基本公共服务均等化,全面促进社会和谐进步。

一、千方百计增加就业

提高经济增长对就业的吸纳能力。把促进就业摆在经济社会发展的优先位置,实施更加积极的就业政策,建立健全促进就业增长的长效机制,促进充分就业。通过结构调整促进就业,大力发展服务业、中小企业和微型企业,适度发展劳动密集型产业。以大项目实施扩大就业,建立重大项目用工计划通报制度,促进就业与项目的对接。以鼓励自主创业带动就业,建立健全创业服务体系,培育创业主体。积极开发就业岗位,改善就业结构,扩大就业规模。到2015年,累计新增就业225万人。

完善就业服务和就业援助制度。统一城乡就业管理服务制度,健全统一规范灵活的人力资源市场,加强公共就业服务。构建稳定就业和失业调控机制。加大对就业困难群体的帮扶力度,开发公益性岗位,优先安置零就业家庭、残疾人和"4050"人员,确保零就业家庭动态为零。做好高校毕业生、农村转移劳动力以及退役军人等群体就业工作。完善困难企业稳岗政策,加强对企业裁员的监控和服务,确保就业形势稳定。加强劳动执法,完善劳动关系预警和争议处理机制,改善劳动条件,保障劳动者权益。发挥政府、工会和企业方作用,健全工资集体协商制度,努力形成企业和职工利益共享机制,建立和谐劳动关系。

提高劳动者的就业能力。建立健全面向全体劳动者的职业技能培训制度,结合人力资源市场需求,对劳动者开展有针对性的职业培训。提高劳动者的就业能力、创业能力和职业转换能力,实现以技能促就业和劳动力从成本优势到素质优势的转变。

二、不断增加居民收入

提高城乡居民收入水平。合理调整收入分配关系,统筹制定覆盖社会各阶层的增收政策措施,努力提高居民收入在国民收入分配中的比重,使群众实际收入与经济发展水平相适应。通过显著增加就业、与劳动生产率同步提高人均工资水平,逐步提高劳动报酬占初次分配的比重。增加居民财产性收入。提高地方财政用于社会保障和就业支出比例,增强政府对初次分配和再分配的调节能力。规范分配秩序,加强税收对收入分配的调节作用。完善公务员工资制度。深化事业单位收入分配制度改革。继续完善企业职工增收的体制机制。逐步提高优抚救济人员待遇和城乡最低生活保障救助标准。做好离退休人员的增收工作。拓宽农村居民增收空间和渠道。提高农业补贴标准、扩大补贴范围。通过增加农村居民就业,加快农村土地使用权、集体经济组织产权制度等改革和提高社会保障水平,努力增加农村居民薪金、租金、股金和保障金收入,促进农村居民收入较快增长。

完善企业职工收入分配基本制度。健全企业职工工资正常增长和支付保障机制,引导企业合理进行工资分配。完善职工最低工资保障制度,逐步提高最低工资标准,促进中低收入职工增加收入。完善企业工资指导线定期发布制度,指导企业合理安排职工工资增长。完善培训、考核、使用与待遇相结合的激励机制,提高高技能职工收入水平。建立和完善职工福利制度、欠薪报告制度、职工工资督导制度,切实维护职工合法权益。

三、提高社会保障水平

加强社会保障体系建设。坚持广覆盖、保基本、多层次、可持续的原则,完善覆盖城乡的全民社会保障体系,努力实现人人享有基本社会保障。健全社会保险制度,继续落实基本养老、医疗保险制度,完善失业、工伤和生育保险制度。推进机关和事业单位养老保险制度改革。进一步做实养老保险个人账户。发展企业年金、职业年金和补充医疗保险。扩大社会保障覆盖范围,加强个体工商户、非公有制企业从业人员、外来务工人员、被征地农民、灵活就业人员的参保工作,努力实现应保尽保。进一步提高社会保障水平,建立健全随经济发展、工资水平提高、物价上涨等因素增加缴费和提高待遇的正常调整机制。逐步提高城乡居民医保政府补助和个人筹资标准,提高城镇职工和城乡居民医保最高支付限额和报销水平。积极稳妥推进养老基金投资运营。加强社会保险基金监管。健全社会保险经办机构。到2015年,城乡居民基本养老保障参保率达到70%,城乡居民基本医疗保险基本实现全覆盖。

完善社会福利与社会救助。加大社会福利设施建设力度,鼓励和支持社会力量兴办社会福利机构。完善城乡居民最低生活保障制度,建立城乡一体的社会救助体系。健全优抚安置保障体系,完善抚恤补助增长机制。按照国家退役士兵安置改革有关政策建立城乡一体的退役士兵安置制度。大力发展慈善事业和残疾人事业,健全残疾人保障和服务体系,完善无障碍设施。继续深化婚、丧俗改革,积极倡导文明节俭的新风尚。

四、健全住房保障体系

加强政策调节,加快住房信息系统建设,增加住房有效供给,改善住房供应结构,逐步形成梯度消费的住房模式。推进保障性安居工程建设,加大保障性住房建设用地供给力度,完善和创新住房保障方式,强化各级政府住房保障职责。建设公共租赁住房、经济适用住房、限价商品住房等三种保障性住房,提供廉租住房实物配租补贴、经济租赁房租房补贴、廉租住房租房补贴等三种补贴,扩大住房保障覆盖面,构建面向中低收入群体及危陋房屋拆迁居民的住房保障体系。支持居民自住和改善性购房需求。加快市区危陋房屋改造,全面完成城中村改造任务。加大农村危房改造支持力度。"十二五"时期,累计新建保障性住房44万套。

五、提升卫生服务能力

深化医药卫生体制改革。按照保基本、强基层、建机制的要求,深化医药卫生体制改革,率先建立覆盖城乡居民的基本医疗卫生制度,显著提高人均医疗卫生资源拥有量,使城乡居民人人享有基本医疗卫生服务,居民健康达到发达国家平均水平,基本建成健康城市。

建立健全基本药物制度。完善基本药物优先选择和合理使用制度,规范建设全市统一的药品集中采购平台,各级公立医院全部实行药品集中招标采购、统一配送,形成较为完善的基本药品供应保障体系。进一步规范基层医疗卫生机构基本药物的配备和使用,建立政府补偿机制。对基本药物实行全品种覆盖抽验,确保基本药物质量和供应。

加强城乡医疗卫生服务体系建设。深入推进卫生资源调整,优化医疗资源布局,提升服务能力。加快构建以医学中心为龙头,以区域医疗中心、专科诊疗中心、区县综合医院为主体,以基层医疗卫生服务组织为基础,以民营医疗机构为补充的城乡医疗卫生服务新体系。每个街道、社区都有一所标准化的社区卫生服务中心、服务站,每个村都有卫生室。进一步做强优质卫生资源,新建和改扩建天津医院、胸科医院、环湖医院、中医一附院、中医二附院、医大二附院、医大代谢病医院、三中心医院等。加强儿童专科医院和综合医院儿科建设。坚持中西医并重,支持中医药事业发展。加强医疗卫生人才队伍建设,加快培养全科医生。加强医德医风建设。到2015年,全市每千人口拥有执业医师3.3人、护师3.5人。

加强公共卫生服务体系建设。不断完善基本公共卫生服务项目,拓展服务范围,提升服务水平,提高人均公共卫生服务经费标准,促进基本公共卫生服务均等化。加强对重大传染病、慢性病、职业病、地方病和精神疾病的防治,普及卫生保健知识。加强急救体系、精神卫生防治体系和卫生信息化体系建设。完成海河医院三期、职业病防治院、区县疾病预防控制中心、妇儿保健中心和卫生监督所标准化建设,扩建滨海新区传染病医院,基本建立比较完善的公共卫生服务体系。

积极稳妥推进公立医院改革。改革公立医院运行机制,推进人事制度改革,建立绩效考核、绩效工资分配制度,提高医疗服务质量和效率。推进按病种收费试点。改革公立医院补偿机制,逐步取消药品加成。鼓励社会资本举办各种类型的医疗机构,参与公立医院转制改组。支持民营医疗机构承担公共卫生服务、基本医疗服务、健康保障服务和医疗保险定点服务。

六、促进人口健康发展

做好人口综合服务。坚持计划生育基本国策,继续稳定低生育水平,提高出生人口素质,降低出生缺陷发生率,遏制出生人口性别比偏高趋势。加强人口和计划生育公共服务体系建设,完善人口和计划生育利益导向政策。合理控制人口规模,优化人口分布,促进人口与资源环境和经济社会协调发展。积极探索城乡一元化户籍管理制度,完善外来人口落户政策。保护农民工权益。健全人口信息管理系统,加强流动人口服务管理。

切实维护妇女儿童合法权益。发展妇女儿童事业。继续实施妇女、儿童发展规划。推动妇女平等依法行使民主权利,平等参与经济社会发展,平等享有改革发展成果。坚持儿童优先原则,促进儿童生存、发展、受保护和参与权利的实现。加强未成年人保护。

加强养老服务体系建设。积极应对人口老龄化,发挥家庭和社区功能,发展社会养老服务,培育壮大老龄服务事业和产业。建立和完善以居家养老为基础、社区服务为依托、机构养老为补充,投资主体多元化、服务内容多样化、监督管理规范化的养老服务体系。加大政府对养老服务的投入,完善困难老年群体的养老扶持政策。加快养老福利机构和社区老年照料服务设施建设,扩大公益性养老服务设施规模。鼓励社会力量兴办养老机构,加快培养养老专业管理和服务队伍,提高服务技能和水平。探索建立老年长期护理保险和劳务储蓄型护理保险。到2015年,全市养老机构床位总数达到6万张。

七、提高社会管理水平

创新社会管理体制。建立党委领导、政府负责、社会协同、公众参与的社会管理格局。发挥好工会、共青团、妇联、工商联等人民团体和行业协会、商会、学会、中介机构等社会组织在社会管理与社会服务中的参与监督作用,形成社会管理和服务合力。健全基层管理和服务体系,加强社区建设,健全居委会、村委会等基层自治组织,完善基层综治组织,提高社区公共管理和服务水平。

维护社会稳定。健全维护群众权益机制,依法做好人民信访工作,完善大调解工作体系,加快建立调处化解矛盾纠纷综合平台,畅通和规范群众诉求表达、利益协调、权益保障渠道,加大法律援助工作投入力度,把各种不稳定因素化解在基层和萌芽状态。建立和完善重大工程项目建设和重大政策的社会稳定风险评估机制。加大公共安全投入,提高公共安全保障水平。深入开展平安天津建设,完善社会治安动态防控体系,加强社会治安综合治理,切实增强公共安全和社会治安保障能力。严密防范、严厉打击各种违法犯罪活动,切实保障人民生命财产安全。做好特殊人群帮教管理和服务工作。加强道路交通安全管理。健全突发事件应急管理体制,加强公共应急体系建设,完善各级各类应急预案,加强应急队伍和装备设施建设,提高应对公共安全事件的预防预警和处置能力。完善国防动员体系,加强民兵预备役、国民经济动员、人民防空建设,深化国防教育,支持国防后备力量和驻津部队、武警部队建设,做好拥军优属和拥政爱民工作,进一步健全制度机制,发挥军地资源优势,促进军民融合发展。

提高防灾减灾能力。坚持预防为主、防御与救助相结合的工作方针,做好防灾减灾工作。加强地震监测预报、震灾预防和紧急救援体系建设,提高全社会综合防御地震灾害的能力。提高气象综合观测和气象灾害预警预报能力,建成功能比较完备的公共气象服务体系,提高人工影响天气的水平。完善城市防洪圈,完成独流减河、蓟运河干流等河道治理,抓好蓄滞洪区安全建设,实施海挡治理工程。加强防汛指挥系统建设,完善防洪非工程措施。控制地面沉降,防范山洪等地质灾害。加强消防设施建设,提高防御抗御火灾能力。加强宣传和教育,增强全社会的防灾减灾意识和自救互救能力。

保障食品和药品安全。健全监管体系,全面推进质量安全准入制度。强化对食品、药品、医疗器械、保健食品和化妆品的检验检测、安全评价,加强市场监管,确保全市人民饮食、用药安全。

加强安全生产监管。完善安全监管监察和安全生产技术支撑体系,加强监管队伍建设,提高安全生产监管能力。建立重点行业领域专项治理和隐患排查治理机制,防止重特大事故发生。强化综合交通安全管理,减少交通事故。加强职业危害监管,保障职工健康。到2015年,单位生产总值生产安全事故死亡率下降36%以上。

加强民主法制建设。扎实推进依法治市,深化司法体制和工作机制改革,加强政法队伍建设。深入开展普法教育,增强市民的法律素质。全面贯彻党的民族、宗教政策,坚持民族团结,依法管理宗教事务。切实做好侨务工作和对台工作。做好党外知识分子、非公有制经济人士和其他社会阶层人士工作。发展基层民主,推进政务公开、厂务公开、村务公开和社区事务公开,保证人民群众依法行使各项民主权利。

第九章　推动文化大发展大繁荣
全面提升文化软实力

坚持社会主义先进文化前进方向,遵循社会主义精神文明建设的特点和规律,深化文化体制改革,促进文化事业和文化产业协调发展,满足人民群众不断增长的精神文化需求,充分发挥文化引导社会、教育人民、推动发展的功能,努力建设富有独特魅力和创造活力的文化强市。

一、全面提升城市文明程度

以社会主义核心价值体系建设为根本,切实加强理想信念教育和思想道德建设。深化"同在一方热土、共建美好家园"活动,不断拓展群众性精神文明创建活动,推进文明城区、文明村镇、文明单位创建常态化、标准化、规范化,推动更多区县争创全国文明城区。全面实施市民素质提升行动计划,启动新市民教育工程、职工素质建设创新工程和农民素质培训工程。广泛开展科学知识普及和全民读书活动,深入推进学习型社会建设。塑造和弘扬新时期天津精神,树立和宣传先进典型。弘扬科学精神,加强人文关怀,培育良好社会心态。提倡修身律己、尊老爱幼、勤勉做事、平实做人,推动形成我为人人、人人为我的社会氛围。加强职业操守,支持创新创业,鼓励劳动致富,发扬团队精神。大力开展志愿服务活动。进一步加强和改进大学生思想政治工作。加强学校德育工作,完善学校、家庭、社会相结合的未成年人思想道德教育体系,净化社会文化环境,保护青少年身心健康。引导人们知荣辱、讲正气、尽义务,形成扶正祛邪、惩恶扬善的社会风气。

二、构建公共文化服务体系

完善公共文化基础设施。建成天津文化中心、天津文学馆、天津画院,新建和改扩建群众文化教育培训中心、民族文化宫、中国大戏院、曹禺话剧院、大天津杂技马戏城等重点文化设施,实施老电影院改造和本土品牌电影院线建设工程,初步形成就近、便捷、实用、高效的公共文化设施网络。继续推进博物馆、纪念馆、图书馆、科技馆免费开放。加强文化遗产保护和科学利用。发展文博事业,建设国家海洋博物馆、天津考古博物馆等项目,引导和支持社会力量兴办各类博物馆。发展档案事业,建设一批区县公共档案馆。推进区县、乡镇和社区文化设施网络标准化建设,基本建成覆盖城乡、较为完备的公共文化服务体系。

推进重点文化惠民工程。实施优秀传统文化数字化传播工程和文化信息资源共享工程。完成农家书屋、村文化室和农村数字电影放映厅建设。加快社区书屋、职工书屋、社区文化活动室和公共电子阅览室建设。推进文化共享工程进中小学校园。实施百万市民艺术共享工程、艺术普及种子工程。促进基本公共文化服务均等化。加强基层文化队伍建设,扶持和发展民间文化艺术。深入开展群众性文化活动。办好重大文化活动。

三、加快发展文化产业

优化文化产业结构。加强文化传播力建设,做大做强主流媒体,提升改造传统媒体,加强新兴媒体建设、运用和管理。加快发展文化创意、立体影视、动漫游戏、数字出版、下一代广播电视网络等战略性新兴文化产业,推进文化、商贸、旅游相结合,延伸拓展文化产品制造、艺术品交易等相关产业。促进文化与科技融合,运用高新技术改造传统文化产业,发展新型文化业态。按照山、海、城、乡"四带多点"布局,统筹推进文化产业带、文化创意产业基地和示范园区建设。优化资源配置,促进产业升级,文化产业增加值年均增长30%,成为支柱产业。

实施重大文化项目带动战略。建设国家级滨海新区文化产业示范园区、国家动漫产业综合示范园、国家影视网络动漫实验园和研究院、中国3D影视创意园区、国家数字出版基地、国家级广告创意园、团泊文化产业示范园区等重点项目,加强文化产业创新、示范、孵化基地建设,培育一批重点文化企业。

大力扶持民营文化企业发展。制定促进民营文化企业加快发展的政策措施。鼓励和引导社会资本进入文艺表演、影视制作、图书发行等政策许可的产业领域。培育发展有特色的中小型文化企业和民营龙头文化企业。放宽演出市场准入,大力发展民营演出团体和民营经纪机构。

建设培育文化产品和要素市场。繁荣城乡文化市场,构建统一开放竞争有序的现代文化市场体系。建设天津文化产权交易中心、文化艺术品交易大厦等文化产品和服务市场。大力培育文化人才、信息、技术和版权等交易市场。发展文化中介机构和行业组织。培育大众性文化消费市场,积极开拓农村文化市场。实施天津文化走出去工程,培育对外文化贸易主体,鼓励有条件的文化企业设立海外分支机构和营销网络。

四、推动文化改革创新

深化文化体制改革。全面完成经营性文化事业单位和非时政类报刊转企改制,推动已转制文化企业建立现代企业制度。稳步推进公益性文化事业单位内部人事、收入分配和社会保障三项制度改革。深化广播电视制播分离和新闻宣传与经营业务两分开改革。创新文学艺术创作和推广的体制机制。完善文化管理体制和运行机制,推进文化市场综合执法改革。搭建文化资源与金融资本对接平台,培育骨干文化企业和战略投资者,引导社会资金以多种方式投入文化公益事业,参与国有文化企业股份制改造。健全鼓励文化创新的政策体系,推进文化建设立法。

繁荣精神文化产品创作生产。繁荣发展哲学社会科学,加强重大理论与现实问题的研究及其成果应用,深入开展中国特色社会主义理论体系的宣传普及。大力发展文学艺术、新闻出版和广播电影电视。加强对文化产品创作生产的引导,推出更多思想深刻、艺术精湛、群众喜闻乐见的文化精品,坚决抵制低俗庸俗媚俗之风。实施重大题材文艺创作工程和津版图书振兴工程。发掘、保护和弘扬天津优秀传统文化,扶持京剧、曲艺等优势传统艺术。创新文化资源开发模式,培育发展知名文化品牌。开展文艺理论研究和文艺批评。加强对外宣传和文化交流。

五、加快体育强市建设

大力发展群众体育,加强公共体育设施建设和管理,基本建立覆盖城乡的全民健身服务体系。广泛开展群众体育活动,提高市民身体素质。继续实施奥运战略,拓展和夯实竞技体育项目基础和人才梯队建设,提升竞技体育整体实力和水平。办好2012年第九届全国大学生运动会和2013年第六届东亚运动会。大力发展体育产业,培育体育健身市场,开发体育竞赛市场和体育表演市场,推进休闲体育产业发展,打造高水平体育产业园区。到2015年,经常参加体育活动的人数占全市人口的43%以上,市民体质总体达标率达到90%。

第十章 深化改革开放 为加快转变经济发展方式提供制度保障和动力源泉

抓住制约科学发展的体制机制症结,坚持社会主义市场经济的改革方向,以更大的决心和勇气全面推进各领域改革,用改革的办法破解难题,用创新的举措打造新的优势。实行更加积极主动的开放战略,构建全方位、宽领域、纵深化的对外开放与国内合作新格局,更好发挥中心城市的服务、辐射和带动作用。

一、深化体制改革

(一)推进行政管理体制改革。

加快政府职能转变。推进法治政府和服务型政府建设。优化政府组织结构,进一步理顺市和区县管理职能,形成权责一致、分工合理、决策科学、执行顺畅、监督有力的行政管理体制。更加重视公共服务和社会管理,创新政府为社会提供公共产品和公共服务的方式,强化在义务教育、公共卫生、公共安全、社会保障等领域的责任。加快推进政企分开、政资分开、政事分开、政府与市场中介组织分开。坚持科学民主决策和依法行政,增强公共政策制定透明度和公众参与度,做好行政复议和行政诉讼工作,健全行政监督和问责制度,提高政府公信力和执行力。

深化行政审批制度改革。充分发挥市和区县两级行政许可服务中心作用,建立街道乡镇行政服务中心,构建市、区县和街道乡镇三级行政服务体系。进一步清理和减少审批事项,简化环节,提高效率。全面推行部门内部审批职能归并整合。扩大区县审批权限。

深化投资管理体制改革。建立健全政府投资管理制度,优化投资结构,提高投资质量和效益,防范投资风险。政府投资主要投向基础设施、社会公共服务、民生改善、资源开发利用、生态环境保护等领域。开放基础设施建设与经营市场,积极探索实行特许经营制度和代建制。加强对政府投资项目的审计监督和社会监督。进一步完善企业投资项目核准和备案制度。综合运用财政、税收、土地、价格等政策措施,引导社会资金向优势产业、战略性新兴产业和服务业转移。

深化财税体制改革。健全与基本公共服务均等化相适应的公共财政制度,建立健全公共财政预算、政府性基金预算、国有资本经营预算和社会保障预算有机衔接的政府预算体系。进一步理顺市与区县财政分配关系,健全财力与事权相匹配的财政体制,完善和规范财政转移支付制度。完善预算决策机制,有效整合并规范使用财政专项资金,优化财政支出结构。推进财税科学化精细化管理,深化部门预算、国库集中收付、政府采购、投资评审、绩效评价等管理制度改革,规范政府非税收入管理。严格政府债务管理。加强审计监督。

(二)深化国有企业改革。

按照市场化要求深化国有企业改革,健全国有资本有进有退、合理流动机制,加快国有企业调整重组,进一步优化国有经济布局。推进企业的战略性重组,形成一批主业突出、国际竞争力强的大型企业集团。通过合资合作、股权转让、兼并重组等多种形式,推进国有企业产权多元化,基本完成市属国有企业改制。规范公司法人治理结构,建立规范的董事会、监事会和外部董事制度。做实集团公司,增强集团管控能力。推进国有企业整体上市或核心业务资产上市,提高国有资产证券化率。完善国有资产监管体制,实现市属经营性国有资产监管全覆盖,建立健全国有资本经营预算制度和全市统一的国有企业负责人业绩考核、薪酬管理体系,落实出资人收益权和国有资产保值增值责任。

(三)大力扶持民营经济发展。

坚决消除制约民营经济发展的体制机制障碍,放宽准入领域,创造公平竞争环境,促进民营经济健康发展。支持民间资本进入基础产业、市政公用事业、社会事业、金融服务等领域。完善和落实金融、财税、用地等各项扶持政策。推进滨海民营经济成长示范基地和中华民营经济基地建设,健全社会化服务体系,搭建多层次的服务平台,引导民营企业向规模化、集约化、专业化方向发展。健全民营企业法人治理结构,鼓励职业经理人及核心技术骨干以各种要素持股。支持民营企业以多种方式参与国有企业改革,享受相关政策。

(四)加快金融改革创新。

建设与北方经济中心和滨海新区开发开放相适应的现代金融服务体系和全国金融改革创新基地。继续加快保险改革试验区建设。开展金融业综合经营试点。继续推动设立东北亚银行,加强国际金融合作。建设资本市场、要素市场和排放权市场等创新型交易市场。大力发展股权投资基金、物权投资基金和对冲基金,推动各类基金聚集发展。创新各类金融业务,建立多样化的金融传媒资讯体系。搞好外汇管理体制改革试点,推进跨境贸易人民币结算和离岸金融业务。建立特定目的公司金融风险评估预警体系,防范金融风险。基本形成具有行业领先水平和国际竞争力的多元化金融机构体系、具有国际影响力的金融市场体系、与经济发展需要相适应的金融产品创新体系、符合国际通行规则的金融发展环境。

(五)加快现代市场体系建设。

以现代化的新型流通方式改造传统流通形式,建立新型的电子商务系统,构建以信息聚集和发布、大宗商品批发交易、物流配送等为主要功能的产需对接平台。加快土地、技术、人才等生产要素市场体系建设,建立市场发现价格的机制,促进市场竞争和要素自由流转,构建比较完善的现代市场体系。加快市场法制化建设。规范市场中介组织的职能,推动行业自律。

（六）积极推进价格改革。

完善价格形成机制，推进水、电、气、热等资源品价格改革。按照污染者付费原则，推动环保收费改革。稳步推进重要基础行业价格改革，建立对公益性行业补贴机制，加大对不同行业的财政转移支付力度。完善基本生活必需品价格上涨与困难群体生活补助的联动机制。进一步完善价格监管措施，建立科学的定价成本核算体系，实行垄断行业成本约束机制，实施定调价成本监审和定期成本监审相结合的监审制度。完善价格调整听证制度。

二、提高开放水平

（一）积极发展对外贸易。

壮大外贸主体。积极吸引大型跨国公司、中央大企业来津发展对外贸易，鼓励引进出口型企业。培育本地企业扩大出口，支持大型国有外贸企业集团通过兼并、重组等多种方式做大做强，鼓励和扶持外向型民营企业开拓国际市场。到2015年，全市拥有外贸经营权企业达到2万家。

扩大服务贸易。努力增加国际物流、国际会展、金融保险和创意文化、出版、旅游等服务贸易出口，提升文化创意、通讯邮政、金融保险、信息服务等新型服务贸易比重。加快服务外包示范区和园区建设，培育外包产业集群，扩大国际服务外包承接规模。到2015年，全市离岸服务外包执行额比2010年翻两番。

做强进口贸易。扩大资源能源、重要原材料、重要工业品、重要农产品进口。以节能环保、清洁能源以及高科技机械设备为重点领域，鼓励企业引进行业先进技术和关键零部件。打造汽车、铁矿砂、食用植物油、木材、棉花五大商品进口集散中心。

优化出口结构。加快转变外贸发展方式，积极培育以技术、品牌、质量、服务为核心竞争力的新优势，重点支持"三自三高"（自主知识产权、自主品牌、自主营销，高技术含量、高附加值、高效益）产品出口。提升加工贸易层次，延伸加工贸易产业链。巩固欧美日韩传统市场，大力开发东盟、中东、东欧、非洲及南美市场。到2015年，出口新兴市场比重提高到35%，一般贸易出口比重提高到50%，外贸进出口总额突破1300亿美元。

（二）拓展利用外资的广度和深度。

引导外商投资方向。加大招商引资力度。围绕优势支柱产业和战略性新兴产业，着力吸引龙头项目，配套延伸产业链条。鼓励外资投向高新技术、节能环保、新能源、现代农业等领域。进一步扩大服务业开放，引进各类外资金融机构，鼓励外资先进业态、品牌企业进入金融、商贸、物流、居民服务等领域，积极稳步推进教育、医疗、体育领域开放。引导外资向各级开发区集聚。完善投资软环境，切实保护投资者合法权益。

推动利用外资方式多样化。引导外资以多种形式参与国内企业改组改造。鼓励跨国公司设立地区总部和各类功能性机构。加大智力、人才和技术引进工作力度，鼓励外资企业在津设立研发中心。积极利用证券、投资基金等方式吸收外资。支持符合条件的企业使用国外优惠贷款。积极探索借用国际商业贷款开展飞机、船舶租赁业务。

提升利用外资综合效益。更好地发挥外资企业的技术和管理溢出效应，增强辐射带动作用。

鼓励外商与本市研发机构合作,加大引进消化吸收国外先进技术的力度。严格控制"两高一资"和低水平、过剩产能的外资项目。加强清洁能源、低碳经济和循环经济等生态环保领域的国际合作。到 2015 年,实际利用外资累计超过 800 亿美元。

(三)深入实施"走出去"战略。

加快发展境外直接投资。积极推进埃及苏伊士经贸合作区等境外经贸合作载体建设。支持企业在研发、生产、销售等方面开展国际化经营,鼓励轻工、纺织、冶金、机械等行业的优势企业到境外投资建厂。引导流通企业到境外从事贸易分销、物流航运业,拓展营销网络和服务体系。扩大境外能源、资源合作开发利用。鼓励投资境外种植业和养殖业。境外投资年均增长 20% 以上。

提升对外承包工程和劳务合作水平。扩大承揽境外工程项目规模,着力培育一批具有较强国际竞争力的大型综合性工程公司。深入开发对外劳务合作,逐步形成对外劳务合作市场的多元化。对外承包工程、设计咨询和劳务合作营业额五年累计超过 100 亿美元。

培育跨国经营市场主体。鼓励和支持有条件的企业加快与国际产业资本、金融资本和商业资本融合,实现投资与贸易联动,逐步培育一批集金融、贸易、科技、生产为一体的本土大型跨国公司。支持品牌企业在境外注册商标,支持建立并充分运用跨国营销网络,帮助企业开拓多元化市场。支持有实力的企业开展海外并购,逐步形成具有国际竞争力的企业集团。建立健全境外投资和跨国经营风险评估与预防机制,积极防范境外投资风险。

(四)扩大国内经济合作。

深化与部院校合作。加强部市共建和部市会商机制,积极争取国家部委在项目和政策等方面的支持。深化院市共建合作机制,吸引国家级科研院所在津设立专业研究机构。积极推进本市与全国各重点院校、国家级科研院所的产学研合作,联合开展科研合作和科技成果转化,加快先进技术的开发和转移。积极吸引国内著名专家、学者和学科拔尖人才利用项目、技术、专利与本市企业、院所进行合作,形成以管理、技术、专利等投资创业的合作新模式。

加强国内招商引资。以招新引优、招强引链、招才引智为方向,进一步优化招商引资结构。大力引进国内龙头企业和集团总部,吸引 500 强优势企业、中央大企业、有实力的民营企业在本市设立地区总部、研发中心、采购中心、结算中心等机构。积极引进产业链上下游企业,着力引进高新技术项目和战略性新兴产业项目。国内招商引资年均增长 15%,引进国内 500 强优势企业累计达到 200 家。

积极扩大区域合作交流。增强大局意识和服务意识,完善区域合作机制,进一步扩大与兄弟省区市的交流与合作,在推动京津冀和环渤海地区优势互补、相互促进、协调发展中发挥更大作用。加强京津冀、环渤海区域交通、信息、旅游、人才等一体化发展。做好产业分工和衔接配套,共同打造京津塘高新技术产业带。加强生态环境治理和水源地保护的区域合作。不断增强龙头产业聚集辐射功能,带动区域产业相互配套。积极支持参与西部大开发、东北振兴和中部崛起。全力做好援藏、援疆和对口支援帮扶工作。加强与香港、澳门和台湾的交流合作。

本《纲要》的实施,主要依靠发挥市场配置资源的基础性作用。政府要提高经济调节、市场监管、社会管理和公共服务的能力,加强和改善宏观调控,有效引导社会资源,合理配置公共资源,完善决策目标体系、执行责任体系和考核监督体系。要健全规划实施的考评、监测、评估和监督机制,确保《纲要》的目标和任务如期完成。

加强规划衔接。市重点专项规划作为全市"十二五"规划的重要组成部分,是《纲要》在特定领域的细化和延伸,市人民政府各有关部门要依据《纲要》,编制实施好专项规划。各区县人民政府要依据《纲要》确定的发展方向和总体要求,立足本地实际,组织编制实施好本行政区域的经济社会发展规划。加强经济社会发展规划与城市规划、土地利用规划的衔接配合。实施好全市主体功能区规划。

加强规划考评。制定并完善有利于推动科学发展、加快转变经济发展方式的绩效评价考核体系和具体考核办法。市发展改革部门要做好本《纲要》确定的目标和任务的责任分解工作。《纲要》的约束性指标要纳入各部门、各区县经济社会发展综合评价和绩效考核体系,分解落实。充分发挥年度计划落实总体规划的作用,把《纲要》提出的任务目标分解到年度计划中,保持规划实施的连续性。市人民政府各部门要按照职责分工,将《纲要》确定的相关任务纳入本部门年度工作,明确责任人和进度要求,切实抓好落实,并及时将进展情况向市人民政府报告。

加强规划实施监测。健全规划实施年度监测和中期评估制度。市发展改革部门要加强对《纲要》实施情况的跟踪分析。有关部门要跟踪分析相关专项规划实施情况,及时向市发展改革部门反馈。在《纲要》实施的中期阶段,要组织对《纲要》实施情况进行中期评估。中期评估报告提交市人民代表大会常务委员会审议。《纲要》实施期间由于特殊原因确需调整时,按有关程序报批。

加强规划实施监督。各部门要自觉接受市人民代表大会及其常务委员会对《纲要》实施情况的监督检查,完善政府向人大、政协的报告和沟通机制,充分听取人大、政协的意见和建议。加强《纲要》实施的社会监督,发挥新闻媒体和群众社团的桥梁和监督作用,健全政府与企业、市民的信息沟通和反馈机制。开展《纲要》宣传和展示,及时公布《纲要》实施的进展情况,营造全社会共同参与和支持《纲要》实施的社会氛围。

"十二五"发展目标宏伟,任务艰巨。我们要紧密团结在以胡锦涛同志为总书记的党中央周围,高举中国特色社会主义伟大旗帜,以邓小平理论和"三个代表"重要思想为指导,深入贯彻落实科学发展观,把加快转变经济发展方式要求贯穿经济社会发展的全过程和各领域,解放思想、实事求是、与时俱进、开拓创新,推动天津经济社会发展再上新台阶、各项工作再上新水平,为全面实现国民经济和社会发展第十二个五年规划、推进天津科学发展和谐发展率先发展而努力奋斗。

河北省国民经济和
社会发展第十二个五年规划纲要

（2011 年 1 月 16 日河北省
第十一届人民代表大会第四次会议通过）

"十二五"时期,是我省深入贯彻落实科学发展观、全面建设小康社会的重要时期,是推进经济结构战略性调整、加快发展方式转变的关键时期,是深化改革开放、完善社会主义市场经济体制的攻坚时期。科学编制并有效实施河北省国民经济和社会发展第十二个五年规划,将为全面建成小康社会打下具有决定性意义的基础,对于实现科学发展、富民强省的奋斗目标具有重大意义。

本规划纲要依据《中共河北省委关于制定国民经济和社会发展第十二个五年规划的建议》编制,主要阐明全省经济社会发展战略意图,明确政府工作重点,引导市场主体行为,是未来五年我省经济社会发展的宏伟蓝图,是全省人民共同的行动纲领。规划期为 2011～2015 年。

第一章　发展基础和面临形势

一、"十一五"时期经济社会发展取得重大成就

"十一五"时期是极不平凡的五年。面对复杂多变的国内外形势和艰巨繁重的发展改革任务,省委、省政府团结带领全省人民,坚持以邓小平理论和"三个代表"重要思想为指导,深入贯彻落实科学发展观,按照党中央、国务院重大决策部署,积极应对国际金融危机严重冲击,着力推动经济发展方式转变,迎难而上,开拓进取,全省经济保持平稳较快发展,社会事业全面进步,城乡面貌焕然一新,人民生活明显改善。

——综合经济实力跨上新台阶。坚持把发展作为第一要务,集中精力谋发展,整体实力显著增强。2010 年,全省生产总值预计达到 20000 亿元,五年平均增长 11.7%,人均生产总值由 2005 年的 1.47 万元提高到 2.8 万元;全部财政收入达到

2410 亿元,其中地方一般预算收入 1330 亿元,分别是 2005 年的 2.3 倍和 2.6 倍。

——经济结构调整取得新进展。大力实施重点产业调整和振兴规划,钢铁、装备制造、石化等传统产业改造升级步伐加快,电子信息、生物医药、新能源等新兴产业加速发展;科技创新能力明显增强,预计高新技术产业增加值达到 1220 亿元,是 2005 年的 3.5 倍;现代服务业不断壮大,服务业增加值达到 6850 亿元,是 2005 年的 1.8 倍。"十一五"节能减排目标如期实现,单位生产总值能耗比 2005 年下降 20%,化学需氧量、二氧化硫排放量比 2005 年削减 15% 以上。曹妃甸新区、沧州渤海新区、北戴河新区等沿海重点开发地区加快建设,进入了大规模聚集生产要素阶段。

——城镇面貌呈现新变化。深入推进城镇面貌三年大变样,"三年打基础"工作圆满完成,城市基础设施日趋完善,综合承载能力明显提高,居民生活环境大为改观,城市管理水平不断提升,现代城市魅力初步显现。城镇化率由 37.7% 提高到 45% 左右。

——农业农村工作得到新加强。农业税全部取消,粮食直补、农机购置补贴等强农惠农政策力度不断加大,综合生产能力明显提高。粮食生产连续 7 年增收,2010 年总产量接近 600 亿斤。蔬菜、果品、畜牧等优势产业稳定增长,农业规模化、标准化水平不断提高,产业化经营率达到 58%。新农村建设扎实推进,省级新民居建设示范村达到 3000 个,农民生产生活条件日益改善,农村贫困人口减少 84 万人。

——基础设施建设实现新突破。交通、能源、水利、通信等基础设施支撑能力显著增强。现代综合立体交通网络初步形成,民航业发展实现历史性跨越,机场建设取得重大进展,旅客吞吐量增长 6 倍;高速公路通车里程新增 2172 公里,达到 4307 公里,跃居全国第二位;铁路通车里程新增 400 公里,达到 5300 公里;黄骅综合大港开航,全省港口吞吐量突破 6 亿吨。电力装机新增 1672 万千瓦,达到 4215 万千瓦。南水北调中线河北段、引黄入冀、病险水库除险加固等重点工程进展顺利。环境保护和生态建设得到加强,森林覆盖率达到 26%。

——改革开放迈出新步伐。国有经济战略性重组取得重大进展,河北钢铁、冀中能源、河北港口等大型企业集团成功组建,整合重组的积极效应逐步显现。行政管理体制改革继续深化,行政审批事项大幅削减。财税体制改革深入推进,省财政直管县(市)试点达到 92 个。医药卫生体制改革迈出实质性步伐,五项重点任务有序实施。文化、新闻、出版等社会事业改革积极推进。农村综合改革取得阶段性重要成果,集体林权制度改革基本完成。对外开放继续扩大,外贸进出口总值累计完成 1529 亿美元,实际利用外资累计 170.7 亿美元,年均分别增长 20% 和 13.9%。五年新增国家级开发区 4 个,对内经济技术合作进一步加强,与京津合作继续深化。

——人民生活水平得到新提高。2010 年城镇居民人均可支配收入达到 16190 元,农民人均纯收入达到 5510 元,分别比 2005 年增长 77.8% 和 58.3%。五年间城镇新增就业 265.8 万人,城镇登记失业率控制在 4% 以内。社会保障体系进一步完善,城镇职工养老保险实现省级统筹,新型农村养老保险试点扎实推进,企业退休人员基本养老金标准、城乡低保水平稳步提高,新型农村合作医疗制度实现全覆盖。保障性安居工程建设力度加大,为 43 万户城市低收入家庭提供了住房保障。

——和谐社会建设开创新局面。教育事业加快发展,城乡免费义务教育全面实现。医疗卫生体系逐步健全,重大疾病预防能力明显增强。公共文化事业扎实推进,文化产业加快发展,城乡文化设施进一步完善。全民健身活动蓬勃发展,竞技体育水平有了新提升。人口与计生工作得到加强,人口自然增长率控制在 6.94‰ 以内。平安河北建设成效显著,社会矛盾化解、社会管理创新、公正廉政执法三项重点工作深入开展。食品药品安全工作得到强化,安全生产事故有所下降。国防动员和双拥共建深入开展,军政军民团结巩固发展。民族宗教、外事侨务、防灾减灾、气象、测绘、档案、人防、妇女、儿童、老龄、残疾人、地方志等各项事业都取得新进步。

经过全省人民的共同努力,我省"十一五"规划确定的主要目标如期实现。不断增强的经济实力、日趋完善的基础设施、和谐稳定的社会环境、日益显现的发展活力、创造积累的发展改革经验,为"十二五"时期实现全省经济社会又好又快发展奠定了坚实基础。

专栏1　"十一五"规划主要指标实现情况

指　标		2005 年	规划目标		实现情况	
			2010 年	年均增长	2010 年	年均增长
全省生产总值(2005 年价格,亿元)		10012.1 *	17050	11%左右	20000	11.7%
人均生产总值(2005 年价格,元)		14659.0 *	24100	10.2%	28000	11.0%
全部财政收入(亿元)		1035.2	2000 左右	14%左右	2410.5	18.4%
服务业增加值比重(%)		33.4 *	37	[4]	34	[0.6]
服务业就业比重(%)		26.9	35	[8.1]	29.5	[2.6]
研发经费支出占生产总值比重(%)		0.59 *	1.5	[1]	0.8	[0.21]
城镇化率(%)		37.7 *	45	[7.5]	45	[7.3]
单位生产总值能源消耗降低(%)				[20 左右]		[20]
单位工业增加值取水量降低(%)				[36]		[42.6]
工业固体废物综合利用率(%)		50.6 *	60	[15]	71	[20.4]
耕地保有量(万公顷)		641	625.5	−0.5	653	
农业灌溉用水有效利用系数		0.67 **		[0.04]	0.71	[0.04]
主要污染物排放总量减少(%)	COD			[15]		[15.8]
	SO₂			[15]		[17]
森林覆盖率(%)		23	26	[3]	26	[3]
实际利用外资(亿美元)		[78]	[100 左右]		[170.7]	
外贸进出口总额(亿美元)		160.7	275 左右	11.3%	408	20%
国民平均受教育年限(年)		8.17	10		8.7	
城镇基本养老保险覆盖人数(万人)		707	895	4.8%	980	6.7%
新型农村合作医疗覆盖率(%)		8	85	[77]	100	[92]
全省总人口(万人)		6850.8	≤7092	≤6.94‰	7092	6.94‰
城镇居民人均可支配收入(元)		9107.1	13380	8%以上	16190	12.2%
农村居民人均纯收入(元)		3481.6	4660	6%以上	5510	9.6%
城镇新增就业(万人)		46	[205 以上]		[265.8]	
城镇登记失业率(%)		3.93	5 以内		3.9	4 以内
五年转移农业劳动力(万人)			[255]		[374.1]	

备注:带 * 数据为统计局调整数据;** 为水利厅调整数据;[ ]内为五年累计数。

二、"十二五"时期面临的机遇与挑战

（一）国内外形势

"十二五"时期，世情国情将继续发生深刻变化，我国经济社会发展呈现新的阶段性特征。从国际看，经济全球化趋势势不可挡，世界范围内的经济结构调整势不可挡，科技创新引领产业升级的趋势势不可挡；但贸易保护主义明显抬头，围绕气候变化、能源资源及金融安全的斗争更为复杂，新兴产业加速发展中抢占战略制高点的竞争更加激烈。从国内看，我国仍处于可以大有作为的重要战略机遇期，工业化城镇化加速发展，消费结构产业结构加速升级，区域经济合作加速推进，为经济持续发展提供了有力支撑，经济社会蕴涵着巨大的发展机遇；但经济发展中不平衡、不协调、不可持续问题相当突出，社会矛盾明显增多，制约科学发展的体制机制障碍依然较多。

（二）面临的机遇

纵观国内外形势，我省面临前所未有的发展机遇。一是京津冀经济一体化进程加快，有利于承接吸纳京津先进生产要素，把独特的区位优势转化为又好又快发展的优势。二是我省沿海地区开发建设即将纳入国家区域发展总体战略，有利于充分发挥沿海优势，大规模聚集生产要素，加快形成新的经济隆起带。三是冀中南地区列为国家重点开发区域，有利于发挥京广、京九沿线地区既有优势，加快打造经济发展新高地。四是国内产业和资本转移呈加速趋势，有利于我省发挥综合优势，通过开展战略合作，加快发展步伐。五是国家大力培育和发展战略性新兴产业，有利于我省在新能源、生物医药、新材料、先进装备制造等领域发挥比较优势，促进全省经济转型升级。六是我省已经具备了加快发展的经济实力和物质基础，形成了政通人和、人心思进的社会环境，有利于凝聚各方力量，增强内生动力，实现跨越式发展。

（三）困难与挑战

在世情国情继续发生深刻变化的大背景下，我省面临的挑战前所未有，转变经济发展方式刻不容缓。一是结构调整任务艰巨。产业结构不合理且层次低，产品技术含量不高，节能减排压力大，发展方式粗放问题依然严重。二是自主创新能力弱。科技领军人才、高层次经营管理人才和高技能专业人才短缺，研发投入占生产总值比重不足全国平均水平的一半。三是资源环境约束加剧。资源支撑能力减弱，生态环境容量不足，水、土地、矿产等资源供求矛盾突出。四是城市辐射带动能力不强。城镇化率低于全国平均水平，大中城市数量少且功能不够完善，以城带乡、以工补农能力不足。五是社会管理难度加大。社会结构变动加剧，利益主体日趋多元，收入分配差距较大，社会矛盾明显增多。

综合判断，"十二五"时期，我省仍处于可以大有作为的战略机遇期，处于向经济强省、文化强省目标跨越的发力期，面临着既要保持经济持续平稳较快发展，又要加快转变发展方式的双重任务。我们必须准确把握发展趋势，充分利用各种有利条件，着力解决突出矛盾和问题，推进经济社会步入科学发展的轨道，奋力开创经济社会发展的新局面。

第二章　指导思想和奋斗目标

一、指导思想

高举中国特色社会主义伟大旗帜,以邓小平理论和"三个代表"重要思想为指导,深入贯彻落实科学发展观,以科学发展为主题,以加快转变经济发展方式为主线,围绕加快发展和加速转型双重任务,构筑环首都绿色经济圈,壮大沿海经济隆起带,打造冀中南经济区,培育一批千亿元级工业(产业)聚集区、开发区和大型企业集团,着力调整经济结构,着力推进新型工业化、新型城镇化和农业现代化,着力保障和改善民生,着力改善生态环境,着力提高创新能力,着力深化改革开放,保持经济平稳较快发展,加快科学发展、富民强省进程,努力实现从经济大省向经济强省跨越、从文化资源大省向文化强省跨越。

"十二五"时期,最根本的是紧紧围绕科学发展这个主题,最重要的是牢牢把握加快转变经济发展方式这条主线,努力在新一轮竞争和发展中抢占先机,赢得主动。坚持下大气力调整优化产业结构,加快改造提升传统制造业,积极培育战略性新兴产业,全面提高服务业发展水平,努力形成具有区域特色和比较优势的现代产业体系。坚持下大气力提高自主创新能力,强化企业在技术创新中的主体地位,重点突破制约产业升级的核心关键技术,促进科技成果向现实生产力转化,推动经济发展转入科技引领、创新驱动轨道。坚持下大气力统筹区域发展,推动省内不同区域优势互补、协作互助、良性互动。坚持下大气力抓好节能减排和环境保护,抓好重点领域和行业节能,加快淘汰落后产能,积极发展循环经济和环保产业,加大生态环境保护力度。坚持下大气力深化重点领域和关键环节改革,推进国有经济战略性调整,鼓励、支持、引导非公有制经济发展,转变政府职能,努力形成有利于加快转变经济发展方式的制度环境。坚持下大气力扩大对内对外开放,推动全方位的对外开放,推进京津冀区域经济一体化进程,深入与晋蒙等地区经济协作,提高开放型经济水平。坚持下大气力做好农业农村农民工作,加大强农惠农力度,加快发展现代农业,转变农业发展方式,建设社会主义新农村,促进农民增收。坚持下大气力加强社会建设和社会管理,创新社会管理体制机制,全面提高社会管理科学化水平,办好社会建设方面的实事,保障和改善民生,促进社会和谐。坚持下大气力统筹兼顾,增强发展的全面性、协调性和可持续性。实践中要切实把握以下原则:

——注重当前与长远相结合,切实增强发展的前瞻性。既要巩固经济平稳较快发展好势头,又要正确分析和把握国内外形势新变化,科学谋划"十二五"发展的重大战略、重大思路和重大政策。

——注重速度与效益相结合,切实增强发展的持续性。必须更新发展理念,更加注重技术创新、机制创新和管理创新,加大产业产品结构调整力度,努力实现速度与结构、质量、效益的统一。

——注重城市与农村相结合,切实增强发展的统筹性。既要顺应城镇化发展的基本规律,加快城镇化进程,推进城市建设上水平、出品位;又要坚持在城镇化进程中加强城乡统筹,推进城市和农村协调发展。

——注重投入与产出相结合,切实增强发展的实效性。充分发挥市场配置资源的基础性作用,着力优化要素投入结构,提高资源利用效率,促进经济增长由主要依靠增加要素投入向依靠提高要素使用效率转变。

——注重沿海开发与内地发展相结合,切实增强发展的互动性。坚持把沿海地区开发建设摆在事关全局的战略位置,同时统筹推进内陆地区开发开放,逐步构建沿海与内陆地区良性互动、互利共赢、安全高效的开放型经济体系。

——注重投资与消费、出口相结合,切实增强发展的均衡性。既要保持合理投资规模,更要注重建立扩大消费需求的长效机制,同时大力拓展国际市场,促进经济增长由主要依靠投资拉动向依靠消费、投资、出口协调拉动转变。

——注重经济与社会相结合,切实增强发展的协调性。在发展经济的同时,更加注重社会建设,加快推进社会管理创新,完善公共服务体系,增加公共产品和公共服务,更好地满足全省人民过上美好生活的需要。

——注重民生与稳定相结合,切实增强发展的和谐性。把保障和改善民生作为根本出发点和落脚点,正确处理深化改革、加快发展与维护稳定的关系,着力解决影响社会和谐稳定的源头性、基础性、根本性问题,使全体人民共享改革发展成果。

二、奋斗目标

根据以上指导思想和原则,"十二五"时期要努力实现以下经济社会发展主要目标:

——经济平稳较快发展。全省经济增长速度和效益高于全国平均水平。生产总值预期年均增长8.5%左右,到2015年人均生产总值比2000年翻两番。全部财政收入、地方一般预算收入年均分别增长11%,财政收入占生产总值比重提高1~2个百分点。物价总水平基本稳定。

——结构调整取得重大突破。农业基础地位进一步加强,钢铁等传统产业改造升级取得重要进展,战略性新兴产业在一些领域形成明显优势,服务业增加值占生产总值比重达到38%左右。形成一批年销售收入超千亿元重点园区和大集团。城镇化率达到54%,城镇建设上水平、出品位,新农村建设取得明显成效。

——科技创新步伐加快。研究与实验发展经费支出占生产总值比重达到1.6%,突破一批关系产业发展、社会进步、民生改善和资源环境的关键技术,每万人口发明专利拥有量达到0.77件;高新技术产业增加值占生产总值比重达到10%,形成一批具有自主知识产权和知名品牌的优势企业。

——社会建设进一步加强。科技、教育、文化、卫生、体育等各项社会事业全面发展,全省人民思想道德素质、科学文化素质和健康素质不断提高。九年义务教育巩固率达到94%,高中阶段教育毛入学率达到90%;城乡三项基本医疗保险参保率达到95%,城镇参加基本养老保险人数达到1280万人,农村参加基本养老保险人数达到3570万人;人口自然增长率控制在7.13‰以内。社会主义民主法制更加健全,社会管理制度进一步完善,社会更加和谐稳定。

——生态环境明显改善。非化石能源占一次能源消费比重达到5%,单位生产总值能源消耗降低、单位生产总值二氧化碳排放量降低、主要污染物排放减少达到国家要求,耕地保有量不低于642万公顷,农业灌溉用水有效利用系数提高到0.74,单位工业增加值用水量降低27%,森林覆盖率达到31%,森林蓄积量达到1.4亿立方米。资源利用效率显著提高,重点流域水质及城市空气质量进一步改善。

——基础设施支撑能力增强。多元、立体、快捷、高效的现代综合交通体系基本形成。铁路、公路、港口、机场运输保障能力不断提高。实现电信网、广播电视网、互联网"三网融合",水、电、油、气管网等设施日趋完善。

——人民生活水平明显提高。城镇居民人均可支配收入、农村居民人均纯收入年均分别增长8.5%;就业压力明显缓解,城镇新增就业335万人,城镇登记失业率控制在4.5%以内,贫困人口显著减少。公民权益得到切实保障,基本公共服务体系逐步完善,生产生活条件有较大改善,精神文化生活更加丰富多彩,人民生活更加美好。

专栏2　"十二五"期间经济社会发展主要指标

指　标		2010 年	2015 年	年均增长	指标属性
生产总值(2010 年价格,亿元)		20000	30100	8.5% 左右	预期性
人均生产总值(2010 年价格,元)		28000	40780	7.8%	预期性
全部财政收入(亿元)		2410	4060	11%	预期性
地方一般预算收入(亿元)		1331	2250	11%	预期性
服务业增加值比重(%)		34	38 左右	[4 个百分点]	预期性
城镇化率(%)		45	54	[9 个百分点]	预期性
九年义务教育巩固率(%)		93.9	94	[0.1 个百分点]	约束性
高中阶段教育毛入学率(%)		87	90	[3 个百分点]	预期性
研究与试验发展经费支出占全省生产总值比重(%)		0.8	1.6	[0.8 个百分点]	预期性
每万人口发明专利拥有量(件)		0.40	0.77	14%	预期性
耕地保有量(万公顷)		653	642	-0.3%	约束性
单位工业增加值用水量降低(%)				[27]	约束性
农业灌溉用水有效利用系数		0.71	0.74	[0.03]	预期性
非化石能源占一次能源消费比重(%)		2.6	≥5.0	[≥2.4 个百分点]	约束性
单位生产总值能源消耗降低(%)				达到国家要求	约束性
单位生产总值二氧化碳排放降低(%)				达到国家要求	约束性
主要污染物排放减少(%)	化学需氧量			达到国家要求	约束性
	二氧化硫			达到国家要求	
	氨氮			达到国家要求	
	氮氧化物			达到国家要求	
森林增长	森林覆盖率(%)	26	31	[5 个百分点]	约束性
	森林蓄积量(亿立方米)	1.2	1.4	3.1%	
城镇登记失业率(%)		3.9	≤4.5	≤4.5	预期性
城镇新增就业人数(万人)		67	[335]	平均每年 67	预期性
城镇参加基本养老保险人数(万人)		980	1280	5.5%	约束性
城乡三项基本医疗保险参保率(%)		91.8	95	[3.2 个百分点]	约束性
城镇保障性安居工程建设(万套)				[130]	约束性
全省总人口(万人)		7092	<7400	<7.13‰	约束性
城镇居民人均可支配收入(元)		16190	24344	8.5%	预期性
农村居民人均纯收入(元)		5510	8285	8.5%	预期性

备注:全省生产总值和城乡居民收入绝对数按 2010 年价格计算,速度按可比价格计算;带[ ]的为五年累计数;城乡三项基本医疗保险指城镇职工基本医疗保险、城镇居民基本医疗保险、新型农村合作医疗。

第三章 实施"四个一"战略重点
带动并活跃发展全局

把加快优势地区率先发展作为战略重点,强力推进"一圈一带一区一批"建设,打造带动全省经济社会发展的增长极,形成重点突破、带动全局、协调发展的新格局。

一、加快构筑环首都绿色经济圈

推进环首都"14县(市、区)4区6基地"建设。充分发挥环绕首都的独特优势,积极主动为京津搞好服务,全方位深化与京津的战略合作,承接京津资金、项目、产业、人才、信息、技术、消费等方面的转移,形成环首都绿色经济圈。重点在承德、张家口、廊坊、保定4市近邻北京、交通便利、基础较好、潜力较大的三河、涿州、怀来、滦平等14个县(市、区),建设高层次人才创业、科技成果孵化、新兴产业示范、现代物流等四类园区,发展养老、健身、休闲度假、观光农业、绿色有机蔬菜、宜居生活等六大基地,逐步把环首都地区打造成为经济发达的新兴产业圈、绿色有机的生态农业圈、独具魅力的休闲度假圈、环境优美的生态环境圈、舒适宜人的宜居生活圈。

力促环首都四个中心城市加快发展。承德市充分发挥旅游、矿产等资源优势,着力发展休闲旅游、钒钛制品、清洁能源、新型材料、现代农业等,建设国际旅游城市和国家钒钛产业基地。张家口市充分发挥产业基础、旅游资源等优势,着力发展新能源、装备制造、农产品加工、休闲旅游、现代物流、矿产精深加工等,建设京冀晋蒙交界区域中心城市。廊坊市充分发挥区位独特和信息产业等优势,着力发展总部经济、会展经济、电子信息、服务外包、科技孵化、休闲旅游、现代农业等,建设京津冀电子信息走廊、环渤海休闲商务中心城市。保定市充分发挥历史文化和低碳城市试点等优势,着力发展新能源、装备制造、现代物流、文化旅游、现代农业等,建设先进制造业基地、休闲度假旅游基地和历史文化名城,提升京南重要区域中心城市地位。

二、加快打造沿海经济隆起带

推进沿海"11县(市、区)8区1路"建设。充分发挥环渤海的区位优势,坚持规划引导、政策支持、开放带动,促进重大生产力布局向沿海地区集中。在近海临港、基础较好、潜力较大的昌黎、丰南、黄骅等11个县(市、区),以及北戴河新区、曹妃甸新区、渤海新区等8个功能区,以滨海公路为纽带,加速构建沿海经济隆起带。着力建设一批高标准产业园区,重点发展装备制造、精品钢材、石油化工等特色优势产业,培育发展新能源、新材料、海洋经济等战略性新兴产业,大力发展港口物流、文化创意、商务会展等现代服务业,强化沿海地区产业分工与合作,形成环渤海地区具有重大影响力的临港产业带。着力建设一批国际知名、国内一流的滨海休闲度假景区,重点抓好北戴河新区、唐山湾国际旅游岛、渤海新区滨海滩涂公园建设,形成各具特色的滨海风光旅游带。着力改善沿海地区生态环境,重点治理点源面源污染,加强滩涂和重要湿地保护,形成海蓝地绿的海洋生态带。着力提升唐山、秦皇岛、沧州三个中心城市功能,重点建设唐山湾国际生态城、黄骅新城、北戴河新区三个滨海新城,强化城市间功能对接和互动发展,形成以三个中心城市和三个滨海新城为核心,一批中小城市和特色城镇为节点的滨海城市带。

河北省环首都绿色经济圈示意图

注：
1. ███ 河北省环首都绿色经济圈。
2. 河北省环首都绿色经济圈包括：滦平县、丰宁满族自治县、赤城县、怀来县、涿鹿县、涞水县、涿州市、固安县、安次区、广阳区、香河县、大厂回族自治县、三河市、兴隆县。

河北省沿海经济隆起带示意图

冀中南经济区示意图

加大沿海中心城市开发开放力度。唐山市充分发挥省域中心城市优势,着力发展精品钢铁、装备制造、现代化工、港口物流、新型建材、滨海旅游、会展经济、总部经济、海洋经济等,打造综合性贸易大港和世界级精品钢铁基地,建设科学发展的示范城市、环渤海地区的新型工业化基地、面向东北亚的对外开放窗口。秦皇岛市充分发挥旅游资源优势,着力搞好国家现代服务业综合改革试点和国家旅游综合改革试验区,重点发展休闲旅游、港口物流、数据产业、服务外包、总部经济、会展经济等现代服务业和重大装备、电子信息等先进制造业,依托北戴河新区建设国际知名滨海休闲度假旅游目的地,形成现代化滨海旅游宜居城市。沧州市充分发挥沿海和历史文化优势,高标准建设综合大港和临港工业园区,着力发展石油化工、装备制造、精品钢材、港口物流、滨海旅游、海洋经济等产业,努力形成环渤海地区重化工业基地和冀中南及纵深腹地的出海通道,建设环渤海地区重要的港口城市。

三、加快发展冀中南经济区

推进冀中南"1中心2轴3基地18县"建设。充分利用冀中南地区列为国家重点开发区域的有利条件,发挥交通和产业基础优势,以石家庄为中心,强力推进大西柏坡、正定新区、临空港产业园区、东部新城建设;以京广(京珠)、京九(大广)复合交通干线为两轴,促进生产要素加快集聚;以邯郸冀南新区、衡水滨湖新区、邢台新区三个产业基地为重点,培育冀中南经济增长新优势;以壮大特色产业集群为重点,加大两轴沿线的正定、宁晋、武安、冀州等18个县(市)开发开放力度。坚持交通基础设施先行,加强冀中南地区与京津、黄骅港的通道连接,加快邯黄铁路建设,谋划建设京九客运专线河北段、邯黄高速公路,促进生产要素加快集聚。坚持以大开放促大发展,充分发挥比较优势,着力培育一批各具特色的产业集群,把冀中南经济区建设成为我省新兴产业基地、先进制造业基地、现代服务业基地、现代农业示范基地和文化旅游基地,形成与环首都绿色经济圈、沿海经济隆起带良性互动、融合发展新格局。

专栏3 重点发展区域

1. 环首都绿色经济圈14县(市、区)、1圈、4区、6基地:14县(市、区)即涿州市、涞水县、涿鹿县、怀来县、赤城县、丰宁满族自治县、滦平县、兴隆县、三河市、大厂回族自治县、香河县、广阳区、安次区、固安县。1圈即环首都绿色经济圈。4区即高层次人才创业园区、科技成果孵化园区、新兴产业示范园区、现代物流园区。6基地即养老基地、医疗健康健身基地、休闲度假基地、观光农业基地、绿色有机蔬菜基地、宜居生活基地。

2. 沿海经济隆起带11县(市、区)、8功能区、1路、1带:11县(市、区)即山海关区、海港区、北戴河区、抚宁县、昌黎县、乐亭县、滦南县、唐海县、丰南区、黄骅市、海兴县。8功能区即秦皇岛北戴河新区、唐山曹妃甸新区、乐亭新区、丰南沿海工业区、芦汉新区、沧州渤海新区、冀中南工业集聚区、冀东北工业集聚区。1路即滨海公路沿线。1带即沿海经济隆起带。

3. 冀中南经济区1中心、2轴、3基地、18县:1中心即以石家庄为中心。2轴即京广沿线、京九沿线。3基地即邯郸冀南新区、衡水滨湖新区、邢台新区。18县(市)即京广沿线包括正定县、鹿泉市、栾城县、元氏县、高邑县、临城县、宁晋县、内丘县、沙河市、永年县、武安市、磁县;京九沿线包括深州市、冀州市、武邑县、枣强县、南宫市、清河县。

做大做强冀中南中心城市。石家庄市充分发挥省会优势,加快发展文化、旅游、商贸、金融等现代服务业,以大西柏坡建设为重点,打造国内知名旅游目的地。以建设高标准产业园区为重点,打造国家级电子信息、生物(医药)、卫星导航、通用飞机等高端制造业基地。推动组团城区同城化进程,建设繁华舒适、现代一流的省会城市和京津冀第三极。衡水市发挥农业资源和生态优势,重点

发展现代农业、食品加工、精细化工、装备制造、生态旅游等产业,建设生态宜居的北方湖城。邢台市发挥产业基础和交通优势,重点发展新能源、煤盐化工、装备制造、农副产品深加工、休闲旅游等产业,打造国家级新能源产业基地,建设冀晋鲁地区重要节点城市。邯郸市充分发挥省际区位、历史文化和矿产资源优势,着力发展精品钢铁、装备制造、现代物流、煤化工、高新技术、文化旅游等产业,巩固提升冀晋鲁豫接壤区域中心城市地位。

四、加快培育千亿元级重点园区和大型企业集团

着力建设重点园区。全面优化创业环境,以优势产业为依托,建设一批创新能力强、产业层次高、总量规模大、关联程度紧、辐射带动强的园区,力争有十个以上开发区或工业聚集区营业收入超过千亿元。秦皇岛开发区,重点发展装备制造、电子信息、新材料、机电一体化、生物技术和环保技术服务等产业,建设环渤海地区先进制造业基地和现代服务业基地。廊坊开发区,重点发展电子信息、先进制造、服务外包等产业,打造国家一流开发区。保定高新区,重点发展光伏发电、风力发电、新型储能材料、输变电设备等新能源装备,建设我国有重要影响力的新能源及能源设备基地。石家庄高新区,重点打造生物医药、电子信息、高端装备、新材料等产业,建设国家创新型高新区和生物医药基地。邯郸经济开发区,重点发展新材料、装备制造、家电制造、现代服务业等,建成重要的新材料和先进制造业基地。唐山动车城,重点发展高速动车、城轨客车、城际列车等,形成以动车组为龙头的高端装备制造基地。燕郊开发区,重点发展通信网络产品、电子专用设备及材料、平板显示、光机电一体化设备等,打造北方重要的信息产品制造中心。保定长城工业聚集区,重点发展新能源汽车、常规动力汽车及零部件,打造集研发、生产、服务为一体的汽车制造基地。定州唐河循环经济产业园区,重点发展汽车、煤化工、食品加工和现代物流产业,建设国内一流的微型车基地、焦化基地和液态奶生产基地。迁安西部工业区,围绕钢铁及深加工,建设循环经济示范基地。乐亭新区临港工业聚集区,重点发展精品钢铁、装备制造、能源等临港产业,建设船板生产和重型装备制造基地。

培育大型企业集团。鼓励企业通过联合重组、兼并收购等多种途径做大做强,形成一批拥有自主知识产权、具有较强核心竞争力的大公司和企业集团,力争新培育十个以上营业收入超千亿元的大型企业集团。开滦集团,煤炭产能超过1亿吨,积极发展煤化工、装备制造、现代物流。冀中能源集团,煤炭产能超过1亿吨,加快发展制药产业,培育壮大航空产业,总销售收入实现翻番。长城汽车集团,重点增强汽车研发及整车制造能力,建设保定、天津两大制造基地,形成200万辆产能。新兴铸管集团,做大做强钢铁、管件、机械和轻工等产业,保持球墨铸铁管在世界领先优势。美的邯郸基地,加快空调、冰箱、洗衣机等项目建设,打造我国北方最大的白色家电生产基地。新奥集团,进一步做大城市燃气,积极发展新能源、能源装备、生物化工等产业。中石油华北石化分公司,进一步增强原油炼化能力,积极谋划100万吨乙烯项目,原油加工能力达到1000万吨。晶龙实业集团,大力发展太阳能单晶硅和微电子材料单晶硅,打造全球最大的太阳能单晶硅制造企业。英利集团,继续做强光伏、电子级硅材料、大储能等产业,打造国际一流的新能源企业集团。旭阳化工集团,重点发展焦化产品深加工,构建煤化、石化、生化、盐化等多元组合的循环经济示范企业。

第四章 发展现代农业 强化农业基础地位

以高产、优质、高效、生态、安全为目标,加快农业发展方式转变,构建具有河北特色的现代农业产业体系,全面提升农业综合生产能力和现代化水平,实现粮食稳定增产、农业持续增效、农民持续增收。

一、提高粮食综合生产能力

建设粮食生产核心区。按照稳定面积、依靠科技、提高单产、增加总产的总体要求,培育一批吨粮市和吨粮县,着力建设4000万亩粮食生产核心区。加快中低产田改造,完善农业基础设施,搞好田间排灌渠系、农田林网和土地平整等工程,建设高标准粮田。集成应用先进技术,大力发展节水农业,提高粮食生产规模化、集约化、机械化和优质化水平,大幅提高粮食单产。加大对产粮大县(市)投入和利益补偿力度,增强核心区对全省粮食生产的支撑能力。

实施粮食增产计划。加快推进优质粮食产业工程、种子工程和大型商品粮基地工程建设。实施粮食丰产科技计划,推进良种良法集成配套、农机农艺有效结合,建设一批粮食科技示范区和万亩高产示范方,粮食播种面积稳定在9000万亩,综合生产能力稳步提高。

推进区域特色农业发展。建设黑龙港优质大豆产业带,黑龙港、太行山和冀北优质杂粮产业带,冀东、冀中南优质油料产业带,黑龙港优势棉花产区。油料播种面积稳定在800万亩左右,棉花面积稳定在1000万亩左右,水产品产量达到160万吨。

二、培育壮大优势产业

做大做强畜牧业。巩固畜牧业在农业的主导地位,做强奶牛、生猪和蛋鸡等三大优势产业,提升肉鸡、肉牛、肉羊等潜力产业,加快良种繁育基地、优质饲草饲料基地建设,推进集中饲养、规模饲养、绿色饲养,完善畜产品检测体系和疫病防治体系。建设沿海出口型、山坝生态型、城市周边集约型优势养殖带。畜牧业产值占农林牧渔业总产值的比重提高到48%。

做大做优蔬菜业。按照扩规模上设施、创品牌拓市场、提质量增效益的要求,扩大设施菜、错季菜、品牌菜和绿色无公害蔬菜种植面积,提高设施蔬菜和绿色蔬菜比重。在全省实施新一轮菜篮子工程,支持环首都24个示范县上规模、调结构、创品牌,建设环首都优质蔬菜生产带。全省蔬菜播种面积达到2500万亩,设施菜比重提高到60%以上,京津市场占有率达到50%以上。

做优做特果品业。以突出特色、适地适树、规模发展为方向,加快果品结构调整和生产基地建设步伐。支持赵县、深州、乐亭、涉县等68个果品重点县推行品种改良、树体改造、矮化密植栽培等技术和标准化生产,高标准建设梨、苹果、葡萄等八大特色优势果品基地,力争果品基地面积达到2500万亩,标准化生产率达到95%以上。

三、推进产业化经营

壮大龙头企业。立足做强优势产业,支持粮油、蔬菜、肉蛋奶、果品等主要农产品加工龙头企业建设,加快技术改造、品牌培育和市场扩张步伐,引进战略投资者,打造具有较强竞争力的大型企业集团。培育知名品牌100个,营业收入超50亿元企业20家、超100亿元企业10家。

推进产加销一体化。引导农业龙头企业与合作社、农户有效对接,推广"企业+合作社+农户"等经营模式,建立紧密型利益联结机制。打造农产品标准化生产基地、科技示范基地和农产品加工园区。农业产业化经营率达到65%,农产品加工业增加值与一产增加值比例达到1.2∶1。

四、努力促进农民增收

增加农民经营性收入。鼓励和支持农民以市场为导向,优化种养结构,提高生产经营水平和经济效益,发展休闲农业、乡村旅游、园艺业和农村服务业,完善农产品市场体系和价格形成机制,落实粮食保护价收购政策,切实提高农民家庭经营收入水平。增加农民工资性收入。建立和完善城乡统一的就业促进政策,加强农民进城就业信息服务和职业技能培训,提高农民工就业能力,使农民工资性收入持续较快增长。增加农民转移性收入。进一步完善良种补贴政策,扩大补贴范围,合理确定农机具购置补贴规模,把牧业、林业和抗旱节水机械设备纳入补贴范围,完善农资综合补贴动态调整机制,新增农业补贴向种粮大户、农民专业合作社倾斜。增加农民财产性收入。加强农村集体资产管理,依法开发集体资源,盘活集体资产存量,在增加集体财富的同时,使农民从农村资源和集体财产增值中获得更多收益。保护农民土地承包经营权流转收益,完善征地补偿制度,使农民更多分享土地增值收益。

五、增强农业服务保障能力

加强农业科技和人才支撑能力建设。建立农业科技创新和技术服务体系,加快农业新技术、新品种、新设施、新机具的研发和推广步伐。大力培养农业技术创新和推广骨干人才、农村实用人才和农村生产型、经营型、技能型服务人才。支持高校毕业生和各类优秀人才投身现代农业建设,鼓励外出务工农民带技术、带资金回乡创业。农业科技进步贡献率提高到56%,科技示范户达到30万户。

加强农业基础设施和装备条件建设。加快农村土地整理复垦。推进中低产田改造,实施小型农田水利设施、机耕道等田间工程,推广农业节水综合技术,建设旱涝保收高标准农田。推广土壤有机质提升等培肥地力技术。推进种植业生产全程机械化,积极开展农机跨区作业。提高养殖业安全、卫生装备水平。

加强农业标准化、市场化建设。健全农业标准体系,推行统一的行业操作规程和技术规范,加快发展无公害、绿色、有机和具有地理标识农产品生产。建立安全可靠、服务便捷的农资经营网络,建设环京津及区域性蔬菜配送中心、大型农产品批发交易市场,重点建设200个大型农产品市场,推动200家超市或流通企业与农产品生产基地产销对接。

加强农业资源保护和生态环境建设。继续实行最严格的耕地保护制度,将耕地保有量和基本农田保护面积落实到县、乡,保证基本农田不减少,质量有提高。保护和利用好水资源,重视和加强草原建设与保护,合理养护和利用渔业资源。积极发展循环农业,推广农作物秸秆、畜禽粪便等废弃物资源化和再利用技术,形成循环农业发展模式。搞好农业生态环境治理,积极发展测土配方施肥,鼓励使用生物农药和高效、低毒、低残留农药,鼓励农膜回收再利用,控制农业面源污染。

加强新型农业社会化服务体系建设。完善基层公益性农技推广体系,构建协调有序、运转高效的农技推广机制。完善动植物疫病防控体系,提高农、林作物重大病虫害和动物疫病监测预警能力,大规模开展统防统治行动。完善农产品质量监测体系,强化农业投入品监测,实行农产品质量安全产地准出、市场准入和质量追溯制度。完善农业信息化体系,开发"12316"农业信息综合服务平台,推动现代信息技术在农业农村应用。

专栏4　现代农业重大项目

1. 粮食增产工程。 41亿斤粮食增产工程,优质专用小麦工程,标准粮田建设工程,"张杂谷"推广工程,农作物良种繁育基地,农作物新品种推广示范基地,农作物新品种区域试验站建设,农作物种子质量检测体系建设。

2. 培育优势产业重大工程。 环首都绿色经济圈蔬菜基地,设施蔬菜生产全程信息化管理工程,生猪标准化规模养殖场建设,承德有机奶生产基地,奶牛标准化规模养殖场建设,畜禽标准化养殖示范场建设,饲料保障工程,重大动物疫病防控工程,草原保护工程,水产养殖"四百工程",渔业基础设施改造与技术装备提升工程,渔业资源养护与生态修复工程,"五片两带"外向型优质果品基地,林板一体化建设项目。

3. 农业产业化重大工程。 农产品加工龙头企业壮大工程,农产品加工示范基地县,农业产业化示范区,农产品质量安全追溯系统,"12316"农业综合信息服务平台,农民专业合作社信息化示范,农产品市场监测预警系统,农产品名牌产品(企业)培育工程。

4. 农村土地整治示范。 太行山山前平原农村土地整治示范区。

第五章　调整工业结构　提高产业核心竞争力

坚持走新型工业化道路,以提升发展质量和效益为核心,以提高产业核心竞争力为目标,把推进产业优化升级作为调结构、转方式的主攻方向,实现传统产业升级、新兴产业跨越。

一、大规模改造提升制造业

坚持把改造提升传统产业作为现阶段调整结构的首要任务,加大用新技术、新工艺、新装备改造提升传统产业力度。引导企业优化生产流程,加快淘汰落后工艺技术和设备,提高能源资源利用水平。鼓励企业增强新产品开发能力,提高产品技术含量和附加值。优化传统制造业布局,推进重点产业结构调整,促进企业兼并重组,努力实现传统制造业由大变强、上档升级。

钢铁工业。按照控制总量、调整结构、优化布局、整合重组的原则,以减量、提档、整合为重点,大力开发高附加值产品,推动设备大型化、高技术化,实现内陆存量压减并向沿海和资源富集地区转移。支持河北钢铁、首钢集团等大型钢铁企业通过兼并、联合、托管、收购等形式,重组地方钢铁企业,形成规模分别超过5000万吨、3000万吨,年主营业务收入分别超过3000亿元、2000亿元的两家特大型钢铁集团。鼓励其他地方钢铁企业联合重组,形成1～2家千万吨级的大型钢铁企业集团,全面提升行业技术水平和整体实力。建设1～2个国家工程技术研究中心,开展可循环钢铁新工艺及新材料、新产品研发,增强自主创新能力。重点建设曹妃甸精品钢、京唐港造船用钢、黄骅港优特钢三大临港基地和承德钒钛制品基地。支持河北钢铁优质板材、优质建筑材和钢结构用材系列化配套改造。钢铁工业主要技术经济指标达到国内先进水平,建设钢铁强省。

装备制造业。按照发展整机、壮大配套、培育龙头、推进聚集的思路,围绕交通装备、能源装备、工程装备、专用设备、船舶及海洋工程装备和基础产品等领域,形成一批整机带动能力强、配套体系较为完整的产业集群和制造基地。交通装备,支持长城汽车乘用车和河北长安微型车等扩能力、上水平,推进邢台、曹妃甸、邯郸等商用车项目建设,加快山海关修造船基地和船舶配套产业园建设,开展曹妃甸新区、渤海新区修造船及海洋工程装备项目前期工作。工程装备,重点发展推土机、挖掘机、装载机、盾构机、旋挖钻机、煤矿装备等产品,抓好宣工工程机械产业园、唐山住友工程装备工业园等项目建设。专用设备,重点发展冶金设备、水泥设备、纺织设备、农业装备等,抓好首钢大厂装备基地、中钢邢机冶金轧辊项目建设。形成 10 家左右年主营业务收入超百亿元的大型企业集团,10 个以上年主营业务收入超 300 亿元的装备制造聚集区,装备制造业增加值占全省规模以上工业增加值的比重达到 25% 左右,成为第二大支柱产业。

石化工业。按照扩大规模、集约集聚、延伸链条、循环发展的思路,优化产业布局,力争规模以上企业工业增加值实现倍增。石油化工,加快建设石家庄炼化、华北石化两个千万吨炼油项目;积极推进曹妃甸大型石化基地、中海油中捷石化大型炼化一体化、中石油华北石化百万吨乙烯等项目前期工作;加快推进中石化沧州炼化分公司 500 万吨炼油填平补齐、石家庄 40 万吨己内酰胺二期扩建项目,全省原油加工能力力争达到 4000 万吨。煤化工,提高煤焦化,发展煤气化,适时发展煤液化,加快建设冀中南和冀东煤化工基地,谋划建设甲醇制烯烃项目。盐化工,推动纯碱、烧碱、PVC 树脂等传统优势产品上档升级,延伸产业链;支持以海水淡化为龙头,发展循环经济;加快宁晋井矿盐资源开发利用,建设大型盐化工项目。精细化工,大力发展高效低毒低残留农药、塑料加工助剂、高端涂料、染料等,促进原料化工向精细化工转变。石化产业增加值占规模以上工业增加值的比重达到 15% 左右。

其他传统优势产业。以增强市场竞争力为目标,加快技术装备改造升级步伐,大力实施名牌战略,努力打造一批生产规模大、品牌美誉度好、市场占有率高的行业领军企业和特色产业集群。建材建筑业,适度发展新型干法水泥,积极发展水泥构件等延伸产品,重点发展高技术含量玻璃、玻璃深加工等,做大做强一批优势突出、竞争力强的建筑企业,打造河北建筑知名品牌。轻工行业,重点发展新型塑料制品,延伸皮革制品产业链条,开发厨房用具、电动工具等高附加值金属制品,推动家具产品升级。纺织服装,采用高新技术改造传统纺织产业,重点发展高档面料、产业用纺织品等,加快培育名牌服装产品,终端产品比重达到 30% 以上。食品工业,重点发展粮油、肉禽、乳品、饮料、方便食品等行业,提高绿色食品、保健食品等高附加值产品的比重。

专栏 5　改造提升传统产业重大工程

1. **钢铁产业重大工程。**京唐钢铁公司精品钢二期工程,乐亭千万吨造船用钢基地,渤海新区千万吨优特钢基地,承钢千万吨钒钛制品基地,滦县 500 万吨钢铁项目,唐钢优质板材升级项目,邯钢优质板材升级项目,宣钢优质建筑材和钢结构用材项目,渤海钢铁集团整合重组工程,邯郸特种管材基地,新武安集团整合重组工程。

2. **装备制造业重大工程。**唐山轨道客车公司动车组扩能改造,首钢大厂装备制造基地,长城乘用车及零部件基地,长安汽车定州基地,石家庄广汽集团北方生产基地,唐山汽车零部件生产加工基地,张家口汽车基地,邯郸专用车生产基地,邢台汽车基地,戴卡汽车产业园,山海关修造船基地,曹妃甸修造船基地,天威超高压输变电设备制造基地,石家庄煤机公司矿山工程机械研发制造基地,宣化工程机械产业园,邢台龙海现代装备制造基地,邢台冶金轧辊基地,河北天择重工公司矿山采掘装备基地,盐山孟村管道基地,邯郸中棉研发制造基地,荷兰哈克(邯郸)农业机械产业园,泊头数控机床基地,滦平北方链条生产基地。

3. **石化产业重大工程。**曹妃甸大型石化基地,中海油华北石化分公司千万吨炼油百万吨乙烯工程,中海油中捷石化炼化一体化工程,中石化石家庄炼化分公司油品质量升级及 40 万吨己内酰胺工程,金牛化工 40 万吨 PVC 工程,开滦集团煤基甲醇制烯烃工程,冀中能源宁晋盐化工工程,旭阳煤化工基地,邯郸新型化工园区,冀中能源峰峰煤化工基地,衡水工程橡胶基地,衡水现代生态化工基地。

4. **建材产业重大工程。**冀东水泥整合重组工程,耀华集团整体搬迁升级改造工程,沙河优质玻璃基地,廊坊大厂金隅建材产业基地,邯郸力尔新型建材产业基地。

> **5. 轻工产业重大工程。** 邯郸美的集团空调系列产品基地,保定山浦塑美科技有限公司家用多功能清洁电器,河北蓝鸟家具扩建,香河家具城,霸州钢木家具基地,安平丝网基地,武强金音乐器基地,迁安正元彩印包装基地。
>
> **6. 食品产业重大工程。** 秦皇岛金海粮油基地,三河汇福食用油基地,抚昌卢—怀涿葡萄酒基地,隆尧方便食品基地,张家口绿色牛奶产业基地,衡水现代食品基地,平泉食用菌基地,张家口、承德马铃薯产业基地,五得利面粉食品深加工及扩建项目,廊坊金丰农科园食用菌生产项目,迁安绿色食品加工基地。
>
> **7. 纺织服装业重大工程。** 三友集团40万吨差别化粘胶短纤维项目,石家庄常山纺织整体搬迁改造工程,保定恒天纤维素短纤维生产基地,邯郸纺织服装工业园,清河羊绒基地,肃宁裘皮基地,辛集皮革基地,大营皮草基地。
>
> **8. 医药产业重大工程。** 河北省(石家庄)高端医药产业园,华药工业园,石药工业园,神威现代中药园,安国中药产业园。

二、积极培育壮大战略性新兴产业

把培育战略性新兴产业作为优化产业结构的突破口,按照创新引领、重点突破、开放带动、集聚发展的思路,加强规划引导和政策支持,组织实施核心关键技术攻关工程,深化战略合作,着力扩大规模、提升档次,实现跨越式发展。

新能源产业。保持新能源产业发展的强劲势头,巩固在国内的领先地位。加强前沿核心技术研发和系统技术集成,以太阳能光伏发电、风力发电、智能电网、新能源汽车四大产业链条为重点,努力向产业链高端发展,加快壮大产业规模。太阳能光伏产业,抓好保定、邢台等国家级光伏产业基地建设,提升保定英利、宁晋晶龙、廊坊新奥等大型企业集团规模优势和国际竞争力,在张承地区建设一批1万千瓦规模以上的光伏电站。风力发电产业,以中航惠腾、天威风电、国电联合动力、中钢邢机等骨干企业为依托,建设一批风电叶片、风电整机产业化基地,力促张家口、承德百万千瓦风电基地等重大项目投产运行,促进秦唐沧沿海及海上风能资源的开发利用。智能电网,重点推进分布式电网技术、微网技术等研究开发,大力发展新能源并网及控制、智能化电网储能等产品。新能源汽车,重点加强引进与合作,推进整车及关键零部件、动力电池等研发和制造基地建设,促进新能源汽车在公交、出租、环卫等领域的示范应用。

新一代信息产业。充分发挥既有优势,加快推进通信网络设备、物联网、平板显示、半导体照明、软件与信息服务、云计算等产业发展,支持建设廊坊、石家庄、秦皇岛、保定四大信息产业基地。通信网络设备,重点支持新一代移动通信系统和终端、卫星导航等领域的研发和产业化,带动元器件、功率器件等配套行业集群式发展。物联网,重点推进射频标签、新型传感器研发及产业化,加快中电科河北物联网产业基地等五个基地建设。平板显示,重点支持液晶材料、液晶模块、液晶屏生产上规模上档次。半导体照明,重点支持全光半导体照明芯片研发及产业化,加快产品在照明、背光源等领域的推广应用。软件与信息服务,重点支持行业应用软件和嵌入式软件开发推广,推动信息技术在各领域的应用。云计算,依托廊坊润泽国际信息港、秦皇岛数据产业基地等,重点发展海量数据存储、灾备等云计算基础服务平台。在环首都地区建设为国家机关、大型企业、跨国公司等提供服务的大型信息存储产业园区,形成行业聚集效应,带动数据存储产业发展。

生物医药产业。以石家庄国家生物产业基地为龙头,加快生物医药、生物农业、生物制造等产业发展,努力在关键技术和重要产品研发方面实现突破。生物医药,重点发展重组蛋白药物、多肽类药物、新型疫苗等,支持先进剂型制剂、创新药物等产品的研发和产业化,推进中药现代化。生物农业,加强育种平台和繁育基地建设,积极推动优质高产农作物和林果、花卉等新品种的研发和产业化。生物制造,重点发展生物基高分子新材料、生物基平台化合物等产品,加快微生物和酶制剂在节能降耗、污染防治等领域的应用。

高端装备制造业。重点发展高速动车组及客车、城轨交通等现代轨道交通装备,加强高铁动车基础配套体系建设,培育一批配套企业,努力把唐山动车城打造成为世界级的高端装备制造业基地。加快发展核电及输变电装备,重点扶持秦皇岛哈动力百万千瓦核岛主设备研发制造,保持保定天威集团超高压输变电设备在国内的领先地位。积极发展通用飞机及航空配套装备以及先进临床诊断、医学监测等医学工程装备,深海作业、海洋油气开发等海洋工程装备,数控机床、工业机器人等智能制造装备。加快石家庄通用航空、张家口直升机等产品研发和生产基地建设。

新材料产业。重点发展新能源材料、电子信息材料、非晶材料、稀土材料、特种陶瓷等新型功能材料,高品质特种钢、新型合金、工程塑料等先进结构材料,碳纤维、芳纶等高性能纤维及复合材料。大力推进太阳能级光伏材料的开发和产业化,积极发展化合物电池材料、薄膜光伏电池材料等新能源材料。提升器件级单晶硅、锗硅混合单晶等电子材料的产业规模和核心竞争力。

节能环保产业。重点推进高效电机、智能控制节电装置等节能技术和产品的开发应用,发展生物处理、环境监测等环保技术和产品。积极发展再生资源回收和再制造利用技术。建立和完善节能环保技术创新、产品推广服务体系,积极推广能源合同管理新模式。

海洋经济。科学规划海洋经济发展,合理开发利用海洋资源,积极发展海洋工业、海洋养殖、海洋运输、海洋能源、滨海旅游等产业,培育壮大海洋生物医药、海水综合利用等新兴产业。加快曹妃甸、渤海新区海水淡化基地建设和发展,推进秦唐沧沿海及海上风电基地建设。加强海洋基础性、前瞻性、关键性技术研发,重点推进海藻蛋白类、多糖类、维生素类活性物质规模化提取技术研究,促进海洋生物柴油、海藻多糖药用胶囊等海洋生物制品产业化。

到2015年,高新技术产业增加值占全省生产总值的比重达到10%,力争把新能源、新一代信息、生物医药、高端装备制造业发展成为后续支柱产业,新材料、海洋经济成为先导产业,节能环保产业取得突破性发展。

专栏6　战略性新兴产业重大工程

1. 光伏电池及应用工程。保定、邢台、廊坊光伏产业基地,秦皇岛奥瑞特光伏封装设备产业基地,英利多晶硅太阳能电池和新型储能设备项目,晶龙单晶硅太阳能电池项目,国华、国电、省建投风光互补光伏电站项目。

2. 风力发电装备制造及示范工程。保定国电、天威、曹妃甸冀东水泥风电装备制造,承德、张家口百万千瓦风电基地,张家口三一风电产业园,沿海地区海上风电,风光储示范工程。

3. 物联网开发应用工程。新奥博为远程医疗服务项目,中电科物联网产业基地,13所微机械传感器项目,燕大捷康特电子射频识别系统项目,北邮邯郸物联基地。

4. 通信网络设备产业化工程。廊坊富士康通信设备,华为廊坊产业基地,中兴廊坊信息产业基地,中电科54所应急通信指挥系统项目、数字集群通信系统项目、轨道交通通信系统项目,固安东方信联3G通信设备项目,廊坊润泽国际信息港项目,石家庄卫星导航产业园。

5. 软件与信息服务推广工程。秦皇岛康泰数字健康网络服务平台,廊坊信和软件服务外包基地,秦皇岛数据产业基地,保定中石油地球物理科技园,河北新龙科技软件研发与外包服务中心,河北正一电子软件数码动漫项目,APEC国际智能产业示范园,迁安新拓电子公司绝缘晶体管项目。

6. 生物产业特色基地建设工程。石家庄国家生物产业基地,石药创新药物产业化基地,华药新产品工业园,神威、以岭现代中药园,荣喜(衡水)生物工程科技园,安国现代中药产业基地,承德生物产业基地,廊坊、邢台生物制造基地,深泽生物医药产业园,曲周生物产业园,诺贝尔(中国)生物医药产学研基地。

续表

> **7. 半导体照明产业化示范工程**。石家庄半导体照明产业基地,同辉电子130LM/W半导体照明产业化项目,河北鹏达LED发光器件项目,秦皇岛鹏远电子LED芯片及封装项目,冀州雄邦LED导光管生产基地,邯郸光电产业园。
>
> **8. 新材料特色产业链壮大工程**。中钢研河北新材料产业园,承德钒钛新材料基地,唐山钛材料基地,邯郸新材料基地,唐山天赫钛业海绵钛及钛材料项目,中钢研科技集团非晶材料项目,廊坊碳纤维及复合材料项目,邢台旭阳新型碳材料项目,景县海伟集团超薄电容膜项目,衡水热塑性玻璃钢纤维复合材料项目,永年硅谷碳纤维基地,航天科技(邯郸)玄武岩产业基地。
>
> **9. 高端智能装备工程**。石家庄通用航空产业基地,张家口直升机制造基地,承德仪器仪表基地,怀涿信息产业制造园,新奥博为柔性加工机器人项目,廊坊大型医疗检测设备项目,唐山开诚矿用抢险探测机器人项目,开元电器焊接机器人项目。
>
> **10. 新能源汽车示范工程**。唐山国家节能与新能源汽车示范应用试点工程,长城纯电动汽车项目,廊坊中华汽车电动车项目,秦皇岛金程电动汽车项目,海天新能源锂离子动力电池项目,唐山亿威纯电动车驱动总成项目,保定风帆AGM电池和动力锂电池项目,承德全钒液流储能电池项目,平泉新能源汽车锂离子动力电池项目,邢台新能源汽车及装备制造园,武安新能源动力电池产业园。
>
> **11. 节能环保产业重大工程**。邯郸循环经济产业基地,保定节能环保制造业基地,沙城生态工业园,唐山国华高效洁净煤技术大型装备制造基地,唐山徽晋水务污水微波处理设备项目。

三、促进信息化与工业化深度融合

用信息技术提升企业研发设计水平。推广微电子技术与计算机辅助设计(CAD)等在研发设计各环节的应用,加快构造网络化、协同化的工业研发设计体系,促进产业的技术融合,提高创新资源的集合效率。

推动生产过程智能化和生产装备数字化。在钢铁、石化、建材等行业加快普及集散控制、制造执行等技术的集成应用,加快装备制造业生产设备的数控化和自动化,推广精益生产等先进生产方式,加强其他传统行业生产装备的数字化、智能化改造,在重点企业基本普及综合集成制造和柔性制造系统。

促进信息技术在企业经营管理活动中的广泛应用。积极推广企业资源管理、供应链管理、销售和售后服务管理、计算机决策支持等信息技术,推动信息化在企业生产经营全过程的渗透融合,全面提高企业的整体素质和核心竞争力。

四、加快产业园区建设

顺应产业集中、集约、集聚的发展趋势,推动项目向园区投放、企业向园区集中、创新要素向园区汇聚,着力建设一批行业之间关联配套、上下游之间有机链接、吸纳就业充分、聚集效应明显、产业和城市融合发展的工业聚集区、经济开发区等各类园区。每个设区市在城市周边重点规划建设3~4个园区,每个县城周边规划建设1~2个园区。其中,每个设区市重点培育1~2家营业收入超千亿元的开发区或工业聚集区,3~5家营业收入超百亿元的园区。

加强各类园区产业组织体系建设。搭建支撑能力强的研发、设计、咨询等公共技术服务平台,培育技术装备先进、产品链条完整、协作配套体系完善的企业群体,建设功能齐全的现代物流、销售服务、信息服务保障网络,初步建成一批以高新技术产业为主的园区、一批以传统优势产业为主的园区、一批以特色优势产品为主的园区,形成一批在国内外有较高知名度的产品名牌和区域品牌。

第六章　拓展新领域　全面加快服务业发展

把推动服务业的大发展作为产业结构优化升级的战略重点,按照扩大规模、拓宽领域、提升功能、创新业态的思路,优先发展生产性服务业,加快发展生活性服务业,大力发展高端服务业,积极发展面向农村和社区的服务业,构建优势明显、特色突出、充满活力的服务业发展新格局,切实提高服务业在国民经济中的比重。

一、加快发展现代物流业

以先进理念和现代技术为支撑,以物流信息化、标准化和国际化为重点,积极构建国内外联通、京津冀一体、沿海与腹地互动的现代物流体系,提升物流业在现代产业体系中的地位和作用。

打造环首都物流产业带。在涿州、三河、香河、广阳、固安、怀来、丰宁等环首都一线地区规划建设一批城市配送型、农产品供给型、空港服务型现代物流园区,使之成为承接北京物流外置的载体,满足北京市场供应的基地,连接北京及全国物流网络的重要节点。

畅通冀东和冀中南物流通道。完善"东出西联"交通基础设施建设,畅通以唐山港、秦皇岛港为龙头,覆盖唐山、秦皇岛、承德、张家口等市,连接内蒙、晋北、西北等纵深腹地的"冀东物流通道";以黄骅港为龙头,覆盖沧州、衡水、石家庄、邢台、邯郸等市,连接晋中南、鲁西北、豫北等广阔腹地的"冀中南物流通道"。

建设物流产业聚集区。依托唐山港、秦皇岛港、黄骅港及石家庄空港等,加快建设海港、空港、内陆港等交通枢纽型物流产业集聚区。依托大型骨干企业,以订单为纽带,建设钢铁、煤炭、装备制造、医药等产业基地型物流集聚区。依托白沟箱包、安平丝网、肃宁皮毛等大型商品交易市场,建设商贸集散型物流产业聚集区。

加快发展专项物流。重点发展煤炭、钢铁、医药、建材、邮政等专项物流,积极发展果蔬、肉类、水产品等冷链物流,完善粮食现代物流,培育发展国际物流业务,谋划建设临港保税物流园区和保税型内陆港。

推进物流业与制造业联动发展。实施物流业与制造业"两业联动"示范工程,引导、支持大型制造业企业整合、分离、外包物流业务。支持邯运、沧运等大型第三方物流企业进一步做大做强。搭建大型制造业企业与物流企业的合作交流平台,促进关联方结成战略联盟。

推进物流信息化和标准化。加快现有仓储、转运设施和运输工具标准化改造,推广集装箱、托盘等标准化物流设施和装备,鼓励企业采用集装单元、射频识别、货物跟踪、自动分拣、立体仓库等物流新技术,推广普及自动识别、数据交换、卫星定位、智能交通、不停车收费等物流信息技术,积极推广应用物联网技术。

二、做大做强旅游业

充分发挥我省旅游资源丰富、区位条件独特的优势,整合资源,建设名胜景区,打造精品线路,强化区域合作,实现旅游业跨越式发展。

构建"一极、两城、两带、十二区"旅游大格局。培育省会石家庄旅游增长极,将石家庄打造成为冀中南旅游中心城市,将承德和秦皇岛打造成国际旅游目的地城市。依托"两环"优势,建设一批休闲旅游产业聚集区,形成环京津和环渤海两个休闲度假旅游带。构建石家庄大西柏坡红色旅游、保定温泉度假村等十二个旅游产业聚集区。

强力推进旅游项目建设。以精品化、品牌化为方向,综合运用科技、文化、创意等手段,打造100个主题特色鲜明、基础设施配套、活动内容丰富、文化品位较高、市场吸引力较强的景区。推进旅游业与其他产业融合,大力发展乡村旅游、森林生态旅游、工业旅游、低空航空旅游等新业态,构建富有河北特色的旅游产品体系。以大项目促大投入、大发展,每年实施100个以上重点项目,5年累计完成投资1000亿元以上。

培育一批有竞争力的旅游企业集团。加快组建一批跨地区、跨行业、跨所有制、竞争力强的大型旅游集团,引进一批海内外有实力的企业集团、投资机构等战略投资者,做强旅游发展主体。

强化旅游品牌宣传。搞好重点旅游目的地策划包装,打响红色旅游、皇家旅游、海洋旅游、生态旅游、冰雪旅游五大品牌,塑造河北旅游整体形象。办好节庆、论坛、会展、招商、体育赛事、文化交流等营销活动,推出一批高品质、有特色的旅游演艺产品。

提升旅游管理服务水平。加快制定实施与国际通行规则相衔接的旅游服务标准体系,建设集宣传促销、导游、咨询、预订、投诉等功能于一体的综合性旅游信息服务平台,完善应急救援、公共医疗、卫生检疫防疫等安全救助体系。

三、大力发展金融业

充分发挥金融对地方经济发展的引领和支撑作用,努力将金融业培育成战略支柱产业。金融业增加值占全省生产总值比重达到4%左右。

壮大金融市场主体。重点引进境内外金融机构来我省设立中国总部、分支机构或出资设立法人机构,力争有1～2家外资银行落户河北。建设中国北方金融后台服务基地和重点金融街区,吸引国内外金融分支机构和地区总部入驻,力争金融后台服务、数据备份中心和培训等机构达到100家,形成集聚发展优势。加快中国工商银行后台服务中心(石家庄)建设进度,引导设立服务于曹妃甸新区、沧州渤海新区先进制造业发展的金融机构。

大力发展地方金融。扶持地方金融机构做大做强。鼓励城市商业银行增设分支机构,在全省各县(市)的覆盖率达到50%。鼓励县级和市级农村信用社联社加快股份制改造,争取40%的县级联社改建成农村商业银行或农村合作银行。发挥现有省级投融资平台作用,重点支持河北建投、省国控担保等集团发展。积极推动中小企业融资性担保平台建设。加快村镇银行、贷款公司、资金互助社等农村新型金融机构建设,争取50%的县(市)各建成一家以上新型农村金融机构,小额贷款公司发展到300家。支持社会资本设立股权投资基金,积极发展创业投资。

积极发展资本市场。培育后备上市企业资源,争取100家企业在多层次资本市场上市融资。稳步推进企业债券、公司债券、中期票据和短期融资券发展,探索市政建设债券和地方政府债券发行试点。推动期货交易所在河北设立焦炭焦煤、钢铁、有色金属、粮食等期货交割库。

加快发展保险市场。积极推动"三农"保险,加快养老、医疗和责任保险发展,加大对出口信用保险的扶持力度。组建省属法人保险机构。实施"绿色保险"工程,建立"曹妃甸保险服务可持续发展试验区"。推进"保险信誉"工程,切实解决理赔难问题。实施"保险护城河"工程,将责任保险纳入全省灾害事故防范救助体系。

推进京津冀金融一体化进程。深化与国家金融机构合作,在京津周围谋划建设金融聚集区、金融服务区。打造区域金融合作共同体,推动京津冀同城支付结算系统、征信系统、产权和票据市场一体化。

四、改造提升商贸流通业

构建城乡一体化流通网络。高标准规划城市商业网点,培育中心商圈,建设一批特色商业街(区)。继续实施"万村千乡市场工程"和"双百市场工程",建设和改造农产品批发市场、农贸市场,发展"农超对接",力争农家店覆盖80%的行政村,商品统一配送率提高到60%以上。

建立业态多元的现代流通格局。努力构筑环首都、环渤海、冀中、冀南四大商圈。通过股权置换、上市融资等方式,推动商贸流通企业做大做强,培育8家企业进入全国零售百强、5家进入全国连锁百强。建设一批特色鲜明、功能完善、辐射力强的商品市场,重点建设100个区域性工业品市场。推动知名市场延伸产业链条,打造集商品研发和生产、品牌展示、信息发布、价格形成、电子商务于一体的现代采购交易平台。

积极发展假日经济和夜经济。建设提升一批档次高的主题功能商街,培育一批文化内涵丰富的名品名店,打造一批效益突出的演艺品牌,引进一批国际知名的商业企业,形成吃、喝、住、游、购、娱、体、美、学、医等一体化的假日经济和夜经济产业链,培育100个特色夜消费市场。

五、培育壮大会展业

优化会展业战略布局。构建以石家庄为"一核",唐山、秦皇岛、廊坊、邯郸、沧州为"五极",张家口、承德、保定、衡水、邢台为"多点"的会展业空间格局。做大做优综合性会展,完善提升专业性会展,丰富文化节庆活动,努力形成各具特色、层次多样的会展服务业,培育新的增长点。完善会展场馆设施,建设国内外一流的石家庄国际会展中心,新建张家口文化会展中心,改造廊坊、唐山等国际会展中心,提升场馆服务功能。

拓展会展产业链。培育市场主体,引导和鼓励各类经济实体组建会议、展览、咨询公司,引进国内外著名展览公司来我省合资合作,培育壮大一批有实力、竞争力强的龙头会展企业。以名牌展会和龙头企业为依托,发展信息咨询、项目策划、公关营销、展览设计、装饰装修、展品运输、商贸洽谈、网络会展等现代会展服务业,提升会展服务专业化水平。

发展具有河北特色的品牌展会。精心办好环首都绿色经济圈国际经济贸易洽谈会、中国·曹妃甸临港产业国际投资贸易洽谈会、中国(承德)国际旅游文化投资贸易洽谈会,积极筹备中国唐山世界园艺博览会,全面提升陶瓷、丝网、羊绒、皮草、箱包、家具、动漫等专业博览会的档次和水平,打造各具特色的商贸会展品牌。组织好中国吴桥国际杂技艺术节、崇礼国际滑雪节、怀来葡萄节、张北草原节、沧州国际武术节、邯郸中国(永年)太极国际峰会等节庆活动。

六、扶持拓展服务外包业

抓住国际服务业转移和京津冀经济一体化等有利时机,结合制造业企业主辅业务分离和机关事业单位改革,鼓励和引导我省有竞争力的服务业企业参与国内外产业链分工,促进我省服务外包业加快发展。

加快推进服务环节外包、剥离和转型。鼓励大型企业研发设计、物流采购、市场营销、售后服务、管理咨询等业务剥离,组建专业化的服务企业或业务外包。推动机关和事业单位车辆配备、会议会务、物业管理、人员培训等后勤服务外包。鼓励高技术制造、现代物流、商贸流通等领域的龙头企业,加快从传统服务向更高层次的研发设计、市场分析、流程设计、管理策划方向发展。

重点培育信息、客服、影视、设计等服务外包业。推进业务流程外包、信息技术外包和辅助决策外包的技能培训和软件研发,重点开拓信息服务、金融、物流、医疗、法律、动漫、研发设计等领域的服务外包业,促进企业供应链管理、财务管理、后勤管理、人力资源管理、客户服务等业务流程的服务外包。

建设服务外包示范园区。加快廊坊、秦皇岛、保定等服务外包示范区建设,培育壮大一批服务外包基地。依托科研院所和各类园区,吸引和承接著名跨国公司转移服务外包业务,着力培育 1 个国家级服务外包示范城市、4 个省级服务外包示范城市、5 个省级服务外包示范园区和 50 家省级服务外包示范企业,服务外包出口额达到 10 亿美元。

七、积极发展社区服务业

以构建和谐社区为目标,积极推进城乡社区建设。城市按照每百户 20 平方米的标准配置社区综合服务设施,全省 90% 的街道建立社区服务中心,80% 以上社区建立社区服务站。农村按照每千人不少于 200 平方米的标准配置社区综合服务设施,70% 的乡镇建立社区综合服务中心,农村社区综合服务设施的服务功能覆盖全省 60% 的行政村。鼓励各类组织、单位和个人兴办社区服务业,构建方便、舒适的生活服务圈,优先开展老年人(残疾人)居家养老服务、托老(残)服务、病人看护、家庭保洁、家教服务等家政服务,为居民提供优质便捷服务。建设联通市、县、乡的网络平台,以县(市、区)为单位建立社区智能呼叫中心,形成"一键通"呼叫服务网络。

专栏 7　服务业重大工程

1. 现代物流业。唐山海港物流产业聚集区,曹妃甸物流产业聚集区,唐海曹妃甸新区临港产业园区,渤海新区物流产业聚集区,秦皇岛临港物流园区,邢台好望角物流园区,永清铁海物流产业聚集区,唐山丰润区北方现代物流城,迁安北方钢铁物流产业聚集区,霸州市胜芳国际物流园区,承德市三岔口钢材综合物流园区,安平县国际丝网物流聚集区,保定白沟物流聚集区,肃宁县物流产业聚集区,石家庄润丰物流中心,邯郸新兴国际商贸物流中心。

2. 旅游业。石家庄大西柏坡红色旅游区,秦皇岛—唐山湾滨海度假区,张承草原生态度假区,避暑山庄及周围寺庙旅游区,白洋淀温泉休闲聚集区,廊坊商务休闲聚集区,崇礼—赤城冰雪温泉度假区,桑洋河谷、昌黎葡萄酒文化休闲聚集区,保定文化休闲聚集区,邯郸广府古城文化旅游区,邢台太行山旅游区,衡水湖生态文化旅游区,沧州吴桥杂技文化旅游区,邯郸涉县红色旅游区,蟠龙湖国际旅游度假区。

3. 商贸流通业。新世界(廊坊)国际商城,石家庄裕华万达广场,石家庄勒泰中心,石家庄祥云国际,承德隆基泰和国际广场,保定隆基泰和文化广场,保定万博广场,沧州隆基泰和广场,邯郸隆基泰和赵都新城,邯郸美食林梧桐城,唐山万达广场,唐山新华文化广场,中国(香河)国际农产品交易中心。

4. 会展业。环首都国际经济经贸洽谈会,中国廊坊农产品交易会,中国·石家庄国际医药博览会(石洽会),中国石家庄(正定)国际小商品博览会,中国国际电梯博览会,中国(沧州)国际管道装备博览会,碧海(廊坊)钓具展销订货会,中国(唐山)陶瓷博览会,中国(邯郸)国际建材博览会,中国(安平)国际丝网博览会,中国(清河)国际羊绒及绒毛制品博览会,中国北方国际皮革裘皮博览会,中国石家庄文化创意(国际动漫)博览会,中国曹妃甸临港产业投资贸易洽谈会,中国北方工业装备博览会,中国(邯郸)国际采购经贸洽谈会,河北国际节能环保博览会,中国(沧州)国际塑料工业展览会,河北(石家庄)国际医疗器械展览会,河北国际信息产业周。

第七章　鼓励全民创业　促进民营经济大发展快发展

把发展民营经济放在活跃经济全局的战略位置,全面落实国家和省支持民营经济发展的各项政策,进一步解放思想,对民营经济政治上放心,思想上放开,政策上放宽,发展上放胆,工作上放手,营造公平的市场环境,形成全民创业、竞相发展的生动局面。

一、优化民营经济发展环境

放宽市场准入。按照非禁即入的原则,支持民间资本进入交通、水利、电力、石油、天然气、电信、土地整治和矿产资源勘探开发、市政公用事业、政策性住房建设、社会事业、金融服务、商贸流通、国防科技工业等行业和领域,鼓励民营企业参与国有企业改革。对注册登记以及变更注册登记的民营企业、个体工商户,免收登记类、证照类行政事业性收费。

引导民间投资。支持民营企业、中小企业依法开展股权融资、债权融资、租赁融资、项目融资等多方式的直接融资。鼓励民间资本参与发起设立村镇银行、小额贷款公司和典当、拍卖等融资服务机构。进一步强化各级财政资金引导作用。帮助具备条件的民营企业上市融资,增强发展后劲。

开展全民创业活动。鼓励支持公民、法人和其他组织依法开展有利于发展经济、繁荣市场、增收富民的各种创业活动;符合规定的经营活动,平等享受税收、贴息、担保、贷款、就业服务等优惠政策。完善民营经济法律服务组织,建立网上法律咨询平台和服务热线,继续开展"金色阳光行动",切实维护民营企业合法权益,保护和激发全民创业热情。

二、加强公共服务平台建设

抓好担保机构建设。以国控担保集团公司为主体,做大省级融资性担保机构,为民营企业提供直接担保和多种形式的融资服务,资本金总额增加到 100 亿元;以省中小企业信用担保中心为主体,组建省级再担保机构,适当开展直接担保,资本金达到 10 亿元;以国富担保公司为主体,为"三农"项目提供直接担保,资本金达到 5 亿元;依托省供销社的新合作投资担保公司,打造面向农村流通企业和专业合作经济组织的新型担保公司,资本金达到 3 亿元,形成省级 4 家担保机构分工明确、协调配合的融资担保体系。做强市级担保机构,各设区市至少建成 1 家资本金规模 1 亿元以上的区域性核心担保机构。做实县级担保机构,资本金规模达到 5000 万元以上。支持注册资本超过亿元的担保机构开展再担保业务。全省融资性担保机构资本金总额达到 300 亿元以上,形成 1500 亿元的融资担保能力。县级以上政府安排专项资金对融资性担保机构给予风险补偿。

搭建创业平台。采取政府引导、多方投资等方式,利用各类产业园区、规模较大的闲置厂房和场地,建设具有滚动孵化功能的中小企业创业辅导基地,为创业者提供创业场地和各类服务,降低创业成本,提高创业成功率。每个县(市、区)至少建成 2 个中小企业创业辅导基地。建立省中小企业创业指导中心,健全省、市、县(市、区)三级创业辅导服务网络,扩大创业辅导师(员)队伍,为民营初创企业提供公益性创业辅导服务。省、市扶持中小企业发展专项资金重点支持公共服务平台和示范平台建设。

支持科技创新。认真落实财政扶持、税收优惠政策,鼓励引导民营企业加大研发投入,开发新技术、新产品、新工艺。民营企业在技术认定、技术创新资金和工业设计奖励等方面,与国有企业享受同等待遇。对国家级和省级创新型企业,由当地政府予以奖励,并优先安排科技项目。积极发展技术交易市场,促进民营企业科技成果转化。

健全人才培训体系。加强民营经济组织人才培训基地建设,建成100个省级民营企业人才培训基地,全方位推进民营企业从业人员培训,特别是加强民营企业家培训。每年选送100名民营企业家到国内外高校或专门机构进修,集中培训1000名规模以上民营企业高级管理人才,专题培训10000名小企业经营管理者。

完善信息服务。加强面向民营企业的信息服务,提供及时有效的产、供、销、科技、人才等方面信息,强化民营经济运行分析监测,及时发布行业景气指数,指导企业生产经营。注重发挥各类商会和行业协会的作用,利用其自身优势,广泛收集、分析整理有关市场行情、行业走势,为企业提供咨询服务。

三、引导民营企业聚集发展

实施产业集群示范工程,培育一批规模大、实力强、特色鲜明的产业集群,每个县(市、区)都要形成1个以上规模较大的产业集群。开展"百强民营企业"和"千家成长型中小企业"帮扶活动,积极推进民营企业联合重组,逐步培育一批市场前景广阔、规模效益明显、行业领先的优势企业(集团)。到2015年,民营经济增加值实现翻番,民营经济从业人员占二、三产业从业人员的比重达到70%以上。

第八章 推进新型城镇化 促进
城市发展上水平出品位

巩固城镇面貌三年大变样成果,大力推进城镇建设上水平,转变城市发展方式,推动产业和人口聚集,优化城市布局,加快城镇化进程,促进大中小城市和小城镇协调发展,走符合河北实际的新型城镇化道路。

一、构建城镇化新格局

把城市群作为推进城镇化的主体形态,以建设京津冀地区世界级城市群为目标,构建"两群一带"城市空间格局。

培育壮大城市群。发挥保定、廊坊、张家口、承德4个中心城市环首都的区位优势和发展空间优势,积极整合区域资源,切实加强与北京在资源配置、职能分工、产业布局和基础设施等方面的衔接协调,强化中心城市极化作用,构建环首都城市群。加快提升唐山、秦皇岛、沧州中心城市功能,大力发展临港产业园区,强力推进沿海基础设施建设,打造沿海新城(新区),着力构建沿海城市带。发挥省会石家庄的辐射带动作用,提升和强化邯郸在冀晋鲁豫接壤地区经济中心地位,壮大邢台、衡水规模和实力,加快冀中南城市群发展。

做大做强中心城市。整合中心城区与周边地区资源,统筹城乡规划、产业发展、基础设施建设、社会管理和公共服务,实现同城化发展。做大做好石家庄、唐山两大省域中心城市,强化龙头地位,壮大规模,率先发展,2015 年城市人口规模均达到 300 万人以上,成为京津冀和环渤海地区辐射带动能力强的重要增长极。发挥其他 9 个设区市重要区域中心城市的带动作用,进一步壮大城市规模,2015 年邯郸、保定 2 市城市人口分别达到 200 万人以上,廊坊、张家口、秦皇岛、沧州 4 市城市人口分别达到 100 万人以上,邢台、承德、衡水 3 市分别达到 90 万人、80 万人、60 万人以上。沿海地区统筹港口、港区、港城空间资源,加快建设曹妃甸生态城、黄骅新城、北戴河新区、乐亭新区等新城(新区),积极培育沿海新兴区域中心城市。

壮大提升中小城市。优先培育基础条件好、发展潜力大、区位条件优越、产业带动作用强的县级市和县城,打造一批高品质的中等城市。到 2015 年,任丘、迁安、定州城市人口达到 50 万人,武安、遵化、辛集、霸州等城市人口达到 30 万人以上。大力发展县域经济,带动县城扩容升级,打造宜居、宜业、宜游的高标准小城市,20 万人以上的县城达到 40 个。

建设一批特色重点镇。偏远山区和规模较小的县,重点发展县城;其他县(市)培育 1～2 个重点镇,着力完善功能、改善环境、塑造特色,提升聚集产业和人口的能力,建成具有较强辐射力的农村区域性经济文化中心。到 2015 年,国家和省培育的 55 个重点镇,人口规模全部达到 3 万人以上。

二、推进城市发展上水平出品位

围绕建设繁荣舒适的现代化城市,全面推动城市环境质量、聚集能力、承载功能、居住条件、风貌特色、管理服务上水平,真正把城市打造成为区域经济发展高地、生态宜居幸福家园。

城市聚集能力上水平。加快优质产业、先进生产要素、优秀人才聚集,推动产业与城市融合发展,切实加快工业聚集区建设,完善城市功能分区,突出现代产业支撑,大力培育优势产业,形成城市独具优势的核心竞争力。设区市主城区构建以现代服务业为主的产业结构,特别是黄金地段、金角银边,重点发展文化产业、金融保险、节庆会展、服务外包等高附加值的现代服务业。加快现代商贸流通设施建设,高标准规划城市商业网点,重点打造一批城市商业中心区和与总部经济相结合的高端商务区、特色商业街、商业示范社区和商贸综合体,积极发展假日经济和夜经济,形成设施完备、业态丰富、方式先进、充满活力的现代商贸流通体系。产业园区增强聚集产业特别是新兴产业功能,城市新区着力推进产业高端化。县城注重发展服务业和具有比较优势的劳动密集型产业,创造更多就业岗位。

城市环境质量上水平。着力建设资源节约型、环境友好型、可持续发展城市。紧紧抓住影响大气质量的关键因素,加大防治力度,设区市空气质量稳定达到国家环境空气质量二级标准,县级市、县城空气质量明显改善。不断提高饮用水水质,确保供水水质合格率达到 100%。强力推进城镇污染减排工程,所有城镇污水处理厂全部完成升级改造并达标运行,城市建成区内河流水质达到水环境功能区划要求。全面推进城镇垃圾处理无害化、减量化和资源化,设区市垃圾收集率、无害化处理率达到 95%,县(市)城(区)达到 90%。全面提高园林绿化水平,创建一批国家级和省级园林城市。

城市综合承载力上水平。按照现代化城市标准,高起点规划,高水平建设城市基础设施,不断增强城市的综合承载能力。打造畅通城市,构建以快速、大运量为主体的城市公共交通体系,加快综合交通枢纽建设,完善路网结构,加强智能交通管理,提高交通运行效率。石家庄、唐山、邯郸率先发展轨道交通。加快集中供热、管道燃气等基础设施建设,完善人民防空等防护工程和重要目标防护措施,基本形成功能齐全、运行可靠的市政设施体系。加快城市防灾减灾生命线系统建设,提高有效应对水灾、火灾、震灾、雪灾、疫情等灾害的能力和水平。

城市居住条件上水平。加强保障性住房建设,住房困难群体的住房条件明显改善。加快城中村、旧居住区、棚户区改造,设区市现有建成区范围内城中村、棚户区基本完成改造任务,旧居住区基本完成房屋整修和环境整治等改造任务。完善教育、文化、体育、医疗、养老、保健等基本公共服务设施,强化社区服务中心及配套公共社会管理设施建设。优化旧城城市功能结构,合理调控建筑密度和人口密度。按照合理服务半径,规划建设好小游园、小停车场、小超市、小市场、小餐厅等,最大程度地方便群众生活。

城市风貌特色上水平。充分挖掘和体现城市自然、历史、人文元素,塑造建筑风格独特、文化特质鲜明、个性魅力彰显的城市风貌。明确城市特色定位,编制城市风貌规划,完善实施公共设施、综合交通、城市水系、景观风貌以及城市有形文化等重点专项规划。加强历史文化遗产保护,延续城镇历史文脉,突出城市文化特色。在重点区域、重点地段和重要节点,打造一批精品工程、标志性建筑和特色街区,充分体现城市个性和文化底蕴。

城市管理服务上水平。坚持建管并重、综合治理,以精细化、标准化为核心,建立科学高效的城市管理体制和运行模式。学习借鉴世界先进城市的建设管理理念,充分发挥规划的引领、指导、规范和调控作用,规范规划编制和审批法定程序,加强规划实施监管,严格执行规划委员会、专家论证和公众参与制度。实施城市管理进社区工程,加快建设数字化城市管理系统,推进城市管理信息化。加强城市公共文明建设,培育城市人文精神,努力提高市民素质和城市文明程度。

第九章　坚持城乡统筹　推进社会主义新农村建设

坚持工业反哺农业、城市支持农村和多予少取放活的方针,统筹城乡发展。按照生产发展、生活富裕、乡风文明、村容整洁、管理民主的要求,扎实推进新农村建设,为全面建成小康社会奠定基础。

一、健全城乡良性互动机制

积极探索和健全城乡要素优化配置的体制机制,着力破解城乡二元结构,推进工业与农业、城市与农村的良性互动。

坚持城乡等值化发展。完善城乡一体发展的公共财政、公共服务、公共管理、公共政策等保障机制,以工业化带动城乡等值,加速农村工业化进程;以城镇化拉动城乡等值,积极构建新型城乡形态;以产业化推动城乡等值,提升农业农村经济发展水平;以市场化促进城乡等值,激发农村经济发展活力;以信息化驱动城乡等值,推进信息化与农村经济社会发展的深度融合。

积极推进农民工市民化。统筹城乡劳动就业,加快建立城乡统一的人力资源市场和就业服务网络,加强农民工专业技能培训和就业指导,提高就业创业能力。放宽城市落户条件,逐步实行居住证制度,凡在县城以上城市稳定居住 6 个月以上或购置住房的,均可登记为城镇户口。农民户口转到城镇后,10 年内在计划生育、土地承包等方面仍可享受农村户口相关政策。建立完善提高农民工劳动报酬的职工工资决定机制、正常增长机制和支付保障机制。改善农民工劳动条件,扩大农民工工伤、医疗、养老保险覆盖面。统筹城乡社会管理,加快制定实施农民工住房、社会保障、计划生育、子女就学等相关政策,实现城市新老居民同等待遇。

加大政策扶持力度。推动基础设施向农村延伸。突出抓好水、路、电、气、通信和垃圾处理等建设。加快农村饮水安全工程建设,积极推进农村集中供水。提高乡村公路建设水平,实施村内路面硬化改造,完善城乡一体的客运网络。搞好新一轮农村电网改造和农村沼气、太阳能等新能源建设。继续改善农村广播、电视接收条件,促进无线通信全面升级,完善乡镇综合文化馆(站)、村图书室等设施。推动公共服务向农村覆盖。统筹城乡公共服务和社会事业发展,全面提高农村公共事业的保障水平,着力推进城乡教育、文化、医疗卫生、社会保障均衡发展。推动公共财政向农村倾斜。落实强农惠农政策,促进公共资源向农村配置,按照总量持续增加、比例稳步提高的要求,不断增加"三农"投入,预算内固定资产投资优先投向农业基础设施和农村民生工程,土地出让收益优先用于农业土地开发和农村基础设施建设。

搞好统筹城乡试点示范。环首都14县(市)作为全省统筹城乡发展的先行区、示范区,石家庄、唐山两市作为城乡一体化整体推进试点地区,平泉、霸州、任丘等11县(市)作为统筹城乡发展示范县(市)要先行先试。加强试点工作的组织协调,加大财政金融支持力度,强化分类指导和督导考核,为全省统筹城乡发展探寻规律、积累经验,并在全省推开。

二、加快发展县域经济

把发展壮大县域经济作为统筹城乡发展的重要举措,切实增强县域经济对全省经济发展的支撑作用,县域生产总值力争突破2万亿元。

培育壮大县域主导产业。突出抓好县域特色产业集群转型升级,强化龙头企业的带动作用,进一步扩大规模,提升档次,增强市场竞争力。推动城市工业向县域转移,积极发展与城市经济配套的专业化协作。切实抓好县域产业园区整合升级,完善功能。加快建设现代农业,大力发展高端精品农业、外向型农业、生态农业、观光休闲农业和海洋农业。推动科技进步,完善县域技术创新、推广服务体系,扶持产业聚集区建立共性技术研发中心。加强自主品牌建设,支持县域企业申报驰名商标、名牌产品和地理标识。培育壮大农村市场主体,认真落实农民创业扶持政策,在贷款发放、税费减免、技术服务、信息咨询等方面加大支持力度,造就一大批新型农民企业家。稳步推动省管县体制由财政直管向行政直管转变,增强县级自我发展能力和公共服务能力。

加快发展农村服务业。围绕农业和农村工业产前、产中、产后服务,加快发展以生产、销售、科技、信息和金融服务为主体的农村生产性服务业。完善农副产品流通体系,支持大型涉农商贸集团加快发展。大力发展农村生活性服务业,加强村民中心建设,丰富农民物质文化生活。大力发展乡村旅游业,扶持建设一批集农家游、休闲观光、生活体验于一体的现代农业产业园。

做大做强劳务经济。加强农民技能培训,健全农民工组织、培训、指导、管理、维权等服务体系,扩大"阳光工程"实施范围,提高农村劳动力转移组织化、规模化程度,全省每年培训农民工100万人,培训合格率达到98%以上,培训后的就业率达到80%以上。完善与劳务输入地信息沟通和政策协调机制,加强区域间劳务合作,巩固京津劳务市场,拓展长三角、珠三角劳务市场,开辟国际劳务市场,打造一批劳务品牌。建立劳务输出双向流动机制,通过实施"回归工程"、"金桥工程"等,支持和帮助优秀外出务工人员返乡创业。

三、扎实推进新民居建设

坚持群众自愿、规划先行、类型多样、培育产业、政策规范的原则,健康有序地推进农村新民居建设,推动农村人口相对集中居住,促进土地集约利用、产业集聚发展、公共服务水平快速提升,有效改善农民生产生活条件。

坚持规划先行,分类指导。统筹县域镇村体系规划、土地利用总体规划、村庄建设规划和产业发展规划,编制土地整治规划,推进城乡建设用地统筹,通过县城扩容、中心镇扩大、中心村扩并,稳步推动农村人口向城镇和中心村集中。城市规划区内的村庄建设一步到位,建成城市社区;城镇周边的村庄,通过延伸城市基础设施,建成具有城郊特点的农村新型社区;距离城镇较远但经济发展条件较好的村庄,有步骤地推进中心村建设;对暂不具备新民居建设条件的村庄,组织开展村庄环境整治。

坚持整合资源,强化重点。各级财政要设立农村新民居建设专项资金,有效整合涉农资源,重点支持新民居配套基础设施和公共服务设施建设。农村基础设施、公共事业建设及"一事一议"等资金和项目,集中向新民居建设投放和匹配。

坚持尊重民意,规范运作。一切从实际出发,宜建则建,宜改则改,宜合则合。在充分尊重群众意愿的基础上,按照规划一步到位、建设循序渐进的要求,有计划、有步骤地展开,做到运作程序规范、政策运用规范、选点布局规范、资金使用规范、建设管理规范,让农民群众满意。

坚持创新机制,完善服务。用足用好农村土地整理和增减挂钩政策,建设县域土地置换平台。置换土地级差收益全部用于农村,其中80%以上用于置换出土地村庄的新民居建设。创新金融产品,引导信贷和社会资金参与、支持新民居建设。积极推动建材下乡,加强技术服务和指导,严格按照村庄规划要求和技术规范施工建设,确保新民居建设工程质量。到2015年,完成1万个行政村新民居建设改造任务,让更多农民住进新民居。

四、推动农村体制机制创新

完善农村基本经营制度。保持现有农村土地承包关系长久不变,在依法自愿有偿和加强服务基础上,通过农业示范基地、龙头企业和专业合作社带动,发展多种形式的适度规模经营。加快国有林区林权制度改革,巩固深化集体林权制度改革,建立健全林业产权管理、支持保护、采伐管理、林地流转等制度,促进林业规模化、集约化经营。加大"农超、农资、农技、农企、农金"对接力度,引导农民专业合作社依法照章规范运作、加快发展,成为引领现代农业发展和农民致富增收的有效载体。放手发展家庭农场、农业股份公司、股份合作农场、农产品行业协会,壮大农村经纪人队伍,提高农民组织化程度,农业专业合作组织覆盖农户达到50%以上。

推进农村产权制度改革。积极开展试点示范,加强农户土地、林地(木)承包经营权、农村集体土地所有权、农户宅基地使用权、集体水利设施所有权、集体建设用地使用权等确权登记颁证工作,完善农村集体经营性建设用地流转和宅基地管理机制,实现农村资源使用权可流转、可置换、可交易。健全村级集体财富积累机制,加快农村集体经济股份制改造。

推进农村金融体制改革。深化农村信用社产权制度改革,扶持有条件的县(市)建立社区银行。鼓励农民专业合作社开展内部资金互助。规范发展小额贷款公司。开展信用村、信用户评定工作。积极发展大型农用生产设备及林权抵押、合作社担保及其成员互保、农业龙头企业担保等担保贷款。探索水域滩涂使用权、土地承包经营权、设施农业以及宅基地等抵质押贷款。增强农业发展银行、农业银行、农村信用社和邮政储蓄银行"三农"服务职能,县域涉农金融机构新增存款的70%用于县域贷款。增加各级财政对农户参加农业保险的保费补贴,扩大农业政策性保险覆盖面。督促和鼓励相关保险机构开展现代设施农业保险业务,探索农业保险与农村小额信贷相互推动的新模式。

推进农村流通体制改革。围绕"新农村现代流通网络工程"和农村社区综合服务中心建设,深化供销社系统改革。大力发展物流配送、连锁超市、电子商务等现代流通方式,支持商贸、邮政企业向农村延伸服务。加快构建以城市大型流通企业为龙头,县级重点流通企业为骨干,农家店为基础的农村商品流通网络。

专栏8　新农村建设重大工程

　　1. 新民居建设重点工程。环首都绿色经济圈新民居建设重点工程,沿海经济隆起带新民居建设重点工程,冀中南经济区新民居建设重点工程,县域产业聚集区新民居建设重点工程,新民居建设投融资平台,地方特色、传统风貌新民居建设与保护专项工程,涉农资金项目统筹对接新民居建设示范工程,基层干部新民居建设与管理培训专项工程。

　　2. 农村饮水安全工程。通过新打机井、引地表水、管网延伸、安装降氟改水和苦咸水改造设备等措施,解决1941万农村人口和368万农村学校师生的饮水安全问题。

　　3. 农村公路工程。新改建农村道路24000公里。

　　4. 农村新能源工程。户用(联户)沼气工程50万户,大中型沼气工程400处,秸秆沼气联户供气工程100处,村级物业服务体系工程1000个,推广太阳能热水器150万平方米,推广太阳灶5000台,推广秸秆压块炊事取暖炉具30万台,推广省柴节煤炉灶50万台。

　　5. 农村电网改造工程。建设改造110千伏变电站258座,新增110千伏变电容量11734兆伏安,新建和改造110千伏线路3596公里;建设改造35千伏变电站431座,新增35千伏变电容量3973兆伏安,新建和改造35千伏线路3171公里;新增10千伏配变容量9250兆伏安,新建和改造10千伏线路33581公里;新建和改造低压线路64207公里。

　　6. 农村县、乡、村医疗卫生服务体系。欠发达地区县医院、乡镇卫生院及村卫生室、县妇幼保健机构、县中医院建设,县、中心乡镇计划生育技术服务站建设及流动服务车采购。

　　7. 农村改革。统筹城乡发展试点,集体林权制度改革,建立确保农民权益的承包地市场化流转机制,深化农村集体土地产权制度改革等。

第十章　保障和改善民生　全面提高人民生活质量和水平

把实现好、维护好、发展好人民群众的根本利益作为出发点和落脚点,着力解决好人民群众最关心、最直接、最现实的问题,加强长效机制建设,完善符合省情、覆盖城乡、比较完整、可持续的基本公共服务体系,提高政府保障能力和水平,让发展改革成果更好地惠及全省人民。

一、千方百计扩大就业

就业是民生之本,是改善民生的头等大事。必须把促进就业放在经济社会发展的优先位置,实施更加积极的就业政策,努力使就业更加充分,劳动关系更加和谐。

实施就业优先战略。坚持经济发展与增加就业相结合,努力实现经济与就业的同步增长。结合结构调整和产业优化,不断开拓新的就业领域。在大力发展技术密集型产业和资金密集型产业的同时,积极发展劳动密集型产业,加快发展就业容量大的服务业,充分发挥非国有经济吸纳就业重要渠道作用。

实施更加积极的就业政策。实行更加有利于促进就业的财政政策,财政公共投资向小企业和劳动密集型产业倾斜。实行更加有利于促进就业的税收优惠政策,支持劳动者自谋职业、自主创业,鼓励企业吸纳重点群体人员就业。实行更加有利于促进就业的金融支持政策,鼓励金融机构对劳动者创业提供小额担保贷款等金融服务,拓宽小微企业融资渠道。

扶持重点群体就业。把高校毕业生就业放在就业工作的首位,加强就业服务和政策扶持,鼓励引导大学毕业生到城乡基层、中小企业就业,支持自主创业;完善就业援助政策,大力开发公益性岗位,帮助困难群体就业;发挥政府引导作用,推进农村富余劳动力稳定有序转移就业。积极做好退役军人就业工作。

完善就业服务体系。健全政府宏观调控、市场主体公平竞争、中介组织规范服务的人力资源市场运行机制,加大就业和社会保障基层平台投入,全面推进就业服务专业化、标准化和信息化。健全面向全体劳动者的职业技能培训制度,完善职业培育网络,加强就业指导。继续组织实施下岗失业人员转业转岗就业培训,切实加强农村劳动力转移培训,积极组织创业培训,全面提高劳动者就业能力。

构建和谐劳动关系。全面实施劳动合同制度,依法规范企业劳动用工及劳务派遣行为,健全劳动标准,大力推进工资集体协商和集体合同制度建设,妥善处理增加劳动者工资、改善劳动条件与促进企业发展的关系。加强劳动执法,完善劳动争议仲裁机制,加大劳动监察查处力度,帮助农民工解决劳资纠纷,依法维护劳动者权益。发挥工会和行业组织作用,努力形成企业和职工利益共享机制,促进劳动关系更加和谐。

二、努力增加城乡居民收入

把城乡居民收入普遍较快增长作为经济社会发展主要目标之一,努力实现居民收入增长和经济发展同步,劳动报酬增长和劳动生产率提高同步。

深化收入分配制度改革。按照市场机制调节、企业自主分配、平等协商确定、政府监督指导的原则,进一步完善工资指导线,逐步提高最低工资标准,积极稳妥推进各类企业建立工资集体协商制度,完善职工工资决定机制、增长机制和支付保障机制。拓宽居民投资渠道,创造条件增加居民财产性收入。完善公务员工资正常调整机制,全面实施绩效工资和分级分类管理的事业单位工资分配制度。

调整国民收入分配格局。完善以按劳分配为主体、多种分配方式并存的分配制度,坚持各种生产要素按贡献参与分配。保障技术成果在收入分配中的份额。加大收入分配调节力度,有效调节过高收入,使低收入者收入明显增加,中等收入群体持续扩大,贫困人口显著减少,逐步缩小城乡、地区、行业和社会成员之间收入差距。

完善国有企业工资和收益分配制度。改革国有企业工资总额管理办法,完善对国有大企业大集团工资总额和工资水平的双重调控政策,规范国有企业负责人薪酬管理。健全国有企业分红机制,通过向社保基金划转权益、向公共预算调入部分收益等方式,建立居民分享国有企业利润的有效途径。

三、促进贫困人口脱贫致富

把加快贫困地区发展作为全面建设小康社会的重中之重,加大扶贫开发力度,集中解决基础设施滞后、产业基础薄弱、技能人才匮乏、公共服务能力不足等制约发展的瓶颈问题,提高贫困地区和贫困人口的发展能力。

加大扶贫开发投入。整合各类涉农资金和社会资源,切实改善贫困地区和贫困人口的基本生产生活条件。加强基本农田和农田水利建设,力争实现人均 1 亩经济园(林),基本解决饮水安全和无电自然村用电问题,全面改善乡村道路,完成 25 万户危房改造。完善教育、卫生、广播电视、文化、通信等公共服务体系。加大社会保障投入,全面提高贫困地区新型农村合作医疗、农村社会养老保险等社会保障能力和水平,实现全覆盖。完善最低生活保障制度,合理提高低保标准和补助水平。

培育发展区域特色产业。积极扶持适合贫困地区发展的优势产业,建设一批蔬菜瓜果、畜禽养殖、干鲜果品等特色产品生产大县,培育支撑贫困地区健康发展的特色支柱产业。继续实施整村推进工程,分期分批完成 3000 个重点村整村脱贫;深入抓好扶贫开发"细胞工程",重点扶持 30 万个贫困户家庭增收项目。

实施扶贫培训"雨露"计划。以提高贫困家庭劳动力就业、创业能力为目标,通过直接补助等方式,对扶贫开发重点村初高中毕业生进行职业教育和技能培训,对农村贫困家庭劳动力开展实用技术培训,对有外出就业意愿的劳动力实施转移就业技能培训,力争每户有 1 名转移劳动力或掌握 1～2 项实用技能的劳动力。

广泛动员社会各方面力量参与扶贫开发。继续组织党政机关、企事业单位、大专院校和经济实力较强的县(市、区)开展对口帮扶。对生存条件恶劣、地质灾害频发和生态保护重点区域的扶贫开发重点村和贫困人口继续实施移民扶贫,引导贫困户向小城镇、工业小区和中心村集聚,确保特殊困难地区的贫困群众稳定脱贫。支持革命老区、民族地区加快发展。继续开展以工代赈扶贫工程,增加贫困人口劳务收入。到 2015 年,全省农村贫困人口减少 50%,贫困地区农民收入增幅明显高于全省平均水平。

四、优先发展教育事业

按照优先发展、育人为本、改革创新、促进公平、提高质量的要求,积极推进素质教育,优化教育布局和结构,健全教育投入机制,全面提升教育质量。教育发展主要指标超过全国平均水平。

实现更高水平的普及教育。提高九年义务教育质量,巩固率达到 94%;普及高中阶段教育,毛入学率达到 90% 以上;高等教育大众化水平进一步提高,毛入学率达到 37%。主要劳动年龄人口平均受教育年限提高到 10.5 年,其中受过高等教育的比例达到 15% 以上。

加快发展学前教育。基本普及学前三年教育,儿童毛入园率达到 70%。完善政府主导、社会参与、公办民办并举的办园体制,建立覆盖城乡、布局合理的学前教育公共服务体系,保障适龄儿童接受基本的、有质量的学前教育。大力发展公办幼儿园,鼓励社会力量办园。加快发展农村学前教育,推动农村幼儿园标准化、规范化建设,保证农村留守儿童接受学前教育。

促进义务教育均衡发展。合理配置义务教育资源,加快缩小校际、城乡和区域差距。加快薄弱学校改造,实施中小学校舍安全工程,积极推进农村中小学校舍标准化和办学条件均等化。科学设置课程难度,切实减轻中小学生课业负担。坚持以输入地政府管理为主,确保进城务工人员随迁子女平等接受义务教育。加快农村寄宿制学校建设,优先满足留守儿童住宿需求。提高普通高中学生综合素质,推动普通高中多样化发展。

大力发展职业教育。建立健全政府主导、行业指导、企业参与的办学机制,完善职业教育体系,使职业教育办学规模、专业设置与经济社会发展需求相适应。大力改善办学条件,提升职业教育基础能力。加快发展面向农村的职业教育,推进农村中等职业教育免费进程。创新职业教育发展方式,推广研发、知识教育、技能训练相结合的培养模式,推进职教集团和职教中心建设。

提升高等教育水平。坚持以提高质量为核心,全面提升高校人才培养、科学研究和社会服务能力。抓好"211工程"和省部共建工作,实施重点学科建设对标升级行动计划,努力使特色学科达到国内一流水平,重点学科和重点发展学科达到国内同类院校一流水平,力争建成2～3所国内知名的高水平大学。调整优化学科结构,扩大应用型、复合型、技能型人才培养规模,为地方经济社会发展提供更多的高素质人才。进一步加强高校科技创新基础条件建设,在重点领域组织开展重大课题研究,大幅度提高科技创新能力和水平。

构建完备的教育体系。健全更加符合教育规律和人才成长规律的现代国民教育体系。促进学历教育和非学历教育协调发展,职业教育和普通教育相互融通,职前教育和职后教育有效衔接。加快发展继续教育,建立广覆盖、多形式、更便捷的继续教育网络,构建灵活开放的终身教育体系。

加强教育基础建设。全面提高教师队伍素质。加强师德师风建设,提高教师业务水平,鼓励优秀人才终身从教,努力造就一支师德高尚、业务精湛、结构合理、充满活力的高素质专业化教师队伍。增加教育经费投入,财政性教育经费支出占全省生产总值的比例明显提高。创新教育发展模式,完善人才培养、教育管理和办学体制,改革教学内容、教学方法、质量评价、考试招生制度。

五、加快发展卫生和体育事业

把提高人民健康水平作为改善民生的重要内容,以"病有所医"为目标,加快建立健全基本医疗卫生制度,优先满足人民群众基本医疗卫生需求,大力发展健康产业,创建健康城市,不断提高人民群众健康水平。全省人均期望寿命达到76岁左右。

创建健康城市。开展"健康河北、幸福人民"行动。落实《河北省爱国卫生条例》,全方位开展健康教育行动、环境卫生综合整治和卫生达标活动。全面开展健康社区、健康单位、健康镇村、健康家庭建设活动,提高城乡居民整体健康水平。城乡居民健康知识知晓率达到70%以上;城镇单位和社区60%以上达到市级卫生标准,20%以上达到省级卫生标准;1～2个设区市达到国家卫生城市标准,其他设区市达到省级卫生城市标准。

深化医药卫生体制改革。坚持保基本、强基层、建机制,推进五项重点改革。建立健全覆盖城乡居民的基本医疗卫生制度,完善城镇职工基本医疗保险、城镇居民基本医疗保险制度,巩固完善新农合制度。逐步提高城镇居民和新农合的筹资标准及保障水平。新农合人均筹资水平达到全省农村居民纯收入的5%或不低于300元,实现门诊统筹全覆盖,政策范围内住院报销比例提高到70%,重大疾病住院报销比例不低于80%。落实国家基本药物制度,完成基层医药卫生体制综合改革,健全药品集中招标采购机制,完善药品配送供应保障体系,保障用药安全。健全基层医疗卫生服务体系,新增医疗卫生资源重点向基层倾斜,力争农村卫生服务全面实行乡村一体化管理,城市社区卫生服务街道覆盖率达到100%。完成县级医院二级甲等标准化和乡镇卫生院、村卫生室、社区卫生服务机构规范化建设任务。加强综合医院、专科医院能力建设。实施城市医院对口支援农村卫生院工程,抓好乡村医护人员培训,加强基层医疗卫生队伍建设。每个行政村有1个标准化卫生室、1名具备执业资格的医生,推进"大学生村医"行动计划。完善省、市、县三级卫生信息服务平台。促进基本公共卫生服务均等化,推进公共卫生服务体系标准化建设,编制实施全省卫生监督、妇幼保健、职业病防治体系建设方案。健全医疗紧急救援体系,各设区市独立设置120急救中心,各县(市)每20万人设置1个分站或网点,每5万人配备1辆救护车,急救半径缩短到5~8公里。推进建立居民健康档案等9项基本公共卫生服务项目,实施对15岁以下人群补种乙肝疫苗等6项重大公共卫生服务项目,积极防治重大传染病、慢性病、职业病、地方病和精神疾病。稳步推进公立医院改革试点,鼓励民间资本和外资举办医疗机构,形成多元化办医格局。

振兴中医药事业。健全中医药服务体系,省、市、县各办好一所公立中医院,打造名医、名院、名科。乡镇卫生院、社区卫生服务中心设置标准化中医科,村卫生室、社区卫生服务站提供中医药服务。推进中医药继承与创新,加强中医特色专科建设,培养技术骨干和学科带头人。加强中药资源保护、研究开发和合理利用,推进质量认证和标准建设,提升中药产业发展水平。将符合条件的中医诊疗项目、中药品种和医疗机构中药制剂纳入医保报销范围。

加快体育事业发展。贯彻落实《全民健身条例》,深入开展全民健身活动,完善全民健身服务体系。加快体育健身基础设施建设,力争各设区市均建有全民健身活动中心和体育健身公园,县(市、区)普遍建有综合性公共体育健身设施,城市街道、农村乡镇和60%的行政村建有公共体育健身设施,全省社会体育指导员总数达到5万人。提高竞技体育实力,加强后备人才培养,做强优势项目,基础大项和集体球类项目有较大突破,全面提高我省奥运会和全运会成绩。

大力发展健康产业。制定健康产业发展规划,推动医疗保健康复健身产业加快发展。提高特色健康产业品牌的示范带动作用,延伸健康产业链条。树立科学健身理念,开展全民健身活动,普及"药食同源"知识。在环首都绿色经济圈,建设5个布局合理、规模化的医疗、健身、康复基地。加快发展体育产业,打造"环京津体育健身休闲圈",培育一批体育产业园区、示范区和体育品牌,体育彩票销售力争达到120亿元,努力提高体育产业竞争力。

六、做好人口和计划生育工作

加强人口计生工作。稳定低生育水平,促进人口长期均衡健康发展。继续实行人口计生目标管理责任制,积极推进人口计生服务体系标准化和规范化建设。深入开展优生促进工程,加强出生缺陷干预能力建设,全面实施国家免费孕前优生健康检查。实施生殖健康促进计划,确保育龄妇女每年享受一次生殖健康检查免费服务,实现计划生育基本技术免费服务全覆盖。综合治理出生性别比偏高问题,开展"关爱女孩行动"。建立健全计划生育利益导向机制,落实计划生育各项奖励政策。继续实施农村计划生育家庭奖励扶助、特别扶助和少生快富工程。推进流动人口计划生育基本公共服务均等化。建立全员人口统筹管理信息系统。到"十二五"期末,全省总人口控制在7400万人以内,年均人口自然增长率控制在7.13‰以内。

保护妇女儿童权益。坚持男女平等、儿童优先,促进妇女儿童全面发展。认真组织实施妇女儿童专项规划,切实保障妇女和未成年人的合法权益。保障男女两性平等获得就学、就业、医疗、社会保障、婚姻财产、土地权益和参与社会事务的权利,重视妇女人才的培养使用,提高妇女参政比例。确保妇女每两年享受一次免费妇科病检查。重点建设好市、县青少年宫,60%以上城乡社区建立一所为儿童及其家庭提供游戏、娱乐、教育、卫生、社会心理支持和转介等一体化服务的儿童友好家园。依法保障儿童的生存权、发展权、受保护权、参与权,优化儿童成长环境。

积极发展老龄事业。主动应对人口老龄化,营造老有所养、老有所乐、老有所为的社会氛围。健全养老设施和服务网络,以居家养老为基础、社区服务为依托、机构养老为补充,提升养老设施和网络服务功能。建立困难老年人服务补贴和高龄老人津贴制度,提高对失能老人的护理服务和农村空巢老人帮扶服务水平。鼓励社会力量创办福利机构,积极探索政府购买服务等方式发展机构养老、居家养老,推进社会福利社会化进程。省、市、县都建有示范性老年服务中心,城市街道社区和有条件的行政村建立老年人服务站。

积极发展残疾人事业。加快推进残疾人社会保障体系和服务体系建设。实施残疾人医疗康复、生活保障、教育培训、就业、脱贫解困、托养、住房保障、服务设施、文化体育、助残环境等助残工程。把残疾人事业发展的各项政策措施落到基层、落到实处,促进残疾人事业与经济社会协调发展。

七、增加保障性住房供给

加大保障性安居工程建设力度。把住房保障作为履行政府公共服务的重要职责,加快建立以廉租住房、公共租赁住房为主体的保障体系,多渠道筹集廉租房房源,完善租赁补贴制度,稳步扩大覆盖范围。大力发展公共租赁住房,使其成为保障性住房的主体。出台《河北省城镇住房保障办法》。对人均住房建筑面积在15平方米以下(家庭50平方米以下)的城市低收入家庭应保尽保,五年累计新建城镇保障性住房130万套。保障性住房和棚户区改造住房建设用地,要达到当年住宅建设用地总量的25%以上,并落实到具体地块,优先供应。保障性住房建设资金纳入财政预算予以保障,认真落实税费减免政策,鼓励金融机构支持保障性住房建设及棚户区改造,积极引导社会资金参与建设。各地都要组建保障性住房投资建设公司,建立稳定的融资和房源筹集机制。提高保障性住房建设水平,规范分配和使用管理。加大农村危房改造力度,在国家扶贫开发工作重点县实施农村危房改造,重点解决享受抚恤补助的伤残军人、烈属、在乡老复员军人等优抚对象,以及农村分散供养的五保户、低保户、贫困残疾人家庭和其他贫困户的基本居住安全问题。

促进房地产市场平稳健康发展。加强房地产市场调控,调整住房供应结构,增加普通商品住房有效供给。落实差别化的税收信贷政策,支持居民合理住房需求,抑制投资投机性购房。健全房地产市场监管体系,规范房地产市场秩序。加快推进房地产市场信息系统和个人住房信息系统建设。进一步开放房地产市场,引进战略投资者。

八、提升社会保障能力和水平

以社会保险、社会救助、社会福利为基础,以基本养老、基本医疗、最低生活保障制度为核心,以慈善事业、商业保险为补充,扩大社会保障覆盖范围,初步实现人人享有基本社会保障的目标,建立健全养老、医疗、最低生活保障等各项社会保障标准正常调整机制,努力达到或超过全国平均水平。

基本建成覆盖城乡居民的社会保障体系。加快机关、事业单位基本养老保险制度改革,推进城镇居民养老保险,实现新型农村社会养老保险制度全覆盖,解决社会保障历史遗留问题。推动非公有制从业人员、灵活就业人员、农民工和被征地农民参加保险。大力发展企业年金、职业年金和补充医疗保险。鼓励商业保险公司提供与社会保障相衔接的产品和服务。城镇养老保险和新型农村社会养老保险覆盖人数分别达到 1280 万人、3570 万人,城镇基本医疗保险参保率稳定在 90% 以上,新农合参合率稳定保持在 95% 以上。

提高社会保障统筹层次。进一步完善城镇职工基本养老保险省级统筹,为基础养老金纳入全国统筹创造条件;积极开展失业保险市级统筹试点,逐步过渡到省级统筹;工伤保险实现省级统筹;医疗、生育保险实现市级统筹。

搞好社会保障制度衔接。加强社会保障制度统筹,整合公共服务资源,逐步统一城乡居民医疗保险政策和管理。积极推进社会保障卡应用,实现精准管理。完善各项社保关系跨区域转移接续办法,实现各类人员社会保险关系省内无障碍接续。建立健全社会保险基金预决算制度,完善行政监督与社会监督相结合的监管体系,确保基金安全。

建立城乡一体的最低生活保障体系。完善城乡最低生活保障制度,规范家庭收入核算办法,科学制定保障标准,建立与物价增长挂钩调节机制和与全国同步增长机制,提高保障水平。进一步完善农村五保供养制度,提高供养标准,使其达到当地居民平均生活水平。新建 150 所敬老院,改扩建 280 所敬老院,农村五保集中供养率达到 75% 。

建立健全城乡救助体系。完善城乡特困群众医疗救助政策,切实加强救灾救济、教育、司法、住房等专项救助。建立优抚对象抚恤补助标准与人民生活水平同步增长机制。提高儿童福利保障水平,加强孤儿养育机构建设,完成"儿童福利设施建设蓝天计划",实施"残疾孤儿手术康复明天计划"。建立流浪未成年人救助保护中心。大力兴办社会慈善事业,逐步健全慈善组织网络。

九、推进食品药品安全省建设

加强对重点地区、重点领域、重点企业、重点环节动态监管。开展主要农产品种养基地环境监测和重点污染源监控,依法划分并严格监管农产品禁止生产区域。落实农产品生产记录、质量检测和追溯管理制度,强化种养环节质量控制,规范农产品产地准出和市场准入管理。加大对食品集中生产加工区域、食品生产加工大县、食品生产加工企业高风险点的监管力度。强化食品药品原材料购入、生产过程、关键控制点、产品出厂等重点环节的检验监管。加强对高风险药品生产企业和基本药物的质量安全监管,实施基本药物电子监管码制度,对药品生产、流通、使用实施全过程实时监控。

加快食品药品检验检测体系建设。完善农产品检验检测机构,实现市、县农产品综合质检站全覆盖;加强重点食品实验室检验检测能力建设;提升改造省、市药品和医疗器械检验检测机构实验室。对基本药物和用于急救、维持生命医疗器械实行抽检全覆盖。建立食品质量安全风险监测和药品不良反应监测网络,强化食品药品安全风险预警,预防食品药品质量问题的发生。开展药品质量标准研究评估,提高我省药品质量标准。

严厉打击违法企业和违法行为。加快食品药品安全地方立法,完善食品药品监管法律法规体系。深入开展食品药品安全专项整治和隐患排查,严厉打击生产销售假冒伪劣食品、药品、医疗器械等违法行为,严防重特大食品药品安全事故的发生,确保人民群众饮食放心无忧、用药安全有效。

建立完善长效机制。发挥监管部门监管职责和行业协会职能,强化企业责任,完善食品药品诚信管理体系。整合各类管理资源,建立统一、协调、权威、高效的食品安全联合执法机制,建立和完善食品药品安全生产经营保证、监测预警、社会监督、应急处理和责任追究机制。

十、营造蓝天碧水生活环境

改善城乡生活环境。实施城市"气(汽)化"行动,推进城市粉尘污染和机动车尾气污染防治。加强建筑施工、工业生产和社会生活噪声以及餐饮业油烟的环境监管。加快污水处理设施建设,提高污水处理设施利用率,推进城市中水回用、雨洪水利用、生态补水等工程,建设和修复城市水生态系统。抓好城镇周边、乡村、交通干线和河渠两侧、水库周围等重点区域造林绿化。实施农村环境综合整治,开展清洁田园、清洁水源和清洁家园行动。建立土壤污染防治和修复机制,开展土壤污染修复工程试点。

严格水源地保护。实施严格的饮用水水源保护区制度,坚决取缔饮用水水源保护区内的排污口。加强水源地环境监测能力建设,完善水源地水质自动监测体系,健全水源地生态环境监察制度和执法体系。实施水源地安全防护、生态修复、水土保持和水源涵养等工程。制定完善水源地污染应急预案,定期开展水源地环境风险评估。加强南水北调沿线环境风险管理,确保用水安全。

解决好农村饮水安全问题。实施乡镇集中式饮用水水源保护区制度,加强农村饮用水水源地污染防治。继续推进农村饮水安全工程建设,推广农村集中连片供水,解决好1941万农村人口的饮水安全问题。

专栏9 民生工程

1. **扩大就业工程**。基层就业和社会保障服务设施建设工程,高技能人才培训基地建设工程,人力资源市场建设工程,劳动保障监察"两网化"管理工程。

2. **增收富民工程**。企业工资集体协商制度建设,事业单位绩效工资和分类管理制度建设,国有企业收益分享划转机制建设。

3. **脱贫致富工程**。整村推进工程,扶贫开发细胞工程,产业化扶贫工程,移民扶贫工程,"雨露计划"扶贫培训工程,社会扶贫工程,连片开发扶贫工程。

4. **教育提升工程**。中小学校舍安全工程,农村初中校舍改造工程,中等职业教育基础能力建设工程,农村学前教育推进工程,农村边远艰苦地区学校教师周转宿舍建设工程,高水平大学和强势特色学科建设工程,高等教育质量提高工程。

5. **医疗健康工程**。基层医疗卫生服务体系建设,卫生监督体系建设,中医药服务体系建设,医疗紧急救援体系建设,卫生应急能力建设,精神卫生服务体系建设,妇幼保健服务体系建设,职业病防治体系建设,综合医院和专科医院建设,环首都医疗健身康复基地建设,应急冷背药品保障基地建设。全民健身服务体系工程,农民体育健身工程,全民健身路径工程,省会体育中心建设,省自行车中心、省射击中心迁建。

6. **人口计生工程**。计划生育服务体系建设工程,流动人口计划生育基本公共服务均等化促进工程,优生促进工程,农村计划生育家庭奖励扶助和少生快富工程,儿童友好家园建设工程,养老设施和服务网络建设工程。

7. **安居保障工程**。保障性住房建设工程,棚户区改造(危陋住宅区改建)工程,农村危房改造工程。

8. **社保扩面工程**。异地就医结算中心建设工程,工伤康复中心工程,社会保障"一卡通"工程,儿童福利机构建设工程,五保供养建设工程,应急救灾物资储备库搬迁工程,民政信息化建设工程(金社工程)。

9. **食品药品放心工程**。食品药品监督指挥系统建设工程,食品安全风险监测评估体系建设工程,药品、医疗器械安全监管信息化建设工程。

10. **蓝天碧水工程**。农村饮用水安全保障工程,土壤污染修复试点工程,造林绿化工程,城市水生态系统修复工程,农村环境综合整治工程,重点城镇生活垃圾处理工程。

第十一章 创新社会管理 维护社会和谐稳定

适应社会结构变化、利益格局调整、公共需求增长的新形势,切实加强社会建设,创新社会管理体制,完善社会管理体系,整合社会管理资源,提高社会管理能力,促进社会和谐稳定。

一、建立齐抓共管的社会管理格局

加快构建党委领导、政府负责、社会协同、公众参与的社会管理格局,为加强和创新社会管理提供有力保障。建立健全社会管理组织领导机制和地区、部门协作配合机制,完善社会管理组织网络。整合基层社会管理资源,加强乡镇(街道)综治中心、派出所、司法所建设。按照社会化、专业化、规范化的要求,发挥基层群众性自治组织、各类社会组织和企事业单位的协同作用,加快组建专业社工队伍、志愿者队伍,发展壮大信息员、保安员、协管员、巡防队等多种形式的群防群治力量,把社会管理建立在广泛的群众基础之上,努力形成社会管理人人参与、人人共享的局面。

二、完善社会管理工作机制

加快构建源头治理、动态协调和应急管理相互联系、相互支持的社会管理机制。推进社会矛盾化解、社会管理创新、公正廉洁执法"三项重点工作",完善基层管理服务体系。积极建立矛盾纠纷日常排查机制,构建全方位排查网络,提高对矛盾纠纷的预知发现能力。全面实施社会稳定风险评估机制,深化人民调解、行政调解、司法调解"三位一体"调解工作体系建设,把各种不稳定因素化解在基层和萌芽状态。妥善处理群众来信来访,切实规范信访秩序。建立和完善民意表达、批评建议、协商对话等利益诉求机制,拓宽社情民意表达渠道。健全新型社区管理和服务体制,推进社会管理重心向基层转移。完善社会组织管理和服务体系,强化流动人口服务管理、特殊人群帮教管理、社会组织管理服务、网络虚拟社会建设管理及社会管理薄弱环节整治,提高社会管理信息化水平。抓好社会管理创新综合试点工作。完善社会管理政策法规体系,加强政法队伍建设,推进公正廉洁执法,维护社会公平和正义。

三、健全公共服务体系

按照基本公共服务均等化的原则,强化政府公共服务职责,扩大供给总量,提高服务水平,保障社会公平正义。实行属地化管理,构建统一与分级相结合的多层次公共服务管理体制。改进公共服务供给,鼓励社会力量参与提供公共服务,采用政府直接提供、政府购买、特许经营、委托代理、服务外包等方式,形成提供主体和提供方式多元化格局。初步建成覆盖城乡、功能完善、分布合理、管理有效、水平适度的基本公共服务体系,使全省居民平等享有教育、卫生、文化体育、住房、就业等基本公共服务。

四、加强社会组织建设

培育和发展社会组织。坚持培育发展与监督管理并重的方针,重点培育行业协会、农村专业经济协会、社区服务型社会组织、公益性社会组织和科教文卫类社会组织,着力发展民间慈善类社会组织。

积极推进政会分离。规范发展行业协会和中介机构,将政府转移出来的社会管理和公共服务部分职能赋予社会组织,逐步减少、取消社会组织参与公共服务和社会管理的限制,充分发挥其提供服务、表达诉求和规范行为的作用。

加强社会组织自身建设。健全以社会组织章程为核心的自律和内部管理制度,逐步完善以诚信为重点的信息披露制度,开展社会组织管理人员培训,提高其法律意识和专业水平,建设高素质的社会组织管理队伍。规范社会组织工作,提高社会组织的自律性和诚信度。建立完善社会组织评估体系,加强社会监督,提高社会组织的透明度和公信力。

五、加快城乡社区建设

强化社区服务保障功能,把为民服务的工作渗透到社区各个领域。提高社区居(村)民的自治程度,使城乡社区成为协调民众利益、化解民众矛盾、保障人民群众安居乐业的有效载体。

完善城市社区组织。健全基层社会管理和服务体系,建设管理有序、服务完善、环境优美、治安良好、生活便利、人际关系和谐的新型社区。提高社区居民委员会管理能力,倡导和睦相处、互助友善的社会风尚,增强社会和谐基础,努力把社区建设成为社会管理和服务的新平台。

依法推进村民自治。落实民主选举制度,使村民委员会换届选举依法有序进行,保障农民群众的选举权。完善村民会议和村民代表会议制度,规范村级民主决策机制,保障农民群众的决策权。以集体资金、资产、资源管理为重点,以村民自治为主要形式,规范村级民主管理制度,保障农民群众的参与权。建立健全以村务公开、民主政治、民主评议村干部为重点的村级民主监督制度,保障农民群众的监督权。充分发挥基层自治组织作用,切实维护农民群众的合法权益,有效减少、缓解社会矛盾,保障农民群众的基本生活权益和民主政治权利。

六、深化社会治安防控体系建设

构建打防管控结合、人防物防技防结合的社会治安防控新格局。实施城乡社区警务战略,深入开展群防群治,夯实基层基础工作。加强报警和视频监控系统建设,提高科技防范水平。依法严厉打击各种违法犯罪活动,加强社会治安重点地区综合治理。加大政法维稳保障力度,深入推进环首都"护城河"工程建设。推进社区矫正工作,加强刑释解教人员安置帮教工作,预防和减少重新违法犯罪。加强国家安全宣传和教育,构建专群结合的国家安全防线,有效应对各种传统安全威胁和非传统安全威胁。完善突发事件应急机制,提高公共安全保障能力。加强军队非战争行动能力建设,加快推进武警现代化建设进程,充分发挥军队、武警和民兵预备役人员在应急维稳和抢险救灾中的作用。

七、推进民主法治建设

深入推进依法治省。坚持科学执政、民主执政、依法执政,扩大公民有序政治参与,保障人民群众依法行使知情权、参与权、管理权和监督权。加快建设法治政府,加强政府立法、依法行政考核,完善行政执法监督和行政复议,促进规范、公正、文明执法。发挥工会、共青团、妇联等人民团体的桥梁纽带作用,拓宽不同利益群体的意愿表达途径。扩大基层民主,完善职工代表大会和其他形式的企事业单位民主管理制度。加强法制宣传教育,增强公民的法制意识。

全面贯彻党的民族政策,巩固和发展平等、团结、互助、和谐的社会主义民族关系。增加对民族地区的财政支持和政策扶持,加大民族地区基础设施建设力度。落实宗教信仰自由政策,依法管理宗教事务。认真执行侨务工作方针政策,做好侨务工作。尊重和保障人权,促进人权事业全面发展。

开展全民国防教育,积极开展国防动员工作,完善国防动员体制机制,加强民兵预备役队伍建设,抓好国民经济动员、人民防空和交通战备等建设,依法保护国防设施,提高保障和综合防护能力。深入开展"双拥"活动,做好优抚安置工作,促进军民融合,巩固和发展军政军民团结。

八、严格安全生产管理

坚持安全发展,加强基层基础建设,建立安全生产长效机制。健全安全生产应急平台及重大危险源普查监控体系,加强安全生产应急指挥中心、应急救援队伍建设。强化政府监管职能,严格安全生产目标控制、考核、督办和责任追究。严格安全生产许可,完善安全技术标准体系,推广先进、适用安全技术装备。推广和普及高危行业一线作业人员急救培训,强化安全监察执法,完善协调联动机制,严厉打击非法违法生产经营行为。加强作业场所职业危害监管,落实企业职业危害防治主体责任。加强重大隐患排查治理,实施尾矿库重大隐患综合治理和作业场所职业危害治理,深化安全生产专项治理整顿。加强安全生产宣传,完善安全生产专业技术援助、咨询和服务机制。亿元生产总值生产安全事故死亡率下降36%,工矿商贸就业人员10万人生产安全事故死亡率下降26%。

专栏10　社会管理和创新工程

1. 平安河北工程。环京"护城河"工程,应急平台及重大危险源普查监控系统建设工程,省级安全生产应急指挥中心(训练基地)建设工程,尾矿库重大隐患综合治理工程,作业场所职业危害治理工程。
2. 社会管理创新工程。天网覆盖工程,应急处突响应工程,实有人口知晓工程,危爆物品掌控工程,排查化解工程,立体防控工程,虚拟社会管理工程,民生服务工程。

第十二章　推动文化大发展大繁荣
加快建设文化强省

坚持社会主义先进文化方向,弘扬燕赵文化,建设和谐文化,繁荣文化事业,发展文化产业,满足人民群众不断增长的文化需求,充分发挥文化引导社会、教育人民、推动发展的功能,增强全省人民的凝聚力和创造力,实现由文化资源大省向文化强省的跨越。

一、建设社会主义核心价值体系

加强理想信念教育。巩固马克思主义指导地位,加强走中国特色社会主义道路和实现中华民族伟大复兴的理想信念教育,筑牢全省人民团结奋斗的共同思想基础。传承中华传统美德,营造爱国守法和敬业诚信氛围,树立符合社会主义精神文明要求、适应社会主义市场经济需要的道德行为规范。加强学科体系、学术观点、科研方法创新,繁荣发展哲学社会科学。创新文化生产和文化传播方式,加强对重要新闻媒体和互联网等新兴媒体的建设、运用、管理,把握正确舆论导向,提高文化的表现力和传播力。

培育新河北人文精神。继承和弘扬党的光荣传统,培育以爱国主义为核心的民族精神和以改革创新为核心的时代精神,为全面建成小康社会、实现富民强省目标提供强大的精神支撑。充分挖掘利用河北历史文化、革命文化、民俗文化、现代文化资源,培育新时期河北人文精神和各具特色的城市精神,激发人民热爱河北、建设家乡的热情。

提高精神文明创建水平。坚持用社会主义荣辱观引领社会风尚,深入推进文明城市、文明村镇、文明行业、文明单位等群众性精神文明创建活动,加强社会公德、职业道德、家庭美德、个人品德教育。弘扬科学精神,培育奋发进取、理性平和、开放包容的社会心态。加强集体主义和公民意识教育,推动形成修身律己、尊老爱幼、勤勉做事、平实做人的社会氛围。强化职业操守,支持创新创业,鼓励劳动致富,发扬团队精神。净化社会文化环境,保护青少年身心健康,加强未成年人思想道德建设。

营造全社会重视文化、崇尚文化的浓厚氛围。高度重视发挥文化在经济社会发展中的重要作用,始终保持文化发展的蓬勃生机和旺盛活力,更加自觉地承担起用先进文化引领社会进步的责任。推动优秀传统文化融入学校教育和现代生活,建设社会共有精神家园。加强培育引导,激发人们对文化生活、文化消费、文化素养的自觉追求。

二、着力推进文化创新

打造文艺精品和文化品牌。适应群众文化需求新变化,弘扬主旋律,提倡多样化。立足燕赵文化积淀,传承河北人文精粹,突出时代精神,组织创作更多具有燕赵风格、现代河北气息、群众喜闻乐见的文化精品,打造文化品牌,使文化产品和文化生活更加丰富多彩。实施文化精品工程,对具有重大影响的鸿篇巨制给予支持,在舞台艺术、广播影视、新闻出版等方面推出一批精品力作。对获得重要奖项、做出重大贡献的优秀人才和团队实施重奖。把培养文化人才纳入省人才专项计划,加大创新型、复合型、外向型、科技型文化人才的培养和引进力度,为文化发展提供有力支撑。

深化文化企业和单位改革。推动文化企业建立规范的现代企业制度,提高自我发展能力。支持国有大型文化企业加快股份制改造,进行跨地区、跨行业、跨所有制兼并重组、上市融资,打造在全国有较强影响力的文化企业集团。继续推进公益性文化事业单位改革,建立健全事业单位法人治理结构,深化劳动人事、收入分配、社会保障制度改革,完善内部运行机制,增强文化发展活力。

推进文化管理体制改革。把文化发展纳入经济社会发展规划,纳入科学发展考评体系。加强国有文化资产监管,建立文化发展统计指标体系。加强文化资源整合和共享,打破体制、区域、所有制壁垒,推动文化行业相互协作、共赢发展。加强文化法制建设,提高文化市场综合执法水平。

三、完善公共文化服务体系

完善文化设施网络。按照公益性、基本性、均等性、便利性原则,实施文化惠民工程,推动公共文化服务向广覆盖、高效能转变,基本建成覆盖城乡的公共文化服务体系。把公共文化设施建设纳入城乡建设总体规划。完善省、市、县、乡、村五级文化设施网络,提升城镇文化功能和文化品位。抓好图书馆、博物馆、群艺馆(文化馆)、乡镇(街道)综合文化站、村(社区)文化活动场所等公共文化设施建设。加快省群艺馆、河北文化艺术中心、省美术馆、省非物质文化遗产博物馆、省科技馆新馆等标志性文化设施建设。

加强文化遗产保护利用。加强文物和非物质文化遗产保护,重点实施清皇家建筑、大运河、长城、大遗址等文物保护项目,加强非物质文化遗产传承人队伍和传习所建设,加快非物质文化遗产保护立法。加强遗产资源收集,加快省档案馆新馆项目建设,推动市、县级档案馆建设,积极推进档案数字化和开发利用。实施古籍保护工程,加强珍贵古籍数字化建设。

创新公共文化服务机制。推动公共博物馆、纪念馆和爱国主义教育示范基地向社会免费开放。抓好文化先进县、民间文化艺术之乡、"农村文化之星"三项创建活动。健全文化科技卫生"三下乡"、河北省民俗文化节、"高雅艺术下基层"、"彩色周末"等活动长效工作机制。加强数字图书馆和博物馆等网络文化服务,组建全省图书馆联盟。鼓励社会力量参与公益性文化建设。加强专兼职结合的基层文化队伍建设。

四、加快培育文化支柱性产业

发展壮大优势文化产业。按照合理布局、优化结构、提升档次、壮大实力的原则,以文化创意为核心,推动新闻出版、广播影视、演艺娱乐、文化会展、文化用品设备生产等重点文化产业跨越式发展。实施品牌带动战略,抓好品牌策划、品牌定位、品牌传播和品牌保护,打造一批知名品牌,形成更多的"河北创造",力争每个设区市有一个特色优势文化产业、一个知名文化品牌。全省文化产业增加值达到1500亿元以上,占全省生产总值比重达到5%。

大力发展新兴文化产业。实施"数字化引领、结构化升级"工程,加快发展文化创意设计研发、数字出版、移动多媒体等新兴产业。以科技创新推动文化生产、传播和服务模式创新,开发新型文化产品和服务。推动文化与工业、农业、旅游、体育等产业融合,催生新的文化业态,提高产业层次和产品附加值。加强对外宣传和文化交流,创新文化"走出去"模式,打响"河北文化周"等文化品牌。

抓好重大文化产业项目。推动文化产业集聚布局、链式拓展,加强文化产业示范县、示范园区、示范基地及文化产业带建设。做大做强石家庄、保定动漫产业国家基地和吴桥杂技大世界等文化产业基地。加快推进承德"鼎盛王朝"、山海关古城等文化产业园区建设,争取建成1~2个国家文化产业园。推动大型文化企业加快发展,力争河北出版传媒集团年销售收入和资产总额分别超过100亿元,培育一批总资产超50亿元的民营文化企业。省级文化产业园区享受省级工业聚集区同等优惠政策。实施银企融合工程,组建省文化产业投资公司和文化企业担保公司,搭建融资平台,支持文化企业上市融资。

专栏11　文化事业产业重点工程

1. 文化精品工程。舞台艺术精品工程,《燕赵文库》重大出版工程,"冀版精品出版"工程,广播影视精品工程。

2. 公共文化建设工程。乡镇综合文化站项目,广播电视村村通工程,文化信息资源共享项目,文化遗产保护项目,数字图书馆建设项目,"农家书屋"工程,"全民阅读"工程,广播影视"数字化引领、结构化升级"工程,数字影院建设项目,农村电影放映工程。

3. 文化产业工程。环首都文化产业带、沿海文化产业带、长城文化产业带、太行山文化产业带建设工程,承德国家民族文化和谐发展示范区、环京津印制产业带和产业园区、京东新闻出版产业园区、河北出版传媒集团文化创意园、唐山南湖文化产业园、沧州休闲文化产业园、"梦廊坊—杂技谷"文化产业园、承德"鼎盛王朝"文化产业园及热河展演基地、秦皇岛山海关古城文化产业园、秦皇岛北戴河文化创意产业园、衡水文化产业创意园、邢台七里河文化产业园、张家口涿鹿"中华三祖"文化产业园、保定曲阳雕刻文化产业园、邯郸赵文化产业园建设项目,正定古城风貌恢复与提升项目,石家庄日报社"WO"社区数字传媒工程,全省有线广播电视网络双向升级改造工程。

第十三章　强化科技和人才支撑　建设创新型河北

把科技进步和创新作为加快转变经济发展方式的重要支撑,深入实施科教兴冀、人才强省战略,促进经济增长由主要依靠物质投入向科技引领、创新驱动转变。

一、提高自主创新能力

组织实施重大关键技术攻关。突破一批制约产业发展的关键技术。钢铁行业重点研发高炉长寿、热风炉增温、洁净钢流程集成等重大共性关键技术,开发先进技术和工艺。装备制造业重点围绕交通装备、能源装备、工程装备等产业,推进数字化设计制造、智能化控制、过程自动化等先进制造技术和模式的开发应用。石化行业重点研发新型反应、新型分离、清洁生产等关键技术,开发信息用化学品、缓释农药等高端精细化工产品。大力推进建材、纺织、轻工、食品等传统优势产业共性关键技术的研发应用,推广信息系统集成、信息控制、嵌入式软件等高新技术和先进适用技术。新能源、电子信息、生物产业、新材料等领域,组织实施一批重大科技专项,力争攻克一批核心技术,形成一批拥有自主知识产权的创新成果。在动植物新品种和良种培育、高效栽培、农作物病虫防控、农业资源高效利用等领域攻克一批关键技术。

突破一批社会发展和民生改善领域关键技术。开展重大疾病、地方病、流行性传染病预警和防控技术研究,强化重大生产安全隐患、重大气象灾害、食品安全、公共安全预警和应急处理技术研发与应用。

突破一批资源环境领域关键技术。开发一批海洋、水、土地、矿产等资源的综合利用技术,重点突破海水淡化、微咸水利用、工矿废弃地治理等技术;加强生态脆弱和敏感区、重要水源地、生态屏障的保护与修复技术研发;在钢铁、建材等高耗能、高污染行业,开展节能减排和循环经济关键技术研发。全省每万人口发明专利拥有量年均增长14%,高新技术产业增加值占生产总值的比重达到10%,产业技术创新能力明显增强,具有自主知识产权的技术和产品比重大幅增加。

强化企业技术创新主体作用。加速构建以企业为主体、市场为导向、"产、学、研、金、介"紧密结合的技术创新体系,促进创新要素向企业集聚,培育一批具有核心竞争力的创新型企业。发挥骨干企业在技术创新中的引领示范作用。鼓励企业自建或与科研单位共建技术中心等研发机构,鼓励省级工业聚集区设立公共技术研发检测中心。依托骨干企业组建一批国家级工程技术研究中心、重点实验室和产业技术创新战略联盟。充分发挥财政资金的引导、放大作用,支持创业投资机构和科技型中小企业发展。省级以上工程技术研究中心达到170家以上,企业技术中心达到350家以上,省级以上产业技术创新战略联盟达到60家。推进产学研紧密合作。加强企业与科研机构、高等院校有机结合,联合开展产业关键技术合作与攻关。力争大中型工业企业研发经费投入占产品销售收入的比重达到2%以上,其中70%以上企业建立研发机构。

壮大区域科技创新载体。加快各类创新园区发展。高新区要以提高自主创新能力为目标,集聚创新要素,重点发展高端产业,建设好石家庄、唐山、保定、燕郊等国家级高新区,省级高新区达到10家以上。

积极推进各类创新基地建设。深化与国家级科研大院大所、高等院校、大企业的科技合作,重点建设一批科技成果孵化园区和高新技术成果转化基地。加大改造提升力度,培育壮大一批特色突出、产业集聚度较高的县域高新技术产业基地。

完善科技服务平台。依托科研院所、高等院校、大型骨干企业,新建50个重点实验室(工程实验室),组建河北钢铁、河北能源等10个工业技术研究院,建设一批大型仪器设备共用、文献和数据共享、面向社会开放的科技信息网络及服务平台。

推进科技体制机制创新。加大科技投入,全省研发经费投入占生产总值比重达到1.6%,省级一般预算安排的科技经费增长幅度高于当年财政经常性收入增长幅度2个百分点以上。创新风险投资运营模式,建立并扩大创业风险投资引导基金规模,推进多层次资本市场建设,扶持成长型科技企业上市。完善科技成果知识产权归属和利益分享机制,维护科技成果创造者的合法权益,提高主要发明人受益比例。制定支持个人和中小企业发明创造的资助办法,鼓励全社会创新创业。

营造科技创新良好环境。实施国家知识产权战略,加大知识产权宣传普及和执法保护力度,营造保护知识产权的法制、市场和文化氛围,提升知识产权创造、运用、保护和管理能力。加强地方性科技政策制定和立法工作,切实落实国家科技法规政策,研究制定配套的地方性法规、规章与实施细则。弘扬创新文化,倡导追求真理、敢为人先、团结协作的创新精神,加快推进创新型城市建设,营造科学民主、学术自由、严谨求实、开放包容的创新氛围。

专栏12　科技创新工程

1. **环首都绿色经济圈科技成果孵化园区建设工程。**广阳、安次、涿州、三河、涿鹿5个科技成果孵化园区及中科廊坊科技谷、东方大学城国际科技人才创业园建设项目。
2. **工业技术研究院建设工程。**钢铁、钒钛、石油化工、新能源、生物、高端装备制造、新兴信息等十大工业技术研究院建设项目。
3. **钢铁产业技术升级工程。**汽车用钢、高等级管线用钢等新产品研发工程,转炉高效冶炼和自动化控制等共性关键技术和重大装备开发工程。
4. **高新技术园区建设工程。**石家庄、保定、唐山、廊坊燕郊高新区提档升级行动。
5. **产业技术创新战略联盟推进工程。**抗生素、维生素、钢铁等国家级产业技术创新战略联盟建设工程,半导体照明、太阳能光伏、薄皮核桃、板栗、食用菌、苹果等省级产业技术创新战略联盟建设工程。
6. **创新型城市和创新型企业建设工程。**唐山、石家庄、秦皇岛国家级创新型试点城市建设工程,北戴河国家高科技成果展示基地建设工程,英利、新奥等国家级创新型企业建设工程。
7. **金太阳、十城千辆、十城万盏应用示范工程。**石家庄、保定"十城万盏"、"金太阳"示范工程,张家口"国家风光储输科技示范工程",唐山、石家庄国家"十城千辆"试点城市建设工程。
8. **现代种业培育示范工程。**小麦、玉米、棉花、谷子、马铃薯等农作物新品种推广工程。

二、推动企业管理创新

围绕提升产业竞争力,以"对标行动"和品牌建设为抓手,大力促进管理创新,全面提高管理水平。

深入开展企业"对标行动"。引导企业在生产经营各个环节,与先进水平全面对标,制定跟进赶超的路线图和时间表。拓展对标广度和深度,引导工业企业从技术装备、生产工艺、节能减排等可量化"有形"对标向发展理念、经营机制、企业文化等深层次"无形"对标延伸,从工业企业逐步向以商贸流通、现代物流、旅游为主的服务业企业拓展。围绕生产装备升级换代,引进和开发运用新技术、新设备,加快消化吸收和再创新,全面提升产业、行业和企业的技术装备水平。围绕提高产品技术含量,改进和再造生产工艺流程,提高工艺装备的先进性,增强工艺保障的完整性和合理性,加快产品升级换代和新产品开发。围绕产品提档升级,积极采用国际标准及国外先进标准,制定更高层次的企业标准,促进工业产品质量的全面提升。围绕企业降本增效,推广扁平化管理、供应链管理和价值链管理等科学管理方法,实现人、财、物合理配置和产、供、销有效衔接。

扎实推进品牌建设。坚持市场导向、以质取胜,在不同区域、不同行业选择优势企业和优势产品,实施品牌建设"示范工程"。大力开拓名牌产品市场,创新经营模式,加大宣传力度,提高产品在国内外市场的知名度、美誉度和市场占有率。围绕调整产业结构和增强产业核心竞争力,加快重点检验检测机构建设,提高技术信息服务水平,及时通报国外技术法规、标准、认证等动态信息,帮助企业追踪、了解和掌握国内外先进技术。引导和推动企业积极参与先进技术标准的制定和修订。夯实品牌建设基础工作,加大对品牌建设"示范工程"宣传力度,组织开展品牌知识、品牌经营和相关法律法规培训。到2015年,力争中国名牌达到100个以上,中国驰名商标达到100件以上。

三、实施人才强省战略

强化人力资源是第一资源理念,坚持服务发展、人才优先、以用为本、创新机制、高端引领、整体开发的方针,创新人才发展体制机制,推动人口大省向人才强省转变。

实施"巨人计划"。深入实施八大人才工程。推进京津冀区域人才合作工程,完善京津冀人才开发一体化联席会议制度,建立区域内科教项目合作机制和高校毕业生就业信息共享机制,打造一批京津人才创新创业基地。推进高层次创新型人才开发工程,统筹各类专家队伍建设,加大培养、选拔力度,强化科技项目支持,着力在重点产业打造具有国际国内领先水平的领军人才和创新团队。推进重点引智工程,深化与中国科学院、中国工程院及"两院"院士的合作,加强河北省院士联谊会建设,实施"海外高层次人才引进计划",实现人才引进多级延伸。推进临港人才聚集区构建工程,努力扩大人才总量,使临港经济区成为区域性国际化"人才港"。推进"技能大师"培养工程,建立省级"有突出贡献技能大师"评选表彰制度,培养一批技术高超、技艺精湛的高技能人才。推进民营经济组织人才队伍建设提高工程,支持创新创业的资金、项目、信息等公共资源向民营经济组织平等开放。推进人才发展区域城乡统筹促进工程,促进城市科教文卫工作者服务农村,实施高校毕业生基层培养计划,促进人才向欠发达地区流动。推进人才工作信息化建设工程,整合人才信息资源,健全社会化、开放式的人才资源信息共享机制。

把引进和培养高层次创新创业人才作为实施人才强省战略的重中之重,围绕战略性新兴产业和重点支撑产业发展,以优势企业为主体,通过政府支持,有计划、有目的地培养和引进100名左右创新创业领军人才,努力做到推出一个领军人才,带出一个创新创业团队,做强一个企业,形成一个品牌。完善人才评价激励机制,鼓励创业风险投资基金、私募股权基金加大对"巨人计划"项目投入,加大对高层次创新创业人才技术研发项目和创业项目支持力度。

建设"人才家园"。搭建人才强省战略基础平台,参照公共租赁房有关政策,在环首都绿色经济圈及重点产业园区、工业聚集区规划建设以公共租赁房为主体的"人才家园",为高层次人才和优秀人才来冀创业提供住房和生活配套服务,进一步增强吸纳人才、承接项目、招商引资能力,形成人才带项目、人才促产业、人才兴经济的良好局面。

创新体制机制。完善政府宏观管理、市场有效配置、单位自主用人、人才自主择业的人才管理体制,制定和实施促进人才脱颖而出和充分施展才能的政策措施。优化人才培养体系,更好发挥教育对培养人才的基础性作用。健全人力资源市场体系,引导人力资源合理流动和优化配置。构建新型人才公共服务体系,为各类人才充分发挥作用创造良好环境。完善人才政策法规体系,为人才培养、引进、使用、评价、激励等提供制度保障。完善人才开发投入保障体系,确保人力资源开发投入。强化人才工作,增强"一把手"抓"第一资源"的责任。2015 年全省人才总量达到 800 万人以上。

专栏 13　八项重点人才工程

　　1. 京津冀区域人才合作工程。 建立科教项目合作机制和高校毕业生就业信息共享机制。
　　2. 高层次创新型人才开发工程。 加大培养、选拔力度,强化科技项目支持,统筹各类专家队伍建设。
　　3. 重点引智工程。 加强河北院士联谊会建设,实施高层次海外人才引进计划。
　　4. 临港人才聚集区构建工程。 打造沿海地区国际化"人才港"。
　　5. "技能大师"培养工程。 建立"技能大师"培养、选拔、激励机制。
　　6. 民营经济组织人才队伍建设提高工程。 建设 100 个民营企业人才培训基地,实施"百千万"民营企业经营管理人才培训计划。
　　7. 人才发展区域城乡统筹促进工程。 实施高校毕业生基层培养计划,建立城市科教文卫工作者服务农村制度。
　　8. 人才工作信息化建设工程。 建设人才信息社会化公共服务平台。

第十四章　加快基础设施和基础产业建设
增强发展支撑能力

　　坚持优化结构、完善功能、适度超前、综合配套,大幅度增强基础设施承载能力,提高基础设施的网络化和现代化水平,加强基础产业建设,为经济社会发展提供有力保障。

一、构建现代综合交通体系

　　围绕增加能力、优化结构、提高效率和京津冀交通一体化的目标,着力提高公路、铁路、港口、民航保障能力,形成快捷、高效、安全的现代综合交通网络。

　　完善公路网络布局。抓好大广、荣乌、京台、京昆、京新等高速公路项目建设,重点实施张承、承秦等高速公路建设工程,推进京港澳高速改扩建、石太高速第二通道等项目扩能改造,确保国家高速公路网项目全部建成通车,实现县县通高速公路,基本实现主要经济区、主要旅游景点连通高速公路。干线公路基本达到二级以上水平,实现县城、产业区、景区、物流中心等重要节点间的便捷连通。农村公路突出抓好县乡公路和危桥改造,加快实施乡村道路连通及油路向自然村延伸工程,新改建农村公路 24000 公里。

　　加快铁路网络建设。协调推进高速铁路、城际铁路、疏港铁路和重要货运通道铁路建设。铁路通车里程达到 8000 公里,其中高速铁路通车里程达到 1500 公里。构建环绕省会、京津和环渤海区域,连通各设区市的京津冀城际轨道交通网及连通周边省会城市的快速客运铁路网。建成京沪高速铁路和京石、石郑、京沈等客运专线及京张城际铁路,建设北京—唐山、京九客运专线和唐山—曹妃甸工业区—曹妃甸新区、沧州—渤海新区等城际铁路,以及北京—燕郊、北京—廊坊、北京—涿州等轨道交通项目。实现所有设区市通高速铁路,形成以石家庄为中心的"两小时交通圈"、环北京的"一小时交通圈"。

河北省高速公路建设规划示意图

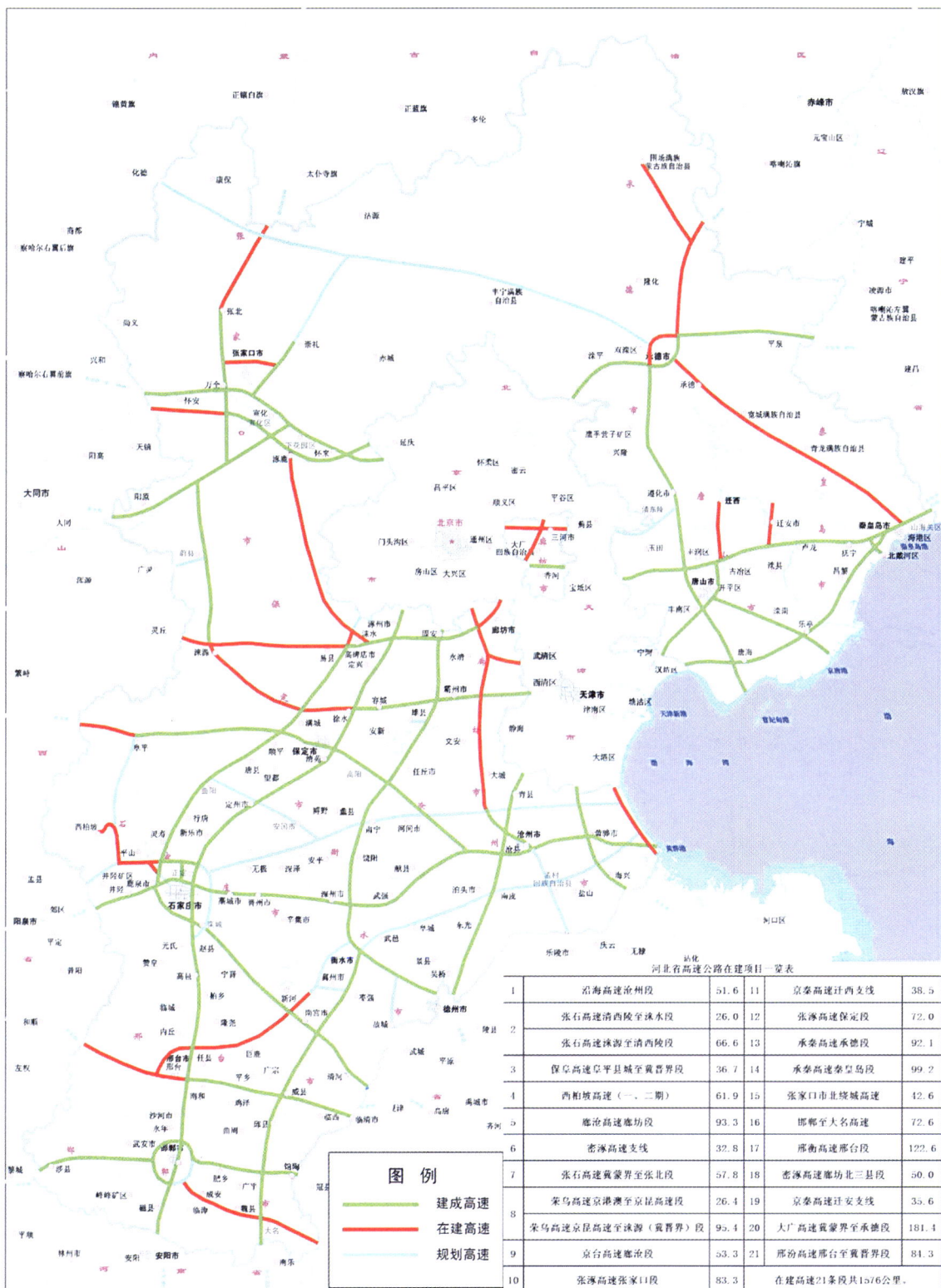

	河北省高速公路在建项目一览表			
1	沿海高速沧州段	51.6	11	京秦高速迁西支线	38.5
2	张石高速清西陵至涞水段	26.0	12	张涿高速保定段	72.0
	张石高速涞源至清西陵段	66.6	13	承秦高速承德段	92.1
3	保阜高速阜平县城至冀晋界段	36.7	14	承秦高速秦皇岛段	99.2
4	西柏坡高速（一、二期）	61.9	15	张家口市北绕城高速	42.6
5	廊沧高速廊坊段	93.3	16	邯郸至大名高速	72.6
6	密涿高速支线	32.8	17	邢衡高速邢台段	122.6
7	张石高速冀蒙界至张北段	57.8	18	密涿高速廊坊北三县段	50.0
8	荣乌高速京港澳至京昆高速段	26.4	19	京秦高速迁安支线	35.6
9	荣乌高速京昆高速至涞源（冀晋界）段	95.4	20	大广高速冀蒙界至承德段	181.4
10	张涿高速张家口段	83.3	21	邢汾高速邢台至冀晋界段	84.3
				在建高速21条段共1576公里。	

图　例

建成高速
在建高速
规划高速

河北省高速客运铁路及铁路网络布局示意图

大力拓展港口功能。整合港口资源,完善基础设施,建设三个亿吨综合大港。全省港口生产性泊位达到 165 个,吞吐能力达到 8 亿吨,其中集装箱达到 310 万标箱。秦皇岛港,巩固全国能源运输枢纽港地位,抓好结构调整和西港东迁工程,积极发展集装箱、杂货运输和旅游客运,加快 15 万吨级航道和承秦铁路等项目建设。唐山港,曹妃甸港区重点实施煤码头、矿石码头、LNG 码头、原油码头、通用码头扩建工程;京唐港区重点实施集装箱、专业化矿石、液体化工及杂货泊位工程,搞好 20 万吨级航道建设。黄骅港,加快二期工程建设,重点实施集装箱、专业化矿石、原油、煤炭、液体化工及通用散杂货码头等工程。完善石家庄、邯郸内陆港功能,加快张家口、承德、保定、廊坊、邢台等内陆港建设。

扎实推进机场建设。加快形成干支结合的民用机场布局,将正定国际机场培育成为区域性枢纽机场,建成张家口、秦皇岛、承德等机场,启动实施邢台褡裢和衡水故城军民合用机场、沧州机场、围场旅游机场、曹妃甸国际机场和邯郸机场改扩建工程。积极发展通用航空业,构建航空网络,努力开辟和培育新航线,石家庄机场通达全国大多数省会城市,增辟国际航线,形成国际、国内航线和省内支线相互衔接协调配套的航线网络。发展壮大河北航空公司,积极引进国内外航空公司。全省民航机场达到 7 个,航空客货运输能力分别达到 2000 万人次和 20 万吨以上。

专栏 14　交通基础设施重点工程

1. 公路项目。 京港澳高速河北段改扩建,大广高速冀蒙界至承德段,京昆高速京冀界至涞水段,京新高速胶泥湾至冀蒙界段,西柏坡高速,京昆高速石太北线,西阜高速,清东陵高速,大广高速白洋淀支线,张承高速崇礼至承德段,张涿高速,承秦高速,承平高速、任(丘)德(州)高速,邯黄高速衡水至黄骅港段。

2. 铁路项目。 京沈、石济客运专线,张呼快速铁路,邯黄铁路,石家庄至邯黄铁路连接线,张唐铁路,邢和铁路,石张铁路,石家庄—沧州—黄骅港铁路,北京—张家口、北京—唐山、承德—秦皇岛(锡盟经丰宁到秦皇岛)、唐山—曹妃甸工业区、沧州—渤海新区、秦皇岛—曹妃甸—天津滨海新区—渤海新区、北京—首都第二机场—廊坊、衡水—沧州—黄骅港城际铁路,北京—燕郊、北京—廊坊、石家庄、唐山、邯郸城市轨道交通。

3. 港口项目。 秦皇岛港西港东迁工程,曹妃甸煤炭码头三期和四期工程,曹妃甸矿石码头二期和三期工程,京唐港四号港池综合开发及防波堤、矿石码头、20 万吨级航道建设工程,黄骅港二期工程,黄骅港煤炭港区三期工程。

4. 机场项目。 石家庄机场改扩建项目,秦皇岛北戴河机场、张家口军民合用机场、承德民用机场、邢台军民合用机场、沧州机场、唐山曹妃甸国际机场、承德围场旅游机场建设项目。

二、提升能源保障水平

加快能源发展方式和用能方式转变,构建供应渠道多元化、资源配置市场化、开发利用高效化的能源发展格局。

促进煤炭集约开发利用。加快煤炭基地和重点煤矿项目建设,确保省内煤炭年产量稳定在 8500 万吨左右。鼓励开滦集团、冀中能源对中小煤矿实施整合重组,着力培育煤电路港一体化的跨行业、跨地区、跨所有制特大型企业集团。支持重点企业与晋、蒙、陕等省区合作开发煤炭资源。加快建设大型煤炭区域性储配调运中心。

加快电力优化升级步伐。适应城镇化加快发展需要,各设区市至少新建一座 30 万千瓦级超临界热电联产机组。推进冀蒙煤电基地建设,抓好煤炭主产区煤电一体化综合开发。建设沿海 100 万千瓦级超超临界发电机组。积极推进核电项目前期工作。实施特高压通道和主干电网工程,加快城乡电网升级改造和电网智能化建设。全省电力装机容量达到 6565 万千瓦,其中新能源发电装机达到 1000 万千瓦。

大力发展非化石能源。加快千万千瓦级风电基地建设,发展光伏发电、生物质发电和垃圾发电,实施大型抽水蓄能电站、风光储输示范工程。扩大太阳能热利用规模,稳妥推进燃料乙醇、生物柴油开发利用,大力开发地热资源,积极发展农村小水电。开展海洋能开发利用。非化石能源消费比重由目前的 2.6% 上升到 5% 以上。

合理开发利用油气资源。加强资源勘查,加快唐山南堡和渤海湾油气资源开发,稳定提高华北、冀东油田油气产量。积极开发利用非常规油气资源,搞好煤层气资源勘查和抽采利用,稳步推进煤制气开发。加大天然气管网及储配设施建设力度,确保 11 个设区市全部接通天然气管线。完善原油及成品油储运设施,建设曹妃甸大型原油储备基地,搞好石家庄炼化、中捷石化等炼油项目及配套原油、成品油管道建设,提高成品油商业储备能力。全省原油产量达到 1000 万吨,天然气产量达到 10 亿立方米。

推进用能方式转变。加强能源需求侧管理,转变用能方式,提高用能效率。降低煤炭消费强度,支持煤炭清洁、高效和低碳化利用。优先满足国家鼓励发展的重点产业和企业电力供应,控制不合理用电需求。优先安排可再生能源、清洁能源和高效电源上网。提高天然气普及利用水平。大力发展低耗高效产业和先进节能技术。加大城镇供热、供气、供电设施改造力度,推进农村能源基础设施建设。

专栏 15　能源基础设施重点工程

1. 煤炭项目。 榆树沟煤矿、磁西一号矿井、北掌煤矿、宋家营矿井、德胜庄矿井、邢台西井、花园矿井、邢北北井建设项目。

2. 电力项目。 中心城市热电联产项目,蔚县电厂 2×60 万千瓦超临界空冷燃煤发电机组、河北建投(内蒙古)布连电厂 2×60 万千瓦机组建设项目,唐山、邯郸、承德 2×30 千瓦煤矸石发电机组建设项目,丰宁抽水蓄能电站一期 6×30 万千瓦机组建设项目,石家庄 2×39 万千瓦燃气热电项目,廊坊 2×40 万千瓦 IGCC 项目,曹妃甸、黄骅、迁西 2×100 万千瓦超超临界燃煤发电机组建设项目,承德宽城、秦皇岛抚宁、唐山迁西、沧州海兴核电建设项目。

3. 油气项目。 曹妃甸原油储备库、华北油田大型天然气地下储气库建设项目,冀东油田勘探开发扩建工程,陕京四线、曹妃甸 LNG 外输管线、中海油煤制天然气管线建设项目,保定—邯郸、保定—廊坊—沧州、石家庄—衡水、唐山—承德、保定—张家口天然气联络线建设项目。

三、加快水利工程建设

坚持把水利作为基础设施建设的优先领域,把农田水利作为农村设施建设的重点,推动水利实现跨越发展。

继续推进防洪工程建设。完善水利工程体系,确保防洪、供水安全。继续加强骨干行洪河道和重点支流河道治理,加快双峰寺水库等水利枢纽工程建设,搞好蓄滞洪区建设和山洪灾害防治,全面完成现有大中型和重点小型病险水库除险加固工程。

努力完善城乡供水体系。加快实施南水北调配套和引黄工程建设进度,初步建成"两纵六横十库"的供水骨干网络,努力形成地表水、地下水和外调水统筹、水资源多元配置的格局。抓好小型农田水利建设,积极推进大中型灌区续建配套和节水改造。

大力实施民生水利工程。继续实施农村饮水安全工程,解决 1941 万农村人口的饮水安全问题。继续实施小水电代燃料工程,启动水电新农村电气化县试点。

专栏 16   水利基础设施重点工程

　　承德双峰寺水库工程,南水北调配套工程,引黄干线及配套工程,蓄滞洪区安全建设工程,骨干行洪河道及重点支流河道治理工程。

　　两纵六横十库:两纵即南水北调中线总干渠、引黄总干渠,六横即廊涿干渠、沙河干渠、石津干渠、赞善干渠、邯沧干渠、天津干渠,十库即广阳水库、衡水湖、大浪淀水库、白洋淀、西大洋水库、王快水库、岗南水库、黄壁庄水库、朱庄水库、东武仕水库。

四、完善信息基础设施

　　完善现代通讯信息网络。加快宽带化、泛在化和综合化接入网建设,推进有线电视网由模拟向数字的整体转换,实现电信网、广播电视网、互联网"三网融合",构建宽带、融合、安全的新一代信息基础设施。

　　加快经济社会各领域信息化进程。大力推进企业和产业聚集区信息化建设。积极发展电子商务。推进物联网应用和智能城市建设。加强农业农村、产业发展、公共服务、社会管理等领域重要信息系统建设,加快电子政务推广应用,有效提升政府公共服务和管理能力。

　　建设完善网络信息安全保障体系。健全和完善信息安全管理体系、信息安全应急处置体系和通报机制,加强网络与信息安全技术手段和力量建设。强化党政机关互联网安全接入,建立网络信任体系,提高安全保障能力。

第十五章   建设资源节约型环境友好型社会
提高生态文明水平

　　牢固树立绿色低碳发展理念,以节能减排为重点,节约资源能源,改善环境质量,防范环境风险,保障生态安全,加快建设资源节约型、环境友好型社会,增强可持续发展能力。

一、大力发展循环经济

　　按照减量化、再利用、资源化的原则,以提高资源产出效率为目标,加强规划指导,完善政策措施,推进示范工程,在生产、流通、消费各环节大力推进循环发展。

　　在生产领域实行循环式生产。在钢铁、电力、石化、造纸、木材加工等重点行业,加快循环经济新工艺、新技术、新设备推广和应用,促进清洁生产。重点抓好曹妃甸循环经济示范区、邯郸市循环经济示范城市等国家和省级循环经济试点,培育 3 个循环经济示范市、20 个示范县、50 个示范园区和企业,每年滚动实施 50 个示范项目,形成资源优化组合、产品互补互供、产业链条延伸的循环经济发展模式。推广工业固体废弃物、矿山尾矿等综合利用技术,全省工业固体废物综合利用率达到 70%以上。

　　在消费领域推行循环式利用。积极倡导节约、环保的生活方式与消费模式,全面推行建筑节能,减少服务行业一次性用品使用和消费;遏制过度包装、奢侈消费等行为,引导采用可再生、能降解的包装材料,减少包装废弃物;加强餐厨垃圾管理、回收和利用。积极开展节约型机关、企业、社区创建活动,形成舆论引导、全民参与的良好氛围。

推进资源再生利用产业化。完善再生资源回收体系和垃圾分类回收制度,逐步实现垃圾无害化、资源化、减量化。实行生产者责任延伸制度,建设废塑料、废旧家电及电子产品、废旧金属等回收利用基地,引导再生资源利用向规模化、集约化、产业化方向发展。突出抓好五个"城市矿产"示范基地建设,开展废弃物资源化利用和无害化处理城市试点。

二、降低能耗和碳排放强度

深入推进节能降耗,降低单位生产总值能耗和二氧化碳排放强度,有效应对气候变化。

严格落实目标责任。合理确定各设区市"十二五"节能目标,层层分解,逐级落实。完善节能考核奖惩办法,实行责任追究制度。实施地区能耗总量和增量双重控制,引导各地加快产业结构调整步伐,使有限的环境容量发挥最大效益。

加快节能技术创新。加大节能和低碳共性、关键技术研究开发力度,着力解决技术瓶颈制约。采用高新技术和先进适用技术改造冶金、建材、化工、电力等高耗能行业,每年实施节能改造项目500个,形成300万吨标准煤节能能力。推行合同能源管理等新机制,加快中小企业节能改造步伐。

狠抓重点企业和领域。继续实施"双三十"单位节能减排示范工程,巩固、提高现有"双三十"单位节能减排成果,实施常态化管理,重新筛选"双三十"单位,实行省直接考核。实施"千家企业节能工程",抓好年耗能万吨标煤以上的1000家企业,力争五年节能2000万吨标准煤。强力推进建筑、交通和公共机构等重点领域节能,确保取得明显成效。

有效控制温室气体排放。建立温室气体排放统计监测制度,逐步建立碳排放交易市场。抓好保定国家低碳城市试点和一批省级低碳产业、园区、企业示范试点,实施石家庄、保定国家"十城万盏"LED应用示范工程及唐山国家"十城千辆"新能源汽车城市试点,积极推进承德可再生能源示范城市、邢台太阳能应用示范城市建设。加快绿化造林步伐,增加活立木蓄积量,增强森林固碳能力。

专栏17　绿色低碳重点工程

1. 循环经济示范工程。曹妃甸循环经济示范区、邯郸农业循环经济示范基地、石家庄循环经济化工示范基地、武安新峰循环经济示范园区、沧州临港化工园区、承德市尾矿综合利用示范基地、司家营循环经济示范区、邢台昊华集团"酸肥硅"循环经济产业园、建滔化工循环经济产业科技园、河北冀衡循环经济示范区、唐山三友循环经济示范区建设项目。

2. 资源回收示范基地。成安再戈公司再生资源示范基地、石家庄再生资源科技工业示范基地、张家口氯碱电石渣循环产业基地、唐山再生资源循环利用科技产业园、文安东都环保产业园建设项目、保定天行健集团、邢台上大废金属回收利用产业基地建设项目。

3. 低碳产业示范工程。保定低碳试点城市、承德可再生能源示范城市、邢台太阳能应用示范城市建设工程、绿色能源重点示范县建设工程。

三、推动资源节约和综合利用

坚持以提高资源利用效率为核心,以健全体制机制为抓手,切实加强土地、水、矿产等自然资源的保护与集约利用,提高资源综合利用水平。

节约集约利用土地资源。实行最严格的节约用地制度,强化责任考核,严格土地用途管制,强化规划和年度计划管控。深化土地资源的市场化配置,健全节约集约用地标准,提高土地投资强度和产出率。严格控制非农建设用地规模,新增建设用地向省重点开发区域和重点发展产业倾斜。切实保护防灾减灾等公共用地。实行城乡用地统筹,加大农村土地整治力度,合理减少农村居住用地。

节约利用水资源。加强水资源管理,控制用水总量,提高用水效率,减少入河排污总量,提高水资源对经济发展的保障作用。推行城乡水务统一管理体制,建立与城镇化、工业化和新农村建设相适应的供水安全保障体系。积极推进水价改革,促进水资源合理配置和节约使用。建立水功能区监督管理制度,提高主要河流、湖淀水功能区水质综合达标率。加快节水型社会建设,大力推广节水灌溉技术,农业灌溉用水有效利用系数提高0.03,继续强化工业节水,单位工业增加值取水量降低27%,限制高耗水服务业发展。合理利用地表水,严格控制超采地下水,大力发展雨水集蓄利用、海水利用、中水回用、劣质水源多级利用和工业用水重复利用。

合理开发矿产资源。加强矿产资源统一集中管理,规范开发秩序,严厉整治乱采滥挖、采厚弃薄、采易弃难等行为。推广共生矿、伴生矿、尾矿、低品位矿开采和综合利用技术,提高回采率和回收率。加强沉陷区、采空区治理,实施矿山土地复垦等工程,保护矿山生态环境。加大重要矿产资源的地质勘察力度,努力增加矿产资源储备。

四、坚定有序淘汰落后产能

严格执行国家产业政策。以电力、煤炭、钢铁、水泥、玻璃、有色金属、焦炭、造纸、制革、印染等行业为重点,按照国家淘汰落后产能的政策要求,分级分批编制淘汰落后产能计划,并向社会公告重点地区淘汰落后产能的企业名单、落后工艺设备和淘汰时限。

制定淘汰落后产能配套措施。对产能过剩行业实行新增产能与淘汰产能"等量置换"或"减量置换",鼓励落后产能退出市场。建立淘汰落后产能补助机制,设立淘汰落后产能财政专项资金,鼓励优势企业兼并、收购、重组改造落后产能企业,支持企业运用高新技术和先进适用技术对落后产能进行技术改造。落实和完善资源及环境保护税费制度,推进资源性产品价格改革,发挥差别电价、水价对淘汰落后产能的促进作用。

加强对重点地区的监督检查。将淘汰落后产能完成情况纳入地方政府绩效考核,认真监督,定期检查,结合项目"区域禁限批"严格问责。

五、大幅度减少污染物排放

严格实行主要污染物总量控制。实施化学需氧量、二氧化硫和氨氮、氮氧化物排放总量控制,控制高污染行业发展。严格环境准入,推进规划环评,防止淘汰落后产能污染转移。在造纸、皮革、医药等重点行业实施水污染物减排工程,在电力、钢铁、建材等重点行业推进大气污染物减排工程。深入推进农村环境综合整治,有效治理畜禽养殖污染。抓好污水处理厂和垃圾处理设施的建设和运行监管。强化危险废物全过程管理,严格核、电磁辐射环境监管,预防环境安全事故的发生。健全环境监测应急预警体系和环境执法监察体系。

加强流域海域综合污染防治。推进海河流域水污染防治,大幅度削减污染物入河量,实施全流域跨界断面考核和生态补偿制度。着力推进子牙河水系水污染综合整治工程,基本实现水环境功能恢复。综合治理陆源污染,减少污染物入海量,加强海岸工程和区域开发的生态环境保护,有效提升沿海地区的环境承载力。加强海域污染监测、预警和污染事故应急处理能力建设,防止重大海域污染事件发生。

改善城市空气质量。实施城市清洁空气行动计划,研究制定城市粉尘污染防治管理条例,实行城市空气质量分级管理。重点开展火电行业和机动车尾气氮氧化物防治,减少城市空气颗粒物污染。推进与京津的联合协作,加强大气污染联防联控。

专栏18　节能减排重点工程

1. **锅(窑)炉改造工程**。锅(窑)炉节能技术改造项目,余热余压和能源梯级利用项目。
2. **能效电厂工程**。电机节电系统改造工程,绿色照明改造工程,电除尘器节电改造工程,无功补偿谐波治理工程,蓄热炉双预热技术改造工程,热泵技术开发应用工程和余热余压利用工程。
3. **烟气脱硫脱硝除尘工程**。烧结机、锅炉烟气脱硫除尘改造工程,现有发电机组的脱氮工程,机动车尾气污染防治工程。
4. **城镇污水及垃圾处理厂建设与提升改造工程**。城镇污水处理厂提标改造工程,污水管网及再生利用设施(含再生水配套管网)、城镇生活垃圾无害化处理设施建设工程,唐山等城市生活垃圾焚烧厂建设项目。
5. **有毒有害重金属污染防治工程**。涉铅、铬企业污染防治工程,含铬废水深度处理工程,铅酸电池处置利用工程,铬渣无害化利用工程。
6. **固体废弃物综合利用工程**。尾矿渣、粉煤灰综合利用工程,危险废物和医疗废物处置工程,污水处理厂污泥处理处置工程,平泉尾矿综合开发利用工程,迁安百里矿区生态综合治理工程。
7. **环境监测及执法能力建设工程**。全省环境监测、执法监察、环境应急、核与电磁辐射安全监管、环境信息提供、宣教、科技支撑、固废监管能力建设工程。

六、强化生态环境保护

坚持保护优先和自然恢复为主,加强植树造林,强化对生态系统和物种资源的保护,促进生态环境保护由事后治理向事前保护转变。

强化林草植被保护与建设。实施国家重点造林工程和水土保持工程,强化封禁措施,保护森林资源,大力开展植树造林,提高森林覆盖率。以燕山、太行山生态屏障和坝上防风固沙林带、滨海湿地及沿海防护林带、环首都生态林带等"一屏三带"建设为重点,加强城镇、村庄周边、道路、河流两侧林带和农田林网建设力度。完成造林面积2100万亩,完成水土流失治理面积10000平方公里。继续实行草场禁牧期和轮牧制度,加快退化草场恢复。

加大对自然生态系统的保护力度。落实生态功能区划,加强对水源涵养区、水土保持区、饮用水水源保护区、自然保护区、海岸线及湿地等重要生态功能区的空间管制。规划新建一批自然保护区,对受到严重威胁的典型生态系统、珍稀濒危物种、珍贵海洋生物资源以及自然遗迹等,实施抢救性保护。保护区面积力争达到80万公顷以上。完善自然保护区管理体系,提高保护区管护能力。制定重要湿地名录和保护规划,加快白洋淀、衡水湖等湿地恢复。合理调度安排河流、湿地生态用水和入海淡水量。加强森林防火、有害生物防控,提高森林质量。

建立完善生态保护制度。按照谁开采、谁保护,谁破坏、谁治理的原则,进一步完善矿山环境恢复的投入机制,加快推进矿山生态环境恢复治理。加大水土流失治理力度,继续实施21世纪初期首都水资源可持续利用项目、太行山水土保持重点治理工程、小水电代燃料工程等。建立生态补偿机制,提高生态补偿标准,实现下游与上游、开发区域与保护区域、受益地区与受损地区、受益人群与受损人群之间以及自然保护区内外的利益补偿。

七、提高防灾减灾能力

坚持兴利除害结合、防灾减灾并重、治标治本兼顾、政府社会协同的原则,加强宣传教育和应急演练,强化干部群众避灾减灾意识,提高对自然灾害的综合防范和抵御能力。

防洪抗旱。推进防汛抗旱由控制洪水向管理洪水转变,由单一抗旱向全面抗旱转变。强化防灾减灾体系建设,切实抓好蓄滞洪区安全、海堤、山洪灾害防治、城市防洪等基础设施建设。加强防汛抢险队伍、预警预报设施建设,提高物资保障水平和应对洪涝灾害能力。全面增强抗旱能力,科学调度、合理配置水资源,保障生产生活用水安全。

防地质灾害。全面开展地质灾害隐患排查和勘查,查清地质灾害隐患点基本情况,评价预测发展趋势,划定危险等级。加大监测预警力度,提高监测预警水平和应急处置能力。大力推进群测群防"十有县"建设,发挥乡村群测群防员作用。加大投入力度,对重点地质灾害隐患点进行工程治理,对危害程度高、治理难度大的灾害隐患点实施居民搬迁、避让。严格落实地质灾害防治责任制,建立政府领导、部门配合、联防联控、齐抓共管的地质灾害防治机制。

防震。完善地震预报预防科技平台建设,建立较为完善的地震监测预报、震害防御、应急救援三大体系。全面提高地震监测预测预报能力和水平;强化建设工程抗震设防要求与地震安全性评价监管,确保城市新、改、扩建工程全部达到抗震设防要求,基本完成抗震能力不达标的重要建设工程加固改造,大幅度提高农村地震安全民居比例,增强城乡抗震设防能力;着力抓好学校、医院等人员密集场所建设工程抗震设防工作,切实提高水利、水电、输油气管线等重大工程的抗震能力;全面提升交通、电力、通信等基础设施抗震保障能力,加强应急救援体系建设。

气象工作。加快提升气象预报预测、应对气候变化和开发利用气候资源能力,重点强化农业气象服务和农村气象灾害防御工作,积极开展区域发展和重大项目的气候可行性论证,做好人工影响天气工作,提高人工增雨和防雹能力。

专栏 19　生态保护、建设和防灾减灾重点工程

　　1. 生态建设工程。京津风沙源治理工程建设一期,京津风沙源治理工程二期,退耕还林工程,巩固退耕还林成果工程,"三北"防护林工程,太行山绿化工程,沿海防护林二期工程,平原绿化工程,森林、湿地、野生动植物保护及自然保护区建设工程,黄河故道沙化土地综合治理工程,中幼林抚育工程,环京津绿化工程,21世纪初期首都水资源可持续利用项目,太行山水土保持重点治理工程,省级水土保持重点工程。
　　2. 湿地保护工程。白洋淀湿地、衡水湖湿地、滏阳河湿地、滨海湿地、沽源闪电河湿地、永年洼湿地、官厅水库和岳城水库水源地恢复与保护工程,冀西北河流流域治理工程,青龙河、潮河、滦河、子牙新河流域综合治理工程。
　　3. 防灾减灾工程。河北地震安全技术平台建设工程,农村气象灾害防御和农业气象服务工程,海洋气象灾害监测预警工程,应对气候变化气象科技支撑工程,人工影响天气工程,基层气象台站基础设施建设工程。
　　4. 生态环境安全保障工程。防灾减灾调查评估体系、监测预警体系、防治体系、应急体系建设工程。

第十六章　提高开放水平　构建全方位开放新格局

坚持以开放促发展、促调整、促改革、促创新,把对外开放摆在经济社会发展全局中更加重要的位置,实施更加积极主动的开放战略,加快全方位、多层次、宽领域对外开放。

一、提高利用外资的总体水平和综合效益

明确对外开放重点。以产业招商为主线,完善产业招商目录,建立重大招商项目库,引导外资

投向我省重点发展产业。积极推进全方位对外开放,加强与欧美、俄罗斯、东盟、东北亚等国家和地区的经济技术合作,深化与港澳台的经贸联系,扩大与世界500强的战略合作。创新利用外资方式,增加国外贷款规模,推动省内企业到境外上市融资。2015年全省实际利用外资力争达到100亿美元。

搭建对外开放平台。把加快中日曹妃甸生态工业园、中韩工业园等园区建设作为推进沿海对外开放的重要举措,按照国际一流标准规划、设计、建设,努力打造全方位参与东北亚区域合作的新高地。进一步加强冀港交流合作,学习借鉴香港市场经济、社会管理等方面的成功经验。按照国际化、市场化、品牌化要求,把环首都国际经济贸易洽谈会、中国曹妃甸临港产业国际投资贸易洽谈会培育成知名品牌展会。完善园区产业规划,增强园区产业配套能力,支持符合条件的省级开发区扩区升级。着力推进口岸开放,加快口岸大通关建设。积极发展远洋船队,努力开辟国际航线,提升港口、机场的国际化程度。

建立常态化招商机制。按照有产业招商指南、有产业招商地图、有产业招商项目库、有专业招商队伍、有专门投资促进机构、有专项工作经费的要求,建立健全常态化招商机制,完善招商投资促进体系,营造全社会抓招商、全方位抓服务、全身心抓落实的招商引资氛围。各设区市、省级以上开发区在国内外重点招商地区设立常设招商机构,精心谋划自办主题招商活动。大力推动产业链、产业集群招商和重点区域招商,鼓励驻点招商。

优化利用外资结构。引导外资更多投向先进制造业、高新技术产业、现代服务业、新能源和节能环保产业,积极参与城市扩容和新城建设。鼓励外资在我省设立地区总部和研发中心等功能性机构。支持符合条件的外商投资企业与省内企业和机构合作申请国家科技开发项目。加大智力、人才和技术引进力度,促进"引资"与"引智"相结合。

二、打造出口竞争新优势

强力开拓国际市场。实施出口市场多元化战略,巩固传统市场,开拓新兴市场,加快转变外贸发展方式,提高外贸质量和效益,2015年外贸进出口总额力争达到700亿美元。

加强出口基地建设。打造关联度高、影响力大、竞争力强、效益好的10个国家级出口基地、40个省级出口基地和100家省级出口基地企业,增强出口拉动作用。

优化出口商品结构。鼓励技术创新,提高机电产品等高附加值产品出口比重,扩大拥有自主知识产权的高新技术产品出口,力争机电、高新技术产品出口占比分别提高到50%和30%以上。同时,增加农产品和劳动密集型产品出口。

加强出口自主品牌建设。对我省知名出口品牌企业到境外注册商标、申请专利、取得认证等,在咨询服务、法律援助和资金支持等方面给予重点扶持,打造一批具有国际影响的知名品牌。

加快发展服务贸易。拓展服务贸易的广度和深度,促进服务贸易示范城市、园区和企业发展。建设5个省级服务贸易示范园区和100家省级服务贸易示范企业,2015年服务贸易进出口总额达到85亿美元。

建立快速、高效的外贸监控和反应机制。强化产业损害预警,妥善应对国际贸易摩擦,维护我省产业安全和企业权益。结合重点产业需求,扩大先进技术、关键设备、战略资源能源和节能环保产品的进口。

三、积极实施"走出去"战略

鼓励优势行业和企业开展境外投资。重点推动钢铁、建材、装备制造、轻工、纺织、服装、医药、农业等具有比较优势的行业和企业到境外投资办厂(场)。鼓励优势企业在海外开展矿产和能源资源合作,建立长期稳定的战略资源供应基地和生产基地。加快推进冀东发展集团、开滦集团、河北矿业等一批境外投资项目建设。力争我省对外投资额实现翻番。

支持企业开展跨国经营。鼓励各类有实力的企业以投资、参股、并购等多种方式在境外建立生产基地和研发中心,建立全球生产、采购和营销网络,培育一批具有国际竞争力的跨国公司。加强对外经济技术合作,积极开展对外工程承包、劳务输出。

建立健全投资服务体系。完善配套支持政策,制定国别(地区)投资指南,强化境外投资指导。加强境外投资法律服务,保障境外投资企业的合法权益和人员安全。

四、加强国内经济技术合作

深化与京津全方位战略合作。按照对接京津、主动作为、互利共赢、跨越发展的要求,拓展与京津合作领域,创新合作方式,打造发展环境梯度差、优质服务梯度差、体制机制梯度差、优惠政策梯度差,全面推进京津冀一体化发展。

扩大与晋蒙等中西部资源富集省份合作。鼓励和支持我省企业参与晋蒙能源资源勘探开发,重点推进开滦集团、冀中能源集团、河北建投集团等在晋蒙的能源开发项目建设,保障我省能源资源供给。积极推进山西、内蒙古等地区在我省沿海地区参与港口建设和兴办产业园区,深化我省与晋蒙等地互利合作。

加强与长三角、珠三角等发达省市合作。抓住南资北移机遇,重点引进项目、引进资金、引进人才,提升我省先进制造业、服务业和新兴产业发展水平。积极引进东南沿海发达省市知名大企业特别是民营大企业落户我省。

推进与西部地区的互利合作。加强政府间的沟通与协调,建立政府支持、市场引导、企业参与的合作机制,扩大与中西部地区在资金、技术、资源、市场上的合作,积极组织企业开展项目对接,不断拓展我省发展空间。按照中央部署,继续在经济、干部、人才、教育和科技等领域扎实开展对口支援新疆、西藏和重庆三峡库区移民工作。

专栏20 扩大开放重点工程

1. 园区建设。中日曹妃甸生态工业园、燕郊首尔园、曹妃甸保税区、黄骅港保税区建设工程。

2. 品牌化招商平台。举办中国·环首都绿色经济圈国际经贸洽谈会,河北(香港)投资贸易洽谈会,中国·曹妃甸临港产业国际投资贸易洽谈会,中国(承德)国际旅游文化投资贸易洽谈会。

3. 出口基地。唐山装备制造,秦皇岛船舶制造及重大装备,廊坊电子信息,宁晋新能源,衡水精细化工,邯郸新兴铸管。

4. 对外承包工程。中石油管道局、中石油东方地球物理、省水工局等大型企业对外承包工程。

5. 境外投资项目。冀东发展集团南非水泥生产项目,开滦集团加拿大煤矿开发项目,河北矿业澳大利亚金属矿开发项目,秦皇岛通联集团、鑫河钢铁老挝矿产资源开发项目,南非秦皇岛玻璃工业园区项目。

6. 国内经济技术合作。开滦集团、冀中能源集团、河北建投集团与晋蒙能源资源合作项目,沿海山西工业园、内蒙古工业园建设项目。

第十七章　打好改革攻坚战　建立保障科学发展的体制机制

以更大决心和勇气全面推进各领域改革,努力在重点领域和关键环节取得重大进展,着力构建有利于经济发展方式转变、有利于社会和谐进步的体制机制。

一、深化国有企业改革

优化国有经济布局。推进国有经济战略性调整,大力实施国有企业战略性重组,支持河北钢铁、开滦集团、冀中能源、河北建投、河北港口等企业进行联合并购,加快河北航空投资集团、高速公路集团等企业资产整合、发展壮大。积极引导境外资金、民间资本参与国有企业重组改造,调整优化国有经济的产业、产品结构,提高核心竞争力。

建立现代企业制度。继续推进政资分开、政企分开,深化国有企业改革,全面完成国有大中型企业股份制改造。继续深化国有大中型企业内部改革,完善法人治理结构,促进公司股东会、董事会、监事会、经理层规范运作,积极探索外部董事制度。

加强国有资产管理。健全国有资产监管和运营体制,继续推进政府社会公共管理职能与国有资产出资人职能分离,进一步完善企业领导人任期、国有产权转让、企业重大事项决策审议等监管制度。加强对企业经营者业绩目标考核,完善企业重大决策失误追究制度。提高国有资本收益收取比例,完善国有资本经营预算制度。

二、加快财税和投融资体制改革

深化财政体制改革。努力构建科学规范、运转协调、有机统一的地方现代公共财政体系。合理界定各级政府事权,按照财力与事权相匹配的原则,理顺财政分配关系,增强县级政府提供基本公共服务能力。完善激励性财政体制,促进经济结构调整、空间布局优化和城镇化发展。细化项目预算编制,推行零基预算和绩效预算,不断提高财政资金使用效益。深化县、乡财政体制改革,强化乡镇财政所建设,促进县域经济资源优化配置。

深化投融资体制改革。扩大债券融资规模,完善债券发行管理体制,积极发展股权投资基金。加强社会信用和担保体系建设,优化金融生态环境。继续深化投资体制改革,完善投资项目审批、核准和备案程序,及时修订投资核准目录。规范政府投资行为,推动政府投融资平台健康发展。

三、推进行政管理体制改革

提高行政审批效率。深化行政审批制度改革,进一步减少和规范行政许可和审批事项,加强对行政审批事项的监督管理。建设并完善省、市、县三级行政服务中心,实行集中审批、一站式服务。大力推进电子政务,实现省、市、县三级行政服务事项统一管理、网上办理和电子监察。

深化扩权强县、强镇改革。进一步扩大县级经济社会管理权限,继续扩大扩权县(市)范围,开展省直管县(市)管理体制改革试点,积极推进乡镇机构改革,开展经济发达镇扩权改革,赋予部分经济发达镇县级经济社会管理权限。

推动事业单位改革。按照政事分开、事企分开和管办分离的原则,对现有事业单位进行分类改革。主要承担行政职能的事业单位,逐步转为行政机构或将其行政职能划归行政机构;面向社会提供公益服务的,继续保留事业单位序列,通过改革管理体制和运行机制,强化公益属性;以从事生产经营活动为主的事业单位逐步转制为企业。

四、完善资源性产品价格形成机制

深化资源性产品和环保收费改革。积极推进电、水、气、矿产品等资源性产品价格改革,建立切实反映市场供求关系、资源稀缺程度及污染损失成本的价格形成机制。进一步完善差别电价、水价政策,加大高污染高耗能、限制类淘汰类企业的生产经营成本。落实风能、太阳能、生物质能等可再生能源发电项目上网电价和电价补贴政策,实行大用户与发电企业直接购电试点。建立天然气上下游价格联动机制。推进环境保护收费改革,建立健全污染者付费制度。

建立排污权有偿使用和交易制度。研究制定主要污染物排放权交易管理和有偿使用办法、交易基准价格和出让金标准,促进排污权有序流转。健全固体废物管理和交换机制,探索企业互换副产品的价格形成机制。

第十八章　健全规划保障机制　推进规划有效实施

实现规划目标和任务,主要依靠发挥市场配置资源的基础性作用。同时,政府要正确履行职责,加强和改善宏观调控,有效引导社会资源,合理配置公共资源。科学合理编制专项规划,分领域、分阶段落实本规划提出的目标和任务。

一、加强规划分类指导和协调衔接

要遵循社会主义市场经济规律,加快政府职能转变,加快制度创新,调整完善政策,健全激励约束机制,为推动规划实施提供保障。要明确政府推进规划实施的重点领域和责任。产业发展、结构调整等领域的目标任务和预期性指标,主要依靠市场主体自主行为实施,政府要进一步强化在市场监管和食品药品安全等方面的责任,切实维护公平公正的市场秩序。公共服务领域的目标任务和约束性指标,要强化政府责任,有效运用公共资源确保实现。

本规划是统领全省经济社会发展全局的总体规划,是编制其他专项规划、区域规划和市、县规划的依据。专项规划和区域规划要在特定领域和特定区域落实总体规划。市、县规划要在本规划指导下,结合本地实际,明确目标任务,抓好落实。

二、抓好重大事项和重大项目落实

规划所列重大事项和重大项目,是实现规划目标的重要保障。要根据规划确定的目标任务,把重大事项和重大项目分解到年度计划,落实到各级各部门和有关单位;加强协调调度,及时发现和解决问题,定期公布规划执行情况;强化社会监督,实行严格的责任考核制度,确保规划所列重大事项和重大项目如期实现。

三、以求真务实作风保障规划实施

完成"十二五"规划提出的目标任务,各级政府责任重大,任务艰巨,必须进一步解放思想,加快职能转变,创造性开展工作。以求真务实、锐意进取、创先争优的工作作风凝心聚力,抓好落实。要大兴积极探索、勇于创新之风,大兴深入基层、调查研究之风,大兴真抓实干、艰苦奋斗之风,使抓落实成为各级政府的自觉行动。进一步健全绩效考核制度,依靠有效的制度和良好的作风保证工作到位。加强对规划落实情况的监督检查,严格执行党风廉政建设责任制,加强行政权力运行监督。

四、完善绩效评价考核体系

加快制定并完善有利于推动科学发展、加快转变经济发展方式的绩效评价考核体系和具体考核办法,弱化对经济增长速度指标的评价考核,强化对结构优化、民生改善、资源节约、环境保护和基本公共服务等目标任务完成情况的综合评价考核,考核结果作为各级政府领导班子调整和领导干部选拔任用、奖励惩戒的重要依据。

五、建立规划评估和调整机制

本规划由省政府组织实施。为有效解决规划实施中存在的问题并为下一个五年规划提供借鉴,省政府将适时组织规划中期评估,提交省人大常委会审议。

规划实施期间,如遇国内外环境发生重大变化或由于其他重要原因,确需对本规划进行调整时,由省政府提出调整方案,按程序报请省人大常委会批准执行。

"十二五"规划是全面贯彻落实科学发展观、加快转变经济发展方式的重要规划。实施和完成这个规划将使我省经济社会发展水平和质量登上一个新台阶,在向全面建设小康社会目标前进的道路上迈出具有决定性意义的一步。让我们更加紧密地团结在以胡锦涛同志为总书记的党中央周围,以邓小平理论和"三个代表"重要思想为指导,深入贯彻落实科学发展观,在中共河北省委的坚强领导下,凝心聚力,扎实工作,抢抓机遇,乘势而上,为圆满完成"十二五"规划确定的各项目标任务,建设更加富饶、更加秀美、更加幸福的新河北而努力奋斗!

山西省国民经济和社会发展
第十二个五年规划纲要

（2011 年 1 月 24 日山西省
第十一届人民代表大会第五次会议审议通过）

山西省国民经济和社会发展第十二个五年（2011～2015）规划纲要根据《中共山西省委关于制定国民经济和社会发展第十二个五年规划的建议》编制，主要阐明我省经济社会发展的战略取向，明确政府的工作纲领，引导市场主体行为，是未来五年我省发展的宏伟蓝图，是全省人民共同的行动指南。

第一章　加快转变经济发展方式，努力
开创山西科学发展新局面

"十二五"时期是我省全面建设小康社会的关键时期，是深化改革开放、加快转变经济发展方式的攻坚时期，也是实现转型跨越发展的重要时期，必须继续抓住和用好战略机遇期，努力开创科学发展新局面。

第一节　"十一五"规划实施情况

"十一五"时期是我省发展史上极不平凡的五年。面对国际金融危机的严重冲击，面对经济结构深层次矛盾的重重困扰，面对经济社会建设的繁重任务，全省上下在党中央、国务院的坚强领导下，深入贯彻落实科学发展观，迎难而上、砥砺奋进，保持了经济平稳较快发展、社会和谐稳定的良好局面，胜利完成了"十一五"规划确定的主要目标任务，社会主义经济建设、政治建设、文化建设、社会建设以及生态文明建设和党的建设取得重大进展，各项工作取得新成就。

综合实力再上新台阶。经济实力显著增强，质量效益明显提高，全省"十一五"期间地区生产总值年均增长达到 11.2%。财政总收入年均增长 19%。全社会固定资产投资年均增长 27.2%。社会消费品零售总额年均增长 18.7%。产业结

构调整迈出新步伐,煤炭资源整合、煤矿兼并重组取得重大成果。重点工程建设实现历史性突破,基础设施显著改善。自主创新能力得到加强,产业竞争力逐步提升。特色城镇化建设稳步推进,区域发展协调性增强。安全生产的被动局面得到扭转,安全生产形势明显好转。

人民生活显著改善。城乡居民收入较快增长,人民生活水平进一步提高。社会事业全面进步,农村"五个全覆盖"工程圆满完成。城镇居民人均可支配收入年均增长11.9%,农民人均纯收入年均增长10.4%。大力实施教育均衡、医疗健康、创业就业、社会保障、住房安居五大惠民工程,城乡居民得到了更多实惠。城镇居民基本医疗保险制度全面推开,新型农村合作医疗制度覆盖全省,新型农村社会养老保险试点有序推进。公共卫生和基本医疗服务体系逐步健全。文化事业和文化产业快速发展。

体制活力不断增强。大部门制政府机构改革有序推进,投资管理体制基本理顺,政府职能转变取得明显成效。国家批复的煤炭工业可持续发展试点工作启动和运转,并取得可喜成绩。经济体制改革试点市县取得初步成效。事业单位分类改革试点工作稳慎推进。以企业主辅分离、辅业改制为重要内容的国企改革取得较大成效。成品油税费改革,取消政府二级公路收费顺利实施。集体林权制改革在全省推开。邮政体制实现政企分开。医药卫生体制改革迈出实质性步伐。乡镇机构改革、农村义务教育改革、县乡财政管理体制改革取得初步成效。文化体制改革取得新进展。

对外开放不断深化。成功举办了"港洽会"、"沪洽会"、"珠洽会"、"农博会"和能源博览会等招商活动,积极参加"世博会"、"西洽会"、"厦洽会"、"中部博览会"、"东盟博览会"、"高交会"等重要会展活动。外贸进出口总额年均增长17.8%。与周边省份、中部各省以及环渤海、长三角、珠三角等兄弟省市的经济联系进一步密切,对外合作不断加强,"走出去"步伐明显加快。借用国外长期低息优惠贷款工作成效显著。

生态环境明显改善。节能减排取得较大进步,淘汰落后产能取得重大成效,循环经济发展取得重大突破,单位地区生产总值能耗、主要污染物排放总量下降明显。积极实施"2+10"生态环境综合治理修复与保护和造林绿化工程,实现县县有城镇生活污水处理厂,生态建设和环境保护取得显著成效。

在充分肯定成绩的同时,我们也要清醒地看到,我省产业结构单一化、初级化、重型化问题仍然比较突出,经济发展方式比较粗放,城乡区域发展不协调,科技创新能力不强,节能减排和安全生产压力较大,城乡居民收入水平不高,社会事业发展和民生改善欠账较多,制约科学发展的体制机制障碍仍然较多,发展环境欠佳,对外开放程度较低,政府职能转变还不能适应转型跨越发展的要求,干部思想解放程度不够,少数干部形式主义、官僚主义比较突出。对此必须在"十二五"期间着力加以解决。

专栏1 "十一五"规划指标完成情况					
指标名称	2005年	规划目标		实现情况	
		2010年	年均增长(%)	2010年	年均增长(%)
一、结构调整与经济发展					
1.地区生产总值(亿元)	4230.5	—	10	9088.1	11.2
人均地区生产总值(元)	12647		9.6	26385	10.6

续表

指标名称	2005 年	规划目标		实现情况	
		2010 年	年均增长（%）	2010 年	年均增长（%）
2.财政总收入（亿元）	758.1	—	15	1810.2	19
一般预算收入（亿元）	368.3	—	15	969.7	21.4
3.全社会固定资产投资（亿元）	1859.4	—	20	6352.6	27.2
外来直接投资（省外）（亿元）	203.8（2006 年）	—	20	498.4	25.1
外来直接投资（境外）（亿美元）	2.75	—	25	15.1	40.6
服务业投资（亿元）	678.9	—	35	3452.5	38.4
4.社会消费品零售总额（亿元）	1401.2	—	13	3318.3	18.7
5.外贸进出口总额（亿美元）	55.5	—	12	125.8	17.8
6.粮食总产量（亿公斤）	97.8	90 以上	—	108.5	—
7.居民消费价格总水平年上涨幅度（%）	2.3	控制在2～3 以内	—	3	—
8.第三产业增加值占地区生产总值比重（%）	38.1	40	［1.9］	37	［-1.1］
服务业增加值（亿元）	1611.1	—	12	3363.4	11.7
9.新型工业化水平（%）	33.1	50	［16.9］	54.28	［21.17］
10.高新技术产业增加值占地区生产总值比重（%）	4.1	8	［3.9］	4.3＊	
11.科技进步指数	0.11	0.63			
每 10 万人专利申请数（项）	5.92	8.5	—	23.1	—
研究与开发经费支出占地区生产总值比重（%）	0.65	1.2	［0.55］	1.1＊	
12.非煤产业销售收入（亿元）	3355.4	—	25	7652.6	17.93
非煤产业销售收入占工业销售收入比重（%）	70.1	70	—	60.3	
亿元以上工业企业销售收入（亿元）	3948.4	—	30	11898.3	24.68
亿元以上工业企业销售收入占工业销售收入比重（%）	82.5	90	［7.5］	93.75	［10.75］
销售收入亿元以上工业企业单位数（个）	679	＞1050	—	1382	
二、民生改善与社会发展					
13.高中阶段毛入学率（%）	63.72	85	［21.28］	86.8	［23.08］
高等教育毛入学率（%）	24	28	［4］	28.07	［4.1］
14.公共文化服务体系建设达标率（%）	70.61（2007 年）	100	—		—
15.县乡村三级医疗卫生机构达标率（%）	33	80	［47］	90	［57］
每千人拥有医生（人）	2.99	3.5	［0.51］	3.83	［0.81］
每千人拥有病床（张）	3.23	3.1	—	4.55	—
16.人均公共体育场馆面积（平方米）	0.86	1	［0.14］	1.34	［0.48］
17.公路密度（公里/百平方公里）	71.16	75	［3.84］	84.23	［13.07］
18.财政对科技、教育、农业支出与经常性收入增速比（%）	—	高于经常性收入增幅	—	三项均高	—

续表

指标名称	2005 年	规划目标		实现情况	
		2010 年	年均增长(%)	2010 年	年均增长(%)
19. 城镇基本社会保障覆盖率(%)	73.5	≥80	≥[6.5]	87	[13.5]
20. 新型农村合作医疗参合率(%)	80.92	>90	>[9.08]	94.28	[13.36]
21. 亿元地区生产总值生产安全事故死亡率(人/亿元)	1.08	—	-8.3,五年共降35	0.35	
煤炭生产百万吨死亡率(人/百万吨)	0.902	<0.8	-2.5	0.188	—
22. 人口自然增长率(‰)	6.02	—	控制在6以内	5(预计)	控制在6以内
残疾人康复覆盖率(%)	23	46	[23]	58	[35]
23. 城镇化率(%)	42.11	47	[4.89]	47	[4.89]
24. 城镇登记失业率(%)	3.1	—	控制在4以内	3.6	控制在4以内
25. 城镇居民人均可支配收入(元)	8913.9	—	12	15648	11.9
农村居民人均纯收入(元)	2890.7	—	6~8	4736	10.4
26. 占人口20%的城镇低收入者收入(元)	3733	—	>13	6975.5	13.32
占人口20%的农村低收入者收入(元)	1085	—	>8	1616	8.29
27. 农村自来水普及率(%)	63(07年)			75	
28. 城镇居民人均住宅建筑面积(平方米)	24.79	30	[5.21]	30.25	[5.46]
农村居民人均住宅建筑面积(平方米)	24.16	26	[1.84]	26.82	[2.66]
三、生态建设与可持续发展					
29. 万元地区生产总值综合能耗下降(%)	—	—	[22]	—	[22.6]
万元地区生产总值电耗(千瓦时)	2236.91	—	5	1944(预计)	
30. 万元地区生产总值平均耗水量(立方米)	130.55	—	-8.3	77.69	
万元工业增加值平均耗水量(立方米)	65.83	—	-10	28.52	
31. 煤矿企业兼并重组数(个)		—	<1500	1053	—
32. 工业固体废物综合利用率(%)	44.67	60	[15.33]	65	[20.33]
工业用水重复利用率(%)	91.87	95	[3.13]	95.6	[3.19]
33. 大气污染综合指数(%)	4.38	<2.5	—	1.67	—
二氧化硫排放量削减(%)	—	—	[13]	—	[17.6]
化学需氧量排放量削减(%)	—	—	[13]	—	[13.93]
34. 城市生活垃圾无害化处理率(%)	16.6	>60	>[43.4]	65	[48.4]
城市污水处理率(%)	56.23	>70	>[13.8]	76	[19.8]
35. 城市集中供热普及率(%)	46.6	>80	>[33.4]	81.8	[35.2]
36. 地下水位升降幅度(米)					
37. 耕地保有量(万亩)	6122	6000左右	—	6089	—
38. 森林覆盖率(%)	14.1	18	[3.9]	18	[3.9]
39. 城市建成区绿化覆盖率(%)	30	35	每年增加1个百分点	38.3	

注:[ ]为五年累计数,＊为2009年数据。

第二节　"十二五"时期面临的形势

当前和今后一个时期,我国发展仍处于可以大有作为的重要战略机遇期,工业化、信息化、城镇化、市场化、国际化深入推进,国内外环境总体上有利于我省转型跨越发展。国家扩大内需和促进中部崛起战略深入实施,对能源、材料和装备的需求将持续增加,我省仍具有明显比较优势;煤炭工业可持续发展试点、循环经济试点省和生态省试点特别是国家资源型经济转型综合配套改革试验区,将为我省提供有力的政策支撑;我省进入工业化跃升期、城镇化加速期、节能环保攻坚期、基础设施建设加大期,将为转型跨越发展提供难得的历史机遇;"十一五"时期积累的雄厚物质基础和不断完善的软硬发展环境,为承接国际国内产业转移、加快转型跨越发展创造了良好条件;全省上下创先争优、奋力赶超,形成了转型跨越发展的强大合力和浓厚氛围。

同时,我省发展也面临着外部环境不确定因素增多与我省经济抗风险能力不足的双重压力;煤炭产业边际效益递减与新兴产业竞争力不足的双重压力;加快发展与转型发展的双重压力;保障国家能源供给与生态脆弱、污染较重的双重压力;民生欠账较多与公共服务需求扩张的双重压力。我们必须进一步解放思想,转变作风,切实增强机遇意识和忧患意识,准确判断形势变化,科学把握发展规律,抢抓机遇,破解难题,加快推动转型发展、跨越发展。

第三节　指导思想

"十二五"时期,必须全面贯彻党的十七届五中全会精神,高举中国特色社会主义伟大旗帜,以邓小平理论和"三个代表"重要思想为指导,深入贯彻落实科学发展观,以科学发展为主题,以加快转变经济发展方式为主线,坚持把经济结构战略性调整作为加快转变经济发展方式的主攻方向,坚持把科技进步和创新作为加快转变经济发展方式的重要支撑,坚持把保障和改善民生作为加快转变经济发展方式的根本出发点和落脚点,坚持把建设资源节约型、环境友好型社会作为加快转变经济发展方式的重要着力点,坚持把改革开放作为加快转变经济发展方式的强大动力。

从我省实际出发,要以解放思想为先导,以转型跨越发展为目标,以推进国家资源型经济转型综合配套改革试验区建设为总揽,以安全生产为重要保障,大力推进工业新型化、农业现代化、市域城镇化、城乡生态化,在建设国家新型能源和工业基地的基础上,建设全国重要的现代制造业基地、中西部现代物流中心和生产性服务业大省、中部地区经济强省和文化强省,再造一个新山西。

第四节　主要目标

综合考虑未来发展趋势和条件,今后五年我省经济社会发展的主要目标是:

经济快速健康发展。主要经济指标的总量翻番,就业持续增加,经济增长质量和效益明显提高,市场竞争力和抵御风险能力显著增强。

资源型经济转型取得明显进展。需求结构、产业结构、要素投入结构更趋合理,产业结构调整取得重大进展,经济对以煤炭为主的资源依赖有所减弱,接替产业、循环经济、新兴产业迅速发展,城镇化水平显著提高,城乡区域发展协调性明显增强,自主创新能力不断提高,节能减排取得明显成效,生态环境显著改善,安全生产形势稳定好转。

城乡居民收入普遍较快增加。努力实现居民收入增长和经济发展同步、劳动报酬增长和劳动生产率提高同步,农村居民收入增速高于城镇居民收入增速,低收入者收入明显增加,中等收入群体持续扩大,贫困人口大幅减少,人民生活质量和水平显著提高。

社会建设明显加强。覆盖城乡居民的基本公共服务体系逐步完善,人民受教育程度稳步提升,人民群众思想道德素质、科学文化素质和健康素质不断提高。社会主义民主法制更加健全,人民权益得到切实保障。文化事业和文化产业加快发展。社会管理制度趋于完善,社会更加和谐稳定。

改革开放不断深化。重要领域和关键环节改革取得明显进展,资源型经济转型的体制机制不断完善,政府职能进一步转变,发展环境明显优化,对外开放的广度和深度持续拓展,对外合作水平不断提升。

专栏2　"十二五"规划指标体系

类别	序号	指标名称	2010年	2015年	年均增长（%）	属性
经济增长与结构调整	1	地区生产总值(亿元)	9088.1	17000以上	13	预期性
		工业增加值(亿元)	4586.4	—	>15	预期性
	2	财政总收入(亿元)	1810.2	3640	15	预期性
		一般预算收入(亿元)	969.7	1950	15	预期性
	3	全社会固定资产投资(亿元)	6352.6	[50000]	20	预期性
	4	居民消费价格总水平上涨幅度(%)	3	—	控制在3以内	预期性
	5	社会消费品零售总额(亿元)	3318.3	—	18	预期性
	6	粮食总产量(亿公斤)	108.5	105	—	预期性
	7	服务业增加值比重(%)	37	40	[3]	预期性
	8	城镇化率(%)	47	55	[8]	预期性
	9	传统产业新型化率(%)	60	>75		预期性
	10	外商直接投资(亿美元)	15.09		25	预期性
	11	外贸进出口总额(亿美元)	125.8	—	13	预期性
人力资源和自主创新	12	研究与试验发展经费支出占地区生产总值的比重(%)	1.1*	2.2		预期性
	13	每十万人专利申请量(件)	23.1	35	[11.9]	预期性
	14	高新技术增加值占地区生产总值比重(%)	4.3*	11		预期性
	15	每万劳动力中研发人员人数(人)	20.3*	33		预期性
	16	主要劳动年龄人口平均受教育年限(年)	9.37*	10.5		预期性
公共服务和人民生活	17	学前三年毛入园率(%)	60.7	65	[4.3]	预期性
		九年义务教育巩固率(%)	92.7	95	[2.3]	**约束性**
		高中阶段教育毛入学率(%)	86.8	93	[6.2]	预期性
		高等教育毛入学率(%)	28.07	38	[9.93]	预期性
	18	省市县三级公益文化设施达标率(%)	52	80	[28]	预期性
	19	城镇参加基本养老保险人数(万人)	590	700	[110]	**约束性**
	20	新型农村社会养老保险人数(万人)	492	1000	[508]	**约束性**
	21	城乡三项基本医疗保险参保率(%)	92.4	93.5	[1.1]	**约束性**
		城镇职工基本医疗保险参保人数(万人)	935	1100	[165]	
		城镇居民基本医疗保险参保人数(万人)				
		新型农村合作医疗参合率(%)	94.28	95	[0.72]	

续表

类别	序号	指标名称	2010 年	2015 年	年均增长（%）	属性
公共服务和人民生活	22	农村自来水普及率(%)	75	95	[20]	预期性
	23	城镇登记失业率(%) *	3.6	—	控制在 4.5 以内	预期性
	24	城镇新增就业人数(万人)	—	—	[200]	预期性
	25	五年转移农村劳动力人数(万人)	—	—	[150]	预期性
	26	城镇保障性安居工程建设(万套)	—	—	[116.93]	约束性
	27	财政对科技、教育、农业投入增长幅度	三项均大	—	三项均大	预期性
	28	人口自然增长率(‰)	5(预计)	<6.5	—	约束性
		残疾人康复覆盖率(%)	58	92.5	[34.5]	预期性
	29	城镇居民人均可支配收入(元)	15647.7	30000	13	预期性
	30	农村居民人均纯收入(元)	4736	9000 以上	13 以上	预期性
	31	亿元地区生产总值生产安全事故死亡率(人/亿元)	0.303	控制在 0.3 以下	—	约束性
		煤炭生产百万吨死亡率(人/百万吨)	0.188	控制在 0.2 以下	—	
		工矿商贸就业人员十万人生产安全事故死亡率(人/十万人)	3.04	控制在 3.0 以下	—	
		万车死亡人数(人)	6.12	控制在 5.0 以下	—	
生态建设和环境保护	32	单位地区生产总值能源消耗降低(%)	—	—	控制在国家下达指标内	约束性
	33	非化石能源占一次能源消费比重(%)	0.9	3~5	—	约束性
	34	单位工业增加值用水量降低(%)	—	—	[-16.3]	约束性
	35	农业灌溉用水有效利用系数	0.5 *	0.53		预期性
	36	工业固体废物综合利用率(%)	65	70	[5]	预期性
	37	主要污染物排放减少(%) 二氧化硫	—	—	控制在国家下达指标内	约束性
		化学需氧量	—	—		
		氮氧化物	—	—		
		氨氮	—	—		
		烟尘	—	—	[10]	
		粉尘	—	—	[10]	
	38	单位地区生产总值二氧化碳排放降低(%)	—	—	[17]	约束性
	39	城市燃气普及率(%)		90		预期性
		城市集中供热普及率(%)	81.8	85	[3.2]	预期性
	40	城市生活垃圾无害化处理率(%)	65	80	[15]	预期性
		城市污水处理率(%)	76	80	[4]	预期性
	41	耕地保有量(万亩)	6089	—	不低于国家下达的指标	约束性
	42	造林绿化 森林覆盖率(%)	18	23	[5]	约束性
		森林蓄积量(亿立方米)	0.97	1.2	[0.23]	
		建成区绿化覆盖率(%)	34	36	[2]	预期性

注:[ ]为五年累计数;* 为 2009 年数据。

第二章　优化生产力布局　构建转型
跨越发展的战略基础

实现转型跨越发展,必须全面贯彻落实国家宏观调控政策,更加注重优化生产力布局,在调整优化投资结构的基础上加大投资力度,加快基础设施建设,夯实发展基础,增强发展后劲。

第一节　实施主体功能区规划

按照形成主体功能区的总体要求,调整和完善空间开发结构,优化产业空间、城市空间、生态空间布局,努力形成区域分工合理、区际良性互动、基本公共服务均等化的区域协调发展新格局。

优化空间开发格局。按照优化开发、重点开发、限制开发、禁止开发的不同功能定位和要求,进一步优化空间开发结构,提高国土资源利用效率,促进区域分工合理化、基本公共服务均等化和区际良性互动。对人口密集、开发强度偏高、资源环境负荷过重的大运骨干通道沿线地区,要优化开发,加快发展新兴产业和高新技术产业,从严控制一般性传统产业项目,不再布局煤炭、焦炭、冶金、化工、水泥等项目,对现有高耗能、高污染、资源型项目要逐步关停淘汰或搬迁改造。对资源环境承载能力较强、人口集聚度较高和经济条件较好的地区,要重点开发,加快推进工业化、城镇化,推动产业结构优化升级,特别是在煤、水和土地资源富集区,大力发展现代煤化工等资源深加工产业。对重点生态功能区和生态环境脆弱的地区,要限制大规模、高强度的工业化城镇化开发,鼓励发展以林果业为主导的特色农业、林业。对依法设立的各级各类自然文化资源保护区、重要水源地和其他需要特殊保护的区域,要禁止开发。按照国家生产力布局要求,建设晋北动力煤基地、晋中炼焦煤基地、晋东无烟煤基地及相应的电力基地,推动能源资源集中开发、集约生产和生态环境集中治理修复。

构建"一核一圈三群"为主体的城镇化格局。按照"空间集聚、组群推进、城乡统筹、协调发展"的原则,吸引人口、产业向发展条件好的6个盆地相对集中,形成"一核一圈三群"城镇空间布局,推进区域性国土开发进程。"一核"即由太原市区、晋中市区、清徐县城、阳曲县城构成的太原都市区,是全省城镇体系的组织核心,经济转型发展的增长极核。"一圈"即太原都市圈,是以太原都市区为核心,太原盆地城镇密集区为主体,辐射阳泉、忻定原、离柳中城镇组群的都市圈,包括太原、晋中、吕梁、阳泉、忻州5市的30个县、市、区。该区域是省域经济与社会事业最为发达的核心区域和最为重要的城镇密集地区。"三群"即以大同、朔州为核心的晋北中部城镇群,以临汾、运城为核心的晋南中部城镇群,以长治、晋城为核心的晋东南中部城镇群。三个城镇群是区域经济发展的核心区域,省域经济持续增长的重要区域。加强公路、铁路等交通设施建设,完善都市圈和城镇群之间的联系,壮大大运、太焦城镇发展轴线,加快县城和重点镇建设,使其成为承载区域人口和产业转移的重要增长极,促进城乡统筹和区域协调发展。

形成五大产业板块,构建以六大区域为主体的农业发展战略格局。推动雁门关、晋中、晋南、太行山、吕梁五大农业产业板块总体布局的形成,以河谷盆地为重点建设地区,构建以六大区域为主体的农业发展战略格局。汾河河谷盆地形成优质小麦、玉米、特色杂粮、油料、蔬菜、优质畜禽、特色林果产品生产和加工的综合性农业发展区域。桑干河河谷盆地、滹沱河河谷盆地与寿阳阳泉地区形成优质杂粮、蔬菜、玉米、薯类和优质肉乳产品为主的农业发展区域。漳河河谷盆地、沁河河谷盆地形成优质杂粮、蔬菜、林果、中药材、蚕桑、草山草坡牧业为主的农业发展区域。

构建以"一带三屏"为主体的生态安全战略格局。"一带"：建设西部以黄土高原丘陵沟壑水土流失防治区和京津风沙源治理区为主体的生态治理带。"三屏"：建设以吕梁山为主体的黄河干流和汾河源区生态屏障带，以太行山为主体的海河主要支流源区生态屏障带，以太岳山、中条山为主体的沁河、涑水河与黄河干流源区屏障带。

形成"点状开发"的生态友好型能矿资源开发格局。"点"即能矿资源的集中开采区域，"点状开发"必须坚持资源开发与生态保护和环境修复并重的原则，开发一点、修复一点、保护一片。突出集约有序、高效开发，通过生产水平的提升降低开发强度，缓解资源开发对区域生态环境的影响。

实施分类管理的区域政策。加快建立完善适应主体功能区要求的政策法规体系、利益补偿机制和绩效考核办法，引导各地区严格按照主体功能定位编制规划、布局项目、谋划发展。按照区域主体功能定位，配套完善财政、投资、产业、土地、环境等政策。省级财政要逐年加大对重点生态功能区均衡性转移支付，增强公共服务和生态环境保护能力。逐步建立符合主体功能区要求的投资体制，修改完善现行产业指导目录，明确不同主体功能区的鼓励、限制和禁止类产业。实行差别化的土地管理政策，科学确定各类用地规模，严格土地用途管理。对不同主体功能区实行不同的污染物排放总量控制和环境标准。

第二节　优化投资结构　加大投资力度

充分考虑我省所处的发展阶段，在优化投资结构的基础上，加大投资力度，完善投资体制机制，提高投资质量和效益，有效拉动经济增长。

优化投资结构。确保在建、续建重点项目顺利完成并发挥效益，统筹基础设施与产业开发，继续加快基础设施建设，扩大新兴产业投资规模。统筹经济、社会、生态建设，引导投资进一步向民生和社会事业、农业农村、科技创新、生态环保、资源节约等领域倾斜，向革命老区和贫困落后地区倾斜。促进投资消费良性互动，把扩大投资和增加就业、改善民生有机结合起来，努力培育更多最终需求。严格执行投资项目用地、节能、环保、安全等准入标准，遏制盲目扩张和重复建设。

完善投资体制机制。进一步规范核准制，简化备案制，制定政府投资管理法规。建立集中审批和网上审批平台，优化审批流程，推行并联审批、联合审批。完善行政审批电子监察系统。严格按照《山西省固定资产投资项目管理流程图》的要求，形成省市县三级固定资产投资管理流程体系和运行机制。根据"十二五"确定的重点产业发展方向，修订产业布局指导意见和产业指导目录，发挥政府资金的导向和带动作用。科学编制和有效执行年度投资计划，完善项目咨询评估制和非经营性政府投资项目代建制，严格落实项目法人责任制、招投标制、工程监理制和合同管理制。完善政府投资项目支出评价制度。

第三节　加强基础设施建设

坚持基础设施优先发展。按照优结构、提效益、均空间的原则，加快构筑综合交通网、水资源综合利用网、高速信息网，推进基础设施网络化和协调化发展，为经济社会发展提供有力保障。

构建综合交通运输体系。按照合理布局、统筹协调、有效衔接的基本原则，着力打造"一轴两纵三辐射，四网五横六枢纽"的现代综合交通网络构架，实现省会到各地级市高速公路3小时通达、相邻地级市 2 小时通达、地级市到本行政区各县(市、区)1 小时通达和省会到省内主要区域性中心城市航空 1 小时通达。

专栏 3   一轴两纵三辐射四网五横六枢纽

一　轴:北起大同、途经太原、南至运城的主轴通道。

两　纵:北起天镇南至焦作的高速公路东纵通道和北起偏关南至运城风陵渡,以铁路为主的西纵通道。

三辐射:构建三条对外开放大通道,分别辐射至环渤海经济圈、中部地区并延伸至东南沿海的长三角、珠三角经济圈和西部大开发地区。

四　网:建设太原都市圈、晋北中部城镇群、晋南中部和晋东南中部城市轨道交通网。

五　横:西起朔州平鲁二道梁,横穿大同,东至河北秦皇岛的第一条横向通道。西起偏关天峰坪,横穿忻州,东至河北阜平的第二条横向通道。西起柳林、途经吕梁、太原,东至平定的第三条横向通道。西起临汾大宁,东至长治平顺的第四条横向通道。西起陕西韩城,东至河南焦作的第五条横向通道。

六枢纽:规划建设太原、大同、运城、临汾、长治和吕梁六个综合交通枢纽。

公路。加快实施高速公路网规划,到 2015 年,"三纵十一横十一环"高速公路网基本成型,高速公路通车里程达到 6000 公里,基本实现县县通高速。提高国省干线在路网中的比重,改善县(市)过境公路。加快城乡交通协调发展,加强县乡公路改造,实施旅游景区、农林产业区、工业园区"三区"公路连通工程。

铁路。全面推进客运专线建设,重点建成大西客专,规划建设大同至张家口、太原至焦作、忻州至五台山至保定等客运专线。完善晋煤外运通道建设,重点建成中南部铁路通道、准朔铁路、太兴铁路、太原枢纽货运东环线等铁路以及和顺至邢台、运城至三门峡、榆次编组站扩建等项目。加快完善煤运后方通道,新建偏关至瓦塘、韩城至运城等铁路,加大石太线、京原线和太焦线、南同蒲等既有线的扩能改造力度。支持省内各城市之间规划建设城际铁路。统一规划建设地方铁路,加快铁路专用线、战略装车点及集运站建设。到 2015 年,全省铁路营运里程达到 7000 公里。

航空。完善全省机场布局。加强太原武宿国际机场基础设施建设,将太原机场打造成全国一流的区域枢纽机场。加快支线及通勤机场建设,完成大同、运城、吕梁、五台山、临汾机场扩建新建工程,迁建长治机场,新增平朔机场、平遥通勤机场。大力发展经停航线,提高中转服务品质,构建省内轮辐式航线网络。

综合运输枢纽。按照"零距离换乘"和"无缝化衔接"的要求,重点建设太原、大同、运城、临汾、长治、吕梁 6 个国家综合运输枢纽和晋城、忻州、晋中、阳泉、朔州 5 个省级综合运输枢纽。

加快构筑水资源综合利用网。加强水利网络基础设施建设,通过西引黄河、东抓拦蓄、连通互济、节调并举,努力增加供水量,优化配置水资源,全省水资源的开发利用实现由"水瓶颈"向"水支撑"转变。

加大利用黄河水。积极扩大万家寨引黄工程供水能力,南干提高供水量,北干确保建成供水。提高禹门口和浪店提黄工程的供水能力,加快实施西山沿黄地区黄河水利用工程。努力建成碛口和小浪底引黄工程,争取开工古贤引黄工程。切实加大黄河干流水资源开发利用,研究制订利用黄河水分配给我省的 2.6 亿立方米余量方案。到 2015 年,黄河干流水的年利用量达到 24 亿立方米。

充分拦蓄地表水。加快完建 35 项应急水源工程,重点建设吴家庄水库及漳河引水工程、晋中东山供水工程等骨干水源工程。提高现有供水工程实际供水能力,到 2015 年,境内地表水供水能力达到 37 亿立方米,达到中等开发利用程度。

有效涵养地下水。强化地下水的管理和保护,建设地下水监控系统,实行水权分配。加强人工增雨基地建设,扩大人工增雨规模。

构建山西大水网。以黄河干流和境内汾河、沁河、桑干河、滹沱河、漳河六大主要河流和区域性供水体系为主骨架,通过连通工程建设,形成两纵十横、六河连通,纵贯南北、横跨东西,多源互补、丰枯调剂,保障应急、促进发展的山西大水网。

专栏4　"两纵十横"山西大水网

两纵:黄河北干流线和汾河—涑水河线。
十横:朔州—大同线、忻州—阳泉线、晋中北线、吕梁线、晋中—长治线、黄河古贤—临汾—运城线、临汾—晋城线、黄河禹门口—翼城线、黄河—涑水河线和黄河三门峡—小浪底线。

加强城市基础设施建设。鼓励有条件的地区发展城际轻轨和地铁等轨道交通,推进交通、邮政、电信、供电、供排水、供气、供暖等基础设施一体化建设和网络化发展,全面提升城市综合服务功能和承载能力。优化城市气源布局,加快建成区输气管网建设,燃气普及率达到全国平均水平。缺水城市供水问题基本得到解决。加强供水水质检测能力建设,城市供水水质基本达到国家标准。新建、改扩建、提升改造一批大中城市污水处理厂,全省三分之二的污水处理厂达到一级A标准,污水处理厂负荷率基本达到国家标准。完善道路系统和停车设施,有效缓解城市交通拥堵状况,太原轨道交通1、2号线一期主体工程基本完成,大中城市建成区主要市政道路达到市政化标准。全省所有县城全部建有垃圾无害化处理场、集中供热、生态文化公园。重点镇建成基本完善的供水、排水系统,主要道路基本达到市政化标准,污水处理设施完善,生活垃圾实现集中处理。有条件的地方逐步开展集中供热。

第三章　加快推进工业新型化　发展现代产业体系

按照以煤为基、多元发展的思路,通过"七条路径"改造提升传统产业,培育壮大新兴产业,加快发展现代服务业,推进工业化与信息化深度融合,发展现代产业体系。

专栏5　七条路径

推进传统产业循环化,实现高碳产业低碳发展。
加快煤炭装备制造业高端化,实现由采掘文明向制造文明转变。
结合煤炭运销发展现代物流业,大幅提升经济运行效率。
围绕煤焦冶电等高耗能产业的清洁生产发展节能环保产业,将环境压力转化为发展动力。
利用新能源资源优势做大新能源新材料产业,把一个优势变成两个乃至多个优势。
立足煤炭及关联产业发展高新技术产业,力争在高新技术领域占有一席之地。
加快文化旅游产业转型发展步伐,培育新的经济支撑点。

第一节　改造提升传统产业

以产业循环化为基本途径,以推进整合升级兼并重组为突破口,加快产业集聚,促进多元发展,充分利用高新技术和先进适用技术改造提升传统产业,实现传统产业优化升级、产品更新换代,促进产能大型化、生产集约化、利用清洁化、发展高端化。

一、煤炭工业

以晋北、晋中、晋东三大煤炭基地为依托,以机械化、信息化、智能化为目标,大力提升产业发展水平,积极推动煤矿安全生产状况根本好转,努力实现煤炭产业的高效安全绿色发展。到2015年,煤炭产量控制在10亿吨/年以内。

做大做强煤炭企业。继续推进和完善煤矿企业兼并重组整合,两到三年内完成对重组整合矿井的技术改造工作,彻底关闭淘汰矿井。按照现代企业制度要求,完善煤炭企业法人治理结构,积极推进股份制改造,提高煤炭企业管理水平。鼓励大型煤炭企业多元化发展。加快建设煤—电—路—港—航为一体的晋北动力煤基地,煤—焦—电—化为一体的晋中炼焦煤基地和煤—电—气—化为一体的晋东无烟煤基地。探索组建具有国际影响力的大型煤炭企业集团,提升我省煤炭产业的市场话语权。重点培育4个亿吨级、3个5000万吨级特大型、大型煤炭企业集团,提升我省煤炭企业市场竞争力。

提高煤炭产业现代化水平。实现煤矿综合机械化开采,提高煤炭生产规模化、集约化、机械化、信息化水平。鼓励重点煤矿采用世界先进技术装备,建成一批世界一流的自动化、智能化矿井。重组整合后的矿井全部实现机械化开采,建成安全质量标准化矿井。优先建设特大型安全高效现代化矿井,严禁在国家规划矿区新建120万吨/年以下的矿井。在薄煤层矿井推广使用刨煤机或连续采煤机,在急倾斜煤层矿井推行机械化采煤技术。积极推广连续牵引车和无轨胶轮辅助运输,努力提升井下运输水平,实现煤炭运输连续化。

推进煤炭产业循环发展。按照全局化、基地化、高端化的基本原则,立足资源的循环发展、就地转化、价值提升三大核心任务,努力构建具有山西特色的煤炭产业循环发展体系。科学规划空间布局,积极推进晋北动力煤循环发展、晋中炼焦煤循环发展、晋东无烟煤循环发展三大板块建设,努力打造煤电材、煤焦化、煤气化、煤液化四大循环链条。实现伴生矿、煤矸石、粉煤灰充分利用。

专栏6　四大循环链条发展重点

煤电材循环经济产业链:重点是煤—电—建材循环链。
煤焦化循环经济产业链:重点是煤焦油深加工、粗苯精制延伸产品和焦炉煤气的利用。
煤气化循环经济产业链:关键是用灰熔聚流化床粉煤气化工艺生产合成气,用同样的流程联产甲醇。
煤液化循环经济产业链:重点是煤、油、化多联产—能源化工循环链。

二、焦炭工业

努力适应钢焦一体化的新趋势,以兼并重组为战略重点,以化产精深加工为突破口,加快技术改造和产业集聚,严格控制总量,推动我省由焦化大省向焦化强省转变。到2015年,将全省焦炭总产能动态控制在1.2亿吨/年左右。

优化焦化产业布局。积极推进焦炭企业兼并重组,鼓励推进煤、焦一体化,开展焦炭产能置换,建设技术达到国际先进水平、产能规模经济合理的特大型焦化项目。新型大型焦化项目重点布局在吕梁、临汾、晋中、长治、运城现有的焦化园区内或焦化集中区内。全省现有零星布点的焦化项目通过产能置换逐步关停。到2015年,分期分批淘汰未纳入国家准入公告的焦化产能5000万吨左右,培育一批采用国际先进炉型产能达1000万吨级和500万吨级的特大型焦化园区,使全省前10位焦化企业产能占全省产能比例达到60%以上。

提升焦化产业技术水平。大力扶持骨干企业推广高新技术和先进适用技术全面应用,加快对7.63米焦炉设计、设备制造、管理控制技术的消化吸收及再创新。加大对6米以上捣固焦炉建设运行技术的研发和应用,开发推广炼焦清洁生产新工艺。提升现有清洁型热回收焦炉的技术水平。

推进焦化产业节能减排。对污染物排放实行在线检测,加强对焦化行业污染物排放的日常监管。省内所有焦化企业必须健全废水治理、废气脱硫、消烟除尘三大环保设施,并完善各项制度,确保正常运行。

三、冶金工业

以企业大型化、装备现代化、布局基地化为导向,以控制总量和兼并重组为突破口,以不锈钢材、铝材、铜材、镁合金等产品为重点,加强相关产业的多元化经营,积极推进产业链延伸,全面提升我省冶金行业竞争力。

加快企业兼并重组,推进大型基地建设。以大型骨干企业为主体,努力建设五个钢铁基地、四个氧化铝生产基地、四个电解铝及铝材加工产业园区、四个镁及镁合金深加工生产基地、一个铜产业基地。支持太钢集团、中铝山西分公司、鲁能晋北铝业、银光镁业、中条山有色金属集团等省内外大型骨干企业,对相关企业进行联合重组和升级改造。加快太钢集团与省内钢铁企业联合重组步伐,重点推进太钢集团吕梁钢铁基地、太原不锈钢深加工园区建设。加快冶金产业集约型、集团化发展。

专栏7　冶金基地

钢铁基地:依托太钢集团、长钢集团、海鑫钢铁、中宇钢铁、中阳钢铁等现有大型优势企业,形成太原、长治、运城、临汾、吕梁五个生产基地。
铝基地:依托中铝公司、鲁能晋北铝业、阳泉兆丰铝业等企业建设运城、原平、兴县、阳泉四个氧化铝基地,依托氧化铝基地建设太原、运城、阳泉、原平四个电解铝及铝材加工产业园区。
镁基地:依托太原同翔镁业、富士康科技集团、广灵精华镁业、运城银光镁业等企业建设太原、大同、运城、长治四个镁及镁合金深加工生产基地。
铜基地:依托中条山有色金属集团建设中条山铜产业基地。

严格控制总量,加快淘汰落后产能。所有建设项目必须以淘汰落后、产能置换、联合重组为前提。到2015年,全省生铁、粗钢产能分别控制在4500万吨(含铸造生铁)、4000万吨,氧化铝、电解铝、金属镁产能分别控制在800万吨、200万吨、180万吨。淘汰1000立方米以下的炼铁高炉、50吨以下转炉和电炉以及与其配套的烧结、连铸、轧钢系统,淘汰190KA电解铝生产线及年产2万吨以下金属镁生产企业。

加大技术创新力度,优化产品结构。提高生产技术工艺,努力研发高磁感取向硅钢生产工艺技术以及电解铝液和金属镁直接合金化技术、连铸连轧生产工艺技术以及镁产品表面抗氧化处理工艺技术。着力打造钢铁、铝材、镁合金、铜材四大冶金生产体系。

专栏8　四大冶金生产体系

　　钢铁生产体系:以不锈钢、铁路运输用钢、结构钢、电工钢、管线钢、装备制造用钢、冷轧硅钢、优质建筑用棒、线、型材为主要品种的钢铁生产体系。
　　铝材生产体系:以铝板带、型材、箔材、管材、铸件等产品为主的铝材生产体系。
　　镁合金生产体系:以汽车压铸件、IT压铸件、板材、挤压材、型材为龙头的镁合金生产体系。
　　铜产品生产体系:以铜材为主的铜产品生产体系。

四、电力工业

　　立足省内、省外用电市场,以建设晋北、晋中、晋东南三大煤电基地为重点,推动电力产业优化升级,积极扩大晋电外送规模,实现电力产业跨越式发展。到2015年,电力装机达到0.8亿千瓦至1亿千瓦,其中外送装机容量3000万千瓦至4500万千瓦。

　　优化电源结构。努力改变全省电力布局上的北富、中平、南缺的格局。鼓励煤电联营,集约开发建设大型坑口电厂。加大"上大压小"力度,坚决淘汰能耗高、污染大的小火电机组。积极推进热电联产工程。加快煤层气和煤基替代能源的开发利用。积极开发黄河北干流水电,鼓励风能、太阳能、生物质能等可再生能源。

　　加强电网建设。加快特高压变电站布点和外送通道建设,实现大功率、远距离、低损耗输电。加快山西南北纵向500千伏骨干网架建设,提升电力汇集和传输能力。突出差异化设计,提高电网抵御自然灾害的能力。加快配电网建设与改造,提高供电可靠性。积极发展智能电网。

　　推进高效清洁生产。鼓励利用中煤、煤泥、煤矸石等低热值燃料,建设大中型煤矸石综合利用电厂。新建火电项目要重点发展高参数、大容量机组,采用超临界、超超临界技术,提高发电效率、降低煤耗,采用高效脱硫、脱硝、除尘、空冷等先进技术。鼓励开发IGCC、热电冷多联产等低碳发电新技术,示范推广二氧化碳捕集封存和利用技术,推进电力产业低碳清洁发展。

五、建材产业

　　依托资源优势,加快产业优化升级,淘汰落后产能,鼓励大型骨干企业开展跨地区、跨部门兼并重组,逐步形成晋北、晋南、晋东南、晋中、晋西北五大产业集群。

　　全面提升水泥生产技术。大力支持新型干法水泥和散装水泥替代落后产能,淘汰水泥土窑、普通立窑、干法中空窑、湿法窑、机立窑等落后生产方式。重点支持纯低温余热发电,日产5000吨及以上熟料新型干法水泥生产线和年产100万吨水泥磨粉系统。到2015年,全省水泥行业新型干法水泥比重达到100%,水泥散装率达到50%以上。

　　大力发展新型建筑材料。重点发展承重、非承重空心砖、空心砼砌块、粉煤灰、煤矸石烧结砖,加快发展硅镁板、GRC板、石膏等轻质高强板材,推广应用水泥干混砂浆。在粉煤灰、钢渣、矿渣等工业废渣集中地方,因地制宜发展相应新型建材。

　　积极培育和发展其他建筑材料。培育发展大型陶瓷企业,形成在全国有较大影响的知名品牌。努力研发生产电子平板显示玻璃、优质浮法玻璃、光伏太阳能玻璃、低辐射镀膜等技术含量高的玻璃。加快高岭土、石膏、石墨等其他非金属矿产的开发和利用。

六、建筑业

抓住我省加快城镇化的机遇,以市场为导向,深化企业改革,推动企业技术进步,创造公平有序的市场环境,培育和壮大建筑业。

优化建筑业组织结构。支持我省资质等级高的企业通过改造和重组,组建大型企业集团。培育房屋建筑、路桥、水利、电力、矿山建设等几大优势企业集团,提高本省市场占有率。推进科技创新,提升建筑业市场竞争力。继续扩张省外市场、国际工程承包和劳务合作市场。

优化建筑企业发展环境。加强建筑市场监管体系、诚信体系建设,健全对工程招投标、施工许可和质量安全的监管。做好对重点工程的组织协调服务,政府投资工程要积极推行工程总承包和项目代建制。

第二节　培育壮大接替和新兴产业

充分发挥资源优势,以重大项目为支撑,以技术研发和品牌建设为重点,大力培育龙头企业,突出创新引领、标准为上,推进产业园区化、规模化、生态化,努力培育壮大新兴产业。

一、现代煤化工业

提升传统煤化工业,积极发展现代煤化工,大力开发工程化成套技术,围绕"气、醇、烯、苯、油"五条主线,构筑我省煤化工发展的七大产业板块,努力把煤化工建设成为我省转型发展的重要支柱产业。

专栏9　煤化工业七大板块

煤制油　产业内容:煤基合成油、甲醇制汽油
煤制烯烃　产业内容:甲醇制烯烃(乙烯、丙烯)及下游加工
煤制天然气　产业内容:煤制天然气及管道铺设
煤制乙二醇　产业内容:煤制乙二醇
精细化工　产业内容:苯加氢精制、苯胺、己二酸、丁二酸、己内酰胺、MDI、TDI 尼龙系列工程塑料,1.4—丁二醇、聚乙烯醇、四氢呋喃、橡胶助剂、氯丁橡胶等
焦油深加工　产业内容:煤系针状焦、超高功率石墨电极、粗蒽深加工等
煤制化肥　产业内容:尿素、硝基复合肥

合理布局煤化工业。以可持续发展为前提,以煤炭资源、水资源和现有产业为基础,以基地化、园区化、一体化为发展模式,科学布局煤化工产业。在晋北、晋东南、吕梁地区布局三大现代煤化工基地,重点发展煤制油、煤制烯烃、煤制天然气、煤制乙二醇、精细化工、化工新材料等现代煤化工产业。以现有煤化工产业为基础,重点发展吕梁交城、晋中介休灵石、临汾洪洞、运城河津闻喜新绛特色化工园区,做大做强焦油加工、苯下游、乙炔精细化工。鼓励通过兼并、重组的方式,对现有化工企业进行整合。鼓励煤炭与化工企业进行联合重组,形成上下游一体化的组织结构。

加强现代煤化工重点工程建设。加快潞安集团以浆态床技术为核心的540万吨/年合成油项目、晋煤集团100万吨/年MTG合成油项目、焦煤集团30万吨/年低温干法煤制油项目建设,探索在合适区域发展煤直接液化项目。积极筹建焦煤集团100万吨/年等大型煤制烯烃工程,到2015年,烯烃总产能达到340万吨/年。积极推进同煤集团、国际电力集团40亿立方米/年等煤制天然

气项目,到 2015 年,煤制天然气总产能达到 150 亿立方米/年。鼓励现有煤焦油加工企业扩大产能,实现焦油三级以上深加工。大力推进焦化粗苯精制及下游精细化学品、新材料项目建设。积极推进煤层气精细化工转化。焦炉气集中、富余量大的地区,建设年产 30 万吨/年以上的焦炉气制甲醇装置。

加快关键技术的研发。充分发挥我省煤化工技术优势,引进、开发以国内外先进粉煤加压气化为基础的气化技术,总结示范工程经验,积极完善灰熔聚气化技术,密切跟踪 TRIG 炉工业示范进展,努力推进山西粉煤气化技术取得重要突破。

巩固提升传统煤化工业。传统煤化工的主要任务是提升行业技术水平,淘汰落后产能。煤制化肥重点是合理控制产能,提升技术装备水平,采用先进、适用的煤气化技术改造现有落后合成氨装置。淘汰 18 万吨/年以下(不含 18 万吨/年)固定床合成氨装置。甲醇发展重点是做好产业技术升级、积极发展甲醇下游产业,淘汰 20 万吨/年以下单醇装置,规范 M15 等低比例甲醇汽油的使用,做好高比例甲醇汽油的试验、示范,提高甲醇装置的开工率。

二、装备制造业

坚持高端化、系列化、成套化方向,依托大企业大集团,强化自主创新,实施品牌战略,加强军地联合,将装备制造业发展成为我省新的支柱产业,努力建设国家重要的现代制造业基地。

煤机。重点发展集采煤、掘进、输煤于一体的煤机成套装备,加快发展煤炭加工洗选和煤化工装备。以太重煤机为主体,对省内煤机企业及各大煤炭集团所属的煤机修造企业进行联合重组,组建煤机装备成套制造联合体。全力打造太原经济开发区能源装备制造基地。

汽车。发展重型卡车、专用车和微型汽车,引进开发商务车、小型车,并提高汽车零部件的技术水平和配套能力,建设晋中、大同、运城、长治、晋城、临汾等产业配套群。积极引进和开发新能源汽车。

铁路装备。以智奇公司、大同电力机车、太原轨道交通、永济电机、晋西集团、太重集团等企业为依托,重点发展动车组轮对总成、高速列车配套装备、电力机车、铁路电机、火车轮轴等。充分利用技术、原材料优势,积极推进动车车体和城轨车体生产基地建设。

重型机械。以太重集团为核心,以工程成套为方向,整合产业资源,建设以太原为中心的重型装备制造国家示范基地。重点发展起重设备、管轧成套设备、高速线材轧机、带钢冷轧主轧设备、锻压成套设备等,提高产品科技含量和制造能力。

其他装备制造。以晋中经纬纺机为龙头,建成国内大型纺织机械制造国家示范基地。以榆次液压集团为主体,重点发展高端和智能化液压系统,建成国内高性能液压元器件及液压系统国家示范基地。以阳煤丰喜化工为龙头,建设化工机械设备基地。以大型和精密铸锻件为方向,大力发展铸锻造产业集群。积极引进和开发太阳能光伏设备制造、风电设备制造等产业。大力发展电子信息装备、特色军工品和农业机械。

三、新型材料

以资源优势为基础,充分发挥大企业、大集团的平台作用,研发应用前沿技术,加快产业链群发展,努力实现"材料加工"向"加工材料"转变。

化工新材料。延伸煤焦油、焦化苯深加工和煤制烯烃产业链,打造针状焦、超高功率电极、

TDI、聚丙烯等拳头产品。发展粉煤灰提取氧化铝和白炭黑,提高粉煤灰综合利用水平。大力发展科技含量高、附加值高的有机硅深加工产品。

高性能结构材料。发展高强高韧和专用特种钢材。加快发展高强度、高韧性、耐腐蚀镁铝合金型材,重点拓展动车、城轨车辆、汽车等领域用大型特种镁铝合金深加工材料。

新型功能材料。积极发展低稀土含量永磁材料、高温永磁材料,大力发展钕铁硼深加工产品。加快推进高性能钕铁硼磁体材料研究成果产业化。

高精尖新材料。在太原布局高精尖新材料产业园区,重点发展电磁防护材料、全息光盘等新材料,建设高性能碳纤维材料项目和 PPS 长丝高性能纤维材料项目。大力引进技术和资金,发展先进陶瓷材料、高端纳米材料和生态环境材料。积极发展我省尚处空白的复合材料和智能材料等新材料项目。

专栏 10   七个新材料基地

太原特殊钢基地
太原高精尖新材料产业园
太原—运城—长治—阳泉—忻州—吕梁镁铝合金产业基地
太原—大同—朔州—长治—吕梁光伏产业基地
太原—吕梁—忻州—阳泉—长治—晋城—临汾—运城新型建筑材料基地
大同—朔州—吕梁—临汾—长治—晋城煤化工新材料基地
长治—临汾 LED 光电材料产业基地
晋中有机硅产业基地

四、特色食品产业

实施品牌战略,着力提升品位,加强市场营销,加快技术改造,做大做强传统食品,做精做细特色食品,培育壮大现代食品,全力打造龙头企业,实现我省食品产业跨越发展。积极推进以汾酒集团为龙头的汾酒产业园区建设,加快省内白酒资源的有效整合,提升我省白酒业的市场占有份额。认真实施"醋八条",提升山西陈醋在食醋市场上的品牌地位。着力提高古城乳品的知名度,形成引进品牌和省内自主品牌共同发展的乳业市场格局。以做精做细小杂粮为龙头,着力发展肉类加工、特色食用油、功能食品、干鲜果蔬等特色食品工业。培育壮大饮料制造、淀粉制品、方便食品三大现代食品工业。

五、战略性新兴产业

以抢占产业竞争制高点为导向,以加强科技创新和管理创新为重点,加大政策和资金支持力度,推进我省 7+2 战略性新兴产业取得突破性发展。

专栏 11   我省 7+2 战略性新兴产业

战略性新兴产业重点强调其高端性和战略性,在国家确定的新能源、节能环保、生物、高端装备制造、新型材料、新一代信息技术和新能源汽车七大产业的基础上,充分考虑我省战略性新兴产业发展的独特性,增加了煤层气产业和现代煤化工产业。现代煤化工、高端装备制造、新材料已在有关部分作了充分表述,在此不再重复。

新能源产业。充分发挥资源优势,积极推进煤层气、风能、太阳能、生物质能等新能源的开发利用。煤层气开发要坚持采煤采气一体化、采气服从采煤和高效利用的基本原则,以大企业为龙头,围绕"(燃)气、(气代)油、(发)电"三条发展主线,加快煤层气开发利用。结合风电场开发建设条件和电网发展水平,加快风电场规模开发。以国家实施"金太阳示范工程项目"和"太阳能屋顶计划"为契机,建设大型光伏发电项目和太阳能采暖、制冷示范工程,推广户用太阳能利用。大力推进沼气工程和秸秆能源化利用,有序推进非粮生物燃料和生物固体成型燃料发展。发展风电、核电、燃气发电、垃圾焚烧发电等新能源装备制造业。积极发展以晶硅为主的太阳能电池材料和以薄膜为主的太阳能电池等新能源材料。推进运城核电前期工作。统筹布局新能源发展,努力把长治、运城等打造成我省新能源基地。

专栏12　煤层气重点工程

晋城矿区、阳泉矿区、河东煤田、霍西煤田、西山煤田、宁武煤田等矿区的地面煤层气钻井工程以及高瓦斯矿井的井下抽采工程。省级煤层气主干管网和连接主要县市和大型工业用户的支线管道、城市输配管网以及相配套的加气站等储运项目。

节能环保产业。坚持以提高节能环保技术与装备、产品和服务水平为重点,以重点工程为依托,围绕煤炭、冶金、电力、焦化、化工等产业清洁生产发展节能环保产业。培育一批具有综合开发、生产、建设和运营能力的环保产业集团。培育一批具有自主知识产权的环保品牌,在废水污染防治与利用、大气污染防治、噪声污染防治、固体废弃物处置及综合利用、生态恢复与重建及环保装备等领域形成拳头产品。重点引进开发煤炭、冶金、电力、焦化、化工等主要高耗能行业的节能技术与装备,推动重点节能装备规模化生产。大力发展干熄焦、煤调湿、流化床锅炉、粉煤灰气力输送等先进技术和LED等高效节能环保装置,推广先进的粉煤灰、煤矸石、煤矿瓦斯等综合利用装备,努力推进中水回用。加快发展高压变频调速、静态无功补偿等节电装备。重点引导LED灯、风力发电、太阳能光伏发电等高效节能产品的产业化。积极发展地源热泵、水源热泵的应用。大力推广合同能源管理等节能新机制。积极推进节能环保产业园区建设。

生物产业。大力发展生物医药、生物育种、生物用品、生物制造。推进生物技术药物、诊断试剂、现代中药、新型原料药、新型疫苗等创新药物品种开发。继续完善国家中药现代化科技产业基地、药品质量保障体系和配套服务体系三大平台建设,积极推进大同、太原、晋中、运城、长治、侯马六大医药产业集聚区建设,努力把大同、运城医药园区打造成国内重要的生物医药园区。大力培育动植物生物育种产业,推广绿色农产品,促进生物农业发展。积极应用生物制造技术改造传统产业。

新一代信息技术产业。推进物联网、云计算示范应用和三网融合基础设施建设,推进新一代信息技术改造煤焦物流、安全检测、污染源监测等系统和公共服务网络平台。大力促进信息化与工业化融合,提升信息服务和软件服务能力,促进文化创意产业发展。努力开发高清晰摄像机、微光电子器件、各种传感器等高技术产品,扩大电子及通信设备生产规模。积极培育多媒体视频教学、自动化仪器仪表及其系统和移动电视等产品。

新能源汽车。继续推进煤制甲醇车用清洁燃料的推广工作,进一步完善标准和产业化实验。积极引进大型汽车企业的新能源汽车和先进动力电池、燃料电池、新能源汽车关键部件生产项目。整合现有汽车零配件企业,提高新能源汽车的当地配套率。

第三节 加快发展现代服务业

以建设生产性服务业大省为目标,以重大项目为抓手,完善服务业发展政策体系,引导服务业向规模化、专业化、现代化发展,努力构建与我省现代产业体系相适应的服务业发展体系。

一、现代物流业

以建设中西部物流中心为目标,以综合交通网络为基础,以重点物流工程建设为抓手,以物联网公共信息和保税政策平台为依托,以煤炭物流为重点,有效整合物流资源,积极建设大型物流园区,大力发展第三方物流企业,努力形成专业化、信息化、集约化的现代物流体系。逐步实现我省传统物流业向现代物流业的提升跨越。

优化物流业布局。按照我省"一核三区多通道"的现代物流业空间布局和全省推进城镇化建设的总体部署,围绕"多层次、多通道、多节点、一盘棋"总体格局,加快形成以省城太原—晋中为核心,以区域性中心城市为节点,以县城为支撑,以中心集镇为网点,城市间、城乡间对接有序、安全快捷,高效率低成本的人流、物流、资金流、信息流、商流体系。

建设高效便捷的综合物流枢纽。加强物流基础设施建设,建设一体化综合物流枢纽,发展多式联运,促进各种物流方式的衔接和配套,实现铁路、机场、公路以及港口码头"无缝对接"。积极争取铁道部在我省设立集装箱集散地。把路港一体化建设放在更加重要的战略地位,加强与沿海地区开展陆海战略合作。加快公共物流信息平台建设,大力发展和应用物联网,提高物流效率。

建设大型现代物流园区。合理布局建设一批布局集中、用地节约、产业集聚、功能集成、经营集约的大型物流园区。积极推进以煤炭、焦炭、矿石、钢材、建材、化工、汽车、粮食等大宗物资为特色的专业化物流市场建设。统筹和协调城乡物流体系建设,疏通农产品进城,工业产品下乡渠道,推进城乡物流体系一体化,实施全省农村商业连锁便民店全覆盖工程。重点建设山西煤炭综合物流配送体系和三晋综合保税物流港,突出抓好太原地区货运(物流)中心项目和山西(太原)国际陆港方略保税物流中心项目建设。推进"中国太原煤炭交易中心"和"山西煤炭期货交易所"建设,努力打造国家级煤炭物流平台。加快研究设立"山西综合保税区"。推进太原国家粮食交易中心建设。

推进物流专业化发展。加快采掘、制造等行业内部物流的剥离,推进物流产业专业化、社会化。大力发展第三方物流企业,积极引进和打造一批大型物流旗舰企业。以省属煤炭物流企业为龙头,重点培育煤炭物流体系。

二、旅游业

以建设旅游强省为目标,以旅游目的地建设和提升完善精品旅游线路为重点,完善旅游服务体系,加强旅游产业集聚区建设,引进培育大型品牌旅行社,提升山西旅游产业的核心竞争力。

加强旅游目的地和精品线路建设。重点推进五台山、平遥古城、云冈石窟、关帝庙、八路军太行纪念馆五大景区的旅游目的地建设。五台山景区要以人文五台山为核心,建设风光五台山、休闲五台山、会展五台山,形成礼佛、游览、度假、会展一体化的高品质服务业集群。平遥古城景区要更加突出晋商文化、晋中民俗特色,加强旅游娱乐产品开发,提升国际、国内影响力。云冈石窟景区要结合华严寺、九龙壁等景区(点),努力建设成具有国际影响力、国内一流的观光休闲旅游目的地。解州关帝庙要深度挖掘关公文化,建设成海内外华人寻根朝圣的旅游目的地。八路军太行纪念馆要连通武乡、黎城、左权等县的其他红色旅游景点,形成国内一流的革命传统教育基地。继续提升完善古建宗教、晋商文化、寻根觅祖、太行山水、红色经典、黄河文明六条精品旅游线路。

加强旅游基础设施建设。围绕点(旅游中心城市、旅游目的地、景区)、线(交通线路)、网(信息网络)三个层面构建省、市、景区三级旅游服务体系。在太原、大同、长治、运城等旅游中心城市和五台山、平遥等重点旅游目的地建设旅游集散中心。加强旅游基础设施建设,开发富有地方特色的餐饮、住宿产品,协调发展星级宾馆、快捷酒店、乡村客栈及农家乐设施。继续完善重点景区的游客服务中心、停车场、旅游公厕、旅游信息、旅游标识等服务设施建设,强化景区安全设施和安全管理,提高管理、服务水平。所有 A 级景区在五年内要实现交通畅通、标识完善、公厕达标以及停车场满足需要。加强重点景区内部及周边、景区支线公路两侧的环境整治。

加强旅游与文化的融合。加强旅游与文化的融合,深入挖掘和展示山西的文化资源,在各旅游要素中融入地方文化元素,使旅游线路的"形"与旅游文化的"魂"融为一体。加强表现山西名胜、山西文化的影视、文艺、文学、书画艺术、工艺美术、摄影等艺术作品的创作和传播,做好重点旅游目的地的影视作品创作,发挥影视作品在宣传上的叠加效应。积极推进十大文化景区建设。

> **专栏 13　十大文化景区**
>
> 五台山文化景区、云冈石窟文化景区、平遥古城文化景区、晋祠文化景区、关帝庙文化景区、皇城相府文化景区、壶口文化景区、太行山文化景区、绵山文化景区、应县木塔文化景区。

三、房地产业

适应城镇化快速推进的要求,围绕改善居民住房条件的总体目标,优化房地产业发展环境,培育和规范房地产市场,科学规划和合理引导房地产市场健康发展。调整住房供应结构,增加住房有效供应,侧重增加中低价位、中小户型普通商品住房的开发规模,适度开发中、高档住宅。继续增加保障性住房,重视开发针对农民进城的住宅小区。开发节能省地、绿色健康的低碳住宅、生态小区。

四、其他服务业

积极发展商贸、运输、金融、会展、科技服务、快递服务、研发设计、节能服务、信息服务、住宿、餐饮等其他服务业。加快培育一批具备国际资质的外包企业,承接国际服务外包业务。大力发展家庭服务业,积极发展农村服务业,规范发展中介服务业。

第四节　大力发展循环经济

以循环经济试点省建设为契机,按照"多联产、全循环、抓高端"的思路,以循环经济为基本经济形态和产业发展模式,大力发展循环型农业、循环型工业、循环型服务业,从企业、行业、园区、社区、区域五个层面,着力推动循环经济发展。

发展循环型工业。把循环经济作为转型跨越发展的基本路径,坚持把循环经济作为改造提升传统产业的主要手段,作为新产业、新项目的准入门槛,作为资源配置的优先领域。依托园区和大型企业,以推进煤炭、冶金、电力、焦炭等传统产业为重点,积极推动传统产业循环发展,加大循环技术研发和推广力度,加快清洁生产,延长煤电材、煤焦化、煤气化、煤液化、煤电铝等资源循环产业链,提高煤矸石、粉煤灰、工业废渣、矿井水、中水等废弃物综合利用水平。在焦炉煤气制甲醇制烯烃,煤矸石发电,粉煤灰提取氧化铝、白炭黑,氧化铝到电解铝,到铝材、铝制品等方面取得重要突破。加强共伴生矿及尾矿综合利用,提高资源综合利用水平。

发展循环型服务业。大力发展发展生态旅游、生态物流、废品回收等循环型服务业态。加强风景旅游区污染控制设施建设,完善景观与生态保护宣传、环境保护标识、废物分类收集等设施,实现景区固体废弃物减量化、资源化管理和无害化处理。发展绿色酒店,开展绿色旅游服务,提倡一次性用品的减量循环利用,推广酒店小中水系统,实现水资源有效利用。推进综合生态物流园区的建设,强化生态物流标准,培育壮大一批生态物流企业。加强对煤炭等物流企业的管理,控制物流活动中的污染源。大力发展资源节约和废弃物分类回收为主的静脉产业,建设废旧电子回收、餐厨垃圾、生活垃圾分类回收体系,推进再生资源规模化利用。

发展循环型农业。构建"养殖—沼气—种植、农—林—牧、沼气—发电—生活"等农业循环链。积极推广大中型沼气、秸秆青贮氨化、秸秆气化集中供气、"四位一体"(太阳能—种植—养殖—沼气)生态能源模式、生活污水净化处理、农业节水、农用地膜替代或回收等一系列循环农业技术。扶持"种植—养殖—加工"一体化循环型生产模式的农业深加工龙头企业。重点搞好农村生活垃圾、污水资源化、无害化,实现肥料就地还田、秸秆集中利用。

建设循环经济园区。把循环产业园区作为区域经济的主要载体,改造提升循环工业园区,推动产业循环式组合,构筑纵向延伸、横向耦合、链接循环的产业体系,实现土地集约利用、废物交换利用、能量梯级利用和污染物集中处理。大力推进太钢、潞安、西山煤电、安泰和同煤塔山工业园、中煤金海洋循环经济园区等国家、省循环经济试点企业园区建设。以园区带动社区、辐射区域,逐步形成小循环—中循环—大循环互动格局。

完善循环经济支撑体系。增强循环经济的科技支撑、政策激励和法律保障。构建循环经济关键、共性技术研发体系,加快技术服务平台建设,引进、开发和应用源头减量、循环利用、再制造、零排放和产业链接技术。建立健全循环经济统计制度,加强资源消耗、综合利用和废物产生的统计管理;建立循环经济标准体系,制定和完善节能、节水、节材和废物再利用、资源化等标准;建立健全产品的资源消耗标识制度,并支持企业开展节能、节水、节材和环境标志产品认证。完善循环经济投融资、价格调控、土地调控等政策体系,加强循环经济地方立法和执法工作。

专栏14 重点领域循环经济发展产业链条

煤炭行业构建"以煤为基,煤电一体化、煤焦化、煤气化、煤液化的多联产"循环。
煤化工行业构建"煤焦化、煤气化—能源化工、化肥、精细化工的延伸产业链"循环。
冶金行业构建"以铁元素为核心,能源循环利用、水资源循环、固废及废酸、废油"循环。
电力行业构建"以煤矸石、粉煤灰利用为重点的煤—电—建"循环。
静脉产业构建"以'城市矿产'为重点,加强废金属、报废汽车、废轮胎、废纸、废玻璃、废塑料、废旧物质等回收利用体系,推进餐厨废弃物、中水再利用"循环。
农业构建"养殖—沼气—种植、农—林—牧、沼气—发电—生活"等循环链。
发展生态旅游、生态物流、废旧回收等循环型服务业态。

第五节　实施大项目、大企业、大园区战略

充分发挥大项目、大企业、大园区对经济发展引领作用,积极实施重大项目,努力培育大企业,大力提升各类园区发展水平。

以大项目为抓手,强力推动重点工程建设。按照策划大项目、培育大产业、搞好大配套、形成大格局的思路,围绕推进工业新型化、农业现代化、市域城镇化和城乡生态化,建设一批产业转型升级项目、生态环境项目和公共服务设施项目。推动10户以上重点国有企业在"十二五"期间各自实现"双千亿工程",即投资1000亿、新增销售收入1000亿。积极谋划实施"双五百亿工程"、"双百亿工程"。选择一批对经济社会发展影响大,投资拉动效应强的项目作为重点工程,举全省之力,强力推进。同时,支持中小微企业实施一批"中项目、小项目",增强经济活力,创造需求,吸纳就业。

以大企业建设为重点,优化产业组织结构。发挥大企业引领作用,集中培育一批以资产和股权为纽带,跨地域、跨行业、跨所有制以及军民融合的大企业。推进煤、焦、化、电、冶等相关产业一体化,建设大型资源型产业基地。深化煤炭化工企业的联合重组,构建"以煤为基、多元发展"的大型现代化企业。鼓励资源型企业发展新兴产业。国有企业以资产资本化、资本股权化、股权多元化为重点,加快兼并重组,实现低成本扩张、高端化发展,形成若干行业龙头企业和全国全球500强企业。加快军民融合,推动我省与各军工集团的战略合作。

以大园区建设为载体,加快产业集聚。科学规划、合理布局,有效整合提升已有的各类开发区和园区。积极发展各类循环经济园区、高新技术园区、现代农业园区和服务业园区。在符合生态环境、产业政策的前提下,重点提高园区单位面积的投入和产出。大力引导同类企业集中发展,发挥集群协同效应,降低企业发展成本。产业园区的建设要与城镇功能定位相衔接,促进工业化和城镇化互动。改造提升各类园区的基础设施,完善和创新园区发展政策,形成集群发展产业集聚的突破态势。

第六节　全面提高信息化水平

以建立更加先进、便捷、安全的信息通信网络为目标,统筹优化信息通道建设,加快电子政务建设,培育新型信息技术服务,加快构筑高速信息网。

强化信息化基础设施建设。建成基站布局科学、通信覆盖全面、服务质量高的第三代移动通信系统。大力推进光纤宽带网络建设,改善网络服务质量。推进数字电视和移动电视发展。加快电信网、广播电视网、互联网"三网融合"。

加快电子政务建设。推进科教文卫、政法机关、社区服务等社会事业信息化,逐步形成网络化社会服务体系。逐步建立全省人口、养老、医疗、就业、计生、教育、安全等功能齐全、规范透明的社会信息服务体系。加快遥测、遥控等空间信息技术应用。抓好基础测绘、国土资源和生态、环保等公共信息资源开发,推进数字山西地理空间框架建设。

大力培育新型信息技术服务。重点发展面向市场的高性能计算和云计算服务,开展物联网和下一代互联网应用服务,促进软件业发展,引导数字文化产业创新发展。高度重视基础信息网络和重要信息系统安全。

第四章　加快推进农业现代化
建设社会主义新农村

坚持把"三农"工作作为重中之重,以提高农民的收入为主要目标,贯彻工业反哺农业、城市支持农村和多予少取放活的方针,进一步加大强农惠农力度,提高农业现代化水平和农民生活水平,加快建设社会主义新农村,开创"三农"工作新局面。

第一节　加快发展现代农业

按照"稳定粮食、做强畜牧、提高果菜、发展加工"的思路,坚持市场导向、效益优先和科技支撑,实行产业化发展、板块化布局、集约化生产、品牌化营销、社会化服务,做大规模、提升品质、做强品牌,加快建设特色农产品大省。

加快现代农业示范工程建设。按照现代农业的理念及生产方式和经营形式,统筹规划,整合资源,抓好大同、晋中、运城三大现代农业示范区和 10 个现代农业示范县建设。重点建设一批种植业、畜牧业、加工业等专业示范园和设施农业、循环农业、观光农业等相结合的综合示范园,引领全省特色现代农业发展。

大力发展农产品深加工。依托自然优势和资源禀赋,规划建设一批"一村一品"专业村、"一县一业"基地县和雁门关、太行山、吕梁山、晋中盆地和晋南盆地五大特色农业板块。到 2015 年建设10000 个专业村、60 个基地县。围绕保障农产品有效供给特别是"菜篮子"生产,重点抓好粮食高产创建工程,百万棚设施蔬菜建设工程、千园万场规模健康养殖工程,启动抓好水果双增工程。按照梯次推进、重点扶持的原则,着力推进农产品加工龙头企业"513"工程,通过鼓励资源型企业转产和招商引资,新上一批新建和扩建项目,完善"龙头企业+合作社+基地+农户"的产业化经营模式。打造粮食、畜禽、乳品、果品、蔬菜、薯类、油脂、中药材等八大特色优势农产品产业链。

搞活农产品流通。加大对农产品流通基础设施建设的投入,发展农产品流通产业,提高农产品流通效益和效率,促进农民增收,保障市场供给。大力发展农产品连锁经营、物流配送、电子商务新型业态,以培育一批大型流通农产品企业集团为重点,以"放心粮油工程"、"新网工程"、"万村千乡工程"为载体,营造便利、安全、放心的流通环境,加快城乡农产品现代流通体系建设。

提高农业综合生产能力。全力抓好新增 10 亿公斤粮食生产能力建设工程。继续推进农田水利和应急水源工程建设,加快实施 1000 万亩中低产田改造工程和大同盆地 100 万亩盐碱地改造工程,加大农田灌溉工程节水改造力度。执行最严格的耕地保护制度,稳定粮食种植面积。健全县乡土地流转服务组织,强化政策引导,积极稳妥推动土地流转,为发展规模经营创造条件。全面落实"菜篮子"市长负责制,抓好"菜篮子"工程建设,稳定和提高本地应季蔬菜自给水平。

专栏15　农业产业化主要目标

全省建成 36 个一县一业示范基地县、10000 个一村一品专业村和 1000 个一村一品专业示范村。新发展设施蔬菜 100 万亩,新建养殖小区和规模养殖场 5000 个,蔬菜、肉、蛋、奶产量实现大幅度增长。新建标准化果园 200 万亩,新发展核桃、红枣等干果经济林 500 万亩,按现有农村人口干鲜果人均达到 1 亩以上。

第二节　加强农业社会服务体系建设

加快建立以公益性服务体系为依托,农民专业合作社为主体,农业公司为补充的农业社会化服务体系。

大力发展农民专业合作社。坚持把农民专业合作社作为社会化服务主体和统一经营的基本形式,按照"一村一品一社"的思路,提升农民专业合作社的质量和水平,积极发展土地股份合作社、农村资金互助合作社。以扶持"示范社"为抓手,着力在提高质量、拓宽领域、完善机制上下工夫,让合作社覆盖更多农户。推动有条件的县组建专业性联合社,在产权清晰、自愿互利的基础上进行跨区域协作与重组,提升应对市场能力。

加强农业公益性服务体系建设。建立健全现代农业科技创新、农业技术推广、种养业良种繁育、动植物疫病防控、农产品质量安全、农村市场信息和农业综合执法等体系。健全农产品产地准出、市场准入、质量追溯制度。加强对农业产前、产中、产后的全过程服务。

创新农业服务形式。支持建设一批集研发、推广和商贸流通于一体的农科公司、农贸公司,推进农业专业化、规模化、产业化发展。依托"村村通"工程,建设农村信息化平台,实现农民和市场有效对接,加快形成流通成本低、运行效率高的农产品营销网络。

第三节　努力增加农民收入

加大扶持力度,提高农民职业技能和创收能力,保障农民权益,千方百计开辟增收渠道,努力实现农民收入大幅度增长。

巩固提高经营性收入。健全落实农产品价格保护制度,完善大宗农产品临时收储政策,探索建立以目标价格为核心的反周期补贴机制。引导农民优化种养结构,提高生产经营水平和效益。因地制宜发展特色高效农业、休闲农业、乡村旅游和农村服务业,使农民在农业功能拓展中获得更多收益。

努力增加工资性收入。加强农民技能培训,提高就业能力。加强就业信息引导,促进农村富余劳动力平稳有序外出务工。坚持就地转移、异地输出和返乡创业并举,技能培训、就业服务和政策扶持并重,加大力度推进农民就业创业。促进城乡劳动者平等就业,努力实现农民工与城镇就业同工同酬。增加县域内城镇的非农就业机会,大力发展农村二三产业,努力扩大农村就业,千方百计拓展农民增收空间。扩大以工代赈规模,增加农民劳务收入。

大力增加转移性收入。坚持对种粮农民实行直接补贴,继续实行良种补贴和农机具购置补贴,完善农资综合补贴动态调整机制。逐步提高新型农村社会保障水平,增加新型农村养老保险基础养老金,提高新型农村合作医疗筹资和报销水平,提高农村最低生活保障水平。加快发展政策性农业保险,增加农业保险费补贴的品种并扩大覆盖范围。

创造条件增加财产性收入。按照依法自愿有偿原则,允许农民以转包、出租、互换、转让、股份合作等形式流转土地经营承包权,确保农民分享土地承包经营权流转收益。完善农村宅基地制度,依法保障农户宅基地用益物权。按照有关规定,提高征地补偿标准,逐步实现农村集体用地与国有建设用地同权同价并保障农民合法权益。拓宽租金、股金、红利等财产性收入增长渠道。

推进扶贫纵深化。坚持开发式扶贫方针,按照"以片规划、突出产业、集中投入、分步实施、整体推进"的总体思路,加大政策支持、资金投入和工作帮扶力度,加快"四基"建设,突出片区开发、易地扶贫搬迁、生态扶贫、整村推进和劳动力转移培训五个重点,加快贫困地区脱贫步伐。继续抓好机关单位定点扶贫工作,鼓励社会各界帮贫济困,形成全社会关注、支持、参与扶贫开发的总体格局。

专栏16 四基目标

夯实设施农业、规模养殖、劳务输出等基础产业,完善水、电、路、气、田等基础设施,改善农村教育、医疗卫生、社会保障等基本民生,加强村两委班子等基层组织建设。

第四节 扎实推进新农村建设

按照生产发展、生活宽裕、乡风文明、村容整洁、管理民主的要求,进一步完善提升"五个全覆盖"工程,启动实施新的"五个全覆盖"工程,努力建设农民幸福生活的美好家园。

专栏17 新的"五个全覆盖"工程

用两年的时间,实现农村街巷硬化全覆盖、农村便民连锁商店全覆盖、农村文化体育场全覆盖、农村职业教育免费全覆盖、新型农村社会养老保险全覆盖。

大力完善基础设施。加快构建便捷实用的县域交通网,突出抓好县域乡村道路建设。加快农村供排水体系建设,突出抓好农村自来水普及率。加快推进大型灌区和重点中型灌区续建配套和节水改造,实施大中型泵站更新改造,加快农村"五小"水利工程建设。加快推进农村危房改造,引导和支持农民建设富有地方特色、传统风貌的适用宜居住房。

着力改善生态环境。深入开展林业生态县、生态文明村创建活动。加强农村饮用水保护和水污染综合治理。控制农药、化肥和农膜等面污染,加大畜禽养殖污染防治力度。加快大中型沼气工程建设。加强农村垃圾处理,开展农村环境连片整治。防止城市和工业污染向农村扩散。

积极发展农村社会事业。加快发展农村公益事业,抓好城乡教育均衡发展、农村医疗卫生、文化体育事业、农民就业创业和社会保障等工作,加快基层农技推广体系、农村综合信息服务站、危房改造、最低生活保障和养老保险等方面建设,大力发展农村通邮服务,不断提高农村公共服务的能力和水平。

第五节 大力发展县域经济

按照因地制宜的基本原则,以农业现代化为基础、工业化为支撑、城镇化为载体,推动县域经济快速健康发展。

科学布局县域主导产业。根据主体功能区规划的基本要求,按照因地制宜、发挥比较优势的原则,合理布局主导产业。煤炭资源丰富的县,以煤炭资源整合为契机,发展煤炭的配套工业和服务业,引导资源型企业兴办农产品加工企业。旅游资源丰富的县发展休闲农业、乡村旅游、森林旅游和农村服务业,大力发展传统特色手工业和文化旅游纪念品。农业基础好的县,发展特色高效农业。工业基础好的县,要统筹规划工业集中发展区域,实现产业集聚发展。

壮大县域板块经济。把市场引导和政府推动结合起来,以专业化分工协作为纽带,培育打造一批产品加工度深、企业依存度高、产业关联度大、富有市场竞争力的特色产业集群。重点培育扶持汾阳白酒、清徐陈醋、榆次医药、山阴乳业、太谷玛钢、定襄锻造、交城机械加工、永济油脂、祁县玻璃器皿、阳泉耐火材料、怀仁日用陶瓷等发展基础较好、区域特色明显的产业集群。

强化县域经济发展的要素支撑。通过健全政策体系,加大调控力度,引导人才、资金、技术管理等生产要素向县域流动。扩大县级调控经济的权限。支持整合各类支农资金。积极开发适合县域及农村需求的金融产品。

第六节　深化农村改革　加大"三农"投入

以深化改革为推进农村发展的根本动力,继续加大"三农"投入,完善各项政策,全面推进农村经济社会事业的发展。

深化农村改革。坚持和完善农村基本经营制度,保持现有农村土地承包关系稳定并长久不变。鼓励农民依法、自愿、有偿进行土地流转,发展多种形式的适度规模经营。统筹城乡发展规划,促进城乡基础设施、公共服务、社会管理一体化,提高财政保障农村公共服务水平。按照节约用地、保障农民权益的要求,完善征地利益补偿机制。深化农村信用社改革,加快发展农村小额贷款公司和资金互助合作社,扩大村镇银行试点,鼓励有条件的地区以县为单位建立社区银行。健全农业保险制度,扩大政策性农业保险覆盖面。深化农村综合改革,进一步完善促进"三农"发展的体制机制。

加大"三农"投入和政策支持力度。按照总量持续增加、比例稳步提高的要求,加大财政资金和煤炭可持续发展基金用于农业农村的份额,确保财政支出优先支持农业农村发展,预算内固定资产投资优先投向农业基础设施和农村民生工程,土地出让收益优先用于农业土地开发和农村基础设施建设。建立完善以工补农特别是以煤补农机制。全面落实国家各项强农惠农政策,继续制定实施有利于农业、农村发展的政策措施,不断完善支持"三农"工作的政策体系。

第五章　加快推进市域城镇化　统筹城乡发展

抓住国家把太原城市群列入战略性重点发展区域的机遇,坚持统筹规划、合理布局、完善功能、以大带小的原则,紧扣提速、提质主题,按照"一核一圈三群"布局,以太原都市区为核心、区域中心城市为节点、大县城和中心镇为基础,加快推进市域城镇化,形成城镇化与工业化、城镇化与新农村建设良性互动的发展格局。

第一节　加快太原都市圈发展

以太原都市区为核心,太原盆地城镇密集区为主体,辐射阳泉、忻定原、离柳中三个城镇组群,构建太原都市圈"一核一区三组群"的城镇空间格局,形成有机融合的交通圈、物流圈、商贸圈、旅游圈和生态圈,努力把太原都市圈打造成为具有全国意义的重点开发区域,成为中部崛起新的增长极,成为山西经济转型发展的强大引擎和综合配套改革的先行区。

全力支持太原率先发展。按照全国重要的新兴产业基地、中部地区重要的中心城市、资源型经济创新驱动市、历史文化名城和现代宜居城市的总体定位,大力发展高端制造业、现代服务业和高新技术产业,努力提升科技、教育、人才集聚辐射作用。建设新城、疏解老城、开发古城,加大西山地区综合整治力度,加快城中村改造步伐,美化汾河、绿化两山、完善功能、提升品位、彰显特色,把太原市建成一流省会城市,努力成为具有国际影响力的区域性现代化大都市。

加快推进太原榆次同城化。太原榆次同城化要由省级统筹,以"三规"为引领,实现城市规划、土地利用、产业布局、基础设施、生态保护五个统一,推进两市互动、互通、互享。加快太原南部新区和晋中北部新区开发建设,将两市结合部划定为"共建区",以基础设施建设为突破口,实现两市道路、轨道交通、供水、供热等设施对接共建,整合协调两市之间的开发区和物流园区,共建装备制造业基地和大型综合物流园区。推进两市公共服务设施、旅游资源共享和金融、电信同城化,共同构筑要素市场,实现交通同网、信息同享、生态同建、环境同治、旅游同线。

推进太原盆地城镇密集区发展。加快介孝汾城镇组群发展,推进晋中108综合发展走廊建设,构建盆地西部清徐、交城、文水、汾阳、孝义、介休工业城镇带,东部榆次、太谷、祁县、平遥、介休、灵石旅游城镇带和中部汾河生态带,形成以太原都市区为主核,介孝汾城镇组群为次核,三带为支撑的城镇密集区空间框架。强化密集区快速交通联系,形成高速公路和铁路环线。

促进三个城市组群化发展。阳泉市要发挥资源与区位优势,按照新型能源和新型材料生产加工基地、晋东地区中心城市的功能定位,着力推进资源型产业循环化,加快经济转型发展,强化综合服务功能,加大城市生态修复和环保力度,实现工矿城市向区域中心城市和宜居城市的转型。推进市区、郊区、平定的一体化和以阳泉北站、盂县县城组成的北部组团发展,建成连接太原与石家庄的区域性大城市。

忻州市要按照以度假和旅游服务、轻型工业为主的综合性城市定位,积极推进工业新型化进程,完善旅游服务及城市综合功能。加快北部新区和经济开发区建设,推进中心城区与原平、定襄整合发展,构建忻定原城镇组群,形成都市圈北部区域发展核心。

吕梁市要按照山西西部区域性中心城市的定位,强化经济服务、文化和物流等功能。以李家湾新区和北部高科技产业园区建设为着力点,拓展城市发展空间。促进离柳中及方山大武镇的一体化发展。加强与陕北地区的联系与协作,形成都市圈西部中心和连接西北地区的门户。

第二节　发挥区域中心城市和城镇群辐射带动作用

加快区域中心城市发展,强化城市间的协作与联系,统筹区域城镇及产业布局、基础设施建设和资源环境保护,构筑跨市域的城镇群,带动区域经济社会发展,增强竞争能力。

推进晋北中部城镇群建设。以大运、同蒲通道为轴线,以大同、朔州两个中心城市为核心,大同盆地为重点区域,形成联系紧密的晋北中部带状城镇群。

大同市要按照国家重要的能源基地和历史文化名城、晋北及晋冀蒙交界地带中心城市的定位,发挥资源、产业基础和区位优势,大力推进转型发展。依托塞外古都、大佛名城,做大做强文化旅游业。积极发展物流业等现代服务业,提升传统产业,大力发展高端产业,精心打造新型能源和先进制造业基地、世界文化遗产旅游城市和华北地区重要的中心城市。保护历史文化名城,建设御东新区,提升口泉片区,推进中心城区与周边怀仁县、大同县的一体化发展,构建大同都市区,对接京津、融入环渤海城市群,提升竞争能力和辐射带动能力。

朔州市要按照新型煤电能源基地、晋北南部区域性中心城市的功能定位,加大资源型产业循环化力度,做大做强优势特色支柱产业,强化金融、信息、文化、教育、物流商贸等功能,实现由工矿区向区域性中心城市的转型。加快城北新区和经济开发区发展,构建以主城区为主体,井坪、神头为两翼的组团城市,壮大城市规模、提升品位,建设现代化工业新城,加快东西向通道建设,形成承东启西的重要节点。

加快晋南中部城镇群建设。实施点轴开发,强化临汾、运城、侯马等中心城市的作用,以大运、同蒲综合通道为主轴,侯月—侯西通道为次轴,带动沿线城镇发展,构建节点走廊式的城镇空间格局。

临汾市要按照晋南区域性中心城市、新型工业大市的目标,积极发展现代服务业,提升区域性服务功能。以集群化和循环化为导向,大力推进工业新型化发展。抓住山西南部东西大通道及大西客专等建设的机遇,强化其连接南北、沟通东西的区域地位。以河西新区和南部新城为重点加快中心城区发展,推进中心城区与洪洞、襄汾的一体化发展,构建从霍州到侯马以临汾为中心、侯马为副中心的城镇带。

侯马市要充分利用交通区位优势,进一步强化商贸物流功能,逐步增强综合服务能力。推进侯马曲沃一体化发展,加强与新绛的联系与协作,建成晋南中部城镇群南北连接临汾、运城,沟通东西并向晋城、河南、陕西延伸的综合性交通枢纽和区域性中心城市。

运城市要依托区位和文化资源优势,按照晋南和晋陕豫黄河金三角地区重要中心城市、具有河东文化特色的新型工贸旅游大市定位,完善服务功能,做大做强中心城市。大力发展果品、肉鸡、油脂、轻纺、芦笋等特色农产品加工业,发展以先进装备制造、新型化工、新型材料、高新技术等为主的新兴产业,着力打造晋陕豫黄河金三角区域现代物流中心。积极发展以关公文化、盐文化和黄河文化为特色的文化旅游产业,加快构建具有竞争力的现代产业体系。提升主城区,加快空港新区和盐湖新区组团发展,建设东部新区、北部新区和南山生态区。促进中心城区与永济市、临猗县、夏县组团发展,推进与三门峡、渭南的深度合作,构建黄河金三角城市群,形成与西安、郑州、洛阳联动发展的格局,实现共生共赢。加强与关中和中原地区的联系,成为山西向西向东开放的桥头堡和大通道。

促进晋东南中部城镇群建设。区域协调发展为导向,构建以长治、晋城两个中心城市为核心,太焦综合通道为轴带的城镇空间格局。

长治市要按照具有上党文化特色的区域性中心城市和综合性工业城市的定位,加快提升传统产业,积极发展高新技术产业,强化文化教育等综合服务功能。建设北部新区,改造提升旧区和马厂、故县片区,实现中心城区扩容提质。努力把以中心城区为核心,辐射潞城、壶关、长子、屯留、长治、襄垣的"1+6"城镇群,建设成为全省一流的城镇群。加强与河北、河南及山东的联系,扩大开放,加快发展。

晋城市要按照能源和煤化工服务基地、区域性中心城市的定位,积极培育以物流业为主的生产性服务业,强化科技、文化、教育和旅游服务功能,促进资源型城市转型发展。加快城市新区开发,推进沁河特色小城镇带建设,形成绿色生态型产业区。加强与中原城市群的联系与协作,成为我省面向中原的门户城市和晋豫区域的中心城市。

第三节　实施"大县城"战略

加快县城发展是我省城镇化发展的一个重要环节。以扩大规模、增强实力、完善功能、塑造特色为基本途径,引导生产要素、优势资源向县城集中,提高服务能力,形成县域经济发展核心。建设高质量的公共服务中心和商贸服务中心,保护历史文化街区和历史建筑,形成彰显特色的标志和亮点。推进环境综合整治,加大以垃圾无害化处理、污水处理、城市道路、集中供热、供电、供水、供气、生态文化公园等为重点的市政公用设施和公共服务设施建设力度。搞好造林绿化,提升城镇品位,改善人居环境。通过"大县城"建设,培育一批新的中小城市。到2015年,10万以上人口规模的县城达到20个左右,5万~10万人口规模的县城达到40个左右。

第四节　实施百镇建设工程

坚持规划引领,改革推动,实施"百镇建设工程"。在全省选择基础条件较好、发展潜力较大的建制镇,确定省、市级各100个重点镇,作为统筹城乡发展的突破口,支持其加快发展。开展以垃圾治理、排水沟渠建设、街巷照明、公共活动中心建设等为主要内容的村镇整治,实施产业集中园区、市政道路、燃气、供排水系统、垃圾处理设施、休闲公园六项重点镇工程建设,提高基础设施水平,改善人居环境。到2015年,力争全省建制镇主要基础设施指标达到全国平均水平,重点镇新改扩建基础设施符合市政标准,基础设施主要指标达到全国中等以上水平。

第五节　推进资源型城市转型

资源型城市转型是我省资源型经济转型发展的重要着力点。不同类型的资源型城市要因地制宜地探索不同的转型策略和模式。按照工业新型化的总体战略,加大结构调整力度,改造提升资源型产业,积极发展新兴产业和第三产业,实现支柱产业多元化和产业结构优化。整合"城""矿",促进融合与互动。强化城市综合功能,增强城市的综合服务能力,扩大辐射和组织效应。加大资源型城市的污染治理和生态修复力度,加强城市绿化,逐步还原生态功能。继续推进太原西山地区、大同矿区、阳泉矿区等工矿地区的综合治理。

第六节　加强城镇化管理

完善城镇规划,创新城镇建设理念,推进城镇扩容提质,创造发展条件,改善人居环境,提高城市管理水平。

加快城镇新区开发和旧区综合整治。按照"先规划、后建设、先地下、后地上、设施配套、一次到位"的原则实施新区综合开发建设。以完善功能、改善环境、提升品位、突出特色为目标,结合城市棚户区和城中村改造,对城镇旧区进行成街成坊综合整治。加强历史文化街区和历史建筑的保护,对城镇重要街道、河湖、公园、文化及商业中心、广场、主要出入口等重点地段进行重点塑造和建设。建立健全城建档案信息管理系统,特别是地下管线档案动态管理系统,加强管库建设。

提升城镇公共服务水平。加强城镇科技、教育、文化、卫生、体育等公共服务设施建设,完善城镇功能,提升公共服务水平。推进中小学校标准化建设,搞好中小学校及幼儿园的新建和扩建。积极推进以公共图书馆、文化馆为重点的县级公共文化服务设施建设和达标,全面完成乡镇综合文化站新建和改扩建。设区城市至少建设一所达到三级甲等水平的综合医院,县级综合医院完成改扩建。全面完成建制镇卫生院改造,社区卫生服务基本满足居民公共卫生和基本医疗需求。

稳步推进农民工转化为城镇居民。大、中、小型城市要差别化推进户籍制度改革。改进大城市落户政策,放宽中小城市落户条件,取消小城镇落户限制,使在城镇稳定就业和居住的农民有序转变为城镇居民。调整完善现行教育、医疗、社保、就业、住房等方面制度和政策,消除制约农民工市民化的体制性障碍,使农民工及其子女公平享有基本公共服务。

第六章　加快推进城乡生态化　建设资源
节约型、环境友好型社会

坚持"绿色、低碳、洁净、健康"的发展理念,以加强节能减排和发展循环经济为重点,积极应对气候变化,加快构建资源节约、环境友好的生产方式和生活方式,努力建设绿化山西、气化山西、净化山西、健康山西。

第一节　建设"绿化山西"

以建设生态省为目标,以造林绿化为重点,努力提高生态空间比重,改善生态空间质量,构建河流、农田、铁路、干线公路绿化带,与人工防护林相结合的生态屏障网络格局,增强生态服务功能,保障区域生态安全。

实施造林绿化工程。坚持生态建设产业化、产业发展生态化,坚持增绿增收并重、造林造景并举、绿化美化并行,继续深入推进造林绿化工程,大幅度提高森林覆盖率,每年完成营造林400万亩以上。加快推进晋北晋西北防风固沙林区、吕梁山黄土高原水土保持林区、太行山土石山水源涵养林区和中南部盆地防护经济林区四大生态屏障建设。积极推进退耕还林及成果巩固、京津风沙源治理、三北防护林、太行山绿化、黄土高原地区综合治理、通道绿化、交通沿线荒山绿化、村镇绿化以及平原绿化、矿区植被恢复和碳汇造林十大林业生态工程。大力实施干果经济林、速生丰产林、林木种苗、花卉、森林旅游建设五大林业开发工程。积极推进以天然林资源保护、野生动植物和自然保护区建设、湿地保护和恢复、未成林造林地管护、中幼林抚育、低产低效林改造等六大森林资源保护经营工程。突出抓好林业科技、森林防火、有害生物防治和生态文化公园等基础工程。推进集体林权改革和国有林区林管理创新,完善激励约束和生态补偿机制,引导鼓励企业和社会各界参与林业建设。

实施中小河流治理工程。加快推进重点地区中小河流治理,优先安排洪涝灾害易发、保护区人口密集、保护对象重要的河流及河段,治理河段达到国家防洪标准。继续实施国家八大水土保持工程,重点推进省级六大水土保持工程。尽快启动重点水源地保护工程。

专栏18　国家和省水土保持工程

国家八大水土保持工程:黄土高原地区水土保持淤地坝工程、京津风沙源治理工程水土保持项目、首都水资源可持续利用规划水土保持项目、国家水土保持重点建设工程、国家农业综合开发水土保持项目、巩固退耕还林成果水利项目、坡耕地综合治理项目、小流域综合治理项目。

省级六大水土保持工程:坝滩联合整治工程、汾河流域生态环境治理修复与保护工程、雁门关生态畜牧经济区建设水利配套工程、沟坝地治理项目、水保大户资金扶持项目、省水土保持生态项目。

积极应对气候变化。加强应对气候变化能力建设,建立气候变化监测系统,制定温室气体排放计量、统计、监测体系。摸清全省温室气体排放情况,编制温室气体排放清单。研究制定应对气候

变化政策措施,开展应对气候变化评估试点工作,建立管理平台,严格执行目标责任制考核制度。加快应对气候变化领域的技术研发和示范,加强国内国际技术交流与合作,提高减缓和适应气候变化能力。加快经济发展方式转变,强化能源节约和高效利用,减少温室气体排放,大力发展绿色经济、循环经济和低碳经济,增强可持续发展能力。加快植树造林,增加森林碳汇。加大宣传力度,提高全民应对气候变化的意识。

第二节 建设"气化山西"

坚持科学规划、有序发展、适度竞争、安全高效、加快推进的指导方针,以气源建设和管网建设为重点,以惠及民生为根本,全力推进气化山西建设。到2015年,设区城市燃气普及率达到90%,县城燃气普及率达到80%,建制镇燃气普及率达到30%。

理顺"四气合一"体制机制。以理顺产权关系和扩大规模为突破口,形成有利于煤层气、天然气、焦炉煤气、煤制天然气四气合一可持续的气化运行机制。以政府为主导,以股份制为主要形式,以资产为纽带,整合各类资源和企业,实现风险共担、共赢发展。

优化气源布局。提高供气总量,完善气源总体配置。加快我省六大煤层气开发利用基地(开发区)(即沁南、沁北、三交柳林煤层气开发基地,河曲—保德、临兴、大宁—吉县煤层气勘探开发区)、十大焦炉气综合利用园区建设,积极推进LNG储备调峰设施建设。在全省范围内大幅提高加气母站、加气站规模和覆盖面。扩大社会用气规模和范围,基本形成可覆盖我省"一核一圈三群"的城镇燃气利用格局。

加快管网建设。按照"三纵十一横"输气管网总体布局,积极推进管网干线建设。加快建设通达大中城市、重点工业企业和园区、重点矿区、重点城镇的支线管线。全面增强燃气的输配气能力,提高管网覆盖率,使天然气、煤层气利用达到全国领先水平。积极推进东延、南下出省输气管道建设,打通煤层气向邻省外输通道,适时利用余气向外输送。

专栏19 三纵十一横管网布局

"三纵"方面:建设大同—太原—平遥—运城长输管道,实现沿大运路的贯穿我省中部的长输管道(中线)。推进乡宁—柳林—临县—保德输气管道建设,尽快建成贯穿河东煤层气田的长输管道(西线)。启动长治—和顺—阳泉长输管道的建设,实现贯穿沁水煤层气田的长输管道(东线)。

"十一横"方面:建设陕京一线(陕西—北京)、陕京二线、陕京三线、榆济线(陕西榆林至济南)、西气东输管线、应县—张家口管线、大同—中海油管道、河津—侯马—沁水长输管道(南线)、柳林—介休—太原—阳泉长输管道(中线)、保德—原平长输管道(北线)、洪洞—安泽——长治管道。

加大农村以沼气主的新能源建设力度。户用沼气重点安排退耕还林地区、粮食主产区,兼顾畜牧业较发达区、革命老区和山庄窝铺区等。大中型沼气工程重点安排在规模化养殖场、养殖小区和农产品加工企业。加强对大中型沼气工程运行管理队伍和服务技术人员培训,提高建、管、用、护水平。

第三节 建设"净化山西"

坚持经济发展与环境保护协调推进、污染减排与环保设施同步共进,以"节、减、治、创"为路径,大力发展循环经济,实施蓝天碧水扩容提质工程,努力为城乡群众创造一个清洁的环境。

实施污染减排工程。确保完成化学需氧量、氨氮、二氧化硫、氮氧化物、烟尘和粉尘排放总量控制任务。强化结构减排,从源头控制污染物排放。以规划环评、循环经济准入标准为手段促进重点产业的结构调整,加大淘汰落后产能力度。强化工程减排,实施重点行业脱硫、脱硝"双脱工程",实现煤炭、焦化、电力、冶金、化工、建材等重点行业"全脱硫",形成以削减火电行业排放为重点的工业氮氧化物防治和以削减机动车排放为重点的城市氮氧化物防治体系,火电行业实现全脱硝。实施火电行业废水"零排放"工程。加快电力、焦化、钢铁、造纸工业企业污水深度处理进度,基本实现污水闭路循环不外排。实施城镇污水处理提档升级改造工程,所有县级以上城市配套管网建设。强化管理减排,加大对重点排污企业监督检查力度,确保污染防治设施正常运行。强化技术减排,健全我省污染物排放地方标准体系,建立省级污染防治技术研发服务平台,加强煤炭、焦化、冶金、建材、化工等行业污染治理技术研发。

实施节能重点工程。限制和改造"两高一资"项目,综合运用经济、技术、管理、法律以及必要的行政手段,强力推进重点行业和重点领域节能工作。加快实施燃煤工业锅炉(窑炉)改造工程、区域热电联产工程、余热余压利用工程、节约和替代石油工程、电机系统节能工程、能量系统优化工程、建筑节能工程、绿色照明工程、政府机构节能工程、节能监测和技术服务体系建设工程等节能项目。加强煤炭、电力、冶金、焦化、化工、建材等重点行业节能技术的研发与推广。加大对重点耗能企业节能监督检查力度,促进企业加强用能管理。

继续实施蓝天碧水扩容提质工程。将蓝天碧水工程范围扩大到 11 市 66 个县(市),使占全省经济总量和污染总量 80% 以上的区域全部纳入蓝天碧水工程范围,所有市、县(市)建成区环境空气质量稳定达到国家环境空气质量二级以上标准,主要河流水体水质实现明显好转,地表水环境质量稳步提升。做好重污染企业搬迁工作,整体推进污染企业"退城进园"。加强城市环境基础设施建设,到 2015 年,全省设区城市集中供热普及率达到 85% 以上,县城集中供热普及率达到 70% 以上,加快集中供热锅炉烟气高效脱硫及除尘改造工作进度。在城市及近郊禁止新建污染重的燃煤小锅炉,逐步拆除已建燃煤小锅炉。加强重点流域、饮用水源地和市区水域污染综合防治,提高市界断面水质达标率,确保群众饮水安全。

继续实施"2+10"生态修复治理工程。继续实施汾河流域生态环境治理修复与保护工程,重点建设汾河干流坝、路、林一体化建设工程,干流堤坡整治及退水涵闸改造工程和汾河源头生态移民及土地复垦工程,继续加大干流河道疏浚整治工程和人工湿地工程建设。加快推进太原西山综合整治工程,对区域内企业进行全面整治,整体退出水泥、焦化、化工、煤炭等高污染行业,强化生态环境治理,加快基础设施建设。重点开展 10 市生态环境综合治理工程,强化林草植被建设与保护,加强水资源开发利用和保护,积极推进河道治理、生活垃圾及污水处理、污染企业关停整治、采煤(矿)沉陷区治理、水土保持(小流域治理)、土地综合开发利用等重点项目建设。同时,全力推进五台山风景名胜区及清水河流域生态综合治理工程建设。

专栏20　"2+10"生态环境综合治理工程

实施汾河流域生态环境治理修复与保护工程,推进太原西山生态综合治理工程。
重点开展大同口泉区、阳泉桃河流域、长治浊漳河流域、晋城丹河流域、朔州桑干河上游、忻州南云中河、吕梁三川河流域、晋中潇河、临汾塔儿山及二峰山、运城盐湖生态环境综合治理工程。

第四节　建设"健康山西"

树立"以健康为中心"的理念,改善城乡生态环境,不断提高人民群众的生活质量和健康水平,到2015年,全省群众健康素质超过全国平均水平,群众健康保障水平处于中部前列,人均期望寿命超过全国平均水平。

实施城乡环境同治工程。改善城市大气环境质量。在城市推行"绿色清洁施工",控制扬尘污染和机动车尾气排放,全面提升空气质量。抓好太原市环境质量改善试点,在全省率先完成重点污染行业高效除尘改造任务。大力推进城中村环境综合治理工程,大力改善城乡结合部环境质量。逐步建立比较完整、覆盖城乡、可持续的环境基本公共服务体系。将环境监测与评估、污水及垃圾等环境治理设施、环境应急、环境信息等纳入环境基本公共服务范围。完善城镇环境基础设施,设市城市生活垃圾无害化处理率达到80%以上,县城生活垃圾无害化处理率达到70%以上。防止工业污染向农村转移。加强农村环境保护,着力解决农村安全饮水、清洁能源、卫生公厕、污水和垃圾处理等问题,不断改善农村人居环境。全面完成"百镇千村万户"生态示范工程建设,新创一批国家级和省级环境优美乡镇、生态文明村,使全省大多数村庄环境状况得到较大改善。积极开展土壤污染修复示范工程。

大力发展医疗卫生事业。进一步完善疾病预防控制体系,加强重大疾病以及突发公共卫生事件预警和处置能力建设,健全精神卫生服务网络。加强妇幼保健工作,改善出生人口素质。广泛开展爱国卫生运动。

加强食品药品安全监管。加强农产品质量安全。全面落实食品生产企业食品安全主体责任,推进食品生产经营单位诚信体系建设,完善食品安全责任追究制度。全面实施餐饮服务食品量化分级管理制度。基本建立起覆盖市县并延伸到农村的食品安全风险监测体系,食品安全风险监测与预警机制初步完善。完善药品安全监管体制机制,加强对药品研制、生产、流通、使用等各个环节的监管,加大对农村药品安全和高风险品种等薄弱环节和重点领域的监管力度。加强粮油食品安全工程体系建设,建立健全省、市、县三级食品药品技术支撑体系,提高技术装备水平。建设覆盖全省的省、市、县三级电子监控、药品不良反应信息化系统。

积极发展体育事业。积极开展形式多样的全民健身活动和群众性体育比赛,提高竞技体育水平。切实加强公共体育设施规划和建设,推进市、县两级体育设施"五个一"工程。建立完善的国民体质监测服务系统,大力发展公共体育事业。培养城乡居民崇尚健身、参与健身、科学健身意识。扎实抓好青少年体育工作。

专栏21　"五个一"工程

80%以上的设区城市建成一个综合体育场、一个综合体育馆、一个大型健身中心、一个游泳馆和一个体育公园;60%以上的县、市、区建成一个田径场、一个体育馆、一个中型健身中心、一个室内游泳池和一个体育公园。

倡导健康生活方式行动。开展健康教育与促进工程,普及健康知识,倡导健康文明的低碳生活方式,推进公民健康素养和行为养成,引导居民养成良好个人卫生习惯。倡导居民形成科学的营养意识,形成良好的饮食、健身、休息、心理习惯。

第七章　加强以改善民生为重点的社会建设建立健全基本公共服务体系

保障和改善民生是一切工作的出发点和落脚点。要逐步完善符合省情特点、比较完整、覆盖城乡、可持续的基本公共服务体系,推进基本公共服务均等化,大力发展社会事业,加强和创新社会管理,切实维护社会和谐稳定。

第一节　加强民生建设

加大民生工程建设力度,完善就业、收入分配、社会保障、医疗卫生、住房保障等制度,努力使发展成果惠及全省人民。

积极扩大就业。坚持把促进就业放在经济社会发展的优先位置,健全劳动者自主择业、市场调节就业和政府促进就业相结合的机制,创造平等就业机会,努力实现充分就业。

实施更加积极的就业政策。大力发展就业容量大的服务业和劳动密集型产业,采取信贷、税收优惠政策扶持小型微型企业发展,千方百计扩大就业创业规模。完善税费补贴、岗位补贴、培训补贴、社会保险补贴、技能鉴定补贴,促进高校毕业生、农村转移劳动力、城镇就业困难人员就业。做好退役军人就业工作。完善和落实小额贷款、财政贴息、场地安排等鼓励自主创业政策,促进各类群体创业带动就业。完善就业援助政策,多渠道开发公益性岗位。鼓励对外劳务合作。

加强公共就业服务。健全统一规范的人力资源市场,完善城乡公共就业服务体系,为劳动者提供优质高效的就业创业服务。高度重视就业培训,加快建立政府扶助、社会参与的职业技能培训机制,努力实现每个市办好一所职业技能公共实训基地。强化政府促进就业的公共服务职能,支持和规范发展就业中介服务,建立健全政府投资、重大项目和产业规划促进就业的机制,完善公共就业服务体系。健全农村劳动力转移就业服务体系,积极推进地区间劳务协作,扩大贫困地区农村劳务输出。完善城镇调查失业率统计,做好重点地区、重点行业失业动态监测和预警工作。

调整优化收入分配格局。坚持和完善按劳分配为主体、多种分配方式并存的分配制度。初次分配和再分配都要处理好效率和公平的关系,再分配更加注重公平,努力提高居民收入在国民收入分配中的比重和劳动报酬在初次分配中的比重,努力实现居民收入增长与经济发展同步,劳动者报酬增长与劳动生产率提高同步,低收入者收入明显增加。

深化工资分配制度改革。按照市场调节、企业自主分配、平等协商确定、政府监督指导的原则,形成反映劳动力市场供求关系和企业经济效益的工资决定机制和增长机制。完善最低工资和工资指导线制度,建立企业薪酬调查和信息发布制度,积极稳妥扩大工资集体协商覆盖范围。实行国有企业工资总额预算管理,缩小行业间平均工资差距。完善公务员工资正常调整机制。完善符合事业单位特点、体现岗位绩效和分级管理的事业单位工资分配制度。

健全资本、技术、管理等要素参与分配制度。完善公开、公平、公正的公共资源出让制度,建立国有土地、矿产、森林等公共资源出让收益全民共享机制,出让收益主要用于公共服务支出。健全国有资本经营预算和收益分享制度,扩大国有资本收益上缴范围,提高上缴比例,统一纳入公共财政。创造条件增加居民财产性收入。全面建立股份制企业特别是上市公司分红制度。保障技术成果在收入分配中的应得份额。建立健全根据经营管理绩效、风险和责任确定薪酬的制度,严格规范国有企业、金融机构经营管理人员特别是高层管理人员的收入,严格控制职务消费。

整顿和规范收入分配秩序。健全地方法规,强化政府监管,加大执法力度,加快形成公开透明、公正合理的收入分配秩序。保护合法收入,坚决打击取缔非法收入。清理和规范工资外津贴补贴、非货币性福利等。健全领导干部收入、房产、投资、配偶子女从业等情况定期报告制度。加强政府非税收入管理,清理整顿各种行政事业性收费和政府性基金。建立信息监测系统,完善收入分配统筹机制。

健全社会保障体系。坚持广覆盖、保基本、多层次、可持续的方针,以社会保险、社会救助、社会福利为基础,以基本养老、基本医疗、最低生活保障制度为重点,努力提高城乡社会保障的覆盖面和保障水平。

加快完善社会保险制度。实现新型农村社会养老保险全覆盖。完善实施城镇职工和居民养老保险制度,巩固完善城镇企业职工基本养老保险省级统筹,切实做好城镇职工基本养老保险关系转移接续工作。逐步推进城乡养老保障制度有效衔接。推动机关事业单位养老保险制度改革。逐步实现医疗保险、失业保险、工伤保险、生育保险达到省级统筹。努力解决历史遗留问题,实现"三个全部,一个重点"。发挥商业保险补充性作用。加紧建成和发放"社会保障一卡通"。

专栏22　三个全部　一个重点

全部将关闭破产企业退休人员纳入城镇基本医疗保险统筹范围
全部解决未参保集体企业退休人员基本养老保障问题
全部将"老工伤"人员纳入工伤保险统筹管理
重点把国有煤矿企业退休工人中矽肺病患者纳入工伤保险

加强城乡社会救助体系建设。完善城乡最低生活保障制度,规范管理,分类施保,实现应保尽保。健全低保标准动态调整机制,合理提高低保标准和补助水平。加强城乡低保与最低工资、失业保险和扶贫政策的衔接平衡。做好低保边缘群体的基本生活保障。提高农村五保供养水平。加强优抚安置工作。健全灾害突发等临时救助制度。

积极发展社会福利和慈善事业。以扶老、助残、救孤、济困为重点,逐步拓展社会福利的保障范围,推动社会福利由补缺型向适度普惠型转变,逐步提高居民福利水平。坚持家庭、社区和福利机构相结合,逐步健全社会福利服务体系,推动社会福利服务社会化。加快发展慈善事业,增强社会慈善意识,积极培育慈善组织。落实完善公益性捐赠的税收优惠政策。

构建和谐劳动关系。深入推进劳动合同制度,提高集体合同制度覆盖面。依法推进劳动用工备案制度,实现对用人单位签订、解除或者终止劳动合同的动态监管。进一步加强劳动关系三方协调机制建设,大力开展创建和谐劳动关系企业活动。加强劳动人事争议处理能力建设,提高劳动人事争议仲裁能力。全面推行劳动保障监察"网络化、网格化"管理体制,加强劳动力市场监管、劳动保护和劳动执法监察,规范用工行为,落实劳动标准,改善用工条件,促进体面劳动,切实维护劳动者的合法权益。

积极扩大消费。建立扩大消费需求的长效机制,着力提高城乡中低收入居民收入,增强居民消费能力。调整优化政府支出结构,加大对民生和社会事业发展的投入力度,扩大社会保障覆盖面,完善基本公共服务体系,改善居民消费预期。鼓励发展连锁经营、现代物流、电子商务等现代流通组织形式和大型购物中心、超市、专营店、便利店等新型消费业态,拓展文化旅游等新兴服务消费,促进消费结构升级。加强商贸流通基础设施建设,完善扩大消费的政策措施,加强市场监管,规范市场秩序,保护消费者合法权益,营造良好的消费环境。

加快医疗卫生事业改革发展。按照保基本、强基层、建机制的要求,加大财政投入力度,深化医药卫生体制机制改革,积极探索县域医疗卫生一体化改革,建立健全基本医疗卫生制度,满足群众基本医疗卫生需求。

全面加强公共卫生。健全疾病预防控制、健康教育、妇幼保健、精神卫生、应急救治、采供血、卫生监督等专业公共卫生服务网络,推进医疗卫生机构之间的资源共享、协调互动。加强基层医疗卫生服务体系建设,全面实施国家基本公共卫生服务项目和国家重大公共服务项目。积极预防重大传染病、慢性病、职业病、地方病和精神病,提高突发重大卫生事件处置能力。逐步建立农村医疗急救网络。建立城乡居民健康档案。全面推行公共场所禁烟。推进卫生信息化建设。

健全医疗服务体系。健全农村三级医疗卫生服务网络,完善以社区卫生服务为基础的新型城市医疗卫生所服务体系,新增医疗卫生资源重点向农村和城市社区倾斜。加强以全科医生为重点的基层医疗卫生队伍建设,完善鼓励全科医生长期在基层服务政策。加快构建各级医疗机构分级诊疗、双向转诊制度,探索形成各类城市医院和基层医院机构分工协作格局。积极稳妥推进公立医院改革,初步建立现代医院管理制度。鼓励社会资本举办医疗机构和参与公立医院改制重组。

提高医疗保障水平。健全基本医疗保障体系,进一步完善城镇职工基本医疗保险、城镇居民基本医疗保险、新型农村合作医疗制度和城乡医疗救助制度,逐步推进各项医疗保险制度整合。逐步提高城镇居民医保和新农合的筹资标准及保障水平,提高城镇职工医保、城镇居民医保和新农合的支付限额。完善补充医疗保险制度。建立健全医疗保险关系转移接续和异地就医结算机制。积极推进基本医疗保险地市级统筹,逐步实现省级统筹。

推广国家基本药物制度。建立和完善以国家基本药物制度为基础的药品供应保障体系。基层医疗卫生机构全面实施国家基本药物制度,其他医疗卫生机构逐步实现全面配备,优先使用基本药物。提高基本药物实际报销水平。规范和整顿药品生产流通秩序。

支持中医药事业发展,坚持中西医并重,发展中医医疗和预防保健服务,推进中医药继承与创新。加强中医药医疗机构和中医药人才队伍建设。

提高住房保障水平。坚持政府调控和市场调节相结合,加快完善符合省情的住房政策体系,推进住房供需基本平衡、结构基本合理、房价与居民收入基本适应,实现广大人民群众住有所居。

健全住房供应体系,立足保障基本需求、推动合理消费,加快构建以政府为主提供基本保障、以市场为主满足多层次需求的住房供应体系。对城镇低收入住房困难家庭,实行廉租房制度,政府提供基本住房保障。对中等偏低收入住房困难家庭,实行公共租赁住房制度,政府给予适当支持。对中、高收入家庭,实行租赁与购买商品住房相结合的制度。建立健全住房标准体系,倡导租买结合、梯度消费。

加大保障性住房供给。健全和完善住房保障体系,强化政府职责,动员社会参与,探索保障性住房建设新模式。大力发展公共租赁住房,使其成为保障性住房的主体。全面完成国有工矿棚户区、城市棚户区、国有林区垦区棚户区改造任务和煤矿采煤沉陷区危房搬迁和改造,实现城镇低收入住房困难家庭廉租住房全覆盖。到2015年,基本解决人均住房建筑面积13平方米以下城市低收入家庭住房困难问题和农村危房改造问题。加强保障性住房管理,制定公平合理、公开透明的保障性住房配租政策和程序,严格规范准入、退出管理和租赁标准。

改善房地产市场调控。进一步落实地方政府责任,把保障基本住房、稳定房价和加强市场监管纳入各市经济社会发展的工作目标。完善土地供应政策,增加居住用地供应总量,有效扩大普通商品住房供给。落实国家差别化住房税收、信贷政策,合理引导自住和改善住房需求,抑制投资性购房需求。完善住房公积金制度,扩大覆盖范围。加快住房信息系统建设,完善信息发布制度。

全面做好人口工作。坚持计划生育基本国策,稳定低生育水平,统筹解决人口问题,促进人口长期均衡发展。加强人口和计划生育基础设施及配套设施建设,全面实施计划生育家庭奖励扶助制度,建立、完善计划生育利益导向政策体系。全面实施优生促进工程,大力提高出生人口素质。深化"关爱女孩"行动,出台相关政策,促进出生人口性别比改善。加大对老龄事业的投入,基本建立以居家养老为基础、社区养老为依托、机构养老为支撑的体现城乡不同特点的多元、多层次的社会养老服务体系。实施"金人工程",完善全员人口统筹管理基础数据库。贯彻落实国家妇女儿童发展纲要,保障妇女儿童权益,促进妇女儿童全面发展。支持残疾人事业发展,重视残疾预防,建立完善残疾人社会救助、社会保险补贴待遇、社会福利的保障体系,以及残疾人康复、教育、就业、扶贫、托养、无障碍、文化体育、维权等内容的服务体系。

第二节 创新社会管理

适应社会结构剧烈变动、利益格局深刻调整、公共需求急剧增长、思想观念重大变化的新形势,加强社会管理能力建设,创新社会管理体制机制,切实维护社会和谐稳定。

创新社会管理体制。进一步完善党委领导、政府负责、社会协同、公众参与的社会管理格局。发挥党委的领导核心作用,总揽全局、把握方向、整合力量、统筹各方。发挥政府的主导作用,强化社会管理和公共服务职能。发挥基层群众性自治组织、各类社会组织和企业事业单位的协同作用,推进社会管理的规范化、专业化和社会化。最广泛地动员和组织公民依法参与社会管理,培养公民意识,履行公民义务,实现自我管理、自我服务、自我发展。加快构建源头治理、动态协调和应急管理相互联系、相互支撑的社会管理机制。加强源头治理,更加注重民生和制度建设,尽可能防止和减少社会问题产生。加强动态协调,更加注重平等沟通和协商,及时化解社会矛盾。加强应急管理,更加注重应急能力建设,有效应对和妥善处置公共突发事件,最大限度增加和谐因素,化解消极因素,激发社会活力。

建立健全基本公共服务体系。坚持以人为本、服务为先,更新管理理念,创新管理方式,寓管理于服务,全面推进政府服务型管理。加快完善公共财政体制,保障公共教育、就业服务、社会保障、医疗卫生、住房保障、公共文化、基础设施、环境保护等基本公共服务支出,强化基本公共服务政府绩效考核和行政问责。健全以市县政府为主、统一与分级相结合的多层次公共服务管理体制。扩大公共服务供给总量,注重提高质量,促进均衡发展。改革基本公共服务提供方式,在可能的前提下,引入市场机制,扩大购买服务,实现提供主体和提供方式多元化。推进非基本公共服务市场化改革,放宽市场准入,鼓励社会资本以多种方式参与,增强多层次供给能力,满足群众多样化需求。

加强社区建设和社会组织建设。全面开展城镇社区建设,积极推进农村社区建设,健全新型社区管理和服务机制,把社区建设成为管理有序、服务完善、文明祥和的社会共同体。健全社区党组织领导的社区居民自治制度,推进社区居民依法民主管理社区公共事务和公益事业,实现政府行政管理与基层群众自治有效衔接和良性互动。完善社区居民委员会组织体系,加强城乡结合部、城中村、流动人口聚居地等社区居民委员会建设。引导各类社会组织、志愿者参与社区管理和服务,发挥业主委员会、物业管理机构、驻区单位的积极作用,创新社区管理和服务模式。以居民需求为导向,整合人口、就业、社保、民政、卫生、文化以及综治、维稳、信访等管理职能和服务资源,构建社区综合管理和服务平台,有效承接基层政府委托事项。坚持培育发展和管理监督并重,推动社会组织健康有序发展,发挥其提供服务、反映诉求、规范行为的作用。改进社会组织登记管理,完善归口管理、登记管理办法,促进社会组织发展。推动行业协会、商会改革和发展,强化行业自律,发挥沟通企业与政府的作用。加强社会组织监管,引导社会组织完善内部治理结构,提高自律性。

健全维护群众权益机制。建立健全方式多样、畅通高效的诉求表达机制。完善公共决策的社会公示制度、公众听证制度和专家咨询论证制度,扩大公众参与程度。完善信访制度,注重民意收集与信息反馈,落实领导干部接待群众、联系群众制度。充分发挥互联网通达社情民意新渠道作用,积极回应社会关切的问题。加快建立行政决策风险评估机制和决策纠错机制。完善化解社会矛盾的领导协调机制、排查预警、疏导转化、调节处置机制。整合各方面力量加强信访工作,实现人民调解、行政调解、司法调解联动,及时有效防范和化解各类社会矛盾,努力维护社会稳定。

健全社会应急管理体系。树立全面预防观,健全突发公共事件应急管理机制,不断提高全社会抗御突发事件能力,有效应对地震等自然灾害、事故灾难、公共卫生、社会安全等突发事件,提高危机管理和抗风险能力。加强应急信息平台、应急物资储备、应急加工供应和应急避难场所建设。在全省重点建设区域性安全生产应急救援基地。建立省、市、县(市、区)三级安全生产应急救援指挥机构及区域、骨干、专业应急救援队伍体系。加大防震减灾体系建设力度。加强气象灾害监测和预警能力建设,构建气象灾害立体监测体系。提高气象综合观测能力和自动化水平,提升保障服务能力。

推进国防动员建设军民融合式发展。加快国防动员基础设施建设,抓好省战时首脑指挥工程改造、省市国防动员中心、装备维修机构、民兵预备役训练基地建设。建设以民兵防空队伍为重点的作战力量和省级应急专业救援力量。健全完善重点人防城市防控和应急预案,突出人员隐蔽工程建设和重要目标综合防护。继续加大交通战备基础设施投入,交通设施规划建设要充分满足军事需求。在重点城市建设经济动员中心,形成完备的"双应"经济潜力动员格局。依托国家物资储备,支持社会应急保障品储备,建立军民一体的战略物资储备体系。抓紧建立电磁频谱数据库,提高省域情报侦察、电磁对抗、雷达预警、武器制导等信息作战和电磁安全保障能力。深化军队社会化保障,将军官经济适用房逐步纳入政府规划保障范围,提高服务保障水平。加大军地共育人才力度,深化全民国防教育,扎实做好新形势下双拥共建,进一步增强全民国防和双拥观念。

第三节　强化安全管理

进一步强化安全发展理念,牢固树立抓好安全生产就是政绩的观念,坚持标本兼治、重在治本的原则,健全完善社会安全管理长效机制,切实解决突出的社会安全问题。

加强安全生产工作。坚持安全第一、预防为主、综合治理的方针,加大安全生产投入力度,强化安全技术和装备设施保障,全面提高从业人员素质。以煤炭行业为重点,深入开展覆盖所有行业和领域的安全生产专项整治活动,并使之制度化、常态化。建立健全安全生产制度,严格执行安全生产各项规定。全面落实企业安全生产主体责任和政府安全监管主体责任,不断创新安全生产管理体制和机制。严格现场管理,强化工作纪律。加强宣传教育,提高安全意识。严肃对待事故,严格责任追究,杜绝重特大事故发生,促进安全生产形势由明显好转向稳定好转转变。

加强和改进社会安全管理工作。进一步加强流动人口服务管理,坚持全面管理与重点控制结合,深入推进流动人口动态管理。通过摸清底数、动态管控、分类管理,做好重点人员管理帮教工作。完善滚动排查机制、多元调解机制,从源头化解社会矛盾。把社会组织纳入依法有序管理之中,实现社会组织常态监管。健全网上动态管理机制、网上网下综合打防机制、网上舆情引导处置机制,提高虚拟社会综合管控能力。建立健全现代警务指挥体系、全社会治安防控网络和打防管控疏一体化动作机制,加强社会治安打防管控。明确责任主体,完善协作机制,加大打击力度,依靠科技手段,坚持举报重奖,切实加强民爆物品安全管理。

第八章　大力建设国家资源型经济转型综合配套改革试验区走出资源型经济全面转型的新路子

山西省国家资源型经济转型综合配套改革试验区是我国第一个全省域、全方位、系统性的综合配套改革试验区。要充分利用试验区这个大品牌、大载体、大平台,紧扣"资源型经济转型"和"综合配套改革"两个关键,先行先试,大胆探索,为全国资源型地区转型积累经验。

第一节　全面推进资源型经济转型

资源型经济转型是一项复杂的系统工程,涉及经济社会各个方面。重点推进产业结构转型,大力发展现代装备制造、现代煤化工、新能源、新材料、节能环保以及现代服务业等接续替代产业,实现支柱产业由单一向多元、产品由低端向高端转变。同时,要统筹推动区域良性互动,特别是加快资源型城市转型,增强发展的均衡性;统筹城乡发展,拓宽资源型产业反哺农业、城市支持农村的途径,形成城乡一体化发展新格局;大力发展社会事业,创新社会管理,提高社会管理和公共服务能力,促进经济社会协调发展;推进节能减排和生态环境保护,按照不欠新账、渐还旧账的原则,建立健全生态建设和环境保护的补偿机制,促进人与自然和谐相处,实现可持续发展;建设区域创新体系,提高自主创新能力,增强资源型经济转型的技术支撑。

第二节　深化综合配套改革

着力推进体制机制创新,为资源型经济转型提供有效的支持平台和制度保障。继续实施和完善煤炭工业可持续发展试点政策,进一步促进煤矿安全生产、生态环境治理、煤炭企业改革和转型转产。加快财税体制改革,积极推进煤炭行业资源税从价征收试点工作。进一步完善采矿权市场和资源有偿使用机制,推进其他矿产资源补偿费制度改革,建立与资源利用水平和生态环境治理挂钩的动态补偿机制。创新金融体制,加快推进区域金融综合配套改革,着力发展资本市场,引导社会资金参与资源型经济转型发展,为加快资源型经济转型提供强大金融支撑。实行城乡建设用地增减挂钩政策,开发整合废弃工矿土地,集中用于转产转型项目建设,保障国有重点煤矿棚户区改造和沉陷区搬迁改造项目用地。创新扩大开放体制机制,开展资源型经济转型国际合作,增强对外开放能力。

第三节　全力推进转型综改试验区工作

要进一步解放思想,举全省之力,集全民之智,全力推进转型综改试验区工作。

加强组织领导。成立山西省国家资源型经济转型综合配套改革试验区工作领导组和办事机构,全面组织领导改革试验工作。建立部省合作机制,协调解决改革试验工作中的重大问题。各级各部门要各司其职,各负其责,相互配合,形成合力,确保资源型经济转型综合配套改革试验工作有序进行。制定领导班子推进资源型经济转型的绩效考评制度和目标责任制。

制订总体方案和专项规划。明确转型的总体思路和要求,提出具体的转型、改革目标、推进路径和重要任务,以及对国家层面的政策诉求等。围绕财税、金融、土地、资源、生态环境、科技人才、社会保障、区域发展、产业发展、投资、对外开放、城镇化等方面编制专项规划。

开展先行先试。统筹布局一批资源型经济转型试点市、县,按照规划先行、突出重点、分步实施的原则,针对阻碍本地区转型发展的体制机制,因地制宜探索转型发展的路子。力争率先在关键领域和重点环节上实现突破,成为资源型经济转型综合配套改革试验区建设的排头兵,为试验区建设提供先导性经验和路径。

加强学习借鉴。围绕资源型经济转型的财税、产业、金融、生态保护政策等方面,学习借鉴德国鲁尔、日本北九州、荷兰和美国休斯敦等国家、地区的转型成功经验。深入研究我国其他试验区做法和经验,并借鉴移植。各级人民政府、各部门要对本区域、本领域、本行业的新情况、新问题及时研究提出建议,形成"方案—实施—反馈—调整"的动态机制。

建立转型政策储备库和项目储备库。加强对我省资源型经济转型相关前沿政策的研究,建立支持改革的政策储备库,形成强大的制度供给能力。在现有重大项目库的基础上,选择高端的、转型特征显著以及具有示范意义的循环经济类、战略性新兴产业类等项目建立转型项目储备库,在年度投资计划中优先布局建设,优先安排资金,加快建设进度,争取尽快达产达效,发挥示范效应。

创造宽松环境。扩大社会舆论影响,及时总结推广先进经验。营造勇于创新、勇于探索、敢闯敢冒、敢为人先的干事创业社会氛围。研究制定相关地方性法规,逐步将资源型经济转型改革试验纳入法制化轨道。

第九章　深入实施文化强省战略 推动文化大发展大繁荣

文化发展是我省转型跨越发展的重要内容,要坚持社会主义先进文化的前进方向,充分发挥我省文化资源丰富的优势,全面加强文化建设,满足人民群众日益增长的精神文化需求,增强全省人民的凝聚力和创造力。

第一节　深入推进文化体制改革和文化创新

坚持创新体制、转换机制、面向市场、增强活力的基本原则,推动文化体制改革在重点领域取得进展,创新文化生产和传播方式,增强文化发展活力。

稳步推进公益性文化事业单位改革。进一步深化公益性文化单位改革,推动形成责任明确、行为规范、富有效率、服务优良的运行机制。积极推进公益性文化单位人事、收入分配和社会保障制度改革,推行全员聘用制和岗位责任制,完善绩效考评机制。拓宽服务领域、创新服务方式。积极探索适合基层特点、适应群众需要的新型文化服务方式,鼓励有条件的文化单位开展流动服务、联网服务,使公共文化服务更好地向城乡基层延伸。

加快推进经营性文化单位转企改制。积极推动国有文艺院团、重点新闻网站、非时政类报刊等经营性文化单位转企改制。把深化改革和资源整合有机结合起来,按照政府引导与市场配置资源相结合的基本原则,培育大型文化企业集团,推进山西出版传媒集团、山西广电网络集团、山西演艺集团、山西广电传媒集团、山西影视集团、山西日报传媒集团等完善法人治理结构,建立健全现代企业制度,进一步做大做强。加快组建山西文化产业投资集团。

加快推进文化管理体制改革。进一步理顺文化行政管理部门与所属企事业单位的关系,实行政企分开、政事分开、管办分离。积极探索对转企改制后文化企业的有效管理措施和办法。建立健全国有文化资产管理体制,确保国有资产保值增值。

第二节　大力发展文化事业

按照体现公益性、基本性、均等性、便利性的要求,以政府为主导,以公共财政为支撑,积极运用市场机制,以全民为服务对象,以基层特别是农村和社区为重点,健全服务网络,基本建成覆盖城乡、惠及全民的公共文化服务体系。

加强文化基础设施建设。进一步完善省级标志性文化设施,建设山西广播电视中心、山西电影大厦、山西戏剧艺术中心、山西省群众艺术文化活动中心、赵树理文学中心、山西省省情(地方志)馆、山西省美术馆、山西省少儿图书馆和山西音乐厅。抓好山西大剧院、省图书馆新馆的运营。填补市级群众艺术馆、图书馆、博物馆空白点,实现"市市有群众艺术馆、图书馆、博物馆"的目标。大力实施"百县强基工程",加大图书馆、文化馆、艺术表演场所(剧场)等县级文化基础设施的标准化建设,提升全省县级城市的文化品位和综合服务能力。积极鼓励指导行业博物馆和民办博物馆建设。大力实施"万村千乡文化设施建设工程",进一步完善乡镇综合文化站建设,加大农村文化基础设施建设投入,完善城市社区文化设施。继续支持革命老区、贫困地区建设和改造文化服务网络,支持城乡电影院建设。推动流动文化设施建设,因地制宜开展流动文化服务,逐步形成以城乡文化设施为重点,以流动文化设施和数字资源建设为补充,省、市、县、乡、村五级联网的比较完备的公共文化服务体系。

继续实施文化惠民工程。积极推进广播电视村村通工程向20户以下自然村覆盖,加快农村文化场所全覆盖、文化信息资源共享、万村千乡公益文化建设工程、农村电影放映和农家书屋等工程建设。继续推动公共博物馆、文化馆、纪念馆和有条件的公共美术馆、工艺美术馆、科技馆免费开放。加强基层文化队伍建设,强化县级宣传文化部门班子建设,配齐乡镇、村和街道、社区宣传文化工作人员。

> **专栏23　重点文化设施建设及重点文化惠民工程项目**
>
> **重点文化设施建设3级工程:**
> 省级:建设山西广播电视中心、山西电影大厦、山西戏剧艺术中心、山西省群众艺术文化活动中心、赵树理文学中心、山西省美术馆、山西省少儿图书馆、山西音乐厅。
> 市级:填补文化设施空白点,新建和改扩建市级群众艺术馆、图书馆(含少儿图书馆)、博物馆,力争实现"市市有群艺馆、图书馆、博物馆"的目标。
> 县级:在巩固"县县有文化馆、图书馆"的基础上,对面积不达标的图书馆、文化馆进行新建和改扩建,力争实现"县县文化馆图书馆达标"的目标,新建部分县级特色博物馆,在有条件的地方,鼓励和支持建设综合性艺术中心。
> **重点文化惠民建设工程:**
> 广播电视村村通工程、农村文化场所全覆盖工程、农村电影放映工程、农家书屋工程、社区和乡镇综合文化站(室)建设工程、文化信息资源共享工程、流动文化服务下乡工程、"万村千乡"公益文化建设工程、社区公益文化配送工程、高雅艺术进基层工程、公共文化服务体系建设示范区(项目)建设工程。
> **重点文化保护工程:**
> 继续实施南部早期古建保护工程,实施大遗址保护开发工程、非物质文化遗产保护工程、古籍保护工程、珍稀剧本保护和音配像工程、《三晋文库》出版工程。

实施文化精品工程。弘扬主旋律,提倡多样化,加强精神文化产品创作生产。充分发掘和利用我省丰厚的文化资源,大力推进文化创新,推出一批思想深刻、艺术精湛、群众喜闻乐见的文化精品。培育一批德艺双馨、在国内外有影响的名家大师。加大对文化产品扶持和奖励力度。

繁荣发展哲学社会科学。坚持和巩固马克思主义在意识形态领域的指导地位,大力推进马克思主义理论研究和建设工程。充分发挥社会科学研究机构作用,加强基础理论研究,加大有关我省重大理论实践问题研究的力度,推出一批有价值的研究成果。健全和完善激励机制,促进优秀社科成果的评奖和推广应用。

加强重要新闻媒体和互联网等新兴媒体的建设管理。加强党报、党刊、电台、电视台等重要新闻媒体建设,推动内容、形式、手段和机制创新,提高引导社会舆论能力。加强重点新闻网站、山西网络电视台和新兴媒体建设,健全全省互联网信息内容情况通报、分析研判机制,加强对网络的行政监管、行业自律和公众监督。

加强文化遗产保护。加大对世界文化遗产、大遗址、历史文化名城(村镇)和文物保护单位的保护和开发。加强文物保护单位基础设施建设,完善配套设施,提高服务和管理水平。加大对非物质文化遗产的保护和开发,不断完善省、市、县三级非物质文化遗产名录,加强非物质文化遗产保护单位基础设施建设。推动各类文化资源的保护、开发和利用。

第三节　加快发展文化产业

大力发展文化产业,充分发挥文化产业优结构、扩消费、增就业、促跨越、可持续的优势,推动经济结构调整,推动文化产业成为我省战略性支柱产业。

实施"大作品、大集团、大景点、大会展、大服务"战略。抓住创意这个核心,推出一批叫得响、留得住、传得开的文化产品,用山西良好的文化形象和改革发展取得的成效,努力实现经济效益和社会效益双赢。加大整合与重组力度,培育一批有实力、有影响力的大型文化与旅游企业集团,通过市场运作,提升我省文化与旅游产业的竞争力。以五台山、云冈石窟、平遥古城等有国际影响力的文化景点为突破口,重点抓好一批体现山西文化符号和元素的景点和项目,集中进行包装、推介、扩散。改进服务方式,提高服务水准,引进文化与旅游产业领军人才,全面提升文化和旅游产业的服务层次。加快建设区域性会展中心,引进和扶持综合实力强、专业水准高的会展企业,吸引承办国内外专业性商务会展,争取举办国内外大型文艺会演、体育赛事、专业论坛,打造具有山西特色的会展品牌。继续办好中国(太原)国际能源产业博览会、平遥国际摄影大展等节庆会展活动。

专栏24　十大文化产品和十大会展节庆

十大文化产品:广灵剪纸、定襄晟龙木雕(雅艺轩石刻)、平遥推光漆、祁县大华玻璃、阳泉刻花瓷(骨瓷)、长治(交城)堆锦、晋中(高平)黑陶、运城宇达青铜器、晋城吉利尔丝麻制品、山西舶澳动漫产品。

十大会展节庆:太原晋商文化节、大同云冈文化艺术节、右玉西口风情生态旅游节、五台山国际旅游文化节、平遥国际摄影大展、我们的节日清明节、太行山红色文化艺术节、黄河壶口文化艺术节、晋国古都文化节、关公国际文化旅游节。

推进"一策一业一品一节一剧"工程。整合资源,培育文化品牌。制定出台支持文化产业发展的有关政策,抓好一批带动性强、有发展前景的重点产业项目,推出一批有地域特色和优势、有发展潜力的文化产品,打造一批集文化、旅游、商贸为一体,能提升当地形象和影响力的节庆会展活动,创作一批群众喜爱、服务基层、叫好又叫座的文艺剧目,加快发展地域特色鲜明的文化产业,形成省、市、县"三级联动、百花竞放"的全方位文化发展新格局。

实施重大文化产业项目带动战略。加快文化产业基地和区域性特色文化产业群建设,打造有自主知识产权、有市场影响力的文化品牌,把政策引导和市场调节结合起来,把转企改制和联合重组结合起来,支持有条件的文化企业以资本为纽带进行跨地区、跨行业兼并重组。集中优势资源,大力推动基础较好、优势明显、潜力巨大的文化旅游业、新闻出版业、广播影视业等九大行业健康快速发展,形成一批有实力、有竞争力的文化骨干企业和企业集团。

专栏25　"10+1"文化产业园区

大同天镇新平堡边塞文化产业园、碛口古镇文化产业园、运城盐池文化产业园、临汾丁村遗址文化产业园、古晋阳遗址文化产业园、晋城程灏书院文化产业园、阳泉娘子关文化产业园、长治八路军文化产业园、晋中王家大院文化产业园、五台山雕刻艺术产业园、长治市文化创意传媒产业园区。

大力发展新型文化业态。高度重视现代科技在文化发展与传播中的主要作用,积极改造传统文化形态,推动文化产业升级、产品换代。加快发展文化创意、动漫、数字立体电影、数字出版等新兴文化业态,发展网络文化、数字娱乐产品、工艺美术等新兴业态,拓宽文化产品服务范围和领域,增强多元化供给能力,不断增强文化产品的表现力、传播力和吸引力。

第四节　加强社会主义精神文明建设

适应社会主义现代化建设的需要,培育有理想、有道德、有文化、有纪律的社会主义公民,提高全民思想道德素质和科学文化素质。

建设社会主义核心价值体系。坚持不懈地开展理想信念教育、国情省情教育和形势政策教育。充分发挥先进典型的示范带动作用,积极开展各种道德实践活动,大力弘扬以爱国主义为核心的民族精神,以改革创新为核心的时代精神以及"太行精神"、"右玉精神"等。倡导爱国守法和敬业诚信,努力构建传承中华传统美德、符合社会主义精神文明要求,适应社会主义市场经济的道德和行为规范。

加强精神文明创建活动。深入推进社会公德、职业道德、家庭美德、个人品德建设。不断拓展文明城市、文明村镇、文明行业、文明单位创建活动,推动群众性精神文明创建活动向更高层次、更大范围发展。大力开展志愿服务活动,推动形成我为人人、人人为我的社会氛围。弘扬科学精神,支持创新创业,鼓励劳动致富,加强人文关怀,注重心理疏导,培育奋发进取、理性平和、开放包容的社会心态。

净化社会文化环境。加强网上舆论引导,整治互联网、手机、广播电视节目等领域的庸俗、低俗、媚俗现象。加大校园周边环境净化工作,重视加强未成年人思想道德建设,抓好未成年人心理健康教育,保护青少年身心健康。关注农村留守儿童、农村进城务工人员子女健康成长。综合运用教育、法律、行政、舆论手段,引导人们知荣辱、讲正气、尽义务,形成扶正祛邪、惩恶扬善的社会风气。

第十章　大力实施科教兴省和人才强省战略为转型跨越发展提供有力支撑

全面贯彻国家和我省科技、教育、人才规划纲要,大力实施科教兴省和人才强省战略,努力提升科技创新能力,加快教育改革发展,发挥各类人才作用,为加快转变经济发展方式、实现转型跨越发展目标提供有力的人才保障和智力支撑。

第一节　推进科技进步和创新

坚持自主创新、重点跨越、支撑发展、引领未来的方针,积极实施"科技创新跨越工程",着力推进科技与经济社会的双向融合,全面增强科技研发能力,努力实现科技创新跨越发展的目标。

完善科技创新体系。努力形成以企业为主体、市场为导向、产业化为目的、产学研相结合的科技创新体系。突出科技研究、技术创新和中介服务体系建设,提高自主创新能力。强化科技公共服务的共享平台建设,建立科技人员服务企业的长效机制,构建跨地区、跨学科、多层次的科技公共服务体系。实施知识产权战略,着力提升知识产权创造、运用、保护和管理的能力,突破和掌握一批拥有自主知识产权的关键核心技术。积极推进大学科技园区建设,组建山西工业技术研究院。加快推进科技成果转化和产业化建设,努力打造一批特色产业、国防民用成果转化、省校合作等科技成果转化基地。鼓励组建产学研战略合作联盟,促进军民科技合作。积极培育高新技术企业,推进重大专项的实施,促进高新技术产业发展。推动科技人才收入分配机制改革,制定和实施科技人员服务企业的优惠政策。深入实施全民科学素质行动计划,加强科普基础设施建设,强化面向公众的科学普及。

构建产业科技创新投融资体系。建立财政拨款、企业投资、银行贷款、社会投入等相结合的多元化、多渠道科技投入体系。强化企业科技投入主体地位。继续加大财政性科技资金投入,设立重大科技专项和科技担保资金,引导企业及各类投资者投资科技创新。发挥创业投资引导基金作用,吸引煤焦领域资金支持科技创业。加快科技与金融的有效结合,探索开展科技保险创新试点。

强化科技合作和交流。拓展产学研对外交流渠道，依托"环渤海技术转移联盟"，支持企业与国内外高水平科研院所、高等院校、高科技孵化机构建立长期的战略合作关系。支持国内外科研院所、高等院校与我省联建科技园区。支持国内外大企业、大集团来我省设立研发机构、中试基地、产业化基地。大力推进自主创新能力建设的国际交流与合作。加强与中部、周边、环渤海地区以及其他8个国家级试验区科技的合作。

大力推进"科技创新跨越工程"。充分发挥科学技术部和山西省人民政府部省会商机制的作用，有效集成国家及山西的科技资源，推进我省科技创新跨越式发展。积极推进重大科技专项，力争在煤炭清洁生产利用、现代煤化工、装备制造、新能源、新材料、生物医药、节能减排、信息网络、新能源汽车等领域取得新突破。

专栏26　重大科技专项项目

1. 矿井规模化改造升级关键技术与高端化采掘运成套机械装备
2. 煤炭高效、集约、绿色开采关键技术与装备
3. 煤炭洗选加工成套技术与装备
4. 矿山重大灾害监控、预警与应急救援保障技术
5. 煤炭清洁、高效利用和新型煤化工技术
6. 风电与光伏发电成套化技术及装备
7. 低碳与循环经济发展技术
8. 重型装备制造关键技术
9. 制造业信息化新技术
10. 镁合金精深加工关键技术
11. 特种不锈钢材料的生产、深加工技术
12. 不同路面结构施工成套技术
13. 现代服务业信息化支撑技术和平台建设
14. 高产优质多抗多生态玉米新品种选育技术
15. 小麦大面积平衡高产关键技术
16. 旱作农业高产高效抗逆栽培关键技术
17. 优质果蔬集约化高效栽培技术创新及产业化
18. 畜禽规模标准化健康养殖关键技术
19. 特色杂粮生产、加工综合技术创新及产业化
20. 山西省高发疾病防治研究
21. 创新药物研究与产业化
22. 公共卫生与疾病防控的支撑技术
23. 生态脆弱区和工矿区生态恢复、重建技术与示范
24. 现代水利发展及节水关键技术
25. 城镇化与城镇建设支撑技术
26. 生物应用领域关键科学问题
27. 光电技术中的关键科学问题
28. 环境保护的关键技术
29. 节约矿产资源的关键技术
30. 节能的关键技术

第二节　加快教育改革发展

按照优先发展、育人为本、改革创新、促进公平、提高质量的要求，推动教育事业科学发展，办好人民满意的教育。

完善现代教育体系。积极发展城乡学前教育，增加公办幼儿园数量，鼓励社会力量办园。巩固提高九年义务教育水平，推进义务教育均衡发展。加快普及高中阶段教育，提高普通高中学生综合

素质。大力发展职业教育,加强基础能力建设,努力实现全省职业教育全覆盖。高等教育要坚持扩大规模与提高质量并重的原则,优化结构,增强实力,加快推进高校新校区建设。加快发展继续教育,努力建设灵活开放的终身教育体系。支持特殊教育发展,改善特殊教育办学条件。注重各级教育的创新能力和社会良知的培养。组织实施教育6项重点工程。

专栏27　教育6个重点工程

学前教育推进工程、义务教育学校标准化建设工程、职业教育基础能力建设工程、高等教育质量和水平提升工程、农村教师队伍水平提升工程、教育信息化工程。

推进教育改革开放。深化人才培养体制改革,逐步形成体系开放、机制灵活、渠道互通、选择多样的人才培养体制。深化考试招生制度改革,推动素质教育,促进培养创新人才。深化学校内部体制改革,促进学校依法自主办学、增强办学活力。推进办学体制改革,促进民办学校和公办学校协调发展。推进管理体制改革,促进政府教育管理职能转变。扩大教育开放,提高教育现代化和国际化水平。组织开展8项教育改革试点。

专栏28　教育8项改革试点

推进素质教育改革试点、职业教育人才培养模式改革试点、教师培养模式改革试点、校企联合培养研究生改革试点、现代大学制度改革试点、终身教育体制机制建设试点、办学体制改革试点、地方教育投入保障机制改革试点。

全面提高教育质量。树立科学的教育质量观,全面推进素质教育,建立以提高质量为导向的管理机制和工作机制。大力改善办学条件,注重内涵发展、特色发展。深化课程体系、教学内容和教学方法改革,强化创新实践能力培养。建设高素质教师队伍,提高教师地位待遇。加快教育信息化进程,加强教育信息化基础建设和管理。整合教育资源,实现社会共享。加强教育质量标准体系和质量保障体系建设,强化教育督导评估。

增强教育服务能力。大力促进产学研用结合,主动适应经济发展方式转变和经济结构调整,优化教育结构,提高教育服务能力。加强高校重点学科建设,建设一批对我省经济社会发展具有重大支撑作用的特色重点学科。尤其在职业教育和高等教育中,注重在学科设置、专业布局上向资源型经济转型适当倾斜。加强高校与科研院所、行业企业合作,组建技术创新联盟,加强联合攻关,组织实施一批产学研合作项目。加快科技成果转化,在形成新产品和推进新产业上取得新进展。统筹高等教育、职业教育和继续教育资源,增强高技能实用型人才培养能力,健全社会培训网络,积极开展企业岗位技能培训和农业科技服务。主动参与文化事业建设,促进文化强省建设。

第三节　实施人才强省战略

坚持人才资源优先开发、人才结构优先调整、人才投资优先保证、人才制度优先创新,确立人才优先发展的战略布局,进一步加大人才引进力度,加快人才培养步伐,为转型跨越发展提供坚强的人才保障。

专栏 29　重大人才工程

1. 高端创新人才引进和培养工程。
2. 海外高层次人才引进工程(百人计划)。
3. 新兴产业领军人才培养和引进工程。
4. 优秀企业家培育工程。
5. 名师名家培育工程。
6. 全民健康卫生人才保障工程。
7. 人才继续教育培训工程。
8. 高技能人才开发工程。
9. 现代农业人才开发工程。
10. 贫困地区、革命老区人才支持工程。

　　加快人才培养步伐。坚持党管人才原则,统筹推进党政人才、企业经营管理人才、专业技术人才、高技能人才、农村实用人才、社会工作人才等各类人才队伍建设,突出抓好高层次创新型科技人才、新兴产业创业型领军人才、重点领域急需紧缺人才的培养开发。实施"党政人才素质提升计划"大规模、多渠道培训在职在岗干部。实施"企业经营管理人才能力培养计划",提升职业素养、创新精神和开拓能力。实施"专业技术人才知识更新工程",提升专业水平和创新能力。抓好高校重点学科建设,建立与转型发展相适应的专业结构动态调控机制。加强重点科研院所和实验室建设,发挥重大科研平台在人才素质提升中的孵化作用。加快企业工程技术中心建设,大力推进产学研结合。

　　加大人才引进力度。以项目为载体,重点引进支柱产业、优势产业、新兴产业以及重点学科、重大工程所急需紧缺的高层次人才。完善海内外高层次人才回晋(来省)创新创业政策,拓展延伸"百人计划",实施高端创新人才引进培养工程和新兴产业领军人才培养引进工程,大力吸引国内外拔尖人才。实施"重点实验室、企业研发中心核心技术研发人才引进和培养计划"、"重大产业项目工程技术人才引进和培养计划",依托重点学科、重大项目、重点实验室、科研院所技术开发实验室、企业技术中心建设及项目和课题,面向国内重点大学和一流科研院所公开招聘一批拔尖人才。实施面向"211"和"985"院校的潜力人才储备计划。采取灵活多样的人才柔性流动政策,鼓励用人单位以短期服务、承担委托项目、合作研究、技术入股、承包经营、人才租赁等多种方式引进高层次人才。完善引进人才评估机制,提高引进人才的水平和质量。

　　切实用好现有人才。以实践能力和工作业绩为主要依据,科学评价人才。按照公开、平等、竞争、择优的原则,大力推广竞争性用人机制,科学选拔人才。建立重在社会和业内认可的专业技术人才评价体系,大力推进专业技术资格评价的科学化、专业化、社会化进程。加大重点实验室、企业研发中心核心技术研发人才和重大产业项目工程技术人才培养力度,制定并实施"三晋学者"计划,培养造就一批在海内外有重要影响的学科带头人和科技领军人才。建立健全重实绩、重贡献、向优秀人才和关键岗位倾斜的分配激励机制,促进优秀人才脱颖而出。不断提高各类人才的社会地位和工作生活待遇,确保人才队伍稳定。

　　创造有利于人才发展的环境。创新人才政策,努力营造"尊重劳动、尊重知识、尊重人才、尊重创造"的良好社会氛围。设立人才发展专项资金,并不断加大投入力度,确保重大人才政策的实施和重大人才工程的推进。建立政府重大项目专家论证制度,充分发挥高层次人才作用。建立急需紧缺高层次人才特殊编制政策。建立一体化、全开放的人才流动机制,促进各类人才合理配置。设立山西省突出贡献人才奖,对在山西转型跨越发展中作出突出贡献的各类优秀人才进行表彰奖励。完善"三晋技术能手"和优秀农村实用人才评选表彰制度。加强人才公共服务体系建设,改进服务方式,丰富服务内容,提高服务质量。

专栏30　重大人才政策

1. 人才投资优先保证政策。
2. 产学研合作培养创新人才互动政策。
3. 人才创业扶持政策。
4. 高层次急需紧缺人才引进政策。
5. 有利于优秀人才脱颖而出的选拔政策。
6. 有利于非公有制经济组织、新社会组织人才发展鼓励政策。
7. 有利于人才到农村和边远贫困地区工作的激励政策。
8. 人才合理流动配置政策。
9. 有利于科研人员潜心研究的保障政策。
10. 突出贡献人才表彰奖励政策。
11. 促进人才发展的公共服务政策。

第十一章　加快改革攻坚步伐　创新完善体制机制

改革是加快转变经济发展方式的动力源泉,必须调动各方面的积极性,尊重群众首创精神,以更大的决心和勇气全面推进各领域改革,为转型跨越发展提供强大动力。

第一节　推进行政体制改革

按照政企分开、政事分开、政资分开、政府与市场中介组织分开的原则,进一步转变政府职能,强化服务意识,减少政府对微观经济活动的干预,增强经济调节和市场监管能力,提高社会管理和公共服务水平。深化行政审批制度改革,精简审批事项,规范审批行为,实行首办责任制,提高审批效率。健全科学决策、民主决策、依法决策机制,推进政务公开,完善重大事项公众参与、专家咨询论证和政府集体决策相结合的决策机制,提高决策科学化、民主化水平。强化行政问责,改进行政复议和行政诉讼,完善政府绩效评估制度,提高政府公信力。

第二节　深化国有企业改革

深入推进国有企业股份制改造,引进战略合作者,鼓励省外资本和民间资本参与国有企业重组改造,实现投资主体和产权多元化。加快建立现代企业制度,健全公司法人治理结构,深化国有企业人事分配制度改革。依法加大对严重资不抵债、扭亏无望国有企业的改革破产力度。加快主辅业分离、分离企业办社会职能步伐,健全国有资本经营预算和收益分配使用制度,完善各类国有资产管理体制,改进国有资产监管方式,确保国有资产保值增值。深化集体企业改革,推进集体企业关闭和重组,积极发展股份合作制集体经济,加强集体资产的监管和运营。

第三节　大力发展民营经济

坚持"两个毫不动摇"的方针,促进民营经济健康快速发展。进一步扩大民间资本市场准入范围,凡法律法规未明确禁止准入的行业和领域,对民间资本全部放开。重点鼓励和引导民间资本进入基础产业、基础设施、市政公用事业、社会事业、金融服务业、文化产业等领域。鼓励和支持煤焦、钢铁等资源型产业领域的民营企业转产转型,发展新兴产业。加大政策支持力度,搭建民营企业转产转型服务平台,建立健全社会化服务体系,加强对民营经济的服务,营造各种所有制经济依法平等使用生产要素、公平参与市场竞争、同等受到法律保护的体制环境和社会环境。

第四节　加快财税体制改革

在合理界定各级政府事权的基础上,按照财力与事权相匹配的原则,进一步理顺各级政府间财政分配关系。完善财政转移支付政策,增加一般性转移支付规模和比例,增强县级政府提供基本公共服务的财力保障。完善省直管县财政管理改革试点和"乡财县管"财政管理方式,加强乡镇财政管理。完善预算编制和执行管理制度,提高预算的完整性和透明度。优化财政支出结构,加快公共财政体系建设,提高财政保障能力。全面落实国家税收制度改革政策措施,逐步健全有利于加快资源型经济转型的地方税收体系。加强财政支出绩效评价。

第五节　推进金融改革发展

积极创造与转型跨越发展相适应的金融格局。完善地方政府金融管理体制,提高各级政府管理、协调和服务金融业的能力。鼓励支持国有大型银行服务地方经济社会发展,特别是加大对中、小、微企业和"三农"的服务力度。加快推进城市商业银行等地方金融机构改革发展,进一步理顺地方金融机构产权关系,完善地方金融机构治理机制。积极支持省外金融机构和外资银行来晋设立分支机构和营业网点。加强与金融机构的战略合作。健全中、小、微企业商业性信用担保体系。加大培育后备上市资源,鼓励企业采取多种方式上市,尤其是中小板和创业板。支持符合条件的企业进行各种形式的债券融资,提高直接融资比重。加快发展股权投资、创业投资,推进企业资产证券化,开辟融资新途径。积极推进煤焦期货交易平台和股权交易平台建设。创新保险产品和服务。打击逃废金融债务、金融诈骗等违法行为,营造良好的金融生态环境。

第六节　推动资源性产品价格和要素市场改革

充分发挥市场在资源配置中的基础性作用,完善煤炭及其他重要矿产资源价格形成机制,理顺煤、电、气、热、水、矿产等资源类产品价格关系。加快推进污水处理、垃圾处理等收费制度改革。扩大排污权交易试点范围。健全土地、劳动力、技术、信息等要素市场,完善市场监管机制,规范市场秩序。

第七节　加快社会事业体制改革

积极稳妥推进科技、教育、文化、卫生、体育等事业单位分类改革。培育和支持各类社会组织参与社会管理和服务,改革公共服务提供方式,实现提供主体和提供方式多元化。推进非基本公共服务市场化改革,鼓励社会资金兴办社会事业,增强多层次供给能力,满足城乡群众多样化需求。

第十二章　大力实施开放引进战略　进一步提高对外开放水平

充分利用国内外两个市场、两种资源,大力实施开放引进战略,拓展新的开放领域和空间,在更大范围、更广领域和更高层次上参与国际国内合作与竞争,努力实现对外开放的新突破。

第一节　加大招商引资力度,提高招商引资质量

充分利用优势资源换市场、技术、资金、项目,以优惠政策为牵引,以优质服务为支撑,吸引更多有利于转型发展的项目、企业进入山西。完善招商引资政策,充分利用中国(太原)国际能源产业博览会等会展招商引资平台,创新招商引资方式,面向国内外广泛招商。鼓励以企招企、以商招商、以项目招商,实行定点式、跟进式、持续式的精细化招商引资,扩大招商引资规模,提高利用外资质量。积极吸引国内外大型企业来晋投资,重点发展新兴产业和高端产业。充分发挥经济开发区、工业园区等各类园区的支撑作用和示范带动作用,积极承接产业转移。突出产业链招商,围绕我省重点行业,以完善供应链为重点,积极引进产业链中的上下游配套企业,推动专业化分工和产业配套,培育产业集聚优势和综合环境优势。坚持招商引资和招才引智相结合,按照不求所有、但求所用的原则,吸引更多的国内外人才、引进先进适用技术为山西建设服务。积极稳妥开展境外投资。

第二节　转变对外贸易发展方式

巩固传统市场,开拓新兴市场,促进出口市场多元化。加强出口商品基地建设。优化出口商品结构,在提高传统优势商品质量和档次的基础上,高度重视装备制造、新材料、特色食品、文化创意产品等高附加值、自主品牌的商品出口。积极发展服务贸易,培育服务外包市场,积极推进我省服务外包基地建设。优化进口商品结构,加大对高新技术、环保、节能低碳产品以及关键设备的引进力度。加快推进内陆口岸和综合保税区建设,扶持发展具有仓储、报关、检验检疫、配送、加工贸易等复合功能的大型物流园区。

第三节　深化区域合作

以能源、旅游、农产品、现代服务业领域的合作为载体,加强与京津冀的协作发展,主动融入环渤海经济圈。以能源、冶金、煤化工、装备制造业、现代服务业等产业为载体,引深与长三角和珠三角地区的经济合作,主动承接相关产业向我省转移。以能源经济、物流、旅游、生态建设与环境治理为载体,加强与呼包鄂、关中城镇群、中原城镇群合作。全面落实省际等战略合作协议,加强政府、企业和行业组织等各层次的经常性沟通和磋商。鼓励支持晋陕豫黄河金三角地区突破行政界限,开展区域协调发展试验。

第四节　强化与中央企业合作

大力支持中央企业在山西的发展,深入开展全方位、宽领域、深层次合作。将与中央企业合作作为对外开放的突破点,引进更多的优质项目、先进技术和先进管理。积极主动地加强与中央企业

的沟通交流,为更多的中央企业在山西发展,提供更加优质的服务,创造更加宽松的环境,最大限度地实现互利共赢。立足双方共同需求,找准合作的结合点,完善工作推进机制,抓好签约项目落地和新项目谋划,推动山西与中央企业的战略合作持久、稳定发展。

第五节　优化发展软环境

在加强硬环境建设的同时,特别注重优化软环境。全面落实首问负责制、限时办结制、行政不作为和渎职责任追究制,严格执行行政许可公开制度、收费公示制度、政府信息公开制度,切实提高行政效能,创造高效透明的政务环境。规范行政执法和司法行为,创造公平公正的法治环境。积极推进以政府信用为先导、企业信用为核心、个人信用为基础的信用体系建设,营造诚实守信的信用环境。建立重大项目跟踪服务制度,搭建手续全程代理等服务平台,形成良好的服务环境。破除封闭保守的狭隘观念,树立开放合作的全新理念,加强舆论宣传,提升对外形象,形成包容开放、海纳百川、互利互惠、共赢发展的人文环境。

第十三章　推进依法治省　发展社会主义民主政治

坚持党的领导、人民当家作主、依法治国的有机统一,扩大社会主义民主,建设社会主义法治国家,发展社会主义政治文明。

第一节　发展社会主义民主政治

坚持和完善人民代表大会制度、中国共产党领导的多党合作和政治协商制度和基层群众自治制度,不断推进社会主义政治制度自我完善和发展。健全民主制度,丰富民主形式,拓宽民主渠道,依法实现民主选举、民主决策、民主管理、民主监督,保障人民的知情权、参与权、表达权、监督权。巩固和壮大最广泛的爱国统一战线,发挥人民政协的作用,支持人民政协履行政治协商、民主监督、参政议政职能。支持工会、共青团、妇联等人民团体依照法律和各自章程开展工作,参与社会管理和公共服务,维护群众合法权益。保障少数民族合法权益,巩固和发展平等团结互助和谐的社会主义民族关系。全面贯彻党的宗教工作方针,发挥宗教人士和信教群众在促进经济社会发展中的积极作用。鼓励新的社会阶层人士投身我省转型跨越发展。

第二节　全面推进法制建设

全面落实依法治省基本方略,扎实推进法制山西建设,坚持科学立法、民主立法,完善地方法规体系。加快完善财税、环保、土地、收入分配、就业、社会保障、教育、医疗和规范政府行为等方面的法律法规。加强宪法和法律实施,维护社会主义法制的统一、尊严、权威。全面推进依法行政、公正廉洁执法。深化司法体制改革,优化司法权配置,规范司法行为,建设公正高效权威的社会主义司法制度。实施"六五"普法规划,深入开展法制宣传教育,弘扬法制精神,形成人人学法守法的良好社会氛围。加强人权保障,促进人权事业发展。

第三节　加强反腐倡廉建设

坚持标本兼治、综合治理、惩防并举、注重预防的方针,加快推进惩治和预防腐败体系建设,在坚决惩治腐败的同时,加大教育、监督、改革、制度创新力度,更加有效地预防腐败。加强反腐倡廉长效机制建设,逐步建成内容科学、程序严密、配套完备、有效管用的反腐倡廉制度体系。严格执行党风廉政建设责任制,深化党性党风党纪教育,加强领导干部廉洁自律和严格管理。建立健全决策权、执行权、监督权既相互制约又相互协调的权力结构和运行机制,严格权力运行制约和监督。加大查办违纪违法案件工作力度。

第十四章　加强规划实施　实现宏伟蓝图

本规划经过省人民代表大会审议批准,具有法律效力。要举全省之力,实现未来五年发展宏伟蓝图。

第一节　完善规划实施机制

推动规划顺利实施,主要依靠发挥市场配置资源的基础性作用。各级人民政府要正确履行职责,合理配置公共资源,调控引导社会资源,保障规划目标和任务的完成。

本规划提出的预期性指标和转型跨越等任务,主要依靠市场主体的自主行为实现。各级人民政府要通过完善市场机制和利益导向机制,创造良好的政策环境、体制环境和法制环境,打破市场分割和行业垄断,激发市场主体的积极性和创造性,引导市场主体行为与省战略相一致。

本规划确定的约束性指标和公共服务领域的任务,是政府对人民群众的承诺。约束性指标要分解落实到有关部门,其中耕地保有量、单位地区生产总值能耗和二氧化碳排放、主要污染物排放等指标,要分解落实到各市。公共服务特别是促进基本公共服务均等化的任务,要明确工作责任和进度,主要运用公共资源全力完成。

围绕规划提出的目标和任务,加强全省经济社会发展政策的统筹协调,注重政策目标与政策工具、短期政策与长期政策的衔接配合。按照公共财政服从和服务于公正政策的原则,优化财政支出结构和政府投资结构,逐步增加省级政府投资规模,建立与规划任务相匹配的省级政府投资规模形成机制,重点投向民生和社会事业、农业农村、科技创新、生态环保、资源节约等领域,更多投向革命老区和欠发达地区。

加快制定并完善有利于推动科学发展、加快转变经济发展方式的绩效考核评价办法,强化考核结果运用。把改善民生、公共服务、节能减排将主要目标完成情况纳入地方政府领导班子和领导干部的综合考核评价结果,作为地方人民政府领导班子调整和领导干部选拔任用、培训教育、奖励惩戒的重要依据。

完善监测评估制度,加强监测评估能力建设,强化对规划实施情况跟踪分析。省人民政府有关部门要加强对规划相关领域实施情况的评估,接受省人民代表大会及其常务委员会的监督检查。规划主管部门要对约束性指标和主要预期性指标完成情况进行评估,并向省人民政府提交规划实施年度进展情况报告,以适当方式向社会公布。在规划实施的中期阶段,由省人民政府组织开展全面评估,并将中期评估报告提交省人民代表大会常务委员会审议。经中期评估需要对本规划进行修订时,要报省人民代表大会常务委员会批准。

完善统计制度,加强对服务业、节能减排、劳动就业、收入分配、房地产等薄弱环节的统计工作,为监测评估和政策制定提供基础。

第二节　加强规划协调管理

推进规划体制改革,加快规划立法进程,以全省国民经济和社会发展规划纲要为统领,以主体功能区规划为基础,以专项规划、区域规划、城市规划和土地利用规划为支撑,形成各类规划定位清晰、功能互补、统一衔接的规划体系,完善科学化、民主化、规范化的编制程序,健全责任明确、分类实施、有效监督的实施机制。

省人民政府有关部门要组织编制一批省级专项规划特别是重点专项规划,细化落实本规划提出的主要任务。省级重点专项规划,要围绕经济社会发展关键领域和薄弱环节,着力解决突出问题,形成落实本规划的重要支撑和抓手。

市县规划要切实贯彻国家及省战略意图,结合市县实际,突出地方特色。要做好市县规划与本规划明确的发展战略、主要目标和重点任务的协调,特别是要加强约束性指标的衔接。市县规划与本规划总体要求不一致的,应在市县年度计划中做出相应调整。

加强年度计划与本规划的衔接,对主要指标应当设置年度目标,充分体现本规划提出的发展目标和重点任务。年度计划报告要分析本规划的实施进展情况,特别是约束性指标的完成情况。

美好蓝图催人奋进,转型跨越时不我待。全省上下要紧密团结在以胡锦涛同志为总书记的党中央周围,高举中国特色社会主义伟大旗帜,深入贯彻落实科学发展观,解放思想、开拓创新,埋头苦干、奋力进取,为完成国民经济和社会发展第十二个五年规划任务、实现再造一个新山西宏伟目标而奋斗!

内蒙古自治区国民经济和
社会发展第十二个五年规划纲要

（2011 年 1 月 22 日内蒙古自治区
第十一届人民代表大会第四次会议通过）

"十二五"时期（2011 年至 2015 年），是我区推进富民强区、全面建设小康社会的关键时期，是深化改革开放、加快转变经济发展方式的攻坚时期。科学制定和有效实施《内蒙古自治区国民经济和社会发展第十二个五年规划纲要》，对于促进我区经济社会长期平稳较快发展具有重大意义。

第一章　科学发展　走富民强区之路

第一节　发展基础和面临形势

一、发展基础

"十一五"时期，我区经济社会发展取得了重大成就，"十一五"规划确定的主要任务和目标如期完成。

——综合经济实力跃上新台阶。预计 2010 年地区生产总值突破万亿元，达到 11655 亿元，"十一五"年均增长 17.6%；地方财政总收入达到 1738.1 亿元，年均增长 29.4%；固定资产投资达到 8972.1 亿元，年均增长 27.2%，累计完成近 3 万亿元。

——经济结构调整取得重大进展。三次产业结构比例演变为 9.5∶54.6∶35.9，特色优势产业发展态势良好，工业成为拉动经济快速增长的主导力量。区域发展呈现新特点，东部盟市发展加速，呼包鄂地区继续保持快速增长。新农村新牧区建设稳步推进，城镇化水平进一步提高，城镇化率达到 55%。

——基础设施建设得到加强。综合运输体系初步形成，公路总里程达到 15.7 万公里，铁路营业总里程达到 10789 公里，机场增加到 12 个。建设了一批能源运输通道，实施了一批重点水利工程。

——生态环境保护和建设成效明显。继续实施天然林保护、京津风沙源治理等重大生态工程，森林覆盖率提前完成 20% 的规划目标，草原植被盖度继续提高。环境保护得到加强，节能减排如期实现国家确定目标。

——人民生活水平显著提高。预计城镇居民人均可支配收入达到 17698 元，年均增长 11.2%；农牧民人均纯收入达到 5530 元，年均增长 10%。居民消费结构持续升级，消费水平明显提高。保障性住房建设力度加大，城乡居民居住条件得到改善。

——社会建设取得新成果。积极实施民生工程，社会建设力度加大。教育改革和发展得到加强，提前完成普及九年义务教育目标。医药卫生体制改革稳步推进，公共卫生服务体系继续完善。民族文化大区建设有序推进，公共文化服务网络正在形成。社会保险覆盖面不断扩大，保障标准逐步提高。

——改革开放迈出新步伐。国有企业改革和国有资产管理体制改革继续推进。农村牧区综合改革取得阶段性成果。完善煤炭资源配置政策，开征了煤炭价格调节基金。加强与国内外的合作与交流，高标准、高起点引进了一批大企业、建设了一批大项目，深化了与俄蒙在经济文化等领域的合作。

专栏1 "十一五"规划主要指标实现情况

序号	指 标	2005年	规划目标		实现情况	
			2010年	年均增长(%)	2010年预计	年均增长(%)
1	地区生产总值(亿元)	3905	7230	≥13	11655	17.6
2	人均地区生产总值(元)	16371	29500	13	47470	17
3	地方财政总收入(亿元)	478.73	1080	15	1738.1	29.4
4	全社会固定资产投资(亿元)	2687.84	6150	18	8972.1	27.2
5	社会消费品零售总额(亿元)	1358.1	2800	16	3337	19.7
6	城镇登记失业率(%)	4.26	4.5	[0.24]	3.9	[-0.36]
7	总人口(万人)	2386.4	2480	0.77	2455	0.56
8	城镇化率(%)	47.2	55	[7.8]	55	[7.8]
9	城镇居民人均可支配收入(元)	9137	14700	10	17698	11.2
10	农牧民人均纯收入(元)	2989	4400	8	5530	10
11	外贸进出口总额(亿美元)	51.6	110	≥16	87.2	11
12	森林覆盖率(%)	17.57	20	[2.43]	20	2008年实现
13	"普九"覆盖率(%)	88.4	100	[11.6]	100	2006年实现
14	研究与试验发展经费支出占地区生产总值比重(%)	0.3	1.5	[1.2]	0.75	[0.45]
15	单位地区生产总值能源消耗降低(%)			[22]	如期完成规划目标	
16	主要污染物排放总量减少(%) 二氧化硫			[3.8]	如期完成规划目标	
17	化学需氧量			[6.7]		

注：地区生产总值和城乡居民收入规划绝对数按 2005 年价格计算，预计绝对数按当年价格计算，速度按可比价格计算；[ ]内为五年累计数；2005 年地方财政总收入为 2006 年以后财政统计口径调整数。

二、面临形势

当前和今后一个时期,我们仍处于机遇和挑战并存、机遇大于挑战、可以大有作为的重要战略机遇期。世界多极化、经济全球化深入发展,我国与世界各国的经济合作不断深化,为我们加快发展营造了良好的外部环境。我国正处于工业化和城镇化快速推进阶段,经济社会发展的基本态势长期向好,国家扩大内需战略的实施,将为我区特色优势产业发展提供巨大的市场空间。国际国内生产要素流动和产业转移步伐加快,环渤海和东北地区辐射带动能力增强,国家更加重视沿边开发,为我区扩大开放、借力发展创造了新的机遇。后金融危机时期孕育着新的科技革命和产业革命,为我区发挥后发优势,实现技术跨越,抢占科技和产业制高点提供了良好契机。国家西部大开发、振兴东北等老工业基地战略的深入实施和促进内蒙古经济社会又好又快发展意见的出台,为我区新一轮发展创造了良好的政策环境。还应当看到,经过多年的艰苦奋斗,全区上下形成了"聚精会神搞建设、一心一意谋发展"的浓厚氛围,实现富民强区已成为全区各族干部群众的共同期盼,这将继续成为我区经济社会加快发展的持久精神动力。综合分析各方面因素,我们完全有条件继续保持较长的快速发展期。

同时,也要清醒认识到,我区欠发达的基本区情没有根本改变,未来发展还面临不少挑战和困难。主要表现在:产业发展不充分,结构不合理,农牧业基础薄弱,工业整体水平不高,服务业发展不足;经济增长对资源的依赖偏重,非资源型产业、中小企业发展滞后,科技创新能力不强,"原字号"产品和初级产品比重大,产业竞争力较弱;生产力布局比较分散,大中城市发育不足,区域性中心城市带动力不强,城乡、区域发展不平衡;经济社会发展不够协调,城乡居民收入增长相对缓慢,就业总量压力和结构性矛盾并存,经济转型中的社会矛盾增加;生态环境脆弱,水资源供需失衡,基础设施瓶颈制约尤其是出区通道不畅问题突出;制约科学发展的体制机制障碍依然较多,对外开放的力度需要进一步加大。

第二节　指导思想和发展目标

一、指导思想

"十二五"时期,要高举中国特色社会主义伟大旗帜,以邓小平理论和"三个代表"重要思想为指导,深入贯彻落实科学发展观,以科学发展为主题,以加快转变经济发展方式为主线,坚持走富民强区之路,推进经济结构战略性调整,提高科技创新能力,着力保障和改善民生,建设环境友好型和资源节约型社会,深化改革开放,加快工业化、城镇化和农牧业现代化进程,促进经济长期平稳较快发展和社会和谐稳定,为全面建成小康社会奠定坚实基础。

以科学发展为主题,就是要立足于欠发达的基本区情,坚持以经济建设为中心,坚持发展这个第一要务不动摇,把发展作为解决我区所有问题的关键,作为富民强区的根本途径,更加注重以人为本,更加注重全面协调可持续发展,更加注重统筹兼顾,更加注重保障和改善民生,促进社会公平正义。

以加快转变经济发展方式为主线,就是要把加快转变经济发展方式贯穿经济社会发展全过程和各领域,提高发展的全面性、协调性、可持续性,在发展中促转变,在转变中谋发展,实现经济社会又好又快发展。要通过发展方式的转变,使我区获得后发优势和更大的发展空间,全面提升综合经济实力和竞争力。基本要求是：

把经济结构战略性调整作为加快转变经济发展方式的主攻方向，继续坚定不移地推进工业化、城镇化和农牧业现代化，坚持做大总量和调整结构并举、在增量中调整结构，不断优化产业结构、城乡结构和区域结构，构建多元发展、多极支撑的现代产业体系，构建布局合理、多中心带动的城镇化格局，推动城乡、区域、经济社会协调发展。

把保障和改善民生作为加快转变经济发展方式的根本出发点和落脚点，将促进就业创业摆在经济社会发展优先位置，加快发展各项社会事业，推进基本公共服务均等化，加大收入分配调节力度，落实好保障和改善民生各项制度措施，使发展成果更好地惠及全区各族人民。

把科技进步和创新作为加快转变经济发展方式的重要支撑，深入实施科教兴区和人才强区战略，营造良好的创新环境和人才成长环境，提高教育现代化水平，提高劳动者素质，增强自主创新能力。

把建设环境友好型、资源节约型社会作为加快转变经济发展方式的重要着力点，坚持用发展的办法保护生态，优化人口和生产力布局，推动农村牧区人口向城镇和二、三产业转移，促进人口集中、产业集聚、资源节约，推动绿色发展、循环发展、低碳发展。

把改革开放作为加快转变经济发展方式的强大动力，稳步推进经济、政治、文化、社会等各领域改革，加快构建有利于科学发展的体制机制。全面推进对内对外开放，进一步拓宽开放领域，提高开放层次和水平，促进生产要素流动，扩大市场空间，增强经济发展活力。

二、发展目标

——国民经济长期平稳较快发展。经济发展的综合水平、经济增长的质量和效益明显提高，地区生产总值年均增长12%以上，社会消费品零售总额年均增长18%。

——城乡居民收入普遍较快增加。城镇居民人均可支配收入和农牧民人均纯收入年均增长12%，城乡居民收入达到全国平均水平。中等收入者比重不断扩大，低收入者收入明显增加，农村牧区贫困人口大幅度减少，人民生活质量不断提高。

——产业结构优化升级。现代农牧业进一步发展，多元化工业体系基本形成，产业层次明显提升，非资源型产业比重显著提高，服务业发展全面加快，力争服务业增加值占地区生产总值比重和服务业就业占全社会就业人员比重均提高到40%左右。研究与试验发展（R&D）经费支出占地区生产总值比重达到1.5%，每万人口发明专利授权数达到1.5件，自主创新能力明显增强。

——城乡区域协调发展。城镇化进程稳步推进，城镇化率达到60%。新农村新牧区建设明显加快，城乡发展差距扩大趋势得到遏制。东西互动、各具特色的区域经济发展格局初步形成，地区发展差距逐步缩小。

——基础设施进一步完善。城乡基础设施条件明显改善，现代化综合交通运输体系基本形成，电力外送能力显著增强，水利和信息基础设施建设进一步加强，总体上满足经济社会发展需要。

——可持续发展能力增强。总人口控制在2520万人以内。资源利用效率显著提高，接近全国平均水平。单位地区生产总值能源消耗降低15%，单位地区生产总值二氧化碳、化学需氧量、二氧化硫、氨氮、氮氧化物排放达到国家对我区的要求，单位工业增加值用水量下降10%，农业灌溉用水有效利用系数提高到0.52，非化石能源占一次能源消费总量比重达到5%。生态环境质量持续好转,森林覆盖率提高到22%,活立木蓄积量达到14亿立方米以上。耕地保有量保持在1.05亿亩。

——社会建设显著加强。覆盖城乡居民的基本公共服务达到全国平均水平。城镇新增就业人数平均每年超过25万人,城镇登记失业率控制在4.2%以内。城镇参加基本养老保险人数达到500万人以上,城乡三项医疗保险参保率达到95%,建设城镇保障性安居工程住房110万套。九年义务教育巩固率达到93%,高中阶段毛入学率达到90%以上,新增劳动力平均受教育年限提高到13.3年。基本公共文化服务体系覆盖城乡。

——改革开放取得重大进展。重点领域和关键环节改革取得积极进展,政府职能加快转变,政府公信力和行政效率逐步提高。对内对外开放领域和空间进一步扩大,全方位开放格局基本形成。

——民主法治和精神文明建设水平显著提高。法制建设全面推进,思想道德建设不断加强,社会稳定、民族团结、边疆安宁的局面进一步巩固。

专栏2　"十二五"时期经济社会发展主要指标					
类别	指　标	2010年预计	2015年	年均增长(%)	属性
经济发展	地区生产总值(亿元)	11655	20540	12	预期性
	社会消费品零售总额(亿元)	3337	7630	18	预期性
	服务业增加值占地区生产总值比重(%)	35.9	40	[4.1]	预期性
	服务业就业占全社会就业人员比重(%)	35	40	[5]	预期性
	城镇化率(%)	55	60	[5]	预期性
科技教育	九年义务教育巩固率(%)	84.06	93	[8.94]	约束性
	高中阶段教育毛入学率(%)	88.5	≥90	[1.5]	预期性
	新增劳动力平均受教育年限(年)		13.3		预期性
	研究与试验发展经费支出占地区生产总值比重(%)	0.75	1.5	[0.75]	预期性
	每万人口发明专利授权数(件/万人)	0.61*	1.5		预期性
资源环境	耕地保有量(亿亩)	1.05	1.05		约束性
	单位工业增加值用水量降低(%)			[10]	约束性
	农业灌溉用水有效利用系数	0.47	0.52	[0.05]	预期性
	非化石能源占一次能源消费总量比重(%)	1.17*	5		约束性
	单位地区生产总值能源消耗降低(%)			[15]	约束性
	单位地区生产总值二氧化碳排放降低(%)		达到国家对我区的要求		约束性
	主要污染物排放减少(%)	化学需氧量		达到国家对我区的要求		约束性
		二氧化硫				
		氨氮				
		氮氧化物				
	森林增长	森林覆盖率(%)	20	22	[2]	约束性
		活立木蓄积量(亿立方米)	13.6	≥14	0.58	

续表

类别	指 标	2010 年预计	2015 年	年均增长（%）	属性
人民生活	全区总人口（万人）	2455	2520	0.52	约束性
	城镇登记失业率（%）	3.9	≤4.2		预期性
	城镇新增就业人数（万人）	24.7	25	［125］	预期性
	城镇参加基本养老保险人数（万人）	430.7	≥500	3	约束性
	城乡三项医疗保险参保率（%）	90	95	［5］	约束性
	城镇保障性安居工程建设（万套）			［110］	约束性
	城镇居民人均可支配收入（元）	17698	31200	12	预期性
	农牧民人均纯收入（元）	5530	9800	12	预期性

注：地区生产总值和城乡居民收入绝对数按 2010 年价格计算，速度按可比价格计算；［ ］内为五年累计数；三项医疗保险指城镇职工基本医疗保险、城镇居民基本医疗保险、新型农村牧区合作医疗；＊为 2009 年数据。

第二章 优化布局 促进区域城乡协调发展

根据资源环境承载力、发展基础和发展潜力，按照发挥比较优势、改善薄弱环节和集中集聚集约的要求，实施区域总体发展战略和主体功能区规划，推进城镇化健康发展，继续加强新农村新牧区建设，构筑区域优势互补、主体功能定位清晰、人与自然和谐相处的格局。

第一节 促进区域协调发展

鼓励以呼包鄂为核心的西部地区率先发展。积极推进呼包鄂一体化进程，重点推动在产业分工协作、城镇功能互补、基础设施对接、基本公共服务共享、科技创新平台共建等领域的突破。建设以呼包鄂为核心沿黄河沿交通干线经济带，形成一批优势特色产业集聚区，带动西部地区产业升级和经济转型，提升综合竞争力。全面推行清洁生产，加强资源节约和环境保护，建设国家循环经济示范区。加快技术、管理、体制机制创新，形成一批拥有自主知识产权的核心技术，提高产业素质和竞争力，建设创新发展先行区。保障和改善民生，提高公共服务的供给质量和水平，建设统筹区域城乡发展的先导区。

促进东部地区跨越式发展。加快体制机制创新，加大扶持力度，增强自我发展能力和内在动力。继续加大生态保护力度，保护大森林、大草原、大湿地，增强生态系统自我修复能力。依托交通干线和区域性中心城市及资源富集区，完善区域内部合作机制，坚持点状开发、面上保护，集中布局发展一批规模较大的特色产业集聚区。加快基础设施建设，以交通运输通道为重点，构建网络化的区域运输格局，畅通与周边地区的联系，打通区域内部通道、出区通道、下海通道和口岸通道。加强对社会建设薄弱环节的投入，提高教育、卫生、文化、社会保障等基本公共服务能力。

支持老少边穷地区加快发展。大力推进扶贫开发，进一步完善转移式、救助式和保障式扶贫制度，实施整村推进、产业化扶贫、易地搬迁等项目，改善生产生活条件，解决 55 万贫困人口脱贫，基本消除绝对贫困。对兴安盟、赤峰市和乌兰察布市及周边集中连片特殊贫困区域实施集中扶贫攻坚工程，协调推进京蒙对口帮扶和国家机关定点扶贫，组织实施好鄂尔多斯对口支援和自治区直属机关定点帮扶兴安盟规划。自治区直属机关继续定点帮扶鄂伦春自治旗、莫力达瓦达斡尔族自治旗,积极支持蒙古族聚居区和鄂伦春、鄂温克、达斡尔、俄罗斯等人口较少民族聚居区建立自主发展机制,改变传统生产生活方式,加快脱贫步伐。继续实施兴边富民行动,对戍边农牧民给予生产、生活补助。加大对老少边穷地区政策扶持和财政转移力度,取消国家和自治区公益性建设项目老少边穷旗县配套资金,鼓励个人、企业和社会力量参与扶贫事业。

第二节　落实主体功能区战略

提升重点开发区域工业化和城镇化水平。重点开发区域进一步增强承载能力,加大交通基础设施建设力度,统筹工业和城镇发展布局,大规模推进工业化和城镇化。在保障农业和生态发展空间基础上,适度扩大建设用地规模,推动经济集聚发展。积极承接限制和禁止开发区域人口转移,实现经济集聚与人口集聚同步。重点开发区域地区生产总值占全区地区生产总值的比重提高到80%,人口占全区的比重提高到60%左右。

加强限制开发区域现代农牧业和生态安全建设。建设"两区两带"农畜产品供给功能区,发展现代农牧业,提高农畜产品供给能力,粮食产量占全区比重达到90%左右,牲畜年末存栏头数占全区比重达到80%左右。建设"两线五区"生态安全功能区,加强重点生态区域的保护与治理,因地制宜发展资源环境可承载的特色产业,引导超载人口逐步向重点开发区域有序转移。

保护禁止开发区域生态功能和文化资源。依据法律法规和相关规划,对各级各类自然保护区、风景名胜区、森林公园和地质公园实行强制性保护,控制人为因素对自然生态的干扰。严禁不符合主体功能定位的开发活动,适度发展特色产业。

专栏3　主体功能区划分

重点开发区域是资源环境承载能力较强、集聚人口和经济条件较好的工业化城市化地区,包括呼包鄂国家级重点开发区域和自治区级重点开发区域。

限制开发区域是影响全局粮食安全的农畜产品供给功能区和影响生态安全的生态安全功能区。

"两区两带"农畜产品供给功能区,包括河套—土默川平原农牧业主产区、西辽河平原农牧业主产区、大兴安岭沿麓农牧业发展带、呼伦贝尔—锡林郭勒草原畜牧业发展带。

"两线五区"生态安全功能区,包括大兴安岭森林生态功能防线、阴山北麓生态治理防线、呼伦贝尔草原沙化防治区、科尔沁沙地沙化防治区、乌珠穆沁草原生态保护区、浑善达克沙地沙化防治区、阿拉善沙漠化防治区。

禁止开发区域是依法设立的各级各类自然文化资源保护区和其他需要特殊保护的区域。包括自然保护区、重点风景名胜区、森林公园和地质公园等。

实施分类管理的区域政策。支持重点开发区域加强基础设施建设力度,加快推进城镇化、工业化。鼓励限制开发区域和禁止开发区域人口自愿平稳有序向重点开发区域转移,增加对限制开发区域和禁止开发区域的财政转移支付,逐步使当地居民享有均等化的基本公共服务。强化对限制开发区域和禁止开发区域生态环境保护的评价。尽快形成适应主体功能区要求的绩效考核办法和利益补偿机制,引导各地严格按照主体功能定位有序发展。

第三节　加快建设社会主义新农村新牧区

加强苏木乡镇村庄规划管理。适应农村牧区人口转移和村庄变化的新形势,按照因地制宜、切实可行的原则,尊重村民意愿,体现地方和农村牧区特色,结合实施生态移民工程和农村牧区、林区、垦区危旧房改造工程,引导农牧民逐步向生产条件较好的地区和苏木乡镇所在地集聚。科学制定苏木乡镇村庄建设规划,合理安排县域苏木乡镇建设、嘎查村分布、农田草牧场保护、产业聚集、生态涵养等空间布局,统筹农村牧区生产生活基础设施、服务设施和公益事业建设。加强农村牧区建设活动管理。

加强农村牧区基础设施建设。推动城镇基础设施向农村牧区延伸,按照新农村新牧区规划,推进水电路气房和优美环境"六到农(牧)家"。实施集中式供水及配套排水工程,加强农村牧区改水,解决农村牧区安全饮用水问题。完善农村牧区电网,扩大风光互补系统和户用沼气使用,解决边远牧区、林区供电问题,实现户户通电。加快行政村嘎查通沥青或水泥路工程建设,同步推进村庄内外道路硬化。推进村村通客运班车,逐步扩大公共交通覆盖农村牧区范围。引导散居农牧户集中建房,实施农村牧区危房改造和少数民族游牧民定居工程,人均居住面积达到25平方米。加强农村牧区邮政设施和信息网络建设,基本形成乡乡建局、村村建站的农村牧区邮政普遍服务基础网络,实现村村能上网、户户通电话。加快改水、改厨、改厕、改圈,加强污水、垃圾集中处理,推进村容村貌和环境整治。

专栏4　农村牧区基础设施和环境整治工程

农村牧区饮水安全工程。采取集中供水、供水管网向农村牧区延伸、分散供水等方式,解决100万农村牧区居民安全饮水问题。

农村牧区公路工程。新建和改造农村牧区公路3.3万公里,实现60%以上的行政村嘎查通沥青或水泥路。

农村牧区供电工程。对尚未改造的农网全部改造到位,对已改造过又出现供电不足的农网实施升级改造。建成一批太阳能示范村和绿色能源县。

农村沼气工程。建设户用沼气、小型沼气工程、大中型沼气工程和沼气服务体系,使50%以上的适宜农户用上沼气。

农村牧区安居工程。完成农村牧区困难家庭危房改造50万户。林区、垦区棚户区改造8.4万户,移民20万人,基本解决国有垦区、林区、林场职工住房困难问题。基本实现全区游牧民定居目标。

农村牧区清洁工程。推进农村牧区有机废弃物处理利用和无机废弃物收集转运,配套开展村庄硬化绿化。

提高农村牧区基本公共服务水平。加强苏木乡镇卫生院、嘎查村卫生室建设,全面配备合格的全科医生,对农村牧区居民健康问题实施干预,有效预防和控制主要传染病及慢性病。推进城乡教育均衡发展,鼓励城乡对口支援、结对帮扶,依法保障农村牧区接受义务教育的权利。完善城乡公共文化服务网络,文化馆、图书馆、博物馆、影剧院覆盖全部旗县。扩大农牧民社会保障覆盖面,逐步实现城乡居民社会保障制度接轨。

第四节　积极稳妥推进城镇化

构建符合区情的城镇体系。坚持统筹规划,扩容与提质并重,着力加强区域中心城市和县城建设。加快盟市政府所在地中心城区建设,完善功能,扩大城市人口规模,强化城市产业支撑,增强集聚辐射带动能力,形成区域性中心城市。大力培育呼包鄂城镇群,呼和浩特、包头形成以服务经济为主的产业结构,建设200万以上人口规模的城市。通辽、赤峰和鄂尔多斯中心城区建设100万以上人口规模的城市。满洲里、二连浩特适度扩大规模,建设一流口岸城市。按照城市标准,选择有条件的县城建成中小城市。依托资源和加工制造业优势,建设一批工贸型小城镇;依托交通优势,建设一批商贸流通型小城镇;依托口岸和旅游资源优势,建设一批旅游边贸型小城镇。

引导农村牧区人口向城镇转移。积极创造条件,完善体制机制,引导符合条件的农牧业转移人口逐步转为城镇居民。推进城乡户籍制度改革,放宽农牧业转移人口落户条件,保留一定期限的土地、草场承包经营权和宅基地使用权。建立健全城乡统一的劳动力市场,加强农牧民就业培训指导,实行统一的就业、失业登记制度。加强和完善教育、医疗、住房等社会保障体系,使进城农牧民能够享受基本公共服务。加强政策引导,充分利用生态保护、移民搬迁等政策,鼓励牧区、林区、垦区人口进城。

加强城镇规划和管理。按照适度超前原则,编制城镇体系规划和城市总体规划,提高详细规划编制质量。城镇规模和布局应符合自然承载能力,与经济发展、就业空间、基础设施、公共服务能力相适应。建筑设计突出特色、延续历史、传承文化、保护民族文化遗产和风景名胜资源。健全规划实施机制,严格执行规划红线,加强法制化管理。创新城市管理体制和机制,扩大市民参与,加强城市治安、市容卫生、交通秩序综合整治,控制发展高耗水产业,严禁建设高耗水景观。

加快市政基础设施建设。城市基础设施在统一规划基础上打破部门分割,协同建设。实施公交优先战略,高质量建设城市道路,缓解城市拥堵。发展呼和浩特、包头城市立体交通体系,加快建设城市轻轨。加强供水设施建设,提高供水能力、供水质量,大城市推行分质供水,城市用水普及率达到95%。完善现有污水处理设施,建设中水回用和污泥处理设施,城市污水处理率达到85%。支持热电联产,建设集中供热管网。加大对高寒地区热电联产项目的扶持,支持大兴安岭林区城镇实施"代木能源工程"。加快建设天然气管网,有条件的旗县政府所在地城镇逐步使用天然气,城市用气普及率达到85%以上。搞好城市绿化、美化,推行以节水工程措施为主的绿化模式,建成区绿化覆盖率达到35%。继续建设和完善垃圾处理设施,城市生活垃圾无害化处理率达到95%。实施城中村拆迁改造,基本完成现有城中村改造任务。

第三章　转型升级　提升产业核心竞争力

推进产业结构战略性调整,建设多元化的现代产业体系,引导各地区产业错位发展。加强农牧业基础地位,发展现代农牧业。巩固提升能源、钢铁建材和农畜产品加工业的支柱地位,把新型煤化工、有色金属加工和装备制造业发展为新的支柱产业,积极培育新能源、新材料、新医药等战略性新兴产业。将推动服务业快速发展作为结构优化的战略重点,实现服务业发展提速、比重提高。

第一节　大力发展现代农牧业

提高农牧业综合生产能力。进一步加大基本农田和草原保护力度,加快实施中低产田改造、土地整理等重大项目,加强旱作农业基础能力建设,稳定基本农田保护面积。提高单位面积产量,实施新增百亿斤粮食生产能力建设工程,粮食综合生产能力达到2250万吨以上。在保证粮油稳定增产的基础上,稳步发展草原畜牧业,突出发展农区畜牧业,建设饲草料基地,发展生态家庭牧场和标准化规模养殖小区,牧业年度牲畜存栏头数保持在亿头只左右,推进百万肉牛、百万奶牛、千万肉羊高产创建工程,提高单体产量,形成1100万吨鲜奶、270万吨肉类生产能力。

调整农牧业结构。扩大高产、优质、高效、生态、安全农作物种植面积,比重提高到76%。实施绿色有机蔬菜基地建设项目,加强"菜篮子"工程建设,大力发展设施无公害蔬菜、瓜果。提高优质鲜奶、肉比重,农区和半农半牧区牲畜头数占牲畜总头数的比重达到75%,畜牧业占第一产业产值比重提高到50%以上。加大水产养殖力度,提高产出水平。因地制宜发展经济林、速生丰产林。

专栏5　农牧业重点工程

新增百亿斤粮食生产能力建设工程。在33个粮食核心产区旗县,实施重点大中型灌区节水改造、重点井灌区节水改造、旱改水标准农田建设、高标准旱作基本农田建设、农业环境保护、农业气象保障、农业机械化建设和农业科技创新与示范推广等工程,提高粮食生产能力。

百万肉牛、百万奶牛和千万肉羊高产创建工程。建设奶牛标准化规模养殖小区,形成500头以上奶牛标准化规模养殖场(小区)2000个,全区标准化规模养殖场奶牛比例达到60%以上。建设一批肉牛、肉羊标准化规模养殖场(小区)。

绿色有机蔬菜基地建设项目。建设东部设施蔬菜外向型基地、中东部环京设施基地、中西部环城设施基地、西部出口设施基地和绿色、有机水产品生产加工基地,新增设施基地面积200万亩,设施蔬菜种植面积300万亩以上。

加强农牧业服务体系建设。全面提升农牧业物质技术装备水平,推进农牧业规模化生产,综合机械化率达到75%。完善技术推广体系,重点推广动植物新品种和保护性耕作、保护地栽培、测土配方施肥等新技术,加快牲畜改良步伐。健全疫病防控体系,加强群发性畜禽疫病和人畜共患疾病预防控制。完善新农村新牧区现代流通网络,推进万村千乡工程、双百市场工程和农超对接。建设综合信息技术服务平台,及时发布市场供需信息、灾害性气象信息,为农牧业生产、防灾减灾提供服务。

推进农牧业产业化经营。以提高农畜产品加工转化为重点,支持乳、肉、绒、粮油、果蔬加工等骨干企业联合、兼并、重组,巩固壮大现有龙头企业,引进和培育马铃薯、皮、毛等大宗农畜产品深加工和流通型、服务型龙头企业。深入实施优势农畜产品区域布局规划,加快玉米、马铃薯、番茄、大豆、葡萄和肉牛、肉羊、奶牛、生猪等优势农畜产品产业基地建设,发展"一乡一业、一村一品"特色经济。培育农畜产品知名品牌,加强原产地保护和有机、绿色、无公害认证,保障农畜产品安全,推动优质农畜产品进入高端市场。完善龙头企业与农牧户的利益联结机制,支持发展各种类型的专业合作社,培育经纪人队伍,提高农牧业组织化水平。

完善惠农惠牧体制机制。按照总量持续增加、比例稳步提高的要求,不断增加财政对"三农三牧"投入。继续完善对种粮农民的直接补贴、农机具补贴和良种补贴政策。参照惠农政策,落实惠牧补贴政策,建立饲草料种植补贴机制,完善畜牧业避灾补贴政策。加强农牧业土地出让收入的计提和使用管理,土地出让收益优先用于农牧业土地开发。积极引导社会资金投向农牧业和农村牧区。落实主要农畜产品最低保护价收购及临时收储政策,扩大主要农畜产品收购和储备范围。

第二节　做优做强工业建筑业

优化发展能源工业。充分发挥煤炭资源富集和邻近市场优势,建设国家新型能源基地。优化开发利用结构,保护性开发富铝煤、富锗煤和焦煤、无烟煤等特种煤资源,适度开发动力煤资源,加快褐煤资源综合利用。坚持整装煤田整装开发、一个规划矿区一个主体开发的原则,加快煤炭企业兼并重组,提高产业集中度,建设一批亿吨级和五千万吨级大型煤炭生产基地。改善技术装备,着力提升现代化水平,建设一批现代化露天煤矿和千万吨级安全高效矿井,采煤机械化程度提高到75%以上。积极推进煤炭清洁生产,大力发展洗选加工。依托大型煤炭基地,建设一批大型煤电一体化坑口、路口电站群,支持具备条件的盟市、旗县政府所在地发展热电联产。推进石油天然气资源勘查开发利用,加强海拉尔、巴彦浩特和乌拉特川井盆地油田开发,加快煤炭矿区煤层气抽采利用,推进鄂尔多斯盆地低渗透天然气、页岩气的勘探开发和利用。

加快发展化学工业。按照统筹规划、合理布局、水煤组合的要求,加快煤制油、煤制气、煤制烯烃、煤制二甲醚、煤制乙二醇等五大国家示范工程产业化和二代煤化工示范建设,大力推进煤化工产品深加工,构建煤气化、液化、焦化等延伸加工循环产业链,建设国家新型煤化工产业基地。加大盐碱化工延伸加工力度,提高工艺技术水平,增加产品品种,建成全国重要的PVC生产加工基地,打造塑料模具和制品产业集群。发展氟化工系列产品产业链,重点向下游产品延伸,建设高水平氟化工产业集群。

改造提升冶金建材工业。适度扩大钢铁生产能力,加快推进产品结构调整和升级换代,提高特种钢、优质钢、稀土钢比重,发展大型石油管材、高强度轿车用钢、高档电力用钢等高附加值产品。鼓励以包钢为核心的企业兼并重组,推进区内钢铁企业与区外大型钢铁企业集团的战略性合作。按照分散采矿、定点选矿、集中冶炼、规模发展的要求,推进有色金属探、采、选、冶、加一体化发展,加快实施粉煤灰提取氧化铝专项规划,积极推进境外有色金属资源落地加工,培育有色金属产业集群,建设国家重要的有色金属冶炼加工基地,提高深加工水平,加工转化率达到50%以上。建材工业重点发展电石渣、硅钙渣水泥,积极利用高岭土、粉煤灰、火山灰等生产新型墙体材料,组团式引进陶瓷先进生产线,大力发展建筑陶瓷、日用陶瓷、卫生陶瓷,培育陶瓷产业集群。积极发展优质浮法玻璃、光伏玻璃、导电膜玻璃等精深加工产品。

巩固壮大农畜产品加工业。立足特色农畜产品资源,依托龙头企业和知名品牌,提高乳、肉、绒、粮油等农畜产品加工转化程度和精深加工水平,实现农畜产品加工业高端化、生态化、标准化、安全化,建设国家绿色农畜产品加工基地,重点农畜产品加工转化率达到75%以上。加快发展高品质液体乳和婴幼儿乳粉生产,积极开发功能性产品和特色乳制品。大力发展牛羊分割肉、低温保鲜肉、骨血及脏器综合加工。重点发展高支、轻薄、功能性羊绒精纺制品以及毛绒、丝绒等多种纤维混纺、交织产品,创建国际品牌。提升粮油加工业市场竞争力,发展深加工产业,积极承接轻纺、皮革等劳动密集型产业转移,培育产业集群。

培育壮大装备制造业。依托现有龙头企业,着力引进技术装备先进的企业,加快发展运输机械、工程机械、矿山机械等优势行业,培育发展风电设备、输变电设备、煤炭机械、化工机械、冶金机械和农牧业机械等成长性行业,形成新的支柱产业。扶持发展小型新型商用车和新能源汽车,加快建设通用飞机制造项目。围绕汽车、机械、设备等整机生产,加快模具、关键零部件生产,发展配套产业,建设装备制造业配套园区。

培育发展战略性新兴产业。强化关键核心技术的研发和引进,积极有序发展新能源、新材料、新医药、信息技术和节能环保等战略性新兴产业,战略性新兴产业占规模以上工业增加值比重超过8%。加快建设蒙西、蒙东大型风电基地,建设一批500千瓦以上光伏并网电站,发展核电燃料,构建新型绿色能源基地。推进煤的洁净利用,发展以整体煤气化蒸汽燃气联合循环技术为主的热电联产,建设千万吨级煤炭地下气化示范工程,加快提高褐煤干燥提质综合利用技术水平。积极发展稀土、光伏、电子信息、特种合金和非金属材料,突出抓好稀土原料战略储备,发挥包头稀土高新区的作用,鼓励包钢稀土集团对下游关联较强的企业进行兼并重组,引进国外深加工技术,加强稀土在各领域的应用,建设世界稀土谷,培育光伏产业集群。鼓励发展生物制药、现代中蒙药、生物疫苗和生物育种,加强生物发酵技术研发及产业化,培育形成以玉米为原料的生物制品综合利用产业链。积极引进和扶持龙头企业,延伸产业链条,建设各具区域特色的电子信息产业集群和基地。以先进适用技术集成应用为重点,发展高效节能、先进环保、资源循环利用关键技术装备等节能环保产业。

推动产业园区健康发展。坚持产业向园区集中、园区向城镇靠拢,立足循环发展,加大现有工业园区整合力度,统筹布局产业集中区和重点园区。积极开展承接产业转移示范区建设,鼓励重点园区与沿海地区政府、战略投资者、中央直属企业、驻地大企业实现优势互补,合作共建园区。积极争取具备条件的自治区级开发区升级为国家级开发区。

提升建筑业发展水平。按照扶优扶强的原则,鼓励建筑企业以资产为纽带进行跨地域联合重组,培育发展一批实力雄厚、市场竞争力强的总承包企业。完善劳务分包制度,支持农村集体和农民工投资入股兴办劳务分包企业。建立劳务基地,加强技能培训,不断提高建筑业从业人员业务素质和操作技能水平。提升企业核心竞争力和资质等级,拥有特级资质建筑业企业达到2家以上、一级资质建筑业企业达到100家以上。重点扶持优势专业承包企业向铁路、公路、水利、市政等领域发展。加强建筑市场建设,提高市场准入标准,规范建筑市场秩序和招投标行为。建设建筑市场信用体系,健全诚信激励和失信惩戒机制。

第三节 加快发展服务业

培育壮大现代物流业。提高物流业组织化程度和社会化配置能力,促进专业化、规模化、集约化发展。围绕交通干线,推动呼和浩特、包头全国性物流节点城市建设,选择条件较好的中心城市、产业基地和交通枢纽,加快现有物流园区升级改造,新建一批大型物流园区和内陆港。加强农村牧区物资运输、仓储、配送、交易市场和信息发布等设施,建设和完善城市配送体系。发展国际物流,建设口岸物流带。大力发展第三方物流,支持国内外物流企业设立分支机构或地区总部,推动一大批区内物流企业通过参股控股、兼并联合、合资合作等多种形式扩大经营规模,培育一批在全国具有影响力的名牌物流企业。搭建物流资源共享信息平台,提升现代物流业发展水平。

加快发展商贸流通业。按照建设大市场,发展大贸易,搞活大流通的要求,建设内外贸、贸工农和城乡一体化的商贸流通体系。支持大型连锁超市、农畜产品流通企业与农畜产品生产基地、专业合作组织直接对接,发展农畜产品网上交易。发挥供销社重要作用,建设和完善农村牧区商贸流通网络。培育现代商贸中心,发展各具特色的市场群和商业圈,加快建设或改造一批大型专业市场,选择具备条件的城市建设全国性煤炭、稀土、PVC和农畜产品交易中心。完善粮食流通体系,鼓励企业兼并重组,加强基础设施建设,提高粮食储备加工能力。

大力发展金融业。以引进为主、引进与培育相结合,加快构建多层次资本市场体系,发展银行、证券、保险、信托、期货、租赁等各类金融机构和金融业务。壮大地方金融龙头企业,推动内蒙古银行增资扩股和包商银行上市,鼓励鄂尔多斯、乌海等商业银行发展成为区域性商业银行,推动有条件的盟市建立城市商业银行。开发新型金融产品,推动符合条件的企业在境内外上市融资,扩大企业债券、中期票据、中小企业集合票据等融资规模。积极发展投资基金,扩大政府引导基金规模。加快产权交易平台建设,完善功能,提高服务水平。建设覆盖各旗县区及各经济开发区(工业园区)金融普惠服务体系,大力发展小额贷款公司和信用担保机构,引导和鼓励社会资本进入金融服务领域,规范民间借贷行为。完善农村牧区金融服务网络,大力发展村镇银行、资金互助社等新型金融机构,建立健全农村牧区信用担保体系。推进自治区跨境贸易人民币结算试点,促进贸易和投资便利化。争取地方债券市场化发行试点。

积极发展旅游业。大力实施旅游品牌战略,依托草原、森林、沙漠、民族民俗文化等特色旅游资源,开发和培育高品质、具有民族特色的旅游产品,加快建设国家级生态休闲旅游景区景点,建成一批年接待游客能力50万人以上的国内知名旅游景区,创建一批特色旅游城镇和旅游强县。积极开发民族文化旅游、乡村旅游、工业旅游、红色旅游、冰雪旅游等新的旅游产品,推进旅游常态化。加强基础设施建设,完善旅游服务功能。在重点旅游城市配套建设游客集散中心和旅游服务中心,建立健全旅游信息服务体系。培育和引进一批有实力的旅游企业和高素质旅游业人才。推进旅游合作,积极与周边省区开发跨区域精品旅游线路,大力发展中俄、中蒙边境旅游、跨境旅游,共建无障碍旅游区。

规范发展房地产业。加强房地产业宏观调控,增加中小户型、中低价位普通商品房用地供应,优化住房供应结构,重点发展普通商品住房,完善住房供应体系,合理引导住房需求,城镇人均居住面积达到35平方米左右。完善房地产市场服务体系,大力发展房地产二级市场和租赁市场。培育壮大房地产龙头企业,通过兼并重组等方式,鼓励信誉好、实力强的房地产开发企业做大做强。推进物业管理市场化、专业化,在盟市中心城市重点扶持若干家物业管理集团。

发展壮大商务服务业。积极发展项目策划、财务顾问、并购重组、上市等投资与资产管理类中介服务,支持发展工程管理、工程咨询、工程设计等工程类中介服务,规范发展会计审计、税务、资产评估、检测等经济鉴证类中介服务,扶持发展律师、公证、法律援助、司法鉴定、经济仲裁等法律类中介服务,构建种类齐全、运作规范、与国际接轨的中介服务体系。加快发展总部经济,引进国内外大型企业和有影响力的中介服务机构设立地区总部,开展结算、研发、数据处理、采购、物流配送和分销等业务,支持呼和浩特建设总部基地,建设呼包鄂为西北地区重要的商务服务中心。培育发展会展经济,以呼和浩特为中心,以大型节庆活动为平台,形成一批在国内外有较大影响的会展品牌。

鼓励发展社区服务业。坚持"便民、利民、为民"的方针,加强社区综合服务机构建设,鼓励企业设立社区服务网点,重点发展家政服务、社区服务、养老服务和病患陪护,规范发展家庭用品配送、家庭教育等,加快形成社区服务网络。实施便民消费进社区、便民服务进家庭"双进工程",建设和改造一批标准化食品市场,着力解决居民就近购买放心菜、放心肉等问题。鼓励餐饮龙头企业发展餐饮加工配送,建设一批早餐配送中心和早餐网点。加强农村牧区社区建设,发展主体多元、功能完备、便民实用的农村牧区社区综合服务中心。鼓励各种资本投资创办家庭服务企业,培育家庭服务市场。

第四章　强化支撑　全面加强基础设施建设

统筹规划,突出重点,集约布局,努力提升综合运输能力和能源外送能力,提高水资源保障能力,着力解决制约我区发展的瓶颈问题,为经济社会发展提供强有力的支撑。

第一节　推进现代综合交通运输体系建设

加快铁路通道建设。完善区域铁路网络,重点建设快速客运通道、煤运通道、出区通道和口岸通道,提高铁路运输能力,铁路营业总里程达到1.6万公里。加快建设一批快速客运铁路,畅通自治区与华北、西北、东北重要城市的联系。重点建设环呼和浩特—包头—鄂尔多斯一小时、环包头—临河—乌海—银川—鄂尔多斯两小时快速客运圈。积极推进煤运出区下海通道建设,扩大煤炭外运能力。建设自治区连接相邻省区的铁路通道,扩大与相邻省区的连通网络。全面畅通连接俄蒙的口岸运输通道。重点建设锡林浩特—乌兰浩特、锡林浩特—二连浩特铁路,尽快完善区内路网布局,形成自治区第二条东西铁路通道。

> **专栏6　铁路通道建设重点**
>
> **快速客运通道**。建设呼和浩特—张家口—北京、通辽—京沈客专、赤峰—京沈客专、乌兰浩特—白城等快速客运铁路。
> **煤运通道**。建设鄂尔多斯—曹妃甸、鄂尔多斯—湖北、锡林郭勒—曹妃甸、锡林郭勒—绥中港等煤运出区下海通道。
> **出区通道**。新建临河—哈密、正蓝旗—张家口、阿荣旗—讷河、乌兰浩特—江桥等铁路项目,建成巴彦乌拉—阜新、赤峰—锦州及北京—通辽、赤峰—叶百寿扩能改造等铁路项目。
> **口岸通道**。建设经甘其毛都、满都拉、珠恩嘎达布其、阿日哈沙特、黑山头、室韦、阿尔山等口岸与俄蒙地区相连的口岸铁路。

完善公路通道建设。重点建设出区通道、区域内部通道、口岸公路、农村公路和国边防公路,着力扩大公路网络覆盖面,提高公路通达深度和公路等级,公路总里程达到17万公里,其中高速公路6000公里。全面建成至周边省区大城市的14条高速公路出区通道,打通旗县与相邻省区的高等级公路出口通道。建设与俄蒙相邻地区连接的口岸高等级公路,策克、珠恩嘎达布其、甘其毛都等重点口岸公路按一级公路开工建设。建设盟市之间、盟市到旗县,以及主要交通干线至重点工业园区、主要旅游景点、风景名胜区的高等级公路,初步形成区内干线公路网骨架。全面建设农村公路,行政村嘎查通沥青或水泥路比重达到60%以上。加快国边防公路建设,基本建成沿边界线的横向国边防公路。

> **专栏7　公路通道建设重点**
>
> **出区通道**。建设海拉尔—阿荣旗、通辽—好力堡、通辽—鲁北、赤峰—茅荆坝、大饭铺—十七沟、呼和浩特—杀虎口、京新高速呼和浩特—集宁—韩家营、临河—哈密以及呼和浩特—包头—东胜高速扩能等高速公路。
> **口岸通道**。重点建设策克—达来呼布、珠恩嘎达布其—乌里雅斯太、甘其毛都—临河、室韦—拉布达林、二连浩特—满都拉图、二连浩特疏港等公路。

完善机场建设布局。加快支线机场建设和改造,全区支线以上机场总数达到16个。将呼和浩特机场建设成为华北地区的区域性国际空港经济区。大力发展通勤航空,建设阿拉善、呼伦贝尔等通勤机场群,提高民航机场对旅游景区和县级行政单元的覆盖度。积极培育壮大基地航空公司,组建内蒙古航空公司。大幅增加航线和航班,着力构建辐射全国各大城市和区内所有机场的航线网络。

专栏8　机场建设重点
支线机场。扩建包头、乌海、海拉尔、赤峰、通辽、乌兰浩特机场,重点建设霍林河、鄂伦春(加格达奇)、扎兰屯、乌兰察布等小型支线机场。 **通勤机场**。重点建设阿拉善、呼伦贝尔、鄂尔多斯、锡林郭勒、赤峰等五个通勤机场群。

建设综合交通枢纽。统筹铁路、公路、民航交通枢纽规划和建设,加强城市道路与铁路、公路站场与机场的有效衔接,逐步推进客运"零距离换乘",货运"无缝对接"。公路枢纽站场重点建设区域性中心城市和满洲里、二连浩特口岸城市等国家公路运输枢纽工程,改扩建部分旗县公路运输站场。铁路枢纽站场重点建设呼和浩特、通辽、集宁等地区综合枢纽站场以及二连浩特和策克口岸站场。民航枢纽站场重点建设以呼和浩特白塔国际机场为核心的立体交通换乘枢纽。

第二节　加快能源输送通道建设

加强电网建设。适应区外电力市场需求,实施"西电东送"和"北电南送"工程,加快建设一批超高压或特高压电力外送通道,电力外送能力新增2000万千瓦以上。加强蒙西电网500千伏主干网架建设,形成完整的"五横五纵"电网结构。加快蒙东电网通道建设,形成联接各盟市500千伏主网架。实施城乡电网改造工程,全面实现城乡用电同网同价。推进电网智能化改造,提高电力输送的稳定性和可靠性。

加快管道建设。加强能源产品输送管道建设,提高能源产品外送能力。建设一批通往东北、华北、华中等地区的煤化工产品输送管道,重点建设呼伦贝尔—哈尔滨、赤峰—北京、鄂尔多斯—武汉等煤制天然气管道。建设长庆—呼和浩特天然气输气管道复线。

专栏9　能源输送通道建设重点
电力通道。新建锡林郭勒—江苏、上海庙—华东或华中等1000千伏和乌兰浩特—齐南、乌兰浩特—白城、通辽和赤峰—辽宁等500千伏超高压或特高压电力外送通道。积极推进呼伦贝尔—山东、蒙西—潍坊、蒙西—长沙、赤峰—华中等特高压电力外送通道的前期工作。 **管道**。建成苏里格—东胜—准格尔天然气管道,呼包鄂、银川—乌海—临河成品油管道,克什克腾—北京40亿立方米/年煤制气输送管道,力争建成鄂尔多斯—京唐港、呼伦贝尔—锦州港二甲醚和甲醇两条并行输送管道,建设鄂尔多斯—京津冀、鄂尔多斯—武汉、乌兰浩特—白城—长春、呼伦贝尔—哈尔滨等油气输送管道。

第三节　加强水利基础设施建设

建设水资源配置体系。加大水利工程建设力度,着力解决全区结构性和工程性缺水问题。全力推进水利建设项目的前期工作,加快建设海勃湾等一批重点水利枢纽工程和大中型水库,总库容达到87亿立方米以上。建设锡林郭勒引水、引绰济辽等一批跨流域调水工程。

推进灌区节水改造建设。抓好以节水灌溉为重点的农村牧区水利建设,加快推进"四个千万亩"节水灌溉工程,扩大滴灌、喷灌面积,农田草牧场节水灌溉面积达到350万公顷以上。

推进水权转换进程。积极推进区域间、行业间水资源优化配置,重点建设黄河水权转换鄂尔多斯二期工程、包头一期工程,推动河套灌区与黄河沿岸盟市跨行政区域水权转换,促进与相邻省区跨行政区域水权转换。启动水沙置换工程,解决黄河河道泥沙淤积问题。

专栏 10　水利建设重点

　　水利工程。新建三座店、文得根、晓奇、乌布林、引绰济辽、锡林郭勒引水、引松济辽铁岭至通辽供水支线等蓄引水工程,续建海勃湾、黄河磴口工业供水一期、红花尔基水库等蓄引水工程。

　　"四个千万亩"节水灌溉工程。新建大型灌区节水改造 610 万亩、重点井灌区节水改造 480 万亩、旱改水节水灌溉 500 万亩、牧区节水灌溉人工草牧场 360 万亩。

第四节　改善信息基础设施

　　完善信息服务网络。加强网络建设改造和统筹规划,发挥各类网络和传输方式优势,积极推进广播电视、电信、互联网络三网融合,构建宽带、融合、安全的下一代信息基础设施,推进物联网应用。争取呼和浩特、包头、鄂尔多斯等地区列入国家"三网融合"试点。推动普遍服务机制的形成,力争行政村基本通宽带,自然村和主要交通沿线通信信号基本覆盖。加强技术监控系统建设,强化网络信息安全。

　　加强经济社会各领域的信息化。积极推进信息化和工业化融合,重点加强煤炭、电力、钢铁、化工、有色金属加工、装备制造等行业信息技术的应用。加快发展电子政务,建设自治区、盟市、旗县(市、区)三级电子政务网,扩大信息技术在社会各领域的运用,开发业务运用系统,推进各级政府和政府部门间业务协同、信息共享,逐步实现"网上审批"、"并联审批"、"一站式服务"和档案管理信息化。实施盟市公共服务一卡同城工程,积极发展电子商务。推进地理信息平台建设,鼓励有条件的地区开展数字化建设试点,逐步构建数字内蒙古。

第五章　绿色发展　建设环境友好型和资源节约型社会

　　坚持保护优先和自然恢复为主,从源头上扭转生态环境恶化趋势,建设祖国北疆生态安全屏障。切实加强环境保护与污染治理,有效提高污染源综合治理水平和环境质量。强化资源节约集约利用,发展循环经济,逐步建立低投入、高产出、低消耗、少排放、能循环、可持续的绿色经济发展体系。

第一节　强化生态保护与建设

　　加强森林保护与建设。按照建设北方最大的森林生态功能区的要求,加快实施《大小兴安岭林区生态保护与经济转型规划》,加强森林抚育,提高单位蓄积量,控制森林生态功能区内人口规模,推进人口有序转移。继续实施"三北"防护林、天然林保护、退耕还林等重点生态工程。大力开展植树造林,因地制宜发展林灌草植被。适度发展林区特色种养业、旅游业和林木深加工业。

　　加大草原保护与建设力度。建设全国最大的天然草原保护与治理示范区,草原植被盖度提高到 45%。坚持草畜平衡,建立基本草原保护制度,继续实施退牧还草、风沙源治理、生态移民等工程,合理采取休牧、轮牧和阶段性禁牧等措施,通过自然修复和人工种草恢复植被。建立和完善草原改良、草种繁育、灾害防控和草原生态监测等科技服务体系,有效保护草原。

开展沙地沙漠治理。编制实施沙地沙漠综合治理规划,设立防沙治沙专项资金,实施沙地沙漠专项保护治理工程,重点加强沙地生态环境保护治理,加大沙漠综合治理力度,建设防风固沙林带,采取机械沙障、人工造林种草、低质林改造等综合措施,防止沙化面积扩大。

加强水土流失综合治理。以黄土高原水土保持综合治理区、阴山北麓水土流失区和嫩江—额尔古纳河流域黑土区为重点,加强小流域综合治理、陡坡耕地水土流失综合治理和淤地坝建设,治理程度达到70%以上,水土保持区生态环境实现良性循环。启动实施黄河中上游十大孔兑综合治理工程,大幅度减少流入黄河泥沙量。

加强自然保护区及湿地生态综合治理。提升自然保护区的规范化建设水平,促进从"数量规模型"向"质量效益型"的转变,严格依法加强自然保护区、森林公园和地质公园管理力度,加快区域生态功能的恢复。加强湿地保护和恢复,严禁湿地开垦等破坏性活动,保障呼伦湖、达莱诺尔、居延海、哈素海等湿地的生态补水,新建一批湿地自然保护区,逐步扭转湿地萎缩趋势。加强野生动植物保护。

专栏 11 重点生态工程

　　森林生态建设工程。完成京津风沙源治理林业造林150万公顷、退耕还林70万公顷、"三北"防护林120万公顷、天然林保护公益林70万公顷。
　　草原生态建设工程。国家重点开展退牧还草、风沙源治理工程,其中退牧还草工程涉及我区33个旗县,退牧还草1150万公顷;风沙源治理区涉及我区31个旗县,禁牧670万公顷,划区轮牧150万公顷。自治区重点推进阶段性禁牧1300万公顷、划区轮牧330万公顷。
　　沙地沙漠治理工程。在科尔沁、毛乌素、浑善达克、呼伦贝尔、乌珠穆沁五大沙地和腾格里、巴丹吉林、乌兰布和、巴音温都尔、库布其五大沙漠实施沙地沙漠专项保护治理工程。
　　水土保持工程。新增水土流失综合治理面积216万公顷,其中小流域综合治理面积208万公顷,陡坡耕地水土综合整治面积8万公顷,新建淤地坝600座。

建立生态保护长效机制。加快建立和完善生态补偿机制,草原区按照草畜平衡、森林区按照公益林面积制定生态补偿政策,提高补偿标准。鼓励个人、企业承包荒山荒地、沙地沙漠,种植经济林、能源林、原料林、饲料林,发展林、沙、草等特色产业,不断探索保护生态兼顾经济的长效机制。

第二节　加大环境保护力度

加强水环境综合治理。加强饮用水水源地保护,对重要水源地外围和输水通道两侧地区严格控制开发强度,中心城镇饮用水水源地取水水质达标率达到70%以上,开展农村牧区饮用水源和水源涵养地保护。加强流域环境综合治理,推进黄河、松花江、西辽河与海滦河境内流域水污染防治,四大流域国控断面好于Ⅲ类的比例超过60%。加大跨界河流环境管理和污染防治力度。加快编制实施《乌梁素海综合治理规划》,实施补水工程,实现水体置换。

改善区域和城市大气环境质量。从注重重点行业消减向全社会减排转变,全区70%的主要城市空气质量好于二级标准的天数超过292天。在重点区域推行大气联防联控机制,协调解决大气污染防治重大问题。加强燃煤电厂脱硫脱硝,加快钢铁、焦化、烧结、有色行业等脱硫工程建设,强化脱硫设施稳定运行。推广脱硫石膏盐碱地改良技术。在大中城市及其近郊严格控制除热电联产外的新、扩建燃煤电厂,推进集中供热,推行清洁能源替代,控制工业烟尘、粉尘和城市扬尘的排放。严格控制机动车尾气排放,加速淘汰"黄标车",推进"国四"油品供应。

加强固体废弃物综合利用及污染防治。加强重点行业、企业尾矿的污染防治,推进污染物综合利用,推广废旧产品再生利用技术,支持有条件的城市利用垃圾发电,工业固体废物综合利用率提高到55%以上。加快重点城市危险废物处置基础设施建设,确保历史堆存和遗留的危险废物,以及城市医疗废物全部实现无害化处理。加强重金属污染综合防治,对主要污染物实施分区管理,严格监管污染源。

加强噪声与核辐射污染防治。依法对建筑施工、工业生产、交通和社会生活噪声实施监管,采取降噪措施,解决噪声扰民问题。加强核设施和放射源安全监管,完善核辐射、电磁污染等事故应急反应机制。

开展农村牧区环境综合整治。高度重视农村牧区环境保护,加大投入。对土壤污染进行全方位评价,提出土壤分区控制、利用和保护对策,建立土壤污染防治和修复机制,开展典型区域、典型类型污染土壤修复示范。控制农药、化肥和农膜等面源污染,加大畜禽养殖污染防治力度。推广经济适用的污染防治和废弃物综合利用技术,提高秸秆综合利用率和畜禽粪便资源化水平。加快推动农村牧区垃圾集中处理,开展农村环境集中连片整治。严格禁止工业固废、危险废物、城镇生活垃圾及其他污染物向农村牧区转移。

大力整治矿山环境。坚持矿山开发与治理同步,实施矿山地质环境治理重大工程,加大地质灾害防治和矿山地质环境治理力度,有效解决历史问题,杜绝产生新的矿山环境问题。明确企业主体责任,完善矿山地质环境治理保证金制度,强化监管。设立灭火工程准备金,专项用于重点地区灭火工程投入,加快准格尔、桌子山和东胜等煤田的灭火工程,全面完成煤田火区治理,达到控制标准。

加强环境监管。严格落实环境保护目标责任制,强化污染物总量控制目标考核,健全重大环境事件和污染事故责任追究制度,加大问责力度。强化环境执法监督,严格污染物排放标准、环境影响评价和污染物排放许可制度,进一步健全环境监管体制,提高环境监管能力。加快环境应急体系建设,提高突发事件应对能力,有效防范环境风险。

第三节　加强资源节约和管理

节约利用能源。推动煤炭、电力、钢铁、有色、化工、建材等重点行业和耗能大户节能,关闭和淘汰污染严重的企业和生产工艺设备。支持和鼓励建筑领域采用节能型建筑结构、材料和产品,逐步推行分户供热和分户计量。加强公共机构节能,党政机关率先垂范,重点实施建筑物及采暖、空调、照明系统节能改造。设立节能专项资金,引进开发推广节能技术。通过加强能源生产、运输、消费各环节的制度建设和监管,实现管理节能。推行汽车燃油经济性标准,加快淘汰老旧运输设备。对能耗大户进行能源审计,推广合同能源管理,加强节能监察。

节约利用材料。鼓励使用新材料、再生材料,加强金属、木材、水泥等材料的节约代用。加强装备制造、冶金、建筑等重点行业材料消耗管理,推行产品生态设计,推广节约材料的技术工艺。推进包装减量化,限制过度包装,促进企业产品包装再利用。鼓励市政公用设施、企业设备采用防腐蚀耐磨损产品。鼓励消费者使用再生利用产品,减少使用塑料袋等一次性用品,抵制各种浪费资源的行为。

节约利用水资源。按照建设节水型社会的要求,统筹农牧业、工业、城镇生活和生态用水,将节约利用水资源的举措落实到各个领域和环节。重点实施农业节水,推进雨水集蓄,建设节水灌溉工程,逐步将农牧业用水比重降低到75%左右。重点推进冶金、化工、电力、建材等高耗水行业节水技术改造,鼓励企业使用再生水,提高工业用水重复利用率和循环使用率。推进城市节水,建设节水型城市,加强公共建筑和住宅节水设施建设,全面推广应用节水器具,鼓励机动车洗车使用节水技术。坚持先地上、后地下的原则,充分利用地表水,合理保护和利用地下水,依法控制工业企业使用地下水资源,遏制地下水超采。实行用水总量控制与定额管理相结合,完善取水许可和水资源有偿使用制度。

节约集约利用土地。根据土地资源特点,加强土地用途管制。严格控制农用地转为建设用地规模,防止未批先用,严厉打击非法占用。实施整体推进农村牧区土地整治重大工程。强化税费调节手段,加强对存量建设用地的利用管理和处置,积极盘活闲置土地。依法修编和实施土地利用规划,加强土地产权登记和土地资产管理,严格执行占用耕地、草牧场补偿制度。

加强矿产资源管理。加强基础地质工作,扩大基础地质调查成果。提高各类矿产资源开采回采率、选矿回收率,促进矿产资源的节约与综合利用。全面落实矿产资源有偿使用制度,推进矿业权交易平台建设,积极争取国家支持推动所有矿业权流转纳入统一平台交易。加强矿山储量动态管理,提高地质勘察、矿山开发准入门槛,制止"圈而不探",关闭达不到标准的矿山开采企业。推动市场优化配置资源,加大矿业权整合力度,实施整装勘查、滚动勘查、勘查开发一体化,推动矿产资源开发利用向优势企业集聚。

第四节　大力发展循环经济

构建循环型工业体系。按照"减量化、再利用、资源化"的要求,编制实施自治区循环经济总体规划,积极争取列为国家循环经济试点省区。按照大型、高端、循环发展的方向,以煤炭、电力、化工、冶金、建材等行业为重点,培育100户国家级循环经济骨干企业,大力开展以节能、降耗、减污、增效为目标的清洁生产,抓好煤炭、稀土、有色金属共伴生矿产资源综合利用,推进粉煤灰、煤矸石、冶金和化工废渣及尾矿等工业废物利用。以不同行业的骨干企业为龙头,围绕资源的循环利用、节能减排和产业链延伸,培育发展横向关联配套、纵向延伸拓展的产业网络,在主要工业行业重点形成一批循环经济产业链。加快重点开发区和工业园区改造提升,建设一批国家级和自治区级循环经济园区。

构建循环型农牧业体系。发挥农牧业生态系统的整体功能,提高集约化水平,大力推广保护性耕作、合理施肥(药)、节水灌溉、旱作农业、集约化生态养殖、沼气与秸秆综合利用等循环利用技术。以农村牧区沼气建设为依托,推动规模养殖、特色种植、庭院经济和无公害、绿色、有机农畜产品的发展,提升农村牧区经济发展水平。

构建循环型城市与社区。以完善城市、社区再生资源回收利用、可持续消费体系为重点,鼓励循环型社会实践,建设再生资源回收利用系统,推进全区各城市和社区废纸、废旧金属、废旧轮胎和废弃电子产品等回收利用,推广车载桶装密闭式垃圾收运模式和密闭式垃圾自动收集系统,社区生活垃圾全部分类收集。推进可持续消费,倡导节约和循环型消费观念,在商场、酒店、机场、车站、公园和旅游景点等场所杜绝使用不可降解、不可循环使用的产品。推行政府绿色采购,提高政府采购中可循环使用的产品、再生产品以及节能、节水、绿色有机产品比例。

第五节　积极应对气候变化

加快培育低碳经济体系。加强战略规划和试点示范,落实《内蒙古自治区应对气候变化实施方案》,推进低碳经济合理有序发展。建设森林碳汇基地,增强草原碳汇功能,探索建立草原固碳标准体系,培育碳汇交易市场,推动开展碳汇交易。发挥科技对发展低碳经济的支撑作用,加快低碳技术的引进、研发、示范和产业化步伐。倡导循环使用、低碳消费、低碳经营的理念,推行低碳生活方式。

建立低碳经济政策体系与评估机制。全面提高全社会应对气候变化的意识,开展气候变化统计、监测、评估和科学研究,增强农牧业、生态、水利、交通、卫生等领域应对极端气候变化的能力。建立有利于低碳经济发展的投资、财税、价格、政府采购政策体系和评估考核机制。

第六章　创新驱动　实施科教兴区和人才强区战略

全面落实国家和自治区中长期科技、教育、人才规划,大力提高科技创新能力,优先发展教育,加快人才资源开发利用,为全面建设小康社会奠定坚实的科技和人力资源基础,建设创新型内蒙古。

第一节　增强科技创新能力

加快关键领域技术创新。把科技进步与产业结构优化升级、生态保护、民生改善有机结合起来,以原始创新为基础,以集成创新和引进消化吸收再创新为重点,促进科技成果向现实生产力转化,实现技术跨越带动经济跨越。组织实施重大科技专项,启动实施一批高技术产业化工程,开展煤化工、冶金、稀土新材料、新能源、生物技术、先进装备制造和现代农牧业等领域科技联合攻关,攻克一批产业发展的关键共性技术,研制一批具备国内外先进水平的产品,培育一批具有自主知识产权的世界品牌。

强化创新载体和企业创新主体地位。以园区和城市为载体,建设一批国家级高新技术开发区,成为科技创新和扩散的重要载体。发挥呼和浩特、包头科技资源集中的优势,建立科技改革与创新试验区,建设创新型城市。围绕优势特色学科和重点产业领域,加强工程实验室和工程(技术)研究中心建设,新增一批国家级重点实验室和工程(技术)研究中心,新增自治区级重点实验室20家。充分发挥企业创新主体作用,支持大中型企业建立研发机构和技术中心。构建科技金融创新服务平台,开展符合科技企业特点的金融制度、产品和服务创新,满足创新需求,促进科技型中小企业发展。

优化创新环境。保持财政对科技经费投入的稳定增长,合理运用政府资金,鼓励全社会增加科研经费投入。深化科研经费管理、科研成果评估奖励制度改革,提高科技成果的转化率,加快产业化步伐。整合科技资源,引导和支持创新要素向企业集聚,推进建立各类产学研战略联盟。继续加强与国内外科研机构、高等院校和大型企业的科技合作,形成开放合作的研究开发体系。深化技术开发类院所企业化转制和社会公益类科研机构改革,大力发展各类科技中介服务机构。建立和完善推动科技创新的优惠政策体系,切实保护知识产权。积极开展群众性、社会性、经常性科普活动,增强全社会的创新意识。

第二节　加快教育改革发展

重视学前教育。做好学前教育规划和建设,学前三年毛入园率达到60%以上,有条件的地区实现学前免费教育。积极发展公办幼儿园,大力扶持民办幼儿园,形成以公办幼儿园为主导,公办、民办幼儿园共同发展的格局。利用中小学布局调整后的闲置资源,发展农村牧区学前教育,重点办好乡镇、苏木幼儿园。

推进义务教育均衡发展。巩固普及九年义务教育成果,加快实施义务教育学校标准化建设,改善农村牧区学校和城市薄弱学校的办学条件,全面完成中小学校舍安全工程建设,盟市、旗县政府所在地义务教育学校基本实现标准化,以旗县为单位的义务教育学校标准化建设覆盖率达到50%以上。缩小城乡义务教育发展差距,推进办学基础设施、教学仪器、教师等的均衡配置。提高农村牧区义务教育教师生活待遇,重点建设农村牧区边远艰苦地区学校教师周转宿舍。坚持以输入地政府管理、全日制公办中小学为主,确保进城务工人员随迁子女平等接受义务教育。

普及高中阶段教育。促进办学体制多样化,扩大优质资源,全面普及高中阶段教育,逐步推行免费教育。全面实施高中学业水平考试和综合素质评价,克服应试教育倾向。

完善职业教育体系。建立健全政府主导、行业引导、社会参与的办学机制,紧密结合产业需求发展现代职业教育,鼓励职业院校与用人单位合作办学,扩大职业教育招生规模,培养实用人才,推行公平用人机制,提高就业水平。努力使中等职业教育在校生人数达到36万人,高等职业教育招生规模占高等教育比重达到50%以上。推进中等和高等职业教育衔接贯通,促进学历教育与职业培训有机结合。提高职业教育基础能力,加强"双师型"教师队伍和实训基地建设,实施"一校一品"工程,建设一批优质特色职业院校、国家示范性职业学校,形成以高等职业院校为龙头的职业教育集团。突出发展农村牧区职业教育,实施农科教结合,推进农村牧区基础教育、职业教育和成人教育"三教统筹"。大力推广"9+3"免费职业教育模式,完善职业教育学生资助体系,扩大减免学费范围。

重视和支持民族教育。继续实施民族教育发展工程,加强民族学校基础设施建设。巩固完善"两主一公"办学模式,普及蒙古语授课学前教育,扩大少数民族"双语"教学办学规模,培养蒙汉兼通的中高级人才。增加中小学公用经费,提高义务教育阶段民族学生生活费、住宿费补助标准,学前教育和高中阶段教育民族语言授课学生实行免费教育和生活补助。改善内蒙古民族大学、呼和浩特民族学院等院校办学条件,进入全国民族高等教育的前列。

提高高等教育质量。全面实施高等学校教学质量与教学改革工程,强化教师队伍建设,支持与国家重点高校联合办学,引进国内外优质教育资源,办好一批高水平大学。积极发展本科、研究生教育,优化教育结构,继续实施"211工程"和启动特色重点学科项目,提高教育质量,高等教育毛入学率达到35%以上。

发展继续教育和特殊教育。大力发展非学历继续教育,稳步发展学历继续教育,构建完善的终身教育体系。加强城乡社区教育机构和网络建设,重点建设以卫星、电视和互联网等为载体的远程开放继续教育平台。加大特殊教育投入力度,全区各盟市和30万人口以上、残疾儿童少年较多的旗县(市)分别建设一所特殊教育学校。

深化教育体制改革。坚持教育优先、公平、均衡发展,调整学校布局,优化教育资源配置,加强优秀教师和校长交流,促进优质资源向农村牧区和薄弱学校流动。改进考试招生办法,逐步形成分类考试、综合评价、多元录取的制度。深化课程和教学改革,减少中小学生课业负担,积极引导自主学习、合作学习和探究学习,全面提高学生综合素质。推进高等教育管理体制改革,引导高校合理定位,实行分类管理,扩大高校办学自主权。落实各项鼓励民办教育发展的优惠政策,与公办学校保持一致。完善教育经费保障机制,以政府投入为主,多渠道筹集资金,认真贯彻落实国家有关政策措施,进一步加大教育投入。实施教育扶贫,完善家庭经济困难学生资助政策。

第三节 加强人才队伍建设

培养高素质人才。坚持"服务发展、人才优先、以用为本、创新机制、高端引领、整体开发"的指导方针,大力培养优秀人才。实施党政领导人才培养工程,发挥党校、行政学院和社会主义学院干部教育培训主渠道和高等院校骨干作用,建设若干个具有专业化特色的干部培训基地。逐步推行职业经理人制度,依托大型企业和高等院校,建设职业经理人培训基地,加大企业经营管理人员培训。全面推行职业资格认证制度,围绕特色优势产业,建设一支以初级技工为基础、高级技工为骨干、技师和高级技师为带头人的队伍。继续实施农村牧区实用人才培训和教育工程,培养一批增收致富和中介服务带头人。适应社会转型需要,加强社会工作人才培养。

加快科技创新型人才培养与引进。按照建设人力资源强区要求,实施"草原英才"工程,以高层次创新型科技人才为重点,造就一流的科学家、工程师和科技创新团队。创新人才培养模式,建立学校教育和实践锻炼相结合、区内培养和国内外交流合作相衔接的培养体系。优化高等学校学科专业设置,建设一批创新型科技人才培养基地。围绕重点领域、重点工程、重点学科、重点科研项目,培育和引进百名左右科技创新领军人物、若干名能够进入两院院士行列的科技创新人才。加快实施人文社会科学英才培养工程,遴选百名人文社会科学青年拔尖人才和领军人才进行重点培养。

加大对少数民族优秀人才的选拔和定向培养力度。建立少数民族高层次创新型优秀人才资金资助制度,实施"内蒙古少数民族专业技术人才特培计划",通过多种途径和多种方式,培养一批发展民族教育、科技、文化、医药卫生和体育事业的创新团队和领军人物。

加强人才环境建设。建立健全政府宏观管理、市场有效配置、单位自主用人、个人自主择业的机制,加大人力资源建设投入,形成多元化投入格局。营造尊重人才的社会环境,平等公开和竞争择优的制度环境,促进优秀人才脱颖而出。实施高校毕业生基层发展工程,完善人才储备制度。深化干部人事制度改革,改进人才管理方式,健全以品德、能力和业绩为重点的人才评价、选拔任用和激励保障机制,实施有利于育才、聚才、用才的配套政策和重点工程,推动人才事业全面发展。

第七章 民生优先 推进和谐社会建设

把社会建设放在更加突出的战略地位,努力保障和改善民生,提高人民生活水平,逐步完善覆盖城乡居民的基本公共服务体系,创新社会管理模式,促进社会和谐发展。

第一节 努力扩大就业和提高居民收入

努力增加就业。把解决高校毕业生、农村牧区转移劳动力、城镇就业困难人员就业问题作为重点,实施更加积极的就业政策,大力发展劳动密集型产业、中小企业和微型企业。鼓励自主创业,以创业带动就业。开展城镇就业困难人员专项援助行动,解决城镇困难群体就业。加快农村牧区富余劳动力向城镇转移,城镇就业占全社会就业人员比重达到50%以上。整合培训资源,建设实训基地,提高职业培训水平。健全统一规范灵活的人力资源市场,基本建成县(区)、乡(街道)和村(社区)三级公共就业服务场所和信息资源共享网络。加强劳动执法,完善劳动争议处理机制,改善劳动条件,保障劳动者权益。

提高农牧民收入。鼓励农牧民优化种养结构,大力发展特色农牧业和设施农牧业,提高农畜产品附加值,增加经营性收入。引导农畜产品加工业在产区布局,发展农村牧区非农产业,壮大县域经济,促进农牧民转移就业,增加工资性收入。深入落实退耕还林还草补贴、粮食补贴等政策,完善补贴方式,提高补贴标准,增加转移性收入。完善征地补偿和土地承包经营制度,增加财产性收入。

增加城镇居民收入。逐步提高最低工资标准,推动工资集体协商,形成职工工资正常增长机制和支付保障机制,提高一线劳动者的报酬水平。完善公务员工资制度,进一步规范津贴补贴,深化事业单位收入分配制度改革,全面实施绩效工资,提高工资收入水平。提高社会保障标准,增加转移性收入。积极推进金融创新,拓宽理财渠道,增加财产性收入。

扩大居民消费。落实国家扩大消费政策,合理控制物价总水平,进一步释放城乡居民消费潜力,提高消费能力和水平。积极培育信息、旅游、文化、体育和养老服务等消费热点,增加居民家庭文化娱乐服务消费支出。继续建立和完善个人消费信贷诚信体系、抵押担保体系,扩大消费信贷品种。规范发展网上购物等新的消费方式,拓展新兴服务消费。改善消费环境,加强农村牧区基础设施建设,构建农村牧区市场流通体系,扩大农村牧区家电、汽车、建材等产品消费。加强市场管理,切实保护消费者合法权益。

第二节　完善医疗卫生制度

完善公共卫生服务体系。加强专业卫生服务网络建设,改善公共卫生服务设施条件,增加基本公共卫生服务项目,增强公共卫生服务能力,婴儿死亡率控制在12‰以内,国民预期寿命超过74.5岁。重点建设30所旗县疾病预防控制机构和一批卫生监督机构,增强重大疾病以及突发公共卫生事件预测预警和处置能力。建立边境旗市和牧区120急救指挥系统,提高卫生应急能力。加快建立农牧民健康档案,标准化建档率不低于60%。

建立健全药品供应保障体系。建立和完善以国家基本药物制度为基础的药品供应保障体系,合理遴选自治区基本药物目录,制定基本药物价格,全面实行自治区级药品集中采购,加强生产、供应、使用与质量监管。制定药品生产、配送企业资格标准,严格市场准入,规范药品生产流通秩序。建立基本药物制度部门协同工作机制,开展绩效评估。

完善医疗服务体系。加强城乡医疗卫生服务体系建设,新增医疗卫生资源重点向农村牧区和城市社区倾斜,每万人口卫生机构床位数达到42张。加强旗县级医院、苏木乡镇卫生院、嘎查村卫生室建设,实现苏木乡镇有标准卫生院、嘎查村有标准卫生室。完善以社区为基础的新型城市医疗卫生服务体系,力争每个社区建立一所社区卫生服务机构。加强基层医疗机构急需的全科医生培养,完善鼓励全科医生长期在基层服务政策,每千人口全科医生数达到0.2人。发展远程医疗,解决边远地区居民看病难问题。大中城市重点引导发展综合性医院和专科医院,选择部分盟市按省级标准建设医疗和公共卫生服务体系。

大力发展蒙中医药事业。支持蒙中医药事业发展,开展蒙药药效学评价,推进蒙药新药开发研究和蒙药剂型改革,建设国家蒙药临床研究基地和蒙药制剂中心,实施一批蒙医药标准化项目。重点建设盟市级蒙中医院 9 所、旗县级蒙中医院 89 所,建成 15 个蒙医中医特色专科和重点专科。

推进医疗体制改革。充分利用和优化配置现有医疗卫生资源,合理确定各级各类公立医院的功能定位,推动公立医院结构布局优化调整,切实履行公共服务职能。建立公立医院与基层医疗卫生服务体系分工协作机制,实行分级医疗、双向转诊。公立医院通过技术支持、人员培训、管理指导等方式,带动基层医疗卫生机构发展。加快形成多元化办医格局,鼓励支持和引导社会资本进入医疗服务领域,完善政策体系,支持非公立医疗机构发展。发挥医务人员的主体作用,积极探索医生多点执业制度,满足医患需求。

第三节 健全社会保障体系

完善社会保险体系。坚持广覆盖、保基本、多层次、可持续方针,尽快形成覆盖城乡居民的社会保障体系,逐步提高保障标准和统筹层次。加快推进社会保障公共平台和信息网络建设,普遍发放统一规范的社会保障卡。积极推进新型农村牧区社会养老保险全覆盖,完善实施城镇职工和居民养老保险制度,推进机关事业单位基本养老保险制度改革。逐步提高基本养老保险待遇,进一步做实养老保险个人账户,确保养老保险金足额发放。落实城镇职工养老保险关系转移接续和养老保险缴费基数调整政策。加快完善城镇职工基本医疗保险、城镇居民基本医疗保险、新型农村牧区合作医疗和城乡医疗救助制度,从重点保大病逐步向门诊小病延伸。全面落实医保关系转移接续和异地就医管理政策,探索建立区域内城镇基本医疗保险异地就医管理结算协作机制。扩大失业、工伤、生育保险覆盖面,失业保险参保人数达到 230 万人以上,工伤保险参保人数达到 320 万人以上,生育保险参保人数达到 300 万人以上。

加快社会救助和社会福利体系建设。完善以城乡最低生活保障为主的社会救助制度,实行低保标准动态管理,健全低收入家庭认证体系,实现应保尽保,逐步把在城镇稳定就业的非户籍人口纳入城镇最低生活保障。推进实施"儿童福利院建设蓝天计划"和流浪未成年人救助保护中心项目,大力发展残疾人事业,完善治疗、康复、教育、就业等政策,孤残儿童集中供养率达到 50%。加强村级五保集中供养点建设,提高集中供养能力。大力发展慈善事业,多元化、多渠道、多形式筹集慈善资金,重点投向助医、助学、助孤、助残等。

加强保障性住房建设。强化各级政府职责,全面实施保障性安居工程,2012 年基本完成各类棚户区(危旧房)改造。进一步扩大廉租住房覆盖范围,发展公共租赁住房,城市人均住房建筑面积不足 15 平方米的低保家庭和人均住房建筑面积不足 13 平方米的其他低收入家庭应保尽保。推进廉租住房租售并举,实现投资渠道多元化和产权多样化。积极推动住房公积金贷款建设保障性住房。

第四节 全面做好人口工作

改善出生人口素质。坚持计划生育基本国策,保持适度稳定的低生育率水平。继续实施"少生快富"工程和"一杯奶"等优生促进工程,完善计划生育家庭特别扶助制度,降低享受奖励扶助人员年龄标准。加强出生缺陷干预,建立健全自治区、盟市、旗县、苏木乡镇、嘎查村(社区)五级出生缺陷干预体系。完善计划生育服务体系,加强县乡服务站建设,实施计划生育优质服务网络建设工程,提高设备装备水平,实现"一站辐射三乡"。建设人口和计划生育信息系统,提高人口信息采集、管理和使用水平。加强流动人口计划生育服务管理。

切实保护妇女儿童合法权益。编制实施妇女儿童发展纲要,坚持男女平等,加强未成年人保护,发展妇女儿童事业,进一步提高妇女儿童生存质量、健康水平、受教育程度、经济社会地位。重点加强妇女儿童活动场所建设,力争50%的盟市、30%的旗县建立妇女儿童活动中心,50%以上的城乡社区建立为儿童提供各类服务的儿童友好家园。

积极应对人口老龄化。建立以居家为基础,社区为依托,机构为支撑的养老服务体系。推进居家养老服务,建立区、街道(乡镇)和社区(村)居家养老三级服务网络,提高对"空巢老人"和特困老人的服务水平。发展社会养老机构,建设盟市"民政福利园区"和旗县综合福利服务中心,每千名老人拥有养老床位数达到30张。提升老年人生活质量,逐步建立高龄老人补贴制度,促进老年人平等参与社会生活。鼓励社会力量发展老龄产业,合理开发老年人力资源,创造适合老年人的就业岗位。

第五节　加强和创新社会管理

完善新型社区管理和服务体制。加快建立政府管理力量与社会调节力量互联互动的社会管理新模式,继续深入推进法律、文化、计生、警务等进社区工作。探索城乡社区自治,完善居委会和村委会自治机制。重点加强社区基础设施建设,社区办公和活动场所全部达到300平方米以上,建设社区文化服务站和卫生服务站,所有街道建立不小于500平方米的"一站式"社区服务中心。推进社区信息化平台建设,实现市区(旗县)、街道办事处(镇)、居委会三级联网。积极推进农村社区建设试点,乡镇(苏木)和中心村农村社区服务中心面积达到300平方米以上。加强社区工作队伍建设,逐步建立社区干部补贴待遇正常增长机制。

引导社会组织健康发展。健全社会组织发展体系,完善社会组织服务功能,创造条件使社会组织承担更多的社会管理和公共服务职能。培育社会团体、行业协会、农村牧区专业合作组织、社会中介组织、慈善公益性组织和志愿者组织等,鼓励参与社会管理,逐步构建政府、非政府社会组织、企业相互合作的公共服务体系,推进社会管理创新。加强对社会组织的规范引导和监督管理。

加强利益协调和社会矛盾疏解。构建信访、调解、综治"三位一体"的社会矛盾排查化解机制,整合各方面力量,有效防范和化解劳资纠纷、征地拆迁、环境污染、食品药品安全等引发的社会矛盾,预防和妥善处置群体性事件和突发公共事件。加强企业工会建设,发挥工会保障维护职工合法权益的作用。依靠基层党政组织、行业管理组织、群众自治组织,充分发挥工会、共青团、妇联的作用,共同维护群众利益,积极化解社会矛盾。

提高政府基本公共服务供给能力。把建立健全基本公共服务体系、促进基本公共服务均等化作为社会管理的重要基础,保障公民基本权益和社会公平、正义,从源头上预防和减少社会矛盾。加快完善公共财政体制,保障基本公共服务支出,强化基本公共服务政府绩效考核和行政问责。

专栏 12　基本公共服务范围和重点

　　公共教育。①九年义务教育免费；②农村牧区中等职业教育免费；③适龄儿童特殊教育免费；④为家庭经济困难幼儿入园提供补助。

　　就业服务。①为城乡劳动者免费提供就业信息、就业咨询、职业介绍、劳动仲裁；②为下岗失业人员、农民工、新成长劳动力免费提供基本职业技能培训和技能鉴定；③为就业困难人员和零就业家庭提供就业援助。

　　社会保障。①城镇基础养老金提高统筹层次，新型农村牧区社会养老保障全覆盖；②城镇职工享有基本医疗保险，城镇居民享有基本医疗保险，农牧民享有新型农村牧区合作医疗等基本医疗保障；③城镇职工享有失业保险、工伤保险、生育保险；④为城乡困难群体提供最低生活保障、医疗救助等服务；⑤为孤残、五保户、高龄老人等特殊群体提供福利服务。

　　医疗卫生。①提供居民健康档案、预防接种、传染病防治、儿童保健、孕产妇保健、老年人保健、健康教育、高血压等慢性管理、重性精神病管理等基本公共卫生服务；②实施公共卫生专项服务；③实施国家基本药物制度，把基本药物全部纳入基本医疗保障药物报销目录；④提供免费孕前优生健康检查、免费生殖健康技术服务等计划生育服务，继续实施"一杯奶"等优生促进工程。

　　住房保障。①对城市低收入住房困难家庭提供廉租住房；②为中等偏下收入住房困难家庭提供公共租赁住房；③完成各类棚户区危旧房改造。

　　公共文化。①公共博物馆、纪念馆、美术馆、文化馆、图书馆、青少年宫、科技馆、群众艺术馆和基层公共体育设施免费开放；②农村牧区广播电视基本覆盖，为农村牧区提供电影放映、送书送戏等公益性文化服务。

　　基础设施。①实施行政村（嘎查）通油路工程，城市建成区公共交通全覆盖；②行政村（嘎查）全部通电，无电地区人口全部用上电；③邮政服务做到乡乡设所、村村通邮。

　　环境保护。①县县具备污水、垃圾无害化处理能力和环境监测评估能力；②保障城乡饮用水水源地安全。

第六节　提高公共安全保障水平

　　增强防灾减灾能力。加强薄弱环节建设，建立灾害风险管理制度和防灾减灾保障制度。加快境内黄河、辽河、嫩江干流堤防工程和河道整治及额尔古纳国际界河防护工程建设，加强病险水库除险加固，黄河内蒙古段防洪能力达到 20～50 年一遇标准，重要支流防洪标准基本达到 30 年一遇标准。加强旱灾、雪灾、沙尘暴、森林草原火灾和病虫鼠害的防治。加强数字地震台网、震情、灾情信息快速传输系统建设。

　　加强食品药品监督管理和高危行业安全生产管理。切实加强食品药品全过程安全监管，实行严格的食品药品安全责任制。深化食品安全监管体制改革，完善餐饮业监管体系，防范重特大食品安全事故发生。建立药品检验、药品不良反应监测、专业技术审评等技术支撑体系，实现城乡药品监督网全覆盖，进一步规范医疗器械安全监管。加强安全生产基础设施建设，强化企业安全生产管理，深化煤矿、非煤矿山、危险化学品交通运输等行业领域的专项整治，有效防范和遏制重特大事故发生，单位地区生产总值生产安全事故死亡率下降 11% 以上，百万吨煤炭生产能力死亡率控制在 0.06 人以内。

　　健全应急联动指挥和应急保障体系。重点建立自治区、盟市、旗县三级畅通的突发公共事件应急指挥平台和网络，完善突发公共事件应急发布系统。加强救灾物资储备库、公安消防应急救援专业力量能力建设。整合应急资源，利用现有公共设施、旅游设施、人防工程等，建立应急避难场所。逐步在盟市、旗县和人员相对密集的乡镇，建立一批防空防灾人口疏散场所。

　　加强社会安全稳定建设。开展平安内蒙古创建活动，依法严厉打击敌对势力和各种犯罪活动，加强社会治安综合治理，完善社会治安防控体系、公共安全防控体系和互联网动态管控体系，重点建设政法网、电子围栏和视频监控报警系统。加强政法基础情报侦察、治安管理和边境管控等基础设施建设，全面提高政法机关维护国家安全和社会稳定的能力。

支持国防边防和军队建设。坚持军民融合式发展,进一步加强国民经济动员、人民武装动员、国防交通、人民防空建设,完善指挥控制、综合防护、应急救援、人防预警报警等基础建设。加强非战争军事行动能力建设,建立完善的应急处突机制体系,将应急管理体系、国防动员体系和军队指挥体系有机衔接,健全队伍,完善保障,强化能力。加强边防信息化建设,改善科技控边手段,落实军警民联合管边控边制度,保护边境重要政治、军事目标安全。继续推进草原110建设,维护边防安全稳定。加强武装警察建设,普及全民国防教育。切实搞好民兵预备役和国防动员专业队伍、训练基地建设,提高教育训练质量。依法有效保护军事设施安全。改善抵边居民的生产生活条件,加强边境地区基层政权、社区建设。深入开展双拥工作,巩固军政、军民团结。

第七节 推进民主法治建设

发展社会主义民主政治。坚持和完善人民代表大会制度、中国共产党领导的多党合作和政治协商制度、民族区域自治制度。健全民主制度,保证公民依法实行民主选举、民主决策、民主管理、民主监督。加强基层民主建设,坚持和完善政务、事务、厂务和村务公开,保证公民依法行使选举权、知情权、参与权、监督权。保证民族自治地方依法行使自治权。发扬民族团结优良传统,巩固和发展平等、团结、互助、和谐的社会主义新型民族关系。保障少数民族的合法权益,尊重少数民族的风俗习惯、文化传统。切实做好宗教工作,发挥宗教人士和信教群众在促进经济社会发展中的积极作用。鼓励新的社会阶层人士投身经济建设。

全面推进依法行政。加强和改进立法与制度建设,完善投资、资源节约、环境保护、收入分配、就业、社会保障等重点领域的法规制度建设。健全立法机制,提高立法质量。进一步规范行政执法,推进综合执法,完善行政执法程序,规范工作流程,改进执法方式。严格执行执法人员资格制度,全面提高执法人员素质。全面推进政务公开,加大政府信息公开力度,深入推进办事公开,创新政务公开方式,实行一个窗口集中办理和一站式服务等。健全行政监督体系和问责制度,改善群众和舆论监督,进一步加强审计、监察工作。实施"六五"普法规划,开展法律进机关、进乡村、进社区、进学校、进企业、进单位等"六进"活动,提高全民法律素质。加强法律援助工作,为社会弱势群体提供及时、方便、高效的法律服务。

加强廉政建设。坚持标本兼治、综合治理、惩防并举、注重预防的方针,建立健全教育、制度、监督并重的惩治和预防腐败体系,加大从源头上预防和治理腐败力度。推进反腐倡廉体制和机制创新,强化政府专门机构和社会监督,保障公民检举权、控告权、申诉权。严肃查处违法违纪案件,坚决纠正损害群众利益的行为。

第八章 传承创新 推进民族文化强区建设

充分发挥文化引导社会、教育人民、推动发展的功能,加强文化建设,突出民族文化特色,鼓励文化创新,建设和谐文化,发展文化事业和文化产业,提高文化软实力,增强民族凝聚力和创造力,构建特色鲜明、实力雄厚、影响广泛的民族文化强区,不断满足人民群众日益增长的精神文化需求。

第一节 加快发展文化事业

加强公共文化服务体系建设。坚持公益性、基本性、均等性、便利性原则,着力构建覆盖城乡、比较完备的公共文化服务体系。以农村牧区为重点,实施文化惠民工程,完善自治区、盟市、旗县、苏木乡镇、嘎查村五级公共文化服务网络。健全各类公共文化场馆服务功能,实现资源共享和免费开放。支持乌兰牧骑等特色民族艺术团体继续健康发展。加强对精神文化产品创作生产的引导,繁荣各类文学艺术创作,力争一批作品入选国家重大奖项。继续推进西新工程,加快广播电视数字化建设与双向改造,加强边境少数民族地区广播电视基础设施建设,普及数字广播、数字电视,发展高清电视,广播和电视覆盖率均达到99%以上。加大对民族语电影、电视译制的支持力度,继续实行农村牧区电影放映工程。加快发展新闻出版事业,重点建设中国蒙古文出版基地,实施少数民族新闻出版东风工程、蒙古文历史文化经典文库出版工程,建设一大批草原书屋。

加强文化遗产保护。加快历史和民族文化挖掘,做好文物保护和文化典籍整理,加强少数民族文化遗产和非物质文化遗产整体性保护。支持元上都遗址等文化遗产的申遗活动。启动"抢救人口较少民族非物质文化遗产国家工程",抢救性保护鄂温克、鄂伦春和达斡尔等三少民族的非物质文化遗产。继续做好非物质文化遗产名录项目代表性传承人认定、命名和保护工作。加强古建筑、革命纪念建筑的维修保护和古文化遗址、古代城址的抢救保护。积极申报建设一批国家级文化生态保护区,扩大保护区范围,构建草原文化核心保护区。

广泛开展群众性文化体育活动。不断丰富基层群众尤其是农村牧区、偏远地区和进城务工人员的精神文化生活,保障人民群众享有基本文化权益。办好"中国·内蒙古草原文化节"、"乌兰牧骑艺术节"等重大节庆活动,繁荣活跃农村牧区文化、社区文化、企业文化、校园文化,丰富群众文化生活。深入贯彻落实《全民健身条例》,发展全民健身事业。健全公共体育服务设施,实施旗县区全民健身中心、城市社区与嘎查村公共体育设施建设工程,不断提高人均公共体育设施占有面积。普及群众体育,经常参加体育锻炼人口比例得到较大提高。完善竞技体育设施,建设一批竞技体育后备人才基地,加强竞技体育队伍建设,力争在重大赛事上取得优异成绩。

第二节 积极发展文化产业

壮大文化产业。高度重视人文资源的开发,加快具有民族特色的文化产业发展,文化产业增加值占地区生产总值比重达到4%左右,把文化产业逐步培育为新的支柱产业。继续发展文艺演出、广播影视、出版发行、文化旅游、工艺美术等传统文化产业。培育发展动漫、网络游戏、文化创意、数字内容等新兴文化业态,实施原创民族动漫扶持工程,建设民族动漫产业基地。推进文化产业集聚发展,重点建设一批具有民族特色的文化产业项目和文化产业园区,加快形成富有活力、形态多样的文化产业集群。积极培育知名文化品牌,加强对文化品牌的策划和营销。实施文化对外贸易工程,支持文化企业"走出去",促进民族特色文化产品和服务出口。

优化文化产业发展环境。逐步增加公共财政对文化产业发展投入,设立文化产业发展专项资金和文化产业引导基金,广泛吸引社会资金投入文化领域。完善融资、税收等方面的扶持政策,扩大文化产业的开放。加快文化人才培育与引进,重点选拔培养高层次拔尖人才、专业领军人才和文化产业经营管理人才。加快文化产品市场和要素市场建设,发展文化行业组织、中介机构和现代流通组织,构建现代文化市场体系。

第三节 深化文化体制改革和文化创新

加快文化体制改革。转变政府职能,加快实现由办文化为主向管文化为主转变,由主要管理直属单位向社会管理转变,明确政府提供公共文化服务的基本职能。深化公益性文化事业单位内部改革,完善劳动人事、收入分配和社会保障制度。推进经营性文化事业单位转企改制和兼并重组,培养一批有实力的文化骨干企业。降低民间资本进入文化产业门槛,制定政策吸引社会资本兴办文化产业。加强文化市场监管,全面推进文化市场综合执法改革,促进文化市场健康有序发展。

推进文化创新。推进学科体系、学术观点、科研方法创新,繁荣哲学社会科学。鼓励艺术院团和文艺工作者创作更多群众喜闻乐见、具有时代特征和民族地区特色的优秀精神文化产品,发展具有文化内涵新业态,提升草原文化整体形象和实力。运用现代科技手段开发利用民族文化资源,推进广播影视数字化和新媒体建设。加强文化交流,扩大对外宣传,推动文化"走出去",不断增强文化影响力。

第四节　加强思想道德建设

加强社会主义核心价值体系建设。把社会主义核心价值体系贯穿精神文明建设全过程,深入开展中国特色社会主义理论体系宣传普及活动,践行草原文化"崇尚自然、践行开放、恪守信义"的核心理念,弘扬科学精神,加强人文关怀,注重心理疏导,培育奋发进取、理性平和、开放包容的社会心态,进一步巩固各族人民团结奋斗的共同思想基础。以"工作争先、服务争先、业绩争先"为目标,扎实开展"争先创优"活动。

大力提升公民文化素质。普及文明礼仪基本知识和科学文化知识,倡导文明健康的生活方式和良好行为习惯,深入推进社会公德、职业道德、家庭美德和个人品德建设。把握正确舆论导向,加强思想教育,提倡修身律己、尊老爱幼、勤勉做事、平实做人,引导人们知荣辱、讲正气、尽义务。不断拓展文明城市、文明村镇、文明行业等群众性精神文明创建活动,创新活动载体,培育文明风尚,提升社会文明程度。

第九章　深化改革　增强富民强区活力和动力

深化重点领域和关键环节改革,处理好重点突破和综合配套的关系,突破利益制约,使改革过程平稳向前推进,加快建立与科学发展相适应的体制机制,形成转变发展方式的活力、动力和合力。

第一节　推进农村牧区改革

坚持和完善农村牧区基本经营制度,保持现有农村牧区土地草牧场承包关系稳定并长久不变。遵循依法自愿有偿的原则,完善土地承包经营权流转市场,建立健全盟市、旗县、苏木乡镇三级土地和草牧场承包经营权流转服务机构,积极引导和鼓励农牧民以土地、草场使用权依法入股、转让、出租或合伙经营等方式参与收益分配,发展多种形式的适度规模经营。推进集体林权和国有林区林权制度改革,探索建立林权交易市场。认真总结统筹城乡综合配套改革试点经验,深化农村牧区综合改革。

第二节　调整所有制结构

深化国有企业改革。推进国有企业股份制改革,引进各种所有制形式的战略投资者,实现地方国有企业与央企、外资和民营企业跨区域联合重组。深化垄断行业改革,推进公用事业企业公司制股份制改革。继续深化国有林业和农垦企业改革,完善管理体制和企业经营机制,彻底剥离企业承担的社会职能。继续推进和深化国有资产管理体制改革,加强国有资产监管,完善国有资本经营预算制度、企业经营业绩考核和重大决策失误追究制度。

积极发展非公有制经济和中小企业。鼓励非公有制企业参与国有企业改革,鼓励和引导民间投资进入基础产业、基础设施、市政公用事业、社会事业和金融服务等领域。大力发展中小型企业,完善财税体制,着力解决小型微型企业融资难问题。引导和推进非公有制企业完善企业制度,依法经营、诚实守信、健全管理,增加社会责任。改善政府公共服务,完善市场准入制度,扩大特许经营,为民营企业创造公平竞争的发展环境。依法保护非公有制企业和职工的合法权益。

第三节　合理调整收入分配关系

坚持和完善按劳分配为主体、多种分配方式并存的分配制度,合理调整收入分配关系,积极落实国家调整收入分配政策,逐步提高居民收入在国民收入分配中的比重,提高劳动报酬在初次分配中的比重,扭转收入差距扩大趋势。深化垄断行业改革,打破垄断行业壁垒,限制垄断行业过高收入。加大政府再分配力度,缩小社会成员之间在享受社会保障和社会福利上的差距,提高边远地区和高寒地区职工的收入。

第四节　加快资源性产品价格和配置方式改革

加快资源性产品价格改革。理顺资源品与制成品价格关系,建立和完善反映市场供求关系、资源稀缺程度以及环境损害成本的资源价格形成机制。落实资源税改革政策,实现煤炭、原油、天然气等资源税从价计征。积极争取开征煤炭可持续发展基金。

推进资源配置方式改革。实施差别化土地政策,增加荒地、沙地、盐碱地等未利用地建设用地指标,适当降低工业用地、开发区建设用地的基准地价。加快理顺资源产权关系,探索政府对资源资本化的有效方式。推动自治区矿业权交易平台规范运行,完善矿业权招标、拍卖、挂牌出让制度,探索自治区、盟市、旗县三级矿业权出让权限和利益分配新机制。合理引导区外企业以独立法人形式从事矿产资源开发。

深化水、电、气价格改革。合理确定城市供水价格,逐步实行阶梯式水价。科学制定水资源费、污水处理费征收标准,推动排污权有偿使用和交易制度改革。建立发电企业竞价上网和分环节输电价格、配电价格、销售电价形成机制,推进居民用电价格阶梯式递增改革。简化燃气价格分类,合理核定对各类用户天然气销售价格。

第五节　深化投资体制改革

保持投资合理增长,全社会固定资产投资年均增长15%。继续加大政府对科技创新、基础设施、生态建设、公共服务和民生事业的投资力度,鼓励扩大企业直接投资。引导投资向东部盟市和发展相对落后的地区倾斜。优化投资结构,扩大非煤产业、战略性新兴产业、现代服务业和节能环保产业投资。通过重组、新建等方式,完善自治区级融资平台,健全投融资平台的资本金补充和偿债长效保障机制。建立集中统一的投、融、建、管专业化分工协作和监督制约体制,实现规范化、市场化管理。加强投资管理,进一步下放投资审批权限,简化审核程序,完善公益性投资项目科学决策机制,加强民主决策、专家论证和听证制度建设,创新投融资方式,提高资金使用效益。完善政府投资项目后评价、重大项目公示和决策责任追究制度,对非经营性政府投资项目加快推行代建制。

第六节　深化财政金融体制改革

深化财政管理体制改革。保持财政收入适度增长,地方财政总收入年均增长15%。加快建立由公共财政预算、国有资产经营预算、政府性基金预算和社会保障预算组成的有机衔接的政府预算体系。加强预算管理,强化预算编制的严肃性和约束性。完善财政转移支付制度,加快形成统一规范透明的财政转移支付制度,增加一般性转移支付规模和比例,加强旗县级政府提供基本公共服务的财力保障。积极推进依法理财,规范政府举债行为,防范风险。推动建立资源型企业可持续发展准备金制度。推进国库集中收付改革,重点专户管理的非税收入纳入国库统一管理,扩大专项资金集中支付范围,完善国库集中支付结算方式。

推进金融体制改革。加快推进地方商业银行管理体制和经营机制创新。深化农村信用社改革,完善法人治理结构。继续扩大政策性农牧业保险财政补贴品种和范围,建立政策性农牧业保险长效机制。通过税收优惠等政策鼓励发展商业性农牧业保险,建立健全农牧业风险保障体系。改革存贷款体制,促进土地增值收益和农村牧区存款主要用于农牧业和农村牧区。大力扶持创业投资和风险投资,加快发展私募股权投资。

第七节　推进行政管理体制改革

按照"政企分开、政事分开、政府与市场中介组织分开"的原则,加快政府职能转变,加强责任政府和服务政府建设。继续改进行政管理方式,健全科学决策机制,完善信息公开制度。减少和规范行政审批事项,建立健全行政审批运行、管理和监督的长效机制。进一步完善公务员管理配套制度和措施。扩大县域经济管理权限,减少行政管理层次,提高行政效率。

第十章　互利共赢　提高全方位对外开放水平

实施更加积极主动的开放战略,不断开放新的领域和空间,提升开放层次,构筑内外联动、互利共赢、安全高效的全方位开放格局,以开放促发展、促改革、促创新。

第一节　加强国内区域合作

加强重点区域合作。把扩大开放与区域协调发展结合起来,把"引资"和"引智"结合起来,加强与国内重点及周边区域的合作,推进省区市间产业和重大基础设施等的对接。西部地区以呼包鄂为重点,着力促进形成呼包鄂榆重点经济区。东部地区主动推进与辽宁沿海经济带、沈阳经济区、哈大齐工业走廊、长吉图开放开发试验区的合作,共同推动满洲里—绥芬河沿边开放经济带建设上升为国家战略,加快在周边沿海省份建设临港园区。主动接受京津冀等区域的辐射带动,以园区为载体,积极承接发达地区资金技术密集型、高新技术等产业转移,延长、扩展、补齐产业链条,实现区域合作向更深层次、更广泛领域发展。积极吸引国内外500强企业,推动与发达省区、央企开展资源转化、能源基础设施等领域的战略合作。重视引进企业研发中心和技术中心,提高承接产业转移质量。

改善投资环境。加强招商引资项目库建设,加大项目筛选和可行性论证,推出一批符合国家产业政策、促进产业结构调整、拉动地方经济发展的招商引资项目。利用展会招商、专业招商、以商招商、委托招商、网上招商等多种形式开展招商引资活动。提高服务质量和水平,营造亲商、安商、扶商、富商的投资环境。建立差别化的产业准入和退出机制,严禁破坏环境和落后生产力的产业进入,避免各地相互攀比出台优惠政策,引导区域经济合作健康有序推进。

第二节 深化与俄蒙交流合作

加强境外合作。按照市场导向和企业自主决策原则,引导各类所有制企业有序到境外投资合作。设立境外资源风险勘探专项基金,深化与俄蒙的能源资源互利合作,扩大境外资源进口。鼓励优势企业在境外设立加工基地,建设满足当地市场需求、有利于改善当地民生的项目。支持企业开展承包工程、设计咨询和外派劳务,扩大工程承包和劳务合作规模。加强实施"走出去"战略的宏观指导和服务,强化投资风险评估,维护企业权益,防范各类风险。落实《中蒙经贸合作中期发展纲要》和《中国东北地区与俄罗斯远东及东西伯利亚地区合作规划纲要》,以重大项目合作为抓手,深化在科技、教育、文化、卫生、体育、旅游等领域的交流与合作,定期举办中俄科技会展。

加快发展口岸经济。发挥口岸过货通关、加工制造、商贸流通三大枢纽功能,促进贸工一体化发展,提高口岸综合效能。进一步扩大口岸开放,争取新开放巴格毛都和乌力吉公路口岸、珠恩嘎达布其和满都拉铁路口岸,推进策克、甘其毛都、满都拉、阿尔山、室韦等公路口岸扩大开放。依托重点工业园区和边境经济合作区,加快发展进口资源落地加工产业,实现资源过埠转化。促进边境贸易持续发展,扶持边贸企业做大做强,扩大本地产品出口,提升边贸出口商品质量和附加值。加快满洲里、二连浩特国家重点开发开放试验区和巴彦淖尔进出口资源综合加工示范区建设。推动呼和浩特、满洲里、二连浩特综合保税区,满洲里、二连浩特、甘其毛都边境经济合作区及边民互市贸易区建设。

加强口岸基础设施建设。不断提高通关能力,建设口岸公路、铁路货运专用通道,配套建设物流仓储设施,完善水、电、路、气、暖功能,推进重点口岸联检、货运监管设施建设,口岸年过货能力提高到6000万吨。加强口岸数字化改造,构建大通关信息平台,进一步改善口岸查验条件,实现通关物流等信息资源共享,推行区域内"属地申报、口岸验放"模式。探索内陆地区发展空港经济新模式,以呼和浩特白塔机场为基础,充分利用空港交通便利优势,力争建设成为西部地区具有竞争力的空港经济区。加强口岸城镇建设,提升城镇服务口岸水平。

第三节 提高外贸和利用外资水平

扩大进出口规模。加快实施出口市场多元化战略,继续巩固俄罗斯、蒙古、美国、欧盟、日本等传统市场,大力开拓中东、中亚、南美、非洲、东欧等新兴市场,进出口总额达到160亿美元。转变外贸增长方式,调整进出口商品结构,提高劳动密集型产品出口比重,扩大高新技术、机电产品出口,鼓励先进技术、关键设备和国内紧缺物资进口。利用外经贸区域发展协调资金和中小企业国际市场开拓资金,支持企业开拓国际市场。主动承接符合产业政策的加工贸易转移,建设包头、呼和浩特、通辽、满洲里和二连浩特等加工贸易示范基地,扩大区内企业加工贸易市场份额。稳步开放教育、医疗、文化、体育等领域,鼓励企业到境外设立采购、分销、研发、物流、金融等服务机构。

提高利用外资水平。把利用外资与促进产业结构优化相结合,着力提高对外资企业技术和管理的消化、吸收和再创新能力。积极推动重点企业与跨国公司开展投资、品牌和技术合作,引进先进技术、管理经验和高素质人才,鼓励外资企业设立研发中心。创新利用外资方式,拓展利用外资渠道,累计实际利用外资160亿美元以上。调整准入政策,进一步放宽服务业对外资在股权、业务范围、地域等方面的限制,扩大金融、物流等服务业对外开放,大力承接服务外包转移。

第十一章　强化实施　实现富民强区愿景

第一节　加强规划管理

健全规划体系。以国民经济和社会发展总体规划为统领,以主体功能区规划为基础,以专项规划、区域规划和土地利用规划为支撑,形成各类规划定位清晰、功能互补、统一衔接的规划体系。完善科学化、民主化、规范化的编制程序,健全责任明确、分类实施、有效监督的保障机制。

加强规划衔接。自治区有关部门组织编制一批专项规划和区域规划,细化落实本规划提出的主要任务,着力解决突出问题,形成落实规划的重要支撑。加强年度计划与本规划的衔接,对主要指标应当设置年度目标,充分体现本规划提出的发展目标和重点任务。做好地方规划与本规划的衔接。

第二节　完善规划实施和评估机制

完善评价考核和监督制度。本规划确定的约束性指标,纳入各盟市、各部门经济社会综合评价和绩效考核,单位生产总值能耗、单位生产总值二氧化碳排放、主要污染物排放总量、淘汰落后产能等指标,要分解落实到各盟市、有关行业和重点企业。按照推进主体功能区的要求,实行分类管理的考核政策。加强社会监督,及时发布相关政策和信息。

规范规划实施监测评估制度。规划经自治区人民代表大会通过后,加强宣传,凝聚全社会共识,共同推动规划实施。规划主管部门要加强对约束性指标和主要预期性指标完成情况的年度监测,进行评估,及时发现和解决经济运行中的突出矛盾和问题,并向自治区政府提交规划实施年度进展报告,以适当方式向社会公布。在规划实施的中期阶段,由政府组织开展全面评估,并将中期评估报告提交自治区人民代表大会常务委员会审议。需要对本规划修订时,要报自治区人民代表大会常务委员会批准。

"十二五"规划是内蒙古全面建设小康社会关键时期的重要规划。让我们在以胡锦涛同志为总书记的党中央和自治区党委的领导下,高举中国特色社会主义伟大旗帜,振奋精神,锐意进取,开拓创新,为圆满完成"十二五"规划确定的各项任务而努力奋斗!

辽宁省国民经济和
社会发展第十二个五年规划纲要

(2011 年 1 月 25 日辽宁省
第十一届人民代表大会第四次会议通过)

辽宁省国民经济和社会发展第十二个五年(2011～2015 年)规划纲要根据《中共辽宁省委关于制定国民经济和社会发展第十二个五年规划的建议》编制,是全面落实党的十七届五中全会精神,深入贯彻落实科学发展观,实现辽宁老工业基地全面振兴,全面建设小康社会的总体规划,是未来五年我省经济社会发展的宏伟蓝图,是引领全省人民共同奋斗的行动纲领。

第一章 发展基础和环境

"十一五"时期,在省委、省政府的正确领导下,全省上下深入贯彻落实科学发展观,励精图治、奋力拼搏,有效应对国际金融危机冲击,全面完成"十一五"规划确定的主要目标和任务,为"十二五"时期经济社会发展实现新跨越奠定了坚实基础。

第一节 发展基础

"十一五"时期,全省经济发展整体水平大幅提升,社会、文化和生态建设全面加强,改革开放实现了新突破,全面振兴取得重大阶段性成果。

经济发展整体水平大幅提升。2010 年,全省地区生产总值达到 18278 亿元,"十一五"期间年均增长 14%,人均地区生产总值超过 6000 美元。地方财政一般预算收入达到 2004.8 亿元,年均增长 24.3%。全社会固定资产投资达到 16043 亿元,年均增长 30.5%。主要经济指标增速持续实现了不低于振兴以来以及东部地区平均水平,实现了历史性跨越。

产业结构优化升级取得新进展。科技创新引领产业结构不断升级,装备制造、冶金、石化、农产品加工等工业支柱产业优势增强,高新技术产业蓬勃发展,战略性新兴产业加速崛起,服务业加快发展,特色产业基地和产业集群建设势头强劲。

区域协调发展形成新格局。辽宁沿海经济带开发开放上升为国家战略,沈阳经济区被确定为国家新型工业化综合配套改革试验区,突破辽西北"三年见成效"目标基本实现。县域经济总量占比超过40%,社会主义新农村建设取得积极进展,城区经济实力不断增强,资源型城市经济转型取得新成效,民族地区发展步伐加快。

改革开放实现新突破。国有大型企业公司制股份制改造基本完成,国有经济活力、影响力和带动力明显增强。非公有制经济长足发展,中小企业加快成长。农村综合改革扎实推进,集体林权制度改革取得突破性进展。沿海与腹地良性互动的全面开放格局初步形成,实际利用外资成倍增加,对外贸易方式加快转变,东北四省区等区域合作深入开展,开放型经济迈上新台阶。

基础设施和生态环境建设取得新成效。重大项目建设成效明显,能源、交通、水利等基础设施建设取得突破。红沿河核电站等一批能源项目顺利实施,发电装机容量超过3000万千瓦;哈大、沈丹等一批重大铁路项目开工建设,沈阳地铁一号线投入运营,1443公里滨海公路建成通车,高速公路通车里程突破3000公里;大伙房水库输水工程全线贯通并成功输水。循环经济和生态省建设成效显著,辽西北边界防护林体系基本建成,辽河治理取得阶段性成果,节能减排目标全面完成。

民生建设得到新加强。各级各类教育发展加快,高等教育毛入学率提高10.5个百分点,高中阶段教育职普比接近1:1。城乡医疗卫生条件进一步改善,人均期望寿命达到75.6岁。公共文化服务体系不断加强,体育事业蓬勃发展。就业规模持续扩大,城镇登记失业率低于全国平均水平。社会保障体系进一步完善。棚户区改造、农村安全水源建设等重点民生工程实施取得明显成效。城镇居民人均可支配收入和农村居民人均纯收入年均分别实际增长11.4%和9.3%。

总体来看,过去的五年是改革开放以来辽宁经济实力提升最快、社会建设成效最好、城乡面貌变化最大、人民得到实惠最多的五年。"十一五"取得的成就,是党中央、国务院和省委正确领导的结果,是全省人民凝心聚力、团结奋斗和各方面大力支持的结果。

专栏1 "十一五"规划主要指标实现情况					
指　　标	2005年	规划目标		实际完成	
		2010年	年均增长(%)	2010年	年均增长(%)
地区生产总值(亿元)	8047.3	13500	11	18278	14
人均地区生产总值(元)	19074	31500	10.7	41540	13.3
地方财政一般预算收入(亿元)	675.3	1190	12	2004.8	24.3
全社会固定资产投资额(亿元)	4234	10500	20	16043	30.5
社会消费品零售总额(亿元)	2999	5290	12	6809.6	17.8
外商直接投资额(亿美元)	35.9	89.3	20	207.5	42.0
进出口总额(亿美元)	410.1	825	15	806.7	14.5
其中:出口总额(亿美元)	234.4	470	15	431.2	13.0
三次产业结构		8.4:51.6:40		8.9:54:37.1	
城镇化率(%)	59.2	63		63	
15岁以上人口平均受教育年限(年)	9.7	10		10.8	

续表

指　标	2005 年	规划目标		实际完成	
		2010 年	年均增长（%）	2010 年	年均增长（%）
研究与试验发展经费（R&D）支出占地区生产总值比重（%）	1.56	2		1.5	
耕地保有量（万亩）	6135	6120		6120	
森林覆盖率（%）	35.13	37		38	
年末总人口（万人）	4221	4285		4400	8.3‰
城镇居民人均可支配收入（元）	9108	14000	9 以上	17713	11.4
农村居民人均纯收入（元）	3690	5500	8 以上	6908	9.3
城镇登记失业率（%）	5.7	5		3.7	
注：地区生产总值和城乡居民收入绝对数按当年价格计算,速度按可比价格计算。					

第二节　发展环境

"十二五"时期,我省经济社会发展面临着国内外环境的新变化,合作与竞争并存,机遇与挑战同在。

从国际看,世界多极化、经济全球化深入发展,世界经济政治格局出现新变化,科技创新孕育新突破。国际资本、产业、技术流动趋势更加明显,全球和区域间的经济合作不断加强。同时,国际金融危机影响深远,世界经济增速减缓,全球需求结构出现明显变化,发展的外部环境更趋复杂。

从国内看,我国发展仍处于可以大有作为的重要战略机遇期,工业化、信息化、城镇化、市场化、国际化深入发展,经济结构转型加快,市场需求潜力巨大,体制活力显著增强,积蓄了经济长期平稳较快发展的强大后劲。同时,应对气候变化及资源环境等约束越来越大,粗放型增长方式难以为继,传统社会发展模式难以适应和谐社会建设的要求。

从省内看,经过多年的努力,我省经济社会发展已经进入了快车道。在深入实施东北振兴战略基础上,辽宁沿海经济带开发开放上升为国家战略,沈阳经济区被确定为国家新型工业化综合配套改革试验区,为全面振兴增添了新的动力。国有企业改革这一历史性难题基本化解,长期制约我省经济发展的非公有制经济和县域经济这两块"短板"逐渐拉长,为全面振兴铺平了道路。基础设施建设进入高潮期,为全面振兴提供了强力保障。全省上下政通人和,干部群众的信心和决心更加坚定,为全面振兴营造了良好氛围。同时,也面临诸多挑战,主要是经济结构不尽合理、自主创新能力不强,资源环境矛盾突出、城乡区域发展不协调、城乡居民收入有待提高以及制约科学发展的体制机制性问题尚未根本解决。我们必须认清形势,科学把握发展规律,紧紧抓住、充分用好战略机遇,有效解决突出矛盾和问题,牢牢把握经济社会发展主动权,把辽宁老工业基地全面振兴事业继续推向前进。

第二章　总体发展要求

"十二五"时期,是辽宁老工业基地全面振兴的关键时期,必须继续抓住和用好重要战略机遇期,努力开创科学发展新局面。

第一节　指导思想

高举中国特色社会主义伟大旗帜,以邓小平理论和"三个代表"重要思想为指导,深入贯彻落实科学发展观,充分利用好中央进一步实施东北振兴战略、辽宁沿海经济带开发开放上升为国家战略以及沈阳经济区被确定为国家新型工业化综合配套改革试验区的优势,以科学发展、创新发展、和谐发展为主题,以加快经济发展方式转变和社会管理模式转型为主线,坚持增量带动结构优化、创新促进产业结构升级、发展保障民生改善,显著增强综合经济实力和竞争力,显著提高人民生活质量和水平,大力促进社会公平正义,基本实现老工业基地全面振兴的奋斗目标,为提前全面建成小康社会奠定更加牢固的基础。

为确保主题主线的贯彻落实,必须坚持的基本原则是:把经济结构战略性调整作为主攻方向,把科技进步和创新作为重要支撑,把保障和改善民生作为根本出发点和落脚点,把建设资源节约型、环境友好型社会作为重要着力点,把改革开放作为强大动力。基本要求是:力求速度与质量、效益有机统一,实现好中求快、快中求好、又好又快发展;力求科技创新与制度创新、管理创新有机统一,努力培育竞争新优势;力求经济效益与社会效益、生态效益有机统一,增强发展的可持续性;力求城乡之间、区域之间发展有机统一,推进城乡、区域一体化发展;力求强省与富民有机统一,保障全省人民共享振兴发展成果。

第二节　总体目标

到"十二五"期末,基本实现辽宁老工业基地全面振兴,力争总体发展水平进入东部发达省份行列。经济社会发展的主要目标是:

——经济保持平稳较快发展。地区生产总值年均增长11%,力争继续保持经济增长速度不低于振兴以来的平均增长速度和东部地区的平均增长速度。地方财政一般预算收入年均增长15%,全社会固定资产投资年均增长15%,城镇净增就业400万人,城镇登记失业率控制在4%以内,经济增长的质量和效益明显提高。

——结构调整取得重大进展。居民消费率上升。农业基础进一步巩固,战略性新兴产业发展取得突破,服务业增加值占地区生产总值的比重力争达到42%以上,城镇化率提高到70%左右。城乡区域发展的协调性进一步增强。

——科技教育水平明显提升。实现义务教育区域内均衡发展,九年义务教育巩固率达到97%,高中阶段教育毛入学率达到99%以上。研究与试验发展经费支出占地区生产总值比重达到2.2%,每万人口发明专利拥有量提高到0.8件。

——资源节约环境保护成效显著。耕地保有量保持在6120万亩。单位工业增加值用水量降低24.8%,农业灌溉用水有效利用系数提高到0.58。非化石能源占一次能源消费比重达到4.5%以上。单位地区生产总值能源消耗降低、单位地区生产总值二氧化碳排放降低和化学需氧量、二氧化硫、氨氮、氮氧化物等主要污染物排放减少完成国家下达的约束性指标。森林覆盖率提高到42%,森林蓄积量达到3.2亿立方米。

——人民生活水平持续改善。城镇居民人均可支配收入年均增长11%,农村居民人均纯收入年均增长10%,努力实现居民收入增长与经济发展同步。城镇参加基本养老保险人数达到1708

万人,新型农村养老保险全覆盖,城乡三项医疗保险参保率提高到95%以上。完成国家下达的城镇保障性安居工程建设任务。

——社会建设明显加强。覆盖城乡居民的基本公共服务体系逐步完善。公民思想道德素质、科学文化素质和健康素质不断提高。社会主义民主法制更加健全。文化事业加快发展,文化产业占国民经济比重明显提高。社会更加和谐稳定。

——改革开放不断深化。重要领域和关键环节改革取得明显进展,政府职能加快转变。沈阳经济区建成新型工业化综合配套改革示范区。辽宁沿海经济带建成引领东北地区对外开放的重要平台和经济社会发展的先行区域。

专栏2 "十二五"时期经济社会发展主要指标				
指　　标	2010 年	2015 年	年均增长(%)	属性
经济发展				
地区生产总值(亿元)	18278	30500	11	预期性
服务业增加值比重(%)	37.1	42	[4.9]	预期性
城镇化率(%)	63	70	[7]	预期性
科技教育				
九年义务教育巩固率(%)	93.5	97		约束性
高中阶段教育毛入学率(%)	92.6	>99		预期性
研究与试验发展经费支出占地区生产总值比重(%)	1.5	2.2	[0.7]	预期性
每万人口发明专利拥有量(件)	0.5	0.8	[0.3]	预期性
资源环境				
耕地保有量(万亩)	6120	6120	[0]	约束性
单位工业增加值用水量降低(%)			[24.8]	约束性
农业灌溉用水有效利用系数	0.55	0.58	[0.03]	预期性
非化石能源占一次能源消费比重(%)	1	4.5	[3.5]	约束性
单位地区生产总值能源消耗降低(%)			[17]	约束性
单位地区生产总值二氧化碳排放降低(%)			[18]	约束性
主要污染物排放减少(%)	化学需氧量			[9.2]	约束性
	二氧化硫			[10.7]	
	氨氮			[11]	
	氮氧化物			[13.7]	
森林增长	森林覆盖率(%)	38	42	[4]	约束性
	森林蓄积量(亿立方米)	2.62	3.2	[0.58]	
人民生活				
城镇居民人均可支配收入(元)	17713	29800	11	预期性
农村居民人均纯收入(元)	6908	11100	10	预期性
城镇登记失业率(%)	3.7	<4		预期性
城镇净增就业人数(万人)			[400]	预期性
城镇参加基本养老保险人数(万人)	1498	1708	[210]	约束性
城乡三项基本医疗保险参保率(%)	93.4	95	[1.6]	约束性

续表

指　标	2010 年	2015 年	年均增长（%）	属性
城镇保障性安居工程建设（万套）			＊	约束性
年末总人口（万人）	4400	4600	8.9‰	约束性

注：1. 地区生产总值和城乡居民收入绝对数按 2010 年价格计算，速度按可比价格计算；2.［］内为五年累计数；3. "＊"为国家待下达指标；4. 城乡三项基本医疗保险指城镇职工基本医疗保险、城镇居民基本医疗保险、新型农村合作医疗。

第三节　战略重点

实现"十二五"规划的总体发展目标，关键在于把主题和主线贯穿于经济社会发展全过程、各领域，使影响和制约发展的深层次矛盾和问题得到有效破解，切实把经济发展方式转换到集约发展、协同拉动的轨道，把经济增长动力转换到科技引领、创新驱动的轨道，把社会建设重点转换到保障和改善民生、完善公共服务的轨道。战略重点是：

加快推进以转方式调结构为重点的经济转型，增强综合经济实力和竞争力。逐步形成消费、投资、出口协调拉动，第一、第二、第三产业协同带动，物质资源、科技、人才、管理共同驱动的经济增长模式。坚持扩大内需战略，拓展新兴服务消费，推动消费结构升级，构建扩大消费需求的长效机制。调整优化投资结构，引导投资向民生和社会事业、农业农村、科技创新、生态环保、资源节约等领域倾斜，完善交通、能源、水利等重大基础设施，加快重点项目建设，发挥投资对经济增长的拉动作用。增强科技创新能力，推动工业经济结构优化升级，推动现代农业和县域经济大发展，加快发展服务业，积极稳妥推进城镇化，促进区域协调互动发展。

加快以保障和改善民生为重点的社会转型，提高人民生活质量和水平。推进基本公共服务均等化，提高政府保障能力，加强社会管理能力建设，保障社会公平正义，维护社会和谐稳定，推动形成以人为本的社会管理新模式。大力促进就业和构建和谐劳动关系，健全覆盖城乡居民的社会保障体系，显著提高城乡居民收入，提升社会事业发展水平，积极推动文化新发展，大力发展文化产业，着力创新社会管理，提高生态文明。

加快推进以消除体制障碍为重点的体制转型，激发经济社会发展动力和活力。进一步破除制约经济社会转型发展的体制性弊端和制度性障碍，构建充满活力、富有效率、更加开放、有利于创新创业和科学发展的体制机制。深化行政管理体制改革，推进国有经济战略性调整，着力推进农村领域的改革，深化财税金融等领域改革，加快社会事业体制改革，全面提升对外开放水平。

第三章　加快社会主义新农村建设

坚持把解决好农业、农村、农民问题作为重点，统筹城乡发展，加大强农惠农力度，在工业化、城镇化深入发展中同步推进农业现代化，大力发展县域经济，努力改善农村生产生活条件，建设农民幸福生活的美好家园。

第一节　加快发展现代农业

按照高产、优质、高效、生态、安全的要求，以转变农业发展方式为主线，以促进农业专业化、标准化、规模化、集约化为重点，发展现代农业，进一步提高农业综合生产能力、抗风险能力和市场竞争能力。

加强农业综合生产能力建设。全面实施新增45亿斤粮食生产能力建设规划，加快昌图等36个国家级粮食大县产能建设。完善农田小微型水利设施，建设旱涝保收高标准农田。实施优质水稻提升工程、以花生为主的油料建设工程，培育阜蒙、黑山等花生产业示范县，把阜新市建设成全国重要的花生生产、加工和出口基地。以突出特色、增加效益为重点，发展高效设施农业，把朝阳市打造成全省高效设施农业示范市。实施优质水果工程，加快渤海湾优质水果产业带建设。继续加强畜禽标准化规模小区（场）建设，发展水产健康养殖，积极发展林特产业，稳步提高肉蛋奶、水产品、林产品和蔬菜产量，提高农产品生产能力和效益。认真抓好"米袋子"、"菜篮子"。进一步健全完善粮食质量检测、购销、储备运输、监督预警体系，加强仓储设施建设，推进农户科学储粮工程，保障粮食有效供给。

提升农业产业化经营水平。实施农业龙头企业带动工程，大力培育现代农业经营主体，通过招商引资、政策扶持，推动一批龙头企业提高层次、扩大规模，带动生产基地和种养农户扩大上下游产品加工的联合与协作，做大做强农业"一县一业"，每个县至少形成一个知名品牌。加快辽南无公害农业区建设，大力发展绿色、有机食品生产，率先建成全省现代农业示范区，建成全国重要的农产品生产、加工和出口基地。

加强农业科技创新能力建设。加大农业科技投入，深入实施科技特派行动，强化现代农业产业技术体系建设。提高农业社会化服务水平，建立完善的农业标准体系、公益性农业技术推广体系、农产品质检体系和动植物防疫体系。实施农业种子创新工程，加强种业资源整合，推进良种培育，加快发展现代种业。加快农业机械化，重点推动玉米、水稻生产全程机械化。

第二节　大力发展县域经济

坚持工业主导地位，以园区建设为载体，以产业集群发展为重点，实施新一轮县域经济倍增计划，推进县域经济大发展。到2015年，力争15个县（市）进入全国百强。

充分发挥各地资源、区位、产业等优势，围绕县域工业园区建设，明确园区发展方向，完善园区发展规划，清晰产业定位。依托关联度大、带动性强的县域龙头企业，重点扶持富有发展潜力和吸纳就业能力的中小企业，拉长产业链，加快培育发展县域特色主导产业和产业集群。大力发展农产品加工业，依托农产品资源，积极建立农产品加工集聚区，加速构建具有国内先进水平的现代农产品加工产业体系。到2015年，每个县（市）和郊区至少形成一个年销售收入超百亿元的产业集群，全省力争创建100个农产品加工园区，农产品综合加工率达到60%以上。

优化发展环境。完善支持县域经济发展的政策措施，研究制定新一轮县域经济综合考评制度，进一步扩大县级自主权、决策权和经济管理权限。加强园区基础设施建设，强化服务功能，吸引资金、技术、人才等生产要素集聚。鼓励县域产业园区加快建立研发中心、检测中心、展示中心等公共服务平台。

专栏3　　县域重点工业产业集群名录

　　(1)新民包装印刷;(2)辽中先进装备制造及配套;(3)法库陶瓷;(4)康平塑编及纺织;(5)瓦房店轴承;(6)普兰店服装服饰;(7)庄河食品精深加工;(8)长海(皮口)渔业加工;(9)海城菱镁新材料;(10)台安化工新材料;(11)岫岩非金属矿产品深加工;(12)清原输变电设备高新技术;(13)新宾林木加工;(14)抚顺农产品加工;(15)本溪绿色食品;(16)桓仁葡萄酒产业;(17)东港再生资源;(18)凤城硼铁资源综合利用;(19)宽甸矿资源采选及精深加工;(20)凌海金属冶炼压延;(21)义县电力电器;(22)北镇工业炉及配套;(23)黑山农副产品深加工;(24)大石桥镁产品及深加工;(25)盖州汽车配件;(26)阜蒙食品及农产品;(27)彰武板材家具加工制造;(28)灯塔皮装裘皮和日用化工;(29)辽阳高压共轨;(30)调兵山矿山设备;(31)铁岭有色金属;(32)开原起重设备;(33)昌图换热设备;(34)西丰医药保健品;(35)北票粉末冶金;(36)喀左冶金铸锻;(37)凌源建材;(38)建平陶瓷;(39)朝阳镍、锆(钛)、锰生产与加工;(40)大洼装备制造及配套;(41)盘山新材料;(42)兴城临海产业;(43)绥中数字技术;(44)建昌锰系精深加工。

第三节　　改善农村生产生活条件

　　加强新农村建设规划引导,重点做好村屯统筹规划,积极开展新农村建设试点村活动。

　　加强农村基础设施建设。重点加快电网改造、饮水安全、农村水电、农村道路、农村邮政、清洁能源、危房改造、信息畅通等工程建设。

　　健全农村公共服务体系。提高农村义务教育质量和均衡发展水平,推进农村中等职业教育免费进程。加强农村公共卫生服务体系建设,完善农村三级医疗卫生服务网络。加快发展农村文化、体育事业,增强农村公共文化服务能力。完善农村社会保障体系,逐步提高保障标准。加强农村社区服务中心建设,强化农村民主管理。

　　开展农村环境综合整治。实施农村清洁工程,控制农业面源污染,做好垃圾、粪便、污水清理治理工作。优化农村发展环境,做好庭院净化、街道亮化、路面硬化、周边绿化、村屯美化工作,改变农村环境脏、乱、差状况,加快改善农村面貌。

专栏4　　农村重点基础设施和环境治理工程

　　农村电网改造升级工程:实施新一轮农村电网改造升级工程,全省计划投资50亿元,解决农村生产和生活用电问题。

　　农村饮水安全工程:完善全省农村人口饮水安全工程建设规划,解决587万农村人口饮水不安全问题。

　　农村交通建设:加强农村公路建设,完善乡村路网,加强养护维修。积极推进城乡交通基础设施统筹规划建设,努力实现城乡交通一体化发展。

　　农村邮政建设:新建130个乡镇邮政局所,实现乡镇邮政服务全覆盖。

　　农村能源工程:改善农村居民用能环境,有序推进农村分布式能源设施建设,积极创造适度集中供热供气条件。继续扶持秸秆等生物质能开发利用,新建生物质气化集中供气工程50处,秸秆沼气工程20处,新建大中型畜禽养殖场能源环境工程300处,新建农村户用沼气池25万个,发展吊炕60万铺。

　　农村安居工程:实施危房改造工程,基本解决国有垦区、林场职工住房困难问题。

　　农村清洁工程:重点围绕农村田园清洁、村落庭院生活环境清洁、村民水源清洁等工程,全省建成农村清洁示范工程500处,建设农村清洁示范村1000个。

　　农村环境整治工程:集中整治1200个建制村,创建100个生态乡镇、1000个生态村。

　　新农村绿化工程:对村屯校园四旁、周边四荒、农田林网、河流沟渠等区域统一规划布局。到2015年,每个村庄植树达到1万株以上,全省乡镇村屯和农村校园绿化达标率90%以上。

第四章　提高工业核心竞争力

把工业结构优化升级作为发展现代产业体系和调整产业结构的重点,以抢占工业发展制高点为目标,全面实施工业"五项工程",推动传统产业改造升级、战略性新兴产业加快发展、产业集聚发展,培育一批年产值超千亿元的工业产业集群,全面提高工业核心竞争力和综合实力,重塑工业大省形象。

第一节　建设先进装备制造业基地

以科技创新为引领,以国家重点建设工程为依托,重点发展基础制造装备、重大成套装备和交通运输装备,大幅提高配套产品制造水平,培育一批在国际上有影响力、在国内同行业中有竞争力、具有自主知识产权的龙头企业和企业集团,建设具有国际竞争力的先进装备制造业基地。

基础制造装备。围绕争创国内领先、世界先进,加快研制高速高精复合数控机床、重型数控机床、特种加工数控机床、大型数控成形冲压设备,基本掌握高档数控装置等核心技术,积极发展重型锻压设备、清洁高效铸造设备、新型焊接设备与自动化生产设备、大型清洁热处理与表面处理设备等主机产品。

重大成套装备。推进特高压输变电、石油及化工、冷热连轧及涂镀层加工、大型清洁高效发电、大型煤炭综采、天然气管道输送和液化储运等重大技术装备的系列化和成套化。加快发展隧道全断面掘进机、全路面起重机等大型、新型施工机械。发展节能环保重大技术装备、汽车工艺装备、电子信息装备及食品、煤矿瓦斯等安全检测设备。

交通运输装备。加快提升城市轨道交通车辆、信号系统、列车网络控制系统、制动系统、主辅逆变器等机电设备的自主化水平。重点发展新能源汽车、全系列轿车、MPV多用途汽车、客车及自动变速器、高性能发动机等关键零部件,打造具有国际竞争力的大型汽车企业集团。加强现代造船技术、船舶和海洋工程装备基础共性技术研究,推广现代造船模式,大幅提高船用设备制造本土化比例,把辽东湾打造成具有国际竞争力的世界级船舶制造基地。加快建设沈阳国家民用航空高技术产业基地,尽快形成以支线飞机、通用飞机为主导方向,集研发、设计、部装、总装、维修、培训为一体的综合性民用航空产业。力争到2015年,汽车及汽车零部件产值突破4000亿元,造船能力达到1600万载重吨。

配套产品制造。重点发展大型核电设备、百万千瓦级超临界/超超临界火电机组、石化重型容器等铸锻件,大功率电力电子元件、大型精密轴承、高精度齿轮传动装置等基础部件。大型精密型腔模具、精密冲压模具、高档模具标准件及各类加工辅具。

第二节　建设高加工度原材料基地

按照控制总量、淘汰落后、集群发展、产业链延伸的原则,推进原材料工业向基地化、大型化、一体化方向发展,着力优化产品结构,拉长产业链条,提高产业集中度和加工深度,实现由规模扩张向效益增长转变,建设具有国际竞争力的原材料工业基地。

高端冶金产品。调整产品结构,重点发展高速铁路用钢、高牌号无取向硅钢和高磁感取向硅钢、高强度轿车用钢、高档电力用钢、新能源用钢及不锈钢等产品。推进丹东硼铁资源综合利用、抚顺新钢铁环保搬迁改造、本钢淘汰落后产能、丹东特钢等项目。支持鞍钢、本钢、抚顺新钢铁等企业联合重组。支持辽阳建设工业铝型材基地。加强铜铅锌冶炼短流程工艺、共伴生矿高效利用、高性能专用铜铝材生产工艺等前沿共性技术研发。发展高档耐火材料、镁化工产品以及高性能镁产品，提升镁质材料产业整体竞争力。力争到 2015 年，重点大中型钢铁企业 70% 以上产品实物质量达到国际先进水平。

新型石化产业。按照炼化一体化、园区化、精细化的要求，重点发展化工新材料、特种化学品、精细化工等高端石化产品，培育从炼油、乙烯、芳烃、三大合成材料、基本有机原料到精细化工等系列产业集群。加快推进大连长兴岛石油化工园区中石油大连石化公司搬迁改造和恒力石化项目、抚顺乙烯改扩建工程、葫芦岛和盘锦千万吨炼油百万吨乙烯、锦州和丹东 PTA、辽阳 200 万吨芳烃、葫芦岛 TDI 二期和 MDI 等一批石化项目。推进阜新、铁岭、朝阳大型煤化工项目，构建生态型辽西北煤化工产业基地。力争到 2015 年，全省乙烯、芳烃产能均达到 200 万吨/年，化工精细化率达到 50%。

新型建材。加大新型干法水泥比重，提高产业集中度。支持玻璃生产企业提高原片质量，发展节能玻璃、平板显示玻璃、太阳能玻璃。大力发展新型墙体、新型防水密封、新型保温隔热、新型装饰装修等复合型、节能型、多功能型高品质新型建材，加快建设沈阳铁西现代建筑产业园，把辽宁建设成为国家重要的新型建材产业基地。力争到 2015 年，新型建材增加值占建材工业的比重达到 70%。

第三节　做大做精轻型工业

坚持走品牌化和集群化发展道路，积极培育龙头企业，加快造纸、家电、塑料、照明电器、工艺美术、乐器以及棉纺、印染、化纤、针织等行业技术改造步伐，提高产业竞争力。大力发展以自主品牌为主的中高档服装，加速实现高技术纤维和复合材料的产业化。加快推进产业用纺织品开发和产业化，重点发展以宽幅高强工艺技术为主的多功能复合材料以及节水灌溉、储水材料和缓释包装材料等农用纺织材料。建设我国重要的中高档品牌服装生产加工基地、产业用纺织品研发和产业化基地。加强食品、家具、玩具和装饰等行业质量管理，保障产品使用和食用安全。

专栏 5　年产值超千亿元工业产业集群名录

　　(1)沈阳铁西机床及功能部件；(2)沈阳大东汽车及零部件；(3)沈阳沈北农产品深加工；(4)大连湾临海装备制造；(5)大连长兴岛临港工业区石化；(6)大连电子信息；(7)大连软件和服务外包；(8)大连汽车及零部件；(9)鞍山精品钢材及深加工；(10)鞍山菱镁新材料等矿产品深加工；(11)抚顺化工新材料；(12)本溪钢铁及深加工；(13)锦州光伏；(14)营口镁产品及深加工；(15)辽阳芳烃和精细化工；(16)辽宁(铁岭)专用车；(17)盘锦石油化工及精细化工；(18)葫芦岛石油化工及聚氨酯。

第四节　加快发展战略性新兴产业

发挥基础优势，加强政策支持和规划引导，在信息、新能源、新材料、生物技术、节能环保等领域，选择最有条件的产业，突破核心和关键技术，加快培育成为先导性、支柱性产业，建设国家战略性新兴产业基地。

新一代信息技术产业。重点发展物联网及新一代宽带无线移动通信网等新兴网络装备，发展集成电路、数字音视频、半导体照明、电力电子、汽车电子、电子元件、电子专用设备和测试仪器、软件、动漫等产业，努力提高工业数字化、智能化水平，积极推进信息化和工业化深度融合。

新能源产业。加快新能源技术研发和应用,重点发展核电、风电、光伏发电、生物质利用、燃料电池等产业,推动智能电网、分布式能源系统建设,初步形成新能源产业集群。到2015年,核电装机确保达到400万千瓦;风电累计容量确保达到600万千瓦,力争达到1000万千瓦,继续保持全国领先地位;光伏发电能力达到30万千瓦,进入全国前列。

新材料产业。以新材料基础理论及应用技术研发优势为基础,以打造完整的产业链为主攻方向,重点发展先进金属材料、化工新材料、先进复合材料、纳米材料、膜材料等新材料,重点打造环渤海临港新材料产业带和沈阳、大连、抚顺三大新材料产业集聚区,建设国家新材料产业强省。

生物产业。充分发挥生物医药和生物育种产业发展的基础优势,优先发展生物技术药物和化学创新药物,推进中药现代化,积极发展医疗器械和医用生物材料,加快发展农作物、畜产品、水产品育种及林木育苗等产业,建设成为国家重要的生物医药、生物育种研发和生产基地。

节能环保产业。依托重点节能、水污染治理、大气污染治理、资源再生利用等工程,重点发展节能、环保产业、循环经济等关键技术和装备及环保材料与药剂,实施一批节能环保产业项目,培育一批节能环保企业,建设一批静脉示范孵化园区,打造一批节能环保示范基地。

以掌握产业核心关键技术,加速产业规模化为目标,依托优势企业和产业集聚区,组织实施一批技术水平国内领先、国际先进的产业化项目,突破一批具有重大支撑和引领作用的关键技术,培育形成一批具有自主知识产权、年销售收入超过10亿元的新兴高技术领军企业,建成一批主题特色鲜明、创新能力较强的新兴产业集聚区。

专栏6 战略性新兴产业发展重点方向

新一代信息技术产业:发展新兴网络装备、集成电路、数字音视频、半导体照明、电力电子、汽车电子、电子元件、电子专用设备和测试仪器、软件、动漫等产业,加快英特尔等重大工程项目建设,建设沈阳方大半导体照明、沈阳通信电子、大连半导体照明、大连数字视听、大连软件及软件出口、丹东仪器仪表、营口光电、阜新电子、辽阳电子材料、朝阳电子、盘锦信息等产业园区、基地。

新能源产业:研发百万千瓦核电、兆瓦级以上风电装备及关键零部件制造技术,太阳能光伏发电技术;开发电动汽车、电信、分散发电等领域氢燃料电池;推进实施垃圾、秸秆、沼气等生物质发电工程、光伏建筑一体化工程建设,建设锦州光伏产业基地。

新材料产业:发展先进金属材料、化工新材料、先进复合材料、纳米材料、膜材料等,建设沈阳高性能纤维、大连新材料、鞍山煤焦油化工新材料、抚顺碳纤维、锦州精细化工、营口炼化一体化工程塑料、阜新氟化工、辽阳芳烃化工新材料和河东新城新型工业铝材、盘锦化工新材料、葫芦岛聚氨酯等产业基地。

生物产业:发展生物制药、化学制药、现代中药、医疗器械和医用材料、生物育种产业等,建设沈阳、大连、本溪生物医药产业基地,建设一批优质水稻、专用玉米、高油大豆和花生等农作物育种基地,种猪、良种肉牛、高产奶牛、绒山羊等畜产品育种基地,海参、鲍鱼、虾夷扇贝和河蟹等水产品育种基地。

节能环保产业:发展节能节水关键技术和装备、环保产业关键技术和装备、循环经济关键技术和装备、环保材料与药剂等,建设大连国家生态工业示范园区(静脉产业类)、辽宁(铁岭)静脉产业、沈阳、大连、鞍山节能环保成套装备、沈阳静脉产业、大连绿色低碳环保、辽宁(丹东)环保、朝阳节能环保除尘设备、铁岭开原循环经济、盘锦市环保等产业基地。

第五节 打造建筑业强省

实施引进战略、重组战略、优化战略和"走出去"战略,做大做强建筑业。培育一批资质等级高、施工力量强的专业化建筑企业集团,重点扶持建筑装饰、建筑幕墙钢结构、设备安装等领域的优势建筑企业,发展一批集设计、采购、施工管理为一体的综合型工程集团,积极发展绿色建筑,不断提高建筑业的综合竞争力。加大政策支持力度,吸引省外和中直建筑特级企业落户省内,支持省内建筑企业承揽国外和省外工程。按照公开、公平、择优的原则,规范建筑市场秩序,强化对建设工程招标投标全过程的监督,积极创新招投标方式,进一步规范工程质量检测、工程监理、审图机构、保险代理、造价咨询等中介服务机构的从业行为。全力推进冬期施工,建立冬期施工长效机制。"十二五"期末,全省建筑业增加值力争进入全国前列。

第五章   加快发展服务业

把发展服务业作为推动产业优化升级的重要支撑,拓展新领域、发展新业态、培育新热点,推进服务业规模化、品牌化、网络化经营,加强服务业集聚区和重大项目建设,不断提高服务业在国民经济中的比重。

第一节   优先发展生产性服务业

优先发展现代物流、金融保险、商务服务、工程设计、信息咨询等生产性服务业。加快发展先进制造成套和配套服务。大力发展第三方物流和重点领域专项物流,建设沈阳、大连、丹东、锦州、营口、盘锦等区域物流中心,推进沿海、沈大、锦阜朝三大物流产业带发展。着力实施重点物流工程,加强物流园区、物流配送体系、物流公共信息平台建设,加快物流标准化和物流新技术推广。加快发展银行、保险、证券等各类机构,建立健全现代金融服务体系,建设沈阳、大连区域金融中心和铁岭北方金融后台服务基地。培育壮大物联网、互联网、计算机软件、研发设计、检验检测、知识产权中介服务等领域的高技术服务业,建设沈阳、大连国家高技术服务产业基地。积极发展法律仲裁、会计税务、资产评估、工程设计、管理咨询、文化创意和会展等商务服务业,形成辐射功能较强的商务服务体系。鼓励工业企业剥离非核心业务,加快主辅分离,发展服务外包。加快完善农业生产社会化服务体系。

第二节   大力发展生活性服务业

大力发展旅游、商贸、房地产、家庭等生活性服务业。把温泉旅游作为重点和突破口,重点加快旅游设施建设,推进重点旅游区、旅游线路建设,完善旅游服务体系,建设温泉旅游度假区,大力发展海岛、农家乐等旅游,打造一批精品旅游景区和知名品牌,建设一批各具特色的旅游产业集聚区和休闲度假基地,把旅游业培育成国民经济支柱产业。改造提升商贸服务业,大力发展以连锁配送、特许经营和电子商务为代表的现代流通方式和新兴业态。加快新农村现代流通服务网络工程建设。统筹发展住宅地产、工业地产和商业地产,调整住房供应结构,增加普通商品住房有效供给,促进房地产业平稳健康较快发展。鼓励发展家政服务、养老服务和病患陪护等家庭服务业,形成便利、规范的家庭服务体系。加快发展社区、邮政、物业等服务业。

第三节   强化服务业载体支撑作用

以重点城区、企业、重点工程三大载体为依托,打造一批规模较大、集聚度高、特色鲜明的服务业集聚区。

发展城区服务业。加快老城区"退二进三"步伐,挖掘发展潜力,加快新城区、新市镇服务业发展,拓展发展空间。支持30个现有基础好、总量大、优势明显、特色鲜明的城区率先形成以服务业为主的经济结构。

壮大服务业企业。加快企业内部服务专业化、标准化、社会化、品牌化,开展5家国家级和30家省级服务业标准化试点,不断扩大服务领域,提高服务技术含量,增强企业核心竞争力,加快培育一批具有较强市场竞争能力和辐射能力、具有较高知名度的服务业品牌。

实施服务业重点工程。高起点策划和实施一批战略意义大、示范作用强的服务业重大工程和重点项目。大力吸引国内外知名服务企业、地区总部、研发中心、采购中心来辽宁发展。

第四节　营造有利的政策和体制环境

合理放宽服务行业市场准入条件,建立公平、规范、透明的市场准入制度,探索适合新型服务业态发展的市场管理办法。大力发展多种经济类型的服务业企业,健全现代服务企业制度。进一步深化服务业垄断行业改革,鼓励民营资本以独资、合资、合作、联营、参股、特许经营等方式,进入经营性体育、文化、邮政、信息、科研等产业,推进服务业投资主体多元化。推进沈阳铁西区、大连高新园区国家服务业综合改革试点。调整税费和土地、水、电等要素价格政策,对鼓励发展的服务业特别是生产性服务业予以重点支持。发挥政府资金导向作用,拓宽服务业企业融资渠道,健全融资担保体系。支持服务业企业品牌和网络建设,培育具有国际竞争力的大型服务业企业。

专栏7　服务业重点集聚区名录

（1）沈阳北站金融集聚区;（2）沈阳近海物流园区;（3）沈阳大中街商贸文化集聚区;（4）沈阳太原街都市商贸中心;（5）沈阳棋盘山生态文化旅游集聚区;（6）沈阳五里河国际商务集聚区;（7）大连东北亚国际航运物流集聚区;（8）大连人民路中央商务集聚区;（9）大连星海湾金融商务集聚区;（10）大连旅顺南路软件产业集聚区;（11）大连钻石港湾服务业集聚区;（12）大连长山岛旅游休闲度假区;（13）鞍山达道湾现代服务业集聚区;（14）鞍山海城西柳商贸集聚区;（15）鞍山千山文化旅游带;（16）鞍山汤岗温泉城旅游集聚区;（17）抚顺沈抚旅游休闲娱乐产业集聚区;（18）抚顺新抚中央商务集聚区;（19）本溪生物医药产业基地服务业集聚区;（20）本溪水洞温泉旅游业集聚区;（21）丹东鸭绿江旅游业集聚区;（22）丹东港口物流产业集聚区;（23）锦州港口物流产业集聚区;（24）锦州特色滨海旅游业集聚区;（25）营口开发区港前物流产业集聚区;（26）营口北方温泉城;（27）营口卧龙湾文化商贸休闲;（28）阜新温泉旅游度假产业集聚区;（29）阜新露天国家矿山旅游业集聚区;（30）辽阳弓长岭温泉旅游集聚区;（31）辽阳佟二堡皮装裘皮商贸集聚区;（32）辽阳河东新城商务商贸集聚区;（33）铁岭北方金融服务业集聚区;（34）铁岭东北城物流产业集聚区;（35）铁岭北方水城休闲旅游度假区;（36）铁岭寿光果蔬贸易集聚区;（37）铁岭奥特莱斯现代服务产业区;（38）朝阳龙城现代服务业集聚区;（39）朝阳特色文化旅游产业带;（40）盘锦辽河文化产业集聚区;（41）盘锦辽滨临港综合物流产业集聚区;（42）盘锦红海滩湿地温泉旅游度假区;（43）葫芦岛龙湾中央商务集聚区;（44）葫芦岛觉华岛—兴城滨海旅游业集聚区;（45）绥中滨海经济区东戴河国际旅游新城。

第六章　强化基础设施建设

按照突出重点、优化结构、提升质量、适度超前的原则,高起点、高标准地谋划一批事关经济社会发展全局的交通、能源、水利和信息化等重大基础设施项目,逐步建成功能完备、供给充足、保障有力、支撑力强的现代基础设施体系。

第一节　构建现代综合交通运输体系

以提高运输保障能力为核心,加快铁路、公路、港口、机场、城市轨道交通等基础设施建设,构建综合运输通道,强化综合交通枢纽功能,完善大宗货物运输系统,提升智能管理水平,构筑便捷、安全、高效的现代综合交通运输体系。

铁路建设。加快沈阳至北京等客运专线、丹东至大连等快速铁路、绥中至锡林浩特等煤运通道、仙人岛等疏港铁路建设。实施锦州至赤峰等铁路扩能改造和全域重要干线网络电气化改造。加快沈阳至铁岭城际铁路、大连北站等铁路工程建设。到 2015 年,铁路营业里程接近 7000 公里,其中客运专线里程超过 1700 公里。在全国率先实现客运专线通达全部省辖市,并实现铁路通达全部陆地县。

公路建设。加强以沈阳为中心、覆盖全省的通程半径 3 小时的高速公路网络建设,重点建设一批高速公路,扩建京哈高速公路辽宁段。加强城际间快速通道和产业大道建设。完善沿海经济带滨海公路网络。改造建设 2.6 万公里普通公路。继续加快农村公路建设,加强农村公路维修养护,明显改善农村道路交通状况。到 2015 年,全省高速公路通车总里程力争达到 5000 公里,实现县县通高速公路,省际间高速公路通道全面贯通。

港口建设。以大连东北亚国际航运中心组合港和沿海港口群建设为重点,推进港口资源整合,加快新港区开发和老港区功能调整,完善港区布局。重点建设原油、矿石、煤炭和集装箱等专业码头,浚深升级港区航道,开发建设 10 个新港区。到 2015 年,力争形成 6 个亿吨大港,港口货物吞吐量达到 10 亿吨以上,集装箱吞吐量达到 1800 万标准箱,形成布局合理、结构优化、功能完善、优势互补、分工协作、综合竞争能力较强的现代港口集群。

机场建设。加快枢纽机场和支线机场建设,完善机场布局,发展通用航空。到 2015 年,干支线机场达到 8 个,新增部分通用机场,机场旅客年吞吐量超过 3500 万人次,沈阳桃仙机场发展成为东北地区中心枢纽机场,大连新机场发展成为东北地区门户枢纽机场。

城市轨道交通建设。加快发展城市地铁和城市轻轨。到 2015 年,全省地铁及轻轨等城市客运轨道交通里程接近 200 公里,初步形成地铁轻轨相互连通,衔接公交、铁路、客运码头和民航场站枢纽,快速便捷的客运轨道交通系统。

专栏8 交通基础设施重点工程

铁路工程:大连—哈尔滨、沈阳—北京、沈阳—丹东、营口—盘锦—朝阳客运专线;丹东—大连、新民—通辽快速铁路;锦州—赤峰、绥中—锡林浩特、新邱—巴彦乌拉煤运专线;锦州—阜新—高台山等铁路扩能改造;抚顺南环铁路;沈阳—铁岭、沈阳—辽阳—鞍山、营口老城区—鲅鱼圈、锦州老城区—龙栖湾—开发区、盘锦北站—辽滨经济区城际铁路;沈阳南站、大连北站;营口仙人岛、大连长兴岛、盘锦荣兴、锦州龙栖湾等疏港铁路。

公路工程:丹东—桓仁、南杂木—旺清门、彰武—阿尔乡、东港—海城、新民—铁岭—本溪、庄河—盖州、阜新—盘锦、绥中—凌源、建昌—兴城、本溪—桓仁、沈阳—四平、沈阳—山海关、沈阳绕城高速公路;中朝鸭绿江大桥、沈阳四环快速路、沈彰产业大道、沈阜开发大道、滨海公路连接线。

港口工程:大连长兴岛 30 万吨级原油码头、盘锦 30 万吨级原油码头、锦州港和葫芦岛港煤炭码头、丹东港 20 万吨级矿石码头;大窑湾 15 万吨级航道、营口仙人岛 30 万吨级航道、丹东港 20 万吨级航道;建设登沙河、三十里堡、松木岛、双岛湾、太平湾、龙栖湾、海洋红、荣兴、北港、绥中等新港区。

机场工程:沈阳桃仙机场、大连周水子机场、丹东机场新航站楼、沈阳桃仙机场第二跑道,大连、营口、锦州新机场和阜新军民合用机场,长海机场扩建。

城市轨道工程:沈阳地铁一号线东延线、二号线及其南北延长线、十号线、四号线一期、九号线一期,大连地铁一号线、二号线、快轨 202 延伸线、鞍山地铁南北线;大连金州九里—普兰店—瓦房店—长兴岛、河口—旅顺城市轻轨。

第二节　优化能源结构

稳步推进核电、风电、光伏发电等新能源项目建设,发展智能电网,努力构建安全、稳定、经济、清洁的现代能源体系。"十二五"期间,新增发电装机容量1400万千瓦以上。

优化电源结构。努力保障红沿河核电厂一期工程按期投产,重点推进红沿河核电厂二期和徐大堡核电厂一期工程尽快开工建设,在黄海沿岸和内陆适宜发展核电的地区开展核电项目的规划选址等前期工作。继续推进一批热电联产集中供热项目,实现中等以上城市一市一个大型热电厂。继续推进抽水蓄能电站建设进度及前期工作。适时启动燃气电站建设规划。进一步提高可再生能源发电装机比重。

智能电网建设。加强500千伏主干网架建设,优化220千伏电网结构,积极融入国家智能电网研发、规划和实施工作,加强城市电网建设,推进新一轮农村电网改造升级工程。

可再生能源开发利用。在与生态环境协调的前提下,推进以辽西北等地区为重点的风电建设,有序推进太阳能光伏发电利用工程建设,因地制宜推进水力发电工程建设,积极支持沼气、生物质利用等农村能源建设,培育绿色能源示范县,加快太阳能热利用推广,开展海洋能利用试点。

油气勘探开发。提高开采效率,稳定油气产量。加快推进中国石油大连进口液化天然气利用工程以及大唐阜新煤制天然气等工程投产。加快煤层气开发利用,积极推进天然气多元化利用工程建设。完善全省油气输配管网布局。继续推进石油天然气储备库等重点油气储备工程建设。

煤炭清洁和替代利用。重点抓好国有重点煤矿改扩建工程,稳定煤炭产量,加大勘探力度,延长生产年限。积极融入大型现代化煤炭基地建设,加快淘汰落后生产能力。提高综采机械化程度,增强企业竞争能力。鼓励发展非煤产业,拓展生产经营领域。

省际间能源通道建设。鼓励企业开拓省外煤炭资源,推动跨省区煤炭资源整合开发,支持煤炭铁路运输及煤码头建设。投产运营秦沈天然气干线管道工程,积极支持原油码头以及省间输油管道建设。进一步加强电网省间联络线建设。

专栏9　能源基础设施重点工程

核电工程:红沿河核电一期和二期工程、徐大堡核电一期工程。

热电工程:国电沈阳西部、国电电力大连开发区、华电丹东金山、华润沈阳浑南、华润盘锦、国电电力朝阳、抚顺西部热电、大唐国际沈抚连接带、华能大连第二热电、中电投本溪、国电电力普兰店、大唐国际葫芦岛等"上大压小"热电工程;中电投大连甘井子、国电鞍山、华能沈北等热电工程。

火电工程:中电投燕山湖电厂"上大压小"、中电投清河电厂"上大压小"二期和三期、华润锦州发电"上大压小"、华能丹东电厂二期、华电彰武电厂等。

水电工程:长甸水电站扩建、蒲石河抽水蓄能电站、桓仁抽水蓄能电站等。

电网工程:新建、扩建辽中、抚顺、南海、长岭、利州、燕州、鹤乡、西海、松山、盛京、新民、阜新、长兴岛、沈南、抚北、徐家、程家、黄海等18项500千伏输变电工程和58项220千伏输变电工程等;农网改造升级工程。

煤炭工程:阜矿集团内蒙白音华、铁煤长城窝堡、阜矿彰武雷家等煤矿;煤矿安全改造、地质补充勘探、煤炭产业升级和瓦斯治理综合示范工程等。

石油天然气工程:中国石油大连进口液化天然气利用工程、中国石油秦皇岛—沈阳天然气管道项目、大唐阜新煤制天然气管道工程、中国海油锦州25—1南天然气利用工程、锦州国家石油储备基地工程。

第三节   加强水利基础设施建设

按照全面规划、统筹兼顾、标本兼治、综合治理的方针,坚持兴利与除害、开发与保护、整体与局部、近期与长远并重的原则,以供水、防洪和水生态安全为重点,加强防洪减灾体系建设,进一步优化配置和合理开发水资源,提高水资源和水环境承载能力。

水资源开发利用。科学调配水资源,从根本上解决辽西北地区缺水问题和辽河干流地区用水需求。完成大伙房水库输水二期一步等一批重大水资源配置和枢纽工程;加快推进丹东铁甲水库水源替代等供水工程前期工作。

水利防洪减灾体系。实施辽河干流及浑河等9条辽河重要支流综合整治。实施鸭绿江界河塌岸严重和重要防洪河段重点防护工程,大凌河、小凌河、浑江等6条重要独流入海及界河支流整治工程。开展143条重点中小河流治理工程,13个地级城市和31个县级市防洪工程,规划治理66条山洪沟。实施丹东等5市海防堤整治工程,3座大中型、240座小型病险水库及116座大中型病险水闸除险加固。

农村水利设施。继续实施10处大型灌区、25处中型灌区节水改造,11个大型、2个中型灌溉排水泵站改造工程,以及35个节水灌溉示范项目。推进水电新农村电气化县、小水电代燃料生态保护工程和农村水电增效扩容改造工程建设。"十二五"期间,改善涝区面积500万亩。

水土流失治理。实施黑土区水土保持、坡耕地治理、农业综合开发水土保持、易灾地区生态环境综合治理、大伙房水库及其输水工程水源区饮水安全保障、柳河流域水土保持综合治理工程。

专栏10   水利基础设施重点工程

(1)大伙房水库输水二期一步;(2)大伙房水库输水二期二步(部分);(3)大伙房水库输水应急入连;(4)观音阁水库输水;(5)凌源应急供水;(6)清河水库输水;(7)三湾水利枢纽及输水;(8)锦凌水库;(9)青山水库;(10)猴山水库;(11)夹道子水利枢纽;(12)关山Ⅱ水库;(13)三道湾水库及供水;(14)锦凌水库供水;(15)大伙房水库输水六市配套;(16)建平县应急供水;(17)长海县跨海引水等水资源配置和枢纽工程。

第四节   加强信息设施建设

加速推广和应用信息技术,加快信息化与工业化深度融合,建设"数字辽宁",为全面提升国民经济和社会信息化水平提供有力保障。

宽带网络建设。以光纤尽量靠近用户为原则,加快光纤宽带接入网络建设,推进光纤到村。扩大无线网络应用范围,大力推进3G网络建设。2015年,光缆和无线网络全部到达行政村,基本实现3G网络全覆盖。

"三网融合"。选择重点区域开展电信网、广播电视网、互联网"三网融合"试点,构建宽带、融合、安全的下一代信息基础设施。

信息网络安全。加强平安城市、企业生产监控等重点领域信息平台和网络建设,确保基础信息网络和重要信息平台和网络安全。加强应急通信保障能力建设,重点加强应急通信车(艇)、超级基站、卫星通信设施、应急发电机车、便携式无线应急通信系统,以及重要场所的双光缆路由保护等建设。加快国家定位系统基地建设。提高应急通信装备的规模和技术水平,提高应对自然灾害、重大疫情等重大事件的通信保障能力。

第七章　促进区域协调互动发展

以辽宁沿海经济带、沈阳经济区建设为引擎,以贯通沿海与腹地的沈大经济带为战略轴线,带动辽西北地区实现跨越发展,构建"双擎一轴联动"的空间发展格局。实施主体功能区战略,推进资源型城市经济转型,发展海洋经济,扶持民族地区和贫困地区,形成区域协调互动发展的新机制。

第一节　高水平推进沿海经济带开发建设

以打造东北地区对外开放的重要平台和经济社会发展的先行区域为引领,进一步提升大连核心地位,强化大连—营口—盘锦主轴,壮大盘锦—锦州—葫芦岛渤海翼和大连—丹东黄海翼,加快实现沿海经济带"一核、一轴、两翼"的空间布局,建设全国对外开放的新高地。基本建成大连东北亚国际航运中心。争取国家在长兴岛设立面向东北亚的自由贸易试验区,争取国家批准在营口设立保税港区。加快10个新港区建设,抓好绥中、荣兴、龙栖湾、海洋红4个亿吨大港建设,形成布局合理、分工明确的现代港口群。依托42个重点产业园区,实施大连长兴岛临港工业区石化产业岛炼化一体化、丹东曙光汽车集团SUV乘用车生产基地、辽宁龙栖湾化纤有限公司年产240万吨差别化纤维、鞍本钢铁集团鲅鱼圈新厂二期、盘锦振奥合成橡胶产业园、中石油锦西石化分公司1000万吨/年炼油异地改造等一批重大项目,提升先进装备制造业、原材料工业及配套产业、现代服务业的核心竞争力,建成特色鲜明、具有国际竞争力的产业集聚区。依托沿海丰富的生态、海洋、岛屿、温泉等避暑度假旅游资源,大力发展滨海旅游业。加快城镇化进程,着力建设一批中等城市、新区和新市镇。加快沿海防护林体系建设,加强海洋生态系统保护,完善公共服务设施。建成更具竞争力的临港产业带、功能完备的城镇带和度假休闲滨海旅游带。

第二节　加快推进沈阳经济区建设

以新型工业化综合配套改革为统领,以建设沈阳国家中心城市为重点,以同城化、一体化为发展方向,以沈抚、沈本、沈辽鞍营、沈阜、沈铁等城际连接带和交通走廊建设为发展轴线,着力构筑沈阳经济区"一核、五带"空间发展格局。全面推进37个新城新市镇建设,进一步完善区域内交通、能源、信息和城市基础设施,整合生产要素、市场体系、社会保障、社会管理等资源,加快同城化、一体化进程。实施产业结构与布局联动调整,推进钢铁、石化、装备制造等重点行业的战略性重组,全面提升传统产业技术水平。加快沈阳铁西装备制造业聚集区建设。将沈铁工业走廊打造成新型工业化产业带。以60个主导产业园区为载体,大力发展新兴产业,构建光电信息、化工新材料、先进能源装备、生物医药等一批各具特色的新兴产业集群。大力发展金融保险、现代物流、信息服务、研发技术服务、创意设计等现代服务业。把沈阳经济区建成具有国际竞争力的先进装备制造业基地、高新技术产业基地、现代服务业中心和综合交通运输枢纽,建设成为国家新型工业化示范区和国内外具有重要地位、重要影响的城市群。

第三节　强力支持突破辽西北

加强辽西北生态环境治理,强化基础设施建设,加快特色产业基地和产业集群建设。重点实施大小凌河治理、荒山绿化、25 度以上坡耕地退耕还林、辽西北边界防护林拓宽、科尔沁沙地综合治理、水土流失综合治理等工程,建成全省生态恢复示范区。加快人工影响天气能力建设,大力开发空中云水资源。加快铁路客运专线、高速公路等重大交通基础设施建设,形成疏通东北西部地区的交通枢纽,推进水资源配置工程建设,大力发展风电、太阳能光伏发电等新能源产业。加快建设专用汽车制造、新能源电器、换热设备、液压件制造、板材家具、皮革加工等六大产业集群,打造新型能源、煤炭和煤化工、高端冶金产品等四大新型产业基地。朝阳市要重点实施好设施农业工程、环境工程、资源开发工程和基础设施工程。阜新市要重点发展液压装备、皮革加工、家具制造、氟化工、特色铸造、新型材料六个产业集群。铁岭市要重点发展专用车、换热器等工业产业集群。强化扶持政策,加大财政转移支付力度。提高农民职业技能和创收能力,加快农村劳动力转移。力争辽西北五年实现大跨越,成为活力迸发的新增长区。

第四节　推进形成主体功能区

按照国家和全省经济合理布局的要求,根据不同区域的资源环境承载能力、现有开发强度和发展潜力,统筹谋划人口分布、经济布局、国土利用和城镇化格局,确定主体功能,明确开发方向,完善开发政策,控制开发强度,规范开发秩序,促进人口、经济与资源环境相协调。根据国家和全省主体功能区规划,我省国土空间划分为国家级优化开发区、国家级限制开发区、国家级禁止开发区;省级重点开发区、省级限制开发区、省级禁止开发区"两级四类"主体功能区。

推进形成以辽宁沿海城镇带、中部城市群为主的国家级优化开发区和省级重点开发区;以辽宁中部平原水稻和精品农业、辽北粮食和畜产品、辽东特色林地产业、辽西林草畜牧业、沿海水产及畜牧业和优质水果等农业主产区为重点的国家级限制开发区;以辽东山地丘陵生态屏障区、辽西丘陵低山生态屏障区、沿海防护林带、辽河流域生态走廊为主的省级限制开发区;以自然保护区、世界文化和自然遗产、风景名胜区、森林公园等为主的国家级、省级禁止开发区。

根据国家和全省主体功能区规划,建立健全保障形成主体功能区布局的体制机制、政策体系和绩效评价体系,配套完善差别化的财政、投资、产业、土地、人口、民族、环境及应对气候变化等区域政策。按照不同主体功能定位,完善绩效评价指标体系,实行各有侧重的评价和考核办法。健全主体功能区规划实施机制,建立覆盖全省、统一协调、更新及时、反应迅速、功能完善的国土空间动态监测管理系统,加强监测评估,确保规划有效实施。

专栏 11　全省主体功能区发展建设重点

国家级优化开发区:重点建设具有国际竞争力的先进装备制造业基地、新型原材料基地、东北亚地区国际航运中心、东北地区新兴服务业中心,成为带动东北地区发展的龙头。

省级重点开发区:重点加快推进工业化和城镇化,承接人口和产业转移,提高产业集聚能力和创新能力,构建现代产业体系、扩大城市规模,推动经济较快发展。

国家级、省级限制开发区:国家级农产品主产区重点强化商品玉米、水稻生产基地建设。省级重点生态功能区重点加强生态修复和环境保护。

国家级、省级禁止开发区:重点依据相应的法律法规、《管理条例》、《管理办法》和专项规划,对自然保护区、世界文化和自然遗产、风景名胜区、森林公园、地质公园等进行规范管理,实行强制保护。

第五节　推进资源型城市经济转型

进一步推进资源型城市经济转型,因地制宜培育壮大接续替代产业。阜新、盘锦和抚顺要争创国家资源型城市转型示范市。阜新市、北票市、杨家杖子和南票区要在搞好采煤沉陷区治理工程的基础上,解决好矿山关闭破产、职工就业再就业等问题。鞍山、抚顺和本溪市要以高新技术和先进适用技术改造传统产业,做强做大钢铁、石化、生物医药等现有接续产业或替代产业。盘锦市要加速发展石化及精细化工、石油天然气装备制造和新材料等产业,形成多元支柱产业。弓长岭区要加强生态环境治理,重点发展旅游业。大石桥市和调兵山市要努力巩固和提高现有资源型产业生产能力,延伸产业链条,发展循环经济,走资源精深加工之路。到2015年,资源型城市接续替代产业体系基本形成,经济实力和综合竞争力显著增强。

第六节　大力发展海洋经济

坚持陆海统筹,充分发挥海洋资源优势,发展渔业、交通运输、滨海旅游和海洋新兴产业,合理开发利用海洋资源,保护海岛、海岸带和海洋生态环境,建设海洋经济强省。加快调整传统海洋渔业,建设海洋牧场,实现数量型渔业向质量型渔业转变。加快发展养殖业,养护和合理利用近海渔业资源,积极发展远洋渔业,发展水产品深加工及配套服务产业,实现海洋渔业可持续发展。依托滨海大道和长山群岛国际旅游度假区、觉华岛北方旅游度假区等建设项目,着力发展滨海旅游业,打造具有地域特色的滨海旅游带。大力发展海洋药物、功能食品、海水利用、海洋生物、海洋能源等海洋新兴产业,提高海洋经济整体水平和效益。进一步加大海洋油气勘探开发力度,深化老区勘探和调查,增加经济可采储量,稳定海洋油气业发展。合理开发利用海岛和岸线资源,修复近海重要生态功能区,形成良性循环的海洋生态系统。

第七节　扶持民族地区和贫困地区

积极扶持民族地区、边境地区和欠发达地区发展,进一步拓展扶持领域,加大扶持力度,创新扶持方式。贯彻落实扶持民族地区发展的政策,创造更多的条件,加快民族地区经济发展,促进民族地区科技、教育、文化、卫生等社会事业全面进步。深入实施兴边富民行动,加快边境民族地区发展。坚持开发式扶贫,采取专项扶贫、行业扶贫、社会扶贫等多种措施,加快贫困地区发展。着力抓好扶贫工作重点县的扶贫工作,实施"整村脱贫行动计划",大幅度提高居民收入水平。实行地区互助政策,开展多种形式的对口支援。

第八章　积极稳妥推进城镇化

坚持大中小城市和小城镇协调发展的方针,以提高城镇化水平和质量为主线,以提升城市综合承载能力、引导农村人口合理有序转移为重点,以建设新城新市镇和发展产业集群为重要载体,以现有县城和小城镇为依托,以统筹城乡发展、推进基本公共服务均等化为主要举措,充分发挥政府规划导向与市场配置资源的双重作用,使城镇化发展与经济社会发展水平相适应,城镇化水平位居全国前列。

第一节　优化城镇空间布局

按照统筹规划、合理布局、完善功能、以大带小的原则,优化城镇化布局和形态,逐步构建以中部城市群为主体,以沿海城镇带、辽西北城镇带为两翼的现代城镇网络新格局,形成中心集聚、轴线拓展、结构优化、功能互补、集约发展的城镇体系。支持沈阳建设国家中心城市、大连建设东北地区核心城市。中部城市群要重点推进沈抚新城、鞍山汤岗新城、抚顺石化新城、沈溪新城、辽阳河东新城、铁岭凡河新城、沈彰新城等一批新城新市镇建设。沿海城镇带要重点建设瓦房店、庄河、凌海、绥中等一批中等城市,大连普湾、营口北海、盘锦辽滨等一批新区,以及大连复州、锦州白沙湾等一批新市镇。辽西北城镇带要重点发展北票、凌源、彰武、开原、昌图等一批小城市。

做好市县城市总体规划修编,合理确定功能布局、产业定位。加强城镇规划与主体功能区、土地利用等规划的衔接,完善城乡规划体系。

第二节　提升城镇综合承载力

科学编制城市规划,健全城镇建设标准,加强规划约束力。改造老城区,规范新城新区发展,提高建成区人口密度,调整优化建设用地结构,预防和治理"城市病"。统筹市政公用设施建设,全面提升交通、供电、供排水、供气、供热等基础设施水平。加快推进城市道路、桥梁和轨道交通设施建设,加强城市停车场所的规划建设,鼓励建设立体停车场(库)。全部拆除城市供暖小锅炉,推进城市集中供热,实现一市多热源、一县一热源。加快供水工程建设,城市供水水质基本达到新的饮用水标准。推进城市燃气设施和管网改造,逐步实现县级及城镇燃气管网化。统筹规划邮政基础设施,提高邮政普遍服务水平。到2015年,城市人均道路面积11平方米,集中供热率90%,燃气普及率94%,城镇用水普及率99%。

不断改善城镇人居环境。实施森林城市建设,努力增加城市绿地面积,提高绿地建设和管理水平。结合城区路网改造,推进城镇排水系统实施雨污分流制。加快城乡污水处理设施建设,推进3万人口以上建制镇建设污水处理设施。加快再生水利用设施建设。试行分类收集、密闭压缩运输的垃圾处理体系,探索生活垃圾焚烧发电和堆肥。到2015年,人均公园绿地面积达到10平方米以上,建成区绿化覆盖率达到40%。

第三节　培育发展县城和中心镇

充分发挥县城和中心镇作为地域中心的优势,提升集聚辐射功能,带动广大农村地区发展。

加强县城建设。强化规划龙头作用,因地制宜,分类引导县城建设。推动产业集约、要素集聚、人口集中,不断扩大县城规模,增强聚集和辐射能力。加快房地产开发建设和新型社区建设,加快产业园区建设,提高承载能力。实施扩权强县,增强县城的社会管理和公共服务职能,支持一批有条件的县城向小城市和中等城市发展。

培育中心镇。坚持分类指导、突出重点、梯度发展的原则,培育建设综合小城镇和专业特色镇。提高中心镇规划水平,统筹安排城镇建设用地规模和布局,突出中心镇的片区中心作用,引导周边乡镇组团式发展,促进农村人口就近向城镇集聚。"十二五"期间,以增强小城镇公共服务和居住功能为重点,启动实施全省43个县、100个镇、57个村的城镇化试点。支持一批经济强镇、区域重镇和文化旅游名镇加快扩大规模,向小城市发展。

第四节　引导农村人口有序转移

坚持因地制宜,分步推进,把有稳定劳动关系并在城镇居住一定年限的农民工转为城镇居民,优先解决举家迁徙农民工以及新生代农民工的落户问题,实行农民工市民化。大城市要加强和改进人口管理,中小城市和小城镇要根据实际放宽外来人口落户条件。

对暂时不具备落户条件的农民工,要改善公共服务,加强权益保护,为农民进城就业和定居创造制度政策环境。增加对农民工技能培训和再就业服务,推进创业带动就业,为有稳定劳动关系的农村进城务工人员提供相应的社会保障。探索有效途径,为离地和失地农民提供就业援助、技能培训和生活保障等支持。

第九章　建设资源节约型、环境友好型社会

进一步树立绿色、低碳发展理念,以节能减排为重点,健全激励和约束机制,加快构建资源节约、环境友好的生产方式和消费模式,增强可持续发展能力。

第一节　加强资源节约

坚持资源开发和节约并重、节约优先的原则,大力推进节能、节水、节地、节材,努力构建资源节约型社会。

节约能源。大力推进重点领域节能降耗,强化节能目标责任考核。推广先进适用节能技术,组织实施节能重大示范项目,重点抓好电力、钢铁、有色金属等高能耗设备的淘汰和改造。大力推进建筑节能,城市、县城新建民用建筑节能标准执行率达到98%以上。鼓励采用绿色照明产品和节能型家电,推广北方农村能源生态模式。

节约用水。强化全社会节水意识,提高水资源综合利用效率。发展节水型工业,降低高耗水行业比重,减少结构性耗水,鼓励有条件的企业建立中水回用系统。加快发展节水农业,实施一批节水推广项目,新增节水灌溉面积750万亩。

节约用地。实施最严格的耕地保护制度,提高土地集约利用水平,提高用地项目准入门槛,提高单位土地投资强度和产出效益。拓宽土地利用途径,推进荒滩、荒山、荒坡的集约集中利用。

节约原材料。强化对重要矿产资源的节约、集约利用。推进各领域节材,加强重点行业原材料消耗管理的技术改造,鼓励使用新材料、再生材料,积极推广金属、木材、水泥等材料的节约代用材料,大力节约包装材料。

第二节　大力发展循环经济

推进生产、流通、消费各环节循环经济发展,建成企业内部小循环、工业园区的中循环和社会资源大循环三个层面的框架,建立循环经济试验区和低碳经济示范区。全面推行清洁生产,积极发展绿色产品。到2015年,全省石化、冶金、机械、煤炭、电力、轻工、建材等重点资源消耗和污染排放行业基本实现清洁生产,重点行业、企业单位产品物耗、能耗和水耗达到国内同行业先进水平。建立一批循环经济典型示范企业,推进循环经济示范园区和循环经济示范城市建设。加快资源循环利

用产业发展,开发应用源头减量、循环利用、再制造、零排放和产业链接技术,抓好粉煤灰、煤矸石和硼泥等大宗固体废弃物的综合利用,加强可再生资源回收和再生利用。

第三节　加大环境保护力度

严格执行总量控制、排污许可证、环境影响评价、重大环境事件和污染事故责任追究等制度,强化污染源头治理和全过程控制。实施工业污染全防全控,从重点行业总量削减向全面减排转变。加强空气监测,以巩固二氧化硫和颗粒物污染控制为基础,开展氮氧化物等多种污染物的综合控制,到2015年,省辖城市环境空气质量优良天数比例达到90%以上。以辽河、凌河流域为重点,加强水污染控制,到2015年,确保两个流域干流水质达到四类标准,实现生态化、景观化的目标。加强城镇污水处理,重点推进管网建设、污泥治理和再生水利用。加强海洋污染防治,防控海上活动对海洋环境的污染损坏和生态破坏,合理开发和保护海洋资源,加强海洋生态环境保护和建设。加强固体废弃物污染控制,提高综合处置和应急处置能力。推进农村环境综合整治,加快农业面源污染治理,统筹建设一批污水、垃圾集中处理设施,重点解决饮用水不安全,土壤污染等突出环境问题。"十二五"期间,城镇污水集中处理率达到80%;城镇生活垃圾无害化处理率达到85%;所有乡镇都要建设污水处理设施,每个县和有条件的建制镇都要建设垃圾处理设施。支持沈阳市创建全国环境建设样板城。

第四节　全面推进生态省建设

坚持优先保护和自然修复为主,建立和完善生态补偿机制,加大生态保护和建设力度。创建生态建设示范区,强化全省自然保护区和重要生态功能区建设。抓好荒山造林、退耕还林还草、草原建设、湿地保护、河流治理、水土保持、沙化治理、矿山恢复等生态工程建设。重点加强辽东地区森林生态屏障、沿海地区防护林体系、"三北"防护林体系、辽西北地区林草生态、鸭绿江口和双台河口湿地保护与恢复以及森林城市等工程建设。"十二五"期间,全省完成造林面积1600万亩。实施重大生态修复工程,建设阜新、朝阳生态恢复示范区。加快重点流域生态恢复,以建设辽河、凌河保护区为重点,全面整治和恢复两河生态环境功能,建成全国重点流域生态和谐示范区。加强以水功能区为重点的水资源保护,实施限采地下水和封闭地下水取水工程。加快建立地质灾害易发区调查评价、监测预警和防治应急体系,加强防灾减灾体系建设。

第十章　实施科教兴省和人才强省战略

大力提高科技创新能力,加快教育现代化,发挥人才资源优势,努力建设创新型辽宁。

第一节　增强科技创新能力

坚定不移地把提高自主创新能力、建设创新型辽宁作为全省发展战略的核心,最大限度地发挥科技进步对全省产业结构优化升级的支撑和引领作用。加速推进国家技术创新工程试点省建设,以特色产业基地、高新区和沈阳"大学科技城"为重要载体,依托骨干企业、重大工程项目,组织实施一批技术创新和产业化项目,形成一批特色鲜明、跻身全国乃至世界前列的新兴产业集群和集聚区。结合国家重大科技专项的实施,建设一批工程研究中心、工程技术研究中心、工程实验室、重点实验室和企业技术中心,突破一批核心技术和关键共性技术,形成一批具有自主知识产权的重大战略产品,抢占科技制高点。完善科技创新体制,重点引导和支持创新要素向企业集聚,建立以企业为主体、市场为导向,产学研结合的科技创新体系。优化整合科技资源,培育一批创新型企业和科技型中小企业,建设一批产业技术创新服务平台,构建一批产业技术创新战略联盟,加大专利成果转化率,推动由"辽宁制造"向"辽宁创造"转变,建成国家重要技术研发与创新基地,支持沈阳、大连创建国家创新型城市,到2015年,初步实现由科技大省向科技强省的转变。实施知识产权战略,培育我省自主知识产权核心竞争力,推进知识产权创造、运用、管理和保护,"十二五"期间,力争发明专利申请量和授权量均增长10%以上。

专栏12 科技创新能力建设工程

重大创新载体工程:沈阳"大学科技城"、辽宁渤海科技城、特色产业基地、高新技术产业开发区。
重大关键技术攻关工程:数控机床关键技术及产品、IC装备关键技术及产品、新兴装备关键技术及产品、机器人关键技术及产品攻关等。
产业技术创新联盟建设工程:装备制造、汽车、电子信息、新能源、生物医药、石化、钢铁等领域构建和完善数控机床、IC装备、光伏产业等30个产业技术创新战略联盟。
农业科技特派专项工程:科技特派团、科技特派组、科技特派员队伍、农民技术员培养。

第二节 加快教育现代化进程

落实教育优先发展战略,以办人民满意的教育为宗旨,全面推进教育事业科学发展,提高教育现代化水平,建设教育强省。

基础教育。学前教育要坚持政府主导、社会参与、公办民办并举的原则,统筹规划、合理布局,突出公益性和普惠性,大力发展公办幼儿园,积极扶持民办幼儿园,加强农村乡镇中心幼儿园建设,构建覆盖城乡的学前教育服务体系。义务教育要建立健全均衡发展保障机制,加快推进义务教育学校标准化建设,实行校长和教师资源在区域内统一调配和合理流动,实现区域间、城乡间义务教育均衡发展。普通高中教育要突出特色、优质创新发展,实行普通高中市域内跨县(市、区)统一招生,创新普通高中发展模式和人才培养模式,鼓励优质普通高中通过联合、合并实现规模化、集团化发展,扩大优质高中覆盖面。加强特殊教育和民族教育。

职业教育。完善职业教育管理体制和运行机制,统筹中等职业教育与高等职业教育发展,优化职业教育布局结构。深化工学结合、校企合作,大力开展多种形式合作办学,鼓励发展高中等职业教育集团。加快职业教育信息化建设,广泛开展职业培训。

高等教育。加快提升高等教育发展质量和水平,调整优化高等学校学科专业结构和布局,扩大应用型、复合型、技能型人才培养规模。推进大学特色化发展,加快强校建设,支持省部共建,打造1至2所具有国际影响、国内一流的大学,打造一批具有行业影响力或具有专业领域特点、在国内同类院校领先的本科院校。加强学科建设,建成一批体现各校优势特色的重点学科。实施本科高校重点实验室和工程研究中心建设工程,力争取得一批标志性重大科研成果。发挥大学相对集中的优势,促进高校科技成果转化。

专栏 13　教育发展重大项目名录

（1）基础教育强县建设工程；（2）学前教育普及工程；（3）义务教育均衡发展示范县区创建工程；（4）普通高中优质特色发展工程；（5）基础教育信息化建设工程；（6）示范性（骨干）高等职业院校建设；（7）示范性职教集团建设；（8）职业教育特色专业（群）建设；（9）职业教育实习实训基地建设；（10）中等职业教育基础能力建设（二期）；（11）高等学校本科教学改革与质量提高工程；（12）高等教育卓越工程师教育培养工程；（13）高等教育重点学科建设；（14）高端人才队伍建设；（15）高等学校重点实验室等学科平台建设。

第三节　建设人才强省

坚持服务发展、人才优先、以用为本、创新机制、高端引领、整体开发的指导方针，以高层次人才、高技能人才为重点，建立健全多元化人才培养机制，统筹推进各类人才队伍建设。

突出培养造就创新型科技人才。创新人才培养模式，注重培养创新精神和创新能力，造就一批在关键领域掌握前沿核心技术、拥有自主知识产权的创新型领军人才和高水平创新团队，着力培养一线创新人才和青年科技人才。

大力开发重点领域急需紧缺专门人才。以三大区域发展战略为依托，加快重点产业、行业的人才培养与开发，完善重点领域科研骨干人才分配激励办法，建立重点领域人才开发协调机制，培养开发一批在先进装备制造、新能源、新材料、电子信息、节能环保、海洋、生物育种、高技术服务业等经济重点领域，以及教育、政法、宣传思想文化等社会发展重点领域急需紧缺的专门人才。

统筹各类人才协调发展。培养和造就规模宏大、结构优化、布局合理、素质优良的人才队伍，进入国内人才强省行列。加快提升党政人才素质和能力，造就一批优秀企业家和企业经营管理人才，打造一批具有较强自主创新能力的高素质专业技术人才，培养一批门类齐全、技艺精湛、善于解决技术难题的高技能人才，建设服务农村经济社会发展、数量充足的农村实用人才队伍，培育一支职业化、专业化的社会工作人才队伍。

创新人才机制。建立健全政府宏观管理、市场有效配置、单位自主用人、人才自主择业的体制机制，破除不利于人才施展才华的体制性障碍，促进人才、教育、科技、产业良性互动。积极探索创新人才投入、创业扶持、激励保障、评价发现、流动配置等政策，实行一流人才一流待遇、一流贡献一流报酬、一流能力一流岗位，推动高层次人才和高技能人才向经济社会发展一线集聚，向经济欠发达地区流动。积极吸引海内外高层次人才，加强海外高层次人才创新创业基地等平台建设。

专栏 14　重大人才工程名录

（1）高层次创新型人才培养工程；（2）"十百千"高端人才引进工程；（3）引进海外研发团队工程；（4）重点产业"两高"人才培养工程；（5）县域经济发展人才支撑工程；（6）千名优秀企业家培养计划；（7）智力支持与科技特派行动；（8）高等院校攀登学者支持计划；（9）专业技术人才知识更新工程；（10）"四个一批"人才培养工程；（11）全民健康卫生人才保障工程；（12）青年人才振兴计划；（13）高校毕业生基层成长计划。

第十一章　大力保障和改善民生

坚持民生优先、共建共享,逐步完善与经济发展水平相适应、比较完整、覆盖城乡、可持续的基本公共服务体系,提高政府保障能力,推进基本公共服务均等化,努力使老工业基地全面振兴的成果惠及全体人民。

第一节　大力促进就业

把扩大就业放在经济社会发展的优先位置,坚持在经济发展中培育就业增长点,健全劳动者自主择业、市场调节就业、政府促进就业相结合的机制,促进充分就业、公平就业和稳定就业。

实施更加积极的就业政策。积极发展就业容量大的劳动密集型产业、服务业和小型微型企业,多渠道开发就业岗位。完善创业扶持政策,落实促进各类人员创业小额担保贷款和密集型小型微型企业贴息贷款,促进以创业带动就业。强化政府对就业和再就业工作的指导和促进作用,做好重点群体的就业工作,将高校毕业生就业工作放在首位,统筹做好城镇新增劳动力、农业富余劳动力和城镇就业困难人员就业工作。健全面向困难群体的就业援助制度和长效机制,确保城市有就业需求的家庭至少有一人实现稳定就业。改善社会创业环境,建立健全创业服务体系,大力支持自谋职业。

完善公共就业服务体系。加强公共就业服务能力建设,健全统一规范灵活的人力资源市场。积极开展多层次多形式的职业培训,重点对下岗失业人员、农民工等开展免费实用技能培训,对未能升学的应届初高中毕业生等新成长劳动力普遍实行劳动预备制培训,开展高校毕业生就业技能培训和创业培训,鼓励企业开展职工岗位技能培训。建立失业调控、失业动态监测和失业预警机制。

构建和谐劳动关系。发挥政府、工会和企业作用,努力形成企业和职工利益共享机制,建立规范有序、公正合理、互利共赢、和谐稳定的劳动关系。全面推行劳动合同制度和劳动用工备案制度,完善劳动争议处理机制,切实维护劳动者权益。

第二节　健全社会保障体系

坚持广覆盖、保基本、多层次、可持续的方针,加快推进覆盖城乡居民的社会保障体系建设,稳步提高保障水平。

完善社会保险体系。按照个人缴费、集体补助、政府补贴相结合的筹资办法,实现新型农村社会养老保险制度全覆盖。完善城镇职工基本养老保险制度,建立城乡居民养老保险制度,继续提高离退休人员基本养老保障水平。发展企业年金和职业年金。建立覆盖城乡居民的基本医疗保障体系。建立健全基本养老保险和医疗保险关系转移接续制度。完善失业、工伤、生育保险制度。发挥商业保险补充性作用。

健全城乡社会救助体系。完善城乡居民最低生活保障、低保边缘户救助制度,健全城乡困难群体、特殊群体、优抚群体的社会救助保障机制,实现城乡社会救助全覆盖。健全教育、城乡医疗、灾害突发等专项救助制度。积极发展社会福利事业,加强残疾人、孤儿福利服务,逐步拓展社会保障的范围。积极培育慈善组织,大力发展慈善事业。

第三节　显著提高城乡居民收入

合理调整收入分配关系,努力提高居民收入在国民收入分配中的比重和劳动报酬在初次分配中的比重。建立企业职工工资正常增长机制、支付保障机制以及工资集体协商制度,确保劳动者收入和经济同步增长。着力提高城乡居民特别是中低收入者收入水平,提高企业退休人员养老金水平,提高扶贫标准、最低工资标准和重点优抚对象待遇水平。鼓励增加经营性收入,创造条件让更多的城乡居民拥有财产性收入。鼓励农民提高经营水平和经济效益,增加农民生产经营收入;发展农村非农产业,促进农民转移就业,增加工资性收入;健全农业补贴等支持保护制度,增加转移性收入;创造条件,增加财产性收入。完善公务员工资制度,深化事业单位收入分配制度改革。建立更加科学合理的收入分配调节机制,努力缩小不同群体、不同地区收入差距。

第四节　提高全民健康水平

按照保基本、强基层、建机制的要求,深化医药卫生体制改革,建立健全基本医疗卫生制度,优先满足群众基本医疗卫生需求,不断提高全民健康水平。到2015年,全省人均预期寿命达到76.6岁。

加快推进基本医疗保障制度建设。逐步将全体城乡居民纳入基本医疗保障范围,不断提高新农合、城镇居民医保筹资标准和医药费报销比例,提高基本医疗保障水平,实施全省医疗保险"一卡通"。

初步建立国家基本药物制度。政府办基层医疗卫生机构全部完成国家基本药物制度综合改革,建立和完善药品供应保障体系,保障药品质量和安全。

加强医疗卫生服务体系建设。完善农村三级医疗卫生服务体系和以社区卫生服务为基础的新型城市医疗卫生服务体系,新增医疗卫生资源重点向农村和城市社区倾斜。

促进基本公共服务均等化。实施国家基本公共卫生服务和重大公共卫生服务项目,加强精神卫生、妇幼卫生、卫生监督等公共卫生机构设施建设,积极预防重大传染病、慢性病、职业病、地方病和精神疾病,提高突发重大公共卫生事件处置能力。坚持中西医并重,推进中医药(民族医药)继承与创新。加强医药卫生信息系统建设。

积极稳妥推进公立医院改革。初步建立现代医院管理制度,探索形成各类城市医院和基层医疗卫生机构合理分工与协作机制。纵向整合医疗卫生资源,支持中国医科大学附属第一医院等发展医疗集团。鼓励和引导社会资本以多种形式兴办医疗机构,逐步形成多元办医格局。

第五节　提高住房供应和保障水平

加大保障性住房供给力度。完善住房保障政策体系,积极探索和创新住房保障新模式。统筹规划廉租住房、经济适用住房、公共租赁住房建设。逐步扩大有条件的地区住房保障覆盖面,逐步使有固定职业和稳定收入的进城务工人员享受住房保障政策。积极推进城市棚户区、国有工矿棚户区、国有林场棚户区改造和危旧房改造工程。强化各级政府职责,加大保障性安居工程建设力度,满足更多中低收入家庭住房需要。

按照统筹规划、分步实施、政府主导、社会参与、积极推进、适度保障的原则,结合新城和新市镇建设,大幅度提高公共租赁住房比例。规范公共租赁住房管理,保障承租人的合法权益。健全住房供应体系。适应居民多层次住房需求,适当增加中低价位、中小套型普通商品住房供应比例,积极发展住房租赁市场,建立健全低收入家庭享用廉租住房、中低收入家庭适用公共租赁住房或经济适用住房等政策性住房、中高收入家庭购买商品住房的多层次住房供应体系。"十二五"期间,全省人均住房建筑面积达到 32 平方米。

第六节　全面做好人口工作

坚持计划生育基本国策,逐步完善政策,加强流动人口计划生育服务管理。提高生殖健康水平,综合治理出生人口性别比偏高问题。提高人口素质,构建人口调控体系,统筹解决人口问题,促进人口长期均衡发展。

贯彻实施国家和省妇女发展纲要,坚持男女平等基本国策,切实保障妇女合法权益。扩大妇女就业渠道,加强农村妇女社会保障,提高妇女参与经济发展和社会管理能力。贯彻实施国家和省儿童发展纲要,坚持儿童优先原则,加强未成年人保护,改善优化儿童成长环境。

积极应对人口老龄化,注重发挥家庭和社区功能,优先发展社会养老服务,建立与经济社会发展水平相适应的覆盖城乡的居家、社区、机构多层次养老服务体系,制定扶持发展民办养老机构的政策,培育壮大老龄服务事业和产业。加快残疾人社会保障体系和服务体系建设,为残疾人生活和发展提供稳定的制度性保障,促进残疾人事业全面发展。

专栏 15　人口发展重点工程名录

(1)人口和计划生育服务体系;(2)社会养老服务体系;(3)妇女儿童维权服务设施;(4)示范"妇女儿童之家"设施工程;(5)儿童福利设施;(6)流浪乞讨人员救助管理服务设施;(7)农村长年病人托管服务设施;(8)慈善事业设施;(9)残疾人康复和托养服务设施;(10)省残疾人中等职业技术学校。

第十二章　加强和创新社会管理

适应经济社会转型需要,加强社会管理能力建设,提高社会管理科学化水平,创新社会管理机制,保障社会公平正义,维护社会和谐稳定,逐步形成以人为本的社会管理新模式。

第一节　发展社会主义民主政治

坚持和完善人民代表大会制度、中国共产党领导的多党合作和政治协商制度、民族区域自治制度和基层群众自治制度。发挥工会、共青团、妇联等人民团体作用,参与社会管理和公共服务。健全民主制度,保障人民知情权、参与权、表达权、监督权。

全面落实依法治国基本方略,坚持科学立法,加强执法监督,强化司法权威,确保司法公正,完善法律援助保障体系。实施"六五"普法规划,深入开展法制宣传教育,形成人人学法守法的良好氛围。

加强廉政建设,坚持标本兼治、综合治理、惩防并举、注重预防的方针,加快推进惩治和预防腐败体系建设,严格执行党风廉政建设责任制,加强对权力运行的制约和监督。促进民族团结、宗教和谐,做好侨务和对台工作。

第二节　健全社会管理格局

健全党委领导、政府负责、社会协同、公众参与的社会管理格局,健全基层社会管理体制,构建重心下移的社会管理模式。健全基层管理和服务体系,推进社会管理重心向乡镇、街道、村(居)委会等基层组织下移,发挥城乡基层组织协调利益、化解矛盾、排忧解难的作用。按照培育发展与监督管理并重的原则,大力培育社会组织及社会中介组织,充分发挥其在提供服务、反映诉求、规范行为等方面的作用,运用社会资源推进社会建设和管理。

第三节　完善社会管理机制

完善正确处理人民内部矛盾的工作机制,构建妥善协调各种利益关系的基层工作平台,加强信访和矛盾纠纷调解工作,维护群众合法权益。推进社会治安综合治理网络向城乡社区和企业延伸,完善网络化管理、组团式服务。全面实施居住证制度,完善流动人口服务管理。加强对网络"虚拟社会"的管理,规范网络传播秩序。建立科学有效的利益协调机制、诉求表达机制、矛盾调处机制和权益保障机制,健全人民调解、行政调解、司法调解三位一体的"大调解"工作体系,及时化解社会矛盾纠纷。建立和完善矛盾排查、信息预警、应急处置和责任追究机制,建立健全集体协商谈判制度,维护群众正当权益。坚持领导干部下访、约访制度,正确处理人民内部矛盾,积极预防和妥善处置各类群体性事件。

第四节　强化社区服务功能

全面开展城市社区建设,积极推进农村社区建设,把社区建设成为管理有序、服务完善、文明祥和的社会生活共同体。以居民需求为导向,整合人口、就业、社保、民政、卫生、文化以及综治、维稳、信访等管理职能和服务资源,加快信息平台建设,切实强化社区综合管理和服务功能。促进政府基本公共服务、居民志愿互助服务、市场提供服务有效衔接,完善社区服务提供方式。到2015年,城市和谐社区覆盖面达到80%以上,农村社区覆盖面达到80%以上。

第五节　加强公共安全体系建设

完善突发事件应急管理体制,健全和完善统分结合、职责明确、功能全面、灵敏高效的生产安全、公共卫生事件、社会安全事件等预警和应急体系,提高突发事件处置能力。将各级人防指挥场所纳入防灾减灾备用指挥平台体系。加强洪涝、干旱、冰雪、地震、台风、森林火灾等自然灾害预测预报预警,全面提升防灾减灾能力。提高食品、药品综合监管能力,建立健全日常监管体系,保障人民群众饮食用药安全。强化安全生产管理和监督,加强安全监管监察能力建设,落实安全生产责任,强化重大安全隐患排查治理,防范重大职业危害,严格安全许可,加强技术支撑体系建设,坚决遏制重特大安全事故,到2015年,亿元国内生产总值生产安全事故死亡率下降36%,工矿商贸就业人员10万人生产安全事故死亡率下降26%。加强政法队伍建设,增强社会治安保障能力,深入开展平安创建活动。加强国家安全和保密工作。增强全民国防观念,坚持国防建设与经济社会发展协调推进,完善国防动员体系,做好民兵预备役和人民防空工作,深入开展"双拥"活动,巩固发展军政军民团结。

第六节　建设信用辽宁

以弘扬信用文化为支撑,以法律法规和失信惩戒为保障,构筑信用体系的信息基础平台和服务平台,逐步实现信用信息整合和共享,培育和规范信用市场,发展信用交易,形成政府监管、行业自律、企业内控和社会监督四位一体的全省社会信用体系。加强政府信用建设,通过政务公开、清理政府关联类不良贷款等措施,提高政府公信力。加强企业信用建设,在项目招投标、政府采购、资质认定、产权交易、年检年审、项目审批等方面推行企业信用报告制度。加强个人诚信建设,建立重点人群信用档案,逐步完善全社会信用奖惩联动机制。"信用辽宁"建设要三年初见成效、五年大见成效,努力把辽宁建设成为全国诚信度最高的省份之一。

第十三章　推动文化繁荣发展

坚持社会主义先进文化前进方向,加快推进文化创新,大力发展文化事业和文化产业,构建覆盖城乡的公共文化服务体系,努力建设文化强省。

第一节　提高公民文明素质

以社会主义核心价值体系为根本,建设和谐文化,坚持把社会主义核心价值体系贯穿国民教育和精神文明建设全过程、融入辽宁全面振兴各方面,巩固全省人民团结奋斗的共同思想基础。倡导爱国守法和敬业诚信,开展社会公德、职业道德、家庭美德教育,净化社会文化环境,加强青少年思想道德建设,保护青少年身心健康,完善青少年活动场所。在全社会形成知荣辱、讲正气、尽义务、促和谐的风尚。深入贯彻《全民科学素质纲要》,大力推广普及科学技术,提高公民科学素质。加强人文关怀,培育奋发进取、理性平和、开放包容的社会心态。新闻出版、广播影视、文学艺术、社会科学要坚持正确导向,为改革发展稳定和辽宁全面振兴营造良好思想舆论氛围。广泛开展和谐创建活动,积极创建和谐社区、和谐乡村、和谐家庭,形成人人促进和谐的局面。

第二节　繁荣文化事业

加强群众文化建设。建立健全公共文化服务体系,提高群众文化服务保障能力。继续推进文化信息资源共享、广播电视村村通、农家书屋、农村电影放映等文化惠民工程。推动市县图书馆、文化馆(艺术馆)规范化建设,实现乡(镇)有文化站、村(社区)有文化室的目标。开展丰富多彩的群众文化活动,培育和发展具有辽宁特色的群众文化品牌。繁荣文学艺术作品创作,大力扶持各类艺术优秀作品创作生产,实施优秀剧目再创作工程和艺术人才"薪火工程"。大力发展哲学社会科学,加强重大理论创新和现实问题研究。做强做大主流媒体,构建全新的主流网站和媒体视听网站。加强文化遗产特别是少数民族文化遗产保护,加快推进牛河梁遗址、五女山山城、兴城古城等大遗址保护展示园区和国家考古遗址公园建设。加强非物质文化遗产保护与传承,推进文化典籍保护工作。加强重大文化设施建设,实施省博物馆、档案馆、图书馆、科技馆、广播电视台新建工程,加强市级图书馆、群众艺术馆、博物馆建设。推动公共文化场所免费向社会开放。

第三节　壮大文化产业

坚持市场导向,加快推动文化资源跨地区、跨行业整合,实施重大文化产业项目带动战略,推动文化产业特别是新兴文化产业发展,大力培育支柱产业和新的经济增长点。以沈阳、大连为发展"两极",统筹建设中部城市群文化产业综合示范区和大连、丹东沿海沿江文化创意产业先导区以及辽西特色文化产业区。重点发展出版印刷、报刊发行、广播影视、演艺娱乐、动漫游戏、文化旅游、工艺美术、文化会展、新媒体等9大文化主导产业。加快引进战略投资者,设立文化产业投资基金,完善产业政策体系,推动文化产业与国民经济各领域各行业相融合。活跃演艺市场,推动演出场所连锁经营,大力发展民营演出团体。加强对外宣传和文化交流,增强文化竞争力和影响力。

专栏16　文化产业重点园区(基地)名录

(1)沈阳棋盘山文化产业园区;(2)沈阳华强科技文化产业试验园区;(3)沈阳动漫游戏产业基地;(4)沈阳新民文化产业示范基地;(5)沈抚新城文化产业基地;(6)营口乐器文化产业园区;(7)鞍山岫玉产业园区;(8)本溪辽砚文化产业园区;(9)大连动漫游戏产业园区;(10)大连金石滩文化产业园区;(11)大连钻石港湾文化创意产业园;(12)大连星海创意岛;(13)丹东鸭绿江文化创意产业园;(14)营口印刷包装产业园区;(15)阜新玛瑙产业园区;(16)朝阳古生物化石文化产业园;(17)朝阳牛河梁红山文化遗址主题公园;(18)盘锦辽河文化产业园区。

第四节　推进文化创新

深化文化体制机制改革,稳步推进公益性文化事业单位改革,创新公共文化服务运行机制。加快经营性文化单位转企改制,重塑文化市场主体,完善法人治理结构。适应群众文化需求新变化新要求,弘扬主旋律,坚持文化创新和人才兴文战略。在弘扬民族优秀文化,继承辽宁文化优良传统,借鉴世界优秀文化成果的基础上,积极推动以理论和观念、内容和形式、体制和机制、方式和方法等为内容的文化创新。发挥人民群众的首创精神,使全社会创造能量充分释放,创新成果不断涌现,创业活动蓬勃开展。

第五节　促进体育发展

以提高全省人民身体素质为根本宗旨,以举办第十二届全运会为契机,促进群众体育、竞技体育和体育产业协调发展。深入贯彻《全民健身条例》,广泛开展全民健身活动,完善全民健身服务体系,加强国民体质监测。加强城乡公共体育设施建设,基本建成符合省情、覆盖城乡、功能完善的公共体育设施网络。优化竞技体育项目结构,加强人才队伍和基地建设,进一步巩固竞技体育强省地位。全力承办好第十二届全运会。大力发展体育产业,完善体育服务业市场,发展体育产业集团。

第十四章　加快改革攻坚步伐

围绕充分发挥市场配置资源的基础性作用,推进重点领域和关键环节的改革取得新突破,加快形成有利于科学发展、创新发展、和谐发展的体制机制。

第一节　深化行政管理体制改革

进一步转变政府职能,坚持依法行政,加快建设法治政府和服务型政府。优化政府结构、行政层级、职能责任,扩大城区、县域经济社会管理权限,理顺省以下垂直管理部门与地方政府的权责关系。搞好扩大绥中县经济社会管理权限改革。加快推进乡镇机构改革,着力增强乡镇政府社会管理和公共服务职能。对有一定人口规模和经济实力的中心镇,赋予部分县级经济社会管理权限。根据区域发展需要,合理调整行政区划,探索通过经济区划调整推动行政区划调整的新途径。继续深化行政审批制度改革,减少和规范行政审批事项,建立健全行政审批运行、管理和监督长效机制。健全科学决策、民主决策、依法决策机制,完善符合科学发展要求的政府绩效评估指标体系和评估机制。

第二节　推进国有经济战略性调整

继续深化国有企业公司制股份制改革,创新企业体制机制,健全现代企业制度,优化国有经济布局和结构,大力推进重点行业骨干企业战略性重组,培育一批代表辽宁形象的具有国际竞争力的大型企业集团。完善各类国有资产管理体制,推进经营性国有资产统一监管,健全国有资本经营预算和收益分享制度,建立国有资本再投入机制。妥善解决厂办大集体等国有企业历史遗留问题。大力发展非公有制经济,创造平等使用生产要素、公平参与市场竞争、同等受到法律保护的体制环境。落实融资、财税及市场准入等方面的政策,积极支持民间资本进入基础设施、公用事业、金融服务和社会事业等领域。完善中小企业支持政策,大力推进社会化服务体系建设,弥补获取要素资金不足,提升创新发展能力。鼓励非公有制企业参与国有企业改革,推动国有资本、民营资本和外资经济的融合,积极发展混合所有制经济。

第三节　着力推进农村领域改革

坚持和完善农村基本经营制度,在依法自愿有偿、加强管理和服务基础上完善土地承包经营权流转市场。支持农民专业合作社和农业产业化龙头企业发展,加快健全农业社会化服务体系,提高农业经营组织化程度,促进农村现代流通体系建设。完善城乡平等的要素交换关系,促进土地增值收益和农村存款主要用于农业农村。积极稳妥推进农村土地整治,完善农村集体经营性建设用地流转和宅基地管理机制。深化农村信用社改革,鼓励有条件地区以县为单位建立社区银行,发展农村小型金融组织和小额信贷,健全农业保险制度,探索建立森林保险体系。进一步深化集体林权制度改革,加快国有农场改革和发展。深化乡镇机构农村义务教育管理体制、县乡财政管理体制改革,完善村级组织运转经费保障机制,全面开展村级公益事业建设一事一议财政奖补工作,促进农村公益事业健康发展。

第四节　深化财税金融等领域改革

按照基本公共服务均等化和主体功能区建设要求,完善公共财政体系。合理划分省、市、县三级政府收支范围,健全转移支付制度,完善省以下财政体制。深化预算管理制度改革,优化财政支出结构。规范政府债务工作,加强政府债务管理。建立完善省属企业国有资本经营收益上交和使用管理制度,争取实施资源税征收改革试点、消费税管理制度改革试点和开征环境税试点。深化价格管理体制改革。扩大跨境贸易人民币结算试点业务范围,促进离岸金融业务发展。优化金融体系结构,培育和引进投资银行、金融租赁、资产管理等高端金融机构和咨询中介机构。重视资本市场融资工具,大力推进企业上市,提高直接融资比例。建立和完善产业、创业引导基金管理运行机制,鼓励私募股权基金、风险投资基金和其他民间资本参与我省企业股权投资。支持城市商业银行差异化、特色化发展,改善农村金融服务,推进农村信用社组建农村商业银行,发展村镇银行等新型农村金融机构。全面改善中小企业金融服务。活跃小额贷款公司经营,增强金融担保能力。支持大连商品交易所建设成为亚洲重要期货交易中心。深化资源要素配置市场化改革,培育成熟的产权、土地和技术等要素市场,促进资源合理有效利用。

第五节   统筹推进综合改革试点

统筹推进各类综合配套改革试点,在重要领域和关键环节先行先试、率先突破。沈阳经济区要以全面推进现代产业体系、现代企业制度、科技引领、资源节约和环境保护、人力资源发挥、城乡统筹发展、公共服务均等化、财税金融、行政管理和对外开放等方面的体制机制创新为主要内容,全面开展新型工业化综合配套改革。加快实施沈阳工业化与信息化融合、鞍山低碳经济、沈抚同城化、本溪城乡统筹、营口活力港、阜新深化经济转型、辽阳城乡一体化、铁岭生态城市等8个专项改革试点,率先形成新型工业化发展模式。加快推进沈北新区综合配套改革试验区、盘锦市城乡一体化综合改革试验区、长兴岛和辽滨沿海经济区综合改革试验区等省级综合配套改革,为全省改革发挥引导和示范作用。

第十五章   全面提升开放水平

实施更加积极主动的开放战略,提高利用外资水平,优化对外贸易结构,加快实施"走出去"战略,大力推进区域合作,完善内外联动、互利共赢、安全高效的开放型经济体系。

第一节   提高利用外资质量和水平

坚持优化结构、丰富方式、拓宽渠道、提高质量,进一步完善投资软环境,保护投资者合法权益,推进多元化利用外资,不断提高利用外资水平。优化利用外资结构,引导外资更多投向研发中心、高技术、先进制造业、节能环保、新能源、生物医药等领域,鼓励外商投资现代农业、现代服务业和服务外包产业,继续大力实施主题概念项目招商,实施重大利用外资项目招商攻坚计划。创新利用外资方式,积极引进跨国公司设立投资性公司,引导外资以多种形式参与国内企业改组改造,支持境内企业到境外发行股票和债券,利用好国外基金,鼓励和引导外商在我省设立股权投资机构,从事私募股权投资,推进大型基础设施项目到境外上市。合理有效使用国外贷款,优化国外贷款投向,大力支持节能减排、生态环保、惠及民生等领域的项目,提高贷款使用的质量和效益,提高防范外债风险的能力。"十二五"期间,全省实际利用外商直接投资年均增长15%。

第二节   优化对外贸易结构

继续稳定和拓展外需,用出口产业优化升级扩大出口,加快培育以技术、品牌、质量、服务为核心竞争力的出口新优势。促进出口产品优化升级,鼓励高附加值、高技术产品出口,严格控制资源性产品出口。促进加工贸易转型升级,鼓励发展配套产业,推动加工贸易向上下游延伸,鼓励加工贸易企业引进先进技术、设备,设立研发、设计中心,加快消化吸收国外生产技术和二次自主创新,提高加工贸易水平。努力扩大服务贸易,积极承接国际服务外包,开拓金融、保险、电信、商业、物流、软件等服务贸易领域,逐步提高服务贸易在进出口贸易中的比重。完善外贸服务体系,对具有优势的重点产品和行业建立完善的管理、协调、定价机制。推进科技兴贸创新基地建设,建成一批在世界有影响力的特色产业出口基地。"十二五"期间,全省出口年均增长 15%。

第三节　加快实施"走出去"战略

充分利用两个市场、两种资源,按照市场导向和企业自主决策原则,引导和鼓励各类所有制企业有序到境外投资合作。强化境外投资主体,鼓励地方企业通过多种途径开展境外投资和跨国经营,打造境外投资大型联合体,形成一批技术实力强的跨国集团。继续实施引进百家海外研发团队、收购百家国外科技型企业的"双百"工程。优化境外投资布局和领域,鼓励企业与俄罗斯、乌克兰、蒙古等国家和地区在矿产资源、产业、科技、经贸等领域开展合作,与美国等发达国家和地区的研发机构、科研院所开展联合。创新境外投资方式,积极探索实业投资与金融性投资、服务类投资结合,以及境外园区建设的途径和办法。大力推进对外工程承包和劳务合作,培育一批高端化、专业化、特色化的经营主体,培养对外劳务的多元化市场,促进对外劳务合作稳定发展。"十二五"期间,全省对外工程承包合同额年均增长 20%。

第四节　大力推进区域合作

构建东北亚区域合作新机制,强化政府间定期协商会晤制度,建立信息发布和交流制度,完善合作机制。组织实施《辽宁与俄罗斯地方合作发展规划》,加强人才、科技、能源与矿产资源、旅游、物流等领域的合作,扩大劳务输出和工程承包。以辽宁沿海经济带为依托,积极发展与日韩的经贸合作,把辽宁建成东北亚地区的经贸枢纽和功能服务区。

密切与国内各地区合作。加强与环渤海其他地区互动发展,进一步扩展合作领域和空间,积极推进渤海海峡跨海通道的研究建设。加强与东北地区其他省区的经济合作,完善更加紧密的区域合作机制,以大生态、大交通、大电网、大开放等为重点,推进一体化进程。深化与港、澳、台地区的交流合作,加强与"长三角"、"珠三角"等地区全方位合作,做好对口支援西藏、新疆、青海、贵州、三峡库区的工作。"十二五"期间,引进国内各类资金实际到位额年均增长 25% 以上。

第十六章　健全规划实施机制

本规划经过辽宁省人民代表大会审议通过,具有法律效力。要举全省之力,实现"十二五"发展的宏伟蓝图。

第一节　建立完备的规划体系

"十二五"规划包括总体规划、专项规划和区域规划。总体规划是全省国民经济和社会发展的战略性、纲领性、综合性规划,专项规划是总体规划在特定领域的具体细化,区域规划是总体规划在特定区域的落实。

专栏17　重点区域规划和专项规划名录

(1)农业和农村经济发展规划;(2)工业经济发展规划;(3)服务业发展规划;(4)新兴产业发展规划;(5)固定资产投资规划;(6)综合交通运输体系发展规划;(7)能源发展规划;(8)沈阳经济区发展规划;(9)辽西北地区发展规划;(10)城镇化规划;(11)节能减排规划;(12)应对气候变化规划;(13)社会发展规划;(14)科学和技术发展规划;(15)民族地区发展规划;(16)边境兴边富民开发开放规划;(17)社会信用体系建设规划;(18)国民经济动员规划;(19)经济体制改革规划;(20)直接融资发展规划;(21)经济贸易规划;(22)利用外资和境外投资规划;(23)安全生产规划;(24)重大项目储备规划。

第二节　完善衔接协调机制

总体规划要在约束性目标、空间功能定位和重大基础设施建设等方面与国家总体规划进行对接。区域规划和专项规划要在发展目标、空间布局、重大项目建设等方面与总体规划进行对接。加强总体规划与城市规划、土地利用规划的衔接,将总体规划确定的目标和任务具体落实,确保在总体要求上方向一致,在空间配置上相互协调,在时序安排上科学有序,提高规划的管理水平和行政效率,确保规划目标的顺利实现。

第三节　强化组织落实

本规划提出的经济社会发展主要指标,特别是约束性指标,省政府要分解落实到各地区和省有关部门,定期检查,强化落实。对本规划确定的重大工程和项目,也要分解落实任务,建立责任制,明确要求、明确进度。要进一步建立健全规划考核机制,加强审计监督,确保各项任务顺利实施。

第四节　开展规划监督评估

健全规划实施报告制度,通过制定和实施国民经济和社会发展年度计划,逐年向省人大报告规划实施进展情况。推进规划实施的信息公开,健全政府与企业、公众的沟通机制,促进社会对规划实施的监督。健全规划实施中期评估制度,由省发展改革委对"十二五"规划实施情况开展中期评估,形成评估报告上报省政府。如需对规划进行修订,由省政府提出修订方案,提请省人民代表大会常务委员会批准。

全面实施"十二五"规划,对于实现辽宁经济社会发展新跨越具有十分重要的意义。全省要更加紧密团结在以胡锦涛同志为总书记的党中央周围,在省委的正确领导下,深入贯彻落实科学发展观,锐意进取,开拓创新,扎实工作,为完成"十二五"规划确定的各项任务,实现辽宁老工业基地全面振兴而努力奋斗。

沈阳市国民经济和社会发展
第十二个五年规划纲要

（2011 年 1 月 14 日沈阳市
第十四届人民代表大会第四次会议通过）

前　　言

"十二五"时期（2011～2015 年），是深入贯彻落实科学发展观、构建社会主义和谐社会的重要时期；是深化改革开放、加快转变经济发展方式的攻坚时期；是沈阳全面建成小康社会、实现老工业基地全面振兴的关键时期。在国内外发展环境错综复杂，机遇与挑战并存的大背景下，认真总结过去五年发展历程，科学谋划未来五年愿景目标，对于全市立足新起点、谋求新发展、实现新跨越具有重要意义。

根据《中共中央关于制定国民经济和社会发展第十二个五年规划的建议》、《中共辽宁省委关于制定国民经济和社会发展第十二个五年规划的建议》和《中共沈阳市委关于制定全市国民经济和社会发展第十二个五年规划的建议》，编制《沈阳市国民经济和社会发展第十二个五年规划纲要》。《规划纲要》提出了"十二五"期间沈阳经济社会发展的战略目标、发展重点和政策取向，集中体现了市委、市政府的施政方针和战略意图，是各级政府部门依法履行职责、编制实施年度计划和制定各项政策措施的重要依据，是全市人民共同奋斗的行动纲领。

第一章　规划背景

第一节　"十一五"时期的主要成就

"十一五"时期，全市以党的十七大精神为指针，深入贯彻落实科学发展观，紧紧围绕全面完成"五大任务"、加快实现"三大目标"，抢抓发展机遇，积极应对挑战，圆满完成了"十一五"规划确定的发展目标和重点任务，基本完成了老工业基

地调整改造任务,实现了经济社会又好又快发展,为"十二五"时期经济社会发展奠定了坚实的基础。

一、经济持续快速发展

经济总量迈上新台阶,地区生产总值和全社会固定资产投资实现新的突破。2010 年,全市地区生产总值实现 5015 亿元,是 2005 年的 2.1 倍,年均增长 16.3%;全社会固定资产投资完成 5007.4 亿元,是 2005 年的 3.7 倍,年均增长 29.7%,投资拉动经济增长效果显著;地方财政一般预算收入达到 465.4 亿元,是 2005 年的 2.6 倍,年均增长 21%;社会消费品零售总额完成 2062.5 亿元,是 2005 年的 2.3 倍,年均增长 18.1%;全市经济保持了强劲发展势头。

二、产业升级进程加快

经济结构得到明显优化,三次产业增加值比重达到 4.6∶50.7∶44.7。工业规模迅速扩张,规模以上工业总产值达到 9601.8 亿元,是"十五"期末的 4.4 倍;新型产业体系框架基本形成,装备制造业等优势产业支撑作用进一步增强,其增加值已占全市工业的 80.3%,带动了全市工业优化升级;金融、物流、信息、会展、旅游等现代服务业呈现较快发展态势,现代服务业占服务业比重达到 52.8%,中心城市的综合服务功能显著增强;现代农业发展迅速,设施农业和高效特色农业面积占耕地面积的比重达 44.9%,农产品加工业逐步发展壮大,畜禽养殖规模化程度处于全国中上等水平,沈北新区成为全国最大的农产品深加工基地。科技创新体系日益完善,创新环境明显改善,省级以上工程(技术)中心和重点实验室达到 304 家,其中,国家级 26 家。

三、发展空间显著优化

按照做优发展空间的要求,积极拓展和优化发展空间。东西南北中各具特色的城市发展格局基本形成。航高基地、沈阳大工业区等重点区域和产业集群发展迅速。新城子区与辉山农业高新区合署办公,组建沈北新区。高效率、大规模实施了行政区划的调整,沈河、和平、大东、皇姑四个中心城区共增加面积 130 多平方公里,扩容近一倍,东陵区、浑南新区和航高基地"三区"实现合署办公,城市功能分区更趋合理。沈抚同城化、沈本一体化等区域合作势头强劲,城际连接带新城新市镇建设全面启动,道路交通等基础设施建设扎实推进,沈阳经济区一体化进程不断加快。

四、城市面貌发生重大变化

城乡基础设施日益改善,综合服务功能显著提升,东北地区中心城市建设不断加快。地铁 1 号线正式开通运营,地铁 2 号线建设有序推进。沈抚大道等一批重点公路相继竣工,沈抚城际铁路建成通车,沈西工业走廊铁路及走行线工程业已完工,哈大客运专线、铁路东北环线、沈阳站西出口和沈阳北站北出口扩建工程正在建设,南北二干线、二环改造工程已分步实施。全市 970 条街路巷、1145 个老旧小区、124 座危险桥等修缮工程基本完工。生态市建设取得新进展,单位 GDP 能耗比"十五"末下降 25.7%,超额完成节能减排目标。沈阳被联合国环境规划署列为全国唯一的生态城市示范项目。东陵区、沈北新区和棋盘山开发区通过国家生态区验收,于洪区、苏家屯和辽中县通过国家生态区(县)技术核查,和平、沈河、铁西、大东、皇姑和浑南城区成为省级生态城区,铁西区荣获"2008 联合国全球宜居城区示范奖"。

五、改革开放迈出新步伐

沈阳经济区国家新型工业化综合配套改革试验区获国务院批准,沈阳经济区改革发展上升为国家战略。重点领域和关键环节改革不断深化,国有企业改革和搬迁重组成效显著,大型企业股份制改造取得积极进展,中小企业改制任务全面完成。非公有制经济发展步伐不断加快,占全市经济比重达到65.5%,成为推动全市经济增长的主要力量。行政管理体制改革扎实推进,圆满完成市区两级政府机构改革,清理了62个政府议事协调机构。全面推进医药卫生体制改革,并走在全国前列,初步建立了国家基本药物制度,城乡群众看病难、看病贵问题得到有效缓解。农村综合改革不断深化,新增农民专业合作社2111家。对内对外开放成效显著,五年累计实际利用外资超千万美元项目342个,新增世界500强投资企业30家,新批境外投资企业100家,外贸进出口总额年均增速10.3%。累计引进国内规模以上企业(项目)7244个,总投资5327亿元,其中亿元以上项目629个,10亿元以上的项目83个。成功举办奥足赛、世园会等重大国际活动,极大地提高了沈阳的国际知名度和影响力。

六、和谐沈阳建设取得新成就

人民生活水平逐年提高,城市居民人均可支配收入达到20540元,年均增长15.3%,农村居民人均纯收入达到10005元,年均增长14.7%。就业形势平稳,劳动关系基本和谐,城镇登记失业率保持较低水平。覆盖城乡的社会保障体系日趋完善,新型农村社会养老保险试点和大学生参加居民医保工作全面启动,农民工医疗工伤综合保险稳步实施,新型农村合作医疗参合率达到99.4%,基本实现全覆盖。社会事业健康发展,学前教育实现历史性突破,义务教育均衡发展全国领先,实现全面免费,普通高中优质资源扩大,职业、高等、民办、特殊、民族和终身教育取得长足发展,沈阳成为国家装备制造业职业教育试验区。全国文化体制改革试点任务圆满完成,艺术创作实现历史性突破,现代评剧《我那呼兰河》荣获国家文华大奖,公共文化服务体系基本建立。沈阳金融博物馆、城市规划展示馆等一批场馆面向社会公众开放。全民健身服务体系日益完善,医疗卫生服务能力显著增强,人民群众健康水平明显提高,人均预期寿命由"十五"末期的74.98岁提高到76.9岁。继续保持低生育水平,人口自然增长率保持在0.5‰左右。"平安沈阳"建设扎实推进,打击刑事犯罪取得突出成果,社会治安防控体系建设更加完善,"黄赌毒"、"三黑"等社会治安热点问题得到全面整治,人民群众的安全感和对社会治安状况的满意度显著提升,维护社会稳定工作开创新局面。

专栏1 "十一五"规划主要指标完成情况					
指标名称	单位	"十一五"规划目标		"十一五"完成情况	
		绝对值	年均增长(%)	绝对值	年均增长(%)
地区生产总值	亿元	4192~4570	13~15	5015	16.3
第一产业增加值	亿元	210	9	232.4	6.4
第二产业增加值	亿元	1886~2264	14~18	2540.5	19.7
工业增加值	亿元	1636~1964	14~18	2294.1	20.8
第三产业增加值	亿元	2096	13	2242.2	14.0

指标名称	单位	"十一五"规划目标		"十一五"完成情况	
		绝对值	年均增长（％）	绝对值	年均增长（％）
规模以上工业总产值	亿元	8000	—	9601.8	34.4
全社会固定资产投资	亿元	＊10570～12170	15～20	5007.4（＊15844.3）	29.7
地方财政一般预算收入	亿元	—	15～20	465.4	21
实际利用外商直接投资	亿美元	＊164	15	＊245.3	19
社会消费品零售总额	亿元	1630	12	2062.5	18.1
城市居民人均可支配收入	元	18000	12.5	20540	15.3
农村居民人均纯收入	元	9000	12.5	10005	14.7
城镇化率	％	70	—	76.1	
城镇登记失业率	％	5	△－0.9	3.2	—
城市人均住宅建筑面积	平方米	28	3.7	31	5.8

注："＊"表示5年累计数值；"△"表示增加百分点。

第二节　"十一五"时期的基本经验

过去五年,沈阳经济社会发展取得的重大成就,主要得益于始终紧紧围绕沈阳振兴发展的伟大实践,创造性地贯彻落实科学发展观,推动全市经济社会步入科学发展、创新发展、和谐发展的轨道。

第一,始终坚持又好又快发展不动摇,不断优化空间布局,积极调整经济结构,加快转变发展方式,努力实现速度、质量和效益相统一。

第二,始终坚持咬定目标不动摇,紧紧围绕完成"五大任务"和实现"三大目标",保持发展激情,创新工作方式,以重点工作的突破带动全局工作。

第三,始终坚持对外开放不动摇,加大招商引资力度,着力引进一批具有牵动力的重大项目,以开放调结构、增后劲、促发展。

第四,始终坚持以人为本不动摇,深入实施各项民生工程,认真解决人民群众最关心、最直接、最现实的利益问题,让广大人民群众共享沈阳振兴发展的成果。

第三节　"十二五"时期的发展环境

"十二五"时期,我国仍处在大有作为的重要战略机遇期。沈阳所面临的机遇前所未有,所面对的挑战也前所未有。

一、加快发展的新机遇

从国际看,和平、发展、合作仍是时代潮流,世界多极化、经济全球化深入发展,世界经济政治格局出现新变化,科技创新孕育新突破,国际环境总体上有利于我国和平发展。从国内看,工业化、信息化、城镇化、市场化、国际化深入发展,人均国民收入稳步增加,经济结构转型加快,市场需求潜力巨大,科技和教育整体水平提升,劳动力素质改善,基础设施日益完善,体制活力显著增强,政府宏观调控和应对复杂局面能力明显提高,社会大局保持稳定。

从自身看,沈阳正面临着千载难逢的三大发展机遇:一是国家深入实施东北等老工业基地振兴战略为沈阳提供了长期、稳定的政策环境。二是沈阳经济区新型工业化综合配套改革试验上升为国家战略,为建设先进装备制造业基地注入了强大动力。三是承办第十二届全运会,为提升城市建设管理水平、加快大浑南建设、做大中心城市提供了难得的契机。与此同时,沈阳积累了实现经济社会跨越式发展的雄厚基础和有利条件:"铁西老工业基地调整改造暨装备制造业发展示范区"称号的获得,标志着沈阳老工业基地调整改造取得了重大阶段性成果;金融商贸开发区获得"中国金融生态区"和"中国最具竞争力金融开发区"称号以及金融街的长足发展,标志着成为东北区域金融中心的条件更加成熟;铁西装备制造业聚集区、浑南新区、沈北新区、棋盘山国际风景旅游开发区、汽车及零部件产业基地、航高基地等一批重点发展空间的形成,增强了空间对产业发展的支撑和承载能力;基础设施水平的进一步提高,城市集聚和辐射功能的不断增强,明显提升了区域中心城市的地位和作用。

二、转变经济发展方式的新要求

从国际看,国际金融危机影响深远,世界经济增长速度减缓,全球需求结构出现明显变化,围绕市场、资源、人才、技术的竞争更加激烈,气候变化以及能源资源安全、粮食安全等全球性问题更加突出,各种形式的保护主义抬头,我国发展的外部环境更趋复杂。从国内看,我国发展中不平衡、不协调、不可持续问题依然突出,经济增长的资源环境约束强化,投资和消费关系失衡,收入分配差距较大,科技创新能力不强,产业结构不合理,农业基础仍然薄弱,城乡区域发展不协调,就业总量压力和结构性矛盾并存,社会矛盾明显增多,制约科学发展的体制机制障碍依然较多。

从自身条件看,在过去一轮经济社会的快速发展过程中,沈阳老工业基地振兴的步伐不断加快,经济实力显著增强,但仍存在一些深层次矛盾和问题:具有牵动力和影响力的重大项目相对较少,经济运行质量有待进一步提高;以服务业为主导的产业结构尚未形成,经济增长内生动力尚显不足,发展方式有待进一步转变;空间布局和利用不尽合理,主体功能区有待进一步培育;作为中心城市的承载力相对薄弱,辐射和带动作用有待进一步加强;社会发展滞后于经济发展,城市建设和管理需要加强,投资环境有待进一步优化,人民群众的生活水平有待进一步提高;改革开放还需要进一步深化,制约经济社会发展的体制机制性障碍有待进一步破除。这些突出的矛盾和问题,需要在"十二五"时期加以高度重视并予以认真解决。

第二章　发展构想

第一节　指导思想

以邓小平理论和"三个代表"重要思想为指导,深入贯彻落实科学发展观,解放思想,抢抓机遇,以科学发展为主题,以加快转变经济发展方式为主线,以改革开放为动力,深入推进做优发展空间、做大中心城市、做强县域经济、加强生态建设和着力改善民生"五大任务",继续保持经济社会又好又快发展的强劲势头,推动沈阳老工业基地在科学发展道路上实现全面振兴,建成更高水平的小康社会。

第二节　基本原则

一是坚持加快发展与优化结构、提高效益相结合。把经济结构战略性调整作为加快转变经济发展方式的主攻方向,在发展中促转变、在转变中谋发展,建立扩大消费需求的长效机制,调整优化投资结构,做大做强优势产业,培育壮大新兴产业,实现好中求快、又好又快发展。

二是坚持科技创新与社会创新、管理创新相促进。把科技进步和创新作为加快转变经济发展方式的重要支撑,积极推进新型工业化综合配套改革,大力提高自主创新能力,健全科技创新体系,加强和创新社会管理,努力培育竞争新优势,增强发展新活力。

三是坚持经济建设与社会发展、改善民生相协调。把保障和改善民生作为加快转变经济发展方式的根本出发点和落脚点,更加注重发展社会事业,加大民生工程投入力度,始终不渝地实现好、维护好、发展好最广大人民的根本利益,切实让广大人民群众共享振兴发展成果。

四是坚持经济效益与社会效益、生态效益相统一。把建设资源节约型、环境友好型社会作为加快转变经济发展方式的重要着力点,加大环境保护力度,大力发展绿色经济和循环经济,降低资源消耗,提高利用效率,减少环境污染,实现低碳发展,建设生态文明。

五是坚持改革开放与经济发展、社会稳定相一致。把改革开放作为加快转变经济发展方式的强大动力,不断拓展对外开放的广度和深度,加快推进经济、文化和社会体制及其他重点领域改革,维护社会的总体稳定,切实提高发展的全面性、协调性和可持续性。

第三节　发展目标

"十二五"时期要建设国家中心城市、先进装备制造业基地、生态宜居之都,进而率先实现老工业基地的全面振兴。

专栏2　国家中心城市的内涵

国家中心城市是在经济、政治、文化、社会等领域具有全国性重要影响,并能代表本国参与国际竞争的主要城市,是一个国家综合实力最强、集聚辐射和带动能力最大的城市代表。其内涵:一是要有足够高的、能对全国产生影响的经济、文化、社会乃至政治的能量实力,即城市的"能级"高、综合竞争实力强;二是要辐射至足够广阔的空间,即中心城市要对腹地具有引领、辐射、组织和服务能力,具有相应的产业结构、交通网络、基础设施和服务功能。目前,国家中心城市有北京、上海、天津、广州、重庆。

注:"三大目标"参考指标见本规划附表。

建设国家中心城市。就是更加注重培育和提升城市服务功能和综合实力,大幅提高现代服务业比重,不断完善基础设施,扩大城市规模,提升城市品位,显著增强综合经济实力、科技创新能力、国际竞争能力、交通通达能力、信息交流能力和可持续发展能力,切实提升经济、文化、科技、教育等方面的集聚、辐射能力,把沈阳建设成为区域性的金融物流中心、交通信息枢纽、科教文化强市,成为立足东北、服务全国、面向东北亚的现代化大都市。

建设先进装备制造业基地。就是坚持走新型工业化道路,不断深化体制机制创新,进一步提高自主创新能力,加快培育一批拥有国际知名品牌和核心竞争力的世界级企业,优化产品结构,拉长产业链条,做大做强特色产业集群,显著增强成套配套能力,建设具有国际竞争力的先进装备制造业基地,同时大力发展战略性新兴产业、高新技术产业、现代建筑产业及其他优势产业,全面提升沈阳现代工业的整体实力和发展水平。

建设生态宜居之都。就是在加快老工业基地全面振兴的进程中,更加注重自然生态、社会生态和人文生态建设,进入国家生态市行列,基本建成全国环境建设样板城,生态环境和城市软实力居国内先进水平,人民群众的生活质量和健康状况显著改善,安全感、公平感和幸福感明显增强,人与人之间关系更加和谐,人们不同层面的精神需求得到充分满足。

主要指标安排:

——地区生产总值年均增长 12% 以上;

——三次产业比例为 3.4∶50.5∶46.1;

——地方财政一般预算收入年均增长 13% 以上;

——固定资产投资年均增长 10% 以上;

——社会消费品零售总额年均增长 13% 以上;

——新兴和现代服务业占服务业比重达到 60% 以上;

——进出口总额年均增长 10% 以上;

——城市居民人均可支配收入年均增长 12% 以上;

——农村居民人均纯收入年均增长 13% 以上;

——城镇登记失业率控制在 4% 以下;

——单位 GDP 能源消耗、主要污染物排放减少等约束性指标按国家和省规定持续下降。

第三章　重点任务

为实现"十二五"时期发展目标,要在优化空间、城市建设、县域经济、生态环境、改善民生等方面加快发展步伐,实现经济社会又好又快发展。

第一节　做优发展空间

按照转变经济发展方式的要求,实施主体功能区战略,促进空间布局优化,完善区域功能特色,提升产业层级和水平,切实将空间优势转化为产业优势和竞争优势。

一、明确重点空间功能定位

合理确定重点地域的发展定位,形成各具特色、优势互补、协调发展的空间布局。

——中部地区。加大和平、沈河、铁西、皇姑和大东等老城区改造建设力度,重点实施南北"金廊"和东西"银带"开发建设,提升服务业特别是现代服务业发展的水平和档次,做强服务业发展主导区,形成国内具有重要影响的现代服务业聚集区、总部经济林立区、大都市形象展示区和都市休闲娱乐区。

——西部地区。以铁西装备制造业聚集区和现代建筑产业园为支撑,大力发展数控机床、通用石化装备、大型机械、电气、现代建筑等优势产业,积极配套发展以工业研发设计、现代物流、工业品检验检测等生产性服务业。以于洪、辽中两大配套区为重点,积极发展装备制造业配套、新型材料、现代物流、家具、冶金和静脉产业。以沈阳胡台新城为载体,重点发展包装印刷、音像出版、文化创意和现代物流业。

——南部地区。以浑南新区和苏家屯区为载体,围绕承接城市重心南移,建设城市空间和功能完善拓展区,全面推进现代化、国际化和生态化建设步伐,加快发展服务业,不断拓展综合功能。以沈阳高新技术产业开发区为依托,重点发展电子信息、IC 装备、生物医药和冶金新材料产业,建设以智能交通为主的典型示范应用基地。以航高基地为平台,建成国内最大的民用飞机发动机研发制造基地,国内规模较大的飞机零部件、大部件生产基地和国内重要的支线飞机总装基地。

——东部地区。以大东沈阳汽车城为核心区域,积极推进华晨金杯、华晨中华、华晨宝马、上通北盛四大整车及零部件生产,大力引入研发设计、物流配送、汽车商贸等项目,实现从单纯生产向综合生产和服务的转变,打造千亿汽车及零部件产业集群,形成国内重要的汽车产业基地。在棋盘山地域内,充分发挥文化创意的示范效应和沈抚两市的绿肺功能,加快沈抚新城建设,全力打造生态保护区、旅游产业聚集区、健康科技产业创新区和国家文化产业示范区。

——北部地区。沈北新区重点发展手机、新能源及新能源汽车、新材料、生物、航空航天、光电信息制造等新兴产业;建设全国重要的手机产业基地、国家级移动位置产业基地和全国最大的农产品精深加工基地;全力构建沈阳北部文化教育集聚区;加快发展总部经济,打造沈阳副都心和最佳生态居住区。法库县重点打造北方通用飞机制造运营基地和东北最大的陶瓷生产基地。康平县重点建设东北地区最大的高新复合材料产业基地。

二、构建新型工业体系

坚持走新型工业化道路,提高经济运行的质量和效益,全面实施工业五项工程,培育一批千亿元产业集群,形成以战略性新兴产业为先导、先进装备制造业为主体、传统优势产业优化升级的"751"工业发展新格局。

专栏3　培育一批千亿元产业集群

1. 铁西现代建筑产业集群。重点发展现代建筑墙体、现代建筑工程机械及建材装备制造业、现代建筑用机电业、现代建筑金属结构制品业、现代建筑产业配套服务业等产业。

2. 铁西机床及功能部件产业集群。以目前铁西机床及功能部件产业集群为基础,整合机床产业现有的企业、技术、人才等资源,形成以沈阳机床集团为中心,以机床产业园为重点的产业布局。

3. 铁西汽车及零部件产业集群。整车产品以华晨宝马二期扩建项目、广汽日野和辽宁曙光为核心,重点发展轿车、大中型客车以及卡车、民航地面特种车;汽车零部件产品重点发展发动机零部件、底盘零部件、车身零部件等相关产品。

4. 铁西电气及配件产业集群。重点发展变压器、开关、电容器、中压电器、低压电器、电线电缆、电气机械、电力电子类产品和设备及工程成套类产品。

5. 铁西医药化工产业集群。重点建设医药、石油化工、氯碱化工、橡胶加工、精细化工和化工新材料核心产业。

6. 大东汽车及零部件产业集群。依托华晨金杯、华晨宝马、上通北盛,发展以整车为龙头,特种车、改装车、零部件为支撑的汽车产业。

7. 沈北新区农产品精深加工产业集群。重点做精做优粮油、乳品、畜禽、果蔬(饮料)、饲料等产业。

8. 沈北新区手机(光电)产业集群。重点发展手机通讯产业、光显产业、光能产业、激光产业、家电产业和数字装备产业。

9. 东陵(浑南)软件及电子信息产业集群。重点发展数字医疗、通信、数字视听、IT 装备、自动控制、数控机器人、光电子及应用软件动漫创意等。

10. 沈阳民用航空产业集群。打造我国北方最大的民用飞机研发、制造、运营、服务中心和最大的民机总装中心。

11. 于洪装备制造配套产业集群。立足于产品上游配套、产业链条补缺、完善壮大沈阳装备制造业,重点发展以装备制造配套产业为核心的特种机床、工业基础件、五金制造、电气等产业。

7 个战略性新兴产业：

充分发挥产业基础优势、人才集聚优势、技术装备优势，重点发展先进装备制造、信息、生物医药、航空、新材料、新能源、节能环保 7 个战略性新兴产业。到 2015 年，新兴产业产值年均增长 25% 以上，重要新兴产业领域研发投入占销售收入比重达到 6% 以上。

——先进装备制造业。重点发展重大技术装备、高档数控机床、IC 装备和自动化控制系统、轨道交通装备、物流技术装备，建设重大技术装备产业基地、高档数控机床产业基地、IC 装备产业基地、物流技术装备产业基地、先进装备制造产业园和轨道交通装备产业园，提高先进装备制造业自主创新能力和企业核心竞争力。

——信息产业。重点发展软件和服务外包、通信、数字视听、物联网技术及设备、动漫和创意文化产业，建设数字视听产业基地、软件产业基地、动漫产业基地、创意文化产业基地、通信产业基地和软件服务外包产业园，推进工业化与信息化及三网的加速融合，打造数字城市。

——生物医药产业。重点发展生物医学工程、现代中药、化学新药、生物新药、生物医药产业服务外包，建设浑南医疗设备产业园、棋盘山眼科生物医药产业园、新民市生物医药产业园等重点园区，全面推进医疗设备和新医药项目研发、中试和产业化。

——航空产业。以沈阳国家民用航空高技术产业基地为基础，依托骨干企业、科研院所和高校，重点发展支线飞机及部件、航空发动机、通用飞机、飞机维修及服务，建设浑南航空产业基地和北部通用飞机产业园。

——新材料产业。重点发展金属新材料、有机高分子新材料、无机非金属新材料、先进复合材料、纳米抗菌材料等资源节约型、绿色环保型、高附加值、高技术含量的新材料，建设高性能碳纤维复合材料产业基地、金属新材料产业园、现代建筑产业园和现代陶瓷产业园。

——新能源产业。以新能源开发利用为重点，积极发展风电装备、核电装备、新能源汽车、电池与组件、太阳能光伏发电、半导体照明应用产品。重点建设新能源汽车生产基地和风电装备产业基地。推进康平、法库等风电场建设，加快智能电网建设，推进传统能源清洁利用。

——节能环保产业。重点发展节能关键技术和装备、环保关键技术和装备，建设沈阳市静脉产业示范基地，推进垃圾处理余热发电、秸秆综合利用、污水处理厂中水余热供热、区域热电联产、建筑节能、绿色照明等工程。

5 个优势产业：

——汽车及零部件产业。充分发挥轿车、MPV、轻型客车等方面的比较优势，以宝马、别克、雪佛兰、中华、金杯等品牌体系为核心，进一步强化资源的有效配置和利用，提高整车产能；配套发展发动机、车轿、变速箱、汽车内外饰、汽车电子等 5 大汽车零部件体系，形成一批技术含量高、市场占有率大、有一定生产规模和档次的零部件品牌产品，增强汽车零部件的核心竞争力，将沈阳打造成为国内有一定影响力的区域性汽车整车和零部件制造及综合配套的产业基地。

——现代建筑产业。以现代建筑制品为主体，重点发展现代建筑墙体制造业、建筑建材装备制造业、建筑用机电产品制造业、建筑金属结构制品制造业、建筑陶瓷制造业和建筑用木制品制造业六大产业，积极构建科技支撑、商贸服务、总部经济和公共服务四大服务平台，加快促进铁西现代建筑产业园、法库陶瓷产业园区、沈阳东北木材园和沈阳闽南石材城等一批产业集群发展壮大。

——农产品深加工产业。依托重点龙头企业，培育、壮大粮油加工、畜禽加工、饮料、乳品、林木加工等领域,推进传统农产品深加工产业向食品产业、生物产业等高端方向转化,实现由传统的以粮食原料为主的一代农产品深加工产业向高科技的以非粮原料为主的二代生物产业延伸。

——化工产业。以化学工业园为主要发展平台,形成以石油化工、橡胶加工、精细化工、化工新材料等四大产业为主导的化工新兴产业。

——钢铁及有色金属深加工业。重点发展服务于装备制造业的金属原料和深加工、金属新材料以及钢材加工配送、现代冶金装备等产业,建设国内先进的金属深加工产品研发、制造和集散基地。

专栏4　百亿元重大工业项目

1.米其林沈阳轮胎有限公司高性能子午线轮胎环保搬迁改造及扩产项目。项目总投资104亿元人民币,将成为全球技术最先进的轮胎生产企业。

2.华晨宝马汽车有限公司扩建项目。一期规划占地1平方公里,总投资5.6亿欧元,形成10万辆产能,二期扩建20万辆产能。

3.沈阳金属及新材料产业园。项目总投资达117亿元人民币,建设金属新材料加工基地。

4.数字识别工业园区。项目总投资达100亿元人民币,重点发展软件和信息服务产业。

5.高新复合材料产业园建设项目。项目总投资达100亿元人民币,到2015年引进碳纤维及下游加工、配套生产企业30家。

6.法库新能源产业集群。项目总投资达100亿元人民币,大力发展风力发电产业。

7.沈阳纸业产业园。项目总投资15亿美元,重点发展牛卡纸、白卡纸、瓦棱纸及生活用纸。

8.中国·沈阳国际特种机床装备城。项目总投资170亿元人民币,重点发展特种专用数控机床产业,建设整机生产区、功能部件生产区和配套机械加工区。

一批生产性服务业和工业互动发展平台:

公共制造平台,重点发展铸锻造、机泵阀、模具、功能部件等基础产业集群,实现集约化、专业化、规模化生产。公共研发设计平台,引导企业与国内知名高校建立产学研战略联盟,进行技术攻关。工业设计平台,鼓励和支持工业设计关键技术开发和应用,提升工业设计的整体水平,带动制造业发展。质量技术检验检测基地,为产业发展提供科学公正、技术先进、结构合理、层次分明的优质高效服务。现代物流公共平台,重点建设符合社会化、专业化原则的现代物流系统。

三、推进沈阳经济区建设

以沈阳经济区综合配套改革为动力,充分发挥中心城市的带动作用,加速推进沈阳经济区城际连接带建设和沈阳经济区一体化进程。

推进城际连接带建设。沈抚城际连接带,依托沈抚新城,重点发展生态科技、文化创意、休闲旅游和智能产业;沈铁城际连接带,依托蒲河新城、新城子新城、法库新城、康平新城和清水台新市镇,重点发展手机制造、光电信息制造、农产品深加工及生物制药、陶瓷、通用航空、碳纤维、商贸地产等产业;沈本城际连接带,依托浑南新城、佟沟新城和姚千户新市镇,重点发展航空制造产业、现代服务业、软件外包、休闲旅游产业;沈辽鞍营城际连接带,依托铁西产业新城、近海新城、浑河新城、细河新城、沙河新城,重点发展先进装备制造业、现代建筑业、现代物流业、商贸会展;沈阜城际连接带,依托永安新城、胡台新城、新民新城三个新城和大民屯、兴隆堡两个新市镇,重点发展装备制造配套产业、包装印刷产业、纸业、现代物流业、温泉旅游业和医药食品产业。

加速一体化进程。建设连接沈抚、沈本、沈辽鞍营、沈铁和沈阜五大城际连接带的综合交通运输网络,构筑交通一体化发展框架。实现沈抚铁三市024电信区号共享,加速推进通信一体化。加快金融、产权交易、人才、旅游、房地产市场一体化建设,实现要素资源优化配置。完善环境保护一体化协调机制,加强区域污染防治和生态保护。推进沈阳经济区户籍管理制度改革,鼓励各类人才来沈落户。深化养老保险、医疗保险制度改革,推进社会保障一体化。整合区域产业资源,建立布局合理的新型工业化产业体系。

第二节　做大中心城市

以承办第十二届全运会为契机,以建设国家中心城市为目标,大力发展现代服务业,强化重大基础设施建设,不断增强中心城市的承载力、集聚力和辐射力,提高城市品位和影响力。

一、大力发展服务业

以中心城区服务业集聚区、重大服务业项目和服务业领军企业为载体,大力发展现代服务业和生产性服务业,积极改造提升传统服务业,加快形成以服务经济为主导的发展格局。

专栏5　服务业集聚区建设

　　1. 沈阳金融商贸集聚区。形成具有行业主导力、区域辐射力、国际竞争力的现代化金融服务体系和金融市场体系,实现国家优化金融生态综合试验区建设目标。
　　2. 五里河国际商务集聚区。大力引进企业总部、高端商业,发展中介咨询、商务办公,建设三好街科技方城,重点发展商务、会展、传媒、科技等产业。
　　3. 近海东北亚国际物流园区。重点发展综合保税和港口物流,为沈阳经济区提供物流服务。
　　4. 沈阳国际软件园。主要面向从事工业软件开发与设计、提供政府与行业解决方案、信息服务外包、网络运营、系统集成、呼叫中心、数据处理、教育培训等业务的软件企业和快速成长的中小型科技企业,形成完整的软件与信息服务产业生态系统。
　　5. 大中街商贸文化集聚区。重点发展现代商贸、商务会展、文化旅游、休闲娱乐等现代服务业态。
　　6. 太原街都市商贸中心。大力发展时尚精品购物、高端商务、艺术休闲娱乐等现代服务业。
　　7. 南塔商贸集聚区。积极导入为大型专业市场提供服务的现代贸易、商务办公、文化娱乐等项目,形成以专业市场为核心的新兴都市商贸集聚区。
　　8. 棋盘山生态文化旅游区。重点发展生态休闲旅游、文化创意、影视拍摄等产业。
　　9. 沈北文化科技商务区。依托东北总部基地、华强文化科技产业园等重大项目建设,着力发展企业总部、文化娱乐、科技服务、高端商业等,成为北部商务中心。
　　10. 泗水科技城。通过发展眼产业、先进医疗器械和健康医疗产业,形成集生物技术研发、教育培训、成果转化、商务休闲、旅游观光于一体的产业链,建设国家级生物技术产业基地。
　　11. 和平金融街。以发展金融产业和现代金融服务业为主,打造投融资服务平台,积极构建东北金融创新中心、金融人才基地、金融服务外包基地。
　　12. 沈海综合物流园区。重点发展汽车及零配件、生产资料、日用工业品等物流,提升内陆口岸、产业集聚、区域服务等功能。
　　13. 北一路钢材物流产业带。重点发展金属贸易总部经济、钢铁物流、期货交易市场、金属交易信息服务中心、电子商务平台、金属贸易物流软件研发管理中心等。
　　14. 金山物流产业集聚区。重点发展以黑色金属材料物流、现代物流总部办公、物流信息服务、配送、流通加工服务等为主体的新兴物流服务业。
　　15. 于洪永安新城物流园。以中铁沈阳集装箱中心站项目为龙头,重点发展铁路集装箱物流、第三方物流、保税物流、工业原料及产成品专业要素市场。

　　——金融业。围绕建设东北区域金融中心,加快沈阳金融商贸开发区、沈阳金融街建设,完善核心功能区、装备制造金融、科技金融、农村金融示范区(基地)发展布局。积极推进优化金融生态综合试验,完善金融机构体系,努力构建多层次资本要素市场,增强中心城市金融辐射带动能力和综合服务功能。加快满融经济区东北亚合作产业园区建设,构建金融服务外包基地。推进东北产

权交易平台互联互通、区域整合和功能拓展,构建多元化、具有较强辐射力的东北区域中心产权交易市场。

——物流业。发挥区位优势,以铁路、公路、空运网络为依托,重点加快建设沈北、永安、沈西、沈南、沈海、桃仙空港、近海等 7 个物流园区和大东汽车物流、沈阳粮食物流等 15 个物流中心以及南湖 IT 产业、邮政物流等 100 个物流配送中心,打造以工业物流、商贸物流和涉农物流为支撑的产业物流体系,形成区域分拨和城市配送体系。大力发展第三方物流,壮大企业规模,提高第三方物流业务量比重。加快推进物流信息化建设,促进物流信息的标准化和规范化。

——信息服务业。推进楼宇软件和服务外包产业群发展,扩大承接信息技术外包、业务流程外包、动漫创意外包业务规模。以东北亚软件外包联盟和软件出口基地为平台,积极发展软件服务外包。加快推进"沈阳一卡通"试点,形成以银行卡应用、服务业务办理、电子支付应用三大功能为主体的信息应用体系。

——科技服务业。围绕优势产业,强化前沿技术、多学科融合、交叉技术、中间试验研究,做大做强一批科学研究与技术开发和工业设计机构,形成一批国家和省级工程(技术)中心和重点实验室,促进科技成果产业化进程。继续强化三好街的科技服务功能,加快打造全国重要的电子产品交易市场。以制造业研发为重点,全面整合、有效配置各类科技服务资源,构建功能完备、开放协作、运行高效、与国际接轨的现代科技服务体系,建设中国制造业研发基地和国家高技术服务业基地。

——商务会展业。重点建设沈阳国际展览中心、新世界会展中心、龙之梦亚太城、恒隆市府广场、乐天世界、中国·新加坡国际生态商务区、东北总部基地等一批具有国际水准、超大体量的高端商务设施,吸引更多的国内外知名企业总部和地区总部入驻,加快总部经济发展。进一步扩大制博会、汽博会、高新技术、动漫、手机、陶瓷等国际会展品牌的影响力,建设中国北方会展中心。积极发展管理和信息咨询、项目管理等咨询管理类业务,鼓励发展社会中介服务行业,做大做强商务服务规模。

——商贸流通业。构建"一核"、"一圈"、"七射"的商贸流通服务体系,重点推进城乡商品市场体系建设。围绕金廊和地铁一、二号线,建设太原街、大中街、五爱街、长江街、南塔、兴华街、浑南等大都市商贸中心,打造北市场民俗风情街等具有较高知名度和较强吸纳辐射功能的特色商业街,形成商贸流通服务业发展核心区。以沈阳经济区节点新城为依托,形成商贸流通服务业发展拓展圈。以沈阳经济区新市镇为依托,建设沈铁、沈抚、沈本、沈辽鞍(沈南方向)、沈辽鞍(沈西方向)、沈阜和沈北 7 条商贸流通服务业产业带,形成商贸流通业发展辐射区。围绕建设国家中心城市,制定鼓励政策和扶持措施,重点支持城乡市场基础设施配套建设,建设大型商品交易市场,新建、改造标准化农贸市场,发展社区便民菜店,建设农副产品配送中心,加快乡镇商品市场建设,选择部分中心镇建设较大型现代化超市。

——文化旅游业。大力实施"文化强市"战略和文化产业整体提升工程,重点发展新闻出版印刷、娱乐演出、动漫制作、文化旅游四大主导产业,培育影视传媒、创意设计、广告会展、数字文化等新兴文化产业,做强京剧、评剧、杂技和二人转等文化品牌,培育文化市场,实现文化产业健康快速发展。围绕建设东北亚旅游、休闲中心城市,继续加大对棋盘山景区、森林公园、植物园、七星风景旅游区、珍珠湖及丁香湖等旅游基础设施建设力度,形成以棋盘山旅游开发区为代表的旅游集聚区;全面深化"一宫两陵"、张氏帅府及华强文化科技产业基地等精品景区建设,形成旅游品牌效应;科学合理开发利用地热资源,发展温泉经济,构建集温泉度假、康体养生、休闲娱乐、精品酒店、商务会议及主题地产于一体的东北生态温泉城;开发乡村旅游和生态旅游;充分发挥国家装备制造业基地作用,建设以铁西铸造博物馆为基础的中国工业博物馆,大力发展旅游制造业,将铁西、大东培育成国家旅游制造业集聚区。

——房地产业。优化房地产开发结构,加快建设成品住宅,推进住宅产业化,提升住宅小区的绿色生态、健康宜居、优美环境建设水平。保持投资和供求总量的基本平衡,促进房地产业持续、平稳、健康发展。

专栏6　服务业重大项目建设

1. 龙之梦亚太城。项目总投资260亿元,建设商业中心、国际名品展示中心、文化展示中心及高楼商住小区。

2. 沈阳奥园国际新城项目。项目总投资231亿元,主要建设商业、住宅等综合用地。

3. 盛京皇城项目。项目总投资200亿元,以前清文化和民国文化为依托,以民俗、民风为补充,集遗产保护、文化旅游、商业服务等多功能于一体的具有独特魅力的标志性城市历史文化街区。

4. 沈抚新城高坎生态经济区项目。项目总投资200亿元,打造集旅游度假、休闲娱乐、商业服务、商务会展、行政办公、体育健身、高端居住、总部经济于一体的高端生态经济区。

5. 东北总部基地项目。项目总投资180亿元,建设智能化、生态化、集办公、科研、中试、产业于一体的企业总部集群基地及配套。

6. 国际创意谷项目。项目总投资130亿元,建设集文化旅游、创意设计、数字研发、动漫卡通、产品制作、教育培训、总部经济、会议会展、商业住宅配套等功能为一体的国际创意产业集聚区。

7. 沈阳乐天世界项目。项目总投资126亿元,建设购物中心、写字楼、星级酒店、公寓、公共服务设施为一体的综合地产项目。

8. 沈阳兴隆温泉城项目。项目总投资120亿元,建设休闲娱乐、治病保健、水上运动、高档住宅、高科技农业体验观光、民俗风情等7大功能区。

9. 世茂五里河广场项目。项目总投资103亿元,建设集超五星级酒店、高档写字楼、世茂百货商业和高档住宅于一体的东北地区标志性建筑群。

10. 新世界会展中心项目。项目总投资100亿元,建设集会议展览中心、体育场、商业、星级酒店、办公楼、酒店式公寓等多功能商业于一体的综合项目。

11. 辽宁(恒隆)城市广场项目。项目总投资100亿元,建设星级酒店、大型购物广场、甲级写字楼。

12. 沈阳华强文化科技产业园项目。项目总投资100亿元,建设3个大型文化科技展示区、7个文化产业专业基地、1个展示中心,以及飞天剧场、主题酒店和商业街等设施。

13. 沈阳雨润农副产品全球采购中心项目。项目总投资约为100亿元,建设集农产品展示交易、电子拍卖、冷链物流、加工仓储、配送、检验检测以及配套商务、办公、研发、餐饮、酒店、住宿、购物等多功能于一体的综合性农产品交易集散中心。

14. 于洪温泉城项目。项目投资100亿元,重点发展温泉旅游、餐饮娱乐、休闲运动等产业。

二、加快大浑南开发建设

适应城市建设重心南移的需求,高水平、高标准推进大浑南建设,逐步建成高新技术和新兴产业聚集区、城市空间和功能完善拓展区、城乡统筹首善区和科学发展示范区,全面塑造和提升大浑南地区的形象和品位,打造和谐浑南、绿色浑南、创新浑南。创新开发建设体制机制,以生态、低碳、环保为理念,全面启动浑南新城建设,重点加强重大基础设施建设,完善现代交通体系,力争建设成为第三代城市的典范,成为沈阳未来的行政中心、国际交流中心、博览会展中心、文化体育中心、康体休闲中心和集中体现国际大都市风貌的门户区域。建设沈阳国家大学科技城,引进50所国内外重点院校、科研院所、国内外著名大学研发中心和500强企业研发中心,建设科技研发、科技成果转化和科技孵化基地,构筑科技创新发展重要平台,打造沈阳未来的科技中心。按照"场馆建设与地区发展"联动开发模式,高质量完成全运会比赛场馆和运动员村、媒体公寓等建设工程,做好与城市公共设施的配套衔接。

三、加快基础设施建设

——航空。高标准推进桃仙机场扩容改建,建设20万平方米航站楼、旅客停车场、站坪及相应机场辅助设施;完成第二跑道、货运站、航空食品、生产辅助设施、商务中心、安保用房、特种车库等项目建设。

——铁路。以推进沈阳站、沈阳北站、沈阳南站、新沈阳北站等综合换乘枢纽项目改造建设为核心,重点建设哈大、京沈、沈丹客运专线等高速铁路项目,完善铁路客运服务网络;建设沈西工业走廊铁路开发区专用线、沈法康铁路、法库陶瓷产业集群专用线和铁路集装箱中心,筹建康平塑编产业集群专用线,推进东北环线增二线、西南环线等项目,形成内客外货、功能完善的铁路枢纽网络布局。

——轨道交通。地铁二号线、一号线东延长线、二号线北延长线和机场连接线建成通车;建设地铁四、九、十号线,适时推进沈铁、沈彰(沈阳至新民)、沈盘(沈阳至辽中)、沈辽、沈本城际铁路项目建设,形成与周边城市和地区相连接的城际轨道交通枢纽。

——公路。建设辽宁中部环线高速公路新民至铁岭段、沈康高速公路三期、沈抚与沈铁二号公路、四个县(市)绕城公路、沈阜和沈彰开发大道。全面完成三环高速公路改造和四环快速路建设,规划建设五环高速路。推进县域间公路和农村路网建设,配套建设一批便捷顺畅的现代化综合交通枢纽,提升公路承载能力,构建系统化、快速化、立体化的城乡道路交通格局。

——城市道路。建设城区南北快速干道,实施二环路快速化改造,整体提升路网运行效率。推进市府大路、南八马路等主要街路延长线工程建设及太原街、中街、三好街等行人立体过街设施建设,方便居民出行和道路安全;加快城区铁路道口公铁桥和城市断头路等瓶颈节点项目建设,实现干道网的系统化和网络化,缓解交通拥堵压力,切实保障市区交通顺畅通行。

——公共交通。实施公交优先发展战略,构建快速公交、智能公交系统。新开公交线路70条、新增公交车1000辆,建设一批综合与区域公交枢纽和公交运营,公共交通出行分担率达到40%,填补公交空白点,扩大公交线网覆盖面。示范推广使用节能与新能源汽车,配套建设充电基础设施。

——停车场建设。走停车产业化发展道路,制定相应产业政策,逐步健全和完善停车管理机制和相关法规,大幅提高新建建筑物停车配建标准,在太原街、大中街、三好街、北站等商业密集区和地铁车站周边建设路外公共停车场和换乘停车场,努力形成停车发展与城市整体交通战略相适应、动态交通和静态交通一体化、潜力挖掘和施工建设并重、管理职能与政策措施协同、停车设施供需和谐的现代化城市停车管理格局。

——电力。全面加快城乡电网统筹发展,新建500千伏沈南、盛京、辽中、新民开关站和220千伏浑江、空港、高花等输变电工程,增容扩建冶金、新立、宁山、平安、法库等220千伏输变电工程。建设生活垃圾焚烧发电和生活垃圾填埋气体发电项目,开发建设康平、法库风电场,进一步提高配电网供电能力和技术水平。

——热力。以热电联产为主、以大型区域性锅炉房为辅,加快项目建设,积极推进燃气分布式供热、水(地)源热泵等清洁能源采暖方式,全面实现集中供热,形成并巩固东、西、南、北、中五大供热区域的集中供热格局。

专栏7 能源项目

1. 浑南热电厂。位于沈阳市浑南新区金家湾地区,规划建设 2×350MW 发电供热机组,估算总投资 30 亿元。

2. 沈抚连接带热电厂。位于沈阳市东部和抚顺市西部的沈抚连接地带,规划建设 2×350MW 发电供热机组,估算总投资 30 亿元。

3. 沈北热电厂。位于沈北开发区,规划建设 2×350MW 发电供热机组,估算总投资 30 亿元。

4. 于洪热电厂。位于于洪区平罗街道,规划建设 2×350MW 发电供热机组,估算总投资 30 亿元。

5. 金山"污泥掺烧"供热工程。规划在金山热电厂完成 2×220MW"上大压小"工程的基础上,建设 2×350MW 级"污泥掺烧"供热工程,估算总投资 26.5 亿元。

6. 沈海热电厂异地扩建工程。位于三环外大东与棋盘山交界处,规划建设 2×350MW 发电供热机组,估算总投资 30 亿元。

7. 沈西燃气热电厂。位于沈阳经济技术开发区(沈西工业走廊),规划建设 2 台 GE9351FA 燃汽轮机发电机组和 2 台 CC245MW 再热双抽凝汽式汽轮发电机组,装机规模 2×400MW,估算总投资 28 亿元。

8. 新民热电厂。位于辽宁新民经济技术开发区,规划建设 2×350MW 发电供热机组,估算总投资 28 亿元。

9. 辽中热电厂。位于辽中县近海经济区,规划建设 2×300MW 发电供热机组,估算总投资 28 亿元。

10. 500 千伏电网建设。新建 500 千伏盛京、沈南、辽中变电所和新民开关站,新建 500 千伏线路 200 公里,估算总投资 26.7 亿元。

11. 220 千伏电网建设。新建 6 座 220 千伏变电所、2 座开关站,增容改造 7 座 220 千伏变电所,新建 220 千伏电源线路 90.06 公里,500 千伏变电所 220 千伏联网线路 55 公里,估算总投资 25.8 亿元。

12. 66 千伏电网建设。建设 36 座 66 千伏变电所,增容改造 15 座 66 千伏变电所,新建 66 千伏电源线路 264.6 公里,22 所 66 千伏联网线路 250.39 公里,估算总投资 41.2 亿元。

13. 风力发电项目。重点开发建设康平和法库风电场,全市风电装机总规模达到 200 万千瓦,年发电量达到 40 亿千瓦时,估算总投资 140 亿元。

四、提高城市建设管理水平

积极推进中心城区旧城改造,加强城市居民住宅小区和城市道路、城市容貌和环境卫生等基础设施改造建设,全面提升市容景观和环境卫生服务能力。加强排水设施改造、中小河流整治、城市防洪、涝区治理等工程建设,提高城市防洪与抗涝能力。加快新建水源工程和供水管网建设与改造,提高供水能力。统筹规划,科学合理开发地下空间资源,全面增强城市防空、防灾、抗毁能力,提高地下空间的利用效率。结合地铁建设,对北站南广场进行立体改造,有效解决交通混乱、拥堵、停车困难等问题,提升沈阳整体形象。建设企业档案保管中心、全市电子文件归档、在线采集及资源共享平台,实现档案信息资源的共建共享。完善邮政设施建设,扩大邮政的公共服务范围。坚持建管并重,建立城市无公害除雪、绿化养护、道路清扫、市容管理、垃圾清运、污水排放等精细化、常态化管理的长效机制,形成指挥有力、运转协调、高效快捷的现代城市管理系统。加强城市管理的地方性法规建设,提高依法管理城市的能力,实现城市管理的科学化、制度化,形成全社会参与城市管理的浓厚氛围。

五、全力打造历史文化名城

注重丰富城市文化底蕴,弘扬传统文化,加强非物质文化遗产和文物保护,促进历史文化积淀与现代城市发展的有机融合,提高文化软实力。突出前清文化、民国文化和工业文化三大文化内涵,构建历史文化名城格局,形成历史文化街区、历史文化名村、文物古迹及古树名木四部分的保护体系。加强民族和地域文化资源的挖掘、保护和利用,推进沈阳博物馆、新乐遗址博物馆、盛京皇城及锡伯族家庙等一批标志性文化设施建设和历史文化遗产保护工程,整合中山路欧风街和老北市民俗文化元素等一批文化街区,改造建设西塔、满融两大朝鲜族文化特色区域,保护发展锡伯族文化,全面塑造一批代表城市特色的文化品牌。

第三节　做强县域经济

坚持以富民强县为目标,以工业化为主导,以现代农业为基础,以城镇化为支撑,加快发展现代农业和县域经济,建设社会主义新农村,推进城乡统筹发展。到2015年,力争一市三县全部建成科学发展先进县(市),新民、辽中综合经济实力进入全国百强县,法库、康平跻身全省县域第一集团,郊区城市化水平显著提升,经济总量争取进入全省郊区最前列。

一、加快推进农业产业化

坚持市场导向,按照高产、优质、高效、生态、安全的要求,加快转变发展方式,落实各项强农惠农政策,推进农业科技进步,加强农业物质技术装备,健全农业产业体系,创新农业经营形式,通过实施"六大工程",促进农业生产经营专业化、标准化、规模化、集约化,不断提高农业资源利用率、土地产出率、劳动生产率。

专栏8　农业产业化"六大工程"

　　1.农民增收统领工程。以农民增收统领农业农村工作,建立"市抓规划目标、县抓推动落实、乡抓产业发展、村抓致富项目"的工作责任体系和考核、奖惩机制。坚持调结构、抓输出、强素质,拓宽增收渠道,千方百计深度挖掘增收空间,在稳步增加家庭经营收入的基础上,大幅度提高工资性收入比重,确保全市农民人均纯收入年均增长13%以上,力争5年翻一番,到2015年达到2万元。

　　2.粮食高产创建工程。夯实农业基础,提高粮食单产水平。加强产学研结合、育繁推销一体化种业体系建设,高标准规划建设沈北新区国家级种业基地。健全基层农业推广机构运行机制,引导多元化服务组织发展,开展农民科技培训,普及应用测土配方施肥等先进实用技术。提升以农机为重点的整体装备水平,全面实施保护性耕作技术示范,重点推进主要粮食作物生产全程机械化。强化农田水利基础设施建设,实施浑蒲、浑沙等大中型灌区续建配套和节水改造,不断改善农村小微型水利设施条件,完善农业防灾减灾体系。结合国家新增千亿斤粮食工程和省农科院共建项目,开展关键性技术攻关,创建水稻、玉米万亩方吨粮田,推进高产高效粮食生产示范区建设。到2015年,全市粮食平均单产水平达到550公斤/亩,比2010年提高28%。

　　3.农业结构优化工程。深入推进农业结构战略性调整。优化种植结构,大力发展工厂化、精品农业,结合中低产田改造,继续发展设施和高效特色农业,加快发展经济林和林下经济。优化养殖结构,建设一批优质畜禽水产生产基地,推进标准化规模饲养、清洁化健康养殖,促进产业转型升级。拓展农业功能,发展集观光、休闲、旅游、生态于一体的都市农业,推进九龙河现代农业示范区、沈阳光辉现代农业示范区建设,打造以蒲河生态廊道为重点的沈阳北部现代农业观光休闲示范带。到2015年,设施、高效特色农业面积占总耕地面积比重达50%以上,畜牧业产值占农业总产值比重达60%以上,切实转变发展方式,形成具有沈阳特色的现代农业框架。

　　4.农产品质量提升工程。强化生产者质量意识、经营者自律意识、管理者责任意识。推进农业标准化生产,建立农产品产地环境、质量安全状况例行监测和公告制度,推进万亩以上果蔬出口基地标准化示范区建设。加强流通检测和市场监管,全面加强蔬菜、水果、畜产品、水产品市场准入、准出制度。加强优质农产品品牌建设,鼓励企业开展标准体系认证,支持名特优产品商标注册,继续搭建农博会等营销平台,提高品牌知名度和影响力。到2015年,形成一批知名农产品品牌和高标准生产基地,农产品标准化生产面积达80%,流通环节实现100%检测。

　　5.农业产业化升级工程。坚持"外引内育"方式,扶持龙头企业发展壮大,引导规模化、集团化发展。重点引进对本地农产品有牵动力的国家级产业化龙头企业。鼓励农产品加工企业建设生产基地,推广"龙头+基地+农户"的经营模式,紧密产业链条。大力发展专业合作社,培育专业大户、种养销带头人,提高组织化程度。到2015年,农产品综合加工率达到60%,农业产业化经营覆盖面达70%以上。

　　6.一乡一业、一县一业推进工程。按照乡镇为主、错位发展的要求,培育壮大主导产业,切实推进70个专业乡镇一乡一业建设。创新管理体制和运行机制,加快农业经济区建设步伐,发展多乡一业,进而形成一县一业发展新格局。到2015年,建成全国知名的新民果蔬产业大县、辽中蔬果花卉出口大县、法库"牛县"、康平花生产业大县;4个郊区建成特色产业与都市农业、旅游观光及休闲度假农业相结合的现代农业示范区。

二、加快推进县域工业化

全力推进工业化,努力构建工业牵动发展、工农城乡协调并进的格局。加快推进辽中近海、沈阳胡台新城、辽宁新民经济开发区、法库开发区、康平开发区等重点产业园区建设。鼓励新兴产业发展,重点推进通用航空、新能源、风电、碳纤维、钛材料、静脉产业发展,形成县域发展新的增长点。加快建成一批特色鲜明、定位清晰、错位发展的工业园区和优势特色产业集群。到 2015 年,百亿元产业集群达到 16 个,形成 1～2 个千亿元产业集群。

专栏 9　县域百亿元重点产业集群

1. 于洪电力设备配套产业园。以 50 万伏超高压电缆为核心产品,重点发展多等级、多制式电信电缆、六氟化硫真空断路器、特高压隔离开关、电容式电压互感器、特大容量变压器等电力装备产业。

2. 于洪工业基础件产业园。重点发展机泵阀、密封件、传动件、结构件等产业。

3. 东陵(浑南)软件与电子信息服务产业集群。重点发展数字医疗、通信、数字视听、IT 装备、自动控制、数控机器人、光电子及应用软件动漫创意等。

4. 苏家屯电力电器产业集群。重点吸纳国内外高科技电力电器企业落户。

5. 苏家屯钢管产业集群。打造东北地区最大的无缝钢管生产基地。

6. 新民药业产业集群。重点发展生物制药、现代中药、化学原料药、医疗器械、保健功能食品。

7. 新民包装印刷产业集群。重点建设包装印刷制品区、文化和装潢制品区、包装印刷设备制造区、原辅材料区、仓储物流区和研发展示交易区等 6 个功能区。

8. 新民灯饰灯具电光源产业集群。重点建造集照明、灯具、灯饰、包装印刷、仓储物流为一体高效节能环保的北方最大国际化照明电器生产基地。

9. 辽中铸锻造机加产业集群。重点建设铸铁区,铸钢区,特种铸造、机加区,有色铸造、机加区,锻造区和模具加工区 6 大功能区。

10. 辽中机加泵阀产业集群。重点建设沈阳泵阀产业集群核心区。

11. 辽中有色金属加工产业集群。重点是以铜带产品为基础,积极发展无铅铜、精密铜板带、铜棒等下游产品,积极开发高能钛金属材料。

12. 辽中食品加工产业集群。打造集食品、农产品深加工、绿色无公害检测、物流配送于一体的食品加工产业集群。

13. 法库陶瓷产业集群。重点加快产业集群基础设施建设,规划建设高科技陶瓷功能区。

14. 法库辉山乳业产业集群。重点建设 20 座奶牛养殖场、1 座年产 8 万吨牛初乳配方奶粉加工厂和 1 座沼气发电厂。

15. 康平塑编纺织产业集群。重点引进塑编、纺织、化纤等现代塑编及纺织企业及配套企业,形成完善完整的产业链条。

16. 康平高新复合材料产业集群。建设有碳纤维区、风力发电制品区、高强聚乙烯纤维区、体育用品制品区、聚苯硫醚纤维区、航天航空制品区以及生活区和公共活动服务区。

三、加速推进农村城镇化

坚持整体规划、分步实施,着力加快城际连接带 19 个新城和新市镇及省、市重点镇、中心镇建设;依托蒲河生态廊道建设,重点推进蒲河沿线区、县(市)乡镇及近郊区城镇化。重点加快新民、辽中、法库、康平 4 个县(市)的县城建设,使之成为带动农村发展的综合性区域中心。推进国家和省级发展改革试点小城镇建设,发挥试点镇的引领带头作用。按照保障农民权益的要求,积极稳妥推进农村土地流转,加强农村宅基地和村庄整理,健全农村拆迁补偿安置相关政策,建设农民幸福生活的美好家园。注重具有地方特色和历史价值的乡镇、村庄人文环境建设,引导基础设施薄弱、人口持续减少乡镇撤乡并镇。

四、加快农村基础设施建设

继续实施病险水库、水闸除险加固,降低病险水闸比例。加快重点灌区改造,完善农田灌排体系,实行水、土、田、林、路综合治理。基本建立农村饮水安全工程服务体系。加大农村新型能源推广力度,建设户用沼气能源生态模式 5 万处、能源生态环境示范工程 20 处、生物质成型燃料技术示范工程 20 处,增加生物质燃气集中供气能力 4 万户。全面推进防风阻沙带、辽河水系绿洲等工程,深入推进"绿色村庄"、"绿色通道"、"绿色校园"、"绿色园区"、"景观湿地"等五大空间绿化,改善生态环境。进一步强化动植物防疫、防汛抗旱、森林防火、气象预报预警服务体系建设,提高防灾减灾能力。提高农村公路通达深度,完善农村客运基础设施建设。

五、实施城乡统筹发展战略

统一全市城乡规划和建设管理,坚持工业反哺农业、城市支持农村和多予少取放活方针,统筹优化财政支出结构,坚持新增财政支出主要用于县域。结合"国家生态市"创建工作,优先发展县域基础设施。推动城市功能沿主要基础设施走廊向农村拓展,促进城区产业优化升级与县域经济发展有机结合,积极引导市区工业向县域地区转移,重大工业项目向县域倾斜,形成"点—轴"发展模式。合理确定四个郊区和一市三县发展方向和功能定位,实现全市的优势互补和错位发展。

第四节　加强生态建设

积极推进全域生态化,大力推进生产、流通、消费各环节的循环经济,实现全社会的低碳发展,建设生态宜居之都。

一、全社会资源节约

坚持开发和节约并举、节约优先的方针,全面推进节能、节水、节地和节材,构建资源节约型社会。节能。限制高能耗产业发展,坚持技术进步,实现技术节能。依靠管理创新,实现全社会层面和企业微观层面的管理节能。通过结构优化调整,实现产业和产品结构节能。强制淘汰耗能高的技术、工艺和设备。突出抓好工业、建筑、交通三大领域的节能降耗工作。节水。实施农业节水灌溉,加强灌区节水改造,推广节水灌溉技术(喷灌、滴灌、管灌)。实施农业、工业节水等示范工程,加速城市污水处理中水回用的推广和普及,创建一批节水型企业、灌区、社区。节地。实行最严格的耕地保护制度,全面落实保护耕地的各项措施。建立土地节约集约利用机制,提高土地投资强度和产出效益,实行行业用地定额标准和投资强度控制标准,推进工业向园区集中、人口向城镇集中、居住向社区集中。节材。加强重点行业原材料消耗管理,推行产品生态设计,推广节约材料的技术工艺,推广应用高性能、低材耗、可再生循环利用的建筑材料。

二、保护生态环境

全面加强生态环境保护与治理,提升全社会生态文明理念,建设环境友好型城市。

加强水环境保护。重点实施浑河景观带、环城水系、蒲河生态廊道和大浑南水系等工程建设,形成"南有浑河、北有蒲河,两条生态景观河遥相呼应"的格局。继续实施主要污染物排放总量控制,加强卫工河生态化改造,深入开展辽河等流域水环境综合整治,促进水质改善。严格保护饮用水源,加大水源地水质保护工程建设,全面改善城乡居民饮用水水质,保障饮用水安全。

加强大气环境保护。重点加大电力行业和大规模集中供热锅炉的二氧化硫和氮氧化物的污染控制力度,加强污染排放企业除尘、脱硫、低氮燃烧和脱氮等污染治理设施管理。提高清洁能源使用效率,发展大型热电联产供热和集中供热,淘汰小型燃煤锅炉,治理燃煤污染。加强对施工工地的扬尘管理和一、二级以上道路湿法机械清扫,减少二次扬尘污染。加强机动车尾气污染监管和治理,鼓励推广使用低污染车型,防治机动车尾气污染。

加强环境综合整治。以创建国家生态市、生态区(县、市)、生态村镇为载体,加强农村污染源治理,推进城乡生活污水处理、垃圾处理和危险废物安全处置工程建设,加快城乡生活污水管网建设,实施污水处理厂污泥处理工程,污水处理率达到100%。建立固体废物再生工业园区,提高垃圾无害化处理和资源化利用水平,垃圾无害化处理率达到100%。加强无害化厕所建设和粪便管理,提高农村人、畜禽粪便的无害化处理率。加大对郊区和城乡结合部等重点部位环境依法整治的力度,抓好绿化、美化、亮化工程和水系建设,建立绿化养护、道路清扫、市容整治等精细化、常态化的长效机制,使城乡环境更加优美,更加适宜人居和创业。加强水、大气、土壤等污染整治,加大污水处理、垃圾处理等环境保护基础设施建设投入,不断改善空气质量和城乡卫生环境。

加强自然生态环境保护。加快采煤沉陷区、尾矿库、排土场的整治与生态恢复,加强细河等污染严重的小流域综合治理,加大卧龙湖湿地等自然保护区、重要生态功能保护区和重要生态保护地的建设力度,实行分区分类分级监管。

三、发展循环经济

以新型工业化为导向,大力推广"减量化、再利用、资源化"的循环发展模式,建立政府推动、公众参与、市场主体作用充分发挥的循环经济发展机制。

构建循环型产业体系。加快循环产业园区建设,积极引导不同产业通过产业链的延伸和耦合,实现资源在不同企业之间和不同产业之间的充分利用。鼓励采用先进工艺技术与设备,形成"低消耗、低排放、高效率"的企业循环生产模式。积极推广余热预压回收、废弃物无害化处理等技术,在企业内部实现能量的梯级利用和资源的循环利用。

引导静脉产业发展。以近海经济区建设成为国家环保产业示范基地为先导,充分利用和完善现有废物综合回收利用体系,加快建设现代环保产业园区,建立废弃物回收流转交换系统,推动全市静脉产业发展。

积极培育绿色消费体系。积极倡导社会循环式消费和资源节约活动,推行政府绿色采购,扩大绿色消费市场,培育绿色消费新风尚。

建立循环经济支撑体系。推进循环经济发展的法制建设,促进循环经济标准化。综合运用财税、投资、信贷、价格等手段,引导企业和居民建立自觉节约资源和保护环境的体制机制。推行绿色生产、绿色消费,建立起全社会共同参与的循环经济社会体制。

四、扎实推进污染减排

控制主要污染物排放总量,重点对化学需氧量、二氧化硫、氨氮、氮氧化合物四个指标实施污染减排。推进重点行业结构优化调整,优化发展方式,严格控制增量。提高现有污水处理厂的负荷率和城镇污水管网覆盖率,加快县级和重点建制镇污水处理设施建设。实施重点区域、流域城市污水处理设施提标改造,提升氮、磷去除效果,大力提升城市污水再生水利用能力。加快推广节约型农业技术,推行农村生活污染源排放控制。全面推行电力行业低氮燃烧技术,加快现役机组烟气脱硫设施建设,强化已建脱硫设施的运行管理。加快氮氧化物控制技术的研发和产业化进程,推行低氮燃烧技术以及烟气脱硫示范工程建设。提高新机动车准入门槛,加大在用车淘汰力度,重点地区供应国四油品。

五、推进低碳发展

以鼓励清洁能源利用和低碳化技术改造为重点,促进全市生态环境明显改善,全面提升经济发展质量。

推广清洁能源利用。稳步推进地源热泵、煤层气利用、风力发电等清洁能源,加快推进中石油天然气、大唐阜新煤制天然气入沈管线建设,积极做好天然气的推广利用,不断提高燃气汽车使用规模,优化能源消费结构,有效控制全市煤炭消耗增量,减少有害气体排放;加快推进农村清洁能源利用步伐,积极推广沼气、秸秆综合利用、太阳能等清洁能源,使农村生活用能中清洁能源比例达到50%以上,提高能源使用效率。

促进传统化石能源低碳化利用。加大推广应用洁净煤技术,减少原煤直接燃烧,提高煤炭利用效率;应用二氧化碳捕获、利用和封存技术,减少污染和排放,实现煤炭及煤基产品的高效利用和清洁利用;在电力、交通、建筑、冶金、化工、石化等能耗高、污染重的行业先行建立低碳经济试点示范,积极探索传统能源低碳化利用。

推广低碳生产模式。鼓励企业使用新技术、新工艺、新装备、新材料,提高节能减排技术和管理水平;鼓励企业自愿实施清洁生产审核,从而实现节能降耗减污的目的;鼓励民营企业引进国外先进低碳发展技术,逐步提升民营企业技术水平。

倡导低碳化生活方式。加快完善便捷、快速的城市公共交通网络建设,鼓励市民乘坐公共交通工具出行;加强环保监察力度,禁止尾气排放不达标车辆上路行驶;加快城市老旧公交车升级换代,全面使用节能环保公交车辆,鼓励使用小排量汽车,减少燃油汽车尾气排放。

第五节　着力改善民生

以建设和谐社会为目标,以人的全面发展为核心,以提升基本公共服务均等化水平为重点,增加财政用于改善民生和社会事业的支出比重,促进各项社会事业全面进步,构建与国家中心城市相适应、覆盖城乡的社会公共服务体系。

一、积极促进就业

全力提供就业机会。坚持扩大就业与稳定就业"两手抓",重点做好政府投资项目、工业园区招商引资和重大项目与就业的有效对接,挖掘更多就业潜力。大力发展劳动密集型产业,不断扩大就业容量。充分发挥家庭服务业、服务外包等领域吸纳就业的重要作用,扩大灵活就业空间。建立健全失业预警监测体系,严格控制企业规模性裁员,稳定就业岗位。

鼓励创业拉动就业。继续实施全民创业战略,改进就业服务,建立健全政策扶持、创业服务、创业培训三位一体的工作机制;支持和鼓励有创业愿望的创业者创办企业;积极组建和引导建立创业服务机构。

加大就业援助力度。积极推动高校毕业生就业市场、人才市场、劳动力市场相互贯通,实现各类就业市场的资源共享;拓宽就业领域,鼓励高校毕业生自主创业或到城乡基层、中小企业和非公有制企业就业,吸引符合条件的高校毕业生到农村中小学任教;做好就业困难群体就业帮扶工作。

深入开展普惠制培训。实施特别职业培训计划,加大农民就业培训力度,扩大普惠制培训范围。为高校毕业生、复转军人、残疾人开展免费技能培训。积极落实援助困难家庭子女学习政策,加大订单培训力度,实现培训与就业对接。

二、显著提高居民收入水平

调整收入分配关系。在坚持按劳分配为主、多种分配方式并存、各种生产要素按贡献参与分配基本制度的基础上,不断深化分配制度改革,调整政府、企业、居民的收入分配关系。逐步提高居民收入在国民收入分配中的比重、劳动报酬在初次分配中的比重。努力实现居民收入增长与经济发展同步,劳动者报酬增长与劳动生产率提高同步,低收入者收入明显增加。

扩大农民增收幅度。落实国家支农惠农政策,促进农民直接受益,增加农民现金收入。坚持增加收入和"减少农民"并举,促进农村劳动力向非农产业转移,提高农民务工收入。积极发展现代高效农业,着力提高农业生产率,增加农民经营性收入。加大财政转移支付力度,提高农村社会保障水平,提高农民转移性收入。

提高城市居民收入水平。加强劳动合同管理,促进劳动关系和谐稳定。建立企业职工工资正常增长和支付机制及工资集体协商制度,推动职工收入与企业效益同步增长。完善工资指导线制度,逐步完善最低工资增长制度,切实增加劳动者收入。完善落实公务员津贴补贴政策,推进事业单位工资改革。明显提高低收入居民及部分特殊群体的收入水平。

三、完善社会保障体系

健全社会保险制度。养老保险。进一步完善城镇职工和居民养老保险制度,逐步扩大新型农村养老保险和被征地农民养老保险的覆盖范围,提高参保率。逐步实行事业单位退休人员养老金的社会化发放。进一步做实养老保险个人账户,实现跨省可接续。医疗保险。进一步扩大城镇职工和居民基本医疗保险覆盖面,健全覆盖城乡的基本医疗保障体系。全面完成国家新医改的工作任务,逐步提高保障待遇水平,切实减轻参保人员负担。做好职工医保、居民医保、新农合三项制度的衔接工作。失业保险。继续开展失业预警工作,严格执行失业保险金申领发放相关规定,建立失业保险与促进就业良性互动机制,对所有符合条件的失业人员及时足额发放失业保险金,并落实其他失业保险待遇,切实保障失业人员失业期间基本生活。工伤保险。建立实施农民工医疗工伤综合保险,继续推进各类企业特别是高风险企业、有雇工的个体工商户、进城务工人员参加工伤保险。完善工伤认定制度和劳动能力鉴定制度,探索工伤补偿与工伤预防、工伤康复相结合的有效途径,逐步建立工伤预防和康复制度。生育保险。建立完善的生育保险制度,切实维护职工合法权益。

健全社会救助福利制度。社会救助。进一步完善低保户、低保边缘户及相关救助配套政策,健全分类救助制度,不断提高低保及优抚对象救助标准。建立并完善低保标准调整联动机制,形成与经济社会发展相协调的救助制度。深入实施医疗、供暖、就学等专项救助,加大应急救助及对流浪乞讨人员的救助力度。社会福利。完善法规体系,依法维护老年人、残疾人及孤残儿童的合法权益。积极应对老龄社会,继续推进以居家养老为基础、社区养老为依托、机构养老为补充和养老服务体系相融合的"3+1"养老事业发展模式。到"十二五"期末,养老机构床位数量达到老龄人口的3%以上,社区日间照料站和老年日托服务中心达到800个。建立完善残疾人、宗教教职人员的社会保障和服务体系。大力发展慈善事业,弘扬慈善文化理念,广泛开展慈善救助活动。

健全住房保障制度。扩大政策性保障住房覆盖面,建立以廉租房、经济适用房、公共租赁房及普通商品房为主的城镇住房供应保障体系,着力解决低收入家庭住房困难问题,提高住房保障水平。

四、推进教育现代化

提高学前教育普惠水平。大力发展公办幼儿园,提供"广覆盖、保基本"的学前教育公共服务。推进农村乡镇中心幼儿园建设。逐步实现农村每个乡镇、城市每个街道至少有一所公办幼儿园。鼓励社会力量开办幼儿园,积极扶持面向大众、收费较低的普惠性民办幼儿园发展。加强新建住宅小区配套建设幼儿园管理。积极开展科学保教,提高学前教育质量。建立学前教育困难资助体系。规范学前教育管理。学前三年入园率达到95%以上。

深入推进义务教育均衡发展。到2015年完成新一轮标准化建设。支持区县(市)政府统一掌握、统一调配区域内教育资源,实现区域内学校校舍、设备、校长和教师配置均等化。适时提高义务教育学校生均公用经费定额标准。推进优质学校以兼并、办分校或委托管理等方式与区域内薄弱学校或新建居住区配套学校开展合作办学,实现区域内优质学校合理布局。开展义务教育均衡发展水平评估。加强民族教育,完善特殊教育学校综合服务功能。加大对民办教育的支持力度。

加强普通高中标准化、特色化建设。坚持以区、县(市)为主的管理体制,强化区、县(市)政府发展普通高中教育责任。探索普通高中规模化、集团化发展。推进普通高中标准化建设。到2015年,全部公办普通高中实现标准化。实施新课程改革,开展小班化教学试点。推进特色学校和特色学科建设,在省示范高中建立骨干教师学科培训基地,实现学科全覆盖。

做强职业教育,促进终身教育。全面落实国家装备制造业职业教育试验区建设任务,积极创建6~8所国家示范性中等职业学校。围绕我市支柱产业、现代服务业和新兴产业,进一步整合资源,打造10个全国一流专业,30个全省一流专业,建成20个公共实训基地和10个创新实训室。加强国际合作,建成一批与国际接轨的高技能人才培训和职业技能鉴定中心。促进校企合作,推动企业参与技能型人才培养,打造"沈阳技工"品牌。健全终身教育体系,建设完善数字学习港信息平台,创建学习型城市。

提升高等学校为沈服务水平。加大财力扶持和政策激励力度,支持沈阳高校内涵建设。围绕沈阳区域发展,引导沈阳高校优化结构、办出特色,提高沈阳高等教育水平,增强沈阳高校服务地方发展的能力。整合沈阳高校优势资源,完善各项政策措施,探索校域合作新模式,促进沈阳高校与地方政府的交流,大力推动产学研合作,提高沈阳高校对沈阳经济社会发展的贡献力。

提高安全教育质量和安全管理水平。实施校舍安全工程,加强中小学、幼儿园安全管理,建立科学管理的学校安全防范体系和学校卫生安全责任制与监测机制,提高人防、物防、技防水平。做好学校健康教育与学生常见病、传染病等防控工作,加强学校餐饮管理。

五、加快医药卫生事业发展

初步建立覆盖城乡的基本医疗卫生体系。建成比较完善的公共卫生和医疗服务体系、医疗保障体系、药品供应保障体系及医疗卫生机构管理体系和运行机制,完善公共卫生和医疗服务体系,建设东北地区医疗卫生服务中心。

巩固完善国家基本药物制度。进一步巩固基层医疗卫生机构,建立国家基本药物制度。逐步扩大基本药物使用效率,提高公共卫生和基本医疗服务的供给能力,满足人民群众基本医疗卫生服务需求。进一步扩大基层医疗卫生机构门诊费用统筹范围,形成稳定的投入补偿机制。严格界定基层医疗卫生机构功能,合理确定诊疗路径,科学选择适用技术,增强基层医疗卫生机构能力。

完善公共卫生服务体系建设。进一步优化卫生资源配置,统筹规划建设,提高区域公共卫生服务能力。完善精神卫生、职业病防治、结核病防治、妇幼保健等专业公共卫生服务体系和康复及老年健康服务体系,满足城乡群众对医疗、预防、保健、康复、护理、心理保健等综合健康需求。加快急救医疗体系,健全突发公共卫生事件应急机制,加强传染病预警监测防控和应急体系建设。

深化公立医院改革。科学规划区域卫生资源,积极培育国家、省级医疗学科和医疗中心,合理确定公立医院功能、数量和规模,完善服务体系,提高医疗服务水平。改革公立医院管理体制,探索政事分开、管办分开的有效形式。改革公立医院补偿机制,合理调整医疗服务价格,减轻群众看病负担。改革公立医院运行机制,健全公立医院监管机制。加快社区卫生机构(社区卫生服务中心、站)建设,提高社区卫生服务中心的医疗质量和层次。加强农村卫生事业建设,推进标准化卫生室建设,实现每个行政村有 1 所标准化村卫生室。鼓励、支持和引导社会资本进入医疗服务领域,满足群众不同层次医疗服务需求,形成多元化办医格局。

加快卫生信息化建设。以电子病历、居民电子健康档案为重点,整合现有信息化资源,实施居民"一卡通"工程。实现检查、检验结果共享;改造服务流程,方便群众看病,合理降低医疗成本,提高效率;制定分级诊疗标准,完善县医院与城市对口支援医院的双向转诊制度,基本形成智能、惠民、便民、快捷的医药卫生公共服务信息化体系。

六、加快发展文化体育事业

繁荣群众文化。积极推进群众文化精品工程建设,每年开展各类群众文化活动 2 万场以上,提高群众文化活动水平。重点建设艺术大厦、艺术中心、朝鲜族文化馆等一批标志性文化设施,打造10 个在全国范围内有影响的文化活动品牌。坚持开展全民读书月活动。加快少儿图书馆等设施建设,全面加强少年儿童的科学文化教育和技能、科学常识培养。加强农村公共文化设施建设,加大文化资源向农村倾斜,做好广播电视村村通、文化信息资源共享、乡镇文化站、农村电影放映工程和农家书屋等农村公共文化设施建设,建立农村公共文化体系。建设少数民族文化活动中心。

实施艺术精品战略。办好第八届、第九届沈阳艺术节,每年重点打造 1～2 台具有时代性、民族性、地域性的优秀剧目。大力实施百万市民艺术共享工程,每年组织公益性演出 300 场。

提高新闻出版质量。重点培育 1 家出版社成为全国有特色、有知名度的出版社,培育 5 家名报、名刊;沈版图书达到 2200 种,图书再版率保持在 50% 以上,高于全国平均水平;力争每年有 3至 5 种图书,5 种以上报刊在全国评比中获奖。

提升广播电视水平。广播实现半数以上栏目成为名牌栏目,节目收听率逐年递增;力争打造2～3 个全国知名的电视品牌栏目,确保有 1～2 个频道成为全省第一、全国有名的强势频道,有 1～2 个节目获国家新闻大奖。

大力发展体育事业。按照"绿色、环保、低碳"的理念,举全市之力,把第十二届全国运动会办成展示沈阳形象、提升城市品位的体育盛会。重点建设一批体育场馆、市民健身中心、市民广场等休闲娱乐设施,综合改造建设沈阳市竞技体育训练中心、沈阳市马术运动中心等一批全运会比赛场馆项目。加强公益性体育设施建设,促进全民健身运动的大发展。积极培育和引进一批优秀竞技体育人才,全面提升竞技体育水平。加强体育场馆的运营和管理,积极发展体育产业。

七、推进社会管理创新

完善社会管理体制。建立由市、区县(市)两级政府分类别、按比例合理负担的公共服务投入保障机制。推进社会管理创新,鼓励、支持和引导社会力量参与提供公共服务,建设一批便民服务工程。扎实推进和谐社区建设,健全新型社区管理和服务体制,进一步完善社区网格化管理、社会工作机制建设,逐步将社区建设成为基本公共服务的基本单元和社会管理的组织节点。培育发展社会组织,完善利益协调和社会矛盾疏解机制,推进社会管理重心向基层组织转移。积极做好优抚、退伍安置工作,开创"双拥共建"新局面。

专栏 10　便民服务工程

1. 菜市场便民工程。按照每 1.5 平方公里、1 万人建设一个 1000 平方米菜市场的标准改造、新建一批标准化菜市场。

2. 社区商服工程。按照每个辐射 3.5 万～4.5 万人、服务总面积不低于 5 万平方米、辐射范围 0.8 公里半径的标准,加快推进社区商服中心建设。

3. 早餐工程。通过政府引导、市场化运作、社会参与,推进全市早餐便民网点稳步增长。

4. 社区连锁便利店工程。鼓励便利超市连锁企业通过加盟、特许经营等现代化连锁经营模式,进驻社区。

5. 家政网络中心功能提升工程。提档升级家政网络中心,积极打造便利高效的供需对接平台、诚信优质的企业发展平台和规范有效的服务监督平台。

6. 家庭服务品牌培育工程。引导重点企业实现规模化、连锁化、品牌化经营,鼓励大型企业实现跨区经营和全方位服务,加快形成有竞争力的知名品牌。

健全社会安全体系。深入开展"平安沈阳"创建活动,切实强化社会治安综合治理和社会治安动态管控,提高路面见警率,打造平安和谐的社会治安环境和有序、安全、畅通的交通环境,增强人民群众安全感。积极构筑社会消防安全"防火墙",增强城市整体抗御火灾风险的能力。加快建设食品放心工程,强化监管力度,切实保障人民群众饮食安全。建设食品、药品安全检验所,完善食品药品安全监管机制,打造食品药品安全城市。全面提升城市安全生产保障能力和水平,建设安全发展型城市。完善民族关系协调运行机制,促进各民族大团结。

加强突发事件应急管理。加快自然灾害、事故灾难、公共卫生、社会安全等突发应急系统建设,全面推进全市防灾减灾体系建设,提高极端灾害事件应急处置能力。进一步完善应急预案,健全应急管理体制,推动应急管理法制化和规范化,提高突发事件的监测、预警和应急处置能力。

八、加强文明城市建设

加强对广大群众尤其是未成年人思想道德教育及未成年人活动场所的建设和管理,建立志愿服务组织体系,推进文明市民教育、文明出行提升、文明交通规范、文明礼仪推广、文明志愿服务、文明单位创建、文明环境整治、文明指数考评等十大文明行动,全面提升市民文明素质和城市文明程度,夯实创建全国文明城市基础。

九、促进人口均衡发展

加强人口发展战略研究,全面提高人口素质。加快全员人口信息管理系统建设,实现人口信息资源共享。稳定适度的低生育水平,大力推进人口计生综合改革,建立统筹解决人口问题的宏观调控机制。完善计划生育家庭利益导向机制。加强服务体系和能力建设,着力推进计划生育基本公共服务均等化,实现免费技术服务全覆盖。落实男女平等基本国策,加强妇女卫生保健、扶贫减贫、劳动保护和法律援助等,保障妇女平等获得就学、就业、社会保障、婚姻财产和参与社会事务的权利。依法保障儿童生存权、发展权、受保护权和参与权,改善儿童成长环境,促进儿童身心健康发展。

第四章　保障措施

第一节　强化体制机制创新

以国家新型工业化综合配套改革试验为主线,全面深化改革创新,形成有利于转变经济发展方式、促进社会利益平衡的体制机制。

一、推进改革创新试验

以振兴装备制造业为核心,以建设沈北新区沈阳市国家新型工业化综合配套改革先导区为示范,以促进铁西新区等重点空间的跨越式发展为突破口,统筹推进产业结构优化、企业发展、科技研发、空间布局、生态建设以及要素市场管理等方面的体制机制创新,在沈阳经济区、全省乃至全国率先形成"科技含量高、经济效益好、资源消耗低、环境污染少、人力资源优势得到充分发挥"的新型工业化发展模式。

二、深化国有企业改革

进一步推进国有经济结构战略性调整,全面建立产权明晰、权责明确、政企分开、管理科学的现代企业制度,深化大型国有企业股份制改造。推进重点企业上市,实现投资主体多元化,增强企业发展活力。支持重点国有企业实施跨地区、跨行业、跨所有制重组,鼓励大型企业集团对外并购重组和扩张,积极打造具有国际竞争力的大型企业集团。

三、加快发展非公经济

进一步落实扶持非公有制经济和中小企业发展的政策措施,出台《沈阳市中小企业促进条例》,依非公经济对财政贡献增长率逐年加大对中小企业专项资金的投入,初步建成市、区县(市)及开发区、产业集群(工业园区)三位一体的中小企业服务体系框架,积极探索解决中小企业融资难的问题,完善中小企业信用担保体系,营造中小企业和非公经济发展的环境,鼓励支持和引导民间资本进入金融服务、公用事业、社会事业、基础设施等领域,加强产业集群规模和内涵的整合提升,重点打造培育百亿、千亿产业集群。

四、推进农村体制改革

积极推进农村土地承包经营权流转,促进农村劳动力向城镇二、三产业的健康有序转移。加快推进农村土地流转市场体系及其信息网络化建设管理试点、登记抵押试点、金融产品和服务方式创新试点等三项改革试点工作。继续深化集体林权制度和国有林场改革,推动林地经营和林木所有权流转。

五、完善信用体系建设

加快出台信用管理规章和规范性文件,建立政府资源信息库和信用信息系统,完善政府、企业和个人信用管理的各项制度,引导信用主体有序竞争。加强诚信宣传教育,促进全社会诚信意识、企业信用水平和政府公信力的显著提高。

六、推进法治政府建设

积极推进依法行政,加快法治政府建设进程。健全科学、民主、依法决策机制,建立重大决策合法性审核和行政决策责任追究制度。进一步深化行政管理体制改革,转变政府职能,形成权责一致、分工合理、决策科学、运行顺畅、监督有力的行政管理体制。全面深化行政审批制度改革,优化发展环境,建立规范、高效的审批工作体系,全力打造服务型政府。推进政务公开,加强行政问责制,增强公共政策制定的透明度和公众参与度,提高政府公信力。

第二节　强化自主创新能力

围绕自主创新能力建设和产业持续竞争力提升,重点加快科技创新、品牌创新和制度创新步伐,最大限度发挥自主创新对经济社会发展的支撑和引领作用。

一、创建国家创新型城市

围绕开展国家创新型城市试点,以发展方式创新为核心,以体制机制创新为保障,以科技创新和产业创新为重点,以社会文化创新为依托,全面提升自主创新能力,形成以企业为主体、市场为导向、以发展高新技术为引领的科技创新体系,构建一批产业技术创新组织,健全激励保障机制,率先建设成创新体系健全、创新效率高、经济社会效益好、辐射引领作用强的国家创新型城市。

二、提高科技创新能力

充分发挥高新技术企业和在沈高校、科研机构的资源优势,坚持技术引进和自主研发相结合,注重引进、消化和吸收国际先进技术,抢占产业技术的制高点,加快建立起一批战略性新兴产业。支持和鼓励企业提高自主创新能力,建立以企业为主体、市场为导向、产学研相结合的技术创新体系,开发一批具有自主知识产权的高新技术成果和先进适用技术,巩固具有比较优势地位的传统产业,不断提高传统产品、服务的技术含量和附加值,打造具有持久竞争力的产业。

三、实施品牌创新战略

实施以自主创新为核心的品牌战略,在装备制造等主导产业领域,选择60项重大关键技术组织研发和攻关,全面提升产业核心竞争力。推进重点优势企业制定品牌发展规划,引导、鼓励不同规模的优势企业依托专利技术和优质产品创国际知名品牌。实施标准化战略,鼓励企业吸收、采用国际标准和国外先进标准,积极参与标准制定,掌握标准的话语权,形成有自主知识产权的技术和标准。

四、完善制度创新机制

强化企业在科技创新中的主体地位,引导资金、人才、技术等创新资源向企业聚集;健全创新投入机制,确保科技创新资金实现法定增长,促进科技和金融结合,培育和发展创业风险投资,构建多层次、多渠道支持企业创新的投融资体制;完善鼓励技术创新和科技成果产业化的政策法规体系,实施知识产权战略,完善知识产权制度,加强知识产权创造、运用、保护和管理,为建设创新型城市提供制度基础。

第三节 强化对内对外开放

紧紧抓住经济全球化和世界经济格局纵深调整的战略机遇,进一步扩大对内对外开放,形成内外联动、互利共赢、安全高效的开放型经济体系。

一、提高对外贸易水平

加快转变对外贸易增长方式,优化出口产品结构,推动出口产品向高技术含量、高附加值转化。推动加工贸易转型升级,扩大一般贸易和服务贸易在出口中的比重,形成新的竞争优势。优化进口产品结构,重点引进先进技术、先进设备、先进的管理经验以及国内市场紧缺的资源等,提升产业发展水平。

二、优化利用外资结构

吸引跨国公司把具有更高技术水平、更高附加值含量的加工制造环节转移过来,鼓励跨国公司设立研发机构、服务中心和地区总部。加大同国际金融组织的合作,积极稳妥地利用世行、亚行等国际金融组织贷款和外国政府贷款。鼓励外资以参股、并购等方式参与企业改组改造和兼并重组。

三、提高全方位合作水平

支持本土企业与央企或外资企业开展合作,鼓励有竞争优势的企业通过新设、并购、参股等方式,积极开展对外直接投资,建立海外研发、生产和销售基地。加快沈阳综合保税区的设施建设和功能完善,建成东北亚地区保税产品研发中心、展销中心、保税加工中心和物流中心,为国内企业提供全方位、国际一流的服务。积极承办世界级的东北亚发展论坛,争取论坛总部设在沈阳,打造国内一流国际知名的大型活动品牌,提高经济国际化水平。

四、全力抓好招商引资

围绕产业和空间的比较优势,积极引进世界500强、中央大型企业及国内500强企业、民营500强企业和跨国公司来沈投资落户。重点引进一批重大产业项目、战略性新兴产业项目和文化产业项目。充分发挥驻外办事处、现有企业、行业协会和商会的作用,不断提高对内对外招商引资的质量和水平。

第四节　强化重大项目建设

围绕"十二五"时期经济社会发展的重点领域和关键环节,深入开发、策划、培育一批重大项目,不断加大项目建设的投入力度,切实提高项目建设的管理水平,增强项目对全市经济社会发展的支撑带动作用。

一、构建重大项目开发策划体系

着眼于经济社会长远发展的需求,按照产业优化升级、中心城市功能拓展以及培育新经济增长点的要求,充分发挥国家、省市各咨询设计机构、科研院所、大专院校的人才技术优势和科研成果,建立全方位、多层次的重大项目开发策划工作体系,不断加大重大项目开发策划前期经费的投入,切实提高项目质量和水平,落实项目前期条件,形成"开发策划、招商推介、签约落地"的项目工作格局。

二、完善重大项目的建设管理机制

依据国家的发展规划、产业政策和土地、环保、节能的要求,科学制定项目开发建设计划并将年度主要目标、建设任务和责任分工纳入政府主要经济分解指标,实行项目建设制度、调度制度和领导责任实名制度,完善市领导、市直部门和各地区分口负责的项目三级责任推进制度,建立项目的审批核准、环境评价、土地规划、开工建设等相关部门联动工作机制,充分发挥政府引导和政策扶持作用,提高重大项目的组织管理和信息化管理水平。

三、健全重大项目的目标考评制度

继续将重大项目目标考评内容列入绩效考评体系,提高重大项目在考评中的分值权重。一是重点考评前期项目、在建项目以及年度重点项目开发建设情况;二是重点考评项目的技术水平、建设规模和经济效益;三是重点考核项目的结构优化、带动作用和社会贡献力。进一步完善和细化考评范围和方法,明确考评内容和程序,健全考评标准和体系,建立科学合理、奖惩分明的重大项目目标考评制度。

第五节　强化资源要素供给

按照支持发展、服务发展的原则,着重做好土地和资金的优化配置,切实增强要素的供给能力。

一、保障用地需求

依法加强土地管理,理顺管理体制,提高土地收益水平。切实做好重点建设项目用地的供应和保障服务工作,严格执行土地利用总体规划,盘活存量建设用地;运用地价手段促进土地节约集约利用,提高新增建设用地开发强度;严格容积率、投资强度、建设密度等控制性指标,保障土地资源产生经济和社会效益;严格控制违规调整土地规划和不符合产业政策、供地政策的项目用地,防止囤积土地。

二、保障资金需求

进一步深化财源建设,确保财政收入持续稳定增长;合理控制政府债务规模,优化政府债务结构,有效防范政府债务风险。积极吸引社会资金,完善政府投融资管理体制,拓宽资金多元化筹措渠道。争取创立创投基金、环保产业基金和装备制造业基金,吸纳国内基金落户沈阳。进一步规范政府融资平台公司建设和管理,支持企业发行企业债券、短期融资券和中期票据融资。鼓励支持民间资本进入金融服务领域,大力推进产融结合,积极引导民间资本参股、控股法人金融机构参与设立法人金融机构、小额贷款公司、融资担保公司、投资基金等机构。

三、深化投资体制改革

加强和改善投资宏观调控,促进总量平衡和结构优化。进一步完善政府投资管理,提高政府投资的经济效益和社会效益。建立政府投资项目后评估制度和政府投资责任追究制度。巩固和强化企业投资主体地位,落实企业投资自主权。进一步鼓励和引导民间投资,拓宽民间投资领域和范围,规范和健全市场准入制度。加强融资模式研究,拓展融资渠道。

第六节　强化人才队伍培养

实施人才强市战略,培养高素质人才,加快引进前沿和急需人才,加强高端人才资源平台建设,创新人才工作体制机制,努力突破制约瓶颈,加快进入全国人才强市"第一方阵"。

一、建设人才培养体系

实施创新领军人才培养计划,依托重点工程、重大项目、重点学科和科研基地,培养一批中青年学科带头人、科技拔尖人才和创新型企业家。鼓励高校加强与优势产业相关学科的建设,培养优秀创新人才。积极实施农民科技研修计划和科技示范户培训工程。

二、实施人才引进工程

积极实施"十百千高端人才引进工程"、"凤来雁归工程"等各类人才队伍建设计划,使管理人才、专业技术人才和技能人才队伍建设不断取得新进展。鼓励和支持用人单位以重大项目为依托,采取团队引进、核心人才带动引进等方式,引进急需的海内外高层次创新人才和领军人才,形成各类创新人才聚集的良好局面。

三、建设高端人才资源平台

建立以市场为主导、开放灵活的人才流动机制,积极构建"项目—引智—基地"三位一体、互为依托、相互促进的引进国外智力模式,全面推进多层次多门类人才市场和中介服务机构建设,形成功能完善、服务优质的人才市场体系。

第七节　强化规划组织实施

推进国民经济和社会发展规划编制和实施工作的规范化、制度化,全面提高规划的科学性、民主性,进一步建立健全规划实施机制。

一、强化规划落实

各级政府部门要结合职能,在实际工作中落实好各类规划中的相关任务。要把规划与有关建设计划、各类行动计划以及年度计划紧密结合起来,远近结合,形成合力,使规划确定的目标、任务和各项措施切实得到贯彻落实。

二、实施规划评估

规划实施一段时期后,围绕规划提出的主要目标、重点任务和政策措施,组织开展规划实施评估,全面分析检查规划实施效果及各项政策措施落实情况,加强对风险和不确定性的研究,推动规划有效实施,并为动态调整和修订规划提供依据。

三、加强规划监督

建立健全重大事项报告制度,定期将规划目标和主要任务的进展情况向市人大常委会报告,向市政协通报。进一步扩大政务公开,强化信息引导,形成全社会关心规划、参与实施和共同监督的良好氛围。发挥新闻媒体和群众社团的桥梁和监督作用,健全政府与企业、市民的信息沟通和反馈机制,促进规划实施。

四、提高规划约束力

健全规划管理体制,依法做好各类规划的衔接与组织实施,切实做好约束性指标的分解落实,明确责任,克服重规划编制、轻规划实施的倾向,切实增强发展规划的严肃性,做到规划不经法定程序修订不变通、不走样,保持经济社会发展的连续性。

附表 1　国家中心城市参考指标(2015 年)

类别	指标名称	单位	发展目标	指标属性
综合经济实力	地区生产总值	%	年均增长 12 以上	预期性
	第一产业	%	年均增长 6 以上	预期性
	第二产业	%	年均增长 13 以上	预期性
	第三产业	%	年均增长 12 以上	预期性
	三次产业结构	——	3.4:50.5:46.1	预期性
	全社会固定资产投资	%	年均增长 10 以上	预期性
	地方财政一般预算收入	%	年均增长 13 以上	预期性
	非公经济比重	%	70 以上	预期性
	中心城区建成区面积	平方公里	600	预期性
	常住人口	万人	900	预期性
科技创新能力	R&D 经费支出占 GDP 的比重	%	3 以上	预期性
	高新技术产品增加值占工业增加值比重	%	45 以上	预期性
	具有自主知识产权的高新技术产品产值占全部高新技术产品产值的比重	%	60	预期性
	发明专利占专利申请量比重	%	40 以上	预期性
	每万人拥有科技人员	人	163	预期性

续表

类别	指标名称	单位	发展目标	指标属性
国际竞争能力	进出口总额	%	年均增长 10 以上	预期性
	利用外商直接投资	%	年均增长 5 以上	预期性
	举办国际会展	场次	80	预期性
	接待国内外游客	万人次	7360	预期性
	国外友好城市	个	18	预期性
辐射带动能力	社会消费品零售总额	%	年均增长 13 以上	预期性
	金融机构	家	130	预期性
	国家级商业街	条	7	预期性
	区域连锁企业	个	520	预期性
	累计引进 1000 万元以上内资项目	个	3600	预期性
	外来消费占本市比重	%	40	预期性
	累计利用国内投资	亿元	8000	预期性
交通通达能力	机场进出港人次	万人次	1600	预期性
	机场直接通航城市	个	147	预期性
	公路总里程	公里	13000	预期性
	铁路密度	公里/万平方公里	678.4	预期性
	公路密度	公里/百平方公里	100.9	预期性
	高速公路总里程	公里	622	预期性
信息交流能力	互联网普及率	%	90	预期性
	家庭宽带普及率	%	90	预期性
	3G 通信普及率	%	60	预期性
可持续发展能力	人均 GDP	万元	突破 10	预期性
	耕地保有量 *	公顷	675198	约束性
	单位工业增加值用水量降低 *	%	20	约束性
	单位 GDP 能耗降低 *	%	10	约束性
	单位 GDP 二氧化碳排放降低 *	%	10	约束性
	主要污染物排放减少 *	%	7	约束性
	可再生能源利用率	%	4	预期性

注:1. 带 * 的指标数值是我市初步安排,待国家和省明确后,将做适当调整。
　　2. 有关指标设置,待国家和省明确后,将做适当调整。

附表 2　先进装备制造业基地参考指标(2015 年)

指标名称	单位	发展目标	指标属性
规模以上工业总产值	亿元	突破 2 万	预期性
规模以上工业增加值	亿元	突破 5 千	预期性
装备制造业增加值	%	年均增长 15 以上	预期性
装备制造业销售收入	%	年均增长 15 以上	预期性
培育百亿产业集群	个	22	预期性

续表

指标名称	单位	发展目标	指标属性
培育千亿产业集群	个	11	预期性
主营业务收入100亿元以上企业	户	38	预期性
省级以上名牌数量	个	150	预期性
国家级技术(研发)中心和重点(工程)实验室	个	50	预期性

附表3　生态宜居之都参考指标(2015年)

指标名称	单位	发展目标	指标属性
城市居民人均可支配收入	%	年均增长12以上	预期性
农村居民人均纯收入	%	年均增长13以上	预期性
城镇登记失业率	%	4以下	预期性
城镇化率	%	78	预期性
高中阶段教育毛入学率	%	99以上	约束性
人均受教育年限	年	12	预期性
城镇职工基本养老保险参保人数	万人	208.5	约束性
新型农村社会养老保险覆盖范围	%	70以上	预期性
城镇职工基本医疗保险参保人数	万人	347	约束性
城镇居民基本医疗保险参保人数	万人	92	约束性
新型农村合作医疗保险覆盖率	%	99.3	约束性
人均预期寿命	岁	79以上	预期性
婴儿死亡率	‰	6.2	预期性
孕产妇死亡率	人/10万人	12以下	预期性
建成区绿化覆盖率	%	42以上	预期性
全市森林覆盖率	%	33以上	预期性
大气优良天数	天	335以上	预期性
城市人均住宅建筑面积	平方米	34	预期性

大连市国民经济和社会发展
第十二个五年规划纲要

（2011 年 1 月 15 日大连市
第十四届人民代表大会第四次会议批准）

《大连市国民经济和社会发展第十二个五年（2011～2015 年）规划纲要》是根据《中共中央关于制定国民经济和社会发展第十二个五年规划的建议》和《中共辽宁省委关于制定国民经济和社会发展第十二个五年规划的建议》以及市委十届八次、九次全会和市政府全会精神编制,主要阐明"十二五"期间大连市国民经济和社会发展的主要目标、发展重点和政策措施,是大连经济社会未来五年发展的宏伟蓝图,是全面落实科学发展观、率先实现全面建设小康社会目标的总体规划,是全市人民共同奋斗的行动纲领,是政府履行经济调节、市场监管、社会管理和公共服务职责的重要依据,也是编制实施我市国民经济和社会发展各类专项规划、区市县规划及制定相关政策的重要依据。

第一章　发展基础与环境

"十一五"时期是大连发展史上极不平凡的 5 年。在党中央、国务院和省委、省政府的正确领导下,大连市委、市政府带领全市人民克服了国际金融危机和各种灾害的不利影响,坚持以科学发展观为统领,以发展为第一要务,抢抓机遇,真抓实干,促进了全市经济社会又好又快发展,为"十二五"时期经济社会快速发展奠定了坚实基础。

第一节　"十一五"取得的重大成就

过去的 5 年,国际航运中心框架基本形成,国际物流中心、区域性金融中心建设取得重大进展,现代产业聚集区初具规模,城市空间布局实现新拓展,改革开放取得重要突破,综合经济实力显著增强,国际影响力明显提升,是改革开放以来经济实力提升最快、社会建设成效最好的 5 年,也是城乡面貌变化最大、人民群众得到实惠最多的 5 年。胜利完成了"十一五"规划确定的主要目标和任务。

经济发展迈上新台阶。"十一五"期间,地区生产总值年均增长 16.1%,2010 年地区生产总值突破 5000 亿元,约占东北三省的 14%,比"十五"期末提高 1.4 个百分点。人均地区生产总值突破 1.1 万美元。全社会固定资产投资 5 年累计完成 1.4 万亿元,是"十五"时期的 4.7 倍;地方财政一般预算收入年均增长 27%;社会消费品零售总额年均增长 17.5%;城市经济实力进一步增强。

城市功能逐步完善。全域城市化布局逐步展开,东北亚国际航运中心基本功能进一步完善,形成以"两港"为核心、"两路"为支撑的通达域内域外的立体交通网络和航运中心框架。初步形成以"一岛三湾"为核心的现代化港口集群,与周边港口的战略合作进一步加强;大连机场实现"军转民",为民航持续发展赢得空间;以哈大客运专线、丹大快速铁路为主客运通道,哈大铁路为主货运通道的客货分离的新型铁路布局已现雏形;"四网一环"的公路交通网络进一步完善。港口货物吞吐量年均增长 12.9%,集装箱吞吐量年均增长 14.4%,机场旅客吞吐量年均增长 14.6%。货物周转量 5938 亿吨公里,是"十五"期末的 3.1 倍。城市供水、供电、供气、供热能力大幅提升,地铁、快轨等域内重点交通设施建设取得重大进展。区域性金融中心建设全面启动,金融业主要发展指标翻番。会展、商贸等综合服务功能明显增强。

新型产业体系初步形成。现代农业快速发展,都市型现代农业建设开局良好,农业综合生产能力不断提高。工业产业结构优化升级取得新进展,以"两区一带"和"一岛十区"为重点的产业园区建设,拓展了产业发展空间,石化、船舶、现代装备和电子信息四大支柱产业地位进一步增强,半导体照明、高档数控机床等高新技术产业集群初具规模。以物流、金融、旅游、软件和服务外包等为代表的现代服务业快速发展。我市成为首批国家高技术服务业基地城市之一。产业内部结构更加合理,产业素质明显提高。高新技术产品增加值占地区生产总值比重比 2005 年提高 12 个百分点,科技进步贡献率提高 15 个百分点。

县域经济实力明显增强。全市涉农区市县经济发展速度高于全市平均水平 2.1 个百分点,占全市经济总量比重提高 3 个百分点;地方财政一般预算收入增幅高于全市 6.4 个百分点。农村经济全面发展,新农村建设稳步推进。工业化进程明显加快,第二产业占地区生产总值比重由 2005 年的 58.1% 提高到 2010 年的 64%。瓦房店市、庄河市、普兰店市在 2010 年全国县域经济基本竞争力百强县评比中分列第 18、第 50 和第 58 位,分别比 2005 年上升 50 位、24 位和 17 位。

生态环境质量继续改善。城乡环境综合整治成效显著,通过大规模污染企业搬迁改造、区域环境综合治理、工业污染治理、电厂脱硫等工程建设,提前完成了"十一五"污染减排任务。新建、扩建 23 座城市污水处理厂,城市生活污水集中处理率和中水回用率分别提高至 90.4% 和 40%。开工建设了城市中心城区生活垃圾焚烧厂,城市生活垃圾无害化处理率达到 98% 以上,单位地区生产总值综合能耗 5 年累计下降超过 20%,全市林木绿化率达 45%,人均公共绿地面积 13 平方米,市区空气质量优良率达到 98% 以上。生态环境保护成效突出,长海县通过国家生态示范区考核,全市 22 个乡镇获得"辽宁省环境优美乡镇"称号。

改革开放取得重要突破。新市区管理体制改革成功实施。甘井子区综合配套改革取得重大进展,长兴岛临港工业区上升为国家级经济技术开发区并成为省综合改革试验区。国有大中型企业股份制、公司制改革基本完成。农村信用社改革取得实质性进展,大连商品交易所成功实现向综合性期货市场转型。旅顺口区、长海县获准全面开放,沿海经济带重点开发区域建设全面启动,大连进入全域开发开放新阶段。保税港区正式封关运作。长春、哈尔滨等内陆干港建设全面推进。在东北地区率先全面启动跨境贸易人民币结算试点。成功举办首届"夏季达沃斯"和第三届新领军者年会。5年累计实际利用外资规模达265亿美元,是"十五"时期的2.5倍。5年累计自营出口超过1000亿美元,比"十五"时期翻了一番。

社会事业取得重要进展。全市实施了城乡免费义务教育,高中阶段教育全面普及,教育质量不断提高。全面实施了医疗卫生体制改革,进一步完善了城乡公共卫生和基本医疗服务体系。着力构建了以城乡低保制度为主体,以专项救助为辅助,以慈善救助为补充的社会救助体系和家庭、社区、福利机构、政府联动的养老服务体系。养老金、失业保险金、最低工资标准和居民最低生活保障标准调整机制初步形成。保障性住房建设取得重大突破。逐步完善了公共文化服务管理网络,文化公共设施覆盖城乡。广电、体育事业快速发展,市民文化生活内容进一步丰富,统筹解决人口问题工作格局基本形成。2010年全市养老保险参保人数达到164.3万人,新农合参保人数达到217万人;新增劳动力人均受教育年限达到13.5年;5年累计新增就业达到80.1万人,城镇登记失业率控制在2.7%以内。

人民生活质量明显改善。农村居民人均纯收入年均增长15.8%,城镇居民人均可支配收入年均增长12.2%,城乡收入差距比由2005年的2.03倍减为1.73倍。城市、农村居民家庭恩格尔系数分别比2005年降低了2.7和4.8个百分点。每千人拥有医生2.71人,比"十五"期末增加0.23人。每千人拥有医院床位5.16张,比"十五"期末增加0.7张。全市人均期望寿命达81.23岁,比2005年提高3.7岁。

		"十一五"完成		"十一五"规划		完成情况	指标属性
指标名称	单位	2010年	年均±%	2010年	年均±%		
地区生产总值	亿元	5158.1	16.1	4000	13左右	完成	预期性
人均地区生产总值	元	80000	……	63000	12左右	完成	预期性
地方财政一般预算收入	亿元	500.8	27	……	13左右	完成	预期性
全社会固定资产投资	亿元	5084.3	35.6	……	16左右	完成	预期性
外贸自营出口总额	亿美元	260.5	16	……	15左右	完成	预期性
社会消费品零售总额	亿元	1639.8	17.5	……	13左右	完成	预期性
服务业增加值占地区生产总值比重	%	42	……	47	……	未完成	预期性
港口货物年吞吐量	亿吨	3.14	12.6	2.5	>8	完成	预期性
集装箱年吞吐量	万标箱	526.2	14.4	800	>24	未完成	预期性
空港旅客年吞吐量	万人次	1070	14.6	1000	>13	完成	预期性
科技研发投入占地区生产总值比重	%	2.5	……	>2.5	……	完成	预期性
高新技术产业增加值年均增长率	%	……	34.8	……	>30	完成	预期性
专利申请量	件	17442	25.6	……	>20	完成	预期性
科技进步对经济增长的贡献率	%	55	……	55	……	完成	预期性
普通高等教育毛入学率	%	52	……	50	……	完成	预期性
新增劳动力人均受教育年限	年	13.5	……	13.5	……	完成	预期性
15~64岁人口平均受教育年限	年	10.5	……	10.5	……	完成	预期性

表1 "十一五"规划完成情况

续表

指标名称	单位	"十一五"完成		"十一五"规划		完成情况	指标属性
		2010年	年均±%	2010年	年均±%		
耕地保有量	万公顷	35	……	35	……	完成	约束性
基本农田保护率	%	84	……	80	……	完成	约束性
单位地区生产总值综合能耗增长率	%	……	-4	……	-4左右	完成	约束性
单位地区生产总值用水量增长率	%	……	-10	……	-4左右	完成	约束性
工业废水排放达标率	%	99	……	99	……	完成	约束性
工业烟尘排放达标率	%	99	……	99	……	完成	约束性
中水回用率（市区）	%	40	……	40	……	完成	约束性
工业固体废物综合利用率	%	80	……	75	……	完成	约束性
城市生活垃圾无害化处理率（市区）	%	>98	……	98	……	完成	约束性
农村乡镇生活垃圾处理率	%	30	……	30	……	完成	约束性
城市生活污水集中处理率（市区）	%	90.4	……	90	……	完成	约束性
农村乡镇生活污水处理率	%	30	……	30	……	完成	约束性
城市建成区绿化覆盖率	%	45	……	45	……	完成	约束性
人均公共绿地面积	平方米	13	……	13	……	完成	约束性
林木绿化率	%	45	……	45	……	完成	预期性
年人口出生率	‰	>7	……	6.81	……	完成	约束性
年人口自然增长率	‰	1.72	……	1	……	完成	预期性
城镇居民人均住宅使用面积	平方米	21	……	21	……	完成	预期性
城市集中供热率	%	>85	……	85	……	完成	预期性
农村自来水普及率	%	80	……	80	……	完成	约束性
城镇居民年人均可支配收入	元	21293	12.2	>22000	>13	未完成	预期性
农村居民年人均纯收入	元	12317	15.8	>11000	>13	完成	预期性
城镇登记失业率	%	<2.7	……	<4	……	完成	预期性
城镇新增就业人员	万人	80.1	……	68	……	完成	预期性

*说明：由政府主导实施的16项约束性指标全部完成规划目标，由市场主导实现的25项预期性指标除了个别指标外，均完成了规划目标。

　　在经济社会快速健康发展的同时，也存在一些矛盾和问题：一是转变经济发展方式任务艰巨。经济增长仍然以资源、能源及投资等要素投入拉动为主，单位地区生产总值能耗仍然较高，消费对经济发展贡献相对不足，创新能力不强。二是经济结构需要进一步优化。现代服务业、高新技术产业需要加快发展，产业空间布局有待进一步优化，新兴战略性主导产业体系尚未有效形成，支撑作用有待提升。三是经济与社会协调发展尚有差距。城乡区域发展不均衡，公共服务水平存在较大差距，居民收入水平不高、增长不快，人口老龄化问题突出，劳动就业压力加大，房价上涨过快，总体医疗服务水平不高，中心城区交通拥堵日趋严重。四是生态环境保护的压力加大。农村面源污染治理面临新的挑战，生态屏障的空间不断缩小、功能不断减弱。

第二节 "十二五"面临的机遇和挑战

从国际看,和平、发展、合作仍是时代主题,世界多极化、经济全球化深入发展,世界经济政治格局出现新变化,科技创新孕育新突破,国际环境总体上有利于我国和平发展。同时应看到,国际金融危机影响深远,世界经济增长速度减缓,全球需求结构出现明显变化,围绕市场、资源、人才、技术、标准等竞争更加激烈,气候变化以及能源资源安全、粮食安全等全球性问题更加突出,各种形式的保护主义抬头,外部环境更趋复杂。

从国内看,我国经济发展长期向好的基本态势没有根本改变,经济发展的动力仍十分强劲,处于工业化、城镇化进程加速阶段,人民收入水平和生活质量进一步提升,市场需求潜力巨大,仍处于可以大有作为的重要战略机遇期。与此同时,我国传统增长模式面临调整,社会发展滞后于经济发展的局面没有根本改变,公共服务水平有待进一步提升,这对提高社会管理能力、促进社会和谐稳定提出了更高的要求。

从大连看,"十二五"时期面临重要的历史发展机遇。一是国家进一步实施振兴东北老工业基地和辽宁沿海经济带发展战略,为新时期发展提供了政策保障。二是"十一五"时期大量的基础设施和一批重点产业园区建设,使制约经济发展的诸多资源要素问题得到一定程度缓解,为新一轮快速发展提供了可能。三是全域城市化的快速推进,尤其是新市区的开发建设,为经济发展再上新台阶提供新的增长动力和强大引擎。同时也面临着挑战和迫切需要解决的问题:一是周边城市间发展竞争激烈,给区域核心城市建设带来严峻挑战;二是传统产业结构偏重,新兴产业规模偏小,产业进一步优化升级面临较大压力;三是在加快推进全域城市化进程中面临着进一步提高农村居民收入、公共服务水平和完善基础设施等诸多问题,城乡统筹任务艰巨;四是以消耗资源为主的传统发展模式给生态环境保护带来较大压力;五是按照国际化城市要求,城市管理水平、社会管理协调能力和自主创新能力面临新的考验,居民素养和城市软实力亟待提升。

"十二五"期间,我市将进入工业化、城市化、信息化和国际化发展的新阶段。具体表现为以下特征:一是推进全域城市化和提升城市功能的加速期。随着全域城市化和"三个中心"建设加快推进,城市功能将有突破性提升,人口和产业将加快聚集,城乡一体化进程将明显加快。二是深化改革和加快转变经济发展方式的攻坚期。要坚定推进经济、政治、文化、社会等领域改革,加快构建有利于科学发展的体制机制。加快推动经济发展方式由主要依赖投资、出口以及要素投入的发展模式向主要以消费需求、创新驱动和服务经济为主的可持续发展模式转变。三是提高城乡居民收入水平和改善生活质量的突破期。保障和改善民生是经济发展的最终目的,也是小康社会建设的根本要求,大幅提高居民收入和改善生活质量是"十二五"时期经济社会发展的首要任务。四是城市转型和经济、社会与环境协调发展的关键期。大连已进入工业化发展的重要阶段,城市发展进入快速转型时期。城乡居民多元化、多层次公共需求快速增长,不同利益群体诉求日益增多。城市化发展步伐加快和经济总量快速提升对生态环境改善提出了新要求。

总体上看,"十二五"时期,我市要在加快经济总量提升、推动支柱产业做精做强的基础上,高度重视民生和社会事业发展,着力解决涉及民生和社会事业发展的热点、难点问题,切实将发展的成果更多、更好地惠及广大城乡居民。同时,必须保持足够的投资拉动,大力推动内需增长,维持出口的稳定,以增量调结构,强力推进产业结构优化升级,加快发展方式转变,推动城市全面转型。

第二章　总体要求与目标

第一节　指导思想

"十二五"是大连经济高速发展、工业化和城市化快速推进的时期,我们要以邓小平理论和"三个代表"重要思想为指导,全面贯彻落实科学发展观和党的十七届五中全会精神,紧紧抓住国家进一步振兴东北老工业基地和辽宁沿海经济带开发开放战略的双重机遇,以实现科学发展新跨越为主题,以加快转变经济发展方式为主线,以推进全域城市化为载体,以切实保障和改善民生为立足点,以深化改革开放为动力,加快社会建设、优化空间布局、提升城市功能、调整经济结构、增强创新能力、保护生态环境,推进综合实力全面提升和城市转型,初步建成区域核心城市和生活富裕的生态宜居城市,向东北亚重要国际城市迈进。

第二节　基本原则

坚持共享发展。把切实保障和改善民生作为经济社会发展的出发点和落脚点,大幅提高社会事业发展水平和市民的生活质量,坚持发展为了市民、发展依靠市民,全市人民共享发展成果,实现富民与强市的有机统一。

坚持转型发展。把城市转型发展作为推动经济社会发展的主线,以提高发展质量为核心,加快经济转型;以切实保障和改善民生为导向,加快社会转型;以激发发展活力为重点,加快体制转型;坚持在发展中促转型,在转型中谋发展,实现发展与转型的有机统一。

坚持创新发展。把创新作为推动经济社会发展的根本动力,加快建立和完善创新体系,提高自主创新能力,努力培育和形成新的竞争优势,实现科技创新与制度创新、管理创新的有机统一。

坚持绿色发展。始终坚持生态立市,把建设资源节约型和环境友好型社会放在突出位置,增强发展的可持续性。加强节约能源资源和保护生态环境的制度建设,大力发展绿色经济,积极发展低碳经济和循环经济,实现经济效益与社会效益、生态效益的有机统一。

坚持统筹发展。把统筹兼顾作为推动科学发展新跨越的根本方法,推动经济与社会发展相协调,城市精神与物质文明相融合,民主与法制相促进,人与自然相和谐,实现社会主义物质文明、精神文明、政治文明和生态文明的有机统一。

第三节　发展目标

总体目标:

到2015年,科学发展新跨越取得重大成果。实现居民收入、财政收入、投资总额和经济总量"四个倍增"。基本实现城市功能国际化、产业结构高端化、基本公共服务均等化、基础设施现代化、人民生活富裕化。城市综合经济实力大幅提升,服务和辐射东北腹地功能进一步增强,东北亚国际航运中心功能基本完备,东北亚国际物流中心和东北地区金融中心的地位基本确立,基本建成现代产业聚集区、生态环境优美和人民生活富裕的宜居区,初步建成区域核心城市。

具体目标:

社会民生明显进步。大幅提高预算内社会事业支出占财政支出的比例,5年新增城镇实名制就业 100 万人;实现城镇职工基本医疗保险和城乡基本养老保险制度全覆盖,城镇居民基本医疗保险覆盖率达 95% 以上,大幅提高新型农村合作医疗保险标准;高中阶段教育毛入学率达到 99%;新增劳动力人均受教育年限达到 14.7 年;城镇登记失业率控制在 3% 以内;农村自来水普及率达到 90%;城乡居民收入和生活质量大幅提高。

经济实力大幅提升。地区生产总值进入万亿城市行列;地方财政一般预算收入突破千亿元;全社会固定资产投资年均增长 15% 左右;社会消费品零售总额年均增长 18% 左右;外贸自营出口总额年均增长 16% 左右。经济结构持续优化,服务业增加值占地区生产总值比重不断提高;服务业就业比重达到 56% 以上;城镇化率达到 75% 以上;科技研发投入占地区生产总值比重超过 2.8%。

城市功能显著增强。港口货物吞吐量达到 5 亿吨左右,集装箱吞吐量达到 1000 万标准箱左右;空港旅客吞吐量达到 1600 万人次以上;货物周转量占东北地区比重达到 55% 左右;物流业增加值占地区生产总值比重达到 12% 左右;金融业增加值占地区生产总值比重达到 7% 左右;全域现代化基础设施更加完善。"三个中心"综合服务功能逐步完善,服务水平进一步提升。

生态环境不断优化。耕地保有量不低于 3500 平方公里;非化石能源占一次能源消费比重达到 2.5%;农业灌溉用水有效利用系数达到 0.6;城市、中心城镇垃圾和生活污水处理基本实现全覆盖;市区中水回用率达到 45%;人均公共绿地面积达到 13 平方米;全市林木绿化率达到 50%,森林蓄积量达到 1280 万立方米。单位地区生产总值能耗、二氧化碳排放和单位工业增加值水耗大幅下降,主要污染物排放总量显著减少。

表2 "十二五"规划主要目标

指标类别	序号	指标名称	单位	2010年实际	"十二五"规划 2015年	"十二五"规划 年均±%	指标属性
社会民生	1	城镇居民年人均可支配收入	元	21293	42600	>13	预期性
	2	农村居民年人均纯收入	元	12317	24700	>13	预期性
	3	新增城镇实名制就业人数	万人	80.1	100	4.5	预期性
	4	高中阶段教育毛入学率	%	96	99	【3】	约束性
	5	新增劳动力人均受教育年限	年	13.5	14.7	【1.2】	预期性
	6	城镇职工基本医疗保险参保率	%	98	99	【1】	约束性
	7	城镇居民基本医疗保险参保率	%	95	>95	……	约束性
	8	新型农村合作医疗保险参保率	%	99	>99	……	约束性
	9	基本养老保险参保率	%	99	>99	……	约束性
	10	城镇登记失业率	%	2.7	<3	……	预期性
	11	农村自来水普及率	%	80	90	【10】	约束性
经济发展	12	地区生产总值	亿元	5158.1	>10000	≥13	预期性
	13	三次产业比重	%	6.7:51.3:42	5:47:48	……	预期性
	14	地方财政一般预算收入	亿元	500.8	>1000	15	预期性
	15	全社会固定资产投资	亿元	5084.3	……	15	预期性
	16	外贸自营出口总额	亿美元	260.5	550	16	预期性
	17	社会消费品零售总额	亿元	1639.8	3730	18	预期性
	18	城镇化率	%	65	>75	【10】	预期性
	19	服务业就业比重	%	51	56	【5】	预期性
	20	科技研发投入占地区生产总值比重	%	2.5	2.8	【0.3】	预期性

续表

指标类别	序号	指标名称		单位	2010年实际	"十二五"规划		指标属性
						2015年	年均±%	
城市功能	21	港口货物年吞吐量		亿吨	3.14	5	10	预期性
	22	集装箱年吞吐量		万标准箱	526.2	1000	14.7	预期性
	23	空港旅客年吞吐量		万人次	1070	1600	8.4	预期性
	24	货物周转量占东北地区比重		%	48	55	2.7	预期性
	25	物流业增加值占地区生产总值比重		%	9	12	……	预期性
	26	金融业增加值占地区生产总值比重		%	5	7	【2】	预期性
资源环境	27	耕地保有量		平方公里	3500	>3500	……	约束性
	28	单位工业增加值用水量		吨/万元	18	14	-4	约束性
	29	农业灌溉用水有效利用系数			0.5	0.6	4	约束性
	30	非化石能源占一次能源消费比重		%	0.05	2.5	……	约束性
	31	单位地区生产总值能源消耗降低		%	【20】	……	*	约束性
	32	单位地区生产总值二氧化碳排放降低		%	……	……	*	约束性
	33	主要污染物排放减少	化学需氧量(全口径)	%	……	……	【11.2】	约束性
			二氧化硫	%	……	……	【6.5】	约束性
			氨氮(全口径)	%	……	……	【13】	约束性
			氮氧化物	%	……	……	【9.5】	约束性
	34	城市生活污水集中处理率(市区)		%	90.4	95	【4.6】	约束性
	35	城市生活垃圾无害化处理率(市区)		%	>98	>99	……	约束性
	36	中心城镇生活污水和垃圾处理率		%	30	>90	【60】	约束性
	37	中水回用率(市区)		%	40	45	【5】	约束性
	38	森林增长	林木绿化率	%	45	50	【5】	约束性
			森林蓄积量	万立方米	1100	1280	3	约束性
	39	人均公共绿地面积		平方米	13	13	……	约束性

注:【】内数为五年累计数;单位地区生产总值能源消耗和二氧化碳排放两项指标按省政府下达的分解目标执行。

第三章　大力发展社会和民生事业，提升公共服务水平

以保障和改善民生作为和谐大连建设的出发点和落脚点,大幅提高公共服务能力,提供更多更优的公共服务产品,顺应广大市民过上美好生活的新期待。加大"富民工程"实施力度,努力提高城乡居民收入,健全社会保障体系,切实加强教育、医疗卫生、文化体育、人口发展等社会事业建设,不断提高公共福利水平,增强城乡居民的幸福感。

第一节 努力提高居民收入

深化收入分配制度改革。调整优化分配结构,提升劳动报酬在初次分配中的比重,使居民收入增长与地区生产总值增长水平相适应。完善企业工资指导线、企业人工成本预警预测和人力资源市场工资指导价位制度。完善公务员工资正常调整机制,深化事业单位收入分配制度改革。规范劳务工工资分配制度,实现同工同酬。加大再分配调节力度,规范收入分配秩序,扩大中等收入人口比重,努力扭转城乡、区域、行业和社会成员之间收入差距扩大趋势,实现社会公平正义。完善城乡居民最低生活保障制度,健全财政转移支付制度。

努力提高城镇居民收入。全面推行企业工资集体协商制度,扩大工资集体协商范围,形成企业职工工资正常增长机制、分配共决机制和支付保障机制,着力提高普通职工收入水平。逐步提高最低工资标准,保障最低收入者及其家庭成员的基本生活。完善企业退休人员养老金正常调整机制。引导、鼓励并创造条件增加居民经营性和财产性收入。

努力提高农村居民收入。建立城乡一体的人力资源市场和统一的公共就业服务体系,增加县域内城镇非农就业机会。加强农民工技能培训,提高农民工工资水平。完善农业补贴制度,提高农村社会保障水平。继续加大惠农政策力度,完善促进农民增收机制,提高土地经营规模效益,促进农村服务业等特色产业的发展,使农民在农业功能拓展中获得更多收益。允许多种形式流转土地承包经营权,拓宽农民财产性收入增长渠道。

努力提升劳动就业水平。实施促进就业容量大的劳动密集型产业、服务业和各类所有制中小企业发展的产业政策,鼓励企业吸纳更多的劳动力就业。完善小额贷款和困难群体就业援助制度,切实加强高校毕业生的就业指导工作,支持青年创业。强化政府促进就业的公共服务职能,发挥工会等群众组织在促进就业方面作用,加强失业预警和失业调控,不断健全以创业带动就业机制。

第二节 健全社会保障体系

完善社会保险体系。建立保障水平与经济社会发展同步增长、适度超前的保障机制。加快建立覆盖城乡居民的养老保障制度,实现应保尽保。完善企业、事业、个体工商户、灵活就业人员养老保险制度,缩小不同群体之间的养老金差距。进一步扩大医疗保险覆盖范围,实现医疗保险市级统筹。加大财政投入,大幅提高新型农村合作医保筹资水平,扩大大病统筹范围,提高大病统筹标准。创新新型农村合作统筹基金管理。扩大失业保险范围,逐步实现失业保险全覆盖。进一步完善工伤保险政策标准体系,建立健全工伤预防联动机制。继续完善生育保险制度建设,逐步提升生育保险保障能力。逐步建立覆盖包括农民工、劳务派遣工在内的就业人员各项保险制度。

完善社会救助体系。完善以城乡居民最低生活保障制度为主体,以专项救助政策为辅助,以慈善救助和困难职工帮扶中心为补充的社会救助体系。建立城乡一体的最低生活保障制度,实现救助对象全覆盖。完善城乡低保标准自然增长机制,确保低保标准与经济社会发展水平同步增长。健全分类救助政策,继续加大对重残、重病、孤老、孤残、孤儿以及子女上学等低保对象的救助力度。完善专项救助政策,加强低保与就业扶贫政策的有机衔接,切实发挥综合解困政策效应。充分发挥城乡居民临时救助制度的作用,确保所有遭遇临时性、突发性困难,基本生活无法维持的居民能及时得到有效救助。进一步完善城乡低保管理体制。加大公共支出支持力度,加强法律援助体系建设。

积极发展社会福利事业。完善养老产业优惠政策,鼓励和支持社会力量兴办社会福利机构,完善以居家养老为基础、社区养老为依托、机构养老为补充的养老福利服务体系。每千名老年人拥有养老床位 50 张。建立健全覆盖农村、布局合理、功能齐全的五保供养体系。全面落实孤残儿童福利保障经费,不断提高孤残儿童养育水平。大力发展现代慈善事业,增强全社会慈善意识,不断拓展慈善救助和慈善公益活动领域,加强对慈善事业的监督管理。

专栏 1　社会事业项目

◆**社会保障项目**:大连市技师学院迁建项目二期工程、公共实训基地、人力资源和社会保障档案中心项目、社会保障卡建设项目、城镇职工医保市级统筹项目。
◆**社会福利项目**:建设 175 所社区养老服务中心、市"三无"精神病养护院、市老年活动中心、市社会福利院养老分院、各级残疾人托养中心。
◆**社区建设项目**:新建一批社区综合服务中心和乡镇服务中心。
◆**社会救助项目**:农村困难群众危房改造、流浪乞讨人员救助设施和法律援助体系建设。
◆**公共服务项目**:建设市殡仪馆、城乡公益性殡葬设施、县级殡仪馆改造项目,实施"金社工程(社区基本公共服务信息系统)"。

健全住房保障体系。在保持房地产业稳步健康发展的同时,加强保障性住房财政性经费的持续投入,鼓励社会资金参与保障性住房建设运营。通过新建改建、政府购置等多种渠道筹集房源,同时在新增商品住宅建设用地中配建一定比例保障性住房,解决保障性住房供应不足的问题。大力发展廉租房建设,实现低收入住房困难家庭廉租房保障全覆盖。加快公共租赁住房建设,使其成为保障性住房的主体,充分发挥政府财政补贴、住房公积金的作用,切实解决中等偏下收入家庭住房困难的问题。加大对特殊群体住房支持力度,满足新就业职工及符合条件的外来务工人员住房需求。

第三节　优先发展教育事业

以夯实基础、调整结构、促进公平、提升内涵为重点,加大财政投入力度,进一步整合教育资源,加强师资队伍建设,优化学前教育资源,提高义务教育质量,做强、做精职业教育,提升高等教育水平,积极发展继续教育,逐步实现教育现代化。

高水平普及基础教育。大力发展学前教育,构建"广覆盖、保基本"的学前公共服务体系,加大财政投入力度,进入公办幼儿园的幼儿比例达到 50% 以上。重视农村学前教育,对城乡家庭经济困难幼儿接受普惠学前教育给予资助,支持民办幼儿园提供普惠型服务。加强对幼儿园的监督管理,注重幼师队伍建设,提高办园质量。建立城乡一体化教育发展机制,鼓励优质教育资源向新城镇和郊区延伸,实施义务教育均衡发展示范区创建工程,均衡配置教育资源,实现域内义务教育发展基本均衡。扩大普通高中优质教育资源,逐步实现农村普通高中进城办学,促进普通高中优质特色发展,省级示范高中比例达到 40% 以上。适度发展国际化高端精英教育。

做强做精职业教育。理顺职业教育管理体制,整合职业教育资源,优化职业院校布局和专业结构,加强高水平示范性职业院校建设,重点建设普湾新区国家职业教育基地,建设一批与产业发展和促进就业相结合的高等职业院校和中等职业学校。

创新发展高等教育。加强重点大学和重点学科建设,积极引进国际国内一流大学在连设立分院或分支培训机构,优先发展我市产业升级和高精尖产业急需的学科和专业。鼓励在连高校引进高水平人才,优化学科设置,参与国际合作,加快建设国内一流大学和国际一流学科。

积极发展继续教育。大力发展非学历继续教育,稳步发展学历继续教育,广泛开展城乡社区教育。加强继续教育基础能力建设,以家庭、社区、企业、机关等为载体,加快各类学习型组织建设。

专栏2　教育事业项目

◆**学前教育**:新建大连市艺术幼儿园,新建一批市区幼儿园,建设100所城镇公办幼儿园、50所农村乡镇中心幼儿园。
◆**义务教育**:实施中小学校舍安全工程建设,加固改造校舍面积50万平方米。建设30所城镇小区配套中小学校、25所农村乡镇中心学校。
◆**高中教育**:新建10所标准化优质普通高中,改造建设8所一般高中,达到省级示范性高中标准,撤并5所分布在偏远农村地区的一般高中。
◆**职业教育**:建设普湾新区国家职业教育基地、金州新区人才实训基地、创建20所高水平的职业院校。

第四节　大力发展医疗卫生事业

大幅提升医疗水平。加大医疗卫生基础设施建设,合理布局全域城镇医疗机构,引进和建设一批国内外技术水平高的医疗机构和公共卫生服务机构,满足城乡居民医疗设施需求。力争实现千人医生数和千人病床数分别提高10%。构建有利于医疗人才培养和引进的机制,加速学术和技术带头人及全科医生的全方位培养,引进一批国内外高水平的专家,大幅提高全市医疗水平。不断提高医疗服务的水平和质量,建设东北地区一流的公共卫生服务体系。

专栏3　医疗卫生建设项目

◆新建新妇产医院、新儿童医院、大连大学附属新华医院、市疾病控制中心、大连大学附属中山医院教学楼、中国医科大学长兴岛分院、庄河市中心医院、市友谊医院花园口分院、金州新区妇产医院、金州新区综合医院、市口腔医院分院、市职业病防治院、市民健康教育中心、卫生监督所等项目。改扩建市儿童医院、市二院门诊综合楼、市五院外科综合楼、市皮肤病医院麻风病门诊部与住院部、老年病医院住院综合楼、市友谊医院门诊楼、市血液中心楼、市急救中心楼、市心理医学中心楼、卫生应急指挥中心等项目。
◆建设12个区市县卫生监督所,28所中心乡镇卫生院。

深化医药卫生体制改革。按照保基本、强基层、建机制的要求,增加财政投入,逐步建立公益性的医药卫生管理体制和运行机制。推进医疗机构分类管理,以公立医院和非营利医疗机构为主体,适度发展合资、民营医院和营利性医疗机构,形成多元化投资、公平有序竞争的医疗服务体系。逐步提高城乡居民的基本医疗保障标准。建立和完善以国家基本药物制度为基础的药品供应保障体系。新增医疗卫生资源重点向基层倾斜。推进市、县级医疗机构资源整合,建立对口分工协作机制,探索组建区域性医疗联合体。完善二级以上医院对口支援农村乡镇卫生院制度。切实解决群众"看病难、看病贵"问题。

构建城乡一体的新型医疗卫生服务体系。完善区域性医疗中心、专科医院、疾病预防控制与卫生监督、镇及社区(村)卫生和其他卫生机构相结合的卫生服务体系。加强农村乡镇卫生院和村卫生室建设,建立健全管理体制,提高农村医疗卫生服务水平。大力发展社区卫生服务,建立以社区卫生服务中心为主体的城市社区卫生服务网络,建立"15分钟社区卫生服务圈"。

加强疾病预防控制工作。完善公共卫生体系,提高疾病预防控制能力、医疗救助能力、卫生执法监督能力和应对突发公共卫生事件的能力。深入开展爱国卫生运动,打造健康城市。

第五节　繁荣文化体育事业

深化文化体制改革。积极推进国有文化企事业单位改革,合理整合文化资源,建立具有知名品牌的出版、传媒、演艺等大型文化集团。鼓励非公有制经济参与发展文化产业和文化事业。积极推进文化创新。培育城市文化,塑造城市精神,打造"现代文化名城"。

图1　大连市十二五社会事业重点项目布局示意图

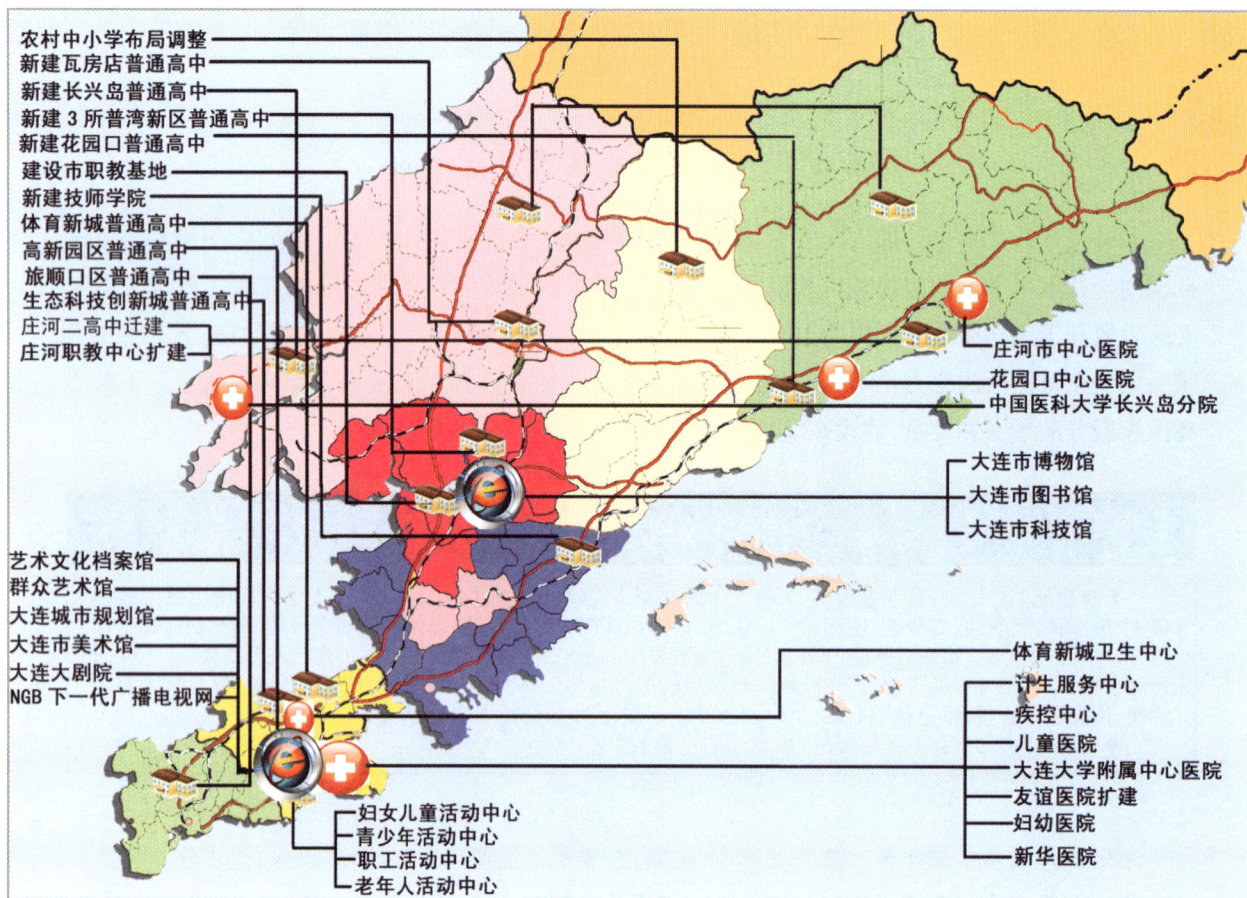

发展公共文化事业。建立完善的公共文化服务体系,加大公共文化设施建设投资力度,新建一批全域布局的现代化文化场馆,建设以大型图书馆、科技馆、城市规划馆、博物馆、妇女儿童活动中心、青少年活动中心、职工活动中心、老年人活动中心等"四馆四中心"为重点,以文化广场、文化主题公园、文化休闲俱乐部、影视剧院等设施为补充的布局合理、惠及百姓的公共文化设施。积极发展图书、档案、文物等公共文化事业。发展群众文化事业,健全城乡群众文化生活服务体系,提高群众文化设施水平。努力提高新闻出版、广播影视、文学艺术等文化事业水平。加强文艺精品创作,推出一批在全国有影响的影视作品和优秀剧目。积极发掘和保护文物资源,加强少数民族传统文化资源保护。加强对历史风貌建筑的保护、整修和利用,开展凤鸣街、胜利桥北街、旅顺太阳沟区域、庄河老街和城山古城等历史文化街区的抢救维修工程和保护性开发,恢复金州、复州城、城子坦和青堆子等古城历史文化风貌。

积极发展体育事业。围绕体育强市的建设目标,推进体育事业高水平发展。着力推动足球等传统优势项目快速发展,再塑"足球城"的地位,大力培育新的优势项目,注重体育后备人才培养,提高竞技体育发展水平。完善全民健身服务体系,推进群众体育向纵深发展。大力发展体育产业,完善体育培训、体育中介等配套服务。以承办第十二届全运会项目比赛为契机,推进公共体育设施建设,完成大连体育中心、金石国际运动中心、普湾新区体育中心、海岛体育休闲中心等四大中心建设,县市区实施"四个一"工程,使全市人均公共体育设施用地面积达到0.5平方米以上。

第六节　全面做好人口工作

坚持计划生育基本国策,加强人口总量调控,着力改善人口结构,促进人口均衡发展。深化"健康家庭促进计划",提供优质生育和生殖保健服务,建立和完善以家庭为中心的人口健康促进模式和家庭福利政策,建设人口与家庭发展公共服务中心,完善人口与计划生育公共服务体系,提高家庭发展和抗风险能力。加强婚育指导,推进优生促进工程,构建出生缺陷预防服务体系,全面提高人口出生素质。进一步提升妇幼卫生保健水平。贯彻男女平等基本国策,切实保障妇女合法权益,加强未成年人保护,发展妇女儿童事业。积极应对人口老龄化,优先发展社会养老服务,统筹城乡老龄事业和产业发展。建立健全残疾人社会保障体系和服务体系,切实保障残疾人的生命健康权和生存发展权。促进少数民族村、镇(乡)加快发展。进一步完善外来人口安置政策,推进符合条件的农民工逐步转为城市居民,建立与全域城市化发展相适应的人口引入机制,有序引导外来人口安居兴业。

第七节　加强和创新社会管理

提高社会管理水平。提高服务型政府建设水平,在服务中实施管理,在管理中实现服务,建设人民满意的服务型政府。大力培育发展各类社会组织,加强城乡组织自治管理。推进社会管理中心向乡镇(街道)、村(居)委会等基层组织下移。深入开展和谐社区建设,创新社区管理体制,健全城乡社区自治和服务功能。

健全公共安全体系。加强安全生产、公共卫生事件、食品安全事件、社会安全事件以及气象、地质等自然灾害的预警和应急处置体系建设,完善市、县应急救灾物资储备设施,提高应对公共安全危机和突发公共安全事件的能力。加强食品、药品、化妆品安全监管,健全检验监测与电子网络监控体系。

严格安全生产管理。建立健全重大危险源监控体系,强化职业健康监管,有效防范和遏制重特大事故,亿元地区生产总值生产安全事故死亡率下降45%,加快建设危险化学品物流园区、国家级危险化学品应急救援基地、安全生产教育培训基地和安全社区创建工程。加强城乡建设工程抗震设防管理,加快地震监测、地震应急基础设施建设,提升抵御破坏性地震的能力。

加强社会综合管理。以社会化、网络化、信息化为重点,构建立体化的社会治安管理体系。加强对社会组织和互联网等新兴媒体的服务管理,全面推行利益协调、社会矛盾预防和社会稳定风险评估机制。加强公安信息化、执法规范化、和谐警民三项建设,增强人民群众安全感和满意度。完善信访工作制度和"大调解"工作体系,正确处理人民内部矛盾,为经济社会发展创造良好环境。

重视全民国防教育。健全国防动员体制,促进国防建设与经济建设协调发展。深入开展"双拥"活动,巩固和发展军政军民关系。

第四章　优化空间开发格局,
全力推进全域城市化

按照"四大城市组团"布局,加快推进全域城市化,构建新型城镇空间网络。完善各城市组团功能,规范开发空间,优化产业布局,加快全域城市化基础设施建设,引导人口合理分布,构建城乡功能、产业、设施、社会、公共服务一体化发展的新格局。

第一节　全面完善城市组团功能

主城区组团。加快推进主城区功能一体化进程。中山区、西岗区、沙河口区、甘井子区重点建设金融中心、物流中心、生态科技创新城、国际商务区、知识经济聚集区和生态宜居城区,发展以总部经济、金融保险、软件和创意产业、科技服务、商贸流通、信息服务、旅游会展、文化休闲为主体的高端现代服务业。旅顺口区要围绕绿色经济区建设,重点发展港航物流、旅游休闲、科技研发和教育文化,建设东北亚旅游胜地、环渤海及东北地区重要交通枢纽、历史文化名城和科技创新城区。高新园区要充分发挥对创新型城市建设和全市高新技术产业发展的引领带动作用,重点建设旅顺南路软件产业带,集中发展高端服务业和高端制造业,建设成全球软件和服务外包新领军城市的核心功能区、生态环境一流的创新型科技新城区。

新市区组团。金州新区、普湾新区和保税区要发挥体制机制优势,加快建设基础设施和服务功能比较完备的新城区,着力打造东北地区对外开放的龙头和现代产业核心区、国际滨海旅游度假区与生态宜居新城区。发展港航物流、教育文化、信息服务、旅游等现代服务业,以及先进装备制造、新能源装备、海洋工程、新一代信息技术等新兴产业。金州新区作为新市区的经济中心,要加快城市化进程,提升城市功能和国际化水平,努力抢占新兴产业发展制高点,加快十大产业功能园区建设,打造先进制造业聚集区。普湾新区作为新市区建设的核心,要加快现代化基础设施建设,增强城市功能,培育国际化氛围,争取成为未来城市的核心区和自由贸易试验(园)区的商务服务聚集地,拓展区要加快建设成为现代产业的承载区和大连重要的生态屏障。保税区要继续占据和发展对外开放的制高点,进一步扩大和提升服务功能,加快大连汽车物流城建设。

渤海区域组团。以瓦房店和长兴岛为中心的渤海区域组团要继续完善基础设施建设,高标准规划建设一批环境优美、生态宜居的中心城镇,带动人口向沿海新城和重点城镇集聚。瓦房店要重点发展装备制造、精细化工、临港物流、生态旅游和绿色能源产业,打造环渤海地区现代新兴工业城市。长兴岛临港工业区要重点发展装备制造、船舶制造及配套、石油化工、精品钢材、生物制药和现代物流业,积极争取设立自由贸易试验(园)区,逐步建成现代化中等生态城市。

黄海区域组团。以庄河、花园口、长海为中心的黄海区域组团要进一步加强基础设施建设,形成城市功能比较完善的产业与人口承载聚集区。庄河要发挥连接大连和丹东的节点城市功能,成为带动北黄海开发建设的主体,重点发展先进装备制造、家居制造、农副产品加工、新能源(光伏)、石油化工、静脉产业和旅游业,建设国家级生态工业示范园(静脉产业类)和国家级光伏产业基地,建成北黄海现代化生态型中心城市。花园口经济区要重点发展新材料、生物制药、新能源、节能环保产业,建设国家级新材料基地和辽宁沿海重要的新型产业基地,打造现代化生态宜居型海滨新城。长海县要重点发展旅游休闲度假产业和海洋经济,加强长山群岛综合性开发项目建设,打造现代海洋牧场和国际旅游避暑胜地。

第二节　进一步优化全域城市布局

规范开发空间。依据不同区域资源环境的承载能力、开发基础和发展潜力,将我市国土空间科学划分为优化开发区、重点开发区、限制开发区和禁止开发区四类区域,明确各区域的空间范围和功能定位,作为指导和规范各类空间开发活动的基本依据。对人口稠密、开发强度偏高、资源环境负荷过重的主城区和北三市建成区要优化开发;对于资源环境承载力较强、聚集人口和经济条件较好的黄海和渤海沿岸地区要重点开发;对于影响全市生态安全的北部水源保护地和中部农产品产区以及长山群岛部分区域要限制大规模工业化和城镇化开发;对于依法设立的各级各类自然文化资源等护区和其他需要特殊保护的区域要禁止开发。加快研究制定财政、投资、产业、土地、人口和环境等配套政策,建立与各类主体功能区定位相适应的绩效评价和政绩考核办法,促进各类功能区协调发展。加快推进有利于形成主体功能区的法规体系建设,规范各类开发行为和开发秩序。

专栏4　主体功能区范围和主要功能

◆**优化开发区**。主要分布在主城区和北三市建成区,总面积约2100平方公里。要严格控制开发规模和强度,调整优化城市空间结构,适当扩大城市建设空间,减少工矿建设空间,增加生态空间。率先转变经济发展方式,着力提升经济增长质量和效益,增强自主创新能力,尽快形成以提供高端工业和服务产品为主体的功能区,成为带动全市实现科学发展新跨越的龙头区。

◆**重点开发区**。主要分布在我市渤海沿岸和黄海沿岸,总面积约4280平方公里。要加快基础配套设施建设,改善投资创业环境,增强产业和人口的聚集和承载能力。承接国内外和优化开发区的产业转移,承接限制开发区域和禁止开发区域的人口转移,加快推进城市化和新型工业化,尽快形成以提供工业和服务产品为主体功能的城市化地区,成为全市经济实现持续快速发展的重要支撑区。

◆**限制开发区**。主要分布在瓦房店北部、普兰店和庄河中部及长山群岛部分区域,面积约5200平方公里。要严格控制开发强度,因地制宜地适度发展资源开采、旅游、农林牧渔产品生产和加工、观光休闲农业等。限制大规模的工业和城市开发,引导富裕人口逐步向重点开发区转移,加强对耕地、林地、果园、水产养殖水域和生态环境的保护,形成以提供农产品和生态产品为主的功能区,保障城市基本农产品供应,构筑较为完善的生态屏障。

◆**禁止开发区**。主要包括各类自然保护区、重点风景名胜区、森林公园、地质公园、文物保护区和饮用水水源一级保护区构成的区域,分散于全市各个区域。要依法实施强制性保护,严禁各类开发活动,引导人口有序转移,控制污染物实现零排放,形成以提供生态产品为主的功能区,成为维持生物多样性和生态产品多样化的承载地。

优化城镇与人口布局。加快构建以四大城市组团为支撑的"两核七区九节点"全域城市化框架,推动人口向新市区和沿海转移、向重点城镇聚集。两核,即大连市主城区和新市区,是市域发展的主体和人口、经济的集中地,其中,主城区保持人口适度增长,新市区成为新增人口主要承接地;七区,即次中心区域,是疏解主城区人口和吸纳新增人口的区域,包括长兴岛临港工业区、瓦房店城区、瓦房店沿海经济区、庄河城区、花园口经济区、皮杨城区和大小长山岛;九节点,为全域城市化的重点发展区,包括獐子岛镇、安波镇、莲山镇、老虎屯镇、复州城镇、永宁镇、青堆镇、黑岛镇和仙人洞镇,是吸纳农村富余劳动力转移和推动农业人口向城镇集聚的主要区域。

调整和拓展产业布局。按照企业向园区集中,重点开发和招商项目向重点园区集聚原则,加快主城区传统产业向北部、沿海转移,构筑以黄渤海两岸产业园区为主体、以北部生态旅游为重点的

"两岸一带"现代产业空间布局(图2),形成由辽宁沿海经济带重点发展区域、支持区域和市重点支持区域组成的29个现代产业发展聚集区,成为大连市经济发展主要增长区域。

图2　大连市十二五重点产业园区示意图

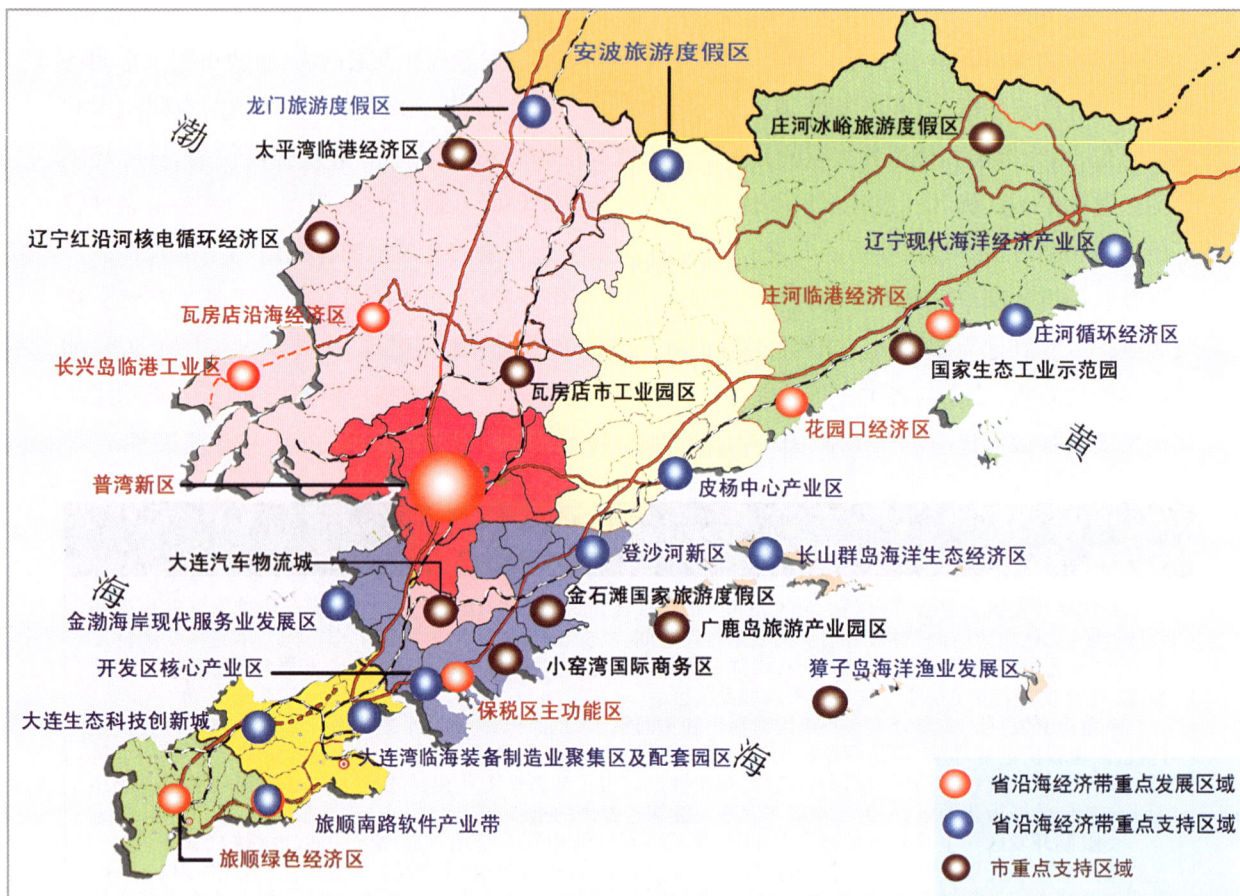

第三节　积极推进城乡发展一体化

通过体制机制创新和政策调整,循序促进城乡在规划布局、产业发展、市场信息、政策措施、生态环境保护和社会事业发展等领域实现一体化。

加快农村城镇化进程。以产业化带动农村城镇化,促进产业向重点城镇集中,带动农村人口向城镇转移,形成产业化与农村城镇化良性互动机制。择优培育一批重点镇,加快研究制定中小城镇综合配套改革等政策,改善城镇基础设施,强化其产业支撑能力和服务功能,使其成为经济活力强、人口聚集度高和生态宜居的中小城市。

加大农村基础设施建设力度。切实改善农村生态环境和生活质量,重点推进农村饮水安全工程、屯屯通油路工程、农村生态能源建设工程,以及给排水、通信邮电、污水和垃圾处理等基础设施建设,实施硬化、绿化、净化、亮化、美化、气化"六化"工程,提高农民集中居住环境质量,打造特色鲜明、设施完善的新社区、新村庄、新农庄。

提高农村公共服务水平。重点建立完善农村教育、医疗、社会保障、文化等基本公共服务体系,使农村居民享受到与城市居民基本相同的公共服务,大力改善农村生产和生活条件,努力实现城乡基本公共服务均等化。

第四节　加快全域城市化基础设施建设

按照全域城市化布局和提升城市功能的要求,重点建设以普湾新区为核心,连接主城区、黄渤海组团之间的重大基础设施,加快综合交通运输体系和能源、供水设施建设,增强区域核心城市功能,构建国际化、现代化、全域一体化城市基础设施体系。

图3　大连市十二五轨道公路交通重点项目布局示意图

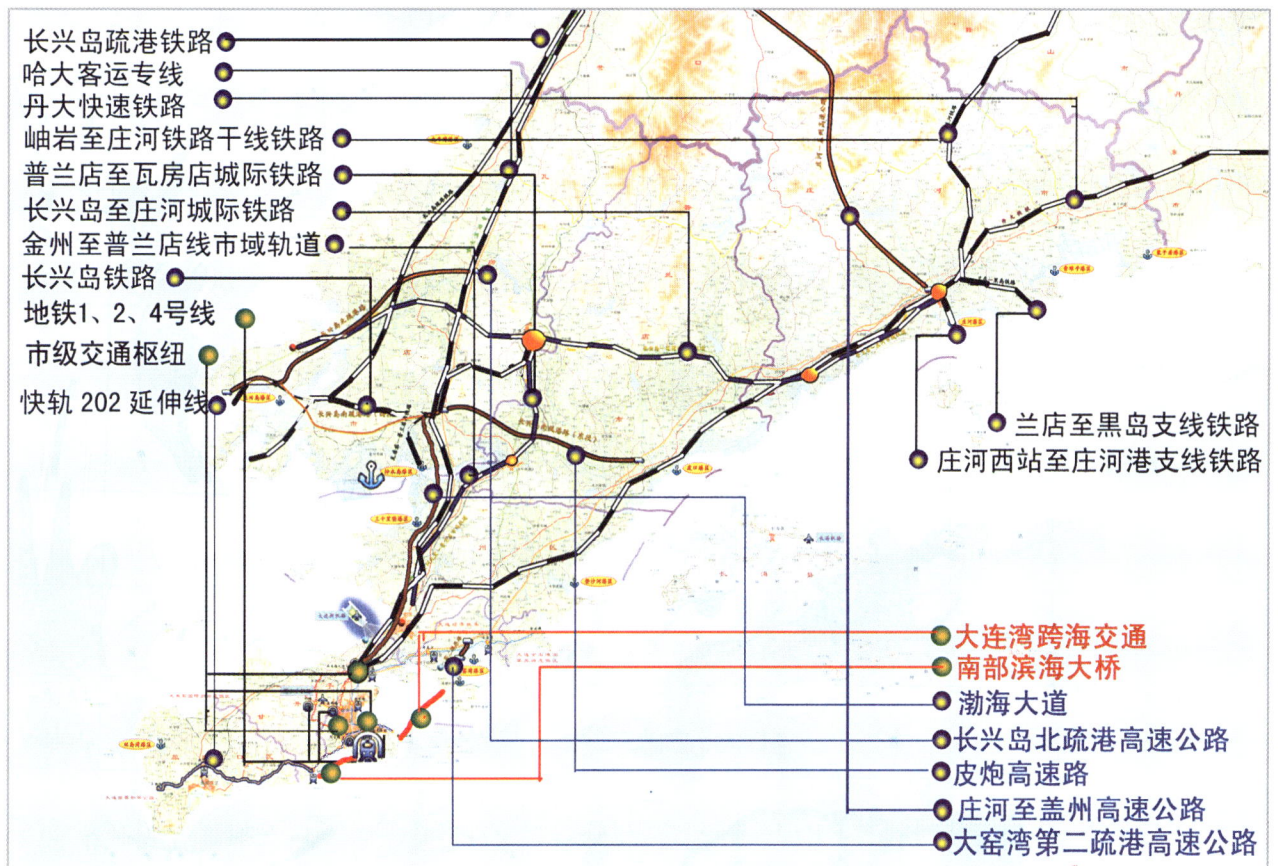

公路。主城区加快构建城市快速路网体系,新建、扩建城市快速路、跨海通道,形成"七纵七横"快速路系统。新建一批大型公共停车场和公共停车泊位,实施长途汽车站搬迁改造等工程,有效缓解城市交通拥堵和停车难的问题。进一步完善"四网一环"公路网络,加快完善四大城市组团、各产业集聚区之间的公路连接,重点推进普湾新区交通枢纽和道路的规划、建设。建成渤海大道、大连湾疏港高速公路、皮口至炮台高速公路、庄河至盖州高速公路,开工建设长兴岛北疏港高速公路,推进庄河至岫岩高速公路前期工作。适时改造提升滨海公路等级。解决保税区域内以及与相邻区域快速路连接问题。推进自然村(屯)通油路进程,提高农村公路的覆盖面和服务水平。

轨道。构建由客运专线、快速铁路、普通铁路以及烟大铁路轮渡组成的新型干线铁路网。完成哈大客运专线、丹大快速铁路等干线铁路建设,推进长兴岛疏港铁路、庄河兰店—黑岛和庄河西站—庄河港等支线铁路建设;建成地铁1、2号线、快轨202延伸线、金州—普兰店—瓦房店—长兴岛等城际轨道工程;推进长兴岛至庄河城际轨道前期工作,构建连接新老市区及城市组团间的轨道交通系统。加快研究建设南关岭火车站、西安路和新机场等市级综合交通枢纽。积极配合国家开展大连至烟台跨海通道前期研究。

图4 大连市十二五能源重点项目布局示意图

能源。进一步强化对全域城市化的支撑,重点加强能源基础设施建设,搞好能源供需平衡,优化能源结构,保证能源供应。优化新能源生产布局(图4),建成红沿河核电一期工程,开工建设二期工程,启动三期工程前期工作,继续开展庄河南尖核电和瓦房店江石底核电的前期工作;大力发展海上风电,因地制宜发展陆地风电;启动近海潮汐、潮流发电示范项目,建成 LNG 接收站项目。积极推广核电、风电、LNG、太阳能光伏等新能源的广泛利用,提高清洁能源和可再生能源利用比重。完成城区大型热电联产布局,在有条件的地区,充分利用 LNG 开展"进气退煤",推动城市供热方式转变。加快全市新发展区域电网建设,继续实施农网改造工程,提高全域电力供应保障能力。

供水。在加强水资源节约和保护的前提下,科学配置水源(图5)。完成大伙房水库输水入连工程建设。启动第二条入连输水管线工程论证、建设工作。新建夹河水库、鞍子河水库,扩容松树水库。完成长兴岛二期供水工程、花园口供水工程、普湾新区供水工程、金渤海岸供水工程、保税区拓展区供水工程、长山群岛旅游度假区饮水工程。完成城市新区供水配套设施、长海县净水厂二期、三十里堡净水厂、三道沟净水厂二期、登沙河净水厂扩建等净配水工程,基本实现全市水资源的供需平衡。加快红沿河核电海水淡化工程、旅顺国电电力海水淡化工程、长兴岛热电海水淡化工程、庄河黑岛热电海水淡化工程和长海县海水淡化工程建设。大力推广中水回用工程,严格控制开采地下水,加强水源地保护工程建设,加大水土流失治理力度。推进农村安全饮水工程建设。

图5　大连市十二五供水重点工程项目布局示意图

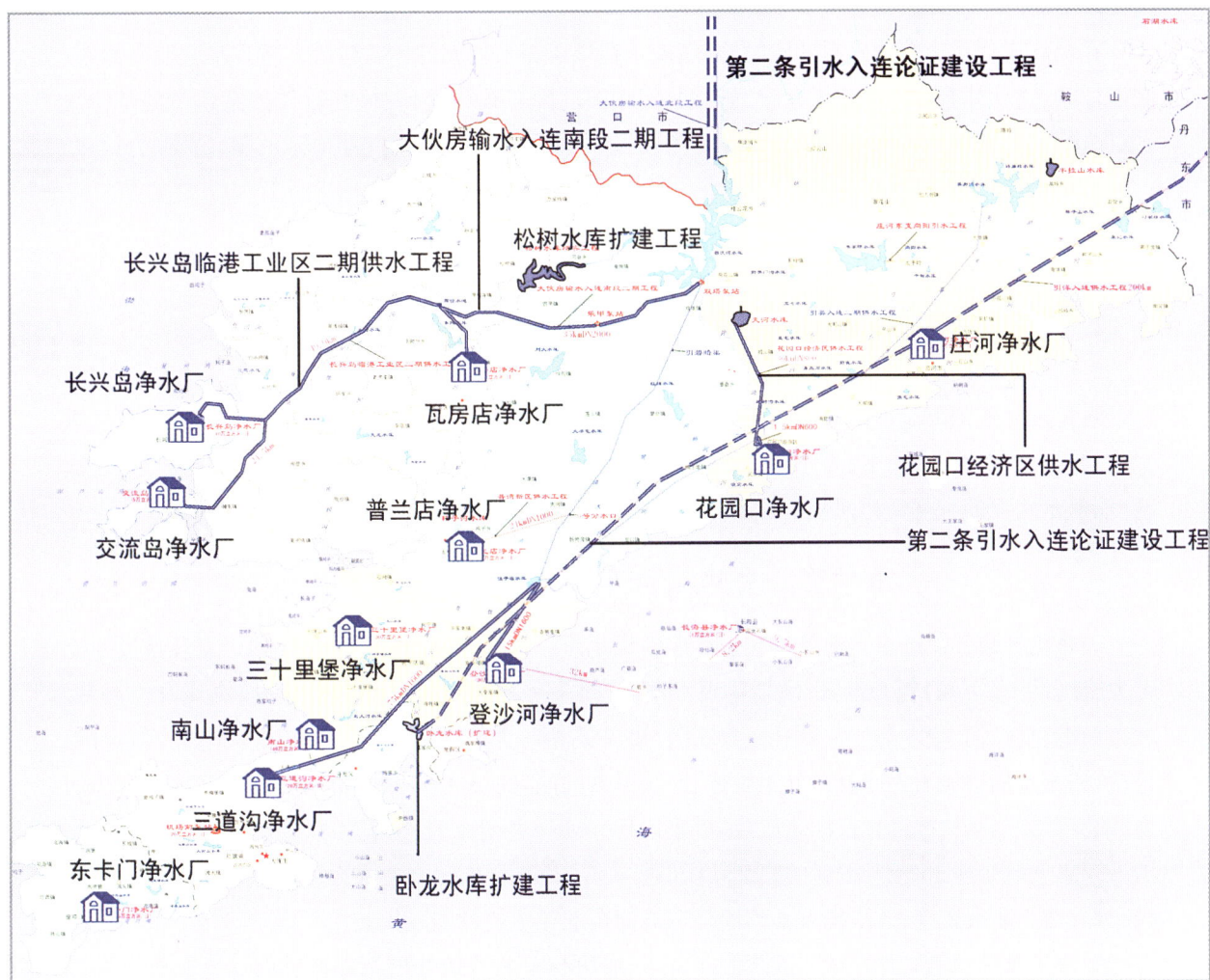

第五节　提高现代化城市管理水平

按照国际化城市管理的要求,坚持城市管建并重和生态立市的理念,创新城市管理机制,实现人性化服务、智能化应用和精细化管理,形成与国际化城市相适应的城市综合管理格局。

健全城市管理体制。明确城市管理设施和公共空间的责任主体,理顺管理事权,增强城市管理的整体协同性、区域统筹性、城乡一体性。强化属地管理,推动管理重心下移,加强中心镇城市管理,实现城市社区、农村社区城市管理专业化。大力推进城管标准化建设。提高执法队伍素质。完善城市管理考核机制和社会评价机制,促进城市管理高效运行。

提高城市管理信息化水平。充分发挥我市软件产业优势,支持企业发展电子商务,推进物联网研发应用,建设区域感知中心。深入开展电子政务网络建设,提升政府公共服务和管理能力。加强城市智能交通系统等重要信息基础设施建设,做好电信网、广播电视网、互联网"三网融合"试点工作。提高全市经济社会各领域信息化水平,加快建设"数字城市"。

提升公共设施管理水平。构建现代综合交通体系,加强城市交通路网规划、建设,优化城市交通组织管理,提高城市交通智能化管理水平。加大对违法建筑、户外广告、占道经营等行为管理力度。妥善解决城市弃管楼问题。全面提高市政设施养护管理水平。加强道路挖掘施工管理。规范施工现场管理。提高城市环境卫生管理水平。

在提高现代城市管理水平的同时,要高度重视核心城市的软件体系建设。重点加强服务体系、制度体系、文化体系和创新体系建设,研究制定相关的配套政策措施,提升软件体系建设的整体水平,促进人口、资本和技术等资源要素自由流动,进一步增强大连在东北亚地区的国际影响力。

第五章 加快"三个中心"建设, 提升城市核心功能

强化东北亚国际航运中心的功能建设,加快东北亚国际物流中心和东北地区金融中心建设,进一步增强大连对物流、资本、人才、技术、信息等重要生产要素的集散和配置功能,建设服务东北地区、辐射东北亚的重要资源配置中心。

第一节 加快建设东北亚国际航运中心

加快提升国际航运中心的航运功能。调整优化全市港口布局,沿黄、渤海两翼,重点建设并完善大窑湾(一岛三湾)核心港区,规划建设太平湾、栗子房核心港区及配套设施,加快建设长兴岛、旅顺新港、登沙河、松木岛、三十里堡、双岛湾、皮口、庄河(含黑岛港)、花园口等九大港区,与营口、丹东、锦州等周边城市一起打造分工明确、层次清晰的国际航运中心现代港口集群。完成大窑湾南岸集装箱泊位建设,推进大窑湾北岸开发,建设长兴岛等大型原油、矿石和集装箱泊位。大力引进国际知名港航企业,积极开辟新的国际航线,进一步完善国际航运中心在东北亚地区主要港口的航线布局,增加航线密度,逐步把大窑湾港打造成为东北亚重要的国际集装箱干线港。

加快集疏运功能载体建设。围绕大连口岸,加快与东北腹地和沿海地区铁路、公路、管道基础设施建设,打造连接海内外、沟通沿海地区、辐射腹地的现代化综合运输体系,构建以大连港为起点,沟通东北亚和欧洲的大陆桥。进一步推进港铁一体化发展,实现中国沿海南北运输网络对接,构建面向环渤海地区的开放型交通体系。突出空港在东北亚国际航运中心建设中的作用,启动新机场建设,实施长海机场扩建工程,引进主要航空公司和支线航空公司,构建航空主线基地、支线基地和货运基地,研究开通大连至俄罗斯远东地区等主要城市的国际航班,将大连机场建成东北亚门户枢纽机场和货运机场。抓住国家逐渐开放低空空域的契机,发展大连通用航空事业。

加快航运服务功能建设。优先发展航运交易、航运金融、航运保险、航运仲裁等高端航运服务业,积极发展邮轮经济、货物运输、船舶租赁、码头服务、仓储服务、船舶代理等海运辅助业,形成功能完备的现代航运服务体系。依托大连航运交易市场,遵循国际航运发展的趋势,进一步完善其网上交易、物流整合、航运信息发布、网上金融等多种航运功能,做大航运服务品牌。依托保税港区,建设境外石油期货交割库,提高保税区石油交易所中远期交易能力,建设能源港的主要商品定价中

图6　大连市十二五港口机场重点项目布局示意图

心、信息中心和交易中心。尽快推出大连航运交易市场航运指数,建设东北亚重要的国际航运信息集散和发布中心。

加快提升管理协调功能。在完善辽宁电子口岸综合信息平台建设的基础上,进一步加快建设东北电子口岸信息一体化试验区,简化工作流程,完善大通关制度,提升管理功能的现代化水平。进一步提升大连口岸功能,实现长兴岛港水运口岸对外开放,积极申办瓦房店太平湾、庄河栗子房等水运新开口岸和旅顺新港口岸、庄河港水运口岸、周水子航空口岸扩大开放。进一步拓展和延伸大窑湾保税港区功能,加快二十里堡和花园口保税功能拓展区建设,积极申办长兴岛综合保税区。推进大连港集团改革,提高资本运作和管理水平,积极参与辽宁沿海港口资源优化整合。

第二节　着力建设东北亚国际物流中心

依托东北亚国际航运中心,构建面向东北腹地及环渤海地区、辐射东北亚区域的国际物流网络体系。加快区域物流基地建设,创新物流业发展模式,优化发展环境,到2015年基本建成东北亚重要的货物中转基地、区域分拨配送基地和多功能综合服务中心。

构建辐射东北亚地区的物流网络体系。加快海、陆、空国际物流通道建设,推进各种运输资源的体系整合,完善集疏运体系,形成以大连口岸为中心,以东北腹地为依托,主要面向东北亚市场的国际物流网络体系。继续完善支撑物流网络的物流节点建设,重点建设营口、丹东、锦州和葫芦岛的物流合作节点;完善沈阳、长春、哈尔滨、满洲里和绥芬河一级物流节点,布局建设二级、三级物流节点;积极拓展东部沿海以及东南亚、中东地区、美洲和欧洲地区的物流节点。

加快建设区域性物流基地。以综合性和专业化物流园区建设为主体,加快构建物流园区、专业物流中心和分拨中心相结合的高效物流体系。重点建设保税港区,发挥国际中转、保税仓储、分拨配送等核心功能,增强对内陆物流园区的引领和带动作用;充分发挥保税区的政策优势,大力发展保税物流。建设以电子商务为交易平台,物流配送为支撑的城乡一体化的物流配送体系。

专栏5　重点物流园区

◆**大连汽车物流城**:建设国家级汽车整车研发、制造、销售、出口和零部件配套基地。
◆**香炉礁物流园**:建设日用消费品分拨、配送中心和高端物流中心。
◆**城际物流园**:建设城际快运、零担运输和城乡配送中心。
◆**旅顺物流园**:建设跨海滚装运输的物流园区、农副产品物流中心、长城花卉交易物流中心,争取建设大连钢材物流中心。
◆**长兴岛物流园**:建设港口运输和临港加工物流园区。
◆**庄河港物流园**:建设黄海沿岸中部物流中心(栗子房港区物流园、庄河城北物流园)。
◆**花园口物流园**:建设新材料物流仓储、运输和配送基地。
◆**空港物流园**:建设空港货物运输集散的分拨配送区和临空产业加工区,建设大连机场快件处理中心。
◆**大连冷链物流及食品加工物流园**:建设国际水产品冷链物流、加工和交易中心。
◆**太平湾港物流园**:建设渤海沿岸中部建材物流中心。

加快推进物流信息化建设。加快通信基础设施建设,构建面向东北亚的基础网络体系。整合现有专业化物流平台的功能,加快建设完善大连物流综合信息服务平台,构建与东北亚地区主要城市物流信息平台系统互联、信息共享的核心物流网络体系。支持各物流园区、物流中心及重点行业的专业化信息平台建设,实现与公共物流信息平台的链接。

深度开发物流市场需求。加快培育本地物流企业,支持跨区域整合。加大物流市场开放力度,积极引进国内外知名大型物流企业,建立跨区域物流中心,重点支持建设面向东北亚的煤炭、油品、粮食和矿产品四大交易中心,使大连成为东北亚多式联运中心、供应链管理中心和国际物流枢纽。支持制造业企业将物流业务剥离外包,大力推进物流服务的社会化和专业化。鼓励物流企业积极运用物流网络技术,加快发展物流电子商务,实现从传统物流向现代物流转变。制定并实施扶持物流业发展的相关政策措施,加强对物流业发展的引导和协调。

建立完善的综合服务体系。不断改善口岸服务功能,优化通关作业流程,加快通关速度。大力发展物流中介和咨询服务业,积极培育国际一流的物流服务市场。创新物流企业投融资方式,强化金融政策扶持。建立全市物流业统计核算制度。加强物流标准化体系建设,建立起与国际惯例接轨的物流运营管理规范。

第三节　全力建设东北地区金融中心

加快建设现代金融市场体系。依托大连商品交易所,重点发展期货市场,努力增设新的期货品种,形成能源、化工、农畜、木材四大板块交易品种体系,加快建设亚洲重要的期货交易中心。积极推动建立全国性的专业期货投资者行业组织。全面发展信贷市场、同业拆借市场、票据市场、外汇交易市场,探索建立信贷转让、信托资产转让等市场,积极开展跨境贸易人民币结算和离岸金融业务,培育发展离岸金融市场,建设东北地区资金结算和外汇交易中心。创新发展保险市场,规范发展保险兼业代理市场,开发保险新产品,扩大保险覆盖面,提升专业保险功能,探索商业保险参与社会管理的有效途径,提升保险中心城市地位。大力发展多层次资本市场,推进50家企业境内外发行上市,努力实现首发及后续融资各200亿元的目标。积极发展三板市场和场外交易市场,加快发展股权投资市场,采取"1+10+N"模式,设立股权投资引导基金,引导社会资金和海外资本大力发展产业投资、创业投资、风险投资等各类私募股权投资,引导设立10只以上产业投资基金,带动100家以上各类股权投资机构,形成1000亿元股权投资能力。

加快建设现代金融服务体系。引进和新设银行、保险、证券、期货等各类金融机构50家,提高金融聚集度。大力提升法人机构总体实力,做强行业龙头。进一步深化农村金融改革,不断完善农村金融体系。大力发展中小银行、小额贷款公司、融资担保公司,完善中小企业融资服务体系。创新发展金融租赁、财务公司、汽车金融、货币经纪等金融机构,填补金融体系的空白。鼓励发展保险代理、资产评估、会计审计、征信评信、投资咨询、财富管理等各类中介机构,形成类型多样、功能完善的金融中介服务体系。

加快建设特色金融功能区。重点打造以人民路及东港拓展区和星海湾金融商务区为主体,以高新园区、大东沟、金州湾金融后台服务为特色,以金州新区金融功能区、普湾新区金融聚集区、长兴岛临岸金融聚集区和庄河金港湾金融聚集区为支撑,覆盖全域的金融服务网络体系。

专栏6　重点金融功能区

◆**人民路金融商务区**:提升人民路金融商务区总体功能,加快东港拓展区建设,重点发展总部金融和航运金融,形成与航运中心配套的金融服务产业群,争取成为国家级金融功能区。

◆**星海湾金融城**:重点发展期货市场和煤炭交易市场。加快国际金融中心、信托证券大厦、石油大厦等项目建设,吸引各类金融机构进驻,形成聚集效应,争取成为国家级金融功能区。

◆**高新园区金融服务外包基地**:重点吸引国内外金融机构后台服务中心、数据处理中心、金融软件外包企业进驻,形成特色功能区。

◆**大东沟金融后台服务基地**:依托生态科技创新城,明确配套政策,完善基础设施,建设金融后台和服务外包产业的承接载体。

◆**金州新区金融功能区**:规划建设小窑湾金融商务区和金渤海岸金融后台服务基地,成为新市区的金融中心。

◆**保税港区离岸金融中心**:争取离岸金融试点,培育离岸金融市场,逐步发展成为东北地区的离岸金融中心。

◆**各城市组团金融聚集区**:分别在普兰店湾、长兴岛临岸和金港湾规划建设金融聚集区,加快集聚各类金融机构。

提升金融中心的辐射功能。深化辽宁沿海六城市的金融合作,发挥大连金融资源优势,在设立产业基金、加强业务合作、设立分支机构、推动企业上市、发展股权交易等方面发挥牵动作用。加强与东北及环渤海经济圈各城市的金融合作,加快法人机构延伸机构网络建设,拓展金融业务,积极引进具有区域职能的管理总部、功能总部,构建辐射东北及环渤海地区的金融网络,确立东北地区金融中心城市的地位。以日、韩为重点,积极发展与东北亚各国的金融交流合作,扩大在东北亚地区的国际影响力。

进一步优化金融生态环境。建立和完善促进金融发展的激励、引导和保障机制,优化政策环境。坚持依法行政,依法维护金融机构权益,优化法治环境。完善金融人才引进和培养机制,优化人才环境。加强诚信大连建设,优化信用环境。强化金融综合监管,有效防控金融风险,优化金融市场环境。加强服务型政府建设,优化政务环境,营造有利于现代金融业健康发展的软环境。

第六章 加快产业转型升级,构建现代产业体系

按照建设现代产业聚集区的要求,加快推动产业结构战略性调整和优化升级。重点发展现代服务业和先进制造业,推动传统产业向高精尖方向转变,建设世界级产业基地;大力培育重点新兴产业,使之成为新的支柱产业;加快发展都市型现代农业。形成以现代服务业为主体、先进制造业为支撑的现代产业体系。

第一节 优先发展现代服务业

重点发展生产性服务业。以打造区域性现代服务业中心城市为目标,着力发展对提升城市功能和现代产业发展起基础性作用,对转变经济发展方式贡献度大的港航物流业、金融业、软件及信息服务业、商务会展、文化创意产业和研发设计产业。以旅顺南路软件产业带为核心,加快软件产业园建设,鼓励企业围绕工业软件、嵌入式软件和行业应用软件开展自主创新,推动信息技术应用,支持企业面向金融、物流、医疗、企业管理、公共事业等领域开展信息技术服务外包和业务流程服务外包,打造千亿元规模的产业集群。大力推进国家高技术服务业基地建设,依托大连生态科技创新城(甘井子)、大连工业设计园(高新园区)、辽宁大连科技创新园(旅顺)和大连都市科技园(西岗),重点培育信息技术服务、生物技术服务、数字内容服务、研发设计服务、知识产权服务和科技成果转化服务等高端服务业。以东港中央商务区、星海湾会展商务区、普湾新区国际会展城、小窑湾商务区为核心,积极承办大型高端国际会议,建设区域性国际商务会展中心。以动漫产业园、星海创意岛、钻石海湾文化创意产业基地为核心,建立大连文化产业园区和专业文化产业基地,着力培育一批有实力的骨干文化企业,提升全市文化产业的整体竞争力。加快发展以公共传媒、动漫游戏、演出娱乐、影视制作、图书音像制作发行等优势文化创意产业。以启动钻石海湾规划建设为契机,加快推进区域内企业搬迁升级改造,打造集商务、旅游、金融为一体的现代服务业集聚区。

专栏7 重点生产性服务业项目

◆**软件园项目**:亿达信息软件园、华信软件园、海辉软件园、IBM软件园、汽车电子及服务产业基地、船舶软件及工业设计港、通讯软件和服务产业基地、航天软件研发基地、凌水湾总部经济基地、欧力士软件园、龙湖科技园、富达基金软件和信息服务基地、文思软件和服务外包基地、信雅达金融服务外包软件园。
◆**商务项目**:新机场沿岸商务区、梭鱼湾商务区、一二九街国际商务区、沙河口总部经济园、设计产业园、黑嘴子商务区、砬子山总部商务园等。

大幅提升消费性服务业水平。重点发展产业带动性强、发展潜力大的现代商贸业和旅游业。加快大型现代商业中心的全域布局,以青泥洼桥商业区、西安路商业区、香炉礁物流园区、中华路商业区、奥林匹克商业区等为核心,积极发展特色商业,建成布局合理、功能齐全、辐射力强的现代化国际商贸中心、东北地区时尚中心和购物天堂。积极发展农村商业,推进"千村百镇"市场工程,充分发挥供销社在农村商贸流通中的积极作用,构建覆盖城乡的便民商业服务网络。加快旅游业全域布局,积极开发高端旅游项目,规划游艇码头、水上飞机俱乐部等新型高端旅游消费品基地。深

度开发旅游产品,提升旅游服务质量,重点发展避暑度假游、都市游、乡村游、历史文化游、温泉生态游,建设东北亚滨海旅游中心城市和重要的门户型国际旅游目的地。积极发展文化休闲、医疗保健、体育健身等新兴消费性服务业,提升餐饮、商贸、社区等特色服务业。

专栏 8　重点消费性服务业项目

◆**旅游项目**:长山群岛旅游避暑度假区、安波温泉旅游度假区、龙门温泉旅游度假区、步云山温泉旅游度假区、旅顺九龙湾旅游度假区、金石滩国家旅游度假区、金渤海岸旅游度假区、大连保税区海昌汽车主题公园、琥珀湾综合旅游开发项目、阳光海岸综合开发项目、天门山国际休闲度假城、长兴岛海滨公园、蓝渤湾国际社区、大连驼山汤海旅游度假村、澳大利亚奥林匹克公园、黄金海岸综合旅游开发项目、渔夫码头项目、游艇码头项目。
◆**商业项目**:西安路城市综合体、恒隆商业广场、红星美凯龙、钻石广场、香炉礁物流园区百年港湾、空港物流中心、农产品物流中心、香炉礁物流园区沃尔玛山姆店、泉水国际品牌商品购物城、裕景商城、东港区凯丹商业综合体、中华路商业中心、大型蔬菜批发市场。
◆**文化项目**:天歌影视基地、万达国际影视文化产业基地、旅顺太阳沟文化产业基地、大连国际文化产业基地、电影综合体。

第二节　加快发展先进制造业

　　装备制造业重点发展核电风电装备、大功率传动内燃机车和新型重载电力机车、汽车整车、数控机床、大型石化装备、重型装备、数控系统及关键功能部件、重大装备轴承、车用发动机及车用零部件等配套件,建设具有世界水平的先进装备制造业基地。全力做好保税区大连汽车物流城建设,以奇瑞、曙光汽车为重点,着力发展以出口为主导的汽车及零配件产业,争取形成整车 60 万辆、零配件产能 80 万～100 万辆的生产规模。

　　船舶工业要增强自主创新和科技攻关力度,提升船舶制造的附加值,重点发展大型集装箱船、超大型油轮、大型滚装船;提高船用设备本地配套率,发展大马力低速柴油机、超大型船用螺旋桨及船用曲轴等产品;优先发展海洋工程装备,加快研制浮式生产储油船、半潜式钻井平台、自升式钻井平台等设备,建设具有世界水平的造船和海洋工程产业基地。优化船舶工业布局,积极推动大连船舶重工集团搬迁改造,发挥船舶工业的集群效应。

　　石化产业要积极整合优化现有布局,推进长兴岛"石化岛"建设,集聚发展大型炼化一体化及百万吨级乙烯项目,拉长石化产业链条,提升产品附加值,提高化工精细化率,建设炼油能力超过4000 万吨、烯烃类 260 万吨、芳烃类 500 万吨的世界级石化产业基地。推进松木岛传统化工产业升级改造。

　　电子信息产品制造业重点发展集成电路、半导体照明、数字视听等高技术产业,依托英特尔大连项目形成芯片设计、加工制造、封装测试、设备制造及材料的完整产业链,打造世界级集成电路产业基地。

　　推进支柱产业集群化发展。围绕支柱产业,依托重点产业园区和重大优势项目,延伸和拓展产业链条,推动产业集聚、资源共享和整体优化,完善公共服务等配套体系,形成促进主导产业互动发展的合作机制,加快培育优势产业集群。努力打造 8 个产值规模在 1000 亿元以上的重点产业集群,培育和壮大 8 个产值规模在 200 亿～500 亿元的产业集群,全市 16 个重点产业集群力争实现产值 14000 亿元。

图7 大连市十二五工业重点项目布局示意图

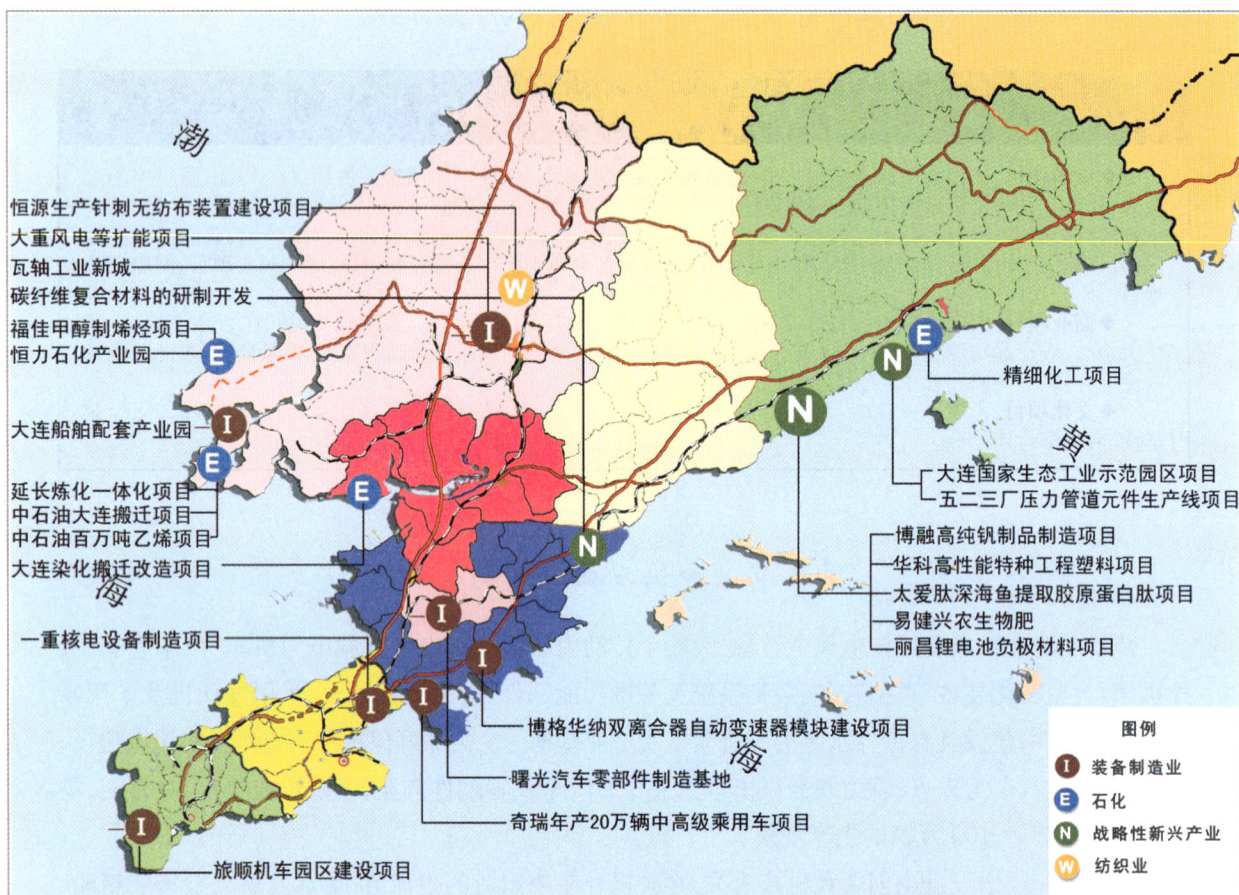

专栏9 重大产业集群

◆8个产值在1000亿元以上的产业集群：石化、现代装备制造、电子信息、船舶与海洋工程、软件与服务外包、汽车及零部件、农产品深加工、新能源及装备。

◆8个产值200亿~500亿元的产业集群：服装纺织、新材料、精品钢材、节能环保与资源再生、电力设备器材、生物医药、新型建材、轴承。

第三节 大力发展战略性新兴产业

围绕国家发展战略性新兴产业的重点领域，结合全市高新技术产业的基础和优势，加大政策扶持力度，发展新能源、先进装备制造、海洋工程装备与高技术船舶、新能源汽车、软件与服务外包、半导体与集成电路、新一代信息技术、新材料、生物医药和节能环保10个战略性新兴产业。重点培育部分战略性新兴产业，使其逐步成为新的支柱产业。

新能源。重点发展风能、核能、太阳能、生物质能源及相关产业。着力提升风电机组关键部件生产和整机总装水平，加快5MW风电设备产业化，支持新型储能电池产业化。推进核电关键核岛设备及配套规模化生产，打造国内重要的核岛成套设备研制基地。重点发展太阳能光伏电池和模组制造，推动光伏并网发电、太阳能光电建筑、光伏发电城市亮化等示范工程。加快发展固体燃料、燃气、柴油等生物质能源。着力提高节能与新能源汽车整车及核心零部件技术水平,支持车用超级电容器研发。加快节能与能源汽车规模化、产业化发展。建设国家级新能源产业基地。

海洋工程装备与高技术船舶。重点研发自升式和半潜式钻井平台、大型浮式生产储油船等海洋工程装备及其配套产品。重点发展液化天然气船(LNG)、大型集装箱船、超大型原油船、大型重载滚装船、大型游船、新型船舶、高档游艇等高科技高附加值船舶产品。

新一代信息技术。重点围绕新型平板显示、新一代通信网络、物联网、云计算、三网融合等领域,加快发展高世代液晶面板(TFT-LCD)、液晶电子纸、有机发光二极管显示(OLED)和模组、新一代移动通信产品等新型产品。依托英特尔项目,重点发展12英寸和8英寸芯片制造、芯片封装测试产业,鼓励集成电路设备、材料、设计产业发展。

新材料。重点发展航空航天、光电子、微电子、新型显示材料,鼓励和支持碳纤维、稀土材料、多晶硅、单晶硅、纳米材料、钛合金、高性能工程塑料等产品。

生物医药。重点培育疫苗与诊断试剂、重大新药创制、现代中药、生物医学工程、化学药物升级改造及海洋生物资源开发。加快推进海洋生物医药、保健品等生物资源开发项目。重点扶持疫苗和诊断试剂产业化、重大新药创制以及化学药物升级改造等项目。

节能环保。重点突破高效节能、先进环保和循环利用技术,加快发展 LED 照明、太阳能热水器、水源热泵、地源热泵等产品,支持发展废弃物资源化、飞灰处理等静脉产业,推进碳的捕集与存储工程建设项目。实施国家智能电网规划,加快推动光伏、风电并网进程,完善电动汽车充电设施建设。建设国家城市矿产示范基地。

第四节　积极发展都市型现代农业

立足全市农业资源优势、产业特色和市场需求,以规模化、集约化、标准化、产业化、生态化和高效化为发展方向,以功能创新、制度创新、科技创新为重点,加快建立与城市地位相适应的都市型现代农业体系,成为我国北方地区重要的精品特色农业生产基地、农业高科技创新基地、国际农业合作与交流基地、优质农产品物流基地及生态休闲观光农业文化景区。

深度开发都市型现代农业的生产、生活、生态和文化功能。按照"三圈两区一带"的产业布局,重点发展生态农业、设施农业、精品农业、种苗农业、外向农业、休闲农业、循环农业和创意农业等"八大都市农业"。深化农业结构调整,稳定优质粮食生产,优化渔业、畜牧业、水果业、蔬菜业、花卉业等五大优势特色产业,加速培育特色农产品品牌。着力提高无公害、绿色和有机农产品的比重,提高农产品的附加值,形成特色突出、集中度高的产业结构和多样化、优质安全的产品结构。加强对外交流合作,大力发展外向型农业。积极推进农业生态环境建设,大力发展节能农业。因地制宜、突出特色,高标准建设一批都市型现代农业示范园区。加强新农庄旅游设施建设。

创新都市型现代农业发展经营机制。鼓励合作组织、龙头企业与农民通过风险基金、担保贷款、保护价收购等方式,建立互动发展的长效机制。大力发展农产品加工、储藏、保鲜、包装储运、农资配送、信息咨询业,加快培育壮大一批农业产业化龙头企业。建立健全农业现代流通体系,规范发展农村各类合作经济组织和农民经纪人队伍,提高农业产业化组织化水平。

构建都市型现代农业发展的保障体系。进一步加强对农业的政策扶持和资金投入,充分发挥政府对农业投入的导向和带动作用,引导社会资本和外资投向农业。大力实施科教兴农战略。巩固和加强市、县、乡三级公益性农技推广网络,大力培育多元化的农技推广组织,建立现代农民培训体系,提高劳动者素质。加强农业信息综合服务网络建设,提高农业信息化水平。扶持发展农机服务组织和农机大户,优化农机装备结构。扩大农村金融服务范围,拓展服务品种。完善农产品质量安全体系,加强农产品质量安全监管,严把农产品入市质量关。加快农田水利、渔政渔港等设施建设。加强农业灾害性天气预报预警与预防,实施人工影响天气工程、海洋气象监测预警服务等工程,构建现代农业气象防灾减灾体系。

专栏 10　都市型农业重点建设工程

◆**生态农业工程**:重点建设北部生态林、水源地涵养林 20 万亩,环城区生态林 5 万亩。
◆**设施农业工程**:每年新建 50 亩设施农业小区 1200 个以上,花卉日光温室 20 万平方米。
◆**精品农业工程**:每年新建 500 亩以上蔬菜标准园 10 个,畜牧标准化规模饲养场 20 个,水产健康养殖示范场 20 个,万亩粮食高产示范区 10 个。
◆**种苗农业工程**:新引进、选育农业新品种 100 个,建成农业新品种展示繁育园 30 个,畜禽良种扩繁场 10 个。
◆**外向农业工程**:推进农业出口产品质量安全区建设,建成优势农产品出口生产基地 200 个,建设大连国际中心花卉项目。
◆**休闲农业工程**:建成高标准休闲农庄 100 个、农业公园 20 个。
◆**循环农业工程**:大力推广作物间套复种、农业立体开发、农业用水用药用肥投入减量、种养加生产相结合、农业废弃物综合利用五种循环农业模式。
◆**创意农业工程**:推进创意农业园区、创业基地、创意农产品的建设和开发,培育樱桃节、苹果节、蓝莓节、温泉节、垂钓节等创意农业工程。

第五节　着力发展海洋经济

坚持陆海统筹发展。提高海洋开发、利用、综合管理能力,扩展发展空间。科学规划海洋经济发展,合理利用海洋资源,积极发展海洋运输、海洋渔业、滨海旅游、海洋生物育种、功能食品等产业,培育壮大海洋生物医药、海水综合利用、海洋工程装备制造等新兴产业,推进海洋经济成为新的经济增长点。加强海洋技术研发,增强海洋开发利用能力。优化海洋经济功能布局,深化港口岸线资源整合和优化港口布局,加强渔港建设。依托辽宁省大连渔业集团公司,建设大连远洋国际水产品贸易中心,将其建成我国北方重要的远洋渔业基地。加快庄河海洋渔业加工等海洋产业基地建设,争取成为国家海洋经济发展试点区。

加强海洋综合管理。强化海域和海岛管理,推进海岛保护利用,统筹海洋环境保护与陆源污染防治。合理划分海岸线功能,控制近海资源过度开发,加强围填海管理,严格规范无居民海岛利用活动,加强海洋生态系统保护和修复。加大海洋执法力度。

第七章　完善科技创新体系,增强自主创新能力

全面实施科教强市战略,以提升自主创新和持续创新能力为重点,加大对科技进步的支持力度,着力构筑功能完备的科技创新体系,改善自主创新环境,加强人才队伍建设,加快建设国家创新型城市。

第一节　构筑技术创新体系

加快培育自主创新主体。积极引导创新要素向企业集聚,使企业成为创新主体。鼓励企业与

科研院所和高校之间的联系与合作,建立并完善企业主导、企—校—研—园联合、优势互补、利益共享、风险共担的"产学研用"合作机制。鼓励高校和科研院所到企业设立中试基地,鼓励企业到科研院所设立专业研究院所,形成研发—中试—产业化联动的机制。

鼓励企业增加科技投入。进一步发挥政府的引导作用,通过税收、财政、信贷等方面政策措施,形成鼓励企业增加科技投入的激励机制。支持大中型骨干企业建立企业技术中心,增强研发能力。

鼓励建立产业技术创新联盟。制定相关政策,支持企业在重点发展的产业进行技术创新合作。依托各类工程研究(技术)中心,引导"产学研用"各方建立技术创新联盟。优先支持有条件的企业集团、创新联盟牵头承担重大科技产业化项目。新建一批国家级工程(技术)研究中心和企业技术中心、国家重点实验室,引进一批国内外具有较强实力的研发总部(分支机构),培育一批高水平的孵化器和孵化企业。

第二节　增强自主创新能力

坚持把增强自主创新能力作为调整产业结构、转变发展方式的中心环节,加强原始创新,强化集成创新,加快引进消化吸收再创新。着力在 10 个战略性新兴产业领域开展关键技术研发和产业化应用。组织实施"重大科技专项",增强科技发展后劲和持续创新能力。发明专利申请量年均增长 15% ,自主创新能力处于国内前列。

专栏11　重大科技专项	
◆半导体照明产业关键技术研发与示范应用	◆海洋工程关键技术研发与产业化
◆新一代数控系统关键技术研发与产业化	◆新型功能材料与高性能结构材料研发与产业化
◆新能源与可再生能源关键技术研发与产业化	◆生物医药关键技术研发与产业化
◆物联网关键技术研发与示范应用	◆农业新产品选育及农产品精深加工关键技术研发
◆自主知识产权软件开发	◆生态环保关键技术研发与示范应用
◆新型船舶研发与产业化	◆超级电容器研发与产业化

加快区域创新产业园建设。以大连生态科技创新城、辽宁大连科技创新园、旅顺南路软件产业带、大连都市科技园、双 D 港新兴产业园、博士中国(大连)创业基地、光电子产业园、金州现代农业科技示范园区、长兴岛临港创新基地、瓦房店先进装备制造关键技术研发基地、花园口新材料基地、庄河海洋资源深度研发基地和皮杨经济区海洋产品高技术研发基地等创新产业园为重点,加快引进国内外著名科研院所和重点大学研发机构、各类新技术新产品开发中心、科技成果转化和中介服务机构,加快建成金州新区产品检测中心,努力将我市建成服务东北地区、辐射环渤海和东北亚地区的综合性科技服务基地。

第三节　改善自主创新环境

搭建科技成果转化平台。以促进科技成果转化和加强创新服务为重点,建立科技成果转让交易市场。加快技术经纪人事务所、资产评估事务所、会计师事务所、专利事务所、法律咨询、市场研究等技术服务保障体系配套发展,促进科技成果交易,为成果转化创造必要条件。

健全科技中介服务体系。建设社会化、网络化的科技中介服务体系,为科技成果引进、转化和推广提供服务,加速推进科技成果向现实生产力的转化。强化知识产权公共服务职能,建立面向社会的知识产权维护援助机构,鼓励知识产权中介服务机构做大做强,完善知识产权中介服务管理,构建多层次知识产权市场交易体系。进一步加大知识产权保护力度。

提高科技企业的融资能力。建立重大科技、产业创新等引导基金。鼓励民间资本、信贷资金、风险投资对自主创新的支持。创新科技金融服务体系,扶持鼓励高科技企业多渠道融资。

第四节 加强人才队伍建设

突出创新型人才队伍建设。围绕提高自主创新能力,建设创新型城市,以高层次创新型科技人才为重点,造就一批掌握国际前沿科学思想和核心技术、带动科学技术发展的高层次专家;培养引进一批熟悉国际国内市场、具有国际运作能力和能够发展现代产业的创新型领军人才;选拔一批优秀中青年专业技术人才和高水平创新团队。大力开发经济社会发展重点领域急需专门人才和国际化人才。人才资源总量达到225万人,全市专业技术人才和高级专业人才比重进入国内先进城市行列。

促进各类人才队伍协调发展。围绕全域城市化战略,大力开发经济社会领域急需的紧缺专业技术人才,打造一支自主创新能力突出的高素质专业技术人才队伍。统筹推进党政、企业经营管理、专业技术、高技能、农村实用、社会工作等各类人才队伍建设。实现人才数量充足、结构合理、整体素质和创新能力显著提升,满足经济社会发展对人才的多样化需求。

营造人才脱颖而出的环境。完善党管人才工作格局。健全政府宏观管理、市场有效配置、单位自主用人、人才自主择业的人才管理体制。创新人才培养、评价发现、选拔任用、流动配置和激励保障机制。坚持在创新活动中培养人才,在创新实践中使用人才,在创新事业中凝聚人才,破除论资排辈的陈旧观念,加大对青年人才的使用力度,让优秀科技人才和团队在实践中脱颖而出,形成公开、公平、公正的人才竞争机制。

专栏12 重大人才工程名录
1. 党政人才素质提升工程;2. 领军人才培养工程;3. 海外人才归国创业工程;4. 海外研发团队引进工程;5. 企业家素质提升工程;6. 专业技术人才知识更新工程;7. 高技能人才振兴工程;8. 农业现代化人才培养工程;9. 社会文化体育人才培养工程;10. 绿色大连人才支撑工程;11. 青年人才开发工程;12. 高校毕业生基层成长工程。

第八章 加强生态环境建设,促进可持续发展

围绕"绿色大连"建设,坚持绿色、低碳发展理念,以生态建设和节能减排为重点,健全激励和约束机制,加快构建资源节约、环境友好的生产方式和消费模式,增强可持续发展能力,全面建设生态宜居城市。

第一节 加强生态环境保护

加强重点生态工程建设。以增加森林资源总量、提高森林质量为主体,大力开展植树造林,综

合改造生态环境。实施"城市森林基础建设八大工程"和"森林生态保护体系建设五大工程",创建国家森林城市。加大对水土流失严重地区的综合治理。加强自然保护区、森林公园和饮用水水源地环境保护和建设,进一步改善生态环境。加大对湿地的保护和治理,保护生物多样性,全市受保护地区比例达17%以上。进一步加强中小河流生态治理。

加大地质环境的保护和整治力度。严格控制没有比较优势且开发后地质环境破坏严重并难以恢复的新矿开发。加强对现有生产矿山的治理监管,严格执行矿山复垦恢复保证金制度,实施边开发边治理的措施,确保地质生态环境得到及时有效恢复,不留安全和生态隐患。加大对废弃矿山地质生态环境的整治力度,力争在规划期内使城市周边和存在安全隐患的废弃矿区得到有效治理。坚决关闭城乡主要供水水源地流域内污染严重的开采矿山。加强对塌方、泥石流、滑坡等地质灾害的监测和预防,最大限度地减少地质灾害的损失。继续加大生态移民的力度。

专栏13　重点生态工程

◆**自然保护区**:做好城子坦湿地、复州湾湿地申报省级自然保护区工作,建设瓦房店市三台乡湿地自然保护区、步云山水源涵养自然保护区。

◆**森林公园**:建设大连湾森林公园、大连西城森林公园、大连英歌石森林体育公园、鞍子山森林公园、大黑石森林公园、旅顺蟠龙山森林公园和旅顺南山森林公园。

◆**饮用水水源地**:英那河水库、松树水库、朱隈水库、转角楼水库、东风水库、大梁屯水库、鸽子塘水库、五四水库、卧龙水库、小龙口水库、大沙河和登沙河饮用水保护地。

◆**地质环境保护与治理**:岔鞍村特大山体滑坡地质灾害治理工程、大连周边废弃矿山地质环境保护与治理工程、金州新区石棉矿董家沟煤矿采空区治理工程。

加强海洋生态环境与资源保护。加强对黄海、渤海生态型岸线的环境保护力度,严格海洋海岸工程项目管理,实施严格的陆源污染物入海总量控制,建立海陆一体的生态保护体系。保护养殖海域生态环境,开展废弃海洋生物资源的综合利用。建立和完善海洋环境的监测预警体系,提高应对海上溢油等突发事件的应急处置能力。

强化生态环境保护的政策支持。加大对重点生态保护区的财政转移支付力度,严格控制污染大的产业进驻。加快建立生态环境补偿机制。健全落实污染者付费制度。严格污染物排放标准和环境影响评价,强化执法监督,健全重大环境事件和污染事故责任追究制度。建立多元化环保投融资机制,大力促进环保产业发展。

第二节　大力发展循环经济

以提高资源产出效率为目标,推进生产、流通、消费各环节循环经济发展。开发应用各种先进技术,推广循环经济典型模式,鼓励和支持各领域的清洁生产。

着力发展农业循环经济。加快构建农业生态系统网络,大力发展生态种植业、林业、畜牧业、海水养殖和海洋捕捞生态渔业模式。推广"一池三改"、"四位一体"等农业生态模式和"上粮下渔型"农渔生态模式。实施生态农业能力建设工程、农村生态环境综合治理工程和以物质循环为特征的生态农业示范园区建设工程。积极推进畜禽粪污、秸秆等农村再生资源的资源化水平。

大力发展工业循环经济。以重点产业为载体、以产业聚集区为着力点,构建工业循环经济产业体系。加快石化、装备制造、造船、电子信息、能源等产业内部共生网络建设,完善生态产业链。加快推进各类产业聚集区循环经济建设,做好国家、省、市级循环经济试点工作,全面提升工业循环经济发展水平。

积极发展循环型服务业。主要围绕旅游、餐饮住宿、物流等产业,推行"减量化、再利用、资源化"循环经济发展措施,重点发展生态旅游、绿色餐饮住宿业和循环物流业,建立高效物流业管理体系,提升服务业的资源利用效率和污染控制水平。在零售业开展资源能源节约综合改造,发挥大型零售企业的渠道影响力,实施绿色供应链管理。

大力推进再生资源产业发展。积极推进再生资源回收利用体系建设,以大连市国家生态工业示范园区(静脉产业类)建设为依托,大力发展再生资源加工利用产业,积极创建国家城市矿产示范基地。

积极推进循环型社会建设。加大《大连市循环经济促进条例》的宣传和贯彻力度,提高全社会节约环保意识。推进绿色校园、绿色社区和绿色家庭建设,倡导绿色出行方式,宣传贯彻绿色生活理念,积极推进政府机构建立绿色采购机制。

第三节　加强资源节约和污染防治

加强资源集约利用。落实节约优先战略,提高能源利用效率。加强固定资产投资项目节能管理,实施固定资产投资项目节能评估与审查制度。强化节能目标责任考核,加强对重点用能企业能耗的监管力度,健全节能市场化机制和对企业的激励与约束机制。实施重点节能工程,加快推行合同能源管理,积极发展绿色交通,推广"大有恬园"模式,发展绿色建筑。扩大再生水、海水和雨洪水等非常规水资源利用规模,强化重点用水行业管理,严格控制地下水开采,提高农业用水效率,建成节水型城市。完善土地管理制度,提高单位土地产出率,限制不符合产业导向的项目用地。积极发展低碳技术。大力发展渔业碳汇技术,提高全域碳汇能力。

专栏14　重大污染治理工程

◆**重点流域治理工程**:青云河生态治理工程、北大河治理,完成碧流河、复州河、大沙河、庄河、岚崮河、浮渡河等全市流域面积在200～3000平方公里的中小河流治理。
◆**生活垃圾处理工程**:拉树房生活垃圾焚烧处理厂,沙河口区垃圾转运站、东港垃圾转运站、甘井子区生活垃圾转运站,毛茔子垃圾卫生填埋场四期、金州新区垃圾焚烧处理厂。
◆**污染土壤修复工程**:大钢、大化等重点企业搬迁后的土壤污染修复工程。
◆**汽车尾气污染防治工程**:公交等汽车尾气治理工程、更换清洁能源公交车。

强化污染物减排和治理。加快城乡生活污水和工业废水处理基础设施建设,实施园区污水集中处理,提高污水处理率。加强重点流域、水源地和海域的污染防治。加大二氧化碳、主要污染物排放量控制。逐步实施生活垃圾分类制度,加强生活垃圾、工业废物和危险废物等固体废物的管理、无害化处理和综合利用。加强土壤污染防治,规范工业建设项目土壤污染监管和治理,控制农业面源污染。加强噪声污染防治。推进大气污染防治,加大公交等汽车尾气污染治理力度。

第九章　深化改革扩大开放,激发城市发展活力

以多层次的区域综合配套改革为切入点,深化行政管理体制和社会管理体制改革,增强城市发

展活力。以国家实施自由贸易区战略为契机,进一步提升对外开放层次,拓展对外开放空间,切实发挥好我市对外开放的龙头作用。

第一节 深化对外开放

提升对外开放层次。紧紧抓住国家实施自由贸易区战略的有利契机,积极争取在大连设立自由贸易试验(园)区,使大连成为东北地区面向东北亚的开放前沿和桥头堡。积极争取长兴岛成为国家级开发开放新区,积极争取花园口经济区等重点园区成为国家级经济技术开发区。借助"夏季达沃斯"等载体,加强与国际经济体的合作。

优化全域开放格局。加快推进全域对外开放,吸引国内外要素资源投向新市区、渤海区域、黄海区域三大城市组团建设,构建由南向北、梯次推进的开放新格局。在稳定吸引亚洲外资的基础上,加大对欧美市场的招商引资力度,更多地引进世界 500 强企业。

转变外贸发展方式。重点发展一般贸易,调整优化加工贸易,大力扶持服务贸易。以大连国家软件和服务外包基地为依托,加大软件前后台服务等服务贸易出口。积极推进加工贸易转型,扩大高技术含量和高附加值的产品出口。完善贸易摩擦预警机制、应对工作机制和出口协调机制,建设反倾销预警信息网络平台,提升外贸出口企业市场风险规避能力。积极开展跨境贸易人民币结算试点工作,便利进出口企业贸易投资。

提高利用外资质量。在扩大利用外资总体规模的基础上,建立以主题招商、产业链招商为主体的招商引资新机制。加大对港航物流、金融保险、旅游、先进装备制造、电子信息及高新技术产业等重点领域招商力度。积极引导外资在连设立研发、营运中心,鼓励海外优秀人才来连创业投资,实现利用外资从以资金为主向以先进技术、管理和高素质人才为主转变。

坚持实施"走出去"战略。鼓励和支持有条件的企业在国外设立生产基地、营销中心、研发机构,并购掌握关键技术、具有自主品牌和营销网络的海外企业,增强企业对国际资源利用和市场开拓能力。积极开展资源开发、劳务、工程承包等国际合作。建立与完善对外投资服务体系。

第二节 加快重点领域改革

创新管理体制。以提高区域管理效能为目标,以功能区和行政区融合发展为切入点,完善经济社会管理体制和运行机制,建立符合科学发展观要求的绩效考评体系。完善公共财政体系,提高财政管理效率。深化投融资体制改革,完善政府投融资平台规范管理和风险防控机制,大力推进市场化融资。加快建立社会信用体系,全面改善大连的社会信用环境。

加快推进经济体制改革。着力推动国有资本向主导产业和重点企业转移,健全监督管理职能和出资人职能相分离的国有资本管理体制。继续推进国有大中型企业股份制改革。加快农村产权制度改革,完善农村土地经营权流转机制和规范征地补偿机制,探索宅基地退出置换和农村房屋产权流转办法。建立健全耕地补偿和责任追究机制。

搞好各类改革试点。以推进全域城市化为导向,加快开展重点小城镇综合配套改革。落实长兴岛省级综合改革试验区的各项政策措施,积极推进普湾新区成为省级综合配套改革试验区,支持保税区积极探索设立自由港的有效模式。进一步深化甘井子区市级综合配套改革试点的思路和方案,继续选择具备条件的区域进行综合配套改革。推进高新园区校区一体化改革试验。争取设立国家软件服务外包试验区。加快落实高新园区国家服务业综合改革试点工作。积极推进旅顺绿色经济区体制机制改革。做好省金融改革创新试点工作。争取设立国家金融改革创新试验区和国际航运发展综合试验区。加快户籍管理制度改革,逐步建立城乡统一的户籍管理、户口登记制度。

做好价格改革。进一步加强对粮食、煤炭、成品油、钢材、房地产等重要商品和服务价格的监测,健全价格应急机制。完善价格调节基金的征收、使用和管理办法,发挥价格调节基金在稳定价格总水平方面的积极作用。继续深化供水、供暖、燃气等资源性产品价格和环保收费改革。注重对涉及民生的价格和收费监管,加强和改进垄断行业的价格监管。完善市场监管的措施和办法,依法制止不正当价格行为。

优化民营经济发展环境。重点围绕信用担保、投资融资、创业辅导、技术支持、信息服务、管理咨询、人才培训、市场开拓及国际合作等领域搭建各类服务平台。大力发展行业协会和商会等社会组织,发挥其在民营企业发展中的沟通协调、参谋咨询和资源整合等作用。完善中小企业融资体系和贷款风险补偿机制,大力发展中小企业信用担保机构,推进知识产权质押融资。完善创业投资机制,拓宽直接融资渠道。支持并鼓励民间资本参与公共基础设施和公共服务建设。

第三节　进一步扩大内需增长

把扩大消费需求作为扩大内需的战略重点。进一步释放城乡居民消费潜力。大力发展服务业和中小企业,增加就业创业机会。着力提高城乡中低收入居民收入,鼓励发展消费金融,增强居民消费能力。增加政府支出用于改善民生和社会事业比重,扩大社会保障制度覆盖面,完善基本公共服务体系,形成良好的居民消费预期。增强制度和技术创新力,建立扩大消费需求的长效机制。发展新型消费业态,拓展电子信息、教育培训、家政服务、文化娱乐、体育健身、休闲旅游等服务性消费。进一步加强市场流通体系建设,扩大农村消费,积极推进家电下乡等拉动农村消费措施,构建农村现代商品流通网络,改善消费环境,保护消费者权益。

充分发挥投资对扩大内需的重要作用。在继续保持投资强劲增长势头的同时,优化投资结构。引导投资进一步向保障和改善民生等领域倾斜。促进投资消费良性互动,把扩大投资和增加就业、改善民生有机结合起来,创造最终需求。鼓励扩大民间投资,放宽市场准入,支持民间资本进入基础产业、基础设施、市政公用事业、社会事业、金融服务等领域。

第四节　加强区域合作

紧紧围绕建设区域核心城市,充分利用好东北四城市(4+4)市长峰会、东北东部(12+1)区域合作组织、辽宁沿海经济带(6+1)城市经济联合体、环渤海区域合作市长联席会的合作机制,大力推进与东北乃至环渤海地区的务实合作,促进生产要素自由流动与合理配置。

加强与辽宁沿海经济带及东北腹地的紧密合作。促进区域之间基础设施互通共享以及科技、人才、管理、信息等高级生产要素自由流动,建设辐射东北地区的主要生产要素交易市场。建立沿海城市金融合作机制,加强技术合作,构建科技服务共享网络,促进区域科研项目产业化研发合作、优势产业对接,引导区域产业结构有序调整和优势互补,推动城市间文化交流和信用建设。推进与东北地区各主要经济区在软件和服务外包、港口物流业、金融服务业等领域开展合作与交流,建立互惠共赢的投资促进机制,联合举办对外招商活动。推进区域旅游合作,建设"无障碍"旅游区。努力构建起互利共赢、长期稳定的区域经济合作新格局。

加大国内经贸交流和项目合作的力度。把扩大内资规模和领域摆在重要位置,加强与全国各区域间互惠互利的经贸交流与合作,进一步吸引国内大企业、大集团参与新时期大连的开发建设。加大宣传推介和项目包装力度,促进重大项目落地。

加强援疆援藏对口支援帮扶工作。充分发挥大连在城市建设、装备制造以及资金人才教育等方面的优势,全面推进在经济、干部、人才、教育和科技领域的援疆援藏工作,把帮扶与资源开发、产业结构调整结合起来,形成帮扶协作的长效机制。

第十章　健全规划管理机制,保障规划有效实施

第一节　健全规划实施协调机制

大连市"十二五"规划体系由全市总体规划、市级重点专项规划、新区规划和区市县及先导区规划构成。要进一步加强各级各类规划实施的衔接、目标的管理和分类指导,使"十二五"规划切实成为指导各级政府和各职能部门开展工作的重要依据。

一要加强规划实施的衔接。要建立健全规划实施衔接机制,加强各级各类规划在实施过程中的衔接,尤其是城市、土地等专项规划与总体规划的衔接,确保总体规划确定的主要任务、发展目标、重大项目和主要措施在各级各类规划实施过程中得到有效落实,加强年度计划与本规划的衔接,充分发挥规划实施的合力作用,进一步提高规划的实施成效。

二要将规划纳入政府目标管理。各地区、各部门要按照总体规划,编制国民经济和社会发展年度计划、年度财政预算,配套编制和实施重点专项规划、行业规划和地区规划,提出具体明确的年度或分期实施计划。按照规划先行的原则,逐步实现投资调控由项目审批向以规划带项目审批转变,原则上未列入规划中的项目不予以审批。

三要落实规划的分类实施机制。综合运用多种手段,推动规划的有效实施。对于依靠市场配置资源的规划任务,要加强市场监管,维护公平竞争;对于需要通过完善市场调节机制和政策导向机制实现的任务,要营造良好的制度环境和政策环境;对于公共服务与管理等任务,要切实履行职责,应用公共资源和调动社会力量努力保障目标的完成。

专栏15　市级重点专项规划名录

1.大连市农业和农村经济发展"十二五"规划;2.大连市工业经济发展"十二五"规划;3.大连市服务业发展"十二五"规划;4.大连市金融业发展"十二五"规划;5.大连市生态环境保护"十二五"规划;6.大连市循环经济发展"十二五"规划;7.大连市国土资源利用"十二五"规划;8.大连市水资源开发利用"十二五"规划;9.大连市海洋资源开发利用"十二五"规划;10.大连市综合交通发展"十二五"规划;11.大连市口岸发展"十二五"规划;12.大连市能源发展"十二五"规划;13.大连市城市建设"十二五"规划;14.大连市科学技术发展"十二五"规划;15.大连市人力资源和社会保障事业发展"十二五"规划;16.大连市民政事业发展"十二五"规划;17.大连市教育事业发展"十二五"规划;18.大连市医疗卫生事业发展"十二五"规划;19.大连市文化事业发展"十二五"规划;20.大连市人口发展"十二五"规划;21.大连市物流产业"十二五"规划;22.大连市旅游业发展"十二五"规划;23.大连市安全生产"十二五"规划;24.大连市全面推进依法行政规划(2011～2015);25.大连市体育事业发展"十二五"规划;26.大连市援疆援藏"十二五"规划。

四要强化政策统筹协调。围绕规划提出的目标和任务,加强经济社会发展政策的统筹协调。按照公共财政服从和服务于公共政策的原则,优化财政支出结构和政府投资结构,建立与规划任务

相匹配的政府投资规模形成机制,重点投向民生、社会事业、农业农村、科技创新、资源节约、生态环保、全域城市化基础设施建设等领域。

第二节 完善规划实施管理体系

完善规划实施管理体系是实现"十二五"规划任务和目标的重要保障。要进一步加强规划制度化建设,建立健全跟踪分析、考核评估和修编调整机制,强化"十二五"规划实施的政策和制度保障。

一要强化跟踪分析机制。各有关部门要加强对规划实施的监测、跟踪与分析,建立健全发展规划指标体系的评价和统计制度。要加强对重大战略问题的跟进研究,针对经济社会发展过程中出现的新问题,不断探索解决问题的新思路、新机制、新办法,为规划的动态调整和修订提供依据。

二要健全考核评估机制。围绕规划提出的主要目标、重点任务和政策措施等领域,市级重点专项规划主管部门要定期组织开展规划实施效果评估,全面检查规划的落实情况,找出规划实施中的问题,提出解决问题的对策建议,形成评估报告上报市政府。在规划实施中期,要开展总体规划中期评估,并将评估报告提交市人大常委会审议批准。需要对本规划修订时,要报市人民代表大会常务委员会批准。

三要完善绩效评价考核体系。加快制定符合科学发展要求的绩效考评体系和具体办法。强化对结构优化、民生改善、资源节约、环境保护和基本公共服务等目标任务完成情况的综合评价考核,考核结果作为各级领导班子调整和干部选拔任用、奖励惩戒的重要依据。

吉林省国民经济和社会发展
第十二个五年规划纲要

（2011 年 2 月 16 日吉林省
第十一届人民代表大会第四次会议批准）

本纲要根据《中共吉林省委关于制定吉林省国民经济和社会发展第十二个五年规划的建议》编制，主要阐明未来五年吉林省经济社会发展的主要目标、发展任务和政策取向，明确政府工作重点，引导市场主体行为，是今后五年全省经济社会发展的宏伟蓝图，是指导全省各族人民共同奋斗的行动纲领。

第一章 加快转变经济发展方式，
开创科学发展新局面

第一节 "十一五"时期经济社会发展取得显著成就

"十一五"时期是我省发展史上极不平凡的五年。面对国际国内环境的复杂变化和重大挑战，在党中央、国务院正确领导下，省委、省政府团结带领全省各族人民，坚持以邓小平理论和"三个代表"重要思想为指导，深入贯彻落实科学发展观，加快经济发展方式转变，积极推进老工业基地振兴，充分发挥市场配置资源的基础性作用，社会主义市场经济体系建设步伐加快；统筹推进工业化、城镇化和农业现代化，全力推进国企改革攻坚，大力实施投资拉动、项目带动、创新驱动战略，有效应对国际金融危机冲击，农业基础地位进一步巩固，现代产业体系建设稳步推进，经济保持持续平稳较快发展势头；坚持以人为本，加大保障改善民生力度，战胜了历史罕见的洪涝灾害，精心维护社会稳定，全面完成了"十一五"规划确定的主要目标和任务，全省城乡面貌发生了巨大变化。经过五年的努力奋斗，我省综合经济实力显著增强，地区生产总值达到 8577 亿元，地方财政收入达到 602.4 亿元，分别是"十五"末期的 2.4 倍和 2.9 倍。人民生活水平进一步提高，城乡居民收入稳步增长，教育事业较快发展，就业规模持续扩大，城乡公共服务能力不断增强。重点

领域和关键环节改革取得新突破,国企改革不断深化,民营经济活力显著增强,政府职能加快转变。对外开放迈出新步伐,长吉图开发开放先导区上升为国家战略,连续成功举办东北亚投资贸易博览会。社会主义经济建设、政治建设、文化建设、社会建设以及生态文明建设和党的建设取得重大进展,吉林老工业基地焕发出新的生机和活力,为实现吉林新一轮又好又快发展奠定了坚实基础。

专栏1　"十一五"规划主要指标实现情况

指　　标	2005 年	规划目标		实际情况	
		2010 年	年均增长（%）	2010 年	年均增长（%）
地区生产总值(亿元)	3614.9	6400	12 以上	8577	14.8
人均地区生产总值(元)	13328	23300	12 左右	31306	14.6
地方财政收入(亿元)	207.1	400	14	602.4	23.8
全社会固定资产投资 5 年累计(亿元)	5430.3	15500	20	29297	39.8
民营经济比重(%)	34.1	50		49.2	3.02 个百分点
城镇化率(%)	52.5	提高 5 个百分点			
＊万元地区生产总值能耗(吨标煤)	1.47	1.14	−4.8		
＊万元工业增加值水耗(立方米)	136	104	−5.22	104	−5.22
基本农田保护面积(万公顷)	484.89	484.89		484.89	
森林覆盖率(%)	43.2	45		43.6	0.08 个百分点
主要污染物排放总量减少(万吨) 化学需氧量	40.68	≤36.5	−2.15	35.24	−2.83
主要污染物排放总量减少(万吨) 二氧化硫	38.23	≤36.4	−0.958	35.5	−1.47
工业固体废物综合利用率(%)	52.51	57		65	2.5 个百分点
研究与试验发展经费占地区生产总值比重(%)	1.09	2		1.15	0.012 个百分点
实际利用外资 5 年累计(亿美元)	33.12	100	20	145	28.9
外贸进出口总额(亿美元)	65.3	135	16	168.5	21.1
其中:出口额(亿美元)	24.7	55	17.4	44.8	12.65
人均受教育年限(年)	8.73	10 以上		8.86	
高等教育毛入学率(%)	28	35		35 以上	1.4 个百分点
城镇基本养老保险参保(万人)	325	350		565	每年 48 万人
新型农村合作医疗覆盖率(%)	21	80		96.75	15 个百分点
人口自然增长率(‰)	2.57	2 以下		1.95	
累计城镇新增就业(万人)	75	175		247.5	每年 34.5 万人
城镇登记失业率(%)	4.2	5		4	
五年累计向城镇转移农村劳动力(万人)		100		112	22.4 万人
城镇人均可支配收入(元)	8690.6	15000	11.5	15411.5	12.2
农民人均纯收入(元)	3264	4350	6	6237	13.8
社会消费品零售总额(亿元)	1470.3	2670	13	3501.8	18.95

＊注:1.万元地区生产总值能耗原规划目标为五年下降30%,年均下降6.9%。经国家同意和省人大批准,目标调整为五年下降22%,年均下降4.8%。此项指标按 2005 年不变价计算。

2.万元工业增加值水耗原规划目标为85立方米,后按水利部重新核定用水量,目标调整为 104 立方米。此项指标按 2005 年不变价计算。

第二节　"十二五"时期面临的发展环境

"十二五"时期,我国发展仍处于可以大有作为的重要战略机遇期,也面对诸多风险挑战。从我省情况看,"十一五"时期经济社会发展取得显著成就,为"十二五"时期实现较快发展奠定了坚实基础;国家继续加大支持东北振兴的力度、长吉图开发开放先导区建设全面推进、东北亚区域国际合作呈现加快发展态势,为"十二五"发展创造了良好的外部环境;我省处于工业化中期阶段,结构调整和产业升级步伐加快,城镇化进程、基础设施建设和社会事业发展快速推进,体制机制创新不断深化,为"十二五"加快发展提供了巨大空间和强大动力。同时,老工业基地长期积累的体制性、结构性矛盾仍然没有从根本上得到破解,发展的内生动力不足,制约科学发展的体制机制障碍仍很突出;经济结构不尽合理,发展后劲仍然不足,农业基础比较薄弱,基础设施建设欠账较多,科技成果转化能力不强,城乡居民收入增长较慢;伴随着改革发展不断深入,新情况、新矛盾、新问题不断出现,发展所面临的外部环境更趋复杂,竞争更为激烈。总体上讲,我省目前正处在夯实基础、积蓄能量、调整结构,加快发展方式转变的关键节点;处在统筹城乡发展,推动工业化、城镇化、农业现代化相互支撑、相互融合、互动发展的关键节点;处在破除体制机制深层次矛盾,激发创新发展活力,加快形成经济内生增长机制的关键节点。在这样一个发展阶段,我们既要牢牢把握当前的发展机遇,又要清醒认识面对的风险挑战;既要切实坚持我们的成功经验和做法,又要适应新变化与时俱进;既要解决长期积累的深层次矛盾,又要应对好不断出现的新情况、新矛盾、新挑战。要坚持发展是硬道理毫不动摇,促进科学发展、加快经济发展方式转变;坚持改革开放毫不动摇,进一步加大改革开放的力度广度和深度;坚持农业基础地位毫不动摇,大力推进农业现代化;坚持统筹工业化、城镇化、农业现代化毫不动摇,切实强化统筹协调,突出吉林特色;坚持统筹经济社会发展毫不动摇,切实推进社会管理创新;坚持以发展保障和改善民生毫不动摇,努力让城乡居民生活得更加美好。"十二五"期间,我们有基础、有条件、有必要保持一个较快的发展速度,必须牢牢把握重要战略机遇期,立足吉林实际,进一步解放思想,突出工作重点,坚持统筹兼顾,强化措施保障,加快经济发展方式转变,加快建立和完善经济增长内生机制,努力开创科学发展、创新发展、和谐发展、绿色发展、共享发展的新局面。

第三节　指导思想

高举中国特色社会主义伟大旗帜,以邓小平理论和"三个代表"重要思想为指导,深入贯彻落实科学发展观,以科学发展、加快振兴、富民强省为目标,以解放思想、改革创新、转变方式、科学发展为主题,以加快经济发展方式转变为主线,统筹推进工业化、城镇化和农业现代化建设,着力实施投资拉动、项目带动和创新驱动战略,以增量带动结构优化,以创新促进产业升级,以发展保障民生改善,强化改革开放和人才战略支撑,加快推动富民进程,全面加强社会事业,推动经济社会逐步走上良性循环、又好又快的科学发展道路,加快实现吉林老工业基地全面振兴,努力让城乡居民生活得更加美好,为全面建成小康社会奠定坚实基础。

推动"十二五"时期全省经济社会又好又快发展,必须坚持以下原则:

——坚持科学发展。把科学发展观贯穿到改革开放和现代化建设的各个方面,坚持以经济建设为中心,加快发展方式转变,更加注重以人为本,更加注重全面协调可持续发展。

——坚持"三化"统筹。统筹推进工业化、城镇化和农业现代化,用工业化推动城镇化,用城镇化带动农业现代化,用农业现代化有效解决工业化和城镇化进程中的问题,走出一条具有吉林特色的工业化、城镇化与农业现代化相互支撑、相互融合、互动发展,一二三产业协同发展的新路子。

——坚持"三动"并举。全面实施、协同推进投资拉动、项目带动和创新驱动战略,以投资拉动扩大总量、优化结构、夯实基础,以项目带动促进投资、集聚要素、提升产业层次,以创新驱动加速转化、抢占高端、培育未来发展新优势。

——坚持民生优先。坚定不移地把以发展保障民生改善作为加快发展、转变方式的根本出发点和落脚点,加快发展各项社会事业,推进基本公共服务均等化,正确处理好加快发展、改善民生和维护稳定的关系,真正让广大人民群众共享改革发展成果,让改善民生、富裕人民成为加快经济发展方式转变的持久动力。

——坚持改革开放。把改革开放作为吉林振兴发展的强大动力,坚持市场化改革取向,着力扩大开放,构建充满活力、富有效率、更加开放、更加有利于科学发展的体制机制,增强促进经济发展方式转变的内生动力。

——坚持可持续发展。把可持续发展作为加快经济发展方式转变的重要目标和战略举措,更加注重环境保护和节能增效,更加注重大力发展绿色经济和循环经济,更加注重节约、高效利用各种资源,促进经济社会发展与人口资源环境相协调,实现转变方式与增强持续发展能力的有机统一。

第四节　发展目标

综合考虑我们的基础条件和未来发展趋势,"十二五"时期总体目标是,转变经济发展方式取得实质性进展,实现老工业基地全面振兴迈出更加坚实的步伐,全面建成小康社会的基础更加牢固,城乡居民生活得更加美好。

——经济保持平稳较快发展。地区生产总值年均增长 12% 以上,增长质量和效益明显提高,财政收入高于地区生产总值增长,物价水平控制在合理区间。

——结构调整取得重大进展。消费需求进一步扩大,投资规模适度增长。十大产业发展计划扎实推进,支柱优势产业带动能力进一步增强,战略性新兴产业加快发展,高技术产业增加值比重和服务业比重上升。三次产业比重调整为 10:50:40,支柱优势产业和高技术产业增加值占规模以上工业增加值比重分别达到 68% 和 20%。

——资源节约和生态环境继续改善。耕地保有量保持在 553 万公顷,森林覆盖率达到44.2%,森林蓄积量增加 4600 万立方米。单位地区生产总值能源消耗和二氧化碳排放五年累计分别降低 16% 和 17%,主要污染物排放继续减少。

——城镇化质量和水平明显提高。统筹城乡的公共服务体制框架基本形成,城乡基础设施、人居环境进一步改善,以长吉一体化为核心的中部城市群带动作用明显增强,延龙图实现一体化,区域中心和重要节点城市发展加快,县城集聚能力不断增强,若干特色镇脱颖而出,大中小城市和小城镇协调发展。城镇化率达到 60%,初步形成具有吉林特色的新型城镇化格局。

——"富民工程"取得实质性成效。就业规模不断扩大,每年新增就业 50 万人。城镇居民人均可支配收入、农村居民人均纯收入及在岗职工平均工资年均增长均在 12% 以上。社会保障体系加快完善,实现全省城镇居民五项保险和新型农村养老保险全覆盖,城乡三项医疗保险参保率达到

92%,城镇参加基本养老保险人数达到 650 万人。城乡居民居住条件明显改善。贫困人口显著减少。

——社会建设明显加强。科教、医疗卫生、文化等社会事业全面发展,九年义务教育巩固率达到 99%,研究与试验发展经费占地区生产总值比重提高到 2%。覆盖城乡的基本公共服务体系逐步完善,社会主义民主法制更加健全,人民权益得到切实保障,社会管理得到切实加强,社会更加和谐稳定。

——改革开放实现新突破。重要领域和关键环节改革取得新进展,市场化程度不断提高,国有经济和布局进一步优化,民营经济增加值占地区生产总值比重达到 60%。外贸进出口总额年均增长 13%,招商引资水平显著提高,长吉图先导区建设取得实质性进展,图们江区域合作开发取得积极成效,对内对外开放的深度广度进一步拓展。

专栏 2 "十二五"时期经济社会发展主要指标						
类别	指　标	单位	2010 年	2015 年	年均增长(%)	属性
经济增长	地区生产总值	亿元	8577	15000 以上	12 以上	预期性
	全口径财政收入占地区生产总值比重	%	14	17	0.6 个百分点	预期性
	其中:地方财政收入占地区生产总值比重	%	7	9	0.4 个百分点	预期性
结构调整	三次产业比重	%	12.2:51.5:36.3	10:50:40		预期性
	支柱优势产业增加值占规模以上工业增加值比重	%	62.3	68	1.14 个百分点	预期性
	高技术产业增加值占规模以上工业增加值比重	%	8.5	20	2.3 个百分点	预期性
	社会消费品零售总额	亿元	3501.8	7403	15	预期性
资源环境	耕地保有量	万公顷	553	553		约束性
	单位工业增加值用水量	立方米/万元	87.5		*按国家要求确定	约束性
	非化石能源占一次能源消费比重	%	6.02	9.8	0.76 个百分点	约束性
	单位地区生产总值能源消耗	吨标煤/万元			5 年累计-16	约束性
	单位地区生产总值二氧化碳排放	万吨			5 年累计-17	约束性
	主要污染物排放减少　化学需氧量	万吨			*按国家要求确定	约束性
	二氧化硫	万吨			*按国家要求确定	
	氨氮	万吨			*按国家要求确定	
	氮氧化物	万吨			*按国家要求确定	
	森林增长　森林覆盖率	%	43.6	44.2	0.12 个百分点	约束性
	森林蓄积量	亿立方米	9.14	9.6	0.98	
城镇化	城镇化率	%		60		预期性

续表

类别	指　　标	单位	2010 年	2015 年	年均增长（%）	属性
人民生活	全省总人口	万人	2746	2787	3‰以内	约束性
	城镇登记失业率	%	4 左右	4.5 以内	年控制为 4.5%	预期性
	城镇新增就业人数	万人	247.5	250	每年新增 50 万人	预期性
	城镇参加基本养老保险人数	万人	565	650	年增 17 万人	约束性
	城乡三项基本医疗保险参保率	%	91.59	92	0.08 个百分点	约束性
	城镇保障性安居工程建设	万套	151.3	214.57	累计新增 63.27 万套	约束性
	城镇居民人均可支配收入	元	15411.5	27160	12 以上	预期性
	农村居民人均纯收入	元	6237	10992	12 以上	预期性
	在岗职工平均工资	元	28850	50900	12 以上	预期性
社会建设	九年义务教育巩固率	%	97.8	99	0.24 个百分点	约束性
	高中阶段教育毛入学率	%	95	95		预期性
	研究与试验发展经费占地区生产总值比重	%	1.15	2	0.17 个百分点	预期性
改革开放	民营经济增加值占地区生产总值比重	%	49.2	60	2.16 个百分点	预期性
	外贸进出口总额	亿美元	168.5	310	13	预期性

注：1. 按国家要求，单位地区生产总值能源消耗和单位工业增加值用水量两项指标采用 2010 年价格计算。
　　2. 标 * 部分需国家分解后确定，目前尚未下达。

第二章　巩固农业基础地位，促进率先实现农业现代化

以确保国家粮食安全、增加农民收入、实现可持续发展为目标，进一步巩固和加强农业基础地位，推动农业发展方式转变，提高农业现代化水平，走出一条具有吉林特色的农业现代化道路。

第一节　大力提高农业综合生产能力

努力推动粮食产量再上新台阶。严格保护耕地，加大农村土地整理和复垦力度，新增耕地面积 275 万亩，粮食播种面积稳定在 6850 万亩以上。积极实施增产百亿斤商品粮能力建设规划，优化品种结构，提高单产水平，全面加强农田水利基础设施建设，改造 2000 万亩中低产田，到 2012 年粮食生产能力达到 600 亿斤水平。实施旱作节水农业工程，在中西部 14 个易旱县（市、区），推广大垄双行膜下滴灌技术，新增节水灌溉面积 1000 万亩，进一步大幅度提高粮食生产能力。加强粮食仓储能力建设，全省标准仓容达到 350 亿斤以上。

建设全国重要的优质畜产品生产基地。扎实推进畜牧业三年攻坚，组织实施粮变肉、精深加工、乳品跃升等畜牧业扩能升级六大工程，重点发展生猪、肉牛、奶牛和禽类生产，实现畜牧业生产规模化、标准化和区域特色化。加大政策扶持力度，加快建设 15 个省级畜牧业产业园区，每年重点支持建成 1000 个标准化规模养殖场（小区）。进一步完善畜牧良种繁育体系，重点支持原种场、扩繁场建设，优化畜禽品种结构。大力发展饲草和饲料生产。加快构建畜产品质量安全监管体系和

动物疫病防控体系,加强无规定动物疫病区建设。到 2015 年,畜牧业产值实现 1500 亿元。加强水生生物资源养护,大力发展水产健康养殖。

发展壮大林特产业规模。加快发展木材精深加工、绿色保健食品、森林生态旅游、林业苗木花卉等林业产业,建成敦化木制品加工、舒兰林特产品加工等 15 个林业产业园区,培育壮大吉林森工集团、延边林业集团等 100 个产值超亿元的龙头企业。实施园艺特产千亿元创业计划,建设以蔬菜、食用菌、中药材、经济作物、经济动物及长白山山珍食品为主的北方园艺特产基地,突出发展百万亩棚膜蔬菜,鼓励和支持大中城市保持合理的菜地保有量,提高本地应季蔬菜自给水平。到 2015 年,林业产值达到 1400 亿元,园艺特产和多种经营产值达到 1760 亿元,大中城市居民蔬菜自给率达到 60% 以上。

第二节　加快构建现代农业产业体系

优化农业产业布局。科学确定区域农业发展重点,形成优势突出和特色鲜明的产业带。建设中部专用玉米、沿江沿河优质水稻、中东部高油高蛋白大豆和西部杂粮杂豆等四大种植业产业带;建设西部松嫩草原牧业区、中部松辽平原牧业区和东部长白山牧业区等三大畜牧业生产区域;建设东部中药材、经济动物、冷水鱼、食用菌和长白山山珍食品,中部瓜菜、西部油料和经济作物等三条园艺特产产业带。

推进农业产业结构调整。积极发展循环农业、节约型农业、特色农业、休闲农业和农村第二、第三产业,发挥农业多种功能。推进农业产业化经营,大力发展农产品加工业,扶持壮大龙头企业,提高加工深度和产品附加值,到 2015 年,粮食加工转化率达到 70% 以上,畜禽和林特产品加工率达到 65% 以上。大力发展农村和农业循环产业,推进农业资源合理利用、转化增值,实施秸秆还田、气化、固化成型等综合利用工程,积极推进规模养殖场(小区)粪污无害化处理和资源化利用。积极推动休闲观光农业、森林生态旅游、草原风光游等农业新型产业形态发展。加快发展外向型农业,建设农产品出口基地。

完善农产品市场体系。健全农产品批发和零售、现货和期货市场体系,积极发展农资和农产品连锁经营、直销配送、电子商务、拍卖、交易等农村现代流通业态,建设粮食、蔬菜、特产等大宗农产品物流中心和物流园区,培育多元化市场流通主体,促进农村流通现代化。健全农业标准体系,大力推进农业标准化示范县建设。强化农产品质量安全认证,加快发展有机农产品、绿色食品、无公害农产品和地理标志农产品,推进农产品质量安全检验检测体系建设,严格产地环境质量、投入品使用、生产过程、产品质量全程监控,切实完善农产品生产、收购、储运、加工、销售各环节质量安全监管体系。加快推进农业科技、社会化服务、信息咨询等为农业服务的相关产业建设,提高农业抗风险能力和可持续发展能力。

第三节　不断加大农业科技创新力度

整合农业科技资源,加大农业科技投入,加强农业产业技术体系建设,支持农业重大技术集成和示范应用,创新推广转化机制,促进农业技术集成化、劳动过程机械化、生产经营信息化。加大动植物品种研发与培育力度,积极推进农业生物育种自主创新,大力发展现代种业,建立春玉米种质资源库和国家区域性玉米研发基地,落实好国家转基因生物新品种培育科技重大专项,加强转基因育种研究。建设现代农业示范区,以高产高效和节地、节水、节肥、节药、节种、节能、资源综合循环利用及农业生态环境保护为重点,研发和推广应用农业资源节约型技术和农业环保技术。加强农业技术推广体系建设,实施科技入户、园区引领、基地示范等新型模式,完善基层农技推广、农机推广和植保体系。加快推进农业机械化,促进农机农艺融合,建设农业机械化示范区,耕种收综合机械化水平达到80%以上。加强农业数据库和信息平台建设,提高农业生产经营信息化水平。实施新型农民培训工程,提高农民创业就业能力。

第四节　积极推进现代农业制度创新

坚持和完善农村基本经营制度,在现有农村土地承包关系保持稳定并长久不变的前提下,创新农业经营体制机制,推动家庭经营向采用先进科技和生产手段方向转变,统一经营向发展农户联合与合作和形成多元化、多层次、多形式经营服务体系方向转变。大力发展农民专业合作组织,支持供销合作社、农民经纪人、龙头企业等提供多种形式的生产经营服务。加快建设覆盖全程、综合配套、便捷高效的农业社会化服务体系,为推进农业专业化分工、规模化生产、集约化经营提供信息、技术、金融等全方位服务。改善农村金融服务,深化农村信用社改革,鼓励有条件的地区以县为单位建立社区银行,支持符合条件的农村信用社改制为区域性农村合作银行和农村商业银行,继续推进农村银行业金融机构准入政策试点,开展林权、农业机械、农村土地承包经营权、农村住房及宅基地抵押贷款等信贷产品试点,发展农村小型金融组织和小额信贷,健全农业保险制度,开展农村信贷与农业保险相结合的银保互动机制试点。重点探索建立市场化的土地使用权流转制度,坚持依法、自愿、有偿原则,鼓励农民以多种形式流转土地承包经营权和包括宅基地在内的集体建设用地使用权。

第三章　建设新型工业基地,提高产业核心竞争力

适应需求结构变化和产业发展趋势,推进工业化和信息化融合,优化产业布局,推动产业创新,壮大产业规模,提升产业层次,深入实施品牌战略和标准化战略,促进工业向高端化、规模化、集群化转变,构建若干世界领先、国内龙头的产业高地,全面增强产业整体实力和核心竞争力。

第一节　做大做强支柱产业

全面实施支柱优势产业跃升计划,进一步扩大产业规模,提升技术创新能力和工艺装备水平,优化产品结构,延伸产业链条,加强产业关联,向高端、精品、集群配套、精深加工方向发展,再造支柱产业新优势。

打造世界级汽车产业基地。以市场需求为导向,以一汽为核心,构建整车研发制造、零部件配套和服务体系,全面提升研发、制造和服务水平。提升整车制造能力。加快建设长春、吉林汽车产业园区,以解放、奔腾、红旗系列自主品牌和节能型小排量汽车为重点,提高自主品牌轿车、中重型卡车、轻微型车生产能力,实施长春市300万辆和吉林市100万辆汽车扩能工程,到2015年,全省整车产能达到400万辆,汽车工业增加值达到2000亿元。大力发展新能源汽车。重点支持一汽加快插电式混合动力自主品牌汽车产业化,加快纯电动轿车研发制造,突破电池、电机、电控关键生产技术,建设相关配套设施,新能源汽车产量达到20万辆。积极发展高端特种专用车。突出"专、精、特、新",支持专用车企业重点研发生产道路维护、工程作业、高压输送、保温冷藏、消防安全等高端专用车,加快专用

车基地建设,专用车产量达到 20 万辆。着力发展汽车零部件。积极打造大型零部件企业集团,高起点培育百强零部件配套企业,提高汽车零部件同步开发和系统配套能力。加快形成车身内外饰、底盘、环境、转向及传动、车轮、发动机附件、电子电气等系统模块配套体系,建设欧美汽车零部件产业园、日系汽车零部件产业园和地方汽车零部件产业园,打造长春汽车零部件出口基地,省内零部件配套率达到 50% 以上。加快汽车物流、金融、售后服务、二手车交易等汽车服务体系建设。

打造国内重要的大型石化产业基地。发挥我省面向东北亚的区位优势,利用境内外油气资源,依托吉化、吉林油田等龙头企业,进一步提高油气、炼油、乙烯产能,加快推进炼化一体化,延伸产业链,拓展应用领域,到 2015 年,全省石化工业增加值达到 1000 亿元。加大油气勘探开发力度。坚持油气并举,增储上产,实施油气勘探、产能建设、老油田改造、装备更新等工程,省内油气产能超 1000 万吨。提升炼油能力和油品质量。积极争取中石油、中石化等央企支持,实施吉化 1500 万吨炼油系统扩能改造,推进前郭炼油厂恢复生产,力争全省新增炼油能力 500 万~1000 万吨;依托桦甸、梅河口、汪清和松辽盆地等油页岩资源优势,引进先进的采炼技术和设备,大力发展页岩油,形成 100 万吨以上产能;积极推动对俄油气合作,谋划构建珲春 500 万吨级石油战略储备基地和千万吨级国际石油炼化基地。深度开发乙烯及下游产品。积极推动吉化公司小乙烯扩能改造,应用催化热裂解技术,实现乙烯原料多元化,到 2015 年,乙烯产能达到 140 万吨,丙烯产能达到 110 万吨;集中碳 4、碳 5 资源,发展异戊橡胶、石油树脂等产品;做强聚乙烯、ABS 树脂、丙烯腈等优势产品,做精特种碳纤维、高活性聚异丁烯、橡塑专用料等特色产品,建设全国合成树脂、合成橡胶、合成纤维、有机化工原料生产基地。突出发展精细化工。以吉林化工循环经济示范园区为载体,加大招商引资力度,发展企业集群,延伸产业链条,推动产品升级换代,积极发展高端产品。鼓励发展高效、低毒、低残留的环保生态农药,提高高效品种比例。积极发展催化剂、添加剂和助剂,扩大规模,增加品种,提高产品附加值。全面提升染料、涂料、颜料品质,培育品牌。努力提高日用化学品产品档次,积极开拓市场。着力发展功能高分子材料等高端产品。到 2015 年,全省精细化工率达到 40%。大力发展生物化工。充分发挥我省生物质资源优势,加快生物技术开发与产业化,形成战略性新兴产业发展高地。适度发展新型煤化工。发掘利用域外煤炭资源,开发柴油、汽油、航空煤油、乙烯原料、替代燃料(甲醇、二甲醚)等生产技术,生产洁净能源和可替代石化产品,建设大型煤化工产业基地。推动石化与汽车产业融合发展。加快建设汽车橡塑零部件工业园、汽车用化学品工业园,引导企业集聚发展,开发汽车化学专用料、轮胎、电线电缆护套、汽车密封件、防冻液、车用底漆等系列化工产品。

打造具有核心竞争力的农产品加工产业基地。依托我省丰富的农畜资源和长白山生态资源,发挥产业基础和区位优势,进一步培育大型企业集团,加大研发力度,提升装备水平,不断提高产品附加值、资源综合利用水平和辐射带动能力,到 2015 年,全省农产品加工业增加值达到 1200 亿元。强化粮食精深加工。合理控制玉米加工总量,着力提高加工深度,大力发展非粮产业,提高饲料比重,保障食品安全。依托大成、中粮、吉粮等大型企业集团,扩大化工醇、环氧乙烷产能,增加品种,加快乙酸乙酯、聚乳酸、生物聚酯等工艺技术研发和产业化进程,精深加工比重达到 80% 左右;积极推动原料替代,加快技术研发和成果转化,非粮原料比重达到 30%。大力发展水稻、大豆、杂粮杂豆加工产业。积极开发终端产品,培育创立"吉林品牌"。推进畜禽产品综合加工。依托皓月、德大、华正、广泽等龙头企业,重点发展各类熟食品和乳制品。利用生物技术推进副产品综合利用,提高产品附加值。加快形成亚洲最大的清真牛肉制品基地和肉食鸡出口基地。积极推进中新食品区建设,开发生产绿色有机食品。

	专栏3 支柱产业重点项目	
名称	重点项目	2015年主要目标
汽车产业	重点实施一汽大众100万辆(新增30万辆)、一汽轿车100万辆(新增60万辆)、一汽丰越40万辆(新增)、一汽通用20万辆轻型商用车(新增12万辆)、20万辆专用汽车(新增10万辆)、一汽吉林公司60万辆(新增40万辆)、新湖吉林通田50万辆(新增)、延边华泰汽车有限公司年产10万辆SUV及1800辆客车生产线等整车、专用车、改装车扩能工程。加快建设长春旭阳汽车零部件加工产业园、一汽MQ200变速箱、一汽轿股自主乘用车发动机基地等零部件项目。	投资1500亿元,建设100个重点项目,形成400万辆整车生产能力,零部件配套率达到50%。汽车产业产值达到8000亿元以上,增加值达到2000亿元以上。
石化产业	吉林市重点实施吉化1500万吨炼油装置大型化改造工程、140万吨乙烯及配套装置能力提升工程、110万吨丙烯、58万吨ABS树脂、32万吨苯乙烯、48万吨丁辛醇、38万吨碳5分离等重大项目,重点推进化工园区100个配套和精细化工项目。松原市实施石油天然气开发、中石化天然气提纯、中化长山50万吨合成氨和80万吨尿素扩能等项目,恢复前炼生产,力争形成500万吨炼油能力。积极谋划松原、珲春千万吨级大型炼化基地、白城煤制烯烃项目。	投资1400亿元,实施160个重点项目,新增炼油能力500万吨,乙烯65万吨,精细化工和化工新材料产品100万吨。石化产业产值达到3000亿元,增加值达到1000亿元。
农产品加工产业	重点打造长春和松原玉米产业园、中国新加坡吉林食品工业园、皓月高新现代牧业产业园等特色园区。建设中粮吉林农产品综合加工系列工程和长春大成300万吨化工醇、100万吨聚酯、100万吨玉米秸秆糖、200万吨树脂、100万吨融雪剂、50万吨蛋氨酸等系列项目。推进吉林广泽和新源等乳品加工,德大等肉鸡系列食品加工,长春众品、华正和得利斯等猪肉系列食品加工、辽源金翼蛋品深加工、延边畜牧开发公司10万头黄牛等项目。	投资1100亿元,建成亚洲最大的玉米精深加工基地、清真肉牛食品生产基地和肉食鸡精加工基地,建成国内最大的鲜食玉米生产基地。农产品加工业产值达到5000亿元,增加值达到1200亿元。

第二节　改造提升传统产业

优化资源配置,推动企业兼并重组,积极承接产业转移,运用高新技术和先进适用技术,加快企业技术改造,带动传统产业整体工艺装备、研发设计、节能减排、经营管理水平上一个新台阶。

冶金产业。按照"调整、改造、升级、换代"总体要求,加速淘汰落后产能,加快产业、技术、管理创新,建设千万吨级精品钢、特种冶金炉料和有色金属深加工基地,到2015年,全省冶金工业增加值达到360亿元。钢铁工业。以节能降耗、低碳环保为核心,大力推行非高炉炼铁、烧结脱硫、钢渣综合利用等技术改造,积极推广富氧喷煤、炉外精炼、连铸连轧、控轧控冷等先进工艺技术和装备,大力开发汽车、轨道客车、农机等制造业用钢,提高地方配套率。加快推进通钢大型化改造,构建东北区域特钢生产基地。整合铁矿资源,加大勘探开发力度,提高铁矿石自给率。利用境外资源,重点抓好和龙市进口资源加工基地项目建设,谋划建设延边新型钢铁基地。冶金炉料工业。大力发展高纯度、高复合特种铁合金产品和大规格大功率、超高功率石墨电极产品,提高国内市场占有率。积极支持吉林哈达湾工业区整体搬迁,加快实施中钢铁合金、中钢吉炭异地搬迁改造工程,铁合金产能达到100万吨,高端超高功率石墨电极达到6万吨。有色金属工业。加大对铜、钨、钼、镍、镁、钴、金等有色金属矿产资源开发力度,形成产业规模,向精深加工方向延伸。支持昊融集团发展镍盐系列及羰基铁、羰基镍产品,扩大规模,打造全国领先的镍金属深加工产业基地。推动辽源中国高精铝生产加工基地建设,大力开发宽幅中厚板材、城市轻轨及高速列车型材、硬质飞机骨架大梁等高端产品,规划建设40万吨电解铝,形成原料、加工、制造一体化。发展钼金属冶炼和深加工,加快稀土镁合金开发及应用,鼓励铜、铝等有色金属回收再利用。

建材产业。大力发展节能环保新型建材,加速产品更新换代,提高应用比重,推动产业升级,到2015年,全省建材工业增加值达到300亿元。水泥行业。依托亚泰、冀东、金刚等大型企业集团,进一步实施兼并重组,提升产业集中度,新型干法水泥比重达到97%,形成3800万吨产能,打造东北最大的水泥生产基地。玻璃行业。积极开发特种超薄、超白玻璃等产品,提升汽车玻璃和安全玻璃生产能力。加快建设双辽玻璃工业园、白山玻璃工业园。墙体和装饰材料。以煤矸石、粉煤灰为原料,大力开发和推广使用新型节能墙体材料。推进蛟河天岗花岗岩深加工,加快建设中国天岗石材城。积极承接国内陶瓷产业转移,加快建设桦甸陶瓷产业园。

装备制造业。立足我省装备制造业的比较优势,突出特色化和差异化,进一步加大技术改造投资力度,提高产业规模,用信息技术提升装备制造水平。加快发展轨道客车、风电设备、换热设备、农机装备、矿山机械、石油机械、起重设备、汽车专用设备等,努力培育一批集工程设计、产品开发、设备制造、工程成套设备和技术服务为一体的具有较强竞争力的大型企业集团。依托区域优势,培育建设一批创新能力强、市场占有率国内领先、具有较强竞争优势的产业集群,形成特色产品优势突出、专业化协作分工合理、配套较为完备的产业格局,努力把装备制造业打造成为我省新的支柱产业。

轻工纺织产业。依托产业基础,加快技术改造和产品开发,提高工艺装备水平,构建上下游产业链条,建设一批专业化产业园区,推进产业集群发展,到2015年,全省轻纺工业增加值达到250亿元。轻工业。以提升产品质量和品牌,提高产品附加值为重点,扶优扶强,发挥龙头企业带动作用,培育中小企业集群,大力发展家具制造及木制品、塑料制品、皮革及制品、卷烟等产业,建设吉林森工长春兰家木制品产业园、白山喜丰农用塑料制品产业园、长白山松花石产业园等。纺织业。强化产业集群效应,盘活存量资产,大力开发适销对路产品,发展特色纺织、精品纺织。依托吉林化纤集团,适应市场需求,积极开发功能性纤维、差别化纤维及聚酯纤维,实现产能升级产品优化。发挥辽源东北袜业纺织工业园集聚作用,打造公共服务平台,扩大产业规模,提升产品档次。加快高档品牌服装开发,提高产品附加值和市场占有率。积极谋划以生物质为原料的新型纺织产业。

专栏4 传统产业重点项目		
名称	重点项目	2015年主要目标
冶金产业	钢铁重点实施通钢750万吨大型化改造、塔东铁矿开发等项目建设,利用境内外丰富的铁矿资源谋划延边大型钢铁项目。冶金炉料重点实施中钢铁合金、中钢吉炭整体搬迁、技术升级项目。铝制品加工重点实施辽源利源铝业大截面交通运输铝型材深加工、麦达斯高速列车及城市轨道车体铝型材加工、世捷铝业高精铝合金宽厚板、特种铝型材项目。	投资300亿元,推进10个重点项目,钢铁综合生产能力达到1300万吨,铁合金生产能力达到100万吨,石墨电极12万吨(超高功率6万吨),高精铝制品加工量达到40万吨。冶金产业产值达到1500亿元,增加值达到360亿元。
建材产业	重点推进亚泰、金刚、冀东等大型水泥企业升级扩能改造工程。加快建设亚泰百万吨粉煤灰综合利用、双辽电厂百万吨粉煤灰综合利用、成邦煤矸石烧结空心砖、辉南火山渣墙体材料等新型建材项目。	投资200亿元,建设10个重点项目,水泥产能达到3800万吨。新型建材产业产值达到1000亿元,增加值达到300亿元。
轻纺产业	重点建设吉林森工1300万平方米木地板、吉林化纤差别化纤维、辽源袜业纺织新型产业基地、温馨鸟高档服装扩能、白山喜丰高档农膜和新型节水器材、吉林烟草200万大箱卷烟等项目。	投资200亿元,建设50个重点项目。轻纺产业产值达到1250亿元,增加值达到250亿元。

第三节 大力发展特色资源产业

全面实施特色资源产业提升计划,围绕优势矿产资源和长白山独特生态资源,加大勘探和开发力度,规范探矿权管理,坚持在开发中保护,在保护中开发,促进资源有序开发和高效、集约、永续利用,推动精深加工,拉长产业链条,提高资源利用率和产品产出率,形成新的产业支撑。

优势矿产资源产业。依托我省镍、钼、镁、石墨、球黏土和硅藻土等矿产资源优势,整合资源,合理布局,深度开发,优化采选技术,提高工艺水平,拓宽应用领域。积极引进战略投资者,培育大型企业集团,大力开发合金材料、新型化工材料、生态环保材料和高端产品,着力打造产业集聚区,加快形成产业规模和产业优势。

独特生态资源产业。依托人参、矿泉水、梅花鹿、林蛙等生态资源优势,积极推进地理标志产品保护,坚持特色化,推行标准化,推进产业化,实现规模化。抓住国家人参药食同源试点的重大机遇,加快实施人参产业振兴工程,积极推进重点产业园区建设,全力培育"长白山人参"品牌,打造千亿元产业,2015 年产值达到 500 亿元。严格保护、合理开发矿泉水资源,依托骨干企业,加快能力提升,开发高端产品,积极推进长白山天然矿泉水品牌国际化,建设中国优质矿泉水产业基地,到2015 年,矿泉水产能突破 1000 万吨。加快梅花鹿良种繁育,提高优质种群比重,强化技术创新,运用现代生物工程和先进分析检测等技术,开发鹿系列产品。加快建设林蛙良种繁育基地,深度开发功能食品、营养保健、美容养颜等产品。加快提升林产工业水平,加强资源综合利用。

专栏 5	特色资源产业重点项目	
名称	重点项目	2015 年主要目标
优势矿产资源产业	重点实施吉恩镍业年产 2 万吨镍深加工 1 万吨电池材料、大黑山钼业扩能改造、天池矿业小城钼矿 2 万吨钼精粉、白山镁谷 20 万吨镁合金、通化祥元镁业 5 万吨镁合金及压铸件、临江硅藻土工业集中区 200 万吨生态产品等项目。	投资 100 亿元,有色金属综合加工能力达到 20 万吨、硅藻土生态产品 200 万吨,建设镍钼深加工基地、硅藻土精深加工基地,打造金属镁综合利用产业示范基地。
独特生态资源产业	人参产业: 加快推进抚松、集安新开河、敦化敖东、靖宇、延边雄风、长白等6 个人参产业园区建设,重点实施紫鑫药业人参精深加工、延边初元药业人参酵素深加工、大明人参种植基地及人参精深加工、集安益盛二醇皂苷注射液、集安新开河人参系列产品精深加工、敦化敖东人参中药饮片、白山皇封参精深加工、长白加一有机人参、吉林森工修养堂人参健康产业园、东宝人参产业园、桦甸长白山野山参综合开发、旺旺集团人参食品加工等项目。	投资 120 亿元,产值达到 500 亿元以上,全力打造"长白山人参"品牌,实现人参产业振兴。
	矿泉水产业: 重点实施泉阳泉、农夫山泉、康师傅、吴太饮品四个 100 万吨矿泉水扩建,建设天士力集团 20 万吨矿泉饮品、延边天池公司120 万吨矿泉水、未来趋势 200 万吨矿泉水等项目。	投资 80 亿元,全省矿泉水产能达到 1000 万吨,把长白山矿泉水打造成国际知名品牌,建成全国优质矿泉水生产基地。
	梅花鹿产业: 重点建设辽源 20 万只梅花鹿养殖、东丰鹿产业园区、修正生物公司 16.75 万公斤鹿系列保健品、长双鹿业 1850 万盒鹿系列保健品、吉春制药 2510 万瓶鹿系列产品、吉云鹿业鹿系列产品深加工等项目。	投资 80 亿元,存栏达到 60 万只,形成集养殖、药品、食品、保健品等深加工于一体的产业体系。
	林蛙产业: 建设 30 个专业化的林蛙良种繁育基地,重点推进白山永利药业林蛙油滴丸综合开发、桦甸隆盛公司北药林蛙科技产业示范园区、集安市林蛙养殖加工和林蛙油系列产品精深加工、上海康大集团(白山)林蛙产品深加工、吉林长白山生物技术公司(临江)长白山林蛙系列产品精深加工与开发、桦甸隆泰林蛙皮胶原蛋白等项目。	投资 15 亿元,林蛙年回捕商品量达到 7 亿只,形成多种林蛙油精深加工产品系列,提高附加值。

第四节　积极培育和发展战略性新兴产业

瞄准国际技术发展前沿,把握市场需求变化和产业发展趋势,实施战略性新兴产业培育计划,强化技术创新和产业创新,抢占未来发展制高点,努力把战略性新兴产业打造成支柱产业。

加快发展医药产业。依托我省生物药科研及人才优势,促进现有疫苗生产技术升级和扩大产能,努力扩大重组人胰岛素、重组人生长素等生物技术药物国内市场占有率和出口份额,加快艾滋病疫苗等一批新品种研制及产业化进程,抢占生物医药未来发展制高点。围绕长白山道地药材种植、加工和基源药物开发,加快实施中药产业推进工程,积极推进中药大品种二次开发和新品种产业化,保持在国内的领先地位。加快发展化学药物及诊断试剂和现代医疗器械,形成医药产业新的增长点。

加快发展生物化工产业。按照国家确定的生物化工产业发展方向,强化以玉米为原料的精深加工,依托大成、中粮、嘉吉等骨干企业,进一步开发氨基酸新品种,推进蛋氨酸、色氨酸、精氨酸等系列新产品规模生产;加大化工醇下游产品开发力度,加快聚酯产业化;依托长春应化所等科研机构,积极推进聚乳酸生产技术及应用材料产业化。大力推进非粮原料替代,重点开发秸秆制糖、秸秆化工醇、秸秆丁醇等非粮生物化工技术,加快中试和产业化,实现我省非粮生物化工从无到有、从小到大。

加快发展电子信息产业。紧跟国际前沿,进一步突破汽车电子、光电子、电力电子等重点领域的核心技术,扩大产业规模。推进长春国家光电子产业基地、长春国家汽车电子产业园建设。抓住一汽集团扩能契机,加大在车载电子产品、车身控制系统、动力控制系统、底盘控制系统等方面研发力度,迅速扩大产业规模,形成我省电子信息产业的重要支撑。以半导体发光器件、激光产品、光电仪器与设备和国防光电子为重点,加快 LED 高端显示和专用照明产品的研发和产业化,推进全固体激光器等尽快形成生产规模,大力提高光电子终端产品比重,促进技术成果转化和军品转民用。以新型电力电子器件、智能电网监控设备、电机节能装备等为重点,拓宽应用领域,形成器件-模块-装备较为完整的产业链,推动电力电子产品向高端、系统、规模方向发展。以下一代通讯网络、物联网、新型平板显示为重点,加快发展新一代信息技术及产业。

加快发展新材料产业。围绕有机高分子材料、新型金属材料、无机非金属材料、先进复合材料等领域,加大技术攻关力度,加快成果转化,加强产业融合,形成产业发展新的增长点。依托工程塑料、合成橡胶、碳纤维等现有产业基础和技术优势,加快聚酰亚胺、高性能聚乙烯-聚苯乙烯树脂、稀土异戊橡胶、聚苯胺等产业化;突破工业用碳纤维原丝合成及碳化关键技术,加速形成万吨级生产规模,加快下游应用产品开发和产业化进程,建设国内规模最大的碳纤维生产基地和有机高分子材料生产基地。依托资源优势,推进纳米碳酸钙形成规模化、系列化,支持石塑、木塑材料产业发展,拓宽市场应用领域;积极引进先进技术和战略投资者,研发生产硅藻土、高纯硅材料等特色高端产品。加快镍、钼、镁及合金的核心技术和系列产品研发,形成千吨以上生产能力;大力发展高性能汽车用钢、大截面铝合金型材,满足汽车、高速轨道客车等应用需求。

加快发展新能源产业。着力优化能源结构,重点发展风电、核电、生物质能、太阳能等清洁能源,打造国家重要的新能源基地。积极促进风电、生物质能、光伏、核电设备制造产业发展,重点开发 2.0 兆瓦以上的大型风电机组和 AP1000 核电主管道,提升新能源装备制造能力。

加快发展新能源汽车产业。依托一汽等企业新能源汽车技术和产业优势,加大政策扶持力度,促进各类要素集聚和资源有效配置,重点支持自主品牌新能源汽车产业化,加快一汽大众新宝来纯电动轿车项目建设,构建新能源汽车整车研发制造体系;围绕整车需求,突破电池、电机、电控关键技术,加快开发动力电池及管理系统、动力控制系统、整车管理系统、动力电机、车用开关及控制器等关键技术和产品,推进产业化进程,构建新能源汽车零部件配套体系;抓好长春"十城千辆"示范工程和"私人购买新能源汽车补贴试点",加快新能源汽车设施建设,构建配套服务体系。

加快发展吉林特色的先进装备制造业。重点发展以轨道客车为代表的轨道交通装备,提升新型城轨核心部件的自主设计制造能力,加快长春轨道客车产业园和辽源高精铝配套产业基地建设,积极发展轨道客车配套产业,建设国际一流轨道客车生产基地。推进农机、换热器、起重设备等产业集群发展。

加快发展节能环保产业。发挥我省在工艺设计、机械加工和产品制造等方面的优势,适应国内外发展趋势,围绕节能、环保设备制造组织联合攻关,突破关键技术,形成一批特色产品,奠定产业基础。加快节能环保技术在锅炉改造、电机系统节能等领域推广应用,推进资源循环利用和再制造关键共性技术研发和产业化示范,提高城市建筑废弃物、粉煤灰、汽车零部件等资源综合利用水平和再制造产业化水平。加大力度研发适应北方气候特点的污水处理技术和脱硝、脱硫等技术和装备。推进市场化节能环保服务体系建设。

专栏6 战略性新兴产业重点项目		
名称	重点项目	2015 年主要目标
医药产业	长生科技、长春祈健、长春生物制品所等流感、狂犬、乙肝、甲肝、水痘疫苗改造扩能; 长春海伯尔公司 b 型流感嗜血杆菌(Hib)疫苗项目; 长春金赛长效人生长激素、生长激素水针剂产品扩能;重组人胸腺素 Tα1、重组人促卵泡激素等产业化项目; 辽源博大伟业重组人改白介素项目; 长春中古海伯尔 Hib 疫苗、丙肝疫苗生产基地; 敖东集团、益盛药业、华康药业等企业,人参皂苷 Re 片、20(s)—Rg3 抗病毒眼膏、参芪灵芝颗粒、乙肝扶正胶囊等项目; 修正集团、通化东宝、万通药业等企业,肺宁冲剂、镇脑宁、万通筋骨片等 20 个中药大品种二次开发和质量控制示范项目。	投资 200 亿元,全省生物医药产业实现产值翻两番,实现产值 1800 亿元,其中,现代中药产业 1100 亿元、疫苗和基因工程药等产业 150 亿元。
生物化工产业	长春大成 50 万吨蛋氨酸、色氨酸、精氨酸等精深加工生产线以及 100 万吨秸秆制糖生产线、300 万吨植物多元醇,吉林燃料乙醇 10 万吨秸秆燃料乙醇,松原来禾 100 万吨农业废弃物生物炼制等利用秸秆原料替代玉米生产线建设项目。	投资 500 亿元,实现产值 1500 亿元。
信息产业	光电子: 长春新产业公司高半导体固体激光器项目,长光数显公司绝对式位移光栅尺项目,长春希达公司 LED 显示及照明项目。	投资 20 亿元,产业规模翻两番以上,产值达到 300 亿元。
	汽车电子产业: 长春启明汽车电子产品研发制造平台项目,航盛宏宇、长春凯利、四平德科等,MOST 总线、CAN 总线、ESP 系统、数字化仪表等项目。	投资 30 亿元,产业规模翻一番以上,产值达到 500 亿元。
先进装备制造业	轨道交通装备: 长春轨道交通装备园、轨道客车零部件配套产业园、长春轨道客车装备公司搬迁、华信装备制造集团城轨配套产业园等重点项目	投资 60 亿元,形成年产铁路客车 500 辆、高速动车组 1200 辆、城轨客车 1200 辆的生产能力,实现产值 300 亿元。

续表

名称	重点项目	2015 年主要目标
先进装备制造业	风电装备： 重点 华锐风电(吉林)200 台套 3MW 风电机组、三一电气(通榆)各类风力发电机组 700 台套和叶片 1000 套、国电联合动力 400 台 3MW 风力发电机组、中材科技(白城)500 套复合材料风电叶片、兵装集团 600 台(套)风电机组、中国北车(松原宁江)600 台风机装备等项目。	投资 130 亿元,生产能力将扩大到 400 万 MW,实现产值 260 亿元。
新材料产业	碳纤维： 中油吉化、中钢吉炭、吉林碳谷、吉研高科等骨干企业,建设千吨级高性能碳纤维、2000 吨碳纤维原丝、5000 吨聚丙烯腈基碳纤维原丝及 500 吨碳纤维及制品等项目。	投资 30 亿元,实现产值 200 亿元。
新材料产业	有机高分子材料： 吉林高琦聚酰亚胺纤维、吉大赢创高性能聚芳醚类特种工程塑料、吉林正基导电聚苯胺等项目。	投资 50 亿元,实现产值 500 亿元。
新材料产业	无机非金属材料： 重点建设大力纳米公司 10 万吨纳米碳酸钙、华夏石头纸业 30 万吨石塑材料等项目,推进白山硅藻土产业园、光伏材料产业园建设。	投资 70 亿元,实现产值 200 亿元。
新能源汽车产业	一汽大众新宝来 A、A0、B 级系列纯电动轿车项目,一汽轿股奔腾 B50、B70 插电式混合动力、红旗混合动力等自主品牌新能源汽车大规模产业化项目,中航集团、北方凯达、辽源汇丰、一汽启明、吉林华微等企业,动力电池、整车管理系统、动力电机及控制器、汽车动力控制系统、车用开关等项目。加快推进城市新能源汽车配套设施项目。	投资 130 亿元,新能源汽车产能达到 20 万辆以上,全国市场占有率达到 10% 以上,占全省整车比重 5% 以上,实现产值 500 亿元。

第四章　推动提速升级,实现服务业跨越式发展

按照市场化、产业化、社会化、国际化的发展方向,构建特色鲜明、结构优化、功能完善、广纳就业的现代服务业体系,创新体制机制,营造发展环境,实施服务业跨越发展计划,推动服务业向集群、特色、现代方向转变。到 2015 年,全省服务业增加值占地区生产总值比重提高到 40%,现代服务业增加值占服务业增加值比重达到 40% 以上。

第一节　优先发展生产性服务业

紧紧围绕新型工业基地建设,突出为重点产业服务的主要领域和关键环节,构建市场化、社会化的服务业产业链,推动服务产品和服务模式创新,促进服务业与先进制造业和现代农业的融合。

现代物流业。依托我省产业优势、资源禀赋和消费市场需求,沿主要交通干线和节点城镇,布局建设现代物流业重大项目,进一步提升物流业发展质量和水平,构建国内外联通、产业行业互动、第三方物流为骨干的现代物流服务体系。积极发展汽车整车及零部件、石化、农副产品、生物医药、粮食、轻工纺织等大宗商品的产业物流,建设 18 个现代物流园区和 78 个物流中心,新建四平公主岭大岭汽车物流园区,开辟吉林—长春—四平汽车物流专用通道,打造国际性整车及零部件汽车物流配送枢纽。完善和加快 8 个陆(空)港建设,依托珲春、图们等沿边区域和边境口岸,发展跨境物流。加快培育 A 级物流企业,推广现代物流技术和标准,打造现代物流品牌。整合物流信息资源,

提升物流信息化水平,建设全省物流公共信息平台,促进传统物流向现代物流转变。到2015年,全省物流增加值达到1120亿元,年均增长15%以上。

金融服务业。实施金融业创新拓展计划,加快金融创新与开放步伐,按照构建多层次资本市场体系的要求,建立种类齐全、定位明确、竞争充分、服务高效的金融体系架构。进一步完善政策性银行、国有商业银行、股份制银行、法人银行机构多层次银行业组织体系。促进国有商业银行完善运营机制和股份制商业银行体制机制创新。做大做强地方金融机构,推进吉林银行跨区域发展和上市经营。继续深化农村信用社改革,支持东北证券加快发展,推动吉林信托资产重组,支持吉林信用担保投资公司集团化发展。大力培育和发展资本市场,加强对上市企业的政策支持,实施"吉林省企业上市培育工程",到2015年全省企业境内外上市总数量达到70家,比"十一五"末期增加27家。建立完善的保险业新格局,重点完善安华农业保险公司和都邦财产保险公司治理。鼓励金融产品和服务创新,加快发展股权投资基金、网络金融、金融服务外包等新型金融业态,积极开发信托新型产品。全力推进"诚信吉林"建设,改善金融生态环境。到2015年金融产业增加值力争超过600亿元。

信息服务业。强化信息技术对产业的服务支撑,提高社会信息化整体水平。鼓励制造业生产、工艺、管理、营销等关键环节向产业链上、下游拓展,推进制造业设计、生产和管理各环节信息技术应用,发展为汽车、石化、农产品加工、商贸流通、农业生产服务的信息系统集成、网络技术服务、软件研发生产等业务。以农业发展和农民需求为导向,发展面向农业科学种养、农产品流通、灾害防治、医疗卫生、文化教育的信息服务业,推进信息服务进村入户,开发面向农村市场的质优价廉的信息技术和信息服务产品。加快推动以互联网和无线射频识别技术为基础的物联网发展,通过互联网对物品进行跟踪管理,实现商贸流通各环节的全程控制和管理。积极发展企业电子商务,加快信用担保、物流信息、电子认证、产品测评检测等专业服务平台建设。大力发展以软件外包、业务流程外包、信息技术基础设施外包、呼叫中心为主要内容的服务外包业务,建设长春、吉林和延边3个软件和服务外包产业基地。

第二节　积极发展生活性服务业

充分发挥生活性服务业在扩大消费、吸纳就业和构建和谐社会中的重要作用,面向城乡居民生活,丰富服务产品类型,扩大服务产品供给,培育发展新型业态,全面提升生活性服务业质量和水平。

商贸流通业。运用现代服务理念、现代经营方式和信息技术改造提升传统商贸流通、餐饮娱乐业,优化城乡商业网点结构和布局,发展城市核心商业区、城郊商业和小城镇商业中心,建设大型批发市场和现代商贸业集聚区。鼓励大中型商贸流通企业发展连锁销售等新型业态,支持社区便利店和中小型超市发展,为城乡居民提供便利生活服务。

家庭服务业。以改善民生、方便群众、提高质量为宗旨,积极发展关系民生的家政服务、养老托幼、社区医疗、休闲娱乐、养生健身、生活咨询等服务业。突出发展社区服务业,加快建立社区公共事务服务中心,积极推进社区救助服务,加强对失业人员、贫困残疾人家庭和城乡低保对象的动态管理。大力发展家政服务业,加强家政服务培训基地建设,全面提高家政服务人员的劳动素质,形成覆盖全省的家政服务培训网络,搭建家政系统管理平台,发展"吉林大姐"、"吉林保安"等知名家政品牌。培育老龄服务产业,加大对公益性养老机构的投入,引导非营利组织参与经营管理。发挥我省中医药资源和产业优势,大力发展集健康保健、养生康复与健康旅游为一体的健康产业。

房地产业。坚持政府调控和市场调节相结合,立足保障基本需求,推动合理消费,充分发挥房地产业在改善民生、带动其他行业发展能力强的重要作用,推动我省房地产业健康有序发展。加快保障性安居工程建设,实现保障性住房全覆盖,全部解决人均建筑面积10平方米以下家庭的住房困难。重点发展满足居民自住需求的中低价位、90平方米以下的中小套型普通商品住房,适度发展高档住宅和小区,满足多层次住房需求。积极发展房地产二级市场,加快住房信息系统建设,提高物业管理和服务水平。落实完善房地产调控政策,加强市场监管,健全与我省经济社会发展相适应、政府保障和市场供应相结合的住房供应体系。到2015年,房地产业增加值占服务业增加值比重达到7.5%,对经济增长的贡献率不断提高。

第三节　突出发展吉林特色服务业

发挥长白山品牌和鲜明的东北地理气候、民族民俗、科教文化等旅游、文化资源优势,突出发展有吉林特色的服务业。

旅游业。实施旅游业壮大计划,加强区域旅游合作,深度发掘整合旅游资源,推动旅游与文化、生态等相关产业融合,建设大型旅游项目和旅游基础设施,打造旅游目的地城市和精品线路,提升整体服务功能,把旅游业培育成新的支柱产业。突出生态、冰雪、特色文化、世界文化遗产、边境等主题,着力推进旅游资源开发工程,建设长白山国际旅游度假区、吉林北大湖滑雪场、延边中国朝鲜族风俗风情园、莲花山国际生态旅游度假开发区和国际中央休闲区等100个重大旅游基础设施项目,打造长春、吉林、延吉等旅游目的地城市,着力推进旅游营销创新工程,完善集生态观光、休闲度假、跨国旅游、红色旅游为一体的10条精品旅游线路,建设9个旅游业省级集聚区。加强吉林特色旅游形象设计和宣传,提升吉林旅游品牌影响力。着力推进旅游服务提升工程,建立区域性旅游信息网络平台,完善游客集散、救援、投诉等服务体系建设。强化旅游专业人才教育培训,提高旅游服务和管理水平。积极探索旅游资源所有权和经营权分离,推动经营权市场化。加大政策支持力度,建立统筹协调的工作机制,形成完善的政策法规体系。到2015年,旅游总收入达到2200亿元,实现翻两番。

文化产业。实施文化产业提速计划,发挥吉林文化知名品牌效应,深化文化体制改革,深度挖掘特色文化资源,培育一批文化骨干企业,做大做强重点产业,形成具有吉林特色和市场竞争力强的大产业。强化资源整合和市场化运作,大力发展广播影视、新闻出版、演艺娱乐、动漫游戏、数字传输、网络服务、文化博览、休闲娱乐、艺术培训、艺术品经营等10大重点产业,扶持一批国内影响较大的大型文化企业集团,建设一批重大文化产业项目、文化产业园区和文化旅游目的地,打造东北亚国际文化交流平台。创新文化业态,采用高新技术改造传统文化创作和传播方式,培育壮大现代传媒、动漫游戏、数字出版、咨询策划、广告、创意等业态。推动产业集聚,建设"长吉图"文化产业带,打造4个文化产业省级集聚区。积极鼓励具有东北、吉林特点的民族、民俗文化产业化经营,推动其走向市场。深化体制改革,全面推进经营性文化单位转企改制,推动吉视传媒、吉林出版集团、长影集团等重点文化企业上市。增强保障能力,构建文化产业投融资、技术支撑、人才培养引进、展示交易等公共服务平台。到2015年,文化产业增加值占地区生产总值比重达到6%以上。

第四节　大力推进服务业体制机制创新

全面深化服务领域改革。进一步放宽准入领域,凡是法律法规没有明令禁入的,向社会资本全面开放;积极促进国有服务企业引入社会资本,实现投资主体多元化;推动营利性事业单位和机关事业单位后勤服务社会化、市场化;全力推进长春净月低碳生态服务业集聚区国家综合改革试点,启动省级服务业综合改革试点。

营造有利于服务业发展的市场和政策环境。充分发挥政府资金作用,引导社会资本积极投向现代服务业;实行有利于服务业发展的土地管理政策,扩大服务业用地供给;对鼓励类服务业实行与工业用电、用水、用气、用热同价;拓宽服务企业融资渠道,健全融资担保体系;实施更加灵活开放的人才政策,引进和培养一批现代服务业高端人才;积极探索服务业税收改革;加快推进服务业标准化建设。

专栏7　服务业重点项目		
名称	重点项目	2015年主要目标
生产性服务业	现代物流业: 物流园区。重点实施吉林现代汽车物流园区、吉林市北部石化物流园区、白山老营物流园区、通化长白山医药物流园区、辽源市综合物流园区等项目。	投资308亿元,建设18个大型物流园区,充分发挥辐射和聚集作用。
	物流中心。重点实施长春一汽丰越配送中心、长春一汽通用配送中心、省国华物流集团汽车零备件及整车现代物流中心、省东风化工非金属汽车零部件物流中心、长春东北亚粮食物流中心、东北亚农资物流中心、长春海吉星农产品物流中心、吉林市九站储运物流中心、吉林云天化物流集团公司物流中心、长白山山货集散地、松原港商贸物流中心、洮南洪兴杂粮杂豆有限公司物流中心、省盛铭实业公司珲春中俄木材物流中心、珲春国际货运站物流中心等项目。	投资275亿元,建设78个物流中心,大力发展汽车整车及零部件物流、石化物流、农副产品物流、生物医药物流、轻工纺织物流及国际贸易物流等。
	陆(空)港。重点实施长春内陆港、长春空港国际物流园区、吉林内陆港物流园区、通化陆港、松原内陆港、通化三源浦空港、四平市东北亚物流港及白城内陆港等项目。	投资70亿元,建设8个内陆(空)港,提高内地城市通关能力和通关效率。
	金融业: 重点实施一汽集团金融平台、长春市南部新城金融商务总部集中区等项目。	投资50亿元,实现收入120亿元,建立种类齐全、定位明确、服务高效的金融体系架构。
生活性服务业	商贸流通业: 重点实施长春新光复路综合市场、吉林蛟河天岗石材城、吉林市东北亚农产品批发市场、长春南部新城中央商务区、通化市江南新区商务服务区等项目。	投资380亿元,实现收入500亿元,建设大型批发市场和现代商贸业集聚区。
	家庭服务业: 重点实施长春爱晚中心、长春双阳湖休闲康乐中心、九台市波泥河镇福寿宫自然村、白山八道江区太安养老院等项目。	投资25亿元,实现收入50亿元,打造有广泛影响力的家庭服务业知名品牌。
	新兴业态: 重点实施东北亚总部基地、钜城国际商业综合体、中东集团现代商业综合体、吉林省客户联络产业基地、尚德森铭新媒体产业园、省国华物流集团第四方物流高端服务平台、通化茂祥医药电子商务等项目。	投资150亿元,实现收入300亿元,创立和打造龙头企业,带动形成新的产业领域,培育新的增长点。
吉林特色服务业	旅游业: 重点实施长白山国际旅游度假区、吉林北大湖滑雪场、延边中国朝鲜族风情园、莲花山国际生态旅游度假开发区、莲花山国际中央休闲社区、萨满世界文化旅游生态园区、叶赫满族风情旅游度假区等100个项目。	投资720亿元,全省旅游业总体规模、质量和效益、国际竞争力得到明显提高,成为我省新的支柱产业。
	文化产业: 重点实施吉林省交互式现代媒体服务平台、吉林东北亚动漫游戏产业基地、四平红亿豪动漫产业园、东北亚文化创意产业园、长影世纪城二期、长春新华印刷产业园、吉林省演艺中心、东北亚影视广播产业园、吉林动漫游戏产业园、四平文化教育产业出版园等项目。	投资200亿元,文化产业规模不断扩大,产业整体实力和竞争力不断增强。

第五章　统筹推进吉林特色城镇化，
促进城乡区域协调发展

强化规划引领，增强产业支撑能力，有步骤、分层次、有重点、高质量地推进全省城镇化，促进工业化、城镇化和农业现代化融合发展，走出一条科学发展、统筹城乡、惠及百姓、具有吉林特色的城镇化道路，带动城乡区域协调发展。

第一节　加快推进城镇化进程

构建城镇化发展战略格局。按照"强化中部、构筑支点、区域联动"的发展思路，促进大中小城市和小城镇协调推动，长吉一体化率先带动，东中西部区域联动，城镇乡村共进互动。依托"两区四轴两带"的省域城镇体系框架，加快形成以长吉为核心、中部城市群为依托、哈大和珲乌大十字交通主轴为支撑的城镇化发展新格局。做大做强长吉两市，加快推进长吉一体化进程，推动中部城市群发展，切实提升对全省经济社会发展的带动力；加强市（州）政府所在地区域中心和重要节点城市建设，提高区域辐射带动能力；促进一批基础条件好、发展潜力大的县城加快发展，尽快打造一批有一定规模效应和集聚效应的大中城市；培育一批区位较好、特色鲜明、有一定产业基础和辐射带动功能的中心镇。到2015年，长吉两个特大城市人口分别达到350万和200万，人口超过50万的大城市达到2个，超过20万的城市达到14个，超过10万的小城市达到20个，超过5万的重点特色小城镇达到10个以上。

全面提升城镇综合承载能力。按照以人为本、节地节能、生态环保、绿色宜居的原则，加快城镇基础设施和公共服务设施建设，强化城镇服务功能。完善城市综合交通体系。优先发展公共交通，提升城市道路规划和建设水平，优化城市换乘中心功能，合理调整公交线网密度和站点布局，提高出行效率。有序推进城市轨道交通网络建设，长春地铁1号线建成运营，2号线开工建设，启动吉林市轻轨工程。建设长春等3个城市综合客运枢纽站，完善和加强物流园区和货运站场建设。加快市政公用设施建设。提高城市供水能力，重点实施中部引水工程建设，强化城市集中式饮用水水源地治理保护，保障城市供水安全，供水普及率达到95%。加快城市污水和垃圾处理、供热、供气设施建设，集中供热率达到78%，燃气普及率达到95%。实施城镇亮化美化工程，加强市政、绿地、公园、环卫等公共设施建设，提高居民居住舒适度。统筹协调各类工程管线规划和建设，加快形成城市地下公共管道体系，加大地下空间开发利用力度。提高城市管理水平。创新城市管理模式，理顺城市管理机制，实施精细化管理，推进城市管理数字化及智能化。加强城市管理立法和监督，扩大公众对城市管理的知情权、参与权。建立健全城市公共安全管理和应急能力体系。加快提升人文素质和城市文化形象，丰富城市文化内涵。

加快城镇化体制机制创新。以全面推进城乡一体化为核心，积极推进户籍、土地流转、社会保障体系等相关配套改革，着力消除制约城镇化发展的体制机制障碍。以实现全省人口的自由居住和迁移为目标，以稳步推进符合条件的农民工市民化为突破口，大城市进一步降低落户门槛，中小城市全面放开落户条件，促进有稳定劳动关系并在城镇居住一定年限的农民工特别是新生代农民工转化为城镇居民。改革集体建设用地使用制度和完善征地补偿制度，全面实施征地统一年产值标准和区片综合地价,使农民更多地分享农业用地转为非农用地过程中形成的土地增值收益,有效保障农民权益和促进城镇化发展。探索建立和完善进城农民的农村资产处置机制,建立村庄整备基金,实施农村土地整理,加强城乡土地统筹,积极稳妥推进城乡建设用地增减挂钩工作;建立健全土地流转和交易市场,健全农村土地流转服务体系,积极稳妥地推进农村土地承包经营权有序流转;探索建立农村土地权益置换城镇公共服务有效机制,鼓励农民退出农村、融入城镇。探索推进城乡一体化的社会保障体系建设,逐步统一城乡人力资源市场,实行就业公平政策,推进城乡社会保障体系衔接,实现城乡社保资源配置的均等化。

第二节 进一步壮大县域经济

继续深化扩权强县改革,赋予县(市)更大的自主权和决策权,引导发展要素向县域集中,不断激发县域经济发展活力,推动全省县域经济实现新的跨越。加大县域金融创新力度,引导和推动银行机构在县域设立服务网点,加快县域融资平台建设,支持县域内企业上市直接融资和间接融资。完善提升工业集中区和各类开发区功能,强化配套设施建设,吸引和承接产业转移,打造支撑县域经济发展的载体和产业集聚区。支持县(市)依托资源禀赋和发展基础,大力发展特色经济,重点围绕农产品加工、矿产开发、生物资源开发、旅游资源开发等特色产业,加大招商引资和市场融资力度,推动精深加工,培育优势产业集群,提升县域经济整体实力。

第三节 扎实推进社会主义新农村建设

完善全省社会主义新农村建设规划,加快改善农村生产生活条件,促进城乡经济社会发展一体化。积极发展现代农业,促进农业生产经营向现代、高效农业转变。加大农村水、电、路、气、房等基础设施建设力度。加快农村各项社会事业发展,完善社会保障制度。加强农村基层党组织建设,充分发挥党组织的战斗堡垒作用和党员的先锋模范作用,加强农村集体资产、资源和资金管理。全面开展"千村示范,万村提升"工程,新建1000个示范村,成为基础设施完善、社会服务健全、文化生活丰富、管理民主规范的农村新型社区;加快万村提升,全面完成农村环境综合整治任务,村屯绿化覆盖率达到25%以上,人居环境明显改善,生活质量进一步提高。加快新林区建设步伐。

第四节 促进区域经济社会协调发展

推动东中西部分工协作、良性互动发展。依托东部地区生态环境、资源和区位优势,创新体制机制,积极推进延龙图一体化及通化(白山)—丹东经济带建设,重点发展医药、冶金建材、特色资源、核电等产业,合理开发东部生态经济区。依托中部地区产业基础、科教人才等优势,加速产业、要素和人口集聚,重点发展汽车、农产品加工、石油化工、装备制造、生物医药、生物化工、电子信息、新型建材等产业,做大做强中部地区产业基地,把以长吉为核心,四平、辽源、松原为支点的中部城市群打造成为东北地区新的增长极。依托西部地区能源产业和特色资源优势,重点发展农产品加工、能源和煤化工等产业,加快发展西部特色经济区。

促进边境地区、少数民族地区加快发展。深入实施"强基富民固边"工程,进一步加快边境和少数民族地区基础设施建设,强化生态修复和环境保护,支持发展边境贸易和边境合作区建设。贯彻落实扶持少数民族地区发展政策,提高公共服务水平,推动边境和少数民族地区实现经济社会跨越发展和长治久安。继续做好援藏、援疆工作。

有序实施主体功能区规划。积极争取中央财政均衡性财政转移支付,增强我省国家级重点生态功能区的基本公共服务和生态环境保护能力。按照全省各区域主体功能定位,制定配套政策,实行按主体功能定位安排与按领域安排相结合的政府投资政策,对各类主体功能区执行不同的鼓励、限制和禁止的产业准入标准,实行差别化的土地管理政策和不同的污染物排放总量控制及环境标准。按照不同区域的主体功能定位,实行各有侧重的绩效考核,完善评价考核办法。

第六章　坚持创新驱动,提高区域创新能力

把增强自主创新能力作为调整经济结构和转变经济发展方式的中心环节,提高科技进步水平,推动发展要素向更加注重科技进步、人才支撑转变。推进创新型吉林建设,使我省成为东北重要的创新型区域、东北亚地区重要的创新中心和成果转化基地。

第一节　加快科技创新能力建设

着力提升产业技术研发和引进消化吸收能力,整合基础资源,推动科技成果转化和创新要素集聚,建设创新平台。加强大型试验检测仪器、实验动物、科技文献信息、专业基础资源数据库等公共条件建设,形成一批基础研究平台,推动资源共享。建立和完善具有吉林特色的产业技术标准体系,全省产品标准覆盖率达到98%以上。围绕我省重点产业、优势学科领域,依托大学、科研单位及重点企业,加快建设公共创新平台,构建和完善科技创新中心、工程(技术)研究中心、重点实验室、工程实验室和产业技术公共研发平台。强化政策引导和扶持,营造企业创新良好环境,深入开展创新型企业建设工作。依托大学科技园、孵化器、科技中介、金融、风险投资等机构,建设若干创新服务平台,进一步提升创新服务能力。继续推进与清华大学、中科院等省校、省院合作,构建一批重点产业技术创新联盟;积极开展以俄罗斯、欧美、日韩为重点的对外科技交流与合作,加强中俄、中德科技园建设,推进中古生物技术合作,鼓励国内外知名研发机构联合建立研发中心。推动创新资源集聚和对外辐射扩散,在长春、吉林和延吉建设集技术创新、技术服务、科技推广、企业孵化功能为一体的科技创新综合平台,完善区域创新体系。

第二节　推进产业重大技术突破

加强产业核心技术和前沿技术研究,集中力量突破一批事关我省产业发展的关键共性技术,构建产业创新体系。重点围绕整车设计及发动机、车身、底盘技术,原油勘探及精炼技术,盐化、煤化技术,玉米精深加工、肉乳深加工、食品安全技术,采取联合攻关、消化吸收、整体引进等方式,实现技术创新和突破。围绕汽车、石化、农产品加工等产业融合,研发关联技术和关联产品。针对战略性新兴产业发展需求,围绕新能源汽车、生物、信息、新材料、先进制造等领域,重点突破动力电池、驱动电机、电控系统、蛋白高效筛选与表达、现代中药质量控制、新型微生物培养和发酵、生物炼制、高性能计算、新型平板显示器件、大功率全固态可调谐激光器、新型电力电子器件、时速500公里高速轨道客车、柔性制造、异戊橡胶、小丝束高模量碳纤维、高分子结构材料、超高分子量聚乙烯纤维、稀土镁合金、非金属纳米材料等核心关键技术。以淘汰落后产能、提高装备水平、提升产品层级为重点,应用信息技术、先进实用技术,加快冶金、建材、轻纺、机械装备等传统产业改造升级。积极推

广应用高耗能工业节能减排技术、建筑节能技术、水资源保护技术、环保产品开发技术、矿产资源高值化综合开发利用技术、尾矿资源综合开发利用技术等。保障粮食增产和粮食安全,重点开展主要粮食作物高产高效技术、重大生物灾害防控技术、转基因育种新材料的创制、水资源高效利用技术、黑土保育等关键技术研发;推进高效优质畜禽新品(系)培育和畜禽良种快繁技术研究,以及人参、梅花鹿、林蛙等特色动植物资源综合利用技术开发。围绕我省基础优势学科,加强技术预见和前瞻性基础研究和应用基础研究。

第三节　促进科技成果转化

深化落实促进科技成果转化的鼓励政策,进一步完善体制机制,加速科技成果产业化进程。深入实施国家、省重大科技成果转化促进计划、重大高技术产业化示范工程专项计划,继续实施科技成果转化和百项高技术产业化示范项目。建立健全科研机构、高校的创新成果发布制度和技术转移机制,促进技术转移和扩散。充分发挥企业主体作用,积极促进产学研相结合,打造一批拥有核心技术、具有较强竞争力的高新技术企业。大力发展技术评估咨询、技术外包代理、科技成果推广、技术产权交易等中介机构,提升技术趋势预测、交易风险预警、知识产权法律咨询等中介服务能力,完善技术交易市场体系。进一步发挥长春、吉林、延吉国家级高新区重要平台作用,加强省级高新技术开发区建设。

第四节　强化企业创新主体作用

积极引导和支持创新要素向企业集聚,创新政策向企业倾斜,创新人才向企业流动,全面提高企业创新能力。加强国家、省两级企业技术中心建设,依托大企业集团,重点建设和完善20个国家级企业技术中心、300个省级企业技术中心,鼓励行业龙头企业联合省内外科研机构、高等院校建立研究院。支持企业与国外科研机构联合开展技术研发,鼓励外资企业合作建设研发中心。依托产业优势,建设16个国家级产品质量监督检验中心和40个省级产品质量监督检验中心。着力打造面向中小企业的公共技术服务平台,实施百户重点企业创新能力提升计划,推动百种新产品规模化生产。实施科技型创新企业培育工程,培育认定高新技术企业1000户,创新型企业500户,鼓励民营科技型中小企业发展。

第五节　加强人才队伍建设

深入实施《吉林省中长期人才发展规划纲要(2009~2020)》。坚持服务发展、人才优先、以用为本、创新机制、高端引领、整体开发的指导方针,统筹推进各类专门人才队伍建设,突出培养造就创新型科技人才、优秀青年科技人才、经营管理人才、社会工作人才,加大高技能人才、熟练技术工人和农村实用人才培养力度。实施百名高层次人才创新创业引进计划、百名现代服务业高端人才开发计划、千名创新人才科技成果转化支持计划、千名首席技师打造计划、万名兴农带富之星培养计划、万名社会工作人员培养计划、科技创新攀登计划、金融人才开发计划、青年科研基金计划;推动实施拔尖创新人才工程、万名中青年科技创新带头人培养引进工程、新型企业家队伍建设工程、高技能人才培训工程、工业产业跃升人才支撑工程、现代服务业人才推进工程、现代农业人才保障等工程。创新人才工作体制机制,健全人才评价机制,改进人才管理方式,完善党管人才工作格局,营造尊重人才的社会环境、平等公开和竞争择优的制度环境、激励创新的政策环境以及留得住人才的生活环境。依托长吉图开发开放先导区,打造国际化人才交流合作平台,加快形成创新人才集聚地。

第七章 加快基础设施建设,强化支撑保障功能

按照合理布局、优化结构、提升质量、保障安全、适度超前的原则,全面加快交通、能源、水利和信息等基础设施建设。

第一节 建设高水平综合交通网络

按照畅通通道、完善网络、提高标准的原则,加快高速公路、铁路、机场、口岸的建设步伐,构建布局合理、结构完善、衔接顺畅、安全可靠的现代综合立体交通网络。

构建高效、安全、便捷的公路运输网。新增高速公路里程2700公里,高速公路总里程达到4500公里以上,基本形成"五纵五横三环四联"高速公路骨架网,力争实现县(市)通高速。继续提升干线公路通行能力,现有国省二级以上公路占总里程的比重分别达到90%和70%以上,县乡间重要路段达到二级以上公路标准。继续加快农村公路建设,具备条件的所有行政村通水泥(沥青)路。加强对外通道建设,推进连接口岸的高等级公路和国境口岸桥建设。沿边境一线公路基本达到三级以上标准。

建设城际快速铁路网。新建铁路2305公里,改扩建铁路1875公里,铁路营业里程达到6330公里,时速200公里以上快速铁路达到1850公里,复线率、电气化率显著提高,分别达到51%和48%。建成中东部城市群快速铁路通道,形成以哈大、珲乌"大十字"轴为主干、布局合理、联结顺畅、高水平高等级的"五纵三横"铁路网络,实现"市市通高铁、县县通铁路",大幅度提高铁路运输能力。

提升机场保障和服务能力。完善"一主四辅"机场格局,推进支线机场和通用机场建设,建成通化、白城机场,新建松原机场,启动龙嘉机场二期扩建、延吉机场迁建工程。拓展航线网络,开拓重点热点旅游城市和毗邻国家、地区航线,开通到达银川、兰州等西部地区省会城市航线,实现国内省会城市全覆盖,旅客吞吐能力达到1700万人次/年。积极发展通用航空,加大低空空域开发力度,拓展农化作业、森林防火、直升机飞行等应用。

专栏8 交通重点项目

高速公路
投资1800亿元,重点建设鹤大高速小沟岭至抚松和靖宇至通化、集双高速集安至通化和通化至东丰至双辽等项目。全面建成国家高速公路网在我省境内段高速公路,与周边省份对接的高速公路全部贯通。

铁路
投资约1900亿元,重点建设长春至白城、四平至松江河、松江河至白河至延吉、白河至敦化等连接市州和长白山的快速铁路和能源运输通道、出省通道及完善路网结构等25个铁路项目。建成哈尔滨至大连、吉林至珲春铁路客运专线。

机场
投资72.7亿元,新建通化机场、白城机场、松原机场,实施长春龙嘉机场二期工程,改扩建和迁建延吉机场。

口岸
投资4.6亿元,扩建珲春铁路口岸,新建南坪铁路口岸、开山屯铁路口岸、双目峰口岸、分水岭口岸。维修加固图们、南坪、三合、古城里口岸桥,新建圈河、图们、开山屯、沙陀子、三合、临江、长白、集安口岸桥。

提高口岸通关能力。加强陆路口岸建设,建立方便快捷的通关机制,畅通连接我省与俄、朝、蒙三国的主要交通运输通道,全面提升口岸通关过货能力。进一步发挥航空口岸功能,建设空港物流园区。完善长春陆港和吉林陆港功能,实现与大连、营口、丹东港区有效对接,推进中心城市内陆港建设。

第二节 增强能源保障能力

按照保障供给、节能优先、调整结构、多元发展的思路,构建安全、稳定、经济、清洁的现代能源保障体系。

增强一次能源保障能力。加大省内煤炭、油气资源勘探开发力度,稳定提供后续开发资源,继续推进千万吨油气基地、千万吨煤炭基地、百万吨页岩油基地建设,到2015年,省内煤炭产量达到4500万吨/年,油气当量超过1000万吨。全面实施"气化吉林"工程,到2015年,县级以上城市天然气管道覆盖率达到100%,天然气气化率提高到60%。加大域外合作力度,推进我省与俄、蒙煤炭和油气资源开发合作,争取设立国家级石油天然气储备基地。

调整电源结构。优化发展火电,重点发展城市热电联产机组项目,在中小型城市积极推广背压机组热电联产供热项目建设。有序开发水电,开工丰满大坝重建、敦化抽水蓄能电站等工程项目。加快发展核电,开工建设赤松核电项目。大力发展风电,建设国家千万千瓦级风电基地。加快千万吨生物质能综合利用基地建设。积极发展太阳能、地热能等其他新能源,促进分布式能源系统的推广应用。

专栏 9　能源重点项目

煤炭

投资80亿元,建设敦化插鱼河、珲春城西煤矿、珲春骆驼河子等煤矿项目。投资12.2亿元,实施舒兰煤田、敦化煤田等地质勘探项目。

油气

投资1000亿元,建设千万吨油气田、百万吨页岩油基地等项目。推进"气化吉林"工程,新建4条地级市城际天然气输气主干线(959公里),全省地级市主干线联网并与中石油天然气东北主干线联通;新建4条支干线(306公里),县级以上城市天然气管道覆盖率达到100%。建设门站5座、分输站12座、CNG/LNG合建站4座、调峰储气库1座。

电源

火电:投资300亿元,续建长春一热2×30万千瓦、白城热电厂2×20万千瓦、白山煤矸石综合利用电厂2×30万千瓦、双辽电厂1×60万千瓦项目,新建珲春电厂三期1×60万千瓦、松原热电厂2×30万千瓦、吉林热电厂2×30万千瓦、长春东南热电厂2×30万千瓦项目。

水电:投资149亿元,开工建设丰满大坝重建工程、敦化抽水蓄能电站、集安市界河电站建设等项目。

风电:投资1000亿元以上,建设通榆瞻榆、洮南向龙、长岭龙旺、大安海坨等百万千瓦级风电基地。

核电:投资200亿元,建设赤松核电4台125万千瓦AP1000核电机组。

生物质能:投资200亿元,建设生物质能发电、固化、气化、液体燃料等综合利用项目。

太阳能光伏发电:投资40亿元,在西部地区适度建设太阳能光伏发电项目,重点推广与城市建设结合的太阳能光伏发电项目。

电网

投资350亿元,续建长春南、吉林东等500千伏输变电工程,新建延吉、德惠、吉林南、长岭等500千伏输变电工程及西部风电基地500千伏送出工程,进一步升级改造农村电网。

加快现代电网体系建设。适应负荷发展、新能源发电并网以及电力跨区域输送,建成坚强500千伏主干网架,各地区形成220千伏双环受端电网。依托信息、控制和储能等先进技术,推进智能电网建设,实现电网的安全稳定、经济高效和环境友好。加大城市配电网和农村电网的建设与改造

力度,增强电网供电能力和可靠性。积极争取国家建设风电跨区域输送通道。

第三节 全面加强水利基础设施建设

按照人水和谐、可持续发展的思路,合理开发利用水资源,全面提高水利对经济社会发展的保障能力。

全面提高防洪抗旱减灾水平。进一步完善大江大河防洪抗旱减灾体系,推进重要支流和中小河流治理,提高重点中小河流和山洪灾害防治区防洪能力。加快推进中小型病险水库除险加固,加强重点地区和重要防洪城市达标建设,提高重点低洼地区和粮食主产地区排涝标准。到2015年,洪涝灾害损失率控制在10%以内。

加快提高城乡供水能力。加快推进重点地区、重要城市水源工程和水资源调配工程建设,提高供水安全保障程度。完成哈达山水利枢纽、引嫩入白、大安灌区等重大工程建设,启动实施中部城市引松供水工程和重要城市、重点地区应急备用水源工程建设。全面解决农村饮水安全问题。到2015年,新增供水能力40亿立方米,全省总供水能力达到150亿立方米,基本满足全省用水需求。

切实改善农田水利设施。加强小型农田水利基本建设,完善机电井、提水泵站、拦河坝(闸)、沟渠等配套工程。加快松原灌区等重点农田水利工程建设,推进大型灌区续建配套和大型灌排泵站更新改造,全省农田水利基础设施条件得到明显改善。到2015年,新增有效灌溉面积1300万亩以上,农田灌溉水利用系数达到0.55以上。

科学发展农村小水电。合理开发利用山区水能资源,有序引导新农村电气化县和小水电代燃料工程建设,提高农村小水电抗灾能力和安全运行水平,改善农村生产生活条件,保护生态环境。到2015年,新增农村水电装机25.83万千瓦。

专栏10 水利重点项目

防洪抗旱
投资161亿元,建设40类项目。完善41座有防洪任务城市的防洪工程,继续开展第二松花江、嫩江干流、松花江干流、鸭绿江、图们江等大江大河防洪工程建设,加强城市排涝工程建设,基本完成月亮泡蓄滞洪区建设,基本完成16条大江大河重要支流、137条中小河流重点段治理,完成228座病险水库和19座大中型病险水闸除险加固,完成50条山洪沟治理和33个县(市、区)山洪灾害防治非工程措施建设。

城乡供水
投资125亿元,建设46类项目。续建哈达山、引嫩入白等重大水利工程,启动中部城市引松供水工程,建设白山西北岔、敦化香水、图们石头河等一批水利枢纽工程。

农田水利
投资164亿元,建设10类项目。新建松原灌区等3个大型灌区,基本完成14个大型灌区和100个中型灌区续建配套和节水改造,开展24处大中型泵站改造和54片重点涝区治理,发展草原节水灌溉面积300万亩以上,新增渔业养殖水面100万亩。集中建设1000万亩高效节水灌溉工程。

地方水电
投资11亿元,建设3类项目。开展新农村电气化县建设、小水电代燃料生态保护工程和增效减排工程建设,新建与增容改造农村水电站66座。

第四节 提高信息化基础设施水平

坚持资源共享、融合创新、深化普及、保障安全的原则,加强信息基础设施建设,提高信息服务支撑能力。

加快建设宽带、泛在、融合、安全的信息网络基础设施。实施数字吉林工程,推进下一代互联网、第三代移动通信网、光纤宽带网、数字广播电视网等建设和升级,推进"三网融合"。实现第三代移动通信网覆盖市区、县城、乡镇和70%的行政村。加快网络改造,提高光纤接入能力和水平,城市实现光纤到楼到户,农村实现光纤到村,城市用户平均带宽达到20兆,农村用户平均带宽达到4兆。推进城市广播电视网双向改造,完成农村广播电视网数字化改造。推动物联网在城市应急管理和汽车、石化、医药、农产品等重点领域的应用示范,建设互联网应用服务平台、物联网信息处理平台和公共服务平台。强化重要信息系统和基础信息资源开发利用,建设高性能计算中心和人口、档案、地理、金融等基础信息资源数据中心。完善信息化服务平台建设,建设电子政务网络平台、大企业信息化中心及面向中小企业的服务平台。提高基础网络和重要信息系统安全保障能力,建设密钥管理中心、电子证书中心、数据灾备中心。充分发挥地理信息资源作用,建设吉林省地理信息公共服务平台。

专栏11　信息基础设施重点项目

数字吉林工程
　　完善现有固定电话网、移动通信网、数据通信网和通信传输网,建立第三代移动通信系统网络和光纤宽带网络、基础通信网络信息化应用支撑平台、数字电视播出与服务共享平台,建设呼叫中心、数据灾备、数字认证等信息资源基础平台,加快推进吉林电视台高清电视工程项目建设。
物联网应用和信息化服务工程
　　开展射频识别、高端传感器、核心芯片以及核心技术设备制造等方面的技术攻关和成果转化,建设长春、吉林等城市应急管理物联网示范工程,建设一批公共安全、城市交通、生态环境、现代物流、社区综合服务等领域的物联网应用示范工程。建设行业信息技术服务平台和信息化公共服务平台。建设村级信息服务站,实施农村广播电视数字化改造和宽带互联网覆盖。

第八章　建设生态吉林,实现可持续发展

树立绿色、低碳发展理念,健全激励机制和约束机制,加大环境保护力度,强化节能减排,加快发展绿色经济和循环经济,推广低碳技术,积极推行资源节约、环境友好的生产方式和消费模式,保护吉林特色生态资源,打造国内一流的生态环境,构筑我国东北生态安全重要屏障。

第一节　切实加强环境保护和生态建设

深入推进重点流域水污染防治。重点治理辽河流域干流污染,加强松花江流域的伊通河、饮马河、辉发河等主要支流综合治理及图们江、鸭绿江国际界河的环境管理和污染防治,加大饮用水源的保护力度,确保全省人民饮水安全。到2015年,全省地表水国省控断面劣Ⅴ类水质的比例小于20%,主要江河市(州)出界考核断面水质达标率不低于80%,城镇集中式饮用水水源地水质达标率达到100%。

大力改善全省空气环境质量。强化颗粒物和机动车尾气的污染防治,市(州)政府所在地城市空气质量好于二级标准的天数达到292天。

统筹城乡环境治理。加大工业污染治理力度,着力解决工业结构性污染问题,严格环境准入,

推行清洁生产,到 2015 年,全省工业企业污染物排放稳定达标率达到 90%。加强城市环境综合整治,加快城镇环境基础设施建设,开展国家环保模范城的创建活动,在"十二五"初期县县建成污水处理厂基础上,加快建设重点建制镇污水处理厂,加强现有污水处理厂的升级改造和配套管网建设,城镇污水集中处理率平均达到 70%;提高生活垃圾无害化处理水平,县以上城市全部建成垃圾处理厂,城市生活垃圾无害化处理率达到 80%。积极开展农村环境综合整治,加大对农村环境连片治理投入,在全省 400 个左右规模较大的村庄进行综合治理。

加强环境风险防范。开展重点环境风险源和环境敏感点的调查和综合评估,加大对重金属、持久性有机物、危险废物、危险化学品污染防治力度,推动历史遗留的重点环境隐患治理。加强辐射环境安全监管,危险废物处置率达到 100%。

加大环境监管。加强环境监测、预警和应急能力建设,实施环境监察监测标准化建设,建设国省控断面和空气点位自动监测站,全面提升环境监管能力水平。加大环境执法力度,实行严格的环境准入,依法开展环境影响评价。健全重点环境事件和污染事故责任追究制度,建立环境社会约束和监督机制。

全面推进生态建设。加强东部地区森林资源和矿产资源保护、天然植被的保护和恢复。推进东中部地区水资源保护和合理开发。实施中部地区水土流失和小流域治理及黑土地保护。强化西部地区生态修复、草原湿地保护、荒漠化和盐碱化治理。建立上下游地区、自然生态保护地区和建设开发地区之间的生态补偿机制,有效保护和科学开发生态资源。

积极推动长白山林区生态保护和经济转型。加强森林生态资源保护和林业资源培育,建设林区生态功能区。加快产业转型升级,大力发展长白山特色资源产业和旅游业。健全林区社会保障体系,加强林区教育、卫生、文化等公共基础设施建设。稳步推进森林资源管理体制、国有林场和集体林权改革,加大支持力度,建立生态补偿机制。到 2015 年,完成国家天然林采伐调减任务,旅游、人参等接续替代产业不断壮大,基本建立适应林区发展的体制机制,为全面完成长白山林区生态保护和经济转型任务奠定坚实基础。

第二节　大力推进节能减排

加大节能工作力度。严格执行法律法规和相关技术标准,坚决淘汰落后产能。加快节能技术进步,积极推进节能新技术、新材料、新设备在工业、建筑、交通等领域的应用。实施燃煤锅炉改造、余热余压利用、节约和替代石油等重点节能工程。强化节能体系建设,建立健全节能标准、统计、监测、考核、政策等五大体系,强化节能目标责任评价考核。加强重点用能单位的监管,严格执行能耗限额和产品能效标识,对超限额的产品实行惩罚性电价。积极推行合同能源管理模式,全面开展固定资产投资项目节能评估和审查。加大舆论宣传和引导,深入开展节能减排全民行动,建设百家节约型公共机构示范单位。到 2015 年,单位地区生产总值能耗比 2010 年下降 16%。

加强水资源节约。大力推进重点工业领域节水技术改造,在火力发电、石油石化、钢铁、纺织等高耗水行业,重点实施节水工艺改造及循环利用水工程,全面提升工业用水效率。加强城市节约用水,强制推广应用节水产品和器具,加快城市供水管网改造、居民社区节水示范、城市污水处理和中水回用、劣质水利用等工程建设,加快节水技术、设施研发与推广应用,建立用水计量与节水监督服务体系。

强化污染减排。淘汰煤耗高的火电机组、供热小型燃煤锅炉,削减污染物排放。严格控制高耗能、高排放行业过快增长,控制新增排放量。继续推进重点排污企业深度治理,降低污染物排放强度。全面推进燃煤机组脱硫工程,着力推进30万千瓦以上燃煤机组脱硝工程、规模化畜禽养殖污染治理工程,加大机动车尾气治理力度。强化污染减排目标责任考核,严格污染物排放标准。健全完善脱硫优惠电价、脱硫机组优先发电调度、污水管网建设以奖代补、政府绿色采购等环境经济政策,探索建立污染治理设施稳定运行的长效机制,积极开展松花江流域主要污染物排污权交易试点。

第三节 积极发展循环经济

按照减量化、再利用、资源化,减量化优先的原则,以提高资源产出率为目标,在生产、流通、消费各环节,在企业、园区、社会各层面,推动循环经济发展,加快构建覆盖全社会的资源循环利用体系。

推行循环型生产方式。加快推行清洁生产,对原有工艺设备进行清洁生产审核,严格执行新上项目节能评估审查、环境评价制度,从源头上减少废弃物的产生和排放。大力开展矿产资源节约与综合利用示范区建设,加强对吉林、白山、延边、通化等地区老矿区低品位、共伴生矿产及尾矿、废石综合利用,提高资源综合利用率和综合回收率。大力推进钢铁、化工、火电等行业粉煤灰、脱硫石膏等大宗工业固体废弃物和建筑、道路废物以及农林废弃物资源化利用。到2015年,工业固体废弃物综合利用效率达到70%,秸秆综合利用率达到90%,畜牧业规模养殖场(小区)粪污无害化处理和资源化利用率达到80%以上。

完善再生资源回收体系。加快建设回收站点、集散市场、分类拆解"三位一体"的回收网络,建立健全垃圾分类回收制度,推进餐厨废弃物等垃圾资源化利用和无害化处理,促进再生资源规模化利用。积极开展一汽集团国家级零部件再制造、吉林市再生资源利用试点,加快推进白山、辽源等城市餐厨垃圾资源化利用试点和长春、吉林、珲春"城市矿产"试点。

推广绿色消费模式。倡导文明、节约、绿色、低碳消费理念。鼓励消费者购买使用节能节水产品、节能环保型汽车和节能省地型住宅,减少使用一次性用品,抵制过度包装,抑制不合理消费。推行政府绿色采购,逐步提高节能节水产品和再生利用产品比重。加强宣传教育,推动形成与我省省情相适应的绿色生活方式和消费模式,构建节约型社会。

强化政策和技术支撑。加强规划指导和财税金融等政策支持,完善法律法规,实行生产者责任延伸制度。建立循环经济技术研发平台,推进源头减量、循环利用、再制造、零排放和产业链接技术的研发与应用。推广循环经济典型模式,组织实施200个循环经济示范项目。

第四节 加快资源型城市转型

着力推动资源型城市经济转型,科学开发保护资源,强化生态环境治理。加大引进域外境外各类生产要素的力度,主动承接国际和国内沿海地区产业转移,加快发展具有独特优势和竞争力的接续替代产业,大力发展吸纳就业能力强的第三产业和劳动密集型产业。积极争取国家支持,扎实开展资源型城市可持续发展试点工作,探索建立资源开发补偿机制和衰退产业援助机制,支持资源枯竭型城市环境综合治理,实施资源枯竭型城市矿山地质环境治理重点工程项目,增强资源型城市可持续发展能力。

第九章　大力发展社会事业,促进社会和谐稳定

坚持民生优先,改善公共服务,完善社会管理,促进社会公平正义,提高政府提供基本公共服务能力,提高公民参与社会管理程度,促进社会和谐稳定。

第一节　优先发展教育事业

坚持优先发展、育人为本、改革创新、促进公平、提高质量的方针,深入贯彻落实《吉林省中长期教育改革和发展规划纲要》,推动教育事业在新的历史起点上全面发展。

全面实施素质教育,促进各级各类教育健康发展。加快普及城乡学前教育。切实解决"入园难"问题,积极发展农村学前教育,力争到2015年50%的乡镇中心幼儿园实现标准化。推进义务教育均衡发展。加快薄弱学校改造,实施农村初中校舍改造、农村学校教师周转房、农村义务教育学校图书装备等项目;实行县(区)域内教师和校长交流制度;在财政转移支付、学校建设、教师配备等方面向农村、民族和贫困地区倾斜,切实缩小校际、城乡和区域差距;巩固义务教育质量,推广"控辍"经验。加快普及高中阶段教育,推动普通高中多样化发展。大力发展职业教育。培育大型职业教育集团和教育基地,支持长春汽车高等专科学校发展壮大,建成国内一流、国际知名的汽车工业职业人才教育培训基地;积极探索中等职业教育集团化、园区化办学模式,到2015年,力争建成30所优质特色示范学校,初步建立工学结合、校企合作、顶岗实习的技能型人才培养体系;保持合理职普比例,扎实推进县级职教中心建设。提高高等教育质量。以服务地方经济和培养适用型人才为目标,调整优化高等学校学科专业,优先发展与我省支柱产业、优势产业及战略性新兴产业密切相关的学科和专业,提高人才培养与社会需求的契合度。建立高等学校分类指导服务体系,推进高等学校在不同层次、不同领域办出特色,增强服务社会的能力。积极发展继续教育。以加强人力资源建设为核心,大力发展非学历继续教育,稳步发展学历继续教育,广泛开展城乡社区教育,鼓励个人多种形式接受继续教育,努力建设学习型社会,提高全民素质。继续加大对民族教育发展的支持力度。进一步完善特殊教育体系,强化特殊教育保障机制,关心支持特殊教育发展。健全国家资助制度,切实解决困难家庭和农民工子女上学问题。以构建终身教育体系为目标,建立教育资源开放共享机制,鼓励和引导各级各类学校和办学机构,面向全社会开展多种形式的学习和培训活动。加强科普设施建设,发展科普事业。

逐步深化教育体制改革。创新人才培养模式,改革教育质量和人才评价制度。不断推进考试招生制度改革。推进政校分开、管办分离,建立现代学校制度。坚持教育公益性原则,鼓励和引导社会力量兴办教育,提高公共教育管理服务水平。

第二节　大力发展文化事业

坚持文化事业和文化产业两手抓,坚持政府扶持和体制改革两加强,促进公益性文化事业和经营性文化产业共同繁荣发展,加快构建覆盖全社会的公共文化服务体系,着力提升吉林文化"软实力"。

加强公共文化设施建设。加快省图书馆新馆建设,力争到2012年建成并投入使用。积极推进

省演艺中心、文学艺术中心、二人转博物馆等重大项目建设;全力推动地市级"三馆"(图书馆、文化馆、博物馆)建设,力争到2015年完成建设任务;完善县级图书馆、文化馆及乡镇综合文化站、农村文化大院、社区文化中心等服务功能,提高服务能力和服务质量;进一步抓好农村书屋、社区书屋、企业书屋和城乡公共阅报栏建设。继续实施送戏下乡、广播电视村村通、农村电影放映等文化惠民工程,推动博物馆、科技馆等公益性文化单位向社会免费开放。加强文化遗产保护,注重民族、地域特色文化资源保护和适度开发,推进少数民族地区文化基础设施建设。加强地方志编修和基础建设工作,新(扩)建吉林省方志馆。

提高文化生产和服务能力。适应群众文化需求新变化,弘扬主旋律,提高文化产品质量,创作生产更多思想深刻、艺术精湛、群众喜闻乐见的文化精品,着力把"吉林歌舞"、"二人转"、吉林影视、吉林期刊、吉版图书、朝鲜族农乐舞等吉林文化现象和亮点打造成具有吉林特色、反映时代风貌、社会知名度高的文化品牌。

提升城乡居民的文明素质。建设社会主义核心价值体系,加强理想信念教育,倡导爱国守法和敬业诚信,构建传承中华传统美德、符合社会主义精神文明要求、适应社会主义市场经济原则的道德和行为规范。深入推进社会公德、职业道德、家庭美德、个人品德建设,不断拓展群众性精神文明创建活动,弘扬科学精神,加强人文关怀,强化职业操守,净化社会文化环境,综合运用教育、法律、行政、舆论等手段,促进形成讲正气、知荣辱、扶正祛邪、惩恶扬善的社会风气。

第三节　推动医疗卫生事业健康发展

坚持公共医疗卫生的公益性质,坚持预防为主、以农村为重点、中西医并重的方针,协调推进公立医院、保障制度、药品保障供应体系建设,进一步提高医疗卫生保障水平和服务能力,初步建立覆盖城乡居民的基本医疗卫生制度,满足群众基本医疗卫生需求。

积极稳妥推进医药卫生体制改革。继续完善新农合制度,到2015年我省农民人均达到每人300元标准,逐步提高住院报销补偿比,基本实现门诊统筹全覆盖。实施重大公共卫生服务项目,加快促进公共卫生服务均等化。全面实施国家基本药物制度,基层医疗卫生机构全部实施基本药物零差率销售。初步建立起稳定长效的补偿机制和规范高效的基本药物采购机制,建设省级药品交易监管信息化平台和县级药品结算中心。深化公立医院改革,探索多种形式,积极稳妥推进公立医院改革试点并逐步扩大改革范围。鼓励和引导社会资本进入医疗市场。

全面加强公共卫生服务体系建设。继续加强疾病预防控制体系、卫生监督体系、突发公共卫生应急体系、妇幼保健体系和健康教育体系建设。加强省、市、县重大疾病防控能力和基础设施建设,提高装备水平,重点提高各级疾控中心实验室设备配置水平。建设省应急指挥中心、省传染病治疗中心、省结核病治疗中心、省康复医疗中心和省健康教育中心。加强全省精神卫生防治机构和县级卫生监督机构建设。加强采供血服务能力建设,支持血站核酸检测实验室建设和设备配备。做好重点传染病、地方病、职业病、慢性病防治和精神卫生、口腔卫生工作。持续开展健康城市和国家卫生城创建活动,大力加强农村无害化厕所建设项目和生活饮用水水质监测工作。提高农村孕产妇住院分娩率和系统管理率。

进一步健全医疗服务体系。加强农村县、乡、村三级医疗卫生服务网络建设,重点强化村卫生室网底功能。完善以社区卫生服务为基础的新型城市社区卫生服务体系。加强区域医疗中心和临床重点专科建设。建设农村医疗急救体系,乡镇卫生院配备医疗救护车和急救设备。加强医疗服务监管,提高医疗质量,保障医疗安全。依托我省中医药资源优势,大力发展中医药事业,加强国家中医临床研究基地建设,推进县级重点中医院建设。

推进卫生信息化建设和人才培训工作。构建省、市、县三级卫生信息平台,建设公共卫生、医疗服务、医疗保障药品供应、卫生综合管理等五大领域重点业务系统,以及电子病历和健康档案两大基础数据资源库与信息网络。加强卫生人才队伍建设,建立全科、专科医生培训基地,开展住院医师规范化培训工作。

第四节　积极发展体育事业

以提高全民身体素质和生活质量为目标,实现群众体育、竞技体育和体育产业协调发展。加快完善公共体育设施特别是城乡基层体育设施,继续实施"农民体育健身工程"和"社区体育健身工程",积极推进城乡综合性全民健身中心、专项健身场馆(地)、乡镇和社区球场及健身步道等体育基本公共设施建设。建成市(地)、区(县)、街道(乡镇)、社区(行政村)四级公共体育健身网络,广泛深入开展全民健身运动。深化竞技体育体制改革和制度创新,提升竞技体育整体实力和水平。积极引导体育健身娱乐业、体育培训业及滑冰、滑雪、足球、篮球等职业体育竞赛表演业健康发展。做好第12届全国冬季运动会的筹备和承办工作。

第五节　切实做好人口工作

坚持计划生育基本国策,逐步完善生育政策,统筹解决人口数量、素质、结构和分布等问题,稳定适度低生育水平,促进人口长期均衡发展。强化人口信息资源开发利用,建立完善人口和计划生育服务体系,积极推进吉林省人口生命科学技术研究院等人口和计划生育公共服务管理领域基础设施项目建设。加大出生缺陷预防干预力度,提高出生人口素质。综合治理出生人口性别比偏高问题。加强流动人口服务管理。完善利益导向政策体系,推进人口计生工作转型。到2015年,人口总量控制在2787万人以内,出生人口性别比控制在110以内。

积极应对人口老龄化。以体制机制创新为动力,建立以家庭为基础、社区为依托、机构为支撑的养老服务体系。积极推进吉林省老年服务示范中心等养老服务领域基础设施项目建设。鼓励支持社会力量参与养老服务业发展。加快拓展养老服务领域,不断发展和完善老龄服务事业。

发展妇女儿童事业。贯彻落实国家新一轮妇女、儿童发展纲要,切实保障妇女合法权益,加强未成年人保护。促进妇女就业创业,提高妇女参与经济和社会发展能力。严厉打击暴力侵害妇女、拐卖妇女儿童、弃婴等违法犯罪行为。切实解决留守儿童教育、孤残流浪儿童救助等问题。加强婴儿早期启蒙教育和独生子女社会行为教育。提高妇幼卫生服务水平,降低孕产妇和儿童死亡率。

支持残疾人事业发展。健全残疾人社会保障体系和服务体系,为残疾人生活和发展提供稳定的制度性保障。实施重点康复、托养工程和"阳光家园"计划,推进残疾人"人人享有康复服务"。大力开展残疾人就业服务和职业培训,加大对农村残疾人生产扶助力度,丰富残疾人文化体育生活,推进无障碍建设。

第六节　积极推进社会管理创新

进一步完善与社会主义市场经济体制相适应的社会管理体系,构建党委领导、政府负责、社会协同、公众参与的社会管理新格局。发挥党委的领导核心作用,总揽全局,统筹各方。强化政府的社会管理和公共服务职能,完善地方性法规、政府规章和社会政策。加强城乡自治组织和社区建设,推进社区居民依法民主管理社区公共事务和公益事业,健全基层管理和服务体系,建设社区综合管理和服务平台,加强社区工作人员队伍建设,动员和支持公民依法参与社会管理,推动城乡社区组织和基础设施全覆盖,实现政府行政管理与基层群众自治有效衔接和良性互动。坚持培育发展和管理监督并重,推动社会组织健康有序发展,发挥其提供服务、反映诉求、规范行为的作用。

推进社会管理创新,加快构建源头治理、动态管理和应急处置相结合的社会管理机制。加强和改进群众工作,健全维护群众权益机制。完善信访制度,拓宽社情民意表达渠道,正确处理人民内部矛盾,健全完善社会稳定风险评估机制、社情民意调查机制和社会矛盾多元解决机制;深入推进司法体制和工作机制改革,健全完善人民调解、行政调解、司法调解三位一体的大调解工作体系,努力从源头上解决影响社会和谐稳定的问题。加强公共安全体系建设,建立健全维护社会稳定工作机制。加强食品药品安全保障体系建设,推进省医疗器械检测检验中心、全功能生物制品、疫苗签发检测等项目建设,完善和健全食品药品检验检测体系、不良反应监测及安全评价体系、电子信息网络监管系统,促进食品药品公共安全保障逐步均等化,落实安全监管责任,确保人民群众饮食用药安全。加强消防和交通安全管理。强化安全生产,加强安全监管监察能力建设,完善安全技术标准体系,严格安全许可,实行重大隐患治理逐级挂牌督办和整改效果评价制度,规范发展安全专业技术服务机构,加强安全宣传教育与培训。建立健全统一指挥、结构合理、反应灵敏、保障有力、运转高效的突发事件应急体系,健全应急管理组织体系和技术保障体系,强化应急队伍建设,建立健全应急物资储备体系,加强地震和气象灾害的预测预防,提高政府防范和应对突发事件能力。加强防灾减灾体系建设,提高城乡综合防灾减灾能力。完善社会治安防控体系,加强城乡社区警务、群防群治等基层基础建设,广泛开展平安创建活动,加大社会治安综合治理力度,推进监狱布局调整和信息化建设,建设刑释解教人员安置帮教基地,做好流动人口服务管理,加强特殊人群帮教管理工作,加强网络管理能力建设和机制创新,依法打击各种违法犯罪活动,增强公共安全和社会治安保障能力。

第七节　加强社会主义民主法制建设

保障人民知情权、参与权、表达权、监督权。充分发挥人民代表大会作为国家权力机关的职能作用,支持人民政协围绕团结和民主两大主题履行职能。深入推进依法治省进程,加强地方立法,维护法制权威,推进依法行政,建设法治政府,公正执法,加强普法教育和公民意识教育,形成人人学法懂法守法的良好社会氛围和法治环境。发挥工会、共青团、妇联等人民团体作用。切实做好民族、宗教和侨务工作。完善国防动员体系,深化全民国防教育,加强后备力量建设,搞好双拥共建,密切军政军民关系。

加强反腐倡廉建设。建立健全惩治和预防腐败体系,严格执行党风廉政建设责任制,加大教育、监督、改革、制度创新力度。严格权力运行制约和监督,严肃查处违纪违法案件,加强政行风建设,坚决制止损害群众利益的不正之风。

第十章　实施富民工程,使发展成果惠及全省人民

全面贯彻落实省委省政府《关于实施富民工程的若干意见》,进一步拓宽城乡居民增收渠道,

调整优化收入分配格局,完善社会保障体系,扩大公共服务供给,加强社会救助,使发展成果更好地惠及全省人民,让城乡居民生活得更加殷实富裕。

第一节　着力推动全民创业

把创业作为富民的重要途径,鼓励全社会成员自主创业,提高创造财富人群比重。进一步降低创业门槛,实行初创企业 2 年筹备期制度,凡符合国家法定前置审批条件的,筹备期间允许正常生产经营,享受新设企业相关政策。加大财税金融支持力度,对初创小型企业,由注册地政府按注册资本金的 30% ~50% 给予补助;逐步提高对自主创业者的贷款支持额度。加强创业服务,建设创业公共服务平台,大力支持创业孵化基地建设。

第二节　积极扩大社会就业

实行积极就业政策,大力发展就业容量大的服务业和劳动密集型产业,培育就业增长点。加大政府组织和服务力度,增加就业岗位,改善就业结构,扩大就业规模,促进充分就业,每年新增就业50 万人以上。落实国家、省支持和鼓励高校毕业生创业就业的各项政策,促进大中专毕业生就业。推动人力资源市场城乡一体化建设,积极发展多种灵活就业形式,促进城镇就业困难人员和农村转移劳动力就业,完善非正规就业管理。扩大公益岗位规模,到 2015 年公益岗位规模达到 15 万个。积极开展多层次、多形式的职业技能培训,从 2010 年起连续 3 年每年投入 5000 万元,用于创业就业实训基地建设,到 2015 年全省免费培训累计达到 400 万人。

第三节　稳步提高城乡居民收入

逐步提高居民收入在国民收入中的比重,提高劳动者报酬在初次分配中的比重,更好地发挥二次分配的调节功能,重视发挥三次分配作用,促进分配公平。努力使全省城乡居民收入增长幅度高于全国平均水平,农民人均纯收入水平保持全国前列,社会工资增长与经济增长相协调。

努力提高城镇居民收入。把提高工资水平作为调节分配关系的着力点和增加居民收入的主渠道,合理调整劳动者、企业、政府的分配关系,确保社会工资增幅高于全国平均水平。建立和完善企业工资集体协商制度,建立企业职工工资正常增长和支付保障机制,根据经济社会发展水平合理制定职工工资增长计划,企业年工资增长幅度超过 20% 的,免征超过部分应缴社会保险费单位缴费。进一步提高企业退休人员基本养老金。坚持最低工资标准与职工平均工资挂钩,每两年至少调整一次,到 2015 年达到职工平均工资的 40% 以上。逐步提高机关事业单位人员收入水平。加快发展住宅、汽车等二级市场和城镇房屋租赁市场,鼓励居民投资企业债券、兴办实体企业,增加居民财产性和经营性收入。

切实增加农民收入。挖掘农业增收潜力,增加农民在粮食、畜牧、园艺特产等农业生产中的收入。完善农村劳动力转移就业服务体系,促进农民就业向农村二、三产业和城镇有序转移。到2015 年,农民稳定转移就业一年以上的达到 150 万人,农民年人均工资性收入力争突破 2000 元。完善农业产业化经营中龙头企业与农户利益联结机制,促进农民更多地分享农产品增值收益。积极发展度假农业、乡村旅游、客货运输等农业经营,农民家庭经营二、三产业收入达到农民人均纯收入的 10% 。完善城乡平等要素交换关系,搞好农民承包土地、宅基地、林地、荒山荒地等使用权的确权。不断完善农村社会保障体系,进一步落实粮食直补、农资综合补贴、良种补贴、增产增效技术推广补贴等各项强农惠农政策。

第四节　全面推进社会保障体系建设

坚持广覆盖、保基本、多层次、可持续方针,进一步加大财政投入力度,深化社会保障制度改革,加快推进覆盖城乡居民的社会保障体系建设,逐步提高社会保险统筹层次,稳步提高社会保障水平。积极推行新型农村社会养老保险试点,2013年全面推开,2015年实现全覆盖。完善被征地农民社会保障政策,将城市规划区被征地农民纳入城镇养老保险范围。健全和完善城镇基本养老、基本医疗、失业、工伤、生育保险等社会保障体系,三年内实现全覆盖。健全城乡居民最低生活保障制度,稳步提高保障标准和救助水平。逐步减轻人民群众在教育、医疗等方面的负担。

第五节　努力改善城乡居民居住条件

加大政策支持力度,继续实施保障性安居工程建设,加快推进城市棚户区、煤矿棚户区、工矿棚户区、林业棚户区的改造步伐,稳步推进城市廉租住房和公共租赁住房建设,实施农村危房改造试点工程,基本满足城乡低收入者和中等偏低收入者住房需求。"十二五"全省累计新增城镇保障性住房63.27万套。加快推进"暖房子"工程建设,增量扩面,延伸到县市。撤并改造小锅炉4000座,改造完善城市陈旧供热管网4000公里。既有居住建筑节能和供热计量改造6000万平方米,全面提高供热保障能力和保暖能力。积极推行供热计量收费改革。以困难群众供热保障为重点,建立覆盖全体居民的供热保障机制。

第六节　切实加强对困难群体的扶助

建立城乡低保标准与经济发展同步增长机制,扩大新农保覆盖面,完善城乡低保边缘人群临时救助和医疗救助制度。加大对城乡孤儿、农村"五保户"、城镇"三无人员"的救助力度,救助率达到100%。加快发展社会福利和慈善事业,到2015年,实现全省县级社会福利服务中心和城市社区居家养老服务站全覆盖,全面开展市(州)级社会福利机构基础设施改造。

深入推进开发式扶贫,加大对贫困落后地区的转移支付力度,全面实施专项扶贫、行业扶贫和社会扶贫,着力解决集中连片特殊困难地区的贫困问题,实现农村最低生活保障制度和扶贫开发政策有效衔接。"十二五"期间,年均解决20万农村贫困人口脱贫。

第七节　建立健全公共服务体系

逐步完善覆盖城乡的基本公共服务体系,推进城乡基本公共服务均等化。按照基本公共服务公益化、非基本公共服务市场化方向,加快面向民生领域的社会事业发展,采取政府采购、特殊经营、政策优惠等方式,鼓励、支持和引导社会力量参与公共服务,形成政府主导、市场引导和社会参与的公共服务供给机制,实现提供主体和提供方式多元化,满足群众多样化需求。

第十一章　深化改革,增强发展内生动力

坚持社会主义市场经济改革方向,加强改革总体指导和统筹协调,充分发挥各方面改革积极

性,着力消除不利于发挥市场基础性作用、不利于转变经济发展方式、不利于社会和谐稳定的体制机制障碍,为推动科学发展奠定体制机制基础。

第一节 进一步调整和完善所有制结构

坚持公有制为主体、多种所有制经济共同发展的基本经济制度,营造各种所有制经济依法平等使用生产要素、公平参与市场竞争、同等受到法律保护的体制环境。继续深化国有企业公司制股份制改革,实现产权多元化,进一步完善公司法人治理结构,建立健全现代企业制度。打破地区、行业、所有制的限制,引进战略投资者,扎实推进重点出资企业重组,培育具有国际竞争力的大型企业集团,增强国有经济竞争力。完善国有资产监督管理体制和组织体系,探索建立公益性和竞争性国有资产分类管理办法,健全国有资本经营预算和收益分享制度。继续推进厂办大集体改革试点,扩大试点范围,积极争取提高中央财政经济补偿金补助比例,落实将土地出让收益用于支付改制成本的政策,多渠道筹措资金,抓好厂办大集体职工养老保险关系接续试点,力争扩大试点范围。

大力实施民营经济腾飞计划,全面落实促进民营经济发展的政策措施,支持和引导民营经济加快发展、转型升级、提升水平。突破制约民营经济发展的体制机制障碍,进一步放宽市场准入,支持民间资本进入基础产业、基础设施、市政公用事业、金融服务、文化产业等领域,不断提高民间投资在全社会投资中的比重。鼓励和引导民营企业通过参股、控股、资产收购等多种形式,参与国有企业改革重组。建立健全面向中小企业的各级各类服务体系,加快中小企业公共服务平台建设,设立中小企业贷款风险基金,加强对民间投资的金融服务。继续实施"千名企业家"、"万名创业者、万名小老板"培训工程,壮大一批主业突出、核心竞争力强的民营企业集团和龙头企业。到2015年,私营企业户数增长30%,个体经营户数增长150%,民营经济增加值占地区生产总值比重达到60%以上。

第二节 继续推进行政管理体制改革

转变政府职能,继续推进政企分开、政资分开、政事分开以及政府与中介组织分开,减少政府对微观经济运行的干预,从制度上更好地保障市场在资源配置中的基础性作用。完善行政许可制度、重大行政决策备案制度、行政许可决定公示制度、行政许可听证制度等相关制度,全面履行经济调节、市场监管、社会管理、公共服务职能,探索建立政府决策、执行、监督相协调的运行机制。继续下放经济管理权限,减少行政审批事项,推行网上审批制度。全面建设责任政府,加强依法行政,逐步实现行政问责的规范化、制度化和法制化。完善绩效考核制度,建立促进科学发展的政绩考评体系。进一步完善公共服务体系,提升服务能力,探索社会服务新机制。深化投资体制改革,建立政府投资决策、管理和风险控制机制。深化公共资源交易制度改革,完善公共资源领域统一规范的交易市场。积极探索省直管县行政管理体制,减少行政管理层级,创新行政管理体制。全面推进事业单位分类改革。

第三节 加快财税体制改革

深化预算制度改革,完善公共财政预算,细化政府性基金预算编制,完善国有资本经营预算制度,扩大社会保险预算编制范围,开展预算支出绩效考评试点。进一步完善财政转移支付制度,探索建立公共财政向公共事业和民生工程倾斜的保障体系和机制。建立完善县(市)级基本财力保障机制,完善乡镇财政管理体制和乡财县管方式,健全村级组织运转经费保障机制。扩大国库集中收付制度改革覆盖面,2012年将所有财政性资金全部纳入国库单一账户体系运行管理。继续推进非税收入收缴管理制度改革试点。探索建立地方金融、行政事业单位、自然资源资产监管体制。完善政府采购制度,继续扩大采购范围和规模。优化增值税和营业税制度,稳步推进房产税、个人所得税改革。加快省、市(州)、县(市、区)事权财权配套改革。

第四节　完善资源性产品价格形成机制

坚持市场化取向,加快推进能够充分反映市场供求关系、稀缺程度、环境成本的资源要素价格形成机制改革。建立健全矿产资源有偿使用制度和生态环境补偿机制。深化电价改革,积极推进居民生活用电阶梯电价,对超能耗的企业和产品实行惩罚性电价。完善城市供热按热表计量收费政策。对农业用水逐步推行支渠口以下计量收费,其他水利工程供水逐步实施"两部制"水价,城市居民用水实行阶梯式水价制度。改革天然气价格形成机制。进一步开展治理规范涉及民生的收费工作。建立健全环保收费制度。推行污水按实际处理量进行补偿的价格机制。完善资源产权交易机制。

第五节　统筹推进农村改革

进一步完善以乡镇机构、县乡财政管理体制和农村义务教育管理体制为主的农村综合配套改革,巩固改革成果。积极推进"一事一议"、财政奖补和化解公益事业性建设债务试点,防止发生新的乡村债务。积极推进林业改革,深化集体林权制度改革,推进放活经营权、落实处置权、保障收益权等配套改革。启动国有林场改革,开展国有林区管理体制和国有森林资源统一管理改革试点。

第十二章　实施开放带动战略,提升对外开放水平

在更高层次上推动"引进来"和"走出去"。突出引资引智并重,充分利用"两个市场"、"两种资源",有效整合国内外生产要素,提高开放带动能力,形成全方位、宽领域、多层次的开放格局。加快长吉图开发开放先导区建设,全力打造我省扩大开放、改革创新的重要平台。

第一节　加大经济合作力度

提高经济合作能力和水平。继续发挥政府组织推动和企业主体作用,创新招商引资方式,围绕优势特色产业的扩能升级、深度开发和链条延伸,加强产业合作,注重引进附加值高、资源节约、节能环保和基地型、龙头型项目。研究国内外大企业经营战略的调整和投资变化,积极引进战略投资者,吸引世界500强企业及跨国公司设立分支机构。继续巩固扩大对港澳台地区、日韩和东南亚国家招商,加大对欧美国家的招商力度,稳定利用国际金融组织和外国政府贷款规模,重点支持节能环保、生态建设、基础设施及社会发展等领域,优化贷款结构,提高使用效益。加强省际间经济合作,积极承接沿海发达地区资金、技术、产业、人才转移。

创造互利共赢环境。加快社会信用体系、政策促进体系、服务保障体系和风险控制体系建设,依法保护投资者合法权益。精心策划和组织好境内外重大招商引资活动。充分发挥东北亚博览

会、汽博会、农博会、长春电影节等各类展会和节庆活动的交流平台作用。积极营造尊商、亲商、安商、富商的良好软环境。

提升开发区载体功能。科学规划各类开发区的功能定位,推进开发区、工业集中区结构调整和产业升级,进一步加快特色产业园区建设,积极鼓励生态环保、循环经济、特色产业、国际(省际)合作等产业园区的发展。加快中俄、中韩、中日、新加坡、香港等国际园区的建设,推进广东、上海、浙江、福建等省际园区进一步发展。

第二节 努力提高外经贸规模和质量

优化结构,扩大总量,促进产业优势尽快转化为出口竞争优势。大力发展服务贸易和加工贸易,加快发展边境贸易,积极开拓国际市场。推动汽车及零部件、轨道客车、农副产品深加工、医药及高新产品、木制品及家具、轻工纺织等产业扩大出口规模,形成一批出口优势产业群,加快建设国家级汽车及零部件出口基地、吉林特色农产品出口基地、科技兴贸出口创新基地和20个省级出口基地,支持市、县建设特色出口基地。促进涉外旅游、文化产业等服务贸易加快发展。推动对俄、朝、蒙等国家资源合作开发,支持有实力的企业建立国际经营网络,打造品牌,扩大市场份额。鼓励先进技术装备、关键零部件和资源性产品进口。

完善境外投资重大项目协调机制和"走出去"服务体系。积极引导我省有实力的企业"走出去",加大与周边国家和澳大利亚、加拿大等国家在资源和能源领域的合作开发力度。支持皓月等农畜产品加工企业提高国际市场竞争能力。推动吉恩镍业、通钢、金海木业等企业在海外建立资源性产品开发、生产、加工及进出口贸易基地。

第三节 加快长吉图先导区建设

贯彻落实长吉图先导区规划实施方案,完善和实施相关配套规划,加快推进基础设施建设和产业发展,增强节点城市功能,提升国际合作水平,切实推动长吉图先导区建设取得实质性进展。强化长吉腹地支撑,提升延龙图前沿功能,推动建设珲春特殊经济功能区,加快敦化等重要节点城市建设,促进边境地区与腹地联动发展;突出抓好区域内交通、能源及跨境通道等基础设施建设,巩固拓展国际陆海联运航线,努力在借港出海、内贸外运等方面实现突破;充分利用先行先试政策,建设和运行好长春兴隆综合保税区和珲春保税物流园区,加大行政管理体制、涉外管理体制和金融体制的改革创新力度;加强与东北亚各国合作,充分发挥东北亚博览会作为我国与东北亚国家经贸合作和文化交流的重要平台作用,不断完善我省与东北亚各国地方政府首脑会晤机制,积极推动建立跨境经济合作示范区。到2015年,形成比较完善的涉外管理体制,畅通我国通往日本海的国际运输通道,对俄对朝跨境经济合作区建设取得积极进展,打造形成一批特色鲜明、优势明显、具有较强集聚能力的国际产业合作园区,延龙图基本实现同城化,长吉基本实现区域经济一体化,长吉图区域的竞争力和影响力显著增强。

第十三章 凝聚力量,实现发展宏伟蓝图

本规划经过吉林省人民代表大会审议批准后,需要全省上下统一思想、形成合力,积极推进规

划的贯彻实施。

第一节　完善规划实施和评估机制

推进规划顺利实施,主要依靠发挥市场配置资源的基础性作用,各级政府要正确履行职责,合理配置公共资源,调控引导社会资源,保障规划目标和任务完成。

规划提出的预期性指标和产业发展、结构调整等任务,主要依靠市场主体的自主行为实现。规划确定的约束性指标和公共服务领域的任务,是政府对人民群众的承诺。约束性指标要分解落实到各市(州)和有关部门。

完善监测评估制度,接受省人大及常委会的监督检查。规划主管部门要对约束性指标和主要预期性指标完成情况进行评估,并向省政府提交规划实施年度进展情况报告,以适当方式向社会公布。在规划实施的中期阶段,由省政府组织开展全面评估,并将中期评估报告提交省人民代表大会常务委员会审议。需要对本规划进行修订时,要报省人民代表大会常务委员会批准。

第二节　加强规划协调管理

建立以国民经济和社会发展总体规划为主导,以专项规划、区域规划、城市规划和土地利用规划为支撑,定位清晰、功能互补、统一协调的规划体系,完善科学化、民主化、规范化的编制程序,健全责任明确、分类实施、有效监督的实施机制。

专项规划特别是重点专项规划,要围绕经济社会发展关键领域和薄弱环节,着力解决突出问题,细化落实规划明确的重点任务。完善区域规划,落实促进区域协调发展的具体任务。地区规划要切实贯彻省委省政府战略意图,突出地区特色。要做好地区规划与本规划明确的发展战略、主要目标和重点任务的协调,特别是要加强约束性指标的衔接。地区规划与本规划总体要求不一致的,应在地区年度计划中做出相应调整。

加强年度计划与本规划的衔接,对主要指标应当设置年度目标,充分体现本规划提出的发展目标和重点任务。年度计划报告要分析本规划的实施进展情况,特别是约束性指标的完成情况。

全省广大党员和干部群众要紧密团结在以胡锦涛同志为总书记的党中央周围,高举中国特色社会主义伟大旗帜,解放思想,开拓创新,为实现国民经济和社会发展第十二个五年规划的宏伟目标而努力奋斗!

长春市国民经济和社会发展
第十二个五年规划纲要

（2011 年 1 月 24 日长春市
第十三届人民代表大会第四次会议通过）

"十二五"时期，是长春加快扩大经济总量、转变经济发展方式，落实"长吉图"战略、推进长吉一体化，统筹"三化"发展、实施"三动"战略，建设宜居城市、着力改善民生的关键时期。把握时代特征，立足长春实际，科学编制和有效实施第十二个五年规划，对我市全面建设小康社会，实现科学发展、加快发展、率先发展具有重大意义。

一、立足新阶段，把握未来发展新机遇

（一）发展基础

"十一五"期间，市委、市政府紧紧抓住振兴东北老工业基地战略机遇，深入贯彻落实科学发展观，以"项目建设年"活动为载体，积极实施依法治市、科教兴市、开放带动、县域突破和可持续发展五大战略，加快推动城区、开发区、县域"三大板块"建设，进一步壮大"两大支柱产业"，大力发展"三大主导产业"，积极培育"五大重点产业"，国民经济和社会事业取得突破性进展，全面完成了"十一五"规划的各项目标。

经济实力跃上新台阶。地区生产总值达到 3329 亿元，完成"十一五"计划的 105%，年均增长 15.1%，是"十五"末期的 2 倍；人均 GDP 超过 6000 美元，是"十五"末期的 2 倍；规模以上工业总产值达到 5750.8 亿元，完成"十一五"计划的 115%，年均增长 26.7%，是"十五"末期的 3.4 倍；全口径财政收入达到 563.4 亿元，完成"十一五"计划的 176%，年均增长 25%，是"十五"末期的 3.1 倍；固定资产投资累计近万亿，完成"十一五"计划的 183%，年均增长 35%，是"十五"期间的

4.5 倍。各项经济指标均超额完成"十一五"规划目标。

结构调整取得新进展。三次产业比重由 10.7∶46.8∶42.5 调整到 7.5∶51.8∶40.7。畜牧业占农业总产值比重达到 51%；工业增加值占 GDP 比重年均提高 1.2 个百分点，汽车、农产品加工等六大重点行业产值占规模以上工业产值比重达到 95%，其中汽车产值占规模以上工业产值比重由 70.4% 下降到 64.5%；金融、旅游会展等现代服务业占服务业比重由 38.8% 提高到 44%。民营经济占 GDP 比重由 28% 提高到 55%。

城市建设展现新面貌。三城两区建设拉开城市发展框架，建成区面积增加到 350 平方公里，年均增加近 12 平方公里。成功组建汽车产业开发区，使之成为全国专业化服务汽车产业的首创区；建立长东北开放开发先导区，成为了落实"长吉图"战略和推进长吉一体化的重要引擎。龙嘉国际机场、轻轨一二期、四环路、大连陆路干港、亚泰大街改造等 150 项城建重点工程顺利完成。全市公路通车总里程突破 2 万公里，是"十五"末期的 1.3 倍；发电能力达到 215 亿千瓦时，是"十五"末期的 3.8 倍；污水处理能力达到 90%，是"十五"末期 7.5 倍；城市综合气化率 98%，比"十五"末期提高 2.1 个百分点；热化率达 80%，比"十五"末期提高 5 个百分点；人均公共绿地面积达到 11.6 平方米，比"十五"末期增加 3.6 平方米。

改革开放迈出新步伐。国企改革任务基本完成；人事制度改革取得突破，事业单位逢进必考形成常态机制。开放水平显著提高，进出口总额达到 132.2 亿美元，年均增长 22%；实际利用外资五年累计 102.2 亿美元，年均增长 18%，外商在长投资企业达到 3700 户，其中，世界 500 强企业达到 54 家，五年新增 14 户，与世界 150 多个国家和地区建立了经济合作关系。开发区经济总量占到全市的 64% 以上，其中，市直四大开发区 GDP、固定资产投资、财政收入分别占全市的 47%、51% 和 64.7%。

社会建设再上新水平。改善民生工作扎实推进，坚持每年为老百姓办好 100 件左右民生实事。城乡居民收入年均分别增长 12% 和 9.8%。五年累计开发城镇就业岗位 61 万个。拆除棚户区 1200 万平方米，建设回迁住房、廉租房和保障性住房 500 万平方米，80 万人改善住房条件。养老、失业保险参保率向全覆盖迈进。城镇居民医疗保险率、企业职工医疗保险率和农村新型合作医疗保险参保率均达到 95% 以上。教育、文化、体育、卫生、广播电视、新闻出版等各项事业不断进步，获得国家卫生城市、国家环保模范城市、国家双拥模范城市、国家园林城市等称号。消防安全、食品安全、药品安全、生产安全、交通安全、医疗安全和公共安全等城市安全能力明显加强。

专栏 1　长春市"十一五"经济社会发展主要目标完成情况					
序号	指标名称	2005 年实际	规划目标		实现情况	
			2010 年	年均增长%	2010 年预计	年均增长%
1	地区生产总值(亿元)	1675	3200	13	3329	15.1
2	人均 GDP(美元)	2805	5000	16	6000	18
3	全口径财政收入(亿元)	184.8	320	13	563.4	25
4	规上工业总产值(亿元)	1712	5000	20	5750.8	26.7
5	全社会固定资产投资(亿元)	650	1620	20	3001.5	35
6	社会消费品零售总额(亿元)	600	1060	12	1286.8	16.5

续表

序号	指标名称	2005 年实际	规划目标		实现情况	
			2010 年	年均增长%	2010 年预计	年均增长%
7	进出口总额(亿美元)	44	90	16	132.2	24
8	实际利用外资额(亿美元)	11.7	30	20	26.7	18
9	城镇居民人均可支配收入(元)	10065	15500	9	17921.9	12
10	农民人均纯收入(元)	4180	6000	7	6665	9.8
11	单位 GDP 综合能耗(吨标准煤)	0.7807	0.6088	—	0.6088	—

(二)发展环境

"十二五"时期,受国际金融危机的持续影响,国内外经济形势仍会出现一些影响经济发展和社会稳定的不利因素,但经济社会长期向好的基本态势没有发生根本改变,我国仍处于可以大有作为的重要战略机遇期。

从我市情况看,"十一五"时期经济社会发展取得显著成就,经济规模、城市建设、民生改善、社会发展上了一个新台阶,为"十二五"时期实现较快发展奠定了坚实基础;国家继续加大支持东北振兴的力度、"长吉图"战略全面实施、国家主体功能区战略将长春定位为吉林省重点开发区域,为我们提供了良好的发展机遇;"十二五"时期我市人均 GDP 将迈向 6000~10000 美元区间,进入了工业化中后期,制造业转型和消费结构升级加快,工业化、城镇化、服务业和农业现代化需求强劲,为我市加快发展提供了巨大空间和强大动力。与此同时也要看到,老工业基地长期积累的体制性、结构性矛盾仍然没有从根本上得到解决,发展的内生动力不足,制约科学发展的体制机制障碍仍很突出;经济结构不尽合理,农业基础设施建设比较薄弱,服务业发展相对滞后,科技成果转化能力不强,战略性新兴产业规模较小,城乡二元结构问题仍然突出,城乡居民收入增长较慢;伴随着改革发展不断深入,经济社会将进入矛盾凸现期,要素供给更加紧张,外部环境更趋复杂,市场竞争更为激烈。总体看,我市目前正处在夯实基础、积蓄能量、调整结构,加快发展方式转变的关键节点;处在统筹城乡发展,推动工业化、城镇化、农业现代化相互支撑、相互融合、互动发展的关键节点;处在破除体制机制深层次矛盾,激发创新发展活力,加快形成经济内生增长机制的关键节点。

面向未来,我们必须增强机遇意识和忧患意识,主动适应环境变化,牢牢把握"发展"和"民生"两个关键环节,有效化解各种矛盾,着力推进经济发展方式转变,在经济结构战略性调整、加快"两型"社会建设上实现新突破;着力推进改革开放,在体制机制创新、增强内生动力上实现新突破;着力推进"三化"统筹,在城乡、区域协调发展上实现新突破;着力推进科技创新,在科研成果转化、重大项目建设上实现新突破;着力推进富民工程,在改善民生、促进社会和谐稳定上实现新突破。

二、转变经济发展方式,开创科学发展新局面

(一)发展思路

"十二五"时期,全市国民经济和社会发展的总体思路是:坚持以邓小平理论和"三个代表"重

要思想为指导,深入贯彻落实科学发展观,以加快转变经济发展方式为主线,以科学发展、加快发展、率先发展为主题,紧紧抓住发展和民生两个关键,紧紧围绕加快发展、改善民生、建好城市、促进和谐大局,坚定不移地推动工业化、城镇化、农业现代化统筹发展,坚定不移地落实投资拉动、项目带动、创新驱动战略,坚定不移地走工业和服务业双拉动增长路径,坚定不移地加快开发区、城区、县域"三大板块"协调发展,坚定不移地推进富民工程和社会事业发展,大力加强精神文明和民主法制建设,建设繁荣长春、和谐长春、开放长春、美丽长春,努力使我市成为全省科学发展的领头羊、民生改善的排头兵、社会和谐的首善区。

（二）指导原则

——坚持科学发展、加快发展和率先发展。牢牢把握"十二五"重要战略机遇期,更加注重发展方式转变,更加注重经济结构战略性调整,更加注重可持续发展,着力构建具有较强竞争力的现代产业体系,加快长春振兴步伐。

——坚持工业化、城镇化和农业现代化统筹推进。用工业化推动城镇化,用城镇化带动农业现代化,用农业现代化促进工业化和城镇化,走出具有长春特色的统筹推进、互为支撑、相互融合、三次产业协调发展的新路子。

——坚持投资拉动、项目带动和创新驱动。以投资扩大总量、优化结构、夯实基础,以项目促进投资、集聚要素、提升产业,以创新巩固优势地位、抢占高端市场、培育未来发展新优势。

——坚持工业和服务业发展并举。在充分发挥工业对全市经济增长基础性作用的同时,全力支持服务业发展,以服务业增强城镇功能,推动工业发展,逐步形成工业服务业双拉动经济增长的新格局。

——坚持保障和改善民生。把改善民生作为发展的根本出发点和落脚点,加快社会事业发展,推进基本公共服务均等化,正确处理好加快发展和改善民生的关系,让全市人民共享改革发展成果。

——坚持开发区、城区和县域协调发展。根据自身特点和功能定位,推动各类要素资源整合集聚和自由流动,努力实现经济转型、特色发展、错位竞争,构建"三大板块"协调发展的体制机制。

——坚持资源节约和环境保护。大力倡导绿色消费,发展低碳经济和循环经济,提高环境保护意识,努力实现经济社会发展和人口资源环境的协调和谐,转变增长方式与增强可持续发展能力的有机统一。

（三）主要目标

经过五年的努力,全市经济实现平稳较快发展,社会建设明显加强,改革开放不断深化,老工业基地全面振兴,富民工程全面推进,人民生活更加美好,全面小康社会目标基本完成。

——经济保持平稳较快发展。到2015年,地区生产总值突破7000亿元,年均增长14%左右;五年累计完成投资达16000亿元左右(新口径),年均增长15%以上;规模以上工业总产值突破10000亿元,年均增长15%以上;财政收入突破1000亿元(其中地方财政收入达到400亿元),年均增长14%以上;物价水平保持合理区间。

——科技教育水平显著提升。到2015年,九年义务教育质量显著提高,高中阶段教育毛入学率达到95%,研究与试验发展经费支出占国内生产总值比重达到2%,每万人口发明专利授权数达到 2 件以上。

——结构调整取得重大进展。到 2015 年,三次产业比重达到 5∶52∶43;居民消费率累计增长 2.5 个百分点;现代服务业增加值占服务业比重超过 50%;服务业从业人员占就业人员比重达 45%;民营经济占 GDP 比重达 60%;县域经济总量占 GDP 比重达 35% 以上;消费需求进一步扩大。

——城乡建设水平明显提高。到 2015 年,城镇化率达到 60%,中心城市建成区面积达到 450 平方公里;日供水能力达到 180 万立方米;城市热化率达 85%;综合气化率达到 98%;公共交通分担率提高 10 个百分点;县城集聚能力不断加强,初步形成大中小城市和小城镇协调发展的新型城镇化格局。

——资源节约和环境保护扎实推进。到 2015 年,耕地保有量保持在 2000.9 万亩;农业灌溉用水有效利用系数提高到 0.53;非化石能源占一次能源消费比重累计提高 3 个百分点以上;单位工业增加值用水量、单位 GDP 能耗和二氧化碳排放降低完成国家和省下达任务;森林蓄积量达到 2800 万立方米;空气净化、城市绿化、水系美化任务基本完成。

——富民工程取得实质性成效。到 2015 年,全市人口控制在 800 万以内;城镇居民人均可支配收入达到全国平均水平;农民人均纯收入水平继续保持全国前列;年均新增就业人数 10 万人;城镇基本养老保险参保全覆盖,城乡三项医疗保险参保率达 95%;城镇登记失业率控制在 4% 以下,城镇累计新增就业人数 50 万人;贫困人口显著减少。

——社会建设明显加强。覆盖城乡的基本公共服务体系逐步完成,思想道德素质、科学文化素质和健康素质不断提高,社会主义民主法制更加健全,人民利益得到切实保障,文化事业和文化产业加快发展,社会管理制度趋于完善,社会更加和谐稳定。

——改革开放实现新突破。要素市场、国有企业、行政管理等重要领域和关键环节改革取得重大进展,政府服务能力、政府公信力和政府行政效率明显提高。对内对外开放深度广度进一步拓展,努力形成互利共赢开放格局。

专栏 2　长春市"十二五"规划经济社会发展主要指标

序号	指标名称	计算单位	2010 年预计	2015 年预期	年均增长%	指标属性
(一)	**经济发展指标**					
1	地区生产总值	亿元	3329	力争 7200	14 左右	预期
	第一产业增加值	亿元	248.6	380	8 左右	预期
	第二产业增加值	亿元	1724	3720	14 左右	预期
	工业增加值	亿元	1469.6	3200	14.5	预期
	建筑业增加值	亿元	254.4	520	13	预期
	第三产业增加值	亿元	1356.4	3100	15 左右	预期
2	规模以上工业总产值	亿元	5750.8	突破 10000	15.5	预期
3	全社会固定资产投资	亿元	1906.4（新口径）	1.6 万（累计）	15	预期
4	社会消费品零售总额	亿元	1286.8	2700	16.5	预期
5	全口径财政收入	亿元	563.4	1100	14	预期
6	地方财政收入	亿元	180.8	力争 400	14 以上	预期
7	进出口总额	亿美元	132.2	245	15	预期

续表

序号	指标名称	计算单位	2010 年预计	2015 年预期	年均增长%	指标属性
8	实际利用外资额	亿美元	26.7	55	15	预期
(二)	**科技教育指标**					
9	九年义务教育巩固率	%	97.8	99	—	约束
10	高中阶段教育毛入学率	%	95	95	—	预期
11	R&D 投入经费占 GDP 比重	%	1.75	2	—	预期
12	每万人口发明专利授权数	件/万人	1.79	2	0.2	预期
(三)	**结构调整指标**					
13	居民消费率	%	24.5	27	—	预期
14	居民消费价格指数 （上年＝100）	%	103.6	104	—	预期
15	三次产业增加值比重	%	7.5:51.8:40.7	5:52:43	—	预期
16	服务业从业人员占全部从业人员比重	%	40	45	—	预期
17	现代服务业占服务业增加值比重	%	44	50 以上	—	预期
18	民营经济占 GDP 比重	%	55	60	—	预期
19	县域经济总量占 GDP 比重	%	29.4	35 以上	—	预期
(四)	**改善民生指标**					
20	城镇居民人均可支配收入	元	17921.9	34500	14	预期
21	农民人均纯收入	元	6665	12830	14	预期
22	人口总数	万人	759	800 以内	1 以下	约束
23	城镇登记失业率	%	3.49	4 以下	—	预期
24	城镇新增就业人数	万人	12.2	50（累计）	—	预期
25	城镇基本养老保险参保人数	万人	152.1	全覆盖		约束
26	城乡三项医疗保险参保率	%	92	95	—	约束
(五)	**城乡建设指标**					
27	城镇化率	%	50	60	—	预期
28	城市建成区面积	平方公里	350	450	5	预期
29	城市热化率	%	80	85	—	约束
30	城市综合气化率	%	98	98	—	约束
31	日供水能力	万立方米/日	102	180	12	约束
32	公共交通分担率	%	30	40 以上	—	约束
(六)	**资源环境指标**					
33	单位工业增加值用水量	立方米/万元		按省要求确定		约束
34	单位 GDP 二氧化碳排放	万吨		按省要求确定		约束
35	主要污染物排放减少					
	化学需氧量	万吨		按省要求确定		约束
	二氧化硫	万吨		按省要求确定		约束
	氨氮	万吨		按省要求确定		约束
	氮氧化物	万吨		按省要求确定		约束
36	耕地保有量	万亩	2000.9	2000.9	—	约束

续表

序号	指标名称	计算单位	2010 年预计	2015 年预期	年均增长%	指标属性
37	农业灌溉用水有效利用系数	—	0.5	0.53	0.03 累计	预期
38	非化石能源占一次能源消费比重	%	0.66	4	—	预期
39	单位 GDP 综合能耗	吨标煤/万元	0.6088	0.5084	-3.54	约束
40	森林蓄积量	万立方米	2300	2800	4	约束

三、优化空间布局,推动城镇协调发展

按照吉林省实施"长吉图"战略和推进"长吉一体化"的总体构想,统筹谋划全市生产力布局,提高开发效率,引导产业集聚,加强中心城市对县(市)的辐射带动,加大各城区、开发区和县(市)合作力度,加快城市产业向县(市)转移,努力形成长吉一体化务实推进、中心城区与开发区、县城和重点城镇统筹发展的空间开发格局,推动区域经济协调发展。

(一)推进长吉一体化

在着力提升长吉两区的基础上,全面推进长吉北线、长吉中线、长吉南线三条产业带建设,加快长春与吉林市在工业、农业、服务业、基础设施等十个方面的合作,促进汽车、石化和其他产业之间的整合,实现长吉两区优势互补、良性互动,加快形成长吉经济圈,提高长吉腹地的支撑作用,带动吉林省中部城市群快速发展。

长吉北线。依托现有资源条件和新城新区建设,重点推进长东北开放开发先导区建设,全力打造玉米化工、装备制造、综合保税、空港经济、现代物流等产业园,构建先进制造业和现代服务业产业带。

长吉中线。依托丰富的山水资源和土地资源优势,重点推进长春莲花山生态旅游度假区建设,大力发展现代商务、度假休闲、山水旅游、文化体育等重点产业,着力打造高端商务中心、旅游度假中心和观光农业园,构建生态旅游和现代农业产业带。

长吉南线。依托生态资源、旅游资源优势,重点推进净月生态新城、奢岭特色卫星城和双阳城市副中心建设,大力发展高端服务业、生态旅游、科技研发、教育文化、资源加工等产业,着力打造净月森林公园、文化印刷产业园和奢岭特色镇,建成环境优良、风貌独特的高端服务业集聚区,构建国内著名的长吉生态休闲旅游产业带。

专栏 3 长吉一体化产业带布局示意图

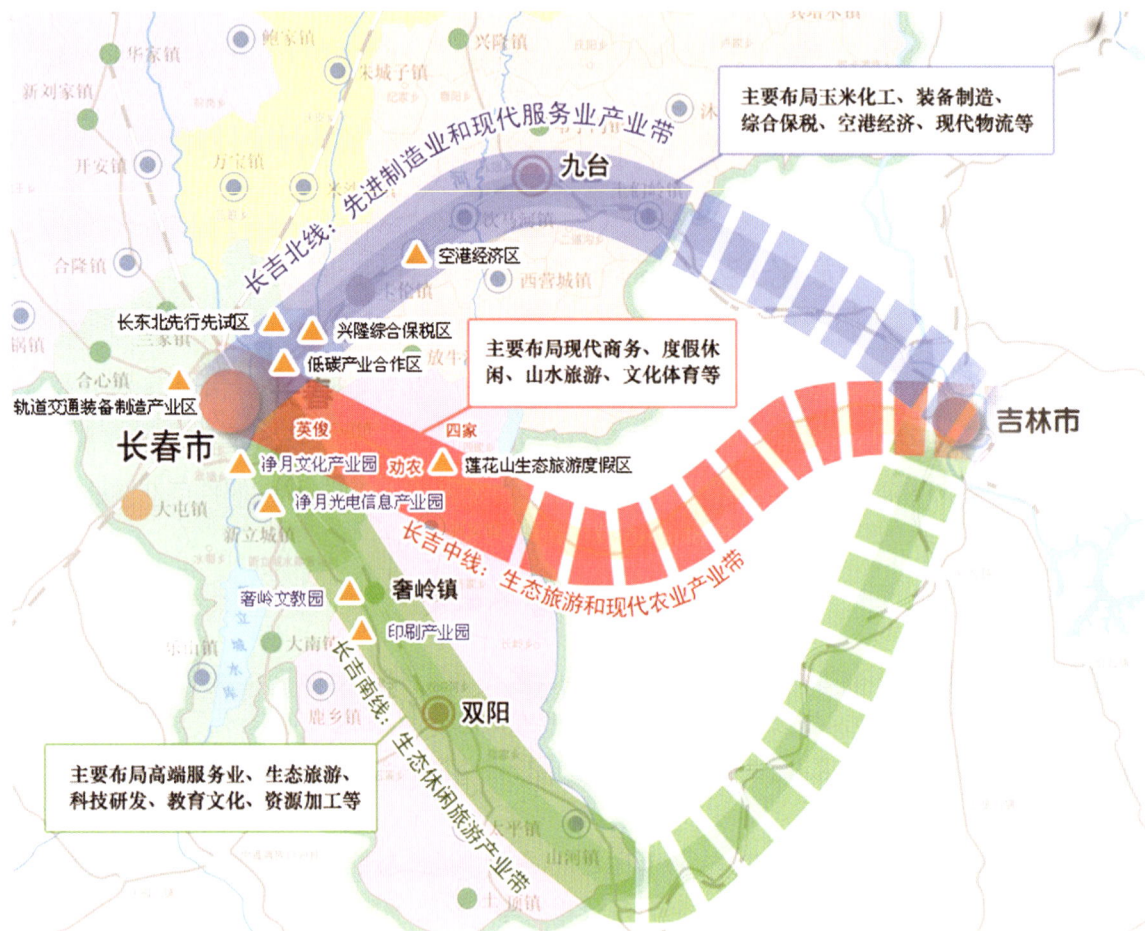

（二）提升中心城区功能

中心城区以调整、优化和提高为主，统筹规划与新城新区、城市组团的功能分工、人口分布、产业发展和配套设施，全面提升城市的承载功能、生态质量、居住条件和管理水平。

1. 城市核心区

实施"解密外疏"、优化升级战略，加快旧城改造步伐，着力拆迁危旧住房，大幅提升核心区形象和品质。重点发展金融、保险、商务、文化、教育、信息等现代服务业，全面提升商贸、餐饮等传统服务业；城市核心区原则上不再发展新的工业项目，坚持工业进开发区、进工业集中区，城区原有工业企业加快退城进区步伐。结合各城区行政中心外移，依托产业、人口集聚区，加快建设一批区域性商业中心和服务中心。城区原有商业区，根据功能定位逐步向特色商圈、特色街路集聚。四环路以内，不再新建大型物流批发市场，原有市场逐步向绕城高速以外区域迁移，按生产力布局向城市周边组团集聚。新城新区在推进产业发展的同时，统筹规划建设生活服务设施、商务服务设施和社会服务设施，减少潮汐交通、钟摆交通问题。

2.三城两区

南部新城。主要发展行政办公、总部经济、会展经济、现代商务、金融保险和科研服务等高端服务业,重点建设南部新城中央商务区和净月现代服务业集聚区两大功能区,着力打造长春现代服务中心。

北部新城。主要发展现代物流业、商贸餐饮、文化旅游、交通运输和生态居住等业态,重点建设现代仓储物流、综合交通枢纽和北部新城中心三大功能区,着力打造现代化仓储物流中心。

西部新城。主要发展商务服务、商业居住、餐饮娱乐等业态,重点建设交通枢纽、综合商务和生态居住三大功能区,着力打造西部交通枢纽中心。

西南工业区。依托西新经济技术开发区、高新技术产业开发区、绿园工业集中区、朝阳经济开发区现有基础,重点发展汽车整车、汽车零部件、汽车研发、汽车服务、汽车贸易和汽车文化,扩大规模、突出特色,推动产业集群发展,打造汽车产业集聚区。

长东北开放开发先导区。统筹协调高新技术产业开发区北区、经济技术开发区北区和九台、德惠、宽城、二道等各级开发区及工业集中区,加快建设兴隆新城,重点发展玉米化工和光电、生物、新能源、新材料等战略性新兴产业,打造农产品加工产业和战略性新兴产业集聚区、"长吉图"的核心区、长吉一体化的先行先试区、"三化"统筹的示范区。

(三)加快开发区转型升级

继续突出开发区在经济发展中的主力军作用,推动开发区转型升级。到2015年,开发区对全市经济发展贡献率超过70%,财政收入占全市比重超过70%。

高新技术产业开发区。发展重心由以南区为主向南北互动转变,产业培育由分散型集聚向延伸产业链条集群发展转变。南区大力发展光电、软件、动漫等高技术产业,着力打造创意与软件产业园、动漫产业园;北区大力发展先进装备制造、生物医药、光电子、新材料、新能源产业和高端生产性服务业,着力打造先进装备制造产业园、新材料新能源产业园和长东北科技创新中心,构建国家级自主创新示范区。

经济技术开发区。加快南区提升、北区壮大步伐。南区实施"退二进三",大力发展商贸服务业和会展业,提升服务支撑能力;北区大力发展玉米化工、生物医药、光电信息和现代服务业,着力打造玉米化工产业园、生物产业园、装备制造园和兴隆综合保税区等园区,构建新型工业化示范区。

西新经济技术开发区。加快推进结构调整和提升自主创新能力,大力发展汽车整车、汽车零部件、汽车贸易和后市场服务,着力建设模具工业园、汽车电子产业园、动力总成工业园等汽车产业园区,形成汽车产业群,构建世界级汽车产业基地。

净月开发区。依托国家级现代服务业综合改革试点区建设,大力发展现代商务、生态休闲、软件信息、科研教育、影视传媒、服务外包和文化创意产业,着力打造生态旅游文化园、影视动漫传媒产业园、光电产业园等园区,构建全国现代服务业示范区和文化产业发展区。

城区开发区。注重专业化、高端化和特色化。朝阳经济开发区,重点发展汽车零部件、汽车物流、汽车电子产业。绿园经济开发区和宽城经济开发区,重点发展轨道客车及配套产业,围绕研发、生产、维修、服务等形成轨道客车产业集聚。二道经济开发区,重点发展现代服务业。双阳经济开发区,重点发展鹿产品深加工产业和文化印刷产业。南关都市经济开发区,重点发展总部经济、金融、行政办公等高端服务业。

县市开发区(工业集中区)。依托现有基础,提高承载能力,建成制造业转移的主阵地。九台经济开发区,加强与经济开发区合作,大力发展农用机械加工业、新型建材业和农产品加工业。米沙子工业集中区,加强与高新技术开发区合作,大力发展冶金、铸造和高新技术产业。合隆开发区,大力发展轨道客车机械加工业和为城市配套的原材料供应产业。五棵树开发区,大力发展粮食深加工、食品加工、生物医药等产业。其他县市开发区(工业集中区),依托区位优势和资源基础,大力发展资源加工业。

(四)壮大县域经济

着眼于建设中等城市目标,主动接受中心城市的辐射,突出发展工业,促进结构升级。四县(市)五年累计建成工业园区100平方公里,每个县(市)建成2～3个带动能力强、具有明显优势的大型龙头企业。

九台。大力发展新能源、农机制造、农产品加工等产业。到2015年城区人口超过35万,建成区面积达到40平方公里,建成长吉一体化重要支点城市。

德惠。大力发展农产品加工业和新兴低碳产业。到2015年城区人口超过35万人,建成区面积达到35平方公里,建成全国著名的绿色食品生态城。

农安。大力发展食品加工、石油化工、新型能源和现代物流产业。到2015年城区人口超过30万,建成区面积达到25平方公里,建成新兴工业强县和现代农牧大县。

榆树。大力发展农产品加工、医药生产、绿色食品等产业。到2015年城区人口超过30万,建成区面积达到30平方公里,建成国家级现代农业示范市。

(五)发展重点城镇

依托资源优势和区位条件,强化产业支撑和载体功能,加快建成一批具有长春特色、吸纳能力强、集聚能力突出的卫星城镇。

推进10个城乡双向一体化试点城镇建设。加强城市周边区域道路、市政、信息等基础设施建设,着力抓好富锋、西新、合心、兰家、合隆、兴隆山、劝农、卡伦、奢岭、英俊等城镇建设试点,加快与中心城市的连接,拓展城市发展空间,促进城乡人口双向流动。

加快20个特色城镇建设。着力打造五棵树、米沙子、刘家、哈拉海、菜园子等工业主导型特色镇,重点发展先进制造业、农产品加工业;打造伏龙泉、龙嘉、岔路口、开安、布海、柴岗等商贸流通主导型特色镇,加快发展现代商服业;打造波泥河、弓棚、齐家、新立城、西营城、东湖等农业主导型特色镇,重点发展现代农业和观光农业;打造太平、合心、巴吉垒、乐山等生态主导型特色镇,重点进行环境保护和生态建设。

四、建设新型工业基地,提高产业核心竞争力

坚持"拉长补短"、"抓大活小",突出自主创新,培育壮大一批有市场竞争优势的骨干企业和中小企业,延伸、拉长、提升汽车、轨道客车、玉米化工、生物医药、光电子信息等产业链条,增加科技含量,开发终端产品,建立多业支撑、品牌闻名、集约发展的新型工业体系。到2015年,全市规模以上

工业总产值达到 12000 亿元。

（一）建设世界级汽车产业基地

依托一汽集团，调整产品结构，打造自主品牌，提升核心竞争力，力争属地生产各类汽车达到 300 万辆左右，其中自主品牌和新能源汽车 100 万辆；提高汽车产业地方配套率，汽车属地配套所占比重达到 50%，构建国内最强、世界先进的汽车研发平台和零部件研制体系，建设世界级汽车产业基地，打造长春国际汽车城。到 2015 年，汽车产业产值达到 7000 亿元。

——汽车整车。以经济、实用、舒适为突破口，重点发展乘用车、商用车和特种车，实现 300 万辆汽车整车扩能，到 2015 年产值达 5500 亿元。

——新能源汽车。以研制多能源动力总成系统、驱动电机、动力电池为突破口，重点发展混合动力汽车、纯电动汽车和燃料电池汽车，力争到 2015 年实现 20 万辆纯电动、混合动力等新能源汽车产能，建设全国新能源汽车生产研发基地。

——汽车零部件。以汽车产业核心技术自主品牌化为突破口，重点发展底盘、变速箱、发动机、汽车电子系统等模块体系建设，力争到 2015 年汽车零部件企业突破 700 家，产值达到 1500 亿元，为属地主机厂配套率达 50%，省级以上技术中心 50 家，建成国家汽车零部件出口基地。

（二）建设世界级农产品加工产业基地

依托丰富的农业资源，延伸产业链，重点建设玉米等十大加工体系，培育第二个双千亿元级支柱产业，建设世界级玉米化工及农产品加工产业基地，打造绿色食品城。到 2015 年，农产品加工业产值达 2000 亿元。

——玉米深加工系列。以提高玉米深加工和玉米秸秆加工科技含量为突破口，依托大成集团，重点发展淀粉糖、结晶糖、化工醇、赖氨酸、有机酸等新型化工原料，带动精细化工等下游产品发展，着力打造玉米加工产业园。到 2015 年，形成 200 万吨化工醇生产能力，产值达 1200 亿元。

——畜牧产品深加工系列。以延长产业链条、提高附加值为突破口，依托皓月、德大、华正等企业，着力建设皓月特色产业园等农产品加工产业园区，重点发展肉鸡、肉牛、生猪、兔、鹅、鹿等畜牧产品屠宰和深加工。到 2015 年，形成 150 万头肉牛加工、1000 万头生猪、4 亿只肉鸡加工能力，建成全国知名的畜产品出口加工基地，产值达 650 亿元。

——粮食、蔬菜、饮品加工系列。以有机、绿色、环保、品牌、精深为突破口，重点开发精制大米、鲜净蔬菜、奶制品、优质酒水、饮料等产品。到 2015 年，新创全国知名品牌 10 个，产值达 150 亿元。

（三）建设世界级轨道客车产业基地

依托北车集团长客股份公司和长客装备公司，强化技术创新和产品升级，加大轨道客车研发力度，确保领先优势，稳定市场占有率，建成世界级双千辆轨道客车生产和研发基地。到 2015 年，轨道客车产业产值超过 1000 亿元，形成轨道客车产业集群。

——整车。以提升高速动车、城轨客车研发技术为突破口，重点发展高速铁路客车、电气化铁路客车、新型地铁客车、城市轨道客车、出口专用客车，形成 1500 辆高速动车组、3000 辆城轨客车生产能力，巩固整车研发和生产在全国的领先地位。

——零部件及检修服务。以提高动车、客车本地配套能力为突破口，重点研发客车转向及传动系统、制动及连接系统、安全及电子系统、牵引及动力系统,实现车体、坐椅、电子配件等产品本地化配套。增强轨道客车维修保养等服务能力,建设国家级轨道客车维修基地。

(四)建设国家级战略性新兴产业基地

以推动产业规模化、高端化、国际化为目标,着力发展以光电信息、生物和医药、新能源、新材料、先进装备制造业为代表的战略性新兴产业,加快建设国家级战略性新兴产业基地。到2015年,战略性新兴产业全口径产值力争达到4000亿元。

——光电信息产业。以建设国家光电子产业基地为依托,重点发展光电子、汽车电子、软件和动漫产业,逐步打造并形成光显示产业链、激光制造和加工产业链、光电装备制造产业链和汽车电子产业群。到2015年,培育光电信息企业突破1000户,龙头企业达到5户,形成一批特色鲜明的光电信息产业集群,光电信息产业产值超过1000亿元。

——生物和医药产业。以建设国家生物产业基地为依托,重点发展生物医药、生物制造、生物能源和生物农业。到2015年,建成东北地区生物技术研发的源头和中心,国家重要的生物产业基地和科技兴贸创新(医药)基地。生物和医药产业产值达到1000亿元(其中医药产业产值400亿),保持生物医药在全国的领先地位;建成2个国家级生物产业研发中心,新开发10个左右全国名牌产品;培育10户以上十亿元级企业。

——先进制造业。依托老工业基地的装备制造基础,重点发展大型成套装备制造、共性基础配套设备、专用机械装备、高端装备制造、农机成套装备制造等,引进行业龙头,着力打造光机电一体化的先进制造企业集群。到2015年,在省内率先建成新型装备工业体系,先进装备工业产值超过1000亿元。

——新能源产业。大力支持太阳能导电玻璃、太阳能光伏发电、风力发电、生物质发电、智能电网、地源热泵、储能电池等的发展;积极发展风电装备,加强与国内风电装备龙头企业合作,构筑风电装备产业链;到2015年,把长春建设成我国重要的新能源产业基地,新能源产业产值达300亿元。

——新材料产业。提高碳纤维应用范围,积极推进碳纤维、稀土镁合金在汽车、轨道车辆上的应用,着力开发以植物资源和二氧化碳为原料的高分子全降解材料,大力发展纳米碳酸钙等无机非金属材料,重点研发生产低能耗、低污染、高性能的新型建筑材料,打造亚泰成为东北水泥企业龙头。到2015年,力争培育20户以上亿元级企业,新材料产业产值达到500亿元。

五、加快发展服务业,推动产业提速升级

围绕服务全省、辐射东北、面向东北亚的目标,着力发展面向工业的生产性服务业,积极发展与消费结构快速升级相适应的生活性服务业,推动服务业增量升级。到2015年,服务业增加值突破3000亿元,占GDP比重力争五年提高3个百分点。

(一)大力发展文化产业

深入推进文化体制改革,加快文化与经济的融合,增强对全市经济增长、产业转型升级的支撑

作用,打造长春未来发展的支柱产业,建设东北亚现代文化名城。2015年,文化产业增加值达到1000亿元。

文化创意产业。重点发展动漫游戏、网络漫画、研发设计、音乐制作、艺术创作、广告策划等行业,建成全国重要创意产业和动漫产业基地。到2015年,培育20个国内知名品牌和5个国际知名品牌,培育2～3个大型文化企业集团。

旅游会展业。突出"滑雪之都"、"消夏名城"两大城市形象主题,着力打造汽车文化、电影娱乐、伪满遗迹、生态休闲、节庆会展和雕塑艺术等六大旅游品牌。重点提升东博会、汽博会、农博会、文博会、书博会、创博会、电影节、冰雪节、消夏节、君子兰节、东北亚文化艺术节等系列品牌展会。到2015年,旅游会展相关收入突破1400亿元。

信息服务业。重点推进服务外包、物联网、信息传输和电子商务等4大信息服务行业,加快净月区光电信息产业园、高新区服务外包产业园建设,到2015年,全市服务外包企业达到100家,信息服务业收入达到500亿元。

出版印刷业。重点推进双阳文化印刷产业园建设,构建"专精特新"的中小印刷企业群,引导长春出版社向集团化、多元化方向发展,使长春日报报业集团成为国内知名品牌。到2015年,图书出版达到5000种,印刷业产值达120亿元。

传媒演艺产业。依托长影集团,提升影片、电视剧和电视节目的生产能力,扩大影视制作、发行、播映和后产品开发,打造国内一流的影视策划中心、电影生产制作和娱乐中心。着力发展民间艺术业和演艺娱乐业,形成一批长春特色民间艺术品牌,打造1～2个在国内外极具影响力的演艺活动。

职业培训业。充分利用我市教育资源优势,大力推进人力资源开发,强化多元化办学主体,建设面向市场、服务全国的人力资源开发基地和职业教育培训基地。到2015年,年培训实用型技能人才10万人。

(二)积极发展金融业

推动金融业态、融资渠道、产权交易等方面的创新,加快建设东北区域性金融创新城市。到2015年,金融业增加值年均增长20%以上。

丰富金融业态。改善金融生态环境,大力引进境内外金融机构,五年内培育和引进国内外各类金融机构及分支机构20家以上。积极发展金融咨询、汽车金融公司、汽车保险公司、金融租赁公司等金融高端服务机构。支持吉林银行、东北证券等地方金融机构加快发展。支持设立村镇银行、小额贷款公司和农村资金互助社。

拓展资本市场。探索建立低碳环保、汽车、文化创意、现代农业等产业投资基金。推动企业上市融资,力争每年有1～2户企业在国内主板、中小板和创业板及境外证券市场上市。充分利用债券市场,吸纳社会投资。开展PE走进长春活动,引导股权基金向特色产业和战略性新兴产业集聚。

完善产权交易体系。健全长春产权交易中心交易功能,重点探索建立环境能源、文化产权、重要商品等产权交易所,推动各类产权交易增值服务。

(三)着力发展现代物流业

围绕汽车、农产品等优势产业,完善物流体系,建设物流专用通道,加快物流信息化建设,打造立足吉林、辐射东北亚区域的区域性物流中心,物流业营业收入年均增长20%以上。

建设物流园区。高起点规划建设汽车、生产和生活资料、玉米加工、装备制造、综合保税等五大物流园区,大力发展第三方物流,实行进区经营,规范管理,全面提升省会城市的物流集散和辐射功能,完善中转联运设施和集疏运体系,实现各种运输方式的有效衔接。

打造物流平台。加快建设有利于信息资源共享的行业和区域物流公共信息平台项目,着力构建物流信息网、综合运输信息平台和物流资源交易平台,扶持一批物流信息服务企业成长。改造和新建一批现代化的仓储设施和配送中心,通过资源整合、功能拓展和服务提升,满足精细化、高质量的物流管理服务需要。

发展重点领域物流。汽车物流加快向南转移,不断提高铁路、公路物流运输能力。组建100家物流企业参加的整车和汽车零部件运输联合体,承担全市300万辆汽车整车和配套零部件运输任务。农产品物流加快向北转移,重点推进玉米物流园、农产品综合物流园、大宗畜产品专业物流配送中心、粮食仓储配送中心,提高农产品物流的承载能力。形成20家以上具有竞争力的农产品物流企业集团、30家农产品物流骨干企业。加快发展医药、生活用品、烟草等重点领域物流,丰富物流业发展格局。

建设区域性批发市场。重点推进20个大型专业批发市场建设,着力打造满足全市和全省需求的生活用品批发市场群,服务东北地区的生产资料、家居建材批发市场群,面向全国的粮油和农副产品批发市场群,辐射东北亚进而走向世界的汽车及零部件批发市场群,每年新建和改造面积100万平方米以上,形成大市场、大流通、大辐射的市场格局。

(四)稳步发展房地产业

围绕改善市民居住条件,规范有序推进房地产开发。到2015年,房地产新增开发面积力争达到3500万平方米,城镇居民人均住房建筑面积达到35平方米。

加快保障性住房建设。五年全面完成棚户区改造任务,加快居民回迁房、廉租房、公共租赁住房、城市保障性住房建设,完善保障性住房供应体系,满足低收入群体住房需要。每年新增30万平方米公共租赁住房和廉租住房。

优化商品住房供应结构。鼓励发展中低价位、中小套型商品住房,适当发展中高档商品住房,通过市场调节满足市民多样化住房需求。进一步放开二手房市场,简化程序,提高交易效率。

做大做强商业地产。围绕新城新区、综合商圈、特色街区的建设与改造,科学规划、合理布局,推进大型城市商业综合体和楼宇经济建设,实现区域消费就地平衡。

加强房地产中介服务和物业管理。继续完善房地产中介机构等级管理制度,建立市、区、街道、社区四级物业管理体制,强化物业管理行业自律机制,依法管好用好物业专项维修资金,加快无籍房确权登记,完善物业体系建设。

(五)全面发展其他服务业

依托现有产业基础,围绕产业发展、社会事业、人民生活等领域积极培育和发展其他各类服务业,构建体系完备、功能齐全、特色明显的长春服务业体系。

总部经济。利用区域中心城市的战略资源优势,依托新城新区建设,围绕发展高端制造业总部、高端服务业总部和高新技术产业总部,积极引入跨国公司及其分公司、子公司,吸引国内、省内企业总部入驻长春。到2015年,初步建成对东北乃至东北亚地区具有辐射带动能力的总部基地。

商贸服务业。结合旧城开发和新城建设,改造、升级和完善现有商业设施及商业区。调整商业网点布局,建设一批精品商业街路、商业中心,增强服务功能,提高辐射能力。大力支持在全国具有重要影响力的商贸企业做大做强,着力打造商贸服务业龙头。到2015年,社会消费品零售总额达到2700亿元,年均增长16%以上。

中介服务业。着力发展工程咨询、设计院等知识密集型中介机构;积极引进国际著名的会计、法律、咨询等中介企业;重点扶持一批服务水平较高、管理理念较新、经营规模与业绩在行业中排名前列的中介机构。

六、提升农业现代化水平,建设社会主义新农村

以稳定粮食生产、农民增收、可持续发展为目标,全力推进农业生产方式转变,提高农业现代化水平,着力推动农业技术集成化、劳动过程机械化、生产经营信息化,走出具有长春特色的农业现代化道路。2015年,长春土地产出率、资源利用率和科技贡献率达到发达国家水平;四县(市)GDP、固定资产投资、全口径财政收入、规模以上工业产值均增长1倍以上。

(一)提高农业综合生产能力

稳步提高粮食生产水平。严格保护和利用好耕地,加大农村土地整理和复垦力度,加快中低产田改造,稳定粮食播种面积,努力提高粮食单产。合理开发利用黑土地,推行耕地深松整地,提高土地有机质含量,提升耕地利用效率,着力建设国家高标准农田和国家级粮食高产示范区。到2015年,粮食生产水平稳定在200亿斤水平,建设30万套标准化储粮仓,提高粮食安全。

积极推动特色农业发展。依托种植基础、资源禀赋和交通条件,大力推进园艺、蔬菜、食用菌等经济作物基地建设,打造20个特色种植园和5万公顷绿色蔬菜基地。着力发展绿色农业、设施农业和观光农业,努力构建绿色水稻、有机蔬菜、瓜果苗木、经济作物等特色鲜明的农业产业带。

着力推进畜牧业扩能升级。按照增加总量、提高质量、保证安全的原则,构筑以肉牛、奶牛、肉鹅、肉鸡、生猪和鹿业、兔业七大牧业体系为主的现代畜牧业格局,推行现代养殖模式,推进牧业小区和标准化养殖场建设。完善市、县、乡三级畜牧防疫体系,确保畜牧业生产安全。

(二)构建现代农业产业体系

大力推进农业产业化。坚持以工带农、以工促农,扶持龙头企业发展壮大,推进龙头企业加合作社、带基地、连农户的经营模式,创新龙头企业与农户利益联结机制,建立国家级农业产业化示范园。

大力推进农业机械化。优化农机装备结构,全面提高农业产前、产中、产后等各领域的机械化水平,加强农业机械化技术推广、农机安全监理、试验鉴定等公共服务体系建设,推进粮食生产规模经营。到2015年,主要粮食作物综合机械化水平达到85%。

大力推进农业水利化。积极争取国家和省水利基础设施建设专项,加大财政支持力度,引导社会投入。加快引水灌溉、涝区改造、江河堤防加固、病险水库加固、旱作节水农业等重点水利工程建设,提高水利工程防洪除涝灌溉能力。

大力推进农业信息化。着力发展数字农业、精准农业、智能农业和智能粮库,加快信息技术在

农产品生产、加工、包装、贮藏、运输、销售等环节中的应用。积极发展面向农业大户、农村经济合作组织和农业龙头企业的电子商务服务,带动上下游农户提高信息化应用水平。推进信息技术和智能工具与农业的结合,整合资源信息,建成长春农业科技信息技术指导网络平台和农村基层信息服务站。

(三)推进农业制度创新

大力发展农民专业合作组织。在保持土地承包基本制度不变的前提下,创新农村经营模式,推动家庭经营向采用先进科技和生产手段方向转变,分散经营向发展农户联合与合作方向转变。

加大农业科技和金融创新步伐。增加农业科技投入,完善农业科技创新体系,加快推进农业技术集成化,实现在良种、丰产、节水、防疫和检测等方面的新突破。全面推进农村金融和保险制度建设,完善财政资金扶持方式,深化农村信用社改革,引导社会资金投资设立适应"三农"需要的新型农村金融组织。

探索建立市场化土地使用权流转制度。鼓励农民以多种形式流转土地使用权,发展集约经济,提高比较效益。进一步完善农村土地管理制度,逐步建立城乡统一的建设用地市场。

(四)建立农业现代化示范区

结合各县(市)农业基础,进一步转变发展理念,强化物质装备,突出农业特色,提升科技水平,着力创建国家农业现代化示范区。

明晰主导产业。依托粮食主产区优势,因地制宜,大力发展特色鲜明、产业化水平高、带动能力强的主导产业,提升大宗农产品的综合生产能力,促进传统产业优化升级,增强对周边地区及其他产业的辐射带动作用。

健全配套设施。着力完善示范区内水、电、路等基础条件配套设施,力争达到标准化、规模化、机械化、无害化安全生产条件,健全管理服务设施。

完善流通体系。加强农产品市场体系建设,构建一批集市场、物流、检验、信息于一体的农产品集散地。提高粮食仓储水平,优化粮仓布局,推进储粮多元化。增强农产品运输能力,提高公路、铁路运输能力,探索开展江海联运和陆海联运。

发展绿色经济。促进农业资源综合开发利用,建立循环农业示范点,实施秸秆还田、气化、固化成型等综合利用工程。加强农业生态保护,保持土地自我修复能力。大力发展绿色和有机食品,打造若干个长春特色品牌。

(五)改善农村生产生活条件

大力实施"百村示范、千村提升"战略,加强农村基础设施建设,提高农村公共服务水平,健全农村气象服务体系,推进农村新型社区建设。到2015年,建成省级新农村示范村500个。

全面整治村容村貌。推行农村垃圾三级处理模式,推进规模养殖场(小区)粪污无害化处理,建立农村环境管理运行机制,明显改善农村卫生状况。到2015年,绿化美化村屯1500个,彻底解决农村饮水安全问题,完成全市泥草房改造任务。

加快建设城乡路网。加快推进"农安—德惠—九台—双阳—伊通—公主岭"环线建设,形成半小时经济圈高等级路网;加快推进"松原—榆树—吉林—辽源—四平"环线建设,形成1小时经济圈高速公路网。力争实现县县通高速。着力推进市域内农村道路建设改造步伐,基本实现屯屯通油路。全市城乡道路总里程超过 25000 公里。

全面提升农村社会公共服务能力。统筹户籍制度改革,鼓励农村人口进入城市和小城镇定居,确保农民工享有基本公共服务。均衡城乡公共资源配置,实行公共财政向农村教育、科技、文化、卫生、体育等方面倾斜。建立教师支农交流制度,改善农村中小学办学条件。推进农村医疗卫生三级网络建设,力争农民人人享有初级卫生保健。强化农村文化、体育、科技设施建设,引导农民形成健康文明生活方式。

专栏 4 长春市"十二五"时期产业发展十大重点工程				
序号	工程名称	总投资(亿元)	主要建设内容	推进单位
1	300 万辆汽车整车扩能工程	300	推进丰越、通用、轿股二期、新能源汽车产业园等项目建设,在现有 200 万辆整车产能基础上,新增 100 万辆整车产能	工信局、西新经济开发区
2	百万吨玉米化工醇深加工扩能工程	100	延伸和拉长玉米深加工产业链,形成千成玉米深加工能力、百万吨化工醇生产能力	工信局、经济技术开发区
3	轨道客车建设工程	100	加快推进轨道客车园建设,形成 1000 辆高速动车组、1000 辆城轨客车生产能力	工信局、绿园区
4	光电产业基地建设工程	65	推进光电子产业平台、汽车电子工业园、环保低碳工业园建设	工信局
5	生物产业基地建设工程	50	推进生物疫苗产业化项目、疫苗生产基地项目、生物柴油项目建设	工信局
6	综合保税区建设工程	50	建设集口岸通关、出口加工、保税、仓储物流、转口贸易、国际采购分销和配送等多种功能于一体的综合保税区	商务局、经济技术开发区
7	中央商务区建设工程	300	打造集商务、金融、行政办公等于一体的城市新型商务商服中心	南部都市经济开发区
8	"菜篮子"推进工程	50	推进万顷蔬菜基地项目建设,年产绿色无公害蔬菜 10 亿公斤	农委
9	文物保护建设工程	20	推进博物馆、伪满皇宫景区、一五工业遗产保护、长影老厂改造等项目	文化局
10	文化创意产业发展工程	100	建设东北亚科技文化创业产业园、动漫产业园、光复路文化园、关东文化园等项目	文化产业办、文化局

七、推动科技创新,促进科技成果转化

继续实施科教兴市战略,加快国家创新型城市建设步伐,着力打造长东北科技创新中心,提高创新驱动的核心战略性作用,提高科技进步的支撑引领作用,提高高新技术产业的基础作用。到 2015 年,建成东北亚地区重要的创新中心和成果转化基地,科技进步贡献率达到 60% 以上,高新技术增加值占工业增加值比重达 50% 以上。

(一)加强科技创新能力建设

集聚各类创新要素,推动创新能力提高,突破关键核心技术,打造具有国内领先优势的产业和企业,2015 年,百万人口发明专利授权数力争达到 200 件以上。

提高企业自主创新能力。着力支持发展一批拥有核心技术和自主品牌、具有较强竞争力的高新技术企业,落实新能源汽车、动车组、物联网、LED 显示及照明、激光及加工设备、稀土镁合金、植物化工材料、生物制种、特种工程塑料、高分子降解材料等重大科技专项,力争取得重大技术突破。

提高研发平台建设能力。加快建设一批国家级、省级重点实验室、企业技术中心和科技创新中心,进一步发挥高新技术产业开发区、经济技术开发区和大学科技园区等各类科技园区引领作用,促进各种相关技术有机融合,提高各类中心研发水平,形成具有市场竞争力的产业和产品,推动产业优化升级。

提高引进消化吸收再创新能力。广泛开展科技合作和交流,积极引进国内外先进技术和科研成果,在重点领域和重点产业,组织关键技术开发,加大消化吸收再创新力度,促进引进技术转化为内生的科技创新能力。

(二)完善科技创新体制机制

深化科技体制改革,强化政策引导,优化科技资源,建立多元化科技投入体系,完善科技管理体制和运行机制。

组建"四位一体"战略联盟。建立"政府、企业和战略投资者、科研院所、开发区"四位一体创新驱动战略联盟,突出政府引导、企业和投资者主体、高校院所支撑、开发区载体作用,构建以企业为主体、以市场为导向的产学研相结合技术创新体系。

构建科技资源共享机制。促进科研机构、大学、企业间科研人员合理流动与合作,围绕汽车、农产品加工、轨道客车等支柱优势产业,组建跨行业、跨企业、跨地域技术创新联合体;着力建设公共技术服务平台,实现资源共享,扩大区域合作,支持与国外科研机构联合开展技术研发。

建立多元科技投入体制。完善财税金融支持政策,促进科技创新与资本有效对接,构建以政府投入为引导、企业投入为主体、金融投入为支撑、民间资本和其他投资为辅助的多元化创新投入体系。

加强知识产权创造与保护。着力实施专利战略,鼓励支持专利申请。大力推进标准战略和名牌战略,进一步完善品牌奖励政策。深入开展知识产权质押融资,促进科技型中小企业创新发展。

(三)加快科技成果转化步伐

建立健全科技成果转化的激励机制,促进科技成果加快转化为现实生产力。到 2015 年,我市科技成果转化率达到 35%。

增强高校和科研院所科技成果转化作用。鼓励高校和科研院所进入经济建设主战场,积极促进产学研相结合,充分发挥企业在成果转化中的主体作用。

强化科技成果转化支撑能力。增强科技企业孵化器作用,推动由增加数量向提高孵化功能方向转变;大力发展技术评估咨询、科技成果推广、技术产权交易等中介机构,提高为科技成果转化的服务能力。

着力推进重大科技成果转化项目。培育发展高新技术产业基地,落实全省"双百"工程,着力实施"双十"工程,集中支持十个重大科技成果转化项目和十户重点培养上市的科技型企业。

（四）切实建立人才支撑体系

深入实施人才长春战略，强化人才第一资源的理念，创新人才工作体制机制，努力建设人才聚集基地、人才培养基地和产业人才高地。

打造产业人才高地。围绕汽车、玉米化工、轨道客车等优势产业，建成国内著名的产业人才高地，集聚一批海内外一流的高层次创新人才、领军型高层次创业人才、具有国际化水准的高级管理人才和技艺精湛的高技能人才。

建设人才管理改革试验区。选择部分产业特征明显、集群程度较高、人才基础好的产业园区，搭建创业孵化、科技评估、资本市场培育等平台，建立与国际接轨、能够激发人才创新创业活力的人才发展特区，以政策突破引领体制机制创新。

实施"五大人才工程"。实施海外人才引进"百人工程"、千名紧缺高层次人才开发培养工程、千名创新型青年科研人才培养工程、千名大学生基层培养历练工程和"三个一"中小企业家孵化培育工程，加大人才引进和重点领域紧缺人才开发培养力度，为经济社会发展提供人才支撑和战略储备。

推动"长吉图"人才一体化开发。发挥长春在人才集聚方面的辐射带动作用，搭建"长吉图"一体化的人才信息网络和人才数据平台，促进人才有序流动和资源共享。完善产业领域人才合作政策，创新高校、科研院所与企业的对接机制，实现"长吉图"人才同城和区域人才集聚，推动城市集群和优势产业融合发展。

八、建设绿色宜居城市，提高城市承载能力

建设资源节约型和环境友好型社会，加快城市立体交通体系建设，完善城市基础设施，加强生态环境保护，打造交通顺畅、环境优美、人与自然和谐相处的北方绿色宜居城市。

（一）提升城市规划水平

坚持高起点、高标准原则，科学规划城市总体布局，着力形成多中心、多组团、开敞式的城市空间发展结构，引导城市建设协调有序发展。

创新城市的规划理念。更加注重城市规划区域观、战略观、生态观、人文观和政策观，把长春市放在长吉一体化、吉林中部城市群、东北地区、东北亚地区的战略支点上去定位、去思考、去规划；更加注重城市内部构架的协调、人文内涵的塑造，体现环保、和谐、生态和集约的建设思想。

把握城市的总体风格。围绕建设绿色宜居城市目标，遵循整体建设原则，传承和再造城市风貌，彰显城市个性。坚持民本优先，着力为百姓营造和谐宜居的城市环境；注重精品意识，着力打造每座建筑、每个小区成为城市亮点；强化统筹思维，着力推动单体建筑与城市空间布局、整体建筑风格的协调统一；突出特色品味，强化长春六大名城内涵，形成极具特色的城市规划。

发挥规划的调控功能。改变城市空间扩展上的无序性，在不同层次区域的整体框架下，明晰各县（市）区、开发区的空间扩展方向、发展重点和功能定位。不断提高城镇承载能力、公共服务能力，避免城市化过程中产生的环境、交通等方面的城市病，保障人民群众出行、居住和消费需求。

加强规划的编制管理。维护规划的统一性、权威性和严肃性。在严格执行新一轮城市总体规划的前提下,实行统一规划、分区建设,进一步调动各城区、开发区抓好城市建设的积极性、创造性;严格执行土地利用总体规划,坚持节约集约和依法用地,提高土地利用效率。

(二)构建城市综合交通体系

完善城市路网系统,构建"四环五纵六横八放射"的交通主干路和快速路网,提高次干路和支路密度,加快公共交通和轨道交通建设,确保500万城市人口和100万城市车辆出行通畅。

城市重要节点和交通枢纽建设。城市中心区在保持城市风貌不变前提下,加快推进三环路、四环路以及城市主干路重要节点的立体化建设。大力推进交通枢纽建设,着力建设长春火车站综合交通换乘中心、长春西客站综合交通枢纽等重点工程,建成集航空、高速铁路、城市轨道交通、公共汽车等多种交通方式紧密衔接、高效换乘的交通枢纽。

城市快速路网建设。启动机场快速路、伊通河沿河大道等道路建设,加快建设亚泰大街、台北大街等"两横三纵"快速路、规划建设东西向和南北向的全程高架快速路,并与三环路、四环路相衔接,形成便捷完善的城市快速路网系统。推进景阳大路、开运街等城市主干路改造和建设,提升道路整体承载能力。

公共交通建设。强化公交优先,增加政府投入,增加公交线路,优化站点布局,提高换乘效率,方便群众出行。大力发展轨道交通,重点建设轻轨三期、地铁1、2号线等工程,加快形成城市快速便捷的轨道交通网络。积极发展汽车公共交通,重点建设公交专用车道和公交智能优先通行系统,实现公共交通快速化、标准化、智能化。到2015年,轨道交通里程超过100公里,公共交通分担率达40%以上。

汽车专用物流通道建设。有序推动汽车物流运输和城市交通分离,着力打通一汽厂区"丁"字路,扩建一汽高速入口,拓宽、改造东风大街、支农大街、蔚山路等承担汽车物流运输功能的主要干道,提高整车和零部件的配送、运输能力。

静态交通设施建设。加强新建商务综合体的地下停车场建设,在主要商业区和主要干路建设过街天桥或地下通道;在城市对外公路出入口、交通枢纽、商业集中区、行政办公、医疗卫生、公园绿地等区域,设置社会停车场。鼓励单位或者个人投资建设有偿公共停车场(库)和立体停车楼。

铁路航空建设。加快哈大铁路客运专线长春段建设,筹划西南铁路编组站,建设汽车物流铁路专用线。完成龙嘉机场二期扩建工程,提升航空服务软硬件水平,拓展航线网络,实现省会城市全覆盖,开拓重点热点旅游城市和毗邻国家、地区航线。加大低空空域开发力度,拓展农化作业、森林防火、直升机飞行等应用。到2015年,空港旅客年吞吐能力达到1000万人次。

(三)加强市政基础设施建设

按照远近结合、适度超前的原则统筹城乡规划,提高能源保障水平,破解生产生活要素瓶颈制约,提高城市承载能力。

供水。结合吉林省中部城市引水工程的实施,加快建设第五水厂,规划建设第六水厂,完善城市供水管网设施,老旧管网全部更新,形成多源联网、安全可靠的供水系统。到2015年,供水能力达到180万立方米。

排水。全面提升城市特别是低洼地带雨水排放能力,加强排水设施的更新改造和配套工程建设,重点地区、地势低洼地区、重要道路交叉口和立交桥雨水排除设施的排水标准为 3～5 年一遇。按照"无害化、减量化、稳定化、资源化"的原则,增加污水处理能力,加快建设东南、莲花山、两甲等污水处理厂,到 2015 年,城市污水集中处理率达到 95%。

供电。推进热电一厂、热电三厂二期、华能热电厂二期、东南热电厂建设,加大城区电站(网)建设和改造力度,新建 3 座 550 千伏变电站、9 座 220 千伏变电站、45 座 66 千伏变电站。到 2015 年,全市年供电能力达到 300 亿千瓦时。

供热。合理布局供热源点,推进热点联产项目,五年新增 5000 吨位供热能力。除特殊情况,全部取消小锅炉。加快集中供热管网建设和改造。积极推行供热准入制度,着力推进老旧房屋节能改造,大力推广普及热计量。增加政府投入,探索供热体制新模式,切实解决好群众冬季供热问题。到 2015 年,城市集中供热普及率达到 90%。

供气。加大气源引进力度,继续推进俄罗斯、大庆和吉林油田天然气引进工程,加快长春—吉林天然气长输管线建设。完善储气调峰设施和调压站布局,加快高危管线改造和天然气置换煤气建设步伐。到 2015 年,全市天然气供气达到 10 亿立方米,城市综合气化率保持在 98% 左右。

数字长春建设。打造以数字政务、数字商务、数字生活为主要特征,集城市规划、建设、管理和服务于一体的智能化数字城市。完善城市信息系统,加快建设以地下管网及城市部件数据库为重点的城市空间基础数据平台。推进"三网合一"试点工作,整合信息高速通路应用系统。大力实施"天网工程",监控探头覆盖城区,加强城乡信息化网络建设。提升政府办公自动化水平,完善电子政务建设,逐步实现网上办公、网上审批,建设数字档案馆等公共信息平台。到 2015 年,形成较为完善的信息化体系。

(四)打造绿色生态体系

按照城市园林化、城郊森林化、道路林荫化、小区绿地化、水系洁净化的要求,加强生态建设,注重环境保护和资源节约,推进森林城建设。

建设城市绿色生态林系。加快农安、榆树、九台、德惠及城市近郊等地 3500 公顷的防护林建设,改造更新农田防护林,构筑城市外围绿色生态屏障。继续实施净月潭退耕还林工程,启动石头口门、新立城和莲花山退耕还林工程,提升城市绿肺功能。加强城区主要街道和沿河的林带建设,提高路网绿化水平。

完善城市生态绿地系统。以建设公园绿地、街路绿地、小区绿地和庭院绿地为重点,优化绿地布局,拓展绿色空间。到 2015 年,各城区、开发区均建有 1～2 个大型公园,累计新增城市绿地面积 1500 公顷以上,城市人均公共绿地达到 12 平方米。

建设城市生态景观水系。统一规划、综合治理、合理开发市内河流、水库、湖泊和明沟,建设集亲水景观、水岸生态、水质保护、防洪排涝于一体的城市生态水系,确保水系充盈。推进生态治水,做好伊通河、南湖、净月等水域建设,连接贯通域内各水系,形成环城"蓝带",促进水系流动,增加市民亲水空间。

建设湿地生态示范区。实施石头口门和新立城饮用水水源地湿地、波罗湖湿地等 7 大湿地恢复保护工程,健全湿地功能,打造湿地产业,着力加强双阳、净月两大国家级生态示范区建设。

推进节能减排。强化对重点企业节能减排监管,鼓励企业加大节能减排技术改造和技术创新投入。科学利用太阳能、风能、生物质能等新能源和可再生能源,提高新能源和可再生能源在能源结构中的比重。加大中水回用力度,争取纳入国家节水型城市试点。加大废气、废水、废渣治理力度,鼓励出租车、中巴车、公交车使用清洁能源。强化城市生活垃圾、工业垃圾无害化处理和回收利用,加快建设双阳垃圾处理场。建立噪声污染防治管理机制。到2015年,二氧化硫排量累计下降1万吨。

(五)推进城市市容环境综合整治

坚持把综合整治与创建全国文明城市相结合,着力解决人民群众关心的热点、难点问题,提高城市环境质量,让人民群众生活得更加美好。

加快街路提升改造和标准化商圈建设。改造提升人民大街、新发路等20条精品街路和同志街、亚泰大街等30条标准化街路,提高红旗街、永春路等大型商圈标准化建设水平,着力改善城市面貌。

拆除违法建筑和推进城市靓化。加大拆除违法建筑力度,继续整治户外广告牌匾,着力开展退线还绿、一路一景的绿化彩化精品建设工程,推动城市靓化进程。

加强市容卫生环境整治。着力开展卫生环境整治工程,加大市容环境执法和日常监管力度,高标准开展城市出入口、城乡结合部、家庭小区环境净化、美化改造,实现全市卫生环境整治工作规范化、标准化和常态化。

强化城市精细化管理。加强交通秩序整治,重点治理酒后驾车等违法行为。完善交通管理设施,方便残疾人、老年人出行,创建无障碍城市。提高道路利用率,大面积推广单行线和主干路左转限制。建设智能交通控制中心,逐步建成智能化交通管理系统。科学规划城市路牌,倡导新城新区数字化命名。推进"城市地下管道综合走廊"建设,提高城市空间综合利用和基础设施建设管理水平。

完善城市管理体制。创新城市管理手段,推动城市管理重心下移。坚持依法管理城市,建立专业执法和综合执法相结合的执法体系,健全长效管理机制。确立经营城市理念,引入市场机制,以多元化投资模式从事城市资产的经营和管理。

专栏5 长春市"十二五"时期城市建设十大重点工程

序号	工程名称	总投资（亿元）	主要建设内容	推进单位
1	地铁一、二号线建设工程	220	全长39公里,一号线2011年启动、2015年通车,二号线2012年启动、2016年通车	建委
2	城市立体交通建设工程	260	三环路和四环路各主要节点、人民大街等城市主干路重要节点、城市出城口等实现立交化,建设两条东西向、三条南北向的快速路,形成快速路路网体系	建委
3	西客站交通枢纽建设工程	100	建设集高铁、城铁、地铁、公交、公路客运等多种交通有效衔接的综合交通枢纽	建委、绿园区
4	伊通河综合治理工程	200	推进伊通河市域内沿线污染治理、防洪安全、生态改造和风光带提升6大类72个重点项目	伊通河管理委员会
5	城市湿地恢复和建设工程	100	建设长东北城市生态湿地、长春净月潭湿地、波罗湖生态湿地、太平池水库湿地、新立城水库湿地、石头口门水库湿地、南溪湿地等七大湿地	水利局

续表

序号	工程名称	总投资（亿元）	主要建设内容	推进单位
6	城市要素保障工程	300	推进水电气热等要素供应源建设，着力改造地下网管，提高支撑能力，推动"气化长春"建设	市政公用局、建委
7	棚户区和危旧房改造工程	500	优先拆迁危旧房，全力推进棚户区改造，五年累计改造棚户区面积达到 600 万平方米	房地局
8	"暖房子"建设工程	200	推进热电厂大型热源建设，加快小型锅炉房的拆并和集中供热管网改造	房地局、市政公用局
9	"数字长春"工程	100	推进城市信息化基础设施建设，建设长春公共信息系统、地理信息系统平台	工信局
10	莲花山生态区建设工程	50	建设退耕还林生态休闲示范区、生态旅游运动康复综合配套示范区、生态旅游型高尚社区示范区	二道区

九、实施富民工程，提高全市人民生活水平

坚持以改善人民生活为目的，以发展三次产业为手段，以增加群众收入为重点，合理调整收入分配关系，完善社会保障体系，加强社会救助能力，着力使发展成果惠及全市人民，让城乡居民生活更加殷实富裕。

（一）发展民营经济

促进民营经济发展。放宽民营企业市场准入条件，加大政策支持、产业引导和社会服务力度。鼓励居民兴办个体工商业、独立办企或合伙办企。积极引导民营企业参与国有企业的改组改造，支持民营企业从事高新技术产业、战略性新兴产业发展。努力培育年主营业务收入过十亿元、百亿元的民营龙头企业。

鼓励全民自主创业。创造条件鼓励更多劳动者成为创业者，提高创造财富人群比重。坚持"非禁即入"原则，放开民间投资领域。加快建设创业孵化基地和公共信息服务平台，国家和省级实验室、技术中心向中小企业和创业者开放。实行初创企业 2 年筹备期制度，建设创业型城市。

加大财税支持力度。设立全民创业发展专项资金、服务业发展专项资金、中小企业民营经济发展专项资金、小额担保贷款贴息资金。对新组建设立的贷款公司、农村资金互助社等新型农村金融机构，分类给予政策支持。

（二）扩大社会就业

实行积极就业政策。全力发展就业容量大的服务业和劳动密集型产业，培育就业增长点。加大政府组织和服务力度，增加就业岗位，改善就业结构，促进充分就业，每年新增就业 10 万人左右。积极发展非全日制、非固定单位就业等灵活就业形式。支持大中专毕业生到中小企业、非公企业、乡镇公共服务机构就业。以创业带就业，鼓励自谋职业、自主就业，扩大自由职业者群体。搭建灵活就业服务平台，及时对灵活就业人员提供技术等级评定、供求信息和中介服务。大力支持开展对

外劳务合作。

增加公益岗位规模。在稳定全市2万个公益岗位规模基础上,完善面向所有困难群众的就业援助制度。普遍解决困难群体、零就业家庭再就业问题,重点帮扶困难家庭就业。建立完善"能进能出、渐进渐出、岗位相对固定、人员合理流动"的公益岗位管理机制。

加强创业就业培训。加大创业就业实训基地建设投入,改善创业就业培训条件,提高培训水平。到2015年,全市免费培训、补贴培训、在职培训累计达到20万人,对初高中毕业生不能进入上级学校的,政府采取资助或补贴方式提供职前教育。

(三)增加居民收入

着力提高城乡居民工资性收入。把提高工资水平作为调节分配关系的着力点,合理调整劳动者、企业、政府的分配关系,确保社会工资增幅高于全国平均水平。逐步提高机关事业单位人员收入水平。建立企业职工工资正常增长和支付保障机制,合理制定职工工资增长计划,逐步提高企业退休人员基本养老金。加大最低工资标准调整力度,坚持与职工平均工资挂钩,到2015年达到职工平均工资40%以上。积极推动农村企业快速发展,引导农民从事非农产业。大力发展农村劳务经济,鼓励农民劳务输出。

着力提高城乡居民经营性收入。建立农民增收长效机制,夯实粮食增产能力,确保粮食增产增收;大力发展效益农业,全力推进蔬菜、特色园艺、君子兰等作物种植,提高经济作物收入;积极发展养殖业,完善农民专业合作组织,强化龙头企业与农户利益联结机制。到2015年,加入合作社和龙头企业带动的农户达到总户数的50%以上,农民转移就业达到100万人次以上。通过发展民营经济、努力扩大就业、促进全民创业等一系列举措,努力提高城镇家庭生产经营收入。

着力提高城乡居民财产性收入。鼓励城乡居民利用动产和不动产增加收入,到2015年,城乡居民人均财产性收入达到全国平均水平。搞好农民承包土地、宅基地、林地、荒山荒地等使用权的确权,探索农民各类财产权抵押贷款办法。完善征地补偿机制,安排好失地农民住房和就业保障。发展住宅、汽车等二级市场和城镇房屋租赁市场,活化居民资产。

着力提高城乡居民转移性收入。坚持效率与公平并重,发挥财政杠杆调节作用,努力增强社会保障能力,确保城镇居民转移性收入平稳增长。全面落实国家惠农政策,稳步提高财政补贴,不断增加农民转移性收入。

(四)健全社会保障

加快完善社会保障体系。坚持广覆盖、保基本、多层次、可持续方针,加强社会保障体系建设。实现城镇居民基本养老、医疗、生育、失业、工伤和新农合参保全覆盖;新型农村养老保险试点范围实现全覆盖。探索更加灵活的社会保障制度。

提高社会保险待遇水平。建立和形成社会保险待遇调整机制,完善基本养老保险、企业年金和个人储蓄养老保险相结合的多层次养老保险体系。实现医疗、工伤保险市级统筹,扩大医疗保险门诊大病范围,逐步提高医疗保险最高支付限额。

加大城乡困难群体救助力度。稳步提高城乡低保保障标准,适当提高分类施保补助水平。完善低保和物价联动机制,加大城乡低保边缘人群、低收入人群、困难人群的临时救助、补贴力度。扩大殡葬救助范围。提高集中供养和分散供养孤儿、"五保"对象、重点优抚对象以及城镇"三无"人员补贴标准。城乡孤儿救助率达到100%,农村"五保"对象供养率达到100%,"三无"人员救助率达到100%,实现有一助一、无一遗漏。

加快发展社会福利和慈善事业。发挥政府主导作用,鼓励社会力量参与,加快社会福利体系建设。重点建设各级各类福利机构,鼓励支持民办养老、托养机构发展,积极推进"民办公助"制度。大力发展残疾人社会福利事业。到2015年,实现市级社会福利机构基础设施全面改造、县级社会福利服务中心全覆盖、城市社区居家养老服务站全覆盖。

十、发展社会事业,促进社会和谐稳定

以提高人的素质、保障身心健康、加强道德修养、着力改善民生为重点,推动公共服务均等化,提高政府公共服务能力,努力构建与现代化建设和人的全面发展需要相适应、覆盖城乡居民的社会公共服务体系。

(一)优先发展教育事业

均衡发展基础教育。落实教育优先发展战略,促进城乡教育均衡。强化义务教育资源均衡分布,加强公办校管理,规范民办校行为,完善"大学区"制度,实现行政区域内义务教育均衡,保证农民工子女、"留守儿童"接受义务教育,形成20分钟入学圈。加快普及高中阶段教育,推进高中教育优质化工程。

加快发展学前教育和高等教育。普及学前教育,加快标准化建设,鼓励多元化投入,市区形成10分钟入园圈,实现每个乡(镇)至少要有一所标准中心园。支持高等教育提高办学质量,提升教育信息化水平,扎实推进特色院校建设。

大力发展职业教育和民办教育。重点支持建设5所国家级改革发展示范学校和5所国家级优质特色学校,完善职业教育体系。中等职业教育招生规模达到3.5万人,在校生规模达到10万人。开展促进高等职业教育发展综合改革试点,推进校企合作制度化。优质发展民办普通教育,重点建设10所具有现代化功能的骨干示范校。

加快发展继续教育、特殊教育、民族教育和老年教育。构建市民终身学习体系。完善残疾人教育体系,强化政府在特殊教育发展方面的公共服务职能。重视和支持民族教育事业,加快推进民族学校教学改革试点项目。重视和加强老年教育事业,推进老年教育事业全面协调发展。

(二)加快发展卫生事业

积极实施国家基本药物制度。扩大基本药物制度实施范围,保证基本药物足量供应和合理使用,保障群众基本用药权益。加强基本药物质量监管,实现全品种覆盖抽验和全品种电子监管。

健全基层医疗卫生服务体系。逐步增加政府投入,进一步加强基层医疗卫生机构建设。完成城市15分钟医疗圈和农村村级卫生所(室)的标准化建设。

促进基本公共卫生服务均等化。政府通过购买方式增加公共卫生服务项目。建立和完善医疗急救、血液供应等城市公共卫生安全保障体系。加强妇幼卫生工作,建设市妇儿保健中心。实现全民健康信息化管理。

推进公立医院改革。优化调整公立医院区域布局和结构,推动部分公立医院转制为非公立医疗机构。探索政事分开、管办分开的有效形式,建立住院医师培训和农村卫生人才培养基地,实行医药分开,取消药品加成,努力解决人民群众看病难、看病贵的问题。

(三)大力发展文化体育事业

繁荣文化事业。坚持文化事业和文化产业两手抓,全面提高长春文化"软实力"。着力提高城乡居民的文明素质,推进文化民生工程,重点发展面向基层和农村的公益性文化事业,拓宽公共文化服务领域。着力打造文化品牌,创作文艺精品。着力抓好文物和非物质文化遗产保护,推动文物保护系统化、规范化和制度化。着力加强重要新闻媒体建设,重视互联网等新兴媒体和传统新闻出版市场管理,提高广播电视传播能力。着力完善文化基础设施,推进以博物馆、艺术馆、图书馆为重点的公共文化基础设施建设。到 2015 年,每个市(县)区都有一所图书馆、文化馆、数字影院,每个乡镇都设有综合文化站,实现广播电视全覆盖,农家书屋覆盖率达 100%,形成 1 公里文化圈,基本建立公共文化服务体系。

发展体育事业。围绕创建健康城市,深入实施全民健身工程,加强公共体育设施特别是城乡基层体育设施建设,构建全民健身服务体系。以冬季项目为重点提升竞技体育水平。加快足球、篮球等俱乐部职业化发展,壮大职业体育实力。2015 年形成步行 8 分钟体育健身圈,每周参加体育锻炼三次以上人口达到 50%。

(四)做好人口工作

稳定适度低生育水平。全面落实人口和计划生育工作目标管理责任制。加强流动人口管理与服务,探索建立引导人口有序流动和合理分布的长效机制。到 2015 年,户籍人口控制在 800 万人以内,人口自然增长率控制在 2‰左右。

提高出生人口素质。进一步完善出生缺陷干预机制。综合治理出生人口性别比偏高问题,严禁非医学需要的胎儿性别鉴定和选择性别的人工终止妊娠。到 2015 年,出生缺陷发生率控制在 7‰左右。

应对人口老龄化。以体制机制创新为动力,建立以家庭为基础、社区为依托、机构为支撑的养老服务体系。积极推进养老服务领域基础设施项目建设,鼓励社会力量参与养老服务业发展。

发展妇女儿童事业。切实保障妇女合法权益,加强未成年人保护。促进妇女就业创业,提高妇女参与经济和社会发展能力。加强婴儿早期启蒙教育和独生子女社会行为教育。

支持残疾人事业发展。健全残疾人社会保障体系和服务体系,为残疾人生活和发展提供稳定的制度性保障。推进残疾人"人人享有康复服务",大力开展残疾人就业服务和职业培训。

(五)创新社会管理

完善社会管理体系。以符合社会主义市场经济体制为导向,构建党委领导、政府负责、社会协同、公众参与的社会管理新格局。加强城乡自治组织和社区建设,健全基层社会管理服务网络,支持居民协助政府做好社会管理工作,促进政府行政管理与社区自我管理的有效对接。积极构建社区综合服务平台、社会信息服务网络和社会服务人才队伍。

创新群众工作机制。促进社会组织发展,坚持培育发展和管理监督并重,充分发挥各类社会组织、民间团体的作用,增强社会服务功能。健全维护群众权益机制,拓宽社情民意表达渠道,建立方式多样、畅通高效的诉求表达机制,注重民意收集与信息反馈,主动回应社会关切。不断完善社会矛盾调解机制,加快建立社会稳定风险评估机制、社情民意调查机制和社会矛盾多元解决机制,健全人民调解、行政调解、司法调解三位一体的大调解工作体系,从源头上、基础上、根本上解决影响社会和谐稳定的问题,积极防范和有效化解劳资纠纷、征地拆迁、环境污染、食品药品安全、企业重组和破产等引发的社会矛盾。

提高社会治安水平。全面加强社会治安"打防控"一体化体系建设,重点打击黑恶势力犯罪、经济领域犯罪、毒品犯罪以及各类严重暴力犯罪。加强城乡社区警务、群防群治等基层队伍建设,加大重点地区社会治安综合治理力度,降低发案率,提高破案率和结案率。

强化公共安全保障能力。推进安全生产,实现各类安全生产事故数、伤亡人数和直接经济损失三项控制指标零增长。切实保障食品药品安全,完善安全标准,加强安全监管,建立食品药品质量追溯制度。严厉打击制售假冒伪劣药品、医疗器械行为。建立粮食储备制度,保证粮食供应安全。

加强应急预警和防灾减灾能力建设。加强城乡应急设施建设,完善应急预警机制,健全应急协调系统,提高预防和处理消防、地震、干旱、防洪、交通、网络、供电、卫生、突发气象灾害等各方面应急事件处理的能力,畅通信息沟通渠道,做好突发事件信息发布和处置。

十一、深化改革开放,增强发展的动力和活力

加快重点领域和关键环节改革创新,实施更加积极主动的开放战略,完善内外联动、互利共赢的开放型经济体系。到2015年,建成比较完善、符合经济社会发展要求的体制机制,进出口总额和实际利用外资年均增长达到15%。

(一)探索要素市场体制改革

建立健全要素市场。培育建立金融、土地、技术、人才等要素市场,健全组织提升功能,促进要素资源的优化配置。积极发展地区性资金市场、外汇市场等,健全区域金融市场。规范发展土地市场,促进土地有序流转。规范产权交易市场,形成全市统一联网的产权交易市场体系。建设现代技术市场体系,提高创新成果对要素资源的支撑能力。发展和健全人才市场,将长春潜在的人力资源优势转化为现实的产业优势。

完善要素价格形成机制。建立反映资源要素稀缺程度的价格形成机制、公平竞争的市场秩序和产权边界明晰的市场主体。探索发电权交易以及跨区送电管理体制改革,适时建立清洁能源和可再生能源发电定价和费用分摊机制。认真落实国家天然气和成品油价格改革措施。建立健全合理的水价形成机制,完善水资源费征收办法,充分发挥水资源的市场调节作用。

着力规范要素市场秩序。以政府信用、企业信用、社会中介信用和个人信用等为重点,积极推进"信用长春"建设。加快建立信用记录、信用评估、信用公示、信用警示制度,健全信用缺失责任追究制度,完善信用制度体系。加强市场监管职能,加大市场执法力度,坚决打击制假售假、商业欺诈等行为,整顿规范市场秩序,保障消费者权益。

（二）进一步深化国有企业改革

继续深化国有企业改革。进一步完善公司法人治理结构,建立健全现代企业制度,进一步释放微观经济主体活力。打破地区、行业、所有制的限制,引进战略投资者,培育具有国际竞争力的大型企业集团,增强国有经济竞争力。实施企业上市培育工程,积极推进具备条件企业上市。

继续完善国有资产管理体制。开创国有资产的监督和经营高效模式,确保国有资产保值、增值。探索建立公益性和竞争性国有企业分类管理体系,健全国有资本经营预算和收益分享制度。

继续推进大集体改革试点。扩大试点范围,积极争取提高中央财政经济补偿金补助比例,落实将土地出让收益用于支付改制成本的政策,多渠道筹措资金,抓好大集体职工养老保险关系接续试点。

（三）推进行政管理体制改革

加快转变政府职能。完善行政许可权制度、重大行政许可决策备案制度、行政许可决定公示制度、行政许可听证制度等相关制度,建立健全政府职责体系,加强政府服务体系建设,减少政府对微观经济运行的干预。

优化经济发展软环境。着力规范行政行为,继续下放经济管理权限,减少行政审批事项,推行网上审批制度。推进权力公开透明,加强机关作风建设,提高行政效能。完善绩效考核制度,建立促进科学发展观的绩效考评体系,全面推行绩效管理制度。

深化重点领域改革。进一步深化财税体制改革,探索公共财政向公共事业和民生工程倾斜的保障体系。继续深化投资体制改革,建立政府投资决策、管理和风险控制机制。推进干部人事制度改革,全面推进事业单位分类改革。深入推进司法体制改革和工作机制改革。探索医疗、教育、文化等社会事业方面改革。

（四）建立对外开放平台

实施开放带动战略。全面推进长东北开发开放先导区的建设,充分发挥各级开发区辐射和带动功能,着力形成全方位、宽领域、多层次的开放格局,以大开放促改革、促调整、促发展。加快推进区域合作。

构建对外开放载体。围绕重点产业,全力搭建以开发区、工业园区为主的对外开放载体,引进一批符合我市产业发展方向、带动能力强、科技含量高的大项目、配套项目、合作项目,在更大范围、更广领域和更高层次上参与区域经济合作与竞争。

打通对外贸易通道。围绕"长吉图"开放战略和内陆港建设,新开通3个出海(出港)通道。依托"长吉图"战略打通长春至图们江经朝鲜出海通道;依托图乌铁路打通长春至蒙古内陆通道;依托长珲高速打通长春至海参崴等俄罗斯边疆近海地区内陆通道。

（五）加大招商引资力度

着力突出招商重点。围绕支柱产业和战略性新兴产业,围绕产业链条的延伸,紧盯世界500强,紧盯央企,紧盯大的民企,紧盯长三角、珠三角和环渤海等发达区域进行招商,拓展合作深度,提高引资成功率。

创新招商引资方式。在大型推介、叩门招商、展会招商等传统方式的基础上，加大中介招商、网上招商和园区招商的力度。

大力改善招商环境。延长"外商投资企业绿色通道"，依法保护投资者合法权益，全力打造"服务高地"、"政策洼地"和"投资宝地"，积极营造亲商、安商、扶商、富商的良好氛围。

继续开展"全市招商引资九个月攻坚行动"。精心策划和组织好境内外重大招商引资活动，借助东博会、厦洽会等重大展会，为企业搭建项目对接平台。

（六）大力发展对外贸易

积极扩大对外贸易总量。提高一汽、轨道客车、大成、皓月等重点企业进出口规模，支持其他大型企业做大进出口贸易，扶持具有潜力的中小企业形成新的外贸增长点。到2015年，全市进出口企业发展到1000户。

继续优化出口产品结构。积极促进高附加值的装备制造产品、特别是高新技术产品的出口，重点推进汽车零部件、机电、医药等出口；发挥比较优势，扩大具有自主知识产权、自主品牌的产品出口，支持出口大户与配套能力强的加工企业加快发展，增强出口产品市场竞争力，提高产业层次和加工深度。

加快对外贸易转型升级。推进出口市场多元化，开拓国际市场尤其是新兴市场，鼓励和帮助竞争力较强的企业参与国际竞争，支持重点企业走出去，扩大经营，扩展市场。

十二、完善保障机制，全面实现宏伟目标

（一）强化重大项目支撑

建立重大项目支撑体系。继续实施项目年建设，围绕重点领域和重点产业，建立产业发展、改善民生、资源环境等项目支撑体系，推进总投资超过5000亿元的150个大项目建设，着力抓好百万辆汽车、双千辆轨道客车、伊通河改造等20个重点工程。

建立重大项目储备体系。围绕国家和省实施新一轮振兴东北老工业基地战略、"长吉图"战略、长吉一体化战略，着力实施"2132"项目储备工程，谋划一批上升到省和国家的层面的重点项目。

建立重大项目融资体系。进一步拓宽民间投资渠道，完善和落实鼓励民间投资的相关政策。积极培育和打造我市融资平台，不断扩大直接融资比例，进一步保障项目建设的资金需求。

建立重大项目推进体系。构建绿色通道，加快项目审批，继续实施大项目领导包保推进制度，完善项目建设工作责任制，强化行业和区域联动机制，形成项目推进合力。

（二）着力扩大有效需求

实施积极的消费政策。扩大城镇居民消费需求，拓宽农村消费市场，增强消费对经济的拉动作用。提高城乡居民收入水平，增强居民消费能力。保持投资规模适度增长，着力扩大内需。

大力优化消费环境。积极发展个人消费信贷，推动消费模式向信用支持型转变。进一步加强价格调控监管，确保物价水平相对稳定。完善产品质量检测体系，创建优质的消费环境。

努力促进消费升级。加快培育消费热点,大力培育假日旅游、电子商务、文化创意、影视娱乐等时尚消费热点,落实好家电下乡、大型农机具购置补贴和以旧换新等促进消费政策,加快完善农村流通网络和城市社区商业服务网络。

(三)健全公共政策体系

优化政府资金投向。按照公共财政服从和服务于公共政策的原则,合理界定政府支出范围,财政资金优先向新农村建设、公共卫生、城乡就业、社会保障、公共安全、科技创新、环境保护等方面倾斜。

发挥税收杠杆作用。充分发挥税收政策的调节作用,制定和完善促进低碳经济发展、促进就业、促进科技发展等方面的税收政策,落实富民税收优惠政策。

强化产业政策引导。设立产业发展引导资金,制定针对建设支柱产业、培育战略性新兴产业、发展循环经济和低碳经济等的扶持政策,推动产业结构优化升级。

(四)推进政府依法行政

加强政府立法工作。依法建立健全地方法律法规,严格遵守法定权限和程序制定规范性文件,提高立法工作透明度和群众民主参与程度,完善规章和规范性文件的清理、修改和废止制度。

增强依法行政观念。强化普法教育,健全领导干部学法制度,强化运用法律手段解决各类矛盾,加强任职前的法律知识考核和测试,加大执法人员培训力度,增强对全社会的普法宣传力度。

完善依法行政机制。继续推进政企分开、政资分开、政事分开以及政府和社会中介组织分开,加强和完善政府经济调节、市场监管、社会管理和公共服务职能,明晰政府职能和各部门职责,杜绝推诿扯皮,着力推进依法行政和法治政府建设。

(五)加强规划组织实施

规划的任务分解。进一步健全责任制,总体规划由市政府组织实施。围绕总体规划的延伸和细化,组织编制专项规划和区域规划,由规划主管部门组织实施,确保规划如期实现。组织好规划宣传,形成全社会关心规划、参与实施和共同监督的良好氛围。

规划的目标落实。政府各部门按照职责分工,将总体规划任务目标分解落实到专项规划、区域规划和年度计划中,明确责任人和进度要求,切实抓好落实,并及时报告进展情况。

规划的考核监督。建立健全重大事项报告制度,定期向市人大常委会报告总体规划目标和任务进展情况,专项规划和区域规划由规划主管部门监督实施。

规划的调整修订。本规划纲要经批准后组织实施。规划实施期间由于形势变化和规划实施进度等特殊原因确需调整时,进行必要的修订,按有关程序报请人大常委会审议批准后实施。

黑龙江省国民经济和
社会发展第十二个五年规划纲要

（2011 年 1 月 24 日黑龙江省
第十一届人民代表大会第六次会议通过）

"十二五"时期是全面建设小康社会的关键时期,是深化改革开放、加快转变经济发展方式的攻坚时期,是全省"八大经济区"和"十大工程"建设的提速时期。科学制定和实施"十二五"规划,关系全省"十二五"期间乃至更长时期经济社会发展长远大计,对于抓住发展重要战略机遇期,推动全省经济社会实现更好更快更大发展具有重要意义。本纲要依据《中共黑龙江省委关于制定黑龙江省国民经济和社会发展第十二个五年规划的建议》制定,主要阐明 2011 年至 2015 年全省经济社会发展的总体思路、发展目标和战略任务,明确政府工作重点,引导市场主体行为,是"十二五"期间推进"八大经济区"和"十大工程"建设、构建现代产业体系、加速黑龙江振兴、全面建设小康社会的行动纲领和宏伟蓝图。

第一章　现实基础和发展环境

一、现实基础

"十一五"期间,在党中央、国务院的正确领导下,省委、省政府带领全省人民全面贯彻落实科学发展观,深入实施老工业基地振兴战略,扎实推进"八大经济区"和"十大工程"建设,胜利完成"十一五"规划确定的主要目标和任务,全省经济社会发展取得显著成就。

经济实力明显增强。2010 年全省地区生产总值达到 10235 亿元,与 2005 年相比(下同),年均增长 11.9%;人均地区生产总值达到 3900 美元。地方财政收入达到 1073.3 亿元,年均增长 22.3%,其中财政一般预算收入达到 712 亿元,年均增长 17.5%。全省固定资产投资达到 6812.6 亿元,年均增长 31.5%。社会消费品零售总额达到 4001 亿元,年均增长 17.7%。

经济结构明显优化。现代农业建设效果显著,两大平原农业综合开发试验区建设推动粮食生产能力跨上新台阶,农业产业化步伐加快。哈大齐工业走廊建设区、东部煤电化基地建设区已成为带动全省产业集聚发展的龙头。高新科技产业集中开发区建设取得积极进展,自主创新能力不断提高,高新技术产业规模不断扩大。北国风光特色旅游开发区带动旅游业快速发展,贸易、金融保险、服务外包、现代物流、文化创意等现代服务业发展势头良好。非公有制经济规模日益壮大。城镇化进程稳步推进,城镇化率达到56%。

基础设施建设力度明显加大。公路建设成果丰硕,建成高速公路1095公里,一级、二级公路3115公里,农村公路92365公里。哈大、哈齐客运专线、牡丹江至绥芬河扩能改造等铁路项目开工建设,漠河、伊春、大庆、鸡西机场建成投入使用。开工建设了尼尔基引嫩扩建一期工程和三江平原大型灌区工程以及西山、桃山二期等重点水源工程,大顶子山航电枢纽建成运营。能源保障能力不断增强,五年新增水、火、风发电装机718.5万千瓦,总装机能力达到1965.2万千瓦。

人民生活水平明显提高。就业再就业服务体系逐步完善,社会保障覆盖面不断扩大。基础教育、职业教育、高等教育三大任务取得重要进展。公共卫生体系建设成效显著,实现了新型农业合作医疗的全覆盖。积极实施"三供两治"、"三棚一草"等民生工程,改善了城乡居民生产生活环境。城镇居民人均可支配收入年均增长10.9%,农村居民人均纯收入年均增长14%,增幅超过城镇居民人均可支配收入增幅3.1个百分点。

专栏1 "十一五"规划主要目标实现情况

指　　标	2005年	"十一五"目标	2010年	年均增长（%）
地区生产总值(亿元)	5510	10000	10235	11.9
人均生产总值(美元)	1762	3000	3900	17.2
财政一般预算收入(亿元)	318.2	540	712	17.5
五年累计固定资产投资(亿元)	—	【17000】	【21000】	31.5
一、二、三次产业比例	12：54：34	8：54：38	12.7：49.9：37.4	—
研究与试验发展经费支出占地区生产总值比重(%)	0.6	1.1	1.1	—
单位地区生产总值能源消耗降低(%)	—	【20】	【20】	-4.4
万元工业增加值用水量(立方米/万元)	200	150	150	-5.6
农业灌溉水利用系数	0.47	0.50	0.52	—
城镇化率(%)	53.1	56	56	—
外贸进出口总额(亿美元)	95.7	240	255	21.7
五年累计实际利用外资额(亿美元)	【66.4】	【100】	【113】	11.2
五年累计增加城镇就业(万人)	—	【300】	【368】	
转移农村劳动力(万人)	—	600	520	
国民受教育年限(年)	—	9.5	9.5	
新型农村合作医疗覆盖率(%)	—	80	100	
城镇居民人均可支配收入(元)	8273	12160	13857	10.9
农村居民人均纯收入(元)	3221	4520	6210	14

续表

指　　标	2005 年	"十一五"目标	2010 年	年均增长（%）
城镇登记失业率(%)	4.5	5	4.27	—
人口自然增长率(‰)	1.95	5	1.8	—
耕地保有量(万公顷)	1170	1171	1163.2	—
森林覆盖率(%)	43.6	47	45.2	—
主要污染物排放总量减少(%)	—	【10】	【10】	—

注:带【】的为五年累计数

生态环境明显改善。大小兴安岭生态功能保护区建设成效显著,推进实施天然林保护工程、三北防护林工程、退耕还林工程、湿地保护与恢复工程、重点火险区综合治理工程,实现森林面积、森林蓄积量"双增长",天然湿地保护面积不断增加。积极开展平原绿化、沙化治理和小流域治理,水土流失、草地"三化"和生态环境脆弱等问题得到缓解,自然保护区和生物多样性保护工作不断加强,江河污染、大气污染等环境污染得到有效治理。单位地区生产总值能耗和主要污染物排放总量得到有效控制。

改革开放步伐明显加快。重要领域和关键环节改革迈出新步伐,农村土地管理和使用制度改革稳步推进,集体林权主体改革任务全面完成,国有林权制度改革试点取得积极进展,国有企业产权制度改革不断深化,医药卫生体制改革启动实施。对外开放领域不断扩大,东北亚经济贸易开发区、哈牡绥东对俄贸易加工区建设步伐加快,国际经贸大通道和重点口岸设施建设成效显著,利用外资质量和水平不断提高,多元化对外贸易格局初步形成。全省外贸进出口总额达到 255 亿美元,年均增长 21.7%;五年累计实际利用外资 113 亿美元,年均增长 11.2%。

从总体上看,尽管全省"十一五"规划实施进展顺利,但仍存在许多矛盾和问题,主要是:经济发展速度相对缓慢,结构性矛盾依然突出;体制机制性障碍没有根本消除,重点领域和关键环节改革任务十分艰巨;对外开放水平不高,开拓"两个市场"、利用"两种资源"、集聚各种生产要素能力较弱;基本公共服务能力薄弱,改善民生任务相当繁重;非公有制经济实力不强,发展环境需要进一步优化等。

二、发展机遇

从国际环境看,受金融危机影响,全球经济发生深度调整,为我省发挥资源和产业优势,承接国际产业转移和要素重组,加快经济结构调整提供了新的机遇。经济危机孕育科技革命,催生新兴产业,为我省发挥科技和人才优势,加快发展高新技术产业提供了新的机遇。受全球资源环境约束,绿色经济呈现强劲发展态势,为我省发挥生态和环境优势,加快发展循环经济提供了新的机遇。区域经济一体化进程加快,为我省发挥区位和地缘优势,加快对俄及东北亚合作提供了新的机遇。

从国内环境看,内生型发展将是今后相当长时期经济发展的基点,扩大内需将成为常态化措施,基础设施建设、产业结构和消费结构升级及社会事业发展等方面存在巨大需求,将进一步扩大我省经济增长空间。国家加大力度实施东北老工业基地振兴战略,在着力发展现代装备制造业、资源型城市接续产业和现代农业、高科技产业等方面给予重点支持,将进一步扩大我省产业拓展空间。

从省内环境看,"八大经济区"发展战略产业定位准确、区域布局合理,符合国家产业政策方向,为我省长远发展奠定重要基础;涵盖三次产业,涉及结构调整、科技创新、资源节约、环境保护等诸多方面,为我省协调发展奠定重要基础;面向俄罗斯、融入东北亚,全面发挥口岸优势,整合开放资源,为我省开放发展奠定重要基础;坚持科技创新,培育发展新产业,引领发展新模式,拓展发展新途径,为我省创新发展奠定重要基础;突出资源深度开发和综合利用,推进节能减排和生态保护,着力建设资源节约型和环境友好型社会,为我省绿色发展奠定重要基础。

三、严峻挑战

"十二五"时期,面临全球经济增速放缓、国内调整经济结构和转变发展方式的双重挑战,以及深化改革调整深层次利益关系等重大问题,我省加快发展形势更加严峻,仍然面对诸多可以预见和难以预见的风险挑战。受金融危机影响,国际竞争更加激烈,贸易保护主义抬头,不确定因素增多,我省将面临扩大对外开放的巨大压力。区域经济格局不断调整变化,集群化发展趋势日益明显,围绕市场、资源、人才、技术竞争更加激烈,各地发展势头迅猛,我省将面临区域竞争的巨大压力。城乡二元经济结构没有根本改变,城镇化水平不高,县域经济实力不强,资源型城市接续产业发展滞后等问题比较突出,我省将面临结构调整的巨大压力。随着经济社会加快转型,新旧矛盾相互交织,特别是城乡居民收入水平不高,就业形势依然严峻,公共服务和社会保障体系不够健全,我省将面临改善民生的巨大压力。

综合判断,世界经济增长格局有新变化,但和平、发展、合作仍然是时代潮流,经济全球化趋势没有改变,我国仍然处于发展重要战略机遇期,经济发展长期向好的基本趋势没有改变。"十二五"期间,国内外环境对我省加快发展总体有利,既面临诸多发展机遇,也面临各种严峻挑战,但机遇大于挑战。只要进一步增强加快发展的决心和信心,团结拼搏,开拓进取,就一定能够开创经济社会发展新局面。

第二章　总体要求和发展目标

一、指导思想

"十二五"时期,全省经济社会发展的指导思想是:高举中国特色社会主义伟大旗帜,以邓小平理论和"三个代表"重要思想为指导,全面贯彻落实科学发展观,坚持发展是硬道理的本质要求,以科学发展为主题,以加快转变经济发展方式为主线,紧紧围绕"八大经济区"和"十大工程"建设,坚定不移推进改革开放,创新科学发展体制机制;坚定不移推进结构调整,提升产业核心竞争力;坚定不移推进科教兴省,增强自主创新能力;坚定不移推进城乡统筹,实现区域经济社会协调发展;坚定不移推进生态建设,提高可持续发展能力;坚定不移推进民生改善,保持社会和谐稳定,努力走出一条符合黑龙江实际的科学发展道路,为全面建成小康社会打下坚实可靠的基础。

二、发展原则

按照上述指导思想,必须坚持以下发展原则:

——坚持科学发展。认真落实党的十七届五中全会精神,紧紧抓住和用好可以大有作为的重要战略机遇期,切实把握最广大人民的愿望,切实把握社会主义现代化建设的本质,切实把握党执政兴国的关键,充分体现发展是硬道理的本质要求,实现更好的发展质量、更快的发展速度、更大的发展效益,确保经济社会又好又快、更好更快发展。

——坚持加快发展。要把经济结构战略性调整作为加快转变经济发展方式的主攻方向,加大固定资产投资力度,努力扩大居民消费需求,提高产业带动能力,在调整中加快、在加快中调整,加快形成投资、消费、出口协调拉动经济增长的新局面,实现优化结构与加速发展有机统一。

——坚持协调发展。要把统筹兼顾作为加快转变经济发展方式的根本方法,促进经济社会发展相协调、城乡区域发展相协调、速度质量效益相协调、消费投资出口相协调、人口资源环境相协调,努力实现各个区域相互融合、重点领域相互促进、关键环节相互衔接。

——坚持创新发展。要把改革开放和科技创新作为加快转变经济发展方式的强大动力和重要引擎,以更大决心和勇气全面推进各领域改革,建立充满活力、富有效率、更加开放的体制机制,建设科技创新体系,提高科技创新能力,促进科技成果转化,实现制度创新与科技创新的有机统一。

——坚持绿色发展。要把建设资源节约型、环境友好型社会作为加快转变经济发展方式的重要着力点,大力发展低碳经济、循环经济、生态经济,加大绿色投入、倡导绿色消费、促进绿色增长,实现资源合理开发和永续利用。

——坚持共享发展。要把保障和改善民生作为加快转变经济发展方式的根本出发点和落脚点,更加注重社会建设,扩大公共服务,完善社会管理,促进公平正义,让人民群众共享改革发展成果。

三、发展目标

紧紧围绕科学发展、加快转变经济发展方式的要求,与全面建设小康社会战略目标紧密衔接,与实现老工业基地振兴紧密衔接,与国家重大战略部署紧密衔接,综合考虑未来发展趋势和条件,全省"十二五"时期经济社会发展的主要目标是:

"八大经济区"和"十大工程"建设取得显著成效,经济发展方式实现重大转变,市场经济体制趋于完善,城乡经济社会一体化发展格局初步形成,生态文明建设成效显著,人民群众生活水平明显提高,基本建成国家重要商品粮生产基地和现代化大农业示范区、国家重要绿色食品产业基地、国家重大装备制造基地、国家战略性新兴产业基地、国家向北开发开放重要桥头堡和枢纽站、国家北方地区生态屏障,为实现老工业基地振兴和全面建设小康社会目标打下坚实可靠基础。

——综合实力跃上新台阶,使"十二五"成为我省改革开放以来发展最快时期。在优化结构、提高效益、降低消耗、保护环境的基础上,实现经济持续快速健康发展,到2015年,地区生产总值和地方财政收入分别比2010年翻一番,地区生产总值年均增长12%以上,地方财政收入年均增长15%以上;全社会固定资产投资年均增长25%以上;社会消费品零售总额年均增长15%以上。

——结构调整实现新突破,使"十二五"成为我省经济发展方式实现重大转变时期。非公有制经济快速发展,占全省地区生产总值比重达到55%。服务业增加值比重和就业比重均达到40%。自主创新能力增强,研究与试验发展经费支出占地区生产总值比重增加到2%。城乡区域协调发展,主体功能区初步形成,城镇化率达到60%。需求结构进一步优化,居民消费率达到36%。

——构建现代产业体系取得新成果,使"十二五"成为我省十大产业快速发展时期。资源优势转化为产业优势能力大幅提升,新材料、生物、新能源装备制造、新型农机装备制造、交通运输装备制造、绿色食品、矿产经济、煤化石化、林产品加工业、现代服务业等十大产业支撑作用明显增强,主营业务收入力争突破1.5万亿元,基本形成结构均衡、组织合理、布局优化、技术先进的现代产业体系。

——改革开放迈出新步伐,使"十二五"成为我省市场经济体制更加完善时期。经济管理体制、行政管理体制和社会管理体制等重点领域和关键环节改革不断深化,市场化进程不断加快。外贸进出口总额、实际利用外资、国际交流合作大幅度提升。外贸进出口总额年均增长14.4%;五年累计实际利用外资额达到200亿美元,年均增长15%。

——生态建设达到新水平,使"十二五"成为我省生态文明建设成效显著时期。资源消耗得到有效降低,环境污染得到有效治理,耕地农田得到有效保护,废物排放得到有效控制,单位地区生产总值能源消耗降低16%,单位地区生产总值二氧化碳排放降低17%,单位工业增加值用水量降低30%,农业灌溉用水有效利用系数提高到0.55。可持续发展能力增强,耕地保有量保持1160.7万公顷,森林覆盖率达到47.3%。草原面积得到恢复性增长,"三化"面积下降。

——城乡统筹取得新成效,使"十二五"成为我省城乡经济社会一体化加快推进时期。建设一批特色小城镇,城镇化水平进一步提高,扎实推进社会主义新农村建设,缩小城乡差距。进一步加大扶贫开发力度,加快贫困地区经济社会发展。新增劳动力平均受教育年限达到10.5年,公共卫生体系比较健全,社会保险覆盖面扩大,基本公共服务均等化取得重大进展。

——人民生活水平得到新提高,使"十二五"成为我省人民群众生活水平明显提高时期。总人口控制在3890万人,城镇居民人均可支配收入和农村居民人均纯收入普遍较快增加,与经济发展同步,年均增长12%以上。城乡居民生活质量普遍提高,居住、交通、教育、文化、卫生和环境等方面条件有较大改善。

	专栏2 "十二五"时期经济社会发展的主要指标				
类别	指 标	2010 年	2015 年	年均增长(%)	属性
经济增长	地区生产总值(亿元)	10235	20470	>12	预期性
	地方财政收入(亿元)	1073.3	2100	>15	预期性
	五年累计固定资产投资(亿元)	【21000】	【56400】	>25	预期性
	社会消费品零售总额(亿元)	4001	8000	>15	预期性
	外贸进出口总额(亿美元)	255	500	14.4	预期性
	五年累计实际利用外资额(亿美元)	【113】	【200】	15	预期性
结构调整	居民消费率(%)	32.4 *	36	—	预期性
	服务业增加值比重(%)	37.4	40	【2.6】	预期性
	城镇化率(%)	56	60	【4】	预期性
科技教育	九年义务教育巩固率(%)	99	99.5	【0.5】	约束性
	高中阶段教育毛入学率(%)	88	91	【3】	预期性
	研究与试验发展经费支出占地区生产总值比重(%)	1.1	2	【0.9】	预期性
	每万人口发明专利拥有量(件)	1.15	2.1	【0.95】	预期性

续表

类别	指　标		2010 年	2015 年	年均增长（%）	属性
资源环境	耕地保有量（万公顷）		1163.2	1160.7	—	约束性
	单位工业增加值用水量降低（%）		【25】	【30】	-6.9	约束性
	农业灌溉用水有效利用系数		0.52	0.55	【0.03】	预期性
	非化石能源占一次能源消费比重（%）		1.7	>3	>【1.3】	约束性
	单位地区生产总值能源消耗降低（%）		—	—	【16】	约束性
	单位地区生产总值二氧化碳排放降低（%）		—	—	【16】	约束性
	主要污染物排放减少（%）	化学需氧量	—	—	【8】	约束性
		二氧化硫	—	—	【8】	
		氨氮	—	—	【10】	
		氮氧化物	—	—	【10】	
	森林增长	森林覆盖率（%）	45.2	47.3	【2.1】	约束性
		森林蓄积量（亿立方米）	16.52	17.55	—	
人民生活	总人口（万人）		3826	3890	【64】	约束性
	城镇登记失业率（%）		4.27	<5	—	预期性
	城镇新增就业人数（万人）		60	60	【300】	预期性
	城镇参加基本养老保险人数（万人）		884	1047	【163】	约束性
	城乡三项医疗保险参保率（%）		96	97	【1】	约束性
	城镇保障性安居工程建设（万套）		—	【175.94】	【175.94】	约束性
	城镇居民人均可支配收入（元）		13857	24400	>12	预期性
	农村居民人均纯收入（元）		6210	10900	>12	预期性
	人均预期寿命		73.9	74.9	【1】	预期性

注：带 * 为 2009 年数据；带【】的为五年累计数。

第三章　以哈大齐工业走廊建设区为重点，推进工业结构优化升级

充分发挥哈大齐工业走廊建设区产业集聚和带动作用，实施重点产业大项目建设工程，改造提升传统优势产业，大力发展战略性新兴产业，延伸产业链条，壮大产业规模。以城市群和产业园区为平台，创新体制机制，推进十大产业向园区集聚发展。建设技术先进、特色鲜明、竞争力强的新型产业基地和现代化产业园区，推进工业结构优化升级。

专栏3　哈大齐工业走廊建设区

1. 主要任务：加快核心示范区和重点园区建设，做大做强装备、化工、食品等传统优势产业，大力扶持新材料、节能环保、生物等战略性新兴产业，着力推进具有自主知识产权和市场前景广阔的疫苗、诊断试剂等生物新药产业化，积极谋划汽车制造、轨道交通、核电装备、风电装备、燃气轮机等新项目，形成传统产业、战略性新兴产业和现代服务业等特色产业集群，建设全省振兴老工业基地核心区、全面建设小康社会先行区。

续表

2. 核心示范区:呼兰河工业园区:重点发展绿色食品精深加工、生物医药、新材料、信息及服务外包等产业,建设科技型、集约型、创新型、外向型的哈大齐工业走廊先行示范区和新型工业化产业集聚区。到 2015 年,实现产值 380 亿元。

3. 重点园区:哈尔滨经济技术开发区:重点发展交通运输装备制造、新型装备制造、新材料、食品、医药、电子信息、现代服务七大产业,形成产业优化、技术领先、空间布局合理的现代化新型工业示范区。到 2015 年,实现产值 1200 亿元。

大庆经济技术开发区:重点发展石化装备制造、新能源、新材料、石油化工、新能源汽车等产业。到 2015 年,实现产值 500 亿元。

齐齐哈尔高新技术产业开发区:重点发展装备制造业、绿色食品加工业、新能源、新材料和生物医药产业,建设全国装备制造和绿色食品研发生产基地,新能源、新材料、生物医药产业集聚区。到 2015 年,实现产值 500 亿元。

肇东经济开发区:以食品工业为重点,发展农副产品深加工产业。到 2015 年,实现产值 800 亿元。

安达经济开发区:重点发展精细化工、石化工业等产业。到 2015 年,实现产值 680 亿元。

4. 发展目标:到 2015 年,建立多种产业相互配套,新体制、高科技、外向型、生态化、结构合理、高速增长的经济密集区、战略性新兴产业聚集区。

一、改造提升传统优势产业

运用高新技术和先进适用技术改造提升传统产业,增强技术创新、产品开发和精深加工能力,实现传统优势产业提档升级。

(一)绿色食品产业

实施产业集群发展、大企业带动和品牌战略,大力发展农产品精深加工,实现我省由粮食大省向粮食精深加工和绿色食品强省跨越。突出重点领域,着力延长玉米、水稻、大豆、乳品、蔬菜和肉类加工等六大产业链条,统筹推进马铃薯、小麦、食用菌和浆果等农产品加工业发展,建成国家重要、具有国际竞争力的绿色健康食品产业基地。实施百户龙头企业培育工程,引导企业联合、兼并和重组,培育 10 个主营业务收入超 100 亿元、20 个主营业务收入超 50 亿元的大企业、大集团。加强品牌整合,打造 25 个全国乃至全球具有影响力的知名品牌。到 2015 年,绿色食品产业主营业务收入达到 4500 亿元。

专栏4 绿色食品产业精深加工产业链、重大基地

1. 水稻精深加工产业链:重点发展精制米、米糠油、米糠蛋白、谷维素、稻壳块燃料等产品及生物质发电,大力推进东部和中南部水稻加工产业带建设。

2. 大豆精深加工产业链:重点发展大豆蛋白、大豆粉、豆奶、磷脂、低聚糖、维生素 E 等精深加工产品,大力推进中北部大豆加工产业带建设。

3. 玉米精深加工产业链:重点发展变性淀粉、淀粉糖、有机酸、化工醇、聚谷氨酸、纤维素乙醇等精深加工产品,大力推进中西部玉米加工产业带建设。

4. 果蔬系列产品加工产业链:重点发展马铃薯休闲食品、变性淀粉、精淀粉、食用菌、冷冻保鲜等加工产品,大力推进中北部和西部马铃薯加工产业带建设。

5. 高端乳基料及配方奶粉生产基地:重点发展婴儿配方奶粉、酸奶、奶酪、乳清粉等高附加值产品,大力推进中西部乳制品加工产业带建设。

6. 特色肉制品加工基地:重点发展分割冷鲜肉、发酵肉制品和各类熟肉精制品及血液蛋白粉、皮、毛、骨等综合利用产品。

7. 天然饮品生产基地:重点发展天然矿泉水、优质啤酒、浆果饮料等产品。

8. 绿色营养保健品生产基地:重点开发具有高新技术、高附加值的高端营养食品和保健食品。

（二）石油化学产业

加大勘探开发力度，扩大勘探区域，增加后备储量，打造大庆百年油田。支持油田加快产能建设，提高采收率，稳定原油产量，增加天然气产量。鼓励油田加强技术研发，实施老油田二次开发工程和三次采油工程。以漠大原油管线投入使用为契机，做好俄罗斯石油和天然气引进工作，适时开展大庆至锦西、大庆至铁岭原油管道和大庆至齐齐哈尔成品油管道前期建设；继续开展俄罗斯萨哈林天然气引进及省内重点市县管网规划前期工作。加快大庆石化公司和大庆炼化公司千万吨级炼油厂建设，推进大庆120万吨乙烯和二期30万吨聚丙烯项目建设。依托大庆高新技术产业开发区宏伟园区、大庆林源石化产业园及哈尔滨、牡丹江等地重点石化企业，积极向下游产品延伸，重点发展乙烯、丙烯深加工，碳4、碳5/碳9综合利用、重油催化热裂解等产业链。加快推进黑河边境油品与炼化综合体项目，同步谋划建设大型化工项目。以绥化等粮食主产区为基地，发挥我省玉米、大豆及农林副产品等原料优势，发展生物化工。以黑河、绥化、齐齐哈尔等地为基地，以建设年产20万吨有机硅单体项目为龙头，发展有机硅材料和有机硅制品产业链。到2015年，力争大庆原油产量保持在4000万吨，天然气产量达到60亿立方米，石化产业主营业务收入达到2400亿元。

专栏5　石化产业链

1. **乙烯产业链**：重点发展全密度聚乙烯、环氧乙烷产业链。
2. **丙烯产业链**：重点发展聚丙烯、丁辛醇、双酚A、苯酚丙酮等系列产品。
3. **碳4产业链**：重点发展异丁烯、有机玻璃、丁基橡胶、顺丁橡胶等系列产品。
4. **碳5/碳9产业链**：重点发展石油树脂、异戊二烯、异戊橡胶等系列产品。
5. **重油深加工产业链**：重点发展乙烯、丙烯、芳烃、石油针状焦、重交道路沥青等系列产品。

（三）矿产经济产业

强化地质勘察力度，构建矿产资源勘查开发新机制。整合资源，推进资源的合理开发、梯次利用和循环利用。支持重点矿山开发建设，重点发展钢铁、有色金属、石墨和水泥等产业，加快谋划建设矿产冶炼及延长产业链的高附加值深加工项目。重点开发松嫩平原石油天然气开发基地、大兴安岭—黑河地区铜金等有色金属贵金属矿产开发基地、伊春地区黑色金属有色金属矿产开发基地、牡丹江—东宁贵金属黑色金属矿产开发基地、东部煤炭及特色优势非金属深加工和开发利用基地、五大连池水气矿产资源开发利用基地、地热资源勘查开发利用基地和境外合作矿产资源勘查开发基地等八大基地。以骨干钢铁企业为龙头，加快调整产品结构，开发生产高附加值产品，推进西林钢铁集团和鸡西北方制钢有限公司等企业联合重组，积极发展钢铁产业。以鸡西和鹤岗为基地，加快发展石墨深加工产业，延长产业链，建成我国石墨生产加工集散地。以大小兴安岭和黑河为基地，加快发展铜、钼、铅、锌等有色金属和贵金属的开发冶炼及深加工产业。到2015年，全省矿产经济产业（不含石油和天然气）主营业务收入力争达到2000亿元以上，其中，钢铁主营业务收入力争达到800亿元。

二、大力发展战略性新兴产业

把发展战略性新兴产业作为优化产业结构、提升产业竞争力的战略突破口，突破核心技术，强化政策支持,推动战略性新兴产业成为我省经济发展的先导性、支柱性产业。

(一)新材料产业

重点发展高性能金属材料、高性能纤维及复合材料、光电材料、化工新材料、新型陶瓷材料、硅基及光伏新材料、石墨材料、纳米材料、新型建材。着力打造以哈尔滨为主的高性能纤维复合材料、高性能金属材料、半导体照明材料产业群,以大庆为主的改性通用塑料及专用料产业群,以牡丹江、黑河、绥化为主的硅基新材料及光伏产业群,以鸡西和鹤岗为主的石墨深加工产业群等优势特色资源精深加工产业群。集中建设哈尔滨铝镁合金新材料产业化基地、黑河和绥化硅基材料产业基地、哈大齐化工新材料产业带、牡丹江特种陶瓷材料产业基地和佳木斯钛合金产业基地等新材料产业基地。到2015年,新材料产业主营业务收入达到1400亿元。

专栏6　新材料产业重点发展领域

　　1. 高性能金属材料:铝合金、镁合金、镁锂合金、钛合金、新型焊接材料。
　　2. 高性能纤维及复合材料:高性能碳纤维、超高分子量聚乙烯纤维、高收缩腈纶、多功能差别化纤维、玄武岩纤维、高性能复合纤维。
　　3. 光电材料:半导体、大尺寸光电窗口用蓝宝石器件、甲硅烷、液晶玻璃基板材。
　　4. 硅基及光伏新材料:有机硅和无机硅系列产品。
　　5. 化工新材料:高性能专用塑料、工程塑料和高性能胶粘剂。
　　6. 新型陶瓷材料:硼化硅、高纯超级石英砂、硼化物陶瓷粉末、高纯硼化钙、高纯绿碳化硅、石英陶瓷和高性能纳米陶瓷粉体等材料和制品。
　　7. 石墨材料:球形石墨、氟化石墨、可膨胀石墨、柔性石墨、石墨乳、石墨负极材料、天然(人造)石墨电极、高碳高纯石墨、石墨纸及高档石墨制品。
　　8. 纳米材料:聚合物基纳米复合材料、纳米催化剂、纳米抗菌剂等复合材料。
　　9. 新型建材:新型墙体屋面材料、隔热保温材料、节能建筑板材、木塑复合材料、多功能弹性水泥及抗菌、多孔陶瓷材料、新型建筑涂料、有机硅防水建材。

(二)生物产业

以现代生物技术成果应用为手段,大力发展生物医药产业,积极推进生物农业、生物制造等新技术产业化,加快生物能源开发,重点建设生物医药、生物农业产业,形成生物能源、生物制造、生物环保产业协调快速发展的新格局。以提高重大疾病预防能力和医药自主创新能力为重点,推动具有自主知识产权和广阔市场前景的新药开发和产业化,着力在生物工程药物、抗生素和化学原料药、现代中药领域实现突破。建设疫苗、动物疫苗与诊断试剂特色产业研发平台,突出中药技术优势和传统特色,壮大现代中药产业。运用生物技术选育高产、优质、多抗、高效的农作物新品种以及抗逆能力强的防护林、经济林、能源林、速生工业用材林等新品系,培育具有核心竞争力的大型种业和生产企业,推进生物农药、生物肥料等绿色农用产品开发及产业化。开发生物质致密成型燃料,推进生物柴油、燃料乙醇、生物质发电和供热、生物制氢产业化进程,建设先进生物能源基地。积极推进淀粉基生物降解塑料、生物基高分子材料等生物环保产品规模化发展,重点开发新型酶制剂、新型微生物发酵产品。以水污染治理、有机垃圾处理等为重点,开发环保生物新技术、新工艺、新设备,加快生物环保产业化步伐。到2015年,生物产业实现主营业务收入800亿元。

（三）新能源装备制造产业

抢抓新能源产业发展机遇，加快引进技术消化吸收，实现核电、燃气轮机、风电等新能源装备自主化、成套化设计和制造，提升新能源装备产业核心竞争力，建成国家重要、世界知名的新能源装备制造产业基地。通过引进消化 AP1000 第三代核电技术，建立核岛主设备、常规岛主设备、大型铸锻件、辅助设备、电气设备等比较完备的核电产业体系，巩固一重集团在核电铸锻件上的主导地位。推进哈电气集团重型燃气轮机的国产化，依托 703 研究所和哈东安集团积极发展中、小、微型燃气轮机，培育燃气轮机产业链，保持我省燃气轮机装备制造在国内的领先地位。推进风电装备规模化和系列化，通过整机制造带动风电装备产业链发展，加快电机、轴承、增速箱和控制系统等关键零部件的产业化，建立比较完整的产业链条。重点建设 703 研究所产业园、牡丹江北方工业园等园区。到 2015 年，新能源装备制造产业实现主营业务收入 450 亿元。

（四）新型农机装备制造产业

加快发展新型农机装备制造业，优先发展新型农机具，巩固扩大联合收获机械，加快发展大型拖拉机及配套农具，积极发展畜牧机械、农副产品加工机械，实现动力机械、新型农机具、收获机械、畜牧机械和农产品加工机械等农机装备在关键领域、关键产品的重大突破。积极选择引进农机制造企业和产品，以市场换技术、换产业，实现技术和生产本地化。重点建设哈尔滨农机产业园、佳木斯农机产业园等园区。到 2015 年，规模以上新型农机装备制造产业实现主营业务收入 110 亿元以上。

（五）交通运输装备制造产业

加快发展飞机、轨道交通和汽车等交通运输装备制造业。巩固 Z9 直升机市场地位，加速 Z15 直升机产业化，研发 10 吨级直升机，形成多吨位直升机产品系列和批量生产能力；通用飞机重点发展 Y12 系列、Y12F 飞机；支线飞机争取延续与巴西合作生产 ERJ190 系列飞机；延伸飞机产业链条，提高本地配套率，扩大转包产品生产规模，加快飞机复合材料结构件等项目建设，推进哈南工业新城飞机配套产业园建设。发展轨道交通产业，加快开发 80 吨级通用货车、40 吨轴重专用货车、公铁两用车、公铁两用起重机、铁路特种集装箱等轨道交通专用设备，形成规模生产能力，开发海运工程机械、甲板机械，拓展铁路以外市场。加快发展汽车产业，调整优化微型汽车和轿车产品结构，扩大轻型卡车、专用汽车、特种车等系列产品生产规模，加快新能源汽车研发与生产，加强发动机、变速箱百万台生产能力建设。着力建设哈尔滨、大庆、齐齐哈尔等市飞机、汽车、轨道交通产业园区。到 2015 年，交通运输装备制造产业实现主营业务收入 1000 亿元。

专栏 7　装备制造业重点产业链、产业基地

1. 新能源汽车产业链：电动汽车、混合动力汽车及新能源汽车专用发动机、电机、电池、控制系统、专用零部件、电动汽车充电站及配电系统等配套产品。

2. 飞机产业链：直升机、支线飞机、飞机发动机、航空减速传动系统、大型飞机复合材料以及配套部件、地面配套设备等产品。

3. 发电装备产业基地：核电、风电、水电、气电、超超临界火电以及太阳能、生物质能源、抽水蓄能机组、海洋能等为主的新能源发电装备。

续表

> **4. 新型农机装备产业基地**：新型农机具及配套农机具、大型联合收获机械、大马力拖拉机。
> **5. 高档重型数控机床产业基地**：超重型数控多功能复合机床、精密重型数控机床、高速数控机床、大型复杂数控机床、重型数控多工位压力机、重型特种专用机床。
> **6. 高端工量具、轴承及功能部件产业基地**：高精度齿轮测量中心、大型高精度三坐标测量机、高精度数字智能刀调仪、精密复杂刀具、数控刀具、高性能硬质合金和超硬刀具、航空航天轴承、高速铁路客车轴承、高档数控机床组合单元精密轴承以及高性能大型刀库、直线电机、滚动导轨等功能部件产品。
> **7. 冶金石化装备产业基地**：大型薄板冷热连轧生产线、大型板坯连铸机、重型超重型压力容器等产品。
> **8. 大型铸锻件产业基地**：火电、核电、水电、船用曲轴为主的大型铸锻件。

三、推进十大产业集聚发展

发挥产业、科技、人才等比较优势，按照传统产业与战略性新兴产业相结合、先进适用技术与高新技术相结合、存量挖潜与增量引进相结合、大中小企业相匹配、产业链条紧密集聚发展的原则，加快产业结构调整，培育产业发展新优势，重点发展绿色食品、煤化石化、矿产经济、林产品加工业等4个传统优势产业，新材料、生物、新能源装备、新型农机装备、交通运输装备等5个战略性新兴产业，以及现代服务业，着力构建十大重点产业，实现部分行业、部分领域的重大突破，建设现代产业基地。

强化产业集聚意识，立足区域优势和发展潜力，按照资源共享、龙头带动、企业集群协作的要求，以中心城市、产业园区、大型企业和重大项目为龙头，优化产业布局，延长产业链条，引导产业向园区集中，加快形成一批国内一流、特色鲜明、竞争力强的重点产业集聚区，推进十大产业集聚发展，形成结构均衡、组织合理、布局优化、技术先进的现代产业体系，综合实力跃上新台阶，产业整体素质得到全面提升。

推进园区管理体制机制创新，探索建立市场化、公司化管理建设园区模式，制定科学合理的园区项目税收分成办法和考核指标。按照"优势互补、分工协作、错位发展"的原则，明确园区功能定位，突出园区的产业优势和特色，打破行政区域界限，加强区域间园区产业布局统筹协调，实施优势产业集群化发展战略，建成一批专业化、特色化、集群化的国内一流、具有核心竞争力的产业园区，形成产业规模效益和集聚功能，提升十大产业核心竞争力。

专栏8　重点产业大项目建设工程

> **1. 绿色食品产业**：推进建设中粮集团200万吨水稻精深加工综合利用、万源集团200万吨水稻及副产品综合加工、益海米业公司100万吨水稻综合加工、北大荒米业集团稻米加工园区；中粮生化（龙江）公司、明水格林粮食开发有限公司、大庆展华生化科技有限公司、哈尔滨大成公司玉米深加工；完达山乳业公司、飞鹤公司、杜尔伯特伊利公司乳制品加工；北大荒双汇、大众肉联、雨润集团龙江公司、鹤岗家富养殖屠宰深加工公司、鸡西福润公司生猪屠宰加工、宾西牛业公司肉牛屠宰加工；五大连池100万吨天然矿泉水、黑龙江兴安红酒业蓝莓生产线扩建、塔河超越公司野生浆果加工等重点项目。
> **2. 煤化石化产业**：推进建设大庆120万吨乙烯和二期30万吨聚丙烯，大庆龙油石化公司重油催化热裂解，梦兰星河能源公司阿穆尔—黑河油品储运与炼化综合体；鹤岗华鹤煤化公司尿素，黑河龙江化工公司聚乙烯醇及配套电石，黑河华泰公司超高分子量聚乙烯管板材，双鸭山龙煤航天公司甲醇，大兴安岭海诺斯脱硫剂公司超滤活性焦吸附催化剂等重点项目。
> **3. 矿产经济产业**：推进建设翠宏山铁矿开发、多宝山铜矿开发、伊春鹿鸣钼矿开发、大兴安岭云岭公司铅锌铜矿、黑河争光岩金矿和东安岩金矿开发；东轻公司超大规格特种铝合金板带材项目、北满特钢锻钢产品升级技术改造、建龙钢铁无缝钢管和钒渣综合利用；鸡西浩市公司和贝特瑞公司石墨深加工、萝北奥宇公司石墨制品、密山钾长石综合开发加工等重点项目。

续表

> **4. 林产品加工业**:推进建设黑河广合盛兴公司林板一体化深加工、佳木斯龙江福公司硫酸盐针叶木浆扩建、牡丹江恒丰纸业公司特种纸、哈尔滨、苇河、绥阳黑木耳产业集群、黑森山特产品综合加工、森工木业园地板改扩建等项目。谋划牡丹江林浆纸一体化、伊春木制工艺品产业基地、森林木业园中(高)密度纤维板等重点项目。
> **5. 新材料产业**:推进建设黑河合盛公司太阳能级多晶硅、绥化宝利公司多晶硅及高纯硅、绥化龙晶电子公司单晶硅切片、黑龙江兴安新能源公司太阳能电池片、牡丹江金跃集团晶体硅太阳能电池片、牡丹江旭阳公司薄膜太阳能电池、双鸭山汉能公司非晶锗硅双结薄膜太阳能电池组件、哈尔滨天顺化工公司高性能碳纤维、哈尔滨玻璃钢研究院架空电缆制品、哈尔滨海格科技公司白光 LED 及其应用产品产业化、哈工大奥瑞德公司大尺寸蓝宝石材料产业基地、哈尔滨晟通公司塑料改性材料、润特科技高效膨胀性助燃剂产业化等重点项目。
> **6. 生物产业**:推进建设黑龙江百洲生物有限公司兽用生物制品、哈药集团生物疫苗有限公司致病性禽流感疫苗产业化、黑龙江强尔生物技术开发有限公司生物农药枯草芽孢杆菌可湿性粉剂产业化、哈尔滨沛奇隆公司创必复系列产品产业化、黑龙江杰隆生物制品有限公司动物源性蛋白、大兴安岭林格贝有机食品有限公司林下植物提取青蒿素等项目。
> **7. 新能源装备制造产业**:推进建设一重集团国家大型核电锻件及承压设备研发中心、哈电气集团核电基地、黑龙江北方工具公司风电装备、大庆瑞好集团有限公司低增速比同步永磁风力发电机设备制造、703 研究所和哈汽轮机厂 30 兆瓦级天然气压缩燃气轮机研制基地、哈东安集团微小型燃气轮机产业化等项目。
> **8. 新型农机装备制造产业**:推进建设一拖(黑龙江)东方红工业园现代农业装备基地、佳木斯常发佳联农业装备公司联合收割机等重点项目。
> **9. 交通运输装备制造产业**:推进建设大庆中嘉乘用车生产基地、哈飞汽车集团百万辆整车基地、齐齐哈尔龙华公司新能源汽车产业化、哈飞集团 Z15 直升机等重点项目。
> **10. 现代服务业**:推进建设哈尔滨冰城夏都旅游区等十大旅游开发区;哈尔滨龙运物流园区、黑龙江华风物流园区;哈尔滨、大庆服务外包基地以及黑龙江(平房)动漫产业园等重点项目。

第四章 以东部煤电化基地建设区为重点,推动资源型城市经济转型

充分发挥煤炭资源富集、城市相对密集、煤电化产业基础良好优势,以延长煤炭产业链为主攻目标,以大项目建设为载体,合理布局、有序开发,科学高效利用煤炭资源,大力发展煤炭深加工产业、接续替代产业和循环经济,推动资源型城市转型,打造新的经济增长极。

> **专栏 9 东部煤电化基地建设区**
>
> **1. 主要任务**:增加资源储备,稳定煤炭产能,巩固煤电生产,调控焦炭产业,加快发展煤化工等接续产业,积极发展新材料、冶金、装备制造、农产品加工、林木产品加工等非煤替代产业,推动资源型城市转型。
> **2. 重点园区建设**:推进佳木斯高新技术产业开发区;牡丹江对俄经济技术开发区;七台河新兴煤化工产业园、七台河东部再生资源回收利用产业园区;双鸭山鲁能宝清煤电化循环经济园区、国电龙兴煤电化循环经济园区、东荣新型煤化工循环经济园区、双鸭山经济开发区太保高新技术园区;鹤岗新华煤电化产业园、鹤西高新技术产业园、宝泉岭经济开发区;鸡西煤机产业园区、石墨产业园、永庆煤化工园区和滴道煤电循环经济产业园区等园区建设。
> **3. 煤炭生产**:重点开发东部煤电化基地规划区内的褐煤资源,加快鹤岗矿区鸟山立井、鸡西矿区荣华立井、双鸭山东荣一矿和鲁能宝清露天矿项目建设,全面实施煤矿安全避险系统建设,大力推进煤矿瓦斯治理国家示范工程项目建设。
> **4. 煤化工产业**:重点建设大唐鸡西永庆褐煤提质及联产乙二醇、鹤岗龙煤东化年产 60 万吨合成氨和 104 万吨尿素、鲁能宝清 30 万吨/年合成氨和 52 万吨/年尿素、七台河宝泰隆焦炉气制甲醇和煤焦油深加工等项目。
> **5. 电源和电网建设**:建设华电哈热六期、华电哈发移地搬迁、华电齐齐哈尔东南城区、华能大庆、华能伊春、大唐绥化、国电佳木斯等热电联产项目,推进龙煤矸石电厂、双千万千瓦风电基地、荒沟抽水蓄能电站、宝清至唐山 800 千伏特高压直流工程、500 千伏冯—齐—庆—哈、集—庆—方、庆—鸡—林、鹤岗、宝清换流站交流侧接网等输变电工程、城乡电网改造工程建设。

续表

> **6. 非煤替代产业**：重点发展新型化工材料、非金属工程材料、太阳能光伏材料、石墨制品、生物医药、现代农机和风电装备制造业为主的战略性新兴产业发展，做大做强食品产业、传统装备制造业、冶金、木材等传统优势产业，积极发展生产性服务业。
>
> **7. 发展目标**：到 2015 年，建成以煤电化产业为主导、相关产业配套支撑、非煤产业快速崛起、区域经济协调发展，生态环境更加改善、生活环境更加良好的重要经济增长板块。

一、大力发展煤电化产业

（一）煤炭产业

稳定东部煤炭矿区产能，适量减少省内煤炭调出，适度增加生产矿井和国家规划矿区的接续产能建设，加大煤炭地质勘察力度，提高储量级别。合理开发和有效保护煤炭资源，对焦煤等稀缺和特殊煤种实施保护性开采，加大褐煤开发力度。用先进技术和设备改造现有选煤生产工艺，提高煤炭产品附加值。实施洁净煤战略，推进高产安全型矿井建设。按照"清洁、高效、充分利用"的原则，开展煤矸石、中煤、煤泥以及与煤共伴生资源的综合开发与利用，发展具有高科技含量和高附加值的煤矸石、粉煤灰综合利用技术和产品。加快鹤岗、依兰、鸡西等地区煤层气勘探评价及开发利用，建设煤层气地面开发及利用示范基地。到 2015 年，煤炭产量稳定在 1 亿吨左右。

（二）煤化工产业

建设东部煤电化基地重点园区，统筹煤炭资源，重点发展煤制烯烃、煤制乙二醇等现代煤化工，适度发展煤焦化、电石化工，规模化、集约化开展煤焦化副产品深加工，加快油页岩开发利用，打造龙江煤化工品牌。构建七台河煤焦化副产品深加工和综合利用基地，适度发展煤焦化产业，大力整合、集中七台河及周边地区焦炉煤气、煤焦油、粗苯等煤焦化副产品资源，发展煤焦化副产品深加工，重点建设七台河新兴煤化工产业园；构建鹤岗煤制化肥及下游产品基地，发展大型煤制化肥，重点建设鹤岗新华煤电化产业园等；构建鸡西褐煤提质深加工基地，发展以永庆矿区褐煤提质和深加工为代表的现代煤化工，重点建设鸡西永庆煤化工产业园；构建双鸭山新型煤化工基地，发展以煤制烯烃为代表的现代煤化工，重点建设双鸭山经济开发区、鲁能工业园区等产业园区。积极利用蒙东煤制天然气资源，联动发展煤化工产业。依托佳木斯、牡丹江化工产业基础和科技人才优势、中心城市区位优势，发展煤化工延伸加工，构建煤化工精深加工基地。到 2015 年，全省煤化工产业主营业务收入达到 500 亿元。

（三）加强电源电网建设

依托大型煤炭基地建设，积极推进大型坑口电站建设。继续关停小火电机组，推进以大中城市为主的热电联产项目建设，加快县城和重点城镇热电联产项目建设。实施煤电一体化，推进煤炭开发项目与火力发电项目（含热联产项目）的整合，鼓励上下游互相参股，提高电煤保障，降低发电成本。以龙煤集团为主，加强煤矸石、劣质煤综合利用，建设矸石电厂。充分利用煤层气、油页岩等资源，建设发电项目。鼓励发展天然气分布式热电冷联供项目。大力发展风电、水电、生物质发电和太阳能发电项目，建设双千万千瓦风电基地、荒沟抽水蓄能电站项目，加快牡丹江、呼玛河等流域水能资源综合开发。到 2015 年,全省电力装机总规模达 3517 万千瓦。加强特高压和 500 千伏主干网建设,调整优化 220 千伏电网结构,升级改造农村电网,强化网络联络,提高智能化水平,建设安全可靠、经济高效、清洁环保的坚强电网。完成农村电网"两改一同价"工作,建设全省统一电网,实现城乡各类用电价格统一。

二、发展非煤替代产业

(一)非煤工业

加快非煤产业发展,逐步提高非煤产业比重,推动资源型城市产业升级。发展新材料产业,重点发展化工新材料、非金属工程材料、硅基及光伏新材料等技术和产品。发展非金属矿优势矿种精深加工,搞好石墨、硅线石及石材深加工制品的开发和应用。发展生物医药产业,重点发展现代中药、生物医药、兽药等产品。加速食品产业升级步伐,壮大以绿色特色食品为主导的新型食品产业集群。加快装备制造业改造,打造具有核心技术的新型煤机装备制造业产业集群,重点发展大功率采煤机和重型掘进机等大型高产煤矿井下综合采掘设备以及高端电线电缆、石油钻采设备。大力发展现代农机和风电装备制造业。加强资源整合,不断延伸产业链,促进石化产业升级,发展壮大冶金工业。推进林板、林纸一体化进程,扩大人造板和造纸生产能力,延伸发展家具等木材精深加工,形成以人造板、造纸、家具为主的林木加工产业集群。

(二)生产性服务业

适应提升煤电化基地产业竞争力需要,强化现代服务业支撑作用,以现代服务业发展促进煤电化基地建设,以煤电化基地建设带动现代服务业发展,形成协同发展的良好格局。重点培育现代物流、科技研发、金融保险、信息服务、商务服务和为农服务等生产性服务业。构筑以中心城市为平台的研发设计中心和技术交易中心,建设机械加工、煤化工等行业信息技术服务平台,建设对俄贸易中心和物流枢纽。

三、发展循环经济

以减量化、再利用、资源化为原则,以提高能源资源利用效率和改善环境质量为核心,不断扩大循环经济发展规模,建立形成低投入、低消耗、低排放、高效率的可持续发展模式。

(一)建立循环经济体系

加快推进基础设施和配套服务体系建设,引导企业合理利用能源资源、延长产业链条、加强耦合联动,实现企业、园区、城镇和区域层面的循环发展。以电力、化工、造纸等行业为重点,对资源循环综合利用企业、省级以上循环经济试点企业以及列入重点流域水污染防治规划的重点排污企业实施清洁生产审核,培育一批"零排放"试点示范工程,创建 100 家清洁生产先进企业。加快产业园区循环化改造,在国家级、省级重点工业园区全面推行清洁生产,推进废物交换利用、能量梯级利用、水的分类利用和循环使用等工程建设,形成闭合循环工业链条。在城镇推进再生资源、废弃电器、电子产品的回收和加工利用,组织开展"城市矿产"示范基地试点和工程机械、矿山机械、废旧轮胎等再制造产业化工程试点,鼓励和支持大中城市餐厨废弃物资源化利用。加快省级循环经济试点县、园区和企业建设。制定出台循环经济促进条例,为循环经济发展提供法制保障。

(二)推进资源综合利用

充分利用国家税收优惠政策,引导资源综合利用。以工业和建筑业为重点,突出抓好粉煤灰和煤矸石等大宗固体废弃物以及建筑渣土的管理和综合利用,建设一批大中城市建筑固体废弃物综合利用产业化项目,推动新型墙体材料和利废建材产业化。建立健全大中城市垃圾收集系统,全面推行城市生活垃圾分类收集,加快城乡垃圾无害化处理步伐,鼓励垃圾分选、综合利用、焚烧和填埋气体利用。积极推进秸秆、畜禽粪便、林业三剩物等再利用,加快污泥综合利用。加快可再生资源回收利用基地建设。

四、强化资源型城市转型机制保障

(一)构建可持续发展长效机制

抓紧开展我省循环经济指标的测算工作,建立循环经济指标评价体系,统一评价标准。加快循环经济立法步伐,为循环经济发展提供法制保障。完善资源性产品价格形成机制,研究制定我省资源性产品成本财务核算办法,探索建立资源型城市可持续发展准备金制度。制定出台支持资源型城市可持续发展的政策措施,健全考核评价体系。积极做好国家资源型城市可持续发展试点工作,组织开展省级资源型城市可持续发展试点。

(二)加大政策支持力度

加强对资源枯竭城市转型工作的指导,提高资源枯竭城市财力性转移支付使用效益。积极争取中央财政对资源型城市特大型矿坑、深部采空区治理的支持。鼓励资源型城市发展接续替代产业,在产业布局、项目审核、土地利用、贷款融资、技术开发、市场准入等方面给予支持。支持资源型城市、资源型企业开发利用区外、境外资源。

第五章　以东北亚经济贸易开发区为重点,发展开放型经济

充分发挥地处东北亚腹地区位优势,创新开放方式,调整开放策略,"引进来"、"走出去",发展内外联动、互利共赢、安全高效的开放型经济体系,全力打造面向东北亚,辐射亚欧大陆的扇形放射、多点向外的经济贸易开发区,全面提升对外开放水平和国际竞争力。

专栏10　东北亚经济贸易开发区

1. 主要任务: 完善哈尔滨、牡丹江、佳木斯等区域性中心城市功能,加强黑河、绥芬河、东宁、同江、抚远等边境口岸建设,大力推进对俄、韩、日等国家经贸科技合作,加快建设口岸、腹地和境外相结合的外向型产业基地,创新发展边境经济合作区、综合保税区、境内外加工区等各类特色园区,着力建设以中心城市和边境口岸为节点、连接国内生产基地和国外商品市场的国际经贸大通道和物流网,全面提升对外开放水平和国际竞争力。

续表

2. 发展目标：到 2015 年，以哈尔滨为中心、内联相邻省区乃至沿海省份、东连日本海地区、西接俄罗斯腹地的国际经贸大通道基本形成，建成我国面向东北亚重要的产业聚集区和进出口贸易加工基地，成为我国开展东北亚经贸科技合作示范区。

一、加强区域开放合作

（一）巩固提升对俄、蒙合作

全力推进和落实《中国东北地区与俄罗斯远东及东西伯利亚地区合作规划纲要》，充分发挥区位优势，深化对俄合作，形成以贸易为主体，以资源开发利用为纽带，以高新技术合作为平台的互利双赢模式。加强国际产业合作，大力发展出口加工制造业和境外资源精深加工产业，扩大农副产品、建材、家具、工程机械、家用电器、汽车和机电产品出口规模，提高地产品出口比重。积极参与俄远东及外贝加尔地区开发建设，推进对俄经贸科技合作向更高层次跨越。发挥莫斯科中俄友谊科技园、哈尔滨国际科学城、黑龙江中俄科技合作及产业化中心、黑龙江对俄农业技术合作中心等机构的桥梁纽带作用，打造对俄科技合作平台，重点加强关键核心技术以及航空航天等高新技术领域合作。利用我省地缘、产业和技术优势，与蒙古开展互补型贸易和经济技术全方位合作，深度开发市场，加强在矿产等资源开发、基础设施建设和旅游业等领域的合作，鼓励企业在蒙古投资、办厂，开展工程承包。

（二）积极推进对韩、日、欧美等国合作

密切跟踪各国产业变化趋势，有针对性地开展项目推介，积极承接软件设计、金融、分销、物流等服务外包业务，扩大核心技术和关键设备进口。积极引导对韩加工贸易向研发、销售和售后服务等环节延伸。加大科技合作力度，吸引韩国科技型企业来我省创业，建立中韩科技型企业产业化基地。以节能环保、农业生产为重点，扩大对日经贸科技合作，建设节能示范居民住宅和商业区，引进日本先进农业技术和战略投资者，发展绿色食品生产和精深加工。积极吸引日资企业参与我省产业结构升级、基础设施建设和物流合作。发展壮大欧美市场，积极拓展东盟、中东、非洲、拉美等新兴市场，形成全方位、多元化、高层次的国际合作格局。

（三）大力开展国内合作

坚持对内对外开放并举，广泛开展与港澳台地区、东部沿海省市、东北地区其他省（区）和中西部地区的合作与交流，积极承接产业转移。完善东北地区四省（区）协作机制，开展跨省（区）重大基础设施项目、产业布局以及区域协调发展等多领域、高层次重大问题的交流与合作，促进东北地区四省（区）共同发展，重点加强与内蒙古的合作，共同推动黑龙江和内蒙古东部部分地区沿边开发开放带建设上升为国家战略。开展多渠道、多形式项目推介和招商活动，吸引省外资本，特别是民间资本投资创业，参与老工业基地调整改造，盘活存量资产，搞好资本运营，带动相关产业发展。密切省内合作，打破行政隶属关系，构建产业协调发展、要素合理流动、招商引资同步的发展机制，搭建资源融合、项目整合的发展平台，健全统计口径、税收分成、隶属关系相

统一的发展政策,构建行政首长协商机制和多层次协调机制,完善经济区之间及内部合作机制,大力发展飞地经济、结算经济、总部经济,建立行政协调、产业互动、利益共享、合作共赢的发展格局。

二、提高利用外资水平

更加注重利用外资质量,促进"引资"与"引智"结合。完善法律法规和政策,形成稳定、透明的管理体制和公平、公正的政策环境。引导和鼓励外资更多地投向十大重点产业,投向哈大齐工业走廊、东部煤电化基地等重点开发地区。鼓励和支持省内企业同跨国公司等战略投资者开展多种形式的合作,引导和规范外商参与省内企业改组改造。有效利用境外资本市场,支持省内企业境外上市。扩大利用国际金融组织和外国政府贷款规模,重点用于资源节约、节能减排、环境保护、生态建设、新农村建设、城乡统筹发展和基础设施建设。积极合理使用国际商业贷款。发展总部经济,鼓励跨国公司在我省设立总部以及研发中心、采购中心、培训中心、销售中心、结算中心等。

三、实施"走出去"战略

(一)推进境外投资

以优势产业为重点,支持有条件企业对外直接投资和跨国经营,开展境外加工贸易,促进产品原产地多元化。通过跨国并购、参股、上市、重组联合等方式,培育和打造我省跨国公司。培育壮大农垦系统和合作化组织为主体的农业开发企业,建设特色农业合作园区,推进农机、农技和劳务"走出去",开发境外农业资源。开辟境外投资多元化渠道,在积极推进对俄投资的同时,鼓励省内有条件的企业向日韩等发达或新兴工业体投资。完善境外投资促进和保障体系,加强境外投资统筹协调、风险管理和海外国有资产监管。

(二)扩大对外工程承包和劳务合作

发挥我省企业在大型工程项目建设和资源开发等方面的优势,鼓励有实力的企业到境外承接大型工程建设项目、石油勘探、矿产资源开发等工程。积极争取银行优惠贷款、国外矿产资源风险勘探专项资金、大型合作项目贷款贴息、中小企业国际市场开拓资金等资金支持,为"走出去"化解资金难题。

四、建设国际经贸大通道

依托第一欧亚大陆桥(境内绥满铁路,境外俄罗斯西伯利亚大铁路),打通关键节点,提升通过能力,发展陆海联运和江海联运,构筑国际经贸大通道。

(一)大力拓宽对外通道

加快同江界河铁路大桥和黑瞎子岛口岸公路建设,推进东宁瑚布图界河公路大桥、黑河界河公路大桥、洛古河界河公路大桥和密山至图里洛格国际铁路等项目前期工作,逐步形成一批大运量、常年开通的跨境通道。推进牡丹江至图们铁路建设,打通我省对朝、对日、对韩新通道。加快黑瞎子岛航道主权恢复各项工程建设,加快绥芬河铁路口岸扩能和绥芬河至格罗捷克沃铁路套轨改造等工程实施,在符拉迪沃斯托克(海参崴)建立陆海联运中转节点。

(二)加快口岸基础设施建设

做强绥芬河、东宁口岸,加快口岸铁路扩能和公路改造建设,畅通陆海联运国际通道,提升对外贸易载体功能。做大黑河口岸,建成国际商品集散地和商贸旅游通道。依托黑瞎子岛和洛古河界河大桥建设,争取设立黑瞎子岛和洛古河常年通关陆路口岸。实施重点口岸改造工程,提升客货检验通过能力和综合服务水平。支持口岸建设保税储运仓库,建设物流集散地。加快电子口岸建设,实现口岸管理信息化、网络化。

(三)构建"三区一岛"沿边开放体系

依托牡丹江、鸡西,以绥芬河、东宁为重点口岸,建设以跨国物流、商贸旅游、进出口加工为特色,陆海相通的东南部沿边开放区;依托佳木斯、鹤岗、双鸭山,以同江为重点口岸,建设以对俄产业合作和增值贸易、旅游为特色的三江沿边开放区;依托大兴安岭、黑河、伊春,以黑河、漠河为重点口岸,建设以区域经贸合作为特色的北部沿边开放区;推进黑瞎子岛保护与开放开发,建成全国对俄合作示范区。

第六章　以大小兴安岭生态功能保护区为重点,加强资源节约和环境保护

充分发挥森林资源丰富的优势,实施生态环境建设保护工程,建设大小兴安岭生态功能保护区,强化节能减排,推广低碳技术,推进生态文明建设,打造全国生态强省,构筑国家北方地区生态屏障,生态环境质量继续保持在全国前列。

专栏11　大小兴安岭生态功能保护区

1. **主要任务**:修复和提升生态功能,加强对森林、草原、湿地、水资源的保护,科学有序开发林木和矿产资源,大力培育和发展以生态旅游、特色种植养殖、绿色食品加工、北药开发、清洁能源、林木和矿产资源开发及精深加工等为主导的生态型经济。
2. **森林资源培育**:完成人工造林24.5万公顷,封山育林152万公顷,中幼林抚育272万公顷,森林改建培育76.4万公顷,改造低质低效林115.4万公顷,改造优质大径材商品林61万公顷。
3. **自然保护区建设**:自然保护区数量达到220个,面积690万公顷。
4. **重点园区建设**:建设大兴安岭对俄经济贸易合作区,打造中俄资源合作开发创新平台、森林生态产业示范园区;建设黑河边境经济合作区;建设伊春市工业区。
5. **发展目标**:到2015年,生态环境有新改善,森林覆盖率有新提高,接续和替代产业有新发展,建立较为完备的林业生态体系,初步建成生产发展、生活富裕、生态良好的社会主义新林区。

一、推进生态保护与经济转型

实施《大小兴安岭林区生态保护与经济转型规划》,以增强生态功能、提高生态效益为基本目

标,加强生态修复与保护,转变经济发展方式,推进体制改革,提高基本公共服务水平,促进林区全面协调可持续发展。

(一)加强生态保护

全面停止大小兴安岭林区主伐,大幅度调减木材产量。实行森林分类经营,禁止国家级公益林商业性采伐,商业林要在保障生态功能的基础上,科学合理进行经营。建立健全管护队伍,提升森林防火水平和应急能力,完善森林病虫害监测预警体系、检疫检查体系和控灾减灾体系,实现森林资源管护全覆盖。加快森林资源培育,以火烧迹地、采伐迹地、疏林地、宜林荒山荒地等为重点,恢复和发展森林植被,提高林分质量。实施矿山环境恢复保证金制度,按照"谁破坏,谁治理"的原则,杜绝破坏矿山环境的资源开发行为,加强矿山地质环境治理、生态恢复及复垦工作。加强自然保护区和湿地的建设与保护,构建布局合理、类型齐全、功能完善的自然保护区体系和湿地及其生物多样性保护体系。

(二)发展生态主导型产业

充分发挥林区自然资源禀赋好、生态环境优良、劳动力资源丰富的优势,发展接续和替代产业,构筑生态主导型产业体系。壮大绿色食品产业,重点发展食用菌、特色山野菜、以有机大豆为主的特色种植和林区特色珍稀动物养殖等优势产业,把大小兴安岭林区建成全国北方绿色生态特色禽畜产品加工基地;以野生蓝莓保护和开发利用为主、适宜生态区域人工栽培为辅,提高基地生产能力,打造加工龙头,培育知名品牌,建设世界知名的蓝莓产业发展优势区和集中区。培育壮大林木精深加工产业,扶持家具生产等大型优势企业发展,提高木材综合利用水平,实现林木资源多环节加工增值。积极发展林区商贸服务业,构筑便捷的商贸物流网络体系,形成全国林特产品集散基地。突出森林、湿地、草原和冰雪等林区特色旅游资源,完善景区景点和旅游基础设施,打造国内外知名生态旅游目的地。发展北方林区特色中药材标准化种植养殖,提升北药精深加工水平,加快发展北药产业。因地制宜开发生物质能、风能和太阳能等新能源,培育发展清洁能源产业。

(三)繁荣生态文化

扩大社会保险覆盖范围,健全最低生活保障制度,加强就业和再就业工作,不断提高林区居民收入水平。整合优化配置教育资源,着力提高中小学教育质量,加强职业教育,为生态保护和经济转型培育实用人才和专业人才。改善医疗卫生条件,形成覆盖全林区的基本医疗卫生制度。加强公共文化基础设施建设,加快建设林区公共文化服务网络。大力弘扬低碳生态文明,挖掘、保护和传承具有历史和地域特色的民族传统文化,开发生态文化资源,形成人人关心林区生态环境保护,全社会支持经济转型的良好氛围。

二、促进低碳发展

以降低单位地区生产总值碳排放为目标,推进产业结构、能源结构、消费结构的优化升级,促进经济发展和社会生活向低碳方式转变,逐步建立起与我省特点相适应的低碳发展模式,积极应对气候变化。

（一）加快低碳化进程

推进技术创新,倡导观念创新,实施更新改造,发展壮大低碳节能工业体系、低碳高效交通体系、低碳绿色建筑体系、低碳生态农业体系和低碳宜居公用设施体系,提高能源利用效率,改善能源供应结构,培育低碳发展新优势。全面推进大小兴安岭生态功能保护区建设,培育和发展生态主导型经济,建成具有国际影响的低碳经济示范区,带动全省低碳经济发展。

（二）发展林产品加工产业

充分、合理、高价值利用林区资源,大力发展林产品加工产业,促进林区可持续发展。重点发展林纸产业,在牡丹江、鸡西、七台河、佳木斯及森工林区建设百万亩工业原材料林基地,利用退耕地等宜林地,栽植速生树种,满足纸浆等项目原料需求;在技术装备上,坚持引进与自主研发相结合,积极引进国外先进制浆、节水、治污装备技术,加快相关装备技术的自主研发。建立健全林纸产业投融资担保体系和风险投资机制。大力发展林下经济,做大食用菌、浆果、坚果和中药材等山特产品加工规模。到2015年,林产品加工产业主营业务收入达到1500亿元。

（三）建立健全低碳发展支撑体系

积极推进低碳能源和提高能效技术的研发、应用与推广,打造低碳发展的技术支撑基地。完善区域温室气体排放评估标准和规范,建立完善温室气体排放统计监测制度。培育建立区域碳交易市场,重点推进碳汇交易平台和碳汇林业实验区建设,开发清洁发展机制项目。探索建立低碳产品标准、标识和认证制度。逐步建立碳汇与碳排放评估认证体系,鼓励企业、社会组织和个人参与森林碳汇建设。

三、强化节能减排

依法推进节能减排。把节能减排作为调整经济结构、转变增长方式的重要手段,控制增量、调整存量、落实政府节能减排目标责任、强化考核和监管,确保实现节能减排约束性指标。

（一）淘汰落后产能

统筹协调节能减排与经济发展,积极实施"上大压小"、"等量淘汰"、"以大代小"等产业政策,建立企业环境行为评价制度,对重污染落后产能企业提高信贷风险等级,实施差别电价、差别水价、差别排污费等限制政策,加快高耗能、高耗水、高污染产业淘汰退出步伐。严格控制新上高耗能、高污染项目,严把项目审核关口。

（二）推进重点领域和企业节能

以电力、煤炭、化工、冶金、建材、装备、轻工、医药等行业为重点,集中力量实施燃煤工业锅炉(窑炉)改造、区域热电联产、余热余压利用、电机系统节能、能量系统优化等工程,实施能源审计,落实目标责任制,强化工业领域节能。进一步提高新建建筑节能标准,扩大可再生能源建筑应用比例,加大既有建筑节能改造力度,强化建筑领域节能。实施绿色照明工程,推广 LED 节能照明产品在道路、隧道、楼宇等领域的应用。完善公交系统,降低乘用车能耗,推广混合动力汽车,优化货物运输结构,强化交通领域节能。加强公务用车管理,完善节能监测和技术服务体系,强化公共机构节能。加大新能源开发利用力度,提高农机装备水平,强化农业领域节能。加强重点耗能企业节能管理,组织开展企业低碳行动和能效水平对标,完善能源利用状况报告制度,健全能效标识和节能产品认证等市场化节能管理机制。

(三)促进节能环保产业发展

推广和实施节能减排先进技术,完善节能监测和技术服务体系,组织实施节能关键技术装备研发和产业化示范,加快推进低温低压余热发电、焦炉煤气提氢、矿物分离、富集与综合利用、渗滤液处理技术、污泥干化、污水处理高效节能曝气设备等节能、资源循环利用及环保装备研发和产业化示范。积极支持高效节能家电、固体废弃物资源化、再生资源、再制造、有机废弃物资源化等产品的生产,研制推广环保材料、环保药剂和可生物降解产品。以培育和壮大合同能源管理节能服务产业为重点,为用能单位提供节能改造服务。鼓励城镇污水采用BOT、BT等方式,积极支持各类企业参与到城镇污水处理、垃圾等公共领域的经营和运行。建立和完善再生资源回收体系、餐厨垃圾分类回收体系、循环经济发展服务平台,促进资源循环服务产业发展。坚持"社会化、专业化、市场化"的原则,规范环保产业服务领域的经营,发展环保工程、环保咨询等环保服务产业,为环保产业发展提供服务。到2015年,节能环保产业实现主营业务收入800亿元。

(四)加强环境污染防治

继续实施松花江流域水污染防治规划。全面完成县级以上城市污水处理厂建设,加快推进大中型建制镇和农垦、森工局址污水处理设施建设,加快小城镇污染防治技术研究,推广污水无动力处理装置及湿地处理技术。扩大中水回用规模,加快矿井水利用和缺水地区再生水厂及利用工程建设。坚持集中处理与分散处理相结合,重点抓好大中型城市污泥处理设施建设,推动污泥资源化利用。加大工业点源污水治理力度,强化工业企业污水治理和中水回用,鼓励工业园区污水集中处理,实现园区废水无害化和减量化。加快建设养殖场沼气工程和畜禽养殖粪便资源化利用工程,推广测土配方施肥,科学使用农药,防治农业面源污染。进一步推进二氧化硫全面减排和氮氧化物重点行业、重点区域减排工作,推进集中供热和热电联产替代小型燃煤锅炉项目建设,加快大吨位燃煤锅炉脱硫改造,积极推广燃煤锅炉低氮燃烧技术。强化脱硝设施建设,电力行业新建燃煤机组全部配套低氮燃烧技术并建设脱硫、脱硝设施,现役机组加快烟气脱硝技术改造;冶金、水泥行业建设烟气脱硝示范工程,新建烧结机全部脱硫。

专栏12 生态环境建设保护工程

1. 草原休养生息工程:加强草原生态保护、牧草种子基地建设、草原防灾。
2. 造林绿化工程:完成平原半平原和城镇村屯绿化。
3. 节能减排重点工程:实施燃煤工业锅炉(窑炉)改造工程、区域热电联产工程、余热余压利用工程、节约和替代石油工程、电机系统节能工程、能量系统优化工程、建筑节能工程、绿色照明工程、政府机构节能工程、节能监测和技术服务体系建设工程、节能产品惠民工程、资源综合利用工程、城市矿产工程、餐厨垃圾资源化工程、城镇污水垃圾处理设施建设工程、农村环境综合整治工程、农业废弃物综合处理工程、生物多样性保护工程、清洁生产示范工程、工业污染治理工程。
4. 开展循环经济试点:推进5家国家级循环经济试点,组织实施50家省级循环经济试点。

第七章　以两大平原农业综合开发试验区为重点，加快社会主义新农村建设进程

充分发挥农业资源优势，实施千亿斤粮食产能巩固提高工程和社会主义新农村建设工程，突出农垦发展现代农业的示范带动作用，坚持工业反哺农业、城市支持农村和多予少取放活方针，加大强农惠农力度，夯实农业农村发展基础，开展综合配套改革试点，加快两大平原农业综合开发试验区建设，推进农业现代化进程。

专栏13　两大平原农业综合开发试验区

1. 主要任务：在地域广阔、土质肥沃、人口集中、农业资源富集的两大平原，发展优质、高产、高效、生态、安全农业，推行农业标准化，提高农业资源综合利用率和单位资源产出率，完善农业投入保障机制、农产品价格保护制度、农业生态环境补偿机制，推进农业综合配套改革，构筑城乡经济社会一体化发展新格局。
2. 示范基地及园区：推进技术集约型、设施及观光型、绿色特色型、生态旅游型和外向型示范基地及园区建设。
3. 发展目标：到2015年，农业综合生产能力显著提升，农民收入显著增加，农村经济发展水平显著提高，建成全国现代化大农业示范区。

一、发展现代化大农业

坚持走龙江特色农业现代化道路，推进农业水利化、农机化、科技化、产业化、规模化和组织化，显著提高农业综合生产能力、产业整体素质、物质装备水平，切实转变农业发展方式。建设国家重要的粮食安全基地、绿色食品加工基地和现代化大农业示范区，率先实现农业现代化。

（一）全面提高农业综合生产能力

突出发展优质粮食生产，全面实施千亿斤粮食产能巩固提高工程和新增1000万亩粳稻基地工程，建设全国最大的5000万亩粳稻、5500万亩非转基因大豆、6000万亩工业用玉米生产基地，积极建设强筋小麦和优质马铃薯生产基地。加快发展畜牧业，突出抓好比较优势强、产业牵动力大的"两牛一猪"生产，重点支持标准化规模养殖场（小区）建设，建成全国最大、具有知名品牌、国际竞争力较强的优质乳、肉、蛋产业基地。大力发展水产养殖业，加强界江、界河渔业资源保护。扩大经济作物种植面积，积极发展优质牧草。加快发展地热、太阳能温室等设施农业，实施菜篮子工程，大力发展无公害、绿色和有机蔬菜，建设优质蔬菜生产大省和北方冬春季蔬菜种植、贮藏基地。优化布局，建设露地蔬菜生产和出口基地，提高大中城市蔬菜供应水平，增强国际竞争力。实施绿色食品"精品战略"，打造"寒地黑土"等农产品知名品牌，推进蓝莓、食用菌、蚕蜂、果蔬等绿色特色产业升级，构建"一村一品、一乡一业、一县一集群"发展格局。到2015年，粮食种植面积稳定在1.8亿亩以上，粮食产量达到1100亿斤以上；奶牛存栏、肉牛出栏和生猪饲养量分别达到350万头、380万头和5500万头；绿色特色食品种植面积达到7620万亩。

专栏 14　千亿斤粮食产能巩固提高工程
1. **水利化工程**:重点实施水源工程、灌区工程、西部旱田灌溉、涝区治理骨干工程、水土保持工程。 2. **农机化工程**:到 2015 年,建设农机作业区 1400 个,农机标准化作业服务面积达到 1 亿亩。 3. **水稻大棚育秧工程**:到 2015 年,新建建设标准为 240 平方米和 360 平方米的育秧大棚 38 万栋。 4. **科技和社会化服务支撑工程**:建设大豆、玉米、水稻创新平台,加强育种扩繁和推广。 5. **中低产田改造工程**:到 2015 年,改造中产田面积 5110 万亩。 6. **耕地保护与土地整理工程**:到 2015 年,土地整理面积 393.55 万亩。 7. **粮食仓储能力及运力工程**:到 2015 年,新建仓容 143 亿斤,形成 700 亿斤运力。 8. **粮油加工工程**:到 2015 年,粮食加工能力达到 4300 万吨。 9. **林业生态工程**:到 2015 年,营造农田防护林、防风固沙林、四旁绿化 562 万亩。

(二)加强农田水利基础设施建设

加快推进松嫩平原、三江平原水资源开发利用工程建设,建成一批大江大河及主要支流控制性枢纽工程。大力推进大、中、小型灌区续建配套和节水改造建设,加快尼尔基引嫩扩建骨干工程建设,继续实施大型灌排泵站更新改造工程,扩大有效灌溉面积。推进高效节水灌溉工程、应急抗旱水源建设和牧区水利工程建设。加强中小河流治理,提高中小河流防洪除涝能力。治理草原沙化、碱化和退化,发展节约型农业和循环型农业。到 2015 年,新增灌溉面积 2830 万亩,治理水土流失面积 8000 平方公里,新增旱涝保收田面积 4000 万亩。

(三)基本实现农业机械化

大力推进种养业机械化工程建设,积极推广大马力、高性能、节能环保和复式作业机械。加快先进农业机械引进和现代农机化新技术应用,提高作业标准。组建农机作业合作社、农机协会等新型农机服务组织。搞好现代农机作业区建设,加强农机公共服务体系建设,集成配套运用各类农机、农艺措施。到 2015 年,组建大型农机合作社 1400 个,全省农机总动力达到 5000 万千瓦以上,田间作业综合机械化程度达到 92.5%,主要农作物实现全程机械化。养殖业(渔业)机械化水平大幅度提高,奶牛养殖全部实现机械化榨奶。

(四)提高农业科技支撑能力

深入实施良种化工程,建立和完善新品种选育、引进、繁殖、推广紧密衔接的现代种子产业体系,建设农畜良种大省。建设完善国家级粳稻、大豆、玉米、马铃薯等工程研究中心,产业技术研发中心,品种改良中心,基因保护中心,综合试验站和东北民猪、哈白猪、东北细毛羊、籽鹅等畜禽品种资源保护场。加强农作物良种、畜禽良种、水产良种、林木种苗和饲料草种子基地建设。完善农业科技创新体系,加强基层农业技术推广体系建设,加大先进实用农业科技成果推广力度,建立技术集约型、设施及观光型、绿色特色型、生态旅游型和外向型等 5 类现代农业科技园区。完善种养业生产标准和操作技术规程,建立农产品质量追溯机制,推进农业标准化生产。到 2015 年,农业生产科技贡献率达到 63% 以上,农业科技成果转化率达到 70% 以上,农业良种覆盖率稳定在 98% 以上,农业生产标准化到位率达到 95% 以上。

（五）健全农业社会化服务体系

加快农业综合信息服务体系建设,搭建省级农业信息综合服务平台,推进农村基层信息服务站点建设。加快基层农技推广站、植物保护、灾情监测、农产品质量检验检测、动物防疫体系等项目建设,发展多元化、社会化农技服务组织,力争完备省、市、县、乡四级体系。建立和完善气象灾害、生物灾害等防灾减灾体系,强化预测和预警功能。加强农业投入品管理,规范生产资料保障供给市场秩序。全面推进农产品批发市场升级改造工程、"双百"市场工程和"农超对接",建设农产品采购基地。构建大经贸、大市场、大流通格局,建设一批集市场、物流、检验、信息于一体的特色农产品专业批发市场。

（六）加快农业产业化进程

统筹产前、产中和产后协调发展,推动农产品加工业由粗加工向精深加工、由小规模向大规模转变,提高产业集中度、关联度和市场竞争力。整合产业化龙头企业加工资源,优化产业布局,着力培育一批市场开拓能力强、经营规模大、辐射面广的大型龙头企业,促进加工龙头企业集群化发展。建立健全龙头企业与基地利益联结机制,鼓励龙头企业通过资产联结、契约联结、服务联结等多种形式,推进基地向区域化、规模化、专业化、标准化方向发展,高标准建设原料"第一车间"。实施品牌战略,加强品牌整合和宣传推介,打造龙江特色知名品牌。

（七）强化垦区示范带动作用

支持垦区加快发展数字农业、精准农业、智能农业,提高垦区农业现代装备能力、自主创新能力,建成全国农业科技示范基地。深化农垦企业改革,完善现代企业制度,加快农垦企业集团化发展,建设具有国际竞争力的特大型现代农业企业集团,建成全国农畜产品精深加工基地。发挥垦区机械、管理、科技等优势,打破行政壁垒,推进场县合作共建,不断扩大共建范围和领域,加快把农垦的现代农业生产方式推广到农村,增强国有农场在运用先进技术和建设现代农业中的引领作用。选择集中连片、经济基础较好、发展潜力较大的中心垦区设立市镇,带动周边地区农业现代化程度不断提高和农业农村经济快速发展。

（八）做大做强县域经济

坚持强县扩权、合作共建,推进县域经济走产业立县、工业强县、招商兴县、民营活县的多样化发展路子,全面提升县域经济发展实力,为城乡一体化发展提供重要支撑。以工业化为核心,以园区为载体,依托资源优势,培育县域经济优势主导产业。加大科技投入、优化结构、转化增值,大力发展优质粮食和畜牧业,提高农业产业化水平。优化政策环境,积极发展民营经济,推进城乡社会制度改革,促进各类要素向城镇聚集,增强县域经济发展活力。

二、建设现代农业综合配套改革试验区

以制度创新为动力,坚持先行先试原则,加快推进农村体制改革,通过农业生产关系调整,进一步释放农业生产潜力。

(一)积极建立和完善商品粮生产基地利益补偿机制

积极争取国家创新财政支农政策体系,增加对产粮大县和粮食产业项目财政奖励补贴,加大对水利、农机、生态、科技、信息等工程补贴力度,不断提高支农资金比重。在国家对农民种粮给予普惠制补贴的基础上,争取国家对我省优质粳稻和非转基因大豆种植设立补贴。探索建立科学合理的粮食价格形成机制,形成与农业生产资料价格上涨挂钩的农资综合补贴动态调整机制,提高粮食生产成本收益率。争取国家在我省开展设立粮食安全基金试点。探索建立与提高粮食综合生产能力相适应的投入机制。

(二)创新农村土地流转制度

推进农村土地承包经营权流转,规范土地流转行为,培育土地流转有形市场,探索建立农村土地使用权交易所(中心)。以种植大户、各类合作社、龙头企业、场县共建和经济条件较好的村集体为主体,实施标准化规模化生产,推进土地规模经营。鼓励和支持各类工商企业资金进入农业领域,建立现代农业企业。

(三)创新粮食流通机制

加强与上海、郑州、大连三大期货交易所合作,建设标准期货粳稻交割库。将粳稻和非转基因大豆作为重点交易品种,争取建立哈尔滨稻米商品交易所。加强中央储备粮油调控粮食市场作用,完善省和市(地)两级粮食储备体系。实施农民产后减损和安全储粮工程。依托重点粮食龙头企业,开展建设粮食银行试点。积极争取国家扩大北大荒集团等粮食企业的进出口配额和产地直接出口权。

(四)创新农村金融制度

全面完成农村信用社改革,大力发展村镇银行、小额贷款公司等适应农村需要的金融组织,稳步推进农业保险,构建多元化农村金融市场体系。开展农业开发和农业基础设施建设中长期政策性信贷业务,完善增加农业中长期信贷资金投入机制,增加中长期信贷资金投放。探索建立农业担保公司,建立农村土地承包经营权和宅基地抵押制度,扩大农村有效担保物的范围。探索发行农业产业化、生态环保债券,设立农业产业基金。积极开展低碳农业试点,探索建立碳汇农业。

(五)创新农业组织形式

按照"服务农民、进退自由、权利平等、管理民主"的要求,落实新增农业补贴适当向农民专业合作社倾斜政策。扶持发展各类农民专业合作社,重点鼓励和支持农民发展农机合作社、水利合作社、农产品营销服务合作社。健全农民专业合作组织制度,深入推进示范社建设,支持服务能力强、辐射带动广、管理规范的合作社。积极发展农业农村各种社会化服务组织,为农民提供便捷高效、质优价廉的各种专业服务。扶持有条件的农民专业合作社发展农产品加工、参股龙头企业和参与组建农村资金互助社。到2015年,全省各类农业合作组织发展到1.8万个,在松嫩平原、三江平原发展各种农民专业合作社1万个,发展农民专业合作社联社500个。

三、拓宽农民增收渠道

完善惠农政策,提高农民职业技能和创收能力,挖掘农业增收潜力,多渠道增加农民收入。

(一)巩固提高经营性收入

坚持农业综合生产能力提高与农民增收同步推进,实现主营收入大幅度提高;围绕市场需求,推进乡镇企业结构调整和产业升级,扶持发展农产品加工业、休闲农业、乡村旅游、森林旅游和农村服务业。稳步推进农村第二、第三产业发展,拓展农民就业空间。鼓励农民优化种养结构、提高效益,完善农产品市场体系和价格形成机制,健全农业补贴等支持保护制度,增加农民经营性收入。

(二)努力增加工资性收入

引导农产品加工业在产区布局,发展农村非农产业,促进农民转移就业。积极开拓农村外部劳动力转移市场,提高农民职业技能和创收能力,加大农村劳动力转移力度,推动农民收入持续稳步增长。加强就业信息引导,开展劳务输出对接,促进农村富余劳动力有序外出务工。建立健全城乡劳动者平等就业制度,实现农民工就业机会、劳动报酬、技能培训、劳动保护、福利待遇等与城镇就业人员同等待遇。扩大以工代赈规模,增加农民劳务收入。

(三)创造条件增加财产性收入

搞好农村土地承包经营权确权、登记、颁证工作。完善土地承包经营权流转服务机制,确保农民分享土地承包权流转增值收益,拓宽租金、股金、红利等财产性收入增长渠道。完善征地补偿制度和集体建设用地使用流转制度,建立农村住房产权交易中心,逐步建立城乡统一的建设用地市场,实现农村集体建设用地与国有建设用地同价同权。探索迁入城市定居的农民工承包地和宅基地有偿退出机制,允许其通过市场自愿转让获得财产收入。

四、改善农村生产生活条件

搞好社会主义新农村建设规划,强化农村基础设施建设和环境综合整治,加快改善农村面貌。

(一)改善农村人居环境

突出抓好一批中心镇、中心村的规划建设,规范开展农村土地整治,引导乡村居民适度集中居住。加大农村饮水安全工程投入,加强农村饮用水水源地保护和污染防治,全部解决农村饮水安全问题。加强农村公路建设,推进城乡客运交通一体化。加快适应于寒冷地区的农村沼气工程建设,支持农村因地制宜开发利用生物质能、太阳能、小水电等清洁能源,实施农村电网改造升级工程。加快农村泥草房、林区危旧房、垦区危旧房以及贫困县、边境县和少数民族县危房等改造工程。加大村屯绿化、垃圾处理、公共卫生等建设力度,推进农村环境综合整治。

(二)加快发展农村社会事业

改善农村办学条件,促进城乡义务教育均衡发展。巩固农村义务教育经费保障机制,加快普及农村高中阶段教育,重点加快发展农村中等职业教育并逐步实行免费教育。加快农村公共卫生人才培养,巩固发展新型农村合作医疗制度。坚持政府主导,整合城乡卫生资源,健全农村三级医疗卫生服务网络,建设村卫生所,加快实现乡村卫生一体化管理。扎实推进乡镇综合文化站和村文化室、农家书屋、文化信息资源共享、农民体育健身等文体惠民工程建设。进一步加强巩固"村村通"工程建设,完善县级无线广播电视覆盖等基础设施建设。加强全省乡镇邮政局(所)建设工作,实现全省乡镇100%通邮。

(三)加大对老少边穷地区政策扶持

进一步加大对革命老区、民族地区、边境地区和贫困地区的扶持力度,加强基础设施建设,强化生态修复和环境保护,提高公共服务水平,切实改善生产生活条件。落实扶持民族地区发展政策,扶持人口较少民族发展。积极开展兴边富民行动,支持发展对俄贸易和边境合作区建设。坚持开发式扶贫方针,大幅度减少绝对贫困人口,保证扶贫开发重点县农村居民人均纯收入增长幅度高于全国平均水平。

(四)确保水库移民和谐稳定

建立水库移民增收长效机制,用好用足国家水库移民后扶持政策,在继续扶持移民安置区和水库库区村屯基础设施建设的同时,坚持普惠制,加大生产开发项目扶持力度,以超过当地农村平均水平为目标,逐步滚动扶持,不断改善水库移民生产生活条件。

专栏15　社会主义新农村建设工程

　　1. 构建现代农业体系:全面实施千亿斤粮食产能巩固提高工程、粳稻基地工程、"千万吨奶"工程、"5000万头生猪"工程,加快发展以绿色食品为主的农产品加工业、水产养殖业、蔬菜种植业和特色产业。
　　2. 改善生产生活条件:到2015年,全部解决农村饮水安全问题,加快建设村内道路,农村人均居住面积达到25平方米,农村使用清洁能源达到40万户。
　　3. 完善农村社保体系:扩大新型农村社会养老保险覆盖面,做到低保和"五保户"应保尽保。

第八章　以北国风光特色旅游开发区为重点,全面加快服务业发展

充分发挥现代服务业在产业优化升级中的支撑作用,实施贸易旅游综合开发工程,坚持市场化、产业化、社会化和国际化方向,拓宽领域、扩大规模、优化结构、增强功能、规范市场,显著提高服务业增加值比重和就业比重,促进服务业全面加快发展。

专栏16　北国风光特色旅游开发区

　　1. 主要任务:充分发挥生态环境良好的优势,突出冰雪、生态、边境优势,以品牌建设为重点,以基础设施建设为支撑,大力发展旅游产业。加快建设哈尔滨冰城夏都旅游区、五大连池旅游度假区、镜泊湖渤海国旅游集合区、小兴安岭森林旅游度假集合区、神州北极旅游度假区、抚远华夏东极旅游区等十大旅游开发区,重点建设五大连池、镜泊湖、亚布力、汤旺河、神州北极、兴凯湖、黑瞎子岛、名山、海林农场、七星农场、横头山及连环湖等12个旅游名镇,开发建设具有国际化、地域性和较强市场竞争力的旅游精品。
　　2. 发展目标:到2015年,冰雪、湿地风情、五大连池等北国风光特色旅游成为国际知名品牌,旅游业成为重要支柱产业,实现旅游资源大省向旅游经济大省转变,旅游业总收入达到1500亿元以上,年均增长15%左右。

一、突出发展贸易旅游业

充分发挥北国风光旅游资源丰富的优势,做大做强旅游业和国内外贸易业,坚持以游兴贸、以贸促游,推动旅游与贸易的良性互动,融合发展。

(一)旅游业

突出北国风光特色,建设国际滑雪旅游胜地和避暑休闲度假胜地,把旅游业培育成为支柱产业。建设和完善冰雪旅游、生态旅游、边境旅游三大旅游体系,积极发展城市风情、民族民俗风情、工农业、红色旅游、温泉度假、历史文化、商务会展等专项旅游。加强旅游景区规范化建设和管理,打造旅游精品,重点建设五大连池、镜泊湖、兴凯湖、汤旺河等精品旅游景区。规划开发界江旅游,开发漠河洛古河黑龙江源头游、黑河、萝北、同江、抚远等跨国游邮轮航线。加快重点景区高速公路建设,重点建设地下森林公园—中国雪乡、虎林—珍宝岛、名山—龙江三峡等旅游公路。加快景区内道路、给排水、供电等基础设施和服务设施建设。合理布局和建设星级饭店、绿色环保酒店、经济型酒店及家庭旅馆。规划发展房车营地、自驾车游和汽车租赁连锁综合服务设施建设。积极开发旅游市场,加大市场宣传促销力度,加强与东北地区、东南沿海、东北亚等区域国内外市场合作。加大旅游商品和旅游纪念品开发力度,加大旅游信息化建设,提高旅游信息化水平。

(二)商贸流通业

按照现代市场体系要求,重点建设一批具有我省资源优势和商品特色的大型消费品批发市场、粮油批发市场、重点产地专业批发市场、生产资料市场和外向型批发市场,初步形成以哈、齐、牡、佳、大等中心城市为节点,布局合理、结构优化、连锁配送和信息化服务功能齐备、现代化水平较高、辐射能力较强的商品批发市场体系。建立健全肉类、蔬菜、食糖、小包装食品等居民生活必需品省、市(地)两级储备制度,提高市场调控能力。积极培育和发展新的消费热点,调整优化需求结构,引导居民消费结构升级,增强消费对经济发展的拉动力。

(三)物流业

以现代物流和供应链管理为导向,以降低社会物流综合成本和改善区域投资环境为目标,整合物流资源,培育发展技术装备和管理水平较高、市场竞争力较强的物流企业和企业集团,形成布局合理、技术先进、节能环保、便捷高效、安全有序并具有国际竞争力的现代物流服务体系。依托优势特色产业和产品以及开发区和交通枢纽,重点构建服务于装备、石化、能源、食品工业等支柱产业及新材料、高端装备制造、生物产业等战略性新兴产业的工业物流体系,以农畜产品、农资、农机和冷链物流为重点的涉农物流体系,以批发市场、连锁配送、电子商务为重点的商贸物流体系,以及以边境口岸物流、对外加工、转口贸易为重点的国际物流体系。整合现有交通运输、仓储等物流基础设施,重点建设哈尔滨龙运物流园区、黑龙江华风物流园区、哈尔滨新香坊物流园区、哈尔滨空港物流园区、齐齐哈尔综合物流产业园区、大庆综合物流园区、佳木斯东港综合物流园区、牡丹江综合物流园区等区域性、国际性物流基地。加快国际物流通道建设,推进物流信息化、标准化进程,培育和壮大专业化第三方物流企业,促进制造业、商贸业与物流业联动发展,积极引进国内外知名物流企业和物流人才,建立科学有效的物流业协调管理机制,提升物流业运营效率和管理水平。

> **专栏 17　贸易旅游综合开发工程**
>
> **1. 完善内贸市场体系**：建设重点粮油批发市场、重点产地专业批发市场、重点外向型批发市场和农业生产资料市场。
>
> **2. 万村千乡市场工程**：到 2015 年，农资连锁经营网络覆盖全省乡镇，满足 80% 以上农资需求，乡村级连锁农家店达到 30000 个，区域性配送中心达到 300 个。
>
> **3. 外贸出口基地**：重点打造机电产品出口基地、纺织品出口基地、农产品加工出口基地、矿产品加工出口基地、医药产品出口基地和木材深加工及轻工产品出口基地。
>
> **4. 加强旅游基础设施建设**：建设交通设施、景区设施、综合配套设施和接待服务设施，提高景区可进入性和服务接待能力。
>
> **5. 旅游产品开发**：重点开发冰雪旅游、生态旅游和边境旅游产品。
>
> **6. 五大精品线路**：打造文化生态游、华夏东极游、神州北极游、林海泛舟游和火山边陲游精品线路。
>
> **7. 完善旅游服务体系**：建立全省旅游网络咨询服务系统和旅游呼叫系统。

二、加快发展金融业

推动金融创新，建设诚信龙江，改善金融环境，建立结构合理、功能完善、安全高效的现代金融体系，增强金融服务业对经济发展的拉动和支撑作用。

（一）银行保险业

鼓励和支持地方商业银行通过资本重组等多种形式发展壮大，做强龙江银行、哈尔滨银行等地方金融机构。设立和引进区域性、专业化保险公司，建立结构优化、功能互补、统一开放、竞争有序的保险市场体系。积极稳妥推进政策性农业保险，支持阳光农业相互保险公司做大做强。以农业保险、责任保险和商业养老保险为重点，积极发展满足群众需要的新产品、新业务。有效运用保险资金，确保资金安全和保值增值。

（二）证券期货业

积极发展引进股权投资基金、风险投资基金。支持哈尔滨、大庆高新技术产业开发区列入证券公司代办系统报价试点。积极争取将木材、粳稻等列入期货交易品种目录，积极争取粮食、焦炭、煤炭、石油等期货品种交割库的设立。完善证券公司的公司治理、内部控制和风险防范机制，发展壮大江海证券公司。

（三）信用担保业

完善以省鑫正担保公司为龙头、市县担保机构为主体、民营担保机构为补充的信用担保体系，支持担保机构特别是民营担保机构规范化、标准化发展，扩大担保规模。健全担保机构资本金注入机制，推进担保机构与金融部门的互利合作，积极为中小企业提供融资担保。加大政策支持力度，建立健全担保风险补偿机制，建立担保机构信用评级制度，加快再担保制度建设。发挥省担保协会作用，加强担保行业监管，切实防范行业风险。

（四）推进社会信用体系建设

深入推进"诚信龙江"建设，完善企业和个人信用信息基础数据库。健全社会信用体系，完善社会信用信息共享机制，推进全省公共信用信息平台建设。加快培育信用服务市场，发展信用服务机构。综合运用法律、经济、舆论监督等手段,构建社会信用的守信激励和失信惩戒机制。严厉打击各种金融犯罪和逃废银行债务行为,依法保护金融企业权益。

三、大力发展新兴服务业

深入挖掘科技、人才等资源潜力,培育壮大能够向社会提供高层次、多样化需求和促进产业结构优化的高附加值新兴服务业。

(一)服务外包业

接包和发包并举,大力发展境内服务外包和离岸服务外包产业,培育一批具有自主知识产权、自主品牌、高增值服务能力的服务外包企业,建设国家重要服务外包基地。以国内金融、保险、电信、石油石化、装备制造、生物医药和流通等行业及政府为重点发展境内外包,努力发展面向欧美、日韩市场的离岸外包。大力发展应用软件开发与服务、软件即服务和地理信息等信息技术外包业务(ITO)以及呼叫中心、供应链管理、数据处理、技术研发和工程设计等业务流程外包业务(BPO)。通过政府投入和民办公助等形式,加强服务外包园区基础设施建设。重点建设哈尔滨、大庆服务外包示范城市,积极支持绥芬河发展软件和服务外包产业,建设国家重要服务外包基地。鼓励服务外包企业与国际、国内服务外包企业或机构开展合资合作,建立合作机制,形成大型服务外包企业、产业集团和策略联盟。支持服务外包企业开展技术创新,积极开发拥有自主知识产权的核心技术。

(二)商务服务业

拓展和规范律师、公证、法律援助、司法鉴定、经济仲裁等法律服务业。发展科技中介、项目策划、项目融资、财务顾问、并购重组、上市等投资与资产管理服务业。规范发展会计、审计、税务、资产评估等经济鉴证类服务业。支持发展市场调查、资信服务、健康咨询等咨询服务业。加强广告业诚信建设,推动广告业健康发展。

(三)社区服务业

鼓励兴办多种所有制的社区服务业,推进社区文化娱乐、体育健身、医疗保健、养老、托幼等社区服务业产业化发展。整合社区服务资源,建设社区服务设施平台和信息平台,建立网络化、连锁化社区商业服务体系。鼓励民办非营利机构开展社区非营利性服务,促进民办非营利机构规范发展。拓宽社区服务领域,扩大社区服务覆盖面,健全社区管理服务功能。

四、集聚发展现代服务产业

充分发挥城市在人才、物流、信息、资金等方面相对集中的优势,建设现代服务业集聚区,不断壮大服务经济,促进有条件的大城市逐步形成以服务经济为主的产业结构,建立服务业标准体系,实施服务标准化,提升服务质量和效益。发挥哈尔滨龙头带动和集聚辐射功能,大力发展金融保险、现代物流、信息服务、研发设计、教育科技等高端服务业,推进服务业综合改革试点工作,打造哈南CBD服务业集聚区,建设服务全省、面向全国的服务经济中心。依托齐齐哈尔、牡丹江、佳木斯等中心城市,引导科技、信息、研发、设计、商务服务等辐射效应较强的服务行业发展,努力构建物流、商流、信息流、资金流等一体化的服务体系,培育形成服务功能突出的区域服务中心。发挥大庆工业化进程快、居民收入和消费水平高的优势,促进现代物流、服务外包等现代服务业发展,加快服务业升级换代。加强资源型城市道路、交通、通信等基础设施建设,运用现代经营方式和信息技术改造提升交通运输、商贸餐饮等传统服务业。大小兴安岭等具有重要生态功能的地区要突出发展生态旅游等服务业。发挥黑河、绥芬河、东宁、同江、抚远等口岸城市区位优势,建设口岸物流中心或园区,大力发展国际物流业,增强对俄贸易集散地功能。加快以县城及中心镇为重点的小城镇服务业发展,促进各种生产要素向城镇集中。

第九章 以哈牡绥东对俄贸易加工区为重点,建设向北开发开放先导区

充分发挥向北开放优势,以哈尔滨、牡丹江为支撑,以绥芬河、东宁等边境口岸为节点,以内陆市县为依托,推进单向贸易向双向贸易转变,加快建设双向加工基地,提高进出口商品本地加工转化率,打造全国向北开发开放桥头堡、先导区。

专栏18 哈牡绥东对俄贸易加工区

1. 主要任务:加快建设加工制造业、商贸、旅游、物流、会展五大产业中心,形成口岸与腹地、境内与境外优势互补、良性互动的对外开放新格局。

2. 园区建设:重点建设哈尔滨经济技术开发区、哈尔滨高新技术产业开发区、宾西经济技术开发区、绥芬河综合保税区、绥芬河边境经济合作区、海林经济技术开发区等国家级开发区和利民经济开发区、尚志经济技术开发区、东宁经济开发区、穆棱经济开发区等省级开发区,积极建设乌苏里斯克经济贸易合作区、莫戈伊图伊工业园、十月区经济贸易合作区、米哈依洛夫卡工业区等境外园区。

3. 发展目标:到2015年,建成新型产业基地和内陆走向海洋的开放经济走廊,在全国对俄经贸科技合作中的领先地位进一步巩固提升。对俄贸易额年均增长25%以上,占全省进出口总额的50%以上。口岸过货量达到2500万吨,铁矿砂、木材等地进口资源加工率达到50%以上,地产品出口比重达到30%以上。

一、打造"五个中心"

围绕重点产业发展,突出外向型特色,走规模化、集群化、园区化发展道路,大力发展外向型现代服务业、新型工业和生态农业。

(一)加工制造业中心

依托产业基础,加快发展机械制造业,重点建设电站成套设备、飞机制造、焊接技术与设备生产基地,重点发展数控量仪、精密复杂刀具、精密高速重载低噪声轴承、新型农机装备和农产品深加工装备。利用中俄木材资源,以木材加工园区为载体,承接国内外木业企业转移,加快发展木材加工业,打造木材精深加工基地。加快发展建材及装饰材料业,建设境内外建材及装饰材料基地,拓展我省建筑材料在俄远东地区建设中的市场份额。

(二)商贸中心

围绕俄罗斯市场需求,以绥芬河、东宁互市贸易区建设为重点,整合商贸资源,加快发展以电子商务、连锁经营为方向的对俄商品批发业和零售业。培育区域特色批发市场,重点发展装饰材料、

木材、化工、废旧金属、建材、农副产品、机电和轻工日用品专业市场。做大做强对俄商品展销平台，形成内陆城市、边境口岸和境外市场统筹发展的大商贸格局。

（三）现代物流中心

以哈尔滨、牡丹江两个中心城市为依托，以绥芬河、东宁两个口岸为陆桥，打通哈尔滨—牡丹江—绥芬河（东宁）—符拉迪沃斯托克陆海联运大通道，充分发挥绥芬河综合保税区的功能优势，发展连接内陆腹地与口岸、境内与境外的国际物流体系，吸引国际高端物流企业和周边地区的涉外企业，实现物流、商流、资金流、信息流的融汇与聚集，提升沿边开放吸引力和凝聚力，构建面向东北亚的国际物流中心。

（四）旅游中心

深入挖掘哈尔滨、牡丹江、黑河、绥芬河等地旅游文化内涵，以国内赴俄旅游集散地为目标，培育俄罗斯旅游目的地和集散地，大力发展入境游和出境游。加强哈尔滨、牡丹江等地景区基础设施建设，设计开发适合俄罗斯等国外游客的旅游线路和产品。加强与周边省区的区域合作，实现客源互动、资源共享、优势互补、共同繁荣。

（五）会展中心

加快发展以对俄经贸科技合作与交流为主要内容的会展业，培育国际性的会展、论坛和节庆品牌。发挥哈洽会品牌效应，以哈尔滨国际会展中心为平台，把哈尔滨打造成为北方会展名城。组织办好中国名优商品展销会、中国（牡丹江）俄罗斯（远东）国际木业博览会、中国牡丹江（东宁）黑木耳节暨食用菌展览交易会、中国（抚远）乌苏里六方论坛等常设性展会。

二、建设特色园区

（一）境内园区

重点发展对俄机电及高新技术产品出口加工、对俄纺织服装出口加工、对俄建筑及装饰材料出口加工、对俄农副产品出口种植加工、对俄轻工产品出口加工、进口木材加工、进口石化产品加工、进口矿产品加工、进口水产品加工相关联的园区，推进哈尔滨经济技术开发区、哈尔滨高新技术产业开发区、宾西经济技术开发区、绥芬河综合保税区、绥芬河边境经济合作区、海林经济技术开发区等国家级开发区和利民经济开发区、尚志经济技术开发区、东宁经济开发区、穆棱经济开发区等省级开发区建设。加快绥芬河综合保税区配套基础设施和服务设施建设，发挥保税区政策优势和对外开放口岸、保税物流、保税出口加工、国际贸易、国际中转、国际配送、国内外采购与分销、商品展示等综合功能，带动对俄贸易加工和离岸经济发展，促进全省和东北地区沿边开放战略升级。到2015年，引进贸易企业300家，物流企业50家，加工企业50家，为周边1500家企业提供产业服务。

（二）境外园区

全方位拓展对俄合作领域，加强贸易与投资合作，促进货物贸易、技术贸易和服务贸易协调发展。深入实施"走出去"战略，全力推进境外经济贸易合作区建设。把境外园区开发建设作为"外核",加快发展跨境连锁加工模式,推进境外园区与俄经济特区接轨。发挥重点园区的产业集聚作用,重点建设乌苏里斯克经济贸易合作区,加快中俄林业二期规划园区建设。

三、推进对俄贸易加工升级

调整对俄贸易结构和增长方式,大力发展加工贸易、地产品贸易、机电产品贸易、进口贸易和服务贸易,提升对俄贸易加工层次。

(一)发展双向贸易和双向加工

坚持既面对俄罗斯市场,又面向国内市场的发展战略,加快由单向贸易向双向贸易转变,建设双向贸易基地。发挥区位优势,依托俄罗斯优势资源,建设境外粗加工基地、境内深加工基地,重点推进对俄油气电力资源开发、森林采伐及木材加工、矿产资源开发、农业开发合作、基础设施建设、园区建设、物流商贸等项目,加快建设境外能源、原材料开采和加工基地。采取与俄合资合作、租赁等方式建设境外经济贸易合作区。充分发挥发达省份先进技术和省内劳动力资源,建设境内初加工基地、境外再加工基地。实现境内外连锁加工、产业互动,建设双向加工基地。

(二)强化贸易加工支撑体系建设

创新金融产品,鼓励企业出口以人民币计价结算,加快区域经济人民币结算进程。创新监管模式,继续推行内贸货物跨境运输监管,探索建立加工贸易联网监管模式。搭建对外合作平台,鼓励有条件的企业收购境外知名品牌、营销网络和研发机构,加强海外并购服务。

第十章　以高新科技产业集中开发区为重点,
加快科教人才兴省强省步伐

充分发挥科技第一生产力和人才第一资源作用,实施科教人才强省富省工程,把科技进步和创新作为经济社会发展的重要推动力,把发展教育和培养高素质人才摆在更加突出的战略位置,建设高新科技产业集中开发区,进一步做实"一带二区四基地",促进科教优势向经济优势、竞争优势转化,逐步推动经济发展方式由依靠物质投入向依靠科技进步转变。

专栏 19   高新科技产业集中开发区

1. **主要任务**:充分发挥我省科技、人才、产业和区位优势,加快科技创新体系建设,抢占战略性新兴产业制高点,形成相对重点集中的高新科技产业开发区,用科学技术进步推动经济社会协调发展。充分吸收国内外先进科技资源、管理手段和资金,重点发展新材料、新能源、电子信息、生物、高端装备、节能环保、服务外包产业等高新技术产业,促进优势产业集聚,扶持壮大特色产业,培育新兴产业发展。
2. **一带**:国家级高新技术产业带。
3. **二区**:牡丹江高新科技产业开发区,佳木斯高新科技产业开发区。
4. **四基地**:煤化工高新科技产业基地,硅基新材料高新科技产业基地,农产品精深加工高新科技产业基地,生态保护与开发高新科技产业基地。
5. **发展目标**:到 2015 年,哈尔滨高新技术产业开发区和大庆高新技术产业开发区进入全国一流行列,其他各类科技园区跨越发展,高新科技产业领先发展,全省产业结构实现战略升级。

一、增强科技创新能力

坚持"自主创新、重点跨越、支撑发展、引领未来"的方针,加强科技创新体系建设,提高原始创新、集成创新和引进消化吸收再创新能力,加快建设创新型省份。

(一)完善科技创新体系

实施"技术创新八大行动计划",引导和支持创新要素向企业集聚,建立以企业为主体、市场为导向、产学研相结合的技术创新体系,大幅度提高科技进步贡献率。加快建设哈尔滨科技创新城,围绕产业发展,有效整合科研机构、中试基地、重点实验室等优势资源,加快企业与大专院校、科研院所的有效对接,建立产学研技术创新战略联盟及企业院士工作站。加快企业技术中心、工程研究中心和重点实验室创新平台建设,重点加快哈东安集团等国家企业技术中心、哈尔滨高效焊接新技术等国家工程研究中心、省农科院国家玉米实验室以及哈医大北方寒地心脑血管疾病药物研究国家地方联合工程实验室等一批创新平台建设,综合集成现有的技术创新资源,突破制约产业链条延伸的关键技术,促进产学研用有机合作。加快成果转化平台和转化机制建设,加快培育科技创新型企业,支持科技型企业上市,努力打造技术创新服务平台和科技共享平台。建立和完善科技成果交易市场,支持金融资本、风险投资与科技产业相结合,促进科技成果产业化。

(二)加大科技研发与成果转化力度

瞄准需求迫切、带动明显、基础较好的方向和领域,集中力量联合攻关,努力掌握更多核心和关键技术。围绕两大平原现代农业综合开发试验区建设,攻克一批农业关键技术,普及一批现代农业技术,推广一批农业产业化技术。围绕哈大齐工业走廊建设区和高新科技产业集中开发区建设,在生物医药、新能源、新材料、高端装备制造、新一代信息技术、现代农业、民生科技等领域,开发和掌握一批具有重要影响的关键共性技术。围绕十大重点产业,集中力量实施重大项目攻关,研究一批具有前瞻性、基础性的科研成果,加强集成应用推广,全面提升产业技术水平。

二、加快发展教育事业

实施《黑龙江省中长期教育改革和发展规划纲要》,落实优先发展教育的各项部署,深化教育体制改革,加强教师队伍建设,健全教育投入保障机制,加快教育信息化、国际化进程,推进依法治教,促进各级各类教育全面、协调、可持续发展,现代国民教育体系更加完善,终身教育体系初步形成,为基本实现教育现代化、基本形成学习型社会、率先进入人力资源强省行列奠定坚实基础。

(一)巩固提高基础教育

坚持育人为本、德育为先,把立德树人作为教育的首要任务。加强德育队伍和课程建设,增强德育感染力和时效性。落实政府发展学前教育职责,把学前教育作为发展教育和改善民生的重点任务,纳入城镇、新农村建设规划,建立政府主导、社会参与、公办民办并举的学前教育办园体制,实施学前教育3年行动计划。重点发展农村学前教育,开展农村学前教育投入及管理体制改革试点,实施以农村为重点的学前教育推进项目,新建和改扩建1200所公办幼儿园,学前3年毛入园率达到65%。巩固义务教育普及成果,建立健全进城务工人员随迁子女和留守儿童义务教育保障机制,完善义务教育均衡发展保障机制,分区域整体推进义务教育学校标准化建设,实施校舍安全工程和薄弱校舍改造工程,鼓励市(地)级城市、县级政府所在地和经济发达地区率先实现标准化。到2015年,全省70%的义务教育学校达到标准化。科学调整普通高中发展布局,积极开发优质教育资源,全面提高学生素质,推动普通高中多样化、特色化发展。实施普通高中达标学校建设项目,推动普通高中建设达标。加大民族教育支持力度,公共教育资源向民族学校和民族地区倾斜。继续实施国家中西部特教学校建设工程,健全特殊教育保障机制。

(二)大力发展职业教育

加大职业教育投入力度,提升职业教育基础能力。加强"双师型"教师队伍和综合性实训基地建设,推进职业教育集团化办学,实施职业教育示范建设项目。推行工学结合、校企结合、顶岗实习等职业教育模式。加快发展面向农村的职业教育,逐步实施中职学生免学费制度。建立中等职业教育、高等职业教育、应用型本科教育和专业学位研究生教育协调发展的现代职业教育体系。

(三)提升高等教育综合实力

大力推进高等教育强省建设,实施高等教育综合改革和"1161工程",支持"985工程"、"211工程"院校建设,重点建设10所省属本科院校、6所特色应用型本科院校和10所示范性高等职业院校,引导高校科学定位、有序发展、增强实力、办出特色。提高高校生均财政支出水平,选择部分有条件的高校开展拔尖创新人才、卓越人才、创新创业教育等人才培养模式改革。探索建立产学研联盟机制,打造学科专业战略集群。进一步完善高校科技创新战略布局和体系建设,加强重点实验室、工程(研究)中心等高水平科技创新平台建设。繁荣哲学社会科学研究,建设高水平人文社会科学重点研究基地。提高教育国际化水平,引进优质教育资源,实施"留学龙江计划",发挥对俄交流合作优势,加强汉语国际推广,提升教育国际影响力与竞争力。加大学科战略后备人才培养力度。

(四)加快发展继续教育

更新继续教育观念,树立终身教育理念,完善继续教育制度,创新继续教育培养模式,推动中高等学校、科研机构和企事业单位共建继续教育基地。大力发展现代远程教育,完善现代远程教育公共服务体系,为学习者提供方便、灵活、个性化的学习条件。大力发展农村成人教育,培养有知识、懂技术、会经营的新型农民。努力构建学历与非学历教育并重,学校教育、社会教育与家庭教育紧密结合,各级各类教育互相衔接的开放式终身教育体系。

三、加强人才资源开发

按照"服务发展、人才优先、以用为本、创新机制、高端引领、整体开发"的指导方针,构建有利于科学发展的人才体制机制,加快建立人才竞争的比较优势,加强各类人才队伍建设,充分发挥省内人才作用,积极引进和用好省外海外高层次人才,为转变经济发展方式提供坚实的人力资本支撑。

(一)培养引进创新创业型人才

积极实施科技创新创业人才推进计划。发挥我省科研院所、大专院校集中,教育资源丰富的优势,培养一批在省内外有影响的创新创业型高端人才。根据需要从国内其他省份引进创新创业型人才。结合发展战略性新兴产业、优势传统产业和现代服务业,引进国外创新型人才,重点引进在科学创新、技术创新、管理创新方面起带头作用的人才。发挥毗邻俄罗斯的地缘优势,通过积极开展对俄合作,引进俄罗斯等国高层次科技创新创业型专家。

(二)优化人才结构

着力加强龙江特色人才队伍建设,形成各类人才分布合理、结构优化的良好格局。着眼重大科研和工程项目、重点学科和科研基地、国际学术交流和合作项目需要,努力建设一支重点突出、布局合理、结构优化、素质优良、富有创新能力的高层次人才队伍。发挥高等职业院校等机构作用,大力培养各类实用型高技能人才。以培养高层次人才和高技能人才为重点,统筹推进人才队伍建设,提升人才队伍的整体素质和区域竞争力。充分发挥现有人才作用,积极为各类人才创业搭建平台,引导和鼓励各类人才向经济社会发展一线集聚,加快人才结构战略性调整,实现与经济社会发展相协调。

(三)创新人才激励机制

构建以政府奖励为导向、用人单位奖励为主体、社会奖励为辅助的人才奖励制度。完善分配、保障制度,健全与工作业绩紧密联系、充分体现人才价值的激励机制。推行年薪制、协议工资制和项目工资制等多种分配形式,完善事业单位岗位绩效工资制度、国有企业经营管理者薪酬制度和技术工人薪酬分配制度。建立产权激励制度,鼓励支持知识、技术、管理、技能等生产要素按贡献参与分配。发挥市场配置人才资源的基础性作用,营造人才辈出、人尽其才的环境。推进人事制度改革,激发人才创新创业活力。

专栏20　科教人才强省富省工程

　　1. 开发高新技术产品:围绕核电装备研发制造、新药研发生产等特色产业基地建设,开发具有市场竞争力的高新技术产品。
　　2. 技术创新战略联盟:组建先进复合材料、风电、半导体照明、生物医药、环保材料、农机装备、农产品加工、薯业、煤炭、高纬度电动汽车等产业技术创新战略联盟。
　　3. 教育发展重点工程:开展学前教育推进工程、中小学校舍安全工程、农村初中校舍改造工程和职业教育基础能力建设二期工程等重点工程,推进特殊教育学校建设,"十二五"期末全省各市(地)和30万人口以上的县(市)、残疾儿童较多的县(市)至少都有一所特殊教育学校。
　　4. 高教强省战略:到2015年,高等教育毛入学率达到50%。
　　5. 人才队伍建设:实施科技创新创业人才推进计划,着力培养引进创新创业型人才。

第十一章　加强基础设施建设,增强
经济社会发展承载能力

继续把加强基础设施建设摆在经济社会发展的优先位置,按照"适度超前、布局合理、结构优化、一体服务"的原则,加快构建功能配套、安全高效的现代化基础设施体系,增强经济社会发展承载能力。

一、加快现代综合交通运输网络建设

坚持新建与改造并举,加强跨国通道、出省通道、城市群通道和农村通道建设,扩展路网规模;强化各种运输方式间有效衔接,推进综合运输体系建设,提升系统保障功能,提高运输能力和整体效益;打造便捷交通、安全交通、绿色交通、智能交通、和谐交通,基本形成铁路、公路、民航、水运紧密衔接、便捷高效的现代化综合交通运输网络。

(一)铁路

加快客运专线和快速铁路建设,提高干线铁路运输能力。实施扩能提速改造,提高技术水平。建设煤粮运专线、产业园区专线和开发性专线,进一步拓展路网覆盖面。建设枢纽站场,加强铁路自身及铁路与其他运输方式间协调衔接,形成"干支互通、点线匹配、装备适宜"的铁路网。到2015年,全省新建铁路800公里,铁路运营总里程达到7000公里以上,客运专线里程达到700公里以上,复线达到40%,电气化率有较大幅度提高。

(二)公路

全面完成"三年决战"建设任务。加强出省通道干线建设,强化与周边省份和俄远东地区交通联系,促进我省国际运输通道向建立陆海联运大通道及经俄罗斯领土过境运输方向发展。进一步推进高速公路建设,省内国家高速公路建成80%以上,除大兴安岭地区外,实现省会与市(地)间及相邻市(地)间高速连通,基本形成与"八大经济区"建设相适应的高速公路网络。加快推进国省干线公路建设,干线公路网通达深度和服务水平进一步加强,县(市)全部实现国道连接,县与县之间、县与重要乡镇之间实现二级及以上公路连接,基本覆盖所有县(市)、边境口岸、资源产地、旅游风景区和粮食主产区等重要经济区域。继续推进农村公路建设,实施撤乡并镇前原行政村通畅工程和县乡路网改造工程。加强城市道路、出口道路与公路之间的连接,着力提高路网通达能力和集散能力。加快公路运输基础设施建设,基本形成以高速公路为依托、以等级公路为纽带,辐射城乡、干支相连的运输网络体系。到2015年,全省高速公路里程力争突破4500公里,二级及以上公路超过1.8万公里,农村公路里程突破14万公里。

(三)民航

做好机场改扩建、新建、迁建工作。在重要的林区、垦区、重点旅游景区、口岸和资源富集地区等经济区域新建一批支线和通勤机场,形成以哈尔滨机场为中心,支线机场为支撑,通勤机场为补充,覆盖全省主要城市、边境口岸和旅游景区的现代机场格局。进一步巩固哈尔滨机场作为对俄远东地区门户机场的地位;努力改善提升航空基础设施和技术装备,实现运输管理现代化,提高机场安全运输水平。到2015年,全省主要城市及80%以上的县(市、区)、关键经济节点、主要对外开放口岸、重要风景旅游区均可在地面交通100公里或1.5小时车程内享受到航空服务。

(四)水运

加强干流航道、开放港口、货运码头和信息服务系统建设,全面提升水运交通综合服务能力。继续实施松花江干流梯级渠化建设和航道整治工程,提升港口客货通过能力,基本适应区域水路运输和江海联运发展需要。到 2015 年,高等级航道达标率达到 44%,货物通过能力达到 1950 万吨以上,旅客通过能力达到 450 万人以上。

专栏 21　现代交通网络建设工程

　　1. **铁路**:建设哈尔滨至大连、哈尔滨至齐齐哈尔、哈尔滨至佳木斯、哈尔滨至牡丹江等客运专线,宝清至迎春、北安至五大连池等支线铁路,哈尔滨站、哈尔滨西站、哈尔滨集装箱中心站等铁路站场;扩能提速改造齐齐哈尔至古莲、佳木斯至鹤岗、佳木斯至双鸭山等主要干线。
　　2. **公路**:建设绥芬河至牡丹江段、伊春至绥化段等高速公路 2375 公里,开工建设鹤岗至伊春、建三江至前哨段等高速公路 519 公里,力争开工建设绥化至大庆等高速公路 492 公里。建设京加公路加格达奇至嫩江段、黑大公路平房至拉林段等国省干线公路 4000 公里、建设农村公路 26000 公里,建设哈西综合客运站等 16个客运枢纽站,龙运物流园区等 24 个货运场站,69 个市、县级货运站和 400 个乡镇客运站。
　　3. **民航**:完成哈尔滨机场扩建和佳木斯机场迁建,建设抚远、加格达奇、五大连池、建三江、绥芬河等支线机场和饶河、宝清等通勤机场,启动牡丹江机场迁建和齐齐哈尔机场飞行区整修改造工程,实施漠河等支线机场安全设施升级改造工程。
　　4. **水运**:力争开工建设依兰等航电枢纽,实施松花江、黑龙江和乌苏里江重点浅滩疏浚工程,建设漠河、饶河、嘉荫等界河开放港口和哈尔滨依兰港区码头、佳木斯宏利港区等内河港口码头以及黑瞎子岛客运码头。

二、加强水利设施建设

　　坚持科学治水,加快水利基础设施建设,重点建设防洪抗旱减灾、民生水利、水资源开发利用和节约保护、水土保持与水生态修复等工程,构建完善的防洪抗旱减灾体系、水资源合理配置体系、水资源保护和水生态建设体系。

(一)防洪抗旱减灾

　　重点加快松花江、嫩江干流县场堤防达标工程建设,完成松花江、嫩江干流县场堤防工程建设,加快哈尔滨、齐齐哈尔、佳木斯、大庆、牡丹江、伊春等重点城市堤防达标工程建设,完成倭肯河、穆棱河、挠力河等重点支流治理工程,加快胖头泡蓄滞洪区建设,基本建成松花江、嫩江干流综合防洪抗旱减灾体系。到 2015 年,松花江、嫩江干流堤防防洪标准达到 20 年至 100 年一遇;重点城市堤防防洪标准基本达到 50 年至 100 年一遇;重点支流的重点河段堤防防洪标准达到 30 年至 50 年一遇。

(二)加强水资源开发利用

　　实施控制性枢纽和重点水源工程,增强地表水调控能力,切实提高水资源供给保障能力。重点建设林海水库、奋斗水库、塔林西水利枢纽、三间房水利枢纽、阁山水库、花园水库、青龙山水库、九龙水库、汪清水库、五花山水库、东升水库、亚布力水库等大中型水库。

(三)开展国境界江治理

　　全面完成中俄界江塌岸严重河段近期重点防护工程和抚远三角洲国土防护工程,全面启动中俄界江国土防护工程二期规划。加快推进黑龙江干流、乌苏里江干流和松阿察河堤防工程建设,全面启动黑瞎子岛防洪工程。

三、强化城市基础设施建设

　　充分发挥城市基础设施对城市发展的保障和先导作用,科学有序规划,适度超前建设,全面提高城市综合承载能力。

（一）加强"三供两治"设施建设

集中建设城市供水工程和水源地污染治理项目,提高供水保障率和供水质量。加快热电联产供热、生物质能供热、供热管网改造等项目建设。鼓励和支持天然气压缩和液化项目,规划建设城市燃气工程。加快城镇污水、垃圾处理设施建设。到 2015 年,全省新增城市日供水能力 122 万吨以上,县以上城市供水普及率达到 90% 以上;集中供热面积达到 6 亿平方米以上,县以上城市集中供热普及率达到 70%;城市天然气年用气量达到 20 亿立方米,县以上城市管道燃气普及率达到 65%;污水日处理能力和生活垃圾无害化日处理能力分别新增 236.61 万吨和 1.65 万吨,城镇污水集中处理率和生活垃圾无害化处理率均达到 80%。

（二）发展城市公共交通

支持哈尔滨等滨水城市过江通道建设,鼓励具备条件的城市建设城市快速干道和立体交通工程,优化城市路网结构,提高城市道路通行能力。建成哈尔滨市轨道交通一期工程,开工建设哈尔滨市轨道交通二期和大庆市轻轨等轨道交通项目。发展城市大运量公共交通和清洁能源交通。到 2015 年,全省人均城市道路面积达到 13 平方米。

四、全面提升信息化水平

建设信息龙江,推动宽带、泛在、融合、智能、安全的信息基础设施建设,促进信息化与工业化深度融合,实现各领域信息化。

（一）加强信息基础设施建设

加快推进第三代移动通信网络建设,引导建设无线宽带城市,加强与城市规划的衔接,推进城市楼宇宽带标准化。扩大服务范围,加快农村、偏远地区宽带网络建设,全面提高宽带普及率和接入带宽,逐步形成惠及全省居民的信息网络。启动开展物联网建设布局,以广电应用为先导,在重点领域组织开展物联网应用示范,加强云计算设施建设。

（二）推进"三网融合"

以广电和电信业务双向进入为重点,推进哈尔滨"三网融合"试点工作,推广试点经验,全面推进电信网、广播电视网、互联网共建共享、互联互通和业务融合。加快网络技术的研发和产业化,创新产业形态,推动相关产业发展。破除体制机制障碍,形成适应"三网融合"的法规体系、监管体系和标准体系。

（三）推进经济社会信息化

加快发展现代信息产业,用信息化带动工业化,改造提升传统产业,支持推动高新技术产业走新型工业化道路。实施农业农村信息化工程,建设面向农业大户、龙头企业和农村经济合作组织的农业综合信息服务体系。促进制造业信息化,加快信息技术在研发、生产、营销等环节的全面应用。推进基础设施信息化,提升水利、交通、能源、物流、城市管理等领域管理体系智能化水平。统筹建设电子政务,推进电子政务网络互联互通和信息共享。强化人口、地理、金融等基础信息资源开发利用。

第十二章 加快城镇化进程,提升城镇化发展水平

按照"统筹规划、合理布局、完善功能、以大带小"的原则,实施城镇化建设工程和创建"三优"文明城市工程,优化城市化布局和形态,加强城镇规划、建设和管理,增强大中小城市辐射带动能力,提高小城镇综合承载能力,完善城镇化管理,推进符合落户条件的农民工逐步转为城镇居民,促进城镇化健康发展。

一、优化城市发展格局

优化空间布局和规模结构,以城市群为主体形态,促进大中小城市协调发展,推动城镇化集约发展、均衡布局。

(一)构建哈尔滨大都市圈

以哈尔滨主城区为中心,以双城、宾县、五常、尚志、阿城、肇东、兰西等卫星城(区)为支撑,以哈绥、哈双、哈大、哈同、哈五、哈阿等交通干线为发展轴,构建哈尔滨大都市圈。进一步发挥哈尔滨的集聚和辐射效应,以先进制造业和现代服务业为先导,着力创建和构建国家级高新技术发展集聚区、东北亚国际经贸合作核心区和东北亚新兴工业化先导区。加快发展哈尔滨城市基础设施和社会公共服务,建设以主城区为中心的快速交通网络,打造1小时都市经济圈,建设全省区域整体发展核心区。以北安、尚志、方正、安达为重点,推进节点城镇发展,加强哈尔滨与大小兴安岭生态功能区、哈牡绥东对俄贸易加工区、东部煤电化基地建设区和哈大齐工业走廊建设区内核心城市的联系,增强哈尔滨大都市圈辐射带动能力。

(二)打造哈大齐牡城市带

以哈尔滨为龙头,齐齐哈尔和牡丹江为两翼,以绥满高速公路、铁路为中心轴,形成带中隆起、侧翼联动、功能完善、国际知名的哈大齐牡城市带。以产业发展提升城市带整体实力,建成我国重要的装备工业中心、石化工业中心、食品工业中心、医药工业中心、特色旅游中心、对俄经贸物流中心和会展中心。哈尔滨要依托区位和产业优势,发挥好中枢集散和动力引导作用;大庆和齐齐哈尔要在扩大传统产业优势的基础上,继续深化产业集聚和产业支撑;牡丹江要保持和扩大对外经贸优势,打造对俄经贸桥头堡;其他城市要主动承接大中城市辐射,积极开展产业协作,促进区域协调发展。

(三)建设东部城市群

以牡丹江和佳木斯为两极,鸡西、双鸭山、七台河、鹤岗为支撑,构建功能明晰、组合有序的东部城市群。发挥双核增长优势,构建全国最大的对俄经贸开放区,并将佳木斯培育成为三江地区现代物流中心和区域金融中心;发挥鸡西、双鸭山、七台河和鹤岗的资源优势,重点发展煤电化等主导产业,加快农产品加工业、对外贸易和旅游等共有产业集聚,推进产业互补和错位发展,促进区域产业一体化、交通设施一体化和市场一体化。

二、建设特色小城镇

科学界定大中小城市和小城镇的功能定位、产业布局、开发边界,做到大中小城市和小城镇功能互补,加快形成具有龙江特色的现代化小城镇体系,推进城乡一体化发展。

(一)完善小城镇体系

以"百镇"试点为带动,以农垦、森工城镇为突破,依托地理和资源优势,建设和发展一批有条件的城关镇、重点乡镇和特色小镇,形成布局合理、规划科学、设施配套、功能齐全、环境优美、特色鲜明,与区域中心城市和周边农村协调发展的现代化新型小城镇体系。因地制宜发展工业、商业、边贸、旅游、文化、科技等产业,建设一批"工业重镇"、"商贸大镇"、"边贸强镇"、"旅游名镇"。用好政府资金,用活金融资金,用足社会资金,建立政府为主导的投入机制,拓宽融资渠道。到2015年,全省重点发展5万人口以上规模小城镇75个,3万至5万人口规模小城镇50个,容纳人口1100万人,吸纳农村富余劳动力150万人。

专栏22　城镇化建设工程

1. **实施垦区带动:**以国有农场为基础,重点发展农产品加工业和相关配套产业,延长产业链条。
2. **实施林区带动:**依托国有林场和企业,重点发展林产品加工业和后续产业,提高经济效益。
3. **实施矿(油)区带动:**以矿(油)企业为依托,重点发展配套产业和相关服务业,大力挖掘非资源依赖型产业潜力。
4. **实施旅游景区带动:**重点发展旅游和餐饮、娱乐等服务业,提高配套服务水平和质量。
5. **实施产业园区带动:**重点发展配套加工业和仓储、运输等产业,形成集聚效应。
6. **实施边贸带动:**以边境口岸为依托,重点发展进出口配套产业,建设一批有特色的中心市场和专业市场。
7. **实施交通枢纽带动:**发挥集散功能,大力发展商贸和物流等产业。

(二)增强综合承载能力

把小城镇建设同发展县域经济和农村社会事业有机结合起来,促进农村人口与产业向中心集镇集聚,为周边农村经济社会发展和农民生产生活方式转变发挥示范带动作用。统筹规划小城镇的供排水、排污、污水及垃圾处理、道路、通信等必要的配套基础设施建设,增强小城镇服务功能。围绕中心城市的支柱产业,因地制宜地发展劳动密集型产业,承接配套项目,发展农村中小企业,夯实小城镇经济基础。积极发展农副产品加工业等特色优势产业,鼓励发展生活服务业。兴建小城镇农产品批发市场、小商品零售市场和各类专业批发市场,增强小城镇商贸辐射能力。搞好小城镇环境保护和生态建设,改善小城镇的投资、就业和居住环境。

三、创新城乡一体化发展体制机制

(一)建立健全城乡一体化发展制度

消除城镇之间、城乡之间要素流动体制障碍,实现区域资源共享和合理配置。打破城乡分割的经济社会管理体制,初步建立符合省情的新型城乡关系。建立和完善城乡一体的财税、土地、行政管理和公共服务等制度,加快城镇住房、就业、教育、社会保障等配套制度改革,逐步实现基本公共服务均等化。深化户籍制度改革,促进农村富余劳动力合理有序地向城镇转移,加快农民工市民化进程。建立全省城镇化发展综合协调互动机制,在统筹规划、实施进程、利益协调和资源配置等方面发挥积极作用。适应经济社会发展需要,积极稳妥地推进行政区划改革。

(二)稳步推进农民工市民化

坚持"因地制宜、分步推进、存量优先、带动增量"的原则,在充分尊重本人意愿基础上,把有稳定劳动关系并在城镇居住一定年限的农民工逐步转化为城镇居民。优先解决大中城市周边本地农民工、举家迁徙农民工和新生代农民工的落户问题。加强和改进城市人口管理,大城市要根据实际放宽农民工和其他外来人口落户条件,放开中小城市和小城镇户籍限制。稳步推动土地、城镇投融资体制改革,制定有利于农民工转化为城镇居民的政策支持体系。选择不同类型城镇开展试点,研究制定不同区域、不同城市农民工落户最低准入条件。鼓励各地制定公开、透明和更为宽松的落户政策。

(三)切实提高农民工公共服务水平

逐步改善提高农民工公共服务水平,加强权益保护。加强农民工权益维护,加快农民工社会保障、子女就学、公共卫生、住房租购等制度建设。以公办中小学校为主,保证农民工随迁子女接受义务教育。多渠道多形式改善农民工居住条件,鼓励有条件的城市将符合条件的农民工纳入公共住房保障体系。将与企业建立稳定劳动关系的农民工纳入城镇职工基本养老和医疗保险。增加对农民工技能培训和就业服务,帮助农民工解决就业困难。扶持农民工返乡就业。

四、创建"三优"文明城市

(一)创建优美环境

提高城市规划和建设水平,重点抓好城市的硬化、绿化、净化、美化,营造碧水蓝天、青山绿地的宜居城市环境。彰显滨水、临山的龙江城市特质,建设绿色廊道,增加公共绿地面积,打造园林绿化精品,完善城市绿化功能。东部地区重点打造国家山水园林城市,西部地区重点打造国家园林城市,北部地区重点打造国家森林城市,形成"城在林中、林在城中、人在绿中"的生态景观。加强污水、垃圾日常处理基础设施建设,及时清理建筑垃圾及其他废弃物,抓好裸露地面硬化绿化,搞好城市保洁管理,创造干净整洁城市环境。加快城市旧楼整理,街路升级改造,建筑景观亮化,提升城市品位形象。

(二)创建优良秩序

提高城市管理水平,整治违法违章建筑、户外广告、临街管线,规范建筑秩序。合理布局市场网点,清理非法违规临街占道经营,规范市场秩序。完善交通安全设施,加强机动车辆运营管理,倡导文明交通行为,规范交通秩序。整合城市信息资源,建立智能管理系统,打造城市管理网络平台,推行数字化管理。

（三）创建优质服务

转变政府职能,抓好政府公共服务平台建设,严格执行政务公开制度,简化办事程序,提高办事效率,努力建设服务型政府。加强社会公共服务窗口建设,引导窗口服务部门健全服务规章,改进服务方式,建立社会监督和考评体系,全面提高规范化服务水平。倡导公民基本道德规范,提高全社会文明素质,努力养成健康文明的生活习惯和行为方式,树立诚信龙江、文明龙江、礼仪龙江、时尚龙江新形象。

专栏23　创建"三优"文明城市工程

1. **创建国家园林城市**:合理规划设计城市绿化空间,提高绿化覆盖率。
2. **建设滨水城市**:着力将哈尔滨打造成万顷松江湿地、百里生态长廊、北国滨水名城;将佳木斯打造成为百万人口、100平方公里,宜居宜业,现代滨江城市。
3. **整治城乡生活环境**:切实抓好城镇周围、铁路沿线等重点部位垃圾处理,开展窗口行业优质服务活动。

第十三章　推进形成主体功能区,促进区域协调发展

树立空间均衡理念,落实国家主体功能区规划,根据资源环境承载能力、发展基础和潜力,调整和完善空间开发结构,加快形成结构合理、功能清晰、优势互补、协调有致的空间发展新格局。

一、重点开发区域

全省重点开发区域包括国家级重点开发区域和省级重点开发区域,是全省工业化和城市化的重要支撑区。

（一）国家级重点开发区域

国家级重点开发区域主要是哈大齐地区和牡绥地区的部分区域,是全国重要的能源、石化、医药和重型装备制造基地,区域性的农产品加工和生物产业基地,东北地区陆路对外开放重要门户。发展方向是强化科技创新、综合服务功能,增强产业集聚能力和核心竞争力,建设技术先进、结构优化、特色鲜明、竞争力强的新型产业基地。发挥生态优势和资源优势,建设绿色特色农产品生产及加工基地,推动规模化经营,提高农产品精深加工和农副产品综合利用水平。加强松花江、嫩江、绥芬河流域污染防治和水环境保护,开展松嫩平原湿地修复,加快封山育林、植树造林,防治丘陵黑土地区水土流失。

（二）省级重点开发区域

省级重点开发区域主要是东部煤电化基地城市群和农产品主产区、重点生态功能区部分市(县)建成区、城关镇和重点开发区园区所在乡镇,是全省重要的能源、电力和煤化工基地,区域性的农产品加工和生物产业基地,东北对外开放的重要地区和物流基地,重要的绿色特色农产品生产

及加工基地。发展方向是建设煤电化产业基地,加强煤炭资源接续能力建设,合理开发和有效保护煤炭资源,增强煤化工产业的集聚能力和竞争力,积极发展新材料、冶金、装备制造、生物等替代产业和现代服务业。强化节能减排,加强水资源开发利用保护和节约,加快封山育林和植树造林步伐,搞好水土流失治理,开展三江平原湿地保护和修复。

二、限制开发区域

(一)国家级农产品主产区

国家级农产品主产区主要位于农业生产条件较好的松嫩平原和三江平原,是以提供农产品为主,保障农产品供给安全的重要区域,是重要的商品粮生产基地、畜牧业生产基地和农产品深加工区、农业综合开发试验区、社会主义新农村建设示范区。建设农业综合开发试验区,保护耕地,集约开发,加强农业基础设施建设,显著提高农业综合生产能力、产业化水平、物资装备水平、支撑服务能力,提高农业生产效率,大力发展高产、高效、优质、安全的现代化大农业,重点建设水稻产业带、专用玉米产业带、大豆产业带、畜牧产品产业带和马铃薯产业带。积极推进农业规模化水平,发展农产品深加工,拓展农村就业和增收空间,加强农村基础设施和公共服务设施建设,改善生产生活条件。

(二)国家级重点生态功能区

国家级重点生态功能区主要是大小兴安岭森林生态功能区、长白山森林生态功能区和三江平原湿地生态功能区,以提供生态产品为主,是保障生态安全的主体区域,是人与自然和谐相处的示范区。大小兴安岭森林生态功能区和长白山森林生态功能区要加强生态环境保护,促进生态修复,禁止非保护性采伐,力争全面停止主伐,植树造林,涵养水源,保护野生动植物;在资源环境可承载的范围内,适度开发林木和水资源,科学有序开发矿产资源;因地制宜发展优势特色产业,加快发展以生态旅游、特色种养殖、绿色食品加工、北药开发、清洁能源等为主的接续和替代产业,形成生态主导型产业格局;合理分布农业人口,完善城乡基础设施。三江平原湿地生态功能区要禁止对野生动植物进行滥捕滥采,保持和恢复野生动植物物种和种群的平衡,实现野生动植物资源的良性循环和永续利用;加强防御外来物种入侵的能力,防止外来有害物种对生态系统的侵害;保护自然生态系统与重要物种栖息地,防止生态建设导致栖息环境的改变;扩大保护范围,降低城市建设强度,改善湿地环境。

三、禁止开发区域

禁止开发区域主要包括国家级和省级自然保护区、风景名胜区、森林公园、地质公园、基本农田保护区、饮用水水源保护地、划定的蓄泄洪区等点状分布区域,是保护自然文化资源的重要区域,是珍稀动植物基因资源保护地和重要迁徙地,是保护生物物种多样性的区域,是基本农田、重要水源地和重要蓄泄洪区。依据法律法规定和相关规划实施强制性保护。

四、实施分类区域政策

（一）财政政策

适应主体功能区要求，加大均衡性转移支付力度。继续完善省对下均衡性转移支付办法，在省对下均衡性转移支付测算中增加森林面积等生态因素和保护生态环境支出因素，加大对国家级生态功能区转移支付力度，增强限制开发区域基层政府实施公共管理、提供基本公共服务和落实各项民生政策的能力。建立健全有利于切实保护生态环境的奖惩机制。逐步加大各级财政对自然保护区的投入力度，明确各级政府责任，构建自然保护区稳定投入机制。

（二）投资政策

按主体功能区安排的投资主要用于限制开发区域的生态修复和环境保护，加强其提供生态产品的能力。按领域安排的投资要符合各类区域主体功能定位和发展方向。逐步加大政府投资用于农业和生态环境保护的比例。积极利用金融手段引导社会投资。引导商业银行按主体功能定位调整区域信贷投向，鼓励向符合主体功能定位的限制开发区域项目提供贷款。鼓励重点开发区域投资高端装备制造业、现代服务业和高新技术产业。

（三）产业政策

制定与主体功能区相适应的产业结构调整指导目录、外商投资优势产业目录，明确不同主体功能区鼓励、限制和禁止发展的产业。对不同主体功能区的产业投资项目实行不同的占地、耗能、耗水和排放等标准。建立产业退出和转移机制，对不符合主体功能区发展方向的产业建立畅通的退出和转移机制。

（四）土地政策

推进农用地保护和农村土地整治，严格耕地和生态用地保护。重点开发区域积极推进农用地整理，加强区域内耕地和基本农田集中建设，保护好水系、林网等生态用地以及保留城市间开敞的绿色空间。限制开发区域重点完善林地、草地权属，实行退耕还林还草，构建耕地、林草、水系、绿化带等生态走廊，加强各生态用地之间的有机联系。实行建设用地总量和增量控制。

（五）人口政策

重点开发区域实施积极的人口迁入政策，增强人口集聚和吸纳能力，破除限制人口转移的制度障碍，鼓励外来人口迁入和定居，将有稳定就业或住所的流动人口逐步实现本地化。限制开发和禁止开发区域实施积极的人口迁出政策，切实加强义务教育、职业教育和劳动技能培训，增强劳动力跨区域转移就业的能力，鼓励人口到重点开发区域就业或定居。

第十四章 加强公共服务体系建设，保障和改善民生

按照民主法治、公平正义、诚信友爱、充满活力、安定有序、人与自然和谐相处的要求，实施保障和改善人民生活工程，从解决人民群众最关心、最直接、最现实的切身利益问题入手，加强公共服务体系建设，扎实推进和谐社会建设。

一、实施就业优先战略

把就业放在国民经济和社会发展更加突出位置，实行就业优先发展战略。

（一）实施更加积极的就业政策

积极拓宽就业领域，促进劳动密集型企业、中小企业和非国有经济发展，扩大就业规模。调整就业结构，创造更多就业岗位。继续实施税费减免、岗位补贴、培训补贴、社会保险补贴、小额担保贷款贴息等促进就业的财税措施，扩大政策覆盖范围。采取政府购买公益性岗位等措施，帮扶城镇零就业家庭、双失业职工和"4050"人员等群体实现稳定就业。

（二）加强公共就业服务

积极推进创业带动就业，开展"创业培训进校园"活动，完善就业指导、金融服务、企业孵化等政策措施，引导毕业生自主创业。促进农村劳动力转移，向服务外包业、精深加工业、高新技术产业等中高端领域集中。支持农民工返乡创业，鼓励复员军人、下岗失业人员灵活就业。进一步整合培训资源，强化特别职业培训。实施公共就业服务场所功能一体化工程，建设公共就业服务平台。到2015年，基本建成覆盖全省的公共就业服务平台体系。

（三）构建和谐劳动关系

健全协调劳动关系三方机制，积极发挥工会和行业组织作用，促进企业和职工利益共享。全面推行劳动合同，扩大集体合同覆盖面。加快劳动标准体系建设，完善劳动保护机制。完善劳动争议处理机制，加强劳动调解仲裁，加大劳动执法力度，切实维护劳动者权益。

二、调整优化收入分配格局

坚持和完善按劳分配为主体、多种分配方式并存的分配制度，初次分配和再分配都要处理好效率和公平的关系，再分配要更加注重公平，努力提高居民收入在国民收入中的比重和劳动报酬在初次分配中的比重。

（一）健全职工工资正常增长和支付保障机制

增加城乡居民劳动报酬，完善有利于提高劳动报酬的职工工资制度，使劳动报酬增长与劳动生产率同步。健全最低工资标准调整机制。完善工资指导线、人力资源市场工资指导价位和行业人

工成本信息等企业工资宏观指导体系,建立统一规范的企业薪酬调查和信息发布制度。积极推行非公企业工资集体协商制度和行业性、区域性工资集体协商。建立健全工资支付监控和工资保证金制度,着力解决工资拖欠问题。完善机关事业单位工资制度,形成合理的工资水平决定和正常调整机制。

(二)落实税收调节政策

落实综合与分类相结合的个人所得税制度,减轻中低收入者税收负担,加大对高收入者的税收调节力度。加强政府非税收入管理,清理整顿各种行政事业性收费和行政基金,严格控制新增收费项目,切实减轻企业和居民负担。落实公益性捐赠的税收优惠政策。

(三)规范收入分配秩序

深化收入分配制度改革,强化政府监管,加快形成公开透明、公正合理的收入分配秩序。合理调整收入分配关系,统筹协调机关、事业单位和企业工资收入分配关系,逐步缩小地区间、行业间、群体间不合理的工资收入差距。深入治理商业贿赂,坚决打击取缔非法收入。清理和规范工资外津贴补贴、非货币性福利等。健全领导干部收入、房产、投资、配偶子女从业等情况定期报告制度。建立和完善收入分配统筹协调机制,加强收入分配的统计监测和政策评估。

三、完善社会保障体系

坚持广覆盖、保基本、多层次、可持续方针,加快健全社会保障体系,稳步提高保障水平,逐步实现人人享有基本生活保障。

(一)加快完善社会保险制度

扩大基本养老、医疗、失业、工伤、生育等保险覆盖面,完善各项制度,加强社会保险基金的征收与监督管理,提高统筹层次、基金支撑能力和待遇水平,形成全覆盖、保基本、能贯通、多层次、可持续的社会保障体系。强化社会保障管理服务,加强社会保障规范化、信息化、专业化及标准化建设。实施统一的城镇企业职工基本养老保险关系接续办法,扩大新型农村社会养老保险试点范围。解决未参保集体企业已退休人员基本养老保障和其他社会保障遗留问题。

(二)加强社会救助体系建设

建立城乡低保标准与居民消费支出和物价变动相适应的动态调整机制,推进临时救助制度建设,建立居民家庭收入信息核对机制,确保困难群众生活水平同经济社会发展同步提高。以扶老、助残、救孤、济困为重点,逐步拓展社会福利保障范围,推动社会福利由补缺型向适度普惠型转变。坚持家庭、社区和福利机构相结合,逐步健全社会福利服务体系,推动社会福利服务社会化。进一步完善城乡社会福利设施建设。建立农村"五保"供养标准自然增长机制,提高农村"五保"供养水平,农村"五保"集中供养率力争达到70%。

(三)保障妇女儿童权益

推动妇女平等依法行使民主权利,平等获得教育资源、经济资源、卫生健康、社会保障、法律保护和参与环境社会事务管理的权利。坚持儿童优先原则,保障儿童平等享有受教育、卫生健康、社会福利保障服务、生存环境与法律保护的权利。建立完善儿童福利服务网络,提升儿童福利水平。

(四)支持残疾人事业发展

加快完善残疾人社会保障体系和服务体系,逐步提高低收入残疾人生活救助水平,为残疾人生活和发展提供稳定的制度性保障。大力开展残疾人就业服务和职业培训,加大对农村残疾人生产扶助力度。实施重点康复、托养工程和"阳光家园"计划,保障残疾人"人人享有康复服务"。推进无障碍设施建设,丰富残疾人文化体育生活。

四、全面做好人口工作

统筹解决人口问题,完善现行人口和计划生育政策,健全人口综合决策与统筹协调机制和监测体系,立足家庭提供人口和计划生育优质服务,推进人口与经济、社会、资源、环境的全面协调和可持续发展,努力实现人口数量、素质、结构和分布的长期均衡发展,构建人口均衡型社会。

(一)促进人口长期均衡发展

继续坚持计划生育基本国策,稳定适度低生育水平,促进人口长期均衡发展。建立人口安全预警机制,实施边境人口安全工程。全面推进"惠家工程",扩大计划生育家庭奖励扶助覆盖面。建设计划生育公共服务平台,加快形成人口和计划生育的社会管理和公共服务体系。

(二)积极应对人口老龄化

研究制定应对人口老龄化政策,加快以社区居家养老服务中心、社区老年人照料中心、农村敬老院、社会福利院为主体的城乡养老服务设施建设,建立以居家养老为基础、社区服务为依托、公办机构为示范、民办机构为骨干的多层次养老服务体系。加快老龄服务专业化队伍建设,鼓励社会力量发展养老产业,积极发展养老事业。开展"爱心护理工程"试点和示范工作,实现县(市、区)老年人综合性社会服务设施全覆盖。

五、完善基本医疗卫生制度

按照保基本、强基层、建机制的要求,深化医药卫生体制改革,加快建立覆盖城乡居民的公共卫生服务体系、医疗服务体系、医疗保障体系和药品供应保障体系建设,逐步适应人民群众多层次的医疗卫生需求,进一步提高全民健康水平。

(一)加强公共卫生服务体系建设

建立健全疾病预防控制、残疾人康复、健康教育、妇幼保健、精神卫生、应急救治、采供血、卫生监督和计划生育等专业公共卫生服务网络,加强省、市级精神卫生服务机构和县级卫生监督机构、妇幼保健机构建设。完善以基层医疗卫生服务网络为基础的医疗服务体系的公共卫生服务功能。完善重大疾病防控体系和突发公共卫生事件应急机制,加强重大传染病、慢性病、地方病、职业病和出生缺陷等疾病监测与预防控制。实施农村基本医疗卫生服务规划,推进"亿万农民健康行动计划"。到2015年,全省居民人均期望寿命达到74.9岁,婴儿死亡率控制在10.83‰以内,孕产妇死亡率控制在 19.5/10 万以内。

(二)进一步完善医疗服务体系

坚持非营利性医疗机构为主体、营利性医疗机构为补充、公立医疗机构为主导、非公立医疗机构共同发展的办医原则,调整结构,优化布局,全面提高医疗服务能力和水平。进一步健全以县级医院为龙头,乡镇卫生院和村卫生所为基础的农村医疗服务网络。加强县级医院基础设施和医疗设备配置,调整优化中心乡镇卫生院布局,加快市辖区及县级社区卫生机构建设,实现基层医疗卫生服务体系标准化建设全覆盖。优化城市大医院医疗资源配置,促进医疗资源合理流动。建立社区首诊、分级医疗和双向转诊制度,健全城市医院与社区卫生服务机构的分工协作机制。扶持中医药发展,加强黑龙江中医药大学附属第一医院中医临床研究基地和市(地)级中医院建设,大力推广中医药适宜技术。积极推进公立医院改革试点,在总结经验的基础上逐步推开。到 2015 年,初步建立结构合理、分工明确、运行有效的医疗服务体系。

(三)加快建设医疗保障体系

坚持"广覆盖、保基本、可持续"的原则,由保大病向保门诊小病延伸,逐步提高基本医疗保障筹资水平和统筹层次,努力使城乡居民人人享有基本医疗保障。巩固城镇居民基本医疗保险和新型农村合作医疗制度,探索建立城乡一体化的基本医疗保障制度,缩小保障水平差距。强化基本医疗保险制度和医疗救助制度之间的衔接,做好基本医疗保险关系转移接续,稳步开展异地就医结算服务,发挥商业健康保险的补充作用。到 2015 年,初步建立以基本医疗保障为主体,其他多种形式补充医疗保险和商业健康保险为补充,覆盖城乡居民的多层次医疗保障体系。

(四)建立健全药品供应保障体系

落实国家基本药物制度,以省为单位开展集中招标采购。合理降低基本药物价格,实行基本药物统一配送。各类医疗机构配备使用基本药物,政府举办的基层医疗卫生机构全部配备使用基本药物。推行基本药物临床应用指南,对基本药物进行全品种覆盖抽检和全品种电子监管,保障群众基本用药安全。落实国家基本药物医保报销政策和政府补偿政策,完善市(地)级药品不良反应报告评价体系。规范药品生产流通,完善药品储备制度,建立药品安全预警和应急处理机制。到 2015 年,基本建立以国家基本药物制度为基础的药品供应保障体系。

六、积极发展全民健身事业和体育产业

(一)大力发展全民健身事业

加快以群众身边场地设施建设为重点的公共体育健身设施建设,推动公共体育场馆向社会开放,实现体育资源社会共享。广泛开展全民健身活动,打造具有龙江特色的品牌性群众体育活动。建立健全国民体质监测体系和测试服务网络,为开展全民健身活动和群众健身咨询提供服务。转变体育事业发展方式,创新公共体育服务的运行和管理机制,强化对国民体质的监测和管理,增强人民体质,提高生活质量。

（二）积极发展体育产业

积极发展体育健身休闲市场,扩大城市社区体育健身市场服务规模和内容,积极培育农村体育健身市场。做大做强滑雪、漂流等特色健身品牌,推动户外运动等新兴经营项目发展。鼓励支持体育用品生产企业发展,加大体育用品自主研发和科技转化力度。积极探索体育与文化、旅游、会展等相关产业共同发展的新路子,促进体育休闲旅游、体育会展等新业态发展。

七、改善居民住房条件

（一）加强保障性住房建设和管理

强化各级政府职责,实施保障性安居工程,加大廉租住房和经济适用住房建设力度,加快棚户区改造步伐,积极发展公共租赁住房,启动城中村改造和旧住宅区整治。建立和完善以廉租住房、经济适用住房和公共租赁住房为重点,以棚户区改造为支撑,以城中村改造和旧住宅区综合整治为补充的住房保障体系。增加财政对保障性住房建设投入,适当提高并严格落实土地出让收益用于保障性住房建设的比例。完善保障性住房投融资机制,对保障性住房提供贴息贷款等金融支持。扩大公积金使用范围,利用闲置住房公积金支持经济适用住房、公共租赁住房建设和棚户区改造。加强保障性住房管理,健全准入和退出机制,规范分配轮候制度,基本解决我省低收入住房困难群体的住房困难,大幅度改善中等偏下收入群体的住房条件。

（二）促进房地产市场健康发展

规范房地产市场,加强对房地产一级市场的调控,培育房地产二级市场和三级市场。完善房地产开发融资方式,加强资本金管理。规范发展住房消费信贷和保险。规范物业管理行为,提高市场化程度。

专栏 24　保障和改善人民生活工程

1. **就业再就业工程:**实行就业优先发展战略,努力增加就业岗位。
2. **社会保障工程:**进一步扩大基本养老、医疗、失业、工伤、生育等社会保险覆盖面。
3. **公平教育工程:**着力把教育资源配置向农村和薄弱地区倾斜,推动优质教育资源共享。
4. **卫生服务体系建设工程:**推进医药卫生体制改革,健全覆盖城乡的基层医疗卫生服务体系。
5. **文体繁荣工程:**建成覆盖城乡的公共文化服务设施网络,推进文化信息资源共建共享。
6. **"三棚一草"改造工程:**加快泥草房改造整村、整乡、整县推进和农垦、森工系统整体推进。
7. **"三供两治"建设工程:**全面完成供水、供气、供热和污水处理、垃圾治理等建设任务。
8. **农村扶贫开发工程:**坚持开发式扶贫,从根本上提高贫困地区和贫困人口自我发展能力。
9. **农村新型能源建设工程:**整村推进户用沼气、燃池供暖、太阳能利用,建设清洁能源示范村。
10. **"平安龙江"建设工程:**扎实做好信访工作,强化安全生产责任制,加强应急体系建设。

第十五章　加快重点领域和关键环节改革,
推进体制机制创新

坚持用改革的办法破解难题,通过改革开放和创新的先行先试,推进重点领域和关键环节改革,加快形成更具活力、更富效率、更加开放的体制机制,奠定科学发展、加快发展的体制基础。

一、优化非公有制经济发展环境

实施中小企业成长工程,放宽企业经营条件,支持成长型中小企业做大做强。壮大优势骨干企业,支持骨干企业、民间资本参与国有企业改革,进入基础设施、社会公共事业、金融服务等领域。鼓励非公有制企业积极参与新能源、新材料、生物、节能环保、生产性服务业等新兴产业发展。切实缓解融资难题,改善对企业的金融服务,拓宽企业的直接融资渠道。加大财税支持力度,加强财政专项资金支持,落实减免税优惠政策。支持非公有制企业积极开拓国内外市场,提高对非公有制经济的服务水平。建立健全发展非公有制经济的激励与保障机制,为非公有制经济发展营造良好的氛围。

二、深化国有企业改革

以产权制度为核心,完善现代企业制度和法人治理结构。加快企业战略重组,推动国有企业瞄准国内外市场寻求战略合作伙伴,在装备制造、粮食、物流、地方铁路、农机装备制造等领域组建大型企业集团。充分发挥国有资产监管职能,提供政策和信息服务,鼓励暂时不具备重组条件的企业依靠资产融资、项目拉动尽快把资产做大做强,带动、聚拢更多中小企业参与加盟,打造更具竞争力的企业联合体。加快发展风险投资公司和担保公司,强化产权市场的建设,积极探索组建资产经营公司,搞好资本运营,为企业增强活力、走向市场提供有力的资金支持。大力提高国有资产证券化率,推动有条件的国有企业上市,推进大型企业集团母子公司的公司制、股份制改革,积极推动上市公司通过融资、配股等方式进行市场融资,促进上市公司加快资产并购。支持央企发展壮大,提高地方支配能力,带动地方经济发展。

三、深化财税体制改革

加快公共财政体系建设,进一步完善公共财政预算,健全公共财政职能,把更多的财政资源用于加强经济社会发展的薄弱环节,强化公共服务和社会管理,建立均等服务财政框架。加大对"三农"、教育、科技、医疗卫生、文化、社会保障、保障性住房等方面的支持力度,切实保障和改善民生。支持经济结构调整和发展方式转变,重点支持自主创新、高科技含量、高附加值产业发展。支持发展新能源、新材料、节能环保、生物、信息、现代装备制造等战略性新兴产业以及低碳经济、绿色经济,促进东北老工业基地加快振兴。支持节能减排和生态建设,促进全省生态环境改善。深化预算改革,进一步完善预算管理制度,建立健全政府预算体系,完善政府公共预算、国有资本经营预算和社会保障预算制度。深化国库集中收付制度改革。进一步发挥政府采购的政策功能,完善政府采购管理体制和运行机制。推进省直管县财政管理方式改革,逐步建立县级基本财力保障机制。规范地方政府债务风险管理,采取有效措施化解债务风险。进一步完善税收征管体系,争取国家资源环境税试点,为我省资源型城市转型提供支撑。

四、深化金融体制改革

改善金融生态环境,强化金融市场监管,建立种类齐全、合理竞争、诚实守信的现代金融体系。鼓励合格投资者参股金融机构,大力引进外埠金融机构,支持有发展潜力的地方商业银行和农村信用社做优做强,加大国有商业银行和股份制商业银行对我省的信贷投放和结构调整力度。探索建立地方金融企业国有资本经营预算制度。引导金融机构创新业务品种,完善服务功能,提高服务质量。引导发展各具特色的中小金融机构,加强对中小企业金融服务。健全中小企业担保体系,完善担保风险补偿机制。大力发展地方资本市场,推动企业上市融资,丰富上市资源,提高上市公司质量,做大做强证券期货经营机构。健全地方产权交易市场,促进产业资本有序流动。努力扩大地方债券发行规模,积极争取发行企业债、公司债、金融债、短期融资债、中期票据和中小企业集合债,探索资产证券化试点。积极培育地方保险机构,加快发展信托机构、金融租赁公司和各类基金投资组织。

五、深化行政管理体制改革

加快转变政府职能,逐步实现从经济建设型政府到公共服务型政府转变。加强社会管理和公共服务,强化执行和执法监管职责,提高行政效能。推进政务公开,扩大公开范围,保障公众对公共事务的知情权、参与权、表达权和监督权。进一步完善决策机制,推进决策科学化、民主化,增强决策透明度和公众参与度。继续优化政府结构,行政层级职能责任,降低行政成本,全面推进省直管县改革步伐,扩权强县强镇。积极推进价格、房地产、社会保障等方面改革,稳步推进农村综合改革。继续深化行政审批制度改革,加快推进政企分开,减少政府对微观经济活动的干预,减少审批环节,优化经济发展环境。积极稳妥地推进事业单位分类改革,重点推进公益类事业单位改革和生产经营服务型事业单位转企改制改革。

六、深化文化体制改革

以国有经营性文化单位转企改制为重点,培育和形成一批适应市场经济体制要求的文化市场主体。以产业化、企业化、市场化为方向,推动国有文艺演出院团改革取得新进展。完成全省广播电视有线网络整合和有线网络运营单位转企改制,推进制播分离改革试点、非时政类报刊和新闻网站改革。建立现代企业制度,抓好转企单位法人治理结构建设,推进各级公益性文化事业单位劳动人事制度、收入分配制度和养老、医疗等保险制度改革。统筹文化市场综合执法和文化行政体制改革,推进各级广播电台、电视台与广电局分离。

七、深化投资体制改革

进一步完善和改进政府投资体制,明确界定政府投资范围,充分发挥好政府投资对社会投资的引导和带动作用。最大限度地缩减核准范围、下放核准权限,修订政府核准投资项目目录,完善企业投资项目核准和备案办法,进一步规范和优化投资管理程序。把增加民间投资放在首要位置,放宽市场准入范围,营造更加优良的投资环境,激发市场投资活力,鼓励和引导民间投资进入基础设施、金融服务、公共社会事业和产业结构调整等领域。

第十六章 创新社会管理,营造和谐稳定社会环境

适应社会结构深刻变动、利益格局深刻调整、思想观念深刻变化的新形势,加强和创新社会管

理,保持社会安定有序、充满活力。

一、创新社会管理体制

统筹社会管理职能,整合社会管理资源,形成管理主体多元、服务方式多样、运行机制协调的社会管理体制。

(一)健全社会管理格局

加快建设党委领导、政府负责、社会协同、公众参与的多元化社会管理格局。充分发挥党组织在社会管理中的领导核心作用,推动政府管理重心下移,延伸政府公共服务职能。充分发挥多元主体在社会管理中的积极作用,发展壮大自我管理、自我服务、自我教育、自我监督的基层群众性自治组织,不断增强社会组织提供服务、反映诉求和规范行为的作用,鼓励和支持企事业单位承担社会管理责任。进一步拓宽公众参与渠道,引导群众合法、理性、有序参与社会管理,发展壮大志愿者队伍。

(二)增强政府管理服务能力

坚持寓管理于服务,从保障社会公平正义和公民最基本的生存权、发展权出发,建立健全基本公共服务体系。加快完善公共财政体制,提高基本公共服务支出比重,保障基本公共服务支出。把基本公共服务纳入政府绩效考核体系,强化行政问责。

(三)改进管理服务方式

加快社会事业体制改革,推进教育、科技、文化、卫生、体育、行业组织等事业单位分类改革,对主要从事公益服务的事业单位,强化公益属性,完善法人治理结构。培育扶持和依法管理社会组织,支持其参与社会管理和服务。改革基本公共服务提供方式,引入竞争机制,扩大购买服务,实现提供主体和提供方式多元化。推进非基本公共服务市场化改革,放宽市场准入,鼓励社会资本以多种方式参与,增强多层次供给能力,满足群众多样化需求。

二、提高基层社会管理能力

建立共建、共管、共享的基层社会治理结构,建设管理有序、服务完善、文明祥和的社会生活共同体。

(一)完善城乡社区治理结构

加强城市社区农村村级组织建设,增强社区自治功能,赋予社区更大的自主权和治理空间,实现政府行政管理和社区自我管理有效衔接、政府依法行政和居民依法自治良性互动。发挥驻区单位、社会组织、物业管理机构和社区居民在社区建设中的积极作用。实行以居住登记和居住证为核心的"一证通"制度,加强和改善流动人口服务管理。健全社区工作者选聘、培训、评价、使用、激励机制,鼓励吸引更多优秀人才到基层工作,推进社区工作专业化、职业化,提高社区管理服务水平。

(二)构建基层社会管理和服务平台

构建基层综合管理和服务新平台,整合基层政法、维稳、信访等方面力量,联合办公,联防联治;

整合卫生、人口和计划生育、文化、体育、民政、就业等公共服务职能,设施共建,资源共享。推动社会管理重心向基层组织转移,支持社区承接政府和企事业单位剥离的社会管理和公共服务职能,鼓励农村社区开展城乡一体的社区服务。加强基层信息网络建设,建立规范高效的社会基础信息动态采集机制。建立健全社区建设经费多元投入机制和运行经费财政保障机制。

(三)强化企事业单位社会管理责任

鼓励和支持各类所有制企业承担社会责任,处理好企业内部劳资关系,保持职工队伍稳定。积极发挥各类所有制企业单位在社区建设、环境保护、安全生产、劳资关系、慈善事业等方面的作用。充分发挥事业单位社会管理职责,维护集体利益和职工个人权益。

三、健全维护群众权益机制

推动形成科学有效的利益协调机制、诉求表达机制、矛盾调处机制、权益保障机制,从源头上预防和化解人民内部矛盾。

(一)拓宽社情民意表达渠道

搭建多种形式的沟通平台,把群众利益诉求纳入制度化、规范化、法制化的轨道。深入推行领导干部接待群众制度。完善党政领导干部和党代表、人大代表、政协委员联系群众制度。健全信访工作责任制,积极探索用群众工作统揽信访工作机制,建立健全联合接访工作制度,强化基层化解矛盾的能力,健全涉法涉诉信访工作信息反馈机制,推动信访工作与政法工作形成合力。建立健全社情民意调查网络。完善决策项目社会公示制度、公共政策听证制度。开辟互联网利益表达渠道,加强网络虚拟社会引导和管理,主动回应社会关切。扩大公众参与,引导群众以理性合法的形式表达利益诉求。

(二)完善社会矛盾调解机制

健全党和政府主导的维护群众权益机制,建立重大工程项目建设和重大政策制定的社会稳定风险评估机制,加强和完善矛盾纠纷排查化解机制,创新拓展法律宣传模式和空间,提高公民法律素质,用多元化手段解决劳动争议、医疗纠纷、食品药品安全、土地征收征用、城市建设拆迁、环境保护、企业重组和破产中群众反映强烈的问题,有效防止群体性事件发生。依靠基层党政组织、行业管理组织、群众自治组织,充分发挥工会、共青团、妇联等群团组织的作用,构建人民调解、行政调解、司法调解相互协调的"大调解"工作体系,共同维护群众权益、化解社会矛盾。

四、加强社会组织建设

坚持培育发展和管理监督并重,引导各种社会组织健康有序发展,充分发挥其提供服务、反映诉求、规范行为的作用。

(一)分类促进社会组织规范发展

改进登记管理机关和业务主管部门双重管理制度,逐步实行分类监管。完善归口登记管理办法,简化程序,明确标准,促进特定类型和达到特定规模的社会组织健康发展。探索实行备案制或自愿登记等方式,降低门槛,加强引导,把更多的社会组织纳入规范管理轨道,放开服务类社会组织准入。

(二)积极发挥社会组织作用

拓展社会组织发展空间,为政府职能转变构建有效承接平台。向社会组织开放更多的公共资源和领域,逐步推广政府向社会组织购买服务。采取委托授权等方式,把资质认定、专业技术职称评定等职能依法赋予行业协会、学会等社会团体。鼓励社会力量在教育、科技、文化、卫生、体育、社会福利等领域兴办民办非企业单位。发展和规范各类基金会,促进公益事业进步。

(三)加强社会组织监管

完善社会组织监督机制,建立政府监管、社会监督和社会组织自律相结合的多元化监督格局。统一登记、备案、监督职能,提高政府监管效力。实行社会组织信息公开和评估制度,强化社会约束。引导各类社会组织完善内部治理结构,提高自律性和诚信度。

五、推进"平安龙江"建设

适应公共安全形势变化新特点,推动公共安全保障体系从被动应对型向主动防控型转变,从传统经验型向现代管理型转变。

(一)加强社会治安防控体系建设

健全社会治安综合防控和综合治理工作体系,依法坚决打击各种严重经济犯罪、刑事犯罪和非法宗教、邪教活动,扫除"黄赌毒"等社会丑恶现象,增强人民群众安全感。进一步深入贯彻落实中央司法体制和工作机制改革的有关要求,按照"统筹规划、合理布局、资源共享、突出重点、基层优先、有序推进"的原则,加大各级政府投入力度,加快推进各级政法系统基础设施建设步伐。加强社会治安防范,加快社会面及公共复杂场所、企业、居民区内部视频监控系统建设,推广应用各类自动监控报警系统,积极提高社会治安人防、物防、技防水平。优化监管工作条件,加快监管场所法制化、信息化、现代化建设步伐,不断提高监狱劳教工作保障水平。

(二)确保边防安全稳定

进一步完善军地合力治边机制,提高党政军警民联合管控边境能力。加强边防立法工作,清理、修订与形势发展不相适应的边防法规制度,修订完善《黑龙江省边境管理条例》。加强边防政策法规教育,增强边民主权意识、国土意识、国家安全意识和遵纪守法意识。加强热点地区和重点时节管控,最大限度地减少涉外事件。加强临界工程作业监管,加强边界环境保护,避免引发涉外纠纷。积极开展边防会谈会晤活动,强化互信,深化合作,增进友谊。继续抓好边防基础设施建设,促进人力管控与设施监控有机结合,提高执勤保障和边境封控能力。

(三)保障食品药品安全

科学开展各类传染病的监测、报告、风险评估及预警工作。加强基本药物和疫苗供应体系建设。健全卫生联防联控机制。提高食品药品安全相关标准,加强检测、监测能力建设,健全信息快速通报制度和快速反应机制,完善食品药品安全监管体系。加强职业危害评价和职业卫生监督。加强畜禽检疫监管,完善动物疫源疫病监测体系。

(四)提高安全生产水平

牢固树立安全发展理念,坚持"安全第一、预防为主、综合治理"的方针,严格落实企业安全生产主体责任和政府监管责任,严格执行安全生产事故责任追究制度。严格执行安全生产许可制度,全面推进安全标准化建设。加强安全生产科技投入、监管体系和保障能力建设。加强煤矿、道路交通等重点行业领域专项整治,大力实施煤矿瓦斯治理工程和煤矿等高危行业应急救援体系建设工程。加强重大隐患治理、重大危险源监控和重点行业职业危害防控。加强安全文化建设,提高全社会安全文明素质。努力减少安全生产事故总量,有效遏制重特大事故。

(五)强化应急体系建设

建立健全应急管理体系,推进建立党委、政府、军队及公安机关一体化的应急指挥系统,实现政府应急中心、军队指挥中心和公安指挥中心互联互通、共建共用,应急力量整合使用。加强应急救灾物资保障、专业救灾抢险队伍、应急标准体系、食品安全保障体系以及运输、应急指挥系统、防灾减灾培训、现场通信保障等重点领域和重点项目建设,健全重特大自然灾害可能引发安全生产事故的应急响应机制,多方合作,加强安全生产预测预警和应急联动工作体系建设,提高处置突发公共事件能力。加强洪涝灾害监测预报,重点做好大江大河防洪、山洪灾害防御和水库安全度汛工作。加强旱情监测分析和抗旱水源工程建设,建立完善跨流域、跨区域水量调度长效机制。加强天气预报能力建设,提高暴雨(雪)、寒潮、大风(沙尘暴)、低温冰冻等灾害中短期精细化预报水平,推进灾害预警信息发布系统和省级应急广播技术系统建设。加强地震、地质灾害等重点危险区和重点地区监测、趋势预测和预警工作,提升城乡地震灾害防御能力,推进地震灾害防御基础工作。建立地震灾情获取技术系统,建立地震灾后恢复重建机制和体制。加强防范森林草原火灾,做好各类隐患排查和风险化解工作。按照"平时服务、急时应急、战时应战"的要求,加强后备力量建设,做好国民经济动员和交通战备工作。

第十七章　加强社会主义民主政治建设，推进文化大发展大繁荣

一、加强社会主义民主政治建设

坚持政治文明和物质文明全面发展,扩大社会主义民主,健全社会主义法制,为经济社会发展提供政治保证。

(一)发展社会主义民主

坚持和完善人民代表大会制度、中国共产党领导的多党合作和政治协商制度、民族区域自治制度。健全民主制度,丰富民主形式,扩大公民有序的政治参与,保证公民依法实行民主选举、民主决策、民主管理、民主监督。突出完善人民代表大会制度,发挥人大及其常委会在民主建设中的作用。

加强基层民主建设,坚持和完善政务公开、厂务公开、村务公开,保证公民依法行使选举权、知情权、参与权、监督权。巩固和壮大最广泛的爱国统一战线,健全重大问题决策前协商制度。发挥人民政协的作用,支持人民政协履行政治协商、民主监督、参政议政的职能。坚持和完善职工代表大会和其他形式的企事业民主管理制度。发挥工会、共青团、妇联等人民团体的桥梁纽带作用。保证民族自治地方依法行使自治权,促进杜尔伯特蒙古族自治县经济社会快速发展。全面贯彻宗教信仰自由政策,坚持独立自主自办原则,依法管理宗教事务。

(二)全面推进法制建设

贯彻依法治国基本方略,推进科学立法、民主立法。完善市场主体、市场交易、市场监管、社会管理等方面的法规规章。推进司法体制和工作机制改革,规范司法行为,加强司法监督,促进司法公正,维护社会公平和司法权威。开展法制宣传教育,提高全民法律素质,形成遵法守法、依法办事的社会风气。

(三)加强廉政建设

坚持"标本兼治、综合治理、惩防并举、注重预防"的方针,建立健全教育、制度、监督并重的惩治和预防腐败体系。加大从源头上预防和治理腐败的力度。推进反腐倡廉体制、机制和制度创新,加强对权力运行的约束和监督,强化政府专门机构和社会监督,保障公民的检举权、控告权、申诉权。

二、推进文化大发展大繁荣

牢牢把握先进文化的前进方向,坚持为人民服务、为社会主义服务的方向和百花齐放、百家争鸣的方针,繁荣社会主义文化,不断满足人民群众日益增长的精神文化需求。

(一)大力发展文化产业

加快振兴传统文化产业,大力发展新兴文化产业,积极开发历史文化资源,增强报刊出版、广播影视、演艺娱乐、网络传媒、动漫游戏、文化旅游等产业创意能力。坚持市场导向,重塑文化市场主体,积极推进文化领域结构调整,重点推进出版集团、广播电视有线网络集团、电影院线集团、报业联合体、印刷集团、黑龙江演艺集团等文化产业实体发展。发挥市场机制作用,打造龙江特色文化品牌,加快形成以区域文化资源为依托、以重点产业园区(基地)和重点企业集团为主导、以文化创意和文化科技为支撑的文化发展格局。加强文化交流,推动龙江文化"走出去"。推进重要文化产业项目建设,重点加快黑龙江(平房)动漫产业园,黑龙江现代文化艺术产业园,哈尔滨(群力)文化产业示范园,黑龙江(大庆)文化创意产业园,黑龙江出版产业园,黑龙江广播影视产业园和数字出版产业基地,国际新闻文化创意产业基地,黑龙江语音创意生产基地,文化艺术品研发、生产、销售、展示基地,俄语、朝鲜语出版物生产基地,黑龙江新媒体基地等项目建设。

(二)完善公共文化服务体系

以大中城市公共文化设施建设为支撑,以县(市、区)、乡镇、行政村和社区文化设施为基础,统筹规划,合理布局,建立健全公共文化设施网络,基本建成覆盖城乡、比较完备的公共文化服务体系。推进省博物馆新馆、渤海国上京遗址博物馆建设,规划建设省大剧院、省美术馆等重大标志性文化设施。通过新建、改造或置换等方式,推进省群众艺术馆、省数字图书馆、省民间艺术馆和省杂技艺术中心等设施建设。加快中心城市图书馆、博物馆、艺术馆和农村电影院线建设,推进县级文化馆、图书馆达标建设和农村电影放映工程建设,加强市县档案馆建设,提升档案公共服务能力和安全保管能力。推进广播电视发射台站基础设施建设,加快微波数字化升级改造,健全和完善广播影视公共服务体系,提升全省有线电视网服务功能和运营水平。扎实推进乡镇综合文化站、村文化室、社区文化中心以及农家书屋和"新农村阅报栏"建设。推进博物馆、纪念馆、图书馆、文化馆免费开放。

(三)打造文化精品

以精神文明建设"五个一工程"、国家舞台艺术精品工程等为龙头,精心打造展现龙江特色和风格的艺术精品。加强我省历史文化资源开发,力推龙江剧、音乐剧、冰上杂技、北方少数民族文化、黑龙江版画、冰雪山水画等优势艺术门类和技术流派。推出一批马克思主义哲学研究、俄罗斯问题研究、哈尔滨犹太人研究、边疆少数民族历史文化研究等社会科学研究精品项目,繁荣哲学社会科学。增强电视剧、电影精品的生产能力,办好黑龙江网络电视台及 IP 电视、手持电视、手机电视等新兴媒体。做强《新闻夜航》、《行风热线》等广播电视精品栏目,扩大"哈尔滨之夏音乐会"、"中国·黑龙江国际文化艺术之冬"等精品文化活动的影响,做好文艺精品普及和送文化下乡工作。

(四)加强文化遗产保护利用

加强渤海国、金上京等重要遗址、文物保护,实施金长城保护工程、中东铁路建筑群保护工程,加强历史文化名城、名街、名镇保护,完成第三次文物普查。完善博物馆体系,实施陈列展览精品工程。加强非物质文化遗址保护,推进名录体系、文化生态保护区、传习场所和生产性保护示范基地建设,建设省非物质文化遗产综合展示馆,推进实施文化遗址数字化工程。

(五)加强思想道德建设

全面落实邓小平理论和"三个代表"重要思想,深入贯彻科学发展观,加强马克思主义理论研究和建设,坚持马克思主义在意识形态领域的指导地位,着力推进社会主义核心价值体系建设,进一步巩固全省各族人民团结奋斗的共同思想基础。加强理想信念教育和思想政治工作,大力弘扬"闯关东精神"、"北大荒精神"、"大庆精神"、"铁人精神"和"大兴安岭精神",加强社会主义思想道德建设,扎实开展群众性精神文明创建活动,倡导爱国守法、明礼诚信、团结友善、勤俭自强、敬业奉献的基本道德规范,发扬艰苦奋斗的优良传统,进一步增强全省的凝聚力和创造力,为振兴老工业基地、全面建设小康社会提供强大的思想保证和精神动力。

第十八章　凝聚各方力量,保障规划顺利实施

本规划经省人民代表大会审议批准,是未来 5 年我省经济社会发展的宏伟蓝图,是全省人民共

同的行动纲领,是政府履行职责的重要依据,具有法律效力。要举全省之力,确保完成规划确定的发展目标和任务。

一、明确实施责任

在社会主义市场经济体制逐步完善的条件下,实现本规划的目标和任务,主要依靠市场配置资源的基础性作用。同时,政府要正确履行职责,调控引导社会资源,合理配置公共资源,保障规划顺利实施。

本规划提出的预期性目标和产业发展、促进城镇化健康发展、增强科技创新能力、建设资源节约型环境友好型社会、提升开放型经济发展水平等任务,主要通过市场机制和利益导向机制引导市场主体的自主行为来实现。各级政府要积极创造良好的政策环境、体制环境和法制环境,激发市场主体的积极性,引导市场主体的行为方向。同时,要维护公平竞争,不直接干预企业经营活动,不干预市场机制正常运行。

本规划提出的约束性指标是各级政府必须履行的重要责任,规划提出的义务教育、公共就业服务、社会保障、公共文化体育、扶贫减贫、基本医疗卫生等重点任务,要分解落实到各市(地)、各部门,纳入综合评价和绩效考核体系,运用公共资源确保目标实现。

二、健全规划管理体制

加强和改善宏观调控。确立规划在经济社会发展中的龙头地位,依据规划安排投资、核准项目、制定政策,综合运用计划、财政、金融、税收、物价等经济手段,以及法律和必要的行政手段,推进经济结构优化升级,扩大就业规模,引导投资消费,维持物价基本稳定,促进经济快速平稳增长。

充分发挥年度计划、专项规划落实总体规划的作用。把规划提出的任务目标分解到每一个年度计划中,保持实施的连续性;重点专项规划必须与总体规划衔接,保证重点领域规划目标的实现,形成专项规划和年度计划落实总体规划的合力。经过专家评审的重点专项规划,报规划主管部门,与总体规划衔接后下发实施。

三、加强监测评估

加强对规划实施的监督检查。实行规划目标责任制,及时分解落实规划确定的发展战略、任务和政策,明确部门分工,落实部门责任,纳入考核目标。省规划主管部门要跟踪分析总体规划的执行情况,加强增长速度、经济效益、就业水平、价格宏观调控目标的监督预警,定期向省政府报告,及时向社会发布,自觉接受各级人大、政协对规划执行情况的监督检查。相关部门负责重点专项规划的跟踪分析。

建立完善规划评估机制。建立规划中期评估制度,总体规划由省政府组织评估,重点专项规划、区域规划由规划编制部门组织评估,根据评估结果对规划进行调整修订。当经济运行环境发生重大变化或由于其他重要原因使经济运行偏离规划目标太大时,由省政府及时提出调整方案,报请省人大常委会审议批准实施。

哈尔滨市国民经济和社会发展
第十二个五年规划纲要

（2011 年 1 月 30 日哈尔滨市
第十三届人民代表大会第五次会议批准）

"十二五"经济社会发展核心指标摘要

"十二五"期间,我市将着重完成三大战略性任务,一是民生建设取得重大进展,二是经济结构调整取得实质突破,三是基本公共服务得到根本改善。

民生建设取得重大进展

——城乡居民收入与 GDP 同步增长。城镇居民人均可支配收入、农村居民人均纯收入、中低收入群体的收入年均增长速度均达到 12% 以上,在同等城市中力争晋位。

——大幅提高住房保障水平。实现"住有所居",四环内棚户区改造完毕,棚户区居民全部入住新居。中低收入群体人均住房面积不低于 15 平方米。基本完成农村泥草房改造。

——扩大就业规模。新增城镇就业人口 55 万人,城镇登记失业率控制在 4.5% 以内。

——提高基本生活保障标准。最低工资标准年均增长 15% 左右,城乡居民最低生活保障标准年均增长 12% 以上。

——加速城镇化进程。百万农村人口进城镇,城镇化率提高到 65%。

经济结构调整取得实质突破

——加快农业现代化进程。农田水利化程度达到 70%,农机田间作业综合机械化程度达到 94%,农民组织化程度达到 80%,新型农业服务体系实现区、县(市)全覆盖,实施新增粮食产能工程,粮食产量稳定在 250 亿斤以上。

——实施工业倍增计划。实现工业增加值 2230 亿元,年均增长 16%。装备制造、食品、医药、化工 4 个优势产业五年翻番,培育装备制造、食品 2 个销售收入超

千亿元产业。民用航空、生物、新材料、新能源装备、电子信息、绿色食品六大战略性新兴产业4年翻番,打造新能源装备、电子信息和绿色食品3个增加值超百亿元产业。

——大规模发展现代服务业。服务业占经济总量比重达到52%。金融、物流、文化、信息服务四大产业增加值实现4年翻番,金融业570亿元,年均增长30%。物流业450亿元,年均增长16%以上。文化产业420亿元,年均增长25%。信息服务业250亿元,年均增长20%。旅游业强势增长,总收入突破960亿元,占GDP比重达到15%。

基本公共服务得到根本改善

——提高教育和卫生保障水平。大力推进素质教育,实现城乡教育均衡发展,职业教育取得突破性进展。提高城乡医疗服务水平,城镇和农村社区实现便民医疗广覆盖。

——完善公共文化和体育服务体系。市级文化设施达到国内外一流水平,城乡实现便民文化体育设施广覆盖。

——根本扭转城市基础设施落后状况。新增城市道路130公里、面积620万平方米,道路完好率达到95%,推进铁路站场及新线建设和改造。彻底改造水、热、气等老旧地下管网,城市集中供热普及率达到85%,提高供暖保障水平。

——实施公交优先发展战略。提高公交覆盖范围,公交在城市交通总出行中比重提高到45%以上,中心城区公共汽电车平均运送速度达到20公里/小时以上,准点率达到85%以上,公交服务质量明显提高。

——大力改善生态环境。大气和水主要污染物排放总量分别下降5%和15%,城市环境空气质量二级及二级以上天数达到325天,建成区绿化覆盖率达到38%,森林覆盖率达到46%。

第一章　发展基础与发展环境

第一节　发展基础

"十一五"时期,在省委、省政府的正确领导下,市委、市政府带领全市人民深入贯彻落实科学发展观,加快实施东北老工业基地振兴战略,全面推进改革开放和现代化建设,经济实力进一步增强,城市面貌发生了历史性变化,社会事业和民生发展明显改善,成功应对国际金融危机,胜利完成了"十一五"规划确定的主要目标和任务,全市经济社会发展取得巨大成就。

——经济实力大幅提升。全市地区生产总值实现3665.9亿元,年均增长13.5%以上。人均地区生产总值达到5500美元。全市地方财政一般预算收入达到238.1亿元,年均增长19.4%。全市固定资产投资规模达到2651.9亿元,年均增长32.9%。社会消费品零售总额达到1770.2亿元,年均增长17.8%。

——产业结构进一步优化。全市三次产业实现增加值分别达到412.7亿元、1384.6亿元和1868.6亿元,三次产业结构由16.4∶35.3∶48.3调整到11.3∶37.8∶50.9。现代农业快速发展,粮食生产能力大幅度提升,产量突破250亿斤。畜牧业比重提高到46%以上。优势产业支撑工业发展的作用进一步增强。装备制造、食品、医药、化工四大产业实现增加值611.4亿元,占规模以上工业增加值比重达到83.5%。金融、现代物流、旅游、服务外包等现代服务业成为拉动经济增长的主要动力和吸纳新增就业的主要渠道。

——城市空间拓展实现历史性突破。通过调整行政区划,实现了呼兰、阿城撤县变区,市区面积扩大到7086平方公里。启动实施了"北跃、南拓、中兴、强县"发展战略,构建了以松花江为纲,"一江居中、两岸繁荣"的城市发展格局,通过北国水城、科技新城、工业新城建设,拉开了城市发展框架。

——基础设施建设成效显著。开工建设了哈大客运专线、哈西客站、哈大齐城际客运专线哈尔滨段等工程,哈同高速、哈肇路、讷鸡公路等一批干线公路建成通车。全市建成农村公路13000公里,乡镇和行政村实现100%高等级路面连通。大顶子山航电枢纽工程投入使用,改变了松花江的环境景观。建成2座城区跨松花江大桥,地铁一期工程开工建设,对120余条道路进行了结构升级改造,磨盘山供水工程全线竣工,启动了"三沟一河"综合整治工程,群力、平房、信义污水处理厂通水运行,城市气源转换全面完成。

——资源节约和环境保护取得新进展。单位生产总值能耗和主要污染物排放总量得到有效控制,万元GDP能耗累计下降21%,水和大气主要污染物分别削减15.1%和8.2%,松花江出境水质主要污染指标降低12.8%,市区环境空气优良天数超过环保模范城标准。新增造林面积148.1万亩,活立木蓄积增加450万立方米,全市森林覆盖率提高到45.4%,建成区绿化覆盖率达到35%。"万顷松江湿地,百里生态长廊"工程取得阶段性进展,城市人居环境明显改善。

——改革开放取得新成效。重要领域和关键环节改革迈出新步伐,农村产权制度改革、行政管理体制和审批制度改革取得重大进展。全面完成集体林权主体改革任务。国有企业产权制度改革不断深化,非公有制经济比重达到52%。医药卫生、教育等社会事业体制改革启动实施。对外开放领域不断扩大,国际经济合作加快发展,利用外资质量和水平不断提高,实际利用外资达到7.03亿美元,年均增长17.5%。

——科技创新和支撑能力显著提高。科技进步对经济增长的贡献率提高到53%,实现高新技术产值2042亿元。具有自主知识产权的国家级重点新产品始终保持在全国副省级城市前两位。技术合同交易额年均增长42%,跻身全国前列。连续被评为全国科技进步先进城市,2010年获批为东北地区唯一的全国首批国家创新型试点城市。

——社会事业建设和民生发展成绩显著。教育、文化、卫生等社会事业快速发展,人民生活水平显著提高。累计城镇新增就业达到53万人,城镇登记失业率控制在4%以内。全市城镇居民人均可支配收入达到17556.8元,农民人均纯收入达到8020.3元,年均增幅分别达到11.7%和14.9%。城镇基本养老保险覆盖率和农村新型合作医疗覆盖率分别提高到98%和99.1%。

序号	指 标	单位	2005年	"十一五"目标		"十一五"年均增长(%)		指标属性
				计划	实际	计划	实际	
1	生产总值(2005年价格)	亿元	1830.4	3225	3665.9	12	13.5	预期性
2	三次产业增加值比重	%	16.4:35.3:48.3	11:40:49	11.3:37.8:50.9	—		预期性
3	人均生产总值(2005年价格)	美元	2342	4000	5500	11	18.6	预期性
4	全社会固定资产投资	亿元	639	1580	2651.9	20	32.9	预期性

专栏1 "十一五"规划主要指标实现情况

续表

序号	指 标	单位	2005 年	"十一五"目标		"十一五"年均增长（%）		指标属性
				计划	实际	计划	实际	
5	地方财政一般预算收入	亿元	98	131	238.1	9	19.4	预期性
6	社会消费品零售总额	亿元	788.1	1400	1770.2	12	17.8	预期性
7	海关进出口总额	亿美元	27.1	44	44	10	10	预期性
8	实际直接利用外资	亿美元	3.11	6.26	7.03	15	17.5	预期性
9	三次产业就业人员比重	%	32∶28∶40	29∶26∶45	31.4∶24.6∶44	——		预期性
10	5 年累计城镇新增就业人数	万人		【50】	【53】	——		预期性
11	5 年累计转移农村劳动力	万人		【30】		——		预期性
12	城镇登记失业率	%	3.5	<5	4	——		预期性
13	科教文卫支出占财政支出比重	%	23.4	25	30	——		约束性
14	居民消费价格指数	%	100.5	≤104	103.7	——		预期性
15	研发经费支出占生产总值比重	%	1.1	2	2	——		预期性
16	单位生产总值能源消耗降低	%		【20】	【21】	——		约束性
17	单位生产总值水耗降低	%		【33】	【33】	——		预期性
18	工业固体废弃物综合利用率	%	73.5	75	75	——		预期性
19	城镇化率	%	49	55	61	——		预期性
20	人均受教育年限	年	8.5	9	8.85	——		预期性
21	城镇基本养老保险覆盖率	%	84	94	98	——		约束性
22	农村新型合作医疗覆盖率	%	12.5	80	99.1	——		约束性
23	总人口	万人	971.6	1031	992.02	——		约束性
24	人口自然增长率	‰	4.8	4.5	3.21	——		约束性
25	耕地保有量	万公顷	174.9	172.4	175	——		约束性
26	城市生活垃圾无害化处理率	%		>90	75	——		约束性
27	森林覆盖率	%	44	45	45.4	——		预期性
28	建成区绿化覆盖率	%	28.35	35	35	——		预期性
29	城镇居民人均可支配收入	元	10065	15000	17556.8	8.3	11.7	预期性
30	农村居民家庭人均纯收入	元	4006	5200	8020.3	5.4	14.9	预期性

注：带【】的为 5 年累计数。

第二节　发展环境

"十二五"时期,世情、国情继续发生深刻变化,我国经济社会发展呈现新的阶段性特征。我市发展仍处于大有作为的重要战略机遇期,既面临难得的历史机遇,也面临诸多风险和挑战。

——发展机遇

　　从国际上看,和平、发展与合作仍然是时代发展的主流,世界多极化、经济全球化深入发展。绿色经济将成为新的经济增长点,科技创新孕育新突破,将在能源、空间技术、生物、信息、新材料等领域萌生重大科技创新和科技革命,这为我市发展电子信息、新材料、新能源装备、生物等战略性新兴产业创造了重大机遇。东北亚区域经济一体化发展趋势显著,《中国东北地区同俄罗斯远东及东西伯利亚地区合作规划纲要》的签署,将有利于发挥我市的区位、科技等优势,为加强对外经贸合作、参与俄远东开发、全方位扩大开放创造更为有利的条件。

　　从国内看,"十二五"期间,中国经济和社会仍处于战略机遇期。人均 GDP 将进入 5000 至8000 美元阶段,工业化、信息化、城镇化、市场化、国际化深入发展,经济结构转型加快,为我市经济社会发展提供了新的机遇。国家继续加大对东北老工业基地振兴的支持力度,在发展高端装备制造业、现代农业和高科技产业等方面给予重点支持,将为我市拓展产业空间,促进产业结构优化升级提供更加宽松的政策环境和机制保障。国家全面推进服务业综合改革试点,为我市探索现代农业、先进制造业与生产性服务业有机融合的有效途径、提升现代服务业发展水平和加快发展方式的转变提供了重大机遇。

　　从全省看,"八大经济区"和"十大工程"建设全面提速,为我市建设成为全省经济发展的支柱、科技创新的先导、城乡建设的表率、服务全省的平台提供了强有力的政策支持和机遇。

　　——面临挑战

　　从国际环境看,后危机时代世界经济增长存在较大的不确定性,投资和贸易保护主义倾向增加,发展外部环境更趋复杂。我国出口导向型的经济增长模式面临严峻挑战,沿海地区出口产能大量转向国内市场,将间接挤压哈尔滨产品的市场空间。同时,哈尔滨发展外向型经济将受到严峻挑战。

　　从国内形势看,传统增长模式面临转型的巨大压力。通货膨胀预期正在加剧,长期以来形成的内需与外需、投资与消费结构性失衡问题进一步突出,经济发展与资源短缺、生态环境脆弱的矛盾进一步加剧,国家将进一步限制产能过剩行业发展、加强排放控制、提高节能要求,对财政、货币、土地等政策进行调整,这对依靠传统产业和投资拉动为主的哈尔滨老工业基地城市的发展提出新的挑战。区域间围绕资源、市场、技术、人才、政策的竞争更加激烈,同类城市呈现出加快发展的态势,加大了哈尔滨晋位的难度。

　　从我市自身发展看,尽管"十一五"期间经济社会取得了长足发展,但各种结构性、深层次矛盾和问题也进一步凸显。经济总量偏小,产业内部结构不尽合理,发展现代农业任务艰巨,工业优势产业和战略性新兴产业亟待做大做强,现代服务业发展水平需要进一步提升。城市基础设施建设有待进一步完善。城乡二元结构没有根本改变,县域经济发展不充分。社会保障、食品安全和环境保护等民生体系建设需要进一步加强。行政、医疗、文化体制等领域的改革进入攻坚阶段。

　　综合各种因素,"十二五"期间,我市经济社会发展仍将处于加速发展的战略机遇期、加快转变经济发展方式的战略转型期和积极应对挑战的战略竞争期。我们必须坚持超越自我,增强机遇意识和忧患意识,转变发展观念,适应环境变化,推动我市经济社会发展转入科学发展的轨道。

第二章　总体要求和发展原则

第一节　指导思想

以邓小平理论和"三个代表"重要思想为指导,以科学发展为主题,以加快经济发展方式转变为主线,以改革开放为动力,以保障和改善民生为根本目的,按照省委建设"八大经济区"和实施"十大工程"的战略部署,全面推进"北跃、南拓、中兴、强县"发展战略,重点完成民生建设、经济结构调整和基本公共服务三大战略任务,实现老工业基地全面振兴,把哈尔滨建设成现代大都市。

——以松花江为纲,拉开城市骨架,构建"一江居中,两岸繁荣"的城市空间格局。打造万顷松江湿地、百里生态长廊,推动城市发展空间向北跨越、向南拓展、向县域延伸,加快老城区改造步伐,全面推进现代大都市建设进程。

——"北跃",以建设北国水城和科技新城为重点,整合省市资源,合力推动创新型城市建设和高新技术产业发展,以"两城"的大发展带动全市经济的大跨越。构筑"二纵、四横、十八湖"的水网体系,重点打造科技资源富集、科技创新成果众多、产业转化能力强大的技术创新中心和高新技术产业化示范基地,建设集科技、文化、生态于一体的新城区。

——"南拓",建设全省哈大齐工业走廊的先导区。以建设生态花园式的工业新城为主线,依托区位优势、产业基础和研发实力,整合现有资源,打造南部工业重镇、创意名都和文化新城,积极引进培育大型企业集团,建设产业集群,带动全市工业经济大提速、工业结构大调整,成为哈尔滨实现跨越发展、升级晋位的重要动力引擎。

——"中兴",加快老城区产业振兴步伐,大力发展都市型工业、总部经济和现代服务业,提升服务功能。以中心城区提档升级为主线,在解决环境、交通、基础设施等问题的同时,加快哈西、群力新区建设。中心城区的承载功能、生态质量、容貌形象、居住水平、管理水平和辐射带动能力得到全面提升。

——"强县",以城乡一体化为目标,以富民强县为核心,以现代农业为基础,以工业化和城镇化为根本途径,一县一策,突出特色,打造增长极。建设哈东新城、兴隆新城等统筹城乡发展的重点区域,推进尚志、方正、通河次中心城市建设,培育双城、五常、巴彦向中等城市发展,提高县域城镇人口集聚规模和载体功能,推进哈尔滨1小时都市圈建设。推动"服务下乡"和城乡"6个一体化",按照主体功能定位,谋划县域产业发展和布局,实现以工促农、以城带乡,不断提高县域经济在全市GDP中的比重和居民收入水平,缩小城乡差距。力争2~3个县(市)进入"全国百强",5~6个县(市)跻身全省"十强县(市)"行列。

——强化龙头带动作用。整合龙江城镇群腹地资源,建设新型工业化示范区、现代农业发展先行区、高新技术产业发展集中区、对外开放前导区和"冰城夏都"特色旅游区,在"八大经济区"建设中发挥龙头作用,带动全省一体化发展。

第二节　发展原则

"十二五"期间,必须把握以下发展原则:

——跨越发展。缩小与发达地区的差距,满足全市人民迫切发展的愿望,实现超越自我、再塑形象、奋起追赶、努力晋位。要在经济社会发展和人口、资源、环境相协调的情况下,进一步加快发展,使经济社会发展始终充满生机和活力。

——协调发展。要把统筹兼顾作为推动科学发展的根本方法,妥善处理好调整经济结构与管理通胀预期的关系,速度与效益和投资与消费的关系,经济发展、社会发展和环境保护的关系,改革发展与稳定的关系。统筹城乡发展,缩小城乡差距。

——创新驱动。把创新作为推动科学技术发展的根本动力,加快创新型城市建设,完善区域创新体系,提高自主创新能力。充分发挥既有比较优势,培育新的竞争优势,实现科技创新、制度创新与管理创新的有机统一。

——绿色增长。把增强发展的可持续性、建设两型社会放在现代化建设的突出位置,加快建立资源节约集约利用和生态环境保护的配套机制,大力发展绿色经济、低碳经济和循环经济,实现经济效益与社会效益、生态效益的有机统一。

——共建共享。坚持经济增长与改善民生相结合,把改善民生贯穿于经济社会发展的始终,把发展的目的真正落实到富民、惠民、安民上,促进社会公平正义,实现富民与强市的有机统一,使发展成果惠及全市人民。

——改革开放。把改革开放作为转变经济发展方式的强大动力,坚定推进经济、行政、社会、农村等领域改革,加快构建有利于科学发展的体制机制。充分发挥地缘优势,实施全方位开放战略,大力发展开放型经济。

第三节　发展定位

"十二五"期间,将是我市空间扩张、人口增长、产业集聚加速期,城市集聚和扩散作用双向增强,人流、物流、资金流和信息流充分涌流,城市综合竞争力快速提高。将现代大都市确立为城市总体定位,重点建设北国水城、工业大城、科技新城、文化名城和商贸都城。

北国水城:按照"以水定城"的理念,利用松花江丰富的水资源,构建江南江北一体化的水网体系,为城市提供"人水和谐"的生态环境,形成"一江居中、两岸繁荣"的现代化城市景观,建设优美舒适协调的生态人居环境。

工业大城:以实施"南拓"战略为重点,打造一个工业特色鲜明、新兴产业集聚、城市功能完备、城市设计现代、区域协调发展的现代化工业城区。按照纵向成链、横向成群的原则,整合工业园区,调整工业布局,加快推进工业化进程。

科技新城:整合科技资源,推进产学研合作,将科技优势转化为产业优势,建设创新型城市。重点在松花江北岸打造科技资源富集、科技创新成果众多、产业转化能力强大的技术创新中心和高新技术产业化示范基地。

文化名城:依托历史文化、欧陆文化、冰雪文化、水文化等资源优势,加快发展文化、旅游、体育、休闲、博物、博览、论坛和会展业,实现欧陆风情与北国特色相统一、传统历史与现代风格相统一,建设"大气、神气、洋气"的国际文化名城。

商贸都城:以南岗、道里、道外、香坊四大商圈为重点,加快都市商圈提档升级和专业批发市场建设,规划建设松北、哈南、群力等新商圈,建设城市综合体。做大做强物流业、金融业等高端商务服务业,提高商贸业的集中度和辐射力。发展大物流、大平台、大服务,构建东北北部和辐射东北亚的区域性商贸中心。

第四节 发展目标

全面推进现代大都市建设,地区生产总值年均增长 12% 以上,人均生产总值突破 1 万美元,地方财政一般预算收入实现翻番,全社会固定资产投资年均增长 30%,非公有经济比重提高到 60% 以上,三次产业结构由 11.3:37.8:50.9 调整到 8:40:52,城乡居民收入与经济同步增长,在同等城市中力争晋位。

——城乡居民收入与 GDP 同步增长。城镇居民人均可支配收入、农村居民人均纯收入、中低收入群体的收入年均增长速度均达到 12% 以上。

——大幅提高住房保障水平。实现"住有所居",四环内棚户区改造完毕,棚户区居民全部入住新居。中低收入群体人均住房面积不低于 15 平方米。基本完成农村泥草房改造。

——扩大就业规模。新增城镇就业人口 55 万人,城镇登记失业率控制在 4.5% 以内。

——提高基本生活保障标准。最低工资标准年均增长 15% 左右,城乡居民最低生活保障标准年均增长 12% 以上。

——加速城镇化进程。百万农村人口进城镇,城镇化率提高到 65%。

——加快农业现代化进程。农田水利化程度达到 70%,农机田间作业综合机械化程度达到 94%,农民组织化程度达到 80%,新型农业服务体系实现区、县(市)全覆盖,实施新增粮食产能工程,粮食产量稳定在 250 亿斤以上。

——实施工业倍增计划。实现工业增加值 2230 亿元,年均增长 16%。装备制造、食品、医药、化工 4 个优势产业 5 年翻番,培育装备制造、食品 2 个销售收入超千亿元产业。民用航空、生物、新材料、新能源装备、电子信息、绿色食品六大战略性新兴产业 4 年翻番,打造新能源装备、电子信息和绿色食品 3 个增加值超百亿元产业。

——大规模发展现代服务业。服务业占经济总量比重达到 52%。金融、物流、文化、信息服务四大产业增加值实现 4 年翻番,金融业 570 亿元,年均增长 30% 以上;物流业 450 亿元,年均增长 16% 以上;文化产业 420 亿元,年均增长 25% 以上;信息服务业 250 亿元,年均增长 20% 以上。旅游业强势增长,总收入突破 960 亿元,占 GDP 比重达到 15%。

——提高教育和卫生保障水平。大力推进素质教育,实现城乡教育均衡发展,职业教育取得突破性进展。提高城乡医疗服务水平,城镇和农村社区实现便民医疗广覆盖。

——完善公共文化和体育服务体系。市级文化设施达到国内外一流水平,城乡实现便民文化体育设施广覆盖。

——根本扭转城市基础设施落后状况。新增城市道路 130 公里、面积 620 万平方米,道路完好率 95%,推进铁路站场及新线建设和改造。彻底改造水、热、气等老旧地下管网,城市集中供热普及率达到 85%,提高供暖保障水平。

——实施公交优先发展战略。提高公交覆盖范围,公交在城市交通总出行中的比重提高到 45% 以上,中心城区公共汽电车平均运送速度达到 20 公里/小时以上,准点率达到 85% 以上,公交服务质量明显提高。

——大力改善生态环境。大气和水主要污染物排放总量分别下降 5% 和 15%,城市环境空气质量二级及二级以上天数达到 325 天,建成区绿化覆盖率达到 38%,森林覆盖率达到 46%。

——改革开放取得新突破。医疗、教育、文化、农村要素资源流转、行政管理体制、公共事业、收入分配制度等各项改革取得突破性进展。对外开放水平明显提升,进出口总额年均增长 15%,实际利用外资年均增长 10% 以上。

指标类别	指标序号	指标名称	2010 年	2015 年	年均增长(%)
专栏 2 "十二五"时期经济社会发展主要指标					
经济增长与结构调整	1	地区生产总值(2010 年价格)(亿元)	3665.9	6450	12 以上
	2	人均生产总值(2010 年价格)(美元)	5500	10000	13
	3	全社会固定资产投资(亿元)	2651	9800	30
	4	地方财政一般预算收入(亿元)	238	478	15
	5	社会消费品零售总额(亿元)	1770.2	3600	15
	6	三次产业增加值占 GDP 比重(%)	11.3:37.8:50.9	8:40:52	
	7	研发经费占 GDP 的比重(%)	2	2.5	
	8	高新技术产业增加值的比重(%)	13	15	
	9	服务业就业比重(%)	44	50	
	10	城镇化率(%)	61	65	
	11	实际使用外资(亿美元)	7.03	11	10
	12	市属外贸进出口总额(亿美元)	44	83	15
资源与环境	13	大气主要污染物排放总量减少(%)		【5】	
	14	水主要污染物排放总量减少(%)		【15】	
	15	工业固体废弃物综合利用(%)	75	78	
	*16	森林覆盖率(%)	45.4	46	
	*17	耕地保有量(万公顷)		175	
	18	建成区绿化覆盖率(%)	35	38	
	*19	单位 GDP 综合能耗累计下降(%)		【16】	
	20	生活污水集中处理率(%)		95	
	21	生活垃圾无害化处理率(%)	75	85	
社会事业与民生发展	*22	总人口(万人)	992	1050	
	*23	人口自然增长率(‰)	3.21	6	
	24	城镇居民人均可支配收入(元)	17556	31000	12
	25	农村居民人均纯收入(元)	8020	14000	12
	*26	城镇基本养老保险覆盖率(%)	98	99	
	*27	农村新型合作医疗覆盖率(%)	99.1	100	
	28	5 年累计新增城镇就业人数(万人)	【53】	【55】	
	29	城镇登记失业率(%)	4	4.5	
	30	5 年累计转移农村人口(万人)		【100】	

注:* 为约束性指标,其余为预期性指标,带【】的为 5 年累计数。

第三章　推动形成主体功能区

把形成主体功能区作为实现转变发展方式的重大战略性举措,明确开发方向,控制开发强度,规范开发秩序,完善开发政策,推动形成主体功能定位清晰、空间结构高效合理、人与自然和谐相处的协调发展新格局。

第一节　实施主体功能区战略

按照集中布局与均衡开发相结合的空间开发模式,统筹谋划人口分布、经济布局、城镇化格局和国土利用,引导人口、产业向资源环境承载能力较强的中心区域集聚,在较小区域集中开发,形成经济、人口相对密集的城镇化地区,通过工业化、城镇化集中布局,集约利用国土空间,为农业发展和生态保护腾出更多空间,培育发展集中连片的农业主产区,对全市生态安全的区域加强保护,培育形成重要的生态功能区,构建高效、协调、可持续的空间开发格局。

第二节　优化国土空间格局

根据国家和省主体功能区规划,我市国土空间分为重点开发区域、限制开发区域和禁止开发区域3类。

国家级重点开发区域包括哈尔滨市辖区和双城市、宾县、五常市五常镇和牛家镇、尚志市尚志镇,规划为1.6万平方公里,其中重点开发区域1.5万平方公里,点状开发区域0.1万平方公里。省级点状重点开发区域0.17万平方公里,包括方正县方正镇、伊汉通乡、松南乡,延寿县延寿镇,木兰县木兰镇,通河县通河镇,依兰县依兰镇、达连河镇,巴彦县巴彦镇、兴隆镇。上述地区是我市工业化和城镇化重点区域,发展方向是先进制造业和现代服务业,推进产业集群化发展,促进园区进一步整合,加快城镇化进程,承接其他区域人口转移。

限制开发区域包括农产品主产区限制开发区域、生态功能区限制开发区域,规划总面积3.6万平方公里。农产品主产区限制开发区域包括巴彦县和依兰县,规划总面积0.69万平方公里,发展方向是保护耕地,集约开发,加强农业基础设施建设,大力发展现代化大农业,提高农业规模化水平,发展农产品深加工,拓展农村就业和增收空间,限制大规模、高强度的工业化和城镇化开发。生态功能区限制开发区域包括通河县、木兰县、五常市、尚志市、方正县和延寿县,规划总面积2.90万平方公里。发展方向是加强生态环境保护,促进生态修复,加快发展以生态旅游、特色种养殖、绿色食品加工、北药开发、清洁能源等为主的接续替代产业,形成生态主导型产业格局。

禁止开发区域规划32处,其中省级自然保护区6处、省级风景名胜区3处、国家级森林公园7处、省级森林公园11处、省级地质公园5处。对上述禁止开发区域禁止工业化和城镇化开发。

第三节　实施差别化的区域政策

"十二五"期间,按照主体功能区定位,建立严格的区域政策体系,在财政、投资、土地、农业、人口等方面实行差别化政策。全市的投资政策、产业政策、土地政策等,重点向国家级和省级重点开发区域倾斜;财政转移支付、农业政策、人口政策,重点向限制开发区域和禁止开发区域倾斜。按照主体功能区域规划,完善各区、县(市)的发展规划、城乡建设规划和土地利用规划,明确开发方向,规范开发秩序,推进人口、经济、资源环境协调发展格局尽快形成。

建立符合科学发展并有利于推进形成主体功能区的绩效评价体系,强化对各地区政府提供公共服务、加强社会管理、增强可持续发展能力等方面的评价,增设开发强度、耕地保有量、环境质量、社会保障覆盖面等评价指标。

专栏3 主体功能区发展建设重点

国家和省重点开发区域:加大交通、能源等基础设施建设力度,优先布局重大制造业项目,统筹工业和城镇发展布局,在保障农业和生态发展空间基础上,适度扩大建设用地规模,促进经济集聚和人口集聚同步。

农产品主产区限制开发区域:加强耕地保护,加大农业综合生产能力建设投入,推动农业的规模化、产业化;以县域城关镇和工业开发区为重点,推进城镇建设和工业发展,引导农产品加工、流通、储运企业集聚,加强公共服务设施建设。

生态功能区限制开发区域:加大生态环境保护和修复投入力度,增强水源涵养、水土保持、防风固沙和生态多样性等功能。按照"点状开发、面上保护"的原则,鼓励发展资源环境可承载的适宜产业。

禁止开发区域:依法实施强制性保护,严格控制人为因素对自然生态和文化自然遗产原真性、完整性的干扰,严禁不符合主体功能定位的各类开发活动。在清理规范的基础上,加大投入力度,完善管理体制和政策。

第四章 加快推进农业现代化

全面落实"两江平原农业综合开发实验区"战略,以提高粮食综合生产能力和发展绿色农业为重点,推进"服务下乡"和农业综合服务体系建设,继续加大对农业和农村发展的支持力度,积极推进农业生产规模化、作业机械化、经营产业化、产品标准化,基本实现农业现代化目标。到2015年,农业增加值年均增长7%左右。

第一节 提高粮食综合生产能力

以建设国家商品粮基地为重点,加大粮食主产区投入和利益补偿,严格保护耕地,实施新增粮食产能和建设千万亩水稻工程。在提高粮食单产的基础上,扩大玉米、优质大豆、优质水稻的种植面积,建设优质专业粮食生产基地120个,其中专用玉米基地300万亩,优质水稻基地200万亩,高蛋白、特用大豆基地100万亩。到2015年,耕地保有量保持在175万公顷以上,粮食产量稳定在250亿斤以上。

第二节 畜牧业发展

以规模化、集约化、标准化生产为重点,全面推进奶牛、生猪、肉牛、家禽产业工程和产业带建设,发展大规模、高标准、现代化的养殖园区、规模牧场、专业大户,推广清洁环保生产方式,促进畜牧业优质化和安全化生产。到2015年,畜牧业产值达到500亿元,占农业总产值的50%,全市规模化养殖比重提升到50%以上。进一步完善产业化经营体系建设,畜牧业组织化程度提高到60%以上。

第三节　蔬菜基地建设

加强蔬菜基地建设,促进农业产业结构调整,确保城乡市场供应和增加农民收入。按照产业化发展要求,重点建设"一圈两带"蔬菜产业基地,即郊区现代蔬菜产业示范圈、哈肇路和哈五路沿线百里蔬菜产业基地带。大力发展设施蔬菜和设施园艺,建设标准化蔬菜产业基地,按照绿色标准体系和综合生产技术规范组织生产。不断提高北菜品牌知名度,进一步拓展国内市场,积极开拓俄罗斯、韩、日市场,增加外销比重。实施净菜上市工程,市区超市净菜上市率达到70%以上,集贸市场净菜上市率达到30%以上,蔬菜优质名牌产品达到20个。到2015年,全市蔬菜种植面积达到200万亩,产量500万吨以上。

第四节　农田水利设施建设

以全面推进水利化为重点,实施山水林田路综合治理。重点加强大型灌区水利基础设施建设,发展节水灌溉技术。对现有的堤防、水库、灌排渠系等进行全面维护和功能提升。集中力量建设完善松花江沿线灌排体系、病险水库除险加固等一批重点水利设施工程。推进田间工程建设,加快中低产田改造,加强水土流失治理和寒地黑土层保护,建设机耕路及防护林。继续推进以护村、护路、护岸、农田保护以及防沙治沙为主的三北防护林建设工程。到2015年,规划设计灌溉面积达到2070万亩,治理水土流失面积180万亩,实施中低产田改造150万亩。

第五节　林业建设

全面绿化哈尔滨大地。科学培育森林,实施天然林保护工程,加大植树造林投入,保护森林资源安全,发挥林业在建设低碳城市中的积极作用,推动林业转型。实施林业产业振兴战略,建设一批有林业特色的产业基地和产业项目。到2015年,全市完成造林196.12万亩,培育森林395万亩,新增活立木蓄积500万立方米。损失林木蓄积控制在森林总蓄积的万分之一以下。完成森林防火和林业有害生物监测预警、防灾减灾、应急反应和防治法规等体系建设。杜绝重、特大森林火灾,力争不发生一般性森林火灾,森林受害率控制在0.5‰以下;森林病虫害成灾率控制在3‰以下,无公害防治率达到80%以上。新建3处省级保护区,3处晋升为国家级湿地自然保护区,续建2处国家级湿地公园。林业经济年均增长10%以上,完成国有林区棚户区改造,建设社会主义新林区。

第六节　农业机械化

加快先进农业机械的引进和新技术的应用,进一步优化改善农机装备结构,重点提高大型农机具、连片深松整地作业和农作物机械收获比重。大力发展农机专业合作组织,逐年提高规模经营面积。开发集约化养殖、温室栽培等工厂化农业生产设施和农副产品精选加工机械。到2015年,农机总动力达到750万千瓦以上,农机标准化作业水平达到96%,农机田间作业综合机械化程度达到94%,作业面积达到2400万亩以上。大豆、水稻等生产实现全程机械化,玉米生产初步实现全程机械化。

第七节　农业综合服务体系建设

完善农业物流、科技、信息、质量检测检疫和气象灾害监测预警体系等现代农业综合服务体系建设。依托主城区和各县(市)农产品主产区,建设特色鲜明的农产品交易市场和物流园区。发挥农垦、农大、农业科研院所和企业汇聚的优势,在长江路打造哈尔滨绿色食品博览、展示、现货交易和期货交易服务平台。打造农业科技研发服务平台,完善农业科技示范推广体系,推进涉农档案信息资源共享,以省农科院农业科技示范园和哈尔滨市农科院现代农业示范园为核心,在各区、县(市)建设一批农业科技示范园或示范基地项目。推进农业科技企业孵化器、农产品质量溯源体系物联网应用平台、水稻智能化温室育苗建设工程、农产品质量安全监管信息平台等一批项目建设。建立健全农村气象灾害防御应急管理机制和提升粮食产能气象服务体系,初步实现对农业、水利、林业等行业的专业化、精细化服务,实现人工增雨(雪),年增水能力达3亿立方米以上,冰雹防护面积在2000万亩以上。到2015年,农业科技进步贡献率达到60%;农业科技服务网络100%覆盖到乡镇一级,农业科技推广一线服务人员专业受训率达到100%。

第八节　农业产业化经营

大力发展农产品精深加工,建设农产品标准化生产基地,发展优质农产品原料基地。发展乳制品、肉牛、生猪、肉鸡和蛋制品、玉米、水稻、大豆、食用菌加工等产业链。依托主要县市城关镇和省级开发区,建设专业化、规模化、标准化的农业产业化园区。依托东方粮油、蒙牛、佰益、嘉峰等重点龙头企业,建设尚志市、双城市有机奶生产基地,五常市、方正县、通河县、延寿县有机稻生产基地,宾县、木兰县肉牛基地等一批农业产业化项目和产业化园区。支持巴彦县粮食生产、生猪养殖,打造全国一流的生猪产业化示范县。到2015年,市级以上龙头企业达到140家,实现销售收入265亿元,农业产业化带动基地面积2200万亩,参与农业产业化经营的农户发展到93万户。

第九节　提高农业组织化程度

落实《农民专业合作社法》,积极培育农业协会、种粮大户、农机合作社、龙头企业等现代农业经营主体,健全农业社会化服务体系,提高农业经营组织化程度。重点培育大用农业农机专业合作社、双城杏山顺利有机粮食作物种植专业合作社等农民专业合作社经济组织和种粮大户、龙头企业等现代农业经营主体。进一步完善财政资金的扶持方式,支持农民专业合作组织搞好农产品产销对接和行业自律。充分发挥供销合作系统和农民专业合作经济组织平台作用,构建合作经济发展平台和农产品行业协会服务平台。到2015年,农民专业合作社发展到5500家,市级农民专业示范社达到200家,农民组织化程度达到80%。

专栏4　农业现代化重点建设项目

农业生产项目:建设哈尔滨市现代农业示范区,新增粮食产能和建设千万亩水稻工程,五常市现代农业示范区,双城市百万亩高产玉米创建工程,尚志市有机奶生产基地,哈尔滨市"一圈两带"蔬菜产业基地,哈尔滨市无公害、有机畜产品基地,哈尔滨市奶牛、生猪规模养殖小区,肉鸡养殖基地。

农业基础设施项目:哈尔滨市沿松花江和牡丹江流域提水扩稻项目,松花江沿线灌排体系及病险水库除险加固工程,中低产田改造工程,节水灌溉工程,中小河流治理工程,"三北"五期造林工程等。

第五章　加快推进新型工业化

　　坚持工业强市,以增强自主创新能力和产业结构优化升级为目标,做强做大四大优势产业,积极培育壮大战略性新兴产业,用核心技术和先进工艺改造提升传统产业,建立以产业集聚化、技术创新化、服务现代化为主要特征的新型工业化体系。培育一批优势产业集群和新兴产业基地,优化工业布局,提高产业集中度,率先建设成全省新型工业化示范区。到2015年,实现工业增加值2230亿元,年均增长16%。

第一节　优化工业布局

　　按照"产业集聚、布局集中、资源集约"的原则,加快产业集聚发展,构筑以工业集中区为核心、工业园区为载体、产业基地为支撑的产业新格局。整合工业园区,明确产业布局和园区主导产业。促进产业科学有序集聚,到2015年,产业集聚度提高10个百分点。

　　城区南部:哈南工业新城重点建设国家级经济技术开发区核心区、五常牛家工业园区、双城新兴工业园区、阿城新华新区等9个工业园区;把经济技术开发区核心区、平房汽车零部件产业园区、哈尔滨机电工业园、南岗工业园区和香坊食品医药工业园区5个园区整合连片,建设成为70平方公里以上我市最大的工业集中区;打造双城新兴工业园区,建设成为30平方公里以上的工业园区。在哈南工业新城,重点发展汽车、飞机制造、核电装备、风电装备、乳制品及饮料、农副产品加工、医药、新材料、生物、汽车电子10个产业基地,到2015年,实现工业总产值3500亿元,年均增长20%。三大动力路工业区重点建设电站设备整机制造、电站设备配套2个产业基地,到2015年,实现工业总产值100亿元,年均增长15%。

　　城区北部:松北科技新城重点发展新材料、新能源、生物医药、光电仪器仪表和电子信息五大产业基地,到2015年,培育成30平方公里以上的工业园区,实现工业总产值300亿元,年均增长26%。利民经济开发区重点建设乳制品及饮料制造、农副产品加工、医药、生物、基础功能部件、轻工6个产业基地,到2015年,建设成30平方公里以上的工业园区,实现工业总产值200亿元,年均增长20%。松北高新区重点建设食品等产业基地,到2015年,实现工业总产值150亿元,年均增长20%。

　　城区东部:宾西经济开发区重点建设对俄贸易出口加工、机械制造、农副产品深加工、LED和新材料等产业基地,建设成为全市新型工业化示范园区,到2015年,建设成30万平方公里以上的工业园区,实现工业总产值400亿元,年均增长29%。香坊化工园区、香坊工业新区重点建设石化、以木材加工及家具制造为主的对俄出口加工2个产业基地,到2015年,实现工业总产值50亿元,年均增长20%。

　　城区西部:哈高新区迎宾路、新榆工业园区重点建设输变电、基础功能部件、电子工程、木材加工及家具制造4个产业基地,到2015年,实现工业总产值150亿元,年均增长20%。

　　各县(市)依据各自产业基础、资源优势和区位优势,依托省级工业园区,提升载体功能,承接市区产业转移,打造特色产业基地。双城市重点建设食品加工产业基地。五常市重点建设稻米加工、医药等产业基地。尚志市重点建设乳制品、饮料、医药等产业基地。依兰县重点建设风能基地和达连河煤化工产业基地。方正、通河县重点发展稻米加工、林产品加工、石英硅矿产加工。延寿县重点发展亚麻纺织加工。巴彦县重点发展农副产品加工。木兰县重点发展大米深加工。

第二节 做强做大优势产业

增强装备制造、食品、医药、化工四个优势产业的市场竞争力,到2015年,规模以上工业增加值达到1310亿元,年均增长18%。

——装备制造业。推进装备制造业由生产型向服务型转变,促进产业由大变强。依托哈尔滨南部工业新城、哈尔滨航空汽车产业城建设,力争建成国内最大、国际知名的民用直升机、通用飞机研发制造和营销维修基地,航空复合材料结构件、航空传动系统研制生产基地。重点发展电站成套设备、新能源装备、新型农业机械、机床功能部件等产品。进一步强化和提升汽车产业竞争力,以产品升级换代和开发节能技术为核心,重点开发生产轻型车、小排量和新能源汽车,大力发展价值链上游汽车零部件产业,实现零部件企业的专业化、规模化和精细化。加快核岛主设备国产化,建设哈飞赛豹纯电动车、大中马力拖拉机及农机具、燃气轮机发电机组等一批重大工业产业化项目。到2015年,规模以上工业增加值达到400亿元,年均增长15%。

——食品工业。实施大企业带动、产业集群发展和品牌战略。通过扩大规模、资源整合、技术改造和科技创新,实现由资源拉动型向技术带动型转变,由传统产品向营养、安全、方便、绿色、有机及多样化、工业化产品转变,带动农业产业化和农产品基地建设。重点发展啤酒、大豆加工、肉类食品、乳制品、粮食加工、饮料等食品加工业,加快建设宾西20万头肉牛屠宰加工、大成玉米深加工、哈尔滨卷烟厂搬迁改造建设等重大项目。打造10个以上国内以及国际知名品牌。到2015年,规模以上工业增加值达到590亿元,年均增长21%。

——医药工业。继续巩固和提高化学医药产业优势地位,大力发展现代中药,积极培育生物制药等产业。完善药品检验检测中心,提升检验检测质量,保障药品安全,促进医药产业健康发展。重点在基因工程药物、现代中药、抗生素、化学原料药领域实现突破。建立和完善新药研究院、动物用生物制品国家工程研究中心、抗生素研究中心、现代中药研究中心等研发体系。重点支持生物工程产业基地、疫苗、诊断试剂等高附加值项目建设和哈药集团制药总厂搬迁改造等提档升级项目建设。到2015年,规模以上工业增加值达到140亿元,年均增长18%。

——化工工业。积极争取原油加工规模达到500万吨,延伸产业链,围绕产业规模化、高新化、精细化,发展精品油基地及有机化工原料产业链,形成国内领先水平的苯酚丙酮、苯酐等生产基地。发展煤制烯烃化工产业及下游产业链。大力推进石油化工、煤化工融合发展,提升高端石化产品规模和水平。到2015年,规模以上增加值达到180亿元,年均增长16%。

第三节 加快发展战略性新兴产业

把培育战略性新兴产业作为优化产业结构、提升产业竞争力的重要抓手。加强政策支持和规划引导,强化核心关键技术研发,重点培育壮大民用航空、生物、新材料、新能源装备、电子信息、绿色食品等六大战略性新兴产业,打造新能源装备、电子信息和绿色食品3个超百亿元产业。到2015年,增加值达到1240亿元,年均增长23%。

——民用航空产业。力争建成我国最大、国际知名的民用直升机、通用飞机研发制造和营销维修基地。重点发展直升机和通用飞机的研制、营销服务,直升机传动系统和小型航空发动机,支线飞机总装和大部件生产,航空复合材料构件制造,航空零部件生产加工基地建设等。到2015年,实现工业增加值90亿元,年均增长27%。

——生物产业。大力发展生物医药、生物农业、生物制造、生物能源和生物环保等五大产业。依托龙头企业,初步建立生物产业的技术创新体系、产业组织体系、政策法规体系、行业管理体系和创新服务体系。逐步形成以基因工程药物、疫苗、诊断试剂、中药开发为主的生物医药产业基地,以农业良种培育为主的国内生物农业基地,将哈尔滨市建设成国家重要的生物产业基地。到2015年,实现工业增加值136亿元,年均增长19%。

——新材料产业。重点发展新型金属材料、新型复合材料、新型能源材料、新型建筑材料、新型焊接材料、高分子和精细化工材料等6个新材料产业,开发应用新型陶瓷材料、纳米材料、生物材料3个新材料产业。扩大产业整体规模,实现优势新材料领域的重点跨越,形成产业结构更加合理,产业结构优化升级步伐加快的新材料产业集群,建成具有一定规模的国内重要新材料产业基地。到2015年,实现工业增加值135亿元,年均增长31%。

——新能源装备产业。重点培育和发展以核电装备、新型水电装备、风电装备、光伏产业为代表的新能源装备产业。推进一批重点项目,打造一批特色载体,培育一批优势企业,促进新能源装备产业逐步向产业链条延伸、产业集聚、规模发展的方向迈进。加快建设核电反应堆冷却剂泵组制造、核电主泵电机、1000兆瓦等级核电辅机技术改造、1.5兆瓦半直驱变速恒频风力发电机组等一批重点项目。到2015年,实现工业增加值70亿元,年均增长38%。

——电子信息产业。电子信息制造业重点发展汽车电子、电力电子、航空电子、敏感元器件、RFID射频电子标签、数字集群通信、LED等产业;软件业重点发展行业应用软件、嵌入式软件、信息安全软件、系统集成、云计算和服务外包产业。完善产业链条,扩大产业规模,优化产业布局,形成产业集群。到2015年,工业增加值超过200亿元,年均增长23%。

——绿色食品产业。发挥绿色食品和有机食品资源优势,大力培育和发展一批绿色食品深加工企业,提升绿色食品品牌的认知度和公信度、竞争力和影响力,推进绿色食品产业化经营。重点推动乳制品、饮料、啤酒、粮食深加工、林业特色山产品等传统食品产业向绿色、有机、高附加值转化。到2015年,绿色食品工业增加值年均增长22%。

专栏5　新型工业化重点园区和重大项目建设

　　工业园区:建设哈南工业新城、江北科技新城、双城新兴工业园区、利民经济开发区、宾西经济开发区、新哈轴工业园区、宾县玉米化工园区等。
　　重大项目:建设复合材料制造中心、先进民用直升机发动机产业化项目、专用汽车二次技术改造、300兆瓦双抽汽轮机研制、大型抽水蓄能机组、LED用大尺寸蓝宝石材料产业基地、高精密直升机管轴管材产业化项目、东安汽车动力股份哈尔滨新基地建设、杉杉集团投资股份有限公司产业园、印刷产业园一期工程、西林钢材产能置换、哈尔滨卷烟厂易地搬迁技术改造等。

第六章　大力发展现代服务业

加快推进国家级服务业综合改革试点工作,以构建先进制造业和现代农业综合服务体系"两轮驱动"的服务业发展模式为核心,推动三次产业相互融合、共同发展。以建设东北亚地区重要的金融中心、商贸中心、旅游中心、物流中心、科技研发中心、信息中心为重点,将我市打造成为立足龙江、服务东北北部、辐射东北亚的综合性现代服务业中心城市。到2015年,服务业增加值年均增长13%左右。

第一节　金融服务业

加快金融体系建设,发展多元化金融市场。大力引进境内外金融机构,打造松北金融商务区,实现金融产业集聚发展。优化存贷结构,利用国内外资本市场,大力发展直接融资。以区域性股权交易市场建设和推动期货交易为突破口,构建多层次资本市场。积极支持哈尔滨银行、江海证券、中融信托、金融控股集团等地方金融机构做大做强,强化服务地方经济的功能。加快国有资产的货币化、资本化、证券化进程,重点活化土地、股权等高增值性资产,提升哈投、城投、水投等政府平台的融资功能。发展金融租赁、创业投资、小贷公司、担保公司等金融业务。加快以对俄合作为重点的金融城市建设。到2015年,实现增加值570亿元,年均增长30%以上,占全市GDP的比重达到8%以上。

第二节　物流业

依托国家和省的大通道建设,打造"六园多节点,一核多放射"物流空间格局,构建覆盖全市、辐射全省、联通国内外的大物流、大流通体系。重点完善设施建设和市场建设,发展大物流、大平台、大服务,构建东北亚地区重要物流中心。大力发展第三方物流,加快推进物流信息化建设,建设物流公共信息平台,加快物联网技术在物流体系中的应用。规划建设龙运国际枢纽物流园区、哈南工业新城国际物流港、江北综合物流产业园区、双城果蔬绿色净菜物流基地、空港物流园区等重点项目。物流业实现增加值450亿元,年均增长16%以上,占全市GDP的比重达到6%以上。

第三节　旅游业

按照全省建设"北国风光特色旅游区"的战略构想,充分发挥冰雪、湿地、森林和历史文化等资源优势,打造集冰雪体验、湿地观光、避暑度假、商务会展、文化旅游为一体的国际旅游目的地和区域旅游集散中心,将哈尔滨建成国际旅游城市。

强化政府对旅游业发展的导向作用,打造旅游投融资平台,支持重大旅游项目。出台扶持政策,引导国内外资本进入哈尔滨旅游市场,发展大旅游。以大太阳岛和亚布力为核心区域,做大做强冰雪大世界、太阳岛雪博会,辟建四季冰雪乐园,将亚布力滑雪度假区建成国际滑雪旅游度假胜地。推进万顷松江湿地的开发建设,打造百里松花江生态旅游景观带。发展森林旅游,提档升级横头山、凤凰山等国家级森林公园。发展休闲农业和乡村旅游,在全市范围内广泛布局休闲农庄、休闲渔场、休闲牧场和乡间民宿。打造"乐活乡村"概念,将巴木通森林小火车改造成与阿里山小火车齐名的世界级乐活休闲火车。开发方正日侨旅游资源。依托太阳岛、亚布力等品牌效应,丰富旅游产品体系,延伸旅游产业链。到2015年,全市旅游总收入突破960亿元,年均增长20%,占GDP比重达到15%以上,成为战略性支柱产业。

第四节　文化产业

繁荣城乡文化市场,培育骨干文化企业,发展新兴文化业态,完善投融资服务体系,建设文化产业集聚区,发展出版发行印刷、演艺娱乐、文化旅游、广告会展、数字内容和动漫五大重点文化产业。

到2015年,实现文化产业增加值420亿元以上,年均增长25%以上,占全市GDP的比重达到6%以上,将文化产业培育成支柱产业。

打造六大产业集聚区。哈南工业新城文化集聚区,推进新媒体国家产业基地、动漫基地、印刷产业园建设。群力新区打造全省文化产业示范区,建设工艺美术品创作生产基地、松花江历史展馆、哈尔滨音乐厅等文化产业项目,形成西部文化产业集聚区。构建松北文化产业集聚区,建设哈尔滨大剧院、群众文化活动馆等哈尔滨文化中心项目。推进阿城金源文化集聚区建设,规划建设皇城遗址复建等项目,提高金源文化节的档次和知名度。建设哈师大特色产业园区,重点发展文化艺术创意、培训、数字影视传媒等艺术品产业。中心城区特色文化产业区,打造中央大街、果戈里大街、中华巴洛克特色文化街区。

第五节　房地产业

优化房地产供给结构。提高保障性住房和中小户型普通商品住房占市场总份额的比重,提高保障性住房土地供应占房地产市场土地供应的比重。加大政府对保障型住房的投入力度,加大棚户区和旧城拆迁改造力度,力争主城区的棚户区改造完毕。拓展城市居住空间,疏解老城区人口密度,以城市基础设施建设为依托,推进建设布局战略性调整,加大群力新区、哈西地区等新区房地产开发力度,启动松北科技新城、哈南工业新城等商业地产和工业地产项目,围绕松花江两岸及阿城"四山两湖"等风景旅游区开发,合理布局旅游休闲地产。配合"三沟一河"整治,布局商业地产。

促进房地产市场健康发展。加大政府土地收储和整理力度,把握供地节奏,规范市场秩序,落实差别化住房信贷和税收政策,引导住房消费,抑制投机购房,稳定住房价格。积极引进国内有实力的房地产开发企业,提升哈尔滨房地产市场的开放度。到2015年,房地产累计完成投资900亿元,实现住宅建设竣工总规模2000万平方米,完成住宅建设投资500亿元,普通商品住宅和经济适用住房占住宅建设总规模的70%左右。

第六节　信息服务业

建设"数字哈尔滨"。以城市信息化、软件产业和动漫产业为重点,推进互联网增值业务服务、电子商务平台、"三网融合"工程和服务外包示范城市建设。积极参与物联网和云计算产业化进程,大力发展面向产业、面向消费的信息服务业,培育信息内容供应商。发挥寒地优势和普通话优势,吸引国内外大型企业数据处理中心落户哈尔滨,打造哈尔滨国际数据城和呼叫中心。规划建设哈尔滨物联网基础平台和云计算中心等重点项目。到2015年,信息传输、计算机服务及软件业实现增加值250亿元,年均增长20%以上。

第七节　商贸服务业

优化城市商圈布局,推进南岗、道里、道外、香坊等市级商圈提档升级,规划建设松北、哈南、群力等新商圈,调整优化商业网点布局。吸引国内外一流的商贸服务企业和有影响的总经销、总代理商落户我市。培育大型商贸流通企业集团,形成一批龙头企业。建设内外贸联通的市场体系。着重发展口岸货物集散中心、大宗商品交易中心、商贸营运与控制中心、区域性批发市场、农村商业网点。全面形成内外贸相互融合,货物贸易、服务贸易同步发展的总体格局。基本建立市场开放度与商贸便利化程度高、商贸要素流动顺畅的运行机制。到2015年,社会消费品零售总额实现3600亿元,年均增长15%。

第八节　会展业

坚持"政府主导、企业主体、市场化运作"的原则,整合资源,扩大规模,强化特色,打造品牌,提高水平,进一步增强会展业的综合竞争力和对外影响力。提升哈洽会、哈科会、哈夏音乐会、冰洽会、汽车展等自主会展品牌的规模和层次,融合本地文化特色,创新发展绿色食品博览会和农机博览会,培育国内知名品牌展会2~3个。加大招会引展力度,发展国内外会展合作,引进举办国内外大型知名会展活动3~5个。鼓励支持会展企业做大做强,培育会展企业集团。发挥会展业的牵动作用,推进会展与旅游等相关产业的融合发展,构建多元会展发展格局。会展业收入年均增长25%以上,使会展业成为全市新的经济增长点和城市现代服务业的先导产业。

专栏6　现代服务业重点建设项目

建设现代生态牧业旅游观光项目、太阳岛西区主题乐园、哈尔滨国际冰雪奥林匹亚体育公园、伏尔加庄园二期开发、哈尔滨大剧院、群众文化活动馆、哈尔滨音乐厅、东北亚国际数据港、哈尔滨物联网基础平台、云计算中心、新媒体基地、哈南工业新城汽车零部件产业园、黑龙江省绿色食品博览中心、太平空港物流园、双城果蔬绿色净菜物流基地、铁路集装箱枢纽物流中心、润恒农副产品物流园项目等。

第七章　加快基础设施建设

深入落实基础设施优先发展的战略,建立环网相联、快捷畅通的现代化立体交通体系,构筑高起点的城市供水、排水、供气、供热等城市保障体系,完善城市抗灾工程系统建设,努力创建国家基础设施达标城市。

第一节　交通基础设施

不断完善综合交通体系,强化城市对外交通功能,加快综合交通枢纽建设,进一步调整优化城市交通网络。加快推进支撑县域经济、旅游产业的国省干线公路和农村公路断头路、路网连通路及革命老区道路改造建设,完成区域路网连通体系。加快城市出口公路及高速公路互通立交建设,推进绕城高速以外的环形路网建设,完善支撑"北跃、南拓、中兴、强县"发展战略的路网体系。推进城际高速铁路建设,加快机场扩建及松花江水运航道、港口建设;加快哈西客站、哈西公路客运枢纽站、南岗公路客运枢纽站(扩建)等重大交通枢纽工程建设,实施不同运输方式的旅客"零距离"换乘目标。到2015年,城市道路长度达到1500公里,道路面积达到3120万平方米,人均道路面积8.5平方米,道路完好率95%。

实施公交优先发展战略。加大投入力度,提高公交基础设施的服务能力,支持更新使用大运量节能环保型公交车辆,提高运营效率。进一步优化路网结构,提高运行能力,开辟专用公交通道100公里,提高公交车辆运行速度,在市区主要街路,形成以大运量节能环保型公交车辆为主体的运力格局。加快轨道交通设施建设,启动地铁2、3号线。积极谋划市区至平房、至太平空港、至阿城的地面轨道交通系统。改善中心城区地面静态交通,发挥原有地下停车设施功能,积极推进立体停车设施建设。优化交通组织,提高交通管理能力,合理制定和利用交通政策,满足市民出行需要。到 2015 年,公交运营车辆达到 5350 标台。公交在城市交通总出行中的比重提高到 45% 以上,中心城区公共汽电车平均运送速度达到 20 公里/小时以上,准点率达到 85% 以上,公交服务质量明显提高。

第二节 供排水设施

以优化水资源配置、提高饮用水质为目标,合理利用地表和地下水源。加快输配水管网及二次供水设施改造建设,提高供水能力。加快污水处理厂、排水管网和内河治理项目建设,解决城市排水、沿江及内河的污染问题,进一步改善和提高我市的生活环境和生态质量。加强磨盘山、城镇集中式饮用水源地保护,保障城市居民饮水安全。到 2015 年,城市供水能力达到 150 万立方米/日,城市污水处理能力达到 170 万立方米/日,处理率达到 95%。

第三节 供电供热供气设施

在主城区加大实施电力网线入地工程力度,加快分支供电线路改造,推进哈尔滨市城区电网系统现代化、标准化。平衡天然气供需规模,完善设施建设,保障供气安全。加快哈平南、滨江、哈热六期等热电联产项目及热力管网建设。到 2015 年,市区居民用户天然气普及率达到 92% 以上,城市集中供热普及率达到 85%,提高供热保障水平。

第四节 园林绿地建设

提高城区绿化覆盖率,重点绿化松北、平房、阿城区及利民、群力、哈西新区等区域,挖掘防护绿地、城区内河、湿地、滩涂等生态绿地资源,城区新增绿地面积 2000 公顷,新植树木 350 万株,绿化覆盖面积达到 1.6 万公顷,绿地面积达到 1.5 万公顷,公园绿地面积达到 4461 公顷,实现建成区绿化覆盖率 38%,确保公园绿地 500 米服务半径覆盖率等指标达到国家园林城市标准。

第五节 城市抗灾工程系统

建设江南、江北堤防等防洪设施,提升哈尔滨的防洪标准。构建适于避灾、抗灾、救灾和防灾的城市防灾疏散空间单元结构布局,重点建设固定、中心防灾避难疏散场所,建设紧急避难疏散场所 831 处以及防灾避难疏散通道,形成完备的防灾疏散空间体系。加强救灾应急队伍、救灾装备配置、灾害信息评估、紧急救援、灾情监测、预警等工作体系建设,启动市救灾物资储备库建设。

专栏7 城市基础设施重点建设项目

哈南工业新城基础设施建设:启动实施道路工程、供热与供气工程、燃气及绿化工程、道路建设和升级改造等基础设施项目工程。

哈尔滨西客站及配套工程:建设我省第一个零换乘的现代化交通枢纽,实施主体工程建设的同时,配套建设 7 条区域道路、5 座桥梁。

哈站区域交通组织配套工程:结合哈站枢纽站线改造,全面优化火车站地区交通环境,改善窗口部位形象,重点改造建设 2 个广场、7 条道路、6 座桥涵。

哈尔滨轨道交通工程:1 号线竣工通车,启动地铁 2 号和 3 号线一期工程。

城区基础设施建设工程:城区主道路、巷路、桥梁的新建和改造,陈旧管网改造,棚户区改造,绿化工程,哈平南、滨江、哈热六期等热电联产项目,江南、江北堤防防洪设施等。

第八章　强化资源节约与环境保护

强化节能减排,推动资源节约和综合利用,发展循环经济,建设低碳型城市,加大环境综合整治力度,把哈尔滨建设成为"资源节约型、环境友好型"城市。到 2015 年,万元 GDP 综合能耗累计下降 16% 左右,大气和水主要污染物排放总量分别下降 5% 和 15%,森林覆盖率达到 46%。

第一节　节能减排

强化节能目标考核制度,加大奖惩力度,严格问责。全面实施"上大压小"、"等量淘汰"、"以大代小"等产业政策。严格环境准入,全面开展规划环评,从严控制排污量较大建设项目和松花江沿线工业项目。建立企业环境行为评价制度,对重污染落后产能企业提高信贷风险等级,实施差别电价、差别水价、差别排污费等限制措施,加快高能耗、高排放、高污染产业淘汰退出步伐。

大力推广节约能源和资源的新技术、新工艺、新设备和新材料,突出抓好重点耗能行业和重点企业的节能技术改造。扩大热电联产供热范围,加快小锅炉并网改造。加快推行合同能源管理,促进节能服务产业发展。培育壮大一批节能服务信誉好、拥有自主创新节能技术和取得良好业绩的合同能源管理公司。深入开展节能减排全民行动。

加大水泥、造纸等行业落后产能淘汰力度,推进火电机组低氮燃烧和 20 万千瓦以上燃煤机组脱硫脱硝改造,加快城镇污水处理厂升级改造,加强农村规模化畜禽养殖污染综合治理。对污染物排放量较大的企业,严格实行清洁生产审核,加强企业污染减排的监督管理,强化治理和处理各类环境违法行为,彻底消除排污不达标或不能稳定达标因素,减少污染排放和危害。确保城市环境空气质量二级及二级以上天数达到 325 天。

第二节　资源节约利用

全面推进节水、节地、节材及重要矿产资源的节约和管理,充分挖掘资源潜力,提高资源综合利用效率。完善节水管理机制,严格用水定额制度,同时积极探索水价调节机制,鼓励节约用水、重复用水。抓好农业节水灌溉和旱作节水农业,加大中水回用和污水再生利用力度。切实落实"批项目、核土地"制度,从严从紧利用好土地指标,提高土地单位面积产出率和城乡建设用地集约化水平,建设节约集约用地示范园区。加强重点行业的原材料消耗管理,重点产品的原材料消耗指标要向国际先进水平靠拢,限制一次性用品的使用。加强矿产资源和地质环境保护执法监察,坚决制止主要矿产资源区县乱挖滥采等严重浪费矿产资源、破坏地质环境和生态景观的现象。推进"三废"、城市生活垃圾及农村秸秆和粪便的综合利用工作,初步建立垃圾分类回收制度,完善再生资源回收体系。生活垃圾无害化处理率达到 85%。

第三节　循环经济

以"减量化、再利用、资源化"为原则,大力发展循环经济。在重点领域和产业园区开展循环经济试点。加快建设以城市社区和乡村分类站点为基础、集散市场为枢纽、分类加工利用三位一体的再生资源回收体系。

重点建设双城市循环经济示范区,推动阿城区、宾西开发区钢铁、水泥等产业循环化发展,促进巴彦等农业大县玉米、生猪、肉牛等循环产业链的形成。实施粉煤灰深加工、秸秆循环经济示范、再生能源焚烧发电综合利用等重大项目。

积极发展农业循环经济。推动畜禽粪便、秸秆等农业废弃物无害化处理与资源化利用进程,形成良好的生态循环体系。争取到 2015 年,新建养殖小区沼气工程 100 处,年处理畜禽粪便量达到120 万吨;新建生物质固体成型燃料加工厂 50 处,年生产固体成型燃料能力达到 100 万吨,消化农作物秸秆 120 万吨。

第四节　建设低碳城市

将调整产业结构、优化能源结构、节能增效、增加碳汇等工作结合起来,科学确定我市控制温室气体排放的行动目标、重点任务及具体措施,降低碳排放强度,积极探索低碳绿色发展模式。探索有利于节能减排和低碳产业发展的体制机制,实行有效的政府引导和经济激励政策,推动控制温室气体排放目标的落实。积极运用低碳技术改造提升传统产业,实现传统产业低碳化发展。培育壮大节能环保、新能源等战略性新兴产业。加快发展低碳建筑、低碳交通。大力开展宣传教育普及活动,鼓励低碳生活方式和行为,推广使用低碳产品,弘扬低碳生活理念。

第五节　生态建设与环境保护

建设百里生态长廊。把握哈尔滨市建设国家级水生态试点的机遇,实施《松花江哈尔滨城区段百里生态长廊总体规划》,构建"纵向—横向—竖向—时间"四维连通的河流廊道,恢复廊道稳定、连续、近自然的生态系统。加快松北灌排体系等松花江北岸河道生态综合整治,形成"松江湿地、北国水城"新景观。以仿自然模式,加快推进"三沟一河"综合整治开发,把何家沟、马家沟、信义沟、阿什河打造成为哈尔滨景观河和生态廊道。

加强限制类生态功能区恢复建设。加大对五常、尚志、方正、通河、延寿、木兰等重点生态功能区生态环境保护和修复的投入力度,增强涵养水源、水土保持功能,发挥森林系统的自我修复功能,保护珍贵野生种质资源,维护生物物种多样性,提高自然生态系统的修复能力。对禁止开发区域依法实施强制性保护。

加强环境保护。强化松花江干支流环境综合整治,推进城镇污水处理厂增容和雨污分流系统改造,强化排污许可管理和清洁生产审核,松花江出境断面达到三类水体环境功能标准。强化城市大气污染防治,加大颗粒物污染防治力度,加快拆炉并网、机动车双燃料改造、黄标车淘汰进程,大力推广清洁能源,推行二氧化硫排污权交易,从严新车落户和外地车转入环保标准,城区环境空气质量达到国家二级标准。强化农村环境综合整治,推进重点建制镇污水垃圾处理设施建设,提高生态乡镇和村屯比例。强化环境执法,大力推广环保技术,完善基层环保队伍建设,提高环境监测、监察、信息标准化建设水平,提高公众对环境的满意率,建成国家环保模范城。

<table>
<tr><td colspan="1">专栏8 环境整治重点工程</td></tr>
</table>

专栏8 环境整治重点工程

"三沟一河"治理工程:实施马家沟、何家沟、信义沟和阿什河污水截流与治理、河道清障、引清水入沟、生态景观恢复及两岸综合开发改造等工程。

城市生活污水、垃圾处理设施工程:建设城区雨污分流工程和污水处理工程,城镇生活污水、污泥、垃圾处理处置设施,建设阿城、双城、尚志、木兰等城镇污水处理厂。

松花江干支流环境综合整治工程:建设120公里沿江生态廊道、216公里观光大道,对松花江哈尔滨段百里生态长廊进行退耕还湿;启动狗岛、大套子岛和阳明滩水生态系统保护与修复工作。

第九章　加快推进城乡一体化

以城镇化为重点,以实现城乡公共服务均等化为目标,加快农村城镇化、农民市民化、产业园区化发展,形成特色突出的小城镇群体。稳步推进户籍制度改革,加快建立城乡统一的人力资源市场。全面提高财政保障农村公共服务水平。在全省率先形成城乡经济社会发展一体化的新格局。实现百万农村人口进城镇,城镇化率提高到65%。

第一节　统筹城乡发展

以实现"六个一体化"为重点,促进城乡融合发展。实现城乡发展规划一体化。打破行政区划,突破城乡界线,编制哈尔滨市城乡一体化发展规划。推进基础设施、产业发展和社会发展等重大专项规划向农村延伸,形成覆盖全域的城乡规划体系,实现城乡产业发展一体化。加快发展现代农业,建立现代农业产业支撑体系。依托优势资源和特色产业大力发展县域工业,推进"一县一园、一业为主、集群发展"。推进城乡基础设施一体化。重点加强农村公路、水利设施和农村电网建设,支持有条件的中小城镇发展集中供热。加快推进农村饮用水安全和农村清洁工程建设。实现城乡公共服务一体化。建立健全覆盖城乡的社会保障制度,大力发展城乡教育事业,健全完善城乡公共卫生体系和医疗卫生服务体系,加快推动农村文化事业健康快速发展,健全完善城乡客运服务体系,实现城乡交通公交化。实现城乡市场一体化。推进农村市场设施和现代化物流体系建设。促进城乡劳动力市场一体化。建立城乡统一的劳动力供求信息网络,促进农村剩余劳动力转移。实现城乡社会管理一体化。完善社会救助体系,发挥农村自治组织作用,加强农村社会治安综合治理,建立健全农村应急管理体制。

第二节　构建城镇体系新格局

加快构筑圈层状城镇体系,实施以中心城市、次中心城市和中心城镇为重点的城镇化发展战略。以哈尔滨市区为中心,以尚志、巴彦、方正、通河、五常为次中心,以县域中心城镇为支点,形成空间分工明确、产业特色突出的现代化城镇规模等级结构。

推进方正通河一体化发展进程,加快构建哈佳中段次中心城市,带动哈佳中部地区城镇化。依托宾西经济技术开发区发展,加快将哈东新城建设成为工业新城、科技新城、商贸新城、旅游新城、宜居新城,推动哈尔滨城市空间沿江东向拓展。整合巴彦兴隆镇和兴隆林业局、五常山河镇和山河林业局,推动"局镇共建",带动五常、巴彦和呼兰北部地区城乡一体化发展。

实施"百镇提档升级、二十镇试点引领、六镇示范样板工程",积极打造一批带动能力较大、辐射力较强、各具特色的"工业强镇"、"商贸大镇"、"交通枢纽重镇"、"旅游名镇"、"文化古镇",加快形成特色突出、设施良好、功能完备、环境优美的小城镇群体。

加强城镇化管理。把符合落户条件的农业转移人口逐步转为城镇居民作为推进城镇化的重要任务,放宽城镇落户条件,逐步对本市户籍人口取消农业和非农业的户口性质划分,按实际居住地登记为"居民户口",实行一元化户口登记制度。到2015年,基本建立城乡统一的户籍登记管理制度。

第十章　深化关键领域改革

坚持社会主义市场经济改革方向,全面深化经济、政治、文化、社会体制改革,力争在重点领域和关键环节取得新突破,加快形成更具活力、更富效率、更加开放的体制机制,为我市加快转变经济发展方式、科学推动经济社会发展,提供体制保证和强大动力。

第一节　经济体制改革

深化国有企业和国有资产管理体制改革。深入推进国有经济战略性调整,健全国有资本有进有退、合理流动机制,进一步推动国有资本向发展城市基础设施、战略性新兴产业等领域集中。加快国有企业股份制改革,建立和完善现代企业制度,形成有效的公司法人治理结构。完善国有资产监督管理体制,明晰国有资产产权变动档案的归属与流向,落实国有资产保值增值责任,健全国有资产监管责任体系。

大力发展非公有制经济。积极推动各种所有制经济依法平等使用生产要素和公平参与市场竞争。支持和引导非公有制经济加快发展,鼓励扩大民间投资,放宽市场准入,支持民间资本进入基础产业和基础设施、市政公用事业、社会事业、金融服务等领域,鼓励非公企业参与国有企业改革。到2015年,力争非国有经济达到60%以上。

推进投融资体制改革。改善金融生态环境,积极引进境内外金融机构,支持哈尔滨银行做优做强,积极培育发展地方保险机构。加快发展创业投资、工业投资、城建投资等大型国有投融资平台。大力发展上市公司,积极推进企业上市融资。合理界定政府投资范围,完善政府投资项目决策机制,通过规划产业政策、信息发布和市场准入,引导和调节社会投资方向。进一步确立企业的投资主体地位,完善投资核准、备案制。

第二节　行政体制改革

加快转变政府职能。深化行政审批制度改革,进一步规范行政审批事项。加快推进政企分开,减少政府对微观经济活动的干预,加快建设法治政府和服务型政府。继续优化政府结构、行政层级、职能责任,降低行政成本,科学界定市和区、县(市)经济社会管理事权,完善政府的社会管理与公共服务体系,更好地发挥公民和社会组织在社会公共事务管理中的作用。全面推进事业单位改革,进一步转换事业单位用人机制,建立有效的考核和分配激励机制。建立健全事业单位公共资监督管理体系,创新探索实践雇员制。

完善科学民主决策机制。健全科学决策、民主决策、依法决策机制。推进政务公开,增强公共政策制定透明度和公众参与度。建立公众参与、专家论证和政府决策相结合的决策机制。完善重大事项的社会公示和社会听证制度,保障公众对公共事务的知情权、参与权、表达权和监督权。推行重大问题专家咨询论证制度。

推行政府绩效管理和行政问责制度。完善经济社会发展综合评价体系,建立完善科学的政府绩效评估制度、指标体系和运行机制,严格行政问责制,加强行政复议和行政应诉工作,提高政府执行力和公信力。

第三节　社会体制改革

推进医药卫生体制改革。把基本医疗制度作为公共产品向全民提供,优先满足群众基本医疗卫生需求,健全覆盖城乡居民的基本医疗保障体系,全面加强公共卫生服务体系建设,建立和完善以国家基本药物制度为基础的药品供应保障体系,加快推进城乡医疗卫生服务体系建设,积极稳妥推进公立医院改革,完善公立医院补偿机制、运行机制和监管机制,探索形成各类城市医院和基层医疗机构合理分工和协作的格局。鼓励社会资本举办医疗机构,形成多元化办医格局。坚持中西医并重,支持中医药事业发展。

深化教育体制改革。深化教育教学改革,推动教育事业科学发展。推进素质教育,促进学生德智体美全面发展。创新人才培养体制、教育管理体制、办学体制、改革教学内容、教学方法、质量评价和考试招生制度。促进教育公平,合理配置公共教育资源,缩小教育差距,促进城乡教育均衡发展。继续鼓励社会资源投入教育,改善民办教育发展环境,推进民办教育快速发展。

加快文化体制改革。积极发展公益性文化事业,基本建成公共文化服务体系。加快经营性文化产业单位的改企转制步伐,形成一批竞争力强的文化企业集团。出台《哈尔滨文化产业扶持政策》,组建哈尔滨演艺集团、出版集团、文化投融资集团等大型文化企业,壮大报业集团、广播影视集团。鼓励和引导非公有制经济进入,发展新型文化业态,满足社会多样化需求。充分发挥市场机制积极作用,推动经营性文化产业成为国民经济支柱性产业。

第四节　农村体制改革

坚持和完善农村基本经营制度,大力推进农村产权制度改革。完善土地承包和土地流转制度,探索新形势下土地流转办法,按照"依法、自愿、有偿"的原则,积极稳妥地推进土地合理流转、土地集中开发和适度规模经营。积极稳妥推进土地流转中心、土地产权交易中心和土地担保中心建设。加快健全农业社会化服务体系,深化农村信用社改革,发展农村小型金融组织和小额信贷,健全农业保险制度,扩大农村有效担保物范围,改善农村金融服务,鼓励社会资本进入农村。完成集体林权相关配套改革,推动国有林场整合,积极探索国有林权改革的有效途径。以保护农村集体经济组织和农民合法权益为核心,以农村集体经济组织产权制度创新为主线,逐步建立起适应社会主义市场经济的农村集体经济组织运营机制和分配机制。

第十一章 扩大对外开放

把握国家推进沿边开放战略机遇,落实全省建设东北亚经济贸易开发区的总体要求,实施多元化开放战略,深度参与东北亚区域合作,提升哈尔滨开发开放水平,带动绥满经济带一体化发展,争创中俄合作示范城市,建成全省对外开放前导区。"十二五"期间,实际利用外资年均增长10%以上,市属外贸进出口总额年均增长15%。

第一节 推进对俄合作战略升级

将哈尔滨作为落实《中国东北地区同俄罗斯远东及东西伯利亚地区合作规划纲要》重要依托城市,全面发展经济、科技、教育、旅游和文化等方面的合作,推动对俄合作战略升级。拓展对俄远东、西伯利亚地区重大项目和资源能源项目投资合作的广度和深度,支持和鼓励我市企业参与俄罗斯远东和东西伯利亚的开发建设。建立中俄合作园区。以建设中俄友好合作示范城市为目标,积极打造服务全国的对俄交流合作平台。加快哈尔滨至黑河、绥芬河、满洲里、同江高速公路和哈尔滨至佳木斯、牡丹江、满洲里高速铁路哈尔滨段建设。建设国际航空港。开辟更多直达俄罗斯远东地区城市航线,使哈尔滨成为辐射俄罗斯远东主要城市的航空门户。争取在哈尔滨市设立俄罗斯领事馆,争取国家授予异地办理旅游签证权。加强松花江水环境综合整治国际合作。

第二节 提升航空门户功能

把握国际航空物流快速发展的现实机遇,发挥哈尔滨连接中国与北美空间距离的比较优势,加速适合空运的生产布局。发展综合航空业,申请开放空域政策,按照建设重要的国际航空物流中心的目标,积极吸引国际航空物流龙头企业进驻我市,发展航空物流,谋划空港经济自由贸易区。

第三节 实施多元开放战略

继续扩大对北美、东盟、欧盟、中东与非洲的全方位开放与多领域合作。逐步扩大境外投资,拓宽渠道,提高效益,支持大型企业到境外建立生产基地,创建研发中心和开展其他形式的经济技术合作。积极应对国际贸易和技术壁垒,有效防范经贸风险,扩大地产商品出口。积极承接世界和沿海地区产业转移,吸引世界一流的大企业和战略投资者进入哈尔滨。坚持办好哈尔滨国际经济贸易洽谈会,提高利用外资的质量和水平。

第四节 加强国内合作

围绕落实省"八大经济区"和"十大工程"战略,进一步加强与齐齐哈尔、牡丹江、佳木斯、大庆等省内地市的合作与交流,促进区域经济共同发展。加强与央企、外省市、港澳台的合作,开展多渠道、多形式的项目推进和招商活动,积极承接东部沿海区域产业转移。吸引异地资本,特别是民间资本投资创业,参与老工业基地调整改造,盘活存量资产,搞好资本运营,带动相关产业发展。

第十二章 科技创新与人才强市

全面落实国家中长期科技规划和人才规划,将科技创新作为转变发展方式的重要支撑,实施人才强市战略,建设创新型城市,为"十二五"经济和社会发展提供重要保障。

第一节 提高自主创新能力

集中力量在光机电一体化、电子信息、生物工程及新医药、航空航天、新材料和高效节能与环保、现代农业六大优势高新技术领域,重点攻克重型燃气轮机、燃压机组、物联网及应用技术、国产碳纤维及其复合材料、重组蛋白及抗体药物、大型潮汐电站水轮发电机组、300兆瓦以上等级抽水蓄能机组、核电机组主泵电机、高性能铝镁合金及其复合材料制备、农业新品种选育技术、生物肥料及生物农药技术等一批具有自主知识产权的重大关键技术。瞄准战略性新兴产业和优势领域,超前储备一批具有引领作用的前沿技术,为经济社会长远发展提供强有力科技支撑。

第二节 推进高新技术产业化

通过重点领域突破、优势产业做强、新兴产业培育,实现高新技术产业规模发展。坚持产学研合作创新与引进消化吸收再创新相结合,突破2兆瓦立轴式风电机组、纯电动汽车、电力用光学互感器、橡胶后处理设备、特种飞行器、节能环保新型墙体材料等一批产业技术瓶颈,提升产业核心竞争力。做强电站设备、飞机、电子产品、绿色食品、专用新品种及兽用疫苗等优势产业,推动产业结构升级。培育风电、核电、新能源汽车、新媒体及软件外包、物联网、光电子、节能环保等战略性新兴产业,抢占新一轮经济发展制高点。

第三节 完善创新服务体系

进一步加强技术研发、科技资源信息共享、科技企业孵化、技术转移服务和科技投融资五大科技创新服务平台建设,促进科技资源高效配置和系统集成共享。进一步激励企业加大研发投入,提高企业创新能力,促进企业尽快成为创新主体。加大产学研结合工作力度,完善产学研技术联合体和高新技术产业链,推进高新技术产业基地建设,在全市形成鼓励创新、促进发展的创新服务体系。

第四节 建设创新型城市

通过全力实施城市战略创新、科技创新引领、产业能级提升、企业主体培育、对外开放拓展、科技惠民支撑等"六大标志性创新工程",推进自主创新能力明显增强、创新驱动城市发展力度明显加大、科技辐射带动区域进步作用明显提高。到2015年,基本建成创新特色鲜明、创新活力充沛、产业结构合理、人才名品汇集、创新氛围浓厚的国家创新型城市。全市科技进步对经济增长的贡献率达到60%以上。全社会研发经费支出占地区生产总值的比重达到2.5%以上。高新技术产业增加值占GDP的比重达到15%以上。发明专利申请占申请总量的比例达到40%以上。

第五节 实施人才强市战略

实施人才强市战略,坚持人才资源优先开发、人才结构优先调整、人才投资优先保障、人才制度优先创新。以培养引进高层次人才、创新型人才和高技能人才为重点，统筹推进党政人才、企业经营管理人才、专业技术人才、高技能人才、农村实用人才、社会工作人才6支队伍建设。大力加强装备制造业、战略性新兴产业、现代服务业等相关专业人才的发现培养和开发使用，实现人才专业布局集中化。研究制定更加开放、更加具有吸引力的人才政策和措施，积极为大项目建设等重点领域引进高端、紧缺型专门人才。到2015年，全市人才资源总量达到123万人左右，主要劳动年龄人口受过高等教育的比例达到15%，人才结构趋于合理，人力资本投资占国内生产总值的比例达到10%。

第十三章　社会事业建设与改善民生

"十二五"期间，坚持民生优先，共建共享，提高政府保障能力，着力保障和改善民生，促进社会公平正义。把哈尔滨建设成为人民幸福安康、社会文明和谐的现代大都市。

第一节　城乡就业

改善创业环境，鼓励、支持和引导个体、私营等非公有制经济发展，落实税费减免、小额贷款等创业扶持政策，拓宽就业渠道，鼓励自谋职业和自主创业、全民创业，强化创业带动就业工作，多渠道增加就业岗位。健全统一、规范、灵活的人力资源市场，为劳动者提供优质高效的就业服务，加强职业培训和择业观念教育，做好高校毕业生就业指导和服务工作。加大就业援助力度，帮助城镇失业人员再就业和就业困难人员就业，解决好零就业家庭就业问题。规范企业用工行为，建立和谐稳定的劳动关系。深入实施百万农民工就业技能培训计划，加快农村劳动力转移。力争实现流动人口基本公共服务均等化。到2015年，新增城镇就业55万人，城镇登记失业率控制在4.5%以内。

第二节　社会保障

坚持广覆盖、保基本、多层次、可持续的方针，加快推进覆盖城乡居民的社会保障体系建设。稳步提高最低工资标准，建立工资正常增长机制。扩大基本养老、医疗、失业、工伤、生育等社会保险的覆盖范围，逐步提高待遇水平和统筹层次，推进新型农村社会养老保险，实现全覆盖。健全城乡居民最低生活保障标准增长机制。加快构建阶梯式社会救助结构和多元式社会救助体系。建立完善新型城乡合作医疗保障机制和农村医疗救助制度。兴办农村养老服务机构，构建农村五保供养、农村社会养老同步发展、相互补充的多样化、多层次的农村养老工作格局。加大公共资金的投入，建立与人口老龄化服务体系相适应的公共资金投入机制。建立区级残疾人托养服务院，加强残疾人家庭无障碍改造工作，加大对残疾人救助和扶持力度，提高救助水平，为残疾人的生活提供保障。加强社会保障信息网络建设，推进社会保障卡的应用，实现精确管理。

第三节　住房保障

深入贯彻实施国家住房政策，以改善民生、实现人民群众"住有所居"为宗旨，以满足住房基本需要为原则，针对不同收入群体采取不同措施，构建多层次住房保障体系。逐步扩大保障范围，增加保障性住房供应。加快发展公共租赁住房，大力实施棚户区改造，积极推进廉租住房和经济适用房等各项保障政策。到 2015 年,使住房困难家庭的居住条件得到明显改善,力争解决 13 万户低收入和中等偏下收入家庭住房困难,实现"住有所居"。四环内棚户区改造完毕,棚户区居民全部入住新居。中低收入群体人均住房面积不低于 15 平方米。基本完成农村泥草房改造。

第四节　教育事业

全面贯彻实施国家、省中长期教育改革和发展规划纲要,均衡配置教育资源,促进城乡、区域教育均衡发展。深化教育教学和课程改革,全面推进素质教育。健全教育投入保障机制,加大教育投入力度,"十二五"期间,全市财政预算安排的教育支出不低于财政经常性收入增幅。加快普及基础教育,大力发展职业教育,努力办好高等教育,发展学前教育,重视民族教育和特殊教育。实施《国家学前教育三年行动计划》,建设一批普惠性公办幼儿园,为全市普及学前三年教育奠定基础。到 2015 年,学前三年教育毛入园率达到 75%,重视发展 0～3 岁婴幼儿教育。城区和县镇义务教育学校全部达到标准化。高中阶段毛入学率达到 90%。基本建立起结构合理、布局优化、协调发展、充满活力,适应经济社会发展需要的现代国民教育体系。重点建设公办幼儿园 100 所,改扩建城区学校 20 所,配建新区学校 15 所,建设农村寄宿制学校 40 所,实施校舍安全工程,完成一批中小学校舍改造。

第五节　医疗卫生

按照"保基本、强基层、建机制"的要求,加大政府卫生投入,完善政府补偿机制,健全城乡基本医疗保障制度,不断提高医疗保障水平,促进基本公共卫生服务均等化。加快城乡基层医疗服务体系建设,重点加强县(市、区)级医院能力建设,通过开展城市大医院对口支援项目,将 12 所县(市、区)级医院全部建成符合二级甲等以上医院标准的县域医疗中心;加强城市区域医疗中心和社区卫生服务能力,乡镇卫生院和村卫生所(室)能力建设;及时配建和完善城市新区、郊区、卫星城区等薄弱区域的医疗机构,改善儿科、妇产、精神卫生、老年护理和康复等医疗机构的基础设施条件。实施国家基本药物制度,确保用药质量和安全,减轻群众用药负担。坚持预防为主,加大重大传染病、慢性病、精神病、职业病和地方病等疾病防治力度。提高卫生应急救治能力,确保群众公共卫生安全。加快建设以居民电子健康档案为基础,以医院管理和电子病历为重点的卫生信息化网络,促进各级医院与基层医疗服务机构、公共卫生机构的信息共享与业务协同。重点完成市第一医院综合楼、市第四医院改扩建、市第二医院门诊病房、市卫生监督所综合业务楼和 12 个县级医院扩建等一批项目。

第六节　人口与计划生育

加大计划生育投入力度,深入开展惠家工程,围绕优生优育、子女成才、抵御风险、生殖健康、家庭致富以及养老保障,建立统筹解决人口问题的计划生育家庭福利政策体系。切实保障妇女、儿童的合法权益。提高人口素质,促进人口资源向人力资本转变。推进出生缺陷预防工作,实施优生促进工程,实行免费孕前优生健康检查,降低出生人口缺陷发生几率。加强人口和计划生育基础设施建设,提高服务体系功能。改善人口结构,积极应对出生人口性别比升高和人口老龄化。引导人口有序流动,优化人口分布。积极开展流动人口服务管理体制改革试点,建立流动人口享有均等化基本公共服务的保障机制。到 2015 年,人口自然增长率控制在 6‰以内,城市总人口控制在 1050

万人。

第七节　体育事业

推进全民健身,深入开展百万青少年上冰雪、百日全民健身"双百"活动。加快奥体中心建设和原八区体育场改造,完善乌吉密滑雪场等各类体育场馆设施。推动体育器材进社区,实现大专院校、机关、企事业单位体育设施向社会开放,整合体育资源,实现社会共享。鼓励社会力量积极发展群体性、社会性体育组织,推动多样化的休闲体育活动广泛开展。开展全民健身活动,提高市民健康水平。培育发展体育健身娱乐、体育健身表演业,丰富活跃体育市场。积极开展创建国家奥运人才基地,加强市级优秀运动队伍建设。培养高水平体育人才,提高竞技体育水平,保持全国冬季运动项目领军城市地位,由冬季体育大市向冬季体育强市迈进。

第八节　社区建设

推进和谐社区建设。以居民自治为方向,以服务群众、改善民生为重点,加强社区组织建设,建立健全业主委员会。进一步加大政府投入力度,加快社区文化、体育、卫生、信息等设施建设。努力把社区建设成为管理有序、服务完善、生活便利、治安良好、环境优美、人际关系和谐的社会生活共同体。推进社区服务产业化,重点发展家庭服务业。完成城区 1500 个旧有居民庭院改造,300 个社区休闲健身广场建设,1000 万平方米裸土地面硬化绿化铺装以及主城区土路巷道改造。到 2015年,城区新建居住区社区公益用房达到每百户 20 平方米。50% 的农村社区建设面积 300 平方米以上的村级综合性社区服务中心和 1000 平方米以上的室外活动广场。

第九节　市容卫生

加大环卫基础设施建设力度,扩建生活垃圾综合利用厂,新建呼兰、阿城、松北生活垃圾无害化处理厂,市区生活垃圾无害化处理率达到 85% 以上;新建 7 个县(市)生活垃圾无害化处理厂,启动实施 3 个县(市)生活垃圾无害化处理厂,逐步构建"户分类、村集中、乡转运、县处理"的农村垃圾处理体系,县(市)生活垃圾无害化处理率达到 72%。建设建筑垃圾、餐厨垃圾和粪便综合处理厂。加大环卫设备设施投放力度,城市道路机械化清扫率达到 45% 以上,提高作业效率。构建城区垃圾收运新体系,增加 30 座垃圾转运站和 300 辆垃圾转运车,生活垃圾密闭运输率达到 100%。新增公厕 690 座,解决群众如厕难问题。持续推进牌匾广告整治,城区整治达标街路 1000 条(段),县(市)主干街路全部达标。

第十节　建设"平安哈尔滨"

健全政府主导的维护群众权益机制,完善人民调解、行政调解、司法调解相互衔接、互动的"大调解"工作体系;建立调处化解矛盾纠纷综合平台,充实调解员队伍,完善各级调解网络。健全安全生产监管体制和责任体系,加大公共安全投入,强化安全生产、消防和道路交通管理,完善应急事件预警机制和处置体系。加强食品药品监管体系建设,确保食品药品安全。健全流动人口和出租房屋服务管理责任体系,建立集人口管理、房屋租赁、就业就学、社会保障、工商登记、计生医疗等于一体的综合服务管理平台,落实"以证管人、以房管人、以业管人、以税养管"措施;加强对刑释解教人员、社区矫正人员、"法轮功"等邪教人员、问题青少年等重点群体的教育、服务、救助和管理工作,健全党委领导、政府负责、社会协同、公众参与的社会管理格局。进一步加强综治工作基层基础建设,建立综治维稳信息化平台,实现资源共享,综治工作经费、人民调解经费、治安防范经费纳入各级财政预算。

加大财政投入力度,大力推进"三无、五亮、三安全、一封闭"惠民工程,提升基层防范能力,增强群众安全感;继续推进"天眼"工程和城市管理监控系统平台建设,提高社会管理能力,城镇、社区(村)实现技防全覆盖,积极构建信息化治安防控体系。加强城乡社区警务、群防群治等基层基础建设,深化重点地区排查整治工作,严厉打击各类刑事犯罪活动,争创全国社会治安综合治理优秀城市。

专栏 9　基本公共服务范围和重点

公共教育:(1)九年义务教育免费,农村义务教育阶段寄宿制学校免住宿费,并为家庭经济困难寄宿生提供生活补助;(2)农村中等职业教育免费;(3)适龄儿童特殊教育免费;(4)为家庭经济困难幼儿入园提供补助。

就业服务:(1)为城乡劳动者免费提供就业信息、就业咨询、职业介绍、劳动仲裁;(2)为下岗失业人员、农民工、新成长劳动力免费提供基本职业技能培训和技能鉴定;(3)为就业困难人员和零就业家庭提供就业援助。

社会保障:(1)完善城镇社会养老保险体系,实现新型农村养老保险全覆盖;(2)城镇居民享有基本医疗保险、农村享有新型合作医疗等基本医疗保障;(3)城镇职工享有失业保险、工伤保险、生育保险;(4)为城乡困难群体提供最低生活保障、医疗救助等服务;(5)为孤残、五保户、高龄老人等特殊群体提供福利服务。

医疗卫生:(1)提供居民健康档案,预防接种、传染病防治、儿童保健、孕产妇保健、老年人保健、健康教育、高血压等慢性病管理、重性精神病管理等基本公共卫生服务;(2)实施 15 岁以下人群补种乙肝疫苗、农村妇女孕前、孕早期补服叶酸、农村妇女住院分娩补助、农村适龄妇女宫颈癌乳腺癌检查、贫困人群白内障复明等公共卫生专项服务;(3)实施国家基本药物制度,把基本药物全部纳入基本医疗保障药物报销目录;(4)提供免费孕前优生健康检查、免费生殖健康技术服务等计划生育服务。

住房保障:(1)为城市低收入住房困难家庭提供廉租住房;(2)为中等偏下收入住房困难家庭提供公共租赁住房。

第十四章　促进文化大发展大繁荣

大力实施"文化兴市"战略,进一步强化思想道德建设、完善公共文化服务体系、传承地域特色文化、加强文化传播,努力把哈尔滨市建设成为文化风尚优良、文化特色鲜明、文化品位高雅、文化竞争力较强的全国重要的文化中心。到 2015 年,全市公益性舞台演出年均 200 场,各级各类公益性博物馆接待观众、各级图书馆接待读者显著增加,广播人口覆盖率达到 98.5%,电视人口覆盖率达到 99.56%,有线电视通村率达到 80% 以上。

第一节　提高公民素质

全面加强社会主义核心价值体系建设,大力弘扬"开放包容、时尚活力、诚信敬业、和谐奋进"的哈尔滨城市精神。把提高市民文明素质和科学素养作为文化大发展大繁荣的重要基础。贯彻落实《公民道德建设实施纲要》,弘扬以爱国主义为核心的民族精神和以改革创新为核心的时代精神,实施"做文明市民、创文明城市"市民文明素质五年培训计划。深入推进社会公德、职业道德、家庭美德、个人品德建设,提倡科学精神和人文关怀,培育奋发进取、理性平和、开放包容的社会心态。全面贯彻落实《全民科学素质行动计划纲要》,提高公众应用科学技术处理实际问题的能力和参与公共事物、改善生存质量的能力,努力形成学科学、用科学、爱科学的良好社会风尚。推进文明城市、文明社区、文明行业、文明单位、文明村镇创建活动,积极创建"三优"文明城市和全国文明城市。

第二节　完善公共文化服务体系

坚持政府主导,以公共财政为支撑,以全民为服务对象,逐步建立起完善的公共文化服务体系。构建市、区县(市)、街道(乡镇)、社区(村屯)四级公共文化基础设施网络。建设哈尔滨大剧院、群力音乐厅、哈尔滨群众文化中心、图书馆、博物馆、美术馆和城市展览馆等一批载体功能强的标志性城市文化设施。加强基层文化资源整合和综合利用,推动文化资源向农村文化建设倾斜,加大对基层文化基础设施的投入力度。到 2015 年,实现各区、县(市)有文化馆、图书馆,乡镇有综合文化站,村有综合文化活动室的目标。

第三节　传承地域特色文化

加强地域历史文化建设。充分利用档案资源和其他文化资源,认真挖掘和提炼金源文化、京旗文化和多元移民文化等哈尔滨地域传统文化中的有益思想价值。高度重视金源文化作为中华民族传统文化重要分支的历史地位,将挖掘和整理金源文化作为丰富中华民族传统文化工作的重要着力点。加强同北京、沈阳的合作,共同丰富京旗文化内涵。加强同俄罗斯、以色列等国和山东、河北、山西等省的文化交流,共同挖掘哈尔滨中西合璧的多元移民文化。谋划传播哈尔滨优秀地域文化的影视、文学、舞台剧目、音乐、美术和雕塑等艺术精品。加大历史文化保护力度,实施"标识工程",依法控制性保护历史文化遗迹、遗址。依托"731 遗址"建设世界和平公园,推动"金上京会宁府遗址"申遗工作。

加强城市风格的继承、发展和创新,突出"大气、神气、洋气"的城市特色,建设一批标志城市特色和品位的重点景观,形成中西合璧、以中为本、博采众长、兼收并蓄的特色城市风格。

第四节　加强文化传播

把加强文化传播作为提升哈尔滨文化软实力的重要环节,加大投入力度,围绕传统的地域文化、哈尔滨城市精神和改革开放的新文化,繁荣文学艺术创作,打造一批在全国有较大影响的影视、文学、戏剧、音乐、舞蹈等艺术精品。加强媒体建设,强化新闻事业的公益性,打造精品栏目和品牌节目。积极发展新兴传播载体,重视互联网等媒体建设、运用和管理,提高传播能力。

第十五章　改善发展环境

按照"超越自我"的要求,牢固树立"抓环境就是抓发展"的理念,把改善发展环境摆在更加突出的位置,着力营造优质高效的行政环境、公正严明的司法环境、文明和谐的人文环境、安全稳定的社会环境,为哈尔滨大发展、快发展提供必要的环境保证。

第一节 优化政务环境

坚持执政为民、依法行政,进一步转变政府职能,改变工作机制,完善公共服务,建立方便企业、群众的管理制度和工作机制。完善横向协调机制,加强机关和窗口单位作风建设,深入推进"八项制度"的落实,提高办事效率。重点解决基础设施配套工程、开发商与群众利益协调、上项目办企业、城市管理执法机制等方面存在的问题,建立权威的横向协调工作机制。在公共服务领域重点解决供热、供水、教育、文化、卫生、公共交通等体制机制问题;在行政服务方面,重点抓好政府公共服务平台建设,规范和发展各级各类行政服务中心,创新政务公开方式,改善服务质量,改进服务方式,提高服务效率,降低服务成本,全面提高规范化服务水平。在与人民群众切身利益相关的社区建设和服务方面,重点解决市容环境、清冰雪、庭院建设、业主委员会等问题。推进财政预算、公共资源配置、重大建设项目、社会公益事业等领域的信息公开。加大审计、监察工作力度。进一步完善行政执法监督机制,不断规范行政执法行为,严格行政问责制度,督促和约束政府机关及其工作人员依法行使职权、履行职责。

第二节 优化司法环境

推动法制环境建设,促进法治体系的建立和完善,保护经济社会发展,维护社会公平正义。进一步落实行政执法职责,坚持依法办事,切实做到公开、透明、公正。全面贯彻落实"六五"普法规划,深入持久开展法治宣传教育,努力营造学法用法守法的社会氛围,增强法制观念,提高依法办事的能力。加强依法治市工作,开展法治城市、法治县(市、区)创建活动,努力构建层次分明、特色鲜明、全方位覆盖的区域法治建设实践载体,提升法治建设的整体水平。

改善信访机制,拓宽社情民意反映渠道,健全信访联席会议制度,坚持领导干部定期下访、定期接访、及时阅处群众来信,注重分析网络舆情。完善律师管理工作机制,加大律师行业发展的政策扶持和保障力度,为律师服务经济社会发展、维护社会稳定搭建平台。大力推动公证事业发展,预防纠纷,保障自然人、法人和其他组织的合法权益。贯彻落实《人民调解法》,解决民间纠纷,维护社会和谐稳定。

第三节 优化人文环境

着力营造珍视信誉、尊重规则、善待竞争的发展环境,务实创新、追求卓越的人文精神,与人为善、健康和谐的社会环境。重点加强诚信建设,有效解决好部分领域诚信缺失等突出问题,努力在全社会形成诚实守信的良好氛围。建设诚信政府,坚持依法决策,建立健全考核机制,推行辞职制度和责任追究制度。以"强化约束监督,促进诚信经营"为目标,建立以信用征信、信用评价、信用自律和失信惩戒为主要内容的企业信用系统。探索建立以数据收集、使用和披露为主要内容的个人信用系统。形成以道德为支撑、产权为基础、法律为保障的社会信用制度。

第四节 完善城市公共危机应急体系建设

建立健全一套完备有效的危机预警机制和快速反应处理机制。建成"未雨绸缪、科学决策、指挥统一、资源整合、信息共享和公开"的政府、社会、市民互通的公共危机应急处置系统。制定相应的应急预案,完善三级预警机制,加强应急指挥系统和救援系统建设,确保对各类灾害反应灵敏、信息畅通、指挥统一、行动迅速、应急救援、处置得当。满足大都市经济、社会可持续发展和人民生活的需要。

加强国防动员工作。加快形成军民融合的组织领导、指挥协调、政策机制、检查监督体系,实现由战时国防动员向平时应急动员的拓展。按照"平时能应急,战时能应战"的总体要求和"规模适度、布局合理、结构优化、训练有素、管理规范、动员快速"的目标,统筹组织,突出抓好应急力量骨干队伍建设,确保在急难险重任务面前第一时间作出反应。建立完备的全市三级人防组织指挥体制,在人防工程总量上实现新的突破。以重点方向应急行动任务为牵引,配套完善国民经济动员综合预案和各专项预案,全面落实战备和应急物资保障计划,实现基础设施建设的平战结合。做好交通战备和重点目标应急预案编制工作,完成全市国防交通重点保障目标库建设,提高保障队伍快速反应能力和综合保障能力。

第十六章　保障规划顺利实施

本《纲要》经全市人民代表大会审议批准,是未来5年全市共同行动的纲领,是政府履行职责的重要依据。要举全市之力,确保《纲要》的发展目标和任务全面完成。

第一节　明确规划实施责任

本《纲要》明确的发展目标和任务,主要依靠发挥市场配置资源的基础性作用实现,同时,各级政府要正确履行职责,营造良好实施环境,调控引导社会资源,合理配置公共资源,保障《纲要》顺利实施。

本《纲要》提出的预期性目标和推进形成主体功能区、农业现代化、新型工业化、发展现代服务业等任务,主要通过市场机制和利益导向机制,引导市场主体的自主行为来实现。各级政府要积极创造良好的政策环境、体制环境和法制环境,激发市场主体的积极性,引导市场主体的行为方向与全市战略意图相一致,并维护公平竞争。

本《纲要》提出的约束性指标是各级政府必须履行的重要责任。《纲要》提出的发展教育、卫生、节能减排、居民收入等重点任务,要分解落实到各区、县(市)、各部门,并纳入其综合评价和绩效考核体系,运用公共资源确保目标实现。

第二节　健全规划管理体制

加强和改善宏观调控。确立《纲要》在经济社会发展中的龙头地位,依据《纲要》安排投资、核准项目、制定政策,综合运用计划、财政、金融、税收、物价等经济手段,以及法律和必要的行政手段,促进经济快速平稳增长。

充分发挥年度计划、专项规划落实总体规划的作用。把《纲要》提出的任务目标分解到每一个年度计划中,保持实施的连续性。重点专项规划和区域规划必须与总体规划相衔接,保证重点领域规划目标的实现,形成专项规划、区域规划和年度计划落实总体规划的合力。

第三节　加强规划监测和评估

加强对规划实施的监督检查,实行规划目标责任制,及时分解落实规划确定的发展战略、任务和政策,明确工作分工,落实部门责任,并将其列入政府考核目标。加强对总体规划执行情况的跟踪分析,及时向社会发布,自觉接受各级人大、政协对规划执行情况的监督检查。相关部门负责重点专项规划、区域规划的跟踪分析。

完善规划中期评估机制,建立规划中期评估制度,总体规划由市政府组织评估,重点专项规划、区域规划由编制部门组织评估,并根据评估结果对规划进行调整修订。当经济运行环境发生重大变化或由于其他原因使经济运行偏离规划目标过大时,由市政府及时提出调整方案,报请市人民代表大会常务委员会批准实施。

专栏10 市级"十二五"重点专项规划名录

1.哈尔滨市工业经济发展规划;2.哈尔滨市农业和农村经济发展规划;3.哈尔滨市服务业发展规划;4.哈尔滨市信息化规划;5.哈尔滨市金融业发展规划;6.哈尔滨市科学和技术发展规划;7.哈尔滨市教育发展规划;8.哈尔滨市卫生事业发展规划;9.哈尔滨市人口和计划生育发展规划;10.哈尔滨市旅游业发展规划;11.哈尔滨市综合交通发展规划;12.哈尔滨市环境保护和生态建设规划;13.哈尔滨市高技术产业发展规划;14.哈尔滨市经济体制改革规划;15.哈尔滨市社会保障体系建设规划;16.哈尔滨市城市建设规划;17.哈尔滨市非公有经济发展规划;18.哈尔滨市建设法制政府规划;19.哈尔滨市节能减排规划;20.哈尔滨市物流业发展规划;21.哈尔滨市利用外资发展规划;22.哈尔滨市城乡经济社会一体化规划;23.哈尔滨市体育发展规划;24.哈尔滨市文化发展规划。

上海市国民经济和社会发展
第十二个五年规划纲要

（2011 年 1 月 21 日上海市
第十三届人民代表大会第四次会议批准）

上海市国民经济和社会发展第十二个五年规划纲要（2011～2015 年）根据《中共中央关于制定国民经济和社会发展第十二个五年规划的建议》和《中共上海市委关于制定上海市国民经济和社会发展第十二个五年规划的建议》编制，是指导上海未来五年发展的宏伟蓝图和行动纲领，是政府履行经济调节、市场监管、社会管理和公共服务职责的重要依据，对于在新的起点上推动科学发展、加快实现"四个率先"、加快建设"四个中心"和社会主义现代化国际大都市，具有十分重要的意义。

第一章　加快转型的历史选择

第一节　过去五年的主要成就

"十一五"时期是上海发展极不寻常、极不平凡的五年。面对国内外环境的复杂变化和重大风险挑战，上海在党中央、国务院的坚强领导下，坚持以邓小平理论和"三个代表"重要思想为指导，深入贯彻落实科学发展观，坚定信心，砥砺奋进，积极应对国际金融危机冲击和自身发展转型的挑战，把举办上海世博会作为实现科学发展的重大契机，把结构调整和高新技术产业化作为确保经济平稳较快发展的主攻方向，把保障和改善民生放在更加突出的位置，"十一五"规划确定的主要目标和任务胜利完成。

经济保持平稳较快发展。预计全市生产总值年均增长 11% 左右，2010 年达到 1.7 万亿元左右，人均生产总值达到 1.18 万美元左右，第三产业增加值占全市生产总值比重达到 57% 左右，地方财政收入达到 2873 亿元。高技术产业产值占工业总产值比重达到 23.2%，全社会研发经费支出相当于全市生产总值比例达到 2.8% 以上，单位生产总值综合能耗累计下降 20% 的目标预计如期实现，二氧化硫和化学需氧量排放削减量均超额完成目标。

图1-1　经济发展水平持续提高

（单位：元）　　　　　　　　　　　　　　　　　　　　　　　　　　　（单位：%）

人均生产总值　　　　第三产业增加值占全市生产总值比重

图1-2　城市综合服务功能显著增强

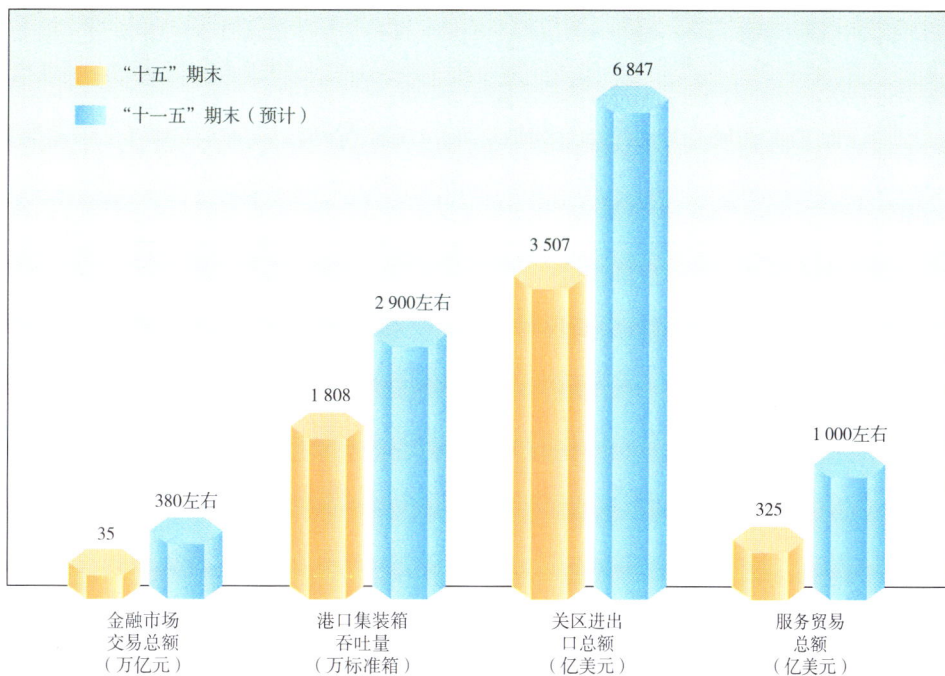

"四个中心"框架基本形成。跨境贸易人民币结算、股指期货、"三港""三区"联动等取得重要进展,金融市场直接融资额占国内融资总额比重预计达到25%左右,上海港国际标准集装箱吞吐量位居世界前列,港口货物吞吐量保持世界第一,上海关区进出口总额、服务贸易进出口总额占全国比重均超过四分之一,经济中心城市的集聚辐射功能明显提升。

社会民生持续改善。城市和农村居民家庭人均可支配收入年均增长率分别达到11.3%和10.5%,城镇登记失业率始终控制在4.5%以内,市民各类基本社会保障覆盖面扩大到98%左右,保障性住房体系不断完善。轨道交通运营里程超过440公里,绿化覆盖率达到38%以上,环境空气质量不断改善。

改革开放不断深化。浦东综合配套改革试点深入推进,大浦东统筹发展格局初步形成。政府自身建设加快推进,调整和取消行政审批事项952项,取消和停止征收行政事业性收费312项。国资国企开放性、市场化重组加快推进。服务全国能力不断提高,与长三角及全国其他地区的交流合作不断深化,对口支援工作取得显著成效,支援都江堰市灾后恢复重建工作全面完成。口岸通关效率不断提高,外商直接投资和吸引跨国公司地区总部取得明显进展,对外投资总额预计比"十五"增长3.2倍。

举办了一届成功、精彩、难忘的世博会。在党中央、国务院的正确领导下,在全国各族人民大力支持、共同努力下,办成了一届世界性盛会,生动诠释了"城市,让生活更美好"的主题,参展方和参观人数均创历届世博会之最。通过举办世博会,市容市貌焕然一新,城市管理水平和市民素质明显提高,城市精神内涵更加丰富,城市国际化程度显著提升。世博理念、世博精神和世博经验成为上海推动科学发展、促进社会和谐的新优势。

专栏1－1　中国2010年上海世博会圆满成功

上海世博会向世界展示了中华民族5000年的灿烂文明,展示了新中国60年特别是改革开放30多年的辉煌成就,展示了我国各族人民为实现全面建设小康社会目标而团结奋斗的精神风貌,促进了我国同各国、各地区经济文化交流,成为推进人类文明进程的一个重要里程碑。

参展规模:共有246个国家和国际组织参展,累计入园参观者超过7300万人次,其中境外参观者约480万人次。

园区活动:举办各类文化演艺活动2.29万场,观众超过3400万人次。

志愿服务:8万名园区志愿者、10万名城市服务站点志愿者、197万名城市文明志愿者提供了志愿服务。

经过五年不懈奋斗,上海经济社会实现了又好又快发展,圆满完成了国家交给上海办好世博会的光荣任务,谱写了"四个中心"和社会主义现代化国际大都市建设的新篇章。展望未来,上海改革开放和现代化建设事业将继续沿着科学发展的轨道,奋勇向前,百折不挠,迈向新的征程。

第二节　未来五年的发展环境

"十二五"是上海加快推进"四个率先"、加快建设"四个中心"和社会主义现代化国际大都市的关键时期,仍处于可以大有作为的重要战略机遇期,面临重大机遇和严峻挑战。

国际国内环境发生深刻变化。世界多极化、经济全球化深入发展,科技创新孕育新突破,产业结构面临新变革,我国国际经济地位快速上升,经济社会发展长期向好的基本态势没有改变,仍处于工业化、城市化加快发展时期,国内市场需求潜力巨大,特别是人民币国际化进程加快、长三角世界级城市群正在形成以及国家对上海建设"四个中心"的支持政策,为上海参与全球竞争、抢占经济发展制高点带来了重大机遇。同时,国际金融危机影响深远,世界经济增速减缓,需求结构显著变化,气候变化、能源资源安全等全球性问题更加突出,各种形式的保护主义抬头,我国发展中长期积累的矛盾还没有根本解决,不平衡、不协调、不可持续问题依然突出,上海发展环境的不稳定、不确定因素明显增多。

上海进入转型发展新阶段。智力资源较丰富、商务环境较规范、城市开放度较高以及世博后续效应释放,为上海未来发展提供了坚实基础。同时必须清醒地看到,发展中仍存在不少瓶颈制约和突出问题,资源环境约束趋紧,商务成本攀升,高层次人才缺乏,创新创业活力不足;城市管理和城市安全任务艰巨,城乡区域发展协调性有待增强;常住人口总量快速增长,人口老龄化程度加剧,基本公共服务和社会保障压力加大,收入分配差距较大,群体利益诉求日趋多样、协调难度增加,社会矛盾增多;体制机制瓶颈更加凸显,改革攻坚任务更加艰巨。传统发展模式已不可持续,发展转型迫在眉睫。

面对新机遇、新挑战,我们必须增强机遇意识、忧患意识、使命意识和创新意识,充分用好各种有利条件,着力破解前进中的问题,率先走出一条具有特大城市特点的科学发展之路,努力开创上海建设"四个中心"和社会主义现代化国际大都市的新局面。

第二章　未来五年的发展蓝图

第一节　指导思想

"十二五"期间,要高举中国特色社会主义伟大旗帜,以邓小平理论和"三个代表"重要思想为指导,深入贯彻落实科学发展观,积极适应国内外形势新变化,顺应人民群众过上更好生活新期待,按照中央以科学发展为主题、以加快转变经济发展方式为主线的要求,紧紧围绕建设"四个中心"和社会主义现代化国际大都市的总体目标,坚持科学发展、推进"四个率先",以深化改革扩大开放为强大动力,以保障和改善民生为根本目的,充分发挥浦东新区先行先试的带动作用和上海世博会的后续效应,创新驱动、转型发展,努力争当推动科学发展、促进社会和谐的排头兵。

坚持科学发展,率先转变经济发展方式、率先提高自主创新能力、率先推进改革开放、率先构建社会主义和谐社会,是中央对上海的明确要求和殷切期望,也是上海义不容辞的责任和义务。继续保持上海发展良好势头,解决前进中面临的问题和困难,必须始终坚持解放思想、实事求是、与时俱进,坚持发展这个硬道理,坚持以人为本、全面协调可持续发展,把"四个率先"作为上海贯彻落实科学发展观的战略举措,力争在经济建设、政治建设、文化建设和社会建设等各方面走在全国前列。

创新驱动、转型发展,是上海在更高起点上推动科学发展的必由之路。要把创新贯穿于上海经济社会发展各个环节和全过程,着力推进制度创新、科技创新、管理创新和文化创新,坚持人力资源优先开发和教育优先发展,充分发挥科技第一生产力和人才第一资源的作用,切实增强自主创新能力,使科技进步和创新成为上海转型发展的重要支撑,使城市转型发展真正建立在人力资源优势充分发挥、创新创业活力竞相迸发的基础上。要切实摆脱习惯思维束缚,更新发展理念,实现体制机制、领导方式和工作方法的重大转变,坚定不移调结构、促转型,更加注重发展质量和效益,着力提高发展的全面性、协调性和可持续性。基本要求是:

——必须深入推进改革开放。把改革开放作为转型发展的强大动力,高举浦东开发开放旗帜,以开放促发展、促改革、促创新,深入推进重点领域和关键环节的改革,加快建立有利于转变经济发展方式的体制机制,着力提高开放型经济水平、文化软实力和城市国际化程度,充分利用国际国内两个市场、两种资源,更好地服务长三角、服务长江流域、服务全国。

——必须加快产业结构战略性调整。把结构调整作为转型发展的主攻方向,积极把握国家实施扩大内需战略的机遇,充分发挥市场在资源配置中的基础作用,全面促进城市信息化,着力提升现代服务业能级和水平,培育发展战略性新兴产业和新型业态,加快发展先进制造业,改造提升基础和传统产业,努力形成服务经济为主的产业结构。

——必须更加注重以人为本的社会建设和管理。把改善民生作为转型发展的出发点和落脚点,着力推进以保障和改善民生为重点的社会建设,完善制度安排,创新社会管理模式,不断提高人民群众生活质量和满意度,使发展成果更加广泛、更加均衡地惠及人民群众,促进社会公平正义和人的全面发展。

——必须着力推动城乡一体化发展。把统筹城乡发展作为转型发展的重大任务,优化城市空间布局,充分发挥郊区在新一轮发展中的战略作用,积极推进新城、新市镇和新农村建设,构建覆盖城乡的基础设施体系、公共服务体系和城市管理体制,切实提升城市现代化管理水平和安全保障能力,构筑城乡一体化发展新格局。

——必须加快推进资源节约和环境保护。把节约资源和保护环境作为转型发展的着力点,更加注重源头治理和长效机制建设,着力推进资源节约、环境保护和生态建设,发展循环经济,推广低碳技术,促进经济社会发展与人口资源环境相协调。

——必须全面落实依法治国基本方略。把依法治市作为转型发展的重要基础,坚持党的领导、人民当家作主、依法治国有机统一,坚持维护人民群众利益和维护司法权威有机统一,充分发扬社会主义民主,健全社会主义法制,严格规范行政执法行为,深入开展法制教育,加快推进诚信体系建设,形成全社会依法共融、和谐共进的制度环境。

根据上述指导思想和基本要求,要进一步明确发展导向,推动发展理念向以人为本转变,推动发展动力向创新驱动转变,推动产业结构向服务经济转变,推动生产生活向绿色低碳转变,推动发展布局向城乡一体转变,推动开放格局向内外并重转变,努力实现经济发展方式的率先转变。

第二节　主要目标

根据国家对上海的战略定位和要求,到2020年上海要基本建成与我国经济实力和国际地位相适应、具有全球资源配置能力的国际经济、金融、贸易、航运中心,基本建成经济繁荣、社会和谐、环境优美的社会主义现代化国际大都市,为建设具有较强国际竞争力的长三角世界级城市群作出贡献。

综合未来五年发展环境和基础条件,"十二五"时期上海经济社会发展的奋斗目标是:"四个中心"和社会主义现代化国际大都市建设取得决定性进展,转变经济发展方式取得率先突破,人民生活水平和质量得到明显提高。具体是:

——经济发展质量和效益明显改善。经济保持平稳增长,全市生产总值年均增长率预期为8%左右。服务经济为主的产业结构基本形成,第三产业增加值占全市生产总值比重达到65%左右。单位土地产出率和全社会劳动生产率进一步提高。

——城市创新活力大幅提升。科技创新能力显著增强,全社会研发经费支出相当于全市生产总值比例达到3.3%左右,每百万人口发明专利授权数达到600件左右,战略性新兴产业增加值比2010年翻一番。以企业为主体的技术创新体系初步形成。创新氛围日益浓厚,创新人才队伍不断壮大,劳动者素质稳步提高,主要劳动年龄人口受过高等教育的比例达到35%。

——城市服务功能全面增强。"四个中心"核心功能初步形成,金融市场直接融资额占国内融资总额比重达到30%,航运服务业收入年均增长率达到15%左右,服务贸易进出口额占全市进出口总额比重达到25%左右。城市信息化整体水平迈入国际先进行列,百兆家庭宽带接入能力覆盖率达到90%以上。文化创意产业增加值占全市生产总值比重达到12%左右,城市文化更加繁荣、更具魅力。城市交通体系更加完善。城乡一体化发展格局基本形成。

——城乡居民生活质量和水平明显提高。居民收入持续稳定增长,居民家庭人均可支配收入实际增长率不低于人均生产总值增长率。覆盖城乡居民的公共服务体系和社会保障体系不断完善。财政性教育投入占地方财政支出的比重达到15%,人民群众获得更优质、多样、公平的受教育机会。居民主要健康指标达到世界先进水平。各类保障性住房新增供应100万套(间)左右。就业岗位持续增长,城镇登记失业率控制在4.5%以内。

——生态环境不断优化。能源资源利用效率不断提高,单位生产总值能源消耗降低率、二氧化碳排放量降低率和主要污染物排放减少率均完成国家下达目标。供水水质达到国家新的饮用水标准,人均生活垃圾处理量比"十一五"期末减少20%以上,生活垃圾无害化处理率达到95%以上,城镇污水处理率达到85%。

——改革开放取得新的突破。浦东综合配套改革试点示范作用充分显现,重点领域和关键环节改革不断深化,市场配置资源能力进一步增强,政府职能加快转变,政府公信力和行政效率明显提高。开放型经济和城市国际化程度达到新水平。

——社会主义民主法制更加健全。民主协商充分发展,人民权益得到切实保障,社会管理制度更加完善,诚信体系建设取得新突破,努力使上海成为最安全的大都市之一和法治环境最好的地区之一。

表2-1 "十二五"时期经济社会发展的主要指标

类别	序号	指标名称	单位	属性	2015年
结构效益	1	全市生产总值年均增长率	%	预期性	8左右
	2	地方财政收入	亿元	预期性	与经济同步增长
	3	第三产业增加值占全市生产总值比重	%	预期性	65左右
	4	居民消费率	%	预期性	42左右
	5	非公有制经济增加值占全市生产总值比重	%	预期性	55左右
创新能力	6	全社会研发经费支出相当于全市生产总值比例	%	预期性	3.3左右
	7	战略性新兴产业增加值	亿元	预期性	比2010年翻一番
	8	每百万人口发明专利授权数	件	预期性	600左右
	9	主要劳动年龄人口受过高等教育的比例	%	预期性	35

续表

类别	序号	指标名称	单位	属性	2015 年
服务功能	10	金融市场直接融资额占国内融资总额比重	%	预期性	30
	11	航运服务业收入年均增长率	%	预期性	15 左右
	12	商品销售总额	万亿元	预期性	8.7
	13	服务贸易进出口额占全市进出口总额比重	%	预期性	25 左右
	14	新增跨国公司地区总部数	个	预期性	五年 100
	15	文化创意产业增加值占全市生产总值比重	%	预期性	12 左右
	16	百兆家庭宽带接入能力覆盖率	%	预期性	90 以上
社会民生	17	城镇登记失业率	%	预期性	4.5 以内
	18	居民家庭人均可支配收入实际增长率	%	预期性	不低于人均生产总值增长率
	19	各类保障性住房新增供应套(间)数	万套(间)	约束性	五年累计100 左右
	20	中心城公共交通出行比例	%	预期性	50
	21	财政性教育投入占地方财政支出比重	%	约束性	15
	22	居民平均预期寿命	岁	预期性	81 以上
	23	享受社会化养老服务人数	万人	约束性	43 左右
人口资源环境	24	常住人口年均增长率	%	预期性	1.5 左右
	25	单位生产总值能源消耗降低率	%	约束性	18
	26	单位生产总值二氧化碳排放量降低率	%	约束性	完成国家下达目标
	27	工业园区单位土地产值	亿元/平方公里	预期性	70 左右
	28	供水水质	—	约束性	达到国家新标准
	29	节能环保投入相当于全市生产总值比例	%	预期性	4～5
	30	主要污染物排放减少率(化学需氧量、氨氮、二氧化硫、氮氧化物)	%	约束性	完成国家下达目标
	31	人均生活垃圾处理量减少率	%	预期性	20 以上
	32	生活垃圾无害化处理率	%	约束性	95 以上
	33	城镇污水处理率	%	约束性	85
	34	森林覆盖率	%	约束性	15
	35	环境空气质量优良率	%	预期性	90 左右

第三章 迈向"四个中心"

落实"四个中心"国家战略,以提高全球资源配置能力为着力点,全力推进国际金融、航运和贸易中心建设,不断提高经济综合实力,全方位提高对内对外开放水平,全面提升经济中心城市的国际地位,为 2020 年基本建成国际经济、金融、贸易、航运中心奠定坚实基础。

> **专栏 3 - 1 加快建设上海"四个中心"**
>
> 1991 年,邓小平同志到上海视察时提出:"中国在金融方面取得国际地位,首先要靠上海。"1992 年,党的十四大报告明确提出:"尽快把上海建成国际经济、金融、贸易中心之一,带动长江三角洲和整个长江流域地区经济的新飞跃"。2001 年国务院批复《上海城市总体规划》,明确上海要建设国际经济、金融、贸易、航运中心之一。2009 年 4 月,国务院正式发布了《国务院关于推进上海加快发展现代服务业和先进制造业建设国际金融中心和国际航运中心的意见》,从国家战略和全局的高度,进一步明确了加快上海国际金融中心和国际航运中心建设的总体目标、主要任务和政策措施,对上海加快建设"四个中心"具有重大意义。

第一节 金融中心国际化取得重大突破

抓住我国经济实力和人民币国际地位不断上升的战略机遇,以金融市场体系建设为核心,以先行先试和营造环境为重点,不断提高金融中心的国际影响力和资源配置功能。

进一步拓展金融市场广度和深度。着力加强金融市场体系建设,加快提升股票、债券、货币、外汇、商品期货、金融衍生品、黄金、产权等重要市场的功能和国际化程度,积极推进证券交易所国际板市场、非上市公司股权转让市场、票据市场、保险交易市场、信托受益权转让市场等建设。不断丰富金融市场产品和工具,加快开发固定收益类产品,加快推出新的能源类大宗产品期货,探索推出黄金 ETF、股指期权以及汇率、利率、股票、债券、银行贷款等为基础的金融衍生品。

加快建设人民币跨境投融资平台。稳步扩大金融市场对外开放,继续推动经常项目下跨境交易人民币结算,争取人民币资本项目可兑换在上海先行先试。鼓励发展相关的融资、担保、对外直接投资等跨境人民币业务。稳妥推进符合条件的境外企业在上海发行人民币债券和股票,稳步扩大境外人民币回流上海的渠道。支持在沪清算机构发展,探索建立人民币全球清算体系,基本确立上海在全球的人民币资产交易、定价和清算中心地位。推动符合条件的金融机构加快拓展海外业务,提高在沪金融机构服务国际投资者的能力。

大力发展各类金融机构。积极吸引功能性金融机构、大型金融机构总部及其营运机构总部等国内外各类金融机构入驻上海。着力培育具有国际竞争力和行业影响力的金融机构,支持各类新型金融机构和金融中介服务机构发展。支持在沪金融机构拓展业务范围,积极推动中外金融机构深化战略合作,推进符合条件的金融企业开展综合经营试点。

着力提升金融服务水平。积极推动金融改革创新和开放的先行先试。加强对战略性新兴产业、现代服务业、中小企业、重大基础设施建设、社会民生等的金融支持。加快消费金融产品和服务创新,提高消费金融的服务能力、安全性和便利化水平。

营造具有国际竞争力的金融发展环境。完善金融税收制度,提高政府服务水平。推进金融领域与非金融领域的信用信息共享,积极培育民族品牌的信用评级机构。加强金融监管制度建设,配合和支持国家金融监管部门提高金融监管水平。建立健全金融风险防范预警体系和处置机制,维护金融稳定和安全。加快陆家嘴—外滩金融集聚区建设。打造金融后台服务基地。

第二节 显著提升航运国际服务功能

以资源配置型国际航运中心为目标,着力提升航运服务功能,完善现代航运集疏运体系,推进国际航运发展综合试验区建设,营造便捷、高效、安全、法治的口岸环境和服务环境,努力提高国际航运资源的配置能力。

加快完善现代航运服务体系。优化航运服务产业链,发展船舶交易、船舶管理、船舶检验、船舶供应、船员服务、航运经纪、航运咨询、海事法律和仲裁等各类航运服务。完善航运金融服务体系,促进船舶融资、船舶保险、航运保险等高端服务发展,积极培育航运再保险市场,加快开发航运运价指数衍生品。提高航运信息化水平,推广应用集装箱电子标签技术,建设国际航运中心综合信息平台。进一步拓展上海航运交易所服务功能。加快发展北外滩、陆家嘴、临港等航运服务集聚区。加强政府服务和管理,完善航运发展相关的法规规章体系,营造有利于航运业发展的法制环境。

优化现代航运集疏运体系。加快建设以上海为中心、以江浙为两翼、以长江流域为腹地的国际航运枢纽港。依托长江黄金水道,推动集装箱江海直达。推进外高桥港区、洋山深水港区建设和功能提升,提高港口综合保障服务能力。大力发展水水中转,推进内河航道建设。完善货运道路网络,积极推进海铁联运。加快建设国际邮轮母港,优化邮轮通关便利措施,促进邮轮产业发展。扩大航空枢纽空域容量,拓展国际国内航线,强化航空枢纽地位。

加快推进国际航运发展综合试验区建设。完善国际航运船舶登记注册制度,优化审批流程,加强政策配套,大幅提升国际航运船舶登记规模和质量。创新海关特殊监管区域管理制度,加强口岸管理单位联动,不断提高通关效率。研究制定与国际接轨的航运税费政策,提高航运企业的国际竞争力。推动实施启运港退税政策。加快完善企业开设离岸账户政策。积极借鉴航运发达国家(地区)经验,推动有关航运支持政策的先行先试,加快集聚与航运相关的企业、船舶、货物、人才等各类要素资源。

第三节　基本形成国际贸易中心核心功能

着力提高市场开放度和贸易便利化水平,加快形成货物贸易和服务贸易同步发展、国际市场和国内市场相互融通的发展格局,将上海建成具有国际国内资源配置功能、与我国经济贸易地位相匹配的现代国际贸易中心,与国际金融中心、航运中心相互促进、联动发展。

加快构建现代市场体系。健全货物贸易和大宗商品市场体系,重点完善生产要素市场和辐射全国的批发市场体系,支持发展石油交易、钻石交易等重要市场,培育一批大宗商品交易市场,努力成为大宗商品信息中心、定价中心、交易中心和结算中心。完善服务贸易市场体系,加快建设国家级服务外包示范城市,大力发展服务外包、技术贸易,成为国际服务贸易中心城市。完善电子商务市场体系和支撑环境,推广第三方电子商务交易平台等服务新模式,实现实体市场和网络市场共同发展。规划建设大型会展设施,培育、引进一批具有国际竞争力的品牌展会。

集聚高能级、有活力的贸易主体。集聚国内外大企业和地区总部,积极引入国内外企业的营运中心、物流中心、分拨中心、销售中心、采购中心、结算中心。着力吸引有影响力的国内外贸易组织、贸易促进机构、行业组织、检验检测和认证机构。鼓励企业采用现代国际贸易运行新模式。支持中小贸易主体发展,形成万商云集的局面。

打造时尚购物之都。积极营造商品更加丰富、服务水平更高、业态更加多元、功能更加齐全、权益保护有力的消费环境,促进消费结构升级,引导消费潮流。发展地标性商业中心,保护和开发特色商业街区,加快社区商业建设。完善扩大消费需求政策,发展综合消费和时尚消费。研究设立免税商品购物区(店),发展一批国际品牌和国货精品店。

营造国际一流的商贸环境。深化口岸通关模式改革,完善电子口岸平台功能。加强进出口服务平台建设,推动内外贸融合,形成全球贸易网络的枢纽节点。加快建设虹桥商务区,推动外高桥国际贸易示范区先行先试,支持新型国际贸易业态发展。建设服务全国的贸易促进和服务平台,打造集多种媒体、多领域、多语种于一体的财经信息综合服务平台。

第四章　构建服务经济时代的产业体系

按照高端化、集约化、服务化,推动三二一产业融合发展,加快形成服务经济为主产业结构的发展方针,大力推进产业结构战略性调整,优化产业布局,加快构建以现代服务业为主、战略性新兴产业引领、先进制造业支撑的新型产业体系,不断提高产业核心竞争力,努力打造"上海服务"和"上海智造"。

第一节　大力发展服务业

坚持城市功能提升、市场需求引领和新技术应用带动,加快发展生产性服务业和生活性服务业,不断拓展新领域,发展新业态,培育新热点,推进品牌化、网络化经营,增强辐射力和国际竞争力。

大力发展金融、航运物流、现代商贸、信息服务、文化创意、旅游会展等重点服务业。着力提升金融业、航运物流业、现代商贸业的国际竞争力,增强城市资源配置能力和集聚辐射功能。做大做强信息服务业,提高城市智能化、信息化水平。加快发展文化创意产业,打造时尚创意之都。着力提高旅游会展业国际化水平,建设国际都市旅游目的地和会展中心城市。

专栏 4－1　2015 年重点服务业预期发展目标

金融:金融业增加值占全市生产总值的比重达到 15%,主要金融市场规模保持或进入世界同类市场的前列。

航运物流:集装箱吞吐量继续保持世界前列,航空旅客进出港数量达 1 亿人次,航空货邮吞吐量达 550 万吨。物流业增加值占全市生产总值比重达到 13% 左右。

现代商贸:服务贸易进出口总额比 2010 年翻一番,电子商务交易额大幅增长,实现社会消费品零售总额 1 万亿元。

信息服务:信息服务业经营收入达到 6000 亿元,成为全国信息服务高地。

文化创意:文化创意产业增加值占全市生产总值的比重达到 12% 左右,成为国际创意城市网络重要节点。

旅游会展:国内游客人数达到 2.4 亿人次,入境游客人数超过 1000 万人次;展会总面积达到 1500 万平方米,到 2015 年基本建成国际会展中心城市。

积极培育专业服务、高技术服务、医疗保健、教育培训、家庭服务等新兴服务业。着力提升专业服务水平,扩大咨询、会计、审计、法律、经纪、人力资源等专业服务业开放。大力推进国家高技术服务产业基地建设,加快信息技术服务、生物技术服务、数字内容服务、研发设计服务、知识产权服务、科技成果转化服务等高技术服务业发展。积极推动医疗保健发展,满足日益增长的康复、护理、体检、美容等非基本医疗健康需求。注重发挥教育培训的社会功能,大力发展各种人才紧缺领域、专业技能、语言类、兴趣型的教育培训产品。促进家政服务、养老服务、社区服务等家庭服务业发展。加强科技在服务业中的推广应用,鼓励各类新兴服务业态发展。

促进房地产业持续健康发展。坚持以居住为主、以市民消费为主、以普通商品住房为主,努力提高中小套型普通商品住房比例。完善住房租赁管理制度,积极发展存量住房市场。加强土地、金融、税收等调控措施,合理引导住房需求,倡导梯度消费。引导商业地产有序发展。加强市场监管,规范房地产市场秩序,抑制房地产市场投机。

深入推动产业融合发展。促进服务业与制造业的深度融合,推动制造业企业发展品牌、研发设计等高端环节,着力发展总集成总承包、检验检测、产品认证、供应链管理、专业维修、融资租赁等生产性服务业。推动服务业与现代农业的有机结合,加快发展农业个性化营销、农业会展、农业休闲旅游、农业科技等服务业。

第二节　培育发展战略性新兴产业

坚持市场主导、企业主体、创新驱动、重点突破、引领发展的原则,以提高自主创新能力为核心,以深入推进国家科技重大专项为契机,主动作为,有舍有取,深度对接国家战略性新兴产业规划和政策,大力推进高新技术产业化,力争成为国家战略性新兴产业的创新引领区。

重点发展新一代信息技术、高端装备制造、生物、新能源、新材料等主导产业。坚持信息产业优先发展,以自主发展、促进应用为重点,推动新一代信息技术的研发应用及产业化。着力提升先进重大装备自主设计、制造、总包能力,重点发展干支线飞机、商用飞机发动机、机载系统设备及零部件等民用航空产业,促进卫星及应用等航天产业发展,加快发展高效清洁煤发电、先进燃机、特高压、轨道交通、精密仪器仪表、数控机床等智能制造设备,积极发展海洋油气开采、特种工程船等海洋工程装备及关键配套系统。面向健康生活重大需求,大力发展创新药物、新型疫苗、诊断试剂、现代中药、医疗器械和绿色农用生物产品。落实国家能源战略,聚焦核电、风电、太阳能、智能电网,推进新一代核能技术和先进反应堆、大功率海上风电机组、太阳能核心设备、电力储能设备等新能源高端装备的研制和产业化。加快推进关键新材料的技术攻关和产业化,提升碳纤维、芳纶、超高分子量聚乙烯纤维等高性能纤维及其复合材料发展水平。

积极培育节能环保、新能源汽车等先导产业。开发推广高效节能、先进环保技术装备及产品,积极推进煤炭清洁利用、海水综合利用和污水处理、固废处理、大气环境治理等技术应用,大力发展节能服务业。重点发展纯电动和混合动力等新能源汽车,着力突破电池、电机、电控等关键核心技术,继续开展燃料电池汽车技术研发和标准制定。

专栏 4 - 2　2015 年战略性新兴产业发展目标

新一代信息技术:成为具有国际竞争力的新一代信息技术研发、生产和服务基地。
高端装备制造:成为我国综合实力领先的高端装备研发和制造基地。
生物:成为我国生物技术创新的重要基地,确立生物医药产业的领先地位。
新能源:成为我国新能源技术领先、应用率先、产业高端的主要基地。
新材料:成为国内领先的战略性新兴产业关键新材料研发及产业化基地。
节能环保:成为节能环保重点产品研发优势明显、服务链条完善的地区。
新能源汽车:成为我国技术领先、产业集聚、应用初具规模的新能源汽车基地。

实施一批专项工程。围绕战略性新兴产业发展重点,抓紧实施民用航空、海洋工程装备、云计算、物联网、智能电网、大规模集成电路、半导体照明、新能源高端装备、生物制品与医疗器械等一批

具有引领带动作用的专项工程。坚持以示范应用带动产业发展,加快培育一批行业龙头企业。

第三节　优化提升先进制造业

着力提高产业自主创新能力和国际竞争力,提升自主品牌价值,积极推动产业向绿色低碳、清洁安全方向发展。

提高汽车、船舶产业核心竞争力。着力突破整车、关键零部件等核心技术,形成自主品牌汽车研发创新与制造体系,加快发展汽车服务业。增强自主设计能力,大力发展液化天然气船、科学考察船等高技术船舶及其关键系统和配套设备,形成一批具有国际竞争力的自主品牌船型,加快建立现代造船模式,优化船舶产业链。

促进电子信息制造业转型升级。加快推动一般加工型电子信息制造企业提高研发和设计能力,提升产品附加值。着力吸引电子信息制造企业的研发设计中心、区域总部等功能性机构,形成以设计为核心、制造为基础、关键元器件配套能力较强的发展格局。

优化钢铁、石化产业。优化产品结构,聚焦精品钢材,加快推进钢铁新材料产业化,推动石化产品精细化、高端化和集约化,延长产业链。促进与周边地区协调发展,着力提高钢铁、石化等基础产业的资源节约、环境友好和安全生产水平,深入推进节能减排,全面实施清洁生产和循环经济,控制高耗能产业产能。

提升都市工业能级。鼓励企业在设计、市场营销等环节融入科技、创意、时尚和环保元素,大力发展高附加值、个性化、节能环保型产品。聚焦绿色食品、智能轻工、高档纺织等领域,加大自主品牌建设力度,重塑和提升以品牌为核心的轻纺产业竞争力,打造符合国际大都市特点的现代都市工业体系。

第四节　加快推进农业现代化

充分发挥上海农业在中国特色农业现代化进程中的应有作用,加快转变农业发展方式,着力提升农业设施、农业组织和农业科技的水平,积极发展都市高效生态农业,不断强化农业的经济功能、生态功能和服务功能,力争在农业科技引领、农业与二三产业融合、农产品质量安全全程控制和监管等方面走在全国前列。

加快转变农业发展方式。深入实施科技兴农战略,加强农业科技创新,加快农业科技成果转化和应用,不断提高农业科技进步贡献率。大力发展种源农业,构建现代种业体系。积极发展低碳和循环农业,控制农业面源污染。鼓励发展农产品精深加工和都市观光农业。推进现代农业园区、农场新一轮建设,积极扩大与国内外的农业合作。

增强农业综合生产能力。完善强农惠农政策,加大农业投入。加强农田水利、农业林网、农电设施建设,推进农机装备质量提高和结构优化,推进高水平设施粮田、设施菜田和标准化养殖场建设,增强农业抗灾减灾能力。完善基本农田保护制度和主要地产农产品最低保有量制度,健全粮食等农产品储备制度,扎实推进"菜篮子"工程,确保粮食、蔬菜等主副食品有效供应。

完善农业服务和市场流通体系。加强农产品质量安全体系建设,提高农产品质量风险和市场风险预警能力。完善重大动物疫情突发应急预案,推进动物标识和疫病可追溯体系建设。健全重大植物疫情和病虫害监测网络,提升重大植物疫情和病虫害处置水平。积极发展农民专业合作社,扶持家庭农场和农业龙头企业,大力培育农产品品牌,促进农业生产经营专业化、标准化、规模化和集约化。推动农产品市场建设。

第五节　调整优化产业布局

适应服务经济发展新趋势,立足促进城乡一体化发展和提高产业集聚效应,推动产业在市域空间内合理布局。

推动服务业集聚发展。着力提升中心城区核心区商务楼宇的综合功能,合理利用原有工业用地和老厂房,大力推进现代服务业集聚发展。加快内外环之间地区的产业结构调整和转型升级,重点发展高技术服务业和生产性服务业。依托产业基础、资源禀赋和新城,在郊区加快建设一批现代服务业集聚区。着力打造东西轴线、黄浦江和中环三条具有国际影响力的现代服务业集聚带。

提升产业基地能级。发挥国家新型工业化产业示范基地的带动作用,推进国家微电子产业基地、精品钢铁基地、海洋装备基地、国际汽车城、临港装备产业基地、化学工业园区等重大产业基地建设。推动战略性新兴产业集聚发展,着力打造若干战略性新兴产业示范区。加快工业向产业基地和各类国家级、市级开发区集聚,加快推进规划工业区块外现状工业用地的调整转型。

图 4-1　产业布局示意图

第五章　建设充满活力的创新型城市

坚持自主创新、重点跨越、支撑发展、引领未来的方针,深入实施科教兴市和人才强市战略,以提高知识竞争力为核心,以应用为导向,抢占科技制高点、培育经济增长点、服务民生关注点,全面增强原始创新、集成创新和引进消化吸收再创新能力,全面推进制度创新、管理创新和文化创新,充分激发经济社会发展转型的内在动力和活力,率先实现城市发展向创新驱动转变。

第一节　增强科技创新能力

聚焦国家战略和社会需求,发挥上海科研优势,在若干重点领域加大科技攻关力度,为经济社会发展提供有力支撑。

开展重大科技攻关。实施国家重大科技专项和任务,在生命健康、生态环境、高端制造和智慧城市等重点领域,努力突破一批关键核心技术,促进高新技术产业化和战略性新兴产业发展。

图 5-1　关键核心技术科技攻关示意图

加强科技创新基础建设。深化部市合作、院市合作,在纳米技术、生命科学、空间海洋等重点领域实现重大突破。加大基础研究投入力度,加强科研重大基础设施建设,加快推进上海光源后续工程和蛋白质科学研究设施、上海生物样本库等建设,建设和优化一批重点实验室、工程技术创新基地和共性技术研发平台。完善科研基地和科研基础设施开放共享机制。

实施创新示范应用工程。扩大世博科技成果转化和应用,整合科技资源,综合应用先进科技,布局一批技术水平领先、服务能力突出、具备推广价值的示范应用工程。建设若干战略性新兴产业应用示范区,促进新能源汽车、节能环保、智能电网、物联网技术等科技成果的规模化、集成化应用。

第二节 激发企业创新活力

深入实施国家技术创新工程,以体制机制创新为着力点,不断提升企业自主创新能力,加快形成以企业为主体、市场为导向、产学研相结合的技术创新体系。

鼓励企业加大研发投入。强化国有企业自主创新导向,加大激励和绩效考核力度,发挥国有企业在科技创新和发展战略性新兴产业中的重要作用。增强民营企业创新能力,加大对民营中小企业和归国留学人员创新创业的扶持力度,支持其参与国家重大科技专项、重大工程任务和国家标准制定。鼓励外资研发机构与本土机构的合作与交流。完善政府采购政策,支持创新型企业发展。支持有条件的企业设立国家重点实验室、工程实验室、工程(技术)研究中心。鼓励企业发展研发外包和专业技术服务。

推动产学研合作。完善产学研合作机制,构建一批由企业主导的技术创新战略联盟,着力解决好产学研合作的权益分属问题。围绕培育战略性新兴产业,鼓励企业联合开发关键核心技术。发挥科研企事业单位创新孵化作用,加强共性技术研发和公益性服务。加强军民科技资源集成融合。鼓励高等院校和科研院所培养技术人才,鼓励科研人员到企业兼职或任职。

第三节 完善创新服务体系

以完善创新投融资机制为重点,加强创新载体和服务平台建设,加快形成政府推动、市场主导、社会参与的创新服务体系。

完善创新投融资机制。推动科技金融结合,打造企业成长全周期的金融服务链。通过政策引导、资金参股、风险补偿、税收优惠等手段,鼓励发展天使投资、种子基金。放大政府引导基金作用,集聚海内外各类创业投资基金、股权投资基金、产业基金。努力为非上市公司股权交易创造良好条件,积极推动科技型中小企业上市。搭建科技型中小企业投融资服务平台,鼓励发展小额贷款、融资担保、融资租赁。加快发展商业银行专营服务机构,促进投贷联动,鼓励信用互助、科技保险等科技金融创新。

大力推进创新载体建设。全面提高张江高科技园区辐射带动能力,做强"大张江"品牌,加快推进杨浦国家创新型试点城区和紫竹科学园区建设。鼓励区县加快建设创新载体,健全科技创新服务体系,提高大学科技园、孵化器、加速器等创业孵化支持机构的专业服务能力。建设一批海外高层次人才创新创业基地。

健全创新公共服务体系。建设一批重点领域的产业技术创新服务平台,发挥社会组织在科技评价中的作用,完善科技中介服务体系,探索科技服务产业发展的新机制。壮大技术交易市场。完善标准、计量和检验检测技术基础支撑体系,加快建设以国家级检测机构为核心、社会资源共建共享的检验检测服务体系。鼓励高等院校和中等职业学校设置与战略性新兴产业相关的学科。

第四节 优化城市创新环境

把营造良好的创新环境作为建设创新型城市的重要支撑,积极推进全方位创新,加快形成鼓励创新、宽容失败的社会氛围。

深化科技管理体制机制改革。改革科研经费投入方式和管理制度,提高政府资金使用效率。优化以水平、贡献为导向的科技评价和奖励制度,加强科研诚信建设。深化科研院所改革,完善高科技园区和开发区管理体制,改革国有科技投资公司评价方法、决策模式和激励机制。建立健全创新评价机制,增强区县创新发展的活力。

深入实施知识产权战略。促进知识产权的创造和运用,支持企业形成自主知识产权。完善知识产权资助政策和奖励制度,推进知识产权质押融资。加大知识产权保护力度,完善司法和行政保护机制。完善知识产权公共服务平台,促进知识产权中介服务业发展,健全知识产权交易体系,加强国内外知识产权合作交流。

推动哲学社会科学理论创新。繁荣发展哲学社会科学,为建设创新型城市、推动城市科学发展提供理论支撑。加强人文社科重点基地建设,形成一批学科品牌和学术品牌,提升优势学科研究水平。支持各类智库发展。

培育创新文化氛围。提倡敢为天下先的创新创业精神,使创新成为城市精神和城市形象的重要内涵。全面加强与国内外科技文化的合作交流。加快建设学习型城市,构建终身教育体系。大力发展科普事业,增强市民创新意识,提高市民科学文化素养。

第五节 建设国际人才高地

牢固树立人才投入优先保障、人才资源优先开发、人才制度优先创新、人才结构优先调整的理念,坚持以用为本,发展壮大创新创业人才队伍,充分发挥人才在创新驱动、转型发展中的保障和支撑作用。

加强人才队伍建设。坚持市场导向,开发利用国际国内两种人才资源。推进重点人才开发计划,大力培养和引进科技领军人才、创新创业人才和高技能人才等各类人才。加大引进海外高层次人才、外国专家和智力力度,打造国际留学生目的地。建立企业经营管理、专业技术、公共管理人才评价体系,推进专业技术职称制度改革,健全职业资格制度和水平等级认证制度。扩大公开选拔、竞争上岗、公推公选适用范围,实现人才结构战略性调整。加强科学道德和学风建设,提升人才队伍整体素质。强化各级政府人才工作目标责任制,发挥用人单位主体作用。

专栏 5－1 部分重点人才计划

- 国际金融、贸易、航运人才开发计划
- 高层次创新型科技人才开发计划
- 战略性新兴产业及高新技术产业化人才开发计划
- 文化创意人才开发计划
- 海外高层次人才引进计划
- 领军人才培养计划
- 一流企业家开发计划
- 首席技师培养计划

完善人才发展政策。针对人才创新创业需求,制定实施有关产业、融资、产权激励与保护等支持政策。形成多元化投入格局,提高人力资本投资比重。实行海外高层次人才准入便利、优待重用和来去自由的政策,推动本土人才参与国际竞争合作。加大人才政府奖励力度,鼓励企业实施人才股权期权激励。发挥户籍和居住证吸引人才的积极作用,优先满足高层次人才、紧缺急需人才落户需求。

优化人才服务环境。大力实施人才安居工程,积极扩大公共租赁住房、单位租赁住房的建设和供应规模。继续优化人才的医疗、子女教育和文化环境,注重青年人才的利益诉求。推进人才公共服务标准化建设,开发人才公共服务产品,探索建立政府购买公共服务机制。发展人力资源服务业,积极开展国际人才交流,探索建立国际人才市场,为人才流动创造良好市场环境。

第六章　构筑城乡协调的发展格局

坚持城乡一体、均衡发展,把郊区放在现代化建设更加重要位置,推动城市建设重心向郊区转移,落实国家主体功能区战略,充分发挥市域功能区域的导向作用,以新城建设为重点,深化完善城镇体系,加快推进新型城市化和新农村建设,率先形成城乡一体化发展的新格局。

第一节　优化市域空间布局

突出区域主导功能,加强分类指导,发挥重点地区的辐射带动作用,形成发展导向明确、要素配置均衡、空间集约集聚的发展格局。

明确市域功能区域。浦东地区要推动新一轮城市功能和形态开发,加快发展现代服务业和战略性新兴产业,成为"四个中心"的核心功能区、战略性新兴产业的主导区和国家改革示范区。中心城区及拓展区要增强城市综合服务功能,提升现代化国际化水平,成为传承历史文脉、彰显城市魅力、发展服务经济的主要承载区。郊区要推进新型工业化和新型城市化,积极发展先进制造业、战略性新兴产业和现代服务业,培育具有全球竞争力的产业集群,建设若干与长三角联动发展的新城,成为上海发展的新引擎。崇明三岛地区要加强生态建设和环境保护,推动绿色低碳发展,成为上海可持续发展的战略空间和现代化综合生态岛。

加快重点地区发展。实施世博园区后续开发,形成低碳生态的文化交流和公共活动中心、新的服务经济集聚区。基本建成虹桥商务区核心区,着力打造上海国际贸易中心的新平台和长三角地区的高端商务中心。以迪士尼项目为核心,加快上海国际旅游度假区规划建设。统筹规划、有序推进黄浦江沿岸综合开发,积极促进苏州河两岸地区协调发展。加强重点地区与周边地区的联动发展。

专栏 6-1　发挥世博会后续效应

- 做好永久性场馆设施长期管理和后续利用,更好地发挥这些场馆设施的综合效益。
- 利用世博会给上海带来的知名度和影响力,加快发展旅游、会展、文化创意、金融服务等产业,最大限度把举办世博会带来的无形资源转化为推动经济社会发展的现实优势。
- 积极吸收各国展示的最新技术成果,加大上海世博会科技成果转化力度。
- 认真吸收各国展示的先进发展理念,为推动我国经济社会又好又快发展提供有益借鉴。

图 6-1 四大功能区域

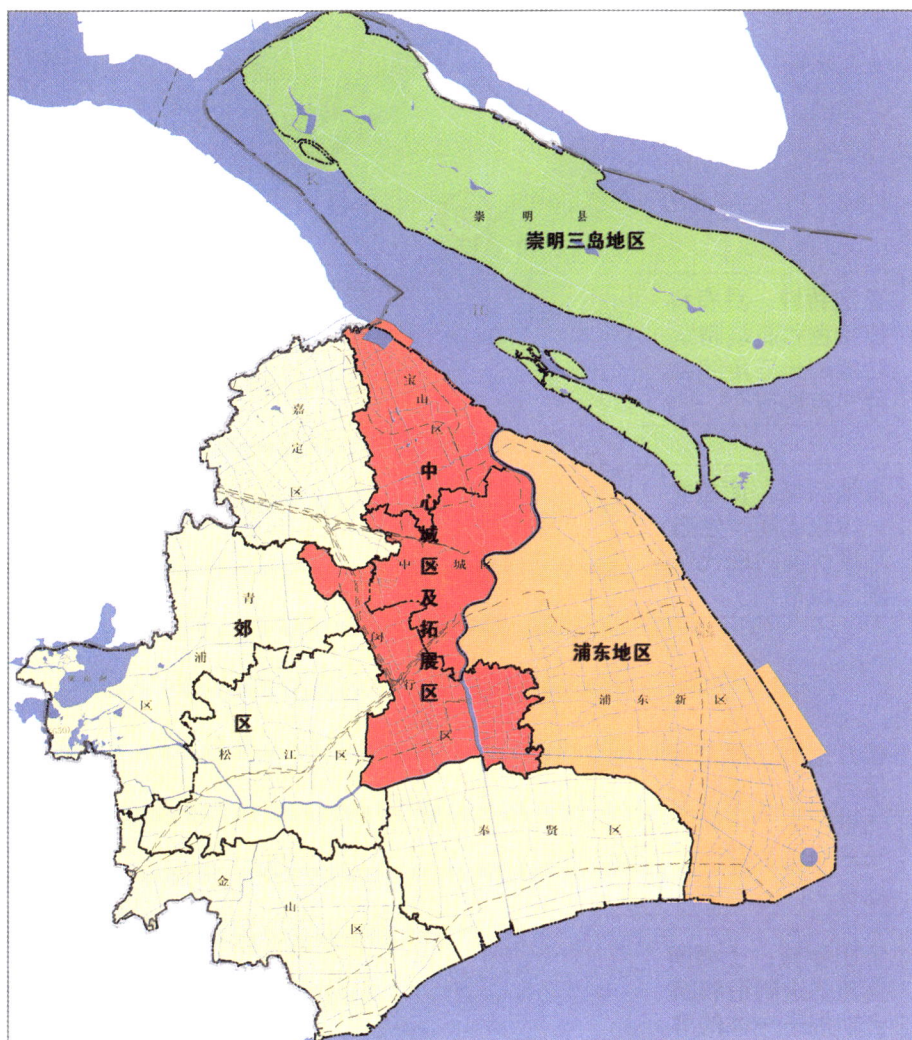

实行差别化的区域政策。实施区域分类指导政策和差别化的评价机制,引导人口居住和就业在各功能区域内相对平衡。推动中心城区功能优化,支持闵行、宝山地区提升城市化水平。新增建设用地和重大产业项目向浦东地区和郊区倾斜。完善生态补偿机制,加大对崇明三岛地区以及其他生态保育区、水源地保护区域的转移支付力度。探索实施区域化开发管理机制,加强跨行政区资源整合。

图 6－2　新城布局示意图

第二节　优化中心城功能

增强高端要素集聚和辐射能力,提升综合服务功能,改善环境品质,充分展现国际大都市形象和魅力。

提升高端服务功能。推进以陆家嘴—外滩为核心,涵盖北外滩、南外滩在内的中央商务区(CBD)发展,发挥南京路、淮海路、环人民广场等高端商务商业功能,增强大都市繁荣繁华魅力。强化城市副中心辐射能力,发展徐家汇知识文化综合商务区,突出五角场科教创新优势,提升真如—长风地区商务功能,推动花木及世纪大道沿线发展高端商务服务。促进城市公共中心分工协作和功能多元,赋予景观休闲和文化展示等内涵。

推进城区升级改造。继续推进旧区改造,基本完成城中村改造。加强城郊结合部公共服务和基础设施配套,推进环境综合整治,促进工业用地、仓储用地二次开发。加强环城绿带和生态间隔带建设,合理控制中心城规模,提高城区环境品质。

加强跨行政区统筹管理。加强交通、市政、社会事业等公共资源统筹协调和共建共享,建立跨行政区环境综合整治的长效机制,消除区际结合部管理盲点,提高社会管理和公共服务保障能力。

第三节 大力推进新城建设

充分发挥新城在优化空间、集聚人口、带动发展中的作用,创新理念,分类推进,将重点新城建设成为功能完善、产城融合、用地集约、生态良好的长三角城市群重要组成部分。

分类推进新城建设。科学规划和定位新城功能,鼓励新城优势互补、功能互动,着力打造西部新城群,积极培育沿海沿江新城。优化提升嘉定、松江新城综合功能,建设长三角地区综合性节点城市。加快青浦新城建设,提升产业和居住功能。大力发展浦东南汇新城,建设综合性现代化滨海城市。加快奉贤南桥新城发展,加强功能性开发和提高综合配套水平。与产业结构调整相结合推动金山新城发展。支持崇明城桥新城走特色发展道路。

强化产城融合。统筹工业园区、产业基地、大型居住区与新城建设,加强产业发展与新城建设互动融合,创造有竞争力和吸引力的投资、工作、生活环境,引导本地就业、本地居住。集聚符合功能导向和就业容量大的产业项目,完善新城内外交通网络,提高教育、医疗、生活服务、文化娱乐等配套水平,培育城市个性和特色风貌,优化居住环境。

建立健全新城推进机制。加强全市统筹,优化资源配置,加大新城建设的政策聚焦和扶持力度。进一步下放项目建设、交通管理、市容绿化等审批权限。创新投融资模式,引导社会资本参与新城建设。优先在新城开展服务业、科技创新、教育医疗等改革试点。

第四节 提升小城镇建设和管理水平

加强小城镇规划,优化小城镇布局,实施有重点、有层次、有步骤的小城镇发展战略。

优化规划布局。加强近郊小城镇与中心城的互动,在中远郊集中发展一批区位优越、产业支撑好的小城镇,与新城形成功能互补。推动有条件的小城镇实施撤并,加快老集镇改造。浦东川沙新镇、闵行浦江镇、金山枫泾镇、崇明陈家镇等全国小城镇发展改革试点按照中小城市的标准,适度超前配置基础设施、公共服务设施,发展社区商业设施。加强小城镇特色风貌建设。

发展特色经济。依托重大产业基地和工业园区发展工业强镇,依托交通优势和区位条件发展商贸重镇,依托历史文脉和生态资源发展旅游名镇,不断壮大小城镇的经济实力。发挥小城镇自身优势,积极培育文化创意、动漫游戏、影视创作等新兴产业。

提高公共服务水平。鼓励多元投资主体参与小城镇建设,重点解决居民教育、医疗、就业、出行、居住等实际问题,提高小城镇居民生活质量。通过转移支付、对口支持、培育自身发展能力等方式,探索提高小城镇公共服务水平的新办法、新途径。

加大综合改革力度。系统实施小城镇就业、社保、户籍管理、土地管理、村镇建设、公共服务等全方位改革,加快城乡一体化步伐。以委托或授权方式,下放行政管理权限,激发小城镇发展活力。

第五节　扎实推进新农村建设

依托特大城市综合优势,加大工业反哺农业、城市支持农村的力度,夯实农村发展基础,深化农村改革创新,全面提高农村发展水平。

推进农村基础设施建设。优先安排与农民生产生活相关的基础设施和环境建设,重点加强道路、危桥改造、农田水利、供水和污水处理、抗灾防灾等设施建设。全面完成规划保留村的路桥改造和建设,完善公共交通"村村通"。推进郊区供水集约化,推进农村生活污水处理。完善农村生活垃圾"户投放、村收集、镇运输、区处理"的收运处理系统。加快农村电网改造,加强信息基础设施建设。完善农村基础设施管理长效机制。加快编制村庄规划,继续推进自然村落保护和村庄改造。

加强农村基本公共服务。结合人口分布状况,完善农村义务教育和幼儿园、村卫生室配置。加强农村基层卫生队伍、师资队伍建设,培养高素质乡村社区医生,推进城乡义务教育教师队伍均衡配置。

建立农民增收长效机制。积极拓宽非农就业渠道,支持农民自主创业。加大农村富余劳动力培训力度,加快远郊农民转移就业,稳步提高农民工资性收入。通过发展经营性不动产等方式增强农村集体经济活力,提高农民的财产性收入。健全农业补贴等支持保护制度,鼓励发展多种形式的农家乐和农业旅游,提高农民经营性收入。健全城乡衔接的社会保障体系,逐步提高农民转移性收入。着力提高低收入农户收入。

深化农村改革。稳定和完善农村基本经营制度,推进农村土地承包权确权登记,建立健全土地经营权流转和管理服务平台,在依法自愿有偿的基础上,完善土地承包经营权流转市场。完善城乡平等的要素市场交换关系,建立土地指标交易平台,促进土地增值收益等主要用于农业农村。按照节约用地、保障农民权益的要求,推进征地制度改革,推行城乡建设用地增减挂钩政策。加快推进农村集体建设用地确权登记,积极推进农村集体建设用地有偿使用和流转,稳步推进农民宅基地置换工作。加强农村集体资产、资金、资源管理,深化农村集体经济组织产权制度改革,切实保障农民利益。

第七章　创建面向未来的智慧城市

大力实施信息化领先发展和带动战略,构建实时、便捷的信息感知体系,提升网络宽带化和应用智能化水平,推动信息技术与城市发展全面深入融合,建设以数字化、网络化、智能化为主要特征的智慧城市。

第一节　建设国际水平的信息基础设施

构建宽带、泛在、融合、安全的信息基础设施体系,成为国内带宽和服务最具竞争力的地区之一,为技术和应用创新提供基础保障,为广大消费者提供便捷和实惠的信息通信服务。

提升改造基础网络。加快建设城市光纤宽带网络,基本实现百兆家庭宽带接入能力全覆盖。构建新一代宽带无线移动通信网,基本实现无线移动宽带和主要公共场所无线局域网服务的全覆盖。建设下一代广播电视网,推进有线电视数字化整体转换和郊区有线电视网络整合、改造。持续推进亚太通信枢纽建设,提升互联网国际和省际出口能力,积极发展国际转接业务,建设新亚太海底光缆系统等设施,努力满足海量信息快速流动的需要。

有序推进"三网融合"。加快机制创新,推进电信、广播电视网、互联网互联互通和业务融合,推动用户驻地网光纤接入综合改造。鼓励广电、电信业务双向进入,支持数字电视、手机电视、网络电视、网络电话等融合型业务发展。

增强功能平台服务能力。提升超级计算中心能级,不断拓宽应用和服务领域。构建适应云计算、物联网发展的基础设施环境,打造新一代互联网数据中心。发展高端网络运营中心、视讯内容制作和交易中心。

第二节　推进城市智能化管理

以需求为导向,积极运用先进传感、网络传输和信息处理技术,实施若干项重大信息化行动,推进城市管理和公共服务信息化,提升城市运行效率和管理服务水平。

实施数字城管行动。加强城市空间地理信息系统建设,完善规划土地与房屋管理、环境监测与市容监管、应急联动与处置管理等信息平台,促进城市专业领域管理精细化和服务便捷化。深化完善交通综合信息服务平台,拓展覆盖范围,注重数据采集,加强信息分析,提升交通管理与服务智能化水平。建立分工明确、协同高效的指挥系统,推动网格化管理向郊区新城和小城镇延伸,拓展管理内涵,提升管理水平。推进智能电网、智能水网和数字海洋等示范应用,促进城市公共基础设施管理智能化。

实施数字惠民行动。推动卫生、教育、旅游、气象、社区等公众关注度高、生活关联度大的公共服务领域信息化,提升社会领域信息化水平。建设以居民电子健康档案和医药卫生信息共享为核心的数字健康工程、以教育信息化公共服务平台为重点的数字教育工程、以社区管理与民生服务信息化为重点的数字社区工程。实施信息化无障碍工程,缩小不同人群和区域之间的"数字差距"。

实施电子政务行动。加快推进以信息共享、业务协同、应用集成为重点的电子政务建设,让全社会共享电子政务成效。加强重要信息系统建设,推进跨部门协同平台应用集成。建立集中与分布相结合的政务信息资源体系,强化基础信息的资源开发利用,促进政务信息资源的规范管理、快速查询和按需共享,为各类应用服务提供支撑。

专栏7-1　信息化重点应用工程

智能交通工程:构建城乡一体的交通综合信息平台,鼓励车载信息服务、电子站牌、车辆识别等交通信息技术设备的研发和应用,推动交通卡、电子不停车收费(ETC)等交通信息系统与长三角地区衔接。

智能电网工程:改造传统电网,新建一批智能变电站,推广智能电表,建设网架坚强、运行灵活、开放互动的智能电网示范城市。

智能水网工程:整合水务、气象、海事、海洋、环境、港口等涉水管理部门的相关信息资源,完善相关监测、管理等服务体系。

数字城管工程:完善网格化管理信息系统,拓展城市管理范围和内容,加强管理数据的分析和研判,健全发现问题和快速处理问题的工作机制。

数字健康工程:统一规划建立市民健康数据共享和交换体系,加强医药卫生信息化建设,推进电子健康档案和统一医疗预约服务平台建设,提升医院诊疗业务智能化水平,推进一体化医疗保险管理、异地业务和结算发展。

续表

> **数字教育工程**：加强教学软件、课件和教育资源库建设和共享应用，开展电子互动教育试点，推广电子学籍卡应用。
> **数字气象工程**：创建市民问诊式的虚拟气象台，建设以精细、互动、贴身为主要特点的气象惠民信息系统，不断提高气象预测预报能力。
> **数字社区工程**：整合建设市民综合服务热线，完善社区信息服务设施，提高社区事务受理"一口式"应用水平，推进为老养老、社会救助、防灾减灾等领域的信息化应用，支持智能小区建设。
> **电子政务工程**：探索建立全市统一的政务信息资源目录和交换平台，完善人口、法人、空间地理等基础信息库，加快建设网上审批系统和电子监察系统。

第三节　提升产业信息化水平

推进信息化与工业化深度融合，加快新一代信息技术产业化和传统产业改造，促进产业结构优化升级。

实施融合强业行动。以骨干企业为示范，推进信息技术在重点优势产业、战略性新兴产业和新型都市产业的渗透应用。鼓励企业充分应用信息技术，推动研发设计数字化、制造装备智能化、生产过程自动化，提升信息化应用效能和产业能级。

实施电子商务行动。推进制造业、服务业领域的行业性电子商务平台建设和信息技术应用，鼓励大企业完善电子商务平台、中小企业应用第三方平台，促进网上商城和国际贸易电子化发展。完善电子支付、物流服务、信用管理、安全认证等服务体系，创建国家电子商务示范城市。

加快新一代信息技术产业化。以关键技术攻关和新兴技术应用为切入点，大力推进物联网、新型显示、网络和通信、集成电路、汽车电子等产业自主发展。积极推动国产基础软件、工业软件和行业应用软件研发及产业化，实施"云海计划"，打造云计算产业链。加快 IPv6 和移动互联网商业化应用，推动专业信息服务业和电子支付、网络视听、互动娱乐、数字出版、电子阅读等互联网服务业发展。

第四节　优化信息化发展环境

适应信息化快速发展的需要，着力提高信息安全保障能力，完善各类信息资源的开发利用机制，努力营造有利创新、兼顾安全的信息化发展环境。

健全信息安全保障体系。完善信息安全基础设施，建设国家级信息安全综合服务平台，向社会提供信息安全服务。优化信息安全综合监管机制，完善信息安全等级保护、安全测评、应急演练等监管制度。加大信息安全技术研发和推广力度，着力突破安全芯片、国产密码算法应用、可信安全终端、网络安全综合监控等信息安全关键技术，建立健全新技术、新业务应用的安全风险应对机制。

推进信息化有序发展。强化信息基础设施统筹规划和集约建设，加强无线电频率资源、台站设施等管理，加快推进信息化综合立法和标准制定实施。加强网络空间综合治理，探索政府监管、行业自律、公众监督相结合的网络治理机制，推进网络文明和网络诚信体系建设，积极营造健康和谐的网络社会环境。加强各类信息资源的公益开发、深度挖掘、规范管理和专业服务。

第八章　建设管理一流的现代都市

坚持以人为本、管建并举、管理为重、安全为先,积极推广世博城市管理经验,加强依法和长效管理,推进人性化服务、网格化覆盖、智能化应用、精细化管理,努力形成整洁、有序、高效、安全的城市现代化管理格局。

图 8-1　对外交通示意图

第一节　实现城市交通方便快捷

构建布局合理、衔接顺畅、信息互通、功能互补的现代综合交通体系,全面提升交通运输能力和综合服务水平。

增强门户枢纽服务功能。强化国际航运中心和亚太航空枢纽港地位,建设洋山深水港区四期、浦东机场第四跑道等重大工程,增强上海口岸对外辐射功能。加快建设 G40(沪陕)、S26(沪常)等高速公路,推进建设京沪高铁、沪通铁路、沪乍铁路等铁路通道,加快与长三角及全国交通网络的对接。推进大芦线二期、杭申线等内河高等级航道以及芦潮港、外高桥、漕泾等内河港区建设,形成内河集疏运系统框架。到 2015 年,高速公路达到 850 公里,铁路达到 450 公里,高等级内河航道达到220 公里。

改善居民出行条件。落实公交优先发展战略,优先安排公交基础设施建设和资金投入,建立绿色安全、便捷快速、城乡一体的公共交通体系。加强轨道交通建设和运营组织,重点建设中心城连接郊区新城、大型居住社区、重点开发区的轨道交通项目,到 2015 年轨道交通运营里程达到 600 公里以上,轨道交通客运量占公共交通客运量的比重达到 50% 左右。优化地面公交线网和枢纽布局,完善停车换乘等静态交通系统,实现地面公交和轨道交通便捷换乘。完善市域道路网络,推进郊区国省干道、中心城区主次干道以及越江跨河通道建设,加强区际道路衔接,完善重点区域和重大项目的配套路网,加快农村地区道路改造。

提升交通管理和服务水平。整合交通管理资源,提高交通管理信息化水平和交通运行服务品质,增强交通引导组织能力,着力解决交通拥堵问题,确保城市交通安全。强化交通需求管理,统筹规划道路交通与停车系统,推进停车差别化管理,完善机动车单行道系统,改善非机动车、步行及残障人士的通行环境。规范设置各类道路的指示路牌。加强宣传教育,鼓励社会参与,营造高效有序的交通环境。

第二节　强化城市资源供应保障

加强城市水资源、能源保障和服务,推进能源资源基础设施建设和改造,提高综合调控能力和服务质量。

确保饮用水洁净安全。加强从"源头到龙头"的供水设施改造和建设,确保供水水质达到国家新标准。加大水源地建设和保护力度,着力解决黄浦江上游水源地开放性问题,充分发挥青草沙水源地功能,建成东风西沙水源地,扩大长江优质水源供应范围,实现"两江并举、多源互补"的原水供应体系。推进郊区集约化供水工程,关闭郊区小水厂,全面实施黄浦江上游水源水厂深度处理改造,基本完成全市二次供水设施改造,基本实现城乡供水服务均衡化。

图 8－2　轨道交通网络示意图

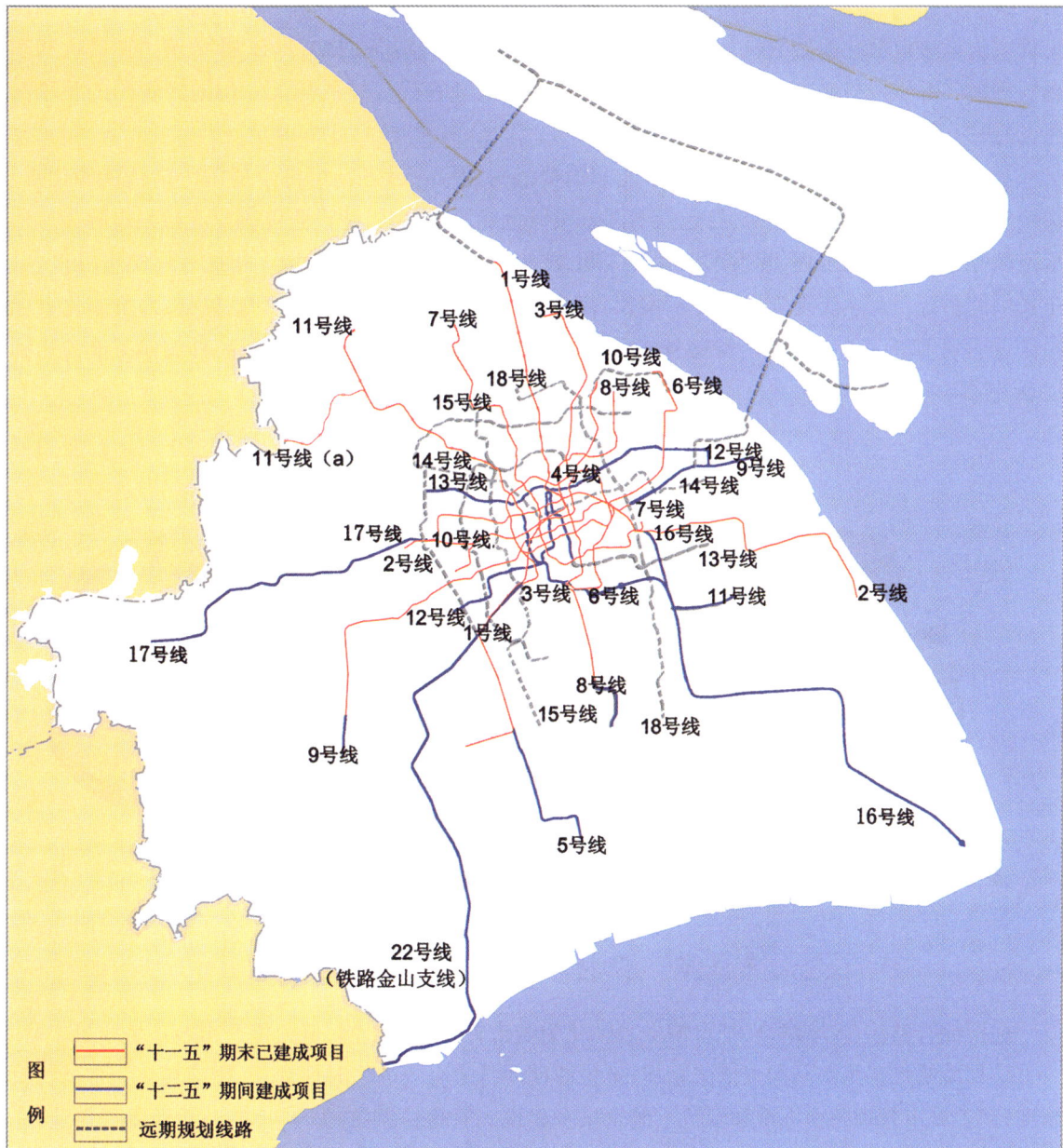

专栏 8－1　郊区集约化供水工程

新建一批原水管线：建设崇明岛东风西沙水源地原水管一期工程、青草沙水源地徐泾支线等水源地至水厂的原水管线。

新建、改扩建一批中心水厂：新建改建嘉定嘉北、青浦三水厂、金山一水厂等15座中心水厂，对取用黄浦江上游原水的水厂全部实施深度处理改造。

新建一批骨干输水管道：新建从中心水厂至拟关闭小水厂的输水管道约640公里，推进配水管网改造，降低供水管网漏损率和产销差率。

关闭郊区小水厂：关闭郊区以内河及地下水为水源的74座小水厂。

保障生产生活用电用气。坚持厂网并举、重在电网,加快市外电力通道、城市电网、农村电网的建设和改造,重点解决杨行、泗泾、南桥等地区的供电矛盾。优化调整电源结构,加快建设临港、崇明、闵行、青浦、吴泾等电厂,提高电力调峰、调频能力。推进煤炭清洁高效利用,建设先进煤电示范工程。建设进口液化天然气(LNG)二期工程,扩建五号沟气源备用站,形成西气、川气、LNG 和东海气等多气源供应格局。大力推广使用天然气,完成煤气替代。加强与长三角地区管网的互联互通,加快完善郊区天然气输配管网系统。

积极发展高效清洁能源。加快调整能源消费结构,提高天然气、可再生能源等清洁能源比重。加快发展新能源和可再生能源,打造崇明国家级绿色能源示范县,建设张江国家光伏发电集中应用示范区等太阳能利用工程,建设东海大桥二期、杭州湾等大型海上风电场。积极发展热电联产、分布式供能系统。基本实现煤炭消费零增长,煤炭占一次能源比重下降到 40% 左右,力争非化石能源比重达到 12% 左右。健全能源储备体系,天然气、成品油、煤炭等主要能源品种的储备能力达到15 天左右。

图 8‑3　一次能源结构优化

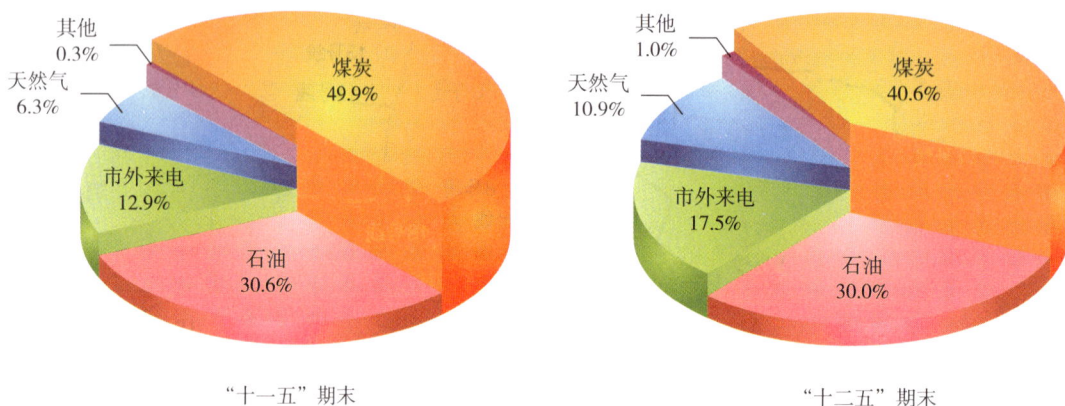

"十一五"期末　　　　　　　　　　　　　　　"十二五"期末

第三节　保持城市面貌文明整洁

坚持综合整治、疏堵结合,把世博经验转化为城市管理长效机制,努力提升市容环境质量。

强化文明规范执法。加强依法管理,把世博期间行之有效的临时性规章、措施转化为常态长效制度,完善城市管理各项标准和规范。健全城乡建设和管理协调统筹机制,推进管理流程再造,完善市、区县、街镇三级城管执法体制,形成有法可依、严格执法、文明执法的局面。

确保市容市貌整洁有序。加强对乱设摊、乱倒渣土、户外广告乱设置、乱张贴、违法建筑、非机动车乱停放等城市管理顽症的综合治理,加强建筑外立面整治,强化景观灯光管理,着力改善老旧居住区、城郊结合地区等重点区域的环境面貌。

扩大社会公众参与度。进一步发挥好市民群众参与城市管理和监督的积极性,丰富和完善市民巡访团、志愿者、市民热线等社会公众参与城市管理的途径。整合城建和相关行业服务热线,实现城市管理服务热线一号通,方便市民群众咨询投诉。

第四节　保障城市设施有序运营

坚持政企分开、管养分离,创新运营手段,完善维护机制,保障资金投入,推进标准化、专业化、规模化、跨区域的基础设施运营维护。

加强城市运行维护。围绕保障基础设施正常运转和综合治理市容环境,加大城市维护力度。加强对城市维护项目的监督、指导和考核,促进市、区县联动和系统维护,充分发挥基础设施整体效益。

完善长效管理机制。建立符合市情、科学有效、统一协调、市区县共担的城市维护项目管理体制,实现城市维护的常态长效管理。加强基础设施运营监测,形成日常检查、定期检测、运营评估的维护机制。制订不同领域基础设施的维护标准。开放城市维护作业市场,引入市场化、社会化机制,探索通过政府购买服务等手段,提高维护水平和服务质量。

加大投入保障力度。发挥各级政府的积极性,建立基础设施运营维护的财政保障机制,建立与基础设施规模相适应的投入增长机制。加强基础设施运营维护投入的后评估,强化资金监督管理,提高资金使用效率。

第五节 确保城市安全平稳运行

积极推广安全世博的成功经验,大力增强全社会的安全防范意识,进一步提高应对突发事件的预警响应和救援保障能力。

提高城市安全防范水平。加强交通、消防、建设施工、危险化学品、地下空间等领域的安全基础设施建设、隐患排查治理和安全技术改造,落实防火、防爆和反恐防范措施,有效防范和坚决遏制重特大事故发生,重点增强对高层建筑防火、轨道交通救援以及公共场所突发事件的防范和处置能力。强化市民群众的安全防范和自救意识,普及安全防护技能,推进基层民防组织、志愿者队伍和应急避难场所建设。健全城市科技备灾、灾情评估、社区综合减灾体系。

完善突发事件预警机制。加快城市多灾种早期预警机制建设,完善防汛防台、气象灾害、地震灾害、海洋灾害、轨道交通、重特大火灾、危化事故、旅游突发事件、动物疫病等专业监测预警系统,着力增强预防与应对极端性灾害能力。建立预警信息统一发布平台,推进预警信息发布终端进社区、乡村、企业和学校。加强突发事件信息系统建设,整合全市实时监控系统资源,实现各级各类应急管理信息系统的互联互通。

增强应急救援保障能力。加强应急联动能力建设,实现应急联动体系全覆盖,提升应急联动指挥的权威性和响应度。完善应急预案体系,增强各类应急预案的有效性。完善应急通信、应急物资储备、紧急交通运输、医疗救助、自然灾害救助等应急保障体系,增强全社会应急救援动员能力。建立健全以综合应急救援队伍为骨干、各专业救援队伍为支撑、各类基层应急救援队伍为补充的多层次、全方位应急救援体系,提高救援队伍专业化和装备现代化水平。

第九章 营造生态宜居的绿色家园

坚持实施节约资源和保护环境基本国策,按照控制总量、调整存量、注重长效、社会参与的要求,积极应对气候变化,推动绿色低碳发展,着力推进节能减排、环境保护和生态建设,加快建设资源节约型和环境友好型城市,努力使我们的家园更加生态宜居,实现城市可持续发展。

第一节　让生产生活更加绿色低碳

积极应对气候变化,持续降低能耗强度,有效控制温室气体排放,确保完成国家下达的节能减排指标,促进经济社会绿色低碳发展。

专栏 9 - 1　低碳发展

低碳发展是指以最大限度地降低碳排放和碳消耗为特征的经济发展模式。实现低碳发展,要以低碳能源系统、低碳技术体系和低碳产业结构为基础,以技术创新和制度创新为核心,建立与低碳要求相适应的生产生活方式和政策法规体系,不断提高碳利用率和可再生能源比重,减少温室气体排放,逐步使经济发展摆脱对化石能源的依赖,最终实现可持续发展。

调整淘汰落后产能。综合运用法律、经济等手段,加快调整淘汰高能耗、高污染、高危险和低效益的劣势企业、劣势产品和落后工艺,重点关停和淘汰零星化工、纺织印染、皮革制造等行业,大幅缩减危险化学品生产和仓储企业数量,实现电镀、热处理、锻造、铸造等四大加工工艺总量压缩一半。确保完成国家下达的电力"上大压小"任务。

推进重点领域节能。建立全市重点用能单位节能监控平台。深入推进工业节能,完善重点用能单位能效管理,推进能源审计、对标管理和清洁生产,实施工业用电设备节电、工业锅炉节能等技改专项工程。强化建筑节能,新建建筑全面实行65%的节能标准,加强既有建筑节能改造,提高建筑用能管理水平。加强交通节能,鼓励和引导市民绿色出行,有序发展公共租赁自行车,积极推广节能环保型交通运输工具和运输方式。对机关、学校、医院、商场、旅游宾馆等公共机构和大型公共建筑,实施能耗定额管理制度。

推广节能低碳技术和产品。加快节能、低碳、环保技术开发和产品推广,探索推进碳捕获与封存技术的研发和试点。实施节能环保产品惠民工程,全面推广节能汽车、节能空调、高效照明、节能燃气灶等节能环保器具。

健全节能降耗长效机制。合理控制能源消费总量,提高能源利用效率,坚持节能措施与项目建设同时审批、同时施工、同时验收制度,实施固定资产投资项目能评制度,严格实施强制性能耗标准和能效标识制度。强化节能目标责任考核,完善节能法规和标准。健全节能市场化机制,推广合同能源管理,培育一批大型专业化节能服务公司。运用价格、财税等手段推进节能降耗,完善重要能源价格形成机制,进一步健全体现差别化、限制性、惩罚性的价格政策。开展节能减排全民行动,倡导绿色低碳的生产生活方式和消费模式。

积极应对气候变化。综合运用调整产业结构和能源结构、节约能源和提高能效、增加森林碳汇等多种手段,有效控制温室气体排放。探索建立低碳产品标准、标识和认证等制度。鼓励碳金融市场发展,探索开展节能量和碳排放交易试点。加强适应气候变化能力建设,开展气候变化科学研究、观测和影响评估,增强应对极端气候事件能力。开展低碳发展试点。

第二节　让城市资源更加有效利用

坚持开发和节约并举、节约优先,大力发展循环经济,加强资源节约集约利用,努力让垃圾转化为资源,让各类资源发挥更高效用。

节约集约利用土地。实施最严格的耕地保护制度和土地利用制度,强化用地节地责任和考核,健全节约土地标准,分类设定基本农田、基础设施、产业、生态等不同领域用地的控制线。严格控制新增建设用地规模,确保新增工业用地落在规划工业区块范围内,适度提高产业园区的开发强度,探索土地出让弹性年期制度。积极盘活存量土地资源,加大闲置土地处置力度,促进低效土地二次开发。加强地下空间总体规划、综合开发、集约化利用和整体性保护,加快推进轨道交通站点综合开发。

建设节水型社会。加强节水型城区建设,实施节水示范工程,推广雨水、河水、中水等替代水源利用,全面推广园林绿化、市容环卫等市政公用行业计量用水,大力应用和推广节水技术。到2015年,单位生产总值用水量比2010年下降20%以上。

推进资源综合利用。鼓励和引导绿色消费,严格限制商品过度包装,大力削减一次性用品使用,推广清洁生产和再制造生产模式。积极推广各种循环经济发展模式。支持一批技术先进、环保达标、资源回收率高的可再生资源利用企业发展,建设若干个"城市矿产示范基地"。

提高垃圾处置水平。按照减量化、资源化和无害化的要求,完善生活垃圾的分类投放、收集、转运、处置体系,提高分类运输和分类处置利用水平,着力降低人均生活垃圾处理量。推进落实"一主多点"的生活垃圾处理设施规划布局,加快建设老港固体废弃物综合利用基地,着力推进郊区生活垃圾处理设施建设,加大垃圾处理污染防治力度。深化完善生活垃圾处理环境补偿机制。推进工业固废资源化利用和无害化处置。确保危险废物、医疗废物全面安全处置。

> ### 专栏 9－2　生活垃圾减量
>
> 推进生活垃圾减量,是倡导低碳生活、提升城市整体文明水平的客观需要。"十二五"期间,要建立社会化的、覆盖生产、流通、消费全过程的生活垃圾源头减量工作机制,最大限度地从源头避免和减少生活垃圾产生。坚持生活垃圾"大分流、小分类"的源头分类基本模式,建立健全生活垃圾专项分流处理系统,逐步建立日常生活垃圾投放、收运、处理的全过程分类系统,2015年,争取人均生活垃圾处理量控制在0.8千克/日左右,比2010年减少20%以上。

第三节　让城市环境更加天蓝水清

坚持防治结合、预防为主,强化污染源头控制,注重环境协同治理,继续滚动实施环保三年行动计划,有效改善环境质量,努力让空气更加清新、让河水更加清澈。

综合治理水环境。有效控制化学需氧量、氨氮、总磷等污染物排放总量,推进污水处理厂和收集管网建设,完成白龙港污染处理厂扩建二期、白龙港南线东段及郊区污水管网工程,实施初期雨水处理和雨污混接改造,基本完成全市建成区直排污染源截污纳管。加快竹园污泥处理工程、郊区污水厂污泥处理工程建设,在全国率先实现污水厂污泥基本有效处理。提高城镇排水和区域除涝能力,基本消除中心城区排水系统盲点和低标准状况。加强河道整治和生态修复,重点推进蕴藻浜、淀浦河等骨干河道环境综合整治,实现城乡河道水质稳中有升,全面消除黑臭。落实国家太湖流域水环境综合治理要求,确保完成整治任务。

改善空气质量。协同控制二氧化硫、氮氧化物、颗粒物、挥发性有机物等多种大气污染,有效缓解酸雨、灰霾、臭氧等复合型污染。推进燃煤电厂脱硝和高效除尘改造,钢铁行业全面实施烧结机烟气脱硫,石化、钢铁等行业实施挥发性有机物排放总量控制。全面实施中小燃煤锅炉清洁能源替代,推进工业锅炉及炉窑的烟气脱硫、低氮燃烧和高效除尘改造。加强流动源污染控制,推行机动车尾气检测维护(I/M)制度,实施新车国 V 排放标准。大力推进秸秆综合利用,禁止秸秆焚烧。

强化环境治理。加强对重大环境风险源的动态监测和风险预警及控制。强化环保责任制和执法监督,健全重大环境事件和污染事故责任追究制度。实施排污许可证制度,探索完善环保违法信息披露、排污权交易和抵押制度。提高排污收费标准,建立健全污染者付费及处罚制度。加大环境执法力度,实行严格的环保准入,依法开展环境影响评价。建立多元环保投融资机制,环保投入相当于全市生产总值比例保持在 3% 左右。加强流域、区域环境合作和污染联防联控。加强杭州湾北岸化工集中区、宝山南大地区、高桥石化地区、青东农场等重点地区的环境综合整治。积极防治噪声污染、辐射污染。

第四节　让城市生态更加清新宜人

加强多层次、成网络、功能复合的基本生态网络建设,充分发挥耕地、林园地、绿地和湿地的综合生态功能,加强生态保护,维护生态安全,努力营造良好的绿色生态环境。

拓展城市绿色空间。推进大型公共绿地、楔形绿地以及新城、小城镇和大型居住区绿地建设,基本建成外环绿带工程,启动建设郊环绿带。大力推广屋顶、墙体等立体绿化。启动中心城区林荫大道建设工程,优化行道树品种结构,增加高大乔木树种比例。加大老公园改造力度,完善镇级公园体系。加快建设生态公益林和生态廊道,适度发展经济果林,积极推进农田林网和郊区"四旁"林建设。合理开放和利用郊区生态林地资源,选择部分具备条件的生态公益林和湿地改造为郊野公园,扩大市民群众游览休闲的生态空间。建设林业"三防"体系工程。到 2015 年,森林覆盖率达到 15%,绿化覆盖率达到 38.5%。

保护海洋生态和滩涂湿地。科学开发利用滩涂资源,实施湿地动态保护,实现湿地保有量动态平衡。加强野生动植物及栖息地保护,推进崇明东滩鸟类国家级自然保护区、九段沙湿地国家级自然保护区、长江口中华鲟自然保护区和金山三岛自然保护区建设。坚持海陆统筹,制定和实施海洋发展战略,完善海洋功能区划,科学规划海洋经济发展,合理开发利用海洋资源,保护海岛、海岸带和海洋生态环境。

建设崇明生态岛。加快实施崇明生态岛建设纲要,加强水资源、水环境和绿化林业建设,完善环境基础设施体系,推动陈家镇、东滩生态建设和低碳发展,积极推进崇明国家可持续发展实验区建设,促进崇明岛、长兴岛、横沙岛联动发展,着力提高生态环境品质,打造市民群众休闲度假的生态后花园。

图 9-1　基本生态网络结构规划示意图

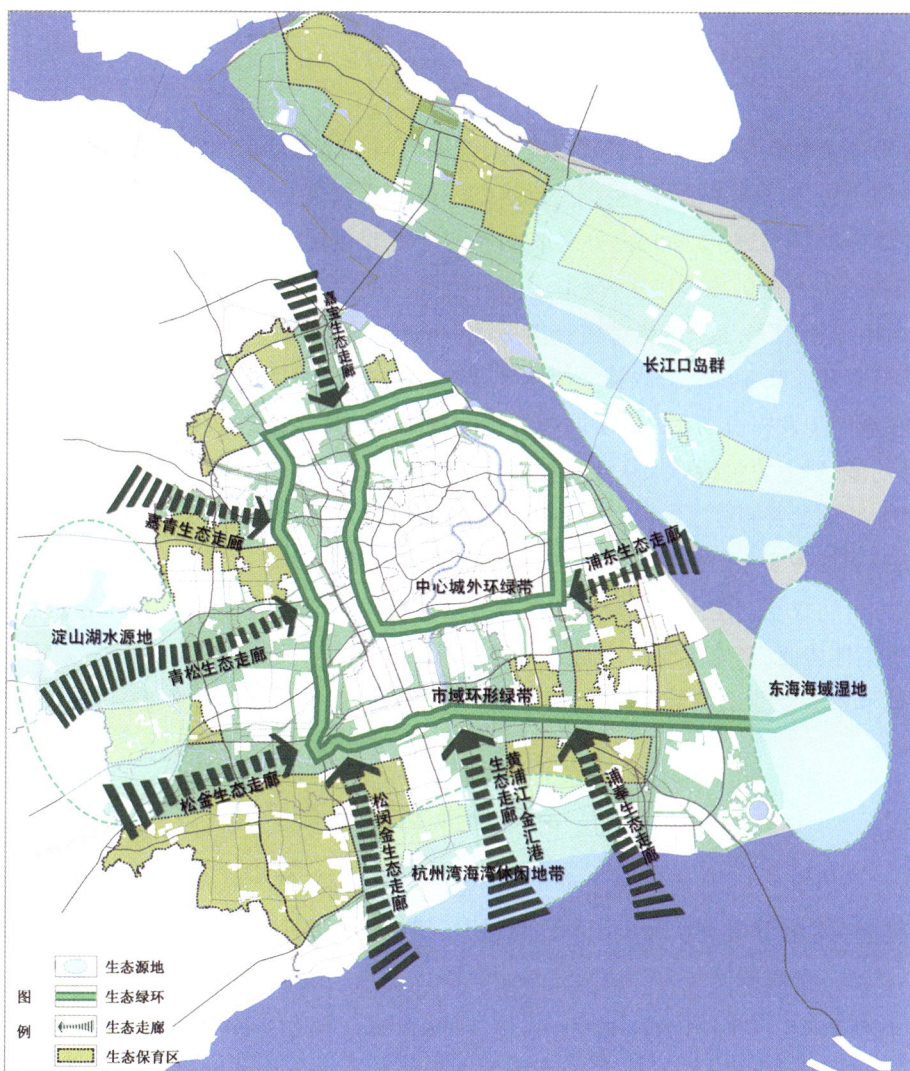

第十章　创造安居乐业的人民生活

坚持民生为本、城乡一体、统筹兼顾、循序渐进，着力完善保障和改善民生的制度安排，逐步扩大多领域、多层次、多元化的公共服务供给，提高基本公共服务保障能力和均等化水平，不断改善人民生活，让改革发展成果更多更好惠及人民。

第一节　千方百计扩大就业

把就业作为民生之本，完善劳动者自主择业、市场调节就业和政府促进就业相结合的机制，实施更加积极的就业政策，创造平等就业机会，促进就业结构优化和劳动关系和谐。

多渠道增加就业。促进经济发展与扩大就业相结合,支持服务业和中小企业发展,建立产业、财税、投资等政策与促进就业政策的联动机制。大力支持和鼓励创业,开展创业培训和实训,完善创业融资、税收、场地等扶持政策,积极发展各类创业园区。加大对残疾人、零就业家庭等就业困难人员的就业援助力度,促进高校毕业生和农村富余劳动力就业。"十二五"期间,力争每年新增就业岗位不低于50万个。

提高劳动者就业能力。适应经济转型需要,开展面向全体劳动者的职业培训,加强择业观念教育。整合培训资源,完善补贴政策,根据劳动者的不同需求开展分类培训,全面提高劳动者的职业素质和就业能力。"十二五"期间,力争完成本地劳动者职业培训100万人,完成外来农民工培训50万人。发挥行业企业的主体作用,探索建立一批高技能人才培养示范基地,加强高技能人才培养。到2015年,高级工以上技能人才占技能劳动者的比重达到30%。

加强劳动者就业服务。完善政策法规体系,健全统一规范灵活的人力资源市场,大力发展人力资源服务业,进一步发挥市场在人力资源配置中的基础性作用。推进就业服务信息化,整合公共人力资源服务功能,努力为包括外来从业人员在内的全体劳动者提供均等化、优质高效的就业创业服务。健全失业监测预警制度。

构建和谐劳动关系。严格贯彻劳动法,完善劳动保障政策法规体系,妥善化解劳动争议,保护劳动关系双方合法权益。建立健全劳动关系预警和应急处理机制,完善劳动用工管理制度,规范用工秩序,推进集体协商,努力实现同工同酬。依法推动企业普遍建立工会组织,探索基层工会"公推直选"制度和建立专业工会干部队伍,切实维护劳动者权益。加强劳动保护,注重对新成长劳动者的人文关怀。

第二节　合理调整收入分配关系

把收入作为民生之源,加快形成合理有序的收入分配格局,努力提高居民收入在国民收入分配中的比重,提高劳动报酬在初次分配中的比重,切实扭转收入差距扩大趋势。

促进居民收入普遍较快增长。依法完善企业职工工资决定机制、正常增长机制和支付保障机制,推进企业和行业工资集体协商,发挥工资指导线、劳动力市场(岗位)工资指导价位和行业人工成本等对企业工资分配的调节作用,努力实现劳动报酬和劳动生产率同步提高。继续提高最低工资标准,提高幅度不低于职工平均工资增长幅度。逐步提高基本养老金、最低生活保障等各类社会保障标准,增加居民转移性收入。

扩大中等收入者比重。大力发展知识密集型的现代服务业和新兴产业,提高人力资本参与初次分配的比重。鼓励劳动者以资本、技术、专利和管理等参与分配,创造条件增加居民财产性收入。鼓励民间投资和创业致富,拓宽经营性收入来源。

加强收入分配调节。发挥税收对收入分配的调节作用,积极落实国家税收改革政策,推动建立健全综合与分类相结合的个人所得税制度。建立国有土地等公共资源出让收益全民共享机制,出让收益主要用于公共服务支出。健全国有资本经营预算和收益分享制度,扩大国有资本收益上交范围,提高上交比例,统一纳入公共财政。控制垄断行业工资水平。完善公务员工资正常调整机制。深化事业单位收入分配制度改革。

第三节　完善社会保障体系

把保障作为民生之基,坚持广覆盖、保基本、多层次、可持续方针,健全覆盖全体市民的社会保障体系。

完善基本社会保险制度。推进基本社会保险制度整合,加快实现基本社会保障的制度全覆盖。逐步形成以城镇职工养老保险和新型农村社会养老保险为核心的基本养老保险制度体系,完善被征地农民和城镇老年居民养老保障制度。完善以城镇职工医疗保险、城镇居民医疗保险和新型农村合作医疗为主体的基本医疗保险制度体系。完善养老金计发办法和增长机制,稳妥推进柔性延迟领取养老金年龄试点。

提高社保基金可持续发展能力。加快建立国资、财政、土地收益等多元投入的社保筹资机制和基金保值增值机制。支持和促进企业年金和职业年金发展,鼓励有条件的单位和个人参加商业保险、补充保险。加强社保基金监管,逐步建立社保基金预决算人大报告制度。

健全失业、生育、工伤等保险制度。探索建立失业保险基金促进就业的长效机制,发挥失业保险制度保障生活、促进就业、预防失业的功能。进一步完善生育保险政策,促进生育保险可持续发展。逐步建立工伤康复制度,探索开展工伤预防,进一步扩大工伤保险覆盖面。稳妥提高失业、生育、工伤、遗属等社会保障待遇。

图 10−1　社会保障体系框架示意图

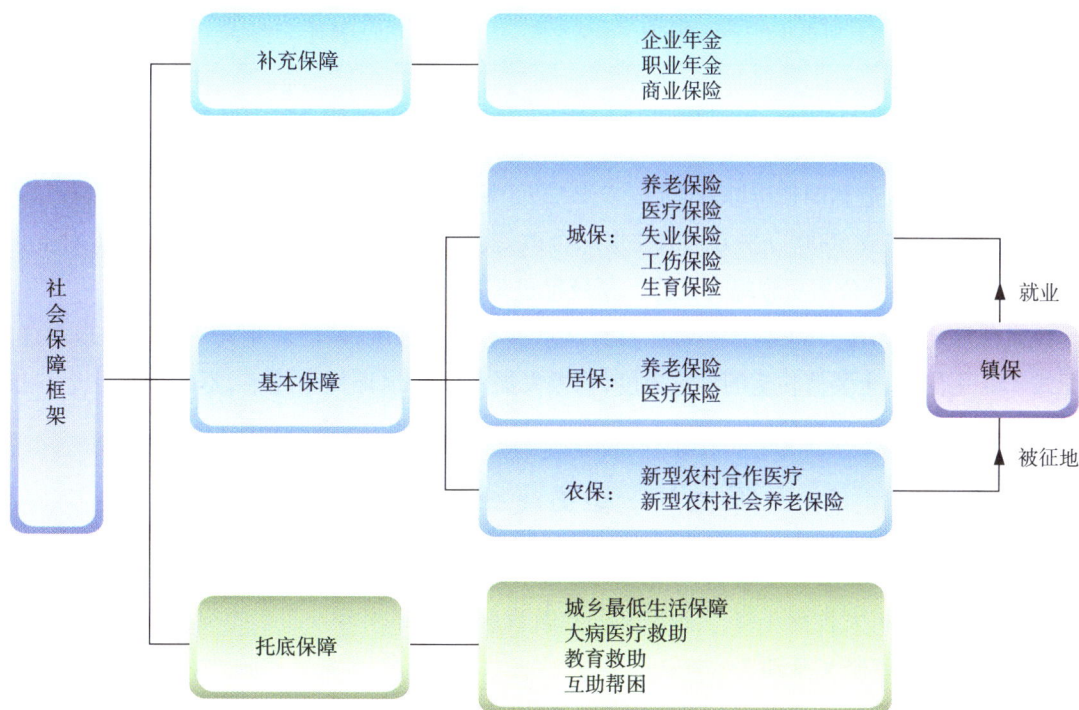

大力发展社会救助、社会福利和慈善事业。健全最低生活保障制度和社会救助机制,完善社会救助和保障标准与物价上涨挂钩的联动机制,着力解决支出型贫困,不断扩大困难群体受益面。健全灾害突发等临时救助制度。建立健全社会福利服务体系,加强为老年人、困境儿童、残疾人、优抚群体的福利服务。完善居民经济状况核对系统,公平实施各类社会保障、社会救助和福利政策。大力发展慈善事业,积极培育慈善组织。

第四节　改善居民居住条件

把住房保障作为改善民生的重中之重,加快建设分层次、多渠道、成系统的住房保障体系,逐步解决中低收入家庭住房困难问题,不断改善居民居住条件,提升居住品质。

加大保障性住房供给。着力完善廉租住房、经济适用住房、公共租赁住房和动迁安置房"四位一体"的住房保障体系,鼓励探索更多的保障性住房供给方式。适时调整保障性住房准入标准,确保符合条件的廉租住房申请家庭应保尽保,逐步扩大经济适用住房保障范围,积极发展公共租赁住房,加快建设动迁安置房,"十二五"期间预计新增供应各类保障性住房 100 万套(间)左右。完善保障性住房建设、供应、使用、退出等管理办法。加快大型居住社区建设,健全市政公建等配套设施及公共服务,进一步完善财政、金融、土地等支持政策。

专栏 10 - 1　"四位一体"住房保障体系

廉租住房:主要面向低收入住房困难家庭,包括租金配租和实物配租两种形式。到"十二五"期末,预计新增供应廉租住房 7.5 万户。

经济适用住房:主要针对中低收入住房困难家庭。"十二五"期间,预计新增供应经济适用住房 40 万套。

公共租赁住房:主要针对部分青年职工、引进人才和来沪务工人员等群体的阶段性居住困难,包括公共租赁住房和单位租赁住房两类。"十二五"期间,预计新增供应公共租赁住房 18 万套(间)。

动迁安置房:主要针对市政动迁和部分旧区改造家庭。"十二五"期间,预计新增供应动迁安置房 35 万套。

推进旧区改造和旧住房综合改造。坚持"拆、改、留、修"并举,全面实施旧区改造新机制和政策,继续推进旧区改造和旧住房综合改造。"十二五"期间中心城区完成 350 万平方米左右二级旧里以下房屋改造,完成 5000 万平方米旧住房综合改造。扩大旧住房综合改造范围,逐步对上世纪 70 年代以前建造的老公房实施综合维修。积极推进郊区城镇的危旧房改造。

提高住宅建设品质。完善住宅规划、设计、建设、验收等标准,广泛应用先进技术和理念,加大装配式工业化住宅、全装修住宅的推进力度,积极发展节能省地环保型住宅,不断提高住宅科技含量,推动住宅品质迈上新台阶。

第五节　全面提升教育水平

着眼于每一个学生的终身发展和人的全面发展,坚持教育优先发展战略,在转变教育发展模式、创新人才培养、扩大教育开放、实现基本公共教育服务均等化等方面率先突破,为 2020 年全面实现教育现代化奠定坚实基础。

大力促进教育公平。强化政府教育公共服务职能,优化调整教育资源布局,加大幼儿园、中小学建设力度,积极应对入园、入学高峰。加大义务教育统筹力度,推进优质教育资源向薄弱地区延伸,逐步统一全市义务教育阶段学校标准,完善校长教师合理流动机制,加快缩小城乡教育差距。保障来沪从业人员同住子女平等接受义务教育。推进医教结合,建设特殊教育公共服务平台。

专栏10－2　加强教育公共服务

　　加强教育投入：全市财政性教育投入占地方财政支出比重2012年达到15%，增加学前教育财政经费投入。加大转移支付力度，缩小区县教育财政投入差距。
　　增加教育资源：配合郊区新城和大型居住社区建设，新建一批幼儿园、小学和初中。
　　统一配置标准：逐步统一全市义务教育阶段学校经费、学校配置、教师收入、教师配置等标准。
　　保障来沪从业人员同住子女受教育权利：增加来沪从业人员同住子女在全日制公办学校免费接受义务教育的比例，扩大其接受职业教育的规模。
　　完善特殊教育：推进特殊教育学校改扩建和迁建，改善办学条件。

　　切实提高教育质量。坚持育人为本，品德、知识、能力培养相结合，推进教学内容和教学方式改革，深化实施素质教育，增强学生创新精神和实践能力。大力发展学前教育，提高保教质量。巩固提高义务教育质量和水平，减轻中小学课业负担。推动普通高中特色化、多样化发展。鼓励行业、企业通过多种形式参与职业教育，着力提高学生职业道德、职业技能和就业创业能力。提升高校教学科研水平，加快推进世界一流大学和高水平大学建设。大力发展继续教育，构建灵活开放的终身教育体系。

　　建设高素质的教师队伍。加强师德师风建设，强化教师爱岗敬业和教书育人意识。改革教师培养模式，提高教师业务能力。不断完善教师职业资格、职务评聘、优秀教师激励等制度，提高教师社会地位，鼓励优秀人才终身从教。

　　深化教育综合改革。全面实施国家和本市中长期教育改革和发展规划纲要，大力推进国家教育综合改革试验区建设。加快建设现代学校制度，落实和扩大学校办学自主权。深化高校管理体制、办学机制、评价体系、招生模式等改革，实施高校分类管理，提升高校人才培养、科学研究和社会服务的整体水平。加强中等职业教育与高等职业教育衔接，构建现代职业教育体系。促进职业教育与普通教育相互渗透，优化普通高中和中等职业教育比例。进一步扩大教育开放，提高教育国际化水平。完善民办学校支持政策，支持民办教育提高质量、办出特色。

专栏10－3　国家教育综合改革试验区

　　2010年3月，国家教育部与上海市人民政府签署部市共建国家教育综合改革试验区战略合作协议。主要内容包括：一是探索扩大教育对外开放的机制与模式，加快创办新型中外合作高水平大学，提升教育国际化水平。二是探索人才培养模式和招生考试制度改革，进一步扩大上海招生考试自主权，全面实施素质教育。三是探索构建职业教育"立交桥"，加快构建中高职贯通的现代职业教育体系。四是探索推动学习型社会建设的新机制，不断强化完善上海开放大学功能，完善终身教育体系等。

第六节　提高居民健康水平

　　坚持基本医疗卫生服务的公益性，建立健全覆盖城乡居民的基本医疗卫生制度，实现人人享有安全、有效、公平、可及的基本公共卫生服务和基本医疗服务，居民主要健康指标达到世界先进水平。

　　普遍提高居民健康素质。深入推进健康城市建设，增强居民的健康意识和健康自我管理能力。促进科学健身，使体育运动成为市民生活的重要部分。注重发挥中医药"治未病"和"简便验廉"的优势,促进中医药事业健康持续发展。实施优生促进工程,提高出生人口素质。

专栏 10 - 4 健康城市

　　为应对城市化进程加快给市民健康带来的挑战,世界卫生组织在全球倡导健康城市建设。上海将逐步建立"政府引导、部门合作、市民参与"的健康促进工作体系,围绕生活方式健康促进、场所健康促进、人群健康促进等三大重点,持续推进合理膳食、全民健身、戒烟限酒、心理健康、健齿护眼、中医治未病、健康社区、健康单位、健康幼儿、健康老人等十项行动,积极组织实施健康生活方式行动周、实用健康工具发放、"健康大讲堂"系列健康讲座、"气象与健康服务"等系列项目,不断增强市民的健康意识和自我保健能力,提高市民身体健康、心理健康、社会适应能力和道德健康水平。

　　实现公共卫生服务均等化。面向常住人口,完善公共卫生服务体系。在全面实施国家基本公共卫生服务项目和重大公共卫生服务专项的基础上,进一步增加针对儿童、老年人群体的公共卫生服务。加强对重大、新发、输入性和不明原因传染病、慢性病、职业病的预防和控制,提高公共卫生预测预警和处理突发事件的能力。

　　优化医疗资源结构和布局。加快"5 + 3 + 1"郊区三级医院的建设,完善运行机制,提高郊区医疗服务能力。优化医疗资源结构,重点加强老年护理、精神卫生、康复、妇幼卫生等薄弱医疗资源配置。到2015年,精神卫生床位达到1.8万张。

　　提高医疗服务能力和质量。完善和实施住院医师、专科医生规范化培训制度,提高临床医生整体素质。创新和完善社区卫生服务模式,探索建立家庭医生制度。完善院前急救体系,建立全市统一的"120"调度指挥系统。加强卫生科研和学科人才建设,基本形成亚洲医学中心城市的主要功能。

专栏 10 - 5 家庭医生制

　　家庭医生制是以全科医生为主要载体、社区为范围、家庭为单位、全面健康管理为目标,通过契约服务的形式,为居民提供连续、安全、有效、适宜的综合医疗卫生服务和健康管理的服务模式。这种模式已在世界上50多个国家和地区推行,通过与居民签约,实行首诊制度,按照人头预付服务经费等方式,从机制上成为服务对象健康和卫生经费的"双重守门人"。

　　"十二五"期间,上海将开展家庭医生制服务模式的试点,由家庭医生对一定数量的人群开展健康管理,实行家庭医生首诊制和医保按服务人口付费,逐步建立与国际接轨的家庭医生制。

　　努力提高医疗保障水平。完善医保制度,逐步缩小各类基本医保制度保障水平差异。改革医保支付方式,控制医疗费用不合理增长。调整医保支付比例,进一步完善医保综合减负、医疗救助、各类医疗互助等补充保障制度,加快推进商业医疗保险健康发展。

　　深化医药卫生体制改革。全面实施国家和本市医药卫生体制改革方案。加大医疗卫生事业投入,完善公立医院管理、运行、补偿、监管等体制机制。合理确定二级医院功能定位,盘活医疗资源。深化社区卫生服务综合改革,创新和完善服务模式。逐步推进分级医疗、社区首诊、双向转诊,提高医疗资源使用效率。全面实施国家基本药物制度,逐步提高基本药物使用比例。

第七节　完善为老服务体系

　　积极应对人口老龄化,巩固完善家庭自我照顾、社区居家养老服务和机构养老为一体的养老服务格局,提高老年人健康水平和生活质量,营造尊老敬老爱老的社会氛围,实现老有所养、老有所为,让老年人生活舒心幸福。

增强养老服务供给能力。加大各级财政投入,以优化布局、床位供给和提高服务水平为重点增强养老服务能力。整体规划、分步推进养老服务设施建设,同步规划建设大型居住区和郊区新城的养老配套设施。完善养老服务需求评估体系,扩大社会化养老服务覆盖面和服务内容,优先满足高龄、失能、失智老人的养老需求。鼓励和支持民间资本参与养老服务领域,吸引社会力量建设养老长期护理机构、老年公寓和休闲养老基地,培育一批有资质、有能力、有品牌的养老设施专业运营管理机构。到 2015 年,社区居家养老服务人数达到 30 万人,养老机构床位达到 12.5 万张。积极探索异地养老等新机制。

逐步建立老年护理制度。启动老年护理保障计划试点,探索建立老年护理保障制度。实施老年护理体系建设工程,加强老年护理床位和服务队伍建设,形成由机构护理、社区护理和居家护理组成的老年护理体系。到 2015 年,老年护理床位达到 2 万张。

专栏 10 - 6　老年护理保障计划

为应对本市人口老龄化、高龄化趋势,以进一步提高老年人群生活质量为目标,充分利用现有的家庭病床、社区病床、老年护理医院、养老机构等各类资源,为符合一定条件的社区老年居民提供社会化护理服务的一项专项计划。主要内容包括:引入专业评估机制,科学界定护理等级;保障方式采取实物支付(提供服务)与货币补贴相结合;资金筹措主要依托医保基金,政府资金予以适当补助。在起步阶段,优先将 80 周岁以上的本市城镇户籍居民纳入保障计划,并逐步扩大覆盖范围。

丰富老年生活。继续发展老年教育,增加老年活动场所和文体设施,积极支持老年文体团队活动,加强老年人健康干预、心理慰藉,提高老年人健康水平和生活质量。鼓励老年人积极参与社会活动。促进老龄事业和产业健康发展。

第十一章　促进和谐有序的社会管理

坚持以人为本、服务为先、社会参与、共建共享,顺应社会发展新趋势,转变社会管理理念,创新社会管理模式,加强社会管理法规、体制、队伍和能力建设,注重依法加强和改进社会管理,营造和谐稳定的社会环境。

第一节　创新社会管理体制机制

按照统筹兼顾、动态协调的原则,推进社会管理体制机制创新,进一步完善党委领导、政府负责、社会协同、公众参与的社会管理格局。

完善社会管理体制。发挥党委的领导核心作用和政府的主导作用,强化社会管理和公共服务职能,发挥基层群众性自治组织、各类社会组织和企事业单位的协同作用,最广泛地动员和组织公民依法参与社会管理。加强社会政策综合平衡,形成权责一致、条块结合、各司其职的社会管理新体制。

创新社会管理机制。加强源头治理,更加注重民生和制度建设,尽可能防止和减少社会问题的产生。加强动态协调,更加注重平等沟通和协商,及时化解社会矛盾。加强应急管理,有效应对和妥善处置突发公共事件,最大限度地增加和谐因素,化解消极因素,激发社会活力。深入开展社会管理创新综合试点,坚持条块协同,加强基层管理和服务资源整合联动,推进网络化管理。

第二节　加强基层社区建设

坚持社区党组织的领导核心作用,完善社区治理结构,加强社区公共服务,发挥基层自治功能,实现政府行政管理与基层群众自治有效衔接,使社区成为管理有序、服务完善、民主自治、文明祥和的社会生活共同体。

推进基层民主自治。推进居委会直选和村委会海选,推行村"四议两公开",全面推广听证会、协调会、评议会等民主管理制度。增强居(村)委会自治功能,引导居(村)委会运用协商、沟通、合作等方法,处理社区事务和协调社区矛盾。健全党代表、人大代表等联系社区制度,健全社区居民参与重大公共政策的制定、实施、评估和监督的机制,激发居民参与社区管理的积极性。

强化社区公共服务。增强社区事务受理服务中心、社区卫生服务中心、社区文化活动中心功能,完善管理体制和运行机制,逐步增加生活服务、矛盾调处、平安建设等服务内容,为居民提供更便捷、更符合需求的社区公共服务。

完善社区治理结构。强化社区街道组织公共服务、实施综合管理、监督专业管理、调动社区资源、指导自治组织和维护社会稳定的职能。积极探索镇管社区模式。鼓励驻区单位参与社区建设。支持居委会依法组织居民开展自治活动和协助基层政府及派出机构工作。探索完善居民区党组织、居委会、业委会和物业服务企业"四位一体"的协调机制,加快完善住房产权和物业管理。

第三节　鼓励社会各方参与

加大对社会组织和社会工作者队伍发展的支持力度,完善社会组织参与社会管理的政策,引导和支持社会力量参与社会管理。

大力培育和发展社会组织。完善社会组织登记管理制度,健全公共财政对社会组织的资助和奖励机制,加大政府购买公共服务的力度,鼓励社会资金支持公益事业。大力发展公益性社会组织,支持发展行业性社会组织,引导发展学术团体、网络社团等社会组织。加强枢纽型社会组织建设,发挥其在社会组织管理、发展、服务中的重要作用。推进政社分开、管办分离,引导社会组织完善内部治理结构,提高自我发展和服务社会的能力。

加强社会工作者队伍建设。健全社会工作者职业能力评估机制和薪酬制度,推进社会工作专业化、职业化。健全社会工作发展保障体系,完善政府购买社会工作服务制度,推行项目化、契约化的运作机制。大力培育专业社会工作机构,拓展更多社会工作服务领域。到2015年,每十万人拥有专职社会工作者人数达到80人。

专栏 11-1　社会工作人才队伍建设目标

社会工作人才队伍是帮助社区家庭个人实现社会功能、预防和解决社会问题、促进社会和谐稳定的重要力量。到2015年,全市社会工作人员将达到7.2万人,其中具有专业资质的社会工作者达1.6万人;一线社工、临床治疗社工、社工督导、行政管理人员和政策研究制定人员的结构比例将分别达到85%、10%、3%、1%、1%。

鼓励公民参与社会活动。引导市民树立社会责任意识,更多参与公益活动和社会公共事务,共同推动社会进步。加强基层社区党群工作者、居委会干部、社会工作者、志愿者等队伍建设,积极发挥人民调解员、就业援助员、助残员等作用。

第四节　维护社会安全稳定

依法加强社会治安综合治理,深入开展平安建设,拓宽民意表达渠道,积极预防和化解各种社会矛盾,确保广大群众人身财产安全,促进社会和谐安定。

健全社会治安防控体系。完善预防和减少犯罪工作体系,加强禁毒、社区矫正及预防青少年犯罪工作。加强城乡社区警务、群防群治等基层基础建设,深化区域警务合作,加大平安建设的科技投入,增强公共安全和社会治安保障能力。加强政法队伍建设,严格公正廉洁文明执法。严密防范、依法打击各种违法犯罪活动。加强社会治安重点地区的排查整治。依法加强对网络虚拟社会的监测和管理。

畅通民意表达和回应渠道。切实发挥人大、政协、人民团体等反映民意的主渠道作用,健全社会组织反映民意的机制,重视和关注网络民意,完善社情民意回应机制。畅通信访渠道,完善信访初次办理、信访代理、律师等第三方参与、信访事项终结等长效工作机制,规范信访秩序。加大法律援助和司法救助力度,引导群众依法有序合理表达利益诉求。

创新矛盾预防和化解机制。注重矛盾纠纷的源头预防,全面推行重大事项社会稳定风险分析和评估制度,使之成为政策制定和项目审批的必备环节。健全矛盾纠纷排查调处和社区舆情汇集分析机制,完善重大公共安全事件、群体性事件的预防预警和应急处置体系。构建多元化矛盾纠纷解决机制和"属事"与"属地"管辖相结合的联动化解机制。加强各级各类调解组织建设和人才培养,完善以人民调解为基础,人民调解、行政调解、仲裁调解和司法调解联动的工作体系,建立调处化解矛盾纠纷综合平台。

加强安全生产监督管理。严格安全目标考核和责任追究,完善安全生产监管管理方式,健全联动执法机制,加强重点行业领域的安全生产监管,防范重大事故发生,全面提升安全生产水平。到2015年,亿元生产总值生产安全事故死亡率比"十一五"期末下降36%以上。

保障食品药品安全。大力推进食品药品安全监督的制度建设和能力建设,逐步推广农产品质量安全产地准出、市场准入和信息可追溯制度,完善从农田到餐桌全过程的监管网络,强化药品动态监管和风险控制,提高医疗器械安全水平,保障市民饮食和用药安全。

完善国防动员体系。加强国防动员和民兵预备役建设,深化全民国防教育,支持国防后备力量和驻沪部队、武警部队建设,积极开展军民共建与和谐创建活动,做好拥军优属和拥政爱民工作。

第五节　加强人口综合服务和管理

加强人口综合调控,提高人口服务和管理水平,促进人口与城市的协调发展,促进不同人群的社会融合。

深化完善人口政策。加强人口总量调控,优化人口结构布局。坚持计划生育基本国策,逐步完善生育政策。积极稳妥推进户籍制度改革,健全居住证、居住证转办常住户口、引进人才直接落户等政策体系。引导人口向新城、小城镇、大型居住社区集聚。

加强人口综合服务。健全实有人口、实有房屋全覆盖管理服务机制,逐步实现居住地服务和管理。切实保障妇女合法权益,加强未成年人保护,关注未成年人成长发展,积极发展妇女儿童和青年事业。加快推进残疾人事业发展,健全残疾人服务体系。切实维护少数民族群众的合法权益。合理规划宗教活动场所布局。做好对轻微违法犯罪人员、刑释解教人员、易肇事肇祸精神病人等的有效管理。

促进来沪人员融入城市。保障来沪人员享受基本公共服务的合法权益,鼓励来沪人员参与居住社区的公共事务和社区管理,促进本地人口与来沪人员的相互理解和尊重,创造条件让来沪人员更好地融入城市发展。

第十二章　塑造时尚魅力的国际文化大都市

坚持社会主义先进文化的前进方向,按照开放、多元、传承、创新、繁荣的方针,全面增强城市文化软实力和国际影响力,推动商旅文体联动发展,满足人民群众不断增长的精神文化需求,加快建设更具活力、富有效率、更加开放、充满魅力的国际文化大都市。

第一节　提升城市文明程度和市民文明素质

加强社会主义核心价值体系建设,把社会主义核心价值内化为市民的自觉追求,倡导爱国守法和敬业诚信,弘扬城市精神,形成奉献、友爱、互助、团结的社会文明风尚。

丰富城市精神内涵。把"海纳百川、追求卓越、开明睿智、大气谦和"的城市精神融入市民的思想观念、行为规范。以世博精神丰富城市精神的时代内涵,大力弘扬为国争光的爱国精神、全心为民的服务精神、团结协作的团队精神、严谨科学的实干精神、追求卓越的创新精神、爱国敬业的奉献精神。完善志愿者服务制度,加强志愿者队伍建设,完善志愿服务体系。

倡导社会文明风尚。深入推进社会公德、职业道德、家庭美德和个人品德建设,不断拓展群众性精神文明创建活动。弘扬科学精神,加强人文关怀,注重心理疏导,培育奋发进取、理性平和、开放包容的社会心态和有礼守序的公共行为。净化社会文化环境,保护青少年身心健康。提倡修身律己、尊老爱幼、勤勉做事、平实做人,引导人们知荣辱、讲正气、尽义务、守信用,形成扶正祛邪、惩恶扬善、助残济困的社会风气。

第二节　提高文化原创能力

按照弘扬主旋律、提倡多样化的要求,鼓励创作更多思想性、艺术性、观赏性相统一的精品力作,努力成为优秀文艺作品的发源地。

鼓励创作文艺精品。挖掘传统文化内涵,激发创新创造活力,重点实施文学、影视、舞台艺术和美术等创作工程和"民族、民俗、民间"荟萃工程,鼓励创作文艺"新品、优品、精品"。

加快集聚优秀文化人才。创新文化人才培养、引进和使用机制,加快紧缺文化人才培养,积极推进文化领军人才队伍建设,吸引国内外优秀文化人才来沪发展,培养和集聚一批大师、名家。

第三节　提升公共文化服务水平

坚持公益性、基本性、均等性、便利性的原则,以政府为主导,以基层为重点,建成覆盖城乡、惠及全民的公共文化服务体系。

加强公共文化基础设施建设。结合世博场馆后续利用,推进若干重大公共文化服务设施建设。加快历史博物馆、档案馆等重点公共文化服务项目建设。完善区县公共文化设施,健全基层公共文化设施网络布局,重点加强已建成的 200 个社区文化活动中心规范化运行。

丰富公共文化服务内容。落实广播电视户户通、文化信息资源共享工程、乡镇综合文化站、农家书屋、农村电影放映等重大公共文化惠民工程建设。继续推动博物馆、纪念馆、文化馆、图书馆、美术馆等公共文化场馆免费向市民开放。建立健全公共文化产品和服务的招投标采购制度,完善供需对接的公共文化服务内容配送体系,建设数字图书馆、数字电视公共服务频道等公共文化服务平台,提高公共文化的整体服务水平。

广泛开展各类群众文化活动。支持各类群众文化团队开展健康文体活动,培养群众文化优秀团队,培育一批富有民族、民俗、民间特色的活动品牌。鼓励开展普及性、公益性的文化艺术讲座和活动,不断提升市民文化欣赏能力。

推进文化遗产保护传承和开发利用。实施重大文化遗产保护工程,加大近现代革命文化遗存、民族工业文化遗存和优秀建筑保护,完善非物质文化遗产传承保护体系,提高文化遗产的传承、保护、管理和利用水平,做好第二轮地方志书编纂工作,切实保护城市历史文脉。

第四节　加快发展文化创意产业

坚持文化、创意、金融、科技融合发展,提升文化创意产业竞争力和辐射力,努力使文化创意产业走在全国前列。

积极发展文化新业态。聚焦媒体、艺术、工业设计、时尚、休闲娱乐等领域,重点发展数字出版、新媒体、网络文化、动漫游戏等新兴业态,加快发展服装服饰、黄金珠宝等都市型时尚产业,提升质量,扩大规模,不断提高文化创意产业的影响力和带动力。

实施重大项目和基地建设战略。积极盘活西藏中路、人民广场区域内原有文化娱乐设施,集聚国内外各种演艺娱乐资源,打造环人民广场文化演艺娱乐集聚区。加快建设国家动漫游戏产业示范区、国家数字出版基地、佘山文化影视产业基地、国家音乐产业基地、国家网络视听产业基地、国家绿色印刷创意示范园区、国家工业设计示范园区以及各类创意产业集聚区。

加快集聚各类文化市场要素。发挥上海文化产权交易所的功能,加快集聚资本、产权、技术、人才等要素,拓展文化创意产品流通和服务市场。强化金融支持,促进各类资本投向文化创意产业。探索文化创意无形资产评估及应用,加快培育中介、资产评估、产权经纪、交易代理等专业服务机构。

加强与国内外文化交流。积极开展城市形象推介,发挥各类重大文化创意活动的国际交流与传播作用,支持对外传播媒体发展,打造文化交流新品牌。开展跨区域文化创意项目合作,建设"长三角文化圈",推动沪港澳台文化合作。加强与其他国家的创意城市合作交流,打造设计之都。加快文化"走出去"步伐,完善上海国际文化服务贸易平台功能,大力发展文化贸易。

> **专栏 12 - 1　"十二五"时期部分重大文化项目**
>
> 　　**上海世博会博物馆**：主要用于展示上海世博会的申办、筹办与举办情况，以及历届世博会文物文献的收藏、研究和展示。
> 　　**上海市历史博物馆**：主要用于收藏、展示上海古代史、近代史和现代社会、文化、艺术等建设成就。
> 　　**上海航天博物馆**：主要用于展示、收藏和研究航天科技技术及产品，以弘扬航天精神、发展航天科普。
> 　　**虹桥国际舞蹈艺术中心**：打造立足全国、面向国际的舞蹈文化交流中心、一流的舞蹈展示中心以及综合性的舞蹈教育培训中心，使之成为集舞蹈文化交流、展示、教育培训于一体的国内一流、世界领先的舞蹈文化基地。
> 　　**国家动漫影视应用技术工程研究中心**：打造具有自主知识产权的 3D 动漫影视全流程制作平台，建立基于互联网的中国动漫影视产业公共技术服务平台联盟。
> 　　**国家数字出版基地**：建设国家数字出版基地二期、三期及虹口园区。开展沪版图书内容数字化工程，搭建数字作品版权登记保护平台，建立数字版权交易平台，开展新一代电子书研发项目。
> 　　**佘山文化影视产业基地**：建设集广播、电影、电视、动漫、网络、新媒体、演艺、旅游等业态于一体的文化创意产业园。
> 　　**金山国家绿色创意印刷示范园区**：推动绿色印刷的产业化、集聚化、高端化、组织化发展，成为接纳国际绿色印刷和服务外包转移的重要承载地。

第五节　深化文化体制改革

以改革创新为动力，解放和发展文化生产力，激发全社会文化发展活力，营造有利于文化发展的社会环境。

深化文化企业改革。加大国有文化企业改革力度，推动文化企业集团重组上市，支持骨干文化企业跨地区、跨行业兼并重组，培育文化产业战略投资者。鼓励多种所有制文化企业共同发展，扶持一批"专、精、特、新"和有核心技术、自主知识产权的中小企业。

优化文化发展环境。强化规划引导、资金投入和市场监管，降低准入门槛，推动文化市场加快开放。改进政府文化投入方式，提高资金使用效益。继续推进文化事业单位改制工作，创新公共文化服务制度，完善绩效考评机制。加强文化市场综合执法，完善法制环境。

第六节　打造世界著名旅游城市

大力开展各类旅游会展、节庆活动，营造良好的旅游休闲环境，不断增强上海旅游业的国际竞争力和影响力，将上海打造成为观光旅游、商务会展、时尚购物、休闲度假的国际都市旅游目的地和旅游集散地。

优化旅游空间布局。依托区域资源禀赋，形成"一圈四区三带一岛"总体布局。中心城区形成集商务会展、都市观光、美食购物、休闲娱乐、文化创意为一体的都市旅游中心圈。东部形成主题游乐与会议展览旅游区，西部形成山水游憩与休闲度假旅游区，南部形成乡村度假与滨海娱乐旅游区，北部形成生态休闲与产业体验旅游区。打造黄浦江、苏州河、杭州湾北岸三条水上旅游带。打造农业体验与生态观光为一体的崇明生态休闲度假岛。

提升发展旅游会展业。大力发展水上旅游、邮轮旅游、购物旅游、商务旅游、会展旅游、医疗旅游、红色旅游，促进旅游与相关产业联动发展。推行市民旅游休闲计划，优化旅游消费环境，发展都市休闲旅游。办好旅游节庆活动，加强与长三角以及国内外其他城市的旅游合作，培育一批具有国际竞争力的大型旅游企业集团。大力提升会展业的国际化、专业化、市场化和品牌化发展水平。

加快旅游重点区域和重大项目建设。加强外滩、陆家嘴、世博核心区、上海国际旅游度假区、佘山国家旅游度假区、崇明生态岛、黄浦江、环淀山湖、杭州湾北岸等区域的旅游功能开发。积极推进迪士尼、欢乐谷二期等旅游重大项目建设。规划建设若干游船和游艇码头及其配套服务设施。构建旅游公共服务体系,健全旅游信息咨询服务平台。

第七节 增强体育发展能力

发展服务市民健康的体育事业和体育产业,增强市民体质,提升竞技体育水平,建设体育强市,为实现体育强国战略作出贡献。

大力发展群众体育。实施全民健身计划,建设一批体育场、游泳池、健身房等公共体育设施,实现社区公共运动场全覆盖,促进学校体育场地向社区开放。大力发展群体性、观赏性体育活动,引导更多市民参与健身锻炼。完善体育公共服务体系,加强健身指导和体质监测。

创造竞技体育新成绩。立足建设都市型竞技体育和精品战略,加强职业体育品牌建设,全面提升上海体育在国内外的竞争力和影响力。加快竞技体育后备人才培养步伐。调整优化运动项目布局,规划建设国家级训练基地。

加快发展体育产业。着力发展体育赛事、体育健身和体育休闲产业,促进体育消费。办好第14届世界游泳锦标赛和一系列国际品牌赛事及重大国际体育活动,全面提升上海体育赛事的国际影响力。

专栏12-2 全民健身实施计划(2011~2015年)

通过实施全民健身计划,初步建立与城市发展水平相协调的覆盖城乡、组织完善、设施齐全、活动丰富的全民健身服务体系,基本满足广大市民体育健身需求,确保上海体育公共服务水平全国领先。重点任务是:

增强市民健身素养:全市经常性参加体育锻炼的人数比率达到46%。市民体质继续高于全国平均水平。

增加健身场地设施:实施"百姓健身设施工程",公共运动场实现社区全覆盖。新建健身步道300公里。建设"一村一场"、"一镇一池"、"一街一中心"。

健全组织网络体系:体育健身俱乐部或协会实现社区全覆盖,社区健身团队达到15000支。

开展全民健身活动:做强做大上海国际大众体育节,全市50%街道成为"体育生活化示范社区"。

提升科学健身水平:健全市、区县、街镇三级科学健身指导网络,社会体育指导员人数达到本市常住人口的1.5‰,市民健身技能培训基地实现区县全覆盖。

第十三章 建设创新开放的新浦东

在浦东开发开放二十周年、原南汇区划入浦东新区的新起点上,继续高举浦东开发开放旗帜,大力推动浦东二次创业和新一轮区域功能开发,更好地发挥浦东在改革开放中的先行先试作用、在推进"四个率先"中的示范带动作用和在建设"四个中心"中的核心功能作用,全力推动浦东实现新跨越。

第一节 争创国家改革示范区

按照"三个着力"的要求,聚焦全国能借鉴、全市能推广、浦东能突破的政策措施,深入推进浦东综合配套改革试点,率先建立有利于推动科学发展、促进社会和谐的体制机制。

率先建立公共服务型政府。探索政府公共服务职能法定化,实施法定机构改革试点,加快推进事业单位改革。完善开发区和街镇管理体制,推行大区域、轻型化、扁平化的新型管理体制。深化行政审批制度改革,探索建立法人主体资格与经营资格分离的企业登记管理制度,推动市场准入从前置审批向事后监管转变。以诚信管理为基础,推进市场管理综合执法。创建基础性政务信息的统一接口,完善政务信息共享机制。探索在行政领域引入质量管理体系认证制度。

率先探索与国际惯例相衔接的制度。加大制度创新力度,促进航运金融、离岸金融、科技金融、文化金融等专业金融发展。创新海关特殊监管区域管理制度,全面实施企业分类监管和风险管理。创新外汇管理制度,健全外汇集中收付汇管理制度,完善国际贸易人民币结算体制。深入推进企业产权制度、企业信用、知识产权、股权激励等改革试点。

率先形成城乡经济社会一体化发展格局。完善规划管理体制和重大项目建设出资机制,加快实现城乡基础设施体系、公共资源配置、就业社会保障、社区社会管理一体化。创新土地管理制度,率先建成城乡统一的土地要素交易市场。深化农村集体资产管理体制改革,探索集体资产股份化、股权化运作模式。率先建立优先保障基本公共服务的财政支出机制,推动基本公共服务均等化。推进户籍、人口管理、社会福利保障等制度改革,着力破解来沪人员与本地居民的二元结构矛盾。探索改进法律监督、民主监督、社会监督的新方法,创造扩大民主协商、凝聚社会共识的新形式,拓展加强社会调解、化解社会矛盾的新途径。

全力支持浦东率先深化改革开放。完善部市合作和市区联动推进机制,争取更多的改革试点在浦东先行先试。赋予浦东更大的改革发展自主权。加快形成鼓励改革创新的法制保障,率先形成勇于改革、宽容失败的氛围。

第二节　建设"四个中心"核心功能区

大力集聚要素资源,着力提升服务经济能级和国际化水平,引领全市加快形成服务经济为主的产业结构。到2015年,浦东新区金融业增加值占全市比重提高到50%左右,服务贸易进出口总额占全市比重达到50%左右,航运业增加值比2010年翻一番。

加快建设陆家嘴金融城。推进陆家嘴地区深度开发和扩容,深化与外滩金融集聚带的联动发展。加快建立全国性金融资讯信息服务平台,建设张江金融信息服务产业基地。积极推进国家金融创新试点在浦东先行先试。着力加强综合配套服务,提高金融机构集聚度和影响力。

着力推进"三港""三区"联动发展。以建立具有较强航运资源配置功能的国际航运发展综合试验区为目标,加大功能性政策突破力度,加快集聚航运主体,拓展高端服务功能。深化完善"三港""三区"管理体制,促进政策全面覆盖、项目合理布局。

积极推动外高桥国际贸易示范区建设。大力发展服务贸易、离岸贸易、保税展示和交易,形成符合国际惯例的国际贸易结算中心。加快提升能源、钢材、有色金属、农产品等大宗商品交易市场影响力,推进钻石、汽车、高档消费品等专业市场发展。大力吸引高能级贸易主体、贸易促进机构和行业组织。

图 13-1　浦东新区发展布局

大力培育服务业发展新亮点。发挥世博后续效应和迪士尼项目辐射带动作用,发展旅游会展、休闲度假、商业商贸和文化创意产业。加快浦东滨江沿海旅游资源开发,打造世界级休闲度假旅游目的地。加快国家电子商务综合创新实践区建设。

第三节　打造战略性新兴产业主导区

坚持科技创新与产业化相结合,加快推进战略性新兴产业发展,充分发挥浦东在全市创新驱动、转型发展中的示范引领作用。到 2015 年,浦东新区战略性新兴产业增加值占全市比重达到 50% 左右。

创建张江国家自主创新示范区。深化"聚焦张江"战略,推动生物医药、集成电路、软件等国家级产业基地发展,打造国际一流的自主创新示范区和新兴科技城。完善政府引导资金、国资创投基金运作模式,促进创业投资集聚发展,支持科技型中小企业上市,扩大知识产权质押融资规模,加快形成多层次的科技投融资体系。形成一批掌握核心技术和市场主导权的领军企业。

加快临港产业区发展。以建成代表国家水平、具有国际竞争力的高端装备制造和创新基地为目标,大力推进新能源装备、大型船用关键件、汽车整车及零部件、海洋工程装备、大型物流及工程机械等装备制造业集群发展。加快启动临港民用航空产业基地建设,以大飞机项目带动配套产业集聚,形成航空产业集群。统筹临港地区的规划建设,促进产城融合和港、城、区、镇联动发展。

建设国际人才创新试验区。围绕金融、航运、贸易、战略性新兴产业等重点领域,大力集聚和培育各类领军人才和创新创业人才。支持海外高层次人才创新创业基地建设,实施吸引海内外高层次人才的"百人计划"。优化人才服务体系,落实激励扶持政策,探索人才柔性流动等新举措。

第十四章 争当改革攻坚的排头兵

按照市场化、国际化、法制化取向,坚持开创性、坚韧性、操作性相结合,着力破除转型发展的深层次问题和结构性矛盾,探索综合性改革、专项改革试验,加快形成有利于科学发展的体制机制,进一步增强发展的动力。

第一节 深入推进行政体制改革

以政府职能转变为核心,以政府管理创新为重点,以决策、执行、监督为关键环节,加快行政体制改革,建设服务政府、责任政府、法治政府、廉洁政府,把上海建设成为全国行政效能最高、行政透明度最高、行政收费最少的行政区之一。

强化政府公共服务职能。在完善政府经济调节、市场监管职能的同时,更加强化社会管理和公共服务职能。加快政事分开、事企分开和管办分离,积极稳妥推进科教文卫体事业单位分类改革。深化完善公共财政体制,保障基本公共服务支出,强化政府绩效考核和行政问责。改革基本公共服务提供方式,引入竞争机制,扩大购买服务,实现提供主体和提供方式多元化。推进非基本公共服务市场化改革,增强多层次供给能力,满足群众多样化需求。实现政府主管部门与所办经济实体和直属企业脱钩,创造公平竞争的市场环境。

创新政府管理方式。优化政府结构、行政层级、职能责任,推进大部门制改革。深化行政审批制度改革,加强行政审批标准化建设,推行告知承诺和并联审批制度,提高审批效率。完善全市统一的网上行政审批管理和服务平台,推动行政审批事项全部上网、全程上网。进一步减少和规范行政事业性收费项目,降低收费标准,完善收费项目设立程序,依法规范行政收费行为。

全面推进政务公开。以公开为原则、不公开为例外,进一步加大主动公开力度。制定政务公开行动计划,明确措施、节点和责任,重点推进财政预算、公共政策、行政执法、公共服务等领域的政务信息公开,切实保障人民知情权、参与权、表达权和监督权。依托电子政务建设,建立完善互联网信息服务平台和便民服务网络平台。建立政务信息使用标准和交换规则,形成政务信息互换共享、业务协同办理和网上公开服务的工作机制。

加强依法行政制度建设。推动社会管理和公共服务领域的立法,完善规范政府共同行为的立法,规范重大行政决策和行政执法程序。探索建立立法项目公开征集制度,健全政府法规规章的立项论证和集中起草制度,完善政府规章和规范性文件草案公开征求公众意见制度与专家论证制度,扩大政府立法的民主参与度。加强政府规章和规范性文件的定期清理和立法后评估。健全科学决策、民主决策、依法决策机制,提高公共决策透明度和公众参与度。完善以行政机关执法为主的综合执法体制,相对集中行使行政许可权和处罚权。

强化行政监督机制建设。加强和改进行政监察,进一步完善监察机关派出机构管理制度。加大对重点部门、重点资金、重点项目的审计监督力度,推进审计公开。维护司法权威,促进司法公正。自觉履行人民法院的生效判决和裁定,认真对待司法建议和检察建议。推进行政复议机构建设,开展行政复议委员会制度试点,完善行政复议建议书制度。建立电子监察、网络投诉、网上信访、行风政风测评平台,健全对行政权力的监督制度。完善政府绩效评估制度,探索引入第三方评估和民意测评机制。

健全公务员管理制度。完善公务员培训、考核、晋升、奖惩、待遇等全过程管理制度。推进公务员选调交流常态化,形成市、区县、街镇三级公务员互动交流机制。深化公务员聘任制建设试点。完善以行政首长为重点的行政问责制度,明确行政问责范围,规范问责程序,健全责任追究制度和纠错改正机制。

完善"两级政府、三级管理"体制。依法规范和合理划分市、区县、街镇的管理权限,对区县实行差别化管理。按照区域功能定位和生产力布局的要求,促进资源整合和协调发展。完善市与区县财税管理体制,理顺税收征管和财政分配关系,健全财政转移支付制度,加快形成财力与事权匹配的财政体制。全面清理规范区县政府性债务及政府融资平台债务,建立政府性债务风险预警和监控机制。控制政府性债务规模,完善区县基层组织财力保障机制。

第二节　加快突破国资国企改革瓶颈

坚持市场化、证券化、国际化导向,推进国有经济战略性调整,基本建立具有创新活力和核心竞争力、运作规范的国资国企管理运营模式,为推动城市转型、保障国计民生、支撑经济社会持续发展发挥重要作用。

加快国有经济战略性调整。健全国资有进有退、合理流动机制,进一步收缩领域、压缩层级。加快推动国资从一般竞争性领域退出步伐,建立国资运营新平台,增强国有股权的流动性,鼓励国资向基础设施、战略性新兴产业和社会民生等领域倾斜。推动有条件的国有企业向生产性服务企业转型。立足公众公司定位,深化国资国企开放性市场化重组,加快市级国有独资集团公司改革,大力推进国有企业集团整体上市或核心业务资产上市,逐步取消企业集团管理层级,力争市属产业类国资证券化率达到90%左右。

完善国企法人治理结构。加快建立治理结构规范、管理制度完善的现代企业制度,充分确立董事会选人用人、业绩考核、薪酬激励等自主权。扩大市场化选聘国企高管的范围,实行除董事长之外的经营者市场化、职业化选聘制度。探索建立中长期激励制度,建立以市场为导向的考核评价和激励约束机制。

健全国有资本监管体制。深入推进政企分开、政资分开,加快分离国资监管机构的社会公共管理职能和国资出资人职能,建设专业化的出资人代表机构。探索建立公益性和竞争性国有企业分类管理体系。完善覆盖全部国有企业、分级管理的国有资本经营预算和收益分享制度,推进国资经营预算与公共财政预算、政府性基金预算、社会保障预算衔接。

第三节　大力支持非公经济发展

以完善市场准入制度为突破口,加快消除非公经济发展的瓶颈制约,着力营造各种所有制经济依法平等使用生产要素、公平参与市场竞争、同等受到法律保护的体制环境。

放宽非公经济市场准入。消除制约非公经济发展的制度性障碍,鼓励和引导民间资本进入法律法规未明确禁止准入的行业和领域。建立公开透明的市场准入标准,不对民间资本单独设置附加条件。支持民间资本进入可以实行市场化运作的基础设施和市政公用事业领域,引导民间资本投向医疗、教育和文化等公共服务领域,允许民间资本兴办金融机构。

积极发展混合所有制经济。鼓励非公企业和非公资本参与国资国企改制重组,支持和引导非公企业与国有企业建立配套协作机制。完善土地、财税等支持政策,理顺兼并重组企业所在地区间的利益分配机制,探索建立全国企业兼并重组交易中心。

突破中小企业发展瓶颈。支持中小企业改制上市。拓宽初创期、成长期中小企业融资渠道,发展保单融资、票据质押融资、知识产权质押融资、供应链融资、集合票据和债券融资,完善中小企业信用担保体系。加大财税扶持力度,鼓励企业增加研发投入和促进科技成果转化。整合公共服务资源,完善公共服务平台。支持和引导中小企业参加政府采购。完善境外投资促进和保障体系,支持非公企业开展境外投资。

第四节　着力完善服务经济发展环境

突破制约服务经济发展的管制、税制、体制和法制瓶颈,营造有利于服务经济发展的制度环境,加快形成服务经济为主的产业结构。

完善市场监管体制。稳妥有序降低牌照、资质、标准等市场准入门槛。深化垄断行业、公用事业、社会事业改革,开放社会服务领域的市场空间。完善企业信用分类监管制度,实现对市场主体准入、经营、退出等全过程监管。整合监管资源,推动监管信息共享,完善综合监管和专业监管协同机制。

强化财税激励导向。争取国家服务业税制改革在上海先行先试。完善营业税差额征收办法和技术先进型服务业企业税收政策,实施增值税扩围,进一步鼓励服务业从制造业分离,促进专业化分工及产业融合发展。

健全社会信用体系。探索建立行政、司法、公用事业、金融、商业交易等领域的信用信息共享和联动机制,进一步完善个人和企业信用联合征信体系。建立严格的社会化信用奖惩制度,营造"守信受益、失信惩戒"的社会环境。完善制度性安排,培育信用产品与服务的市场需求,加快信用服务行业和相关产业发展。

优化法制政策环境。加快推进金融、航运、贸易和专业服务、知识产权保护、口岸综合管理、信用等方面的地方立法。加快制定服务业行业标准,鼓励企业积极参与制定国家标准和国际标准。建立与国际惯例相衔接、与服务经济和新兴产业发展相适应的统计体系。探索建立跨部门的产业管理体制,优化产业园区管理运营模式。推进闸北国家服务业综合改革试点。

第十五章　形成海纳百川的开放格局

坚持区域协调、内外联动、面向全球、互利共赢,实施更加主动的开放战略,努力提升统筹利用国际国内两种市场、两种资源能力,在更大范围、更广领域、更高层次上参与全球竞争合作,不断提升城市开放型经济水平和国际化程度。

第一节　推动长三角地区一体化发展

贯彻落实国家长三角地区区域规划,完善合作机制,拓展合作领域,深化合作内容,共同建设具有较强国际竞争力的世界级城市群。

增强综合服务功能。发挥上海要素市场体系健全、高端功能机构集聚的优势,为长三角地区发展提供金融、信息、物流、技术、人才等服务。完善枢纽型、功能性、网络化基础设施体系,不断提高服务长三角地区的能力。发挥浦东综合配套改革试点示范带动作用,促进长三角地区深化改革和扩大开放。发挥世博后续效应,共同推动世博资源开发利用。

推动重点领域合作。深化交通、能源、信息、科技、环保、信用、社保、金融、涉外服务、工商管理以及旅游、气象等重点领域合作,推动长三角地区之间优势互补、资源整合。构建区域创新体系,推动长三角地区率先建成全国创新型区域。推进产业园区、港口、通关等领域合作,提升区域产业国际竞争力,建设全球重要的现代服务业和先进制造业中心。

完善合作协调机制。深化决策层、协调层、执行层"三级运作、统分结合、务实高效"的区域合作协调机制,完善泛长三角区域合作机制。发挥城市经济协调会作用,推进长三角地区城市间双边、多边合作,支持区县与长三角临近城市加快形成同城效应。建立健全利益共享机制,发挥市外市属农场作用,建设承接上海产业转移基地。充分发挥市场机制作用,培育跨区域中介组织,强化企业区域合作的主体地位。探索设立长三角地区合作与发展共同促进基金。

第二节　促进区域合作互利共赢

发挥比较优势,继续加强对口帮扶,大力推动区域合作,不断提高对外服务、辐射、带动能力,努力促进区域协调发展。

提升对口支援水平。坚持因地制宜、分类指导、集中集聚、突出实效的方针,加大对新疆喀什,西藏日喀则,云南文山、红河、普洱、迪庆等州(市),三峡库区重庆万州、湖北宜昌夷陵,青海果洛等对口地区的帮扶力度。坚持开发式扶贫,切实让贫困群众直接受益,增强欠发达地区自我发展能力。

加强国内区域合作。推进长江黄金水道共建和长江沿岸城市合作,支持西部大开发、中部崛起和东北地区等老工业基地振兴,积极开展与环渤海、珠三角等地区合作。按照继续实施更紧密经贸关系安排和落实两岸经济框架协议的要求,深化与港澳台交流和合作,争取经济、科技、教育、文化等领域更多开放试点。

积极拓展内需市场。把握国家实施扩大内需战略的机遇,支持大企业大集团跨地区重组整合,推动上海品牌、上海设计走向全国,鼓励有条件的工业园区输出管理和技术。完善政策体系和服务网络,支持各地企业来沪发展。

第三节　积极参与全球竞争合作

完善开放型经济格局,优化贸易结构,提高"引进来"水平,加快"走出去"步伐,进一步提升城市国际竞争力。

加快转变外贸发展方式。积极推动海外营销,努力拓展新兴市场,稳定传统市场。加快培育以技术、品牌和服务为核心竞争力的出口新优势,鼓励自主知识产权、自主品牌和高新技术产品出口,探索建立知识产权预警机制。鼓励先进技术与设备、关键零部件、能源资源和节能环保产品进口,努力成为重要商品进口集散地。推动加工贸易转型升级,逐步提高一般贸易、服务贸易和新型贸易业态比重。

推动利用外资内涵式发展。坚持引资和引智并重,加大产业链高端招商引资力度,引导外资投向现代服务业和战略性新兴产业。鼓励跨国公司以上海为基地进行业务整合,大力发展总部经济。积极引进国外智力资源,推进建设开放型自主创新体系。创新利用外资方式,鼓励外资以参股、并购等方式参与境内企业兼并重组,促进外资股权投资和创业投资发展。鼓励有条件的上市企业引进国外战略投资者。

加强对外投资合作。按照市场导向和企业自主决策原则,鼓励企业开展境外投资,联手内外资企业开发市场、技术和标准,培育一批本土跨国公司和知名品牌。大力发展境外工程总承包项目,推动优势企业有序向境外拓展。支持金融机构到境外开设分支机构,支持相关中介服务、协会、商会发展,营造有利于企业"走出去"的人才、信息、金融等服务环境。建立健全对外投资合作的应急处置机制。

第四节　提升城市国际化水平

充分利用世博会品牌效应,加强上海与国际城市间的合作交流,营造国际化的居住和商务环境,提升城市国际知名度和影响力。

积极吸引国际组织。吸引和集聚各类国际组织总部、地区总部和分支机构。充分发挥使领馆、友好城市和民间外交等作用,完善与国外其他城市的沟通联系机制。举办各类国际会议、展览、论坛、赛事等活动,增强城市国际影响力。

营造国际化的居住和商务环境。增强城市包容性,尊重国际人士的风俗习惯和宗教信仰。营造国际化语言环境,提供具有国际水准的教育、医疗、文化、信息等服务,方便外籍人士及华人华侨来沪居住、工作和学习。以衡山路、淮海路、多伦路等为重点,建设若干国际文化风情街。发展留学生教育。完善外商投资法律环境,加强涉外事务管理和服务。

提高市民国际交流能力。鼓励开展国际交往礼仪、公共场所礼仪培训,提高市民对外交流能力。推广双语教育,提高教育国际化水平。培养一批熟悉国际惯例、具有国际视野的对外交流人才。

第十六章　行动纲领的实施保障

实现未来五年的发展目标,必须进一步改革创新,完善规划实施机制,必须正确履行政府职责,合理配置公共资源,必须充分发挥市场配置资源的基础性作用,动员和引导全社会力量共同推进规划落实。

第一节 强化规划分工落实

加强规划编制、实施和管理的制度建设,提高规划的科学性、指导性和操作性。

完善规划体系。以国民经济和社会发展总体规划为统领,以主体功能区规划为基础,以专项规划、城市规划和土地利用规划为支撑,形成各类规划定位清晰、功能互补、统一衔接的规划体系。

加强规划衔接。强化本规划作为制定专项规划、区县规划、年度计划以及相关政策的重要依据,市级专项规划和区县规划要切实贯彻本规划的战略意图和主要任务,特别要加强约束性指标的衔接,确保各级各类规划在总体要求上指向一致、空间配置上相互协调、时序安排上科学有序。

分解目标任务。分解本规划确定的发展目标、主要任务,明确牵头单位和工作责任,加大绩效考核力度。国民经济和社会发展年度计划、财政预算计划要按照本规划明确的目标和任务,明确年度目标、工作指标和推进措施。

第二节 加强政策项目配套

全面落实中央宏观调控政策,加强政策引导、项目支撑和资金统筹,确保规划落地。

强化政策导向。根据规划提出的目标和任务,加强经济社会发展政策的统筹协调,注重短期政策与长期政策的衔接配合。围绕经济社会发展重点领域,研究制定配套政策。密切联系宏观环境变化和发展实际,加强政策储备。

推进重大项目。坚持以规划确定项目、以项目落实规划,发挥重大项目对转变经济发展方式的带动作用,在科技创新、现代服务业、生态环保、社会民生、农村农业等领域,组织实施一批关系全局和长远发展的重大项目。优化重大项目布局,加强项目实施管理。

统筹资金投入。优化财政支出结构和政府投资结构,优先安排涉及民生、公共服务和城乡一体化等领域的财政支出和项目投入。进一步统筹、规范、透明使用财政资金,提高政府投资的引导力和带动力,鼓励社会投资。

第三节 加强实施监督评估

依法开展规划实施的监督和评估,强化动态管理,努力提高规划实施的效果。

加强规划实施评估。根据有关法律,开展规划实施情况中期评估,评估报告提请市人大常委会审议。创新评估方式,探索开展年度评估,引入社会机构参与评估,增强规划评估的准确性和广泛性。完善规划指标统计制度,为科学评估提供支撑。

动员全社会参与。加强规划宣传,着力推进规划实施的信息公开,健全政府与企业、市民的信息沟通和交流机制,提高规划实施的民主化程度和透明度。发挥新闻媒体、群众社团的桥梁和监督作用,促进各级各类规划的有效实施。

附录　部分指标解释和名词解释

一、部分指标解释

1. 居民消费率：衡量居民消费总体情况的重要指标，指居民最终消费占支出法生产总值的比率。

2. 战略性新兴产业增加值：指新一代信息技术、高端装备制造、生物、新能源、新材料、节能环保、新能源汽车等产业的增加值总和。

3. 主要劳动年龄人口受过高等教育的比例：国家和上海中长期人才发展纲要、中长期教育改革和发展纲要的主要指标，指主要劳动年龄的常住人口中拥有大专及以上学历人口的比例。

4. 金融市场直接融资额占国内融资总额比重：指在上海证券市场以股票、可转债、企业债券等方式，以及在银行间市场以国债、企业短期融资券等方式，新增融入的资金额占国内融资总额的比例。

5. 商品销售总额：指批发和零售业在国内市场上销售商品及出口商品的总额。

6. 服务贸易进出口额占全市进出口总额比重：计算公式为：服务贸易进出口额/（服务贸易进出口额+外贸商品进出口额）。

7. 新增跨国公司地区总部数：指累计新增加的经认定的跨国公司地区总部数量，不包括外商投资性公司和外资研发中心。

8. 文化创意产业增加值占全市生产总值比重：文化创意产业分为文化创意服务业和文化创意相关产业两大部分，其中，文化创意服务业包括媒体业、艺术业、休闲娱乐服务、广告、咨询及会展服务、网络信息业、设计业、软件与计算机服务业；文化创意相关产业包括文化及创意用品、设备的生产和销售。

9. 百兆家庭宽带接入能力覆盖率：指具备100Mbps宽带接入能力的家庭占全市家庭总数的比例（按照常住人口计算）。

10. 中心城公共交通出行比例：指中心城范围内公共交通出行人次（轨道交通、地面公交和出租车）与使用交通工具的出行总人次（不含步行）的比率。

11. 各类保障性住房新增供应套（间）数：指廉租住房、经济适用住房、公共租赁住房和动迁安置房等各类保障性住房新增供应总套（间）数。其中，廉租住房包括实物配租和货币配租的受益家庭户数，经济适用住房、公共租赁住房和动迁安置房包括筹措的房源套（间）数和新建设的达到预售标准套数。

12. 享受社会化养老服务人数：指享受居家养老服务人数和养老机构床位数的总和。

13. 单位生产总值二氧化碳排放量降低率：指报告期二氧化碳排放量与按不变价格计算的单位生产总值之比相比基期的下降程度。二氧化碳排放量指本地区消费的化石燃料燃烧排放的二氧化碳和净调入电力间接排放的二氧化碳之和。

14. 工业园区单位土地产值：反映工业园区工业用地集约节约化利用水平，计算公式为：工业园区工业总产值/工业园区已建成投产企业用地面积。

15. 主要污染物排放减少率：指报告期主要污染物排放量相比基期的下降程度。主要污染物包括化学需氧量、氨氮、二氧化硫和氮氧化物。

16. 人均生活垃圾处理量减少率：指报告期经无害化处理的生活垃圾与常住人口之比相比基期的下降程度。

17. 生活垃圾无害化处理率：指经无害化处理的生活垃圾数量占生活垃圾清运总量的比率。无害化处理指通过卫生填埋、堆肥、焚烧等工艺方法对生活垃圾进行处理。

二、名词解释

1. "三港""三区"：指洋山深水港、外高桥港、浦东空港，以及依托三港的海关特殊监管区域，包括洋山保税港区、外高桥保税区、浦东机场综合保税区。

2. 国际航运发展综合试验区：探索建立国际航运发展综合试验区，是 2009 年国务院 19 号文件明确提出的上海国际航运中心建设的重要内容之一。国际航运发展综合试验区以"三港""三区"为主要载体，是国家允许上海率先开展创新突破，加快建立与国际惯例接轨的航运支持政策和制度环境的一个试验平台。

3. 主要地产农产品最低保有量制度：为保障城市供应安全，本市自 2008 年起建立了主要地产农产品有效供给制度。主要地产农产品包括粮食、蔬菜、生猪、家禽、鲜蛋、鲜奶、淡水养殖等产品。该制度明确规定了本市主要地产农产品自给率、年度生产目标以及必须具备的生产能力。

4. 规划工业区块：全市规划工业区块共 104 个，面积 764.1 平方公里，分为工业基地、工业园区、城镇工业地块三类，其中工业基地类型的工业区块 16 个，工业园区类型的工业区块 49 个，城镇工业地块类型的工业区块 39 个，三者面积比例为 28：58：14，显示出本市工业布局以工业园区为主体、工业基地为亮点、城镇工业地块为补充的基本特点。

5. 知识竞争力：指获取和配置知识资本、人力资本、金融资本等各类资本并将其转化为知识经济和社会财富的能力。根据国际有关权威机构提出的知识竞争力评价体系，知识竞争力的评价指标包括人力资本、知识资本、金融资本、知识支持、经济产出等方面，并由相关的具体指标组成。

6. 合同能源管理：指由节能服务公司与客户签订合同，为客户提供包括能源审计、项目设计、项目融资、设备安装、节能量确认等节能服务，并从客户实施节能改造后获得的节能效益中取得回报的一种专业服务方式。

7. 城市矿产示范基地："城市矿产"是对废弃资源再生利用的形象比喻。建设"城市矿产示范基地"就是通过建设技术先进、环保达标、管理规范、利用规模化、辐射作用强的示范性基地，推动报废机电设备、电线电缆等"城市矿产"资源的循环利用。

8. "四旁"林：指村旁林、水旁林、路旁林、宅旁林。

9. 林业"三防"体系：指森林防火、林业有害生物防治和陆生野生动物疫源疫病监控防治。

10. "5＋3＋1"郊区三级医院："5"指在嘉定区嘉定新城、宝山区顾村镇、闵行区浦江镇、浦东新区曹路镇、浦东新区南汇新城新建 5 个三级医院项目；"3"指在崇明县、青浦区、奉贤区扩建升级 3 个三级医院项目；"1"指金山区区属三级医院迁建金山新城项目。

11. "四议两公开"：指农村所有村级重大事项都必须在村党组织领导下，按照"四议"、"两公开"的程序决策实施。"四议"指：党支部会提议、党支部和村民委员会会议商议、党员大会审议、村民代表会议或村民会议决议；"两公开"指：决议公开、实施结果公开。

江苏省国民经济和社会发展
第十二个五年规划纲要

（2011 年 2 月 14 日江苏省
第十一届人民代表大会第四次会议批准）

序　　言

　　"十二五"时期（2011～2015 年），是江苏全面建成小康社会并向率先基本实现现代化迈进的关键时期，是深化改革开放、加快转变经济发展方式的攻坚时期。根据《中共江苏省委关于制定江苏省国民经济和社会发展第十二个五年规划的建议》，编制《江苏省国民经济和社会发展第十二个五年规划纲要》。本规划纲要紧扣"推动科学发展、建设美好江苏"主题，围绕加快转变经济发展方式主线，阐明"十二五"时期发展目标、发展任务、发展重点和政策取向，是政府履行职责的重要依据，是今后五年江苏经济社会发展的宏伟蓝图，是全省人民共同奋斗的行动纲领。

第一篇　科学发展　开启现代化
建设新征程

第一章　"十一五"发展成就

　　"十一五"期间，全省人民紧紧围绕富民强省、"两个率先"的战略目标，全面贯彻落实科学发展观，积极应对国际金融危机挑战，经受了重大考验，取得了巨大成就,"十一五"规划确定的主要目标圆满完成,全省总体上达到省定全面小康目标,谱写了又好又快推进社会主义现代化建设的新篇章。

经济发展跃上新台阶。2010年,地区生产总值40903亿元,年均增长13.5%,人均地区生产总值超过5万元;财政总收入突破万亿元大关,其中地方一般预算收入4080亿元;全社会固定资产投资五年累计超过7.5万亿元;全社会研发经费占地区生产总值比重达到2%以上,区域创新能力居全国前列。

结构调整取得重大进展。2010年,服务业占地区生产总值比重超过40%,三次产业从业人员结构实现"三二一"的重要转变;高新技术产业产值占规模以上工业产值比重达到33%,新兴产业成为新的经济增长点;粮食产量连续七年增长,高效农业占比达到1/3,新农村建设取得显著成效;城市化水平达到57%;沿海开发上升为国家战略,江苏全境成为长江三角洲的重要组成部分,苏南、苏中、苏北三大区域竞相发展,苏南经济转型升级步伐加快,苏中、苏北主要经济指标增速高于全省平均水平,经济总量占全省的比重提高1.5个百分点。

人民生活显著改善。2010年,城镇居民人均可支配收入和农民人均纯收入分别达到22944元和9118元,五年年均实际增长10.2%和8.2%;新增城镇就业每年超过100万人,五年累计转移农村劳动力227万人;高中阶段教育和高等教育毛入学率分别达到95.5%和40.5%;城镇养老、医疗、失业三大保险覆盖率高于95%,新型农村合作医疗保险参保率高于99%;社会救助体系基本建立;新一轮农村实事工程进展顺利,解决了1200万农村居民饮水安全问题,新型农村社会养老保险实现全覆盖;平安江苏和法治江苏建设深入推进,社会保持和谐稳定。

改革开放迈出新步伐。社会主义市场经济体制进一步完善,以公有制为主体,国有、民营、外资经济共同发展的格局不断优化;农村改革进一步深化;行政管理体制改革迈出重要步伐,省对县的经济管理体制全面实施,医药卫生体制、文化体制改革加快推进。国际经济交流合作不断深入,"引进来"、"走出去"的双向开放格局正在形成,2010年,全省进出口总额4658亿美元,其中出口2706亿美元,实际利用外资五年累计超过1100亿美元,保持全国第一,服务业利用外资比重比2005年提高18个百分点以上,境外协议投资累计达到45亿美元。

资源节约型和环境友好型社会建设扎实推进。环境污染得到有效控制,节能减排任务顺利完成,生态文明建设取得新进步。预计"十一五"期间,完成单位地区生产总值能耗累计下降目标,超额完成化学需氧量和二氧化硫减排任务,耕地保有量控制在470万公顷以上,城市绿化覆盖率为42%,森林覆盖率达到20.6%,国家环保模范城市、国家级生态市分别达到19个、6个,占全国的1/4和1/2。

基础设施建设全面加强。沪宁城际高铁开通运营,苏南地区进入区际通勤时代;连云港港15万吨级航道建成投运,30万吨级航道启动建设,结束了江苏无深水海港的历史;高速公路通车里程突破4000公里,二级以上公路密度居全国第一,所有行政村实现通等级公路,苏通大桥等4条过江通道建成通车;新增110条国际、国内空运航线,南京禄口国际机场旅客吞吐量突破千万人次,中国邮政航空速递物流集散中心基本建成;新增电力装机约2150万千瓦,其中核电、风电等新能源近400万千瓦;第一轮治淮工程全面完成,南水北调江苏段工程具备送水出省条件,通榆河北延工程全线通水通航,沂沭泗东调南下工程基本完成,防洪排涝和供水能力明显增强。

"十一五"时期存在的问题,主要是:经济社会发展不平衡、不协调和不可持续问题还比较突出,经济增长粗放的状况尚未完全改变,科技创新能力不强,资源环境约束加剧,城乡区域发展差距较为明显,社会建设相对滞后于经济发展,居民收入水平与经济发展水平还不相适应,物价上涨压力加大等。

表1 "十一五"规划主要指标完成情况			
指 标		**"十一五"计划**	**2010年预计**
经济增长	地区生产总值(亿元)	29000(2005年价)	40903
	人均地区生产总值(2000年基数)	增加2倍左右	增加2.25倍
	地方一般预算收入(亿元)	2400	4080
结构效益	服务业增加值比重提高(个百分点)	5	5
	服务业从业人员比重提高(个百分点)	5	6
	总增加值率(%)	35左右	32.2
	万元地区生产总值能耗(吨标煤,2005年价)	0.84	
	城市化水平(%)	55	57
科技创新	全社会研发经费占地区生产总值比重	2以上	2.1
	专利授权量(件)	30000以上	10万以上
	高新技术产业产值占规模以上工业产值比例(%)	30左右	33
人口资源环境	人口自然增长率(‰)	<4	
	耕地保有量(万公顷)	470	473
	主要污染物排放总量减少(%)	5左右	5以上
	城市绿化覆盖率(%)	40左右	42
	森林覆盖率(%)	20左右	20.6
公共服务	高中阶段教育毛入学率(%)	90以上	95.5
	高等教育毛入学率(%)	40以上	40.5
	卫生服务体系健全率(%)	≥90	90.5
	城镇养老、医疗、失业三大保险覆盖率(%)	≥95	95以上
	新型农村合作医疗保险参保率(%)	≥90	99以上
人民生活	城镇居民人均可支配收入(元)	19000	22944
	农民人均纯收入(元)	>7500	9118
	城镇登记失业率(%)	<4.5	3.2
	五年新增城镇就业(万人)	400	500以上
	恩格尔系数(%)	<40	40以下

第二章 "十二五"阶段特征

"十二五"时期,我国仍将处于可以大有作为的重要战略机遇期,工业化、信息化、城镇化、市场化、国际化深入发展,长江三角洲地区科学发展、和谐发展、率先发展、一体化发展的步伐明显加快,江苏将由全面建成小康社会向基本实现现代化迈进,创新驱动、协调发展、绿色增长和惠民优先将成为这一时期发展的主要特征。

创新驱动。后国际金融危机时期,世界经济格局面临重大调整,新一轮产业革命和科技革命加快推进,我国粗放式发展方式难以为继,加快转变经济发展方式、实现创新驱动发展已成为我省"十二五"时期的重大战略任务。改革开放以来,江苏通过发展乡镇企业和开放型经济,成功实现了两次战略转型,经济社会发展跃上了新台阶,人均地区生产总值达到了中高收入国家和地区水平。"十二五"时期,江苏率先建设基本现代化的特征更加明显,创新驱动的发展态势日益增强,人力资本对经济增长的贡献不断提高。充分发挥产业基础扎实、科技实力雄厚、教育资源丰富、劳动力素质较高的优势,大力发展创新型经济,将成为这一时期最显著的特征,推动江苏经济发展进入以创新驱动为主的新阶段,实现第三次战略转型。

协调发展。江苏总体上已达到省定全面小康社会的发展水平,正向全面建成更高水平小康社会、率先基本实现现代化迈进,促进城乡、区域协调发展成为"十二五"时期的重要任务。随着主体功能区战略全面实施、长江三角洲一体化和江苏沿海地区发展规划全面推进、城市化进程全面加快,城乡发展一体化、统筹区域协调发展的力度将明显加大,破除城乡二元结构、协调推进区域发展将成为重要的政策导向。这一时期,城市群和中心城市的辐射带动能力明显增强,农业现代化步伐明显加快,三大区域互动发展、协调发展的态势更加明显,城乡之间、区域之间的联系更加紧密,发展差距扩大的趋势进一步扭转,发展的稳定性、协调性进一步增强,全省整体发展水平进一步提高。

绿色增长。随着全球低碳发展浪潮的兴起,世界各国特别是发达国家围绕减少碳排放,大力开发和积极应用低碳技术,我国已向全世界作出了降低温室气体排放强度的承诺。降低碳排放强度、减少资源消耗、发展绿色经济既是实现经济社会可持续发展的迫切要求,也是生产、生活方式的重大变革。江苏作为资源消耗大省,缓解资源环境瓶颈约束,建设资源节约型、环境友好型社会,已成为"十二五"发展的紧迫任务。加强生态文明建设,发展循环经济、推广低碳技术、推动绿色增长,是这一时期的发展趋势,将引领未来发展的潮流。

惠民优先。经济发展、社会发展归根到底是为了人的全面发展。"十二五"时期,在经济持续快速增长的同时,人们对加快提高收入水平有了新的期盼;在基本生活得到保障的同时,人们对提高生活质量、改善生活环境提出了更高要求;在物质生活不断改善的同时,人们对丰富精神文化生活、扩大政治参与、体现公平正义提出了新的需求。这一时期,保障和改善民生的任务更加突出,社会事业全面发展,基本公共服务均等化积极推进,共享发展成果的体制机制加快建立。与此同时,民生改善将有效促进扩大内需战略的实施,进一步释放居民消费需求潜力,带动全省经济社会发展迈向更高水平。

第三章 "十二五"指导思想

"十二五"时期,必须牢牢把握重要战略机遇期,牢牢把握发展阶段的新特征,牢牢把握人民群众的新期待,毫不动摇地推进率先发展、科学发展、和谐发展,努力开辟"十二五"发展更加美好的前景。

"十二五"发展的指导思想是:高举中国特色社会主义伟大旗帜,坚持以邓小平理论和"三个代表"重要思想为指导,深入贯彻落实科学发展观,适应国内外形势的新变化,顺应人民群众过上美好生活的新期待,以推动科学发展、建设美好江苏为主题,以加快转变经济发展方式为主线,以改革开放和科技创新为强大动力,以保障和改善民生为根本目的,大力实施科教与人才强省、创新驱动、城乡发展一体化、经济国际化、区域协调发展、可持续发展战略,统筹做好改革发展稳定各项工作,巩固和扩大应对国际金融危机冲击成果,促进经济长期平稳较快发展和社会和谐稳定,全面建成更高水平小康社会,为率先基本实现现代化打下具有决定性意义的基础,在科学发展道路上铸造新的辉煌。

——以推动科学发展、建设美好江苏为主题。坚持发展是硬道理的本质要求,坚定地走科学发展之路,更加注重提高经济增长的质量和效益,更加注重以人为本、改善民生,更加注重改善生态环境,更加注重增强发展的全面性、协调性、可持续性,促进社会公平正义和社会和谐稳定,又好又快推进"两个率先",建设江苏更加美好的明天。

> ### 专栏1　创新驱动战略内涵
>
> 　　创新驱动战略是省委十一届九次全会提出的新的发展战略,并作为江苏经济社会发展的核心战略。这是江苏贯彻落实科学发展观、推动经济发展方式转变的重大举措,具有鲜明的发展导向。实施创新驱动战略,最根本的是要靠理念创新、体制创新和管理创新,充分发挥知识和人才的作用,以科技创新为先导,着力发展创新型经济,不断增强综合竞争力,推动经济社会发展走上主要依靠创新驱动的轨道。

——以加快转变经济发展方式为主线。把转变经济发展方式作为贯彻落实科学发展观的必由之路,坚定不移推进结构调整和自主创新,突出发展创新型经济,突出发展现代服务业,突出提升集约发展水平,着力推动经济发展方式由主要依靠物质资源消耗向创新驱动转变、由粗放式增长向集约型发展转变、由城乡二元结构向城乡发展一体化转变,努力实现经济大省向经济强省的跨越。

——以实施六大发展战略为重点。坚持把科教与人才强省作为经济社会发展的基础战略,统筹推进科技强省、教育强省、人才强省建设,构筑江苏发展的战略优势。把创新驱动作为经济社会发展的核心战略,进一步加快创新型省份建设,显著增强科技自主创新能力,大幅度提高科技进步对经济增长贡献率,全面推进发展理念、体制机制、社会管理等各方面创新,使创新成为经济社会发展的主要驱动力。把城市化战略拓展为城乡发展一体化战略,坚持加快新型工业化与发展现代农业相结合,推进城市化与建设新农村相结合,转变生产方式与转变生活方式相结合,加快破除城乡二元结构,形成城乡经济社会发展一体化新格局。深入实施经济国际化战略,坚持更高水平"引进来"与更大步伐"走出去"相结合,增创开放型经济新优势。把区域共同发展战略深化为区域协调发展战略,构建三大区域优势互补、互动发展机制,逐步缩小区域发展差距,全面提升区域协调发展水平。坚定不移地实施可持续发展战略,加快建设资源节约型、环境友好型社会,走生产发展、生活富裕、生态良好的文明发展之路。

——以保障和改善民生为经济社会发展的出发点和落脚点。把富民放在更加突出的优先位置,实施居民收入七年倍增计划,千方百计促进就业创业,增加居民工资性、经营性、财产性收入,大力提高社会保障水平,加快发展各项社会事业,推进基本公共服务均等化,加强社会管理创新,促进人的全面发展和社会全面进步,让全省人民过上更加富裕、更加安定、更加美满的生活。

——以深化改革为推动科学发展的根本动力。坚持用改革创新的办法破解发展难题,加大改革攻坚力度,抓住经济社会发展中的突出矛盾,深化重点领域和关键环节改革,更好地发挥市场机制的基础性作用,完善社会主义市场经济体制。努力增强改革决策的科学性、改革措施的有效性、改革成果的普惠性,进一步形成有利于科学发展的体制机制。

第四章　"十二五"主要目标

"十二五"时期,江苏经济社会发展的总体目标是:全省综合经济实力、自主创新能力、国际竞争力和可持续发展能力显著增强,全面建成更高水平的小康社会,苏南等有条件的地方在巩固全面小康成果基础上率先进入基本现代化,人民群众普遍过上更加宽裕安康的生活,为2020年全省基本实现现代化打下具有决定性意义的基础。

综合实力。2015年,全省地区生产总值6.58万亿元(2010年价,下同),年均增长10%左右,经济发展质量和效益明显提升,人均地区生产总值超过8万元。

经济结构。服务业增加值比重达到48%左右,加快形成服务经济为主的产业结构;高新技术产业产值占规模以上工业产值比重达到40%;消费对经济增长的贡献率达到60%左右。

科技创新。自主创新体系逐步完善,研发经费支出占地区生产总值比重提高到2.5%;人力资本投资占地区生产总值比重达到15%以上;人才贡献率达到43%;百亿元地区生产总值专利授权数提高到400件,专利发展水平居全国前列;科技进步贡献率提高到60%以上。

生态文明。耕地保有量保持475万公顷;能源结构进一步优化,非化石能源占一次能源消费比重达到7%左右,单位地区生产总值能耗降低和二氧化碳排放减少均完成国家下达指标;主要污染物排放总量减少10%以上;单位工业增加值用水量降低25%,农业灌溉用水有效利用系数提高到0.58,森林覆盖率提高到22%。

城乡区域。城市化和城市现代化水平进一步提高,社会主义新农村建设取得明显成效,城乡发展一体化取得实质性进展;城市化水平达到63%。沿海开发取得重大突破,苏北地区人均主要经济指标超过全国平均水平,三大区域发展优势更加鲜明,形成区域协调发展新格局。

改革开放。财税、金融、资源性产品价格、要素市场等重点领域和关键环节改革取得明显进展;政府职能加快转变,政府公信力和行政效率显著提高;所有制结构进一步优化,民营经济加快转型升级,整体素质和综合竞争力显著增强。开放型经济发展水平全面提高,利用外资和对外投资、进出口贸易总额位居全国前列,参与国际分工地位和国际影响力明显提升。

人民生活。努力实现居民收入增长和经济发展同步、劳动报酬增长和劳动生产率提高同步。城镇居民人均可支配收入和农村居民人均纯收入年均增长10%左右;在2011年实现农村贫困人口(年人均纯收入低于2500元)全部脱贫基础上,继续推进脱贫奔小康工程;城镇登记失业率控制在4%以内,五年新增城镇就业500万人以上;城镇、农村基尼系数分别控制在0.39和0.35以内;居民消费价格总水平年均涨幅控制在国家规定范围内。

社会建设和管理。高中阶段教育普及率达到95%以上,高等教育毛入学率提升到50%,主要劳动年龄人口平均受教育年限提高到11.2年;人口自然增长率4‰左右;医疗服务体系进一步完善,万人拥有病床数达到40张左右;公共文化服务设施网络覆盖率达到90%以上;社会救助体系更加完善,城乡基本社会保险覆盖率稳定在95%以上;城乡三项医疗保险参保率保持在95%以上;住房保障能力不断提高,城镇保障性安居工程建设139万套;民主法制更加健全,依法行政能力显著增强,社会管理机制更趋完善,人民群众权益得到切实保障,法治江苏、平安江苏建设再上新水平。

分类		指　　标	2015 年	年均增长（%）	属性
经济发展		地区生产总值（亿元，2010 年价）	65800	10 左右	预期性
		服务业增加值占地区生产总值比重（%）	48 左右	[7]	预期性
		消费对经济增长的贡献率（%）	60 左右		预期性
		高新技术产业产值占规模以上工业产值比重（%）	40	[7]	预期性
		城市化水平（%）	63	[6]	预期性
科技创新		研发经费支出占地区生产总值比重（%）	2.5	[0.4]	预期性
		人力资本投资占地区生产总值比重（%）	>15	[1.8]	预期性
		人才贡献率（%）	43	[11.6]	预期性
		百亿元地区生产总值专利授权数（件）	400	[54]	预期性
		科技进步贡献率（%）	>60		预期性
公共服务		高中阶段教育普及率（%）	>95		约束性
		高等教育毛入学率（%）	50	[9.5]	预期性
		万人拥有病床数（张）	40 左右		预期性
		公共文化服务设施网络覆盖率（%）	>90		预期性
		城乡基本社会保险覆盖率（%）	>95		约束性
		城乡三项医疗保险参保率（%）	>95		约束性
		城镇保障性安居工程建设（万套）	139		约束性
资源环境		耕地保有量（万公顷）	475		约束性
		非化石能源占一次能源消费比重（%）	7 左右		约束性
		单位地区生产总值能耗降低（%）	完成国家下达指标		约束性
		单位地区生产总值二氧化碳排放减少（%）	完成国家下达指标		约束性
	主要污染物排放减少（%）	化学需氧量	完成国家下达指标		约束性
		二氧化硫	完成国家下达指标		
		氨氮	完成国家下达指标		
		氮氧化物	完成国家下达指标		
	森林增长	森林覆盖率（%）	22	[1.4]	约束性
		森林蓄积量（万立方米）	9000	[600]	
		单位工业增加值用水量降低（%）	25		约束性
		农业灌溉用水有效利用系数	0.58	[0.03]	预期性
人民生活		人口自然增长率（‰）	4 左右		约束性
		城镇居民人均可支配收入年均增长（%）		10 左右	预期性
		农村居民人均纯收入年均增长（%）		10 左右	预期性
		城镇登记失业率（%）	<4		预期性
		五年新增城镇就业（万人）	>500		预期性

表 2　"十二五"经济社会发展主要指标

注：[ ]为五年累计数。

第二篇　创新驱动　加快经济转型升级

第五章　率先基本建成创新型省份

加快科技强省建设步伐,大力提高自主创新能力,推动经济发展由主要依靠物质资源消耗向创新驱动转变,到2015年,率先建成创新型省份。

第一节　构建区域创新体系

提升科技自主创新能力。紧跟新一轮世界科技和产业革命步伐,深入开展基础性、前沿性科学技术和共性技术研究,大力推进原始创新、集成创新和引进消化吸收再创新。实施高技术攀登计划,围绕优势产业领域,以及前沿性产业领域,集中突破100项具有全局性、带动性的核心关键技术。以培育自主知识产权、自主品牌为重点,加快推进重大科技成果向规模产业转化,鼓励企业对自主拥有、购买、引进的专利技术等进行产业化,推动更多的"江苏制造"向"江苏创造"提升。发挥高校科研院所知识创新主力军作用,加强面向经济社会发展需求的应用基础研究和应用技术研究。积极吸引国家级科技资源向江苏布局,组织实施一批重大科学研究专项,显著增强产业原始创新能力。

强化企业技术创新主体地位。实施创新型企业培育工程,加快国家技术创新工程试点省建设,着力构建以企业为主体、市场为导向、产学研相结合的技术创新体系,培育以中小科技企业、高新技术企业、民营科技企业为骨干的创新企业集群。鼓励企业加大研发投入,大幅度提高研发经费占企业销售收入比重。强化企业在技术创新中的主体地位,推进科技资源向企业集聚,支持企业进一步成为研发投入、技术创新和创新成果应用主体。加强企业技术中心、工程技术中心、院士工作站和博士后科研工作站建设,增强企业自主研发能力,提高发明专利的水平。加快建立吸纳整合境外优质创新资源的新渠道、新机制,不断提高企业利用境外创新资源的能力。鼓励企业扩大对外科技交流与合作,构建产业创新国际合作联盟,主动介入国际研发分工,参与国际技术标准制订。支持企业通过并购、专利购买、建立海外研发机构等方式,引进急需的关键技术,提高引进消化吸收再创新能力。

专栏2　100项核心关键技术

海上风电整机5项,新型光伏电池5项,核能与生物质能5项,动力电池及新能源汽车5项,高性能战略材料10项,纳米材料与器件5项,生物技术新药10项,大品种创新药物5项,大型医疗装备3项,物联网核心器件及应用系统8项,海量数据处理与云计算3项,极大规模集成电路5项,新型显示3项,下一代通信及网络8项,先进机器人及绿色制造10项,大飞机与高铁等重大配套技术5项,新型节能环保技术5项。

提升产学研合作水平。提高技术攻关的组织程度,大力推进企业与大学、科研院所建立产业技

术创新战略联盟,引导企业介入高校院所早期研发,形成资源共用、风险共担、利益共享的长效合作机制。推进科技成果评价体系改革,引导高校科研院所的科技人员积极参与科技成果转化,增强科研院所创新活力。实施科技平台推进工程,完善科技基础设施布局,实行重点领域和重点行业全覆盖,发挥市场配置科技资源的作用,推动人才、技术与资本、市场有效对接,促进更多创新成果向现实生产力转化。

加强科技服务体系建设。提高技术公共服务、技术成果交易、创新创业融资服务和社会化人才服务"四大平台"建设水平。到 2015 年,新建技术公共服务平台 50 个,为创新创业提供共性技术、工具软件、分析测试仪器设备、科技情报等配套技术服务。加快发展技术交易市场和技术产权交易、技术评估咨询、科技成果推广等中介服务机构,为信息发布和产权交易提供便捷高效服务。推动省内高校院所普遍建立技术转移中心,市、县普遍建立科技成果转化服务中心,力争实现全覆盖。构建省级科技创业投融资联盟,积极引入创业投资,拓展科技金融服务范围。大力发展人才市场和留学回国人员创新创业服务中心等机构,提供人事代理、人才培训、人才交流、创业咨询等配套服务。

优化区域创新体系布局。支持南京开展国家科技体制综合改革试点工作,建设长江三角洲区域科技创新中心。选择创新需求迫切、创新资源丰富、创新基础较好和引领示范作用强的区域,探索建设自主创新示范区;积极推进南京、苏州、无锡、常州等国家创新型城市建设试点工作,开展省级创新型城市建设试点;推进国家技术创新工程示范县(市)建设,建设市、县及乡镇三级创新体系,形成一批特色鲜明、优势互补的区域创新发展增长极。

第二节　建设创新型科技园区

提升发展高新区。充分发挥新兴产业集群发展的载体作用和资源集约利用的示范带动作用,加快实施创新型园区建设工程,重点推进国家级和省级高新区进一步汇聚创新资源,优化平台服务功能,加快研发和转化最新科技成果,打造引领转型发展的创新型核心园区。推动股权激励、非上市公司进入证券公司代办股权转让等政策在园区的先行先试。支持建设产业技术研究院,开放实验室等综合性研发平台,鼓励有条件的地区创建国家级高新区。到 2015 年,高新区实现生产总值占全省的比重提高到 20%。

鼓励发展专业园区。引导各类园区向专业化方向发展,彰显特色优势,重点围绕纳米技术、物联网、生物医药、无线通信、清洁能源、环保装备、文化创意等领域,建设一批产业集聚度高、专业特色鲜明的科技园区,形成一批引领未来发展的新增长点。

大力发展科技创业园区。加强大学科技园、留学人员创业园、科技企业孵化器等各类科技创业园建设,催生一批高科技产业新业态,促进高成长性科技企业持续涌现。加强园区资源整合,推动服务内容和运行机制创新,不断提高孵化能力和孵化效率。加快园区公共基础设施和服务条件建设,引导社会力量参与园区投资、建设和管理。到 2015 年,全省各类创业园区孵化面积实现翻番,孵化高科技企业 2.5 万家,单位产出效益大幅提高,成为科技创新和人才创业最活跃的载体。

第三节　营造科技创新良好环境

建立多元化科技创新投入机制。加大政府投入力度,鼓励企业投入,引导社会投入,形成以政府投入为引导、企业投入为主体、社会资本广泛参与的多元化科技创新投入体系。探索建立科技金融体系,促进科技与金融紧密结合,大力培育和发展创业投资、股权投资,鼓励发展科技保险、科技担保公司、科技小额贷款公司、企业融资债券,吸引境内外优秀基金管理团队,引导更多的社会资本投向自主创新,全省创业投资规模超过 2000 亿元。拓展投融资渠道,支持更多的成长性高、科技含量高的科技型企业在中小板、创业板上市,利用资本市场平台发展壮大。推进科普场馆建设,加强科学教育与培训、科普资源开发与共享,提升公民科学素质。

完善和落实鼓励科技创新的政策。加大政策实施力度,确保国家和省出台的各项科技创新政策落实到位。强化支持创新创业的财税政策,建立健全财政性资金采购自主创新产品的制度、自主创新产品政府首购和订购制度。完善科技成果转化的激励分配机制,推进技术入股和参与分配。提高科技中介组织服务水平,推动科技中介服务活动市场化和社会化。

深入实施知识产权战略。加快知识产权示范省建设,完善知识产权制度,大力提升知识产权创造能力和知识产权服务能力,加强知识产权保护、应用和管理,积极培养知识产权人才。鼓励和支持企业牵头或参与研制产业技术标准,加快形成一批重大技术和产品标准,掌握产业发展主导权。加大知识产权保护执法力度,提高知识产权国际保护能力。"十二五"期间,全省年专利申请和授权量保持全国前列,到 2015 年,发明专利年申请量达到 10 万件,商标注册总数达到 44 万件,作品著作权登记总量达到 2.65 万件。

第六章　构建现代产业体系

适应国际需求结构调整、国内消费升级新变化和科技进步新趋势,坚持走新型工业化道路,大力推进产业结构战略性调整,构建高新技术产业为主导、服务经济为主体、先进制造业为支撑、现代农业为基础,结构优化、技术先进、清洁安全、附加值高、吸纳就业能力强的现代产业体系。

第一节　打造先进制造业基地

坚持发展高新技术产业与发展战略性新兴产业相结合,推动高新技术产业做强做大,向价值链高端攀升,向研发设计和销售服务两端延伸,提高产品附加值。

大力发展战略性新兴产业。加强规划引导,深入实施新兴产业倍增计划,重点发展新能源、新材料、生物技术和新医药、节能环保、软件和服务外包、物联网和新一代信息技术等六大新兴产业,同时大力发展高端装备制造、光电、智能电网等新兴产业,形成江苏经济新的支柱产业和重要增长点。重点实施 300 个以上重大产业化项目,培育 500 个以上重大自主创新产品,形成 200 个以上国内外知名品牌。发展 30 条新兴产业链,建设 30 个省级以上新兴产业特色产业基地,培育 100 家具有自主知识产权和知名品牌的重点企业、500 家创新型骨干龙头企业。到 2012 年,六大新兴产业销售收入实现倍增,到 2015 年,超过 5 万亿元,形成一批千亿元级的科技领军型企业和产业基地。

——新能源产业。重点发展太阳能光伏、风电装备、生物质能装备、核电装备产业及高效低成本晶硅电池、薄膜电池、集成系统与设备、大功率风力发电机组、生物质能发电机组和核电装备关键零部件、新能源汽车,建设在国内外具有重要地位和较强竞争力的新能源产业研发、制造和应用示范基地。

——新材料产业。重点发展纳米材料、微电子材料、光电子材料、新型显示材料、高性能纤维复合材料、新型化工材料、新能源材料、功能陶瓷材料、新型金属材料和新型建筑材料等10类材料,加快建设一批国家级战略性产品基地和一批省级特色产业基地,确保在全国处于领先地位。

——生物技术和新医药产业。重点培育生物技术药、现代中药、新型化学药、生物试剂、医用材料、医疗器械、生物制造、生物农业、生物环保和生物能源等十大产品集群,努力成为全球生物技术和新医药创新及产业化最活跃的地区之一。

——节能环保产业。重点发展节能环保装备制造、资源循环利用、节能服务和环保服务及环保工程设计等产业,建成全国重要的节能环保产业基地。

——软件和服务外包产业。重点发展基础软件、数据库、应用软件、数字内容等产品,加快发展研发设计、生物医药、动漫创意、金融服务、供应链管理等外包服务。

——物联网和新一代信息技术产业。集中建设经济领域、公共管理领域和公众服务领域十大物联网示范工程,加快培育与物联网产业链紧密关联的硬件、软件、系统集成及运营服务四大核心产业,支持无锡国家传感网创新示范区和国家云计算创新服务城市建设,打造成为全球有影响力的物联网研发、生产和应用先行区。加快建设宽带、泛在、融合、安全的信息网络基础设施及高端服务器等核心基础产业。

——高端装备制造业。重点发展电控装备、高档数控机床、航空装备、轨道交通和海洋工程装备、大吨位工程机械等,加快提高装备的智能化、自动化水平,向大型化、成套化方向发展。

——光电产业。重点开发新型光纤光缆和光电器件,加快新型半导体光电材料和有机光电材料的研发及推广应用,积极发展新一代显示技术。

——智能电网产业。重点发展风电、太阳能等可再生能源接入及控制技术,大规模储能设备,特高压和超高压输电设备,智能输变电、配电二次控制检测设备和智能电网调度系统。

全面提升主导产业。加快提升装备制造、电子信息、石油化工等主导产业发展水平,全面推进实现高端化发展,提升产业层次和核心竞争力。加强企业自主创新和技术改造,加快培育形成一批千亿元级、百亿元级品牌企业和十亿元级品牌产品。围绕区域布局优化和产业结构升级,加大有效投入,积极推进有市场前景、有技术含量、有辐射带动效应的项目建设,实现产业特色化、集聚化发展。

专栏3　主导产业发展重点

装备制造业:以机械、汽车、船舶为重点,着力打造工程机械、汽车及关键零部件、船舶制造、新型电力装备、机床等产业链。

电子信息业:重点打造集成电路、计算机及网络设备、通信等产业链。

石油化工业:大力发展精细化工产品,重点改造提升盐化工、煤化工、海洋化工和农用化学品,提高产品的精细化率,以炼油为基础,以乙烯为重点,建设大型乙烯生产基地,打造大石化产业链。

改造提升传统产业。深入实施传统产业升级计划,推进纺织、冶金、轻工、建材等四大传统优势产业转型升级,围绕创新能力建设、技术装备升级、品牌质量提升,积极推进企业技术改造。加大对重点产业链、重点产业集群的技改投入和技术设备的投资力度,提高产业技术含量和装备技术水平。到2015年,四大传统产业创新能力和核心竞争力进一步增强,品牌效应与规模效益进一步提升,骨干企业关键装备达到国际先进水平,省级以上品牌产品销售收入占工业销售收入比重提高到

32%左右。推进建筑业转型升级,加快建筑工业化和住宅产业化,力争在建筑业前沿技术和应用技术领域取得新突破,提升产业国际竞争力。

淘汰落后产能。发挥市场机制作用,综合运用法律、经济、技术及必要的行政手段,以冶金、建材、轻工、纺织、化工等行业为重点,依法关停淘汰能耗高、污染重、安全隐患多的落后产能。结合江苏实际和产业转型升级要求,主动和提前淘汰相对落后产能及低端产品制造能力。继续推进新一轮化工生产企业专项整治,提高产业集中度、集约化发展水平和环保、安全水平。对未按期完成淘汰落后产能任务的地区实行项目"区域限批"。

专栏4　传统产业提升重点

纺织行业:重点发展新型纺织材料及应用、品牌服装、高档绿色家纺产品、功能性产业用纺织品、新型纺织机械和关键零部件制造。
冶金行业:重点发展板管带材、优质钢、特殊钢、高档金属制品等特色短缺产品和有色金属深加工产品,推进城市特别是苏南人口密集地区城市钢铁企业跨市搬迁,开展沿海现代钢铁基地建设前期工作。
轻工行业:支持鼓励食品、家电、塑料、五金等行业向精深加工、新型智能方向发展,推进"名、优、特、新"产品升级换代。
建材行业:重点发展新型轻质墙体材料、高效绝热隔热材料、新型管材管件等节能、环保、附加值高的建材产品。

第二节　建设现代服务业高地

推动服务业提速发展。把加速发展服务业作为产业结构优化升级的战略重点,深入实施服务业提速计划,以市场化、产业化、社会化、国际化为方向,促进生产服务业集聚化、生活服务业便利化、基础服务业网络化、公共服务业均等化,推动服务业比重提高、结构优化、竞争力提升,加快形成以服务经济为主的产业结构,树立"江苏服务"的崭新形象。服务业增加值占地区生产总值比重和服务业从业人员占全社会从业人员比重每年均提高1个百分点以上。充分发挥我省制造业基础雄厚的优势,重点发展金融、现代物流、科技服务、商务服务等生产性服务业,推动服务业与制造业互动发展。顺应信息化发展新趋势,大力发展软件和信息服务、服务外包等新兴服务业,积极开发信息技术及基于信息技术的新产品,促进服务业结构优化。到2015年,生产服务业占全省服务业增加值的比重超过40%。适应消费结构升级,重点发展商贸、健康、医疗、养老、社区服务等生活性服务业,加快发展文化产业、体育产业和旅游业。积极推动南京市服务业综合配套改革试点。落实税费和土地、水、电等要素价格政策,营造有利于服务业大发展的政策和体制环境。

——金融业。加快从传统信贷功能向资金融通、资源整合、价值增值和社会管理等多功能拓展。推动债券、产权交易、股权投资、期货等市场加快发展。做强做大银行、保险、证券、期货、租赁等地方法人金融企业,增强实力,拓展市场。吸引国内外优质金融机构到江苏发展。创新金融产品和服务,发展券商直投、离岸金融、信托租赁、责任保险等业务。支持大型骨干企业建立财务公司。重点推进南京河西金融中心、苏州沙湖创投基地等平台建设。把江苏打造成国内一流的产业金融高地。

——物流业。以交通运输业为基础,依托机场、港口和铁路、高速公路枢纽,大力发展综合物流中心、专业物流中心和配送中心。加快发展第三方、第四方物流和快递配送物流,培育壮大一批现代物流企业。推进多式联运发展,提升货运组织和信息化水平,有效降低物流成本。拓展综合保税区等海关特殊监管区的功能,积极发展保税物流,开展离岸结算、转口贸易、跨境物流仓储等业务,积极开发和应用物流先进技术,构建一体化、综合性、全功能的物流平台,加快建设沟通国际、服务全国、辐射周边的现代物流产业高地。提高邮政物流发展水平。

——商贸流通业。加快现代商贸流通体系建设,进一步推广电子商务、连锁经营、大型超市、仓储式商场等新型业态,构筑实惠便利的居民商贸服务体系和快捷畅通的生产资料流通体系。推进农村现代流通服务网络建设。加快建设一批面向全国乃至国际的具有物流集散、批发交易、价格发现、信息发布、电子商务等综合功能的现代产品交易市场。

——旅游业。打造以观光旅游为基础、休闲度假为主导、专项旅游为特色的新型产业体系,积极开发体验性的科技、海洋、体育和商务旅游等新兴旅游产品,加快推进重大旅游项目建设,进一步完善旅游公共服务和配套服务体系,培育集旅游饭店、景区、交通、旅行社于一体的大型旅游企业集团,着力提高旅游业的组织化、集约化和国际化程度,把江苏建设成为国际知名、国内一流的旅游目的地。

——房地产业。着力优化房地产供给结构,合理引导住房需求,加大中低价位、中小套型普通商品住房建设力度,完善适应不同消费需求的房地产市场。推进住宅产业现代化进程,推广绿色建筑和成品住宅,发展为工业、商务及其他行业服务的房地产业,规范物业服务行为。完善房地产市场服务体系,加快住房信息系统建设,规范房地产市场秩序,抑制投机需求,促进房地产业平稳健康发展。

——软件和信息服务业。以提升信息化应用水平为重点,巩固发展行业应用软件、嵌入式软件、系统集成等优势产品,着力推进软件服务化和网络化发展,积极开拓电子商务、云计算、增值电信、互联网内容产业、3G 网络服务、网络电视、网络教育、网络游戏、移动多媒体广播电视等新兴市场,大力发展基于互联网的系统集成供应商、网络增值运营商、解决方案服务商。重点打造以南京"中国软件名城"为核心的苏南软件产业带,把江苏建设成为国内信息化水平最高、国际上享有较高美誉度的软件和信息服务强省。

——服务外包业。积极引导企业拓展供应链管理、金融分析、软件开发、医药研发等技术含量和附加值高的业务,加快发展总集成、总承包业务,完善接发包服务平台,促进境内外包发展,建成全国服务外包高地和国际知名服务外包产业集聚区。

——科技服务业。积极发展自主研发、产品设计、科技测试、技术转移、科技咨询及评估鉴证、知识产权管理、质量技术监督等科技服务业。依托各类园区、高校、科研院所和大型企业研发机构,建设一批产学研相结合的研发载体和平台,逐步建成完善的科技公共服务平台和协作网络,引导科技中介服务机构向专业化、规模化和规范化方向发展。在全省范围内形成开放协作、功能完备、高效运行的科技服务体系。

——商务服务业。大力发展广告、会展、法律服务、会计审计、咨询等商务服务和租赁业,加强资信调查与评级等信用服务体系建设。加快推进南京河西中央商务区、昆山花桥国际商务城、连云港大陆桥国际商务中心等商务服务集聚区发展。努力把江苏建设成为商务服务最好、商务成本最低、商务环境最优的省份。

——教育培训业。重点发展职业技术培训和继续教育,拓展海外教育,规范教育中介服务,加大对重点产业领域的高级管理人才、专业人才和技能型人才的培训力度,培育本土培训品牌,把江苏建设成为具有较强影响力和辐射力的教育培训高地、产业高端人才培养中心和专业技术人才实训中心。

——家庭服务业。重点发展家政服务、社区服务、养老服务、健康服务、医疗服务,积极开发家庭用品配送、实物租赁、家庭救助等新产品和新市场,形成品牌化、标准化、规模化、连锁化的经营模式,在全国率先建立比较健全的惠及城乡居民多种形式的服务体系。

加快服务业专业化发展。推进制造业企业分离发展服务业,建立从产品创意、设计、研发到物流、营销、品牌推广等各类专业化服务业企业。"十二五"期间,全省每年分离1000家以上制造业企业发展服务业,其中省内重点行业的龙头企业每年不少于50家。大力发展专业服务中心、行业协会、科技中介机构等专业服务组织,积极发展为企业和各类社会组织提供整体解决方案的服务业企业。加快服务业标准化建设,突出抓好重点领域服务标准的制订与推广,积极推进国家级、省级服务业标准化示范项目。鼓励服务业企业采用国际标准,进一步提高服务质量和效率。"十二五"期间,组织制订省级服务业地方标准100项,新建国家级、省级服务业标准化试点120个,采用国际标准和国外先进标准50项以上。

大力发展城市服务经济。加强中心城市资源整合,有序推进旧城更新和"退二进三",合理规划建设新型商业街区、文化创意街区及城市综合体,集中布局商务、商贸、金融、创意等服务功能区。积极发展总部经济、楼宇经济,吸引国内大企业集团、跨国公司总部或地区总部及其研发中心、销售中心、采购中心、结算中心落户。大力发展休闲娱乐、旅游、餐饮、购物等与人民生活密切相关产业,进一步提高服务质量和水平。

第三节　发展现代农业

坚持走中国特色、江苏特点农业现代化道路,按照优质、高产、高效、生态、安全的要求,积极推进农业规模化、产业化、标准化、信息化,大力发展现代农业,提高农业综合生产能力、抗风险能力、市场竞争能力。

提高农业综合生产能力。深入开展粮食高产增效创建活动,稳定发展粮食生产,积极发展优质稻米和专用小麦,大力推广粮食高产技术,努力提高单产、质量和效益。推行测土配方等科学施肥技术,加强农田地力保护与修复,实施中低产田改造、土地整理、盐土改良等工程,推进高标准农田建设。加快农业机械化,提升农业生产机械化水平。加强农业气象服务,建设现代农业气象服务体系,全面提高农田增产增收和防灾减灾能力。落实并完善粮食储备制度,形成动态调整机制,确保粮食供给安全。到2015年,粮食播种面积稳定在7800万亩左右,粮食总产量稳定在650亿斤左右,保障口粮省内自给。

发展高效设施农业。加快设施园艺提档升级,组织实施园艺作物标准园创建活动,推进高效蔬菜、花卉苗木、应时鲜果、高档茶叶、食用菌等设施化生产。推进生猪、家禽、奶牛等标准化规模养殖,发展肉羊等特色畜产品,提升集约化发展水平。大力发展特色水产业,推进标准化鱼池、渔船改造,加快渔港建设。建设一批现代农业产业园区、现代特色产业基地和现代农业示范区,增强示范带动能力。加快农业标准化步伐,大力发展无公害绿色有机产品,加强农产品品牌建设,确保农产品质量安全。积极拓展农业功能,发展农业服务业和乡村旅游业。到2015年,高效设施农业面积达到1100万亩。

推进农业产业化经营。围绕发展优势特色产业,重点扶持一批产业关联度大、市场竞争力强、辐射带动面广的农业龙头企业,培育一批有特色、有规模的农产品加工集中区,发展壮大农产品精深加工业,到2015年,农产品加工业产值与农业总产值之比达到1.6:1。支持农产品市场体系建设,建立以农产品批发市场为核心、农贸市场为支撑、大型超市为平台的农产品流通市场体系,发展农产品电子商务、连锁配送,促进农产品高效流通。开展连锁商业企业和农民专业合作社鲜活农产品"农超对接"试点。支持国家现代农业示范区和农业科技示范园等建设。加快发展农民专业合作组织,积极发展土地集中型、合作经营型、统一服务型等多种形式的农业适度规模经营,到2015年,农业适度规模经营面积占耕地面积比重达到60%以上。发展外向型农业,实施农产品出口振兴计划,加强农产品出口示范区和示范基地建设,扩大优势农产品出口。支持申报认定地理标志农产品,大力发展订单经营。推进镇江等丘陵山区生态和农业综合开发。

建立健全农业社会化服务体系。构建以公益性农技推广机构为依托,科技示范园区为载体,科技示范户为基础,农业科研教学单位等为补充的新型社会化服务体系,组建农业科技创新联盟,加快农业科技创新和产业化技术开发,大力发展种业产业,加速农业科技成果转化和推广应用。建立公开、公平、规范、有序的交易平台。实施农业信息服务全覆盖工程,提升农村信息服务水平。巩固和完善农业保险制度。

第四节　促进产业集聚发展

加快培育特色产业基地。以新兴和优势产业为重点,依托专业园区、科技园区和开发区,引导新兴产业、主导产业和传统优势产业资源集聚,形成一批市场影响力大、产业配套能力和创新活力强的特色产业基地,构建"带"、"群"、"网"状分布的产业基地格局。重点建设南京软件和服务外包、苏州电子信息和纳米技术、无锡太阳能和物联网、泰州生物医药、徐州工程机械、常州输变电设备、扬州汽车及零部件、南通海工平台、盐城风电装备及昆山液晶显示等龙头带动型、创新驱动型和品牌推动型基地。到2015年,培育建设一批销售收入超500亿元、超1000亿元的省级特色产业基地,逐步形成"一县一基地"发展格局。

着力发展现代服务业集聚区。运用信息技术和先进管理理念整合资源,推动现代服务业集聚区建设由规模扩张转向质量提升。发挥工业开发区产业优势,建设现代物流、科技研发、软件信息、创意设计等现代服务业集聚区,强化生产服务配套功能,形成集群分布、分工明确、互相支持的完整产业链,促进生产制造和生产服务共同发展。立足各类交通枢纽,构建快速便捷、货畅其流的集疏运体系,推进现代物流和产品交易市场集聚区建设。依托城市存量资产,结合城市功能定位,发展商务服务、创意设计等高端服务业集聚区。建立完善金融、会计、审计、会展等商务类平台,信息咨询、产权交易、检验检测等技术类服务平台,推动服务、资源和信息共享,促进集聚区提档升级。到2015年,省级现代服务业集聚区超过100家,其中,营业收入超1000亿元的省级现代服务业集聚区3家,500亿元的6家,省级现代服务业集聚区营业收入占相关行业营业总收入的比重达到55%。

推动企业做强做大。引导各类生产要素向优势企业和行业龙头企业集中,推动骨干企业做强做大。以品牌、技术、资本为纽带,促进企业优化产业组织结构,鼓励企业进行跨地区、跨所有制兼并重组,形成一批主业突出、拥有自主知识产权和自主品牌、具有较强竞争力的大型企业(集团)。推动规模大、质量好、运作规范的企业将资产、业务注入上市公司,壮大上市公司规模,提升经营能力。实施品牌工程,鼓励企业创建知名品牌、驰名商标和著名商标,争创国际知名品牌,支持企业商标境外注册和专利申请,不断扩大品牌国际知名度。"十二五"期间,新增驰名商标100件以上,省著名商标 1000 件以上。

完善中小企业服务体系。按照产业供应链要求,扶持中小企业向"专、精、特、新"方向发展,建立大企业、中小企业相互协作的战略联盟。拓宽中小企业直接融资渠道,发展融资担保,支持符合条件的中小企业境内外上市。推进中小企业公共技术支持平台建设,建立完善技术转移和交易平台。启动中小企业创新工程,鼓励技术创新,培育一批具有独立知识产权的示范企业。

第五节　提升信息化带动能力

加快信息技术广泛应用。大力推进信息技术在各行业、各领域的应用,提高产业发展层次和水平,推进工业化和信息化深度融合发展。加快信息技术改造生产过程,加大工业软件应用,提升装备信息化水平,促进企业生产过程的自动化、网络化和智能化。加快信息技术融入产品研发,推进工业设计和功能创新,大幅度提高产品的信息技术含量和附加值。加快信息技术改进企业管理效率,推广应用企业信息系统,促进企业流程再造和管理创新。加快信息技术拓展新兴领域,发展新型业态。建立健全覆盖全省的电子政务内网和信息公共服务平台,促进政务信息资源共享和业务协同。大力推进社会发展领域信息化,促进各类资源开发利用和共享。

积极推进"三网融合"。重点支持南京深入开展"三网融合"试点。推进广电、电信业务双向进入,加快广电、电信网络升级改造,促进网络设施互联互通,推动新区网络建设一网共建共享。大力推进政务、经济、社会管理和公共服务领域"三网融合"业务的广泛应用,鼓励企业开展"三网融合"技术研发及产业化。积极支持非试点地区创造条件开展"三网融合"试点工作,到 2015 年,全省各地区全面实现"三网融合"协调发展。加强网络信任体系和安全保密设施建设,强化政府部门、重点行业重要信息系统等级保护、风险评估、应急预案编制演练等保障工作,确保基础信息网络和重要信息系统安全。

第七章　建设教育强省和人才强省

全面落实国家和省中长期教育、人才规划纲要,充分发挥教育资源优势,以服务社会为导向,以提高质量为核心,加大教育改革力度,落实教育优先投入机制,坚持人才优先发展,率先建成教育强省、人才强省,提高人才对经济社会发展的贡献率。

第一节　加快教育现代化步伐

高水平普及基础教育。促进义务教育优质均衡发展,强化对农村地区、经济欠发达地区的支持,合理配置教育资源,有效减少择校现象,确保义务教育高水平、全覆盖。推动普通高中优质特色发展,开展高中课程基地建设,鼓励学校加强自身文化建设,形成教育教学特色,开展自主性、合作性、探究性学习、社区服务和社会实践。切实加强学前教育,普及科学保教方法,建立政府主导、社会参与、公办民办并举的办园体制,基本普及三年学前教育。强化基础教育公平,完善助学体系,建立学前教育资助制度,保障残疾儿童少年、家庭经济困难学生、进城务工人员随迁子女等平等接受教育权利,加强对留守儿童的教育和服务。

提升高等教育办学水平。推动高等教育内涵发展,着力提高教学质量,创新人才培养模式,优化学科专业结构,强化实践教学环节,加强创业教育和指导,扩大高层次创新型人才和应用型、复合型、技能型人才培养规模。加快高水平大学建设,大力支持"985 工程"高校创建世界一流大学,推进"211 工程"高校建设,提升地方高校建设水平。实施江苏高校优势学科建设工程,形成基础学科、应用学科、新兴交叉学科等多类重点学科以及各类优势学科协调发展的学科体系,进一步增强高校的科技创新能力。加强创新教育,提升大学生实践创新能力。发挥高水平高校的辐射作用,加大对苏中、苏北高校和高职院校的对口支援力度。

创新发展职业教育。把发展职业教育放在更加突出位置,以服务为宗旨、就业为导向,统筹发展中等职业教育与高等职业教育,协调推进学历教育与职业培训。加强职业教育改革创新,深化课程改革,调整优化职业教育布局,提高服务区域发展能力。发展示范性职业院校,推进职业教育实训基地、师资队伍、品牌特色专业和精品课程建设,完善产教结合、校企合作制度,健全和规范校企办学,全面推行工学结合、校企合作、顶岗实习的人才培养模式。

加大教育改革力度。全面实施国家教育体制改革试点项目,加快教育管理创新,推进政校分开、管办分离,建立依法办学、自主管理、民主监督、社会参与的现代学校制度。全面实施素质教育,加快教育教学模式创新。积极稳步推进中等、高等学校考试招生制度改革,扩大招生自主权。深化高等教育管理体制改革,积极建设综合改革试验区,增强高校办学自主权。深化办学体制改革,积极鼓励支持社会力量通过公办民助、委托管理、合作办学等方式参与举办非义务教育公办学校,大力发展民办教育,不断满足人民群众多层次多样化的教育需求。扩大国际交流合作,加大引进海外优质资源力度,提高教育发展国际化水平。加大教育投入,完善投入管理机制,确保财政教育支出增长高于财政经常性收入增长,财政教育支出占一般预算支出比例高于中央核定的比例,全社会教育投入增长高于地区生产总值增长。

第二节　构建创新创业人才高地

大力培养引进人才。推进高层次创新创业人才引进计划、"333"高层次人才培养工程、科技企业家培育工程,加强创新团队建设,培养能够突破关键技术、拥有自主知识产权的创新型科技人才队伍和依靠核心技术自主创业的科技企业家队伍。推进新一轮六大人才高峰行动计划,加大重点产业和重点领域急需紧缺人才开发力度。创新人才培养模式,推进学校教育与实践锻炼相结合、国内培养与国际交流合作培养相结合,实施十大重点人才工程,统筹推进党政人才、企业经营管理人才、专业技术人才、高技能人才、农村实用人才和社会工作人才队伍建设。到 2015 年,人才资源总量达到 1100 万人。

专栏5　十大重点人才工程
"双创"人才工程。到 2015 年,全省资助 1.5 万名具有自主创新成果的高层次创新创业人才,建设 5000 个创新团队。
高层次人才引进工程。到 2015 年,引进海外留学回国人员 1.5 万名,引进能够发展高新技术产业、带动新兴学科发展以及教育、文化、卫生等领域拔尖人才 1500 名。
青年人才工程。到 2015 年,培养 3000 名具有较高水平、取得显著成果和突出业绩、并能推动地区和行业发展的青年人才。
"三支"队伍培训工程。到 2015 年,培训党政领导干部 1.5 万人,培训规模以上企业主要负责人 1 万人,培训各类高层次专业技术人才 1 万人。
新兴产业人才工程。到 2015 年,六大新兴产业高层次专业人才新增 5 万名。

续表

> **高层次文化人才工程**。到 2015 年,资助培养、引进的高层次文化人才达 1000 名,其中,文化艺术名家 100 名,文化产业领军人物 100 名。
>
> **现代服务业人才工程**。到 2015 年,培养和引进现代服务业人才 2.5 万名。
>
> **教育卫生人才工程**。到 2015 年,面向海内外选聘 200 名特聘教授,组织 1.5 万名学校校长、教师和学校管理人员赴国外培训。面向海外引进 25 名特聘医学专家,建设 50 个医学创新团队,培养 250 名医学重点人才,培训 1.2 万名住院医师、全科医师。
>
> **高技能人才工程**。到 2015 年,新增高技能人才 100 万人,其中,紧缺型技师、高级技师 5 万人。
>
> **现代农业人才工程**。到 2015 年,引进和培育 50 个现代农业科技创新团队,培养涉农专业中专毕业生或持有职业资格证书的农民共 50 万名,培育 5 万名现代农业技术推广人才,5 万名农业产业化龙头企业负责人、农民专业合作组织带头人、农村经纪人等经营服务人才。

创新人才发展机制。全面落实十项重大人才政策,推动人才发展体制机制创新。发挥用人单位评价的主体作用,发展专业化、社会化的人才评价组织,建立以品德、能力、业绩、素质为导向的社会化人才评价发现机制。改革人才选拔使用方式,促进人岗相适、用当其时、人尽其才,形成有利于各类人才脱颖而出、充分施展才能的人才选拔使用机制。完善分配、激励、保障制度,建立健全与工作业绩紧密联系、充分体现人才价值、鼓励人才创新创造和维护人才合法权益的激励保障机制。

优化人才发展环境。努力营造充满活力、富有效率、更加开放的人才制度环境,最大限度调动人才的积极性和创造力。大幅度增加人才发展投入,鼓励企业和社会组织建立人才发展基金,建立多元化人才投入体系。倡导形成支持创业、崇尚创新的社会氛围,鼓励人才创新创业,优化企业家发展环境。发展人才服务业,加快建立人才公共服务体系。加大人才服务力度,不断改善工作条件和生活条件。进一步推进人力资源市场体系建设,发展专业性、行业性人才市场,促进人才公平竞争和合理流动,鼓励和支持各类人才向沿海地区、苏北地区流动,到农村、基层就业创业。大力推进人才国际化进程,出台海外高层次人才"居住证"制度,制定促进人才发展的公共服务政策。

专栏 6 十项重大人才政策

> 促进人才投入优先保证的财税金融政策,引导和鼓励人才创新创业政策,人才创新创业服务平台建设政策,产学研合作培养人才政策,引导人才向企业集聚政策,引导人才向沿海、苏北和基层流动政策,人才国际化政策,促进人才发展的公共服务政策,知识产权保护政策,人才表彰奖励政策。

第三篇 扩大内需 保持经济平稳较快发展

第八章 形成扩大内需长效机制

坚持把扩大内需作为经济发展的基本立足点和长期战略方针,充分挖掘内需特别是消费需求的巨大潜力,不断增强经济增长的内生动力,加快形成消费、投资、出口协调拉动经济增长的新局面,增强经济发展的稳定性、协调性。

第一节　提高消费对经济增长贡献率

持续扩大居民消费需求。把扩大消费需求作为扩大内需的战略重点,继续实施消费需求重点工程,完善和落实鼓励消费的各项政策,释放城乡居民消费潜力。增加就业创业机会,完善收入分配制度,加快提升城乡居民收入水平,增强消费能力。完善社会保障体系,加强社会公共服务,形成良好的居民消费预期,增加即期消费,稳步提高居民消费率。"十二五"期间,社会消费品零售总额年均增长 16% 以上,消费市场规模达到 2.8 万亿元以上。

拓展消费新空间。顺应居民消费由生存型向发展型升级的趋势,发展新型消费业态,培育消费热点,扩大文化、体育健身、娱乐、旅游、信息等服务型消费,推动大宗消费,实现消费结构升级。以扩大农村消费为重点,鼓励商贸连锁企业进镇进村,加快构建完善的农村商品流通网络体系,大力开拓农村消费市场,创造和激发农村新的市场需求。加大企业技术创新力度,不断创造新产品,增加新供给。开拓新的消费领域,引领新的消费需求。积极落实带薪休假制度。

培育新型消费模式。加大金融产品和服务创新力度,鼓励发展消费信贷。积极发展租赁消费、网络消费等新型消费,促进网络购物、电子商务、远程服务等新型消费方式不断壮大。积极倡导新型消费理念,培育新型消费文化,合理引导消费行为,发展节能环保型消费品,推进文明、节约、绿色、低碳消费模式。

改善消费环境。深入推进放心消费创建工作,进一步规范市场秩序,营造安全放心的消费环境。深入开展消费者权益宣传教育,积极发展消费者权益保护中介机构,加大消费者权益保护力度。加快城乡消费服务市场体系建设,形成覆盖社区、便捷高效的服务网络,提高居民消费的便利性。建立健全消费信用体系,打击假冒伪劣产品,打击不正当竞争行为。

第二节　积极扩大有效投入

着力优化投资结构。发挥投资对扩大内需的重要作用,保持投资规模合理增长,深化投资体制改革,以投资结构优化促进产业结构调整。强化政策导向,促进投资进一步向民生和社会事业、农业农村、新兴产业和现代服务业、科技创新、生态环保、资源节约、重大基础设施等领域倾斜,引导投资更多投向经济薄弱地区。促进投资消费良性互动,实现扩大投资与增加就业、改善民生有机结合,创造最终需求。提高生产性投资的产出效益,扩大公益性投资的社会效益,促进投资质量和效益稳步提升。"十二五"期间,全社会固定资产投资年均增长 14% 以上。

鼓励扩大民间投资。切实落实好促进民间投资的各项政策措施,增强投资的活力和动力。放宽市场准入,鼓励民间资本进入基础产业、基础设施、市政公用事业、社会事业、金融服务等领域,提高民间投资在总投资中的比重。加大民间投资合法权益保护力度,引导民间投融资行为规范发展。

加强投资调节与管理。坚持以市场为导向,运用经济、法律手段,辅之以必要的行政手段,有效引导与调控全社会投资。积极推行政府投资项目代建制和公示制度,开展项目后评价。严格执行投资项目用地、节能、节水、环保、安全等准入标准,有效遏制盲目扩张和低水平重复建设。建立完善行业投资、生产与市场供求情况的信息发布制度,加强对企业投资的咨询服务。

第三节　合理配置财政资源

按照公共财政服务于公共政策的要求,进一步优化调整财政支出结构,优先投向基本公共服务、社会发展、"三农"、节能减排等领域,确保公共财政支出占全部财政支出的比重逐年提高。发挥财政专项资金的作用,突出重点领域和薄弱环节,提高财政资金使用效益。加大对限制开发区域的转移支付力度,重点支持基本公共服务、农业生产和生态保护,增强基本公共服务供给能力。严格审计监督,加强制度保障。明确界定政府投资范围,加强和规范地方政府投融资平台管理,防范投资风险。

第九章 建设现代化基础设施体系

按照率先实现基础设施现代化的要求和综合提升、适度超前的原则,大力推进新一轮基础设施建设,全面提升现代化建设的支撑能力。

第一节 综合交通运输体系建设

优化交通结构,加强各种交通运输方式之间、城乡交通之间和城际交通之间衔接协调,突出综合交通大通道、大枢纽建设和江北铁路网建设,率先基本实现交通基础设施现代化,基本形成布局合理、功能完善、衔接畅通、安全高效的综合交通运输体系。

——综合运输通道和综合交通枢纽建设。重点加强沿海、沿江、沿东陇海和沪宁四大国家级综合交通运输大通道建设,加快淮扬镇常、徐宿宁杭、宁连和徐宿淮盐四条省级综合运输通道建设,形成"四纵四横"综合运输通道骨架。以港口、机场和铁路、公路客货运站为主要节点,重点建设南京、徐州、连云港三大国家级综合运输枢纽,推进10个省级综合运输枢纽建设,实现客运"零换乘"和货运"无缝衔接"。

——铁路和轨道交通建设。到2015年,新增铁路营业里程超过1300公里,时速200公里以上的电气化铁路基本实现通达省辖市。重点建设苏北、苏中铁路网和苏南轨道交通网,建成京沪高速铁路江苏段、沪通铁路、宁杭铁路、宁安城际铁路、连盐铁路、郑徐和徐连客运专线,完成宁启铁路、新长铁路淮安至南通段等复线电气化改造,形成区域间及沿海地区主通道;尽快开工建设沿江、通苏嘉城际、宁连(淮扬镇)等铁路,争取开工建设徐宿淮盐铁路和泰锡宜、宁淮等城际铁路,基本形成"三纵六横"的铁路主骨架和苏南地区城际快速轨道网。积极推进江阴—靖江铁路过江通道建设,加快构建苏北腹地铁路网和沿江两岸区域快速客运网。建成铁路南京南站等一批综合客运枢纽。加快南京、苏州、无锡城市轨道交通建设,推进常州、徐州、南通等城市轨道交通规划和建设,积极开展南京都市圈轨道交通规划研究。

——重点空港和海港建设。以南京禄口和苏南硕放两个枢纽机场为核心,进一步增强空港运输能力。完成南京禄口国际机场二期和苏中江都机场工程,实施苏南硕放国际机场、徐州观音机场、南通兴东机场和盐城南洋机场等扩建工程,加快推进连云港机场迁建工程,到2015年,南京禄口机场客运达到2500万人次,苏南硕放机场达到600万人次。以强化连云港港和太仓港功能为重点,促进沿海、沿江港口协调发展,全力打造上海国际航运中心北翼港口群。加快以连云港港为龙头的沿海港口群建设,基本建成连云港港30万吨级深水航道,加快10万吨级集装箱码头和30万吨级原油码头建设,推进洋口港区、大丰港区和滨海港区等深水航道建设;推进太仓港集装箱码头资源整合和扩能建设,建成集装箱干线港,推进江海联运中转枢纽港建设;抓住长江深水航道建设机遇,提升南京港、镇江港等沿江港口发展水平。到2015年,连云港港、太仓港集装箱吞吐量分别突破800万和600万标箱。大力推进口岸建设,支持有条件的口岸开放升级。

——内河航道和港口建设。以形成"两纵三横一网"内河干线航道为目标,基本建成长江南京以下12.5米深水航道,建设京杭运河、连申线、淮河出海航道及盐河、芜申线、苏南干线航道,构建长江三角洲地区内河高等级航道网络,形成发达的水运网。加快建设刘大线、杨林塘等疏港航道,完善港口集疏运体系。积极构建与干线航道相匹配的内河水运枢纽,重点推进徐州港和无锡港国家级内河港口建设。

——公路网建设。重点实施全省干线公路网络、过江通道、高速公路网络完善及主骨架扩容工程建设,加强路网衔接,完善农村公路网络。建成泰州长江大桥、崇启大桥、南京长江四桥、临海高等级公路和宿迁至新沂等高速公路;开工建设沪通和五峰山公铁过江通道、崇海大桥以及苏锡常南部等高速公路,实施沪陕高速公路江广段、京沪高速公路淮江段、沿江高速公路常州至太仓段等扩建工程;加快推进京沪高速公路新沂至淮安段等扩容工程前期工作,组织开展泰州至常州过江通道、南京长江五桥等项目规划研究工作。

第二节　水利建设

继续完善水资源供给骨干工程体系,提高水资源调配能力和饮用水源安全保障能力,基本建成高标准的防洪除涝工程体系,提高防洪保安能力。

——流域和区域防洪保安治理。推进新一轮淮河治理,完成淮河入江水道整治,实施淮河入海水道二期工程、通榆河南延扩工程。结合滩涂围垦开发,巩固提高海堤防台防潮标准。继续推进长江干流河道整治及长江口综合治理。加大里下河等重点区域中小河流和重点洼地治理力度。完善大中城市的防洪排涝工程体系,加快小城市和重点中心镇引排工程建设,提高城乡防洪排涝标准。到2015年,淮河水系防洪标准全面达到100年一遇,沂沭泗水系全面达到50年一遇,太湖流域达到50年一遇,重要支流及区域重点河道的防洪标准达到20年一遇以上;全省大中城市达到国家规定防洪标准,城市重要河道排涝标准基本达到20年一遇。

——水资源供给和保护。完成南水北调东线一期工程,建成泰州引江河、泰东河、卤汀河、川东港、九圩港拓浚等沿海供水骨干工程,提高沿海和苏北缺水地区的水资源保障能力。到2015年,实现淮北地区年增供水量19亿立方米,其中,沿海北部地区5亿立方米;实现沿海中部、南部地区年增供水量12亿立方米。提高空中云水资源利用,在苏北、沿海及环太湖地区建立人工影响天气基地。建成走马塘、新沟河、新孟河等太湖引排骨干工程,实现太湖与长江的畅引畅排。加强南水北调、江水东引、引江济太三大调水系统的清水通道建设,扩建新沂河尾水通道。加强饮用水源地保护,增强城乡饮用水源安全保障能力。

——农田水利建设。加强农田水利基础设施建设,推进小型农田水利重点县建设,以县为单位,集中连片,综合治理,加快实施大中型灌区改造和节水项目,推进重点中型灌区改造和末级渠系建设。

第三节　能源设施建设

加快能源和电网建设步伐,优化能源结构和能源布局,增强能源供给保障能力。到2015年,电力可供装机容量达到11000万千瓦,其中可再生能源装机占7%左右;天然气供应争取达到270亿立方米。

——新能源发展。核电建设,加快连云港田湾核电建设,推进江苏第二核电站前期工作,到2015年,核电装机达到400万千瓦。风电建设,有序推进陆上风电,重点建设龙源如东三期、华电灌云、中电投大丰二期、国华东台二期等陆上风电场项目;加快发展海上风电,推进海上风电场示范项目和海上风电特许权招标项目,支持沿海风光互补发电示范基地建设,到2015年,建成风电装机600万千瓦。天然气接收基地建设,确保如东LNG项目一期工程投产运行,推进连云港、滨海LNG项目以及如东LNG二期等项目前期工作。推进抽水蓄能电站建设,加快建设溧阳抽水蓄能电站,争取开工建设句容抽水蓄能电站。探索发展非并网的中小型太阳能光伏电站。

——电源点建设。优化燃煤电厂区域布局,重点向沿海、苏北地区倾斜;优化燃煤发电装机结构,重点发展清洁、高效、大容量机组,继续实施"上大压小";继续支持燃气发电机组建设,有序推进热电联产,做好分布式能源示范项目。

——能源供应和储备基地建设。积极利用区外来电,"十二五"期间新增协议区外来电规模1000万千瓦左右。大力开发组织国内外煤炭资源,在苏北、沿江和沿海地区布局建设5个煤炭中转储备基地,保障能源供给。推进连云港原油商业储备库、如东成品油库前期工作,加快扬中成品油集散中心和省内成品油库建设。增强油气管道输送能力。积极争取把连云港和南通纳入国家石油战略储备基地规划。

——坚强智能电网建设。加快特高压和500千伏骨干网架建设,实施沿海通道、核电扩建送出、苏南电网优化、锦屏—苏州特高压直流和第五过江通道等工程,形成500千伏"五纵五横"坚强网架。区外来电接纳能力达到2000万千瓦以上,"北电南送"过江输电能力超过1400万千瓦,苏南电网"西电东送"输电能力约1000万千瓦。注重新能源与电网的协调发展,显著提高电网接纳新能源发电的能力。推进新一轮农网升级改造,加快智能电网及运行体系建设。

第四节　信息基础设施建设

重点推进新一代移动通信、光纤宽带、下一代互联网、下一代广电网等建设,构建新型信息服务网络。实施宽带江苏计划,提高城市光纤入户覆盖率和行政村光缆通达率。推进无线江苏工程建设,促进移动互联网发展。强化人口、地理、金融、税收、统计等基础信息资源开发利用,促进公共基础信息资源充分共享。加快智慧城市建设,加大基层信息基础设施建设力度,加强应急通信保障能力建设,全面提升全省信息基础设施水平。

第四篇　惠民优先　着力构建和谐社会

第十章　保障和改善民生

紧紧围绕民生幸福这一发展的根本目的,坚持以人为本、民生优先,积极推进创业富民、就业惠民、社保安民,着力保障和改善民生,提高基本公共服务均等化水平,使发展成果惠及全体人民,实现经济发展与民生改善的有机统一。

第一节　促进劳动者充分就业

积极增加就业岗位。坚持把促进就业作为民生之本,作为经济社会发展的优先目标,加强政府对就业工作的引导,实施更加积极的就业政策,建立产业结构调整与就业结构调整有机结合的良性互动机制,大力发展智力和劳动密集型产业、服务业和小型微型企业,多渠道开发就业岗位。鼓励在规范的市场环境下,实行多种形式的灵活就业、自主择业。建立健全失业评估和失业预警机制,建立失业调查制度。

鼓励支持自主创业。发挥创业带动就业的倍增效应,从税收、贷款、政府补贴等各方面加大对创业的扶持,多渠道增加创业贷款,扩大创业补贴范围,营造鼓励创业的环境。建立健全创业培训体系和创业服务体系,建设一批示范性创业培训(实训)和创业孵化基地。加强对创业者劳动成果和合法权益保护。

帮助重点人群就业。把解决高校毕业生、城镇就业困难人员、农村转移劳动力就业工作放在重要位置,加强就业服务和政策支持,畅通大学生到城乡基层、中小企业和自主创业的就业渠道。优先扶持和帮助零就业家庭、农村零转移家庭等城乡困难群体就业,加强就业和创业培训,开发公益性岗位,落实社保补贴政策,形成及时有效帮助困难群体和零就业家庭就业的长效机制。

加强公共就业服务。构建统一规范灵活、城乡一体化的人力资源市场体系,加强制度化、专业化、社会化和信息化建设,实现城乡公共就业服务体系全覆盖,为劳动者提供优质高效的服务。加强职业培训和择业观念教育,健全面向全体劳动者的职业技能培训制度,针对不同群体就业要求和经济社会发展需求,实施有针对性的培训。建立全省重点企业用工需求信息平台,促进劳动力供求双方的有效对接。完善就业与社会保障联动机制,增强就业的稳定性。规范发展各类人力资源服务。

构建和谐劳动关系。发挥政府、工会和企业作用,努力形成企业和职工利益共享机制,建立和谐劳动关系。认真落实劳动合同制度和集体协商集体合同制度,坚持以职代会为基本形式的企业民主管理,进一步强化工时、定额等劳动标准管理,加大欠薪清偿保障力度。指导督促企业增强劳动法制意识和社会责任意识,规范用工行为,改善劳动条件,落实人文关怀。健全劳动保障监察工作体系,加大执法力度,完善劳动争议处理机制,维护劳动者特别是一线职工、劳务派遣职工和农民工的合法权益。

第二节　实施居民收入七年倍增计划

切实提高劳动报酬在初次分配中的比重。坚持和完善按劳分配为主体、多种分配方式并存的分配制度,努力提高居民收入在国民收入分配中的比重,有效增加劳动报酬在初次分配中的比重,按照居民收入增长与经济发展、劳动报酬增长与劳动生产率提高"两个同步"的要求,大力实施居民收入七年倍增计划。切实增加农民收入,加快形成以生产经营收入为基础、工资性收入和财产性收入为重点、转移性收入比重稳步提高的农民收入增长机制,健全农产品价格保护制度和农业补贴制度,提高农民工工资水平。建立职工工资随劳动生产率增长而增长、最低生活保障随物价指数增长而增长的长效机制。不断扩大工资集体协商制度的覆盖面,推动企业完善工资决定机制。继续完善并落实工资指导线、劳动力市场工资指导价位和行业人工成本信息制度,引导企业合理进行工资分配。逐步提高最低工资标准,确保低收入者收入增长不低于居民收入平均增长。完善公务员工资制度,深化事业单位工资分配制度改革。坚持劳动、资本、技术、管理等生产要素按贡献参与分配,鼓励增加经营性收入和财产性收入,进一步扩大中等收入人群比重。

努力优化二次分配。强化政府调节,规范分配秩序,加强税收征管,有效调节过高收入,减轻中低收入者税收负担,缩小城乡、区域、行业和社会成员之间收入差距。加大财政对公共服务领域的投入,对经济落后地区和农村地区的转移支付力度,普遍增加城乡居民社会福利。建设个人收入信息体系,加强对垄断行业企业收入的调控与监管,规范企业内部薪酬管理制度。

第三节 加强和完善社会保障

扩大社会保障覆盖面。提高城乡低保、新型农村合作医疗、城镇居民基本医疗保险、新型农村社会养老保险全覆盖水平,初步实现人人享有基本社会保障。继续推进农民工、非公经济组织从业人员、灵活就业人员和自由职业者等符合条件的各类群体纳入相应的社会保障制度。高度重视对低收入、未就业等特殊困难群体的帮扶救助,重点推进困难企业退休人员、职工参加城镇职工基本医疗保险和在校大学生参加城镇居民医保,做好断保人员续保工作。到2015年,实现社会保障全覆盖,新型农村合作医疗实际补偿比提高到70%左右。

完善各项社会保障制度。逐步做实企业职工基本养老保险个人账户,逐步统一企业缴费比例。推进机关、事业单位养老保险制度改革。全面建立城镇居民养老保险制度,巩固和完善新型农村社会养老保险制度,加大对特殊群体参保的扶持力度。建立被征地农民"先保后征"制度。健全覆盖城乡居民的多层次医疗保障体系,逐步提高保障标准。鼓励发展企业年金、职业年金和补充医疗保险,积极发展适应城乡居民的商业养老和健康保险。落实扩大失业保险基金支出范围试点政策,强化预防失业、促进就业功能。扩大工伤保险覆盖范围,逐步建立工伤预防、补偿、康复相结合的工伤保险制度。积极推进生育保险制度,将所有用人单位纳入生育保险覆盖范围。强化社会保险基金监管,完善基金监督体系,形成抗风险机制。提高社会保障制度统筹层次,实现企业职工基本养老保险省级统筹;全面推进医疗、失业、工伤、生育保险市级统筹,实行省级调剂;完善各项社会保险关系跨区域转移接续政策,推进省内异地就医联网结算。

稳步提高社会保障水平。根据经济社会发展和各方面承受能力,逐步提高各项社会保障待遇水平。结合工资和物价变动等因素,不断完善企业退休人员基本养老金正常调整机制;全面开展以常见病、多发病为重点的居民医疗保险门诊医疗费用统筹,稳步提高住院、重大疾病医疗保障支付水平。加强社会保障信息网络建设,扩大社会保障卡覆盖面,形成高效便捷的社会保障服务体系。

发展社会救助和社会福利。完善以城乡居民最低生活保障、农村五保供养制度为基础,医疗、住房、重残、临时生活救助等专项救助为辅助的社会救助体系,逐步提高社会救助水平,实现城乡社会救助全覆盖。大力发展社会福利事业,重点发展老人、儿童、残疾人、教育、医疗、计划生育家庭和惠民殡葬等福利。加强双拥工作,进一步保障重点优抚对象的医疗、住房和各项抚恤补助待遇。积极发挥红十字会、慈善会、基金会等公益组织的示范作用,引导并规范社会各方积极参与慈善和公益事业。

第四节 提升全民健康水平

加快医疗卫生事业改革。按照保基本、强基层、建机制的要求,深化医药卫生体制改革,加大政府对公共医疗卫生发展的投入力度,把基本医疗卫生制度作为公共产品向全民提供,优先满足群众基本医疗卫生需求。全面推进基层医疗卫生机构综合改革。完善基本药物政府投入和补偿机制,努力消除以药补医,切实减轻群众看病就医负担。积极稳妥推进公立医院改革,合理调整公立医院布局和规模,建立公立医院出资人制度和法人治理结构,加强医院管理,形成保障公益性和提高运行效率的管理体制。完善城市医院与基层医疗卫生机构之间的分工协作机制,健全分级诊疗制度、双向转诊制度。新增医疗卫生资源重点向农村和城市社区倾斜,加强医学人才特别是全科医生培养,完善鼓励全科医生长期在基层服务政策。鼓励社会力量办医,加快形成多元办医格局。坚持中西医并举,大力发展中医药事业。

完善公共卫生服务体系。建立健全公共卫生服务网络,完善公共卫生服务功能,提升公共卫生服务和突发公共卫生事件应急处置能力。重点改善精神卫生、妇幼卫生、卫生监督和计划生育等机构的设施条件,加大疾病预防控制、应急救治、采供血、健康教育等机构建设支持力度,加强与基层医疗卫生服务机构的资源共享、协调互动。逐步增加基本公共卫生服务项目,强化对严重威胁人民健康的传染病、慢性病、地方病、职业病等监测和预防控制。注重公共卫生人才培养和医德建设,不断提升服务能力和质量。大力开展健康教育,推进健康城市建设,倡导健康文明的生活方式,增强居民健康意识和自我保健能力。到2015年,全省居民平均预期寿命提高到77岁。

健全基层医疗卫生服务体系。巩固以社区卫生服务为基础的新型城市医疗卫生服务体系,完善社区公共卫生服务、初级诊疗、慢性病管理和康复服务等功能,以街道为单位实现社区卫生服务中心全覆盖。加强新型农村卫生服务体系建设,进一步健全以县级医院为骨干、乡镇卫生院和村卫生室为基础的农村医疗卫生服务网络。加强基层医疗卫生机构建设,推进县级医院达到二级以上标准、城市社区卫生服务中心和农村乡镇卫生院全面达标。转变基层医疗卫生服务模式,推行主动上门服务和综合健康管理。推动中医、中药进社区。

落实基本药物制度。根据国家基本药物目录,合理确定我省基本药物品种和数量,实行基本药物公开招标采购、统一采购价格和统一配送,保障群众基本用药。大力规范和整顿药品生产流通秩序,确保用药安全。推进城乡药品"两网"建设,进一步完善药品供应保障体系。健全省级药品储备制度,扶持基本药物生产企业发展,支持用量小的特殊用药、急救用药的生产和储备。

开展全民健身活动。推进城乡社区和学校体育设施建设并向公众开放,充分利用城镇广场、公园等公共场所开辟体育健身场地,定期发布体质监测公报,提高全民健康素质。提高竞技体育水平。健全社会化群众体育组织网络,推广全民健身志愿服务。开展青少年阳光体育运动,提高青少年身体素质。到2015年,人均体育场地设施面积拥有量达到2平方米以上,经常参加体育锻炼的人口达到35%以上,公民体质监测合格率达到92%以上。

第五节　推进保障性住房建设

加大公共租赁住房建设力度。强化各级政府责任,坚持"政府主导、社会参与、市场运作",加大政府对公共租赁住房建设的投入,鼓励和引导社会资金参与建设公共租赁住房,规范发展住房租赁市场,基本解决无力购买经济适用住房的城市中等偏下收入住房困难家庭和新就业人员、外来务工人员的租住困难。

加强廉租住房、经济适用住房建设和保障。实现全省城市低保住房困难家庭及低收入无房家庭申请廉租住房实物配租"应保尽保",中等偏下收入住房困难家庭申请购买经济适用住房"应保尽保"。加强经济适用住房建设管理,严格准入审查和交易管理,完善经济适用住房申请、审核、公示和轮候制度。

改善困难群体住房条件。基本完成城市危旧房(棚户区)改造任务,实施国有工矿区、林区、垦区、盐区危旧房(棚户区)改造。多渠道改善农民工居住条件,引导企业向农民工提供符合基本卫生和安全条件的居住场所,在有条件的地区集中建设向农民工出租的集体宿舍或公寓性住房。"十二五"期间,改造危旧房3500万平方米。

第六节 提升公共服务能力

建立基本公共服务体系。明确适应更高水平小康社会和基本现代化要求的全省城乡基本公共服务均等化的内容和标准,逐步完善符合省情、比较完整、覆盖城乡、可持续的基本公共服务体系。把义务教育、公共就业服务、社会保障、基本医疗卫生、公共文化体育、福利救助、社会公共安全等纳入基本公共服务,明确全民享有基本公共服务的范围、最低供给规模和质量标准,着力推进基本公共服务在城乡之间、区域之间、群体之间均衡配置和合理布局。

专栏7 "十二五"基本公共服务范围和重点

公共教育:九年义务教育免费,农村义务教育阶段寄宿制学校免住宿费,并为家庭经济困难寄宿生提供生活补助;农村中等职业教育免费;适龄儿童特殊教育免费;为家庭经济困难幼儿入园提供补助。

就业服务:为城乡劳动者免费提供就业信息、就业咨询、职业介绍、劳动仲裁;为失业人员、农村转移劳动力、新成长劳动力免费提供基本职业技能培训和技能鉴定;为就业困难人员和零就业家庭提供就业援助。

社会保障:实现企业职工基本养老保险省级统筹,新型农村社会养老保险全覆盖;城镇职工享有基本医疗保险、城镇居民享有基本医疗保险、农民享有新型农村合作医疗;城镇职工享有失业保险、工伤保险、生育保险;为城乡困难群体提供最低生活保障、医疗救助等服务;为孤儿、残疾人、农村五保供养对象、城市"三无"人员、高龄老人等特殊群体提供福利服务。

医疗卫生:提供居民健康档案、预防接种、传染病防治、儿童保健、孕产妇保健、老年人保健、健康教育、高血压等慢性病管理、重性精神病管理等基本公共卫生服务;实施15岁以下人群补种乙肝疫苗、农村妇女孕前和孕早期补服叶酸、农村妇女住院分娩补助、农村适龄妇女宫颈癌乳腺癌检查、贫困人群白内障复明等公共卫生专项服务;实施基本药物制度,把基本药物全部纳入基本医疗保障药物报销目录;提供免费孕前优生健康检查、免费生殖健康技术服务等计划生育服务。

住房保障:为城市低收入无房家庭提供廉租房,为中等偏下收入住房困难家庭提供经济适用住房,为部分无力购买经济适用房的城市中等偏下收入住房困难家庭和新就业、外来务工人员提供公共租赁住房。

公共文化:公共博物馆、纪念馆、美术馆、文化馆、图书馆、青少年宫、科技馆和基层公共体育设施免费开放;城乡健身设施全覆盖;实施全民阅读、农家书屋、城乡阅报栏工程;实施地面数字电视覆盖工程、有线电视进村入户工程和农村电影放映工程,确保每村每月放映一场公益电影;建成省、市、县、乡、村五级公共文化服务设施网络。

交通服务:行政村全部通客运班线,城市建成区公共交通全覆盖。

环境安全:县县具备污水、垃圾无害化处理能力,提升环境监测评估、监管和应急能力,保障城乡饮用水水源地安全,全面解决农村地区安全饮水问题。

强化政府公共服务供给责任。坚持以政府公共财政为导向,建立基本公共服务供给机制,保障基本公共服务支出。按照属地管理原则,加强基层公共服务机构的设施和能力建设,形成提供基本公共服务的平台和网络。完善公共服务财政转移支付制度,加大省级财政转移支付力度,支持经济薄弱地区增强公共服务能力。强化基本公共服务政府绩效考核和行政问责,健全地方政府为主、统一与分级相结合的基本公共服务管理体制。

拓宽公共服务供给渠道。改革基本公共服务提供方式,引入竞争机制,扩大政府购买服务,实现提供主体和提供方式多元化。充分发挥市场机制作用,放宽市场准入,采用政府购买、管理合同外包、特许经营、投资补贴等方式,鼓励和支持社会力量参与提供公共服务,形成政府主导、市场引导、社会充分参与的多元化公共服务供给机制。积极稳妥推进科技、教育、卫生、文化等事业单位分类改革,对主要从事公益服务的事业单位,强化公益属性,完善治理结构。支持、引导社会组织参与公共服务。

第十一章　加强社会建设和管理

按照健全党委领导、政府负责、社会协同、公众参与社会管理格局的要求,加强社会管理能力建设,创新社会管理机制,保障社会公共安全,加强民主法制建设,实现向服务管理型转变。

第一节　提升法治江苏建设水平

以依法行政、公正司法和法制宣传教育为重点,加快创建法治城市和法治县(市、区),深入推进法治江苏建设。加强地方立法工作,推进法治政府建设,健全内外结合的监督机制,严格规范行政执法行为,确保行政权力在法律框架内有效行使。扩大公民有序参与社会管理,深入推进政务公开、居务和村务公开,保障人民群众的选举权、知情权、参与权、表达权和监督权。加强社区居民民主自治,增强基层民主活力,调动居民参与社会管理的积极性,维护居民合法权益和社区共同利益。稳妥推进司法体制和工作机制改革,促进公正廉洁执法,积极开展法律援助和司法救助,提高人民群众对法治建设的满意度。开展法制宣传教育,加强法治文化建设,开展法治创建,弘扬法治精神,提高公民法治意识。坚持标本兼治、综合治理、惩防并举、注重预防的方针,加快推进惩治和预防腐败体系建设,在坚决惩治腐败的同时,加大教育、监督、改革、制度创新力度,加强反腐倡廉长效机制建设,更有效地预防腐败。

第二节　加强和创新社会管理

加强基层和社区建设。重视加强基层基础工作,健全新型社区管理和服务机制,推进基层党组织有效覆盖、有效管理、有效提升,发挥群众组织和社会组织作用,实现政府行政管理与基层群众自治有效衔接、良性互动。全面提升城市社区建设水平,深入开展农村社区建设,推进社会管理重心向基层组织转移,促进社区管理体制、功能和工作转型,全面建立"一委一居一站"的社区管理模式。进一步完善社区服务体系,加强社区服务设施建设,切实增强社区管理和服务职能,推动公共资源向城乡社区延伸,积极开发多样化的社区服务项目。加强城乡社区信息化建设,推进政府公共信息网与居民需求服务网的有效对接,推动社区服务性、公益性资源共建共享。优化城乡社区布局,合理确定社区管理服务范围,完善基层服务和管理网络,形成城市社区 15 分钟、农村社区 3 公里管理服务圈。加强社区分类管理,开展老小区整治和美化,推进城中村和城乡结合部等综合整治,建立健全社会管理和综合服务平台,改善居住环境。到 2015 年,力争把全省 90% 以上的城市社区、70% 以上的农村社区建设成为管理有序、服务完善、文明祥和的社会生活共同体。

> **专栏8 社区服务能力提升计划**
>
> **健全社区管理体制**。全面推进社区管理体制转型、功能转型和工作转型,建立"一委一居一站"的管理模式。
>
> **推进社区民主自治**。扎实推进社区民主自治制度化、程序化、规范化建设,不断提高社区民主自治水平。
>
> **完善社区服务体系**。全面提升社区服务功能,有序发展社区社会组织,大力倡导社区志愿服务,规范服务标准,满足居民多样化、多层次、多方面的服务需求。
>
> **稳定社区社会环境**。全面加强社区社会治安综合治理,扎实推进平安社区建设,完善社区综合治理和矛盾纠纷排查化解机制,构建社区治安防控体系。

推进社会组织建设。加强社会组织能力建设,充分发挥慈善公益组织、行业组织、社会中介组织、志愿者组织等提供服务、反映诉求、规范行为的作用。降低社会组织准入门槛,加强政策扶持,培育发展文体志趣类、协调管理类、公益志愿类等社区社会组织,鼓励和支持其依法有序参与社会管理。大力倡导社会志愿服务。加强社会工作人才队伍建设,提高社会工作者的职业化、专业化水平,到2015年,社会工作人才总量达到20万人。全面贯彻党的民族宗教政策,促进民族团结、宗教和谐。

完善社会矛盾调解机制。建立公平规范的利益协调机制,全面推行重大工程项目建设、重大政策制定的社会稳定风险评估,妥善处理和协调好各方面利益关系,兼顾不同利益群体,体现社会公平正义。建立畅通有序的诉求表达机制,拓宽社情民意表达渠道,关注网络民意,引导不同利益群体以理性、合法的形式表达利益诉求,形成有效的对话和协商制度,加大对涉及民生、社会管理等方面信访问题的解决处理力度。推动领导干部接访、下访工作制度化。建立科学有效的矛盾调处机制,完善社会矛盾纠纷大排查、大调解组织管理体系和工作运行机制,促进人民调解、行政调解、司法调解衔接配合和相互融合,形成以人民调解为基础的多层次、宽领域、规范化的大调解组织网络体系,把各种不稳定因素化解在基层和萌芽状态。建立全方位的权益保障机制,加强多部门协调,实施综合决策,切实保障人民在经济、政治、文化、社会等方面的权益。

构建诚信社会。深入实施诚信江苏建设,扎实推进政务诚信、商务诚信和社会诚信。加快建设社会信用体系,加快信用法规建设,大力建设信用信息基础设施,建立健全单位和个人信用信息记录、信用产品、信用激励和惩戒机制。扶持信用管理行业,加快培育信用服务机构,大力发展资信评估行业,建立健全信用评估体系。加强诚信宣传教育,营造诚信文化氛围。

第三节 切实保障公共安全

深入推进平安江苏建设。深化平安江苏建设活动,努力建设一个基础更牢、水平更高、覆盖面更广、人民群众更加满意的平安江苏,确保公众安全感持续全国领先。加强社会治安大防控体系建设,完善防控网络,提升技防建设水平,组织实施"技防入户"工程,率先建成具有较高技防水平的平安省份。坚持科技强警,推进现代警务机制和公安信息化建设,加强现代警务指挥体系建设,提高跨区域警务协作水平,增强110接警和反应能力。集中整治突出治安问题,依法打击各种违法犯罪活动。加强对特殊人群的教育监管,落实解困、帮扶、心理疏导等服务措施。建立健全网络管理工作机制,完善网络综合防控体系,提高对虚拟社会的管理水平。发展社区警务,开展基层系列平安创建活动。

增强突发公共事件应急能力。制订和完善全方位、多层次的应急预案,加强公共安全基础设施和专业应急队伍建设,提供永久性开放空间和应急避难服务,开展空中、水上应急救援服务,提高应急反应能力和应急处置水平,健全反恐应急响应等级制度,有效应对自然灾害、事故灾害、公共卫生、环境安全、社会安全等突发公共事件,增强全社会抵御风险、抗击危机的能力。构建高效、全方位、应急能力强的专用通信体系。坚持军民融合发展,完善国民经济动员体系,加强战略物资储备基地建设,增强国民经济动员能力。

切实加强安全生产。牢固树立安全发展理念,健全和落实各项安全生产制度,强化安全监管责任,有效防范和坚决遏制重特大安全生产事故。完善责任落实、追究体系,建立科学高效的监管监察体系,建设重大危险源监测预警和事故预防及应急救援体系,构建强有力的宣传教育、科技保障体系。全面落实企业安全生产主体责任,加大企业安全生产投入,建立隐患排查治理长效机制,大力推广企业安全生产标准化,积极采用安全可靠新技术、新工艺和新装备。加强道路交通、消防等公共安全监管,全面实施道路监控网"320"工程,提升消防保障能力。"十二五"期间,安全生产事故总量和事故死亡人数继续"双下降"。

确保食品药品安全。按照把我省建设成为食品药品消费最安全、最放心地区的要求,积极完善食品药品安全监管体制机制,切实解决食品药品安全监管领域存在的突出问题。建立食品生产营销链的全过程控制体系,加强对食品从种植、养殖到生产加工、销售流通等各个环节的安全管理,逐步实现生产的全程跟踪和食品产业链的全程可追溯,进一步完善食品质量安全检验检测体系,确保食品安全。完善药品供应体系,规范药品的研制、生产、流通和使用秩序,加强对药品生产企业的监督管理,加强医疗机构用药管理,大力推进城乡药品监督网和供应网建设,切实保障用药安全。

提升防灾减灾能力。完善防灾减灾应急体制机制,强化事前预警、事中救援和事后恢复的灾害综合处理能力。加强气象、地震、地质、风暴潮和赤潮等重大自然灾害监测能力建设,整合各类灾害信息资源,建立覆盖全省的主要灾害实时监测预警系统,提高预测预报水平。加强基础测绘工作,缩短基础测绘更新周期,实现重点地理信息要素及时更新,推进沿海滩涂、江河湖泊水下地形和城市地下管线等重点区域、薄弱环节的测绘工作。完善社会动员机制,加强平灾结合的减灾专业队伍建设,提高灾害治理能力。充分利用人民防空资源,为应对和处置突发公共事件提供服务。推进防灾减灾知识宣传和普及教育,增强人民群众的防灾减灾意识,提高紧急避险和自救能力。鼓励发展多种形式的灾害保险,完善社会救灾重建体系。

第四节　提高人口服务水平

促进人口长期均衡发展。坚持计划生育基本国策,逐步完善城乡一体的人口生育政策、奖励扶助政策和社会保障政策。改善人口性别比,完善人口和计划生育公共服务体系,加强优生优育优教工作,全面实施政府免费的婚前医学检查、孕前健康检查项目,提升生殖健康水平,提高出生人口素质。

完善流动人口服务和管理。创新流动人口服务管理体制,建立全员流动人口信息库,改革流动人口登记办法,探索建立居住证制度,推动外来人员居住、就业、医疗、保障、入学等"一证通"。建立流动人口统筹管理、服务均等、信息共享、区域协作、双向考核的服务管理机制,健全流动人口服务管理网络。加强对流浪乞讨人群的救助和管理。

积极应对人口老龄化。顺应人口老龄化趋势,建立覆盖城乡的老年保障体系。健全老龄人口社会保障,稳步提高养老保障和老年人医疗保障水平,建立高龄老人福利津贴制度,发展普惠性的老年健康医疗福利。优先发展社会养老,建立居家养老为基础、机构养老为支撑、社区养老为依托的多元化养老服务体系。加强康复护理救助等面向老年人的公共服务设施建设,提供规范化、专业化的服务。积极发展机构养老,鼓励扶持社会力量兴办养老服务事业。到2015年,各类养老机构新增床位18万张。重视老年人精神文化生活需求,制订各类老年人优待措施,弘扬敬老风尚。

专栏9　老龄事业服务发展重点

完善养老服务体系。建设一批养老康复护理院、老年公寓、老年日间照料中心、老年服务中心等养老服务设施。继续实施"关爱工程",进一步改善农村敬老院服务条件。

大力发展居家养老服务。建设多形式的居家养老服务网络,城市社区实现全覆盖,农村社区覆盖率达到40%,建设一批区域性老年信息服务平台。

提升老年人社会福利水平。建立80岁以上老年人高龄津(补)贴制度。

重视老年人精神关爱。实施"快乐晚年精神关爱行动",丰富老年人文化体育生活,加强心理疏导服务。

保障重点人群合法权益。切实保障妇女平等获得经济资源和广泛参与经济建设的权利,使广大妇女平等依法行使民主权利,平等参与经济社会发展,平等享有改革发展成果。加强妇女卫生保健和劳动保护。坚持儿童优先原则,尊重和保护儿童的人格尊严,依法保护儿童生存权、发展权、受保护权和参与权,改善少年儿童成长环境,提高儿童福利水平,促进儿童身心健康发展。加快残疾人社会保障和服务体系建设,加大力度建设残疾人康复中心和残疾人托养机构,进一步提高残疾人社会保障水平;增加对特殊困难残疾人的生活补贴,加强残疾人培训,提高残疾人就业能力和水平。

第十二章　繁荣发展文化事业和文化产业

坚持社会主义先进文化前进方向,弘扬中华文化,建设和谐文化,发展文化事业和文化产业,充分发挥文化引领社会、教育人民、推动发展的功能,围绕文化事业强、文化产业强和文化人才队伍强的要求,推动文化大发展、大繁荣,满足人民群众日益增长的精神文化需求,实现文化大省向文化强省的跨越。

第一节　提高全民文明素质

增强社会责任感。加强社会主义核心价值体系教育,树立正确的价值导向,进一步增强民族自尊心、自信心和自豪感。弘扬科学精神,加强人文关怀,注重心理疏导,培育奋发进取、理性平和、开放包容的社会心态。推进公民社会公德、职业道德、家庭美德和个人品德建设,学习宣传表彰道德模范,引导自觉履行法定义务、社会责任、家庭责任,做到关爱弱势群体、志愿奉献社会。推进企业责任感建设,营造企业自觉遵守商业道德、实施生产安全、加强职业健康、保护劳动者的合法权益、节约资源等的良好环境。继续深入开展文明城市、文明行业、文明单位、文明社区等群众性精神文明创建活动,倡导修身律己、尊老爱幼、勤勉做事、平实做人、诚信守法,推动形成我为人人、人人为我的社会氛围。净化社会文化环境,加强青少年思想道德教育工作,保护青少年身心健康。综合运用教育、法律、行政、舆论手段,引导人们知荣辱、讲正气、尽义务,形成扶正祛邪、惩恶扬善的社会风气。

大力弘扬"三创"精神。加强舆论宣传和政策引导,让创业创新创优成为江苏思想文化的显著特征,成为全省人民共同的价值取向。强化职业操守,支持创新创业,鼓励劳动致富,发扬团队精神。在全社会倡导艰苦创业、自主创业、全民创业,鼓励科技创新、制度创新、管理创新和产品创新,引导岗位创优、行业创优、区域创优,进一步释放创造活力和创新热情。

第二节　推进文化创新

传承和弘扬优秀传统文化,赋予传统文化新的时代内涵,弘扬主旋律、提倡多样化,使精神文化产品和社会文化生活更加丰富多彩。借鉴世界文明成果,推进文化创新,努力打造一批代表江苏形象、具有江苏特色、群众喜闻乐见的江苏文化品牌。提高文化产品质量,创作更多反映人民主体地位和现实生活、思想深刻、艺术精湛、提高群众审美情趣的精品力作。突出舞台艺术、文学艺术、美术、书法艺术等优势艺术门类的特色和地位,办好重大艺术活动,形成具有时代精神的江苏艺术创作特色和优势,保持在全国的领先地位。加强基层文化建设,培育地域特色文化。广泛开展群众性文化活动,繁荣群众文艺创作。促进历史文化资源与文化产业相结合,与教育、体育、旅游、休闲等产业相嫁接,与科技创新、工业设计、城乡建设等活动相融合,催生新的文化业态,形成专业化的文化艺术创作基地。加快区域国际文化活动向集约化、系列化、品牌化转变,扩大文化交流与合作,鼓励和支持骨干文化企业"走出去",融入国际文化产业链,提高江苏文化的国际影响力。加强重点新闻媒体建设,重视互联网等新兴媒体建设、运用和管理,把握正确舆论导向,提高传播能力。繁荣发展哲学社会科学,推进学科体系、学术观点、科研方法创新。加强地方志编纂工作,高质量完成第二轮志书编纂。

第三节　完善公共文化服务体系

健全公共文化设施网络。坚持公益性、基本性、均等性、便利性原则,建成覆盖全社会的公共文化服务体系。完善公共文化设施,加快建设省市重点文化设施和各类公共文化服务网点,积极推进江苏大剧院等重大项目建设。普及县、乡、村三级"两馆一站一室"和农家书屋,健全城市社区文化活动中心,打造都市"15分钟文化圈"。加大财政投入,重点支持苏北地区建设一批综合性、多功能、具有地方特色的公共文化设施。继续实施文化惠民工程,扩大向社会免费开放公共文化设施的范围,在全国率先实现全面免费开放。推动城市公共文化服务向农村延伸,鼓励开展公益性演出。积极推动企业、学校等各类文化设施对外开放。全面完成全省有线电视网络整合,构建广播影视无线数字公共服务体系,推进地面数字电视覆盖工程建设,基本实现广播电视户户通,实现县城及重点乡镇数字化多厅影院的全覆盖。

创新公共文化服务方式。扶持公益性文化事业,整合不同系统、不同部门的公共文化服务资源和项目,推进公共文化服务资源的共建共享,形成系统、运行有效的公共文化服务网络。适应群众文化需求的新变化新要求,创新文化内容形式和生产传播方式,加快发展手机报、数字出版、数字图书馆、数字档案馆、网上博物馆、网上文化馆、网上剧院等。鼓励社会力量兴办和捐助公益性文化事业,增加公共文化产品和服务的供给总量。积极探索建立文化遗产保护利用新机制,大力实施文化遗产保护工程,加强非物质文化遗产的科学保护和合理利用,更好地彰显地域文明和个性特色。

第四节　加快发展文化产业

把文化产业发展成为国民经济支柱产业。做大做强广播影视、出版发行、工艺美术、演艺娱乐等优势产业,加快发展创意设计、新兴媒体、移动多媒体广播电视、动漫游戏等附加值高的新兴产业,积极拓展基于数字、网络等高新技术的文化业态。加快文化产业园区、创意文化街区、数字出版基地、动漫和数字电影产业基地建设,建设一批高起点、规模化、代表国家水准、体现未来方向的文化产业示范基地和示范园区,形成优势明显、特色突出的文化产业群,增强整体实力,产业规模、效益和竞争力位居全国前列。

推进文化投资主体多元化。在政府引导下,发挥市场机制积极作用,培育骨干文化企业和战略投资者,积极探索文化领域公有制多种实现形式。按照现代企业制度要求,加快国有文化企业公司制、股份制改造,吸引社会资本进入文化产业领域,增强文化发展活力。支持民营文化企业做大做强,享受同等政策待遇。加大资源整合力度,鼓励有条件的文化企业并购重组、上市融资,打造一批大型重点文化企业。

> **专栏10　"十二五"公共文化事业重点工程**
>
> **文化信息资源共享工程**。重点建设城市社区基层服务点,依托社区文化活动中心(文化活动室),实现文化共享工程社区基层服务点的全覆盖。
>
> **公共文化服务人才培养工程**。全省着力培养10名省内外知名的图书馆学、群文理论专家,出版10本图书馆学科、群文理论著作,打造10个在全国有影响的群众文艺精品。
>
> **数字图书馆建设工程**。建设连通省、市、县、乡镇(街道)四级公共文化服务单位的虚拟专用网(VPN通道)和网络视频会议系统,通过信息高速公路,形成"江苏数字图书馆"骨干框架。
>
> **网上文化馆建设工程**。推进数字文化馆建设,逐步形成各具特色的优秀群文作品数据库,实现区域文化联动和群众文化艺术资源共建共享。
>
> **县域汽车图书馆建设工程**。通过流动服务、定点服务、特约服务等形式,以及现场办证、图书阅览外借、信息查询、举办展览讲座、文化共享工程视频资源播放等服务,让农村群众和进城务工人员享受与城市居民均等的公共文化服务。

第五节　深化文化体制机制改革

逐步建立党委领导、政府管理、行业自律、企事业单位依法运营的文化管理体制。实现主要以行政手段管理向综合运用经济、法律、技术等手段管理转变,促进公共文化服务质量和水平的不断提高。深化公益性文化事业单位改革,探索建立事业单位法人治理结构,创新公共文化服务运行机制,深入推进经营性文化单位转企改制,建立现代企业制度。完善统一开放、竞争有序的现代文化市场体系,促进文化产品和资本、人才、技术在更大范围内合理流动。全面推进文化综合执法。培育和规范以网络和手机为载体的新兴文化市场,建立网络化监管平台,维护网络、手机文化安全。

第五篇　统筹兼顾　推进城乡区域协调发展

第十三章　加快城乡发展一体化

把推进城乡发展一体化作为转变经济发展方式的重要内容,坚持城市化与新农村建设相结合,加快建立以工促农、以城带乡的长效机制,有效破除城乡二元结构,加快形成城乡经济社会发展一体化新格局。

第一节　建立城乡发展一体化体制机制

推进城乡规划、产业布局、基础设施、公共服务、劳动就业"五个一体化",促进公共资源在城乡之间均衡配置、生产要素在城乡之间自由流动。以县域为主体,统筹城乡规划编制,实现城乡建设、土地利用、产业发展、生态建设等规划有机融合和衔接,推动集约宜居型城镇和村庄的规划建设。逐步建立城乡平等的要素交换关系,构建有利于土地增值收益和农村存款主要用于农业农村的机制。按照节约用地、保障农民权益的要求,推进征地制度改革。完成农村土地和农民住宅确权登记发证,探索建立城乡统一的建设用地市场,建立和完善农村集体经营性建设用地使用权有序流转制度,在依法自愿有偿和加强服务基础上完善土地承包经营权流转市场。开展土地整治,增加耕地数量,提高耕地质量。继续推动工业向园区集中、人口向城镇集中、居住向社区集中、土地向适度规模经营集中。"十二五"期间,转移农村劳动力125万人。加快建立城乡均等的公共就业服务制度,鼓励有条件的地区探索农村养老保险与城镇职工养老保险接轨,加快新型农村合作医疗与城镇居民医疗保险衔接,探索在同一县(市)范围内实行城乡最低生活保障同一标准,推进城乡社会保障制度的逐步接轨。有序扩大城乡发展一体化综合改革试点,积极探索统筹城乡发展的有效路径。

第二节　建设社会主义新农村

着力提高农村公共服务水平。有序推进镇村布局规划实施,加强规划保留村庄的设施配套和环境整治。推进城乡客运一体化、农村客运公交化和区域供水一体化,进一步改善农村道路、交通出行、饮水安全、医疗卫生、环境整治、信息畅通、灾害防御等基础设施条件。继续推进农村公路建设,实现村村通客运班线,加快实施镇村公交工程,到2015年,镇村通公交比例达到50%以上。推动抗震节能农宅建设。加快城乡供水一体化,逐步实现农村与城市同水源、同管网、同水质,苏北地区乡镇区域供水覆盖率达到85%,其他地区实现全覆盖,"十二五"期间,解决400万农村居民饮水安全问题。加快推进城镇生活垃圾收运体系建设和村庄生活污水处理,80%的农村完成环境综合整治,苏南50%的规划保留村庄和苏中25%、苏北15%规模较大的规划保留村庄生活污水得到有效治理,村镇生活垃圾集中收运率达到80%。提升村级综合服务中心功能。深入实施脱贫攻坚工程,基本消除绝对贫困现象,适时提高贫困标准,重视解决相对贫困问题。

积极推进富民强村。按照"生产发展、生活宽裕、乡风文明、村容整洁、管理民主"的要求,扎实推进社会主义新农村建设,建设农民幸福生活的美好家园。通过发展资源开发型、资产经营型、为农服务型、异地发展型、休闲观光型等多种经济形式,进一步壮大村级集体经济实力。推进农业、就业、创业、物业"四业富民"。提高农民职业技能和创收能力,鼓励农民自主创业、联合创业、返乡创业,引导外来资本和人员到农村投资兴业。积极开展"文明村镇"、"文明户"创建活动。全面推进村务公开和民主管理,健全村民自治机制,扩大村民自治范围。

第三节　有序推进符合条件的农民转为城镇居民

把符合落户条件的农业转移人口逐步转为城镇居民作为推进城市化的重要任务。以在城镇有稳定工作、居住达到一定年限、参加社会保障达到一定年限的农村人口为重点,放开中小城市和小城镇的户籍限制,放宽大城市对农民工和其他外来人口的落户条件,在充分尊重本人意愿的基础上,推动符合条件的农民有序转变为市民。高度重视已落户城镇的农业转移人口以及农民工特别是新生代农民工的生产生活,注重从制度和政策上解决好社会保障、子女就学、医疗、住房租购等现实问题。

第四节　提升城市现代化水平

强化城市综合服务功能。实施公共交通优先发展战略,大力发展城市公共交通系统,重点建设城市轨道交通和快速公交,加强交通枢纽建设,形成多种交通方式快速衔接,到2015年,每万人公交车拥有量达到15标台。加快城市教育、卫生、文化、体育、社会救助、公共安全、灾害防控以及其他公用设施建设,促进市政公用设施协调发展,继续完善城市道路、供水、燃气、垃圾处理、污水处理、园林绿化、邮政等基础设施,提高城市饮用水安全保障供应能力,进一步提升城市公共服务功能。着力解决城市交通拥堵和环境污染问题,有效预防和治理"城市病"。支持南京市举办2014年第二届青年奥林匹克运动会,加快现代化国际性城市建设步伐。

塑造城市独特风貌。更加注重以人为本、节地节能、生态环保、安全实用、保护文化和自然遗产,全面提高城市规划、建设和管理水平,强化规划约束力,合理确定城市开发边界,科学利用城市地下空间,有效引导城市有序发展。提升城市设计与建筑设计水平,塑造与城市生态文化特色相协调的建筑文化、园林艺术和特色空间体系,不断提升城市空间品质。提升城市街景容貌,加快背街小巷和老旧小区改造,加强城市水体生态修复。提升城市人文特色,促进城市建设与历史文化遗产保护相结合,有效保护历史文化街区。

加强城市管理现代化建设。推进城市管理网络化、精细化,充分发挥街道、社区在城市管理中的作用。加快城市建设和管理信息化步伐,完善城市地理信息、智能交通、社会治安、市容管理、灾害应急处置等智能化信息系统。

第五节　优化城镇空间布局

提升发展长江三角洲(北翼)核心区城市群。走以城乡发展一体化为导向、包括城市带和都市圈在内的城市群为主体形态、大中小城市和小城镇协调发展的新型城市化道路。认真实施省域城镇体系规划,加快城市带和都市圈建设步伐。按照统筹规划、合理布局、完善功能、以大带小的原则,以特大城市、大城市为依托,以中小城市为重点,形成辐射作用大的城市群,完善城市化布局和形态。推进南京都市圈建设,全面提升城市建设水平、综合承载服务功能和辐射带动力,促进宁镇扬"同城化",打造集聚要素、资源共享、互动发展的新经济板块,把南京建设成为联结泛长江三角洲地区和长江三角洲辐射带动中西部地区发展的重要门户。加强苏锡常都市圈要素整合、协调发展,全面提升与上海的对接与互动水平。推进南通、泰州等沿江城市跨江联动发展,推进要素流动的有效衔接和协调发展。

加快沿海、沿东陇海线城镇带建设。增强南通作为长江三角洲北翼中心城市的地位,发挥盐城区域性中心城市的作用,加快沿海城镇带建设,有效沟通长江三角洲和环渤海之间的联系。加快徐州都市圈建设,发挥淮海经济区核心城市徐州和新亚欧大陆桥东方桥头堡连云港的龙头和带动作用,推进沿东陇海线城镇带建设,提高对中西部地区的影响力。积极推进淮海经济区区域规划的编制工作。加快淮安苏北腹地中心城市建设,壮大宿迁城市发展实力。

有序加快小城镇建设发展。重视小城镇建设,发挥连接城乡的纽带作用。择优培育,合理撤并,着力完善省级重点中心镇,重点发展沿海地区临港城镇,形成一批具有鲜明产业、文化、资源特点的特色小城镇。提升城镇功能,改善人居环境和公共服务,增强综合承载能力和农村人口吸纳能力,形成农村地区经济发展和公共服务供给中心。

第十四章　促进区域互动协调发展

全面落实国家区域发展总体战略,紧紧抓住长江三角洲区域经济一体化和江苏沿海地区发展上升为国家战略的重大机遇,放大国家战略和政策的叠加效应,加快苏北振兴、苏中崛起、苏南提升,逐步实现不同区域基本公共服务均等化,进一步缩小区域发展差距,在更高层次上推进区域协调发展。

第一节　培育三大区域发展新优势

加快苏北新型工业化进程。抓住沿海开发机遇,充分发挥后发优势,推进新型工业化、城市化、经济国际化互动并进,培育竞争优势,增强发展的内生动力,进一步加快苏北振兴步伐。继续加大对苏北地区的扶持力度,深入推进"四项转移",加强南北共建开发园区建设,更大力度承接国内外产业转移,加快培育优势主导产业,加大沿东陇海线产业带建设力度,大力发展劳动密集型产业,建设资源加工产业基地,做大做强一批骨干龙头企业。推动苏北中心城市扩大规模、增强实力、优化功能,推进县域和重点镇建设。加大财政支持,提高苏北基本公共服务水平。加快振兴徐州老工业基地,支持宿迁发展实现更大突破。

构建苏中经济国际化新高地。发挥苏中承南启北、江海联动的区位优势,深入推进沿江开发和沿海开发,促进苏中全面融入苏南经济板块,进一步提高发展层次和水平。重点发展先进装备制造业、基础原材料产业和港口物流业,着力打造海洋工程装备、生物医药等具有国际竞争力的产业集群。大力引进外资,扩大对外贸易,加强国际交流与合作,加快建立与国际市场接轨的生产体系、营销体系和服务体系。加大对苏中里下河地区的扶持力度。

推动苏南经济转型升级。加强规划引导,大力发展战略性新兴产业和现代服务业,力争在有基础、有条件的领域与发达国家同步发展,形成一批自主知识产权、核心技术和知名品牌,实现自主创新能力、国际竞争力和可持续发展能力的同步提升,加快建成高新技术产业集聚地、先进制造业研发基地和现代服务业高地,成为发展创新型经济、在更高层次上参与国际分工合作的先导区,更好地发挥辐射带动作用。全面推进苏南基本现代化建设,在转变经济发展方式上走在全国前列,加快实现产业结构高度化、城乡发展一体化、经济社会协调化、公共服务均等化。

第二节　建设我国东部地区重要经济增长极

加快建设新亚欧大陆桥东方桥头堡。加快区域性、功能性重大基础设施建设,以连云港港为核心,联合南通港、盐城港共同建设沿海港口群,推进淮安、宿迁等城市借港出海。加快连云港港深水航道和深水泊位建设,积极发展大型仓储和港口物流,完善口岸"大通关"体系,建立电子商务平台,提升港口综合服务能力。加强与沿陇海兰新地区的合作,推进连云港建设东中西互动合作示范区,充分发挥对外开放窗口和东中西合作平台作用,增强为中西部地区发展的服务能力。

着力推进新型工业基地建设。发挥沿海深水港口、土地、岸线资源丰富的独特优势,集中布局发展大型石化、钢铁、造船、汽车、粮油加工等临港产业,形成产业发展的规模优势和集聚效应。加快发展新能源、新材料、新医药、环保、风电装备等优势产业,改造提升纺织等传统产业。大力发展物流、金融、信息等生产性服务业,组建江苏沿海发展银行,设立沿海产业投资基金。在沿海地区形成一批千亿元级产业板块。

大力发展海洋经济。坚持陆海统筹,科学规划海洋经济发展,合理开发利用海洋资源,重点发展远洋运输、远洋渔业和海洋生物医药、海洋工程机械、海洋化工等产业,积极开发盐土农业,尽快在一些领域形成技术优势和品牌优势。加强海洋学科建设,支持发展海洋研究机构。

专栏11　长江三角洲地区和江苏沿海地区的战略定位

国家批准的《长江三角洲地区区域规划》:亚太地区重要的国际门户,全球重要的现代服务业和先进制造业中心,具有较强国际竞争力的世界级城市群。

国家批准的《江苏沿海地区发展规划》:我国重要的综合交通枢纽,沿海新型的工业基地,重要的土地后备资源开发区,生态环境优美、人民生活富足的宜居区。

努力形成土地后备资源开发区。依托沿海地区丰富的海域滩涂资源,科学合理围垦滩涂,有效增加土地后备资源,增强粮食安全保障能力。到2015年,围垦滩涂130万亩。积极推进滩涂资源综合开发,合理布局建设空间、生态空间和农业空间,支持在盐城设立沿海滩涂围垦综合开发试验区,建立滩涂围垦开发新机制,进一步拓展发展空间。

第三节　积极推进长江三角洲一体化进程

加快基础设施等重点领域一体化进程。建设长江三角洲地区高速铁路网、城际轨道交通、高速公路和机场体系,形成沪宁杭"1小时交通圈"。呼应上海信息港建设,积极筹建南京等地互联网交换中心,实现区域内的互联互通。建立统一的市场准入和质量标准体系,形成统一开放的产品、技术、产权、资本、人力资源等各类市场,实现生产要素合理流动和资源优化配置。加强社会保障政策衔接,进一步完善各项社会保障关系转移接续的政策措施,开展区域内医疗、工伤等网上资源共享,有条件的地区逐步实现异地就医联网结算。探索建立标准统一、资源共享的就业和人力资源信息库。加强区域产业政策和环保政策、能源政策顺利衔接,推动实行更严格的环境保护标准,实现区域生态环境的共防、共治、共保和共建。

加强区域产业合作。围绕把长江三角洲地区建成全球重要的现代服务业中心和先进制造业中心的目标,加强区域产业分工协作,培育具有更强自主创新能力的产业集群,共同提升产业竞争力。在大飞机及配套产业领域,依托上海,加强配套,建成集大飞机与发动机的研发、总装、客户服务为一体的航空产业基地。在汽车产业领域,注重新能源汽车研发和技术储备,加快发展轿车制造业,努力建成国内重要的轿车生产基地。在集成电路领域,充分发挥无锡微电子国家高技术产业基地的作用,加强与高校、龙头企业合作,共建创新平台,攻克关键技术,形成制造、设计、封装测试等较为完整的产业链。在新能源产业领域,重点发展太阳能、半导体照明产业,适度扩大产业规模,加强核电、风电等新能源装备产业合作,增强核心竞争力和产业发展后劲。支持南通、盐城加强与上海的产业合作,加快上海驻大丰农场综合开发,建设高水平的产业转移基地,提升先进制造业发展水平。

第四节　提升援建援助和合作水平

全面落实中央关于援藏援疆援青工作的战略部署,以科学规划为引导,以改善民生为重点,以项目建设为抓手,以干部援助为关键,实行干部援助与项目援助相结合,经济援助与智力援助相结合,政府主导与企业参与、社会支持相结合,全力做好对口支援工作,确保江苏援建工作继续走在全国前列。积极支持参与西部大开发,将江苏的人才、资金、技术优势和中西部省份的能源、资源、劳动力优势结合起来,进一步提升区域经济合作水平。

第十五章　实施主体功能区战略

启动实施主体功能区战略,按照"到2020年形成主体功能定位清晰的国土空间格局"的战略要求,调整开发内容,创新开发方式,规范开发秩序,提高开发效率,构建高效、集约、均衡、永续的美好江苏。

第一节　构建空间开发战略格局

树立空间开发新理念,统筹谋划人口分布、经济布局和城镇化格局,加快各类主体功能区建设,推进集中开发与均衡布局,构建全省建设开发、农业生产和生态保护三大空间,进一步优化国土空间开发格局。

构建"核心优化、双带重点、多极拓展"的建设开发空间。"核心"是指长江三角洲北翼核心区,是国家层面的优化开发区域,是我国参与国际竞争的核心区域,是我省率先实现转型升级的重点区域。"双带"是指沿海发展带和东陇海发展带,东陇海发展带是国家层面的重点开发区域,沿海发展带是江苏持续快速发展的新引擎,是我国区域发展的重点地区,要尽快发展成为我国东部沿海新的经济增长极。"多极"是指国家经济中心城市、综合交通枢纽城市等,包括南京、苏州、无锡、徐州、连云港以及苏北腹地中心城市淮安和江海交汇中心城市南通。

构建"两带三区"的农业生产空间。"两带"是指沿江农业带和沿海农业带,"三区"是指环太湖农业区、江淮农业区和渠北农业区。沿江农业带重点加快农业现代化步伐,成为我省重要的综合性农产品生产区域。沿海农业带重点推进规模化农业生产,建设特色海产品生产加工基地和出口基地。太湖农业区重点提高农业设施化水平和集约化程度,成为都市型农业的示范区。江淮农业区积极发展高效特色农业和外向农业,成为全省重要的农产品商品化生产区域。渠北农业区重点加快农田水利综合治理,成为重要的商品粮生产基地和特色农产品出口基地。

构建"两横两纵"的生态保护空间。"两横"是指长江和洪泽湖—淮河入海水道两条水生态廊道,"两纵"是指海岸带和西部丘陵湖荡屏障,是江苏重要的饮用水水源地和重要的水源涵养区,对于我省水源涵养、生态维护、减灾防灾等具有重要作用。

专栏12　主体功能区发展导向

优化开发区域。率先转变经济发展方式，成为率先实现基本现代化的先行区；控制建设用地过快增长，适度减少制造业建设空间和农村生活空间，扩大服务业、城市居住、公共设施空间；加快形成以服务经济为主的产业结构，突出发展高端制造业，扩大自主知识产权和自主品牌，增强高端要素集聚能力。

重点开发区域。坚持新型工业化和城市化，成为全省经济社会发展的新增长极、率先实现基本现代化的重要保障区；提高开发密度和开发强度，适度增加服务业、城市居住、公共设施空间，加大制造业空间存量调整，推进农村居民点整合；积极发展先进制造业和科技含量高的海洋产业；完善城市基础设施和公共服务，增强人口吸纳能力。

限制开发区域。大力发展现代农业，成为全省农产品供给的重要保障区、农产品加工生产基地以及新农村建设示范区；适度扩大农业生产空间，促进基本农田集中连片布局，大力推进工业集中区整合撤并，引导农民集中居住，适度增加生态空间；推进农业规模化、产业化、生态化发展，建设农产品生产和加工基地。

禁止开发区域。实施强制性保护，严禁不符合主体功能定位的开发活动，加强生态修复和环境保护，成为我省维护生态安全的重要区域、实现永续发展的根本保障。

第二节　实施差别化区域政策

依据主体功能区，调整和完善现行政策，实行差别化的区域政策体系，推动区域差异化管理。财政政策，重点完善省级财政一般性转移支付制度，加大财政对农业生产和生态保护的支持力度，建立不同主体功能区间的援助机制。投资政策，以主体功能区为方向，安排政府投资，逐步加大用于农业和生态环境保护的比例，严格限制不符合主体功能区要求的产业类项目的审批、核准和备案。产业政策，修订现行产业结构调整指导目录，形成不同区域的鼓励、限制和禁止发展的产业目录。完善市场准入制度，对不同主体功能区的项目实行不同的强制性标准。建立和完善农业发展政策，健全农业生产补偿制度。土地政策，制定差别化的土地利用政策，按照主体功能区配置建设用地，控制建设用地增长。环境政策，制定符合主体功能区的污染排放、环境准入、排污许可、污染控制和管理政策。人口政策，引导人口有序流动和定居，鼓励有稳定就业和住所的外来人口定居落户，在限制开发和禁止开发区域引导人口逐步自愿平稳有序转移。应对气候变化政策，实施不同主体功能区的节约能源政策和低碳政策。

第三节　完善绩效考核评价

制订和实施主体功能区绩效评价体系，在强化对各类区域提供公共服务、加强社会管理、增强可持续发展能力等方面评价的基础上，对不同区域提出有差异的绩效评价指标和要求，实施分类评价。对优化开发区域，实行转变经济发展方式优先的绩效评价，强化对经济结构、自主创新以及外来人口公共服务覆盖面等评价。对重点开发区域，实行工业化和城镇化水平优先的绩效评价，综合评价经济增长与质量、吸纳人口与公共服务覆盖面等，突出承接产业和人口转移方面的评价。对限制开发区域，实行农业发展优先和生态保护优先的绩效评价，强化对农产品保障能力和生态保护能力的评价。对禁止开发区域，强化对自然文化资源的原真性和完整性保护情况的评价。

第六篇　绿色引领　提升可持续发展能力

第十六章　推进资源节约

坚持开发和节约并举、节约优先的方针,大力推进资源节约,积极发展循环经济和清洁生产,不断提高资源利用效率,努力应对气候变化,加快建设资源节约型社会。

第一节　提高资源利用效率

实施最严格的耕地保护制度和节约集约用地制度,有效开展存量土地盘整,严格实施单位土地投资强度标准和项目建设用地控制标准,控制城乡建设用地总规模,不断提高单位土地投入产出效率。推进节约型城乡建设,将资源节约、环境友好、生态宜居的核心理念拓展到城乡规划建设管理各个环节,加快新材料、新结构、新技术等在工程建设中的推广应用。合理利用和节约水资源,大力推进节水技术进步,改革水资源管理机制,提高水资源利用效率。加强重点行业原材料消耗管理,鼓励生产再生型材料,提高原材料节约利用水平。推广合同能源管理,实施重点节能工程。健全完善倒逼机制、约束机制和激励机制,全力推进工业、建筑、交通等重点领域节能,继续组织开展重点耗能企业节能行动计划,积极推广节能技术和产品。加强资源综合利用,重点实施资源综合利用领域重点技术创新及重大示范工程项目。到2015年,一般工业固体废物综合利用率达到95%以上。

第二节　资源节约有效机制

充分运用市场、法律、行政手段,合理开发和有效保护土地、岸线、水、矿产等重要资源。参照国际先进的能耗、物耗和水耗标准,制订更加严格的资源利用技术标准体系。加强脱硫脱硝电价管理,严格控制高耗能和产能过剩行业扩大产能,禁止新上高排放项目。严格执行国家差别电价等促进节能降耗的价格政策。加快建立和完善能够反映资源环境供求关系、稀缺程度和供给成本的价格体系。建立矿产资源的有偿使用制度和合理补偿机制,加强矿山地质环境保护与治理,改善矿山地质环境。

第三节　发展循环经济

加快循环经济体系建设。全面推进循环农业、循环工业、循环服务业建设,构建区域循环经济体系,推动产业循环式组合,构筑纵向延伸、横向耦合、链接循环的产业体系,建设一批循环经济示范企业和生态工业示范园区,积极扩大机电产品再制造试点。推动城市循环经济试点建设,培育和发展较为完善的全社会再生资源利用产业体系,引导绿色消费模式和生活方式。加快制订和完善循环经济发展的相关法规、技术政策和经济政策。到2015年,再生资源回收利用率提高到70%以上。

积极推进清洁生产。重点推进冶金、化工、纺织、造纸等重点行业和涉及重金属行业开展清洁生产审核,对超标、超总量排污和使用、排放有毒有害物质的重点企业依法实施强制性清洁生产审核。推广应用先进清洁生产工艺技术与设备,建成一批清洁生产先进企业。

第四节　推进低碳发展

加强低碳技术研究应用。积极应对气候变化,把发展低碳经济与产业结构调整、自主创新与节能减排有机结合起来,推进低碳技术向传统产业扩散和应用。推进碳捕捉和碳封存技术、能源高效清洁利用技术、低碳建筑设计与建造技术、绿色消费技术等重大关键技术攻关。推进低碳示范工程建设,支持常州等地开展省级低碳示范园区建设,加快无锡城市碳排放综合管理平台建设,加强国际合作,推进低碳生态城市建设。积极探索并推进碳排放指标交易制度和市场建设。

倡导低碳消费方式。加强低碳理念的普及与推广,引导消费者牢固树立节能环保意识,加快消费方式和生活方式转型,以低碳绿色消费引领低碳发展,在全社会形成节约消费、循环消费、绿色消费的良好氛围。倡导理性消费与清洁消费。研究制订低碳绿色产品、绿色企业的评价标准和认证制度,建立健全绿色产品质量监督体系。

第十七章　持续改善环境

坚持环保优先方针,深入推进生态省建设。以解决危害群众健康和影响可持续发展的突出环境问题为重点,有效控制环境污染和生态破坏,全面完成国家下达的主要污染物减排任务。到2015年,全省水环境质量明显提升,城市空气质量良好天数明显增加,生态环境质量明显改善。

第一节　实施"清水工程"

优先保护城乡饮用水源。实行严格的饮用水源地保护制度,深入开展城乡饮用水源地专项整治,加快区域集中供水和备用水源建设步伐。加强饮用水源地环境监测、预警和应急能力建设,确保城乡居民饮水安全。

加强重点流域水污染防治。深入实施太湖流域水环境综合治理总体方案,全面实施小流域综合整治,实施结构调整、控源截污、调水引流、蓝藻治理、生态修复等措施,推动太湖流域水质持续改善,保护太湖周边饮用水安全。切实加强洪泽湖、高邮湖、骆马湖等重点湖泊的保护与治理,加快推进长江流域、淮河流域、京杭大运河及南水北调东线江苏段和通榆河水污染防治,建设清水走廊,限期治理入江、入湖河流污染。加强沿海地区水污染防治,开展主要入海河流水环境综合整治,严格控制直接入海排污口数量,加强企业达标尾水排海监督管理,保护海洋生态环境。开展地下水污染治理,加强重点区域地面沉降的监测和防治。到2015年,全省地表水好于Ⅲ类水质的比例明显提高,重点河流水质基本消灭劣Ⅴ类。

推进生活和工业污水治理。严格控制化学需氧量、氨氮及太湖流域总氮、总磷污染排放总量。继续实施重点污染源入园进区、搬迁治理、提标改造,合理布局和建设污水处理厂及配套管网,提高污水管网配套率,逐步实现污水统一纳管处理,适当提高排污费征收标准。新建城镇污水处理厂必须配套建设除磷脱氮设施,执行国家城镇污水处理一级 A 排放标准,推进已建污水处理厂的除磷脱氮改造工程。建设中水回用工程,提高中水回用比例。解决徐州、宿迁等城市尾水出路问题。加强农村生活污水治理和畜禽养殖污染治理设施建设。到2015年,建制镇污水处理设施覆盖率达到90%,规模畜禽养殖场粪便综合利用率达到80%。

第二节　实施"蓝天工程"

加大工业废气治理力度。鼓励工业企业通过技术、工艺的更新改造,削减二氧化硫、氮氧化物、烟尘、粉尘等大气污染物的排放总量。严格控制建成区及其近郊新建和扩建重污染企业,对城区内已建重污染企业实施搬迁改造。加强脱硫设施运行在线监管,加大对区域空气质量影响较大的企业实施烟气脱硫、脱硝改造力度。火电、钢铁、水泥等行业在完成脱硫改造的基础上,全面实施脱硝工程。

加强城市扬尘和机动车尾气污染防治。建立健全城市扬尘污染防治机制,重点开展建筑工地、道路运输扬尘防治,加强港口、码头、车站等地装卸作业及物料堆场扬尘防治。推动机动车环保标志管理,逐步实施机动车尾气排放国Ⅳ标准,苏南地区提前实行国Ⅳ标准。推广使用清洁能源公交车,倡导绿色出行。加大秸秆综合利用力度,到2012年底,全省实现禁止露天焚烧秸秆。

推进大气污染联防联控。完善区域大气环境管理法规、标准和政策体系,开展灰霾污染监测,在二氧化硫、二氧化氮和可吸入颗粒物等指标基础上,增加细颗粒物、臭氧、挥发性有机物、黑炭等指标。逐步建立与国际接轨的空气环境质量评价体系,建立灰霾复合型污染预警系统,建立全省大气污染联防联控机制。到2015年,主要城市灰霾天气天数明显减少。

第三节　建设清洁家园

加大城乡环境综合整治力度。通过截污、治污、调水、清淤、恢复湿地等工程措施,重构城市内河水生态系统,修复内河生态功能,基本消除内河"黑臭"现象。继续实施农村河道疏浚,加强农村生活污染源治理,推进农村无害化卫生户厕建设,实施农村"一池三改"户用沼气工程、规模畜禽养殖场沼气治理工程和农村生态净化处理工程。大力发展生态循环农业,加快建立农村面源氮磷流失生态拦截系统。积极推广生态养殖,加强规模化畜禽养殖污染治理。深入推进生态示范创建活动以及绿色学校、绿色社区等群众性创建活动。

积极开展土壤污染防治。深入开展全省土壤污染调查和科学研究,综合治理污染超标耕地。加强土壤环境监测监管能力建设,建立污染土壤风险评估制度,初步建立土壤污染防治和修复机制,开展典型区域、典型类型污染土壤修复试点。加强对受重金属污染土壤的治理措施技术研究。

有效防治各类废弃物污染。进一步加强对废弃物产生量大、污染重的重点行业的管理,推进废渣、废水、废气等工业废弃物的综合利用。推广生活垃圾分类处理,加快城乡生活垃圾收运及无害化处置体系建设,到2015年,生活垃圾收运体系覆盖率达到80%,县城以上城市全部建有规范的生活垃圾无害化集中处理设施及渗滤液处理设施。建设市、县污水处理厂污泥处置设施,安全处置和综合利用污泥。统一规划和建设危险废物和医疗废物处置中心,建立健全危险废物和医疗废物收集、运输、处置的全过程环境监管体系。切实加强重金属污染防治,有效遏制水体、空气、土壤中重金属污染危害。重视和解决核辐射、电磁辐射、电子垃圾、有机毒物等新的环境污染问题。

第四节　强化环境管理

严格执行各项环境管理制度。全面推行排污许可证管理,实行排污权有偿取得,争取在2012

年前在全省推广。建立排污权一级、二级市场和规范交易平台。推进环境污染责任保险,健全环境污染风险管理制度。深入开展企业环境行为评级与信息公开,推进绿色信贷。采用"以奖代补"、财政贴息等形式加大支持力度,引导社会资本参与环境基础设施建设与运营。实行差别化的环境价费政策,对环境基础设施的建设、运行实行优惠扶持。搭建公众参与平台,引导公众参与环境管理。开展 ISO14000 环境管理体系、环境标志产品认证。

加强环境管理能力建设。加大环境执法和监管力度,加快全省环境监控平台建设,加强生态环境监控机构建设,提高对生态环境的自动监控能力。增强环境风险防范能力,进一步加强环境监察、监测、宣教、信息、应急标准化建设。推进生态环保科技创新。开展环境战略、环境经济政策、污染防治技术创新研究。

第十八章　维护生态平衡

坚持保护优先和自然恢复为主,加强重要生态功能区保护,实施重大生态修复和建设工程,进一步提升生态服务和生态保障功能,绿色江苏和生态省建设取得重大进展,人民群众对生态和人居环境满意度持续提高。

第一节　提升绿色江苏建设水平

深入实施绿色江苏林业行动,推进林业重点工程建设,深化林业产权制度改革,挖掘植树造林潜力。抓好沿海、沿江、沿湖、沿河、沿路生态防护林建设,在产业集中区周围建设绿化隔离带,有效增加森林蓄积量,提高森林覆盖率和固碳能力,形成生态安全屏障。推进城市绿地系统建设,提高城市园林绿地的生态功能,构建科学合理的城市生态格局。"十二五"期间,新增造林 300 万亩,重点生态公益林面积扩大 10% 以上,城市建成区绿化覆盖率达到 40% 以上,人均公园绿地面积达到 13 平方米以上。加强森林公园建设,加大古树名木、珍稀植物资源和林区人文资源保护力度,力争新建国家级森林公园 5 处、省级森林公园 10 处。

第二节　加强生态保护和修复

加强重要生态功能区保护。制订实施全省重要生态功能保护区划,加强自然保护区、风景名胜区、森林公园、地质遗迹、饮用水源保护区、重要湿地、重要渔业资源、清水通道、蓄滞洪区、大型水面和重要山体等重要生态功能区的保护与生态修复,认真实施盐城珍禽、大丰麋鹿、泗洪洪泽湖湿地等自然保护区规划,根据国家法律法规和相关规划对自然保护区实行优化布局与严格管理,严格控制人为因素对自然生态的干扰,严守"生态红线",维护生态服务功能。加强物种资源调查和保护,防范外来物种入侵,建立省生物物种资源基因库,实施珍稀濒危野生动植物拯救与保护工程,强化生物安全管理。开展国家生态市(县)、环保模范城市、国家生态园林城市、国家森林城市等创建活动。

加强生态修复。保护修复湖泊、湿地等重要水系生态功能,加强水域保护,建设人工湿地,增强水体自净能力。加强海洋保护区建设,完善伏季休渔制度,扩大资源增殖放流规模,修复水生生物资源,试行海洋污染物总量控制制度,加大海岸及海域生态环境修复力度。推进沿江两岸、沿海滩涂、破损山体、采煤塌陷地和工矿废弃地的综合整治,实施丘陵岗区、荒山等植被系统修复,通过封山育林、人工造林特别是植树种草相结合的方式,加快推进荒山荒地、残次林、低产林改造和水源涵养建设,减少水土流失。

第三节 建立生态补偿机制

制订实施重要生态功能区生态补偿办法,加大对生态功能区的财政支持,选择国家级自然保护区开展试点,逐步建立生态保护转移支付制度。完善生态公益林补偿机制,提高省级以上生态公益林的补偿标准。认真完善和落实区域污染赔付补偿制度。

第七篇 改革开放 增强经济社会 发展动力和活力

第十九章 进一步深化改革

以更大的决心和勇气全面推进各领域改革,加大改革攻坚力度,在重点领域和关键环节取得新突破,不断完善社会主义市场经济体制机制,为科学发展提供有力保障。

第一节 建设服务型政府

按照建设服务型政府的要求,深化行政管理体制改革。推进政府职能转变,进一步加快政企分开、政事分开、政资分开、政社分开,切实减少政府对资源配置和经济行为的干预。强化公共服务职能,把政府职能切实转到经济调节、市场监管、社会管理、公共服务上来,提高行政效率,降低行政成本。全面推进依法行政,健全科学决策、民主决策、依法决策机制,完善重大问题集体决策、专家咨询、社会公示和听证制度,强化行政问责制,改进行政复议和行政应诉工作,提高政府公信力。加快推进政务公开,增强公共政策制定透明度和公众参与度,充分发挥人民群众和社会舆论对政府行政的监督和制约,加快电子政务建设,拓展行政权力网上公开透明运行的内涵,强化政府绩效管理。继续优化政府结构、行政层级和职能责任,继续推进大部门体制改革,稳步推进扩权强县,探索实行省直管县体制,开展经济发达镇行政管理体制改革试点,对规模较大、经济实力较强的镇,赋予其一定的县级经济社会管理权限。积极稳妥推进事业单位分类改革。

第二节 完善所有制结构

深化国有企业改革。坚持和完善基本经济制度,推进国有经济战略性调整,加快垄断行业改革。完善国有资产管理体制,进一步分离政府的公共管理职能和国有资产出资人职能。健全国有资本经营预算、收益分配制度和国有企业经营业绩考核制度,实现国有资产保值增值。加大国有企业重组力度,优化国有资产配置,引进战略投资者,推进产权多元化,做强做大一批主业优势明显、影响力和带动力强的国有企业。深化国有企业公司制、股份制改革,完善法人治理结构,健全现代企业制度。

大力发展民营经济。落实支持民营经济发展的政策措施,鼓励和引导非公有制经济进入金融服务、公用事业、文化产业和基础设施等领域,鼓励民间资本重组联合及参与国有企业改革。鼓励一批优势企业做大做强,增强行业带动和示范作用。完善信用担保体系,鼓励发展商业性担保机构和互助性担保基金,为民营企业提供资金支撑。到 2015 年,力争民营经济占国民经济比重达到60% 左右,对高新技术产业的贡献份额力争达到45% 。

培育壮大中介组织。推进中介组织市场化运作、规范化管理,实施自我管理和自我服务。加强多层次中介组织网络建设,培育壮大一批人力资源中介机构,扶持发展技术市场的科技中介机构,大力发展土地中介服务市场,鼓励发展金融中介、实物中介和服务中介,不断满足市场经济发展的需要。建立与我省经济发展和产业结构相适应的、以企业为主体的行业组织新体系,推行政会分开,增强行业组织功能,充分发挥行业组织在行业管理中的重要作用。

第三节　深化财税金融价格体制改革

加快财政管理体制改革。完善省直管县财政体制,健全财政转移支付制度,增强基层政府提供基本公共服务的财力保障。进一步明确各级政府事权和支出责任,使各级政府财力与事权相匹配,建立县级基本财力保障机制,增强基层政府提供基本公共服务的能力。加大财政转移支付力度,逐步提高一般性转移支付规模和比例,完善和规范转移支付行为。完善预算编制、执行、绩效管理制度,推进预算绩效管理,探索建立绩效评价结果公开机制和有效的问责机制。调整和优化财政支出结构,把更多的财力用于社会建设和改善民生,加大对教育、科技、医疗卫生、社会保障的投入。创新财税激励约束机制,强化有利于转变经济发展方式的利益导向。规范地方政府融资平台管理,防范金融风险。

稳步推进金融体制改革。深化农村合作金融机构改革,鼓励有条件的地区以县为单位建立社区银行,积极发展各种所有制金融机构、农村新型金融组织和小额信贷。引导金融机构加大对"三农"、中小企业以及科技创新的信贷支持。加快金融产品、工具和服务创新,充分满足市场多元化需求。

深化资源性产品价格和要素市场改革。理顺煤、电、油、气、水、矿产等资源类产品价格关系,完善重要商品、服务、要素价格形成机制。加强通胀预期管理,保持市场价格总水平基本稳定。正确处理价格改革与保障群众基本生活的关系,加强重要生活消费品价格波动监管,提高应急处置能力,完善价格听证制度,稳妥推进公共产品价格改革,继续清理取消涉及民生的不合理收费。完善社会救助和保障标准与物价上涨挂钩的联动机制,切实保障群众生活。健全土地、资本、劳动力、技术、信息等要素市场,完善市场法规和监管体制,规范市场秩序。

第二十章　增创开放新优势

适应我国对外开放由出口和吸收外资为主转向进口和出口、吸收外资和对外投资并重的新形势,实行更加积极主动、互利共赢的开放战略,不断拓展新的开放领域和空间,完善更加适应发展开放型经济要求的体制机制,增创开放型经济新优势。

第一节 提高对外开放水平

优化利用外资结构和方式。拓展利用外资新领域,引导外资为自主创新、经济结构调整、区域协调发展服务,鼓励外资投向高新技术产业、现代服务业、节能环保产业、现代农业等领域和苏北、沿海地区。加大招商选资、招才引智力度,鼓励外资企业在江苏设立研发中心、销售机构和地区总部等功能性机构,借鉴国际先进管理理念、制度、经验,促进体制创新和科技创新。支持外资以多种方式参与企业改组改制,制订并实施外资并购安全审查制度。鼓励省内优势企业利用境外资本市场上市融资。

加快转变外贸发展方式。推动外贸出口由量的扩张向质的提升转变,提高出口产品附加值,延长加工贸易国内增值链。开拓新兴出口市场,巩固欧美日传统主销市场,培育周边市场,利用自贸区和CEPA、ECFA协议,加强双边贸易。深度参与国际分工,优化出口产品结构,培育以技术、品牌、质量、服务为核心竞争力的新优势,积极支持具有自主知识产权和自主品牌的产品出口,提高一般贸易的规模和国际竞争力。推动出口基地建设,加快加工贸易转型升级。大力发展新型贸易,重点促进保税贸易和国际电子商务。积极推进服务贸易出口,加快发展信息技术、动漫设计、服务外包和物流服务等新型服务贸易。培育扶持一批与我省优势企业、新兴产业密切相关的省内重点展会。鼓励进口国外先进技术和装备、关键零部件、紧缺资源类产品,培育发展一批大宗商品进口集散地,增强进口对经济发展的促进作用。

专栏13 全球服务贸易发展迅速

1970年,国际服务贸易的出口额仅有710亿美元;2000年,世界服务贸易进出口总额29718亿美元,其中出口14922亿美元;2008年,世界服务贸易进出口总额72003亿美元,其中出口37313亿美元。2000~2008年,世界服务贸易平均增长率为12%,不仅高于同期世界地区生产总值的平均增长率,而且高于同期世界商品贸易出口额的平均增长率,服务贸易占国际贸易的比重上升到18.1%。

促进开发园区转型升级。充分发挥各类国家级和省级开发园区在提升产业层次、形成产业集聚和创新集群的主阵地作用,大力推进开发园区"二次创业",提升集聚、服务和创新功能,加快特色产业园区、特殊功能园区、创新型园区、生态工业园区和南北共建园区建设。推进开发区与出口加工区、保税区和保税物流园区功能叠加、资源共享和优势再造,继续拓展保税、通关、物流、商品展示、贸易服务等功能,把开发区建设成为科技创新先导区、新兴产业集聚区和集约发展示范区。支持有条件的省级开发区升格为国家级开发区,有序推进各类省级开发区的设立和扩区工作。

第二节 拓展对外开放空间

推动企业"走出去"。鼓励企业在境外设立研发机构,利用国外人才、信息平台等创新资源,提升企业研发水平和竞争力。推动有条件的企业借助国际资本市场,兼并和收购境外企业和知名品牌,建立国际营销网络和售后服务网络。鼓励技术成熟、国际市场需求大的产业和企业依托能源资源产地与市场,设立境外生产基地。创新对外投资和合作方式,支持有比较优势的企业联合"走出去",在生产、销售、服务方面形成产业集聚,继续办好我省境外经贸合作区。发展海外工程承包和劳务输出,扩大农业国际合作,积极开展有利于改善当地民生的项目合作,进一步提升承揽工程的能力和水平。加强对企业"走出去"的指导和服务,健全跨部门协调机制,简化程序,提高效率,加大对"走出去"企业的权益保护。

优化区域开放格局。把沿海开发作为新一轮开放的重点区域,加强开发开放载体建设,推进重点口岸建设,支持有条件的沿海地区设立海关特殊监管区,把沿海地区打造成为开放型经济新高地。加快苏中、苏北地区开放步伐,优化利用外资结构,形成一批优势产业出口基地,建设利用外资新高地。全面提高苏南地区经济国际化水平,进一步增强国际竞争力和辐射带动能力。

加强境外区域经济合作。发挥江苏友好省州的优势,大力推进区域合作,深化与欧美日重点省州的经贸、科技、文化、教育领域合作。充分利用自由贸易协定带来的贸易机会,大力提升与东盟等国家和地区的经贸合作水平。拓展江苏与新加坡合作领域,继续提升苏州工业园区建设和管理水平,加快推进南京生态科技岛、苏通科技产业园建设。抓住两岸签署经济合作框架协议的契机,发挥江苏对台交流的独特优势,全面推进苏台经济、文化、教育、科技、旅游等领域交流合作,加快建设海峡两岸(昆山)商贸合作区、海峡两岸(泰州)生物技术产业园、淮安等(台湾)农民创业园。进一步深化与港澳等地区的经贸合作,共同开拓国际市场。

第三节　优化对外开放环境

形成最具竞争力的投资贸易便利化环境。进一步改善政府服务,加强知识产权保护,加快电子口岸建设。优化货物通关、出口退税、信用保险、收结汇等方面的流程,降低企业商务成本。进一步完善全省口岸开放布局。深化跨境贸易人民币结算试点,进一步改进和完善直接投资项下外汇管理方式及手段,加快企业外汇资金周转。

建立风险防范和管理体系。进一步完善贸易摩擦防范预警系统和应对体系,建立和完善境外劳务纠纷和突发事件应急处置长效机制。做好对外贸易和投资的风险预警、风险管理指导和咨询服务,完善开放型经济绩效评价体系。规范经营者集中反垄断审查,维护市场公平竞争。有效运用贸易救济措施,加强重点国别、重点产业预警监测,发挥产业损害预警机制在应对贸易摩擦中的反制作用,保障产业和企业权益。发挥投资贸易促进机构、出口信用保险机构、商会的积极作用,建立信息披露制度,形成政府、中介组织、企业三位一体的贸易摩擦应对机制,促进公平贸易。

第八篇　凝聚力量　实现发展宏伟蓝图

第二十一章　组织实施重大工程

围绕自主创新、改善民生、生态环境和基础设施建设等方面,组织实施事关全局和长远发展的重大工程,发挥示范带动作用,为实现"两个率先"、转变经济发展方式提供保障。

自主创新能力提升工程。启动高技术攀登计划、高新技术产业双提升计划,实施创新型园区建设、创新型企业培育、科技平台推进、科技惠民、知识产权战略推进五大工程,着力突破重点行业领域的核心技术、关键技术,着力培育一批拥有自主知识产权与自主品牌的创新型企业,着力提升创新载体发展水平,形成"四大"创新平台服务支撑,建立健全网络化的创新服务体系。

产业结构调整和升级工程。实施新兴产业倍增计划,重点建设一批重大产业化项目和特色产业基地,尽快把新兴产业培育成为先导性、支柱性产业。实施服务业提速计划,重点发展生产性服务业,加快现代服务业集聚区建设。实施传统产业升级计划,加大技术改造力度,推进信息化和工业化深度融合,提高产业技术含量和装备技术水平。加快发展现代农业,开展"旱改水、籼改粳、直改机"和高产增效创建活动,发展设施农业,扶持一批重点农业龙头企业做大做强。

教育和人才强省工程。大力促进教育公平,推动义务教育优质均衡发展,高水平普及高中阶段教育,继续实施中小学校舍安全工程,健全终身学习网络,开展广覆盖、多类型、多层次的教育与培训。实施重点人才引进培养工程,着眼构建现代产业体系和提升自主创新能力,实施高层次创新创业人才、高层次人才引进、青年人才工程、"三支队伍"培训和新兴产业、高层次文化、现代服务业、教育卫生、高技能、现代农业人才等十大计划,强化政策激励,优化人才服务,形成经济转型升级的人才支撑体系。

生态省建设工程。实施重点节能工程,抓好工业、建筑、交通运输等领域节能,加快淘汰落后产能,促进节能技术和节能产品的应用。实施"清水蓝天"工程,建设清水走廊,加强城市扬尘、机动车尾气、工业废气等治理,明显改善空气质量。推广农业节能减排技术。推进绿色江苏建设,广泛开展植树造林,有效改善生态环境。推进土地整理复垦,鼓励农民集中居住,开展农民空置宅基地整理和工矿废弃地复垦,有效增加耕地面积。

公共卫生和社会保障建设工程。健全基层医疗服务网络,提高基本医疗均衡化和可及性,实施基本公共卫生服务项目和重大公共卫生服务项目,完善以基本医疗保障为主体的多层次医疗保障体系,加强基本药物供应保障。以医保、医疗、公共卫生、医药信息共享为重点,推进区域医药卫生信息化。启动实施高校毕业生基层培养计划和城乡新成长劳动力技能培训计划,推进公共就业(人才)服务信息化建设。以社会保障一卡通为重点,实施"金保"二期工程,构建人力资源和社会保障信息系统应用支撑平台。

文化事业繁荣工程。加强社会主义核心价值体系教育,大力弘扬"三创"精神,提高全民文化素质。进一步向社会免费开放公共文化设施,推动城市公共文化服务向农村延伸,建设城乡社区文化中心,实施文化资源信息共享工程。进一步提高公共体育设施向社会开放程度,开展国民体质测试,打造城市社区"10分钟体育健身圈"。

新农村建设实事工程。推进义务教育均衡布局,实现城乡之间教育资源配置、教育质量、办学水平差距明显缩小;推进新型农村卫生服务体系建设,完善农村医疗卫生服务网络;提高农村社会保障水平,推进城乡社会保障制度逐步接轨;加快实施镇村公交工程,实现村村通客运班线;强化农村环境综合整治,实施农村清洁工程,深入推进农村"三清一绿"和"六清六建",开展农业面源污染治理;建立城乡普惠均等的就业创业政策扶持体系,实施农村劳动力技能提升工程。

现代化基础设施建设工程。推进新一轮淮河治理和太湖治理等流域治理工程建设,加强沿海重点水利工程建设,实施中小河流整治和县乡河道疏浚,加强农田水利设施建设,继续推进农村饮水安全工程建设,开展大中型灌区改造,完善城市防洪排涝体系,完成南水北调东线一期等供水骨干工程,加强清水通道建设,提高防洪保安、水资源供给和水资源保护能力。加强各种交通运输方式衔接,完善综合运输通道,加快重点空港和海港发展;推进铁路和轨道交通建设,铁路总里程达到3200公里,扩大城际通勤范围;建设高等级内河航道网络,干线航道里程达到2100公里;实现高速公路县县通达,提升农村公路通达质量和覆盖范围。广泛推广利用新能源,加快建设千万千瓦级核电基地、风电基地,优化燃煤发电装机结构和燃煤电厂区域布局,有序发展煤电,加强能源区域和国际合作,建立油、气、煤炭等能源资源供应保障基地,构建坚强电网。

第二十二章　完善规划实施机制

进一步完善规划落实的管理机制,有效推进规划的分类实施、责任落实和监督评估,形成实施规划的强大合力和制度保障,确保"十二五"规划各项目标任务的顺利完成。

第一节　强化分类实施

把充分发挥市场配置资源的基础性作用和正确履行政府职责有机结合起来,进一步调动社会各界与广大人民群众的积极性和创造精神,推动规划的有效实施。

——本规划提出的产业发展的方向和任务以及对外开放等领域的发展重点,主要依靠市场配置资源,引导市场主体行为实现,政府的工作重点是加强市场监管,维护公平竞争,确保市场机制正常发挥作用。

——本规划确定的转变经济发展方式、调整经济结构、增强自主创新能力、建设社会主义新农村、推进信息化、促进城乡和区域协调发展、提高居民收入、建设人才强省、建设资源节约型社会等重点任务,主要通过完善市场调节机制和政策导向机制实现,政府的工作重点是营造良好的制度环境和政策环境,激发市场主体的活力和动力。

——本规划确定的社会公益事业、社会保障、促进就业、防灾减灾、公共安全等公共服务领域的目标和任务,是政府的承诺,政府要切实履行职责,运用公共资源和调动社会力量努力完成。

——本规划确定的优化空间开发布局、生态环境保护、资源管理、社会公共管理、规范市场秩序、精神文明和民主法治等方面的任务,主要依靠建立健全法律法规,加大行政执法力度,并辅之以一定的经济手段予以实施。

——本规划确定的各项体制改革任务是政府的重要职责,政府要积极推进行政管理体制改革,把改革任务分解落实到有关部门、单位,按进度安排抓紧推进,确保改革任务如期完成。

第二节　强化责任落实

各地、各部门在制定政策、开发利用资源、审批或核准投资项目、安排财政支出时,不得违反发展规划的强制性和约束性规定。省各部门要按照职责分工,将规划纲要确定的相关任务纳入本部门年度计划,明确责任和进度要求,并及时将进展情况向省人民政府报告。本规划提出的约束性目标,省人民政府分解落实到省各有关部门和地区,特别是耕地保有量、单位地区生产总值能耗、污染物减排等指标,要定期检查,落实到位,重要的预期性目标也要进行分解、检查和落实。建立重大项目责任制,对规划纲要中确定的重大项目和重大工程要明确要求、落实进度、强化责任,由省人民政府分管领导牵头,相关部门和地方各负其责,确保重大项目和重大工程的实施。按照科学发展的要求,进一步改进考核评价机制,确保约束性指标的实现。

第三节　强化监督评估

实施规划中期评估。2013 年,由省发展改革主管部门组织力量,对"十二五"规划的实施情况进行中期评估,检查规划落实情况,评价规划实施效果,分析规划实施中存在的问题,提出相应的对策建议,形成中期评估报告,由省人民政府报送省人民代表大会常务委员会审议。

完善规划调整制度。"十二五"规划实施期间,如遇国内外宏观环境发生重大变化或其他重要原因导致经济社会运行与规划目标发生重大偏离,以及中期评估认为需要对规划进行调整或者修订的,省人民政府将适时提出调整方案,提请省人民代表大会常务委员会审议批准。

南京市国民经济和社会发展
第十二个五年规划纲要

(2011 年 1 月 19 日南京市
第十四届人民代表大会第四次会议通过)

序　　言

"十二五"时期(2011～2015 年),是南京建设更高水平小康社会并率先基本实现现代化的重要时期,是加快转变经济发展方式、创新驱动产业升级的转型时期,也是"办好青奥会、建设新南京"的关键时期。根据《中共南京市委关于制定南京市国民经济和社会发展第十二个五年规划的建议》,编制《南京市国民经济和社会发展第十二个五年规划纲要》。本规划立足落实科学发展观,加快"转型发展、创新发展、跨越发展"的总要求,阐明"十二五"时期发展目标、发展战略、发展任务、发展重点和政策取向,是今后五年南京经济社会发展的宏伟蓝图,是全市人民共同奋斗的行动纲领。

第一篇　发展基础与发展目标

第一章　"十一五"发展成就

"十一五"期间,是南京发展史上具有里程碑意义的五年。在省委、省政府的正确领导下,全市人民深入贯彻落实科学发展观,积极应对国际金融危机挑战,经受了重大考验,取得了重大成就,完成和超额完成"十一五"规划确定的主要目标和任务。"转型发展、创新发展、跨越发展"实现良好开局,城乡统筹发展成效初

显,人民生活水平明显提高,全市以区县为单位实现了省定全面小康目标。

城市综合实力进一步增强。2010年,全市地区生产总值5010亿元,年均增长13.5%;地方一般预算收入518.8亿元,在"十五"基础上实现翻一番;全社会固定资产投资五年累计超过11000亿元;全市金融机构存、贷款总额分别超过10000亿元。《长江三角洲地区区域规划》将南京确定为长三角辐射带动中西部地区发展的重要门户、国家综合交通枢纽和科技创新中心,城市的战略地位显著提升。

产业结构进一步优化。以重大工程及项目推动产业升级,全力培育新兴产业,启动实施"千企升级"计划,全市三次产业增加值比例调整为2.8∶46.5∶50.7,在全省率先基本形成"三二一"产业格局。着力实施创新驱动,科技创新对经济社会发展的引领作用显著增强。高新技术产业销售收入占规模以上工业比重达到38.4%,软件业务收入达到1013亿元,获得全国首个"中国软件名城"称号。全社会研发经费支出占地区生产总值比重提高到3%左右;专利申请数和授权数快速增加,年均分别增长30.2%和33.6%。创新创业人才集聚步伐加快,全市人才总量接近162万名。

人民生活水平进一步提高。2010年,城市居民人均可支配收入达到28312元,农民人均纯收入提高到11128元,年均分别增长13.6%、12.3%。五年累计新增就业岗位108万个,城镇登记失业率连续五年控制在4%以内。义务教育阶段学生杂费全部免收,普及15年基础教育,高等教育毛入学率达到61%,率先进入高等教育普及化阶段。卫生服务体系健全率达到100%,居民平均预期寿命76.6岁。推进公交优先的城市交通系统建设,轨道交通里程达到85公里,公交运营车辆总数达到6748辆,公共交通分担率提高到31%。中山陵陵寝、玄武湖公园免费开放。全民健身工作迈向长效化。城乡低保、新型农村合作医疗、新型农村社会养老保险基本实现全覆盖。民主法制和精神文明建设取得新进展,社会保持和谐稳定。

城市功能进一步提升。一城三区建设不断深化,跨江发展战略提速实施,"一带三港"建设和城市建设"三个提升"全面展开,金融、商务、商贸、咨询、中介等服务功能明显增强。河西新城、南部新城、浦口新城、麒麟科技创新园等十大功能板块建设有序推进。全国综合交通枢纽地位凸显,南京长江隧道、沪宁城际铁路等一批重大基础设施相继建成,高速公路密度居全省第一,南京禄口国际机场客运量超过1000万人次。南京云锦织造技艺、中国雕版印刷技艺(金陵刻经印刷技艺)、中国古琴艺术(金陵琴派)、中国剪纸(南京剪纸)成功入选人类非物质文化遗产代表作名录。先后荣获全国绿化模范城市、联合国人居奖特别荣誉奖和全国文明城市称号。成功申办2014年夏季青年奥林匹克运动会和2013年亚洲青年运动会。

资源环境进一步改善。城市环境整治深入推进,全面启动城市主要干道、支路景观化改造,扎实推进雨污分流工程,城乡主要河湖水体质量得到改善。环保投入持续扩大,占地区生产总值比重提高到3%。节能减排任务顺利完成,停产关闭203家化工企业,单位地区生产总值能耗累计下降20%以上,化学需氧量(COD)、二氧化硫(SO$_2$)分别累计下降17.2%、9.2%。全市耕地保有量控制在241604公顷,森林覆盖率达到26%。

城乡统筹力度进一步加大。制定出台《关于加快推进全域统筹、建设城乡一体化发展的新南京行动纲要》,确立了"全域统筹、一体发展"的工作思路。郊县经济活力进一步增强,地区生产总值、工业投入等主要经济指标增幅高于全市平均水平,2010年农民人均纯收入增幅高于城市居民人均可支配收入增幅1个百分点以上。全面落实各项惠农强农政策,全方位、多层次开展对经济薄弱地区的帮促,市本级五年累计向郊县投入资金131亿元。

改革开放进一步深化。完成市区两级政府机构改革,启动国家科技体制综合改革试点,国有经济、财政体制、医药卫生、文化体制等重点领域改革取得重要进展。成功举办一批重大国际会议、会展活动和体育赛事。国家批准设立金陵海关,江宁开发区升级为国家级经济技术开发区。实际利用外资五年累计达到 113 亿美元,世界 500 强企业在宁投资企业 91 家。2010 年,外贸进出口总额达到 456 亿美元,服务外包执行额达到 26.5 亿美元,入境旅游者达到 130 万人次。

表 1 南京市"十一五"规划主要指标完成情况					
指 标	2005 年	规划目标		实现情况	
		2010 年	年均增长(%)	2010 年	年均增长(%)
地区生产总值(亿元)	2452	4800	13	5010	13.5
人均地区生产总值(户籍,元)	41579	73000	>11	79390	12
单位地区生产总值能源消耗(吨标煤/万元)	1.36	1.1	(−20)	<1.1	>(−20)
地方一般预算收入(亿元)	211	400 左右	13	518.8	19.7
城镇登记失业率(%)	3.4	<4		2.58	
三次产业增加值比例	4.2:48.9:46.9	2:51:47		2.8:46.5:50.7	
非公有制经济增加值占全市比重(%)	37	50		50	
全社会研发经费支出占地区生产总值比重(%)	2.45	3 左右		3 左右	
高新技术产业销售收入占规模以上工业比重(%)	30.6	35		38.4	
专利授权量(件)	2162	4000		9150	
城市化率(%)	76.3	80		77.6	
高中阶段教育毛入学率(%)	100	98		100	
高等教育毛入学率(%)	53	60		61	
人均预期受教育年限(年)	14.5	15		15	
卫生服务体系健全率(%)	93.4	90		100	
城镇基本养老、医疗和失业保险覆盖率(%)	98.7、95.1、97.8	>95		>98	
新型农村合作医疗参保率(%)	91	>95		100	
人口自然增长率(‰)	2.34	<3		2 左右	
主要污染物排放总量减少(%) 化学需氧量			(17.2)		(17.2)
二氧化硫			(9.2)		(9.2)
环境质量综合指数(分)	74.5	>80		84 左右	
森林覆盖率(%)	19.5	25		26	
建成区绿化覆盖率(%)	45	47		45	
城区人均公园绿地面积(平方米)	12	15		13.7	
环保投入占地区生产总值比重(%)	3	3 左右		3	
工业固体废弃物综合利用率(%)	87.43	90		92	

续表

指　　标	2005 年	规划目标		实现情况	
		2010 年	年均增长(%)	2010 年	年均增长(%)
城市居民人均可支配收入(元)	14997	24000		28312	
农民人均纯收入(元)	6225	10000		11128	
五年新增就业岗位(万个)	(48.7)	(75)		(108)	
城镇居民人均住房建筑面积(平方米)	25.6	30		31	
农民人均钢筋砖木结构住房面积(平方米)	42.8	45		49	
人民群众对社会治安的满意率(%)	92.5	95		>95	

说明:1. 带( )的为五年累计数;2. 从 2007 年起建设部将指标"人均公共绿地面积"调整为"人均公园绿地面积",实际计算的是城区人均公园绿地面积,2005 年数据和 2010 年规划目标数据为"人均公共绿地面积",2010 年实现情况数据为"人均公园绿地面积"。

第二章　"十二五"发展环境

今后五年,是南京加快转变经济发展方式、实现转型创新跨越发展的强力攻坚期,是提升城市现代化国际化水平、增强城市综合实力和可持续发展能力的关键突破期,是全力改善民生、促进社会建设的快速跃升期,是举办一届精彩圆满的青奥会、带动南京实现新跨越的决战决胜期,是建设更高水平小康社会、率先基本实现现代化的目标冲刺期。南京经济社会发展将呈现新的阶段性特征,发展的目标更高、内涵更丰富、要求更全面。必须科学把握发展规律,适应国内外形势的新变化,顺应人民群众过上美好生活的新期待,按照转型创新跨越发展的新要求,用改革的办法解决前进中的新问题,用创新的思路探索现代化建设的新路径。

南京"十二五"时期要紧紧把握好重大机遇。一是国际产业结构变革的机遇。后国际金融危机时期,国际国内产业、金融、能源和投资结构发生变化,正在催生新一轮重大科技创新和产业革命,为南京加速产业转型升级,构建现代产业体系提供强大动力。二是区域经济一体化加速推进的机遇。随着《长江三角洲地区区域规划》的实施,长三角地区一体化进程加速,南京作为承东启西、承南启北的门户城市,城市地位更加凸显,为集聚发展资源、提升发展能级提供了新机遇。三是国家综合交通枢纽建设的机遇。随着重大交通枢纽工程的实施,南京港由内河港变为海港,铁路交通由节点城市转变为交通网络枢纽城市,极大地拓展了城市发展空间,增加了商业机会和创业机会,增强了城市的集聚辐射能力。四是国家创新型城市建设的机遇。全面推进国家科技体制综合改革试点城市、中国软件名城、国家创新型城市试点、服务业综合改革试点、"两化融合"和"三网融合"试点城市等重大制度创新活动,为南京发挥先行先试的政策优势、加快发展创新型经济提供了新机遇。五是青奥会提升城市国际化水平的机遇。2013 年亚青会和 2014 年青奥会的举办,将带动城市建设和品质提升,改善人居环境,提升市民素质,加快城市国际化进程。

与此同时,也要增强忧患意识,集中精力解决好制约和影响南京科学发展的各类结构性、深层次矛盾和挑战。一是提升城市地位面临新挑战。地区和城市间对高端要素和产业资源的争夺日益激烈,南京城市综合经济实力不强,迫切需要提升城市首位度。二是创新转型发展面临新挑战。内需与外需、投资与消费结构失衡,高端服务业占服务业比重不高,经济发展对房地产和重工业相对依赖,实施创新驱动调整结构需要付出更大努力。三是推进城乡区域协调发展面临新挑战。城市与农村、江南和江北在发展水平和能力上存在较大差距,破除城乡二元结构,提高城镇化水平,还有很多难题需要破解。四是生态环境保护面临新挑战。经济发展、城市建设对资源、能源平衡和环境承载能力提出更高要求,空气污染、污水处理、城市交通拥堵和垃圾治理等困扰市民生活的问题日益突出,节能减排、环境整治等将面临更多的考验。五是维护社会公平面临新挑战。富民、教育、医疗、养老、住房等问题日益成为社会关注的焦点,人口老龄化带来就业和社会保障的压力日益增大,多元利益协调难度加大,对提高施政水平和保障城市常态安全运行提出了更高要求。

第三章 "十二五"发展愿景

第一节 指导思想

高举中国特色社会主义伟大旗帜,以邓小平理论和"三个代表"重要思想为指导,深入贯彻落实科学发展观,以坚持科学发展、奋力走在前列为主题,以加快转变经济发展方式、推动转型创新跨越发展为主线,以建设人民幸福城市为根本目标,以筹办2014年青奥会为重大机遇和工作动力,坚持发挥优势、彰显特色、聚焦突破、争先跨越的方针,大力实施创新驱动、富民优先、城乡一体化、绿色发展和城市国际化战略,加快争创城市发展新优势,奋力抢占科学发展制高点,到2015年前后,在全面建成更高水平小康社会的基础上,率先基本实现现代化,向建设现代化国际性人文绿都的目标迈进。

"十二五"时期必须遵循的基本原则:

必须把坚持科学发展、奋力走在前列作为主题。坚持发展是硬道理,坚定不移地推进科学发展,自觉遵循经济规律、社会规律和自然规律,兼顾当前利益和长远利益,更加注重提高经济增长的质量和效益,更加注重改善民生、促进社会和谐,更加注重统筹城乡和区域发展,更加注重资源节约和环境保护。进一步增强机遇意识、责任意识、忧患意识和紧迫感,更加奋发有为地推进改革开放和现代化建设,努力走在新一轮科学发展前列。

必须把转变经济发展方式、加快转型创新跨越发展作为主线。以转型发展为基本路径,以创新发展为根本动力,以跨越发展为目标指向,把加快转变经济发展方式贯穿于经济社会发展的全过程和各领域,提高发展的全面性、协调性和可持续性。突出发展创新型经济、服务经济和绿色经济,推动产业结构向高端化转变,增长动力向创新驱动转变,发展模式向内涵式集约化转变,城市发展向功能品质提升、城乡一体化建设转变。

必须立足南京实际和形势变化,继承和拓展城市功能定位。坚持建设现代化国际性人文绿都的目标定位,与时俱进赋予新的内涵。加快建设长三角辐射带动中西部地区发展的重要门户、综合性枢纽城市、国家科技创新中心和国际城市,打造"人文绿都、智慧南京",努力建设国家中心城市。

必须大力实施创新驱动、富民优先、城乡一体化、绿色发展和城市国际化五大发展战略。把创新驱动作为经济社会发展的核心战略,坚持以教育优先发展和人力资源优先开发为基础,充分发挥科技第一生产力和人才第一资源的作用,着力提升自主创新能力,大力推进制度创新、管理创新和文化创新,使创新成为经济社会发展的核心动力。实施富民优先战略,把富民作为优先的发展目标,着力加强和改善民生,大幅度增加城乡居民收入和财富积累,让经济社会发展成果更加广泛、更加均衡地惠及人民群众。实施城乡一体化战略,统筹城乡和区域发展,坚持跨江发展、拥江建设,着力破除城乡二元结构,加快宁镇扬同城化和南京都市圈建设步伐,形成城乡融合互动、区域协调发展的新格局。实施绿色发展战略,树立绿色、低碳发展理念,大力发展绿色经济,倡导绿色消费,促进绿色增长,加快建设资源节约型、环境友好型社会。实施城市国际化战略,以国际视野谋划南京整体发展,以世界一流标准推进城市建设,全方位拓展国际交流与合作,以国际化带动工业化、信息化、市场化和城市现代化。

必须大力推进以改善民生为重点的社会建设。建立健全民生工作的普惠机制和长效机制,加快推动民生工作从扶危济困向全面保障民生权利转变,从局部救助向建立长效普惠制度转变,从满足人民群众生存需求向更加关注人民群众发展需求转变,尽最大努力解决人民群众现实利益问题,不断提高人民群众的幸福感和满意度。

必须抓住用好筹办青奥会重大机遇,加快建设新南京步伐。按照抓机遇促发展、做贡献留遗产的基本思路,把筹办青奥会与提速南京城市现代化国际化建设紧密结合,按照国际一流、国内领先的标准,全面提升城市规划建设管理和文明创建水平。突出人文青奥、绿色青奥、活力青奥的理念,高标准、高质量做好各项筹办工作,确保青奥会办成一届精彩圆满的世界青年顶级体育盛会、文化盛会、青春盛会。

第二节　主要目标

按照与国家和省"十二五"发展规划以及长三角区域规划相衔接、与南京实现科学发展新跨越的总体部署相适应的要求,综合考虑未来五年发展环境和基础条件,我市"十二五"时期经济社会发展的主要目标是:经济和综合实力显著提高、城市创新能力快速跃升、城市现代化水平不断提升、人民生活质量明显改善、生态环境建设水平大幅提升、改革开放取得重大突破,在全面建成更高水平小康社会的基础上,率先基本实现现代化。

——经济发展。地区生产总值10000亿元以上,年均增长13%左右,人均地区生产总值达到110000元左右;地方一般预算收入1000亿元以上,年均增长15%左右;高新技术产业产值占规模以上工业总产值比重提高到50%;服务业增加值占地区生产总值比重超过56%,基本形成以高新技术产业为重点、先进制造业为基础、现代服务业为主体、都市型生态高效农业为支撑的现代产业体系;城市化率达到83%。

——科技创新。全社会研发经费支出占地区生产总值比重达到4.5%;人力资本投资占地区生产总值比重达到16.8%;百亿元地区生产总值专利授权数达到350件;科技进步贡献率达到60%。

——公共服务。城乡公共服务支出占财政支出比重达到68%;城乡基本社会保险覆盖率达到99%以上;公共交通分担率达到40%;信息化指数达到86;新增保障性住房面积2000万平方米。

——人民生活。实施居民收入"双倍增"计划,城乡居民收入持续快速增长,城市居民人均可支配收入达到50000元以上,力争六年实现倍增;农民人均纯收入达到22000元以上,力争五年实现倍增;城镇登记失业率控制在4%以内;城区人均公园绿地面积达到14.3平方米;居民平均预期寿命达到 77.2 岁。

——人口资源环境。人口自然增长率控制在 3‰以内；单位地区生产总值能耗降低 20%；单位地区生产总值二氧化碳排放减少和主要污染物排放减少完成省下达目标任务；环境质量综合指数稳定在 88 以上；耕地保有量达到省计划要求。

表2 南京市"十二五"经济社会发展主要指标

分类	指 标		2010 年	2015 年	指标属性
经济发展（6 项）	地区生产总值（亿元）		5010	>10000	预期性
	人均地区生产总值（常住，元）		64000	110000 左右	预期性
	地方一般预算收入（亿元）		518.8	>1000	预期性
	服务业增加值占地区生产总值比重（%）		50.7	>56	预期性
	高新技术产业产值占规模以上工业总产值比重（%）		38.2	50	预期性
	城市化率（%）		77.6	83	预期性
科技创新（4 项）	全社会研发经费支出占地区生产总值比重（%）		3 左右	4.5	预期性
	人力资本投资占地区生产总值比重（%）		14.4	16.8	预期性
	百亿元地区生产总值专利授权数（件）		183	350	预期性
	科技进步贡献率（%）		55	60	预期性
公共服务（5 项）	城乡公共服务支出占财政支出比重（%）		65	68	预期性
	城乡基本社会保险覆盖率（%）		98.5	>99	约束性
	公共交通分担率（%）		31	40	预期性
	信息化指数（分）		81	86	预期性
	新增保障性住房面积（万平方米）		300	（2000）	约束性
人民生活（5 项）	城市居民人均可支配收入（元）		28312	>50000	预期性
	农民人均纯收入（元）		11128	>22000	预期性
	城镇登记失业率（%）		2.58	<4	预期性
	城区人均公园绿地面积（平方米）		13.7	14.3	预期性
	居民平均预期寿命（岁）		76.6	77.2	预期性
人口资源环境（6 项）	人口自然增长率（‰）		2 左右	<3	约束性
	单位地区生产总值能源消耗降低（%）		>（20）	（20）	约束性
	单位地区生产总值二氧化碳排放减少（%）		—	完成省下达目标任务	约束性
	主要污染物排放减少（%）	化学需氧量	（17.2）	完成省下达目标任务	约束性
		二氧化硫	（9.2）		
		氨氮	—		
		氮氧化物	—		
	环境质量综合指数（分）		84 左右	>88	预期性
	耕地保有量（公顷）		241604	达到省计划要求	约束性

第二篇　构建科技创新体系

第四章　建设国家创新型城市

按照"自主创新、重点跨越、支撑发展、引领未来"的方针,重点推进国家科技体制综合改革试点城市和国家创新型城市建设,激发创新活力,加快科技成果转化,到2015年,率先基本建成国家创新型城市。

第一节　加快创新载体建设

建设创新园区。围绕国家科技创新中心建设,加快高新技术开发区、模范马路创新街区、麒麟科技创新园等"三核多点"创新载体建设,支持省级以上开发区建立科技园中园,进一步集聚高端技术、高端产业、高端客户、高端人才,催生一批高科技产业新业态,促进高成长性科技企业持续涌现,努力建成自主创新核心区、新兴产业先导区、体制机制创新先行区和科技人才集聚区。推动股权奖励、非上市公司进入证券公司代办股权转让等政策在园区先行先试。做好高新技术开发区申报国家自主创新示范区工作,鼓励有条件的园区创建国家级高新区。推动宁镇扬科技创新合作区建设。

建设科技创新平台。优化和整合南京地区高等院校、科研院所、高新企业的科技资源,共同承接和实施国家重大科技专项和任务,实施开放式创新。实施科技平台推进工程,完善科技基础设施布局,实行重点领域和重点行业全覆盖,进一步提升物联网、软件和信息服务、智能交通、智能电网、生物医药、移动通讯、三网融合等一批科技创新平台建设水平,促进更多创新成果向现实生产力转化。

第二节　加强重大科技攻关和成果转化

实施重大科技攻关。支持高校、科研院所发挥学科和科研优势,围绕全市重点发展的支柱产业、战略性新兴产业、现代服务业,建立一批产业技术研究院,开展产业发展战略研究和共性关键技术攻关,显著增强产业原始创新能力。重点在新一代信息技术、新能源、物联网、航空航天、生物医药和轨道交通等优势领域,突破一批重大关键技术,形成一批发明专利,创造一批技术标准,提高南京在全球化高新技术产业分工中的地位。

促进科技成果转化。以培育自主知识产权、自主品牌和创新型企业为重点,加快人才、技术与资本、市场对接,转化一批重大技术成果,形成一批产业链相对完整的高新技术产品和新兴工业门类,提升产业技术层次和竞争力,推动更多的"南京制造"向"南京创造"跃升。

第三节　激发企业创新活力

鼓励企业建立研发机构。强化企业在技术创新中的主体地位,完善以企业为主体、以市场为导向、产学研相结合的技术创新体系。加强企业技术中心、工程技术中心、院士工作站和博士后科研工作站建设,增强自主研发能力,力争大中型企业均拥有发明专利。推动企业与高等院校、科研院所组建多种形式的产学研联合体,进行产业关键技术和共性技术研发。引导企业组成风险共担、利益共享的专门技术研究开发联合体,建立技术联盟、产业联盟和标准联盟。

引导企业加大创新投入。滚动实施"千企升级"计划,推动企业进一步成为技术创新需求主体、研发投入主体、技术创新活动主体和创新成果应用主体。鼓励企业加大研发投入,大幅度提高研发经费占企业销售收入比重。完善国有企业考核机制,考核重心从资产保值增值向自主创新能力和资产长期收益能力转变。支持民营企业积极参与国家、地方重大科技攻关项目申报,开发具有自主知识产权的关键技术和前瞻性技术。支持企业通过并购、建立海外研发机构等方式大力引进急需的关键技术,提高引进消化吸收再创新能力。到2015年,大中型企业研发经费支出占全社会研发经费支出的55%以上。

培育多层次的创新企业群。扶持一批主业突出、核心竞争力强的大型企业,做好技术创新引领和示范工作。完善科技型中小企业综合服务体系,引导中小企业实现专门技术突破,激发原始创新活力。鼓励大中型企业与中小企业开展研发外包,带动形成强大的后备创新企业群体。"十二五"期间,培育20个百亿元级的创新型企业集团,每年培育100个高成长性科技企业。

第四节　营造科技创新的良好环境

健全科技创新的激励机制。加大政府投入力度,鼓励企业投入,形成以政府投入为引导、企业投入为主体,社会资本广泛参与的多元化科技创新投入体系。全面落实鼓励创新创业的各项政策措施。大力发展私募股权投资、创业风险投资、科技银行和科技小额贷款公司,设立区域性非公开科技企业柜台交易市场,引导更多的社会资本投向科技创新。加强对科技创新的税收、信贷和公共采购政策支持,发展科技中介专业服务。开展股权和分红激励试点工作,对为科技成果研发和产业化作出突出贡献的技术人员及企业经营管理人员实行股权奖励、股票期权等激励政策。鼓励高校、科研院所将科技成果优先在南京转化。大力弘扬敢于冒险、勇于创新、追求成功、宽容失败的创新文化,营造保护创新、支持创造的良好环境。

加大知识产权保护力度。实施知识产权创造能力提升、知识产权保护、知识产权服务能力提升和知识产权人才培养等四大工程,建立和完善知识产权信息统计制度,加强对支柱产业和优势行业的专利信息研究,推进南京国家专利技术展示交易中心向区域性知识产权展示交易中心发展。到2015年,发明专利年申请量达到1.4万件。

第五章　建设创新型人才高地

坚持服务发展、以用为本、人才优先、高端引领、全域统筹、优势转化的原则,统筹开发区域科教人才资源,大力提升人才国际化水平,提高人才对经济社会发展的贡献。到2015年,率先建成人才强市,人才资源总量超过210万人。

第一节　引进和培养科技领军人才

全面实施"紫金人才计划",以高层次创新创业人才(团队)建设为重点,引进高层次人才和创新团队,培养造就一批能够突破关键技术、拥有自主知识产权的创新型科技人才、专家和依靠核心技术自主创业的科技企业家。吸引华侨华人高层次人才来宁创新创业,带动新兴学科,突破关键技术。建立"南京特聘专家制度",为高层次人才和外籍专家提供岗位津贴。推行"创新在高校、创业在园区"的人才工作模式,建立高等院校、科研院所与创新园区、高科技企业之间人才开发和培养的合作机制。加大重点领域急需紧缺人才开发力度,整体推进党政人才、企业经营管理人才、专业技术人才、高技能人才、农村实用人才和社会工作人才队伍建设。到2015年,高层次人才占人才资源总量比例达到10%。

专栏1   五大重点人才工程

1. 紫金人才计划。自2010年起,以3年为一个周期,每个周期投入10亿元,重点资助10名顶尖人才(团队)、100名领军人才(团队)、1000名急需紧缺人才,以高端人才推动产业转型升级、引领经济社会发展。

2. 钟山青年英才工程。以在宁高校院所优势学科和重点企业为依托,营造专项成长环境,建设20个青年人才创新创业基地,每年重点培养和资助500名青年拔尖人才。

3. 金陵名人名家工程。每年重点扶持和资助100名文化艺术名家开展创作、研究、展演、展览等活动;加大项目资助和国际交流培训力度,每年重点培养和支持100名各类学科领军人才。

4. 现代服务业金领工程。每年引进和培养以高层次金融保险、服务外包、软件和信息服务、贸易营销、商务会展、创意设计、知识产权、现代物流、公共服务人才为重点的现代服务业人才5000名。

5. 高技能人才倍增工程。以提升企业技术人才队伍的职业素质和职业技能为核心,建设5个国家级示范性高技能人才培养基地和公共实训基地,每年培训1.5万~2万名技术精湛、勇于创新的高技能人才。

第二节　创新人才发展机制

完善人才发展体系。加大政府、高校以及企业之间人才工作协调力度,鼓励和规范社会力量承担和开发人才中介服务,形成融公共服务、市场服务、社会服务为一体的人才发展服务体系。健全区域人才统筹发展体系,突破人才归属和人才工作条块分割,拓展人才工作空间格局与制度弹性,建立高校、科研院所和驻宁企业与地方共引共育共用人才工作体系。健全人才保障和激励体系,加大对人才在科技研发、成果转化转让、信息咨询等活动中的收益保护。

优化人才发展环境。努力营造充满活力、富有效率、更加开放的人才制度环境,最大限度调动人才的积极性和创造力。加大人才发展专项资金投入,制定财税优惠政策和金融信贷扶持政策,引导企业、社会组织投资建立人才发展基金。促进知识产权质押融资等规范发展,完善支持人才创业的金融政策。建立健全人才公共服务体系,切实解决好住房、子女教育、医疗、社会保障等实际问题。打破影响人才创新创业的思想约束、机制壁垒和制度障碍,在高校职称评定、知识产权归属及分配、体制内外人才流动、人员编制和居留等方面试点特殊政策。

第三篇　建立现代产业体系

第六章　确立服务经济主导地位

把发展服务业作为产业结构优化升级的战略重点,加快形成服务业大发展的态势,全面实施

"服务业倍增计划",推动服务业发展提速、比重提高、结构提升,到 2015 年,服务业增加值占地区生产总值比重达到 56% 以上,在全省率先形成以服务经济为主的产业结构,成为具有较强影响力和辐射力的区域性现代服务业中心。

第一节　建设世界软件名城

加快发展软件和信息服务业。实施"骨干软件企业计划"、"软件企业上市培育计划",积极引进全球软件 500 强企业和中国软件百强企业,引导软件企业做大做强。加强基础软件开发,培育一批具有较强市场竞争力的自主软件产品品牌。巩固电力、通信、智能交通等软件产业集群的国内领先地位,实施智慧南京、智慧青奥、千企升级、两化融合、三网融合等一系列示范工程和重点项目,开拓软件应用市场。到 2015 年,从事软件服务业务的企业达到 4000 家,经认定的软件企业达到 2200 家以上,进入全国软件百强企业的数量达到 20 家以上,新培育上市软件企业 5 家。扶持一批具有全国知名度的互联网内容服务企业,大力发展特色电子商务、物联网支撑软件、新能源管理软件、软件服务化(SaaS)、移动互联网服务等新兴业态,发展面向社会公共领域的现代信息服务业。到 2015 年,软件业务收入达到 4000 亿元。

建设集聚发展平台。在加快建设江苏软件园、南京软件园的基础上,重点建设麒麟科技创新园、徐庄软件园、雨花软件园和南京国际服务外包产业园,构建云计算、数据处理中心、论证中心和测试中心等公共服务平台,打造中国南京软件谷,打响中国一流、世界知名的"南京软件"品牌。到 2015 年,省级软件园达到 8 个以上,其中国家级软件园 3 个,新增 1000 万平方米以上的软件产业园区。

第二节　优化服务业结构

加快发展金融、现代物流、商务服务、文化创意等生产性服务业;进一步提升商贸、旅游、房地产等消费性服务业的发展规模和水平;加快发展居家服务、健身、多层次的医疗保健等生活性服务业。

金融业。加强区域金融合作,探索建立区域性金融市场,把南京打造成为立足本市、服务全省、依托都市圈、面向中西部的具有较强的聚合力、辐射力和综合服务能力的泛长三角重要的区域金融中心城市。加快建设河西金融城,打造金融服务外包功能区,推进海峡两岸金融合作区建设。加快引进境内外银行、保险、证券、基金、风险投资等各类法人总部、区域总部、功能总部及后台服务机构入驻南京。鼓励、支持民间资本进入金融产业领域,参与金融机构的改组改制,发起设立基金、小额贷款公司、村镇银行等地方类金融机构、准金融机构和新型金融业态,吸引和推动民间资本转化为金融资本。做大做强南京银行、南京证券、紫金农商行等地方金融机构,把紫金控股打造成集银行、证券、保险、期货、信托、担保、再担保、创投、租赁等多位一体、区域性的金融控股集团。发展资本市场,不断提高直接融资的比重,新增上市公司 50 家以上,股权投资基金总额达到 500 亿元以上。到 2015 年,全市金融业增加值超过 1100 亿元。

现代物流业。发挥综合交通枢纽优势,抓住长江航道疏浚的契机,推进江海联运港、铁路枢纽港和禄口航空港建设,大力发展综合物流中心、专业物流中心和配送中心,建设多式联运体系、区域集并体系、专业物资交易集散体系、区域配送体系、物流信息化体系五大体系。加快发展第三方、第四方物流和快递配送物流,培育壮大一批现代物流企业。积极开发和应用物流先进技术,形成以信息化为支撑的集货、分销和配送物流体系,建成全国物流区域中心城市。到 2015 年,全市物流业增加值达到 600 亿元。

商务服务业。积极发展总部经济,吸引国内大企业集团、跨国公司的总部或地区总部及其研发中心、销售中心、采购中心、结算中心落户南京。做优做强会计、法律、评估、认证、经纪、代理、策划、广告、融资、租赁、调查、设计以及技术中介、就业中介、产权中介等商务服务业,大力发展经济咨询、规划咨询、投资咨询、科技咨询、工程咨询、管理咨询、决策咨询等咨询服务,形成种类齐全、与国际接轨、能满足南京都市圈区域发展需要的现代商务服务体系。到 2015 年,商务服务业增加值超过450 亿元。

文化创意业。积极发展工业设计、建筑设计、环境设计、时尚设计等设计创意服务业,影视传媒、出版策划、文艺创作等艺术创意服务业,动漫制作、网络游戏、广告服务等网络和信息创意服务业,打造新型文化创意产业集群。加快文化创意产业园区、动漫产业基地建设,努力建成在全国有影响的文化创意中心城市。文化创意产业增加值年均增长 20% 以上。

现代商贸业。运用现代信息技术、创新营销模式及金融服务配套等手段,提升商贸流通业的现代化水平。鼓励商贸流通企业发展连锁经营和电子商务等现代流通方式,培育专业化、规模化、国际化的贸易企业和品牌代理商。建设多层次、多形式的批发贸易体系,打造融商品展示、信息发布、价格形成等功能于一体的现代采购交易平台。完善商业业态和购物环境,建设一批城市综合体,打造时尚购物之都。到 2015 年,全市社会消费品零售总额达到 4500 亿元以上,规模水平在长三角地区保持前列。

旅游会展业。发挥山水城林、人文古都、现代都市等多层面的品牌效应,发展以观光旅游为基础、休闲度假为主导、专项旅游为特色的现代旅游业,积极开发新兴旅游产品,加快推进重大旅游项目建设,进一步完善旅游公共服务和配套服务体系。积极吸引国内外大型会展机构及项目落户南京,大力扶植地方品牌展会,培育一批具有竞争力的会展业公司。吸引民营经济、国际资本参与旅游会展开发,促进旅游会展企业集团化、国际化发展,打造具有国际竞争力的南京旅游会展品牌,把南京建成国际知名、国内一流的旅游目的地城市和商务会展中心。到 2015 年,入境旅游者超过300 万人次,大中型展览和会议数量超过 3000 个。

居民服务业。积极培育消费热点、拓展消费空间、发展新型消费业态,引领和创造新的消费需求。大力发展就业保障、文化娱乐、社会养老等公共服务业。支持创办各种便民利民的社区服务企业和中介机构,促进社区服务产业化发展。鼓励社会力量办学,加快发展教育培训业。积极发展中医药养生、专业康复、护理服务、心理健康保健等健康服务业。

第三节　推进服务业集聚发展

大力发展现代服务业集聚区。运用信息技术和先进管理理念整合资源,推动全市现代服务业集聚区建设由规模扩张转向质量提升。大力促进金融保险、现代物流、软件及服务外包、科技研发、创意等生产性服务业向集聚区集中发展,着力彰显集聚区在现代服务业发展上的示范、带动和支撑效应。围绕重点功能板块建设,策划、创立一批服务业集聚区,作为产业核心,促进板块功能加快完善。加强对现存老厂房等存量资源的引导和开发,促进形成一批新的生产性服务业集聚区、功能区。引导各类集聚区加强信息服务公共平台建设,以公共数据库、公共信息网络、公共实验平台等为重点,提高集聚区整合资源和集约发展的能力,促进资金、信息等要素以及现代服务业重大项目、龙头企业向集聚区集聚。到 2015 年,市级以上现代服务业集聚区达到 45 家,其中营业收入超 1000

亿元的现代服务业集聚区 2 家,超 100 亿元的 10 家。

推动城区服务业特色化发展。玄武区主要依托新街口商贸商务集聚区、长江路文化旅游集聚区、徐庄软件产业基地,重点发展现代商务、文化创意、软件及信息服务业。白下区主要依托新街口金融商务区、高新技术产业园、中航工业科技城,重点发展高端商务商贸、文化创意和科技服务业。秦淮区主要依托夫子庙—秦淮风光带旅游文化集聚区、城南历史文化街区、晨光 1865 科技创意产业园,重点发展文化旅游、商务商贸和科技创意业。建邺区主要依托河西中央商务区、新城科技园、江心洲生态科技岛,重点发展金融和科技服务业。鼓楼区主要依托模范路科技创新园区(江苏工业设计园)、江东软件城、湖南路商圈,重点发展科技研发及服务、信息服务和商务商贸业。下关主要依托滨江商务区、中央门商贸区,重点发展商务商贸业。雨花台区主要依托雨花软件园、雨花现代综合物流园,重点发展软件和信息服务、现代物流业。栖霞区主要依托龙潭物流基地和仙林大学城,重点发展现代物流、商贸服务和科技服务业。到 2015 年,江南八区服务业增加值占全市服务业增加值比重提高到 80% 左右。

促进郊县服务业提速发展。江宁区主要依托空港物流园、中邮航空速递物流集散中心、农副产品物流中心、汤山温泉新城,重点发展现代物流、休闲旅游业。浦口区主要依托江北商贸集聚区、高新区软件园、浦口大学城、南京(国家)科技创业服务中心、"一山三泉"休闲旅游集聚区,重点发展商务商贸、科教研发、休闲旅游业。六合区主要依托江北化工物流园、六合生态旅游集聚区,重点发展化工物流、生态旅游业。溧水县主要依托空港物流园、傅家边服务业集聚区、江苏未来影视创意产业园,重点发展现代物流、农业旅游、文化创意业。高淳县主要依托"自然生态、吴楚文化、民俗宗教"的资源优势,重点发展生态旅游业,把高淳建设成为南京都市圈乃至长三角地区的"休闲胜地、度假天堂"。

第七章　建设先进制造业基地

坚持高端发展方向,实施重大项目带动工程,加快发展技术先进、清洁安全、附加值高、吸纳就业能力强的先进制造业。引导先进制造业向郊县集中集聚集群发展,把郊县建设成为全市重要的先进制造业承载基地。到 2015 年,工业总产值达到 2 万亿元。

第一节　培育发展战略性新兴产业

紧跟世界科技发展新趋势,紧密对接国家和省战略性新兴产业规划和政策,大力发展高端装备制造业,重点发展风电光伏装备、电力自动化与智能电网、通信、节能环保、生物医药、新材料、轨道交通、航空航天等新兴产业。以产业规模化、技术高端化、发展集约化、人才国际化为方向,深入实施新兴产业双倍增计划,形成一批具有国际影响力、引领产业发展的龙头企业,培育一批创新活跃的科技型中小企业,建设一批国内领先的战略性新兴产业集聚区。到 2015 年,新兴产业实现销售收入 7000 亿元以上。

风电、光伏装备产业。重点发展风力发电装备关键零部件、控制与并网系统、整机及微风发电装备等,建设风力发电装备关键零部件生产基地。加快企业研发中心建设,推进光伏产业垂直一体化,扶持太阳能系统集成产业。到 2015 年,实现销售收入 1600 亿元。

电力自动化与智能电网产业。重点发展网络监测系统、控制系统、输变电供电自动化设备等。巩固提升电力自动化产品市场占有份额,加快智能电网产业标准制定,建设国家级智能电网产业基地。到 2015 年,实现销售收入 1000 亿元。

通信产业。积极发展移动通信、卫星通信、专用通信、通信芯片、通信软件等产业群,加快无线谷建设,重点发展下一代移动通信技术、光接入产业与无线宽带接入产业、"三网融合"技术和基于融合网络的应用平台与系统、物联网研发与应用、移动互联网应用体系等。到 2015 年,实现销售收入 1000 亿元。

节能环保产业。重点发展余热余压回收设备和装置、节能机电、大气污染治理、废水治理等产品群。突破一批节能环保关键技术并形成生产规模优势,构建一批重点产业链,推动节能环保服务业、制造业形成共同发展的格局。到 2015 年,实现销售收入 1000 亿元。

生物医药产业。重点发展化学药、中药、生物化学制药与制品、新型制剂产品、医疗器械等产品群。建成国内重要的生物医药创新产品研发中心和制造中心。到 2015 年,实现销售收入 700 亿元。

新材料产业。重点发展特种金属新材料、特种纤维复合材料、金属基复合材料、磁性新材料、化合物超细微粒及纳米材料等产业链。加快膜材料、玻璃纤维复合材料、金属基复合材料等产品的产业化进程。到 2015 年,实现销售收入 500 亿元以上。

轨道交通产业。重点发展轨道工程系统、轨道交通整车、装备和零部件及配套产业链。巩固国内城轨 A 型车市场和轨道车辆自动门市场主导地位。扩大城轨 B 型车生产规模,加快发展城际动车、高速动车等。到 2015 年,实现销售收入 500 亿元。

航空航天产业。重点发展与大飞机配套的航空机电设备、以航空轻型动力为核心的轻型飞机和无人机、以机载雷达和空中交通管制自动化系统等为主的航电设备以及地面配套设备等。到 2015 年,实现销售收入 700 亿元。

第二节　做强做优工业支柱产业

以提升自主创新能力为核心,依托大产业、大项目和大基地建设,运用新技术、新装备、新工艺提升电子信息、石油化工、钢铁、汽车四大产业发展水平,优化产品结构,延伸拓展产业链,促进产业集群化发展。控制高耗能产业产能,赋予支柱产业绿色、低碳化发展内涵。到 2015 年,四大产业的创新能力、发展后劲、品牌效应、集聚水平和经济效益明显提升,实现销售收入 11800 亿元。

电子信息产业。以液晶谷、无线谷、软件谷等为依托,加快电子信息产业布局调整,建设国际领先的新型显示产业基地,打造下一代现代通信技术研发及产业高地,实施物联网产业联盟和物联网示范工程。加快计算机及数字视听产业发展,促进 4C 融合(计算机、通信、消费电子、内容);加快微电子产业发展,启动北斗产业工程,突破汽车电子、机床电子、电力电子等重点领域,提升新兴电子产业核心竞争能力。逐步把电子信息产业发展成为南京第一支柱产业。到 2015 年,电子信息产业销售收入达到 4500 亿元。

石油化工产业。按照"绿色化工"要求,加快石化产业治理整顿和转型升级,建设技术先进、节能环保、循环经济的新型化工。依托南京化学工业园,支持节能减排、清洁生产和绿色化工产品项目实施,建设世界一流的化工生产、研发、物流和循环型生态化学工业园区。做大做强炼油、乙烯,建设国家级成品油、乙烯、化工新材料和醋酸基础化工产业基地。重点发展化工新材料、高端精细化学品和生命科学等特色产业。到 2015 年,化工产业销售收入达到 4000 亿元。

汽车产业。深化与上汽集团、长安集团的合作,加快形成德国大众、上汽荣威、马自达、依维柯、长安等 200 万辆的整车生产能力。开发新能源汽车,发展高性能发动机、高性能动力电池、汽车关键零部件和高端汽车电子系统等设计与制造技术,建设国家级新能源汽车和汽车配件产业基地。培育自主品牌,发展汽车服务业,实现汽车制造业和汽车服务业协调发展。到 2015 年,汽车产业销售收入达到 2000 亿元。

钢铁产业。重点发展汽车、高铁、风塔、船舶、家电、电力、油气输送、集装箱和工程机械等产品用钢;加快发展特种钢、优质钢;突出发展宽厚板、冷轧薄板,打造船板、管线板、压力容器板、镀锡板、高档建筑用板等产品。到 2015 年,钢铁产业销售收入达到 1300 亿元。

第三节 转型提升传统制造业

纺织服装产业。重点发展差别化复合型纤维、功能化高性能纤维、高性能服装面料、装饰用纺织品以及汽车用、农用、医用等产业用纺织品。

食品产业。扩大食品专用面粉、调味品、冷链食品等农副产品生产,加快蔬菜果品、肉制品的深加工和出口,提升都市型食品加工业发展水平,巩固区域性食品加工中心地位。

建材产业。突出节能、降耗、资源可再生利用,加快落后水泥产能淘汰步伐,重点发展新型干法水泥、新型墙体材料、新型防水建筑材料等。

船舶产业。重点发展散货船、油船、集装箱船等船型,加快发展船舶配套设备及先进自动化装备。

第四节 加强园区建设

打造园区产业集群。以新兴产业和优势产业为重点,引导栖霞区、江宁区、浦口区、六合区和溧水县、高淳县加快发展先进制造业,引导各类园区向专业化方向发展,彰显特色优势。南京经济技术开发区重点发展电子信息、生物医药、环保等产业;高新技术开发区着力打造应用软件及系统集成、光机电一体化、智能电网、轨道交通、汽车制造、生物医药、新材料等高新技术产业基地;南京化学工业园重点发展化工新材料、高端精细化学品、生命科学三大特色产业;江宁开发区重点发展汽车、智能电网、新能源、无线通信、航空等先进制造业,以禄口机场为核心,以江宁、溧水开发区为依托,加快规划建设空港产业基地。雨花、栖霞、滨江、浦口、六合、溧水、高淳等经济开发区和白下高新技术产业园等 8 个省级开发区,以现有主导产业为基础,以龙头型企业集聚上下游配套企业,进一步延伸拓展主导产业链,着力打造特色鲜明的产业集群。到 2015 年,全市省级以上开发区实现生产总值 4000 亿元以上,实际利用外资占全市总量的 75% 以上。

推动开发园区"二次创业"。按照产业规模化、高端化、品牌化的思路,以核心技术攻关、关键产品研发、生产服务配套为突破口,通过优势企业带动,在集约、集聚、集中发展中推动园区转型和产业升级。积极推进龙潭综合保税区建设,加快开发园区与综合保税区的资源共享和优势再造,继续拓展保税、通关、物流、商品展示、贸易服务等功能,把开发区建设成为科技创新先导区、新兴产业集聚区和集约发展示范区。加强开发区与城区、郊县联动发展,以开发区转型发展带动郊县经济发展。支持有条件的省级开发区升级为国家级开发区,到"十二五"期末,开发园区整体发展水平力争进入全国和全省先进行列。

第五节　打造品牌企业

推动骨干企业做大做强。引导各类要素向优强企业和行业龙头企业集中。鼓励企业以品牌、技术、资本为纽带,进行跨地区、跨所有制兼并重组,发展成为拥有自主知识产权和自主品牌、具有较强竞争力的大型企业(集团);支持符合条件的上市公司通过并购重组、定向增发等方式实现自身整体上市;推动规模大、质量好、运作规范的企业将资产、业务注入上市公司,提升经营能力。

实施品牌工程。以建设"国家商标战略实施示范城市"为契机,基本建立商标战略实施的政策体系、制度体系和服务体系,进一步优化商标发展环境。鼓励企业创建驰名商标、著名商标,培育一批国际知名商标品牌。进一步持久、深入地推进名牌战略,建立名牌产品争创工作目标与责任制,完善名牌产品奖励和激励政策,重点围绕主导产业和优势企业开展名牌产品的培育。到2015年,中国驰名商标总数力争达到100件,省、市著名商标总数力争达到1000件。创建市级以上名牌产品800个,其中省名牌产品300个。

第八章　发展都市型生态高效农业

按照服务城市、改善生态、兴业富民的要求,提高农业综合生产能力、社会服务能力和生态保障能力。到2015年,全市农林牧渔业总产值达到360亿元。

实施农业"1115"工程。整合各类农业生产要素,进一步优化农业区域布局和产业结构,逐步实现农业用地分区布局、集中投入、连片推进、规模经营。"十二五"期间,重点建设100万亩高标准粮田、100万亩经济林果、100万亩高效养殖(其中水产90万亩、畜禽10万亩)和50万亩标准化菜地。

提升农产品安全保障能力。全面提高农业标准化种植和养殖水平,建设稳定优质的农产品基地,确保地产绿叶蔬菜自给率达到90%以上,肉、蛋、奶类自给率分别达到30%、30%、40%以上。加强农产品质量安全检验检测体系建设,确保本地农产品质量检验合格率达到95%以上。

推进农业产业化经营。主要发展优质粮油、经济林果、特种水产、优质畜禽和安全蔬菜等农业主导产业,重点建设"螃蟹、优质米、有机菜、桂花鸭、黑莓、雨花茶、青虾、苗木、波尔羊、高档花卉"等名牌,积极扶持发展农业龙头企业和各类合作经济组织。到2015年,全市农业龙头企业达到200家,农民专业合作社和土地股份合作社分别达到1500家和500家,全市农户参加各类合作经济组织的比重达到60%以上。

大力发展高效设施农业。以设施栽培和设施养殖为主,推进各类农业新技术集成应用,不断提升设施农业的规模化、标准化、产业化水平,每年新增设施农业5万亩。到2015年,全市设施农业面积发展到60万亩,其中亩均效益5000元以上的设施农业面积超过30万亩;有机农业面积累计达到20万亩,重点发展有机水稻、有机蔬菜、有机水产品和有机茶果等。

积极发展外向型农业。加强农业合作与开放,着力打造以果树、花卉、蔬菜、渔业等为特色产业的多功能现代农业园区,发挥资本集聚、科技示范和产业带动效应。重点扶持建设江苏南京江宁台湾农民创业园、江苏白马农业科技园等现代农业园区15个,带动发展各类农业园区50个以上。推动农产品出口,"十二五"期间年均增长15%以上。

加快发展休闲农业。深度开发农业生活功能,继续实施"百万市民下乡"工程,全面提升"四季之都"、"金陵农庄"等主题活动的知名度,扩大"农业嘉年华"品牌效应。到2015年,全市休闲农业年接待游客达到800万人次,进入全国休闲农业名城行列。

第四篇 激发市场主体活力

第九章 加快发展民营经济

促进民营经济优化结构、提升质量,增强可持续发展能力和综合竞争力,成为加快经济发展的重要力量。

第一节 加快中小民营企业发展

推进中小民营企业服务体系建设。支持各类园区建立民营企业创业基地。建设一批新兴产业、配套产业、商贸流通业等工商业聚集园区。建设面向中小民营企业的公共技术中心、测试中心、研发中心等服务平台。引导社会中介机构为中小民营企业提供创业辅导、筹资融资、产权交易、展览展销和法律咨询等服务。

健全民营企业融资服务体系。推动符合条件的民营企业通过发行公司债、集合发债等方式筹集资金。推动银行机构、融资性担保机构、股权投资机构、小额贷款公司等加强对民营企业的信贷服务。探索设立服务于科技企业的地方性金融机构。建立市中小民营企业应急互助基金,为中小民营企业提供担保和再担保。

第二节 拓宽民间资本投资渠道

积极引导民间投资方向。国家法律法规未明令禁止、限制的行业领域,全面向民营经济开放。鼓励民营资本以兼并、重组和参股等方式进入垄断行业,逐步降低电力、电信、石化、金融等行业的市场准入门槛。支持民营资本进入基础设施、政策性住房、智慧南京、现代服务业、社会事业和农业等领域。

鼓励民间资本参与国有企业改革。鼓励和引导民营企业通过参股、控股、资产收购等多种形式,参与国有企业的改制重组,尤其是参与产权单一的国有大中型企业改制。

第三节 提升民营经济发展水平

加快民营高新技术企业发展。支持具有自主知识产权和创新技术的企业创建品牌与实施重大发展项目,到2015年,全市国家级高新技术企业中,民营企业比重超过90%。

加大支持民营企业上市力度。培育和扶持一批具有核心竞争力、创新型、龙头型民营企业挂牌上市。建立健全民营企业上市信息数据库,引导符合条件的企业进入创业板。鼓励民营上市公司开展资本运作。

促进民营经济做大做强。围绕电力自动化、轨道交通、软件和服务外包、物联网、生物医药、商业连锁等产业,积极吸引大型民营企业在宁设立企业总部或地区总部,建立物流、采购、培训、中介服务中心。到2015年,力争有20家企业进入全省百强民营企业,有10家企业进入全国百强民营企业,民营经济增加值达到4600亿元,注册资本达到4500亿元。

第十章　提升开放型经济水平

扩大开放领域,提高开放质量,进一步扩大对内对外开放,构建全方位、宽领域、纵深化的开放新格局,更好发挥中心城市的服务、辐射和带动作用。

第一节　提升利用外资和境外投资质量

优化利用外资结构。坚持引资与引智、引技并举,更加注重引进技术、管理、人才和研发机构,实现由引进资金向引进全要素转变。以世界500强和行业50强为重点,策划和引进一批大企业、大财团和大项目,引导外资投向高新技术产业、现代服务业、战略性新兴产业和都市型生态高效农业,鼓励外资企业在南京设立研发中心、销售机构和地区总部。扩大金融、物流等服务业对外开放,加快开放教育、医疗、体育等领域,提高服务业国际化水平。到2015年,全市实际利用外资达到70亿美元,年均增长20%以上;新增世界500强企业的项目40个,具有地区总部性质的外资功能性项目50个,总数分别达到200个、100个。

深化宁台、宁港和宁新合作。认真落实ECFA和CEPA,深化南京和台湾、香港之间的服务贸易合作,积极引进香港、澳门和台湾地区的金融业、会计审计、法律服务、管理咨询、市场营销等中介行业以及科技、教育、医疗等领域机构。推进南京海峡两岸科技工业园等园区建设。加快江心洲生态科技岛建设,逐步形成以生态科技、知识创新为核心的现代服务业集聚区。

推动企业加快"走出去"。支持优势企业参与境外项目合作与开发,建立海外生产加工基地、研发基地和销售网络,提升跨国经营能力。推动有条件的企业借助国际资本市场,兼并和收购境外企业和知名品牌。"十二五"期间,对外投资中方协议投资额达到12亿美元,比"十一五"翻一番。

第二节　推动对外贸易健康发展

优化贸易结构。推动外贸出口由量的扩张向质的提升转变,提高出口产品附加值,提高一般贸易、服务贸易、自主知识产权和自主品牌产品出口的比重。加快电子信息、汽车等产业出口,支持科技含量和附加值高的机电产品、高新技术产品出口,鼓励战略性新兴产业拓展国际市场。到2015年,外贸出口超过400亿美元,年均增长10%以上;对外承包工程、劳务合作等业绩年均增长10%以上。

大力发展服务外包产业。优先发展通信和电力服务外包、工业设计服务外包、创意和动漫服务外包,重点培育金融服务外包、生物医药研发和医疗服务外包、物流服务外包,加快建设国家服务外包示范城市。"十二五"期间,全市服务外包执行额年均增长40%,到2015年突破130亿美元,其中离岸执行额达到60亿美元。到2015年,从业人员1万人以上的国际服务外包企业达到4家,5000人以上国际服务外包企业达到10家。

第三节　营造公平高效的开放氛围

加强口岸配套功能建设。加快口岸基础设施建设。全面推进口岸功能平台创新,加快"大通关"和电子口岸建设,组建并运作金陵海关、综合保税区,建成口岸综合服务体系。"十二五"期间,南京港外贸货运量年均增长18%以上;禄口机场出入境人员年均增长20%以上,外贸货运量年均增长25%以上。

建立风险防范和管理体系。进一步完善贸易摩擦防范预警系统,建立健全境外劳务纠纷和突发事件应急处置长效机制。做好对外贸易和投资风险预警、风险管理指导和咨询服务,建立开放型经济绩效评价体系。运用贸易救济措施,加强重点国别、重点产业预警监测,保障企业权益。充分发挥贸易促进机构、出口信用保险机构、商会的作用,建立信息披露制度,形成政府、中介组织、企业三位一体的贸易摩擦应对机制,促进公平贸易。

第十一章　发挥国有经济带动作用

推进开放式重组。鼓励外资、民资、央属企业等各类资本参与市属国有企业的改组改制,优化国有经济结构和企业的组织结构。到2015年,国有企业的主业进一步突出,集中在城市基础设施和交通建设、金融、先进制造、公用事业、文化传媒、酒店房地产等领域,形成较强的竞争优势。到2015年,国有资本实力进一步壮大,国有控参股企业资产超过1万亿元,国有权益、经营收入、利税等各项指标实现翻一番。

创新融资方式。在保持现有融资方式和渠道的基础上,积极探索融资租赁、房地产信托投资基金、产业基金、并购贷款等融资新品牌,全面推进国有企业资产向资本转换、资本向证券化转换的股份制改造进程,实现国有企业投融资体制机制创新。到2015年,在现有10家上市企业的基础上,新增国有控参股上市公司10家以上,募集资金260亿元,实现投融资3700亿元,完成亿元以上项目100个,促进全市重大项目顺利建设。

完善国有资产监管制度。推进国有企业决策、经营管理的科学化和规范化,建立以经营业绩为主要方向,市场化选聘企业经营管理者的用人机制。在法人治理结构、重大事项管理、考核与激励、国有资本经营预算等方面,建立一套透明、规范、高效的国有资产监管制度,逐步形成全面覆盖、权责明确、流转顺畅的国有资产监管体系。

第五篇　提升城市功能品质

第十二章　建设现代化基础设施体系

加强枢纽性、功能性、网络化的重大基础设施建设,构筑城乡一体、内外通达、安全高效的综合交通体系,引导城市空间布局优化,保障青奥会举办和城市发展需要。

图1 综合交通体系图

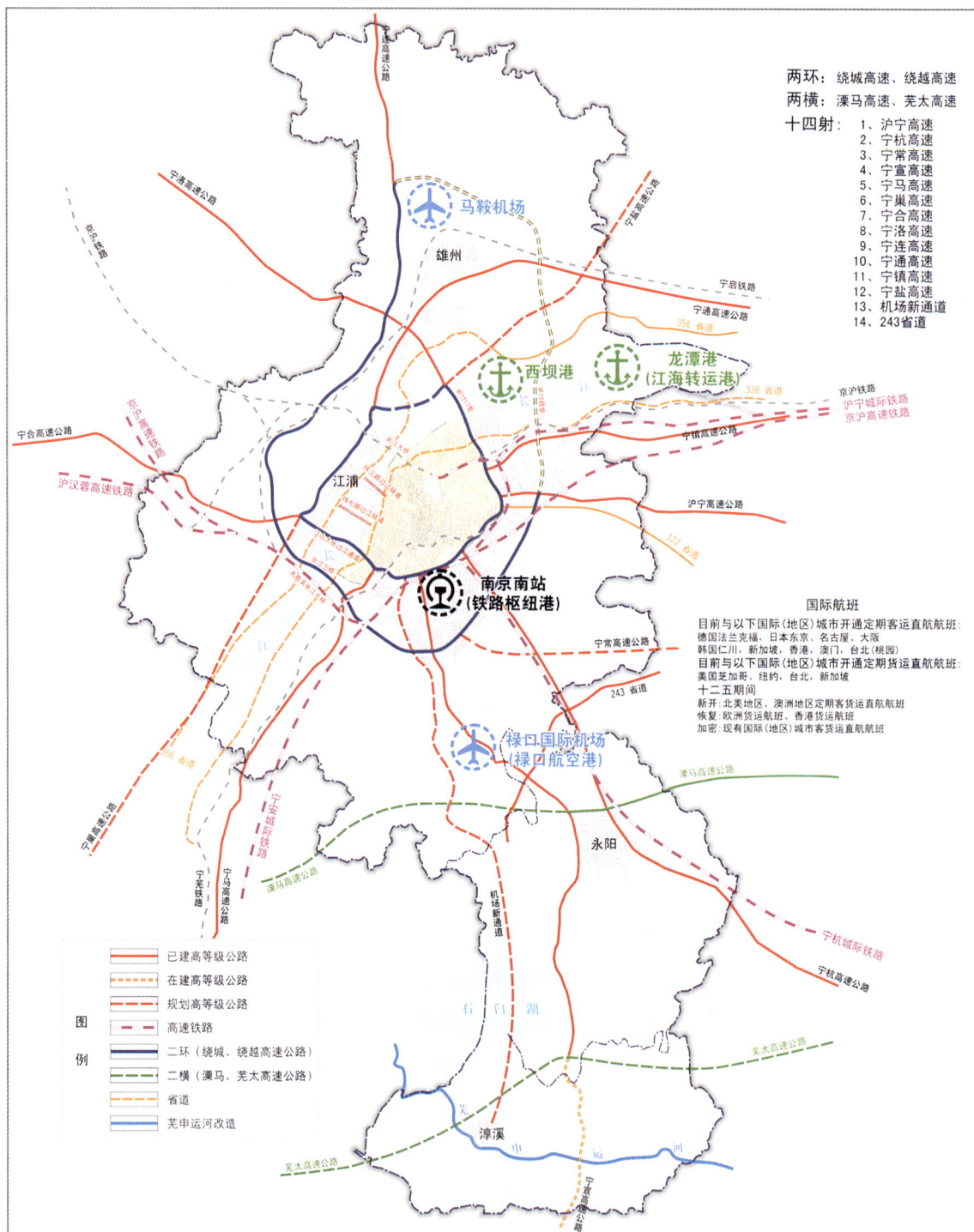

图2 轨道交通布局图(区区县县通轻轨)

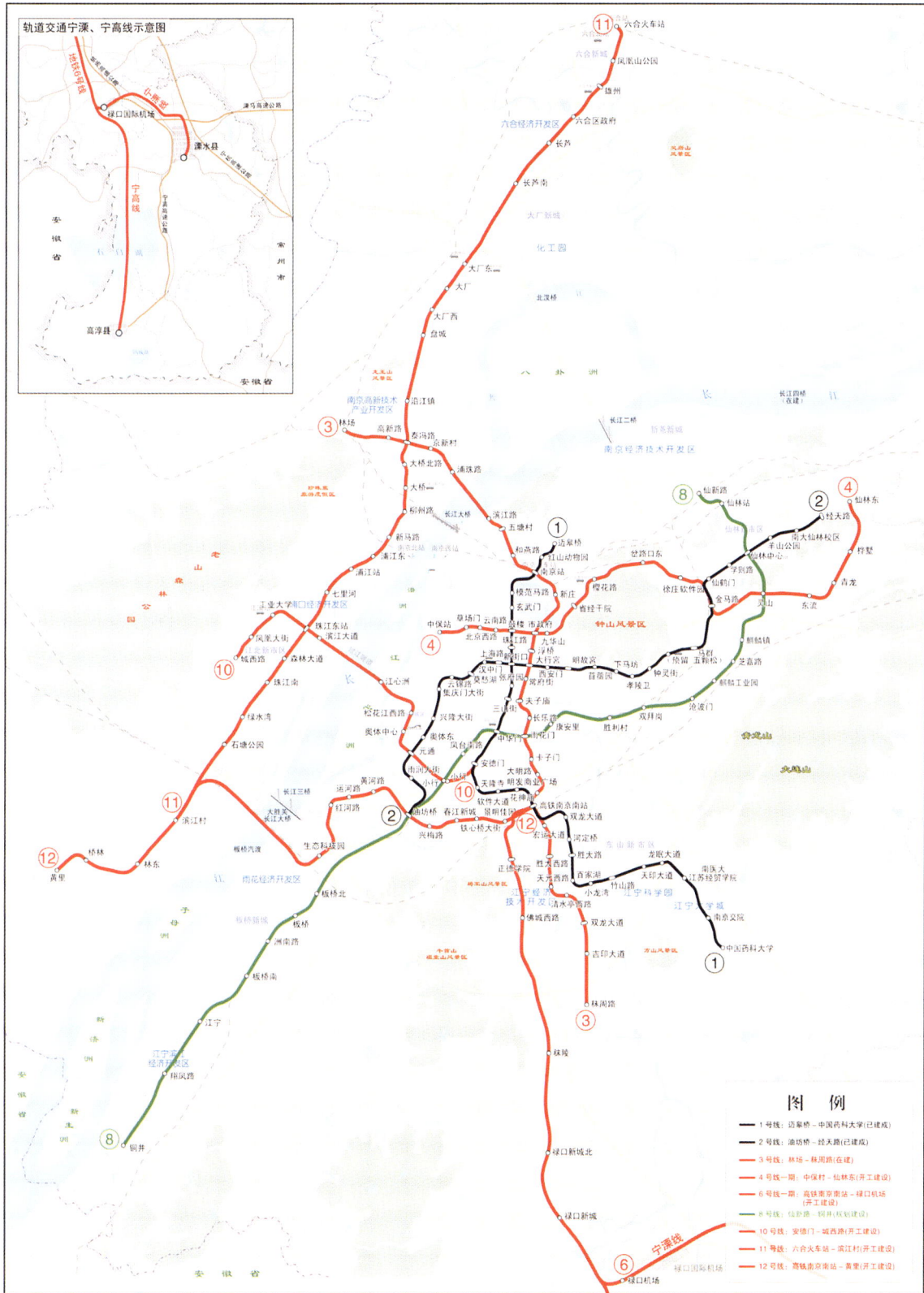

第一节　完善综合交通体系

提高对外综合交通能力。建设滨江发展带、江海联运港、铁路枢纽港和禄口航空港"一带三港",推进高速铁路、城际铁路、城市轨道、路面公交等多级网络合一,形成功能强大、运行高效、运输方式齐全的国家级综合交通枢纽。完成禄口机场二期扩建工程,禄口机场从4E级提升到4F级,完成六合马鞍机场建设和大校场机场搬迁,推进土山机场搬迁,加快建设区域性大型航空枢纽港。建成京沪高速铁路、宁杭城际、宁安城际和宁启复线铁路,构建沪宁杭合"1小时"交通圈,建成铁路南京南站,初步形成国家级特大型铁路枢纽。实施宁芜铁路货运线外绕项目,优化铁路枢纽货场布局。配合推进长江12.5米深水航道治理上延至南京工程,加快南京港口建设,推进龙潭、西坝等江海港公用码头建设,完成芜申运河南京段航道整治,建设多功能、江海联运的国家级主枢纽港。加快推进南京、镇江、扬州组合港建设。完善"两环两横十四射"的高速公路网及国省干线公路网,建成长江四桥、纬三路过江通道等过江通道,启动江山大街过江通道建设,贯通南京绕越高速公路,建成连接都市圈的江六、溧马、淳芜等高速公路。

加快轨道交通建设。提高现有地铁运营能力,建成3号线、10号线、机场线、4号线一期、11号线一期、12号线等6条线路;开工建设至溧水、高淳等市郊线路;适时启动8号线等线路的建设工作。到2015年,轨道交通开通运营里程达到250公里。

完善快速路系统建设。完成绕城公路城市化改造、模范西路快速化改造以及纬七路东进工程等建设,完善主城"井字加外环"快速路系统;完成纬一路快速化改造、胜利村路快速化改造,建成滨江大道江宁段和雨花台段、宏运大道铁路南京南站段等主城边缘快速路和外围地区快速路系统。

第二节　完善能源保障体系

加快电网建设步伐,优化能源结构,构建安全稳定、经济清洁的城市能源支撑体系。重点推进华能金陵电厂、东亚电力公司4台9E级燃机热电联产机组、化工园玉带片区2台20MW热电联产机组建设。优化燃煤发电机组结构,继续鼓励热电联产,稳妥推进城市分布式能源技术。进一步发展500千伏双环网,建设江北环网节点。推进220千伏江南主城核心双环网、江北环网建设,全市形成"三片五环"的220千伏主干网架。优化老城110千伏电网,城市新建地区形成"三线串三站"的互联结构。扩建500千伏变电站2座(次)、220千伏变电站25座(次),110千伏变电站74座(次)。大力发展新能源和可再生能源,推进太阳能、风能和垃圾发电。推进八卦洲能源岛建设。完成南京南站太阳能光伏并网发电。继续推进"西气东输"、"川气东送"配套工程,新建天然气高压管200公里,重点建成东阳、江宁、江北等LNG调峰储配站。

第三节　完善城乡水利设施

提升防洪除涝减灾能力。加强南京主城、副城、新城防洪圈建设,提高城市防洪除涝标准。巩固长江堤防,提升长江干堤防洪能力,加快长江南京新济洲、八卦洲河段的整治,加强重点通江河的口门控制及堤防建设。到2015年,长江干堤防洪标准全面达到《长江流域综合利用规划》设防标准,通江河道达到20～50年一遇;南京城市防洪标准全面达到100年一遇;郊县中心城区防洪标准达到50年一遇;重点城镇防洪标准达到20年一遇。

加强流域治理。继续开展秦淮河、滁河、水阳江等干流及重点支流河道整治、堤防达标工程建设,完善流域防洪体系,到 2015 年,秦淮河流域防洪标准基本达到 50 年一遇,滁河、水阳江流域防洪标准达到 20～40 年一遇。

完善农村水利设施。实施水库除险加固、水土保持、小流域治理、中小河流整治和农田水利重点县建设等水利工程,不断改善水土环境。"十二五"期间,重点完成 3 个灌区改造、6 个圩区综合治理、30 个生态小流域和 27 个节水灌溉片建设。

第十三章　优化城市功能布局

根据多心开敞、轴向组团、拥江发展的都市区格局,"十二五"期间,按照功能引领、统筹协调、聚焦突破、中心提升、南拓北进的思路,坚持"三集中一疏散"方针,深入实施跨江发展战略,继续推进"一城三区"建设,重点打造十大功能板块,加快形成"五个中心"。

功能引领,聚焦突破。重点突破科技研发、交通物流、金融服务、商贸商务、文化教育等功能。加快河西新城建设,形成历史文化与现代文明交相辉映的现代化新城区。依托铁路南京南站建设和大校场机场搬迁,高标准建设南部新城,培育城市综合服务和高端产业集聚功能,打造智慧新城。以科学城、生态城和宜居城为目标,加快建设麒麟科技创新园。加快旧城更新与产业升级步伐,推进下关滨江商务区和燕子矶地区功能提升。加大浦口新城建设力度,增强服务江北、辐射中西部的功能。按照国际化、高端化、生态化的要求,建设江心洲生态科技岛。

专栏 2　十大功能板块建设重点		
序号	功能板块名称	建设重点
1	河西新城	建设金融集聚区、高端服务业集聚区、文化体育中心和滨江宜居城区
2	南部新城	建设功能齐全、环境优良、交通便捷、综合服务功能辐射全市的都市新中心和文化休闲、绿色宜居新城
3	浦口新城	建设有科技、生态、滨江、宜居特色的新城
4	麒麟科技创新园(生态科技城)	建设国际化科技研发园区和国际化生活社区
5	城南历史文化街区	建设历史文化街区和旅游景区
6	下关滨江改造	建设成为高端商贸、商务服务集聚发展的滨江新区
7	江心洲生态科技岛	建设智慧生态岛
8	燕子矶片区整治	建设滨江新城区
9	保障性住房建设	建设岱山、丁家庄、花岗、上坊等占地 10 平方公里的四大保障房组团
10	明外郭—秦淮新河百里风光带	建成 18 个节点公园,形成 15 平方公里的绿色生态屏障,打造环绕于南京主城外围的百里风光带

中心提升,南拓北进。中心是指中心城区,包括老城、南部新城区、东部新城区、河西新城区和江北新城区。充分发挥中心城区交通便利、经济文化活动活跃以及创新源头的作用,整合利用周边地区的资源优势,增强中心城区的集聚和组织引导能力,有效集聚先进生产要素,强化中心城区的核心功能,形成承担国家中心城市功能的重要集聚区。在更高起点上推进沿江开发,以江海联运

港为重点,以仙林副城为核心,加快宁镇扬一体化进程,提高南京的区域辐射力和发展能级。拉开南北发展轴,以铁路南京南站、软件园、空港新城、六合马鞍机场、江北轻轨建设等重点区域和重大项目建设为依托,顺应南京经济扩散的主体方向,完善轴线上重要板块的功能,促进南北轴向节点的发展壮大。利用南北轴发展,促进北部地区与中西部地区的交流与合作,进一步实现江南江北融合,增强对苏北、皖东的辐射,加快形成南北互动融合、协调发展的格局。

图3　十大功能板块布局图

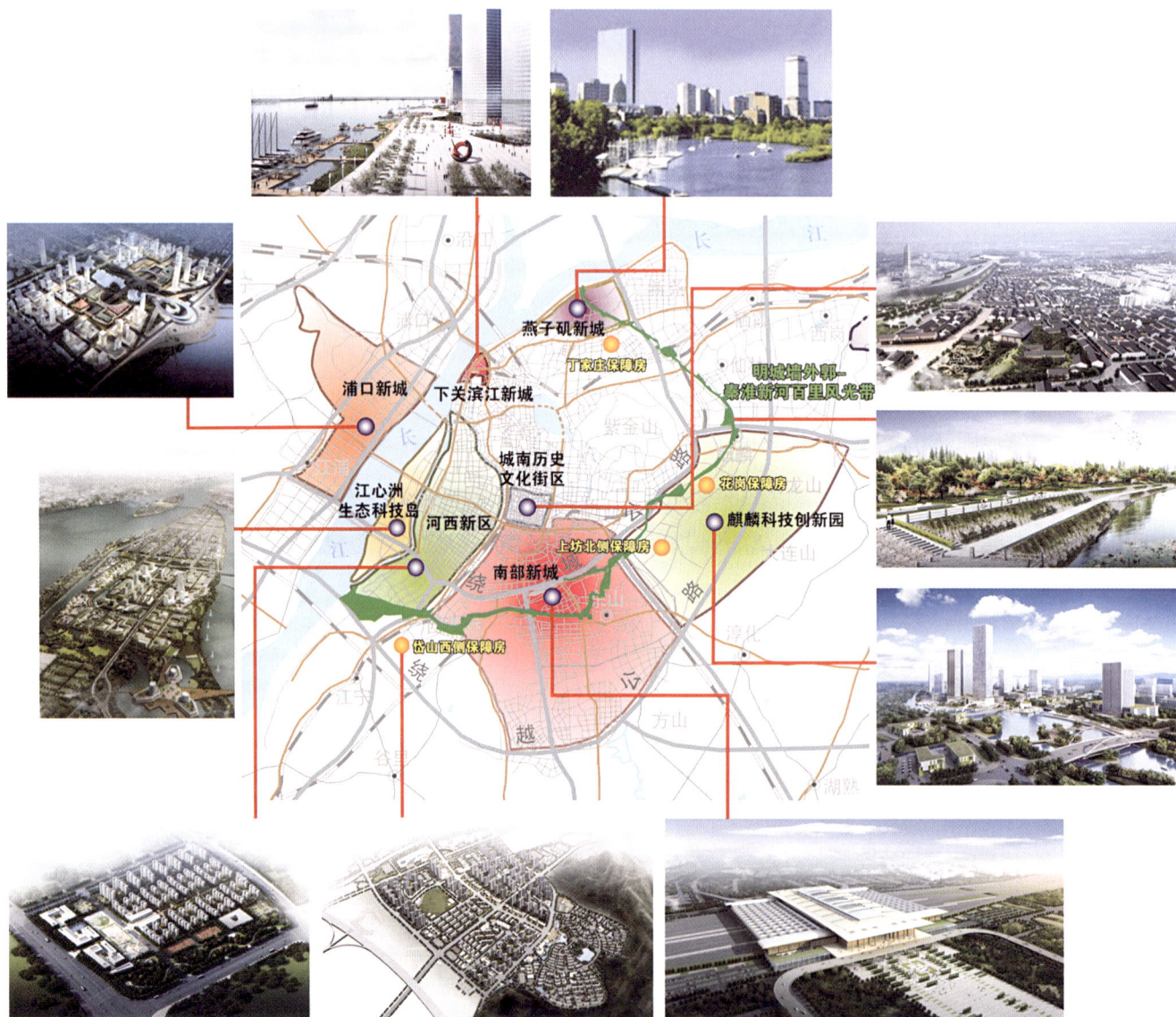

第十四章　建设文化南京

充分发挥南京历史悠久、文化资源丰富的优势,大力发展文化事业和文化产业,努力把南京建设成为文化强市。

第一节 彰显历史文化名城特色

彰显名城历史文化内涵。以敬畏历史、敬畏文化、敬畏先人之心,深入挖掘南京六朝、明朝、民国三个历史时期的历史文化内涵,彰显三个时期的历史文化特色。挖掘整理南京丰厚的佛教文化资源,凸显南京国际佛教中心的城市地位。保护和彰显南京革命文化资源,凸显红色文化特色。

保护古都整体格局。进一步加强明城墙以内的老城保护,以疏解老城功能、加快建设新区的总体战略,实施老城双控双提升政策。严格实施《南京历史文化名城保护条例》,推动城南历史城区的保护、更新和复兴,加快实施门西荷花塘、颐和路等历史文化街区的保护与利用,精心保护历史风貌、传统空间肌理,完成明外郭—秦淮新河百里风光带建设,形成世界独有的四重城郭并举的古都城市格局。

合理利用历史文化资源。建设六朝遗址博物馆、明皇宫遗址公园等一批历史文化展示工程。建成开放江宁织造府博物馆,完成明外郭展示馆等一批博物馆建设。以保护和建设金陵大报恩寺遗址公园和琉璃塔为依托,形成南京国际佛教中心的重要载体。实施历史文化名城解读和保护工程,提升城市文化品位。

加强文化遗产保护。坚持"原址保护"和"应保尽保"的原则,加强文物建筑的抢险修缮和整治,维护和逐步恢复历史风貌与环境特色。继续做好尚未核定为文物保护单位的各类不可移动文物的普查、登记与管理工作,划定文物保护单位的保护范围和建设控制地带。加强历史档案的抢救和保护。重视发掘、整理、传承和保护各类非物质文化遗产。力争明城墙申遗工作取得突破。

第二节 增强公共文化服务能力

加强重大文化设施建设。推进重点文化惠民工程,加强公共文化基础设施和服务网络建设,着力改善农村文化基础设施,基本建成覆盖城乡、功能完备的公共文化服务体系。建设江苏大剧院、南京文化艺术城、南京美术馆、小红花艺术学校、渡江战役纪念馆二期、南京档案新馆、方志馆等重点工程,改造雨花台纪念馆,形成一批标志性文化设施。

大力发展公共文化产品。加大对公共文化领域的投入力度,推进文艺人才培养。实施文化精品工程,积极支持原创性作品和精品创作。培育特色品牌剧目和文化活动,吸引国内外优秀剧目在宁演出,活跃演出市场。广泛开展面向基层的公益性群众文化活动。完善和健全覆盖城乡的广播电视公共服务体系,基本实现有线广播电视户户通。

加快文化产业发展。深化国有经营性文化单位转企改制和公益性文化事业单位内部改革,鼓励非公有资本进入政策许可的文化产业领域,加快形成一批跨地区跨行业经营、具有较强市场竞争力的骨干文化企业。不断壮大广播影视、新闻出版、文艺演出等优势文化产业,大力发展文化创意、文化博览、动漫游戏等新兴文化产业,加快发展文化旅游、工艺美术等特色文化产业,推动数字电视、数字出版、手机报等新型业态快速发展,促进文化产业成为支柱产业。精心策划和组织"名城会"、"文博会"等特色鲜明的会展活动,着力打造一批具有国际影响的城市文化名片。

第三节 加强社会主义核心价值体系建设

以创建学习型组织为抓手,加快建设全民学习、终身学习的学习型城市。加强理想信念教育,倡导爱国守法和敬业诚信,构建传承中华传统美德、符合社会主义精神文明要求、适应社会主义市场经济原则的道德和行为规范。不断拓展群众性精神文明创建活动,深入推进社会公德、职业道德、家庭美德、个人品德建设。大力弘扬开明开放、诚朴诚信、博爱博雅、创业创新的新时期市民精神。大力繁荣哲学社会科学。

第十五章　建设智慧南京

推进信息基础设施建设和先进智能技术广泛应用,优化提升城市综合管理和服务水平,提高市民生活品质,为智慧产业发展和高端人才引进营造良好环境。

第一节　建设现代化的信息网络

推进信息网络的宽带化、泛在化。继续保持南京信息基础设施在全国的领先地位。发展新一代互联网技术和云计算技术,加快实施城市光网工程,形成对瞬间产生的海量信息进行高速传输和高效处理的能力,基本实现千兆到楼、百兆到户。加快无线宽带城市建设,加快第四代移动通信网络试点,推进南京无线宽带行业专网建设,努力构建无处不在、安全高效的泛在网络。加快下一代广播电视网建设,尤其是结合无线谷和无线宽带专网建设,在下一代广电网络的技术架构及标准规范制订等方面发挥更多作用。到2015年,互联网宽带接入率达到95%以上,无线宽带网络覆盖率达到98%以上,全市有线电视双向数字化率达到100%。

推进"三网融合"工作。积极推进互联网、电信网、广电网"三网"融合,促进业务运营相互准入、对等开放、合理竞争。搭建"三网融合"公共平台,重点推进综合业务运营支撑软件平台、云计算平台、电视播控平台、媒体资产管理平台、数据和灾备中心平台建设,实现可控、可测、可管目标。积极参与国家863"三网融合演进技术与系统研究"重大项目。大力推动南京相关企业和产品加强技术创新和产品研发,加快研发适应三网融合要求的集成电路、软件、关键元器件等基础产品以及网络信息安全产品。

第二节　提升城市智能化水平

提高城市综合管理能力。完成空间地理、自然人、法人和宏观经济信息数据等四大基础数据库的建设和整合。以信息共享、业务协同为重点,加快城市信息资源融合利用,建成政务数据中心和综合政务平台,提高政府管理整体效率。汇集权属单位管线基础数据,建设城市地下管网数字化工程,为应急管理、行业监管、企业管理提供综合信息服务。以国家智能交通系统体系框架为指导,采用无线射频、高速影像识别处理、GPS、GIS等技术形成的综合解决方案,建设以全面感知为基础的新型智能交通工程,加强城市交通管理和服务。以高性能信息处理、云计算、物联网等先进技术应用为重点,加快推进公共安全、环境监测、应急联动等方面的项目建设。构建全市网格化巡防管理机制,实施城管与公安等执法部门联合巡防,市容管理与治安管理对接,建设城市管理信息中心,建立精确、敏捷、高效、全时段、全方位覆盖的指挥和应急处置系统,形成南京特色的长效城市管理模式。

第三节　实施数字惠民行动

让广大市民享受城市信息化建设成果,改善市民生活品质。进一步推进市民卡工程,整合便民服务资源,拓展市民卡应用领域。依托市民卡系统,建设以居民健康档案和电子病历为重点的智慧医疗工程。加快数字档案馆建设,面向社会提供便捷的档案信息服务。建立覆盖全市的社区信息化综合平台和面向家庭的社会信息服务网络,为市民提供衣、食、住、行、购等日常生活所需要的信息查询服务,以及金融、票务、充值、缴费、电子商务、配送等全方位的信息增值服务。加强信息技术在教育、就业、文化、社会保障、供电、供水、供气和防灾减灾等领域的应用,推进行业信息服务系统建设。普及并推广信息技术在农村的应用,缩小城乡数字鸿沟。

第十六章　推进城市管理现代化

坚持依法、科学、从严、有序管理城市,积极推进城市管理体制创新和模式转变,着力改进和加强基础管理,提高城市的运行效率和安全保障能力,实现发展安全、城市安宁、百姓安康。

第一节　提升城市管理水平

深化建设管理体制改革。坚持建管并举、重在管理、重心下移、强化基础的方针,加强各类资源的整合利用,完善两级政府、三级管理、四级网络的工作体系,将城市管理工作延伸到街道、社区。以城市社会管理体制改革推进带动社区管理体制创新,提高社区自治能力建设。充分发挥基层党组织、城乡基层自治组织以及社会中介组织在管理中的重要作用,把城市管理的基础工作落在实处。推动城市管理作业市场化、专业化、社会化,建立统一高效、运转协调的管理系统,彻底改变当前普遍存在的多头管理与管理漏洞并存、职能交叉、权责不清、推诿扯皮等现象。

创新城市管理方式。积极开发、应用先进信息技术,切实解决信息资源整合与共享、信息化政策法规保障等问题。建立以人口、社会单位、环境和市政设施为主要内容的社会管理与服务数据信息库,推进城市的精细化、网格化、信息化、人性化管理。进一步引入市场化机制,积极探索全民参与城市管理途径和方式。支持工会、共青团、妇联等发挥骨干作用。进一步加强民族、宗教工作。加强国防教育和国防动员建设,扎实开展双拥共建。

第二节　建设平安南京

有效疏解社会矛盾。全面推行重大决策、重大项目社会稳定风险评估。建立渠道通畅的利益表达机制和完善的沟通反馈机制,引导群众理性合法地表达利益需求,解决好发展中的突出矛盾。完善信访工作责任制,健全矛盾排查调处机制,加强基层基础工作,积极预防和妥善处置群体性事件,健全风险排查和维稳形势研判机制。完善人民调解、行政调解、司法调解相衔接的工作机制,形成各部门协调配合的工作格局,促进社会和谐稳定。

健全社会治安防控体系。坚持打防结合、预防为主、专群结合、依靠群众的方针,深入推进法治南京建设,加强现代警务机制建设,全面落实社会治安综合治理各项措施,依法打击各类刑事犯罪活动,继续开展平安街道(镇)、平安社区等系列平安创建活动,切实维护社会安定。

完善防灾减灾应急体制机制。重点建设好防汛抗洪、防化救援、防暴防恐、治安防范"四防"队伍,建立城市综合救灾减灾中心,提高城市安全保障能力。推进防灾减灾知识宣传和普及教育,增强人民群众的防灾减灾意识,提高紧急避险和自救能力。

加强安全生产管理。落实各项安全生产制度,推动企业严格实施标准化的安全生产,深化重点领域、重点行业的专项整治,开展重大危险源监控和重大事故隐患治理,建设应急救援、职业健康监督、教育培训三位一体的安全生产技术保障中心。加强交通、消防等公共安全监管。

保障市民食品药品安全。加强全过程的食品安全监控网建设,全面推进质量安全准入和溯源制度,强化对食品、餐饮卫生等检测和监管。加强对药品、医疗器械、保健食品以及化妆品生产、流通和使用的全过程监管。加强青奥会、亚青会食品药品保障体系建设,切实做好"两会"食品药品安全监管工作。

提高信息安全保障能力。实施信息安全关键技术创新工程,完善信息安全长效机制与管理体制,提高信息安全防护、监控与应急处理、打击网络犯罪的能力。

第六篇　构筑城乡区域协调发展新格局

第十七章　落实主体功能区战略

落实主体功能区战略,建立优化提升区域、重点开发区域、生态保护区域三类功能区,对空间开发实施有效调控。通过主导功能区的划分,促进城市整体功能的全面提升和区域特色发展格局的加快形成。

第一节　推进形成区域主导功能

优化提升区域。主要是以老城为核心的绕城公路和秦淮新河以内地区,是未来承担城市综合服务功能的区域,包括玄武、白下、秦淮、建邺、鼓楼、下关的全部,雨花台、栖霞的部分区域。着力提升历史文化内涵和现代服务功能,塑造古都特色和现代文明交融的高品位城市形象。加快老城保护、更新,提升历史文化名城整体功能和名城形象;主城其他地区以存量建设用地的资源整合和再开发为主,形成功能板块,着重培育综合带动效用明显、区域辐射力强的城市功能。重点发展现代服务业和高附加值的高新技术产业,逐步迁出与城市功能不符的制造业企业,严禁发展污染工业;严格控制老城尤其是历史城区的城市更新建设强度,原则上停止新增居住用地的再开发项目,原则上不扩建、新建学校、医院等公共设施,适当缓解新街口、湖南路、中央门等区域人口过密的压力。

重点开发区域。以绕城与绕越公路之间地区为主,同时包括绕越公路以外的沿江地区以及宁高路沿线、宁连路沿线部分区域。包括雨花台、栖霞、江宁、浦口、六合、溧水和高淳的部分区域。是现代制造业的主要承载区,是一定区域内城市服务功能和城镇化人口的集聚区。重点发展高效益、关联度大、低消耗、低污染的装备制造、新材料、新能源、生物医药等产业,积极培育和发展物流、商贸商务、旅游等现代服务业,限制发展高能耗、高用地、高污染的产业,形成一批规模大、竞争力强、带动作用明显的高新技术产业和现代制造业产业群;营造良好的城镇发展和人居环境;不断增强新城和新市镇人口承载功能,吸引人口集聚,优化用地布局,提高单位土地产出效益。绕越公路以内地区和部分绕越公路以外区域,除规划保留特色村庄外,整合撤并现有农村居民点,不再审批农民住宅建设,按照城市化标准完善公共基础设施配套,提升新城、新市镇集聚能力,实现全面融入主城。

生态保护区域。主要是现状生态环境良好、不适宜大规模开发的生态涵养与优质农业区域,以及各类重要的生态功能保护区域。主要包括六合区的北部区域、溧水县南部和高淳县大部区域,以及城市总体规划确定的主要生态开敞空间系统。着重强化生态涵养功能,重点对基本农田保护区、提供饮用水源的重要河湖水面及缓冲区、各类自然保护区、文物保护区、文化生态保护区、风景名胜区、森林公园、地质公园、灾害频发且威胁较大的区域等实行强制性保护,严禁不符合主导功能定位的开发活动,引导人口有序外迁,形成良好的资源生态绿色屏障和市民观光休闲空间。以划定"1115"为主要载体,发展现代农业和乡村旅游。

第二节　加强分类指导

形成个性鲜明的区县主导功能。按照"特色突出,优势互补"的基本原则,明确各区县主导功能定位,推动形成分工明确、联动效应明显的区县发展新格局。

制定差别化的区域政策。根据重要功能区域发展的要求,实行分类管理的区域政策,形成市场主体行为符合各区域主导功能定位的利益导向机制。完善转移支付制度,建立生态环境补偿机制。修订现行产业结构调整指导目录,进一步明确不同地区鼓励、限制和禁止的产业,对不同功能区的项目实行不同的土地占用、环境准入和生态保护等约束性标准。完善土地与人口政策,引导土地、人口与主体功能相适应。制定针对不同功能区的环境政策和应对气候变化政策。

第十八章　实施城乡一体化发展战略

统筹城乡发展,有效破除城乡二元结构,促进中部区域调整优化、北部区域提速跨越、南部区域快速崛起,形成中心提升、两翼腾飞、三大区域协调发展一体化推进的新格局。

第一节　推进城乡规划一体化

在全市范围内统筹安排城乡建设、土地利用、产业发展、人口布局及生态建设,"十二五"期间,争取实现区县总体规划、新市镇总体规划、近期建设地区控制性详细规划和新农村建设规划全覆盖。以农地重整、村镇重建、要素重组为基本路径,促进城乡生产要素有序流动,公共资源均衡配置,基本公共服务均等覆盖,城乡发展空间集约利用。以土地综合整治为切入点,推动工业向园区集中、居住向社区集中、农业向规模经营集中。

第二节　推进基础设施一体化

加快轨道交通向郊区县腹地延伸,到"十二五"期末,实现每个区县通轻轨。加快农村公路建设,实现每个镇街通达一级干线公路。实施溧水县、高淳县饮用水区域供水工程,全面实现区域供水。加快推进城乡公交一体化。加强农村水利设施建设。推进郊县天然气供应系统建设,促进城区管网有计划地向镇街延伸。

图 4 市域干线公路网图(干线公路连街镇)

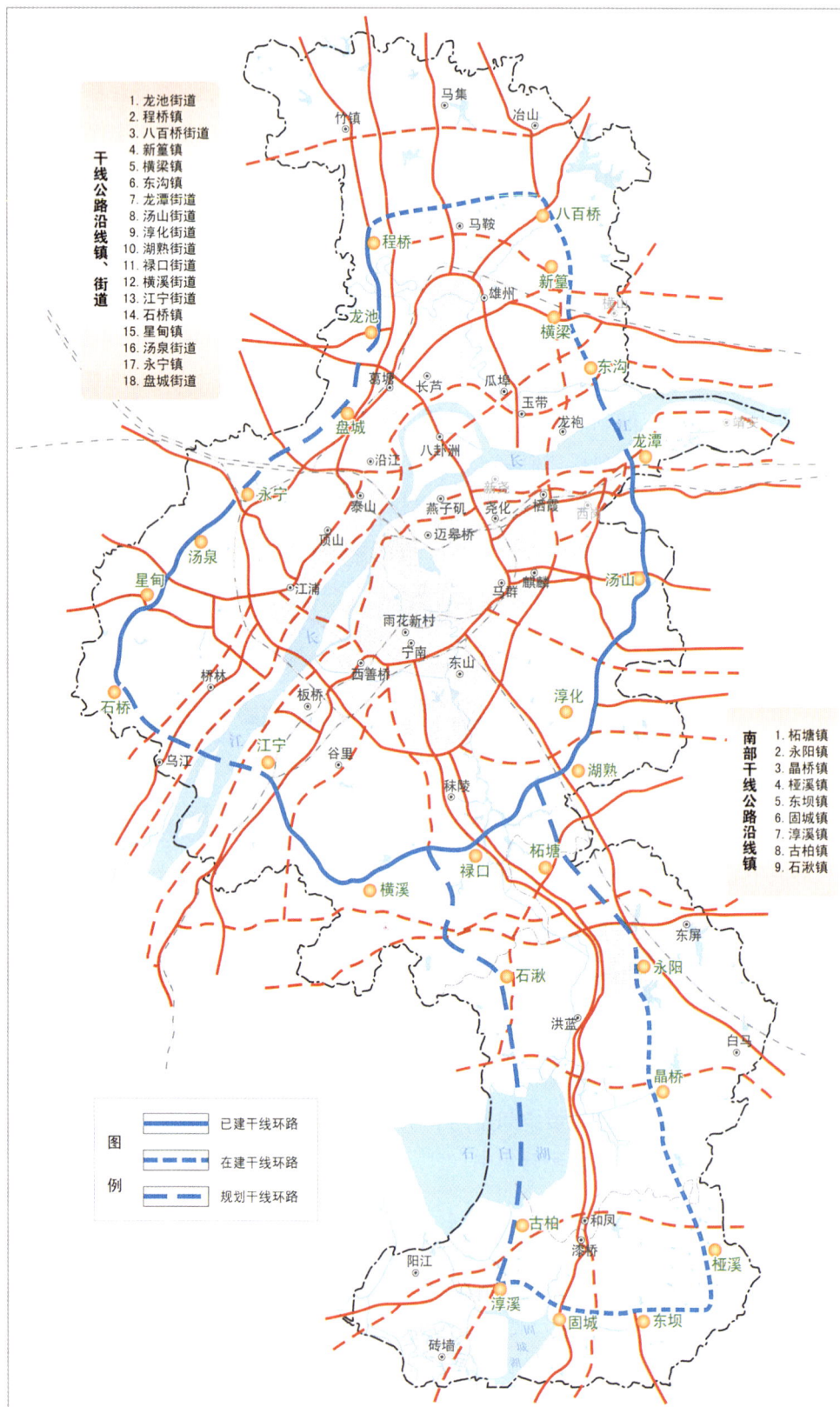

第三节 推进新市镇新社区建设

加大新市镇建设力度。加快建设 8 个新城、60 个新市镇,形成分工有序、优势互补、布局合理、协调发展的新型城镇体系。推进新市镇的产业基地和重大基础设施建设,提升公共服务设施的配套能力。通过"拆、改、建"等方式,5 年内完成所有老集镇改造升级。放宽对外来人口的落户条件,促进农村人口和产业向新市镇集聚。到 2015 年,每个新市镇镇区人口规模达到 2 万人。

建设配套完善的农村新社区。立足改善农村人居条件,按照产业社区型、集中宜居型、生态田园型、古村保护型等多种形态,推进富有田园特色和乡村风貌的新社区、新民居建设。推进旧村改造和新村建设试点,统筹配置农村新型社区基础设施和公共服务设施,培育一批村容村貌整洁、服务设施完善的新村和农村新型社区。通过发展园区经济、股份经济和特色产业,盘活集体资产,增加集体收益,增强村级经济发展能力。

推进农村土地综合整治。在严格保护耕地、稳定承包关系的前提下,根据依法、自愿、有偿的原则,推动土地承包经营权流转,发展多种形式的适度规模经营。鼓励农村开展土地整理和村庄整治,完善农村建设用地置换制度。以农用地、宅基地、河道整治为重点,建成增减挂钩复垦项目库并有计划地组织实施。进一步深化征地制度改革,探索建立农民在开发中长期享受土地收益的长效机制。到 2015 年,通过集中集约利用土地,盘活农村集体建设用地 10 万亩以上。

第十九章 促进区域协调发展

顺应区域一体化发展趋势,推进宁镇扬科技创新合作区建设,进一步扩大发展腹地,巩固和提升城市首位度,引领南京都市圈发展,成为长三角辐射带动中西部地区发展的重要门户。

第一节 提高南京城市首位度

巩固提升南京长三角北翼中心城市的核心地位,形成优势互补、各具特色、协调发展的一体化区域经济格局。承办更多具有国际影响的重大活动,积极对接上海,竞合苏锡常,促进沪宁城市带发展,参与沪宁城市带高技术产业带和现代服务业集聚带建设。打造宁湖杭经济带,积极推动沿线城市在相关领域深化合作,提升南京作为长三角核心城市的地位和功能。

融入上海国际金融中心建设,加大金融改革创新力度,推动区域联动和先行先试,形成优势互补、分工合作的金融协调发展新格局,打造泛长三角区域性金融中心。围绕上海国际航运中心建设,强化国家综合交通枢纽地位,完善现代物流集疏运体系,形成全国性物流节点城市,建设长江国际航运物流中心。

强化南京科技创新对区域的辐射带动作用,放大国家科技体制改革试点城市的效应,带动宁镇扬乃至都市圈率先建成创新型区域。不断提升南京城市品质,放大市场规模优势,吸引大型企业集团和科研机构在南京设立研发中心、销售服务机构,推动高端产业、高端人才、高端要素集聚,扩大区域影响力。发挥南京丰富的信息资源优势,促进区域内政务、商务及公共信息的有效共享,为企业寻求商机、加快要素流动、降低交易成本创造良好条件。

第二节　推进宁镇扬同城化发展

共建科技创新合作区。进一步发挥南京作为创新要素集聚中心的核心优势,着力建设一批孵化器、研发中心和科技服务公共平台。与镇江、扬州共建产学研联盟,促进人才的无障碍流动,构建开放联合的技术创新服务体系,逐步建成创新体系健全、创新要素集聚、创新效率高、经济社会效益好、辐射带动能力强的创新区域。促进创新成果在宁镇扬区域实现产业化。争取将宁镇扬科技创新合作区建设上升为国家战略。

推进交通先行。积极推行公交引导同城发展模式,科学构筑城市轨道、快速公交、常规公交干线等同城客运通勤系统。强化区内联系通道建设,完善片区内交通网络衔接,形成多方式、全天候、高保障的综合交通运输体系。试行统一公交 IC 卡,选择将部分跨市公路客运班线改造提升为"宁镇扬城巴",启动到扬州的轨道交通建设。探索制定同城交通收费标准。

统筹相邻地区建设。将交界地区的总体规划纳入城市总体规划统筹考虑,"十二五"期间重点推进仙林—宝华—龙潭地区、汤山—黄梅地区、六合—仪征地区、湖熟—郭庄地区的一体化规划。探索相邻地区联动建设与管理机制。

推进社会事业和公共管理同城化。加强区域内教育、医疗、文化体育、社会保障等公共服务同城化,让三市百姓共享"市民待遇"。在金融、保险、电信、旅游等诸多市场领域,尽快建立一体化的市场机制。推进人口管理、食品与药品安全、社会治安、生态环境建设等领域的深入合作,探索多层次、多形式的宁镇扬区域协商协调机制。

第三节　打造长三角辐射中西部门户

充分利用南京优越的区位条件和资金、信息、人才、物质等方面的调配和集聚能力,加快发展具有先导作用的技术密集型产业,大力发展以区域性金融、物流、信息和研发中心为依托的现代服务业,形成以服务业为主导的城市经济结构。有序拉开城市发展框架,拓展发展空间和腹地,不断完善区域性中心城市功能,通过推动区域合作全面纵深发展,加强产业分工协调,完善合作协调机制,提升南京发展能级和区域综合发展实力。

加强南京都市圈建设,充分发挥南京在长江中下游地区承东启西枢纽城市作用,进一步增强对中西部地区的带动作用。加快编制实施南京都市圈规划,以共建、共享、同城化为目标,加强南京都市圈基础设施、公共服务、环境保护等领域一体化建设,促进经济发展一体化进程,提升整体竞争力。深化宁淮挂钩合作,完善宁淮两市协调联动制度,探索建立促进南北产业转移新机制,高水平共建宁淮挂钩开发园区。

推进南京都市圈与皖江城市带的联动发展,着力推进跨区域重大基础设施建设,促进要素跨地区自由流动,实现人口和产业有序转移。积极推进与长三角西部地区合作,探索建立利益共享机制,推动产业向中西部地区梯度转移,促进泛长三角地区产业优势互补,实现互利共赢。做好对口支援西藏墨竹工卡县和新疆伊宁市的工作。

图 5　南京区域发展示意图

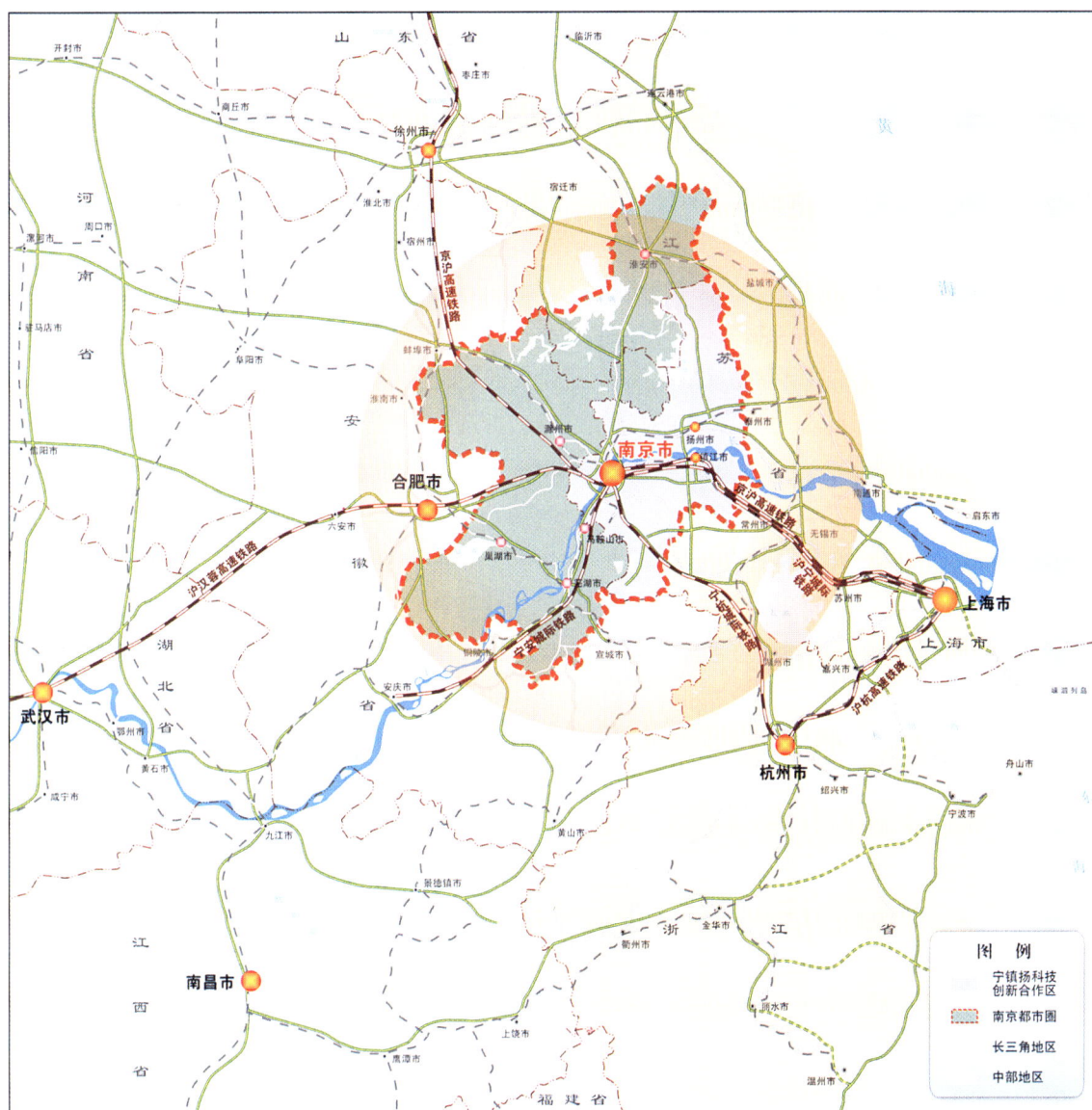

第七篇　提高生态文明水平

第二十章　加强环境保护和综合整治

　　坚持环保优先方针,以解决危害群众健康和影响可持续发展的突出环境问题为重点,加强综合治理,全面完成省下达的主要污染物减排任务。确保 2014 年青奥会前,全市灰霾天气天数明显减少,水环境功能明显提升,生态环境质量明显改善。

第一节　实施蓝天行动计划

加强机动车排气污染防治。新增车辆全部达到国 IV 排放标准。2014 年青奥会前,出租车全部达到国 IV 标准,公交车全部达到国 III 以上标准。推广使用清洁能源,实现主城内所有加油站供应国 IV 油品;增设天然气加气站,满足天然气汽车和出租车、公交车的加气需求;推进汽车充电站项目建设,推广使用电动汽车。加大黄标车等高污染车辆淘汰力度,不断扩大黄标车限行区域。

加强工业废气污染防治。加快水泥、钢铁等行业落后产能的淘汰与关闭。集中整治大气污染严重区域,实施燕子矶、迈皋桥、尧化门、梅山地区、金陵石化周边与化工园等重点区域污染企业关停搬迁与改造。全面推进污染物减排工作,到 2015 年,燃煤电厂基本上全部实现脱硫、脱硝改造,扬子、梅钢等重点企业主要设备完成烟气脱硫、脱硝改造工程。

加强城市扬尘污染防控与整治。加强建筑、市政、拆迁、交通等施工工地及堆场与暂不利用场地扬尘控制。城市快速路、主次干道机扫率达到 100%。建筑垃圾、工程渣土(泥浆)实现全密闭运输,严格控制渣土在装载、运输和弃置过程中产生的扬尘污染。加大秸秆综合利用力度,杜绝秸秆露天焚烧。

加强区域大气污染联防联控。协调推动区域产业结构调整,对重大建设项目实行环境影响评价会商机制,建立产业转移环境监管机制,防止污染向区域内转移。建立区域大气污染联防联控机制,协商制定统一的大气环境保护标准。建立区域空气质量监测网络,共享监测信息。

第二节　实施清水行动计划

加强饮用水安全保护。深入开展集中式饮用水源地专项整治,确保城市集中式饮用水源水质达标率稳定保持 100%。加强农村饮用水源地保护,全面推进区域供水工程。提高水厂给水水质,完成城市水厂水质深度处理工程,实施企业自备水厂社会性供水改造,确保居民饮水安全。加快固城湖、石臼湖、金牛湖等集中式饮用水源和备用水源地建设,提高饮用水源应急保障能力。

加强水环境综合整治。加快推进雨污分流,基本完成玄武湖、内秦淮河流域、城东流域、河西北部、南十里长沟流域、北十里长沟流域等片区的雨污分流改造,进一步提高污水收集水平。完成金川河等城市河道与固城湖等主要湖库水环境综合整治,形成"排水畅通、水清岸绿、景观和谐、人水相亲"的城市水环境。集中整治入江排污口,实施工业污染物减排工程,加强农村面源污染防治。加快城东三期、江宁空港、汤山新城、龙潭等污水处理系统建设,完善全市污水管网配套建设。到 2015 年,主城污水集中处理率达到 95%,水环境功能区水质达标率进一步提高。

第三节　建设清洁家园

有效治理生活垃圾。大力推广生活垃圾分类收集和分类处理,提高生活垃圾无害化、资源化、减量化处理能力,到 2015 年,城镇生活垃圾无害化处置率达到 100%,生活垃圾分类收集覆盖率达到 60%。实施天井洼、水阁、轿子山三大垃圾填埋场的封场育林工作,建设和完善生活垃圾填埋场污水处置设施,到 2011 年,实现三大垃圾填埋场垃圾渗滤液稳定达标排放。加快建设生活垃圾焚烧厂、填埋场和餐厨垃圾处理厂,确保生活垃圾得到合理处置。完善农村生活垃圾"村收集、镇转运、县处理"的模式,到 2015 年,农村生活垃圾收运体系覆盖率达到 100%。

积极防治噪音和废弃物污染。建设重点路段的降噪工程,有效治理工业、交通、施工与社会等各类噪声污染源,创建安静居住小区。完善固体废弃物收运处置系统,推进工业固体废物的内部转化和利用。建立市、区县污水处理厂污泥处置设施,到 2015 年底,污泥无害化处置率达到 85%。加强电子废物监管,不断提升电子废物回收和处置能力。重视和解决重金属、电磁辐射、有机毒物等新型污染。

开展土壤污染防治。加强土壤环境监测监管能力建设,建立污染土壤风险评估制度,以基本农田、重要农产品产地、特色农产品基地,特别是"菜篮子"基地为监管重点,开展农用土壤环境监测、评估与安全性划分。加强对受重金属污染的土壤的治理技术研究,积极开展土壤污染防治和修复。

第四节　防范潜在环境风险

加强重大自然灾害监测能力建设。加强基础测绘工作,建立健全气象灾害预警系统,积极应对气候变化,制定重点区域、重要地区和敏感单位抗御气象、地质等灾害的应急预案,建立多部门参与的信息共享、会商联动和决策协调机制。

加强危险废物安全处置。实施危险废物全过程监管,提高危险废物处置能力,确保"十二五"期间危险废物的零排放。以产生危险废物的重点企业、危险废物运输与处理处置单位以及青奥会敏感区为重点,强化环境风险源管理。进一步完善危险废物处理处置设施,到 2015 年,新增危险废物处置能力 6 万吨。

第二十一章　加强资源节约和综合利用

坚持节约优先,大力推进资源节约,不断提高资源利用效率,积极发展循环经济和清洁生产,加快建设资源节约型社会。

第一节　提高资源利用效率

推进节能降耗。严格控制高耗能产业过快增长,积极推动传统产业转型升级,大力发展消耗少、效益高的绿色产业。强化建筑节能管理,提高建筑节能标准,所有新建建筑严格执行 65% 的节能标准,开展公共建筑 75% 节能标准的试点。推进交通节能。积极实施固定资产投资项目节能评估和审查制度。加大新技术、新产品推广力度,推进重大用能企业技术改造。到 2015 年,万元地区生产总值环比节能量累计达到 1600 万吨标准煤左右,其中工业节能量 1200 万吨标准煤左右。

节约集约利用土地。发挥土地资源规划计划的管控和引导作用,建立完善政府调控与市场配置相结合的土地资源开发和利用机制,以土地资源利用方式转变促进经济发展方式转变、以土地资源利用结构调整推动产业结构优化升级,对节能减排项目优先供地,对高能耗、高污染项目实施更为严格的供地限制。实行差别化的土地利用模式,在优化提升区域进行建设用地的存量盘活与优化,在重点开发区域实行建设用地增量集中、存量集聚与盘活优化相结合。强化土地资源需求管理,从土地利用结构、土地开发强度、土地效益产出等方面,建立土地利用综合评价考核体系,强化耕地保护、用地节地责任和考核,提高土地资源的综合承载能力和产出能力。

加强水资源节约。全面创建节水型社会,各项节水指标达到国内先进水平;灌溉水有效利用系数提高到0.68,万元地区生产总值用水量降低到80立方米。限制高耗水产业发展,做好高耗水企业的节水技术改造,推进工业节水,电力、钢铁、石化等高用水行业率先采用先进水循环技术,强化重点行业的用水定额管理。"十二五"期间,全市单位工业增加值新鲜水耗下降到20立方米/万元。

第二节　加大资源综合利用

加快废旧物资回收系统建设。以垃圾焚烧发电和其他固废处置项目为重点,建设南京市静脉产业园,整合、提升和发展废钢铁、废有色金属、废纸、废塑料、报废汽车、电子垃圾等可再生资源产业,初步形成完整的废旧物资专门回收利用产业基地。加强对生产、生活过程中产生的废水、废气及余压余热的回收利用。加强秸秆综合利用,继续推广使用秸秆肥料、饲料、食用菌基料、工业原料、燃料等,加快推进秸秆等节材代木项目发展。"十二五"期间,建设30座秸秆气化集中供气工程,10个秸秆固化成型燃料生产基地,到2015年,全市秸秆综合利用率达到90%以上。

第三节　大力发展循环经济

构建循环经济体系。建设石化、钢铁、电力、汽车、电子、建材六大产业集群生态链,围绕重大技术装备和共性关键技术,重点组织开发和示范具有普遍推广意义的资源节约和替代技术,大力推广采用先进的工艺、技术与设备,促进企业原料、能源、水资源等循环利用和污染物减量排放。

促进清洁生产。重点推进化工、钢铁、冶金等重点行业开展清洁生产审核,每年完成100家以上重点企业清洁生产审核,到2015年,实现重点企业清洁生产审核工作的全覆盖。以有机农业为引领,探索推进农业清洁生产,推进种子种苗、基地生产、加工营销等整个产业链的标准化生产。

第二十二章　加强生态保障建设

深入实施绿色发展战略,坚持保护优先,实施生态建设工程,维护生态安全,2012年完成国家生态市和国家森林城市创建目标。

第一节　提升绿色南京建设水平

以林业重点工程为载体,推进"森林进城、园林下乡"。加快培育、大力保护、合理利用森林资源,提升城市环境质量,促进人与自然和谐发展,为"生态南京"、"绿色青奥"建设提供有力保障。重点实施紫金山—玄武湖中央公园,明外郭—秦淮新河百里风光带、滨江两岸百里风光带、秦淮河上下游百里风光带,青龙山、牛首山—将军山、老山、幕府山和栖霞山"一园四带五片",以及主城100个以上小游园建设,使南京的天更蓝、水更清、空气更清新。到2015年,全市累计新增造林面积20万亩。

第二节　实施重大生态保护和修复工程

以保障生态系统的功能性与完整性为重点,推进北部林地培育和湿地保护生态区、西部山地保育和湿地保护生态区、南部两湖湿地和水源涵养生态区、中部城市发展和人居维护生态区保护与建设,确保受保护地区占国土面积比例的17%以上。

图6 生态建设规划示意图

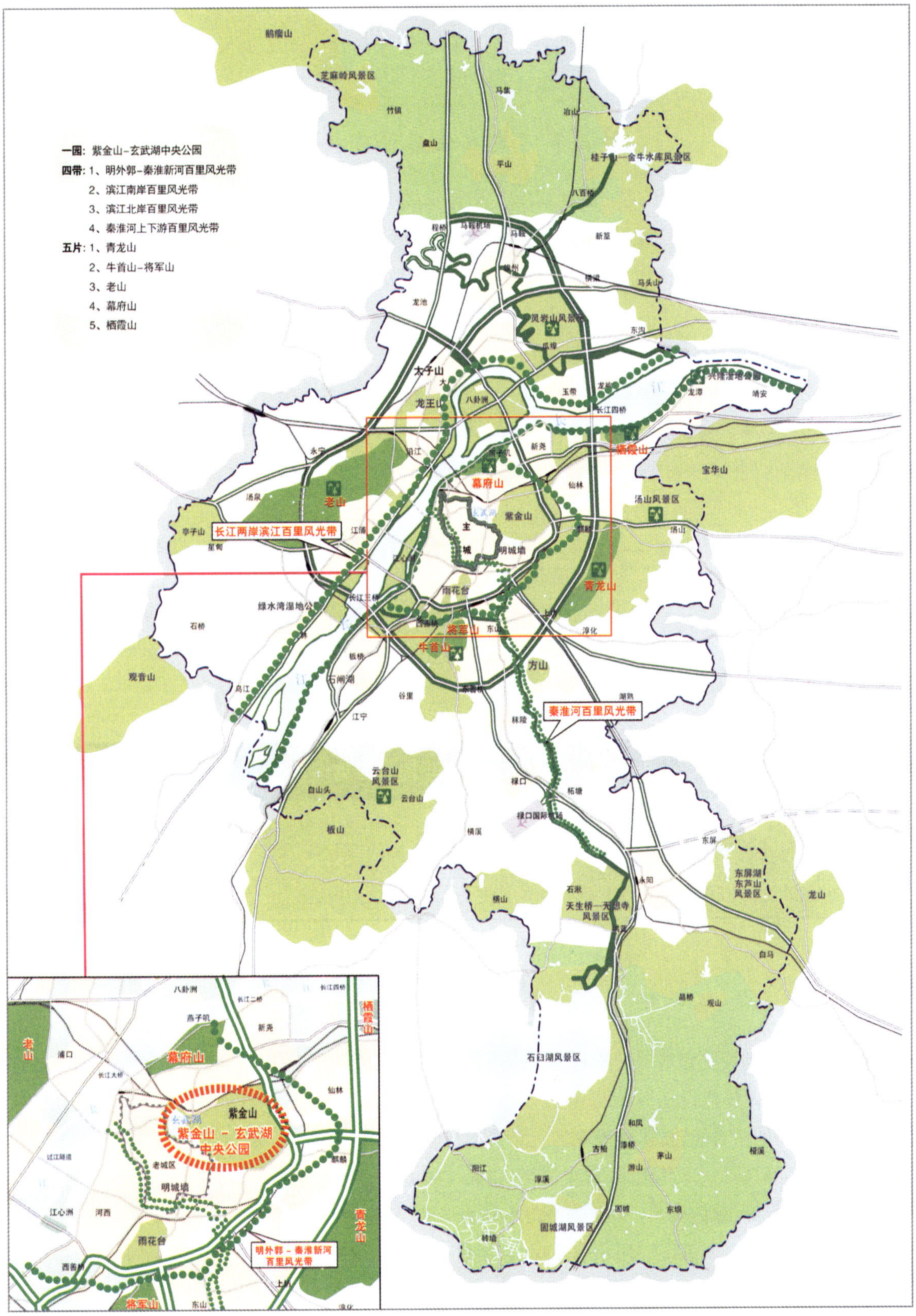

以实现生态系统安全健康为目标,巩固矿山宕口整治成果,严控开山采矿,加快实施矿山生态修复和干道两侧生态复绿修复工程,重点推进珍珠泉风景区和仙林大学城周边、环固城湖(花山段)废弃露采矿山宕口环境整治项目,新增露采矿山环境整治面积350万平方米以上。加强生物多样性保护基础工作,实施生物多样性就地保护和珍稀濒危野生动植物保护,防治外来有害物种入侵。

第三节　建立生态补偿机制

制定实施重要生态功能区生态补偿办法,设立市、县(区)两级生态环境保护和建设专项基金。对重大环境综合整治和生态建设项目,优先纳入国民经济和社会发展计划,统筹安排,认真组织实施。进一步完善环境设施使用和服务收费制度,依法征收城市污水、垃圾、废物等收集和处置费,实行统一收集、专项使用。

第八篇　扩大城市国际影响力

第二十三章　全力办好青奥会

办好青奥会是南京向国际奥委会和国际社会做出的庄严承诺,也是推动南京科学发展的重大历史性机遇。

专栏3　2014年南京青年奥林匹克运动会
南京青奥会将围绕"人文青奥、绿色青奥、活力青奥"的理念,丰富青奥内涵,弘扬文化和体育精神,打造国际化程度高、具有中国和南京城市元素的青奥会实践模式,加快城市细节改造和内涵提升,体现国际城市"高端产业、厚重文化、精致空间、人性交通、清新生态、品质生活"发展方向,提高南京城市影响力。重点开展以奥林匹克运动为主题的体育和文化教育活动,促进全世界青年之间的交流。

第一节　扎实推进青奥会、亚青会建设任务

加快场馆及相关配套基础设施建设。按照赛事重点工程建设要求,按时按质全面完成青奥会场馆及相关附属设施建设任务,强化场馆场地、灯光、媒体、安保等核心功能的专项设计、审查和监管,确保场馆的使用功能、技术标准和运行设计满足青奥会赛事要求。2014年前建设完成青奥村、青奥中心、国际风情街、青奥轴线、青奥广场、主媒体中心等核心功能区。

倡导科技青奥、绿色青奥。按照环保、低碳的要求,开发使用LED新光源等新兴技术,在青奥城中心区实施智能交通系统应用示范工程,利用再生水热泵系统实现供热制冷,利用太阳能集热技术为运动员提供生活热水,在青奥主题公园内配备中水利用系统,广泛采用雨水利用技术。

大力发展青奥经济。加大青奥会知识产权保护,组织实施青奥市场开发计划,开发以青奥为主

题的创意产品,引进一批国际高端品牌和龙头企业,发展体育产业。借助青奥会效应,策划、包装和推介一批重点项目,引进国内外各类企业和投资者进入南京市场,推动旅游、住宿、食品、餐饮等行业发展。

第二节 精心做好赛事组织安排工作

精心组织好各种赛事和开闭幕式活动。以奥运精神、中国文化、南京元素为主题,高水平举办好开幕式、闭幕式、火炬传送等大型活动。按照预定日程组织好各项比赛活动。

精心策划、组织文化教育和体育交流活动。充分发挥南京历史文化的资源优势,邀请国内外策划团队、专家、青年组织参与活动设计,策划多种形式的国际性交流活动,丰富全体人民的精神文化生活,促进青少年的全面发展。

做好安全和应急处置预案。坚持青奥优先,青奥会比赛期间,综合协调能源、交通、安全、通信等城市基础运行条件,保证城市各项功能正常运转。制定青奥会安全保卫、医疗卫生、交通组织、电力保障、电视转播、食品安全等工作方案和应急预案。

第三节 营造人人参与青奥会的氛围

创造性演绎青奥主题。突出青奥会"更青春,更文化"的特色,演绎"让奥运走向青年,让青年拥抱奥运"的青奥主题,吸引青年广泛参与,开展丰富多彩的青年交流活动,激发青年潜能,强化青年特色,展示青年形象,进而增进人际交流、社会融合和国际友谊,激励青年人奋发向上、创新创业创优的精神。

激发全民参与青奥的积极性。鼓励和引导全市人民以各种方式参与到青奥会的各项活动中来,形成人人关心、支持和参与青奥的良好氛围。加强青奥的专职队伍、基本队伍和志愿者队伍建设,为运动员、教练员及工作人员、新闻媒体以及国内外观众提供方便快捷、热情周到、及时有效的服务。不断提升国内外人民对南京青奥会的关注度、认同度和参与度,积极推动长三角、南京都市圈等城市参与青奥,全面展示中华文明魅力和提升南京国际影响力。

第四节 持续做好奥林匹克品牌

注重青奥场馆的后续利用。加强后青奥时期青奥城(青奥板块)内外布局优化和建设,积极引进国内外知名机构和企业共同开发,争取更多的国际会议、国际演出和体育赛事在南京举办,实现场馆持续、高效利用,逐步建成具有会展旅游、商务贸易等综合功能的城市公共活动中心。

倡导运动健身。不断完善公共体育设施网络,加快建设市、区县、社区综合运动场所,建设南部新城体育中心。大力开展全民健身运动,广泛开展群众性体育活动。

第二十四章 加强国际交流与合作

抓住"办好青奥会,建设新南京"的机遇,全方位塑造具有较大国际影响的城市综合形象,营造国际化城市环境和社会氛围,积极参与全球分工与合作,全力提升城市国际化水平。

坚持多渠道、多形式、多手段宣传推介南京。实施经贸外宣、文化交流、阵地建设、境外落地、网络工程、外宣精品等六大工程,全方位介绍南京历史文化、人文环境、城市建设和经济社会发展等情况,着力塑造南京历史悠久、人文荟萃、充满活力的城市形象。

策划对外宣传活动。积极策划"外国记者看南京"等活动。创立更多文宣载体品牌,赴境外策划组织开展融经贸洽谈、文化交流、旅游推介等内容为一体的"南京日"、"南京周"等综合性活动。加强政府外文网站建设。

巩固与友好城市和友好合作城市关系。积极开展"友城看南京"、"南京市民看友城"等交流活动,形成友城互动效应。不断拓展新的友好关系,以青奥会为载体,以欧美和新兴经济体国家为主要方向,争取每年新增 2 个友好城市或友好合作城市,提升南京国际知名度和影响力。

进一步提高国际交往水平。扩大梅花节、重洽会、金洽会、软博会、名城会等涉外重大活动的国际影响力。争取在南京举办具有广泛影响的国际会议和国际性活动。积极争取更多外国重要的代表团和知名人士来南京考察访问。完善与重要国家的驻华大使馆、驻沪总领馆、重要企业(商会)的定期沟通机制。

提高城市国际化服务水平。建设满足外国人、华侨等境外人员在宁生活需要的国际学校、医院、国际饮食文化街区和娱乐街区以及其他配套服务设施,营造良好的生活环境。"十二五"期间,创办 10 个中外合作办学机构或项目,新建 2 所国际学校,学校基本建有适合自身特色和优势的国际合作交流项目。

营造国际化的社会氛围。加快国际化的语言环境建设,全面组织实施公共场所门牌、路牌等双语标识工程。实现城市大型公共服务设施和旅游片区外语无障碍服务。在重点服务行业开展涉外基础知识和交际能力培训,提升市民对外交往和用外语交流的能力。

第九篇　　着力保障和改善民生

第二十五章　　提高居民生活水平

坚持富民导向,完善按劳分配为主、多种分配方式并存的分配制度,鼓励以创业带动就业,普遍较快增加城乡居民收入,提高社会保障水平。

第一节　实施居民收入双倍增计划

努力提高居民收入在国民收入分配中的比重,提高劳动报酬在初次分配中的比重,实现农民收入五年倍增,城市居民收入六年倍增,切实扭转城乡居民收入差距扩大趋势。加快建立职工工资随劳动生产率增长而增长、最低生活保障随物价指数增长而增长的长效机制。全面推行企业工资集体协商制度,稳步提高最低工资标准。坚持劳动、资本、技术、管理等生产要素按贡献参与分配,创造条件增加城市居民工资性和财产性收入,增加农民经营性和财产性收入,进一步扩大中等收入人群比重。加大财政对公共服务领域的投入,加大对经济薄弱地区和农村地区的转移支付力度,普遍增加城乡居民社会福利。实施弱势群体关爱计划,增加失地农民、改制企业职工、老军工、老知青、老职工和老居委会主任等群体的收入。"十二五"期间,确保农民收入增幅高于城市居民收入增幅,确保低收入者收入增幅高于居民平均收入增幅。

第二节 鼓励城乡居民就业创业

稳定增加就业岗位。建立产业结构调整和就业结构调整相结合的促进就业机制,大力发展现代服务业,合理布局劳动密集型产业,推进重大产业项目、重大基础设施和重点功能区建设,多渠道开发岗位,推动充分就业。帮助城镇双失业职工、被征地农民等群体就业。到 2015 年,有就业愿望、有劳动技能的农业富余劳动力转移就业率超过 75% ,毕业生当年就业(就学)率达到 90% ,特困家庭毕业生就业率达到 100% 。

鼓励支持自主创业。实施全民创业计划,努力营造全民创业的氛围,让更多群众在创业中致富,在创业中增加财富积累。不断完善以创业带动就业的政策体系和工作机制,健全创业服务体系,努力建设创业型城市。动员各方资源,建设一批示范性的创业孵化基地,实施"十万农民创业、百万农民转移就业"计划。"十二五"期间,全市建立市级示范创业园 40 个,大学生创业园 30 个,农民创业园(创业品牌)30 个,累计扶持各类创业者 5 万人,通过创业带动就业 35 万人。

健全就业服务网络。构建城乡一体化的人力资源市场体系,新建市综合人力资源市场,实现城乡公共就业服务体系全覆盖。健全面向全体劳动者的职业技能培训制度,针对不同群体就业要求和经济社会发展需求,实施有针对性的培训。建立全市重点企业用工需求信息发布机制,促进劳动力供求双方的有效对接。督促企业增强劳动法制意识和社会责任意识,规范用工行为,改善劳动条件,落实人文关怀。

第三节 健全社会保障体系

完善基本社会保险制度。按照"广覆盖、保基本、多层次、可持续"方针,加快完善基本养老、医疗、失业、工伤、生育保险体系,逐步实现基础养老金市级统筹,做实个人账户。扩大保障覆盖范围,重点解决失地农民尚未享受城镇居民养老、医疗保险等历史遗留问题,非职工城镇居民和社会灵活就业人员的社会保障问题,推进困难企业退休人员、职工参加城镇职工医保和在校高校学生参加城镇居民医保,做好断保人员续保工作,鼓励推进农民工参加社会保险,建立好新型农村社会养老保险与企业职工养老保险之间的衔接机制,发展企业年金和补充医疗保险,推动机关、事业单位养老保险制度改革,到 2015 年实现社会保障全覆盖。稳步提高社会保障水平,特别是加快建立农民养老金合理增长机制。加强社会保障信息网络建设,推进市民卡应用,实现精确管理。

完善社会救助制度。建立健全社会互助、应急救助以及医疗、住房、教育等各项政策配套的社会救助体系,加强对特殊群体和困难群众的综合帮扶。动态调整城乡最低生活保障标准,完善物价上涨和困难家庭临时生活补贴联动机制。巩固农村五保和城镇"三无"对象集中供养,做好孤儿救助工作。加快推进医疗救助制度。加大对经济困难家庭未成年子女救助力度。加大法律援助工作力度。

发展社会福利和慈善事业。鼓励和扶持社会力量举办公益性福利设施,重点发展老年福利、残疾人福利、教育福利、医疗福利、计划生育家庭福利、住房福利和惠民殡葬福利等。进一步做好拥军优抚安置工作。继续发挥红十字会、慈善基金会等组织的示范作用,引导和鼓励社会各方面积极参与慈善和公益事业。到 2015 年,全市接收捐赠站点达到 600 个。

第二十六章　提高公共服务水平

在经济发展的基础上,完善覆盖城乡、可持续的基本公共服务体系,扩大多领域、多层次的公共服务供给,推进基本公共服务均等化,不断提高群众的幸福指数。

第一节　加快教育现代化

加快发展学前教育。建立早期教育服务网络。到 2015 年,全市 0～3 岁婴幼儿早期教育指导服务普遍开展。"十二五"期间,大力发展幼儿园。健全统筹规划、多元投入、管办分离的办园体制。探索以政府发放助学券的方式支持发展学前教育,发展民办幼儿园和农村幼儿园。到 2015 年,全市省优质园达到 75% 以上,学前三年教育毛入园率达到 98%。

推进义务教育优质均衡发展。合理布局义务教育学校,加快农村中小学标准化建设,提升教育软实力和现代化水平,完善城乡学校之间、优质学校和薄弱学校之间的共建机制,实现义务教育办学条件标准化和均等化。全面提升特殊教育学校的办学条件。加强师资队伍建设,推进区域内名优教师和优秀校长的有序流动。全面实施义务教育"新班额计划"。到 2015 年,义务教育入学率、巩固率继续保持 100%,外来进城务工人员随迁子女享受同城待遇。

促进普通高中多样特色发展。创新综合高中发展模式,鼓励普通高中自主发展,推动普通高中教育和职业教育的融合。探索普通高中与高校联合培养拔尖人才。积极与境外优质教育机构合作,在高中学校开设国际课程。办好新疆高中班。到 2015 年,所有普通高中达到优质高中办学标准。高中阶段毛入学率保持 100%。

推进市属高校内涵发展。鼓励市属高校特色办学、错位发展。加快市属高校现代化建设步伐,健全高等教育办学经费投入机制,完善支持高校自主办学的激励机制,全面提高市属高校的培养能力和办学整体水平。遴选命名市级科技创新团队,力争更多的学科进入省重点学科。优化发展高等职业教育,尝试与中等职业教育、中等普通教育合作,增强对中等教育的指导,构建从职业教育、应用型本科教育到专业硕士教育的市属高等教育体系。

服务在宁部省属高校发展。大力支持"985 工程"高校创建世界一流大学,推进"211 工程"高校建设,扩大高层次创新型人才和应用型、复合型、技能型人才培养规模。深化南京市与在宁部省属高校的全面合作,提升仙林、江宁、浦口大学城建设和管理水平,着力改善在宁部省属高校办学条件。到 2015 年,高等教育毛入学率达到 65% 以上,每万人口中在校大学生数保持 1000 人以上。

创新发展职业教育。加快职业教育资源整合,推动职业教育结构升级,大力发展高等职业教育。加快全市高等职业人才培养基地建设。完成"双十提优工程",重点支持 10 所学校争创国家改革发展示范性职业学校,10 所学校争创国家优质特色职业学校。重点建设 25 个中等职业教育实训基地。鼓励行业、企业通过多种形式参与和支持职业教育。逐步实行中等职业教育免费制度。

> **专栏 4   基础教育惠民工程**
>
>   1. 全面推行幼儿教育助学券制度。
>   2. 全面实施"新班额计划"。到 2015 年,义务教育阶段每班学生人数,小学控制在 35 人以内,初中控制在 40 人以内。普通高中每班学生人数控制在 45 人以内。
>   3. 重视外来进城务工人员随迁子女义务教育,随迁子女 90% 以上在公办小学就读,100% 在公办初中就读,享受同城待遇。
>   4. 加大对特殊教育学校建设投入和扶持力度,全面改善特殊教育学校的办学条件。到 2015 年,全市 80% 的特殊教育学校达到省特殊教育现代化示范学校的办学标准。

第二节   加快医疗卫生事业发展

深化医疗卫生体制改革。推进医疗卫生资源均衡化、基本医疗卫生服务标准化、城乡医疗卫生服务一体化,优先满足群众基本医疗卫生需求,加快实现基本医疗保障全覆盖。逐步提高城乡基本医疗保障标准,不断提高基本医疗保障水平。推进基本药物制度建设,促进基本药物合理使用,减轻群众负担。积极推进卫生信息化建设,实现卫生信息资源共享。以公益性为导向,推进公立医院改革,建立科学规范的公立医院运行机制,切实提高医疗服务质量和水平。

提升全民健康意识。继续推进健康城市建设,进一步拓宽健康教育和健康干预的渠道,探索建立多元化的健康管理、服务和参与模式。利用多种媒体,广泛普及宣传健康知识,推进健康知识进社区、进校园、进家庭,促进市民树立健康理念。逐步开放市区园林、休闲设施、学校体育场所,动员市民参与健康促进行动,倡导市民学会适合自己的锻炼方法,养成定期运动锻炼的好习惯,追求健康生活。以社区为单位开展多样化的社区活动,扩大社区居民的相互交往,营造健康舒心的生活环境。健全心理健康疏导、干预机制和心理保健服务体系,促进市民身心健康。

优化卫生资源布局。严格控制老城大型综合医院新建和扩建,促进新建医疗机构和城区优质医疗资源配置向新城、郊区县倾斜,重点推进南部新城医疗中心、河西奥体儿童专科医院、浦口新城医疗中心、麒麟新城国际医疗中心等建设,完成郊区县基本现代化医院建设任务。进一步健全以区县级医院为骨干、镇街卫生院和村卫生室为基础的农村医疗服务网络。坚持中西医并重,支持中医药事业发展。实施"名院、名科、名医"战略,有效地提升医疗卫生学科建设水平。

加强基层医疗保障服务。着力完善社区卫生服务网络,强化社区卫生服务功能,建设标准化社区卫生服务中心。在新建小区巩固 15 分钟健康服务圈,加快以全科医生为重点的基层医疗卫生队伍建设,提高基层医疗卫生队伍素质,鼓励医务人员到基层服务,引导医务人员合理流动。社区卫生服务站全部达到建设标准,为社区居民提供安全、有效、方便、价廉的医疗卫生服务。进一步推进分级医疗与双向转诊,社区居民到社区卫生服务机构就诊率达到 60% 以上,社区门诊平均人次费用比三级医院低 50% 以上。逐步提高新型农村合作医疗筹资标准,力争实现新农合保障水平与城镇居民医疗保障基本持平。

加强公共卫生体系功能建设。完善院前急救体系和采供血体系建设。建立健全公共卫生服务网络,重点改善精神卫生、妇幼保健、卫生监督等机构的设施条件,加强疾病预防控制、应急处置、健康教育和人才建设等系统在内的公共卫生体系建设。完成市化学中毒救治基地、紧急救援中心等项目建设,全面提升突发公共卫生事件医疗救治能力和服务水平。逐步将食品安全、学校卫生、公共场所、饮用水安全、卫生应急等任务和能力建设纳入重大公共卫生服务项目。加强对艾滋病、结核病、血吸虫病、慢性病、职业病和精神疾病等疾病防治。加强药品和医疗服务价格监管,有效控制医疗费用不合理增长。

第三节　强化住房保障

完善中低收入家庭住房保障体系。实施"百万人住房改善建设计划",加快岱山、丁家庄、花岗、上坊、江心洲、麒麟等一批保障性住房片区市政配套建设,"十二五"期间,新开工各类政策性保障住房 2000 万平方米,竣工 2000 万平方米,其中经济适用房 220 万平方米(3.5 万套),限价商品房 180 万平方米(1.7 万套),拆迁定销房 1350 万平方米(17 万套),廉租住房 50 万平方米(1 万套),公共租赁住房 200 万平方米(4 万套/间)。扩大保障性住房的政策受益面,人均居住面积在 15 平方米以下的城市低收入困难家庭实现"应保尽保",新就业人员、外来务工人员实行多形式的政策保障,有效改善困难群众住房条件。不断改善保障性住房的设计,持续提升建设品质,增加中低价位、中小套型普通住房供应,努力实现小户型占户型 70% 以上,保障性住房在住房市场中的供应比例逐步提高到 25%～30%。

加快危旧房改造。深入推进危旧房改造,结合下关滨江商务区和秦淮城南等建设,"十二五"期间完成老城内危旧房改造 108 万平方米,逐步对绕城公路以内的城中村和工矿棚户区实施改造。完善拆迁安置补偿政策,加大危旧房改造安置房的供应量,妥善解决危改居民的拆迁安置问题。适当提高农村危房改造补助标准,完善市、区、镇街三级资金配套机制。加强经济适用住房小区和老小区物业管理,到 2015 年,住宅区物业管理覆盖率达到 90%。

稳定发展房地产业。适度扩大经营性地产特别是商业和旅游地产开发规模,形成与居住商品房相协调的比例。引导新建商品房向新城、新市镇布局,形成与人口布局相协调的发展态势。鼓励房地产企业广泛使用低碳环保建材和积极应用绿色节能技术,打造精品楼盘,提升开发品质。规范发展物业管理,建立物业管理新体制,引导物管行业向规模化、品牌化方向发展。制定优惠政策,积极引进地产企业总部入驻,稳定房地产业的持续贡献水平。

第四节　优先发展公共交通

加快构建以轨道交通为骨干、地面公交为主体、换乘高效的立体化公共交通网络。到 2015 年,公共交通分担率提高到 40%,轨道交通占公共交通出行比例提高到 40%;300～500 米公交站点覆盖率主城达到 70%。

建设公交快速通勤网络。制定实施城区快速通勤网络规划,确立公共交通在通勤出行中的主导地位。建设大容量快速公交线路,在主要客流走廊上规划公交专用道 153 公里,提高通勤高峰公交出行效率。到 2015 年,主城区常规公交线网密度接近 3.5 公里/平方公里;外围城区线网密度接近 2 公里/平方公里,主城区公交线路重复系数控制在 3.0 以内。实现"一票制"和"一卡通"。

建设综合枢纽换乘中心。大力改善地面交通间、轨道交通间、轨道和地面间公交换乘条件。重点推进南京南站、马群、龙潭、禄口等换乘中心建设。严格规范标准,随轨道交通线网同步建设停车设施,增设既有线路停车场,减少进城小客车流量,提高乘坐公交比例。

改善交通出行条件。大力推进主城微循环道路建设,提高路网连通性和可通达性。加快慢行系统建设,完善自行车行车道和行人步行网络,主城区基本建成无障碍交通设施网络。完善差别化停车收费政策,实施高峰时段区域交通限行措施,引导小汽车合理使用,缓解重点区域交通拥堵。

全面实现轨道交通、地面交通和出租车智能化调度,提高通行效率。

专栏5 "十二五"时期基本公共服务范围和重点

公共教育:①九年义务教育免费,农村义务教育阶段寄宿制学校免住宿费,并为经济困难寄宿生提供生活补助;②农村中等职业教育免费;③适龄儿童特殊教育免费;④为家庭经济困难幼儿入园提供补助。

就业服务:①为城乡劳动者免费提供就业信息、就业咨询、职业介绍、劳动仲裁;②为下岗失业人员、农民工、新成长劳动力免费提供基本职业技能培训和技能鉴定;③为就业困难人员和零就业家庭提供就业援助。

社会保障:①实现企业职工基本养老保险市级统筹,新型农村社会养老保险全覆盖;②城镇职工享有基本医疗保险、城镇居民享有基本医疗保险、农民享有新型农村合作医疗等基本医疗保障;③城镇职工享有失业保险、工伤保险、生育保险;④为城乡困难群体提供最低生活保障、医疗救助等服务;⑤为孤儿、残疾人、农村五保供养对象、城市"三无"人员、高龄老人等特殊群体提供福利服务。

医疗卫生:①提供居民健康档案、预防接种、传染病防治、儿童保健、孕产妇保健、老年人保健、健康教育、高血压等慢性病管理、重性精神病管理等基本公共卫生服务;②实施15岁以下人群补种乙肝疫苗、农村妇女孕前和孕早期补服叶酸、农村妇女住院分娩补助、农村适龄妇女宫颈癌乳腺癌检查、贫困人群白内障复明等公共卫生专项服务;③实施基本药物制度,把基本药物全部纳入基本医疗保障药物报销目录;④提供免费孕前优生健康检查、免费生殖健康技术服务等计划生育服务。

住房保障:①为城市低收入无房家庭提供廉租住房;②为城市低收入住房困难家庭提供经济适用房;③为中等偏下收入无房家庭提供公共租赁住房。

公共文化:①公共博物馆、纪念馆、美术馆、文化馆、图书馆、青少年宫、科技馆、群众艺术馆和基层公共体育设施免费开放;②实施地面数字电视覆盖工程、有线电视进村入户工程和农村电影放映工程,实施一村一月放映一场公益电影,提升公益性文化服务水平。

交通服务:①行政村全部通客运班线;②城市建成区公共交通全覆盖。

环境安全:①县县具备污水、垃圾无害化处理能力和环境监测评估能力;②保障城乡饮用水水源地安全;③全面解决农村地区安全饮水问题。

第二十七章　提高社会管理水平

整合社会管理资源,完善社会管理体系,加强和创新社会管理,健全党委领导、政府负责、社会协同、公众参与的社会建设和社会管理格局。

第一节　创新社会管理方式

加强城乡社区建设。全面提升城市社区建设水平,深入开展村镇社区建设。发挥社区和村镇社区等基层组织服务群众、便民利民的作用,推进社会管理重心向基层组织转移。健全新型社区管理和服务体制,完善基层服务网络,加强促进就业、帮困救助、社会福利、人口管理、社区矫正、居家养老、邻里关系、基层文化、科普教育等职能,设立社区事务综合服务管理平台。

推进社会组织健康发展。大力发展各类社会组织,加强社会组织能力建设,充分发挥社会基层组织、中介组织、行业组织、慈善公益组织、志愿者团体的积极作用。拓展登记管理工作内容,培育发展文体志趣类、协调管理类、公益志愿类等社区社会组织。推进政府部分职能向社会组织转移,健全政府购买公共服务机制,鼓励和支持社会组织依法有序参加社会管理。开展社会组织规范化建设评估。加强社会工作者队伍建设,提高社会工作者的职业化、专业化水平。

> **专栏 6　城乡社区服务能力提升计划**
>
> **完善社区服务体系**。因地制宜建设街道(镇)社区服务中心和城乡社区服务站,改善公共设施和服务用房。建设集行政管理、社会事务、便民服务于一体的社区信息服务网络。
> **健全社区管理体制**。全面推进社区管理体制转型、功能转换和工作转型,建立"一委一居一站"的管理模式。
> **推进社区民主自治**。扎实推进社区民主自治制度化、程序化、规范化建设,不断提高社区民主自治水平。
> **稳定社区社会环境**。全面加强社区社会治安综合治理,扎实推进平安社区建设,完善社区综合治理和矛盾纠纷排查化解机制,构建社区治安防控体系。

第二节　提高人口综合管理和服务水平

引导人口合理布局。推进主城优质公共服务资源向新城、重大功能区转移,以功能疏解带动人口疏解,着力缓解主城人口过度集中带来的运行管理和资源环境压力。建设"业城"均衡的新城、新市镇,显著提升人口承载能力和吸引力。

做好计划生育管理和服务。坚持计划生育基本国策,完善利益导向政策体系,落实退休职工计划生育一次性奖励政策。实施"世代服务"二期工程、"优生促进"工程和"青春健康"工程,进一步拓展生殖健康、家庭保健服务,确保广大育龄群众普遍享有优质的计划生育、优生优育、生殖健康服务,推进流动人口计划生育基本公共服务均等化。加强全员人口统筹服务管理信息系统的建设,实现"网格化"服务管理体系的全覆盖。

健全户籍管理制度。引导有稳定就业、居所的流动人口办理居住证,通过延伸服务功能,"以信息换服务,以服务促管理",实现全员人口属地化管理。以居住证为载体建立全市联网、部门联动的"全员人口信息系统",提高人口管理的信息化和精细化水平。推进流动人口服务均等化。

加强对老年人的服务。稳步提高养老保障和老年人医疗保障水平,完善高龄老人福利津贴制度和财产性老年医疗救助基金,发展普惠性的老年健康医疗福利。大力发展居家养老,逐步扩大政府购买服务范围。积极发展机构养老,鼓励社会力量发展多层次的养老服务事业。加强养老设施建设,重点建设市老山颐养村、祖堂山养老服务中心。到 2015 年,实现每千名老人拥有养老床位数 40 张。积极做好对独居老人的结对关爱和紧急援助服务。

> **专栏 7　为老年人办实事**
>
> 1. 到 2015 年,在全市范围内为 70 岁及以上老年人建立起意外伤害保险制度。
> 2. 到 2015 年,参加城镇职工基本医疗保险和城镇居民基本医疗保险的老年人,其医保范围内的大病和住院费用报销比例分别达到 85% 与 70% 以上,新农合参保老年人医保范围内报销比例达到 70%。
> 3. 在全市普遍建立老年人健康档案,每两年为纳入社会化管理服务的企业退休人员进行一次免费健康体检。
> 4. 对城乡低保对象中的 70～79 岁与 80 岁及以上老年人,最低生活保障金每人每月分别按标准增发 10% 和 20%。
> 5. 对 80 岁及以上本市户籍老人发放长寿补贴,具体发放标准为:80～89 岁每人每月不低于 50 元,90～99 岁每人每月不低于 100 元,百岁以上老人每人每月不低于 300 元,并根据财力情况,逐步提高发放标准。
> 6. 对全市 60 岁及以上的困难独居老人,全部实现政府购买基本的居家养老服务。
> 7. 深入推进城市无障碍化建设,新建城市道路和养老场所无障碍率达到 100%,已建居住区、城市道路、公共建筑和养老场所的无障碍改造率达到 80%。
> 8. 80% 的区县老年大学建成规范化大学,60% 的街镇老年学校建成规范化学校,全市参加各级各类老年学校学习的老年人数占到老年人总数的 15% 以上。

关注妇女儿童等群体合法权益。保障妇女儿童和青少年合法权益。优化妇女发展环境,保障妇女平等就业机会、政治权利、教育机会、卫生保健服务,依法打击侵害妇女权益的行为。坚持儿童优先原则,依法保障儿童生存权、发展权、受保护权和参与权,注重儿童道德行为规范教育、心理素质和良好性格的培养塑造。深入推进预防和减少青少年违法犯罪工作。健全残疾人社会保障体系和服务体系,加大力度建设残疾人康复中心和残疾人托养机构,进一步提高残疾人社会保障水平。大力开展残疾人就业服务和职业培训,提高残疾人就业能力和水平。

第十篇　规划保障和规划实施

第二十八章　建设服务型政府

以"为民执政、依法行政、优化职能、严格问责"为主要内容,运用现代化的行政管理手段,着力构建具有现代化和法定化为特征的、具有南京地方特色的服务型政府。

第一节　进一步转变政府职能

创新行政管理方式。在履行好经济调节和市场监管职能的同时,更加注重社会管理、公共服务。健全权力阳光运行机制,进一步精简审批事项,下放审批权限,优化审批流程,提高审批效率。推进政企分开、政资分开、政事分开、政府与市场中介组织分开,发挥公益类事业单位提供公共服务的重要作用,支持社会组织参与公共服务和社会管理,形成公共服务供给的社会和市场参与机制。

优化政府机构配置。继续推进大部门体制改革,理顺政府部门之间的职能分工,实现职能、机构、编制的科学化和法定化。理顺市、区政府的职责权限,探索功能区行政管理体制新模式,适时进行部分区域行政区划调整。推进"扩权强镇"改革,赋予重点城镇县级管理权限,积极探索园区、镇街合一的行政管理体制,加快推进撤镇建街道和撤村建社区工作。

第二节　全面推进依法行政

加强依法行政制度建设。加强和改进政府立法工作,建立健全公众参与的立法机制,进一步完善规范性文件的制定和备案制度。以行政决策、行政执法、行政监督为重点,完善依法行政工作制度建设,形成依法行政基本制度体系。整合执法资源,完善执法程序,规范执法行为,改进执法作风,全面提高政府依法行政水平。

建设规范透明公共财政。完善政府预算体系,实行全口径预算管理。建立预算编制、执行和监督相互分离、相互制衡的机制,完善预算公开机制,提高预算规范性,增强预算透明度。深化部门预算、国库集中收付、政府采购、非税收入、绩效考评等管理制度改革,提高财政资金使用效益。深入推进公务消费改革。加强地方政府债务管理,促进地方政府投融资平台规范有序发展。

进一步完善行政监督机制。各级政府要自觉接受同级人大及其常委会的监督和政协的民主监督,接受人民法院的司法监督。进一步完善12345政府服务呼叫中心建设,按照"统一受理、分类处理、限时办结、过错问责"的原则,办理群众诉求事项和政风行风媒体监督单位提出的意见和建议。加强政府内部监督,监察、审计部门要依法独立履行监督职责。

第三节　建立科学考评体系

建立符合科学发展观并有利于推进形成功能区域的绩效评价体系。强化对各地区提供公共服务、加强社会管理、增强可持续发展能力等方面的评价,增加开发强度、耕地保有量、环境质量、社会保障覆盖面等评价指标。优化提升区域,实行转变发展方式优先的考核评价,强化对经济结构、资源消耗、环境保护、自主创新以及外来人口公共服务覆盖面等的评价。重点发展区域,实行工业化和城镇化水平优先的考核评价,强化经济增长、吸纳人口、质量效益、产业结构、资源消耗、环境保护以及外来人口公共服务覆盖面等的评价。生态保护区域,实行农业发展和生态优先的考核评价,强化对农产品保障能力和生态保护成效的评价。

第二十九章　组织实施重大工程

强化项目支撑,充分发挥重大工程、重大项目的示范和带动作用。围绕经济社会发展的主要目标和战略任务,组织实施八大工程,规划建设 360 个左右重大项目,计划投资 13100 亿元左右,占全社会固定资产投资总量的比重达到 53% 左右。

1. 综合交通枢纽工程。加快"一带三港"建设,提高对外交通能力,打造国家综合交通枢纽和长三角辐射带动中西部地区发展的重要门户。包括南京禄口国际机场二期工程、六合马鞍机场、铁路南京南站、龙潭港区等项目,"十二五"期间预计投资近 400 亿元。

2. 轨道交通工程。加快轨道交通建设,提高快速通勤能力,引导城市空间优化布局,进一步提升城市功能。包括地铁 3 号线、10 号线、机场线、4 号线一期、11 号线一期、12 号线等项目,"十二五"期间预计投资超过 1000 亿元。

3. 能源保障工程。加快能源和电网建设步伐,优化能源结构和能源布局,增强能源供给保障能力。包括八卦洲新能源岛、华能金陵电厂燃机机组、大唐南京发电厂二期、坚强智能电网等项目,"十二五"期间预计投资超过 300 亿元。

4. 先进制造业振兴工程。加快发展战略性新兴产业,提升支柱产业发展水平,着力打造长三角先进制造业基地。包括扬子乙烯三轮改造、梅钢 1780 热轧产品结构调整、南钢转型发展结构调整、南京高速齿轮制造有限公司风能发电机组传动装置生产线、长安福特 J68CC 轿车生产线改造、中国华电集团电力智能化科研及产业化基地、中兴南京三区研发基地、南京中航工业科技城发展有限公司中航科技城、国网电科院智能电网科研产业基地等项目,"十二五"期间预计投资 2700 亿元左右。

5. 现代服务业提速工程。加快发展生产性服务业,大力发展生活性服务业,拓展提升城市服务功能,着力打造全省现代服务业中心。包括南京中邮航空速递物流集散中心、南京空港物流园、龙潭港口物流基地、南京农副产品物流配送中心二期启动区、南京现代粮食物流中心、金鹰天地广场城市综合体、金陵大报恩寺琉璃塔暨遗址公园等项目,"十二五"期间预计投资近 3000 亿元。

6. 民生改善工程。加快公共服务设施建设,建立健全公共服务体系,促进基本公共服务均等化。包括岱山、丁家庄、花岗、上坊等保障房组团、南京殡仪馆搬迁工程、鼓楼医院南扩工程、南部新城医疗中心、河西奥体儿童专科医院、浦口新城医疗中心、麒麟新城国际医疗中心、麒麟国际化双语学校、青奥会曲棍球、小轮车、橄榄球赛场等项目,"十二五"期间预计投资近600亿元。

7. 城市功能品质提升工程。加快功能板块建设,着力改善人居环境,增强城市承载能力和运行保障能力,进一步提升城市的集聚、辐射和带动功能。包括河西新城、南部新城、浦口新城、麒麟科技创新园、城南历史文化街区、下关滨江改造、江心洲生态科技岛、燕子矶片区整治、明外郭—秦淮新河百里风光带等功能板块建设工程,江苏大剧院、南京美术馆等文化设施建设工程,以及城市雨污分流系统、长江干堤防洪能力提升工程、滁河(南京段)防洪治理等项目,"十二五"期间预计投资近3900亿元。

8. 城乡区域统筹工程。加快城乡发展一体化,支持重大基础设施建设,提升农村公共服务水平,推动郊县发展新跨越。包括区域供水、干线公路、绕越高速公路东北段、南京至高淳新通道、纬三路过江通道、南京长江四桥、万顷良田、新市镇建设等项目,"十二五"期间预计投资超过1200亿元。

第三十章　完善规划实施机制

本规划纲要经市人民代表大会批准后,由市人民政府组织实施。要不断完善规划实施机制,充分发挥市场的资源配置作用,动员和引导全社会力量共同推进规划落实。

第一节　明确规划实施责任

本规划提出的预期性指标和产业发展、结构调整等任务,主要依靠市场主体的自主行为实现。各级政府要通过完善市场机制和利益导向机制,创造良好的发展环境,激发市场主体的积极性和创造性,引导市场主体行为与城市发展战略意图相一致。

本规划确定的约束性指标和公共服务领域的任务,是政府对人民群众的承诺。约束性指标要分解落实到有关部门和区县。公共服务特别是促进基本公共服务均等化的任务,要明确工作责任和进度,主要运用公共资源全力完成。

第二节　加强规划协调管理

加快发展规划立法进程,以国民经济和社会发展总体规划为统领,以主体功能区实施规划为基础,以城市规划、土地利用规划、环境保护规划为支撑,形成各类规划定位清晰、功能互补、统一衔接的规划体系。

市政府有关部门要组织编制一批市级专项规划,细化落实本规划提出的主要任务,形成落实本规划的重要支撑和抓手。各区县要切实贯彻本市战略意图,结合自身实际,突出区域特色,编制实施好区县发展规划,并做好与本规划的协调,特别是加强约束性指标和重大任务的衔接,确保落到实处。

加强年度计划与本规划的衔接,对主要指标应当设置年度目标,充分体现本规划提出的发展目标和重点任务。年度计划报告要分析本规划的实施进展情况,特别是约束性指标的完成情况。

第三节　强化监测评估

加强对规划实施情况跟踪分析,自觉接受市人民代表大会及其常务委员会的监督检查。在规划实施的中期阶段,由市政府组织开展全面评估,并将中期评估报告提交市人民代表大会常务委员会审议。需要对本规划进行修订时,要报市人民代表大会常务委员会批准。完善统计制度,加强对节能减排、劳动就业、公共服务、收入分配、房地产等薄弱环节的统计工作,为监测评估和政策制定提供基础。

第四节　动员全社会共同实现规划

各级政府要面向社会、面向广大市民广泛宣传规划,不断提高公众规划意识,让更多的社会公众通过法定程序和渠道参与规划的实施和监督,在全社会形成共同参与规划实施和依规划办事的良好氛围。举全市之力,集全民之智,加快建设智慧创新、富裕和谐、生态宜居的现代化国际性人文绿都,把我们共同的家园建设得更美好。

浙江省国民经济和社会发展
第十二个五年规划纲要

(2011 年 1 月 21 日浙江省
第十一届人民代表大会第四次会议通过)

浙江省国民经济和社会发展第十二个五年(2011～2015 年)规划纲要根据《中共浙江省委关于制定浙江省国民经济和社会发展第十二个五年规划的建议》编制,主要阐明省委战略意图,明确政府工作重点,引导市场主体行为,是未来五年我省经济社会发展的宏伟蓝图,是全省人民共同的行动纲领。

一、加快推动科学发展和转变经济发展方式

"十二五"时期是全面建设惠及全省人民小康社会的攻坚时期,是深化改革、加快转变经济发展方式的关键时期,必须继续抓住和用好重要战略机遇期,努力保持经济长期平稳较快发展和社会和谐稳定。

(一)发展背景

"十一五"时期是极不平凡的五年。面对国际金融危机冲击和自身发展转型的双重考验,全省上下认真学习实践科学发展观,深入实施"八八战略"和"创业富民、创新强省"总战略,扎实推进"全面小康六大行动计划",有效贯彻落实"标本兼治、保稳促调"的工作方针,砥砺奋进,共克时艰,保持了经济平稳较快发展、社会和谐稳定的良好局面。综合实力显著增强,初步统计 2010 年全省生产总值达到 27100 亿元,人均生产总值 51800 元,地方财政收入 2608 亿元。结构调整积极推进,高效生态农业建设成效显著,块状特色经济加快向现代产业集群转变,服务业发展水平稳步提升。基础设施日臻完善,"三个千亿"工程建设进展顺利,支撑经济社会发展的能力明显增强。人民生活显著改善,社会事业全面进步,基本公共服务均等化步伐加快,城乡居民收入居全国各省区首位。生态环保取得实效,节能减

排完成预定目标,生态省建设扎实推进。体制活力不断增强,创新驱动更趋明显,转变经济发展方式综合配套改革全面推进,对外开放水平日益提高。全省经济社会逐步转入科学发展、和谐发展的轨道,全面小康实现水平达到90%以上,为"十二五"发展奠定了坚实基础。面向未来,我们正站在转型发展新的历史起点上。

"十一五"取得的成绩来之不易,积累的经验弥足珍贵,创造的精神财富影响深远:一是坚持标本兼治、保稳促调,在保持经济平稳较快发展的同时,加快经济转型升级;二是坚持统筹兼顾、协调发展,着力推动城乡、区域、陆海和经济社会统筹发展,促进经济发展、人口布局与资源环境承载能力相协调;三是坚持民生为本、企业为基,始终把保障和改善民生作为发展的出发点和落脚点,充分发挥企业和民众在富民强省中的基础性和主体性作用;四是坚持创新驱动、开放带动,推动全民创业和全面创新,进一步提升民营经济、中小企业和开放型经济发展水平。

表1 "十一五"规划主要指标完成情况

类别	指标名称		2005 年	规划目标		完成情况	
				2010 年	年均增长（%）	2010 年	年均增长（%）
预期性指标	全省生产总值(亿元)		13417.7	20000	9	27100	11.8
	人均生产总值(元)		27661	40000	7.3	51800	10.2
	进出口总额(亿美元)		1073.9	1700	10	2535	18.7
	服务业增加值占生产总值比重(%)		40	45	〔5〕	43	〔3〕
	非农从业人员比重(%)		75.5	80	〔4.5〕	82	〔6.5〕
	研究与试验发展经费支出占生产总值的比重(%)		1.22	1.5	〔0.28〕	1.82	〔0.6〕
	城市化率(%)		56.0	60	〔4〕	59	〔3〕
	工业固体废物综合利用率(%)		92.6	90	—	93	—
	高等教育毛入学率(%)		34	45	〔11〕	45	〔11〕
	城镇居民人均可支配收入(元)		16294	22000	6	27359	8.2
	农村居民人均纯收入(元)		6660	9000	6	11303	8.4
约束性指标	人口自然增长率(‰)		5.02	5	—	4.53	—
	单位生产总值能耗(吨标准煤)		0.9	0.72	〔-20〕	0.72	〔-20〕
	主要污染物排放总量	化学需氧量(万吨)	59.5	50.5	〔-15.1〕	49.8	〔-16.2〕
		二氧化硫(万吨)	86.0	73.1	〔-15〕	68.0	〔-20.9〕
	企业养老保险参保人数(万人)		876.8	1000	〔123.2〕	1580	〔703.2〕
	新型农村合作医疗覆盖率(%)		71.8	85	—	92	〔20.2〕
	五年城镇新增就业(万人)		—	—	〔300〕	—	〔391〕
	城镇登记失业率(%)		3.7	≤4.5	—	3.2	—

注:(1)全省生产总值和城乡居民收入绝对数按当年价格计算,速度按可比价格计算;(2)〔〕内数据为五年累计数;(3)2005 年基数值以实际数为准。

　　未来五年,我省经济发展进入加速转型期,社会建设进入整体推进期,体制改革进入攻坚突破期,总体上仍处于可以大有作为的重要战略机遇期,既面临难得的历史机遇,也面对诸多可以预见和难以预见的风险挑战。

　　从国际看,和平、发展、合作仍是时代潮流,世界多极化、经济全球化深入发展,科技创新孕育新突破,同时国际金融危机影响深远,世界经济增速减缓,围绕市场、资源、人才、技术、标准等的竞争更加激烈,气候变化以及能源资源安全、粮食安全等全球性问题更加突出,各种形式的保护主义抬头,国际环境更趋复杂。从国内看,经济发展方式加快转变,经济结构战略性调整加速推进,工业化、城市化深入发展,市场需求潜力进一步释放,社会大局保持稳定,为我省经济长期平稳较快发展提供了有利的环境,同时,国家批准实施一系列区域发展规划,兄弟省份你追我赶、竞相发展,区域竞争更加激烈,继续走在全国前列面临更大压力。从省内看,经济社会处于转型发展的关键时期,如果我们举措得当、转型到位,完全有条件实现人均生产总值从 7000 美元向 10000 美元的跨越,推动经济社会发展再上新台阶。同时,必须清醒地认识到,我省发展中不平衡、不协调、不可持续问题依然突出,过多依赖低端产业、过多依赖低成本劳动力和过多依赖资源环境消耗的增长方式尚未根本转变,产业层次低,创新能力不强,要素制约加剧,服务业比重提高不快,欠发达地区发展基础依然比较薄弱,社会矛盾明显增多。我们必须进一步增强推进科学发展的自觉性和坚定性,进一步增强转型升级的机遇意识和忧患意识,进一步增强实现富民强省的责任感和紧迫感,加快推进经济转型、社会转型和政府转型,以创新促转型,以转型促发展,努力开创具有浙江特点的科学发展新局面。

（二）指导思想和主要目标

　　“十二五”时期经济社会发展的指导思想是:高举中国特色社会主义伟大旗帜,以邓小平理论和“三个代表”重要思想为指导,深入贯彻落实科学发展观,继续全面实施“八八战略”和“创业富民、创新强省”总战略,以科学发展为主题,以加快转变经济发展方式为主线,以富民强省、社会和谐为根本目的,着力调整经济结构,着力加强自主创新,着力建设生态文明,着力保障改善民生,着力深化改革开放,科学发展走在前列,全面建成惠及全省人民的小康社会,为基本实现现代化打下更加坚实的基础。

　　根据上述指导思想,按照转型发展、创新发展、统筹发展、和谐发展的基本要求,“十二五”时期经济社会发展的总体目标是:科学发展走在前列,惠及全省人民的小康社会全面建成。全省生产总值年均增长 8% 左右,保持经济平稳较快增长,城乡居民收入增幅、服务业增加值比重、城市化率、研发经费支出比重升幅和财政教育经费支出比重高于“十一五”实绩,综合实力、国际竞争力和可持续发展能力显著增强。

　　——产业升级实现新突破。自主创新能力大幅提高,研究与试验发展经费支出占生产总值的比重达到 2.5%,科技对经济发展的贡献率不断提高。战略性新兴产业形成规模,传统产业竞争力不断增强,服务业增加值占生产总值比重达到 48% 左右。民营经济实现新飞跃,开放型经济达到新水平,海洋经济成为具有战略意义的新增长点。

　　——城乡区域协调发展实现新突破。新型城市化战略深入实施,都市区和城市群建设加快推进,区域中心城市集聚辐射能力进一步增强,县城、中心镇和美丽乡村建设取得重大进展,欠发达地区跟上全省发展步伐,城市化率达到 63% 左右,城乡一体化发展迈上新台阶。

——生态文明建设实现新突破。生态省建设深入推进,非化石能源占一次能源消费比重进一步提高,单位生产总值能耗下降、二氧化碳和主要污染物减排实现阶段性目标,继续保持全国先进水平,土地、水等资源利用效率大幅提高,生态环境持续改善,循环经济形成规模,生态安全保障体系基本建成,可持续发展水平明显提升。

——创业创新环境实现新突破。大平台大产业大项目大企业建设加快推进,产业集聚区建设初具规模,各类开发区(园区)优化发展,创新体系不断完善,基础设施现代化水平加快提升,政府公信力和行政效率进一步提高,体制机制再添新活力,民主法制更加健全,社会管理制度不断完善,社会更加和谐稳定,创业创新环境更加优化。

——保障改善民生实现新突破。五年新增城镇就业 300 万人,城镇居民人均可支配收入和农村居民人均纯收入分别年均增长 8.5% 和 9%,基本形成覆盖城乡居民的社会保障体系,收入差距扩大趋势得到遏制。公众受教育程度稳步提高,新增劳动力平均受教育年限达到 13.5 年,教育、卫生、文化、体育等社会事业加快发展,城乡居民住房条件不断改善,基本公共服务体系逐步完善,人民生活质量和水平不断提高。

表2 "十二五"时期经济社会发展主要指标

类别	指标名称	2010 年	2015 年	年均增长（%）	属性
结构优化	全省生产总值(亿元)	27100	40000	8	预期性
	人均生产总值(元)	51800	72000	6.8	预期性
	进出口总额(亿美元)	2535	4000	10	预期性
	居民消费率(%)	35.4 *	38		预期性
	城市化率(%)	59	63	〔4〕	预期性
	服务业增加值占生产总值比重(%)	43	48	〔5〕	预期性
创新发展	研究与试验发展经费支出占生产总值的比重(%)	1.82	2.5	〔0.68〕	预期性
	财政教育经费支出占一般预算支出比重(%)		>21		约束性
	新增劳动力平均受教育年限(年)	12.6 *	13.5		预期性
	高等教育毛入学率(%)	45	56	〔11〕	预期性
资源和环境	耕地保有量(万亩)		2863.5		约束性
	单位生产总值能耗(吨标准煤/万元)	0.72	国家下达指标	—	约束性
	单位工业增加值用水量(立方米/万元)	68	<58	—	约束性
	非化石能源占一次能源消费总量比重(%)	9.8	15	〔5.2〕	预期性
	单位生产总值二氧化碳排放量(吨/万元)		国家下达指标	—	约束性
	主要污染物排放(万吨)		国家下达指标	—	约束性
	林木蓄积量(万立方米)	24225	29225	〔5000〕	约束性

续表

类别	指标名称	2010 年	2015 年	年均增长（%）	属性
民生保障和社会公平	新增城镇就业人数（万人）	—	—	〔300〕	约束性
	城镇登记失业率（%）	3.2	<4	—	预期性
	城镇居民人均可支配收入（元）	27359	41100	8.5	预期性
	农村居民人均纯收入（元）	11303	17400	9	预期性
	城乡居民收入比	2.42	<2.36	—	预期性
	城镇保障性安居工程建设（万套）	—	—	〔58〕	约束性
	人口自然增长率（‰）	4.53	6	—	约束性
	人均期望寿命（年）	77	78	〔1〕	预期性
	职工及城乡居民养老保险参保人数（万人）	2750	3400	〔650〕	约束性
	城镇职工及城镇居民医疗保险参保人数（万人）	1810	2130	〔320〕	约束性
	亿元生产总值生产安全事故死亡率（%）	0.23	0.13	—	约束性

注：(1)全省生产总值、人均生产总值、进出口总额、城乡居民收入绝对数按 2010 年价格计算，增长速度按可比价格计算；(2)带＊值为 2009 年数据；(3)〔〕内数据为五年累计数；(4)主要污染物排放包括化学需氧量、二氧化硫、氨氮和氮氧化物。

二、全面贯彻落实扩大内需战略

坚持扩大内需特别是消费需求的战略，正确处理好保持经济平稳较快发展、调整经济结构和稳定价格总水平的关系，加快形成消费、投资、出口协调拉动经济增长新局面。

（一）建立健全扩大内需的体制机制

实施扩大内需的政策措施。按照中央加强和改善宏观调控的要求，正确处理扩大内需与稳定外需、增加投资与扩大消费关系，巩固和扩大应对国际金融危机冲击成果。围绕解决制约扩大内需的深层次矛盾和突出问题，以扩大消费需求为主要着力点，把扩大消费需求与改善民生紧密结合起来，通过加快推进新型城市化、扩大社会就业、调整收入分配格局、完善基本公共服务体系，建立健全有利于内需潜力不断释放、投资消费协调发展的长效机制。

大力拓展内需市场。充分利用国家扩大内需的战略机遇，加快建立完善浙江产品营销体系，稳步推进浙江品牌连锁专卖网络、浙商营销网络和名品展销中心建设，不断扩大浙江产品的市场占有率。深入开拓省内消费市场，鼓励国内外知名零售企业在浙江设立区域总部、采购中心和物流中心，不断完善商贸业态和网点布局，有序推进商贸集聚区建设。加快农村消费网络建设，建立健全新农村现代流通服务网络体系。大力发展电子商务、连锁经营和物流配送等现代流通方式，培育大型商贸流通企业，加快商品市场转型升级，努力建设现代商贸流通强省。

（二）积极扩大消费需求

增加城乡居民收入。调整优化国民收入分配关系，逐步提高居民收入在国民收入分配中的比重,提高劳动者报酬在初次分配中的比重,努力实现居民收入增长与经济发展同步、劳动报酬增长和劳动生产率提高同步。继续实施低收入农户奔小康和城镇低收入家庭增收工程,健全城乡低收入居民收入增长的长效机制。积极创造条件,努力增加城乡居民财产性和经营性收入,进一步扩大中等收入者群体。探索建立最低工资标准与人均生产总值联动增长机制,建立健全劳动者工资正常增长机制和支付保障机制。健全农产品价格保护机制,保障农民生产性收入。

努力扩大消费需求。创造更多就业创业机会,着力提高城乡居民收入水平,不断增强居民消费能力,居民消费率达到38%。加快完善基本公共服务体系和大社保体系,形成良好的居民消费预期。加快培育旅游、文化、信息服务、教育培训、体育健身等消费热点,实施以旧换新和工业品下乡,进一步扩大农村消费需求。不断改善消费环境,合理引导消费行为,提倡文明、节约、绿色、低碳消费,保护消费者权益。

稳定价格总水平。切实做好重点商品生产和供应工作,加强大宗农副产品和能源物资储备,稳定居民基本生活必需品和重要生产资料价格。加快建立最低生活保障、失业保险标准与物价上涨挂钩的联动机制,逐步提高基本养老金、失业保险金和最低工资标准。清理和取消不合理的涉及企业生产与群众生活的收费项目,缓解企业生产成本增支和群众生活费用增加的压力。整顿规范市场秩序和企业经营行为,强化价格监管,重点打击恶意囤积、哄抬价格等违法行为。积极稳妥推进价格改革,加强价格监测预警,进一步落实"米袋子"省长负责制、"菜篮子"市长负责制。

（三）促进投资合理增长

调整优化投资结构。发挥投资对扩大内需的重要作用,在提高投资质量和效益的基础上,保持合理的增长速度。发挥政策导向作用,引导投资进一步向民生和社会事业、农业农村、科技创新、能源交通、城镇建设、生态环保、资源节约、防灾减灾等领域倾斜。严格执行投资项目用地、节能、环保、安全等准入标准,有效遏制盲目扩张和重复建设。把扩大投资和增加就业、改善民生有机结合起来,创造最终需求。

推进重大项目建设。科学确定投资规模、布局和建设时序,做好应对国际金融危机冲击一揽子计划与"十二五"前期投资项目衔接工作。完善重点建设项目与土地、资金等要素供给的联动机制,强化重点项目实施保障。深化以减少审批部门、事项、环节、时间为主要内容的审批制度改革,提高投资项目联动审批效能,推广应用全省统一的固定资产投资项目管理信息系统。完善重大项目管理机制,健全政府投资的咨询决策、执行、监督和责任追究体系。

三、加快产业结构优化升级

坚持把推进产业结构优化升级作为加快转变经济发展方式的重大任务,积极发展现代农业,加快推进工业现代化,大力发展现代服务业,培育发展战略性新兴产业,推动信息化与工业化深度融合,实施品牌大省和质量强省战略,打造具有浙江特色的现代产业体系。

（一）积极发展现代农业

加快建设粮食生产功能区和现代农业园区。深入实施500万亩标准农田质量提升工程,改善耕地质量条件,着力提高粮食综合生产能力。大力推进粮食生产功能区建设,力争建成500万亩粮食生产功能区。加强粮食流通能力建设,充实粮食储备,扩大粮食产销合作,确保粮食安全。积极开展100个现代农业综合区、200个主导产业示范区、500个特色农业精品园创建,力争建成400万亩现代农业园区,促进农业生产规模化、标准化和生态化。

做强做优特色精品农业。加快农业科技和农作制度创新,积极发展现代种业,大力推广粮经复合、种养结合、生态循环等先进适用技术和模式。加快农业机械化,促进农机农艺融合。大力发展设施农业,积极推进农业标准化。减少和控制农药、化肥的使用,发展无公害农产品、绿色食品和有机食品,确保农产品质量安全。提升壮大蔬菜、茶叶、果品、畜牧、水产养殖、竹木、中药材、食用菌、花卉苗木、蚕桑等十大农业主导产业,力争主导产业产值占农业总产值比重达到80%以上,农产品加工率达到50%以上,加快构建高产、优质、生态、安全的现代农业产业体系。

专栏1 十大农业主导产业重点发展方向

蔬菜。以保障蔬菜市场供应为目标,稳定生产规模,优化区域布局,重点发展设施蔬菜、山地蔬菜及加工出口蔬菜等,培育现代种业体系、规模经营主体、产业技术体系,推进区域化、规模化和标准化生产。

茶叶。以打造"浙江绿茶"品牌为主线,以建设现代茶叶园区为重点,以茶叶精深加工为突破口,培育优势产区,实施基地、加工、产品、市场、品牌、主体六大提升工程,建设世界绿茶生产、加工、贸易和文化中心。

果品。围绕打造"精品果业"目标,以现代水果和珍稀干果园区建设为重点,做精柑橘、杨梅、梨、葡萄等品种,加快山核桃、香榧等珍稀干果和油茶、板栗等木本粮油产业发展,优化结构,提升深加工能力和产品质量,提高综合效益和产业竞争力。

畜牧。在稳步发展生猪、奶牛产业的基础上,突出发展家禽、兔、肉羊等节粮型动物,加快发展蜂产业和特色畜禽养殖业,提升饲料、兽药产业,大力发展畜产品加工和流通业。

水产养殖。建设现代渔业园区,着力发展养殖主导品种,加快发展设施渔业,积极发展节水渔业,引导发展稻田养鱼,强化水产良种繁育,加强优质种苗繁育基地建设和关键技术示范推广工作。

竹木。大力开展竹子丰产林培育、低产低效竹林改造提升和设施竹业建设,加强森林抚育经营,加快大径材、珍贵树种和工业原料等用材林基地建设,鼓励竹木制品深加工和出口,提高竹木产业综合效益。

中药材。加强珍稀、濒危药用资源保护和开发利用,加强良种繁育基地建设,提升浙产药材生产和加工水平,创建品牌。

食用菌。按照"优结构、提品质、深加工"的目标,实施菌种产业提升工程,推进集约化生产和循环生产模式。

花卉苗木。在适当控制生产规模的基础上,加大品种结构调整力度,增加新优品种比重,提升品质,进一步拓展产品市场规模。

蚕桑。围绕"打造优质茧生产基地"的目标,以现代蚕桑园区建设为抓手,调优嘉湖产区,发展浙西产区,保持在全国前列的地位。

培育现代农业经营主体。加快形成以家庭承包农户为基础,专业大户、农民专业合作社、农业龙头企业为骨干的现代农业生产经营组织体系。推动农业龙头企业发展,培育形成500家年销售额1亿元以上有市场竞争力的农业龙头企业。规范提升农民专业合作社,培育农业中介服务组织,形成1000家省级示范性专业合作社。加强现代农业经营领军人才培养,鼓励和支持大学毕业生从事现代农业,培育20万名以上拥有绿色证书的新型农民。

强化农业社会化服务。进一步建立完善农技推广、动植物疫病防控和农产品质量监管"三位一体"的县乡两级农业公共服务体系。大力支持农业企业、专业合作社、专业大户开展各类专业化服务,积极推进农业服务外包。大力推进农产品批发市场、农产品展示展销中心和鲜活农产品配送中心建设,发展农产品直销、连锁配送等现代流通业态和电子商务等现代交易方式。深入实施百万农民信箱工程,组建现代农村信息综合服务体系。完善政策性农业保险。

（二）改造提升传统优势产业

发展壮大优势产业。大力发展汽车、装备、医药等资金和技术密集型产业,择优发展石化、船舶、钢铁等现代临港工业,着力引进和组织实施一批投资规模大、产业关联强、附加值高的重大项目。有选择地改造提升纺织、轻工、建材、有色金属等传统行业,坚决淘汰落后产能,加快转移过度依赖资源环境的加工制造环节。推广应用集成制造、柔性制造、精密制造、清洁生产、虚拟制造等先进制造模式,不断提升我省制造业在全球产业价值链中的地位。运用新材料、新结构、新技术、新设备,提升建筑企业技术水平,促进建筑业转型升级,推动我省由建筑大省向建筑强省跨越。

专栏2　制造业转型升级11个重点产业

汽车。 重点发展轿车、豪华大客车、微型车、运动型多功能车、皮卡车等五大系列整车产品和纯电动、混合动力等新能源汽车产品,以及配套的动力、制动、转向、电子等关键零部件产品。

船舶。 重点发展散货船、油船、集装箱船等高附加值大型船舶以及船用主(辅)机、动力装置、甲板机械等配套设备,做强特种船舶和远洋渔船,积极发展海洋工程装备产品和中高档游艇,提升发展船舶修理业。

钢铁。 规划建设宁波临港钢铁基地,加快杭钢转型升级,积极发展优特钢及深加工,做强做精不锈钢产业,推进钢铁企业联合重组。

石化。 推进炼化一体化项目,延伸发展合成树脂、合成橡胶、聚酯、聚氨酯、特种纤维、聚碳酸酯、有机化工原料等七大产业链,提升发展精细化工、化工新材料、化学原材料、基础化工原料、农用化学品五类产品。

装备制造。 重点突破重大成套设备、数控机床、现代仪器仪表、新型纺织机械、高性能轻工机械、新能源关键设备、轨道交通及民用飞机配套设备、工程机械、环保设备、机械基础件和特色产品等十大领域。

电子信息。 重点发展专用集成电路和关键器件,第三、第四代移动通信技术网络设备和终端产品及宽带无线等通信网络产品,高端服务器等计算机产品,新型显示与光电子产品,数字音视频产品,新型电子元器件及材料,半导体照明,以及云计算、"三网"融合、应用电子等新一代信息技术产品。

有色金属。 巩固提升铜铝加工制造业,着力发展铜铝精深加工产品,积极拓展钛合金、镁合金等新品种加工材,规范发展再生金属业,调整提升有色金属冶炼业。

轻工。 提升食品、家电、造纸、皮革、塑料制品、照明电器、家具、日用化工等行业的竞争优势,发展印刷、包装、文体用品和工艺美术产业,推进亚洲包装中心建设。

纺织。 加快调整化纤产品结构,提升纱线及纺织面料的生产技术水平,大力发展产业用纺织品,推动印染业发展与清洁生产相融合,创建丝绸行业新优势,以设计和品牌推进服装服饰及家纺产品升级。

建材。 推动水泥行业开展节能减排技术改造,支持发展特种优质浮法玻璃、优质高档建筑卫生陶瓷、新型装饰陶瓷和新型节水卫浴五金产品等高附加值产品,积极拓展玻璃和玻璃纤维深加工,鼓励发展高性能化学建材、新型墙材、高档装饰装修木制品等新型建材产品。

医药。 大力促进原料药产业转型发展,做强医药制剂,推进中药现代化,加快新型医疗器械及关键制药设备等领域的突破。

加快培育现代产业集群。实施集群化发展战略,深入推进块状经济转型升级"六六工程",促进块状经济产业链纵向延伸和横向拓展,加快块状经济向现代产业集群转型升级。以产业集聚区、开发区(园区)和乡镇功能区为主要依托,加快完善研发、物流、检测、信息、培训等生产性公共服务平台,强化专业化配套协作,完善创新体系,提升集群品牌,形成若干个在国内外具有重要影响力的现代产业集群。

培育发展龙头骨干企业。积极推进企业技术、品牌、管理和商业模式创新,实施龙头企业百强工程,加快形成一批主业突出、核心竞争力强的大企业大集团,一批"专、精、特、新"的行业龙头企业,一批拥有自主知识产权和品牌的创新型企业。鼓励企业在国内外开展多种形式的购并或跨区域联合重组,支持有条件的企业向跨国公司发展。坚持"招大、引强、选优"的要求,积极推进与世界五百强企业、央企和省外大型企业等的对接合作,引进发展一批带动力强、技术含量高的大型工业企业和项目。深入实施中小企业成长"百千万工程",扶持发展微型企业。

专栏3 一批块状经济向现代产业集群转型升级示范区

1. 杭州装备制造业产业集群	2. 萧山化纤纺织产业集群
3. 余杭家纺产业集群	4. 宁波服装产业集群
5. 慈溪家电产业集群	6. 乐清工业电气产业集群
7. 瑞安汽摩配产业集群	8. 绍兴县纺织产业集群
9. 嵊州领带产业集群	10. 海宁皮革产业集群
11. 平湖光机电产业集群	12. 金华汽车和零部件产业集群
13. 永康五金产业集群	14. 义乌饰品产业集群
15. 台州医药化工产业集群	16. 黄岩模具产业集群
17. 温岭泵业产业集群	18. 长兴蓄电池产业集群
19. 衢州氟硅产业集群	20. 舟山船舶修造产业集群
21. 缙云机床产业集群	22. 富阳造纸产业集群
23. 建德精细化工产业集群	24. 余姚节能照明及新光源产业集群
25. 温州鞋业产业集群	26. 永嘉泵阀产业集群
27. 南浔木地板产业集群	28. 安吉椅业产业集群
29. 德清生物医药产业集群	30. 桐乡濮院和秀洲洪合针织产业集群
31. 嘉兴港区化工新材料产业集群	32. 嘉善电子信息产业集群
33. 诸暨大唐袜业产业集群	34. 新昌轴承产业集群
35. 东阳磁性电子材料产业集群	36. 兰溪棉纺织产业集群
37. 江山木业加工产业集群	38. 舟山海洋生物与海产品深加工产业集群
39. 路桥金属资源再生产业集群	40. 临海休闲用品产业集群
41. 龙泉汽车空调零部件产业集群	42. 遂昌金属制品产业集群

注:列入该专栏的是我省第一、二批块状经济向现代产业集群转型升级示范区,今后将根据各地发展情况进行增补认定,并实行动态管理。

(三)加快发展现代服务业

突出重点行业提升。加强规划引导,加快发展现代商贸、金融服务、现代物流、信息服务、科技服务、商务服务、旅游、文化服务、房地产、社区服务以及服务外包等重点行业,培育和拓展服务市场需求,促进生产性服务业集聚发展、生活性服务业提升发展。围绕培育新的经济增长点,积极发展研发设计、文化创意、总部经济、节能环保服务等新兴服务业和高端服务业。

突出重点区域发展。优化服务业发展空间布局,积极引导杭州、宁波、温州、金华—义乌等中心城市和地级市城区加快发展现代服务业,进一步增强服务业集聚和辐射功能,推动特大城市率先形成以服务经济为主的产业结构。鼓励经济强县大力培育发展特色服务业和生产性服务业,发挥中心镇在城乡服务业体系中的节点功能,推动城镇服务业和农村服务业加快发展。

突出重点平台建设。科学引导服务业集聚发展,创建发展100个左右省级现代服务业集聚示范区,完善管理机制,加大支持力度。构筑产业集群生产性服务公共平台,重点建设一批跨区联动、资源共享、层次较高的生产性服务公共平台。积极推进一批服务业重大项目建设,建立和完善动态管理的服务业项目库,加强服务业重大项目的要素保障。

突出重点企业培育。培育100家以上省服务业重点企业,加大并购重组和资源整合力度,加快形成一批主业突出、核心竞争力强、品牌带动作用明显的服务业大企业、大集团,促进服务业规模化、品牌化、国际化发展。培育一批具有自主知识产权和市场占有率居全国同行业领先地位的"小型巨人"服务企业。积极推进企业分离发展服务业,坚持分离与外包、分离与整合相结合,壮大生产性服务业企业。积极为中小型服务企业创造良好的发展条件,鼓励做大做强。推进服务业企业加快"走出去"。

专栏4　服务业发展重点行业

现代商贸。加快推进流通现代化,构筑通畅高效的现代生产性商贸服务体系、便利实惠的居民商贸服务体系、便利通畅的农村商贸服务体系,提升商贸流通业竞争力,建立健全监测预警和行业监管机制。

金融服务。加强金融体制、组织、产品和服务创新,拓宽多元化融资渠道,完善多层次金融市场,构建银行信托、证券期货、保险和其他金融业并举的"大金融"服务体系,维护金融稳定和安全,建成金融改革先行区、金融发展繁荣区、金融生态优质区和金融运行安全区。

现代物流。以港口物流、专业市场和产业集群物流、城乡配送、快递服务为发展重点,大力发展第三方物流,拓展物流增值服务,推广供应链管理,调整优化物流业空间布局,培育壮大市场主体,构建现代物流产业体系。

信息服务。完善信息基础设施,加强现代信息技术研发与推广应用,加强信息资源开发利用,推进"三网"融合,发展电子商务和电子政务,建设软件和信息服务业强省。

科技服务。以研究与开发服务、工业设计服务、技术中介及推广服务、专业技术服务为重点发展领域,加快科技服务业集聚区建设,提升发展重大科技创新平台,培育壮大一批科技服务业主体。

商务服务。规范提升会计、审计、税务、资产评估、检验检测等行业,扶持发展法律咨询、工程咨询、管理咨询、信用评估、认证认可、品牌营销、广告会展等行业,制定和完善行业标准,培育知名品牌和规模企业。

旅游。拓宽旅游发展空间,丰富旅游产品供给,优化旅游空间布局,完善旅游公共服务,扩大旅游消费市场,提升旅游产业素质,把旅游业培育成为我省国民经济的战略性支柱产业,率先建成旅游经济强省。

文化服务。深入推进文化体制改革,大力发展文化创意产业和新兴业态,加强原创作品研发,开拓文化市场,培育一批文化服务业集聚区、跨国文化企业和知名文化品牌,促进文化繁荣,建设文化大省。

房地产。健全住房保障体系,合理引导和发展商品房市场,发展房地产规划设计、经营、装饰、中介服务、物业管理等,倡导"绿色建筑",促进房地产业平稳健康发展。

社区服务。加快形成配套完善的社区服务设施网络,创新社区服务形式与内容,加强社区公共服务,发展社区商业服务和非营利性服务,推进社区服务社会化、产业化、网络化发展。

同时,大力发展服务外包产业。积极承接离岸外包业务,推进在岸外包业务发展,加快服务外包专业人才培养,建设服务外包基地,积极开拓外包业务市场,不断提升服务外包产业的整体竞争力。

专栏5　首批现代服务业集聚示范区

1. 宁波梅山保税港区物流园区	2. 义乌国际物流中心
3. 浙江传化物流基地	4. 舟山国际粮油集散中心
5. 温州粮食物流中心	6. 嘉兴现代物流园
7. 德清临杭物流园区	8. 衢州综合物流中心
9. 宁波国际航运服务中心	10. 宁波南部商务区
11. 瓯海总部经济园	12. 永康五金产业总部中心
13. 温岭总部经济基地	14. 嘉兴科技城
15. 湖州南太湖科研设计服务集聚区	16. 温州科技城
17. 乐清科技孵化创业中心	18. 横店影视产业实验区
19. 凤凰·创意国际(杭州)	20. 杭州白马湖生态创意城
21. 宁波和丰创意广场	22. 龙泉青瓷文化创意集聚区
23. 杭州高新区中国互联网经济产业园	24. 新加坡杭州科技园
25. 浙大网新软件园	26. 浙中信息产业园
27. 杭州万象城	28. 诸暨铭仕广场
29. 千岛湖旅游休闲度假区	30. 平湖九龙山旅游度假区
31. 宁波国际贸易展览中心	32. 义乌国际商贸城
33. 杭州农副产品物流中心	34. 中国·南浔国际建材城
35. 新昌江南名茶市场	36. 舟山国际水产城
37. 台州先进制造业服务集聚区	38. 绍兴县纺织品综合服务区
39. 海宁经编产业生产性服务集聚区	40. 湖州织里童装生产性服务业集聚区

注:列入该专栏的是我省首批现代服务业集聚示范区,今后将根据各地服务业发展情况进行增补认定,并实行动态管理。

突出体制政策创新。积极推进服务业管理体制改革,进一步规范市场准入,加强行业监管,加快政府垄断的公共服务业、中介服务业社会化改革。推进税收、财政、融资、用地、人才等方面政策创新,优化服务业发展环境。推进杭州、宁波国家服务业综合改革试点,深化金华以现代服务业为主题的省级综合配套改革试点。加快服务业技术、业态和商业模式创新,提高服务质量,推进品牌化和标准化发展。进一步完善统分结合的工作机制,健全统计和监测分析制度,增强服务业综合管理能力。

(四)培育发展战略性新兴产业

明确战略性新兴产业发展重点。以重大技术突破和重大发展需求为基础,继续做大做强高技术产业,重点培育发展生物、物联网、新能源、新材料、节能环保、高端装备制造、海洋新兴、新能源汽车和核电关联等战略性新兴产业。引导人才、技术、资金、土地等资源向战略性新兴产业领域集聚,实施一批重大产业创新发展工程,建设一批国家级产业基地,形成若干个千亿产值规模的战略性新兴产业。

加大战略性新兴产业扶持力度。强化政府引导和扶持,组织实施若干重大应用示范工程,加强重点创新产品推广应用,建立战略性新兴产业与省内重点项目、重大工程对接机制。推动金融机构建立促进战略性新兴产业发展合作联盟,设立若干战略性新兴产业投资基金。构建民营企业公平进入战略性新兴产业的市场环境。

专栏6　九大战略性新兴产业培育方向

生物产业。重点发展生物制药、现代中药、生物医学工程、农业良种、绿色农用生物制品、生物保健食品、生物基材料、微生物发酵产品的生产和应用。

物联网产业。重点发展传感器与无线传感器网络、网络传输与数据处理、软件开发及系统集成标准化、物联网应用及内容服务提供。

新能源产业。重点发展光伏、风电、光热、水电、地热能利用及潮汐发电装备。

新材料产业。重点发展电子信息材料、新型金属和无机非金属材料、新型化工材料、新型纺织材料。

高端装备制造业。重点发展研发制造、先进技术应用和制造服务业领域。

节能环保产业。重点发展余温余热利用、高效照明产品、节能服务等节能产业,污染防治、环境质量监测、环保服务等产业。

海洋新兴产业。重点发展海洋工程装备和高端船舶、海水淡化和综合利用、海洋生物医药、海洋勘探开发服务、港航物流服务。

新能源汽车产业。重点发展整车、电池电机电控等关键零部件和关键核心技术。

核电关联产业。重点发展核电装备制造、核电运行维护服务和核电技术研发服务。

(五)着力建设产业集聚区

合理布局产业集聚区。在提升发展环杭州湾、温台沿海、金衢丽高速公路沿线三大产业带的基础上,加快建设杭州大江东、杭州城西科创、宁波杭州湾、宁波梅山国际物流、温州瓯江口、湖州南太湖、嘉兴现代服务业、绍兴滨海、金华新兴产业、衢州绿色产业、舟山海洋产业、台州湾循环经济、丽水生态产业、义乌商贸服务业等产业集聚区,加强统筹规划和综合协调,使之成为集产业、科技、人才为一体,一、二、三产业相融合,人与自然相协调,新型工业化与新型城市化相结合的示范区和经济转型升级的先行区。

全省 14 个产业集聚区布局图

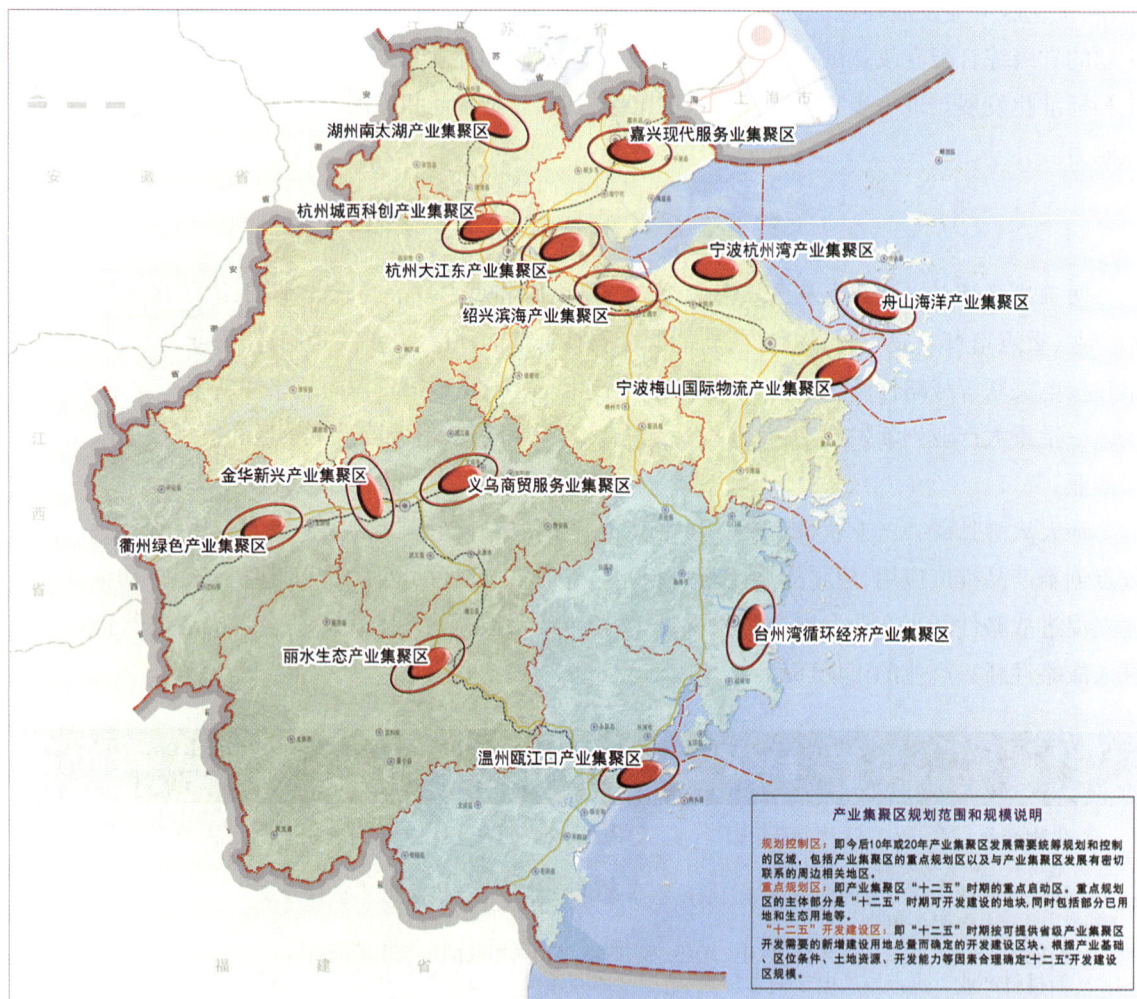

产业集聚区规划范围和规模说明

规划控制区: 即今后10年或20年产业集聚区发展需要统筹规划和控制的区域,包括产业集聚区的重点规划区以及与产业集聚区发展有密切联系的周边相关地区。

重点规划区: 即产业集聚区"十二五"时期的重点启动区,重点规划区的主体部分是"十二五"时期可开发建设的地块,同时包括部分已用地和生态用地等。

"十二五"开发建设区: 即"十二五"时期按可提供省级产业集聚区开发需要的新增建设用地总量而确定的开发建设区块。根据产业基础、区位条件、土地资源、开发能力等因素合理确定"十二五"开发建设区规模。

推进高水平开发建设。按照"优、新、高、特"和建设现代产业体系要求,大力发展战略性新兴产业、现代服务业、海洋经济、先进制造业和高效生态农业,加快推动传统块状经济向现代产业集群转型,积极探索低碳技术和绿色生产,带动新型工业化进程。按照建设城市功能区要求,优化中心城市空间和功能,推动都市圈建设和城乡统筹发展,带动新型城市化进程。加大招商引资、引智力度,有效集聚科技、人才等创新资源,力争在重点领域先行先试并取得突破,成为促进技术进步、推进体制创新的重要载体。

强化政策要素保障。建立完善产业集聚区建设协调机制和管理体制。优化科技要素分配激励机制,鼓励公共创新平台建设,建成高效、灵活的产业集聚区创新体系。重点保障产业集聚区建设用地需求,加强土地节约集约利用和批后监管工作。加大财政、金融和税收政策支持力度,创新投融资方式,拓宽直接融资渠道。合理配置环境容量指标,加强污染物总量控制和结构优化调整。推进区域交通运输、能源、水利、信息、环境等配套设施建设,增强集聚区发展支撑能力。

四、统筹城乡区域协调发展

坚持走新型城市化道路,深入推进社会主义新农村建设,实施主体功能区战略,逐步形成区域经济优势互补、主体功能定位清晰、国土空间高效利用、人与自然和谐相处的区域发展格局。

(一)完善城市化布局和形态

提升都市区和城市群功能。加强杭州、宁波、温州和金华—义乌都市区建设,集聚高端要素,发展高端产业,带动周边县市一体化发展,加快形成杭、甬、温三大都市圈和浙中城市群。杭州要充分发挥科教文化和休闲旅游等综合优势,建设高技术产业基地和国际重要的旅游休闲中心、全国文化创意中心、电子商务中心、区域性金融服务中心,打造长三角重要的中心城市。宁波要发挥产业和沿海港口资源优势,推动宁波—舟山港口一体化发展,建设先进制造业、现代物流和能源原材料基地,打造现代化国际港口城市和长三角南翼经济中心。温州要发挥民营经济优势,建设以装备制造为主的先进制造业基地、商贸物流为主的现代服务业基地、国家重要枢纽港和民营经济创新示范区,成为连接海峡西岸经济区的重要城市。金华—义乌要发挥特色产业集群和专业市场优势,聚合发展主轴线,建设国际商贸物流中心和高技术产业基地,加快推动浙中城市群一体化发展,带动浙西南乃至周边地区的发展。

做强省域中心城市。加快省域中心城市人口、要素和产业集聚,增强城市经济综合实力,优化提升城市综合服务功能,把区域中心城市培育成为综合服务功能完善、集聚辐射能力强的大城市,形成城市集群化发展的格局。积极支持有条件的县级市培育成为区域中心城市。湖州要发挥临湖和生态优势,加快南太湖区域综合开发和现代化生态型滨湖大城市建设,打造国家生态文明示范区和连接中部地区的重要节点城市。嘉兴要发挥近沪和临湖、沿湾优势,建设统筹城乡发展示范区,打造运河沿岸重要的港口城市和现代化网络型田园城市。绍兴要发挥历史文化和产业优势,建设长三角先进的工贸基地,打造江南历史文化名城和旅游宜居城市。衢州要发挥对内开放门户和区域性交通枢纽作用,建设绿色发展示范区和特色产业基地,打造浙闽赣皖四省边际中心城市。舟山要发挥海洋和港口资源优势,建设海洋综合开发试验区,打造大宗商品国际物流基地、现代海洋产业基地、国家级海洋科教基地和群岛型花园城市。台州要发挥民营经济和沿海港口优势,建设临港先进制造业基地、民营经济创新和循环经济发展示范区,打造长三角南翼节点城市。丽水要发挥生态优势,建设绿色农产品、特色制造业基地和生态休闲养生旅游目的地,打造国家生态文明示范区和浙西南重要的区域性中心城市。

提高县城集聚能力。统筹城乡空间布局、基础设施、资源配置及综合配套改革,加快推进城乡一体化发展。加快县城人口集聚、产业集中和功能集成,完善"省管县"财政体制,进一步加强县(市)政府的社会和公共服务职能。全面推进扩权强县改革,提高县城集聚和辐射能力,推动县域经济向城市经济转变。

培育中心镇和小城市。坚持分类指导、突出重点、梯度发展的原则,分类引导和培育现代小城市、都市卫星城、专业特色镇和综合小城镇。突出中心镇的片区中心作用,引导周边乡镇组团式发展,促进中心镇的人口集聚、空间拓展、产业转型,提升中心镇生产、流通和生活的综合功能。开展小城市培育试点,全面扩大经济社会管理权限,建成一批管理水平高、集聚能力强、服务功能全的现代小城市。

专栏7　重点培育200个中心镇

　　杭州市24个:临浦、瓜沥、塘栖、余杭、瓶窑、分水、横村、富春江、千岛湖＊、汾口、乾潭、梅城、寿昌、大源、新登、昌化、於潜、太湖源、河上、良渚、威坪、大同、场口、高虹
　　宁波市22个:慈城、春晓、咸祥、集士港、姜山、泗门、梁弄、马渚、观海卫、周巷、洞林、溪口、莼湖、西店、长街、石浦、西周、陆埠、龙山、松岙、岔路、贤庠
　　温州市22个:瑶溪、瞿溪、虹桥、柳市、塘下、马屿、上塘＊、桥头、北岙＊、大峃＊、昆阳、鳌江、罗阳＊、灵溪＊、龙港、大荆、飞云、瓯北、珊溪、水头、雅阳、金乡
　　湖州市15个:织里、八里店、南浔、菱湖、武康＊、新市、雉城＊、泗安、递铺＊、孝丰、练市、乾元、钟管、和平、梅溪
　　嘉兴市20个:新丰、王江泾、王店、西塘、新仓、新埭、武原＊、沈荡、许村、长安、洲泉、崇福、濮院、凤桥、姚庄、天凝、独山港、袁花、盐官、乌镇
　　绍兴市20个:皋埠、钱清、杨汛桥、平水、大唐、店口、崧厦、章镇、丰惠、长乐、甘霖、儒岙、兰亭、福全、枫桥、牌头、次坞、小越、黄泽、澄潭
　　金华市19个:汤溪、白龙桥、孝顺、游埠、巍山、横店、南马、佛堂、苏溪、上溪、古山、龙山、黄宅、柳城、尖山、诸葛、芝英、郑宅、桐琴
　　衢州市13个:航埠、廿里、湖镇、贺村、天马＊、辉埠、城关＊、华埠、高家、溪口、峡口、球川、马金
　　舟山市8个:白泉、六横、高亭＊、衢山、菜园＊、金塘、虾峙、洋山
　　台州市20个:院桥、金清、杜桥、白水洋、泽国、大溪、松门、楚门、平桥、横溪、白塔、海游＊、健跳、宁溪、东塍、箬横、新河、沙门、白鹤、六敖
　　丽水市17个:碧湖、安仁、鹤城＊、船寮、云和＊、松源＊、五云＊、壶镇、妙高＊、西屏＊、鹤溪＊、温溪、崇头、竹口、石练、古市、沙湾
　　注:带＊号为县城。

提高城市综合承载能力。科学编制城市规划,加快推进城市有机更新,集约节约利用城市土地,统筹地上地下市政公用设施建设。切实加强城市建设和管理,加快建设省域城际轨道网络和综合交通枢纽,着力整治交通拥堵等"城市病",推进"城中村"和城乡结合部改造,改善城市人居环境。全面推行"数字城管"和城市综合行政执法,加强社区建设和管理,健全城市公共服务。弘扬独具特色的城市人文精神,不断提高市民素质。

(二)扎实推进"美丽乡村"建设

增强农民创业增收能力。深入实施千万农民素质提升工程,大力开展现代农业技术和农民务工技能培训。大力发展乡村生态旅游,积极发展休闲观光农业、农家乐、森林旅游和农村服务业,拓展农村非农就业空间。大力发展乡村精品农业,推进特色专业村建设。发展壮大村级集体经济,增强村级组织服务功能。

深入推进村庄整治建设。实施"美丽乡村"建设行动计划,构建农村生态人居体系、生态环境体系、生态产业体系和生态文化体系。按照生产要素集中、人居环境优良的要求,培育建设2500个左右的中心村。积极推进城乡公交一体化,推进连线成片村庄整治建设,力争垃圾处理、污水治理、卫生改厕和绿化等整治建设覆盖全省村庄。实施新一轮农村电网升级改造工程,推进农村信息基础设施建设。基本完成对规划保留、尚未整治的10000个左右一般行政村的环境综合整治,保护文化特色村。加快农村住房改造建设,提高农村政策性住房保险水平。

提升农村公共服务水平。加快乡镇、中心村综合服务中心建设,积极支持供销社、信用社等机

构在中心村建立网点,鼓励股份制商业银行向农村地区延伸服务,加快"千村千社便民工程"建设。深入实施文化信息资源共享、农村电影放映和广电惠民工程,继续推进乡镇综合文化站、广电站和邮政所建设。全省绝大多数农民能够就近享受到文化、体育、卫生、培训、幼教、养老、通讯、邮政、气象等基本公共服务。

(三)实施主体功能区战略

优化国土空间开发格局。统筹谋划人口分布、经济布局、国土利用和城市化格局,引导人口、经济向适宜开发的区域集聚,保护农业和生态发展空间,构建高效、协调、可持续的国土空间开发格局。对人口密集、开发强度偏高、资源环境负荷过重的部分城市化地区要优化开发。对资源环境承载能力较强、集聚人口和经济条件较好的城市化地区要重点开发。对影响全省生态安全的重点生态功能区、发展农业条件较好的农产品主产区和生态经济地区,要限制大规模、高强度的工业化和城市化开发。对依法设立的各级各类自然文化资源保护区和其他需要特殊保护的区域要禁止开发。

实施差别化区域政策。根据不同区域的主体功能定位,加快制定实施分类指导的财政、投资、产业、土地、环境等政策。进一步完善省级财政转移支付政策,逐年加大对重点生态功能区、禁止开发区域等的均衡性转移支付力度。实行按主体功能区安排与按领域安排相结合的政府投资政策,按主体功能区安排的投资主要用于支持重点生态功能区和农产品主产区的发展,按领域安排的投资要符合各区域的主体功能定位和发展方向。修改完善现行产业指导目录,明确不同主体功能区的鼓励、限制和禁止类产业。实行差别化土地管理政策,科学确定各类用地规模,严格土地用途管制。对不同主体功能区实行不同的污染物排放总量控制和环境标准。

完善考核评价办法。按照不同区域主体功能定位,实行各有侧重的绩效考核。优化开发区域要强化经济结构、科技创新、资源利用、环境保护等评价。重点开发区域要对经济增长、产业结构、质量效益、节能减排和城市化等实行综合评价。生态经济地区、重点生态功能区和农产品主产区要突出生态建设、环境保护以及粮食生产能力等方面的评价。禁止开发区域要全面评价自然文化资源的原真性和完整性保护情况。

(四)促进欠发达地区加快发展

大力发展山区特色优势产业。合理开发利用和保护山区资源,积极发展高效生态农业、绿色食品加工和低碳环保产业。深入实施"兴林富民"工程,加快推进生态公益林建设、林分升值改造和林业产业化,建设富裕的生态屏障。积极发展乡村生态工业和来料加工业,大力发展森林、观光、运动、休闲、养生、民俗等乡村旅游,拓宽农村劳动力转移就业和农民增收致富门路。加快建设"山上浙江",积极培育经济发展新的增长点。

加大欠发达地区支持力度。研究制定新一轮扶持欠发达地区发展的政策措施,实施重点欠发达县群众增收致富奔小康工程,进一步加大财政转移支付和生态补偿力度,加快欠发达地区交通、水利、能源、公共服务等基础设施和防灾减灾体系建设。优先发展教育,加大人才培养和引进力度,提高欠发达地区创业创新能力。积极推进"小县大城"战略,促进人口"内聚外迁",加快生态城镇建设。重点扶持革命老区、民族地区、贫困山区、海岛地区和库区经济社会发展,积极支持景宁加快建设成为全国畲族文化发展基地。

深入实施"山海协作"和"结对帮扶"工程。按照优势互补、共同发展原则,进一步完善山海协作机制,加快建设山海协作共建园区,深入开展发达地区市、县、乡对欠发达地区的三级对口合作帮扶,提高结对合作帮扶成效。重点支持对口欠发达地区改善交通、水利等基础设施和教育、卫生、文化、体育等社会设施条件。鼓励引导产业合理转移,合作共建生态产业园区。继续办好"义博会"山海协作专区,积极利用重大展会等各种平台支持欠发达地区开拓市场。

五、建设海洋经济强省

充分发挥海洋资源优势,实施海洋开发战略,统筹海洋经济与陆域经济发展,构建现代海洋产业体系,加快建设全国海洋经济发展示范区。

(一)优化海洋空间开发格局

构建"一核两翼三圈九区多岛"总体布局。以宁波—舟山港海域、海岛及其依托城市为核心区,促进宁波、舟山区域统筹联动发展,加快舟山海洋综合开发试验区建设,着力打造我国海洋经济参与国际竞争的核心区域和保障国家经济安全的战略高地。以环杭州湾产业带及其近岸海域为北翼,加强与上海国际金融和航运中心接轨,以温台沿海产业带及其近岸海域为南翼,加强与海峡西岸经济区接轨。加快杭州、宁波、温州三大都市圈海洋高技术产业和现代服务业发展,增强对周边区域的集聚辐射,成为我国沿海地区海洋经济活力较强、产业层次较高的重要区域。依托沿海七市,建设九大产业集聚区,使之成为我省海洋经济发展方式转变和城市新区培育的主要载体。推进梅山、六横、金塘、衢山、普陀山(朱家尖、桃花岛)、洋山、南田、头门、大陈、大小门、南麂等重要海岛的开发利用与保护,突出岛屿的主要功能和特色,努力成为我国海洋开发开放的先导地区。依托铁路、公路、内河航运等集疏运网络,推进海陆联动,辐射湖州、金华、衢州、丽水等内陆地区互动发展。

加强海洋资源合理开发和有效保护。编制实施海洋功能区划,实行滩涂、岸线、海岛、海岸带等海洋空间资源分类指导和管理,依法有序实施温州、台州、宁波、舟山等沿海滩涂围垦和围填海工程,扎实推进瓯飞滩等重大项目实施,节约集约利用海洋资源。实施海陆污染同步监管防治,加大陆源入海污染物集中净化处理和达标排放力度,加强海洋环境应急管理能力建设,完善海洋环境监测评价体系和灾害观测预警体系。加强沪苏浙合作,推动跨区域海洋污染防治,实施海洋生态保护区建设计划,推进"海洋牧场"建设,加大近海生态环境建设和修复力度。

(二)打造"三位一体"港航物流服务体系

构筑大宗商品交易平台。按照建设一个大宗商品交易中心,宁波、舟山两个服务平台,石油化工、矿石、煤炭、粮食、建材、工业原材料、船舶等多个交易区,一批国家战略物资和商业化储运配送基地的总体架构,完善配套设施和服务,加强国内外战略合作。着力构建大宗商品交易平台,引导发展流通加工、分拨配送、国际采购、转口贸易等增值服务,带动物流金融、现货即期交易、期货合约交易等业务发展。

优化完善集疏运网络。整合港口资源,建设一批深水码头和重点港区,发展集装箱运输,进一步提高港口吞吐能力。发挥水水中转优势,开辟国内支线和国际航线,加强与国际港口和海运物流企业合作。改造提升一批内河航道,建设海河联运体系,拓展"内陆港"服务功能,创新推动港口联盟。完善进港航道、锚地、疏港公路铁路及重要枢纽等集疏运网络,实现多种运输方式数据共享、无缝对接,加快建成"集散并重"的综合性国际枢纽港。建设一批港口物流园区,培育一批港口物流企业。引导民资参与航运发展,打造全国领先的海洋运输船队。

强化金融和信息支撑。加强航运金融服务创新,引导国内外商业银行在浙分支机构积极发展各类航运金融服务,培育港航产业投资基金,改造设立服务海洋经济发展的银行机构,鼓励各类商业银行和保险公司开发航运金融产品,高水平建设宁波航运金融集聚区。扩大投融资业务和渠道,引导政府创投基金、担保基金、风险补偿基金和省属领军企业、社会力量支持港航产业发展。提升电子口岸信息系统,加快宁波国家交通物流电子枢纽系统和沿海港口物流信息服务平台建设,打造"数字港"。扶持发展船舶交易、船舶管理、航运经纪、航运咨询、船舶技术等航运服务业,建设一批航运服务集聚区和宁波、舟山远洋船员服务基地。

(三)加快发展现代海洋产业

扶持发展海洋新兴产业。坚持引进与培育并举,提升海洋装备工业技术集成和设备成套化水平。打造国家级海洋先进装备业和海洋工程装备基地。积极有序布局沿海核电项目,成为全国重要的核电生产基地。以创建中国(海盐)核电城为重要载体,打造国家核电服务和装备制造基地,促进核电关联产业发展。积极发展海岛和近海风能、潮汐能、潮流能等海洋可再生能源,打造国家海洋能研究与开发基地。加强海洋生物技术研究与开发,重点发展海洋功能性生物制品、生物性原料药与衍生品等产业,建设海洋生物制品基地。大力推进海水淡化和综合利用,加快关键技术设备国产化进程,打造我国重要的海水淡化技术装备制造基地。加强海洋勘探开发和海洋测绘服务,建设东海油气田后方基地和我国大洋勘查技术与深海科学研究开发基地。以滨海城市为依托,加快建设甬舟、温台和跨杭州湾三大海洋旅游区,优化海洋旅游产品结构,完善海洋旅游配套服务体系,打造我国重要的海洋休闲旅游目的地。

择优发展临港先进制造业。以宁波国家级石化产业基地和台州炼化一体化项目建设为重点,打造国际领先的现代石化产业基地。发挥沿海地区船舶工业特色优势,重点发展海洋工程船、液化天然气船、综合服务船、邮轮游艇、体育船艇、节能型船用柴油机及船用电子信息设备等高附加值船舶和船用设备,加快形成现代船舶产业链协作体系。充分发挥沿海临港优势,建设宁波钢铁基地、临港汽车及零部件基地、国家级高档造纸基地。

提升发展现代海洋渔业。加强渔船网具管理,控制近海捕捞强度,优化捕捞结构,实施海洋捕捞渔船转型升级示范工程。扶持壮大远洋渔业,完善配套服务体系。积极发展生态高效养殖,建设一批生态型水产养殖园区。大力发展水产品精深加工和物流贸易,强化水产品专业市场升级改造,强化水产品质量检验。继续推进标准渔港建设。

(四)推进舟山海洋综合开发试验区建设

建设大宗商品国际物流基地。规范有序推进口岸扩大开放,规划建设国家战略物资储备基地、港航服务集聚区和一批大型港口物流项目,打造全国重要的铁矿砂中转贸易、煤炭中转加工配送、油品中转贸易储存、粮食中转加工配送、化工品中转储运加工、集装箱中转运输等六大基地,建设舟山大宗商品交易平台。推进沿海运输、海进江和国际航运业务发展,推动舟山港口由中转储运向综合物流港转变,打造国际物流岛。

建设现代海洋产业基地。推动一批重大涉海产业项目落户海岛。加快船舶工业升级改造,重点发展海洋工程装备、高值船舶和船配产品,打造全国船舶检测中心和中国(舟山)船舶交易中心,建设我国重要的造船基地、船舶工业示范基地和世界级修船基地。加快推进舟山群岛海洋旅游综合改革试验区建设,打造国际佛教文化胜地和海洋休闲旅游目的地。提升捕捞、养殖、加工、贸易等现代渔业产业,打造舟山现代远洋渔业基地。综合开发海洋可再生能源,建设我国海洋新能源综合开发利用重地。

建设国家级海洋科教基地。高水平推进中国(舟山)海洋科学城建设,打造一批海洋科技创新平台、科研中试基地和孵化器,支持海洋科研成果转化落地。加强高等院校涉海学科和专业建设,做大做强浙江海洋学院,加强海洋职业技术教育,推动与名校和大院大所的战略合作,实施海洋人才工程,打造我国重要的海洋专业人才教育培养基地。

建设群岛型花园城市。加强舟山临城新区与定海、普陀城区的特色建设与协调发展,集聚港航、金融、商务、信息、科研等资源,推动绿色、美丽、数字城市建设。突出群岛特色,优化城镇结构,加强中心镇和新渔村建设,挖掘海岛特色文化,保护修复历史遗存和生态景观,提升海岛居民生活品质,建成我国山海秀美、生态和谐的群岛型花园城市。

六、提升基础设施现代化水平

以网络化和智能化为目标,以轨道交通和清洁能源建设为重点,按照"结构优化、效益综合、空间均衡"的要求,加快实施综合交通、水利、能源、信息"四大网络工程",不断提高基础设施现代化水平。

(一)构建综合交通网

扩大综合交通网络规模。统筹铁路、公路、航空、内河航运等各种交通运输方式,提高综合交通运输体系的运行效率和服务水平,基本建成省内国家综合运输通道和主要区域干线。确保建成杭长、杭甬、宁杭客专和金温扩能改造、杭州东站枢纽、宁波枢纽等铁路项目,加快建设杭黄、九景衢、商合杭、通苏嘉、湖苏沪、金台、金甬、衢宁、衢丽、沪乍杭和跨杭州湾通道等城际铁路,开展甬舟、杭台温、杭温铁路等项目前期研究工作。加快推进绍嘉通道、甬台温复线、杭新景建德至开化段、杭金衢拓宽工程等高速公路和京杭运河、钱塘江中上游航道改造等重大项目建设,抓紧龙丽温高速公路、六横大桥等项目前期工作,早日开工建设。

专栏8　"十二五"综合交通发展目标

轨道交通:铁路营运里程达3300公里以上,其中时速200公里以上高标准铁路里程达2300公里以上;城市轨道交通里程达190公里。

公路:公路里程达11.5万公里,其中高速公路4200公里。

港航:港口货物吞吐能力达10亿吨,集装箱吞吐能力达1800万标箱,四级以上高等级航道通航里程达1500公里。

航空:机场旅客吞吐能力达4000万人次,货邮吞吐能力达70万吨。

优化综合交通网络结构。进一步扩大铁路快速客运网络覆盖面,大幅提高铁路客货运输分担比重。围绕"三位一体"港航物流服务体系、产业集聚区和中心镇建设,进一步完善港口综合集疏运网络,加快发展沿海港口物流和内河航运。进一步优化城乡公路交通网络,加快高速公路主通道扩容,提高国省道质量。加快建设国际、国内民用航空均衡发展的干支网络体系,不断提升机场保障能力,促进空港经济发展。大力推进公共交通优先发展战略,加快杭州、宁波、温州、浙中城市群等城市轨道交通规划建设,有效缓解城市交通拥堵。

加快综合交通枢纽建设。按照"零距离换乘"和"无缝衔接"的要求,全面提升综合交通运输的运营效率。重点建设杭州、宁波国家级综合交通枢纽和温州、金华、嘉兴、湖州、衢州等区域性综合交通枢纽。加强枢纽布局与城市空间布局规划的衔接,加快推进城市大型综合运输站场建设,增强枢纽与城市内外交通的衔接,提升县(市)级交通节点的服务功能。

提升综合交通服务水平。形成杭州至省外长三角主要城市1小时和省内各市1.5小时交通圈。建立有效覆盖县(市)级以上城市的公共交通运输体系,建立覆盖全省农村的公共客运服务体系。基本建成与我省经济社会发展相适应,与国家主干网相衔接,有效满足客货运输需求,结构合理、功能完善、多层次的综合运输网络和服务系统。

(二)完善水利设施网

完善防洪防台抗旱体系。坚持防汛抗旱除涝并重,构建标准适宜的防灾减灾骨干工程网。以中小河流治理和中小水库除险加固、山洪地质灾害防治、易灾地区生态环境综合治理"三位一体"的水利建设为重点,深入实施"强塘固房"工程,加快病险水库、海塘、堤防和水闸加固建设。加快流域性控制工程和防洪排涝骨干工程建设以及独流入海河流治理,重点提高沿海平原、内陆盆地、杭嘉湖圩区等易涝常灾地区和城市新区抵御洪涝灾害的能力。加强农田水利基础设施建设,科学利用空中云水资源,完善水文、气象监测预警体系,继续推进基层防汛体系建设,提高防汛防台抗旱应急处置能力。

提高水资源保障能力。继续深入实施水资源保障百亿工程,加快建设浙东引水工程、嘉兴太浦河取水工程等,开工建设台州朱溪水库、舟山大陆引水三期等水源和引调水工程,加快千岛湖引水工程等研究前期工作,强化杭州、台州、嘉兴以及浙中城市群等水资源配置能力。实施饮用水水源保护工程,建设闲林水库等一批重要城市应急备用水源工程。加强钱塘江、瓯江河口综合治理。

加强水生态环境保护。推进太湖流域水环境综合治理"五大工程"、乌溪江下游生态治理工程、瓯江流域水生态系统保护与治理工程,开展农村河道综合整治,沟通平原地区河湖水系,建立健全生态用水保障机制,提高全省重点江河湖泊水功能保护区水质达标率。加强水土流失综合治理,继续推进百库水源安全保障工程建设,合理开发利用地下水资源。

(三)构筑能源保障网

推进电源建设。全力推进秦山、三门核电在建工程,加快实施龙游、苍南核电项目,开展象山金七门等沿海地区核电新厂址比选前期工作。有计划实施"上大压小"及具备条件的电厂建设工程。积极推进天荒坪第二抽水蓄能电站等项目前期工作,争取早日开工建设。适度发展天然气发电。合理吸纳安全稳定的区外电力,提高电力供应能力。

优化电网结构。健全500千伏骨干网架,提高220千伏电网支撑能力,完善110千伏网络,加强农村电网建设,不断完善厂网协调、各电压等级匹配、运行灵活的智能高效可靠电网。浙北电网形成以浙北特高压站和秦山、嘉兴电源群为支撑的双向供电环网结构。浙南电网以甬台温沿海大通道和西部纵向通道为支撑,形成梯形双环网结构。浙中电网形成以浙中特高压和宁波东部火电、核电和抽水蓄能群为支撑的双环网结构。浙西地区形成以浙西特高压和兰溪电厂为支撑的环网结构。

提高能源储运能力。加快建设舟山六横、嘉兴独山港区煤炭中转储备基地。开展国际煤炭进口配送中心建设前期研究。扩建舟山国家石油储备基地,推进国家成品油战略储备基地项目。加快宁波液化天然气接收站建设,推进新站建设前期工作。研究推进新疆煤制气及长输管线项目建设。加快甬台温、金丽温、杭金衢等省级输气干线建设,有序推进城市输配气管网扩建改造,建立省、市两级天然气应急调峰储备体系,完善统一的"多气源—环网"天然气供气格局。积极推广应用天然气汽车和分布式能源等。切实做好煤电油气资源平衡保障工作。

发展可再生能源。加快可再生能源规模化和产业化,稳步推进可再生能源示范区和基地建设。进一步开发陆上风电,积极推进海上风电基地建设。因地制宜开发利用生物质能,积极扶持光伏发电,大力推广太阳能光热利用和地源热泵技术。加强水电站更新改造,新建景宁大均等水电站。推进海洋能研发示范项目建设。

(四)建设高速信息网

推进"三网"融合发展。实施宽带接入网和互联网骨干网扩容工程,构筑大容量、高速率、高质量、安全可靠、相互融合的骨干传输网。加快新一代移动通讯网络、下一代互联网、下一代广播电视网等建设和融合。加速推进广播影视数字化进程,实现城乡有线数字电视整体转换和双向化改造。

加快空间信息基础设施建设。进一步构建"数字浙江"地理空间框架,建设覆盖全省的现代化测绘基准服务体系、基础地理数据库体系、自然资源数据库体系和数据交换网络服务体系,建成浙江省地理空间数据交换和共享平台,实现相关信息资源的有效整合集成。支持杭州、宁波、温州、金华—义乌等加快"数字城市"建设。

提高信息化水平。构建开放、高效、便捷、安全的信息网络平台,广泛应用信息技术,全面推进政府、企业、社区和家庭信息化。打造全省统一的电子政务基础平台、公共资源交易平台、公共联合征信平台和社区信息服务平台,大力推进电子商务发展、物联网应用和"一卡通"工程建设,全面提高经济社会信息化水平。

七、推进生态文明建设

坚持走生态立省之路,全面实施"811"生态文明建设推进行动,深化循环经济试点省建设,深入推进节能减排,着力改善生态环境,不断提高应对气候变化能力,加快建设资源节约型和环境友好型社会。

(一)加大节能减排力度

大力推进节能降耗。积极开展结构节能、技术节能、管理节能和全民节能,深入实施节能降耗

"十大工程"。建立严格的耗能行业准入制度,严格控制新上高耗能项目。突出抓好工业、建筑、交通运输和公共机构等领域的节能,大力开展节能产品进机关、企业、学校、社区和家庭活动。单位生产总值能耗完成国家下达目标任务,继续保持全国领先。

强化污染物减排。全面落实综合减排措施,主要污染物减排实现国家下达目标,严格控制重金属、持久性有机污染物等有毒有害污染物排放。强化源头控制,实行空间、总量、项目"三位一体"环境准入制度。加大重点区域、行业、企业污染整治力度,加快推进城镇污水处理厂和配套管网、垃圾收集和处理设施建设,有效提高城镇污水处理率、垃圾无害化处理率、再生水利用率和污泥无害化处置率。

加强环境综合治理。进一步加大流域、平原河网、湖库水环境综合整治力度,建立重点流域和湖库蓝藻、海洋赤潮的预警应急机制,八大水系、主要湖库水质达到或优于Ⅲ类标准的比例超过75%。继续强化工业、城镇生活和农业等各类水污染源治理,县级以上集中式饮用水源地水质达标率超过90%。深入实施"清洁空气行动",有效控制酸雨、灰霾和光化学烟雾等污染。加强危险废弃物、医疗废物全过程监管和处置设施建设。全面推进农业面源污染防治和土壤污染治理与修复。

专栏9 "811"生态文明建设推进行动

围绕生态经济、节能减排、环境质量、污染防治、生态保护与修复、环保能力、生态文明制度、生态文化八个方面目标,重点推进11项生态文明专项行动:

1. 节能减排行动	2. 循环经济行动	3. 绿色城镇行动	4. 美丽乡村行动
5. 清洁水源行动	6. 清洁空气行动	7. 清洁土壤行动	8. 蓝色屏障行动
9. 森林浙江行动	10. 防灾减灾行动	11. 绿色创建行动	

(二)大力发展循环经济

打造循环经济产业体系。围绕大型石化及精细化工、食品精深加工、现代医药、新型特种造纸、金属深加工及制品等产业集群,构建工业循环型产业链。加快农村沼气建设,促进生态循环农业发展。倡导绿色消费模式,发展循环型服务业。重点建成25个省级循环经济试点基地、30个工业循环经济示范园区、100个生态循环农业示范区,带动区域循环经济发展。

完善循环经济的政策支撑机制。贯彻落实促进循环经济发展的政策措施,完善能源节约、资源综合利用、废弃电器电子产品回收处理等方面的法规,建立财政、金融、税收、价格等支持性政策,健全统计考核评价制度,为循环经济营造良好的发展环境。

(三)推进资源节约集约利用

加强资源综合利用。建立完善城乡垃圾分类收集处置管理系统,支持废旧金属、废旧塑料、废旧家电等废旧物资回收利用,推广绿色再制造,着力构建以再生资源回收利用为特色的资源循环利用模式。工业固体废物综合利用率达到94%以上,规模化畜禽养殖场排泄物综合利用率达到97%以上,设区市城市生活垃圾无害化处理率达到97%。

建设节水型社会。推进工业、农业和城市节水示范工程,严格执行用水定额管理,抓好高耗水行业的节水改造。积极推广农业节水灌溉,推进重点灌区改造和节水灌溉技术应用。加强城镇公共水厂供水管网改造,降低供水管网漏损率,推广城市居住小区再生水利用和建筑中水处理回用技术。完善鼓励政策机制,加大雨水集蓄、海水利用、中水回用力度。

强化土地节约集约利用。落实最严格的耕地保护制度和节约集约用地制度,建立完善目标责任制和评价考核机制。科学安排新增建设用地计划,积极盘活低效利用土地,加快存量建设用地流转,开展农村土地整治,推进土地整理复垦,加强低丘缓坡开发利用和保护。实施"六大节地工程",力争土地资源利用效率和综合利用水平继续保持全国领先,单位建设用地生产总值比2010年提高20%。有序推进矿产资源勘探开发,加强废弃矿山环境修复。

(四)加强生态环境保护

改善城乡人居环境。全面推进城乡环境综合整治,实现城乡环境基础设施联建共享,加强城镇园林绿化。着力推进钱塘江流域、太湖流域和重要饮用水源保护区农村环境连片整治,鼓励山区、海岛因地制宜推广分散型污染治理模式。生态文明试点和各类生态示范创建取得明显成效,50%以上县(市、区)达到省级生态县(市、区)标准。

加强生态屏障建设。建设重要生态功能保护区,加强钱塘江、瓯江、太湖等主要流域源头地区生态保护,加强野生动植物保护和自然保护区建设,促进生物多样性和植物种质资源保护。加快建设"森林浙江",推进森林扩面提质,加强生态公益林和重点防护林体系建设,全省森林覆盖率达到61%以上。加强海洋蓝色生态屏障建设,加快海洋自然保护区、海洋特别保护区和滩涂湿地保护区建设。加强污染耕地、污染场地、垃圾填埋场环境修复,推进沿海滩涂、主要港湾和重点湖库的生态修复。

健全生态补偿机制。实行跨界断面河流水量水质目标考核与生态补偿挂钩,健全森林生态效益补偿机制。完善自然保护区、重要湿地、江河源头地区等的财政补助政策,探索市场化生态补偿模式,健全生态环境质量综合考评奖惩机制。加大对生态保护地区的扶持力度,对重大生态环保基础设施实行省市县联合共建。

提高生态环境管理能力。加快形成省市县三级联网、全天候实时监控的现代化环境监测网络。加强危险废物处置、核辐射安全应急保障体系建设,形成比较完善的应对突发环境事件和重大生物灾害的防控体系。完善推进生态文明建设的法规制度,探索环境保护执法创新,强化对重大环境事件和污染事故的责任追究。

(五)积极应对气候变化

加强应对气候变化能力建设。开展应对气候变化基础研究和国际合作交流,建立健全二氧化碳排放统计、评价、考核方式。强化气候变化监测及影响评估,构建全省统一的极端天气预防体系,提高应对灾害天气应急能力。加强植树造林、恢复湿地等生态保护工程建设,森林吸收二氧化碳每年达到5400万吨以上。加强对沿海海平面和地面沉降变化趋势的科学监测,合理利用海岸线,保护滨海湿地。

形成低碳产业结构。发展高效生态农业、低碳工业,推广节能绿色建筑、绿色交通、低碳环保产品,研究和开发低碳技术。积极发展清洁能源,优化能源结构,全面推动形成低碳的产业结构和能源结构。推进企业生产工艺和流程的低碳化再造,探索发展碳交易市场。

推行低碳生活方式。加强生态文化教育,广泛开展生态文明创建活动,大力推行绿色消费和低碳生活理念。鼓励使用节能低碳型产品,限制过度包装,自觉减少使用一次性产品,形成低碳消费的生活方式。支持产品供应、设计、咨询等服务组织以及行业协会、学会等向社会提供有针对性的节能低碳指导、服务和产品。加快推进杭州国家低碳城市试点,鼓励社会、企业、个人共同参与低碳社会建设。

八、建设创新型省份

以科技强省、教育强省和人才强省为目标,大力提高科技创新能力,加快教育改革发展,发挥人才资源优势,推动经济社会发展向主要依靠科技进步、劳动者素质提高和管理创新转变。

(一)提高自主创新能力

推进国家技术创新工程试点省建设。开展创新型企业、面向产业集群的创新平台和载体、主导产业技术创新战略联盟、优质科技资源集聚发展、高新技术产业园区二次创业、重大科技专项、成果转化推广和企业创新人才引进培育等"八个一批"试点,支持青山湖科技城等重大科技创新基地、重点创新平台和载体建设,加快构筑以企业为主体、市场为导向、产学研相结合的区域创新体系。加强主动设计和联合攻关,实施十大重大科技专项和十大科技成果转化工程,发明专利授权量力争突破10000件,高新技术产业增加值占工业增加值的比重力争达到30%。

增强企业自主创新能力。开展创新型企业试点,建成50家以上国家级创新型企业和500家以上省级创新型企业。建设国家信息、软件、生物、新材料高技术产业基地和国家高技术服务业基地,推动省级高新技术产业园区扩容升级,建成300家产值10亿元以上的国家高新技术企业。加快建设企业孵化器和大学科技园,建成200家重点科技企业孵化器,培育10000家科技型中小企业。积极引导优质创新资源向企业集聚,优先在行业龙头骨干企业、高新技术企业和战略性新兴产业领域布局建设一批国家和省级重点(工程)实验室、工程(技术)研究中心、企业研究院、高新技术研发中心和企业技术中心。

专栏10   重大科技专项及科技成果转化工程

重大科技专项	科技成果转化工程
1. 新能源技术	1. 农业新品种示范
2. 新材料技术	2. 高效生态农业生产技术
3. 生物技术	3. 农产品加工与安全技术
4. 新一代信息技术	4. 节能技术
5. 高端装备制造技术	5. 现代纺织、皮塑生产技术
6. 节能环保技术	6. 先进化工、建材生产技术
7. 新能源汽车技术	7. 制造业信息化技术
8. 海洋开发技术	8. 减排技术
9. 设施农业与精深加工技术	9. 基层卫生适宜技术
10. 重大与高发疾病防治技术	10. 服务业数字化技术

完善科技创新体制机制。深化科技计划管理体制改革,优化科技资源配置,加快建立有利于科技成果产业化的体制机制。鼓励发展科技中介服务,完善科技成果评价奖励制度。加大政府对基

础研究和科研条件建设的投入,全面落实企业研发投入加计扣除、研发设备加速折旧、所得税减免等激励政策,完善和落实政府采购及首购政策。推进重大科技基础设施建设和开放共享,促进科技和金融结合。实施技术创新与知识产权战略、品牌战略和标准化战略,加强知识产权的创造、运用、保护和管理。

(二)加快教育现代化进程

高水平普及基础教育。重点加强乡镇中心幼儿园和幼师队伍建设,每个乡镇至少建成一所达到等级标准的中心幼儿园。建立健全义务教育均衡发展保障机制和城乡一体化义务教育发展机制,优化学校布局,全面提高教育质量,加快实现以县域为单位的义务教育高水平均衡。加强优质特色普通高中建设,高中段教育毛入学率达到95%。

加强职业教育和继续教育。促进职业教育规模、专业设置与经济社会发展需求相适应。突出"双师型"教师队伍建设,重点培育一批国家和省级改革示范学校,重点建设一批特色专业、新兴专业和骨干专业,扶持建设一批产学合作实训基地。全面推进继续教育和终身教育体系建设,加强继续教育公共平台和网络建设,从业人员继续教育达到800万人次,努力构建学习型社会。

提高高等教育质量。支持浙江大学、中国美术学院创建世界一流大学,支持浙江工业大学等具有较强综合实力的高校成为国内知名高水平教学研究型大学,若干所特色教学型本科院校进入全国同类院校前列,高等教育毛入学率达到56%。加大学科专业调整力度,继续加强"重中之重"学科建设,实施本科高校重点一级学科建设工程和高职院校优势与特色专业建设工程,力争取得一批标志性重大科研成果,打造一支高水平学科专业团队。

全面加强特殊教育。完善特殊教育布局,建成盲教育以省为主、聋教育以市为主、培智教育以县为主的特殊教育中小学布局体系。增加特殊教育投入,加快改善办学条件,充分满足残疾人平等接受教育的需要。继续对大中小学残疾学生实行学费、住宿费减免政策,鼓励社会力量捐资助学。

推进教育体制改革。健全政府主导、社会参与、主体多元、形式多样的办学和管理体制,完善公办学校体制,开展民办教育综合改革试点,积极鼓励支持民办教育规范发展。完善教育经费保障机制,确保全省财政教育经费支出占一般预算支出比重达到21%以上,全省各级财政教育经费支出比重高于现有水平并力争逐步提高,全社会教育投入增幅高于同期生产总值增幅。健全分级分类管理机制,转变政府教育管理方式。深化教育教学改革,创新人才培养模式。积极稳妥推进中高等学校考试招生制度改革,全面推行中小学校发展性评价制度。开展多层次、宽领域的教育交流与合作,创办2~3所中外合作的高水平大学和5~8所二级学院。

(三)建设人才强省

培养高层次创新创业人才。统筹科技研发、技能、管理人才队伍建设,推进基础研究、应用研究和开发研究人才队伍协调发展。重点培养一批能冲击国际科技前沿、处于国内一流水平的科技领军人才、学科带头人,一批科技创新能力和学术研究水平国内领先的创新团队。注重培养一线创新创业人才,造就一批熟悉国际国内市场、推动产业转型升级的企业家,一批掌握核心技术、引领新兴产业发展的科创领军人才。

开发转型发展重点领域紧缺人才。积极调整优化人才结构,培养造就一支高素质现代产业人才队伍。围绕传统优势产业转型升级、现代服务业和战略性新兴产业发展,加快开发各类急需人才。大力引进海外高层次人才,依托高新区、开发区(园区)、高校、科研院所和大企业集团,建立20个以上省级海外高层次人才创新创业基地。大力培养教育、政法、人文、社区等社会发展领域的专门人才,造就一支专业水平高、职业道德好、服务能力强的社会建设人才队伍。

专栏11 12个重大人才工程和计划

1. "151"人才工程
2. 百千万科技创新人才工程
3. 海外高层次人才引进"千人计划"
4. 重点创新团队推进计划
5. 现代服务业高端人才培养引进计划
6. 企业经营管理人才素质提升计划
7. 高技能人才培养计划
8. 宣传文化系统"五个一批"人才工程
9. 高素质教育人才培养工程
10. 医疗卫生人才工程
11. 现代农业和新农村建设人才支撑计划
12. 支持欠发达地区人才开发"希望之光"计划

统筹推进各类人才队伍建设。进一步完善党政人才选拔任用机制,培养造就一支高素质党政人才和公务员队伍。提升"浙商"整体素质,培养造就一批能引领创新创业、具有全球战略眼光和社会责任感的优秀企业家,企业经营管理人才总量达到270万人。以高层次人才和紧缺人才为重点,培养造就专业技术人才410万人。大力提高技术知识水平和创造性运用新技术、新设备、新工艺的水平,培养造就高技能人才160万人。适应推进农村改革发展和新农村建设需要,培养造就农村实用人才105万人。着力提高社会工作从业人员专业化、职业化能力,培养造就社会工作人才10万人。

优化人才发展环境。进一步加大人才发展专项资金投入,明显提高人力资源投资比重。制定支持科技人才创新平台建设的政策措施,加强院士专家工作站和海外高层次人才创新园等高层次人才创业创新平台建设。建立健全政府宏观管理、市场有效配置、单位自主用人、人才自主择业的人才管理体制,创新"人才创业+民营资本"模式,营造重才爱才的社会环境和公开平等、竞争择优的制度环境。实施促进人才柔性引进和使用的政策,吸引集聚国内外各类高层次人才以各种形式来我省创业创新。

九、推动文化大发展大繁荣

坚持社会主义先进文化前进方向,加强社会主义核心价值体系建设,大力发展文化事业和文化产业,深化文化体制改革,加快建设文化强省。

(一)提高全民文明素质

推进公民道德建设。大力倡导社会主义荣辱观,引导人们知荣辱、讲正气、尽义务,形成扶正祛邪、惩恶扬善的社会风气。弘扬科学精神,加强科普宣传,提高全民科学素质。加强人文关怀,注重心理疏导,培育奋发进取、理性平和、开放包容的社会心态。深入推进社会公德、职业道德、家庭美德、个人品德建设,培育文明风尚。加强和改进未成年人思想道德建设,积极实施"春泥计划"。不断拓展城乡群众性精神文明创建活动,深化"双万结对共建文明"活动。

弘扬发展浙江精神。坚持用以创业创新为核心的浙江精神凝聚力量、激发活力、鼓舞斗志,大力弘扬浙江人民善于创业、勇于创新的精神品格和文化传统,努力在全社会形成鼓励创业创新、宽容失败挫折的社会氛围。适应时代发展要求,与时俱进丰富和发展浙江精神。

繁荣发展哲学社会科学。加大对哲学社会科学事业的支持力度,建立健全富有活力的运行机制。加强优势学科、新兴学科和重点科研科普基地建设,积极引导和规范各类社科研究机构和团体的发展。深化文化研究工程,形成一批有较高学术价值和社会效益的研究成果。

(二)完善公共文化服务体系

构建公共文化设施服务网络。坚持以政府为主导,以公共财政为支撑,以县级以上城市为重点,加强公益性文化设施建设,继续推进乡镇、村(社区)文化活动场所建设和广播电视"村村通"工程,进一步完善体育、旅游等公共服务设施。以乡镇和农村、社区为基础,建设覆盖城乡、功能健全、使用高效的公共文化设施网络。加强各类公共文化设施管理,创新运行机制,提高使用效率,发挥综合服务功能。

增强公共文化服务供给能力。从群众需求出发,创新文化内容形式,积极鼓励创作群众喜闻乐见的文艺作品。充分发挥公益性文化单位在公共文化中的骨干作用,大力开展公益性文化活动,推动公共文化服务数字化、信息化建设。加强新闻媒体建设,重视互联网等新兴媒体建设、运用和管理。实施"新农村文化建设十项工程",加强村级农家书屋和农村出版物发行小连锁工程建设,多渠道向农村提供文化服务。加强体育公共服务,积极推动全民健身。鼓励和引导社会力量参与公共文化服务供给,满足人民群众多元化、多层次的精神文化需求。

加强文化遗产保护和传承。深入实施文化保护工程,加强历史文化名城名镇名村、历史建筑和文物的保护工作。加强专题、特色博物馆建设,支持和引导民办博物馆发展。稳步推进世界文化遗产申报工作,加强非物质文化遗产的保护和传承,推进文化生态区建设,构建层次合理、比例均衡的文化遗产保护体系。

(三)加快文化产业发展

增强文化产业实力。运用高新技术改造提升传统文化产业,扶持新兴文化业态发展壮大。大力发展文化创意、影视服务、新闻出版、数字内容与动漫、文化会展、文体休闲娱乐、文化产品流通、文化产品制造等重点产业,形成一批具有较强竞争力、在全国具有较大影响力的产业集群,打造一批知名文化品牌。发挥各地特色文化产业优势,优化文化产业发展布局。实施重点文化产业基地、重大文化产业项目、优势文化企业和精品文化会展活动"四个一批"行动计划,加大土地、资金、人才等要素支撑,落实财税等扶持政策。加强对外宣传和文化交流,培育一批重点外向型文化企业,推动文化"走出去"。

专栏 12　重点发展八大文化产业

文化创意。加快发展艺术创作、艺术设计、咨询服务和文化科技,重点培育杭州、宁波和温州三大创意能力突出、辐射能力较强的综合性创意城市。鼓励文化精品创作,扶持咨询服务创新,规范和扩大艺术品经营,丰富社会文化生活。

影视服务。抓好主旋律影视产品的创作生产,提高影视后期制作能力和服务水平,大力推进电影院线和城镇数字影院建设。拓展横店国家影视产业实验区及其他重点影视产业基地产业链,鼓励新媒体发展,努力使我省影视产业走在全国前列。

新闻出版。以新闻出版强省为目标,做强做精书报刊等传统出版业,大力发展网络出版、数字出版、手机出版等现代新型出版业态。加强印刷业集聚基地建设,积极发展数码印刷、特色印刷、绿色印刷,促进复制印刷业转型升级。推行出版物连锁经营、物流配送、电子商务等现代流通业态。加大版权保护力度。

数字内容与动漫。充分利用第三代移动通信技术和"三网"融合趋势,以杭州高新区国家动漫产业基地、西湖区国家数字娱乐产业基地等为载体,加快发展动漫、网络游戏、互联网信息服务业和无线网络服务业,努力打造国内领先的数字娱乐基地和动漫游戏产业中心。

文化会展。加快会展业专业化、市场化、国际化,培养和引进专业会展人才,培育一批具有国际竞争力的会展市场主体,以杭州、宁波为中心,联合义乌、嘉兴、绍兴等特色会展城市,着力打造国际会展知名目的地、全国重要的会展中心。

文体休闲娱乐。打响"诗画江南、山水浙江"的旅游文化品牌,做优做特民俗文化、山水古镇、生态文化、海洋文化、畲族风情等文化休闲业,着力培育生态文化业、文化旅游业、演出业、体育服务业和文化娱乐业,全面提高居民生活品质。

文化产品流通。以建设文化产品大流通格局为目标,加强文化产品实体市场和文体产品网络销售平台等现代化商贸平台及配套服务体系建设,加速文化产业电子商务体系开发,推动文化产业流通渠道创新。

文化产品制造。大力推动文化产品制造块状经济向现代产业集群转型,加快文体用品、木制玩具、体育休闲用品等领域的升级,推动工艺美术品、设备等领域的高端化发展,培育若干区域品牌,提高产业技术含量和附加值,增强市场竞争力。

深化文化体制改革。深化国有文化单位改革,推动经营性文化单位成为市场主体,支持国有文化集团跨地区覆盖、多媒体经营、跨行业拓展,打造文化领域的战略投资者。逐步扩大市场准入,鼓励社会力量投资发展文化产业,培育一批民营龙头文化企业,形成以公有制为主导,多种所有制共同发展的文化产业格局。创新文化管理体制,健全文化市场体系,优化文化发展环境,增强文化发展活力。

十、加强社会建设

加快推进以全面改善民生为重点的社会建设,建立符合实际、比较完整、覆盖城乡、可持续的基本公共服务体系,推进基本公共服务均等化,创新社会管理体制,加强民主法制建设,切实保障人民群众的合法权益,促进社会公平正义,维护社会和谐稳定,打造"平安浙江"和"法治浙江"。

(一)积极扩大社会就业

以创业带动就业。大力发展就业容量大的服务业,鼓励发展中小企业,落实促进就业各项优惠政策,五年新增城镇就业300万人。大力开发社区服务、公共服务等公益性岗位,鼓励多样化就业。全面落实税收、融资、补贴、项目推介等创业扶持政策,支持高校毕业生、城镇失业人员、农村转移劳动力等人群创业,帮助150万名城镇失业人员实现再就业。

构建和谐劳动关系。全面实施劳动合同、集体合同、最低工资和工资集体协商制度,加强企业民主管理,强化劳动保障行政监察,进一步规范企业用工行为。鼓励企业积极履行社会责任,努力改善劳动条件和生活环境。充分发挥工会作用,推动企业普遍建立工会组织,完善劳动争议调解和仲裁机制,保障劳动者合法权益。

建设公共就业服务体系。建立健全城乡一体化人力资源市场,完善就业援助制度,着力帮助城镇零就业家庭、农村低保家庭、就业困难人员实现就业。健全面向全体劳动者的职业技能培训制度,重点加强对高校毕业生、城镇失业人员、农村转移劳动力等职业技能培训。大力推进人力资源和社会保障公共服务设施建设,建立健全基层公共服务平台,加强公共服务人员队伍建设。

(二)加快社会保障体系建设

完善社会保险体系。健全城乡居民社会养老保险制度,推进企业职工基本养老保险扩面和省级统筹,实施事业单位养老保险制度改革,加强各类养老保险转移接续和整合衔接。完善企业职工基本医疗保险、城镇居民基本医疗保险和新型农村合作医疗制度,基本实现城乡居民医疗保险全覆盖。健全失业、工伤、生育保险制度,不断完善被征地农民基本生活保障制度,积极稳妥地解决农民工社会保障问题。继续扩大各项社会保险覆盖范围,逐步提高待遇水平。加快推进社会保障"一卡通"建设。全面推行社会保险"五费合征",加强社会保障基金监管。积极探索商业保险参与多层次的社会保障体系建设。

健全新型社会救助体系。完善城乡居民最低生活保障制度、低保金标准动态调整和价格补贴机制,率先建立较为完善的覆盖城乡的社会救助体系。完善养老、医疗、教育、住房、灾害、司法等专项救助。建立统一规范的社会救助管理体制,加强基层社会救助工作力量,鼓励社会互助和帮扶。

构建新型社会福利体系。发展适度普惠型社会福利事业,建立养老服务补贴制度和孤儿基本生活保障制度,合理布局福利设施,切实保障"五保三无"对象、困难老人、孤残儿童和重度残疾人对公办福利机构的需求。积极发展老龄和儿童福利事业,进一步完善社区福利服务网络。完善和落实税收减免等优惠政策,建立健全促进慈善事业发展的体制机制。

建立住房保障体系。合理引导住房需求,加快构建以政府为主提供基本保障、以市场为主满足多层次需求的住房供应体系,促进房地产业平稳健康发展。逐步扩大城镇住房保障覆盖面,不断创新保障模式,加强廉租住房、经济适用住房、公共租赁住房和城市旧宅区及危旧房改造,逐步实现城镇各类保障性住房之间的相互衔接和融合,完善保障性住房管理和监督制度。加大农村住房改造建设力度,不断改善广大农民的住房条件。

(三)提高全民健康水平

深化医药卫生体制改革。围绕卫生强省、全民健康目标,加大卫生事业投入,率先基本建立覆盖城乡居民的基本医疗卫生制度,三分之二以上的市、县(市、区)达到卫生强市、强县标准。健全基本医疗保障制度,加快城乡医疗保险整合与接轨。完善城乡医疗救助制度,发展商业健康保险。全面建立基本药物制度,完善以省为单位的药品集中采购制度。大力促进基本公共卫生服务均等化,逐步提高基本公共卫生服务经费标准,增加和完善服务内容。积极推进公立医院改革,鼓励社会资本举办医疗机构。

完善新型公共医疗卫生服务体系。着力提高基层医疗卫生服务水平,推进县级医院能力提升,加强乡镇卫生院标准化建设,实现村级卫生服务全覆盖。推进住院医师规范化培训,加强以全科医生为重点的基层医疗卫生队伍建设。推进基层医疗卫生资源统筹配置改革,形成县乡联动、乡村一体的基层医疗卫生服务新模式。坚持公共卫生优先发展,加强疾病防治、妇幼保健、卫生监督和卫生应急能力建设,加大重大、新发传染病、慢性非传染性疾病和地方病的防控力度,推进职业病防治体系建设。坚持中西医并重,推进中医药振兴发展。加强残疾预防,全面实施残疾儿童抢救性康复工程和残疾孤儿手术康复"明天计划",将残疾人基本康复项目纳入城乡居民基本医疗报销与救助范围。加强健康教育,深入开展爱国卫生运动,重视和加强红十字会工作。

增强公民体质和心理素质。强化体育公共服务,继续加强公共体育设施和科学健身网络服务体系建设。建立健全全民运动会制度。建立 10 个国家级高水平后备人才基地,推动竞技体育发展。经常参加体育锻炼人数占总人口的 35%,国民体质合格率保持在 90% 以上,力争 3 个市、50个县(市、区)达到体育强市、强县标准。全面推进精神心理卫生体系建设,实施心理卫生健康工程,加强人群心理干预和健康指导,加快建立惠及全民、持续提升的健康促进体系。

(四)全面做好人口工作

坚持计划生育基本国策。创新人口工作体制,完善低生育政策,稳定适度低生育水平,不断提高人口和计划生育的公共管理、社会服务水平,确保实现人口总量目标。全面实施出生缺陷干预工程和计划生育生殖健康促进计划,增加免费婚检、优生监测和基本生殖健康检查等项目,提高出生人口质量。加强对出生人口性别比偏高问题的综合治理,努力遏制出生性别比偏高势头。

引导人口合理分布。深化户籍制度改革,依法保障流动人口的合法权益,逐步消除阻碍人口流动的制度和政策障碍。统筹人口分布与生产力布局,推进人口城市化,引导人口向重点开发区域和优化开发区域有序集聚,促进人口均衡发展。加大对生态脆弱地区的人口调控力度,鼓励人口"内聚外迁",促进人口分布与资源环境相协调。

积极应对人口老龄化。实施应对人口老龄化战略,进一步完善老年人权益保障和优待政策法规。加大对生活困难老人的救助力度。加快推进社会化养老服务体系建设,统筹规划老年服务设施和服务机构,完善城镇居家养老和社区养老服务网络,着力解决农村养老问题,培育发展养老服务产业。积极推动老年文教体育事业发展,不断丰富老年人精神文化生活。

保护妇女儿童权益。保障妇女平等参与经济社会发展权益,依法平等行使民主参与权利。促进妇女就业创业,提高妇女参与经济发展和社会管理能力。关注妇女儿童身心健康,深化妇女健康促进工程,加强未成年人保护,构建维权服务网络。

保障残疾人权益。全面关心和尊重残疾人,以实施残疾人共享小康工程、办好第八届全国残疾人运动会和创建扶残助残爱心城市为抓手,加强残疾人社会保障和服务体系建设,实现残疾人人人享有基本生活保障、基本医疗卫生康复服务、安全的住房和义务教育。加强残疾人特别扶助,推进残疾人服务设施与服务能力建设。加强残疾人专职、专业和志愿者队伍建设,提高社会化、规范化工作水平和服务能力。

专栏 13 "富民惠民"十大工程

就业帮扶工程。加大对困难群体就业帮扶力度,帮助 150 万名城镇失业人员实现再就业,帮助城镇零就业家庭、农村低保家庭、就业困难人员实现就业,完成农民转移就业技能培训 100 万人。

全民社保工程。健全养老、医疗等社会保险制度,职工及城乡居民养老保险参保人数新增 650 万人,城镇职工及城镇居民基本医疗保险新增参保人数 320 万人,新农合参保率稳定在 95% 以上,全省社会保障"一卡通"全面实施,基本养老保险、基本医疗保险待遇水平稳步提高。

续表

住房保障工程。加大保障性住房建设和农村住房改造力度,新增解决40万户城镇中等偏下收入住房困难家庭的住房问题,通过限价商品房等解决18万户其他住房困难家庭的住房问题,完成150万农村住房改造建设,稳步提高享受住房保障的收入标准。

社会福利工程。养老服务机构基本实现街道(乡镇)全覆盖,居家养老服务网点实现社区和中心村全覆盖,机构养老服务人数达到老年人总数的3%以上,残疾人、未成年人等服务体系更加健全。

教育公平工程。逐年提高城乡义务教育生均公用经费并缩小城乡差距,每个乡镇建成一所达标中心幼儿园,加强中小学标准化建设,85%以上的中小学达到建设标准,实现特殊教育学校全面覆盖。

全民健康工程。全面推进基层医疗卫生服务机构标准化建设,着力培育具有一定规模、服务水平和辐射能力的20个县级医院、200个中心镇卫生院、4000个中心村卫生室,构建"20分钟医疗服务圈"。每千城乡居民拥有1名经过规范化培训的全科医生。90%以上的城乡居民拥有标准化的电子健康档案。

文体普及工程。着力改善农村文体设施,力争实现行政村建有文化活动场所,基本实现一个行政村一月放映一场数字电影。建设小康体育村15000个。推进文化低保工程,确保有线(数字)电视通达地区城乡低保家庭免费收看有线(数字)电视。

社区服务工程。加强城乡社区建设,确保每个街道、每个社区拥有1个社区服务中心(服务站),小城镇和农村普遍实行社区化管理服务。大力发展社区服务,着力培育发展社区养老、卫生、家政、教育培训、助残、健身等社会服务产业。

环境整治工程。加强城乡环境治理,全面推进城市大气、噪声和水污染治理达标,完成10000个村庄环境综合整治任务,农村安全饮用水覆盖率达到95%,农村无害化卫生厕所普及率达到78%,逐年提高城乡生活垃圾、污水集中处理率。

公共安全工程。加强自然灾害监测预警,提高自然灾害综合减灾能力。强化公共卫生和食品药品安全,完善县(市、区)、乡(镇)、村三级食品药品监管网络,加强监测能力建设,提高抽验覆盖面。围绕"测、报、防、抗、救、援"等6个重要环节,加强城乡应急防范体系、应急处置体系和应急保障体系建设。强化安全生产监督,确保安全生产事故起数、死亡人数和直接经济损失三项指标继续保持零增长。

(五)加强和创新社会管理

创新社会管理体制。开展社会管理创新综合试点,推广和发展新时期"枫桥经验",不断深化基层平安创建系列活动,完善网络化管理、组团式服务。加强基层政法综治组织建设,继续推进综治网络向城乡社区和企业延伸。全面实施居住证制度,完善流动人口服务管理。加强对网络社会的管理,规范网络传播秩序。推进重大事项社会稳定风险评估机制建设,加强区域性、行业性专业调委会建设,健全人民调解、行政调解、司法调解三位一体的"大调解"工作体系,建立科学有效的利益协调、诉求表达、矛盾调处和权益保障机制。建立和完善矛盾排查、信息预警、应急处置和责任追究机制,维护群众正当权益。正确处理人民内部矛盾,积极预防和妥善化解各类群体性事件。

专栏14　社会管理创新综合试点内容

主　题	主要内容
基层组织建设	加强县乡两级政法委(综治办)和基层政法单位(派出所、法庭、检察室、司法所)建设,加强队伍建设和业务培训,落实相关保障措施。
涉法涉诉信访工作机制	建立政法系统共享的涉法涉诉信访信息系统,健全案件评查和责任追究制度,完善案件终结制度,进一步规范信访秩序。
社会管理信息化建设	实现政法部门与行政管理部门间信息资源共享,探索建立基层综治管理信息平台,为乡镇(街道)综治工作中心有效运行提供信息支撑。
平安创建工作机制	建立"平安浙江"评查考核体系,完善平安市、县(市、区)表彰奖励制度,建立健全系统平安创建责任制,提升平安建设水平。
乡镇(街道)综治工作中心建设	在党委、政府统一领导下,有效整合政法、综治、信访等部门(组织)的资源和力量,建立完善协作配合、精干高效、便民利民的综治工作中心,推动综治工作力量向村、社区、规模企业延伸,形成综合治理网络。

续表

主 题	主要内容
群防群治队伍建设	着力抓好专业队伍建设,大力推广平安志愿者行动,探索向社会购买服务的方式,发挥保安公司、中介服务机构等在社会管理中的作用。
"大调解"工作体系	建立定期排查、下访接访等制度,健全人民调解、行政调解、司法调解、仲裁调解工作机制,完善"诉调对接"、"检调对接"、"公调对接"等制度,提高调处化解矛盾纠纷的整体效能。推广建立行业性、专业性调解组织。
重大事项社会稳定风险评估机制	建立健全风险评估工作体系、工作机制、保障机制,确定评估项目,规范组织实施。建立风险评估专家库,组织开展业务培训。
群体性事件预警和应急处置机制	完善群体性事件苗头隐患排查和预警机制,健全重大突发性事件应急处置预案和指挥机制,落实应急保障措施,开展实战演练,提高应急处置水平。
社会治安重点地区排查整治工作机制	深入开展社会治安排查整治工作,对重点地区和重点问题实行挂牌整治,把排查整治与建设改造有机结合起来,建立健全常态化管理制度。
视频监控系统应用领域和范围	发挥视频监控手段在社会治安防控体系建设中的作用,调整完善公安勤务和群防群治工作机制,进一步完善全方位、立体化社会治安动态防控网络。
流动人口服务管理	实施《浙江省流动人口居住登记条例》,完善落实"以证管人、以房管人、以业管人"的实有人口管理模式。研究制定相关政策措施,帮助流动人口融入当地生活。
"两新组织"管理服务模式	把社会管理和公共服务延伸到"两新组织",扎实推进"综治进民企"工作,维护企业安全稳定和职工合法权益。培育发展新社会组织,充分发挥社会组织参与社会管理的积极作用。
虚拟社会管理机制	积极运用法律、行政、技术、经济等多种手段,加大依法管理力度,完善网络综合防控体系。

切实维护社会公共安全。加强安全监管监察能力建设,严格安全目标考核与责任追究。加强以食品药品为重点的产品质量安全监管,强化检验检测和风险预警,提高应对突发重大公共卫生事件处置能力。加强社会治安综合治理,建立和落实社会治安重点地区排查整治工作机制,着力解决突出治安问题。加强特殊人群帮扶和管理,有效预防和减少重新违法犯罪。强化档案与电子文件安全监管,确保重要公共档案信息安全。加强国家安全工作,不断完善专群结合的国家安全工作体系。积极支持国防和军队建设,切实做好国防动员和民兵预备役工作,广泛开展"双拥"和军民共建活动。

提高防灾减灾能力。完善防灾减灾应急体制机制,推进集减灾、避灾、救灾物资储存等功能于一体的避灾工程建设,强化事前预警、事中救援和事后恢复的灾害综合处理能力。普及全民防灾减灾知识,建设农村应急广播体系,以供水、供电、供气、通讯保障和学校、医院、商场、娱乐场所安全为重点,提高综合防灾减灾能力。加强气象、海洋、水文、地质、地震等多部门和多学科的协作,提高对台风、洪涝、干旱、雷电等自然灾害和火灾、交通事故、化学污染、核辐射等重大公共事件的监测、预测和预警能力。整合各类灾害信息资源和应急技术系统,完善110社会应急联动体系和防灾避险设施,加强平灾结合的减灾救灾专业队伍建设和应急演练。

(六)推进民主法制建设

发展社会主义民主政治。坚持和完善人民代表大会制度,支持和保证人大及其常委会依法行使各项权利,进一步发挥人民代表作用。坚持和完善中国共产党领导的多党合作和政治协商制度,推动政协工作制度化、规范化、程序化建设。巩固和发展最广泛的爱国统一战线,充分发挥民主党派、工商联和无党派人士的作用。认真贯彻民族、宗教、侨务等方面政策,支持工会、共青团、妇联等人民团体依照法律和各自章程开展工作。健全民主制度,丰富民主形式,拓宽民主渠道,保障人民的知情权、参与权、表达权和监督权。

全面推进法制建设。健全立法机制,完善立法计划,加快形成与国家法律法规相配套、比较完备的地方性法规和规章。进一步推进政府法律顾问工作,健全规范性文件制定程序。继续推进行政执法体制改革,严格执法程序,推进综合执法。深入推进司法体制和工作机制改革,规范司法行为,加强司法监督,促进司法公正,提高司法效率。加强司法队伍建设,推进依法行政、公正廉洁执法,提高执法水平。持续开展依法维权活动,高度重视土地征收、房屋拆迁等突出问题,加大对妇女、未成年人、老年人、残疾人、农民工等社会群体的法律援助力度。全面实施"六五"普法规划,提高全社会法律素养。大力扶持法律服务业的发展,推进法律服务机构的专业化、规模化、规范化。

加强反腐倡廉建设。坚持标本兼治、综合治理、惩防并举、注重预防的方针,加快推进惩治和预防腐败体系建设。加强反腐倡廉长效机制建设,逐步建成内容科学、程序严密、配套完备、有效管用的反腐倡廉制度体系。严格权力运行制约和监督,建立健全决策权、执行权、监督权既相互制约又相互协调的权力结构和运行机制。

十一、加快改革攻坚步伐

围绕经济社会转型,着力推进经济体制、政治体制、文化体制、社会体制改革,强化改革的统筹协调和整体推进,努力在重点领域和关键环节改革取得突破,再创浙江体制机制新优势。

(一)构建加快转变经济发展方式的体制机制

深入推进转变经济发展方式综合配套改革试点。坚持面上改革与重点领域突破相结合,解决当前突出问题与谋划长远发展相结合,试点先行与整体推进相结合,推动经济发展方式加快转变。联动推进海洋经济、国家技术创新工程、循环经济发展等国家试点,扎实做好中国义乌国际贸易综合改革国家试点、湖州和丽水国家生态文明示范区建设、嘉善县域科学发展示范点工作。继续深化省直部门、市县(市、区)多层次多主题的综合配套改革试点。

专栏15　　各市转变经济发展方式综合配套改革内容		
地区	试点主题	试点内容
杭州	综合配套	着力推进自主创新、产业转型升级、区域合作、社会保障、服务型政府等体制改革,率先建成创业创新充满活力、民生保障全面覆盖、政府管理科学高效的综合配套改革试点区。
宁波	扩大对外开放	着力推进区域开发、产业升级、港口整合、金融服务、行政管理等体制改革,加快建立与开放型经济相适应的市场经济体制和运行机制,全面提升经济国际化水平,率先建成内外联动、互利共赢、规范高效、接轨国际的开放型经济先行区。

续表

地区	试点主题	试点内容
温州	民营经济创新发展	全面推进制度创新、要素供给、市场准入、和谐创业、发展环境等五个方面的改革,提升民营经济发展素质,拓展民营经济发展新空间,再创"温州模式"新优势,力争建设成为机制体制更活、创新能力更强、发展环境更优的民营经济创新发展示范区。
台州	民营经济创新发展	推进企业制度创新和发展模式转型,放宽市场准入和优化发展环境,形成公平竞争的市场准入机制、自主创新的政策体系、健全完善的要素市场体系、创新创业的发展环境、规范健全的现代企业制度和现代产权组织,在全省乃至全国率先创建民营经济创新发展示范区。
湖州	社会主义新农村建设	积极探索市校、军地、企村共建社会主义新农村的体制机制,大力推进村镇规划、产业发展、生态环保、科技创新和劳动力素质提升,加快建立以工促农、以城带乡的社会主义新农村建设长效机制,率先建成经济繁荣、生活富裕、村容整洁、充满活力的新农村建设示范区。
嘉兴	统筹城乡	着力推进城乡规划一体化、基本公共服务均等化、资源要素配置市场化和有利于强镇发展的体制改革,加快建立统筹城乡发展新体制,率先建成体制机制活、统筹水平高、带动作用强的统筹城乡发展先行区。
绍兴	工业转型升级	探索建立推进传统产业改造升级、块状经济转型提升、新兴产业培育发展、资源要素集约利用等体制机制,加快推进工业转型升级,率先建成产业集群层次高、节能环保水平高、自主创新能力强、市场竞争实力强的新型工业化发展先导区。
金华	现代服务业发展	探索建立推进服务业集聚发展、制造业与服务业联动发展、现代营销网络构建、自主创新品牌建设等体制机制,率先建成特色鲜明、布局合理、功能完善的现代服务业发展先行区。
衢州	特色产业发展	探索建立推进特色产业集聚、专业人才引进、创新平台建设等体制机制,加快推进现代产业集群培育发展,率先建成"高起点、跨越式、集约化、特色型"的产业集聚发展试验区。
舟山	海洋综合开发	探索建立推进海洋产业转型升级、海洋经济对外开放、海洋资源保护与开发等体制机制,加快推进海洋综合开发利用,率先建成海洋综合实力强、生态环境佳、开放体制优、海陆联动机制活的海洋综合开发试验区。
丽水	生态经济创新发展	大力发展生态农业、生态工业和生态旅游业,探索建立推进生态功能区建设、生态环境保护和节能减排等体制机制,率先建成生态产业创新发展、生态环境和谐优美的全国生态文明建设先行区和示范区。
义乌	统筹城乡和国际贸易	在统筹城乡综合配套改革试点的同时,探索建立推进小商品国际贸易管理创新、服务创新、贸易方式创新的体制机制,率先建成贸易流通便捷、平台功能完善、服务管理一流的小商品国际贸易试验区。

深化资源要素配置市场化改革。积极推进工业用地分年期出让和租赁改革试点,建立健全土地集约利用奖惩机制,探索建立闲置土地和农村宅基地退出机制。推进城乡建设用地增减挂钩,探索农村集体经营性建设用地流转和宅基地有偿使用试点,逐步建立城乡统一的建设用地市场。深化林权制度改革,完善林权流转机制。开展水权制度改革试点,探索用水总量控制和水权交易制度,健全水资源有偿使用和分类水价制度。全面推进排污权有偿使用和交易试点,实施排污许可证制度,开展省域化学需氧量和二氧化硫交易。深化矿产资源开发管理制度改革。

加快金融创新发展。进一步推进金融强省建设,加快打造"中小企业金融服务中心"和"民间财富管理中心"。加快建设金融集聚区和金融特色城市,把杭州打造成为金融综合实力突出的长三角南翼最重要的区域金融中心,把宁波打造成为对接上海、服务海洋经济的重要区域性专业金融中心,把温州、台州打造成为连接长三角与海西两大经济区、服务民营经济的重要区域性专业金融中心。积极推进小额贷款公司、村镇银行、农村资金互助社等为中小企业和"三农"服务的改革试点,做大做强地方性金融机构,支持城市商业银行上市、引进战略投资者和跨区域发展,加速培育

"浙商"系列总部金融机构。积极发展风险投资、创业投资和并购重组基金,培育支持创新创业的股权投资机构。继续打造中小企业板、创业板市场的"浙江板块",健全地方产权交易市场,引导支持优质行业龙头企业多渠道上市融资。加强金融产品创新,扩大各类质押抵押贷款,探索中小企业融资模式,推动债券融资,拓展中小企业融资渠道。推进发展中小企业保险、涉农保险、责任保险、商业养老和健康保险等区域特色险种,扩大保险的社会覆盖面。

推进民营经济创新发展。加快形成公平竞争的市场准入机制,进一步打破行业垄断和各种隐性壁垒,拓宽民营经济发展领域。加强和改进对民间投资的服务、指导和规范管理,鼓励民间资本进入基础产业和基础设施、市政公用事业、社会事业、金融服务等领域。优化企业治理结构,引导和支持民营企业建立现代企业制度。鼓励企业并购重组和引进战略投资者,加快形成一批行业龙头骨干企业,扶持民营企业特别是中小企业科技创新、管理创新和市场创新。

促进混合所有制经济发展。推进国有经济优化布局,深化国有企业改革,加快国有企业股份制改造,推进有条件的企业整体上市或主业资产上市,促进国有企业做强做大。继续深化国有资产监管体制改革,进一步实现政企分开、政资分开,逐步形成现代治理格局。支持国有、民营企业跨所有制重组,鼓励有条件的民营资本参与国有大型企业和垄断企业改革。鼓励省内国企与央企、外企、民企等开展多个层面的战略合作。鼓励国有企业采取股权转让、增资扩股、合资合作、战略协作等方式进行跨区域和跨所有制发展。加强新经济组织的管理和服务。

优化市场环境。完善政策法规,维护市场秩序,营造各种所有制经济依法平等使用生产要素、公平参与市场竞争、同等受到法律保护的体制环境。健全信用环境,扩大企业联合征信数据平台征集范围,健全企业内部信用管理制度,提升企业信用水平。加快建设个人联合征信数据平台,实现企业和个人信用数据全面关联。加强政务诚信建设,努力提高政府公信力。规范发展信用服务市场,培育独立公正信用服务机构。

（二）推进社会体制改革

深化城乡体制改革。推进新一轮农村综合改革,统筹农村产权制度、城乡户籍制度、农村社会管理制度等配套改革。坚持和完善农村基本经营制度,有序推进土地承包经营权流转,积极推进征地制度和农村集体建设用地制度改革。完善城乡平等的要素交换关系,促进土地增值收益和农村存款主要用于农业农村。积极推进宅基地空间置换,鼓励引导农民到中心镇及县城周边中心村建房落户。积极推进户籍制度改革,把符合条件的农业转移人口逐步转为城镇居民。着力解决农民工社保、住房和子女就学等问题,重点关注新生代农民工群体,促进农民工安居乐业。依法规范农民工的劳动关系,切实保障农民工平等就业、劳动报酬、社会保障、职业安全等基本权益。

推进事业单位改革。按照政事分开、事企分开和管办分离原则,积极稳妥推进科技、教育、文化、卫生、体育等事业单位分类改革。稳妥推进从事生产经营活动的事业单位退出事业单位序列,承担行政职能的事业单位逐步转为行政机构或将行政职能划归行政机构。强化公益事业单位的公益属性,推进管理体制、人事制度、收入分配制度和社会保险制度改革。

完善社会组织协同管理机制。培育扶持和依法管理社会组织,支持、引导其参与社会管理和服务。完善培育扶持的政策措施,推动社会团体、行业组织、中介机构、志愿者团体等社会组织发展壮大,提高其在社会管理中的协同能力。适当降低社会组织准入门槛,建立社会组织财政资助奖励机制,完善社会组织服务与管理。

改革公共服务提供方式。引入竞争机制,扩大政府择优购买公共服务的规模,逐步形成有序竞争和多元参与的基本公共服务供给体制。鼓励社会资本投资建立非营利性公益服务机构,探索公共服务项目经营权转让机制和民间投资公共服务的财政资助机制。推进非基本公共服务市场化改革,完善全省公共资源交易平台,健全公平合理配置公共资源的机制。

提升城乡社区自治水平。切实加强城乡基层群众自治的组织建设、制度建设、能力建设和阵地建设,形成以社区党组织领导为核心、村(居)民自治为基础、群众广泛参与、各类社区组织互动合作的城乡社区民主治理机制。深入推进城乡社区依法治理工作,加强乡村、社区法律顾问制度建设。深化村(居)务公开和民主管理制度建设,有效拓宽城乡基层群众民主参与渠道。

(三)加快政府职能转变

创新政府管理方式。加快法治政府建设,强化政府公共服务和社会管理职能,减少政府对微观经济活动的干预。理顺政府部门职能,深化大部门体制改革。优化行政层级管理,全面推进扩权强县改革,进一步增强县级政府社会管理和公共服务职能,探索省直管县体制改革试点。积极推进扩权强县向两头延伸,加强市一级统筹经济社会发展、资源配置和跨区域重大基础设施建设等职能,推进强镇扩权改革。探索跨行政区域发展的体制机制。健全重大事项科学决策、民主决策、依法决策机制,进一步推进政务信息公开、办事公开,加强电子政务和行政服务中心建设。改进机关作风,建立健全服务企业、服务基层的长效机制。

完善公共财政体制。加强税收征管,促进税收收入的稳定增长。优化财政支出结构,加大民生支出投入。完善财政转移支付制度,提高一般转移支付比重。深化预算制度改革,完善政府公共预算、政府性基金预算、国有资本经营预算和社会保障预算体系,积极推进专项资金清理整合。深化国库集中支付制度改革,完善政府采购管理体制和运行机制,推进公务消费制度改革。加强政府性债务管理,建立政府性债务风险预警和控制机制。

十二、扩大对内对外开放

实施更加积极主动的开放战略,优化对外贸易结构,提高利用外资水平,加快"走出去"步伐,深化国内合作与交流,不断提高开放型经济发展水平。

(一)转变外贸发展方式

优化进出口结构。以自有品牌、自主知识产权和自主营销为重点,引导企业着力提高传统出口产品的质量和档次。推进提升出口基地建设,积极打造区域品牌。加大对出口品牌企业的支持力度,力争使我省自主品牌产品和机电、高新技术产品的出口比重分别达到25%和50%以上。积极承接国际服务外包,逐步提高服务贸易在我省对外贸易中的比重。推进"大通关"建设,构建功能完善、服务优质的通关环境。积极拓展进出口渠道,引导企业重点引进先进技术装备、关键零部件和元器件、重点能源资源和原材料,推进加工贸易转型升级。

推进出口市场多元化。在深耕和巩固欧美日等传统出口市场的同时,努力扩大东盟、中东、东欧、南美等新兴市场出口。做精做强做大各类贸易平台,新设一批海关特殊监管区域,加快推广国际电子商务、海外分拨等新型贸易方式。积极组织企业参加境内外各类国际性展会,加快搭建国际市场信息平台,大力开拓国际中高端市场。加快构建全方位、多层次、高效快捷的国际贸易摩擦预警防范和应对机制,健全反补贴应对工作机制。

推进义乌国际贸易综合改革试点。充分利用义乌市场独特优势,加快建立与小商品国际贸易相适应的管理体制、政策体系、服务平台和贸易方式。深化国际贸易便利化体制改革,完善现代商贸流通体系,创新提升专业市场,促进国际贸易和国内贸易体制的有机衔接。创新国际贸易发展新平台和产业联动发展机制,提升义乌市场与区域发展联动的水平和层次。

(二)提升利用外资水平

优化利用外资结构和空间布局。引导和鼓励外资投向现代服务业和战略性新兴产业,严格限制高污染、低水平和产能过剩项目。重点加大对发达国家和世界五百强的引资力度,积极引导外资投向浙中、浙西南等地区。充分发挥国家级开发区、海关特殊监管区域和省级开发区(园区)对开放型经济的支撑促进作用。支持符合条件的国家级、省级开发区(园区)整合提升,推进体制机制创新。

创新利用外资方式。鼓励外资以参股、并购等方式参与省内企业的改组改造和兼并重组,充分利用境外资本市场。不断完善招商选资方法,提高招商选资实效。充分发挥浙江侨乡优势,进一步重视引进华侨资金。着力营造便利外商投资的良好环境,完善各级外商投资服务功能。

(三)加快"走出去"步伐

引导企业开展境外投资。鼓励企业在境外投资设立营销网络、生产基地和经贸合作区,推动海外浙江贸易中心建设,积极引导浙江企业入园投资,打造一批浙江优势产业在境外集聚发展的平台。引导组织企业在境外建立资源基地,缓解我省资源要素的约束。支持有条件的企业到境外设立、兼并和收购研发机构,设立国际科技园和孵化器。鼓励优势企业收购境外先进技术和知名品牌企业,培育一批具备一定国际竞争力的跨国公司。深化境外投资管理体制改革,加强对企业境外投融资风险防范的指导。

加快发展对外经济合作。大力发展对外承包工程,培育一批适应国际通行工程项目管理模式的工程总承包企业,鼓励和支持工程企业与成套设备制造企业、设计研究院构建战略联盟,优先推动一批PMC(管理总承包)、BOT(建设—营运—转让)、EPC(设计—采购—施工)项目,增强工程带动成套设备与装备出口的能力。

扩大与港澳台的合作交流。贯彻实施海峡两岸经济合作框架协议和关于建立更紧密经贸关系的安排,大力推进浙台经贸文化交流与合作,继续办好"港澳·浙江周"活动。大力发展浙港澳台服务贸易,共同培养服务业管理人才和贸易专业人才。加强证券期货市场与港澳台资本市场的互动,鼓励符合条件的企业到香港上市融资。加快建设台商投资区、台湾农民创业园、两岸区域性金融服务中心,加强旅游和文化合作,扩大对台直接"三通"和直接贸易。积极吸引港澳台企业落户浙江,引导省内各类资本与港澳台资本相结合。

(四)加强区域合作与交流

加快推进长三角区域一体化发展。贯彻实施国务院长三角指导意见和区域规划,加强区域分工合作,共同构建亚太地区重要门户、全球重要现代服务业和先进制造业中心、具有较强国际竞争力的世界级城市群,在科学发展、和谐发展、率先发展和一体化发展方面走在全国前列,努力建设成为实践科学发展观的示范区、改革创新的引领区、现代化建设的先行区、国际化发展的先导区。加快建设长三角区域重大基础设施体系、统一开放市场体系和方便高效公共服务体系,加强区域生态环境共保联防,优化区域发展环境。进一步创新区域合作机制,深化开展重点专题组合作。

加强与周边地区、中西部和东北等地区互动发展。推动温州、衢州、丽水等参与海峡西岸经济区建设,联合闽赣统筹规划建设基础设施、加强产业合作对接、构建统一市场,推动要素无障碍流动。积极参与皖江城市带产业承接转移示范区建设,共同加强新安江流域上游生态环境保护。支持省际城市加快发展,鼓励与沪苏闽赣皖等交界市县开展多种形式的合作交流,促进区域共同发展。鼓励企业积极参与中西部地区和东北老工业基地的国企改革改造,以及产业和基础设施项目建设。探索"投资换资源"和"煤电联合开发"等多种合作模式,建设一批省外粮食、能源、矿产等战略资源供给基地。关心支持海外省外浙商发展,实施"浙商回归工程",积极引导省外浙江人回乡兴办高层次产业,促进"浙江经济"与"浙江人经济"融合发展。

切实做好对口支援和帮扶工作。进一步抓好对口支援西藏那曲、新疆阿克苏(生产建设兵团农一师)以及青海海西州工作,继续做好对口帮扶四川、贵州以及重庆三峡库区工作。做好对口支援青川灾后恢复重建后续工作,建立长期帮扶机制。

为确保"十二五"规划顺利实施,必须在充分发挥市场配置资源基础性作用的同时,正确履行政府职责,调控引导社会资源,建立责任明确、分类指导、高效协调的规划实施机制。推进规划体制改革,加快规划立法进程,建立完善以国民经济和社会发展规划纲要为统领,以主体功能区规划为基础,以区域规划、专项规划为支撑的发展规划体系;制定《纲要》分解落实方案,加强与城乡规划、土地利用规划等各类规划以及年度计划的衔接,把《纲要》确定的约束性指标和公共服务领域的任务纳入各地区、各部门绩效考核评价体系,并与发展方式转变评价指标体系相衔接;按照以规划带项目的原则,先编规划、后定项目、再安排资金,加快编制专项规划,有序推进重大建设项目的组织实施;建立健全规划监测评估制度,推进规划年度监测、中期评估和后评估工作,建立健全主要目标任务实施跟踪反馈和监督检查机制;强化政策统筹协调,推进综合配套改革,优化公共资源配置,保障规划目标和任务的顺利完成。

"十二五"规划是坚持科学发展、推进转型发展的重要规划。全省人民要更加紧密地团结在以胡锦涛为总书记的党中央周围,在中共浙江省委的领导下,用好新机遇,迎接新挑战,再创新优势,为圆满完成"十二五"规划确定的各项目标任务,全面建成惠及全省人民的小康社会而努力奋斗!

杭州市国民经济和社会发展
第十二个五年规划纲要

（2011 年 1 月 28 日杭州市
第十一届人民代表大会第六次会议批准）

序　　言

《杭州市国民经济和社会发展第十二个五年（2011～2015 年）规划纲要》，是根据《中共杭州市委关于制定杭州市国民经济和社会发展第十二个五年规划的建议》编制的，是我市深入贯彻落实科学发展观、加快转变经济发展方式的总体规划，是政府履行经济调节、市场监管、社会管理和公共服务职责的重要依据，是引导全市人民率先全面建成小康社会，共建共享"生活品质之城"的行动纲领。

第一章　指导思想和发展目标

第一节　发展基础和背景

1. 发展基础

"十一五"时期是不平凡的五年，面对国际金融危机的巨大冲击，全市上下坚持以科学发展观为统领，认真贯彻党中央、国务院和省委、省政府各项决策部署，紧扣发展这个第一要务，突出加快转变经济发展方式和城市发展方式这条主线，实施"六大战略"，破解"七难问题"，推进"一化七经济"，积极应对国际金融危机冲击，全面推进经济、政治、文化、社会和生态文明建设，共建共享与世界名城相媲美的"生活品质之城"，胜利完成了"十一五"规划确定的主要目标任务，经济社会发展的协调性、可持续性、普惠性进一步增强，城乡面貌发生了新的历史性变化。综合实力显著增强，初步统计，2010 年，全市地区生产总值达到 5945.82 亿元，年均增长

12.4%。按常住人口计算,人均地区生产总值达到 68398 元。城市功能明显增强,"钱塘江时代"拉开帷幕,杭州的知名度和美誉度显著提升。转型升级实现突破,全市第三产业增加值占地区生产总值比重由 2005 年的 44.2% 提高到 2010 年的 48.7%,自主创新能力不断提高。社会民生持续改善,2010 年,市区城镇居民人均可支配收入达到 30035 元,全市农村居民人均纯收入达到 13186 元,年均分别增长 12.6% 和 11.5%。社会就业比较充分,城镇登记失业率控制在预定目标以内。生态环境持续改善,节能减排取得新成效,单位生产总值能耗、化学需氧量和二氧化硫排放量等三大约束性指标完成"十一五"确定的目标。

当前,我市经济社会发展中仍存在一些深层次矛盾和问题。经济转型升级不够快,服务业发展水平偏低,战略性新兴产业发展有待进一步培育,自主创新能力不够强,城乡区域发展不够协调,社会发展仍滞后于经济发展,基本公共服务体系还不健全,保障科学发展的体制机制有待完善。这些矛盾和问题,都需要在"十二五"时期继续着力解决。

表1 杭州市"十一五"规划主要指标完成情况

属性	指标名称		单位	2005 年	规划目标		完成情况	
					2010 年	年均增长	2010 年	年均增长（提高）
预期性	全市生产总值		亿元	2943.84	4900（05 年价）	11%	5945.82（当年价）	12.4%
	人均生产总值	户籍人口	元	44871	68500（05 年价）	9%	86642（当年价）	11.4%
		常住人口	元	38303	60000（05 年价）	8.6%	68398（当年价）	9.7%
	第三产业增加值占生产总值比重	全市	%	44.2	47	—	48.7	0.9 个百分点
		市区	%	47.6	50 以上	—	52.7	1 个百分点
	出口总额（不含省）		亿美元	138.73	280	15%	285.7	15.5%
	高等教育毛入学率		%	47	55	—	55.7	1.7 个百分点
	城市化水平		%	66.6	70	—	70 以上	—
	市区城镇居民人均可支配收入		元	16279	25000	9%	30035	12.6%
	全市农村居民人均纯收入		元	7655	11000	8%	13186	11.5%
约束性	城镇登记失业率		%	3.71	<4.5	—	2.19	
	5 年累计城镇新增就业岗位		万个	—	[80]	—	[106.06]	—
	企业职工基本养老保险参保人数		万人	169.24	210	8%	278.69	10.5%
	新型农村合作医疗乡镇覆盖率		%	100	100	—	100	—
	万元生产总值能耗		吨标煤	0.87	[−20%]	−4.40%	0.68	[−20.6%]
	万元生产总值水耗		M³/万元	168	<125	−8.5%	91	[−46.1%]
	主要污染物排放量	化学需氧量	万吨	14.54	[−15.1%]	−3.20%		[−15.4%]
		二氧化硫	万吨	10.33	[−15%]	−3.20%		[−15.1%]

注:[ ]内数据为五年累计数。

2. 发展环境

"十二五"时期,我市发展的外部环境面临深刻变化。

从全球看,世界经济处在重要的调整期。经济全球化深入发展,亚太经济一体化进程明显加快,国际贸易和跨国直接投资还将再趋活跃,绿色经济方兴未艾,科技创新孕育新突破,有利于我市参与国际合作与竞争,提高开放层次和水平,推进科技和产业创新。同时,国际金融危机影响深远,制约世界经济增长的因素增多,全球需求结构出现明显变化,各种形式的保护主义抬头,全球气候变化和能源资源的制约进一步加大。

从国内看,我国有效巩固和扩大了应对国际金融危机冲击成果,经济社会发展仍处于可以大有作为的战略机遇期和关键转型期,既面临难得的历史机遇,也面对诸多可以预见和难以预料的风险挑战,加快转变经济发展方式将成为中长期发展的战略任务。工业化、信息化、城镇化、市场化、国际化深入发展,国内需求持续扩大,经济结构加快转型,体制活力显著增强,社会大局保持稳定,有利于我市经济社会又好又快发展。城乡区域协调发展步入新阶段,《长江三角洲地区区域规划》全面实施,长三角地区加快发展、率先发展、和谐发展、一体化发展上升为国家战略,有利于我市接轨大上海、融入长三角。

3. 发展阶段

"十二五"时期,我市人均 GDP 将实现从 1 万美元向 2 万美元跨越,经济社会处于转型发展的战略关键期。这一阶段,经济结构加速转型升级,服务业成为拉动经济发展的主要动力,自主创新能力成为产业结构优化升级的内在动力。城乡区域一体化步伐进一步加快,城市化形态呈现新趋势。社会结构加速转变,中等收入群体逐步扩大,市民素质不断提高。同时,这一阶段,国际金融危机影响深远,世界经济缓慢复苏和竞争加剧的特征非常明显,保持经济长期平稳较快发展的压力空前加大;资源环境对发展的刚性制约特征非常明显,调整结构,转变经济发展方式的压力空前加大;社会矛盾交织多发的特征非常明显,促进社会公平正义,维护社会和谐稳定的压力空前加大;城乡区域发展不协调,城市化带来的现代"城市病"特征非常明显,统筹城乡区域发展的压力空前加大。破解这些难题,要求我们以宽广的全球意识,开放的战略思维,统筹的根本方法,切实增强忧患意识、风险意识、责任意识,加快推进经济社会转型,推动全面发展迈上新台阶。

第二节　指导思想

1. 指导思想

高举中国特色社会主义伟大旗帜,以邓小平理论和"三个代表"重要思想为指导,深入贯彻落实科学发展观,全面贯彻落实省委"八八战略"和"创业富民、创新强省"总战略,以科学发展为主题,以加快转变经济发展方式为主线,以富民强市、社会和谐为主旨,深入实施"六大战略",着力调整经济结构,着力统筹城乡区域发展,着力深化改革开放,着力加强自主创新,着力建设生态文明,着力提升文化软实力,着力保障改善民生,共建共享"生活品质之城",全面建成惠及全市人民的小康社会,开启率先基本实现现代化新征程,开创杭州科学发展新局面。

2. 基本原则

推进"十二五"发展,必须坚持以下原则:

——坚持率先发展。按照中央对长三角地区和省委对杭州发展的总体要求,把坚持科学发展作为坚持发展是硬道理的本质要求,把加快转变经济发展方式作为推动科学发展的必由之路,把加快发展、率先发展作为检验杭州科学发展、转型升级成效的重要标准,推动杭州经济社会发展继续走在前列,努力在全省发挥龙头领跑示范带头作用。

——坚持转型发展。把经济结构战略性调整作为加快转变经济发展方式、推动科学发展的主攻方向,调整优化需求结构、要素投入结构和产业结构,扩大内需特别是消费需求,促进经济增长向三次产业协同带动、消费投资出口协调拉动转变,推动杭州经济社会发展全面转入科学发展轨道,提高发展的全面性、协调性和可持续性。

——坚持创新发展。把科技创新和改革开放作为加快转变经济发展方式、推动科学发展的重要支撑和强大动力,充分发挥科技第一生产力和人才第一资源的重要作用,深化各领域改革创新,提高对外开放水平,不断增强发展的活力和动力。

——坚持统筹发展。把统筹城乡区域发展作为加快转变经济发展方式、推动科学发展的重要内容,促进城乡区域生产要素合理流动、发展空间集约利用、公共资源均衡配置、公共服务均等覆盖、公共财政惠及城乡,加快形成城乡区域发展一体化新格局。

——坚持绿色发展。把建设资源节约型、环境友好型社会作为加快转变经济发展方式、推动科学发展的重要着力点,深入贯彻基本国策,加强生态文明建设,促进经济发展与人口资源环境相协调,走可持续发展道路。

——坚持和谐发展。把保障和改善民生作为加快转变经济发展方式、推动科学发展的根本出发点和落脚点,突出富民惠民安民导向,坚定不移地走共同富裕道路,推动经济社会发展相协调,保障人民权益,促进公平正义,提高生活品质,让全市人民共享改革发展成果。

第三节　发展目标

1. 总体目标

力争科学发展水平居全国全省前列,率先全面建成惠及全市人民的小康社会,物质基础更加雄厚,城乡区域更加协调,生态环境更加优美,文化更加繁荣,社会更加和谐,政治更加清明,人民生活更加殷实,共建共享"生活品质之城"提高到一个新水平。

2. 具体目标

——综合实力迈上新台阶。在优化结构、提高质量、降低消耗、保护环境的基础上,实现经济长期平稳较快发展。全市地区生产总值年均增长10%,到2015年,全市地区生产总值达到1万亿元。中心城市高端要素集聚、科技创新、文化引领和综合服务功能显著增强,文化名城建设加速推进,城市文明程度和国际化水平进一步提高。

——民生保障得到新加强。城镇登记失业率控制在4%以内,力争实现充分就业。城镇居民人均可支配收入和农村居民人均纯收入分别年均增长11%和12%,实现居民收入增长和经济发展同步,收入差距扩大趋势得到遏制。基本实现人人享有社会保障,进一步提高保障水平。市民受教育程度稳步提高,新增劳动力平均受教育年限达到13.7年。教育、卫生、文化、体育等社会事业加快发展,民主法制更加健全,社会保持和谐稳定。

——转型升级实现新突破。产业结构调整成效明显,具有杭州特色的"3+1"现代产业体系基本建立。到2015年,全市服务业增加值占地区生产总值比重达到54%左右,形成以服务业为主的产业结构。社会消费品零售总额年均增长14%左右,全社会固定资产投资年均增长13%左右,出口年均增长10%左右,形成消费、投资、出口协调拉动经济增长格局。

——自主创新跃上新高地。创新型城市建设加快推进,企业创新主体作用进一步增强,开发区创新载体作用进一步突出,创新环境进一步优化。科技进步对经济增长的贡献率显著提升,研究与试验发展经费支出占国内生产总值比重达到3%以上,高新技术产业占工业销售产值的比重达到35%。科技综合实力和区域创新能力居全国大中城市先进地位。

——统筹发展呈现新格局。城市国际化全面提升,中心城市的辐射力、带动力明显增强。城市化水平达到74%。市区与五县(市)一体化发展新模式基本建立,区域整体发展水平显著提高。新农村建设加速推进,城乡要素自由流动、一体化发展的新格局初步形成。

——生态建设取得新成效。生态建设和环境保护进一步加强,低碳城市建设走在全国前列。单位生产总值能耗、二氧化碳排放和主要污染物排放完成国家下达任务,土地、水资源的利用效率大幅提高。森林覆盖率保持稳定,水环境功能达标率和空气质量明显提高。

表2　"十二五"时期杭州市国民经济和社会发展主要指标

类别	指标名称		2010年	2015年目标值	年均增长(提高)	指标属性
经济发展	全市生产总值(亿元)		5945.82	10000	10%	预期性
	人均生产总值(常住人口,元)		68398	102500	8.5%	预期性
	社会消费品零售额(亿元)		2146.08	4130	14%	预期性
	全社会固定资产投资(亿元)		2753.13	5000	13%	预期性
	出口总额(不含省属,亿美元)		285.7	460	10%	预期性
	地方财政收入(亿元)		671.34	1200	12%	预期性
结构优化	第三产业增加值占生产总值比重(%)	全市	48.7	54左右	[5.3]	预期性
		市区	52.7	60	[7.3]	预期性
	规模以上高新技术产业占工业销售产值的比重(%)		25.1	35	[9.9]	预期性
	城市化率(%)		70以上	74	[4]	预期性
创新发展	研究和试验发展经费支出占生产总值的比重(%)		2.75	>3	[0.25]	预期性
	财政教育经费支出占一般预算支出比重(%)		—	省下达指标	—	约束性
	专利授权量(其中:发明专利授权量)(件)		25500(3100)	30000(4000)	3.3%(5.2%)	预期性
	新增劳动力平均受教育年限(年)			13.7	—	预期性
	高等教育毛入学率(%)		55.7	58	[2.3]	预期性

续表

类别	指标名称	2010 年	2015 年 目标值	年均增长 （提高）	指标 属性
民生改善	5 年新增城镇就业(万人)	[106.06]	—	[85]	约束性
	城镇登记失业率(%)	2.19	<4	—	预期性
	城镇居民人均可支配收入(元)	30035	50600	11%	预期性
	农村居民人均纯收入(元)	13186	23250	12%	预期性
	城乡居民收入比(%)	2.28	<2.18	—	预期性
	人口自然增长率(‰)	3.41	3.5 左右	—	约束性
	城乡居民基本养老保险参保率(%)	70	>95	—	约束性
	城乡居民基本医疗保险参保率(%)	94.57	>95	—	约束性
	新增保障性住房建筑面积(万平方米)	409.27	—	[1750]	约束性
	亿元生产总值生产安全事故死亡率(%)	0.148	0.09	—	约束性
资源环境	耕地保有量(万公顷)	22.6	22.1	[−0.5]	约束性
	单位生产总值能耗(吨标煤/万元)	0.68	省下达指标	—	约束性
	单位工业增加值用水量(立方米/万元)	58	省下达指标	—	约束性
	单位生产总值二氧化碳排放量(吨/万元)	—	省下达指标	—	约束性
	主要污染物排放(万吨)	—	省下达指标	—	约束性
	林木蓄积量(万立方米)	4350	4650	[300]	约束性
	城市污水集中处理率(%)	83	90	[7]	预期性

注:1. [ ]内数据为五年累计数;2. 主要污染物排放包括化学需氧量、二氧化硫、氨氮和氮氧化物。

第二章　努力扩大内需

认真贯彻中央扩大内需特别是消费需求的战略,建立有利于扩大内需的长效机制,挖掘内需潜力,优化投资结构,稳定物价水平,加快形成消费、投资、出口协调拉动经济增长新局面。

第一节　积极拓展内需市场

1. 大力开拓国内市场

坚持政府引导、企业主导,鼓励企业在拓展国际市场、本地市场的同时大力开拓国内市场。完善市场营销网络,积极推动大型专业市场到市外创办分市场,利用专业市场的品牌效应扩大杭州产品的国内市场份额。依托各行业协会,加强与北京、上海、广州等市场辐射力强的国内中心城市的经贸交流与合作。积极组织我市企业参加全国性、区域性的大型展会,充分利用大型展会提高杭州产品在国内市场的知名度。

2. 积极扩大在杭消费

积极利用"西博会"、"休博会"和各类节庆活动等平台,促进会展消费。整合提升"三江两岸"

旅游资源,深入推进"旅游西进",拓展和延伸大杭州消费市场。创新营销方式,积极吸引外地居民、国内外游客来杭消费,力促外地游客在杭延长消费时间、扩大消费种类。充分发挥杭州的品牌优势、资源优势、区域优势,提升杭州作为中心城市的吸引力和聚集效应,大力发展夜间经济,挖掘消费潜力。

第二节 建立扩大消费需求的长效机制

1. 提高城乡居民收入水平

合理调整收入分配关系,努力提高居民收入在国民收入分配中的比重、劳动报酬在初次分配中的比重,积极创造条件增加居民财产性收入,逐步形成中等收入群体占多数的分配格局和社会结构。稳步提高企业退休人员待遇。深入实施低收入群众增收行动计划和低收入农户奔小康工程。探索建立最低工资标准与人均地区生产总值联动增长机制,加快推进企业工资集体协商制度,促进职工工资较快增长。增加农民的薪金、股金、租金和保障性收入,增强农民职业技能和创收能力,加快农民增收步伐。

2. 扩大消费需求

巩固扩大城市居民消费,大力开拓农村消费市场,建立扩大消费需求的长效机制。加强市场流通体系建设,发展新型消费业态,拓展新兴服务消费,完善鼓励消费的政策,改善消费环境,促进消费结构升级。推广信用消费,适当降低消费信贷门槛,推动消费信贷由住房、汽车等重点领域向旅游、教育、家庭耐用品等领域延伸。合理引导消费行为,倡导文明、节约、绿色、低碳的消费模式,积极推进可持续消费发展。整顿和规范市场经济秩序,营造公平、安全、有序的市场消费环境,切实维护消费者合法权益。

3. 稳定价格水平

加强政府对价格特别是消费品价格监管,做好货源组织和市场供应工作,稳定居民生活必需品和重要生产资料价格。提高城镇居民最低生活保障标准,健全市区物价上涨与低收入群体补贴联动政策。继续执行企业退休人员基本生活品价格浮动补贴政策。进一步清理和取消不合理收费项目,切实规范收费行为。切实加强重要商品储备和价格监测预警,防范市场价格异动,落实"菜篮子"市长负责制,稳定提高市区蔬菜自给率。

第三节 继续发挥投资的拉动作用

1. 保持投资合理增长

稳固和扩大投资增长基础,发挥投资对扩大内需的重要作用,把扩大投资与增加就业、改善民生有机结合起来,继续保持投资合理增长,全社会固定资产投资年均增长13%左右。加强项目储备和前期工作,集中力量抓好一批影响全局、支撑长远发展的重大项目。创新重大项目实施机制,加强重大建设项目督查、稽查工作和绩效评价。坚持节约集约安全用地,保障重点急需用地,提高土地等要素的产出率和可持续能力。

2. 调整优化投资结构

优化投资结构,提高投资质量和效益,有效拉动经济增长。发挥产业政策导向作用,引导投资进一步向民生保障和社会事业、农业农村、科技创新、生态环保、资源节约等领域倾斜。坚持区别对待、分类指导,引导投资更多地投向五县(市)。严格执行投资项目用地、节能、环保、安全等准入标准,有效遏制盲目扩张和重复建设。继续改善投资效率,进一步提高投资强度、单位土地效益产出、投入产出比等指标。优化政府投资结构,防范投资风险。

3. 努力扩大民间投资

进一步完善扩大民间投资的政策举措,为民间投资创造更好的制度环境,引导民间投融资行为规范发展,发挥民营企业在扩大内需和推进转型升级中的重要作用。进一步打破行业垄断,扩大市场准入范围,降低民营企业准入门槛,鼓励和支持民间资本进入基础产业、基础设施、国防科工、市政公用事业、社会事业、金融服务、文化产业等领域,不断提高民间投资在全社会投资中的比重。大力吸引和集聚民营企业总部。

第三章　产业结构优化升级

以建立"3+1"现代产业体系为导向,提升产业层次,优化产业布局,全力打造国际重要旅游休闲中心、全国文化创意中心、电子商务中心、区域性金融服务中心、高技术产业基地。

第一节　优先发展现代服务业

1. 突出服务业发展重点领域

深入实施"服务业优先"战略,大力推进生产性服务业集聚化发展,积极推进生活性服务业便利化发展,加快推进公共服务业均等化发展。大力发展楼宇(总部)经济、服务外包、空港经济、高铁经济、会展经济、健康经济等新型服务业态。加快形成以服务业为主的产业结构。

文化创意产业。加快发展八大门类文化创意产业,推动文化创意产业与一二三产融合发展,增强多元化供给能力,满足多样化社会需求。加强文化创意产业集群建设,提升文化创意产业园区竞争力,形成创新能力强、产业规模大、文化品位高、产业特色鲜明、创业环境一流、专业人才聚集、知名品牌众多、产权保护严密、公共服务完善的文化创意产业集群,努力打造全国文化创意中心。

旅游休闲业。推进旅游国际化,创新发展会展、运动休闲、健康养生、休闲农业、文化休闲、旅游装备六大产业,完善旅游接待设施,健全旅游公共服务体系,建设国际重要旅游休闲中心。

金融服务业。大力发展中小金融机构、资产(财富)管理投资机构,加大金融后台服务基地建设力度,加快引进国内外金融企业和金融人才,努力打造长三角南翼金融中心。

信息与软件服务业。大力发展电信运营、软件产品、系统集成、信息技术服务、嵌入式软件、集成电路设计等。充分发挥阿里巴巴等领军企业作用,形成电子商务产业集群,拉长电子商务产业链,全力打造全国电子商务中心。

现代物流业。加快发展港口、陆路口岸、航空等集疏散、中转、配送功能的枢纽转运型物流,加快杭州空港物流保税中心建设,建设全国物流节点城市。

商贸服务业。进一步发展城乡连锁经营和物流配送,着力保障民生必需品正常供应,积极发展电子商务、网上购物等商贸新兴业态,加快传统市场整合提升,推进新一轮特色街区建设。

房地产业。积极发展商业地产,增加普通商品房供给,合理引导住房需求,加快房地产服务业发展,发展节能环保建筑,改善房地产市场调控,抑制房价过快上涨,促进房地产市场健康稳定发展。

科技服务业。鼓励发展研发、设计、创意、技术推广等科技含量高、附加值高的服务业,培育一批拥有自主知识产权和知名品牌的科技服务业龙头企业和知名品牌,确保科技服务业在全省的领先地位。

中介服务业。大力引进国际著名的会计、法律、咨询、评估等中介服务企业,争取形成信息咨询、会计税务、法律仲裁、广告及设计、知识产权、人力资源服务等优势行业,努力打造中介服务业领先城市。

社区服务业。通过打造社区服务平台、深化社区服务载体、完善社区综合服务保障等方式,加快家庭服务业发展,基本形成便捷化、广覆盖的新型社区服务体系。

2. 建设现代服务业集聚区

顺应生产性服务业集聚发展的要求,立足基础,突出特色,积极打造文化创意产业、金融服务业、现代物流业、信息与软件服务业等生产性服务业集聚区。完善管理机制,强化规划引导,积极推进区域整合。重点发展杭州国家软件产业基地、滨江电子商务集聚区、钱江新城杭州金融城、钱江世纪城中央商务区、杭州国家动画产业基地、杭州经济技术开发区服务外包示范园区等现代服务业集聚区,积极引导国际组织,推进世界包装组织亚包中心总部建设。以新城和城市综合体为载体,大力发展楼宇(总部)经济,着力打造民营经济企业总部中心和全国文化创意中心,保持杭州楼宇(总部)经济在全国大中城市中的领先地位。

3. 完善服务业发展体制和政策

以国家现代服务业综合改革试点城市为契机,大力推进服务业体制和政策创新。坚持"非禁即入",放宽市场准入,鼓励民间资本进入服务业领域。完善投融资体制,加大对服务业的信贷支持,积极支持符合条件的服务业企业通过发行股票、债券等多渠道筹措资金。加大政策扶持力度。加强现代服务业发展用地保障,对市重点服务业聚集区的项目及列入鼓励类的服务业重大项目,在供地安排上予以倾斜。进一步落实扶持现代服务业发展的税收优惠政策,调整服务业用水、用电、用气价格及收费政策。加大财政投入,充分发挥财政资金对服务业发展的引导作用。加强现代服务业商标品牌培育力度。

第二节　大力发展先进制造业

1. 大力培育战略性新兴产业

充分利用杭州现有和潜在优势,积极引导人才、技术、资金、土地等资源要素向战略性新兴产业集聚,努力将战略性新兴产业打造成为产业升级的突破口,经济增长的新引擎。

新一代信息技术产业。重点发展物联网、云计算、软件、现代通信、大规模集成电路、下一代互联网等,打造"互联网经济强市"和"物联网经济高地",使杭州成为重要的新一代信息产业基地。

高端装备制造产业。重点发展重大关键及成套装备、轨道交通装备、智能制造装备等,建设长三角重要的高端装备制造业基地。

生物产业。重点发展生物医药(包括创新药物、生物疫苗、诊断试剂、现代中药),积极培育生物农业、生物服务、生物能源、生物制造、生物环保产业,实现产业规模快速增长,建成浙江省生物产业研发中心和产业化重要基地。

节能环保产业。重点发展新光源产业、低碳技术的研究与应用、污染物治理技术与装备、环保材料、节能关键技术装备、资源循环利用以及节能环保技术服务业,形成具备较强的国际及区域产业合作和竞争能力的节能环保产业。

新能源产业。重点发展太阳能、风能、潮汐能、核能、水能的发电装备制造和新型电池、生物质能等,建成国内重要的新能源装备产业化基地。

新材料产业。重点发展电子信息材料、光通信材料、纳米材料、新型纺织材料、新型化工材料等,形成一批具有国际竞争力的新材料产业集群。

新能源汽车产业。重点发展新能源汽车整车和关键零部件,突破并掌握一批新能源汽车关键技术,建成国内新能源汽车研发、制造和推广应用的重要基地。

同时,积极发挥杭州海洋科技、人才资源优势,推进陆海联动,加快海洋高技术产业和现代服务业发展。重点发展涉海工程装备、海洋生物医药和海水综合利用等。

2. 提升改造传统优势产业

以提升技术含量和附加值为导向,积极运用高新技术、先进适用技术特别是信息技术改造提升传统优势产业。进一步加快产业结构调整,淘汰落后产能,实施品牌战略,增强产品开发能力,提高产品附加值,推动产业升级换代。提高制造业水平和竞争力,推动制造业大市向制造业强市转变。积极运用新技术、新材料、新设备、新结构,提高建筑业的整体竞争力,推进建筑业转型升级。

纺织丝绸。重点发展替代进口面料、高档真丝绸、新一代化纤产品、名牌女装、服饰用品、产业用纺织品和装饰用纺织品,努力成为国际上重要的纺织品生产出口基地。

汽车及零部件。优先发展乘用车,积极发展中高档大中型客车,做大做强汽车零部件制造。加强自主开发和品牌打造,提高国际竞争力。

轻工食品。积极发展智能化、个性化和环保型的家居电器、厨卫电器、影音电器等家电新产品;大力发展方便食品、绿色食品、新型功能食品和海洋生物食品;大力发展包装工业,推进亚包中心制造业基地建设;积极发展高档纸板、工业技术配套用纸和特种纸,提升塑料、印刷、文体用品和工艺美术制品。

精细化工。重点发展有机硅、高等级子午线轮胎、高档染料、食品和饲料添加剂等,培育信息化学品、生物化学品、工业表面活性剂、纳米新化工材料等高科技精细化工产品。

建材。重点发展环保、绿色、节能型建筑陶瓷、玻璃、钢结构、新型墙体材料和无机非金属新材料、高档装饰材料。

3. 培育现代产业集群

实施集群化发展战略,把产业集群发展和转变经济发展方式、促进结构调整和产业升级、推进技术进步有机结合起来,增强国家级开发区科技示范、产业引领和功能辐射作用,推动省级开发区提升扩容,加大城镇特色工业功能区整合提升力度,优化产业集聚环境,促进块状经济产业链纵向延伸和横向拓展,加快培育和发展一批特色明显、结构优化、体系完整、环境友好和市场竞争力强的产业集群。重点提升杭州装备制造、萧山纺织化纤、余杭家纺、富阳造纸、建德精细化工五个省级产业集群和临安先进装备、桐庐发电设备、淳安食品饮料等一批市级产业集群。

第三节　重点培育大产业大平台大企业

1. 大力扶持十大产业

发挥我市产业的比较优势,突出重点,集中力量,着力在现代服务业和战略性新兴产业中培育产业基础强、发展潜力大的十大产业。设立十大产业发展基金,强化政府引导和政策扶持。推进研发平台建设,强化核心关键技术研发,实现重点领域突破,提高产业水平和竞争力。完善政府公共服务平台,组织开展国内外有影响的重大产业活动,使十大产业成为在全国具有重要影响力的产业,着力提升我市在全国产业体系中的地位。

2. 加快构建产业集聚区

统筹规划产业集聚大平台建设,重点加快大江东产业集聚区和城西科创产业集聚区两大省级产业集聚区建设,形成东西呼应、优势互补、错位发展的空间开发结构,成为杭州科技创新和产业发展的新两翼。提升发展现有各类开发和产业集聚区,优化空间布局,完善功能配套,提高产出率。规划建设一批市级产业集聚区,打造新的增长点。强化产业集聚区的政策要素保障,建立协调机制和管理体制,重点保障建设用地需求,加大财政、金融和税收政策支持力度,重点配置环境容量指标,加快交通、信息、供水、供热、供电、生态等重大基础设施及配套服务设施建设,增强集聚区发展的支撑能力。

专栏1　重点扶持十大产业	
文化创意	发展目标:增加值达到1300亿元。
	重大项目(基地):之江文化创意园、白马湖生态创意城、杭州国家动画产业基地、西湖数字娱乐产业园、玉皇山南国际设计创意产业园、太湖源动漫文化创意产业园、青化山"中国坞"文化创意产业园、杭州经济技术开发区游戏天下。
旅游休闲	发展目标:总收入达到1700亿元。
	重大项目(基地):西湖国际会议中心、南宋皇城大遗址公园(博物院)、南宋御街·中山路国际旅游综合体、西溪天堂二期、之江极地海洋公园、滨江旅游综合体(海潮公园)、丁桥皋亭山旅游综合体、湘湖商务旅游综合体、余杭径山生态度假旅游区、千岛湖国际商务度假中心旅游综合体、新安江省级温泉旅游度假区、桐庐富春江休闲旅游度假区、富阳东大道城市小客厅综合体、临安天目山生态旅游综合体。
金融服务	发展目标:增加值达到1000亿元。
	重大项目(基地):钱江新城杭州金融城、庆春路金融服务带、延安路金融服务带、黄龙金融服务区、玉皇山南金融服务区、余杭金融创新园、滨江创投服务中心。

续表

电子商务	发展目标:服务收入突破 1000 亿元。
	重大项目(基地):阿里巴巴淘宝城、阿里巴巴支付宝项目、下城星火电子商务产业园、滨江电子商务集聚区、江干东方电子商务园、下沙电子商务园。
信息软件	发展目标:主营业务收入超 1500 亿元。
	重大项目(基地):浙大网新研发及生产中心、高新区网络与通讯设备基地、杭州音视频产业软件园、华为杭州二期生产基地、杭州数字电视产业基地、网易公司网络游戏研发生产基地、阿里巴巴软件生产基地、杭州高新区软件及服务外包生产基地、杭州移动 TD 产业园、北部软件园。
先进装备制造	发展目标:产值超过 6000 亿元。
	重大项目(基地):中控技术(富阳)有限公司重大工程自动化控制系统等生产线、中国南车轨道车辆产业园、大型盾构机研发制造、西子孚信科技有限公司地铁屏蔽门项目、杭州杭锅重型装备制造有限公司大型重型装备生产基地(二期)、东风裕隆中高档乘用车生产项目、中国青年汽车集团发动机和轿车生产线项目、易辰浮特汽车零部件工业园、西子集团大飞机配套附件项目。
物联网	发展目标:产值达到 1000 亿元。
	重大项目(基地):基于传感网的能源领域应用技术研究(中国电子科技集团公司 52 所)、智能医疗保健管理系统(中国电子科技集团公司 52 所)、杭州海康威视数字技术股份有限公司智能交通解决方案项目、聚光科技(杭州)公司物联网安全监测项目、华数物联网数据处理统一公共服务平台项目、物联网经济示范区(滨江)、中科院杭州射频识别技术研发中心、余杭创新基地物联网园区、电信光纤到户工程、中国联通杭州管线传输(无线)网络建设。
生物医药	发展目标:产值达到 1000 亿元。
	重大项目(基地):默沙东医药项目、军科天龙创新药物产业园、民生药业集团有限公司项目、赛诺菲安万特医药生产基地、杭州海正药用植物有限公司富阳生产基地、浙江爱大制药有限公司生产基地、浙江易邦生物技术有限公司高致病性蓝耳病疫苗、艾康生物(杭州)有限公司抗肿瘤新药开发项目、国际农业生物技术研发平台(萧山)、桐君生物医药产业基地。
节能环保	发展目标:产值达到 1400 亿元。
	重大项目(基地):中国节能投资公司环境与能源产业基地项目、台湾中强广电集团 LED 生产线及新型笔记本电池项目、杭州士兰明芯科技有限公司高亮度 LED 芯片生产项目、聚光科技(杭州)有限公司安全与环境监测系统生产基地、杭州海鲸光电科技有限公司 LED 芯片及应用项目、杭州柏年标识制作有限公司 LED 及太阳能技术应用。
新能源	发展目标:产值达到 1000 亿元。
	重大项目(基地):西溪光伏产业园、杭州太能硅业有限公司年产 5000 吨 SoG-Si 生产线项目、杭州集美新材料有限公司年产 250MW 单、多晶硅太阳能电池片生产线项目、上方能源技术(杭州)有限公司 200MW 薄膜化合物光伏生产设备制造项目、杭州聚隆实业公司太阳能薄膜电池项目、东方电气新能源设备(杭州)有限公司年产 350 台(套)直驱式永磁风力发电机组及装置、潮汐发电机组项目、浙江瑞迪科技有限公司新能源汽车、电动大巴动力系统生产项目、台湾铼德集团光伏发电设备项目、杭州圣照光电有限公司光伏太阳能设备项目、杭州铁路东站枢纽 10MW 太阳能光电建筑应用示范、杭州天裕光能科技有限公司年产量 120MW 非晶硅薄膜太阳能电池生产和研发项目、龙炎能源科技(杭州)有限公司碲化镉薄膜太阳能电池研发和制造产业化项目、浙江富春江核电设备制造项目。

3. 培育引进大企业大集团

积极推进企业创新,合理引导企业兼并重组,培育一批拥有核心竞争力和国际知名品牌的大企业大集团,做专做精一批大行业龙头企业,高度重视服务业大企业大集团和全国 500 强、全球 500 强企业的培育。大力扶持高新技术企业,深入实施大企业大集团培育计划、成长型中小企业培育计划("瞪羚计划")、科技型初创企业培育计划("雏鹰计划")。积极引进重大产业项目、国内外知名企业特别是高新技术企业。

第四节　积极发展高效生态农业

1. 稳定粮食生产能力

以深化粮食生产功能区建设为抓手,加大农田基础设施建设,继续推进杭州东北部粮油和富春江沿岸粮油产业带建设。有效制止耕地抛荒,稳定粮食生产能力,提高粮食品质,确保全面完成粮食生产任务。

2. 发展优势特色农业

巩固提升茶叶、花卉苗木、水产、节粮型畜禽、蔬菜、竹业等六大优势产业和水果、干果、蚕桑、中药材、蜂业等五大特色产业。推进以"三品"工作为重要抓手的农业标准化工作和品牌建设,大力培育注册农产品证明商标和集体商标。积极发展具有自然特色、田园情趣,展示现代农业设施和科技水平的生态农业、休闲农业、设施农业等新兴产业。改善城乡生态环境,提供安全优质农产品,不断满足多样化的社会需求。

专栏2　六大优势产业与五大特色产业	
优势产业	发展目标
茶叶	提升杭州十大名茶知名度和品质,茶叶面积达到51.3万亩,产量达到2.9万吨。
花卉苗木	积极发展草花、鲜切花产业,花卉苗木面积稳定在35万亩。
渔业	水产养殖面积稳定在90万亩以上,渔业总产量达到23万吨。
节粮型畜禽	稳定生猪产业,推进食草动物发展,加大禽蛋类生产扶持力度,猪肉等主要食用畜产品自给率达到75%以上。
蔬菜	蔬菜播种面积稳定在150万亩左右,总产量320万吨。
竹业	重点建设余杭、富阳、建德、桐庐、淳安毛竹和临安、余杭笋竹等6条产业带。
特色产业	发展目标
水果	种植面积达到65万亩,产量达到87万吨。
干果	重点建设临安、淳安山核桃和建德、富阳、桐庐香榧等4条产业带。提高品质,做精加工,创建品牌,拓展市场,增加产品附加值。
蚕桑	蚕桑面积达到27万亩。
中药材	面积达到7万亩。
蜂业	蜂18.5万箱,蜂蜜总产量2.3万吨。

3. 培育现代农业新型主体

全面落实扶持农业龙头企业发展政策,推进龙头企业向现代农业园区、农产品优势产区集聚。引导鼓励工商企业、农村经纪人、大学毕业生、城镇居民、科技人员等从事农业生产开发,投资创办家庭农场、农庄、农业公司等农业生产企业,培育新型职业农民。继续引导和支持各类主体兴办农民专业合作社,培育农民专业合作社、示范社和联合社。

4. 完善农业服务体系

培育多元化、多形式、多层次的农业生产性服务组织,重点扶持统防统治、代耕代种代管代收、产前产中产后服务、技术咨询指导、人员培训、集团承包等社会化服务组织。到 2015 年,培育市级社会化服务组织 250 个。完善新型农技推广体系,推动现代农业技术产业化。实施种子种苗工程,加强农业种质资源的保护、繁衍和示范应用。培育现代农业流通主体,因地制宜建设大型农产品集散交易中心和大宗农产品仓储基地,提升现代农业物流体系的服务能力。全市乡镇普遍建立健全农业技术推广、动植物疾病防控、农产品质量监管等公共服务机构。

5. 优化农业产业布局

坚持以市场需求为导向,以产业化经营为重点,以高效生态建设为目标,完善"城市、平原、山区"三大农业圈层布局,高起点、高标准建设优势特色农业产业带。推进现代农业园区建设,大力提升农业产业化、组织化程度。建成市农科院西湖龙井茶科研基地、市农科院新科研基地、省食用菌良种繁育基地等三大基地,建成 10 个省级现代农业综合区、40 个以上主导产业示范区、100 个以上特色农业精品园。推进设施农业建设,建成 50 个以上现代设施农业示范园、500 个设施农业小区(设施农业配套项目),使全市的设施农业面积达到 60 万亩。

第四章 统筹城乡区域发展

以新型城市化为主导,统筹城乡区域发展。实施城市国际化战略,以城市化推动国际化,以国际化提升城市化。加快接轨大上海、融入长三角,构建杭州都市经济圈,着力构建"一主三副六组团"和市域网络化大都市,推动杭州城区发展从"西湖时代"向"钱塘江时代"迈进。深入推进社会主义新农村建设,建设全省城乡区域一体化发展先行区。

第一节 建设长三角区域性中心城市

1. 加快融入长三角

坚持"接轨大上海、融入长三角、打造增长极"发展战略,抓住高铁建设契机,发挥杭州作为沪杭、杭甬、杭湖宁三大综合运输通道和沪宁(沪)杭、沿杭州湾、杭湖宁、沿运河 4 条发展带重要节点城市的优势,增强高端要素集聚和综合服务功能,提高自主创新能力、可持续发展能力和城市核心竞争力,全力打造长三角区域性中心城市。推进跨区域重大基础设施一体化建设,提升交通、能源、水利、信息等基础设施的共建共享和互联互通水平,形成分工合作、功能互补的基础设施体系。优化资源配置,引导地区间产业转移和产业结构升级,推动区域协调发展。深化区域合作,搭建企业合作平台,加强与长三角重要城市对口联系。

2. 构建杭州都市圈

实施《杭州都市经济圈发展规划》,进一步发挥杭州中心城市辐射作用,推进杭嘉湖绍四市的全面合作,整合优势资源、大力推进规划共绘、交通共联、市场共构、产业共兴、品牌共推、环境共建、社会共享,实现联动发展,全面提升杭州都市圈整体实力与综合竞争力,建设成为世界第六大城市群重要板块、亚太国际门户有机组成、全国科学发展和谐发展先行区和浙江创业创新核心区。创新区域合作机制,拓展专业合作领域。建立重要资源统筹配置机制,形成区域产业转移引导机制和建设项目利益共享机制。积极创造条件推进轨道交通延伸至杭州都市圈节点县(市)。搭建交流平台,促进政府、企业、民间团体间合作交流。

第二节 增强中心城市综合功能

1. 优化发展主城区

进一步提升综合服务功能和城市品质。率先转变发展方式,加快"退二进三"、"优二兴三"步伐,着力提升科技创新、金融商务、文化创意、旅游会展等高端服务业,加快钱江新城、城东新城、之江新城等新城及西溪天堂、城市之星、复兴国际商务广场等城市综合体建设,加强中央商务区等功能区建设,大力发展楼宇(总部)经济,打造高端要素的集聚区和辐射带动区域发展的主引擎。继续坚持"城市有机更新"理念和"两疏散、三集中"方针,加快"撤村建居"、"城中村"和"景中村"改造,拓展主城区发展空间。加强城市环境保护和生态建设,完善公共服务和配套设施,提高城市人居环境品质。

2. 重点发展三大副城

江南、临平、下沙三大副城要以新城建设为突破口,加快滨江新城、钱江世纪城、空港新城、江东新城、临江新城、余杭临平新城、下沙新城等新城和奥体博览城、地铁滨康站综合体等城市综合体建设,完善城市功能和产业功能。推进交通基础设施建设,着力提升公共服务能力。加强环境保护和生态文明建设,提升宜居程度。萧山区要优化"东兴、中优、南秀"的空间格局,做强现代产业,提升生活品质,优化服务功能,建成大都市强区。滨江区要积极发展高新产业、高端服务业及创意产业,打造高品质人居环境,成为国家发展战略性新兴产业示范区、浙江省实施双创总战略引领区、杭州市建设创新型城市核心区。临平副城要完善综合服务功能,提升国际化和现代化水平,成为杭州东部枢纽型、开放型、宜居型和多功能都市副中心。下沙副城要坚持走城市国际化、产业高端化、环境品质化道路,实现从"建区"到"造城"的转变,建设国际先进制造业基地、新世纪大学城、花园式生态型城市副中心。

3. 加快发展六组团

余杭、良渚、塘栖和义蓬、瓜沥、临浦六个组团,要加强规划引领,加快承接主城人口及产业等转移,形成相对独立、各具特色、功能齐全、职住平衡、设施完善、环境优美的卫星城。加快南湖新城、塘栖新城、湘湖新城等新城及"大美丽洲"良渚文化旅游综合体等综合体建设。以组团中心为重点,加快公共服务中心和城市道路、供水、供电系统、排污、环卫、燃气管道、高速信息网络等设施建设,提高城市品质和宜居创业程度,带动周边地区发展。

4. 提高城市管理现代化水平

全面加强城市管理,着力推进城市管理的科学化、法制化、规范化、智能化,提高城市运行效能。

完善"两级政府、三级管理、四级网络"管理体制,建立科学高效的城市管理机制,整合管理资源,推进综合管理,形成管理合力,落实属地管理责任,促进管理重心下移。着力创新城市管理举措,完善"数字城管"。加强城市洁化、绿化、亮化、序化管理,打造国内最清洁城市。着力缓解交通"两难"问题,强化交通管理,优化交通组织方式,鼓励绿色出行,提倡外来车辆换乘。

第三节 加快县域经济社会发展

1. 积极发展中等城市

五县(市)城关要按照中等城市定位,坚持以规划为龙头,促进县(市)域产业集聚,人口集中,着力发展先进制造业和服务业,提高综合承载能力和城市品位,大力发展县域经济,构建具有区域特色的现代产业体系。增强产业对接、功能延伸的能力,扩大旅游休闲、现代物流、文化创意、先进制造、战略性新兴产业等产业合作,促进产业协作融合发展。大力推进五县(市)老城有机更新。加快桐庐凤川—江南新城、淳安青溪新城、建德洋安新城、富阳东洲新城、富阳创新创意产业新城、临安青山湖科创新城、临安锦南新城等新城及桐庐县城滨江商住综合体、千岛湖进贤湾国际旅游综合体、富阳东洲岛城市"大阳台"综合体、临安太湖源国际生态文化村等综合体建设。

2. 大力培育中心镇

按照小城市定位,通过完善规模体系、创新体制机制,提高公共服务能力,促进人口集中和产业集聚,把省、市级中心镇培育成为产业特色鲜明、生态环境优良、社会事业进步、功能设施完善的区域经济社会中心。重点将部分人口数量多、产业基础好、发展潜力大、区位条件优、带动能力强的中心镇培育成为现代新型小城市。完善县域城镇布局,加强中心镇规划,加快基础设施建设,全面扩大中心镇经济和社会管理权限。支持中心镇财政体制、金融体制等方面的改革,开展农村土地综合整治和土地使用权流转试点,对中心镇建设用地指标给予适当倾斜。加强中心镇建立投融资平台建设,拓宽投融资渠道。加强"风情小镇"创建,发展一批特色城镇。切实加强行政区划管理。

专栏3　重点培育 27 个中心镇	
萧山区	瓜沥镇＊、临浦镇、河上镇
余杭区	塘栖镇＊、余杭镇、瓶窑镇、良渚镇
富阳市	新登镇＊、大源镇、场口镇、万市镇
临安市	昌化镇、於潜镇、太湖源镇、高虹镇
桐庐县	分水镇＊、横村镇、富春江镇、江南镇
建德市	乾潭镇、梅城镇、寿昌镇、大同镇
淳安县	汾口镇、威坪镇、姜家镇、临岐镇
注:带"＊"的为省级小城市培育试点。	

3. 切实加强区县(市)协作发展

充分发挥杭州市区在产业、资金、市场、科技、人才、信息等方面的优势,增强市区对五县(市)

发展的辐射带动作用。加大对五县(市)发展的财政投入。继续推进"旅游西进"、"交通西进",加快推进重大交通基础设施和市政基础设施网络的有效对接。建立杭州城区与五县(市)对口协作机制,各城区每年安排一定资金支持对口协作县(市)。优化市域产业布局,支持有条件的县(市)创建市级产业集聚区。鼓励杭州市区投资主体参与县(市)产业集聚区开发,合作共建产业园区。推动城区工业功能区和县(市)重点开发区、产业集聚区挂钩,建立企业搬迁对口协作关系。以区县(市)产业协作带动市县资源共享、环境共保、生态共建。加强区、县(市)人员交流。大力发展郊区经济,实现区县(市)合作双赢。

第四节　深入推进新农村建设

1. 多渠道增加农民收入

鼓励农民优化种养结构,积极发展特色高效生态农业,增加农民生产经营收入。扶持发展农副产品深加工,鼓励农产品加工业在产区布局,支持有条件的乡镇发展工业及其它非农产业,促进农民转移就业,增加农民工资性收入。生态环境良好的地区,大力发展休闲农业、观光农业、乡村旅游等,促进农村服务业的发展,增加农民家庭经营收入。鼓励扶持农民工和农村大学生返乡创业。加强职业培训,拓展农民就业致富门路,提高农民创业创收能力。

2. 加强农村基础设施建设

完善社会主义新农村建设规划,加快改善农村生产生活条件。加强农村环境综合整治,农村住房改造建设、农村历史建筑保护、下山移民、生态村建设、农村庭院整治。统筹协调市县财政,完善农村公共产品和公共事业投资体制,加大财政资金投向农村基础设施建设力度。加快城镇基础设施向农村延伸,重点在道路交通、水、电、互联网、垃圾处理、污水处理等方面实现改造升级,提升农村基础设施水平。

3. 提升农村公共服务水平

加大中心村培育和特色村建设力度,开展"美丽乡村"建设,推进农村新社区建设,提升农村公共服务水平。提高农村义务教育质量和均衡发展水平,发展农村学前教育和中等职业教育。探索健康农村建设,加强农村三级医疗卫生服务网络建设,逐步提高农村居民医疗保障水平。积极推进农村居民社会养老保险工作,逐年提高养老保障水平。合理确定农村最低生活保障标准和补助水平,实现动态管理下的应保尽保。健全临时救助制度,逐步提高农村五保户集中供养水平。建立农村文化投入保障机制,推进农村文化室、图书室、电影放映等文化惠民工程建设和综合利用。

4. 促进农村人口转移转化

以农民工作为户籍制度的突破口,推进农民工市民化,逐步实现农民工享有与城市居民同等的公共服务保障。重点引导农村人口向县城及中心镇集聚。深入实施下山(库区)移民工程。在尊重农民意愿的基础上,推进宅基地置换城镇房产、土地承包经营权置换城镇社会保障工作,探索农民工在城市落户工作。加快乡镇撤并,条件成熟的改成街道。通过加强就业培训和素质提升,加快被征地农民的市民化进程。大力推进农村劳动力转移,促进农村人口多渠道向二、三产业和城镇转移。

第五章 提升基础设施现代化水平

进一步实施"大项目带动"战略,加快推进基础设施的综合化、网络化和信息化,实施综合交通、能源、水利、信息等"四大体系工程",提升城市可持续发展的综合承载能力。

第一节 构筑综合交通体系

1. 完善综合运输体系建设

构建以高速铁路和高速公路为主体的综合运输体系。建成杭长(沙)、杭甬、宁杭、杭黄客运专线,推进杭台温城际铁路前期工作和建设,谋划大江东产业集聚区铁路货运专线建设。加快建设杭长(兴)、千黄、临金和杭新景二期建德段等高速公路,拓宽改造杭金衢、杭宁、绕城高速公路,规划建设杭州都市圈环线,重点加快钱江通道及接线(钱江大道)、杭州绕城高速公路西复线建设。改造现有国省道及区域干线公路,新建改建国、省道一级公路 214 公里,二级公路 119 公里。进一步完善农村公路交通网络,新增农村联网公路 1000 公里。加强钱塘江、富春江、新安江"黄金水道"建设,推进京杭运河二通道等航道和港口码头建设。

2. 加强综合运输枢纽建设

发挥"公、铁、水、空港"枢纽的综合优势,加强各种运输方式的高效衔接,形成综合运输网络,建设国家级综合交通枢纽。加快实施杭州东站、南站综合交通枢纽项目,打造集铁路、公路、水路、公交等交通工具于一体的综合性大型交通枢纽。实施城站改造工程。加快客运和货运站场建设,加快物流设施建设。建成杭州汽车南站、萧山客运总站、余杭临平客运总站等国家级公路运输枢纽。加快空港建设,实施萧山国际机场二期扩建工程,建设空港物流保税中心,进一步完善机场基础设施和配套功能。积极开辟欧美等新的国际航线航班,提高旅客和货邮吞吐能力,成为浦东国际航空枢纽的重要组成。大力推进五县(市)交通枢纽、节点体系建设。

3. 加快城市快速路系统建设

建成东湖—九堡大桥—通城快速路、之江大桥—彩虹快速路、秋石—风情快速路、德胜快速路东西段、机场高速改造,加快建设环北—艮山快速路、江南大道等重大交通基础设施,加快九堡大桥、望江路过江隧道等钱塘江越江通道项目建设,建成绕城高速公路以内"三纵五横"快速路骨架系统。

4. 推进城市大公交系统建设

坚持"公交优先",加快形成地铁、公共汽车、出租汽车、水上巴士、免费单车一体化的大公共交通系统。大力推进城市轨道交通建设,轨道交通一期工程投入运行,加快建设轨道交通二期工程,力争启动轨道交通延伸至县(市)。优化公交线网,继续推进快速公交 5 号线、7 号线等线路建设。完善"免费单车"服务点。加快公共停车场(库)建设,完善停车新政,实现静态交通和动态交通同步协调发展。

第二节　构建水利设施建设与水资源保护体系

1. 完善防洪抗旱减灾体系

建设防洪排涝骨干工程,提高区域防洪排涝能力。重点缓解易涝区和城市扩大区的洪涝灾害。加快实施苕溪清水入湖河道整治工程、杭嘉湖南排杭州三堡排涝工程、萧山钱江水利枢纽工程、城市防洪及中型水库。抓好重点中小河流治理和地质灾害防治,提高中小城镇和农村的防洪避灾能力。继续实施强塘工程,全面完成钱塘江海塘、分水江干流堤防、浦阳江标准塘工程、富春江东洲北支河道等主要河流干流堤防加固和山塘水库除险加固。进一步完善监测预警体系和应急体系建设,提高全市防范和抵御局地性强降雨、突发性山洪等自然灾害的能力。

2. 强化饮用水安全保障体系

提高供水保证率,增强应对突发污染事件的能力。建设城市供水应急备用水源工程,全面建成闲林水库、萧山湘湖、余杭三白潭。推进水厂供水能力扩建工程,逐步实现供水系统联网运行和市区水源南北两岸资源共享。建立和完善水质监测网络,建立饮用水水源地保护制度,城市和主要城镇饮用水水源地水质全部达标。实施农村饮水安全工程,进一步提高农村人口的饮水安全标准,解决和改善提高农村人口饮水安全。采取乡镇分片集中供水、以村为单位分散供水等模式扩大供水范围,全面解决 36 万农村人口安全饮水问题。

3. 优化水资源利用体系

科学合理有序开发利用水资源,提高水资源配置和调控能力,构建供水安全保障网,保障水资源可持续利用。加强城区引配水工程建设,充分合理利用水资源,保证区域水体流动,使生态水环境得到较大改善。开展小砾山西水东引工程建设,推进千岛湖引水工程前期工作。加大钱塘江流域等水系保护力度,实行严格的水资源管理制度,加强水资源综合利用。

第三节　优化能源保障体系

1. 推进电源、电网建设

按照"适度超前"原则继续加快发展电网,提升电力通道利用率,保障电力供应。重点建设江东天然气热电厂和萧山天然气发电二期工程,完善小水电布局。提高杭州电网受入电源保障水平,重点解决 500 千伏电源变电所布点不足及主城区 220、110 千伏电网瓶颈问题,保障大江东产业集聚区、钱江新城等新城区的电力供应,以中心镇为核心加快推进新型、集约农网建设。新扩建 500 千伏萧浦、钱江、萧东等变电所 4 座,220 千伏变电所 28 座,110 千伏变电所 81 座。积极建设节能、低碳、环保型智能电网,提高电网的智能控制能力,建设供电充裕、运行可靠、网架合理、装备先进、技术一流的坚强智能电网,建成用电环节综合智能化体系。

2. 加强天然气利用

全面提升天然气供应能力,重点加强西气东输一线、川气、西气东输二线、东海气、进口 LNG 等 5 大供应气源联系,成环接纳各种气源。做好场站建设和管道敷设工作,重点推进之江至 320 国道段管道、富阳支线阀室向东南方向穿越钱塘江至滨江站和下沙门站至江东门站建设。强化安全管理工作,充分做好用气调度,建设应急储备气源站,有效提高安全、稳定的供气能力。实行统一的天然气市场价格和公平的用气环境。

3. 推广新能源开发利用

优化提升用能结构,加快推进太阳能等新能源的开发利用。实施"阳光屋顶"应用示范计划,应用光电发电的公共建筑、企业厂房、住宅小区等屋顶面积超过 100 万平方米,太阳能光伏综合应用规模达到 50 兆瓦,成为省内绿色能源应用的主要基地。加快建设太阳能光伏示范电站,建成 10MW 示范站 1 座,1MW 以上示范站 7 座。大力发展水源热泵和地源热泵,推进新安江、富春江、钱塘江、苕溪等水源和地下水热能资源利用。

4. 强化成品油保障

继续发挥国家石油公司的主渠道作用,吸引国内外多种渠道油品资源的流入,保障市场供应充足、稳定。增加石油储备规模,推进油品贮备库建设。新建扩建总管塘油库,尽快建成余杭仁和油库。新建诸暨油库—桐庐(江南)油库的长输管线。合理布局终端供油站点。

第四节 建设高速信息网络体系

1. 推进"三网融合"发展

探索"三网融合"的管理模式和机制,积极推进广电、电信业务双向进入,全面提升"三网融合"基础设施建设,建成国内最先进的网络基础设施。推动智能网、软交换、新一代移动通信、下一代互联网等技术的研发和应用。全面实现广播电视业务高清化、互动化。全面推进"三网融合"产业的发展,重点扶持新业态、新应用产业的发展。

2. 加快"智能杭州"建设

积极推进社会信息化。实施电子政务整合提升工程,加快政务信息资源的共享和开发利用。加快"数字城市"建设,以基础地理数据、遥感影像数据等为基础,建立城市自然资源和空间地理基础数据平台。完善城市基础信息平台,实施"数字城管"工程。加快推进教育、科技、医疗卫生等社会事业信息化,全面推进社区管理和公共服务信息化,建设面向家庭的电子社区网络,全面实施村级综合信息服务站建设工程。构建标准信息平台,积极建设电子商务网络平台。坚持关键技术、标准体系和示范应用"三位一体"发展模式。

专栏4   基础设施十大工程

工程名称	建设内容	"十二五"投资额
高铁	确保建成杭长、杭甬、宁杭、杭黄客运专线,成为国内重要的铁路枢纽城市。	340 亿元
地铁（轨道交通）	建成地铁一期工程,并投入运行,加快建设地铁二期工程,初步形成市区轨道交通骨干线路。力争启动轨道交通延伸至县（市）。	750 亿元
高速公路	加快建设杭州都市圈环线,建成临金高速、千黄高速、杭长高速。	200 亿元
综合交通枢纽	建成杭州东站综合交通枢纽,加快推进杭州铁路南站综合交通枢纽建设,实施城站改造。	220 亿元
城市快速路网	建成东湖—九堡大桥—通城快速路、之江大桥—彩虹快速路、秋石—风情快速路工程、德胜快速路、机场高速公路。	250 亿元
空港二期	建成萧山国际机场二期和空港物流园区。	130 亿元
内河水运航道	加快实施京杭运河杭州段"四改三"工程,新建二通道 26.4 公里。推进富春江船闸扩建改造工程。	120 亿元
水利和水资源利用	实施钱塘江防洪排涝堤塘加固工程、杭嘉湖南排杭州三堡排涝工程、苕溪清水入湖河道整治工程,全面建成闲林水库、萧山湘湖、余杭三白潭,开展千岛湖引水工程前期工作。	120 亿元
电力建设	建设 1000KV 浙北—浙中特高压线路（杭州段）,500KV 浙西南大通道（杭州段）、萧浦变二期扩建工程和钱江、萧东、富西输变电工程,220KV 输变电工程,110KV 输变电工程。	230 亿元
三网融合	建设电信、移动、联通传输网络（基站）项目,实施光纤到户工程,建设云计算、物联网基地。	220 亿元

注:"十二五"投资额为初步估算数。

3. 加强网络信息安全保障

加强信息安全基础设施建设,建设网络与信息安全事件应急防范综合支撑平台。加大信息安全关键技术研发及产业化的支持力度,加快形成具有自主知识产权的信息安全产品研发创新体系。建设电子政务统一的网络信任平台,建立面向社会、互联互通的电子认证体系,支持网上身份认证、数据加密和电子印章的应用。建成信息安全综合测评认证平台,建立集风险评估、等级保护、安全测评等功能于一体的信息安全技术服务体系。

第六章   建设生态型城市

树立绿色、低碳发展理念,积极应对全球气候变化,深入实施"环境立市"战略,扎实推进国家生态市创建、国家低碳城市试点和全国生态文明建设试点工作,提升生态文明水平。

第一节　加强生态建设

1. 强化生态屏障建设

建设保护好西北部生态带、西南部生态带、南部生态带、东南部生态带、东部生态带、北部生态带。优化城市绿化、山区绿化、平原绿化、村庄绿化,加强湿地建设,开展全民义务植树活动,提高森林覆盖率,在确保"城市增绿"的基础上,努力实现"森林增氧、农民增收、林业增汇、社会增彩"的国土绿化发展目标,积极培育碳汇能力。

2. 积极开展生态修复

保护和建设钱塘江、富春江、新安江"三江两岸"生态景观。全面推进市区河道综合整治与保护开发,大力推进农村河道综合整治。采取截污纳管、清淤、配水、生态修复等措施,治理河道水质。积极推进水生态环境修复,在重点河流、河段以及重点水功能区开展水生态修复工程,恢复水生态系统,提高水体污染物降解能力和自净能力,全面改善市区河道水质。开展土壤生态修复,加强污染耕地、污染场地以及废弃矿场、垃圾填埋场的环境修复,推进坡耕地及林地水土流失综合治理。积极开展湿地、废弃矿山、沿海滩涂生态修复。

3. 完善生态补偿机制

加大环保财力转移支付力度,完善跨界断面河流水量水质目标考核与生态补偿相结合的机制,逐步提高源头地区保护水源的积极性和收益水平。建立健全分类补偿与分档补助相结合的森林生态效益补偿机制,逐步提高生态公益林补偿标准。探索建立饮用水源保护生态补偿机制。进一步完善各种环境与资源费的征收使用管理制度。

4. 健全生态环境监测预警体系

重点做好饮用水源、地下水资源、主要河流交界断面、县以上城市空气质量、重点污染源的监测,形成省市县三级联网、全天候实时监控的现代化环境监测体系。加强危险废物处置、核辐射安全应急保障体系、动植物疫病监测预警体系建设,形成比较完善的应对突发环境事件和重大生物灾害的防控体系,建设大气复合污染物综合监测及预测预警系统。探索建立碳汇监测与评价体系。加强生态文明建设评价和考核。

第二节　加强环境保护

1. 加大污染物减排力度

深入实施结构减排、管理减排、工程减排,加强二氧化硫和氮氧化物等大气主要污染物的增量控制和减排潜力挖掘,实现主要污染物的减排目标。根据行业特点、各地现有污染物排放强度等因素实行差别化的减排政策。严格控制重金属、持久性有机污染物等有毒有害污染物排放。完善排污权交易机制。

2. 扎实推进环境治理

全面开展清洁空气行动,进一步实施半山和北大桥地区大气污染整治,深化市区工业企业搬迁和升级改造,控制机动车尾气污染。坚持预防为主,严格控制污染源头,做好水污染、土壤污染防治工作。控制噪声污染,营造清静的生活生产环境。加大农业面源污染防治力度,加强农村水环境治理、村庄整治、农村绿化和基础设施等工程建设。

3. 加强环保基础设施建设和管理

加快城西污水处理厂、七格污水处理厂四期、临江污水处理厂二期、临平污水处理厂等污水处理设施及配套污水收集管网建设,加强中心镇污水处理设施建设,推进现有污水处理厂脱氮除磷工程改造,减少化学需氧量、氨氮等污染物的排放量,提高再生水回用率和污泥无害化处置率,城市污水集中处理率达到90%。完善城市排水基础设施,推进城市雨污分流改造。加快建设垃圾分类处理设施,积极推广垃圾分类、清洁直运。

第三节　推进资源节约集约利用

1. 大力发展循环经济

以提高资源产出效率为目标,加强规划指导、政策支持,实行生产者责任延伸制度,推进生产、流通、消费各环节循环经济发展。开发应用源头减量、循环利用、再制造、零排放和产业链接技术,推广循环经济典型模式。推进开发区生态化改造,积极推进分布式供热,把燃煤量、用热量大的企业搬迁集中到热电厂集中供热的范围内。推动不同行业通过产业链的延伸与耦合,实现废弃物的循环利用,形成循环经济产业链。大力推进清洁生产。鼓励发展再制造和再利用产业。创新农作制度,积极培育种养结合新模式,促进资源再利用。

2. 推进节能、节水、节材、节地

实施重点节能工程,推广先进节能技术和产品,推行能源合同管理,抓好工业、建筑、交通运输等重点领域节能。健全节能市场化机制,建立完善节能减排统计监测制度。强化水资源管理和有偿使用,实施阶梯水价制度,严格控制地下水开采,加强农业节约用水、工业废水回收再利用和区域性中水回用系统建设。推行绿色制造,加强企业原材料消耗管理。鼓励节材设计、节材包装。加快可再生材料、新型墙体材料和散装水泥的推广应用。转变粗放型用地方式,推进节约集约用地,积极盘活存量建设用地,加强城镇闲散用地整合,鼓励低效用地增容改造和深度开发,积极引导城乡建设向地上、地下发展,拓展建设用地新空间。规范整合农村建设用地,提高农村建设用地使用效率。

3. 强化资源综合利用

加大工业余热、雨水集蓄、中水回用力度。进一步提高工业废物综合利用水平,引导再生资源回收利用向规模化发展,进一步构建废旧资源综合利用产业链。加强对矿产资源的管理,推行现代化开采工艺,发展深加工和精加工,形成产品系列化。支持共生、伴生和低品位矿产资源的综合开

发和利用,提高矿产资源的开采和综合回收率。健全采矿权有偿出让制度。

第四节 建设低碳城市

1. 发展低碳经济

培育壮大低碳产业,积极发展太阳能光伏、风电、水电、生物质能等新能源。发展低碳科技,加强与名校大所合作,建立低碳实验室和低碳技术研发中心、研发基地,推动建立以企业为主体、产学研相结合的低碳技术创新与成果转化体系。鼓励低碳设计,以设计为起点降低产品在制造、储运、流通、消费、回收等环节的资源能源消耗,开展低碳产品认证。加快低碳产业园区建设。积极发展低碳农业,改造林相结构,发展碳汇林业。

专栏5 生态建设十大工程

1. **"三江两岸"工程**:统一规划、分段实施,扎实推进三江两岸景观带建设,保护好"三江两岸"自然生态和古建筑,努力把"三江两岸"打造成为一条富民带和生态带。

2. **河道综合整治工程**:基本完成绕城公路范围内1公里以上291条河道综合整治,加快绕城外区域河道整治,市区河道水质摘掉劣五类帽子。大力推进农村河道综合整治。

3. **大气污染整治工程**:深化工业大气污染防治,强化建设施工扬尘治理,加快机动车尾气治理,开展居民区油烟整治,实施农村大气污染防治工程。城区空气质量全年优良天数占90%以上,主要污染物年均值达到国家二级标准。

4. **噪声整治工程**:加强对交通运输、工业生产、建筑施工和社会生活(房屋装修、娱乐活动)等噪声监控与治理。加强对中高考等特殊时期的噪声监管。

5. **绿色交通工程**:推广清洁燃油汽车、混合动力汽车、天然气汽车和纯电动汽车,新能源汽车达到2万辆以上,市区环保型公交车比例达到15%。加快"免费单车"服务系统建设。居民绿色出行比例达到35%。

6. **清洁能源工程**:积极推广天然气、太阳能、沼气、生物质能等清洁能源和可再生能源综合利用,扩大天然气供气区域,推进燃煤热电厂天然气改造,改善能源消费结构,全市清洁能源占一次能源消耗比例达到21%。

7. **废弃物再生利用工程**:建设杭州天子岭生活垃圾循环经济产业园区、废旧电器电子回收处理中心、城区生活垃圾分类投放收集转运示范工程、五县(市)生活垃圾处置工程等。

8. **开发区生态化改造工程**:完成省级以上开发区(园区)的生态化改造,达到国家级生态工业生态园区建设要求。50%以上市级特色工业功能区完成生态化改造。

9. **农业面源污染防治工程**:大力开展农业废弃物综合利用,推广病虫害无害化治理技术,大力提倡科学使用农药化肥,实施沃土工程,推广平衡配方施肥和生态种养模式,扩大禁养区。

10. **生态文化工程**:制定实施生态文明建设道德规范,发布杭州市生态文明公约,发挥中国杭州低碳科技馆和森林公园、湿地公园、遗址公园、植物园等在培育生态文化的作用。生态文明宣传普及率达到90%,规模以上企业开展环保公益性活动的比例达到100%。

---

2. 打造低碳生活

推广节能低碳建筑,逐步开展对现有建筑的低碳改造,推行建筑节能"绿色评级"。建设完善低碳交通系统,推广低碳交通工具。打造一批标杆性低碳社区,推进绿色学校、绿色办公等行动计划的实施。传播普及低碳文化,倡导低碳生活方式,推行绿色居家准则,开展节能减碳全民行动,促进人们衣、食、住、行、用等向低碳模式转变。

3. 加强应对极端气候事件能力建设

建设杭州市新一代天气雷达,升级改造全市气象、林水、国土等自动监测系统,提高气象灾害监测预警能力,开展气候变化和大气生态环境监测评估。加强应急能力建设,做好各种防灾减灾预案,延伸气象防灾减灾组织体系,普及气候变化、防灾减灾知识,适时举行全民预防灾害演习,提升防灾减灾应急能力。

第七章　建设创新型城市

牢固树立"科技是第一生产力、教育是百年大计、人才是第一资源"的理念,以国家创新型城市试点为契机,以建设"天堂硅谷"为目标,将创新理念融入经济社会发展的方方面面,深入建设科技强市、教育强市、人才强市。

第一节　建设科技强市

1. 增强科技创新能力

坚持科技创新的核心战略地位,加快推动经济发展转入科技引领、创新驱动轨道,全面激发创新活力,推进国家创新型城市试点建设。强化企业创新主体地位,通过优质创新载体建设、产学研合作、科技企业孵化器建设、科技文献大型仪器共享机制建设、产业技术创新联盟建设等,组织重大科研、攻关、应用和推广项目,增强原始创新、集成创新和引进消化吸收再创新的能力。在战略性新兴产业、现代服务业和社会民生等领域实施十大科技专项,力争在重大技术上取得新突破。

2. 打造创新创业平台

提升公共技术服务水平,加快建设公益性、开放性、基础性的科技服务平台。推进产业类科技创新服务平台、块状经济行业技术研发中心、科技金融合作等科技创新平台建设。大力推进杭州高新技术开发区等十大科技创新平台建设。建设国家级、省级科技企业孵化器40家,国家级、省级企业技术研发中心100家,培育国家重点扶持的高新技术企业、技术先进企业和省级以上创新型企业1000家。

3. 加强市校战略合作

大力推进杭州与浙江大学、中国美院、中国科学院等国内外高校科研院所的战略合作,继续引进大院名校共建创新载体,加快"西溪谷"和中国美术学院国家科技园建设。鼓励有条件的大型企业与高校、科研院所联合共建研发机构,支持民营企业与高校科研院所合作建立各种形式的技术创新联盟和科研生产联合体。以国家重点大学、中国科学院所属研究所和央企科技集团为重点,引进、共建和培育科技创新载体5家。

4. 完善科技创新体制机制

加大财政科技投入,建立政府引导、企业主体、金融机构及其他力量参与的多元化、多渠道科技投入体系。加大对基础研究、前沿技术研究、社会公益类科研机构的投入力度。完善创新激励政策,深化技术要素参与股权与收益分配,开展股权激励试点。深化科研经费管理制度改革,优化科技成果评价奖励制度。深入实施知识产权、品牌和标准化战略,推进质量强市和标准化强市建设。

做好知识产权试点示范,推进知识产权试点示范园区建设,建设商标战略示范城市,培育一批知识产权优势企业和优势产业。探索建立知识市场。

专栏6 重大科技专项和科技创新平台	
重大科技十大专项	**科技创新十大平台**
1. 软件技术	1. 杭州高新技术产业开发区
2. 生物技术	2. 浙江海外高层次人才创新园
3. 新能源技术	3. 青山湖科技城
4. 节能环保技术	4. 大江东创新基地
5. 新能源汽车技术	5. 浙江大学国家大学科技园
6. 高端装备制造技术	6. 中国美术学院国家科技园
7. 物联网技术	7. 浙江省大学科技园
8. 电子商务和现代物流技术	8. 新加坡科技园
9. 文化创意产业支撑技术	9. 余杭创新基地
10. 公共安全与卫生技术	10. 富阳银湖科创园

第二节　建设教育强市

1. 普及优质基础教育

以促进教育公平、提升教育品质为突出重点。强化学前教育的政府公共服务职能,加大财政投入,完善杭州特色管理体制,促进学前教育高起点均衡发展。推进义务教育市域优质均衡和城乡一体化建设,促进义务教育高水平全面发展。实施普通高中质量提升工程,促进普通高中教育高质量特色发展。完善城乡青少年校外教育体系,提升青少年综合素质,促进学生健康成长。完善特殊教育体系,促进特殊教育全纳型持续发展。科学调整学校布局,优化学校环境,推进标准化、小班化建设。以集团、联盟、共同体等多种形式深入推进名校集团化,深化集约办学,优化教育资源。

2. 加快提升高等教育

完善高教园区建设,支持在杭部省属高校发展,推动杭州师范大学建设全省一流综合性大学,推动浙江大学城市学院、杭州职业技术学院等市属高校达到全国同类院校的一流水平。以提高人才培养质量为核心,以提升师资队伍整体素质为关键,以增强知识创新和知识服务能力为重点,着力加强市属高等院校建设。扶持市属高校优势学科和特色专业建设,开展市级重点学科、重点实验室、人文社科重点研究基地、重点专业、特色专业、重点实训基地、精品课程等项目建设。

3. 大力发展职业教育

建立和完善现代职业教育体系,服务经济社会转型升级需求,培养多层次技能型实用人才。围绕行业发展统筹职业教育办学资源,扩大、调整和优化学校布局以及专业结构,加强专业现代化和实训基地建设,推进"校企合作、工学结合、产教结合",学历教育与职业培训并举,推动多样化、差异化发展。实施新一轮中等职业学校布局调整与建设。创建国家级、省级示范性或重点职业院校。组建多形式的职业教育集团,推进职业教育集约发展,推进中高职一体化改革。加强大学生职业能力培训,推进大学生创新创业。

4. 深化教育改革创新

全面推进素质教育,深化课程改革,坚持德育为先、能力为重,创新人才培养模式,促进学校教育的转型升级和学生的全面发展。健全教师人事管理制度和师资激励保障机制,实施教师专业化发展促进计划,加强教师队伍特别是农村教师队伍建设。深化办学体制改革,鼓励民间资本参与发展教育和社会培训事业,探索公共资源支持非营利性民办学校发展机制,完善民办教育健康发展促进机制。改革政府管理方式,完善学校治理结构和民主管理,建设现代学校制度和学习型学校文化。健全教育普惠机制,统筹经济困难家庭、进城务工人员等弱势群体子女的教育问题,完善学生资助体系建设。完善教育开放体系,实施教育国际交流与合作战略。

专栏7　教育事业重点项目	
高校	杭州师范大学仓前校区新建、浙江海洋学院萧山科技学院续建、浙江工业大学之江学院新建(富阳)、浙江树人大学新建(桐庐)、浙江工商大学杭州商学院新建(桐庐)、浙江警察学院新校区新建(临安)、杭州电子科技大学信息学院新建(临安)
中学	杭州高级中学钱江新城校区续建、杭十四中康桥新校区续建、建兰中学改扩建、勇进中学改扩建、滨江高新实验学校新建、萧山城北初中新建、临安中学改扩建、富阳新登镇二中新建、富阳高桥镇中学新建
职业学校	杭州市艺术学校迁建、杭州汽车技校扩建、杭州师范大学附属仓前艺术中等职业学校新建、杭州市轻工技工学校改扩建、余杭区乔司职高改建、杭州科技职业技术学院迁建(富阳)、江滨职业学校滨江新校区续建、杭州技师学院校区扩建(桐庐)、桐庐县职业技术学校改扩建、建德市新安江职业学校迁建、建德市工业技术学校扩建
其他	萧山区青少年宫迁建、富阳市职教中心新建、淳安县职业教育中心续建

第三节　建设人才强市

1. 确立人才优先发展要求

确立人才优先发展的战略布局,统筹推进党政人才、企业经营管理人才、专业技术人才、高技能人才、农村实用人才和社会工作人才等六支人才队伍建设。坚持人才资源优先开发、人才结构优先调整、人财投资优先保证、人才制度优先创新。把实施人才发展规划与实施科技规划、教育规划相互衔接,建立人才数量、质量、结构与"十二五"时期经济社会发展需求相适应的动态调控机制,增强人才发展的前瞻性、计划性和针对性。

2. 打造人才创业创新平台

大力支持浙江海外高层次人才创新园建设,发挥高新区(滨江)国家级海外高层次人才创新创业基地引领示范作用,推进临安青山湖科技城、杭州经济技术开发区等一批人才创新创业平台,努力创建国家和省级高层次人才创业创新基地。加强留学人员创业园、大学生创业园、大学科技园和科技企业孵化器建设,推进钱江特聘专家计划、院士专家工作站和博士后科研工作站建设。

3. 完善人才工作体制机制

坚持党管人才原则,完善党管人才新格局,建立完善统分结合、上下联动、协调高效、整体推进的人才工作运行机制。建立完善人才管理体制、人才评价发现机制、选人用人机制、人才流动配置机制、激励保障机制。建立健全政府适当投入为引导,用人单位和个人投入为主体,社会投入为补充的多元化的人才开发投入机制。

4. 优化人才发展外部环境

不断完善高校毕业生创业政策,积极鼓励高校毕业生在杭自主创业。探索建立城乡人才资源开发一体化政策,积极引导城市科技、教育、文化、卫生等人才向五县(市)流动。大力实施海外高层次人才政策,积极推进人才专项住房政策,制定实施人才发展的公共服务政策,探索推进市校(院)合作政策。大力宣传人才政策、先进典型和优秀人才,坚持尊重劳动、尊重知识、尊重人才、尊重创造的方针,不断改善各类人才的工作、生活和学习条件,努力解决人才后顾之忧,形成全社会关心、支持人才发展的良好社会氛围。

专栏8　重大人才工程	
六大计划	杰出创业人才培育计划、全球引才"521"计划、低碳专业人才开发计划、青年文艺家发现计划、中国杰出女装设计师发现计划、现代服务业高级人才培养计划
六大工程	党政人才国外"MPA"学位教育工程、企业经营管理人才"356"培训工程、专业技术人才"131"培养工程、高技能人才"815"培训倍增工程、农村实用人才"125"培训工程、社会工作人才"525"培养工程
六大政策	海外高层次人才政策、人才专项住房政策、高校毕业生创业政策、市校(院)合作政策、城乡人才资源开发一体化政策、人才发展的公共服务政策

第八章　建设学习型城市

学习践行社会主义核心价值体系为核心,提高市民文明素质和科学文化素质,以构建终身教育和全民学习服务体系为支撑,加快建设全民学习、终身学习的学习型城市,促进人的全面发展。大力发展文化事业和文化产业,提升城市文明程度,满足人民群众日益增长的精神文化需求。

第一节　提高城市文明程度

1. 着力提高全民素质

加强走中国特色社会主义道路和实现中华民族伟大复兴的理想信念教育。倡导爱国守法、明礼诚信、团结友善、勤俭自强和敬业奉献,构建传承中华传统美德、符合社会主义精神文明建设要求、适应社会主义市场经济的道德和行为规范。深入推进社会公德、职业道德、家庭美德、个人品德建设,培育奋发进取、理性平和、开放包容的社会心态。提倡修身律己、尊老爱幼、勤勉做事、平实做人,推动形成良好的社会氛围。加强未成年人思想道德建设,营造有利于青少年健康成长的社会文化环境。

2. 弘扬杭州人文精神

深入开展文明城市、文明社区、文明村镇、文明单位、文明行业创建活动,大力发展志愿服务事业,培育文明道德新风尚。大力弘扬"精致和谐、大气开放"的杭州城市人文精神和"敢为人先、敢冒风险、敢争一流、宽容失败"的杭州创新创业文化。进一步挖掘杭州城市人文精神丰富的内涵、表现方式和重点领域,充分发挥人文精神对培育创业文化、增强城市核心竞争力和促进文化经济发展的积极作用。

3. 普及科学文化知识

加强公众科学和文化素质建设,努力提高全民科学文化素养,建设现代化的公民社会,促进全体市民的科学素质全面提升。加大财政对科普工作的投入,完善科普设施网络,增强各级科普教育基地、科技特色学校、科普场馆、活动中心等科普展教功能。新创建全国科普示范城区(县、市)5个。

4. 发展哲学社会科学

加大对哲学社会科学事业的扶持力度,充分发挥哲学社会科学在经济社会建设中的智囊作用。进一步健全哲学社会科学管理体制,抓好哲学社会科学重点学科建设和科研方向。加强高层次人才的培育和引进,提升基础性理论和应用性理论研究水平,学科实力和学术水平在全国省会城市或副省级城市中居于前列。

第二节　构建终身教育和全民学习服务体系

1. 全面推进终身教育

积极发展岗位培训、社区教育、成人教育和老年教育等继续教育,推进终身教育网络、公共平台和学习激励机制建设。发展现代远程教育,构建覆盖城乡的数字化终身学习体系。完善社区大学、社区学院、社区学校和村(居)民学校四级网络,全面提升社区教育功能与办学品质。扩大老年教育覆盖面,建立老年教育网络体系。实施"双证制"教育,逐步由城区向农村推进,由业余培训向全日制教育推进,由职业院校向普通高校推进。

2. 加强学习型组织和活动载体建设

把创建学习型组织作为建设学习型城市的重要基础,以建设学习型党组织为龙头,带动学习型机关、学习型学校、学习型企事业单位、学习型民间组织、学习型社区(村)、学习型家庭创建,推动学习型组织向社会方方面面延伸覆盖。把建设丰富多彩的活动载体作为建设学习型城市的重要抓手,开展中国特色社会主义理论"五进"活动,继续办好"西湖读书节",开设品牌特色讲坛,构建社区"学习圈",实施科学素质提升行动,举办传统文化节,办好青少年学生"第二课堂"及青少年校外专门活动场所建设。

第三节 发展文化事业和文化产业

1. 实施文化精品战略

提升艺术原创能力,着力打造一批具有杭州特色,在全省、全国有影响力的文化品牌和思想性、艺术性、观赏性俱佳的文艺精品。发现、培养和引进一批国内一流的文艺家。积极引导群众自主参与各种形式的文艺创作活动,建立群众文化优秀作品的创作、选拔和推广机制。努力打造3~5台(部)达到国家级水平的舞台艺术精品。进一步繁荣影视、动画精品创作,推进制播分离,扩大影视制作、发行、播映和后产品开发,提高原创影视动画创作水平。广播电视各有2~3档在全国有影响力的专题栏目。完善精品出版和畅销书出版生产营销机制,形成在全国具有比较优势的出版门类和出版品牌。

2. 完善公共文化服务体系

加强文化设施建设,基本形成布局合理、设施完善、功能齐备、覆盖城乡的公共文化设施网络。推进文化资源共享,狠抓文化惠民工程,引导文化资源向公共文化服务领域合理流动。推进特色文化广场建设,普及"新杭州人文化家园",推动公共博物馆、纪念馆、美术馆以及基层文化活动中心向社会免费开放,保障群众基本文化权益。办好"中国国际动漫节"、中国杭州文化创意产业博览会、西湖国际音乐节等重大文化节庆活动。

3. 推进文化传播工程

加强新闻媒体建设,推进新闻核心业务数字化,提升主流媒体竞争力。强化广播影视传输能力,构建适应多种新媒体需要的节目集成播控平台,加快电视节目制作高清化进程。基本实现地面数字电视覆盖县级(含)以上城市,全市数字电影银幕比例达到100%。推进国家级数字出版基地建设,发展数字印刷,加强网络媒体品牌建设。加快发展移动多媒体广播、网络广播电视,开拓视频点播、车载电视、数字报纸、手机报纸、电子图书馆等新型传播载体和业务。

4. 发展文化产业

繁荣社会主义文化市场,推动文化产业成为国民经济支柱性产业。创新文化产业发展模式,强化政策扶持,以文化创意融入为核心,带动传统文化产业改造升级,培育新的经济增长点。进一步健全文化市场体系,营造公平竞争的市场环境,促进文化资源和要素的自由流动。培育、引进战略投资者,鼓励非公有制经济参与产业发展,促进文化产业投资主体多元化。加强对外宣传和文化交流,推动文化"走出去"。

5. 深化文化体制改革

深化公益性文化事业单位改革,加快推进经营性文化事业单位转企改制。加快国有文化企业产权制度改革,积极探索国有文化企业事业单位资产管理改革。建立市民文化需求表达机制和公共参与机制,培养市民表达需求和参与决策的自觉意识。创新公共文化服务绩效考核与评估机制,研究符合实际的公共文化服务体系建设绩效评价指标体系。

专栏9　文化发展布局及重点项目

文化发展布局:形成3个城市文化中心、8个文化副中心、5条文化景观带、若干文化片区。3个城市文化中心:武林广场和湖滨地区、钱江新城、大城西;8个文化副中心:江南副城、临平副城、下沙副城文化副中心以及临安、富阳、建德、桐庐、淳安文化副中心;5条文化景观带:钱塘江、运河、西湖、西溪、湘湖;培育形成若干文化片区。

重点建设项目:杭州市职工文化中心、杭州市群众文化活动中心、杭州艺术馆、杭州美术馆、杭州图书馆老馆、杭州少儿图书馆改造、杭州市非物质文化遗产保护中心、广电监测中心、南宋皇城大遗址综合保护工程、杭州国家级数字出版基地总部、杭州文艺创作交流中心、杭州版权保护中心、科技文化交流中心、富阳市文化中心、建德市文博馆。

第四节　发展体育事业

1. 大力发展群众体育

深入开展全民健身活动,建立全民健身信息服务系统。鼓励各地发掘传统体育项目、体育活动,加强群众体育运动品牌建设,健全和完善市、区县、街道(乡镇)、社区(行政村)四级群众体育组织网络。开展残疾人体育运动。加强国民体质测定和监测,特别注重提高在校学生身体素质。全市经常参加体育锻炼的人数所占比例逐年提高,体育人口逐年增长。

2. 提升体育整体水平

深化"强基育苗"工程,壮大我市游泳、射击等传统优势和潜优项目,完善市、区(县)两级业余训练网点布局。积极参与和举办国内外体育大赛,办好第八届全国残运会,争取申办城运会或承办省级、全国性和国际高水平的体育赛事,提升我市承办国际单项和国内大型体育竞赛、体育表演的能力。

专栏10　体育设施布局及重点项目

体育设施布局:形成"二心、四副、四园、均衡式"的格局。二心:黄龙体育中心和奥林匹克体育中心;四副:杭州市体育中心、临平城体育中心、下沙城体育中心和萧山体育中心;四园:之江旅游度假区休闲体育公园、湘湖旅游度假区休闲体育公园、余杭闲林生态休闲体育公园、杭州城北体育公园;均衡式:在各区(县、市)、六组团各居住片区,均衡配置网络式的群众性体育设施。

重点建设项目:杭州奥体博览中心、新向阳健身中心、第二体育学校、运河体育公园、萧山体育中心、余杭体育中心、临平体育中心、下沙体育中心、富阳国家体育产业基地、杭州桐庐女足综合训练基地、临安水上运动中心、千岛湖青少年小球培训中心。

---

3. 完善体育设施建设

加快推进杭州奥体博览中心等重点体育设施建设。加强区级体育设施和组团片区社区体育设施建设,在主城区各街道社区内,加快改造和建设一批示范性的社区体育健身设施。加大农村体育设施建设扶持力度,扩大农村健身点覆盖面。加强城乡公共体育设施建设、管理和向社会开放,人均体育场地面积达到1.8平方米。

第九章　加强社会建设

将改善社会民生和完善社会管理摆在更加突出的位置,以破七难为民生导向,从解决人民群众最关心、最直接、最现实的利益问题入手,丰富"破七难"的内涵,形成"7+X"新框架,推动经济增长更多地惠及广大人民群众,全力构建和谐社会。

第一节　扩大社会就业

1. 实施更积极的就业政策

进一步健全促进就业长效机制,以城镇失业人员、大学毕业生、农村转移劳动力、外来务工人员为重点,深入实施创建"充分就业社区、充分就业行政村、创业型城市和提升劳动者素质"四大行动计划,打造充分就业城市。力争充分就业社区和充分就业行政村创建达标率100%。加大农村劳动力转移就业帮扶力度,深入推进城乡统筹就业。

2. 以创业带动就业

围绕打造"和谐创业"杭州模式,全面推进国家级创业型城市创建工作。大力营造鼓励自主创业的社会环境,进一步完善自主创业、自谋职业的政策支持体系,建立健全政策扶持、创业培训、创业服务"一条龙"的工作机制。大力帮助大学毕业生、失业人员创业,进一步提高创业成功率。鼓励和支持各类创业园及创业社团建设,创新和完善小额担保贷款政策。

3. 完善就业服务体系

增强公共就业服务能力,为劳动者和用人单位提供"一站式"的就业服务。建立城乡统筹、统一规范的人力资源市场,鼓励社会组织和个人依法开展就业服务活动。健全就业登记和失业登记制度。加强全市农村乡镇、行政村劳动保障服务站(室)的建设,抓好学历和技能培训,解决好农村劳动力就业再就业问题。

4. 构建和谐劳动关系

坚持保障劳动者合法权利和提高劳动者自身素质双管齐下,促进企业劳动关系和谐发展。全面推进企业社会责任建设,切实引导企业履行市场责任、用工责任、环保责任和公益慈善责任。发挥政府、工会和企业作用,努力形成企业和职工利益共享机制。进一步转变职能,增强服务意识,加强部门间的协调配合,建设顺畅、高效的劳动关系协调机制。加大劳动执法和监督力度,保证劳动法律法规的落实,保障企业和劳动者双方合法权益。加强劳动争议仲裁机构实体化建设,重视发挥基层劳动争议调解组织作用。

第二节　完善社会保障体系

1. 提高社会保障水平

逐步提高城乡居民社会保障水平,缩小城乡社会保障待遇差距。积极推进职工养老保险和城乡居民社会养老保险制度,稳步提高养老待遇水平,鼓励有条件企业建立企业年金制度。积极做好城乡居民的参保缴费工作,确保城乡居民老有所养。切实维护跨地区流动就业人员的社会保险权益。逐步实现市域范围内"一卡通"。完善企业退休职工社会化管理。加强农民工和外来务工人员的社会保障,逐步实现杭州人与"新杭州人"、市区与五县(市)居民"同城同待遇"。城乡居民基本养老保险参保率和基本医疗保险参保率均达到95%以上。失业、工伤和生育等社会保险参保率进一步提高。

2. 健全社会救助体系

深化"春风行动",完善"四级救助"网络,进一步扩大社会救助覆盖面,逐步提高城乡居民最低生活保障标准和优抚对象的抚恤、生活补助标准。完善临时救助和医疗救助制度,确保城乡低收入家庭"应保尽保"。落实对困难群众的帮扶救助政策措施,并逐步向农村和外来务工人员延伸。加强农村五保供养服务机构建设,推进农村五保供养机构的规范化管理。加强被征地农民基本生活保障。建立健全刑事被害人救助制度。推进救助管理站规范化建设,迁建杭州市救助管理站。全市8个救助管理站全部达到规范化建设标准。积极发展慈善事业,打造"阳光慈善"。

3. 构建社会福利体系

积极应对人口老龄化,大力发展老年福利事业,逐步建立以居家养老为基础、社区服务为依托、机构养老为补充、政府扶持为后盾的养老服务体系,建设5000张床位的大型养老机构。扶持社会兴办养老机构发展,落实新建养老机构床位补助和运营补贴。推进居家养老服务,全市城乡社区居家养老服务网点(站)实现全覆盖。支持发展残疾人事业,健全残疾人社会保障及服务体系,新建仁爱家园100家。

4. 完善住房保障体系

坚持政府主导、统筹协调、租售并举、以租为主、应保尽保原则,以"夹心层"为重点,加快推进公共租赁住房、廉租房、经济适用房、拆迁安置房、人才专项用房建设,构建具有杭州特色的住房保障体系,破解"住房难"问题,努力实现住有所居,让市民和外来创业务工人员安居乐业。完善住房保障政策法规体系和体制机制。加大保障性住房用地供应,加强保障性住房建设资金使用监管。

第三节　提升医疗保障水平

1. 深化医药卫生体制改革

全面推进公共卫生服务、医疗服务、医疗保障、药品供应保障四大体系建设,率先建立覆盖城乡、全民共享的基本医疗卫生制度。建立比较完善的医疗服务体系,不断推进"名院集团化"管理。鼓励和引导社会资本发展医疗卫生事业,形成投资主体多元化、投资方式多样化的办医格局。稳步提高基本医疗保险水平,逐步统一城乡居民基本医保标准,不断提高基本医保报销比例和支付限额,探索建立多层次医疗保障体系,继续完善医疗救助制度。建立比较规范的药品供应保障体系,全面落实国家基本药物制度。

2.完善医疗服务体系

合理布局医疗机构,完善城市15分钟、农村20分钟卫生服务圈。在市区新建启用8家市属三甲医院,五县(市)各创建1～2家三级医院。加强县级综合性医院、社区卫生服务中心(乡镇卫生院)、社区卫生服务站、村卫生室基层卫生服务体系建设。建立健全畅通的"双向转诊"制度。推进以社区全科医生培养为重点的基层医疗卫生队伍建设。到2015年,每千人执业(助理执业)医师数达到3.8人,每千人床位数达到8.6张。加强中医"名医、名科、名院"建设,完善中医医疗服务体系,加快中医药事业发展。推动各级各类医院规范化,强化行业标准管理,提升医疗服务质量。

3.加强公共卫生保障

推进以居民电子健康档案和患者电子病历为核心的卫生信息化建设。完善突发公共卫生事件应急预案体系,加快应急指挥体系和应急装备建设。加强精神心理卫生工作,开展心理疏导,促进身心健康。健全医疗救治网络,强化院前医疗急救网络体系、突发公共卫生事件医疗救治体系建设和管理,不断提高医疗急救水平。完善疾病预防控制体系,改善疾控机构基础设施,提升疾病预防控制的能力与水平。完善妇幼保健体系,保障其基本权利。实施残疾儿童抢救性康复工程,建设残疾人康复设施。全面推进健康城市建设,深入开展爱国卫生运动,推进卫生城市和卫生村镇建设。

专栏11 卫生事业重点项目

滨江医院、下沙医院、市十医院、之江新城医院、妇女医院、儿童医院、杭师大附属医院、市中医院丁桥分院等8家市属三甲医院。

五县市各创建1～2家三级医院,提升1～2家二甲医院。

推进拱墅区、西湖区、江干区、萧山区、淳安县等地疾病预防控制中心的迁建、改扩建。

第四节 加强基本公共服务建设

1.完善基本公共服务体系

以基本公共服务均等化为目标,统筹城乡、区域基本公共服务供给,以人民群众需求最迫切的基础教育、公共卫生、公共文化、养老服务、公共体育等服务为重点,强化增量资源向新城、农村和弱势群体倾斜,积极盘活优化存量资源,加快构建城乡一体化的社会保障制度、就业市场、义务教育体制、医药卫生体制、文化产业市场、公共安全网络、生态安全体系,扩大城乡就业、社会保险、社会救助、社会福利覆盖范围,促进城乡教育、医疗卫生、文化等事业均衡发展,加快城市公共交通、供水供电、通信网络、污水垃圾处理等公用设施向农村延伸。

2.增强政府公共服务能力

建立满足基本公共服务需求的财政优先保障机制,加大对公共品供给的财政支持力度,形成基本公共服务支出随财政收入增长而逐年增长的机制,增强政府公共服务能力。完善财政转移支付制度,加大一般性转移支付比例,逐步增加均等化专项转移支付,增加与特定目标相联系的专项拨款规模,增强区、县(市)公共服务供给能力。

3. 创新公共服务管理体制

创新基本公共服务供给模式。明确以公益性社会事业尤其是基础公益社会事业为政府投资重点。深化事业单位体制改革,提高公共服务供给效率和质量。放宽基本公共服务领域投资准入限制,鼓励采用政府购买、特许经营等方式,探索社会力量参与基本公共服务投资和运营。探索公共服务项目经营权转让机制,采取 BOT、公私合营等方式向社会资本转让全部或部分经营权,形成政府主导、市场引导和社会参与的基本公共服务供给机制。

第五节　完善社会管理体系

1. 加强城乡和谐社区建设

推进社会管理重心向城乡社区下移,发挥社区协调利益、化解矛盾、排忧解难的作用,推动基层自治步入制度化、规范化轨道。形成新型社区管理和服务体制,积极构建"属地管理、以块为主、条块结合、职责明确、社区服务"的新型城乡社区管理体系。加快城乡社区服务中心建设,赋予其医疗保健、文化娱乐、生活服务、养老服务、法律服务、就业和社会保险、计划生育、生殖健康等综合服务功能。

2. 完善多元化社会矛盾预防化解机制

注重社会矛盾源头治理,建立健全科学有效的利益协调机制、诉求表达机制、矛盾调处机制和权益保障机制。将群众利益诉求纳入制度化、规范化和法制化轨道。健全人民调解、行政调解、司法解释、专业调解、仲裁调解"五调促和"体系。建立完善重大事项决策维稳风险等级评估机制,进一步完善群体性事件预防预警和处置机制、征占土地的补偿机制、利益受侵害的赔偿机制、失业人员的培训再就业机制、分配收入调节机制。

3. 加强公共安全体系建设

强化社会治安综合治理,建立 110 社会联运机制,完善社会治安长效管理。强化食品药品安全,巩固小餐饮、小食品、小作坊整治成果,加强药品医疗器械质量监管和不良反应监测,建立完善食品药品安全责任体系和长效监管机制。强化农产品质量监管,抓好无公害农产品生产基地和品牌建设。强化安全生产,深入进行安全教育,推行安全标准化工作,层层落实安全生产责任制。建立健全分类管理、分级负责、条块结合、属地管理为主的社会安全应急管理体制,健全监测、预测、预报、预警和快速反应系统。完善重大公共安全事件应急处置体系,建立动态化的危机管理机制。推进民防建设,增强城市整体防护能力。加强国家安全工作,维护社会稳定。支持驻杭解放军、武警部队和民兵预备役部队各项建设,加强国防动员和后备队伍建设。加强国防教育,深化双拥共建,充分发挥驻杭部队在杭州改革开放和现代化建设中的积极作用。

4. 提高人口服务管理水平

积极完善人口和生育政策,稳定低生育水平,促进人口均衡发展。实施出生缺陷干预工程,提高出生人口素质。加强对人口问题的研究,建立人口调控机制。加强外来人员和流动人口的服务管理。加强信息化建设,建设人口服务管理新平台。坚持平等对待、人性化管理,动员各方力量帮助刑释解教和社区矫正人员顺利融入社会。切实保障妇女儿童合法权益,加快建立妇女、未成年人等群体维权法庭,完善各种形式的法律援助机构。

5. 加强民主法制建设

实施"民主民生"战略,加强"法治杭州"建设。坚持和完善人民代表大会制度,支持人大依法履行职能,保障人大代表依法行使职权。坚持和完善中国共产党领导的多党合作和政治协商制度,支持人民政协履行职能,加强同民主党派合作共事,发展和壮大最广泛的爱国统一战线。支持工会、共青团、妇联等人民团体依照法律和各自章程开展工作。大力发展基层民主,保障人民当家作主的政治地位。加强政法队伍建设,规范司法行为,加强司法监督,促进司法公正,维护社会正义和司法权威。

专栏 12 "惠民为民"十大工程

1. 交通便民工程。优先发展公共交通,推进市域公交一体化,加快交通规划、建设和管理创新,着力破解城区交通"行路停车难"。新建机动车泊位 20 万个,着力解决停车难问题。完善公共自行车布点规划,免费单车达 9 万辆,公共服务点达 3500 个。

2. 百姓安居工程。加大保障性住房建设力度,扩大保障覆盖面,加强低收入家庭、中等偏低收入家庭住房保障,规划建设保障性住房 1750 万平方米,着力破解"住房难",让杭州老百姓安居乐业。

3. 就业促进工程。实施更加积极的就业政策,拓宽就业渠道,建成使用杭州市人力资源市场,着力破解"就业难"。实现城乡社会就业率 95% 左右,在杭普通高校毕业生初次就业率达到 90% 以上,新转移农业劳动力 20 万人,在全国率先实现社会就业更加充分的目标。

4. 社保提升工程。扩大社会保险覆盖面,重点推进非公有制企业、个体劳动者、农民工和农村居民的参保缴费工作,城乡居民基本养老保险和基本医疗保险参保率均达到 95% 以上,实现社会保险基本全覆盖。加快养老机构建设,社会办养老机构数量达到 60 家,床位数增加 1.5 万张,每百位老人拥有养老床位数 4 张。加快大型居住区养老设施配套建设,全市城乡社区居家养老服务网点(站)实现全覆盖。健全残疾人社会保障及服务体系,新建仁爱家园 100 家。

5. 教育强基工程。坚持教育优先发展,推进教育优质均衡,着力破解"上学难"。全市学前 3 年幼儿入园率达到 98% 以上,优质学前教育覆盖率达到 75%,优质义务教育实现市域全覆盖,优质高中段教育覆盖率达到 82%,率先打造 15 年一贯制优质教育体系。新建、迁建、改扩建杭州师范大学仓前校区等 7 所高等院校。

6. 文化惠民工程。建设覆盖城乡的综合性多功能文化设施,全市 100% 乡镇文化设施达到省、市"东海明珠工程"建设要求,乡镇综合文化站实现全覆盖。基本实现地面数字电视覆盖县级(含)以上城市,确保有线电视通达地区城乡低保家庭免费收看有线电视。国家级文化先进县(区、市)比例达到 46%。

7. 医卫利民工程。在市区新建启用 8 家市属三甲医院,迁扩建中心集镇所在地县级医院 8 家,改造卫生院 12 家,村卫生室、社区卫生服务站规范化率达到 90% 以上,提升基层卫生服务能力,着力破解"看病难"。重点人群慢性病健康管理率达到 90% 以上,农村无害化厕所普及率达到 90% 以上,农村安全饮用自来水监测主要指标合格率达 80% 以上。人均期望寿命达到 80 岁以上。

8. 体育健身工程。加快建立覆盖城乡的全民健身服务体系,加强城乡公共体育设施建设和管理,推动公共体育设施向社会开放,完善社区 15 分钟健身圈,广泛开展群众性体育活动,增强人民体质,促进人民健康,国民体质监测合格率达到 85% 以上。

9. 食品放心工程。坚持量质并举,在确保食品供应、稳定食品价格的同时,健全完善食品质量和安全监管长效机制,加大食品质量和安全专项整治力度,规范食品市场秩序,提高食品质量,保障食品安全,食品安全监测覆盖率达到 90%。

10. 平安创建工程。落实社会治安综合治理、信访工作、安全生产、预防处置群体性事件等工作责任制,完善重大公共安全事件应急处置体系,亿元生产总值安全生产事故死亡率小于 0.09%。加强和改进新形势下群众工作,深入开展平安创建活动,新增电子监控探头 20000 个,建成覆盖全市的电子监控网络,打造全国治安最好城市和最具安全感城市,为人民群众提供安全有序的社会环境。

6. 推进"信用杭州"建设

构建市域社会信用体系,通过征信项目建设,完善"杭州市政府联合征信系统"平台,着力推进各区、县(市)社会信用体系建设。建设诚信守法的服务型政府,引领我市社会信用建设发展。引导企业诚信经营,培育诚信守法的市场主体。努力提高个人信用水平,促进个人信用消费,发挥个人信用对社会信用体系及市场经济的基础和支持作用。大力推进公共管理、服务等行业信用建设。培育信用市场服务中介机构,建立完善信用中介机构准入机制。鼓励民间资本开设信用评级机构,形成竞争适度、结构合理的信用评级市场和信用中介服务市场。完善信用保障机制,推行社会信用教育,营造良好的信用舆论环境。

第十章　深化体制改革

以综合配套改革为载体,加快推进经济、社会、农村、行政等重点领域和关键环节的改革,促进经济发展方式转变、着力改善民生、增进社会和谐,为实现科学发展、率先发展、跨越发展提供强有力的体制机制保障。

第一节　深化要素市场化配置

1. 推进城乡土地管理制度改革

积极开展农村土地综合整治和城乡建设用地增减挂钩,开展以土地承包经营权置换城镇社会保障、以农村宅基地和农民住房置换城镇产权住房、以集体资产所有权置换股份合作社股权试点。完善土地要素市场,支持县(市)及中心镇成立土地整治和城镇投资开发公司,将通过农村土地综合整治获得的建设用地增减挂钩指标、耕地占补平衡指标等纳入交易市场。健全农村土地承包经营权流转机制,按照依法自愿有偿原则,允许农民以转包、出租、互换、转让、股份合作等形式流转土地承包经营权,提高农业规模化经营和组织化水平。积极探索建立基本农田保护补偿制度。探索实现区域耕地占补平衡的多种途径,保证占补耕地质量相当,鼓励占补耕地集中连片。

2. 完善资源环境产权制度改革

继续开展排污权交易,不断完善排污权交易机制。积极创造条件,探索开展碳交易,制订和完善碳交易相关规则,建立健全服务平台。创新激励节约资源、保护环境的经济政策,努力构建以低能耗、低污染、低排放为基础的生态经济模式和激励机制。建立江河源头地区生态补偿机制,促进重点区域和重点流域生态环境保护。推进以"均股均利"为主要形式的集体林权制度改革。

3. 积极推动地方金融创新

进一步推进地方投融资体制创新,引导和鼓励各类基金的发展,完善风险、创业、产业投资体系。继续推动企业上市融资,发行企业债券,开展非上市公司股份转让试点。进一步推进地方本土金融组织创新,实现杭州银行上市、杭州联合银行转型为农村商业银行并跨区域发展,在两区五县

(市)选择农信社实施向小型农村商业银行的改组转型。组建地方金融控股集团公司,加强与国内外投融资机构的合作,共建新的杭商金融机构。进一步推进地方金融服务体系的建设,办好科技银行、创投服务中心、产权交易所,健全中小企业担保、再担保体系,完善担保风险补偿机制。进一步推进农村金融改革,继续推进小额贷款公司试点,积极发展村镇银行,试点探索农村资金互助社,增强农村金融服务功能。

第二节 激发市场主体活力

1.打造民营经济强市

进一步完善鼓励民营经济发展政策,营造民营经济依法平等使用生产要素、公平参与市场竞争的体制环境。开展民营企业履行社会责任体系建设,加快建立企业社会责任标准。鼓励民营企业做大做强,开展行业内并购重组。引导民营企业优化资本结构,走自身积累、直接融资和间接融资相结合的道路,加强与国资、外资的融合与嫁接,促进民营企业在更大范围配置资源。不断提升民营经济的整体实力,促进我市从民营经济大市向民营经济强市跨越。

2.加强国有资本营运管理

健全国有资本有进有退、合理流动机制。在更大范围内构建国有资产营运平台,提高国有资本营运能力,促进国有资源优化配置。合并重组行业相近、资产规模相对较小的营运机构。做大做强资产规模较大、营运能力较强的营运机构。进一步完善企业法人治理结构,建立健全国有资本经营预算管理体系、企业经营业绩考核体系、企业重大事项监管体系等各项出资人制度,完善国有资本营运机制和企业经营机制。深化完善区、县(市)国有资产监管体制和营运机制改革。

3.推进事业单位分类改革

创新事业单位内部管理制度和运行机制,进一步理清政府提供公共服务的范围和标准,推进政事分开、管办分离。推进法定机构改革试点,加快建立和完善法人治理结构改革、财政供给方式改革和事业单位整合等改革。推进岗位设置管理,完善人员聘用制度,实现事业单位人员管理从身份管理向岗位管理,从行政任用关系向聘用关系的转变。实行绩效管理,完善岗位绩效工资制。

4.提升社会中介组织功能

坚持培养发展和监督管理并重的原则。简化登记制度,降低社会组织准入门槛,大力培育发展包括社会团体、行业组织、社会中介组织、志愿团体在内的各类社会组织。政府通过购买"公共服务",开展政府职能向行业协会转移的改革试点。根据行政许可法的要求,将可由社会承担的行政、事业职能逐步转移到行业协会、商会等社会中介组织。

第三节 深化行政管理体制改革

1.加快政府职能转变

按照国务院机构改革的总体思路,适时推进机构改革。加强社会管理和公共服务部门,合理配置宏观调控部门职能。建立职能有机统一的大部门体制,切实提高行政效率。加强市级统筹经济社会发展规划和整合公共资源等职能。加快法治政府建设,大力推进依法行政和执法规范化,提升政府权威和执法公信力。深化完善综合考评,强化绩效管理,建立政府公共服务质量评价指标体系,不断推进政府创新。清理规范现有行政服务项目,简化行政服务程序,降低行政服务成本。继续深化行政审批制度改革。继续推动行政机关内部行政许可职能整合与集中改革,完善投资项目审批联动机制。规范非行政许可审批事项的设立,逐步建立行政审批事项监管长效机制。

2. 完善科学民主决策机制

健全科学民主决策机制,提高决策透明度和公众参与度。严格落实重大事项稳定风险评估机制,从源头预防和减少社会矛盾。探索建立重大决策责任追究制。扩大政务公开范围,完善重大事项集体决策、专家咨询和听证等制度。建立健全行政决策辅助系统,推进市民代表列席市政府常务会议、全体会议并网上直播制度。建立健全决策权、执行权、监督权相互制约、相互协调的权力结构和运行机制。逐步完善监督体系。全面推进电子政务建设,深入推进"数字监察"系统建设,实现对各类行政审批事项运行过程实时监督的全覆盖。进一步构建权力阳光运行机制,建设"两家两中心",完善行政服务中心功能,打造网上行政服务中心。

3. 推进政府投资体制改革

完善政府投资项目咨询评估制度,提高政府投资决策的科学性。完善政府投资项目代建制,在更大范围内抓紧推行。不断健全政府投资监管稽查制度。

4. 健全公共财政体系

完善公共财政体系,调整公共支出结构,加大公共服务支出比重。稳步推进国库集中支付改革,将财政性资金全部纳入"国库单一账户体系"运行管理。建立政府向社会组织购买服务的制度,出台相关配套政策,明确购买服务的范围、标准,引入竞争机制,强化评估监管。推行财政信息公开,实行财政预算执行情况、绩效评价结果和财政性投资工程审价结果公开制度。深化预算制度改革,建立绩效预算制度和国有资本经营预算,探索涉及财政资金的审计报告向社会公开的办法和途径,强化预算管理和监督,扩大财政直接支付范围。

第十一章　提升对内对外开放水平

以国际化视野谋划杭州发展,实施更加积极的开放战略,推进"四外"联动发展。坚持"引进来"和"走出去"结合,出口和进口并重,提高参与国际分工和竞争的能力,不断拓展新的开放领域和空间,加强区域合作与交流,全面提升城市国际化水平。

第一节　转变外贸发展方式

1. 提高对外贸易核心竞争力

继续稳定和拓展外需,巩固现有出口竞争优势,着力扩大国际市场份额。加强境外营销网络建设。推进外贸企业利用电子商务平台开展网上贸易。加快培育以技术、品牌、质量、服务为核心竞争力的新优势。大力推进科技兴贸,建立健全出口品牌扶持体系,完善出口商品公共研发服务平台,推进商标国际注册,增强出口企业研发、设计、营销等能力,培养一批拥有自主知识产权和知名品牌、具有国际竞争力的外经贸大企业,提高外贸综合效益。

2. 优化对外贸易结构

进一步优化出口产品结构,巩固传统出口产品优势,提高高新技术产品出口比重。鼓励高附加值工业品、节能环保产品、大型成套设备、文化创意作品等出口。加强优势特色产业出口基地建设,优化贸易结构,鼓励加工贸易转型升级,向产业链高端延伸、向海关监管区集中。大力实施市场多元化战略,进一步稳固欧、美、日等传统市场,努力拓展东盟、中东、东欧、南美等新兴市场。高度重视进口贸易,积极扩大鼓励类进口贸易,引导企业进口先进技术及设备、重要能源资源。

3. 大力发展服务贸易和服务外包

加快建立和完善支持服务贸易发展的政策体系,充分挖掘服务贸易出口潜力,加快优势特色服务贸易发展,巩固扩大软件、动漫、文化等产品出口优势,积极培育广播影视、教育、中医药服务、旅游、建筑、国际运输、金融保险等服务行业产品出口。以信息技术外包为主导,积极发展业务流程外包和知识流程外包等多领域的服务外包,积极打造"世界办公室",努力建成国际知名金融服务外包交付中心、国内领先的软件外包开发中心和中小企业的托管应用管理中心,加强服务外包示范区建设,打造全国重要的服务外包示范城市。

4. 健全国际贸易风险应对机制

推进对外贸易预警机制和示范点建设,健全外贸运行监测和应急机制。加强指导服务,帮助外贸企业积极应对国际贸易摩擦,增强企业规避非关税壁垒的能力。积极鼓励金融机构提供境外服务。引导企业利用各种工具,规避人民币汇率风险。鼓励行业协会、涉案企业积极开展境外知识产权维权,增强企业国际话语权。

第二节 提高利用内外资水平

1. 优化利用内外资结构

坚持高端取向和内外资并举,突出战略性新兴产业、现代服务业的招商,特别是十大产业的招商。加大楼宇(总部)和央企、国企、浙商的招商力度,着力招大引强、招新引优、招才引智。加快引进技术层次高、产业优势强、辐射范围大、带动能力强的好项目。积极引进高端人才、科研机构及成果,借鉴先进管理理念、制度和经验,提高自主创新能力。

2. 创新利用内外资方式

积极拓展利用内外资渠道,发挥民营企业和现有外资企业在利用内外资中的生力军作用,积极探索以国际融资租赁、转让股权、承包、并购等多种形式推动引外工作。加快实施以民引外、以外引外、强强联合、重组改制、海外融资等多种引资方式。进一步推进地块招商、楼宇招商和驻点招商,加大招商引资力度。

3. 拓展招商引资平台

充分发挥开发区招商引资主平台作用,加强各级开发区的整合提升,在外商投资密集度较高的区域,大力打造外商投资综合功能区,提供便捷、舒适的商务与生活环境,推动优质要素和重要资源集中。进一步优化投资创业软环境,提高审批效率,改善要素供给,降低商务成本,切实保护投资者合法权益,不断完善利用外资服务体系。突出质量和效益,加快招商选资综合评价体系建设。

第三节 加快"走出去"步伐

1. 积极引导企业开展境外投资

发挥大型龙头企业在境外投资中的主导作用,加快投资制造加工、矿产资源开发、销售研发、资本上市、工程承包、平台建设等"走出去"步伐。提高企业全球经营能力,引导企业积极开展境外并购、参股、换股等资本运作。以境外工业园区和营销基地为主平台,加速建立境外工贸联盟,搭建境外产、供、销集群中心,形成海外优势产业链。制定境外投资扶持政策,完善风险防范预警机制,维护"走出去"企业权益。

2. 进一步打响杭商品牌

进一步提升对在外浙商、杭商的服务水平,建立在外浙商、杭商的工作联系网络,鼓励杭州企业在外建立杭州商会(协会)组织。鼓励在外杭商发展"杭州人经济"。发挥在外浙商、杭商人才资本优势,以乡情为纽带、市场为导向、共赢为目标,引导有条件的在外浙商、杭商回杭投资发展。加强异地在杭商会建设和管理,引导在杭商会参与我市经济社会发展。

第四节 加强区域合作与交流

1. 实施区域发展战略

主动参与和服务长三角一体化发展,进一步加强区域合作交流。创新区域协调和合作机制,加快建设杭州都市圈。积极参与西部大开发、东北老工业基地振兴和促进中部地区崛起等国家区域发展战略的实施,重点加强资源、能源和原材料领域合作。积极参与皖江城市带产业承接转移示范区建设,共同加强新安江流域上游生态环境保护。

2. 做好对口支援工作

积极开展山海协作工程,实施"山海协作工程·百村经济发展促进计划",进一步扩大合作领域,巩固和发展新农村建设,着力抓好旅游、科技、人才、劳务、文化、卫生等领域的合作,提升合作层次。做好对口帮扶四川阿坝州和甘孜州,对口支援西藏、新疆、重庆工作。以项目扶持为载体,以人才培训为抓手,努力提高扶贫开发水平,推进当地群众脱贫致富,推动区域协调发展。进一步抓好整村推进工程,援建公益事业。加强干部挂职交流工作。

3. 扩大与港澳台合作交流

加强与港澳台地区的经贸合作与产业对接。充分利用香港国际金融中心的资源优势,加强杭州与香港在金融领域的交流与合作,吸引银行、保险、投资基金和相关金融中介服务机构来杭设立分支机构,积极开展资本、业务和人才方面的交流合作,推动杭州企业赴香港上市融资,推动全市金融服务业发展。抓住海峡两岸经济合作机遇,全面扩大与台湾在经贸、文化、旅游等领域的交流合作,吸引台资企业来杭投资,推动两地产业互动,实现共赢发展,加快建设台商投资区、台湾农民创业区、两岸区域性金融服务中心。加强与澳门多元化交流,引导在杭企业积极利用澳门商贸服务平台开拓葡语国家市场。

为确保"十二五"规划目标和任务的顺利完成,要进一步完善规划实施机制。充分发挥市场配置资源的基础性作用,加强政府合理配置公共资源、调控引导社会资源的作用,健全土地、资本、人才、技术、信息等要素市场,增强规划实施中的资源要素保障。加快规划立法进程,完善发展规划体系,形成以国民经济和社会发展规划为统领,专项规划和区域规划、城市规划、土地利用规划等各类规划层次分明、功能清晰、统一衔接的规划体系。制定规划《纲要》分解落实方案和年度实施计划,规划确定的约束性指标和公共服务领域的任务,要纳入各区、县(市)和市有关部门经济社会发展综合评价和绩效考核体系。健全规划监测评估制度,加强规划实施的跟踪监测,全面推进规划年度监测、中期评估和后评估工作。建立健全重要目标任务实施跟踪反馈机制,加强规划实施的动态管理,把"十二五"规划《纲要》确定的主要目标任务落到实处。

"十二五"规划是我市全面建设小康社会的重要规划。全市人民要全面贯彻落实科学发展观,进一步解放思想,求真务实,开拓创新,奋力拼搏,为实现"十二五"规划的宏伟目标,全面建成惠及全市人民的小康社会,开启基本实现现代化新征程而努力奋斗!

"十二五"规划纲要名词解释

"生活品质之城"

2007 年,市第十次党代会正式决定把"生活品质之城"作为杭州的城市定位和城市品牌。2008年,市委十届四次全会决定把杭州城市定位的表述完善为:中国特色、时代特点、杭州特征,覆盖城乡、全民共享,与世界名城相媲美的"生活品质之城"。"生活品质"包括经济生活品质、社会生活品质、文化生活品质、环境生活品质、政治生活品质"五大生活品质"。

"六大战略"

指市委十届四次全会确定的"城市国际化"、"工业兴市"、"服务业优先"、"软实力提升"、"环境立市"、"民主民生"战略。

"七难问题"

指"困难群众生活就业难"、"看病难"、"上学难"、"住房难"、"行路停车难"、"办事难"、"清洁卫生难"问题。自 2002 年以来,我市坚持不懈"破七难",有力地保障和改善了民生,提升了人民群众的生活品质。近年来,市委、市政府顺应人民群众的新期盼、新要求,及时把保障食品安全、促进垄断行业提高服务质量等人民群众反映强烈的热点问题纳入"破七难",形成了"7+X"新框架。

"一化七经济"

2009 年,市委十届七次全会提出要以"一化七经济"为重点,深入实施"城市国际化"战略,加快经济结构调整,切实转变发展方式。其中,"一化"是指城市国际化,"七经济"是指低碳经济、服务经济、文创经济、民营经济、楼宇(总部)经济、开放型经济、郊区经济等。

《长江三角洲地区区域规划》

2010 年,国务院正式批准实施《长江三角洲地区区域规划》,明确了长三角区域的战略定位和主要目标,对长三角区域发展一体化作出明确要求。其中,《规划》明确杭州城市功能为"建设高技术产业基地和国际重要的旅游休闲中心、全国文化创意中心、电子商务中心、区域性金融服务中心。建设杭州都市圈。"

"八八战略"

2003 年,省委十一届四次全会作出"发挥'八个优势'、推进'八项举措'"的重大部署,简称"八八战略"。具体内容为:一是进一步发挥浙江的体制机制优势,大力推动以公有制为主体的多种所有制经济共同发展,不断完善社会主义市场经济体制。二是进一步发挥浙江的区位优势,主动接轨上海、积极参与长江三角洲地区合作与交流,不断提高对内对外开放水平。三是进一步发挥浙江的块状特色产业优势,加快先进制造业基地建设,走新型工业化道路。四是进一步发挥浙江的城乡协调发展优势,加快推进城乡一体化。五是进一步发挥浙江的生态优势,创建生态省,打造"绿色浙江"。六是进一步发挥浙江的山海资源优势,大力发展海洋经济,推动欠发达地区跨越式发展,努力使海洋经济和欠发达地区的发展成为我省经济新的增长点。七是进一步发挥浙江的环境优势,积极推进以"五大百亿"工程为主要内容的重点建设,切实加强法治建设、信用建设和机关效能建设。八是进一步发挥浙江的人文优势,积极推进科教兴省、人才强省,加快建设文化大省。

"创业富民、创新强省"总战略

2007 年,省第十二次党代会作出"创业富民、创新强省"总战略的重大部署,提出要高举中国特色社会主义伟大旗帜,坚持以邓小平理论和"三个代表"重要思想为指导,深入贯彻落实科学发展观,全面推进个人、企业和其他各类组织的创业再创业,全面推进理论创新、制度创新、科技创新、文化创新、社会管理创新、党建工作创新和其他各方面创新,以全民创业、全面创新推进经济社会又好又快发展,使人民收入水平持续提高,家庭财产普遍增加,生活品质明显改善,全省综合实力、国际竞争力、可持续发展能力不断增强,努力建设全民创业型社会和全面创新型省份,加快建设富强民主文明和谐的新浙江。

城乡居民收入比

指城镇居民人均可支配收入与农村居民人均纯收入之比,是反映社会公平的重要指标。

亿元生产总值生产安全事故死亡率

指每生产亿元国内生产总值,因事故造成的死亡人数,是各类事故死亡人数与国内生产总值的比率。

单位生产总值二氧化碳排放量

是反映一个国家或地区经济结构、能源消耗结构发展水平的重要指标。为应对气候变化,控制温室气体排放,建设资源节约型和环境友好型社会,国家决定将该指标作为"十二五"约束性指标纳入经济社会发展中长期规划,并制定相应的统计、监测、考核办法。

林木蓄积量

指一定范围内土地上全部树木蓄积的总量,包括森林蓄积、疏林蓄积、散生木蓄积和四旁树蓄积,是表征林地生产力和森林碳汇能力的重要指标。

"3+1"现代产业体系

2008年,市委十届四次全会提出,要通过五至十年的努力,建立一个既与世界接轨又有杭州特色,制造与创造相互促进,制造业与服务业相互配套,工业化与信息化相互融合,科技、文化、人才互为支撑,以创新性、知识性、开放性、融合性、集聚性、可持续为主要特征的"3+1"现代产业体系。"3"就是现代农业、现代工业、现代服务业,"1"就是文化创意产业。

空港经济

指依托大型枢纽机场综合优势,发展具有航空指向性的产业集群,从而推动资本、技术、劳动力等生产要素在机场周边地区集聚,是具有现代服务性特征与新经济时代特征的新型经济形态。

钱江新城

位于杭州主城区东南部、钱塘江北岸,规划面积约21平方公里,总体功能定位为全市发展现代服务业和省会经济的主平台,重点发展金融、会展、商贸、文化、旅游、中介咨询等服务业。其中4平方公里核心区定位为杭州中央商务区,是杭州政治、经济、文化新中心,具有行政、商务、金融贸易、信息会展、文化旅游、居住等六大功能。核心区已于2008年9月正式建成开放。

钱江世纪城

位于萧山城区和萧山经济技术开发区西北部,钱塘江南岸,与钱江新城隔江相望,规划总面积22.74平方公里,是未来杭州城市中央商务区的重要组成部分和城市"双心"结构的核心之一。钱江世纪城的定位是以现代服务业为主,集金融、商贸、科研、会展、居住、体育休闲为一体,打造高科技、多功能、生态化的中央商务区、区域创新引领区。

物联网

又称传感网,是指把所有物品通过射频识别(RFID)装置、红外感应器、全球定位系统、激光扫描器等信息传感设备与互联网相连接,进行信息交换和通信,以实现智能化识别、定位、跟踪、监控和管理的一种网络,是在互联网基础上的延伸和扩展。物联网用途广泛,人们可通过物联网以更加精细和动态的方式管理生产生活,达到"智慧"状态,从而提高资源利用率和生产力水平,改善人与自然的关系。

云计算

是传统计算机技术和网络技术发展融合的产物,旨在通过网络将庞大的计算处理程序自动分拆成无数个较小的子程序,再交由多部服务器所组成的庞大系统经搜寻、计算分析之后将处理结果回传给用户。其核心理念是通过不断提高"云"的处理能力,进而减少用户终端的处理负担,最终使用户终端简化成一个单纯的输入输出设备。

大江东产业集聚区

位于萧山区东北部的沿钱塘江区域,处于环杭州湾产业带和环杭州湾城市群的核心位置,包括江东新城、临江新城、空港新城和前进工业园区(江东市本级区块),规划陆地面积421平方公里,钱塘江水域面积79平方公里,合计500平方公里,是杭州的"浦东",是杭州现代工业和现代服务业的重要发展区域、城市发展的重要功能模块,也是全省"十二五"期间重点发展的14个产业集聚区之一。《浙江省产业集聚区发展总体规划》将其定位为:"突出空港经济和现代产业特色,以发展先进制造业、高技术产业、现代服务业为重点,建设杭州东部现代产业集聚发展的示范区。"

城西科创产业集聚区

我市两大省级产业集聚区之一,是以科技创新、生态和谐为特色的现代服务业集聚区和战略性新兴产业的重要基地,是我市经济转型发展的新增长极和产业竞争力的新制高点。城西科创产业集聚区包括余杭创新基地和临安青山湖科技城,规划控制区总面积约302平方公里,其中,重点规划区面积约72平方公里,"十二五"建设区面积34.4平方公里。

白马湖生态创意城

位于杭州高新开发区(滨江)南部区块,总面积约1500公顷,规划定位为"一极、二业、三特、四宜、五结合":"一极"就是要把滨江白马湖地区打造成杭州经济社会发展的增长极;"两业"就是培育文化创意产业和旅游产业;"三特"就是时代特点、杭州特色、钱塘江特征的生态新城;"四宜"就是宜业、宜居、宜旅、宜文;"五结合"就是创业发展与生活品质、文化价值与经济运行、个人创业与整体、政府与民间、对外开放与内生创新有机结合。

成长型中小企业培育计划("瞪羚计划")

即《杭州市成长型中小工业企业五年(2008～2012)培育计划》。"瞪羚"是一种善于跳跃和奔跑的羚羊,业界通常将高成长性中小企业称为"瞪羚企业"。市委、市政府制定"瞪羚计划",在融资贷款、科技项目申报、上市工作、建设用地等方面给予扶持和指导,提高其自主创新能力,帮助"瞪羚企业"跳得更高,跑得更快。计划提出,到2012年,重点培育和发展500家成长性好、竞争力强、技术优势明显,具有较强创新能力和发展潜力的成长型中小工业企业。

科技型初创企业培育工程("雏鹰计划")

为进一步优化创业机制,集合创新要素,改善创业环境,鼓励大学生及归国留学人员自主创业,培育一批高成长性的科技型初创企业,造就一批具有开拓创新精神和竞争能力的科技型企业家,为高新技术产业发展培育后备梯队,市政府于2010年3月31日下发《关于开展杭州市科技型初创企业培育工程(雏鹰计划)的实施意见》,计划用5年时间重点培育和扶持1000家科技型初创企业,形成技术水平领先、竞争能力强、成长性好的科技型企业群。在"雏鹰计划"实施期间,市财政每年统筹安排5000万元以上专项资金进行扶持。

大企业大集团培育计划

即市委、市政府制定实施的《杭州市培育发展具有国际竞争力的大企业大集团五年行动计划》(市委办发〔2009〕61号)。计划提出,到2012年末在现代工业、现代服务业、现代农业、文化创意产业等关键领域和重要行业培育发展一批创新能力强、主业突出、拥有知名品牌和自主知识产权,市场开拓能力强、经营管理水平高、有适应国际化经营的优秀管理人才队伍和现代化管理手段,劳动生产率、净资产收益率等主要经济指标达到国内同行业领先水平和国际先进水平,规模经济效益好,具有可持续发展能力的大企业大集团。

新型城市化

指坚持以人为本,以新型工业化为动力,以统筹兼顾为原则,以和谐社会为方向,以全面、协调、可持续发展为特征,推动城市现代化、城市集群化、城市生态化、农村城市化,全面提升城市化质量和水平,走科学发展、集约高效、功能完善、环境友好、社会和谐、个性鲜明、城乡一体、大中小城市和城镇协调发展的城市化道路。

"三副六组团"

指杭州新一轮城市总体规划中明确的江南副城、临平副城、下沙副城等三个副城和临浦、瓜沥、义蓬、塘栖、余杭、良渚六个组团。

《杭州都市经济圈规划》

2010年,《杭州都市经济圈发展规划》获省政府批复同意。《规划》提出形成以杭州市区为核心,杭州市域为主体,湖州、嘉兴、绍兴三市市区为副中心,德清、安吉、海宁、桐乡、绍兴、诸暨等杭州相邻6县市为紧密层,联动长兴、嘉善、平湖、海盐、上虞、嵊州、新昌等县市的杭州都市经济圈。预计到2015年,都市经济圈将初具雏形,2020年实现功能完备。

楼宇(总部)经济

指以楼宇(包括商务楼宇、商业楼宇、城市综合体、科研楼宇、"农居SOHO")等为载体,吸引企业将总部在该区域集群布局,将生产制造基地布局在其他地区,从而使企业价值链与区域资源实现最优空间耦合,以及由此对该区域经济发展产生重要影响的一种经济形态。楼宇经济业态包括二产中的高新技术产业、都市型工业、三产特别是文化创意产业的所有门类。

"城中村"改造

"城中村"是指市区范围内以村级建制为单位(含已撤村建居地区),农居相对集中、基础设施薄弱、住宅布局无序、生活环境较差的地区。近年来,我市对已列入撤村建居改革试点的216个撤村建居村,以"整体推进"、"分期实施"、"整治提升"等方式进行分类改造,通过拆迁安置房建设、基础设施配套完善、统筹社会和医疗保障等措施,切实提升城中村整体面貌,从而使农转非居民实现生活和居住方式的彻底转变,真正融入城市。

奥体博览城

杭州奥体博览城位于钱江世纪城区域,总规划用地面积583.89公顷,其中核心区块用地面积154.37公顷,主要由杭州奥体中心和杭州国际博览中心两部分组成,建成后将成为以体育竞技、博览会展为主导功能,集商务办公、商业购物、生态居住、休闲旅游、文化创意等功能于一体的城市复合型功能区。

国内最清洁城市

2006年,市委、市政府提出用5年时间,把杭州市区打造成全市人民和国内外公认的国内最清洁城市,让杭州天更蓝、山更绿、水更清、花更艳,让老百姓喝得上干净的水、呼吸得上新鲜的空气、看得到郁郁葱葱的花草树木,显著提升人民群众环境生活品质。

青山湖科技城

青山湖科技城位于临安市,规划总面积115平方公里,其中,重点规划区面积30平方公里,于2009年11月30日奠基,主要功能定位为高新技术及其产品研究开发、各类研发创新人才集聚培养、高新技术成果中试转化、高新技术企业和科技型中小企业培育孵化等四个方面。

钱江通道及接线(钱江大道)

该项目为"杭州二绕"东段,主体工程位于大江东新城,北接沪杭高速(嘉兴骑塘)、南接杭甬高速(绍兴齐贤),按双向六车道高速公路标准建设,设计时速100公里(其中隧道段80公里),全长43.6公里(我市境内长约28公里),总投资约126亿元,计划2013年底前建成通车。

杭州都市圈环线高速公路西复线

即杭州第二绕城高速公路中新拟规划建设高速公路,北起申嘉湖杭新市互通,经过德清、余杭、临安、富阳、萧山和诸暨等地,南至杭金衢高速直埠互通,全长约 150.9 公里,项目估算总投资约 180 亿元(其中我市境内长约 89.8 公里,投资约 110 亿元)。

运河二通道

是国家发改委批复的京杭运河浙江段"四改三"项目的重要组成部分和关键工程,共新建航道 26.4 公里,主要在我市余杭区和杭州经济开发区,估算投资 77.5 亿元,建设工期为四年。

"公交优先"

我市解决市民"行路停车难"问题的重要举措。围绕城市公共交通"便捷、安全、舒适、经济"目标,把发展轨道交通、城市公共汽(电)车、旅游观光汽车、出租汽车、"免费单车"和内河客运等交通方式放在优先位置,构筑公交优先的城市公共客运交通系统,提高公交车辆出行分担率。

免费单车

是我市为破解"行路停车难"而推出的重要举措。通过在全市建设公共自行车服务网点,为市民和中外游客提供以"通租通还"、免费租用为特色的自行车租赁服务和便捷、绿色、健康的出行方式。

机场高速改造

为现有萧山机场高速公路改建提升工程,全长 18.66 公里,按"上层高架六车道高速公路+下层六车道城市主干道"标准,对现有萧山机场高速公路进行改造(其中杭金衢高速以东段为双向八车道高速公路),高速公路、地面主干道设计时速分别为 100 公里、50 公里,概算总投资约 61 亿元,由萧山区、滨江区负责投资建设,计划 2012 年底前改建完成。

望江路过江隧道

是穿越钱塘江的城市公路隧道工程,规划北起上城区望江东路,南至滨江区江晖路,双向六车道,建成后将缓解复兴大桥、西兴大桥和钱塘江大桥的过江交通压力。

"三纵五横"快速路网骨架

"三纵"即①上塘中河快速路:北起南庄兜立交,经上塘高架、中河高架、四桥、时代大道至义桥立交,总长 35.3 公里。②秋石快速路:北起绕城北线石塘立交,经半山隧道、石桥路、秋涛路、钱江三桥、风情大道至绕城南线,总长 33.5 公里。③东湖通惠快速路:北起临平城区,经东湖路、九堡大桥、通城路至绕城南线,总长 36.1 公里。

"五横"即①留石快速路,西起绕城西线,经留祥路、石祥路、石大线快速路至绕城大井立交,总长 20.9 公里。②德胜快速路,西起绕城西线,沿吉鸿路、紫金港路、文一路、德胜快速路至绕城东线,总长 34.5 公里;③天目—艮山快速路,西起绕城西线,经天目山路、环城北路、艮山路至东湖路,总长 25.9 公里;④机场快速路,西起时代大道,经江南大道、机场路快速路、绕城东线至萧山国际机场,总长 23.6 公里;⑤彩虹快速路,西起绕城西线与杭千高速,经之浦路、之江大桥、彩虹大道至绕城东线,总长 28.3 公里。

"三网融合"

指电信网、广播电视网、互联网在向宽带通信网、数字电视网、下一代互联网演进过程中,其技术功能趋于一致,业务范围趋于相同,网络互联互通、资源共享,能为用户提供语音、数据和广播电视等多种服务。

"数字城管"

指通过整合多项"数字城市"技术,再造新的城市管理流程,实现城市管理的信息化、标准化、精细化、动态化。

国家低碳城市试点

2010 年,国家发改委将广东、辽宁、湖北、陕西、云南、天津、重庆、杭州、深圳等五省八市列为全国低碳省份、低碳城市试点之一。要求试点省、城市编制低碳发展规划,制定支持低碳绿色发展的配套政策,加快建立以低碳排放为特征的产业体系,建立温室气体排放数据统计和管理体系,积极倡导低碳绿色生活方式和消费模式。

市区河道综保工程

2007 年以来,市委、市政府围绕"还河于民、申报世遗、打造世界级旅游产品"、"流畅、水清、岸绿、景美、宜居、繁荣"、让杭州老百姓"倚河而居、倚河而业、倚河而游"三大目标,坚持以人为本、保护第一、生态优先、拓展旅游、系统综合、品质至上、连线成网、有机更新的理念,对绕城公路圈内长度 1 公里以上的河道进行综合整治与保护开发。2010 年,市区河道综保工程重点实施中东河整治涉及的 70 个子项工程,开展"水上黄金旅游线"涉及"新三河"的"一园二馆二广场、三环六河十驿站"共 20 个子项工程的完善、提升工作,组织实施 45 条市区河道整治,同步建成沿河慢行交通系统 60 公里。

千黄高速

指千岛湖至黄山高速公路淳安段工程,起点位于杭新景高速千岛湖支线末端,终点在浙江省与安徽省交界处,全长 47.09 公里。

杭长、杭甬、宁杭、杭黄铁路专线

分别指沪昆铁路专线杭州至长沙段、南京至杭州铁路专线、杭州至宁波铁路专线、杭州至黄山铁路专线。其中杭长客专线路长度 933 公里,宁杭客专新建正线 249 公里,杭甬客专新建正线 150 公里,杭黄客专全长约 262 公里。

杭州东站综合交通枢纽

包括杭州东站站房、站场及艮山门动车运用所、乔司编组站改造、北环增建二线(以上统称杭州东站扩建工程)、钱江铁路新桥以及新建杭州北站货场、萧山货场等项目,总投资近 160 亿元。杭州东站由既有 4 台 9 线扩建为 15 台 30 线。

碳汇

指自然界中碳的寄存体。《联合国气候变化框架公约》将碳汇定义为从大气中清除二氧化碳的过程、活动或机制。

垃圾清洁直运

是指通过车辆设备创新、运营流程创新,采用桶车对接、车车对接、厢车对接等方式,用压缩、密封、实用、环保、美观的运输工具,将垃圾从垃圾集置点、接驳点收集后直接运至垃圾处理场(厂)的一种快捷、高效、清洁的城市垃圾集疏运方式,改变了原有垃圾须经过中转站储存再送至垃圾处理场(厂)的传统收运方式。

清洁生产

又称清洁技术、废物最小化、源控制、污染预防等。联合国在 1989 年提出清洁生产这一术语时指出,清洁生产是指对生产过程与产品采取整体预防性的环境策略,以减小对人类与环境可能的危害。它包括清洁的生产过程和清洁的产品两方面内容。清洁生产对生产过程而言,是指节约原材料,并在全部排放物离开生产过程前就减少它们的数量,实现生产过程的无污染或少污染;对产品而言,则是采用生命周期分析,使从原料获得直至产品最终处置的一系列过程,都尽可能对环境影响最小。

国家创新型城市试点

2010 年,国家发改委批准同意杭州、青岛、沈阳等 16 个城市的创建国家创新型城市总体方案,开展创建国家创新型城市试点。试点要求以实现创新驱动发展为导向,以提升自主创新能力为主线,以体制机制创新为动力,以营造创新友好环境为突破口,健全创新体系、集聚创新资源、突出效益效率、着眼引领示范,探索区域创新发展模式,培育一批特色鲜明、优势互补的国家创新型城市,形成若干区域创新发展增长极,增强国家综合实力和国际竞争力,为实现创新型国家建设目标奠定基础。

天堂硅谷

源于原国务委员、国家科委主任、中国工程院院长宋键于 1990 年 10 月为杭州高新技术开发区的题词,指以信息港、新药港和高新产业开发区、经济开发区、高教园区等园区建设为重点,坚持发展高新技术产业和改造提升传统优势产业两手抓,加大科技创新力度,力争把杭州建设成为全省乃至全国的高新技术研发中心、成果交易中心和高新技术产业化基地、高新技术产品出口基地。

名校集团化

指由名校领衔,通过输出名校品牌、理念、管理、师资、现代教育信息技术等,采用"名校+新校"、"名校+民校"、"名校+弱校"、"名校+名企"、"名校+农校"、"高校+民校"等多种模式进行集团化办学,使每一个孩子包括困难家庭、弱势群体子女都能接受优质教育。

浙江海外高层次人才创新园

位于余杭创新基地核心区域,总面积约 3 平方公里,其中启动区块约 102.5 公顷,拓展区约 208 公顷,由省、市、区三级共建,定位为浙江省按照全新机制运行的人才改革发展试验区和国内一流的人才创新基地。计划通过 5 年努力,引进 10 名左右在业内有较大影响、居于世界先进水平和国内领先地位的科学家,集聚 100 名左右掌握核心技术或关键技术的高端研发人才,1000 名左右熟悉掌握研发技能的科研骨干,集聚一批具有旺盛创造力的创新团队。

杰出创业人才培育计划

即从 2010 年开始,把初具规模实力,初显良好发展潜力的创业者纳入培育计划人选,在税收、资金、销售、土地、人才等各方面提供特殊政策,帮助他们把企业做大做强。经过 5～10 年的努力,从数以千计万计的大学生创业者中再造一批马云式的杰出创业人才。

杭州市全球引才"521"计划

即从 2010 年开始,用 5 年时间,面向全球引进 20 个海外优秀创业创新团队,100 名带着重大项目、带领关键技术、带动新兴学科的海外高层次创业创新人才,力争有 30 名左右的人选,进入国家海外高层次人才的"千人计划"。

良渚大遗址综保工程

于 2001 年启动,保护范围包括瓶窑、良渚两镇,保护面积 242 平方公里,遗址核心区面积 33.4 平方公里,涉及人口 13.8 万。通过整体规划、整体保护、整体管理、整体经营,建成了良渚文化博物馆新馆和美丽洲公园;良渚遗址通过国家文物局考核,列入《中国世界文化遗产预备名单》。

南宋皇城大遗址综合保护工程

南宋皇城遗址是南宋临安城遗址的核心部分,位于杭州城南凤凰山东麓宋城路一带,曾建有殿、堂、楼阁约130余座。由于历史变迁、人为破坏,现地面仅存城墙遗址和后苑部分遗迹,绝大部分建筑遗址已掩埋在地面2米以下。2009年,市委、市政府正式启动南宋皇城大遗址综合保护工程,坚持积极保护方针,以展示中国最美丽山水花园式皇城遗韵为特色,在中河、钱塘江、虎跑路—南山路—解放路—延安路、庆春路的四至范围内,重点实施中山路综合保护与有机更新、吴山景区综合整治三期、玉皇山南综合整治、凤凰山路改造及周边综合整治、中河综合整治与保护开发、江洋畈生态公园建设、将台山南宋佛教文化生态公园建设、白塔景区建设、南宋官窑博物馆三期建设、南宋博物院规划建设、杭师大玉皇山校区转型等一系列工程,力争把南宋皇城大遗址公园打造成中国大遗址保护的典范、世界级旅游产品和世界文化遗产。

"法治杭州"

是依法治国方略在杭州的具体实践,是依法治市的深化和发展。即以邓小平理论和"三个代表"重要思想为指导,全面落实科学发展观,致力于构建社会主义和谐社会,牢固树立社会主义法治理念,以依法治国为核心内容,以执法为民为本质要求,以公平正义为价值追求,以服务大局为重要使命,以党的领导为根本保证,通过扎实有效的工作,基本实现经济、政治、文化和社会生活的法治化,加快建设社会主义民主更加完善、社会主义法制更加完备、公民法律素质普遍提高、依法治国基本方略得到全面落实、公民合法权益得到切实尊重和保障的法治社会,确保我市法治建设走在全国全省前列。

碳交易

是为促进全球温室气体减排,减少全球二氧化碳排放所采用的市场机制。联合国政府间气候变化专门委员会通过艰难谈判,于1992年5月通过《联合国气候变化框架公约》。1997年12月于日本京都通过了《公约》的第一个附加协议,即《京都议定书》。《京都议定书》以市场机制作为解决二氧化碳为代表的温室气体减排问题的新路径,即把二氧化碳排放权作为一种商品,从而形成了二氧化碳排放权的交易,简称碳交易。

权力阳光运行机制

指充分利用现有信息化建设基础和条件,全面整合全市政务网络资源,以建设"两家两中心"为重点,以依法清理和规范权力为基础,以政务公开为原则,以电子政务为载体,以网上政务大厅为平台,推动各项权力网上规范、公开、透明、高效运行,实现所有行政权力"网上受理、网上办理、网上反馈、网上监督",做到公众与政府之间、政府部门与部门之间的政务活动通过网络实现。

山海协作

指省委、省政府为推动以浙西南山区和舟山海岛为主的欠发达地区加快发展,实现全省区域协调发展而采取的一项重大战略举措。按照省委、省政府部署,杭州与衢州开展山海协作。2010年,我市与衢州的实施"山海协作"工程完成资源与产业合作项目投资额20亿元左右。

宁波市国民经济和社会发展
第十二个五年规划纲要

（2011 年 2 月 26 日宁波市
第十三届人民代表大会第六次会议通过）

宁波市国民经济和社会发展第十二个五年（2011～2015 年）规划纲要根据《中共宁波市委关于制定宁波市国民经济和社会发展第十二个五年规划的建议》编制，主要阐明市委战略意图，明确政府工作重点，引导市场主体行为，是未来五年我市经济社会发展的宏伟蓝图，是全市人民共同的行动纲领。

一、转变经济发展方式，开创科学发展新局面

"十二五"时期是我市深化改革开放、加快转变经济发展方式的攻坚时期，是全面建成惠及全市人民的小康社会、努力实现现代化国际港口城市新跨越的关键时期，必须继续抓住和用好重要战略机遇期，保持经济长期平稳较快发展和社会和谐稳定，努力开创科学发展新局面。

（一）现实基础

"十一五"时期是宁波发展史上极不平凡的五年。面对国内外发展环境的深刻变化，全市上下深入贯彻科学发展观，全面落实中央和省委的重大决策部署，积极实施"六大联动，六大提升"发展战略，不断推进经济发展方式转变，经济社会发展取得重大成就，"十一五"规划《纲要》确定的主要目标任务如期完成。预计 2010 年全面小康社会的实现程度达到 97% 左右，继续向着建设更高水平的小康社会稳步迈进。综合实力显著增强，2010 年全市生产总值达到 5125.8 亿元，人均生产总值保持 1 万美元以上，财政一般预算收入达到 1171.7 亿元，港口集装箱吞吐量达到 1300.4 万标箱。结构调整成效明显，具有宁波特色的临港产业体系基本形成，现代服务业加快发展，三次产业结构调整到 2010 年的 4.2∶55.6∶40.2。创新型城

市建设成效显著,科技带动和创新驱动趋势明显。生态文明建设扎实推进,节能减排如期完成规划目标。城乡区域统筹取得积极进展,"中提升"战略深入实施,中心城区辐射功能不断提升。社会主义新农村建设成效明显,城乡一体化走在全省前列。象山港区域保护力度加大,统筹余慈地区步伐加快,宁波杭州湾新区建设顺利推进。社会民生明显改善,和谐社会建设走在全国前列,被评为全国文明城市和最具幸福感城市。就业规模持续扩大。城乡居民收入不断提高,到 2010 年市区居民人均可支配收入和农村居民人均纯收入分别达 30166 元和 14261 元,年均增长 11.6% 和 12.8%。社会保障覆盖面继续扩大、标准不断提高。服务型教育体系日趋完善。文化大市和"平安宁波"建设稳步推进。改革开放深入推进,重点领域和关键环节改革取得积极进展,开放型经济水平不断提高,经济社会发展的动力和活力进一步增强。总体上看,"十一五"时期是我市经济发展速度最快、质量最高、协调性最好的历史时期之一,是城乡面貌变化最大、城市功能提升最快、人民群众得到实惠最多的历史时期之一。面向未来,我们站在一个新的更高起点和平台上。

专栏 1 "十一五"规划主要指标完成情况							
分类	编号	指标名称	2005 年	规划目标		完成情况	
				2010 年	年均增长(%)	2010 年	年均增长(%)
经济发展	1	全市生产总值(亿元)	2447.3	4300	11	5125.8	12
	2	人均生产总值(元/人)	38147	61400	9	68162	—
	3	财政一般预算收入(亿元)	466.5	820	12	1171.7	20.2
	4	三次产业增加值比重	5.3∶55.3∶39.4	3.5∶53.5∶43	—	4.2∶55.6∶40.2	—
	5	研究和试验发展经费支出占生产总值比重(%)	0.8	1.5	—	1.6	[0.8]
	6	高新技术产品产值占规模以上工业总产值的比重(%)	32.3	≥40	—	—	—
	7	工业园区化率(%)	50	75	—	—	—
	8	全社会固定资产投资(亿元)	[4348]	≥[10000]	—	[9039]	15.8
	9	全社会消费品零售总额(亿元)	762.2	≥1300	12	1704.5	17.5
	10	自营进出口总额(亿美元)	334.9	670	15	829	19.9
	11	实际利用外资(亿美元)	[82.6]	[115]	—	[120]	[37.4]
	12	港口货物吞吐量(亿吨)	2.7	3.6	6	4.1	8.9
	13	集装箱吞吐量(万标箱)	520.8	≥1000	14	1300.4	20.1
	14	公路网密度(公里/百平方公里)	71.6	93.3	—	102.7	[31.1]
社会发展	15	城市化率(%)	56	≥65	—	65	[9]
	16	城镇职工基本养老保险参保人数(万人)	151.3	180	—	383	[231.7]
	17	每千人医院卫生院床位数(张/千人)	2.9	4.3	—	4.5	[1.6]
	18	普通高校在校生数(万人)	11.1	14	—	14	[2.9]
	19	平均受教育年限(年)	9.5	10.5	—	10.8	[1.3]
	20	各类人才资源总量(万人)	48	80	10.8	90	[42]
	21	社区(村)依法自治达标率(%)	80	90	—	95	[15]

续表

分类	编号	指标名称	2005 年	规划目标		完成情况	
				2010 年	年均增长（%）	2010 年	年均增长（%）
人民生活	22	人口自然增长率(‰)	2.08	3.0	—	3.0	—
	23	五年城镇新增就业（万人）	—	60	—	67.7	—
	24	五年转移农业劳动力（万人）	—	30	—	32	—
	25	城镇登记失业率(%)	3.5	≤4.5	—	3	—
	26	市区居民人均可支配收入（元）	17408	≥24000	—	30166	11.6
	27	农村居民人均纯收入（元）	7810	11000	—	14261	12.8
资源环境	28	单位生产总值能耗下降(%)	—	[20]	—	—	—
	29	主要污染物排放总量减少（%）	—	[10]	—	—	—
	30	城镇污水处理率（%）	60.1	≥70	—	85	[24.9]
	31	城镇生活垃圾无害化处理率（%）	92	≥95	—	99	[7]
	32	市区人均公绿面积（平方米/人）	11.5	12.0	—	—	—
	33	城市建成区绿化覆盖率（%）	37	37	—	37.5	[0.5]
	34	森林覆盖率（%）	50	50	—	50.2	[0.2]

注:(1)全市生产总值绝对数按当年价格计算,速度按可比价格计算;(2)[ ]内数据为五年累计数;(3)2005 年基数值以实际数为准。

（二）发展环境

纵观国内外宏观环境,"十二五"时期我市发展仍处于可以大有作为的重要战略机遇期,既面临难得的历史机遇,也面对诸多可以预见和难以预见的风险挑战。

从国际环境看,和平、发展、合作仍是时代潮流,世界多极化、经济全球化深入发展,世界经济政治格局出现新变化,科技创新孕育新突破,国际产业转移深入推进,这使得外向度极高的宁波经济面临着良好的发展机遇。同时,国际金融危机影响深远,世界经济增长速度减缓,全球需求结构出现明显变化,围绕市场、资源、人才、技术、标准等的竞争更加激烈,气候变化以及能源资源安全、粮食安全等全球性问题更加突出,各种形式的保护主义抬头,我市经济发展又面临着更为复杂的国际环境。

从国内环境看,工业化、信息化、城镇化、市场化、国际化深入发展,我国经济发展态势继续长期向好。长三角区域经济一体化进程加速推进,浙江海洋经济发展上升为国家战略,这为宁波开拓国内市场、调整经济结构、保持经济平稳较快发展带来了前所未有的机遇。同时,我国区域发展格局正在发生重大而深刻的变化,竞相发展、你追我赶的态势进一步凸显,区域竞争更为激烈,资源环境约束更趋强化,生态文明建设任务更为艰巨,社会矛盾不断增多,这对宁波现有的产业结构和增长模式提出了严峻挑战。

从宁波实际看,经过改革开放 30 多年的发展,全市经济实力比较雄厚,产业基础比较扎实,港口资源、对外开放和民营经济等具有比较优势,加快发展的现实基础和物质条件良好。但也要清醒地看到,我市发展中不平衡不协调不可持续的问题仍然比较突出,主要是:经济发展的资源环境约束加剧,科技创新能力不强,城乡区域统筹任务繁重,社会发展相对滞后,改革攻坚更为艰巨。

总体上,"十二五"时期我市经济发展处于较快增长期,结构调整进入加速推进期,城市建设进入加速发展期,社会建设进入强力推进期,生态文明进入全面提升期,体制改革进入攻坚克难期。我们必须进一步增强推进科学发展的自觉性和坚定性,进一步增强转型发展的机遇意识和忧患意识,科学判断和准确把握发展趋势,充分利用各种有利条件,加快解决突出矛盾和问题,全力以赴推进经济发展方式转变,把经济社会发展转入到科学发展、和谐发展的轨道上来。

(三)指导思想

"十二五"时期我市经济社会发展的指导思想是:高举中国特色社会主义伟大旗帜,以邓小平理论和"三个代表"重要思想为指导,深入贯彻落实科学发展观,认真贯彻省委"八八战略"和"创业富民、创新强省"总战略,继续推进"六大联动、六大提升",以科学发展为主题,以加快转变经济发展方式为主线,以深入解放思想、深化改革开放为动力,以富民强市、文明和谐为根本目的,加快打造国际强港,加快构筑现代都市,加快推进产业升级,加快创建智慧城市,加快建设生态文明,加快提升生活品质,全面建成惠及全市人民的小康社会,为建设现代化国际港口城市、率先基本实现现代化打下坚实基础。

按照上述指导思想,在"十二五"经济社会发展中,必须牢牢把握以下几点:

——必须坚持转型发展。推动经济结构战略性调整,加快转变经济发展方式,切实改变低端加工为主、二产带动为主、资源要素投入为主、出口和投资驱动为主的传统发展模式,把经济社会转入到一、二、三产协调带动、内外需协调拉动、科技引领和创新驱动、生产生活生态统筹协调的科学发展轨道上来。

——必须坚持内外需并举。全面贯彻中央扩大内需的战略方针,在充分发挥我市对外开放的优势,牢牢抓住国际市场的同时,把更多注意力放到国内市场的开拓上来,努力扩大消费需求,推进投资平稳增长,建立健全扩大内需的长效机制,保持经济长期平稳较快发展。

——必须坚持推进新型城市化。以新型城市化为主导,加快建设现代都市,优化城市空间布局和形态,提升城市服务功能和管理水平。积极推进新农村建设,促进要素合理配置,促进公共服务城乡对接,实现新型城市化与新型工业化融合发展,推进新型城市化与城乡一体化统筹发展。

——必须坚持创新发展。以建设创新型城市为目标,更加注重科技创新、管理创新和制度创新,加快集聚各类创新要素,建立完善区域创新体系,全面提升产业技术水平和核心竞争力,推动经济社会发展向科技引领、创新驱动转变。

——必须坚持特色发展。更加注重因地制宜、错位发展,充分发挥港口资源、对外开放和民营经济等特色优势,抓住我省海洋经济发展上升为国家战略的契机,大力发展海洋经济,择优发展临港工业,推动传统块状经济向现代产业集群转变,再创民营经济发展新优势,大力提升开放型经济发展水平。

——必须坚持和谐发展。加强社会建设和管理,加快发展社会事业,促进基本公共服务均等化,推进文化大发展大繁荣,保障和改善民生,促进社会公平正义,维护社会和谐稳定,努力提高城乡居民收入水平。更加注重生态文明建设,大力发展低碳经济和循环经济,努力实现人与自然的和谐统一,不断提升城乡居民生活品质。

（四）发展目标

"十二五"时期经济社会发展的总体目标是:科学发展走在全省全国前列,惠及全市人民的小康社会全面建成,建设现代化国际港口城市、率先基本实现现代化的基础更加牢固。经济平稳较快发展,城乡居民收入、城市化水平、服务业增加值比重、研发和教育经费投入增幅高于"十一五"实绩,综合实力、国际竞争力和可持续发展能力显著增强。

——经济保持平稳较快发展。全市生产总值达到 10000 亿元,年均增长 10% 左右,累计全社会固定资产投资 18000 亿元。五年新增城镇就业 60 万人,物价总水平基本稳定,经济增长的质量和效益明显提高。

——结构调整取得重大进展。消费需求持续增长,居民消费率年均提高 0.6 个百分点,社会消费品零售总额达到 3300 亿元。先进制造业和现代服务业联动发展,服务业增加值占生产总值比重提高到 45%,现代农业发展水平稳步提高,现代产业体系初步建成。自主创新能力明显增强,研究与试验发展经费支出占生产总值的比重达到 2.5%。

——城乡区域统筹协调发展。新型城市化取得新突破,现代都市框架基本确立,中心城区的功能和形象进一步提升,城市化率达到 70%。新农村建设成效显著,成为全省城乡一体化示范区。区域统筹取得重大进展,主体功能区战略有效实施,基本形成定位清晰、导向明确、区域协同的市域发展新格局。

——港口发展能级明显提高。港口综合服务功能不断增强,全国性物流节点城市基本建成,亚太地区重要国际门户和上海国际航运中心主要组成部分的地位更加巩固。港口货物吞吐量和集装箱吞吐量分别达到 5.5 亿吨和 2000 万标箱。海洋经济快速发展,成为浙江省国家级海洋经济核心示范区。

——人民生活品质全面提升。市区居民人均可支配收入年均增长 10%,农村居民人均纯收入年均增长 10.5%,城乡居民收入比缩小到 2.1∶1。覆盖城乡居民的社会保障体系更加完善,城乡三项医疗保险参保率稳定在 95% 以上。教育、卫生等社会事业加快发展,基本公共服务均等化程度显著提高。社会建设全面推进,民主法治更加完备,社会更加和谐稳定。

——文化大市建设深入推进。文化事业繁荣发展,公共文化服务体系更趋完善,人民群众的精神文化生活更加丰富。文化产业蓬勃发展,文化产业增加值占生产总值比重超过 5%。文化改革发展的经济效益和社会效益进一步提高,文明城市创建纵深推进,国际港口城市的人文素养不断提高。

——生态文明建设成效显著。生态市建设深入推进,资源节约型、环境友好型社会建设成效明显。节能减排取得新进展,低碳经济加快发展,单位生产总值能耗下降、二氧化碳和主要污染物减排实现阶段性目标,资源利用效率大幅提高,林木蓄积量达到 1245 万立方米,生态环境质量显著提高。

——改革开放水平快速提升。重点领域和关键环节改革取得重大进展,科学发展体制机制基本形成。开放型经济水平进一步提升,贸易结构和外资结构进一步优化,"走出去"步伐加快,区域合作取得新进展,自营进出口总额达到 1500 亿美元,基本形成内外对接、互利共赢、高效安全的开放型经济体系。

分类	编号	指标名称	2010 年	2015 年	年均增长（%）	属性
		专栏2 "十二五"时期经济社会发展主要指标				
经济发展	1	全市生产总值（亿元）	5125.8	10000	10	预期性
	2	人均生产总值（元）	68162	119000	9	预期性
	3	财政一般预算收入（亿元）	1171.7	2000	11	预期性
	4	全社会固定资产投资（亿元）	[9039]	[18000]	14.5	预期性
	5	商品销售总额（亿元）	7506	14000	13.5	预期性
	6	自营进出口总额（亿美元）	829	1500	12	预期性
		其中：出口总额（亿美元）	519.7	880	11	预期性
	7	实际利用外资（亿美元）	[120]	[130]	[10]	预期性
	8	港口货物吞吐量（亿吨）	4.1	5.5	6	预期性
	9	港口集装箱吞吐量（万标箱）	1300.4	2000	9	预期性
结构调整	10	工业增加值（亿元）	2570	4700	9	预期性
	11	服务业增加值比重（%）	40.2	45	[4.8]	预期性
		其中：物流业增加值（亿元）	506.9	1000	15	预期性
	12	服务业就业比重（%）	—	—	[4]	预期性
	13	服务业主营业务收入（亿元）	10136.5	20400	15	预期性
		其中：信息服务业主营业务收入（亿元）	128	260	15	预期性
	14	金融机构本外币存贷款余额（亿元）	19169	38500	15	预期性
		其中：贷款余额（亿元）	9414	18900	15	预期性
	15	居民消费率（%）	21.7	24.7	[3]	预期性
	16	城市化率（%）	65	70	[5]	预期性
科技创新	17	研究与试验发展经费支出占生产总值的比重（%）	1.6	2.5	[0.9]	预期性
	18	新增劳动力平均受教育年限（年）	13	13.6	[0.6]	预期性
	19	各类人才资源总量（万人）	90	130	[40]	预期性
	20	高等教育毛入学率（%）	50	56	[6]	预期性
	21	发明专利授权数（件）	1209	2500	16	预期性
民生改善	22	人口自然增长率（‰）	3	3	—	约束性
	23	人均期望寿命（年）	79	79.2	[0.2]	预期性
	24	新增城镇就业人数（万人）	[67.7]	[60]	—	约束性
	25	城镇登记失业率（%）	3	<4	—	预期性
	26	财政教育经费支出占一般预算支出比重（%）	14.5	>16	—	约束性
	27	参加基本养老保险人数（万人）	400.8	443.4	[42.6]	约束性
	28	城乡三项医疗保险参保率（%）	—	>95		约束性
	29	每千人医生数（人/千人）	3.1	3.5	[0.4]	预期性
	30	百名老人拥有养老床位（张/百人）	2.9	3.5	[0.6]	预期性
	31	市区居民人均可支配收入（元）	30166	48580	10	预期性
	32	农村居民人均纯收入（元）	14261	23500	10.5	预期性
	33	城镇保障性安居工程建设（万套）	—	—	[5]	约束性

续表

分类	编号	指标名称	2010 年	2015 年	年均增长（％）	属性
资源环境	34	林木蓄积量（万立方米）	1200	1245	［45］	约束性
	35	耕地保有量（万亩）	—	337.1	—	约束性
	36	单位生产总值能源消耗降低（％）	—	国家、省下达指标	—	约束性
	37	单位生产总值二氧化碳排放量下降（％）	—	国家、省下达指标	—	约束性
	38	单位工业增加值用水量降低（％）	—	国家、省下达指标	—	约束性
	39	主要污染物排放减少（％）	—	国家、省下达指标	—	约束性
	40	亿元生产总值生产安全事故死亡率（％）	0.16	省下达指标	—	约束性

注：(1) 全市生产总值按现价计算，速度按可比价格计算；
(2) ［ ］内数据为五年累计数；
(3) 三项医疗保险指城镇职工基本医疗保险、城镇居民基本医疗保险、新型农村合作医疗保险；
(4) 主要污染物指化学需氧量、氨氮、二氧化硫、氮氧化物。

二、加快打造国际强港，建设海洋经济强市

以浙江海洋经济发展纳入国家战略为契机，推进港口综合开发，强化综合服务功能，提升海洋经济发展水平，加快"世界大港"向"国际强港"、"交通运输港"向"贸易物流港"、"海洋经济大市"向"海洋经济强市"战略性转变，努力建设浙江省国家级海洋经济核心示范区。

（一）提升港口开发管理水平

优化港口资源开发。坚持"深水深用、浅水浅用"原则，重点推进梅山、大榭、穿山三个港区专业码头建设，建成梅山港区 3#～5#集装箱码头、大榭港区小田湾油品码头等，新建梅山港区 6#～11#集装箱码头、镇海港区 19#～20#液体化工码头、镇海港区通用散货码头等。规划开发象山港、三门湾等岸线。力争新增 5000 万吨的港口货物吞吐能力和 600 万标箱的集装箱吞吐能力。加快整合现有业主的岸线码头，推进其向公共码头转化，优化港口结构与布局。疏浚石浦下湾门航道，拓展港口锚地。推进集装箱陆域堆场建设。

加快发展海铁联运。加快宁波海铁联运集装箱中心站和港口支线建设，完善提升镇海大宗货物海铁联运物流枢纽港功能。开通到江西、安徽、四川等的集装箱班列，培育海铁联运市场。完善海铁联运市场发展的政策扶持体系，强化货运代理、船运代理企业等市场主体培育，拓展港口辐射范围，到 2015 年，形成 30 万标箱的作业能力。

优化"无水港"布局。编制实施宁波港口"无水港"发展规划，鼓励民间资本和宁波港集团等到中西部地区开发建设"无水港"。强化与"无水港"所在地的战略合作，联合研究出台扶持政策。鼓励我市的货运代理、集装箱运输、多式联运经营、综合物流服务等不同类型的企业到"无水港"开展

业务,强化揽货体系建设,提升港口揽货能力,拓展港口经济腹地。

提升港口竞争软实力。继续深化口岸大通关建设,推进海关、海事、检验检疫、边检等联合作业,探索实施"属地报关、口岸放行"通关模式。积极争取国家海洋经济高等教育和职业技术教育改革试点城市,建设国家级港口物流人才培养基地,提升港口科教研发创新能力。积极推进中国(宁波)港口博物馆建设,举办港口文化节、APEC 港口网络联盟会议和发展中国家港口管理研修班等活动,提升港口国际知名度。

(二)深化港航战略合作

推进宁波—舟山港一体化。坚持"优势互补、共同开发、互利共赢、促进融合"的方针,最大限度地发挥港口"四个统一"的集成效应和品牌效应,进一步完善宁波—舟山港联合发展机制,强化港口岸线开发、管理运营、资本技术等合作,推动实施口岸管理一体化。按照"市场主导、风险分担、互利共赢"的原则,以资产运营为纽带,建立与嘉兴、温州、台州等港口的联盟合作关系,形成功能明确、优势互补、布局合理的浙江港口联盟。深入开展 APEC 港口合作,提高港口资源利用效率,提升港口在全球航运体系中的资源配置能力。

参与上海国际航运中心建设。充分发挥宁波深水良港和多式联运优势,按照"散集并举、以集为主"方针,大力发展集装箱运输和大宗散货中转储运。建立健全与上海港在航运、金融的合作发展机制,优化两地港口建设、航运服务等的布局,推进金融、航运等资源跨区域高效流动。强化两港资本、技术和业务等战略合作,共同开拓国内外腹地资源,共同推进上海国际航运中心建设。

加强政策和体制创新。加快推进梅山保税港区综合改革,创新口岸管理等体制,逐步推进宁波梅山保税港区、宁波保税区(出口加工区、保税物流园区)功能叠加,推动其从单一功能向多功能、综合型园区发展。积极推进以宁波梅山保税港区为重点的国际航运综合试验区建设,争取享受上海国际航运中心建设的优惠政策,探索向自由贸易园区转型发展的新路子。积极争取国家在宁波开展海铁联运体制创新综合改革试点,完善港口铁路网络体系、场站体系,建立海铁联运协调机制,推行海铁联运跨省区和不同关区、检区间的区域大通关模式,提高宁波港口服务中西部发展的能力与水平。

(三)大力培育"三位一体"港航物流服务体系

构建大宗商品交易平台。按照构建我国区域性资源交易配置中心的战略要求,加大资源整合力度,以液体化工、铁矿石、煤炭、钢材、木材、塑料、粮油、镍、铜等为重点,积极打造大宗商品交易中心,力争形成若干个在长三角、全国甚至全球有影响力的交易平台,到 2015 年实现市场交易额4000 亿元以上。在北仑、镇海、大榭等统筹规划建设一批大宗散货储运基地和交割仓,完善配套设施,提高储运能力。培育引进一批中转、运输、配送等物流企业。

大力发展港航服务业。以保税港区、国际航运服务中心和物流园区等为依托,出台政策、完善配套、提升功能,大力发展智慧物流,鼓励发展国际中转、国际采购、进口分拨、出口配送等新型物流业态,支持拓展保税仓储、加工组装及配套增值服务,推进港口物流向价值链高端转变。鼓励航运金融创新,大力发展航运保险、船舶融资、资金结算等航运金融服务,培育和发展离岸金融市场。探索建立宁波船舶交易市场,大力发展船舶交易、船舶租赁等业务。鼓励船务服务、港航培训等行业发展,完善港航服务体系。

专栏3 "十二五"时期规划建设的大宗商品交易中心（市场）

1. 宁波镇海液体化工产品交易市场；	2. 宁波镇海煤炭交易市场；
3. 宁波镇海钢材交易市场	4. 宁波镇海木材交易市场；
5. 宁波华东物资城钢材交易市场；	6. 余姚中国塑料城；
7. 宁波镍金属交易中心；	8. 宁波长三角固体石化产品交易中心；
9. 宁波镇海大宗生产资料交易中心；	10. 宁波长三角汽柴油交易中心；
11. 宁波铁矿石交易中心；	12. 宁波进口煤炭交易中心；
13. 宁波大榭能源化工交易中心；	14. 宁波粮食交易中心；
15. 宁波船舶及船用产品交易市场。	

加强金融和信息支撑。加快推进宁波航运金融集聚区建设，积极引进国内外商业银行，大力发展航运金融服务。扩大投融资业务和渠道，研究设立与航运相关的政府性创投引导基金或公司。引导民间资本参与港口航运基础设施和公共事业建设，支持有条件的企业设立财务公司、金融控股公司等。完善电子口岸、智慧物流等平台，扩大物流公共信息互联互通范围。推进航运物流企业信息示范工程建设。

（四）发展现代海洋产业

加快发展海洋制造业。充分发挥港口资源优势，择优发展石化、钢铁、造船、汽车、装备制造等临港大工业。优化空间布局、提高科技含量、推动循环发展，努力成为国内一流、国际领先的临港产业基地。坚持引进与培育并重，重点发展石化成套设备、核电设备、风电设备、海洋环保设备等海洋装备制造业。积极推进海洋清洁能源建设，加快宁波 LNG 储运交易基地建设，加大东海油气田资源开发利用，开展象山金七门核电项目前期研究，发展海岛和近海风能、潮汐能、生物质能等海洋可再生能源。加强海洋生物技术研发与应用，规划建设宁波海洋生物工程院、宁波海洋生物科技园，重点发展海洋药物、海洋生物保健品和海洋生物功能材料产业。推进海水淡化和海水综合利用等工程，加快形成海水利用技术、装备的产业化体系。

大力发展海洋服务业。围绕建设全国性物流节点城市和区域性资源配置中心的目标，加快发展"三位一体"港航物流服务体系。充分利用"港、桥、渔、滩、景"等资源优势，推动象山港—石浦—三门湾海洋旅游板块发展，重点发展滨海度假、海洋观光、游艇（游船、邮轮）、海上运动等，建成我国海洋文化和休闲旅游目的地。以中国（象山）水产城、镇海液体化工交易市场等专业市场为依托，提升海水产品、海洋石油及制品等商贸服务水平，建设成为全国性海洋产品和生产资料贸易中心。大力发展涉海企业投资、涉海法律与公证、涉海知识产权等海洋服务业。积极申报国家海洋博览会和世界海洋博览会。

提升发展现代海洋渔业。加强渔船管理，控制捕捞强度，优化捕捞结构。突破发展远洋捕捞业，加强远洋渔船更新改造和远洋渔场开拓，增强获取国际渔业资源能力。改造提升传统海洋养殖产业，优先发展高效生态海水养殖，建设一批生态友好型水产养殖园区。深化海产品精深加工，加快建设石浦等水产品加工区，大幅提高水产品精深加工比例。加强水产品市场升级与信息化平台建设，探索发展主要渔货远期合同交易，建成多渠道便捷化水产品物流配送体系。

（五）推进海岛分类开发

编制海岛资源综合开发规划，明确海岛分类及发展定位。完善海岛交通、水、电等基础设施，开展海岛综合保护与利用试验区建设。推进南田岛、高塘岛、檀头山岛、象山港中底部诸岛、渔山列岛与韭山列岛等海岛资源科学开发,形成综合利用岛、港口物流岛、临港工业岛、海洋旅游岛、海洋科技岛、现代渔业岛、清洁能源岛、海洋生态岛等主体功能岛,提升海岛开发水平。研究出台《海岛保护条例》及相关配套制度,制定系列技术标准,加强海岛资源的有效保护。

（六）优化海洋经济空间布局

坚持以陆引海、以海促陆、陆海联动,统筹海洋资源的自然属性和经济社会属性,构建"一核、三带、六区、多点"的空间布局结构。

提升"一核"。即以宁波—舟山港及其依托的城市为核心区,在持续增强国际集装箱运输能力的同时,大力发展"三位一体"港航物流服务体系,规划建设大宗商品交易平台,优化完善集疏运网络,加强金融和信息系统支撑,巩固和提升我市作为全国性物流节点城市和上海国际航运中心主要组成部分的地位。

形成"三带"。即杭州湾、象山港和三门湾及其附近区域,是宁波新型工业化和新型城市化融合发展的重点区域。在科学开发、注重环保的基础上,统筹规划建设沿海城市、卫星城市、中心镇、开发区,强化基础配套设施建设,科学开发深水岸线资源,加强海洋环境保护。

打造"六区"。即在推进现有开发区开发建设基础上,重点规划建设杭州湾区域、镇海北仑区域、梅山春晓区域、象山港区域、大目涂区域和三门湾(宁海)区域,完善基础设施体系,发展现代海洋产业,提升发展质量效益,力争成为宁波海洋经济发展的战略支撑区域。

发展"多点"。即在整合提升现有各类园区和产业新基地的基础上,大力推进海岛综合开发、海洋临港产业和高新技术产业的发展,推进海洋风景名胜区的开发建设,切实增强沿海县(市)区海洋经济综合实力和区域竞争力。

三、加快构筑现代都市,促进城乡一体化发展

坚持以新型城市化为主导,加快构筑现代都市,建立健全以城带乡、区域统筹的长效机制,努力形成城乡区域优势互补、主体功能定位清晰、资源要素配置均衡、国土空间高效利用、人与自然和谐相处的城乡区域发展新格局。

（一）统筹区域协调发展

深入实施主体功能区战略和区域发展战略,合理引导生产力布局和要素流动,实现空间集约和协调发展。

实施主体功能区战略。以国家和省主体功能区规划为指导,编制实施宁波市具体功能区规划,根据不同区域资源环境承载能力,明确区域主体功能定位,完善开发政策,规范开发秩序,不断优化人口和国土空间开发格局,促进人口、经济与资源环境协调发展。推进宁波中心城区和余慈地区优化开发,把提高经济增长质量和效益放在首位,大力发展现代服务业和先进制造业,推动产业结构向高端、高效、高附加值转变,率先实现转型升级。加快奉化、宁海和象山等市域南部地区重点开发,促进工业化、城市化融合互动,加快发展先进制造业,大力培育新兴产业,强化基础设施建设,完

善公共服务体系,提升生态宜居水平,促进经济集聚和人口集聚同步。

实施区域发展战略。深入实施"东扩、北联、南统筹、中提升"区域发展战略,形成区域协调发展的新格局。加快实施"东扩"战略,按照"国际标准、世纪精品"的要求,大力推动东部新城开发建设,基本建成中央商务区,全面建成国际航运服务中心、国际贸易展览中心、国际金融服务中心等。全面实施"中提升"战略,加快重大功能区块和城市综合体建设,推进基础设施联网互通,增强创新辐射功能,提升城市发展品位和市民生活品质。大力实施"北联"战略,加强余姚、慈溪联动发展,推进规划共绘、设施共建、产业共兴、环境共保、品质共享,加快宁波杭州湾新区开发建设,使之成为宁波现代都市的重要支撑。深入实施"南统筹"战略,加快奉化、宁海和象山开发建设,有效承接中心城市功能辐射,拓展发展空间,大力发展海洋经济,培育新的经济增长点,提高可持续发展能力。推进象山港区域保护和利用,建设成为生态经济型港湾。积极实施四明山区域发展规划,发展成为我市重要的生态功能区和休闲旅游目的地。

建立区域协调发展的长效机制。根据主体功能的定位导向,建立健全分类指导的体制机制、法规政策和绩效评价体系,完善差别化的财政、投资、产业、土地等区域政策,引导各地严格按照主体功能定位推进发展。充分发挥市场在区域协调发展中的基础性作用,进一步完善财政转移支付制度,加大对相对欠发达地区的支持力度。完善生态补偿机制,加大对生态功能区的利益补偿。建立区域山海协作、南北合作的发展机制,做好扶贫开发和结对帮扶工作。

(二)优化城市空间布局和形态

坚持新型城市化与新型工业化融合发展,着力构筑以中心城六区为核心、以余慈地区和宁波杭州湾新区组团为北翼、以奉化宁海象山组团为南翼、以卫星城和中心镇为节点的网络型都市区新格局。

提升中心城区功能。优化中心城区空间布局,促进资源要素合理配置,理顺城市开发建设体制,提升中心城区整体发展水平。加快三江片、镇海片、北仑片的功能融合,形成中心城组团发展格局。三江片要统筹规划建设,推进"三江六岸"品位提升工程,加快甬江两岸新老外滩建设和北高教园区、高新区互动发展,促进奉化江两岸长丰区块、鄞奉路区块沿江延伸,启动姚江两岸开发。加快推进东部新城、南部新城、东钱湖旅游度假区等重点区块建设,推进基础设施向城西延伸,强化创新和服务功能,提升城市文化和生活品位。海曙区要大力发展总部经济、商贸商务、文化教育、都市旅游等,建设成为宁波中心商贸商务区、宁波历史文化名城核心区。江东区要加快发展商贸物流、金融会展、科研创意、行政管理等,建设成为承载城市核心功能的现代化新中心城区。江北区要发挥空间资源优势,高水平开发甬江区块、姚江区块和慈城卫星城,建设成为宜居宜业的宁波中心城区北部新城区。鄞州区要加强与海曙区、江东区融合对接,加快经济结构、城乡建设、社会管理、生活品质的优化升级,建设成为宁波都市区现代化品质城区。北仑区要大力发展港航服务业,做强做优临港先进制造业,开发建设北仑滨海新城,建设成为长三角对外开放门户区、先进制造业基地和宁波现代化国际港口城区。镇海区要提升发展优势临港工业,做大做强特色商品交易平台,加快镇海新城、甬江北岸区块开发,建设成为宁波临港产业基地、浙东港口物流中心和现代化生态型港口强区。

建设都市区南北两翼。都市区北翼要加快推进余慈地区统筹发展,改造提升传统优势产业,大力发展战略性新兴产业、先进制造业和现代服务业,基本形成余姚城区、慈溪城区、宁波杭州湾新区、姚周新城组团式发展的新格局。余姚要积极推进新型城市化、新型工业化、城乡一体化协调发展,建设成为浙江省区域性中心城市、长三角南翼先进特色制造业基地、生态旅游休闲胜地和现代和谐宜居城市。慈溪要发挥大桥门户优势,推动新型工业化和新型城市化深度融合,建设成为全国城乡一体化发展示范区、长三角先进特色制造业基地和富裕文明、绿色生态、更具活力的现代化中等城市。宁波杭州湾新区要大力发展现代服务业,重点发展优势制造业,着力培育战略性新兴产业,推进省级产业集聚区建设,促进产业与城市融合发展,建设成为我国统筹协调发展的先行区、长三角亚太国际门户的重要节点区、浙江省现代产业基地和宁波都市区北部综合性新城区。都市区南翼要发挥山海资源优势,加快区域联动发展,提升生态经济和海洋经济发展水平,建设成为工业化和城市化融合发展的重要拓展区、海洋经济发展的重要承载区。奉化要全面对接宁波中心城区,加快发展先进制造业,大力发展旅游度假、特色农业、休闲人居等产业,建设成为宁波现代都市产业拓展区、宁波南郊现代化生态城市和海内外著名旅游城市。宁海要积极改造提升传统优势产业,大力发展战略性新兴产业,推进"大森林大景区"建设,建设成为长三角区域生态旅游名城和宜居宜业的现代化滨海城市。象山要发挥桥海资源优势,全面实施"桥海兴县"战略,建设成为浙江省海洋经济示范区、宁波都市滨海特色新区和现代化滨海休闲城市。

培育卫星城市和中心镇。在首批七个卫星城市建设的基础上,择优选取一批发展基础好、区位条件优、辐射能力强的中心镇和重点镇,创新管理体制,加快城镇建设,推进产业发展,提高公共服务水平,实现由"镇"向"城"的战略性转变,建成一批现代化小城市。按照"人口集中、产业集聚、要素集约、功能集成"要求,以镇区人口规模3~5万为目标,优化资源要素配置,合理城镇空间布局,做优做强特色产业,建成一批产业特色鲜明、生态环境优良、功能设施完善的中心镇。

专栏4 首批卫星城市建设布局及发展目标

序号	名　称	范围及规模	发展方向与功能定位
1	泗门镇	地处余姚市西北部、杭州湾南岸,镇域面积66.3平方公里,辖16个行政村、4个社区,常住人口近10万人。	打造成为功能完善、工贸发达的姚西北区域发展中心、宁波西部重要门户城市和长三角地区改革创新典范。
2	观海卫镇	位于慈溪中东部,镇域面积145.5平方公里,辖40个行政村,2个社区,总人口20.5万人。	打造成为浙东生态休闲文化名胜区、宁波北部综合性工贸城市和宁波市示范卫星城市。
3	慈城镇	位于江北区东北部,镇域面积102平方公里,辖39个行政村,6个社区,常住人口8.5万人。	打造成为江南第一古县城、长三角新兴休闲旅游目的地、宁波中心城西北门户区。
4	集仕港镇	位于鄞州区西北部,镇域面积49平方公里,建成区面积7平方公里,常住人口8万人。	打造成为鄞州西部片区兼具现代城市风韵和地域文化底蕴的"新城市"、宁波中心城区西部兼具新型产业特色和江南水乡魅力的"新门户"。
5	溪口镇	位于奉化市西部,镇域面积380平方公里,辖59个行政村,常住人口8万人。	打造成为海内外著名旅游小城市、浙东协调发展的示范区和宁波最佳生态人居地。
6	西店镇	地处宁海北部,东濒象山港,面积102平方公里,辖22个行政村,3个社区,常住人口8.8万人。	打造成为宁波南部重要的现代化工贸型滨海小城市、象山港区域统筹协调发展创新区和宁海副中心城市。
7	石浦镇	位于象山南部,镇域面积126平方公里,常住人口9.6万人。	打造成为全国重要的水产食品加工和海洋高科技产业基地、长三角区域特色鲜明的休闲渔港、象山南部和环三门湾重要区域发展中心。

提高城市管理水平。坚持"建管并举、重在管理"的方针,树立以市民需求为导向的城市管理理念,全面提高城市管理的现代化水平。创新城市管理方式,提高"数字城管"水平,全面推进"人性化、精细化、智能化、网格化"城市管理。强化老城区精细化治理,加强旧城整治,推进背街小巷治理,完成"城中村"改造,深化城郊结合部综合治理,切实改善人居环境。大力实施公交优先战略,推进城市公交专用道建设,积极开发利用城市地下空间,发展智慧交通,加强交通管理,有效缓解交通"出行难"。建立以轨道交通为骨干、常规公交为基础、出租车为辅助的公共交通体系,常规公交出行比例提高到30%。充分挖掘现有停车场所的潜力,加快公共停车场建设,有效缓解城市"停车难"。加强市容市貌、环境卫生管理,规范城市立面管理,完善垃圾收集系统,提升城市卫生保洁水平。加强城市防灾减灾和应急服务救援联动体系建设,提高城市公共安全保障能力。

(三)建设"幸福美丽"新农村

拓宽农民增收渠道。大力开展职业技能和专业技能培训,提高农民综合素质和创业创收能力。鼓励农民优化种养结构,发展现代农业,提高生产经营水平和经济效益。因地制宜地发展特色高效农业、休闲农业和农村服务业,充分挖掘农业内部增收潜力。鼓励农民开展财产性、经营性的创业就业,发展多种形式的合作经营和股份经营,发展壮大村级集体经济。鼓励兴办或参与农村社区经营性服务业,促进农村劳动力稳定就业、就近就业。完善强农惠农补贴政策,加大对农业的转移支付力度。

建设农村新社区。推进农村住房制度改革和农房集中改建,加快建设农村新社区。编制实施村庄规划,优化农村集中居住区布局,积极推进中心村建设,加快连线成片村庄整治。全面深化农村社区服务,推进城市公共设施向农村延伸、公共服务向农村覆盖,加快建立以就业帮扶、医疗卫生、文化教育、健身养老等为重点的农村社区服务网络,推进农村社区功能提升和服务创新。

优化农村人居环境。围绕建设"幸福美丽新家园",深入推进村庄整治建设,拓展整治建设内涵,加强农村生态环境建设,全面提升农村宜居乐居水平。巩固提升百村示范和千村整治工程,继续创建全面小康村,重点培育中心村,全面整治保留村,科学保护特色村,推进建设森林村庄。加强农村生活污水、垃圾、农业面源污染等治理,推进村庄、庭院绿化和生态乡村建设,打造一批城郊都市型新村、田园宜居型靓村和生态文化型美村。

加快相对欠发达地区发展步伐。进一步加大对山区、海岛、革命老区等的扶持力度,健全扶持政策体系,提高公共服务水平,改善生产生活条件。明确山区、半山区开发与保护功能定位,充分发挥生态资源优势,大力发展生态农业、观光农业、绿色食品加工业和生态旅游业,提高生态经济发展水平。建立符合主体功能区要求的财政转移支付体系,进一步加大对生态经济区、保护区的财政转移支付力度。继续实施万户下山移民工程,加强人口内聚外迁,实现异地脱贫。加大对低收入农户的帮扶力度,加强低保和救助制度建设。加大对相对欠发达地区的对口支援、定向援助等支持力度。

(四)加快城乡一体的基础设施建设

完善综合交通网络。按照国家级综合交通枢纽的定位,推进"一绕五射"铁路网建设,建成杭甬客运专线和宁波铁路枢纽工程(含货运北环线、南站改建、北站迁建等项目),规划建设沪甬(跨杭州湾）铁路、甬金铁路等。完善"一环六射"高速公路网，建成象山港大桥及接线、穿山疏港高速公路等，加快推进甬台温高速复线、杭州湾跨海大桥杭甬高速连接线和六横大桥宁波接线等项目建设。提升空港发展水平，坚持"客货并举、以货为主"，推进机场三期扩建工程。加强内河航道等基础设施建设。提升中心城区路网服务水平，建成运营轨道交通1号线一期工程，基本建成轨道交通2号线一期工程，加快轨道交通1号线二期工程建设，积极推进轨道交通后续线路建设，谋划市域轨道交通，预留规划通道。加快机场快速路、南北环快速路等项目建设，逐步构筑以城市快速路和主干道相结合、纵横贯通、干支相连、集疏成网的中心城区综合交通网络。加快推进杭甬高速公路复线、高速公路余慈连接线建设，形成余慈组团高速公路环网，推进"三横三纵"快速路建设。积极推进轨道交通余慈线项目，启动余北快速路等建设，强化中心城区与北部组团间的交通联系。加快推进环象山港高速等项目建设，完善快速路网体系。加快综合运输枢纽场站建设，加强城际城乡交通与港口、城市公共交通的相互衔接，提高组合效能。

加强水资源利用。着力构建以供排水和防洪防涝等为重点的水资源综合利用体系。推进跨区域引供水重大工程建设，实施钦寸水库及引调水工程、曹娥江至宁波引水工程、郑徐水库和慈西水库等工程，开展青溪水库和富春江引水工程前期规划研究。有序开发海水淡化及再生水利用等非常规水源，推进实施农村联网供水和管网改造。推行分质供水，开展水网改造。加强人工影响天气能力建设，有效开发利用空中云水资源。继续推进农民饮用水、清水河道建设、病险水库除险加固等工程。完善沿海防御防潮、高标准城市防洪排涝和主要江河堤防工程体系，基本建成奉化江、姚江及重要支流组成的甬江防洪工程，完成万方以上屋顶山塘整治工作。

增强能源保障能力。改善能源供应结构，加快新能源和可再生能源开发，加快打造能源储运基地，构建电网、气网、油网三大能源网络，形成安全、可靠、清洁、高效的能源保障体系。提高成品油、电煤、天然气等应急储备能力，确保能源安全运营。加快太阳能、风能、生物质能和地热能等的开发利用，提升可再生能源技术和产业化发展水平。规划建设与省天然气主干网配套的天然气管网，促进中心城区和余慈组团管网日益完善，推进奉化、宁海、象山供气管网建设。

四、加快推进产业升级，构建现代产业体系

坚持把推进产业升级作为加快转变经济发展方式的重大任务，促进产业化、信息化、城市化融合发展，推进产业集中、促进产业集聚、打造产业集群、延伸产业链、提升价值链、完善供应链，着力构建现代产业体系，显著提高产业核心竞争力。

（一）积极发展现代农业

优化农业空间布局。加快建设沿湾水产养殖产业带和沿山林特生态产业带两大特色产业带，重点推进余慈北部、宁象南部、姚奉两江沿岸和环象山港等农业区块建设，整合提升都市农业圈发展水平，基本形成产业集聚、功能融合、特色鲜明的区域化农业布局。基本建成20个现代农业综合区、60个主导产业示范区和120个特色农业精品园。积极推进农业与工业、服务业融合发展，促进农业生产标准化、经营规模化、要素集约化、设施专业化和生态循环化发展，提高农业综合效益，增强辐射带动能力。

增强粮食保障能力。全面建成 80 万亩粮食生产功能区,高质量保障 150 万吨/年粮食生产能力。继续落实对种粮农民的直接补贴等扶持政策,扩大补贴力度和范围,保护农民生产粮食的积极性。严格执行国家耕地保护政策,推进土地开发整理复垦。深入实施地力提升工程,确保 191 万亩标准农田数量和质量。深入实施粮食高产示范工程,努力提高单产水平。加强粮食物流、储备和产销合作。

发展新型业态农业。加大农业开放合作力度,加快出口型农业产业基地建设,增强国际市场竞争力。积极实施农业"走出去"战略,建立市外生产和加工基地。提高生态农业和循环农业发展水平,建成 1 个示范县、3 个示范园、20 个示范项目和 50 个推广项目。加快发展农家乐、乡村旅游、景观农业等新型休闲农业。加快科技兴农步伐,大力发展科技设施型农业。以现代产业示范园为依托,大力推广喷滴灌等设施,推进农业精细化生产。积极创新农作制度,提高土地产出率。推进现代渔业发展,加快海洋牧场建设。健全规范土地流转市场,建立完善林地流转机制,推进农业适度规模经营。

健全农业社会化服务体系。完善农业科技服务体系,强化科技成果转化应用。提高农业科技和信息化服务水平,健全农业气象服务体系和农村气象灾害防御体系。加快转变农业经营方式,大力培育和壮大农业龙头企业、家庭农场、专业合作社等现代经营主体。完善农产品流通市场体系,继续做好农产品展示展销,拓展对外流通市场渠道。加大农村金融扶持力度,完善农业金融和保险服务体系。深入实施好种子种苗工程,健全良种繁育体系。建立健全农业标准化体系和农产品市场监管体系。完善动植物防疫设施体系,加强农业综合防灾减灾能力建设。

(二)大力推进工业转型升级

择优发展临港工业。按照国家战略布局和长三角区域规划的要求,充分发挥港口资源优势,坚持"集群化、循环化、高端化"方向,重点发展市场前景好、环境影响小、产出效益高的临港先进制造业,努力打造国内一流、国际先进的临港先进制造业基地。妥善处理好临港工业发展与环境保护的关系,进一步优化生产力布局,推进临港工业集中发展,实现临港制造功能、生活居住功能、物流交通功能的合理分区和空间独立;实行更为严格的节能与环境准入标准,推进临港产业循环化发展;鼓励引进和使用国际一流的生产装备和生产线,重点发展附加值高、进口替代型的临港制造高端产品。

改造提升传统产业。依靠技术进步,强化自主创新,打造自主品牌,扩大市场份额,继续保持传统优势产业发展的领先地位。运用现代信息技术和先进适用技术,有选择地推动一批传统支柱产业的改造升级,全力打造纺织服装、家用电器、电子电器、精密仪器、汽车零配件、模具文具等 10 大产业集群,加快推进新兴产业和特色优势产业基地建设。依托产业园区和产业新基地,促进人才、技术等要素集聚,提高专业化分工协作水平,增强产业研发、标准、营销等服务功能,推进传统块状经济向现代产业集群转变。

合理引导产业梯度转移。按照"有利、有序、可控、可持续"原则,搭建政府公共服务平台,合理引导产业梯度转移。编制实施宁波参与中西部地区开发规划,合理引导宁波企业"走出去"建立生产基地,就地招工、就地生产、就地销售。把产业梯度转移与产业结构升级、总部经济培育结合起来,鼓励发展离甬金融等高端服务业,着力提高产业的竞争力和可持续发展能力。

专栏5	重点临港产业基地及发展方向	
序号	产业基地	发展方向和重点
1	石 化	坚持炼化一体化、园区化发展模式,推进循环经济链、延伸石化产业链、提升产品价值链,重点推进镇海炼化扩建1500万吨炼油100万吨乙烯一体化、台塑石化一期后续和二期、大榭石化馏分油综合利用、大榭石化1000万吨炼化一体化、逸盛扩建150万吨PTA和万华MDI改扩建等项目,规划7000万吨炼油、300万吨以上乙烯、550万吨PTA、100万吨MDI生产能力,打造具有较强国际竞争力的世界级石化产业基地。
2	钢 铁	规划建设"千万吨级"宁波大型临港钢铁基地,重点推进宁波钢铁扩建200万吨、华光10万吨精密不锈钢压延等项目,发展家电板、高档建材板等国家鼓励发展的高附加值品种,推动不锈钢产业园建设,启动1500万吨/年钢铁项目前期研究,逐步建成我国沿海新兴的钢铁生产基地。
3	造 船	推进中船整合宁波恒富、浙江船厂三期、浙江洋普重机年产200台大功率低速柴油机、宁波中策动力年产120台大功率中速柴油机等项目,加快推进建设高附加值船舶及装备基地,重点发展海上平台、工程船舶、船用电机等关键零部件高附加值产品,力争形成400万载重吨/年的产能,建设成为长三角区域重要的现代化船舶工业基地。
4	汽 车	推进吉利汽车18万辆整车、沃尔沃10万辆整车和波导新能源汽车等项目,力争整车产能达到50万辆/年。
5	造 纸	重点推进150万吨白纸板扩建项目建设,达到300万吨/年的产能,继续保持国内产能、技术、环保的领先水平。

专栏6	重点培育发展10大特色优势产业集群	
序号	产业集群	发展方向和重点
1	纺织服装	特种纤维、高端家用纺织品、研发设计、品牌运作、产品检测、展览展示、模特经济等。
2	家用电器	智能节能型电器、节能型整体厨房家电、小型家用电器等。
3	电子电器	低耗输变电成套设备、高档电动工具等。
4	电工电器	输变电设备、智能化开关设备、机电一体化产品、高档电动工具等。
5	装备制造	新型注塑机、节能环保型数控机床、复合加工机床、高速精密主轴单元配件等。
6	精密仪器	高端仪器仪表、集成电路和半导体、新型显示器件、新型电子元件等。
7	生物制药	乙烯下游生物医药、中药、化学医药、海洋生物医药等研发生产。
8	模 具	大型多工位模具、小型精密模具、长寿命模具等。
9	文体设备	文具研发、设计、生产、营销等,成套文体设备等。
10	汽车零配件	汽车主机配套系统产品,动力电机和控制系统核心零部件等。

提升创新发展能力。增强自主创新能力,推进创新体系建设,提高引进消化吸收再创新水平,努力实现"宁波制造"向"宁波智造"转变。深入实施品牌、标准和专利战略,鼓励企业向研发设计和品牌营销拓展,引导企业由贴牌生产转向发展自主品牌,努力打造品牌强市。大力培育创新型企业,积极引进具有核心竞争力的央企、外企,支持优势企业跨地区跨领域并购重组,推进企业组织结构转型。培育一批拥有核心技术、自主品牌和国际竞争力的大企业。组织实施中小企业成长计划,鼓励和引导民营经济做大做强,走高端化、品牌化和国际化发展之路。到2015年,力争培育5家销售收入超过500亿元、20家超过100亿元、200家超过10亿的龙头骨干企业,以及2000家超亿元的"专、精、特、新"成长性中小企业。

（三）加快发展现代服务业

加快发展服务业重点行业。适应港口转型和制造业升级的需要,加快发展国际贸易、现代物流、金融保险等为重点的生产性服务业,促进产业链向高端延伸,实现生产性服务业与港口和制造业发展良性互动。顺应城市化快速推进和居民消费升级新趋势,加快发展旅游休闲、社区服务、体育健身、家庭服务和老年服务等就业容量大、市场前景广的生活性服务业,促进群众生活便利化和品质化。顺应现代经济发展新要求,培育壮大文化创意、研发设计、现代会展等新兴服务业,大力发展总部经济、服务外包、电子商务等新兴业态。推进服务业标准化和品牌建设,培育形成一批主业突出、竞争力强的服务业大企业、大集团和拥有自主知识产权的"小型巨人"服务企业。

专栏7　服务业十大重点行业

➤ **国际贸易**。按照"大港口、大市场、大贸易"发展要求,构建进口专业市场、国际贸易展览中心、网上电子交易等交易平台,积极拓展进口贸易、转口贸易、加工贸易多种贸易功能,培育一批国内外著名品牌销售总部、大型企业采购配送中心和进出口贸易机构。

➤ **现代物流**。依托港口优势,构建以港口物流为龙头、制造业物流、城乡配送物流、航空物流、专业市场物流为配套的现代物流产业体系,拓展物流增值服务,推广供应链管理,建立健全物流公共信息服务平台和物流集疏运网络、物流发展区域网络。

➤ **金融保险**。拓宽直接融资渠道,健全完善金融服务体系,扶持非银行金融机构发展,积极做大金融总部,拓展金融市场的广度和深度,形成多功能、多层次、开放式的金融市场体系和金融机构体系,努力建设与现代化国际港口城市和国际贸易口岸地位相适应的区域性金融结算服务中心和具有全国性影响力的金融后台服务基地。

➤ **科技信息**。发展研发、工业设计、检测等知识型、科技型生产性服务业,提升创新水平。加快发展信息服务业,发挥宁波软件园、宁波大学科技园的载体作用,吸引软件企业入驻,建设高水平的软件开发基地。推进信息服务业与制造业的融合与衍生,促进产业优化升级,到2015年,信息服务业主营业务收入达到260亿元。

➤ **现代会展**。整合现有资源,以国际贸易展览中心为核心,努力形成功能互补的会展空间格局。优化会展业结构,形成以展览为主的会展业发展格局。加快会展场馆配套设施建设,完善提升会展综合配套服务功能。培育和引进会展知名企业,完善会展服务体系。继续办好中国国际日用消费品博览会和宁波国际服装节等,培育知名品牌会展项目。

➤ **文化创意**。扶持发展网络信息服务、新型媒体等信息产业,加快发展影视制作、出版策划、文艺创作等文化产业,重点发展研发设计、动漫游戏等创意产业。建成一批重点文化产业基地和标志性设施,形成具有宁波特色和竞争力的文化创意产业发展格局。

➤ **中介服务**。接轨国际通行规则和提升城市竞争力需求,加快商务咨询、会计审计、法律服务等企业中介服务业,培育扶持科技中介服务、公正监督中介服务和自律性中介组织发展,鼓励发展创业培训等人力资本中介服务业,逐步形成层次高、规模大、专业化的中介服务产业体系,建成长三角南翼现代中介服务业中心城市。

➤ **现代商贸**。按照便利便民原则,完善构建商贸服务网络。加快社区、商业综合体和特色商业街建设,培育提升各类商贸市场。积极发展连锁经营、网上购物、电子商务等新型购物业态。支持引进国际著名品牌商品。提高农村连锁网点覆盖面和经营内容,全面提升农村商贸服务水平。深入实施"以旧换新",推动形成消费热点,促进消费升级换代。

➤ **休闲旅游**。进一步整合资源,完善旅游公共服务平台,重点突破都市休闲和海洋旅游发展,加快建设一批休闲旅游目的地,提升城市旅游整体形象,基本建成具有较强竞争力的旅游经济强市和长三角最佳休闲旅游目的地城市。

➤ **社区服务**。着眼于满足市民多样化需求,拓宽服务领域,改进服务方式,积极引导消费,提倡健康生活,大力发展家政服务、养老托幼、医疗健身、文化娱乐、环境卫生等社区服务业,逐步建立起与现代港城相适应的全方位社会服务体系。

突出服务业重点区域发展。中心城区和各县(市)城区要重点发展商贸商务、金融保险、现代物流等现代服务业,加快城市综合体、现代服务业基地、总部经济基地等建设,率先形成以服务经济为主的产业结构。卫星城市和中心镇要顺应城乡一体化趋势,重点发展特色优势服务业和生产性服务业。海港、空港等口岸及相邻区域,重点布局物流园区和专业市场。到 2015 年,建成 20 个左右现代服务业产业基地,规划建设一批跨区联动、资源共享的生产性公共服务平台。

完善鼓励服务业发展的政策。积极推进国家服务业综合改革试点,完善落实服务业发展优惠政策,清理妨碍服务业发展的政策规定,进一步完善土地使用、价格收费、财政扶持等政策措施,重点支持服务业薄弱领域、重点行业、基地项目和新型业态发展。加快理顺服务业发展管理体制,充分发挥行业协会在政府与市场间的桥梁纽带作用,提高其服务水平。进一步放宽市场准入,引进竞争机制,实现投资主体多元化发展。继续推进公共服务领域市场化改革。完善服务业统计体系,建立健全考核评价制度。

专栏8　首批市级现代服务业产业基地

1. 宁波梅山保税港区物流园区;
2. 宁波(镇海)大宗货物海铁联运物流枢纽港;
3. 宁波空港物流园区;
4. 宁波国际航运服务中心;
5. 宁波国际汽车城(浙江省汽车产业现代综合服务中心);
6. 宁波国际贸易展览中心;
7. 宁波和丰创意广场;
8. 创新 128 园区;
9. 宁波市大学科技园科技创业大厦;
10. 宁波市软件与服务外包产业园。

(四)培育发展战略性新兴产业

推进重点领域突破发展。按照"市场主导、创新驱动、重点突破、引领发展"原则,以高技术和高附加值为导向,突破关键核心技术,实施重大产业项目,大力发展新装备、新能源、新材料、新一代电子信息等四大主导型战略性新兴产业,积极培育海洋高技术、节能环保、生命健康和创意设计等四大先导型战略性新兴产业。建成一批国家级产业基地,形成若干个千亿元产值规模的战略性新兴产业,力争到 2015 年,战略性新兴产业产值 6000 亿元左右,占生产总值比重达 15%。

实施产业创新发展工程。加快建设国家高新区,集聚知名科研机构和高层次人才,使之成为战略性新兴产业发展的引领区。支持企业建设工程实验室、工程研究中心、技术研究中心、专家工作站等科研机构。建成一批国家级工程实验室和技术研究中心。实施一批关键核心技术突破和重大产业项目,形成自主知识产权。加快建设公共技术服务机构和交易平台,促成科技成果集成转化。

加强新兴产业政策支持。制定战略性新兴产业专项规划和发展目录,破解重点领域和关键环节的瓶颈制约。进一步强化政策扶持,引导人才、技术、资金、税收等资源要素向战略性新兴产业集聚。整合扩大产业专项发展资金,鼓励战略性新兴产业企业实施重大项目。积极建立多元投融资体制,鼓励企业上市融资,进一步扩大创业投资引导基金规模。制定自主创新产品采购政策,加大政府产品采购力度。

序号	产业	发展方向和重点
	专栏9 八大战略性新兴产业及培育方向	
1	新材料	重点发展磁性材料、电子信息材料、高性能金属材料、新能源及节能环保材料、化工新材料、新型纺织材料等六大领域,加快国家新材料高技术产业基地建设。到2015年,新材料产业实现产值1000亿元,基本建成国内一流、国际知名的新材料产业基地。
2	新一代电子信息	重点发展新一代平板显示、网络与计算机产品、集成电路、新型电子元器件、信息家电等产业。到2015年,新一代信息产业实现产值1500亿元,建设成为国内先进的智慧装备和产品研发制造基地、网络数据产业基地和软件推广产业基地。
3	新能源	重点发展太阳能光伏、风电设备、动力和储能电池,输变电设备和地源(水源)热泵、半导体高效照明设备等六大新能源设备制造业。到2015年,力争实现新能源产业产值500亿元,成为全国重要的新能源产业基地。
4	新装备	重点发展数控装备、高压超高压输变电成套设备、大型精密模具、高性能物流设备、新型仪器仪表、轨道交通设备、核电设备等八大领域,积极建设"中国南车宁波产业园"。到2015年,新装备产业实现产值1600亿元,成为国家重要先进装备制造基地。
5	海洋高技术	重点发展港口高技术化、海洋装备产业、海洋生物产业、现代海洋渔业、海洋其他资源开发利用、现代海洋服务业等六大领域。到2015年,实现海洋高技术产业产值700亿元,力争打造国内具有较高知名度的海洋高技术产业基地。
6	节能环保	重点发展节能环保装备、节能环保材料、节能环保服务、再制造、资源循环利用、节水装备等六大领域。到2015年,节能环保产业产值达到200亿元。
7	生命健康	重点发展生物医药、高端医疗器械、食品安全、植物提取物、实验动物和生物防治等六大领域。到2015年,生命健康产业实现产值200亿元,成为浙江省生命健康产业重要的产业基地。
8	创意设计	以和丰创意广场、南北高教园区、象山影视城等为载体,培育和发展文化创意、工业设计、影视动漫等产业,到2015年创意设计产业实现产值180亿元,成为长三角南翼创意设计产业发展高地。

(五)着力构建产业集聚区

优化产业集聚区布局。高水平建设宁波杭州湾、梅山两个省级产业集聚区,加快规划建设慈溪工业园区、江北高新技术产业园区和宁海三门湾工业园区,研究推进奉化滨海区块、象山滨海区块等新产业集聚平台建设,打造成为转型发展的产业新基地和城市新空间。推进各类重点开发区和工业园区整合提升,着力形成"三区互动、三沿布局、三产融合"的产业空间新格局。

加强政策要素保障。建立健全产业集聚区建设的协调机制和管理体制。推动优质科技资源向产业集聚区集聚,推进公共创新平台建设,建成以应用为导向的区域创新体系。加快推进用地、用海、用岛和环境容量指标向产业集聚区倾斜。研究出台推进海洋经济和产业集聚区发展的实施意见,设立海洋经济专项资金。加强财税和金融等支持,建立健全多渠道融资机制。推进区域交通、能源、环境等配套建设,增强产业集聚区承载能力。

专栏10　省级产业集聚区、重点开发区布局及发展导向		
序号	开发区	发 展 方 向
省级产业集聚区	宁波杭州湾产业集聚区	新材料、新能源、新一代电子信息、先进装备制造、金融服务、现代物流、创意设计、现代农业。
	宁波梅山产业集聚区	国际集装箱物流、航运服务、港口金融、先进装备制造、海洋高技术、生物医药。
省级以上开发区（园区）	宁波经济技术开发区	能源、石化、修造船、东海油气田开发、现代纸业、生物化工、信息技术。
	宁波保税区（宁波保税物流园区、出口加工区）	贸易、仓储、物流、电子信息、机械制造、智能电网。
	宁波大榭开发区	物流、临港石油化工、能源中转。
	宁波国家高新区	软件、新能源、新材料、电子信息、光机电一体化。
	宁波石化经济技术开发区	基本有机化工原料、化工新材料、精细化学品及生物化工产业。
	镇海经济开发区	精密机械、电子信息、新材料。
	象山经济开发区	机械模具、汽车配件、针织服装、电子电器、食品加工。
	宁海经济开发区	模具、文具、汽车配件、新能源、生物医药。
	余姚经济开发区	电子信息、新材料、光机电一体化、机械。
	余姚工业园区	先进装备、电子电器、裘皮产业。
	宁波鄞州工业园区	电子信息、新材料、机械制造。
	宁波望春工业园区	电子信息、新材料、新能源、机械制造。
	奉化经济开发区	纺织服装、机械制造、电子电器、汽车零部件、生物医药和新能源。
争取设立的省级开发区（园区）	慈溪工业园区	新装备制造、汽车配件、电子电器、新材料、新能源。
	江北高新技术产业园区	汽车零部件、IT电子电器、精密机械、创意产业、总部研发、新材料。
	宁海三门湾工业园区	新能源、新材料、高档模具、生物医药、电子电器。

五、加快创建智慧城市，提升信息化水平

　　把握物联网等新一轮信息技术发展的新机遇，以全国电子商务试点城市建设为契机，以智慧应用为导向，以智慧产业发展为重点，促进信息化与工业化、城市化的融合，力争到2015年，智慧应用体系、智慧产业基地、智慧基础设施等建设取得明显成效，智慧城市模式创新和标准化建设走在前列，宁波信息化水平继续保持全国领先。

（一）推进十大智慧应用体系建设

　　构建四大智慧产业应用体系。推进信息化与工业化融合发展，加快构建智慧制造、智慧物流、智慧贸易和智慧能源四大产业应用体系。推动机械装备、精细化工、生物医药、纺织服装等重点行业的制造过程逐步向信息化制造高级阶段发展，开发家电、电机、仪器仪表等传统产业数字化、智能化的新产品，提高制造企业管理水平和经营效益。强化信息技术在现代物流、现代商贸、服务外包和电子商务等服务行业的应用，创新企业的经营管理和业务模式，加快向智慧服务业转型。依托各级现代农业园区和粮食生产功能区，大力推广应用信息化管理、农业专家咨询服务等系统，提高农

业生产、经营和管理的现代化水平。加快发电、输电、配电、供电等的智慧应用,推行各类可再生能源和新能源统一入网管理和分布式管理,提高能源的使用效率。

构建五大智慧公共应用体系。强化信息技术在公共服务领域的应用,积极推进智慧公共服务、智慧健康保障、智慧交通、智慧安居服务、智慧文化服务五大应用系统建设。完善面向城乡居民和企业的智慧公共服务系统,不断提高政府的公共服务能力。建立覆盖城乡各类卫生医疗架构的信息化网络体系,推进医疗急救系统、远程挂号系统、电子健康档案等智慧医疗系统建设,提高医疗保障健康服务水平。加快推进智能出行服务系统、交通应急指挥系统、港口信息管理系统等智慧交通应用系统建设,提高城市交通的科学管理和组织水平。加快智慧家居、智慧楼宇、智慧社区建设,为市民提供便利、舒适、放心的家庭服务、养老服务和社区服务。加强新闻出版、广播影视、文学艺术等信息化建设,促进数字电视、电子娱乐、数字图书馆和数字档案馆等发展。全面推进住房、教育、就业、文化、社会保障等公共服务智慧应用系统建设,大力推进行政审批、企业信用、食品药品监管、农村服务等公共服务信息平台建设,提升综合信息服务水平。

构建智慧社会管理应用体系。按照全方位、实时化的要求,加快推进社会治安监控体系、预警应急体系、安全生产重点领域防控体系等指挥安保系统建设,完善公共安全应急处置机制。加强警务地理信息平台建设,提升公共安全管理和服务水平。进一步推进数字城建、数字城管平台建设,提升城市建设和管理的规范化、精准化、智能化水平。加强工商、税务等重点信息管理系统建设和整合。加快推进综合电子监察系统和纪检监察业务网络系统建设,为打造高效、廉洁、法治型的服务政府提供支撑。全面实施信息系统等级保护工作。

(二)推进六大智慧产业基地建设

建设网络数据基地。进一步提升政府数据中心、互联网交换中心和数据容灾中心的建设水平,加快培育和建设物联网公共服务平台、智慧城市感知计算服务平台,引进移动通信数据中心、金融数据处理中心、重点产业和资源数据中心、市民健康数据中心等一批面向重点行业应用的数据中心项目,大力推动国家电信、广电运营商与本地企业合作建立云计算中心,建立健全海量数据收集、保存、管理机制,形成分类挖掘利用能力和云计算处理能力,不断拓宽服务领域。

建设软件研发推广产业基地。加快发展软件服务业,规划建设宁波国家高新区软件研发与创新基地,鼓励基础条件较好的市级各类开发区、功能区和县(市)区建设应用软件设计开发产业基地、创新基地、推广和服务基地,重点在智慧城市十大智慧应用系统软件、行业应用软件、集成电路、嵌入式软件以及动漫新媒体等领域形成规模。充分发挥浙江大学宁波软件学院、宁波软件园、宁波开发区数字科技园、和丰创意广场等平台的作用,推动产学研合作。依托产业基地和平台,重点引进和培育一批具备较大规模和较强创新能力的软件企业,吸引世界IT百强及国内大型软件公司在园区落户。

建设智慧装备和产品研发制造基地。加快制造企业转型升级,重点提升发展一批智能家电、智能电表、数控设备等设计制造企业。推进现代装备制造产业基地建设,培育发展新一代宽带移动通信装备、信息传感装备、智能交通装备、智能工业控制装备、智能环保装备、智能光电显示技术装备和智能电网装备新兴制造产业群。加大与国家科研机构和重点院校合作力度,共建智慧装备和产品研发设计基地,引进一批国内外有实力的大企业、科研机构,争取在网络应用装备设计和制造产业发展方面实现新突破。

建设智慧服务业示范推广基地。依托各级各类服务业产业基地,强化规划引导,注意各自特色和优势的培育,引进和培育一批具有较强示范带动作用的智慧服务企业,培育各具特色的智慧服务产业示范推广基地。以梅山保税港区和宁波保税区为龙头,大力推广射频识别、多维条码、卫星定位等信息技术,推进智慧物流产业基地建设。以宁波国际贸易展览中心、大宗商品交易平台为依托,大力发展集产品展示、信息发布、交易结算于一体的综合电子商务企业和国家级行业电子商务网站,建设集贸易、物流、金融和口岸服务为一体的专业国际贸易服务平台。

建设智慧农业示范推广基地。加快应用现代信息技术改造提升传统农业,重点依托现代农业综合开发区以及各县(市)区的特色农业产业基地、都市农业园区和节水农业基地,大力推广应用信息化管理系统、农业专家咨询服务系统和农业电子商务,逐渐实现农产品生产、加工、储藏、运输和市场营销的科学化和智能化。通过提升、培育和引进等多种途径,集聚一批农业龙头企业,带动现代农业的整体发展。

建设智慧企业总部基地。注重特色,加强规划,抓好智慧总部基地建设。选择信息化基础较好的总部企业,建立跨区域的现代研发、先进制造和营销体系。鼓励装备制造、纺织服装、文具模具等传统型总部企业,加快智慧技术在研发、制造、管理和营销等环节的应用。加强对外合作,着力引进一批智慧型的企业总部。

(三)推进信息基础设施建设

构建新一代信息网络基础设施。加快物联网试点推广,着力推进光纤到户和第三代移动通信网络等建设,努力构建"随时随地随需"、统一高效的泛在网络。推进城镇地区光纤到楼入户,推进宽带向政府、公共服务机构和社区中心覆盖。以两岸产业合作无线城市试点建设为契机,推进无线城市建设。统筹规划物联网和云计算服务平台建设。

加快推进"三网融合"。优化整合数字电视网络,实现整体转换和网络升级,积极推进互联网、电信网、广电网"三网"融合,加大内容资源开发和业务创新,大力发展手机电视、互联网视频等融合业务。力争到2015年,实现互联网城域出口带宽达到1000G以上,互联网宽带接入率达到95%以上,无线宽带网络覆盖率达到98%以上,全市有线电视双向数字化率达到100%。推进宁波杭州湾新区"三网"融合试点建设,积极探索建立适应三网融合的运营模式、市场体系和政策体系,逐步在全市推广。

加强信息安全基础设施建设。加强立法和执法工作,强化互联网安全管理。全面落实"三网融合"新技术的专项安全管理措施,建立信息安全建设与管理同步实施的工作机制。全面实行重要单位信息安全等级保护制度,完善数字认证、信息安全等级测评等工作机制。规范重要数据库和信息系统的开发、运营和管理等信息安全工作。建立重要数据容灾中心,掌握信息安全主动权。

(四)推进信息资源开发利用和共享

大力推进基础平台和数据库建设。加强信息资源整合,加快政府信息资源交换与共享平台、物联网公共服务平台建设,进一步推进法人、人口、自然资源与空间地理、宏观经济等基础数据库建设。加快推进教育科研、社会保障、食品药品、医疗卫生等专业数据库建设,为政府公共管理、企业经营管理等提供支撑服务。

建立健全信息资源开发和共享交换机制。加快政府信息资源目录和交换体系建设,探索建立多层次、跨区域、跨部门、跨领域的信息资源开发和共享机制,推进信息由单一系统共享向多系统共享转变。建立健全政府信息资源共享交换管理机制,建设信息资源共享交换中心(平台)和相关制度。

加快培育信息资源市场。研究建立信息资源的产权制度,推动政府部门以非政务性服务外包、政府采购等方式从市场获取高质量、低成本的信息服务,引导企业、公众和其他组织开展公益性或商业性信息服务。推进智慧城市知识普及化,加快信息亭、市民卡等工程建设,完善公共场所上网环境,为公众提供便利的信息获取渠道,不断提升居民信息应用能力。

(五)推进智慧支撑体系建设

加大智慧人才培养引进力度。以浙江大学软件学院、宁波大学等为依托,推动专业和学科调整,建设智慧城市企业经营管理人才、软件开发人才教育培训基地,着力培养智慧城市建设人才。以宁波职业技术学院、技师学院、高级技工学校和行业龙头企业、重点骨干企业为依托,建立高技能人才培训基地。加强与国内外科研院所合作,引进高层次智慧城市人才,打造智慧城市人才高地。

推进智慧城市标准法规建设。加强信息化技术标准、法规规范、制度规则的创新和应用示范工作,形成由技术通用标准、网络活动信用制度、监管制度和法规制度等组成的支撑保障体系。加强智慧城市地方性立法工作,引进培育一批相关领域的标准化研究机构。

六、加快建设生态文明,增强可持续发展能力

深入贯彻节约资源和保护环境基本国策,推进节能减排,发展循环经济,形成有利于节约资源、保护环境的产业结构、增长方式和消费模式,努力建设资源节约型和环境友好型社会。

(一)深入推进节能减排

加大节能降耗力度。按照国家节能技术标准,加大对重点行业、重点领域、重点企业的节能技术改造力度,全面推广节能降耗新工艺新技术。严格控制高耗能行业盲目扩张,加快淘汰落后产能步伐。加强重点用能企业动态监测管理和对标考核,推进重点企业余热余压利用和工业区集中供热。突出抓好建筑、交通、商贸、公共机构等领域的节能工作。推动全社会节能,开展节能产品进机关、进企业、进学校、进家庭活动。

强化污染物排放控制。加强污染物排放整治,大力推行清洁生产,加快推动各类园区、企业开展生态化改造。加大对重点地区、重点流域、重点行业和重点企业的环境污染整治力度,严格控制主要污染物排放,全面淘汰中心城区燃煤锅炉。加快污水处理厂及其配套管网等环境基础设施工程和电力、钢铁等行业的脱硫脱硝工程建设,降低主要污染物和特殊污染因子的排放量。谋划建设一批氮氧化物和氨氮减排工程。加大对污染物排放执法检查和处罚力度。

建立节能减排长效机制。贯彻落实国家有关节能减排、环境保护等强制性标准,严格执行新建项目节能评估、审查和环境影响评价制度,提高能耗和环境准入门槛,坚决遏制"两高一资"项目建设。建立节能减排约束机制,全面落实节能减排目标责任制,建立完善节能减排统计、监测和评价制度。加强节能减排宣传教育,提高全民节能减排意识。

（二）大力发展循环经济

构筑循环型产业体系。全面开展国家、省、市三级循环经济试点示范建设,在企业、园区和社会三个层面,农业、工业和服务业三大领域,构筑不同层次、不同类型、比较完善的循环型产业体系。到2015年,争取创建市级循环经济示范区20个、示范企业50家。构建循环经济产业链,重点围绕石化、钢铁、能源等重大产业,大力发展深度加工业、高端制造业,积极构建循环型临港工业产业链、废弃物综合利用产业链、农产品加工循环产业链等,实现资源的综合利用和梯级利用。

推进资源节约利用。以能源的资源清洁化、利用高效化、机制市场化为重点,提高能源管理水平,积极开发可再生能源。实施高耗水行业节水技术改造,提高工业用水的重复利用率,加强城市再生水开发利用。健全水资源配置体系,实行用水总量和用水效率控制,实施高耗水行业节水改造,推进节水型城市建设。强化用地规划和年度计划管控,继续实行建设用地投资强度和容积率"双控"标准。实行严格的耕地保护制度,加大土地整理力度。加强重点行业原材料消耗管理,鼓励使用高性能、低消耗的可替代材料和再生材料。大力倡导垃圾分类回收处理,实施城镇生活垃圾资源化利用。积极实施再生资源回收利用工程,提高工业废弃物的综合利用程度。建立健全全社会再生资源回收和循环利用体系,促进能源、水资源、土地、废弃物、海洋资源等的综合利用。

倡导绿色生活方式。深入实施"公交优先"战略,加快推进城市轨道交通体系和公共自行车交通系统建设。加大新能源汽车在公交车、出租车、集卡车等领域的推广使用。完善公众消费绿色产品补贴政策,推广节水器具、节能灯具和节能电器等,逐步提高可循环使用产品、可再生产品的政府采购比例,鼓励民众使用绿色产品,营造良好的绿色消费环境。

（三）切实加强环境保护

加强大气环境保护和治理。全面推进清洁空气行动,开展对重点区域、重点行业、重点企业的废气专项整治。实施全社会用煤总量控制,加快煤炭、重油等高污染燃料的替代步伐,推进集中供热和中心城区无燃煤区建设。加强对工业企业大气污染物排放控制和管理,控制工业粉尘排放。加大机动车尾气污染防治力度,加强重型车辆尾气排放的污染防治,提高机动车环境准入标准,加强城市扬尘防治,净化城区空气环境。城市空气质量优良率稳定在90%。

加强水环境保护和治理。加大饮用水源地保护力度,严格禁止与水资源保护无关的开发,限制山林开垦和旅游开发,治理水土流失,建立饮用水源地保护长效机制。推进"千里清水河道"工程,深入开展三江流域及其上游山区小流域综合治理,改善水生态环境。继续巩固姚江治理成效,深化以甬江流域为重点的市域内河流域水污染防治工作。控制和治理农村水环境污染。加快城乡污水处理设施建设,开展城区截污纳管和城市生活污水治理,优化污水处理设施布局,完善污水处理配套管网设施,全面提升城乡污水处理水平。

加强固体废物污染防治。全面推行工业企业清洁生产,从源头减少工业固体废弃物排放。继续推进危险废弃物、医疗废弃物、电子废弃物、生活垃圾、餐厨废弃物等有害废弃物的减量化、资源化、无害化处理,提高一般工业固体废弃物和社会源固体废弃物综合利用效率。加强城乡固体废物污染防治。统筹城乡污染防治,加快垃圾处理设施建设,完善垃圾清运体系。推进规模化畜禽养殖和秸秆综合利用,控制农村面源污染。

（四）积极应对气候变化

加强应对气候变化能力建设。制订实施《宁波应对气候变化方案》，加强应对气候国际合作交流，建立健全二氧化碳排放量统计、评价和考核机制。加强森林资源保护，开展植树造林活动，推进沿海防护林体系建设，全面建设"森林宁波"。继续开展生态公益林建设，在江河源头、大型水库、森林公园、沿海单面坡及水土流失易发区等重要的生态区域或生态脆弱区域，全面建设生态公益林。

发展低碳产业。推进产业结构战略性调整，加快提高服务业比重，促进工业、建筑、交通等产业低碳化发展，逐步形成低能耗、低污染、低排放的低碳产业结构。扶持低碳技术研发和推广应用，逐步实现消减碳排放、增强碳吸收、缩减碳足迹。调整优化能源消费结构，明显提高天然气等新能源、可再生能源在能源消费结构中的比重，推进形成低碳的产业结构和能源结构。强化企业生产工艺和流程低碳化改造。

建设低碳社会。加大应对气候变化的宣传力度，提高公众低碳意识，形成崇尚低碳生活的新风尚。开展低碳机关、企业、社区、学校、医院、饭店、家庭等创建活动，建设一批机关、社区、企业等低碳示范基地。开展低碳社区示范方案设计，积极推进低碳化社区试点，提升低碳社会建设水平。

（五）保护和修复生态系统

加大生态建设力度。按照主体功能区建设的要求，加强对四明山区域、杭州湾区域、象山港区域、东钱湖区域以及近岸海域的自然保护和生态修复。建设杭州湾、三门湾等生态湿地，提高生态环境自净能力。严格实施海洋功能区划，实施海域专项整治和海洋生态修复，保护好渔山列岛海洋生态特别保护区、韭山列岛海洋生态自然保护区等海洋功能区。推进山海协作和移民下山，维护和改善山区自然生态系统。开展绿色矿山建设，控制矿山开采规模，实施矿产区重组改造，推进矿山自然生态环境的综合治理。推进污染土壤修复工作。

完善生态补偿机制。建立健全生态保护约束激励机制。充分发挥市场配置资源的基础性作用，不断提高资源要素的使用效率。建立健全反映资源环境成本的价格收费政策，实施阶梯水价、电价制度，进一步完善矿产、森林、水、海域等资源有偿使用制度。强化排污费征收及监管，开展多种形式的排污权有偿出让及排污权交易试点。加大生态补偿力度，逐步提高生态公益林、饮用水源地保护等生态补偿标准，完善对省级以上自然保护区、海洋自然保护区财政补助政策，建立健全生态环境转移支付制度。

推进生态文化建设。加强生态文明教育，广泛宣传生态文明建设的优秀典型。大力开展国家级生态市和国家级、省级生态县（市）区创建。制定完善符合市情的绿色创建办法，推动绿色社区、绿色学校、绿色企业、绿色机关、绿色家庭等系列创建活动。组织开展"世界环境日"、"世界水日"、"世界地球日"等活动，提高全社会对生态文明建设的关注度和参与度。

七、加快提升生活品质，切实保障和改善民生

加快推进以全面改善民生为重点的社会建设，推进基本公共服务均等化，加强和创新社会管理

机制,保障人民群众合法权益,促进社会公平正义,维护社会和谐稳定,普遍提高城乡居民生活品质。

(一)积极扩大社会就业

多渠道增加就业。完善和实施更加积极的就业政策,推进宁波逐步从"最容易就业城市"向"充分就业城市"转变。多渠道拓展就业增长空间,大力发展就业容量大的服务业,积极发展中小企业,大力开发社区服务、公共服务等公益性岗位,鼓励多样化就业。抓住产业结构升级的契机,培养一批适应新兴产业发展需要的劳动者和创业者,努力形成新的就业增长点,推动经济增长与扩大就业协调发展。五年新增城镇就业 60 万人,每年开发(保持)公益性就业岗位 6000 个,城镇登记失业率控制在 4% 以内。

促进创业带动就业。深化国家级创业型城市创建工作,综合运用财税、金融、产业等政策,进一步完善创业扶持政策体系,重点支持高校毕业生、城镇失业人员、农村转移劳动力等人群创业,积极推动创业带动就业,促进创业致富。推动建设一批创业创新平台,强化创业载体建设,充分发挥创业带动就业倍增效应,探索建立社会化、市场化创业服务模式。每年新办创业实体 5 万家。

专栏 11　重点创业创新平台

建设创业创新载体:以市研发园区、工业设计创意街区、各类产业基地为重点,推进创业创新载体建设。
建设孵化网络体系:以科技创业企业、新型商业模式企业、研发中心、企业总部等为重点,建设综合孵化器、专业孵化器等各种类型的科技企业孵化器,构建宁波"大孵化"网络。
建设服务保障体系:培育信用担保、创业辅导、风险投资、科技服务、技术开发、人才培训、信息服务、市场开发、管理咨询、行业协会等创业创新服务机构,建立健全政府服务评价机制。

构建和谐劳动关系。大力开展和谐企业创建工作,深入推进劳动合同制度,贯彻执行《劳动合同法》和《浙江省集体合同条例》,进一步提高劳资双方法律意识,引导企业自觉履行社会责任,减少劳资纠纷,保持就业稳定。加强欠薪维权长效机制建设,维护外来务工人员合法权益,规范用人单位的用工行为。引导企业建立与现代企业制度相适应的薪酬管理体系、员工激励体系和员工培训体系。

完善就业公共服务。完善覆盖城乡的人力资源市场网络,建立健全就业信息动态监测体系,提升公共就业服务社会化、制度化、专业化水平。强化职业培训,重点提升新增就业和转岗就业人员就业能力,促进劳动者整体素质的提高。加强就业援助,推动就业帮扶服务向就业全过程转变,通过社区就业援助、结对帮扶、职业中介等多重渠道,优先帮助有就业能力和愿望的就业困难人员实现就业。

(二)增加城乡居民收入

健全工资要素分配制度。调整优化国民收入分配关系,逐步提高居民收入在国民收入分配中的比重,提高劳动者报酬在初次分配中的比重,努力实现居民收入增长与经济发展同步、劳动报酬增长和劳动生产率提高同步。落实国家工资分配制度改革,完善最低工资和工资指导线制度,稳妥扩大工资集体协商覆盖范围,探索建立最低工资标准与人均生产总值联动增长机制,建立健全劳动者工资正常增长机制和支付保障机制。加强对垄断行业工资总额和工资水平的双重控制。完善公务员工资正常调整机制,健全符合事业单位特点、体现岗位绩效和分级分类管理的事业单位工资分配制度。创造条件增加城乡居民财产性收入,健全资本、技术、管理等要素参与分配制度。

完善再分配调节机制。按照国家收入分配制度改革的总体部署,进一步建立健全以税收、社会保障、转移支付为主要手段的再分配调节机制。调整财政支出结构,加大社会保障投入,逐步提高居民转移性收入。健全法律法规,强化政府监管,加快形成公开透明、公正合理的收入分配秩序。保护合法收入,坚决打击取缔非法收入。进一步提高低收入者收入水平,扩大中等收入者比重,有效遏制居民收入差距扩大的趋势,到2015年全市基尼系数为0.3左右。

(三)完善社会保障体系

健全社会保障体系。坚持广覆盖、保基本、多层次、可持续方针,完善以基本养老、基本医疗等为基础的社会保障体系。推动社会保障由制度全覆盖向人群全覆盖转变,到2015年,全市参加基本养老保险人数达到443.4万人,户籍人口养老保险(障)参保率达到85%,城乡三项医疗保险参保率稳定在95%以上,新型农村合作医疗保险实现人口全覆盖。提高企业职工、城乡居民、外来务工人员参保水平,逐步提高待遇标准。进一步完善各类养老保险(障)制度转换衔接办法,做好基本养老保险关系跨区域转移工作。实现医疗保险市级统筹,在全市推广参保人员异地就医"一卡通"。

完善社会救助体系。完善城乡居民最低生活保障制度、低保金标准动态调整和价格补贴机制,率先建立比较完善的覆盖城乡的社会救助体系。全面实施分层分类施保,鼓励有劳动能力的低保对象再就业,实现被动救助向积极救助转化。完善城乡一体、标准一致的城乡医疗救助制度,扩大范围、提高标准,资助困难群众进入基本医疗保险,到2015年,人均医疗救助资金达到15元以上。进一步完善以助学、助老、助医、安居、灾害和司法等为重点的临时救助体系,健全困难群众基本生活价格补贴机制。建立统一规范的社会救助管理体制,加强基层社会救助工作力量,鼓励社会互助和帮扶。

构建新型社会福利体系。加大政府投入力度,积极引导社会力量参与,努力实现社会福利体系从补缺型向适度普惠型转变。建立养老服务补贴制度和孤儿基本生活保障制度,合理布局福利设施,切实保障"五保三无"对象、困难老人、孤残儿童和重度残疾人对公办福利机构的需求。加快残疾人、老年人和儿童社会保障体系建设。积极发展老龄和儿童福利事业,进一步完善社区福利服务网络。完善和落实税收减免等优惠政策,推进慈善立法,促进慈善事业健康发展。

建立完善住房保障体系。合理引导住房需求,加快构建以政府为主提供基本保障、以市场为主满足多层次需求的住房供应体系,促进房地产市场持续平稳发展。加大保障性住房建设力度,逐步扩大城镇住房保障覆盖面,加强廉租住房、经济适用住房、公共租赁住房建设和城市老小区及危旧房改造,基本满足城镇中低收入住房困难家庭的住房保障需求,不断扩大引进人才、新就业人员、外来务工人员的住房保障覆盖范围。进一步完善以公共租赁住房为主体的住房保障体系。加强对房地产市场的监管和服务,进一步规范房地产市场秩序。合理调节住房供应总量和结构,保持住房价格基本稳定。加大农村住房改造建设力度,不断改善广大农民的住房条件。

(四)提高全民健康水平

深化医药卫生体制改革。围绕卫生强市、全民健康目标,按照保基本、强基层、建机制的要求,以医药卫生四大体系建设为重点,创新管理体制和运行机制,形成多元办医格局,率先建立覆盖城乡居民的基本医疗卫生制度。完善基本医疗保障制度,加快城镇职工、居民医疗保险制度和新型农村合作医疗制度整合接轨;健全城乡医疗救助制度,发展商业健康保险;建立健全全市医保转移接续和异地就医结算机制。全面实施基本药物制度,确保国家基本药物目录药品、省级增补非目录药品和各县(市)、区按规定增补非目录药品实行零差率销售;落实国家基本药物医保报销政策,基本药物全部纳入医保报销范围,报销比例明显高于非基本药物。完善医疗卫生机构运行机制,推进基层医疗卫生体制综合改革,健全以岗位聘用为核心的人事制度和考核机制,完善以绩效工资为重点的分配制度改革,转变基层医疗卫生机构运行机制和服务模式,提高乡镇卫生院和社区卫生服务机构门诊量占医疗机构门诊总量的比例。推进公立医院改革试点,深化公立医院内涵建设,增加优质资源供给,促进智慧医疗系统建设,提升管理水平和服务质量。建立政府主导的多元卫生投入机制,鼓励社会资本举办医疗卫生机构。

完善公共卫生服务体系。建立快速有序反应、就近就急抢救和网络覆盖健全的院前急救体系,提高院前急救服务水平和应对突发公共事件的急救处置能力。加快市中心血站、急救中心建设,建立健全以市急救中心为龙头、各县(市)区急救站(分中心)为基础的全市院前急救网络体系。推进基本公共卫生服务均等化,实现公共卫生服务人群全覆盖,基本公共卫生服务项目综合达标率90%以上,城乡人均基本公共卫生服务项目经费标准不低于25元。全面加强疾病防治、妇幼保健、卫生应急和卫生综合执法等能力建设。深入开展爱国卫生运动,重视和加强红十字会工作。

专栏12　"十二五"卫生事业重点工程

　　全面健康促进工程:进一步完善基本医疗保障制度、基本公共卫生服务均等化制度和基本药物制度,突出加强重点人群重点疾病健康管理,加快形成惠及全民、保障全面、持续提升的健康促进体系。
　　公共卫生强化工程:全面加强疾病防治、妇幼保健、卫生应急和卫生综合执法等能力建设,构筑起有效维护公众健康的安全屏障。
　　基层卫生完善工程:进一步改善基层卫生基础条件,重点加强人才队伍建设和信息化建设,突出强调基本公共医疗卫生服务职能,构建公平可及、服务有效、资源节约、群众信赖的新型基层医疗卫生服务体系。
　　卫生科技创强工程:改善卫生资源投入结构,推进卫生人才支撑平台、健康科技支撑平台和卫生信息支撑平台建设。
　　公立医院优化工程:加快建立规模适度、结构优化、布局合理、功能完善、运行良好、监管有力的公立医院服务体系。
　　中医药服务能力提升工程:提高中医药服务的公平性与可及性,最大限度地满足城乡居民对中医药服务的需求。
　　智慧健康保障工程:实现宁波大市范围内区域性医疗卫生专网、数字化集成平台、卫生数据信息、居民健康档案、市民就诊卡等"五个统一",加强公共卫生信息系统建设,推进数字化医院建设和数字化社区卫生服务中心建设,推进区域协同医疗,提供全面连续的居民医疗卫生公共服务信息。

健全城乡基层医疗服务体系。按照政府主导、统一标准、城乡一体原则,加强城乡基层医疗服务体系建设,构筑以市级医院为龙头、县级医院为骨干、社区卫生服务中心(乡镇卫生院)和社区卫生服务站(村卫生室)为基础的城乡医疗卫生服务网络。重点加强社区卫生服务站(村卫生室)建设,形成便捷、高效、均衡的城乡医疗资源配置格局,每千人病床位数达到5.4张。建立"大院带小院、县院带乡镇、乡镇带村级"的城乡医疗卫生统筹发展机制,构建市级医院、基层医疗卫生机构之间分工协作体系,逐步实现社区首诊、分级医疗和双向转诊的诊疗机制。加强学科建设,深入开展基层卫生人才素质提升工程,基本建立"稳得住、下得去、干得好"的城乡基层医疗卫生队伍,每千

人医生数和注册护士数分别达到 3.5 人和 3.2 人。

加快建设体育强市。开展全民健身运动,提高市民身体素质。优化城乡体育空间布局,推进市奥体中心、县(市)区体育场项目建设,建成一批城市社区体育健身中心,完善全民健身服务体系。推动竞技体育可持续发展,提高竞技运动水平。引进重大体育赛事,提高赛事承办能力,多渠道引进具有国内外影响力、观赏力强的大赛,打造长三角南翼体育赛事中心。建立健全体育产业政策,推进体育及关联产业发展,打造特色体育休闲产业基地。

(五)全面做好人口工作

优化社会人口结构。落实计划生育基本国策,稳定适度低生育水平,不断提高人口和计划生育服务管理水平,确保实现人口总量目标。实施出生人口缺陷干预、孕前优生健康检查和生殖健康保健等优生优育工程,提高出生人口质量。加强流动人口计划生育服务管理和出生人口综合治理,努力实现人口性别比合理化。引导人口合理分布,向重点开发区域和优化开发区域集聚,促进人口均衡发展。深化户籍制度改革,依法保障流动人口的合法权益,逐步消除阻碍人口流动的制度和政策障碍。

积极应对人口老龄化。顺应人口老龄化趋势,建立完善与经济社会发展相协调,机构养老、社区养老、居家养老"三位一体"的养老服务体系。进一步完善老年人权益保障和优待政策法规,加大对生活困难老人的救助力度,建立高龄老人补贴机制。推进基层养老院标准化建设,力争"十二五"末全市每百名老人拥有养老床位 3.5 张。推进养老服务业发展,鼓励社会力量和民间资本参与养老产业。积极推动老年文教体育事业发展,不断丰富老年人精神文化生活。

保障妇女儿童权益。认真贯彻落实《妇女权益保障法》等有关法规,编制实施妇女儿童事业发展专项规划,保障妇女平等参与经济社会发展的权益,依法平等行使民主参与权利。消除就业性别歧视,保障女职工的特殊劳动权益。关注妇女儿童心理健康,深化妇女健康促进工程和母亲素养工程,加强未成年人保护,构建维权服务网络。

加强外来人口服务管理。坚持新老市民共同参与、共同建设、共促社会和谐,全面深化社会融合组织规范化建设。创新建立多层次的激励引导机制,深化实施外来务工人员积分落户政策。进一步完善外来务工人员服务、权益保障长效机制,强化子女教育、计划生育、公共卫生和文化生活服务,切实保障外来务工人员合法权益。完善各方联动的社会协同机制,营造尊重、关爱和善待外来务工人员的良好氛围。加强组织领导和工作保障体系建设,推进外来务工人员服务管理的信息共享,强化基层组织机构和综合管理队伍建设。

(六)加强社会建设和管理

创新社会管理体制。全面推进社会管理创新综合试点工作,建立健全党委领导、政府负责、社会协同、公众参与的社会管理格局,加快构建源头治理、动态协调和应急管理相互联系、相互支持的社会管理机制,力争到 2015 年,率先形成与市场经济体制、当今时代发展、人民群众期待相适应的现代社会管理体系。积极推进城乡社区建设,发展社区专业服务,努力把社区建设成为管理有序、服务完善、文明祥和的社会生活共同体。培育发展社会组织,促进公益性社会组织规范化运作,加强社会中介组织培育和管理,充分发挥其提供服务、反映诉求、规范行为的作用。加强基层政法综治组织建设,继续推进综治网络向城乡社区和企业延伸。加强网络社会管理,规范网络传播秩序。

推进重大事项社会稳定风险评估机制建设,加强区域性、行业性专业调委会建设,健全完善人民调解、行政调解、司法调解等"大调解"工作体系,建立科学有效的利益协调、诉求表达、矛盾调处和权益保障机制。建立和完善矛盾排查、信息预警、应急处置和责任追究机制,维护群众正当权益。正确处理人民内部矛盾,积极预防和妥善处理各类群体性事件。加大反邪教工作力度。

专栏 13　宁波市社会管理创新综合试点重点项目

序号	项目名称	项 目 内 容	试点地区
1	创新基层社会服务管理模式	实施"基层和谐促进工程",建立农村基层法制促进员队伍,深化综治综合服务工作中心建设,探索建立基层社会服务管理平台,推进基层矛盾联调、治安联防、问题联治、工作联勤、平安联创、实事联办。	余姚市 慈溪市 江北区 北仑区
2	建立社会管理综合信息系统	以智慧公共管理模式创新为重点,整合部门信息资源,筹划建设社会管理综合信息系统,探索建立基层社会治安综合治理综合服务管理信息平台,努力提升基层综治工作效能。	余姚市 宁海县 海曙区
3	建立健全社会矛盾联合解决机制	建立健全人民调解、行政调解、司法调解、仲裁调解相互协调、衔接配合的调解工作机制,不断完善和充分运用非诉讼的方法,构建部门协作的联合调解机制,提高化解矛盾纠纷的效能。	象山县 江东区 镇海区 北仑区
4	建立完善外来务工人员服务管理体系	完善外来务工人员服务管理工作体系和政策体系,进一步理顺乡镇(街道)的服务管理体制,落实服务队伍建设要求,提升融合组织建设水平。	慈溪市 奉化市 北仑区
5	建立完善公共安全基层监管体系	健全公共安全基层监管体制,在重点乡镇(街道)建立公共安全及应急综合监管机构。整合基层监管与应急服务力量,建立公共安全监管与应急服务队伍。	慈溪市 象山县 鄞州区
6	推进重大事项信访维稳风险评估与预防、化解保障制度	全面开展重大事项社会稳定风险评估与预防、化解保障工作,创新评估办法,增强评估与预防、化解保障工作的科学性、合理性和可操作性。	余姚市
7	建立健全网络社会综合监管体系	加强网警队伍建设,建立网上警务室,完善虚拟人口及住(租)房服务管理系统,构建网络社会综合防范管理网络。升级优化网上舆情监测预警系统,建立网络评论员队伍,完善网上舆情导控应急处置机制。	江东区 镇海区
8	创新完善县域社会治安动态防控体系	推进社会治安动态视频监控系统与数字化城管系统对接互补,建立完善以110指挥中心为龙头的警务指挥系统和快速反应机制,加快警务地理信息基础平台建设,强化社会治安动态管控。	江东区
9	探索新社会组织培育管理机制	提高对新社会组织的登记管理和日常服务监管水平,完善新社会组织参与基层综治委成员单位、联席会议等制度,深化非法组织的专项调查工作。	海曙区 鄞州区
10	积极构建公共服务平台	进一步发挥并拓展81890的功能作用,加强行政服务中心、司法行政法律服务中心等基层平台建设。整合各类志愿者队伍,建立全市统一的志愿服务协调机构。探索向社会购买事务性服务的社会服务途径。	宁海县 海曙区 北仑区
11	建立完善城市管理综合执法机制	完善城市管理相对集中行政处罚权工作,推进行政综合执法体制改革创新。在乡镇(街道)设立综合执法机构,强化城市管理行政执法的基础作用。	奉化市 海曙区 江北区 北仑区
12	探索新经济组织管理服务机制	健全党团组织、工会组织,开展"平安和谐企业"创建活动,拓展矛盾化解、和谐创建等功能,提高新经济组织的社会服务、权益保障、和谐建设的工作水平。	慈溪市 江北区

切实维护社会公共安全。深入推进"平安宁波"建设,切实加强社会治安综合治理,完善基层

公共安全监管网络,构建动态型、联动型、高效型治安管理模式。加强校园安保长效机制建设,完善基层平安创建联动机制,启动实施社会治安动态视频监控系统二期工程,到2015年基层系列平安创建覆盖面达到100%,创建合格率达到90%以上。更加注重安全发展,编制安全发展专项规划,控制高危行业的项目投资,淘汰高危行业的落后产能,培育和发展安全服务产业。健全安全生产监管体制机制,深化政府、社会、企业多方参与的企业安全监管方式。加强以食品药品、特种设备为重点的产品质量安全监管,推进国家药品安全责任体系建设示范试点,增加药品监督和食品评价性检验批次,建成国家口岸药检所,健全网上监管系统,建立完善安全管理体系,强化检验检测、风险预警和监管机制,提高安全管理水平和应对突发重大公共安全事件处置能力。强化档案和电子文件安全监管,确保重要公共档案信息安全。加强国家安全工作,不断完善专群结合的国家安全工作体系。积极支持国防和军队建设,切实做好国防动员和民兵预备役工作,广泛开展军民共建活动,努力蝉联"双拥"模范城。

提高防灾减灾能力。进一步完善城市防灾减灾体系,强化事前预警、事中救援和事后恢复的灾害综合处理能力。完善落实城乡消防规划,深入实施社会消防安全"防火墙"工程,建立健全公共消防安全体系,加强公共防灾和应急救援建设,重点提高高层建筑和公共场所的消防处置能力。构建气象公共服务体系,推进气象灾害预警和应急系统工程建设,完善水文基础设施布局,保护防洪排涝等基础设施,建立数字化防汛等指挥体系,提高对台风、洪涝、干旱、地震等自然灾害的监测和预警能力。提高对火灾、交通事故、地质灾害、化学污染等各类安全事故预警和应急能力。加强应急、救灾储备体系建设,规划建设各级政府应急平台,强化综合应急救援队伍建设,提高综合防灾减灾能力。普及全民防灾减灾知识,以供水、供电、供气和学校、医院、商场、娱乐场所安全为重点,提高综合防灾减灾意识。

（七）推进民主法制建设

发展社会民主政治。坚持人民代表大会制度、中国共产党领导的多党合作和政治协商制度。健全民主制度,丰富民主形式,拓宽民主渠道,依法实行民主选举、民主决策、民主管理、民主监督,保障人民的知情权、参与权、表达权和监督权。巩固和壮大最广泛的爱国统一战线。支持工会、共青团、妇联等人民团体依照法律和各自章程开展工作,参与社会管理和公共服务,维护群众合法权益。认真贯彻民族、宗教、侨务等政策。

全面推进依法行政。加强和改进政府立法和制度建设,健全立法机制,完善立法计划,加快形成与国家法律法规相配套、比较完备的地方性法规和规章。继续推进行政执法体制改革,严格执法程序,推进综合执法。推进司法体制和工作机制改革,规范司法行为,促进司法公正,提高司法效率。持续开展依法维权活动,高度重视土地征收、房屋拆迁等突出问题,加大对妇女、未成年人、老年人、残疾人、农民工等社会群体的法律援助力度。全面实施"六五"普法规划,提高全社会法制素养。大力扶持法律服务业的发展。

加强廉洁从政建设。坚持标本兼治、综合治理、惩防并举、注重预防的方针,加强惩治和预防腐败体系建设。建立健全廉洁从政长效机制,逐步建成内容科学、程序严密、配套完备、有效管用的廉洁从政制度体系。严格权力运行制约和监督,建立健全决策权、执行权、监督权既相互制约又相互协调的权力结构和运行机制,建设廉洁高效政府。

八、提升对外开放水平,构建开放型经济体系

以对外开放综合配套改革试点为统领,坚持"引进来"与"走出去"并举,扩大开放领域、优化开放结构、提高开放质量,加快"开放立市"向"开放强市"转变,加快开放型经济向内外对接的开放型经济体系转变,努力形成"立足宁波、依托浙江、服务长三角、联合中西部、对接海内外"的对外开放新格局。

(一)转变贸易发展方式

构建新型贸易体系。以发展开放型总部经济为重点,加快推进宁波国际贸易示范区建设,积极构建内外对接的新型贸易体系,加快传统市场经营模式向现代经营模式转变。大力发展总部经济,强化投资决策中心、科技研发中心、金融信贷中心、财务结算中心、营销分拨中心等功能,提高企业拓展市场空间和资源配置能力,力争到2015年,培育形成100家本地总部型大企业,引进落户、合作建设各100家总部型大企业。推进国内营销网点建设,鼓励服装、家电、模具等组建区域性贸易物流集团。加快发展智慧贸易和智慧物流,建成一批智慧型进出口专业市场,把宁波建设成为内外对接的区域性资源交易配置中心。

优化进出口贸易结构。进一步稳定外需市场,稳步提升欧美等传统市场份额,积极开拓中东、拉美等新兴市场。巩固一般贸易优势,促进一般贸易率先转型升级。优化加工贸易发展模式,重点发展生态环保型、资源节约型、高技术产业的加工贸易,促进加工贸易出口向产业链高端、高附加值环节延伸。鼓励和引导加工贸易企业逐步由代理加工向设计制作和自创品牌发展。深入实施"科技兴贸"和"品牌强贸"战略,推动出口产品向质量效益型转变,加快确立"宁波智造"、"宁波渠道"、"宁波价格"。做大进口贸易,鼓励进口重要能源、原材料、先进技术、关键设备和中高档消费品等,培育进口专业市场。

大力发展服务贸易。充分发挥保税区、保税港区、保税物流园区、空港保税物流中心等的政策优势,重点发展特色服务贸易,争取成为全国服务贸易示范区。依托梅山保税港区,加快发展转口贸易,建设亚太地区重要的转口贸易中心。推进新兴服务贸易与传统劳动密集型服务贸易出口相结合,重点扩大工程承包、设计咨询、国际运输、教育培训、民族文化等服务贸易出口。培育服务外包市场,鼓励发展离岸服务外包,创建国家级服务外包强市。放宽对服务贸易市场准入的限制,鼓励跨国企业来我市开展服务外包业务。

优化培育贸易主体。构建具有国际国内市场资源配置功能的市场体系,完善货物贸易、服务贸易等专业服务市场体系。集聚能级高、活力强的贸易主体,吸引国内外大企业和地区总部,引入现代国际贸易企业和中介组织机构,提高商品和服务的技术含量。做大做强专业贸易企业,为中小企业开拓境内外市场提供服务。

(二)提高利用外资质量

优化利用外资结构。提高临港工业选资标准,引进石化、钢铁、汽车、造船等工艺水平高、产业关联性强、价值链高端的临港大工业项目。加快引进具有国际前沿水平的新材料、新能源、节能环

保、医疗设备等战略性新兴产业重大项目。围绕提升城市服务功能,鼓励引进金融物流、研发设计、专业中介、服务外包、高端培训、文化创意等现代服务业项目,大力引进城市综合体、现代农业等项目,重点吸引跨国公司来宁波设立研发设计总部、采购营销总部和品牌标准总部。五年累计实际利用外资130亿美元。

打造利用外资平台。充分发挥宁波杭州湾新区、梅山保税港区等重点区域和东部新城、南部新城、镇海新城等重点区块的招商引资主力军作用。整合现有海关特殊监管区域,提升国际贸易、保税仓储、采购配送等综合功能,完善保税物流服务体系,发挥其在对外开放中的先导作用。整合提升产业功能区,重点提升经济技术开发区、国家高新区等省级以上开发区功能,使之成为引进优质外资的重点平台。

创新利用外资方式。深入推进以民引外、以外引外、以侨引外、以贸引外,加强重大产业项目引资,发展中介和代理招商,推进市县联动、部门联动招商。坚持直接引资和间接引资并重,鼓励通过外资参股、外资并购、境外上市等方式扩大引资规模,引进产业基金、担保基金、创投基金、股权投资等境外各类投资基金。支持外资企业增资扩股和战略投资。重视智力资本引进。加强与在外甬商和海外宁波帮的沟通联络,鼓励和吸引其回乡投资创业,促进各类优质要素向宁波集聚。

(三)提升"走出去"水平

引导企业开展对外投资。支持企业"走出去"到国外设立营销网点、直销基地和交易中心,建设具有自主性国际营销网络的跨国现代物流大集团。支持纺织服装、家用电器、机械设备等优势企业建立境外生产基地、经贸合作园区或商品专业市场。鼓励支持企业在发达国家设立研发中心,并购国际品牌,拓展营销渠道,建立服务中心,主动获取市场信息和跟踪前沿技术。鼓励优势企业参与境外资源开发,多渠道建立矿产、森林等境外重要资源基地。支持企业到国内资源富集地区建立粮食、原材料、天然气等资源供应基地。

加快发展对外经济合作。积极发展对外承包工程,支持工程企业与成套设备制造企业建立战略联盟,优先推动一批PMC(管理总承包)、BOT(建设—营运—转让)、EPC(设计—采购—施工)项目,增强工程带动成套设备与装备出口的能力。引导国际工程承包企业提高电信、成套工程、交通基础设施等技术型、高附加值行业比例,培育一批具有国际总承包资质和能力的实力型大企业。

优化"走出去"环境。编制"走出去"发展规划,完善扶持政策,制定企业对外投资指南,建立贸易壁垒安全预警、信息通报和应急处理机制。加大对重要资源开发、自主国际品牌创建等的扶持力度,完善企业境外投资保险制度。支持发展国际性中介服务机构,着力发展项目运作、商务咨询、资本经营、法律援助、信息咨询等服务,优化企业"走出去"环境。

(四)参与国内区域合作

推进省内及周边区域合作。深化与绍兴、舟山、台州、嘉兴等周边城市的合作,推进重点项目和重点区域的合作开发,提升浙东经济合作区的一体化水平,着力打造宁波都市经济圈。积极实施新一轮"山海协作",突出重点、拓宽领域、提升层次。加强与周边沿海城市经济合作,促进宁波都市经济圈与浙北、浙中及海西经济区等区域的互动发展。

加强长三角区域合作。贯彻落实《长江三角洲地区区域规划》,深度融入长三角区域一体化,积极参与上海"两个中心"建设。坚持发挥优势、错位发展、互利共赢,主动承接上海辐射,培育发展相互融合的新兴产业,争取在上海"两个中心"建设中取得突破性发展。以港口合作提升现代航运能级,实现宁波港与上海港功能互补。加快与长江三角洲其他城市的一体化步伐。

参与中西部及东北地区开发建设。积极实施国家西部开发、中部崛起、东北振兴等战略,发挥"宁波周"平台功能,强化与成都、重庆、武汉、南昌等城市的战略合作,进一步拓展宁波的港口腹地和发展空间。加强与中西部及东北地区在煤炭、石油、天然气、有色金属等资源的合作开发。借助"西博会"、"渝洽会"、"中国—东盟博览会"等平台,推进宁波与中西部及东北地区在项目建设、市场拓展、科技人才、医疗、教育、就业等经济社会领域的合作对接。充分发挥宁波国际贸易口岸功能,加强与长江沿岸和国家铁路干线城市合作,促进其与专业生产基地的有效对接。

切实做好对口支援工作。认真落实国家、省下达给宁波的对口支援要求,明确目标任务,强化工作落实,促进对口支援地区经济社会科学发展、和谐发展。提高当地农民收入水平,不断提升群众生活质量和自我发展能力。

九、实施科教兴市和人才强市战略,建设国家创新型城市

深入实施科教兴市和人才强市战略,建立健全科技、教育、人才三位一体的工作体系,增强科技创新能力,加快建设创新型城市。

(一)增强科技创新能力

推进创新型城市建设。以国家创新型城市试点为载体,加快推进科技创新、管理创新和制度创新,推进各类创新要素向企业集聚、向产业集聚区集中、向重大科研机构集成。发展一批高新技术企业和创新型企业、建设一批面向产业集群的创新平台和载体、引导一批优质科技资源集聚发展、实施一批重大科技专项、推广转化一批科技成果,支持重大科技创新基地、重点创新平台和载体建设。坚持主动设计和联合攻关相结合,全面实施重大科技成果专项和科技成果转化工程,力争到2015年发明专利授权数突破2500件,高技术产业增加值占工业增加值的比重达到20%以上。

完善区域创新体系。以国家高新区等平台为重点,着力构建以企业为主体、以市场为导向、产学研相结合的区域创新体系。加快创新型企业试点示范,推进省市级和国家级创新型企业建设。引导优质创新资源向企业集聚,支持有条件的大中型企业建立研究开发机构,优先在行业龙头骨干企业、高新技术企业和战略性新兴产业领域布局建设一批国家和省级重点实验室、工程(技术)研究中心和企业技术中心。提升宁波大学、中科院材料所等高校院所的创新服务能力,加快建设宁波工业技术研究院、中国兵器集团北方材料科学与工程研究院、宁波高等技术研究院等重大创新平台,大力推进宁波市大学科技园、宁波研发园区、和丰创意广场等创新载体建设。力争到2015年,形成企业研发机构1000家、高新技术企业1000家、创新创业服务机构1000家、研发人员10万名。

推进高新技术成果产业化。组织实施重大科技联合攻关和突破,研究开发一批支撑产业结构调整的共性关键技术。加强人口健康、环境保护、资源节约、公共安全等重点领域的研究开发和推广应用,引导企业在战略性新兴产业领域实现重大突破。大力发展研发设计与文化创意、信息网络技术、节能环保、检验检测、技术交易及技术咨询评估、知识产权、科技金融等七大领域的科技服务

业,打造一批科技服务业示范项目、示范企业和示范基地。整合利用科技成果转化中心、生产力促进中心等中介服务机构,构筑技术交易机构、知识产权交易机构等科技成果供需转化大平台,促进科技成果转化为现实生产力。

优化创新服务环境。加大财政科技投入力度,完善科技投入增长机制,力争到 2015 年研究与试验发展经费支出占生产总值比重提高到 2.5%。深化科技体制改革,优化科技资源配置。强化科技企业孵化器建设,培育和发展科技创业风险投资机构。完善以国家高新区和产业新基地为基础的平台建设机制,加快建设一批公共科技基础平台和共性技术平台。完善创新政策体系,优化整合创新资源。深入实施《宁波市知识产权战略纲要》,推动"宁波制造"向"宁波智造"转变。注重科技惠民,完善科学技术普及体系,提高公众的科学素养和创新意识。

（二）加快推进教育现代化

提高教育发展质量。树立以提高质量为核心的教育发展观,全面实施素质教育,促进学生全面发展。加强教师队伍建设,提高教师整体素质。高标准高质量普及十五年基础教育。优化学前教育结构,大力推进规范办园。切实减轻义务教育学生负担,提升学生综合素质。推进普通高中多样化发展,满足不同潜质学生发展需要。提升职业教育软实力。稳定高等教育规模,创新培养模式,提高办学质量,加强研究生教育。积极发展继续教育,加快发展特殊教育、老年人教育,深入推进城乡社区教育和现代化远程教育。

促进教育均衡发展。统筹教育资源配置,优化教育结构,建立覆盖城乡的基础教育和职业教育充分衔接、学历教育和非学历教育有机结合的教育体系,形成惠及全民的公平教育。健全学前教育服务体系,实现学前教育普惠化。建立健全义务教育均衡发展保障机制,加强对农村和相对欠发达地区基础教育的扶持,逐步缩小教育城乡差距、区域差距和校际差距。加大对农村和相对欠发达地区职业学校建设的帮扶力度。扶持和规范民办教育发展。实施困难家庭孩子就学帮扶行动计划,逐步实现符合条件的外来务工人员子女入学与城镇居民享有同等待遇。

完善服务型教育体系。构建以服务型为主的多元化高等教育的人才培养模式,加大服务型重点学科和专业建设。建立以社会需求为导向的专业设置制度,大力发展港口物流、航运航海、海洋生物等专业,扩大我市在海洋经济等领域的招生规模。大力开展各类职业技能培训,促进校企合作深度推进。率先实行中等职业教育免学费制度。积极推进"卓越工程师"培养计划,加快发展高端培训市场,推进先进制造业和高端服务业的公共职业技能培训平台建设。

深化教育改革创新。转变政府教育管理职能,逐步实行管办评分离,探索建立多方参与的社会化评价体系。全面实施国家、省级教育体制改革试点项目。推进办学体制改革,开展公办学校联合办学、委托管理、组团发展等试验。探索民办学校分类管理改革试点。加大对非营利性民办学校的扶持力度。推进中小学招生考试制度改革,完善公办中小学管理制度。继续推进高等教育发展和改革,创建具有地方特色的现代大学制度。

（三）实施人才强市战略

集聚创新型科技人才。推进实施以高端人才智力为重点的人才引进品牌工程,打造以中国人才科技周为载体的各类引才引智特色品牌平台,深入实施高层次海外人才和创新型高端人才引进计划。以重大项目引人才、重要岗位纳人才、重点产业聚人才为抓手,有效集聚国际化高端人才、高水平创新团队和高层次紧缺人才。加快推进人才创新创业载体建设,扎实推进院士工作站、专家工作站、博士后工作站、留学生创业园、创新创业基地等载体建设。力争到 2015 年,基本建成区域性国际化创新型人才高地。

加大人才培养力度。统筹实施各类人才培养计划,重点加大对高素质创新型人才、高级技工人才、现代物流人才、金融服务人才、国际商贸人才、文化创意人才、社会建设和管理人才、新农村建设人才等的培养力度。精心实施以企业人才为主体的"3511"人才培养工程,重点培养 30 万名企业技能人才、5 万名企业技术和管理人才、1 万名重点产业紧缺人才、1 万名熟悉经济和管理的党政人才。选派各层次公务员、企业管理人员和专业技术人员到国内外高等院校继续学习,以掌握先进管理经验和技术,提高人才队伍的创新能力。

优化人才使用环境。牢固树立人才是第一资源的理念,营造尊重劳动、尊重知识、尊重人才、尊重创造的良好社会氛围。健全人才政策保障体系,完善人才就业服务网络和人才公共信息发布渠道、人才收入分配、知识产权保护、社会保障等政策法规体系。切实维护人才的合法权益,充分调动人才的积极性。深入实施企业人才优先开发战略,强力推进人才特区建设,持续加大人才发展投入,重点提升人才资源市场配置功能,着力优化人才创新创业环境。

专栏 14　十大重点人才工程

序号	名　称	内　容
1	人才综合开发品牌工程	重点办好中国宁波人才科技周、浙江投资贸易洽谈会人才引进专项活动、大中专毕业生洽谈会、留学生网上洽谈会、财富·宁波中高级人才洽谈会等人才开发品牌工程。
2	千名领军人才引进工程	实施重点领域领军人才引进专项计划,大力引进科研领军人才 300 名,新兴产业、现代服务业经营管理领军人才 400 名,社会领域领军人才 200 名,海外创新创业领军人才 100 名。
3	千名海外人才集聚工程	积极创建一批国家、省市海外高层次人才创新创业基地,建设一批境外引才引智基地,实施海外高层次人才引进"3315 计划",大力引进海外高端人才。
4	院士高端智力服务工程	建立 50 个市级重点院士工作站,集聚 100 名以上院士,引进和合作研发 1000 个高端科研项目,大力开展院士学术论坛、结对培养、项目咨询等技术智力服务活动。
5	拔尖人才重点培养工程	在全市范围选拔一批 1000 名以上德才兼备、业绩突出的骨干人员,制定培养计划,加大培养投入,培养成为拔尖人才,争取自主培养院士取得突破。
6	企业经营管理人才素质提升工程	实施百千企业家素质提升工程和 5 万名企业技术及管理创新人才培养计划,大幅度提升全市规模以上企业中高级经营管理者和规模以下企业高级经营管理者综合素质。
7	高技能人才培养工程	建立完善职业技能鉴定实施网络,重点实施企业 30 万技能人才培训计划,继续实施企业优秀青工进修培训计划和技师培训计划。
8	现代服务业人才培养工程	以万名现代服务业人才和万名国际商务人才培养工程为依托,重点培养现代物流、现代金融、国际贸易和服务外包、涉外法律和会计等现代服务业高端专业人才和管理人才。
9	紧缺专门人才培训工程	针对产业发展、社会建设、科技创新等重点领域,专门开展紧缺人才培养计划,力争培养各类紧缺人才 5 万名以上。
10	高校毕业生就业创业工程	按照创建国家创业型城市要求,统筹实施"大学生创业引领计划",搭建大学生创业园、创业基地等各类创业平台,完善创业政策,营造创业氛围,建立健全促进大学生创业、就业长效机制。

十、推进文化大市建设，提高城市竞争软实力

坚持社会主义文化的前进方向，推进文化创新和文化体制改革，加快发展文化事业和文化产业，着力推动文化发展"1235 工程"建设，切实提升文化软实力，努力推进"文化大市"向"文化强市"跨越。

（一）提高全民文明素质

加强思想道德建设。弘扬爱国主义、集体主义、社会主义思想，倡导公民遵守基本道德规范，加强社会公德、职业道德、家庭美德和个人品德建设，倡导形成文明健康的社会风尚和积极向上的精神文化理念。加强现代公民教育，强化公民的国家意识、社会责任意识、民主法治意识等价值理念。加强爱国主义和民族团结教育，切实抓好未成年人思想道德建设。建设好爱国主义教育基地建设。深入开展网络网吧、校园周边环境等专项整治，净化社会文化环境。

大力弘扬宁波精神。着力实施"先进文化引领"战略，用中国特色社会主义理论体系武装党员、教育群众，完善社会主义核心价值体系。广泛宣传"诚信、务实、开放、创新"的宁波精神，坚决抵制庸俗、低俗、媚俗之风，引导人们知荣辱、讲正气、尽义务，用民族精神、时代精神和宁波精神构建共有精神家园，形成惩恶扬善、扶正祛邪的社会风气，提升城市文化品位和市民精神境界。

深化精神文明创建。创新公民文明素质提升的活动载体，大力开展群众性精神文明创建活动，提高文明城市创建水平。促进社会成员心理和谐，加强人文关怀和心理疏导，努力塑造奋发进取、理性平和、开放包容的社会心态。建立精神文明创建的长效机制，进一步加强对创建工作的组织领导，形成有利于精神文明建设协调推进的政策导向，不断增强群众性精神文明创建的活力和生命力。

繁荣发展哲学社会科学。加大对哲学社会科学事业的支持力度，建立健全富有活力的运行机制。加强优势学科、新兴学科和重点科研科普基地建设，推进社会科学软硬件设施建设，积极引导和规范各类社科研究机构和团体的发展。加强与中国社科院等的战略合作。

（二）繁荣发展文化事业

完善公共文化服务网络。创建国家公共文化服务建设示范区，深入实施"公共文化惠民"战略，推进万场电影千场戏剧进农村、百万市民享文化、广播电视户户通、文化信息资源共享等惠民工程。加大政府购买文化服务的力度，优化公共文化服务供给。广泛开展农民文化艺术节和社区文化艺术节等群众性文化活动，重点打造"天然舞台"、"天一讲堂"、"社科讲坛"、"群星课堂"等公益性服务品牌。组织城乡之间的"文化走亲"活动，办好农村传统节庆、民间艺术、社团文化、文体竞赛活动。

增强公共文化产品供给。深入实施"文化品牌提升"战略，建立健全重点文化作品论证、投入效益评估、表彰奖励等机制，推出一批具有国家一流水准的原创文化艺术精品，力争形成一批荣获国家级大奖及全国精神文明建设"五个一工程"奖的优秀作品。加强面向基层、面向群众精神文化的产品创作，引导和扶植现实生活、农村和青少年题材广播影视作品的创作。高度重视传统和新兴

媒体的发展,建设宁波市互联网舆情信息系统导控工程及统一的广播电视技术和内容监管平台,提高广播影视宣传和舆论引导能力。组建天一阁出版社,扶持宁波市新华书店建设全市连锁经营、覆盖城乡的出版物发行网络。加大版权保护力度,促进版权产业健康发展。

加强文化遗产保护和利用。推进大运河(宁波段)和"海上丝绸之路"申遗工作,实施大遗址保护工程。强化河姆渡史前文化资源的保护和利用。推动江北"天主教堂与外马路历史街区"、"新马路历史街区"组合申报中国历史文化名街。加强国家水下文化遗产保护宁波基地建设。实施月湖西区、伏跗室永寿街历史文化保护整治工程,发挥庆安会馆、保国寺等历史建筑群文化功能,加大历史地段重要文物建筑和传统民居群抢救保护工作力度。实施重点涉台文物保护工程和名镇名村保护工程。加强非物质文化遗产保护与利用,弘扬浙东文化、藏书文化、港口文化、慈孝文化等宁波特色文化,推进非物质文化遗产经典旅游景区和产业基地建设。到2015年全市各级文保单位(点)达到1200处,博物馆、纪念馆、对外开放的文化遗产场所总数达150个。

推进文化基础设施建设。实施标志性文化设施提升计划,改建宁波市艺术剧院(凤凰百花剧场),完成天一阁博物馆陈列改造、保国寺古建筑博物馆整体提升两大工程,加快建设宁波文化广场、历史纪念馆、档案馆新馆等重大文化设施,规划建设中国(宁波)港口博物馆、宁波·中国大运河出海口博物馆等特色文化设施,进一步完善"三江文化长廊"、"十五分钟文化活动圈"建设。力争所有县级文化馆、图书馆达到国家一级标准,提升乡镇(街道)综合文化站服务功能,普及村(社区)基层文化宫。推进有线电视数字化整体转换和双向化改造,构建传输快捷、覆盖广泛的现代传播体系。

(三)加快发展文化产业

发展重点文化产业。着力实施"文化产业升级"战略,以现代影视、印刷出版、广播传媒等为重点,加快推进象山国家级影视文化产业基地、高新区动漫影视文化创意产业基地等重大文化产业项目建设,进一步做大文化产业核心层;以娱乐休闲产业、网络文化服务业、文化中介服务等为重点,进一步做强文化产业外围层;以动漫游戏、创意设计等新兴文化产业为重点,进一步发展文化创意产业。提高文化产业规模化、集约化、专业化水平,构建现代文化产业体系。力争文化产业增加值年均增幅在20%以上,到2015年占生产总值比重超过5%。

培育文化产业发展主体。积极谋划和实施文化产业科技创新战略,着力优化政策服务保障,加强综合服务平台建设。重塑市场主体,培育知名文化品牌,发展外向型文化企业,打造具有宁波特色的对外文化交流品牌。培育文化新业态,完善文化产业与金融机构的战略合作机制,形成以公有制为主体、多种所有制共同发展的文化产业格局。提升文化产业的科技含量,加快推进文化与经济、科技、旅游、教育等方面的融合和互动。

健全现代文化市场体系。构建文化市场管理信息网络,健全文化市场监督管理体系。建立依法经营、违法必究、公平交易、诚实守信的文化市场秩序,创造公开公平公正的文化市场环境。健全现代流通组织形式,加快文化产品物流基地建设,实行新型代理配送制度。推进市场中介和行业性社会组织建设,完善文化市场综合执法机制。构筑完善的知识产权保护体系,严厉打击侵权、盗版等非法行为。大力促进文化消费,培育农村文化市场,推进城乡文化市场健康有序发展。

(四)积极推进文化创新

推进文化体制改革。创新公共文化服务运行机制,努力构建充满活力、富有效率、更加开放的体制机制。深化公益性文化事业单位内部改革,增强公益性文化单位活力,着力推进国有经营性文化单位转企改制。深化文化行政管理体制改革,健全宏观管理体制。创新文化投入机制,充分发挥市场在资源配置中的基础性作用,积极引入社会资本,推动形成有利于出精品、出人才、出效益的体制机制和文化发展环境,激发文化创造活力。

推进文化内容形式创新。创新文化内容和形式,增强文化发展活力,努力打造具有宁波特色、时代精神的精品力作。推进文化传播方式和文化业态创新,推动高新技术在报刊、出版、印刷、广播影视等传统产业的运用,促进文化与科技融合,培育文化产业增长点。创新文化"走出去"模式,扩大宁波文化的影响力。加快培养大批德才兼备、创新能力强的中青年文化专业人才、文化技术人才、文化创意人才等,为文化发展提供智力保障。

十一、深化体制机制改革,增强经济社会发展活力

深化重点领域和关键环节的改革,建立起符合科学发展观要求的体制机制,全面增强经济社会发展的活力。

(一)深化综合配套改革

深入开展进一步扩大对外开放综合配套改革试点。按照浙江省加快转变经济发展方式综合配套改革试点的总体要求,加快构建现代港航物流业的合作发展机制、先进制造业的开放合作发展机制、公共服务和社会事业的协调发展机制、开放大平台的统筹发展机制、开放高效的要素保障机制、有利于扩大开放的行政服务机制。到2015年,率先建立充满活力、富有效率、更加开放的内外开放体制机制。

专栏15 各试点地区加快转变经济发展方式综合配套改革内容		
地区	试点主题	试点内容
江北余姚	城乡一体化发展	围绕打破城乡二元体制,通过规划引领和体制创新、政府推动和市场运作、自主探索和政策支持,率先建立城乡公平的政策制度,加快形成有利于城乡统筹发展的规划布局、基础设施、产业发展、社会事业、农村住房、生态环境和行政管理新机制,将江北区和余姚市建设成为带动作用强、统筹水平高、体制机制活的统筹城乡发展先行区。
慈溪	民营经济创新	围绕贯彻落实非公经济"新国36条"、"市29条"和环杭州湾产业带发展战略,破解发展中的体制机制障碍,实现民营经济创新发展。通过推进企业制度创新和发展模式转型、放宽市场准入和优化发展环境,率先形成公平竞争的市场准入机制、自主创新的政策体系、规范完善的要素市场体系和现代产权制度,将慈溪市建设成为创业活力更足、创新能力更强、创业环境更佳的民营经济创新发展示范区。
	新型城镇化发展	针对城镇化建设存在的主要问题,准确把握城镇化发展的客观规律,通过完善城镇规划体系、建立片区联动机制、推进强镇扩权改革、创新扶持政策机制,积极探索并尽快形成有利于推进新型城镇化发展的体制机制。
象山	行政管理创新	围绕实现政府职能、组织机构和运行机制三个"根本转变",建立决策科学化、民主化、公开化制度,形成公众参与、专家论证和政府决策相结合的科学决策机制。深化机构改革、优化层级设置,加快职能转变。减少审批事项,创新审批方式,提高行政效能。健全社区自治机制,完善基层民主制度。逐步建设成为"权责一致、分工合理、决策科学、执行顺畅、监督有力"的科学高效行政管理体制示范区。

续表

地区	试点主题	试点内容
鄞州	小城镇建设	进一步加大城乡统筹发展力度,整合工业化、城市化和农业农村现代化建设的各项举措,把小城镇建设作为新农村建设的龙头和创业富民、创新强区的主要载体,完善小城镇的功能配套和产业支撑,建设一批都市型功能区、区域型中心镇、城郊型和特色型小城镇,初步建立经济支撑有力、服务功能齐全、发展健康协调、管理科学有序的新型城镇体系。
海曙	社会管理创新	践行以人为本的科学发展观,完善和强化区政府的社会管理和公共服务职能,建立健全与城市发展水平和功能定位相适应的公共产品的供给体制,依法规范社会群体的利益诉求和利益调整机制,创新工作方法,全面促进和谐社会建设,把海曙区建设成为和谐发展的现代化中心城区。
梅山保税港区	管理体制创新	按照梅山保税港区国际贸易、国际中转、国际配送、国际采购和出口加工等主要功能定位,构建统一协调的开发开放体制、精简高效的行政管理体制、灵活顺畅的口岸监管体系。将梅山保税港区打造成为功能完善、政策宽松、运行高效、高度开放的海关特别监管区。
北仑	开放型经济创新	改革创新开放型经济管理方式,建立完善适应对内和对外开放要求的体制环境。加快转变外贸增长方式,优化外资产业结构,引导"走出去"格局向宽领域、多层次转变,将北仑区建设成为在更广领域、更深程度、更高层次上与国内外经济相融合的开放经济引领区。

深化加快转变经济发展方式综合配套改革。加快推进江北、鄞州、余姚、慈溪等8个试点地区加快转变经济发展方式综合配套改革进程,及时总结推广成功经验,积极拓展改革试点内容。深化卫星城市试点改革,逐步扩大试点范围,加快由"镇"向"城"的转变。深化中心镇改革,开展户籍制度及配套制度改革,增强内生发展能力。深化农村综合配套改革,创新农村金融服务,发展壮大农村集体经济和农村经济合作组织,完善城乡要素交换关系。再创城乡一体发展、产业转型升级、管理科学高效的体制机制新优势。

(二)深化企业制度改革

推进民营经济创新发展。积极引导民营企业加快制度创新、技术创新和管理创新,推进民营企业向高端化、品牌化、国际化发展。引导有条件的民营企业参与资本市场运作,创新治理机制,建立现代企业制度。进一步放宽市场准入,拓宽民间投资领域,加强和改进对民间投资的服务指导和规范管理,鼓励民营资本进入基础产业和基础设施、市政公用事业、社会事业、金融服务等领域。鼓励民营企业并购重组和引进战略投资者,加快形成一批行业龙头企业。

推进国有经济战略性调整。完善国有资本有进有退、合理流动机制,推动国有资本向基础性、民生性、公共性领域集中。加快国有企业股份制改造,推进有条件的企业整体上市或主业资产上市,促进国有企业做强做大。深化国有资产管理体制改革,推进国有企业整合重组,健全公司法人治理结构,完善国有资本经营预算、企业经营业绩考核和重大决策失误追究制度,建立健全国有企业激励约束机制。

发展混合所有制经济。支持国有、民营、外资经济融合互动,大力发展混合所有制经济。完善利用外资的制度环境,优化外资项目审批程序,积极落实外资企业国民待遇。鼓励各类市场主体与央企、外企、民企等开展多层面的战略合作,以股权转让、增资扩股、战略协作等方式进行跨区域和跨所有制发展。加强新经济组织的管理和服务。

(三)深化资源要素配置市场化改革

健全土地和水资源配置机制。积极推进工业用地分阶段出让和租赁改革试点,探索建立闲置土地退出机制、存量用地流转机制,完善滩涂围垦、低丘缓坡综合开发利用机制。加大农村土地综合整治力度,有序推进城乡建设用地增减挂钩试点,探索推进农村集体经营性建设用地流转和农村宅基地有偿使用试点,逐步建立城乡统一的建设用地市场。健全土地承包经营权流转机制,全面推进农村土地承包经营权流转。深化林权制度改革,完善林权流转机制。深化矿产资源开发管理制度改革。开展水权制度改革试点。探索用水总量控制、分类水价和水权交易制度。积极开展排污权有偿使用和交易试点,实施排污许可证制度。

加快金融创新发展。加快建设金融集聚区,重点发展特色金融,建设成为上海国际金融中心重要组成部分和长三角南翼区域性金融中心。创新金融产品和服务方式,扩大小额贷款公司、村镇银行和农村资金互助社改革试点,深化农村信用社改革。加强金融产品创新,扩大各类质押抵押贷款,探索中小企业融资模式,推动债券融资,拓展中小企业融资渠道,建设区域性中小企业金融中心和民间投资管理中心。制订出台扶持政策,发展壮大产业投资、创业投资等基金。鼓励企业上市,健全地方产权交易市场。推进发展中小企业保险、涉农保险、责任保险、商业养老和健康保险等特色险种,扩大保险的社会覆盖面。

推进能源价格机制改革。严格执行成品油价格形成机制,完善油运价格联动机制和成品油价格补贴机制。完善电价形成机制,建立销售电价分类结构,形成有利于公平负担的销售电价定价机制。建立天然气上下游价格联动机制,研究差别化的价格约束机制,形成有利于天然气推广应用和节约利用的价格机制。

(四)深化社会体制改革

推进事业单位改革。按照政事分开、事企分开和管办分离原则,积极稳妥推进事业单位分类改革。稳妥推进生产经营性事业单位退出事业单位序列,强化公益性事业单位的公益属性。加强事业单位机构编制管理,深化事业单位人事制度、管理体制、收入分配制度和社会保障制度改革。

完善社会组织协同管理机制。培育扶持和依法管理社会组织,支持、引导其参与社会管理和服务。完善培育扶持的政策措施,推动社会团体、行业组织、中介机构、志愿者团体等在内的各种社会组织发展壮大,提高社会组织在社会管理中的协同能力。完善社会组织服务与管理。

改革公共服务提供方式。引入竞争机制,扩大政府购买公共服务的范围,逐步形成有序竞争和多元参与的基本公共服务供给体系。推进非基本公共服务市场化改革,增强供给能力,满足群众多样化需求。加强政府社会建设的投入保障,完善社会建设多元化投入的政策体系,探索社会建设项目的市场化运作机制。

提升社会自治水平。切实加强城乡基层群众自治的组织建设、制度建设、能力建设和阵地建设,形成以社区党组织领导为核心、村(居)民自治为基础、群众广泛参与、各类社区组织互动合作的城乡社区民主治理机制。深入推进城乡社区依法治理工作,深化村(居)务公开和民主制度建设。

(五)深化行政体制改革

加快转变政府职能。强化政府公共服务、社会管理职能,减少对微观经济活动的干预。理顺政府部门职能,深化大部门体制改革。优化行政层级管理,深入推进扩权强县改革和卫星城市行政管理体制改革。创新政府管理方式,健全科学决策、民主决策、依法决策机制。探索跨行政区域发展的体制机制。

健全公共财政体制。加强税收征管,促进税收收入稳定增长。优化财政支出结构,逐步提高民生和社会事业支出的比重。完善财政转移支付制度,提高一般转移支付比重。深化预算制度管理,推进财政科学化、精细化管理。深化国库集中支付制度改革,完善政府采购管理体制和运行机制。加强政府性债务管理,完善政府性债务风险预警和控制机制。

深化行政审批制度改革。推进行政审批标准化建设,严格控制新设立行政许可项目,清理、削减和规范非行政许可项目,创新审批方式,推行联合审批,进一步提高审批效率。

为确保"十二五"规划顺利实施,必须在充分发挥市场配置资源基础性作用的同时,正确履行政府职能,合理配置公共资源,调控引导社会资源,确保规划有效实施。必须积极谋划发展平台,推进重大项目建设,不断完善规划体系,制订规划分解落实方案和年度实施计划,健全规划监测评估制度,强化政策统筹协调,保障规划目标和任务的顺利完成。

"十二五"规划是宁波未来五年经济社会发展的纲领性文件,是全市人民共同的行动指南。我们要进一步解放思想、振奋精神、开拓创新、扎实工作,为顺利完成"十二五"规划确定的各项任务,开创经济社会发展新局面,全面建成惠及全市人民的小康社会和现代化国际港口城市而努力奋斗!